U0921392

北京经济技术开发区年鉴

BEIJING ECONOMIC-TECHNOLOGICAL DEVELOPMENT AREA YEARBOOK

2022

北京经济技术开发区年鉴编纂委员会 编

北 京 出 版 集 团
北 京 出 版 社

图书在版编目（CIP）数据

北京经济技术开发区年鉴 . 2022 / 北京经济技术开发区年鉴编纂委员会编 . — 北京 : 北京出版社，2022.12

ISBN 978-7-200-17419-9

Ⅰ . ①北… Ⅱ . ①北… Ⅲ . ①技术开发区－北京－2022—年鉴 Ⅳ . ① F127.1

中国版本图书馆 CIP 数据核字 (2022) 第 174220 号

责任编辑 杜冬梅
装帧设计 亦庄传媒
责任印制 武绽蕾

北京经济技术开发区年鉴2022
BEIJING JINGJI JISHU KAIFAQU NIANJIAN 2022
北京经济技术开发区档案数据中心 编

*

北 京 出 版 集 团
北 京 出 版 社 出版
（北京北三环中路 6 号）
邮政编码：100120
网 址：www. bph. com. cn
北京出版集团总发行
新 华 书 店 经 销
北京华联印刷有限公司印刷

*

889 毫米 × 1194 毫米 16 开本 47.75 印张 990 千字
2022 年 12 月第 1 版 2022 年 12 月第 1 次印刷
ISBN 978-7-200-17419-9
定价：480.00 元
如有印装质量问题，由本社负责调换
质量监督电话：010－58572393

北京经济技术开发区年鉴

编纂委员会

名誉主任 杨秀玲

主　　任 孔　磊

副 主 任 白　文　杨文良　于　淼　吕新利
沈永刚　石　威　刘　力　郑海涛
左仁贵　袁立洪　赵雅娟　陈小男
沈金坤　毛山宏　韩洪英　孙德锐
王佃宝　周宇清　郭广庆　卢自锋

委　　员（按姓氏笔画排序）
王　晖　王文庚　石　雨　任鸣晨
刘文庆　刘文虎　刘素然　安春玲
李　冰　李冬明　李怀亭　吴伯军
张　君　张小戎　张建荣　陈建民
金光泽　周国丽　庞　雁　郝　萱
段青松　席志军　捷　菲　康井泉
韩燕革　曾琴娜　窦桂芹　蔡继征

北京经济技术开发区年鉴

编辑部

主　　编　孔　磊

副 主 编　于　淼

执行主编　石　雨　罗向东

责任编审　陆　丹　康　蕊　成　翎

类目编辑　李秀芬　宋　璐　陈知晖　伦晓雪　周　平

特邀编辑　（按姓氏笔画排序）

王　进　王　杨　王　研　王子琦

王立珩　甘　甜　冯若娇　孙　月

孙丽惠　孙建伟　苏晓勇　李　婕

李　楠　李　禛　李凯丽　李钰芳

李倩雯　李家妍　杨井昆　杨晶晶

吴贝贝　吴佳莹　余　伟　张　勇

张晓慧　陈柯宇　范晓萌　林　靖

周　宁　徐伊慰　曹　莹　常兴华

彭　遥

北京经济技术开发区年鉴

组稿人

（按姓氏笔画排序）

于江斋	马　焱	马玉杨	马传伟	马彦华
王　江	王　兴	王　茜	王　珮	王　琴
王　琳	王　然	王　蔚	王　巍	王子平
王玉勤	王冬温	王亚新	王华强	王会娜
王建竹	王春时	王晓伶	王梦瑶	王曼曼
王羚菲	王毅宾	戈　青	月梅兰	方迎春
孔德艺	卢秀娟	叶立华	申　珊	田迅铭
史皓巍	白　亮	白　菊	白　雪	冯晓波
兰　坤	兰　杰	宁丽辉	宁珊珊	母仲秋
邢　迪	邢　雷	曲博文	朱　恋	朱　萍
乔　悦	刘　心	刘　烁	刘　曼	刘　静
刘　鑫	刘旭辉	刘园园	刘明明	刘珊珊
刘晓雪	刘彬彬	刘梦婵	刘聪聪	闫　炎
闫盼娜	安　蔚	许丽娜	许润秋	孙　茜
孙　浩	孙　琰	孙大海	孙书馨	孙欣欣
苏慕寒	李　华	李　恺	李　姝	李　倩
李　悦	李　菲	李　萍	李　晨	李　斌
李　影	李云翰	李占旭	李军辉	李若晗

李金戈	李朋朋	李艳军	李晓杨	李家琪
李菲菲	李琬姣	李雯姝	李晶玉	李婷婷
杨　宁	杨　帆	杨　博	杨永馨	杨晓云
杨雅金	肖　棠	肖雅娟	吴长华	吴文雅
何　萃	何　霞	何天越	何佳洁	何亮颖
佟　芳	余新飞	谷明华	狄　宇	邹　京
邹　容	汪梦梦	汪鹤龄	宋兆伟	张　一
张　义	张　宁	张　帆	张　征	张　怡
张　亮	张　洁	张　悦	张　然	张　颖
张小燕	张天娇	张元璋	张文礼	张玉阳
张梦茹	阿支子罗	陈　进	陈　俊	陈　珺
陈　喆	陈乐央	陈君明	陈林林	陈浩林
范　佩	林思辰	明　月	罗怡力	季连柏
金　瑛	周　未	周严妍	周明明	周调调
郑　佳	郑　怡	郑海峰	郑雅丹	郎新宇
居　瑶	孟　雨	孟庆华	赵　珍	赵　娜
赵　堃	赵英学	赵凯丽	赵娜娜	赵婧乔
赵维奇	赵雅超	郝　运	郝孟阳	郝美丽
南新旭	钟一鸣	侯　萱	侯东昊	俞国强
姜　莹	姜娜娜	姚春光	贾　鹏	倪延云
徐娅丽	徐晓峰	徐博远	栾　可	栾美丽
高倩倩	郭美佳	郭瑞巧	席兆雨	席志斌

唐军平	黄　怡	黄　珊	黄　倩	黄迎迎
黄雯婷	曹启斌	曹晨露	崔馨蕊	康剑敏
盖　莉	梁丽文	寇丽君	彭晓瑛	葛晨辉
董海伦	韩　刚	韩明娣	韩钰彬	程　玉
程大中	程静玙	童　剑	曾恕媛	温爱玲
谢　华	鄢　然	褚茹萍	慕旖文	谭　艳
翟巧波	滕　博	潘　超	潘欢欢	薛　杉
薛向东	穆贵林	魏文丽	魏爱民	

编辑说明

一、《北京经济技术开发区年鉴》由北京经济技术开发区管理委员会主办、北京经济技术开发区年鉴编纂委员会承编。自2012年开始逐年编纂并公开出版，一年一卷，本卷为第十一卷。

二、本年鉴以马克思列宁主义、毛泽东思想、邓小平理论、“三个代表”重要思想、科学发展观、习近平新时代中国特色社会主义思想为指导，遵循实事求是的原则，科学、客观地记述本地区经济社会发展情况。

三、本年鉴有文章体、条目体两种体裁，以条目体为主。采用规范的语体文，直陈其事。

四、本年鉴以出版年份为卷次名称。2022卷全面、准确地记述本地区2021年1月1日—12月31日期间的情况，凡2021年事项均直书月、日，不再另写年份。

五、本年鉴采用分类编辑法，设类目、分目、条目3个层次，部分分目增设次分目。2022卷设“区情概况”“特载”“专文”“大事记”“党政事务”“‘两区’建设”“产业发展”“科技创新”“营商环境”“协同合作”“经济管理”“规划与开发建设”“城市运行”“社会事业”“法治”“统计资料”“附录”17个类目。

六、本年鉴资料均由各撰稿单位（部门）提供，并经主要负责人审核。图片无摄影者的，均注“单位”或“企业”提供。主要统计资料由北京经济技术开发区经济发展局提供，部分数据由各相关部门提供。

七、书中北京经济技术开发区简称为经开区，中共北京市委经济技术开发区工作委员会简称为经开区工委，北京经济技术开发区管理委员会简称为经开区管委会，北京亦庄投资控股有限公司简称为亦庄控股。凡入编企业、事业单位在其条目或标题下出现的简称均为单位规范简称。国家、北京市部分机构均使用简称。

北京经济技术开

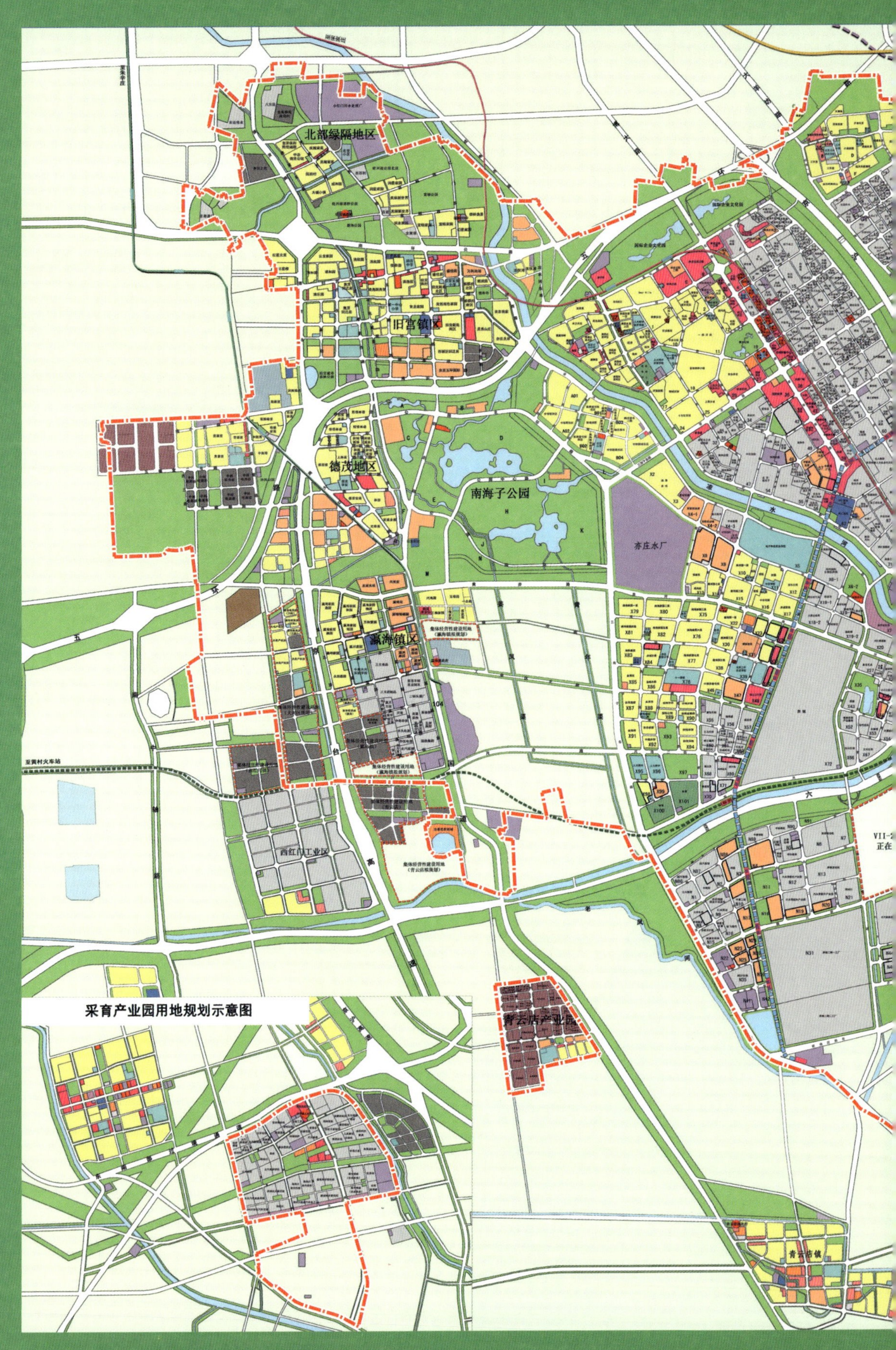

编制：北京市规划委

发区项目示意图

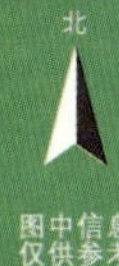

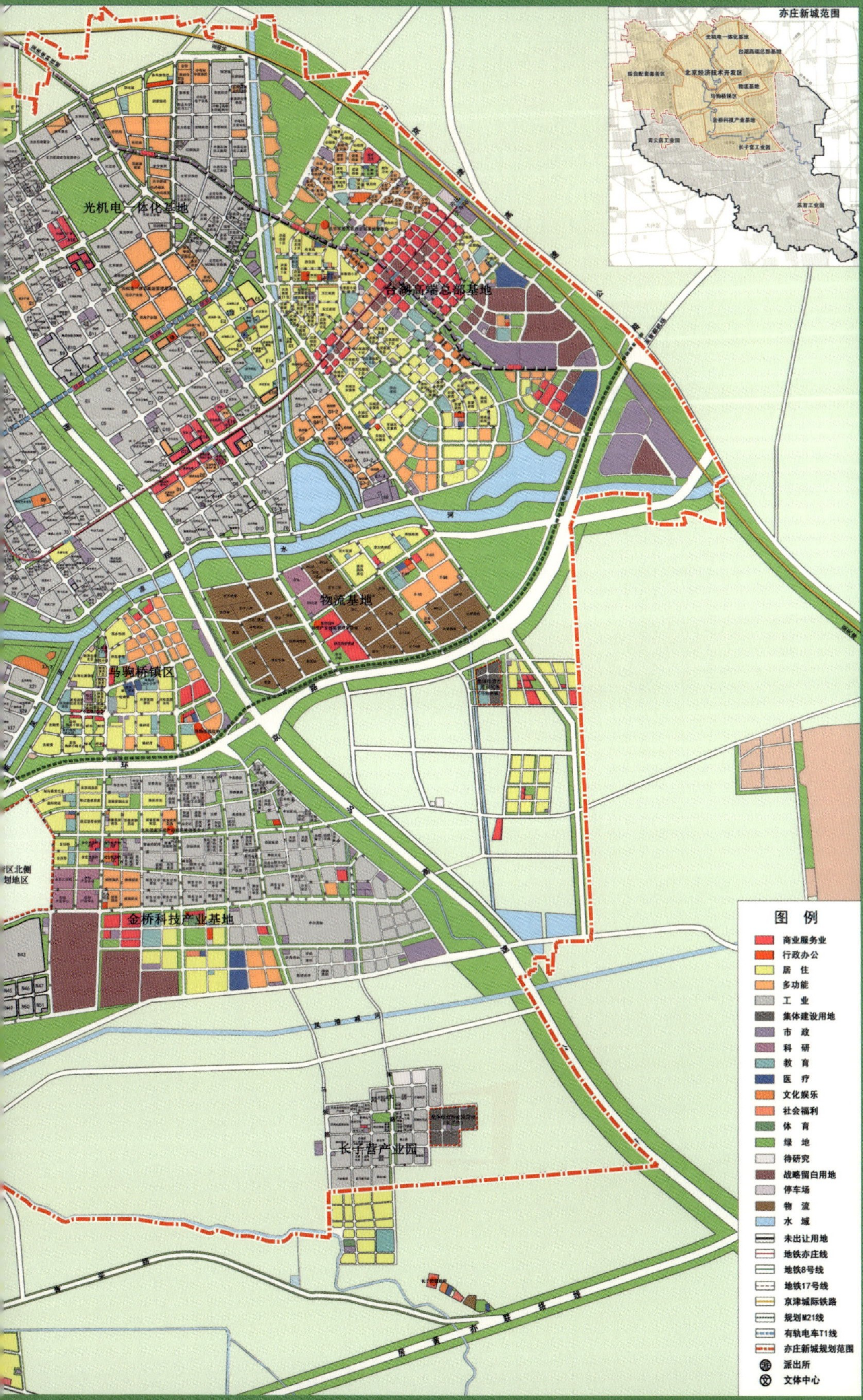
北
图中信息
仅供参考
亦庄新城范围
光机电一体化基地
台湖高端总部基地
物流基地
马驹桥镇区
金桥科技产业基地
长子营产业园
图例
商业服务业
行政办公
居住
多功能
工业
集体建设用地
市政
科研
教育
医疗
文化娱乐
社会福利
体育
绿地
待研究
战略留白用地
停车场
物流
水域
未出让用地
地铁亦庄线
地铁8号线
地铁17号线
京津城际铁路
规划M21线
有轨电车T1线
亦庄新城规划范围
派出所
文体中心

会经济技术开发区分局　北京经济技术开发区城市规划和环境设计研究中心　2021年

2035年经开区主要目标

经开区将建成充分体现社会主义制度优越性、具有迈向中华民族伟大复兴大国首都特点的全球产业新城综合发展标杆。

“十四五”经开区主要目标

2025年，基本建成面向未来、人人向往、充分体现社会主义制度优越性和率先基本实现社会主义现代化特征的国际一流的高端产业综合新城。

一图读懂经开区“十四五”规划

减量发展

- 常住人口规模 **40万人**
- 城乡建设用地规模 **持续下降**
- 生产生活用水总量 **达到市级要求**

开放发展

- 实际利用外资规模 **20亿美元**
- 新增外资世界500强项目数量 **【15个】**
- 国际人才公寓 **【4000套】**

协调发展

- 新扩区工业总产值占新城比重 **17%**
- 新扩区基础设施投资规模 **【150亿元】**
- 与其他国家级经开区合作共建园区 **3个**

安全发展

- 食品安全抽验合格率 **>98.5%**
- 药品抽检合格率 **>99%**
- 每万名常住人口疾控力量配比 **1.75人**
- 单位地区生产总值生产安全事故死亡率 **达到市级要求**

共享发展

- 全区居民人均可支配收入年均增速 **与经济增长基本同步**
- 新增就业人数 **【8万人】**
- 新增劳动力平均受教育年限 **15.8年**
- 人均预期寿命 **83岁**
- 每千常住人口职业（助理）医师数 **>6人**
- 基础教育学位 **14000个**

绿色发展

- 生活垃圾回收利用率 **>37.5%**
- 空气细颗粒物（$PM_{2.5}$）浓度 **达到市级要求**
- 单位地区生产总值能耗降幅 **达到市级要求**
- 单位地区生产总值二氧化碳排放降幅 **达到市级要求**

创新发展

- 地区生产总值 **3800亿元**
- 高精尖产业总产值 **8000亿元**
- 千亿级创新产业集群 **6个**
- 每万人拥有发明专利数 **600件**
- 全员劳动生产率 **60万元/人**
- 数字经济营业收入年均 **增长15%**
- 产业投资规模 **【2000亿元】**
- 自动驾驶开放测试道路里程占全部道路比例 **75%**

备注：【 】为“十四五”5年累计值

2021 年经开区主要指标

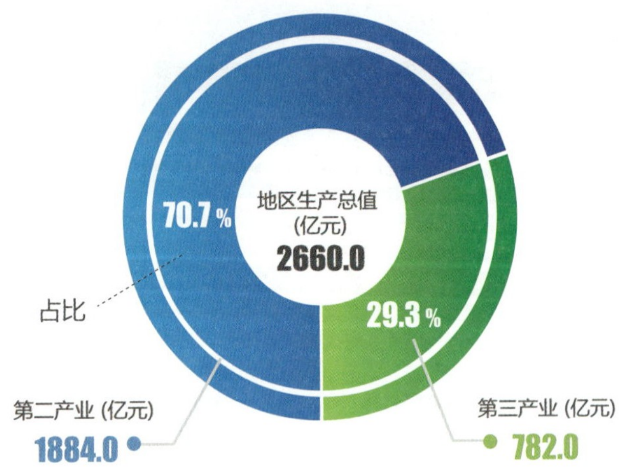

2011—2021 年经开区主要经济综合指标

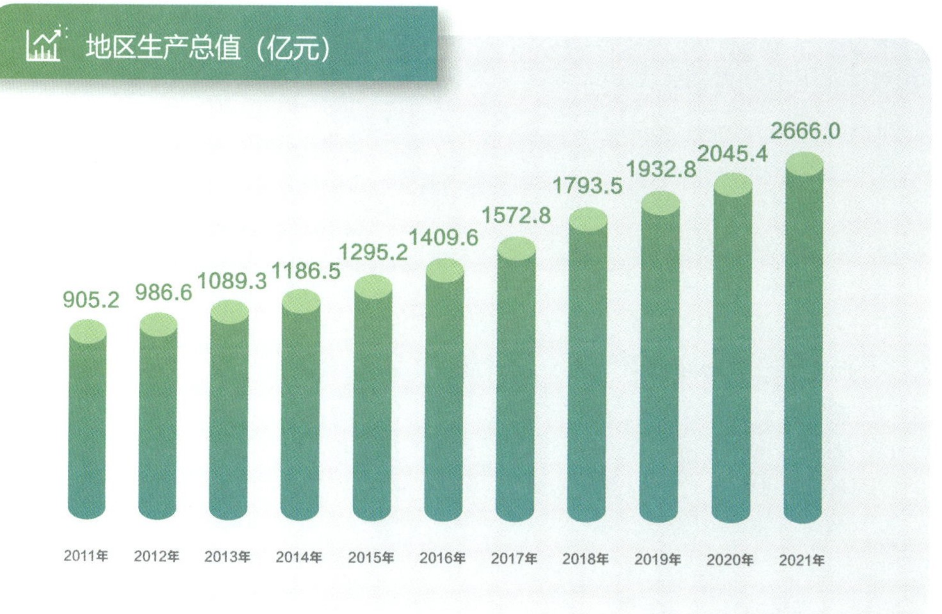

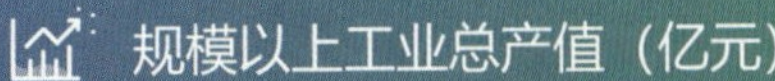

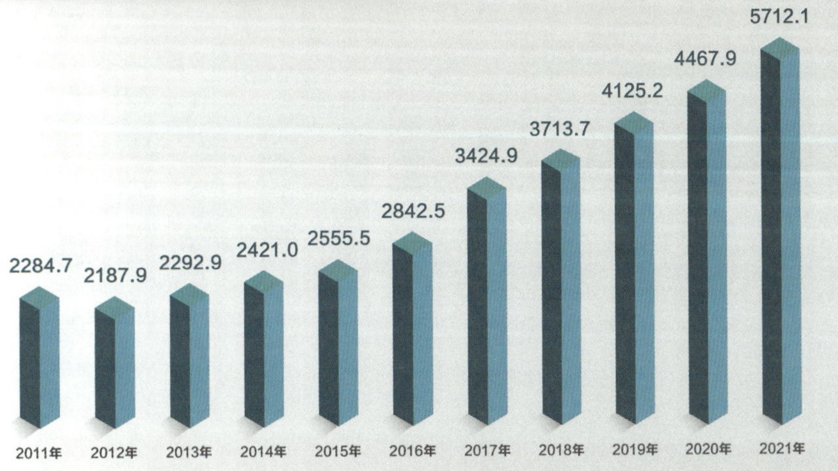

高新技术企业总产值（亿元）

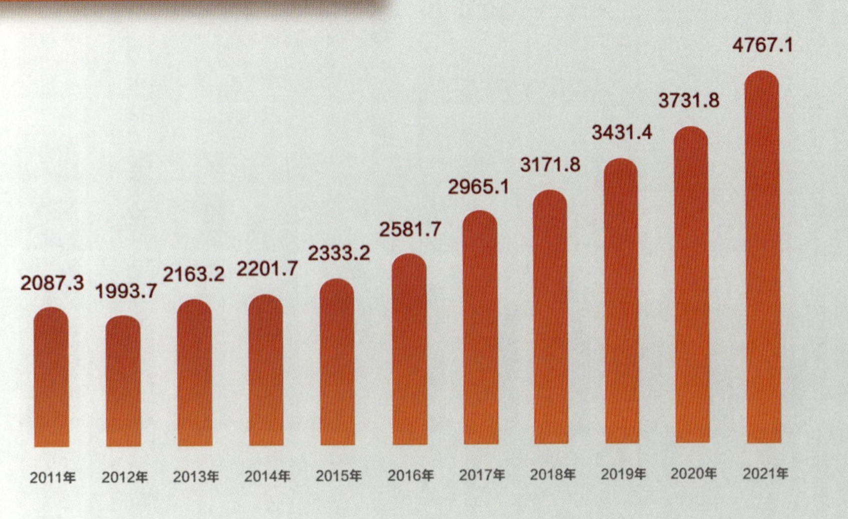

营业收入（亿元）

2011年	2012年	2013年	2014年	2015年	2016年	2017年	2018年	2019年	2020年	2021年
4141.1	4328.5	4786.2	5589.9	6670.7	8044.2	9810.1	11049.8	13372.0	15878.9	19984.2

利润总额（亿元）

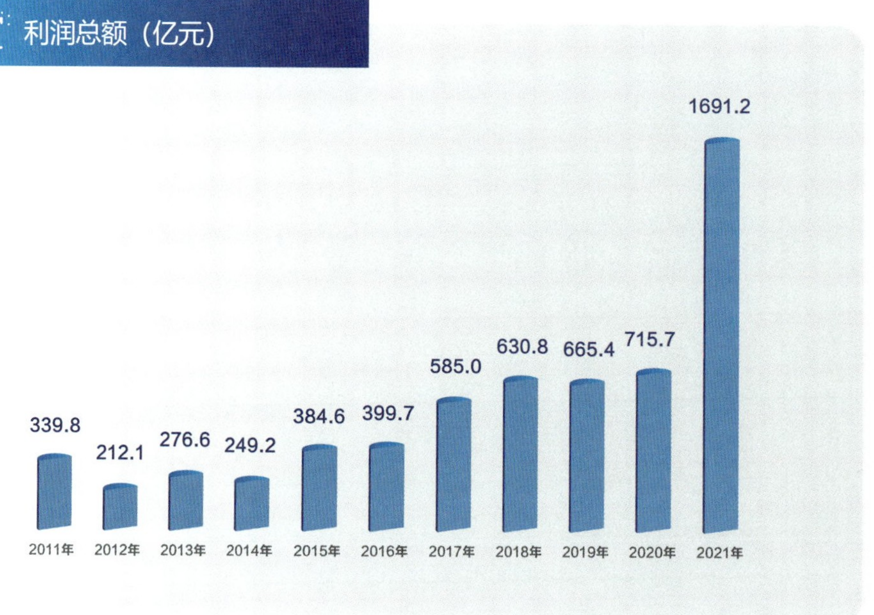

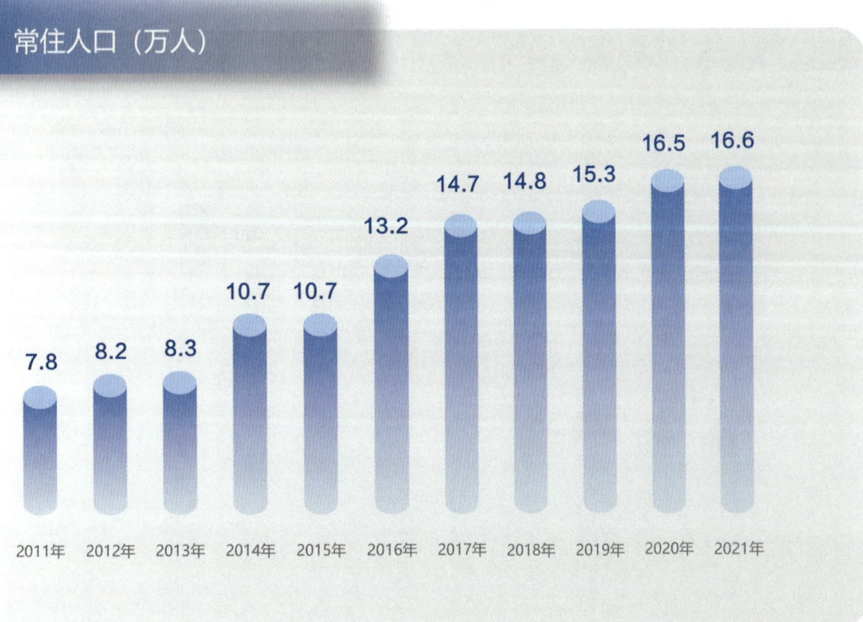
常住人口（万人）
7.8
8.2
8.3
10.7
10.7
13.2
14.7
14.8
15.3
16.5
16.6
2011年
2012年
2013年
2014年
2015年
2016年
2017年
2018年
2019年
2020年
2021年

年末从业人员人数（万人）
25.4
27.5
27.9
28.6
31.4
34.5
36.1
34.8
37.7
38.5
44.2
2011年
2012年
2013年
2014年
2015年
2016年
2017年
2018年
2019年
2020年
2021年

进出口总额（亿美元）

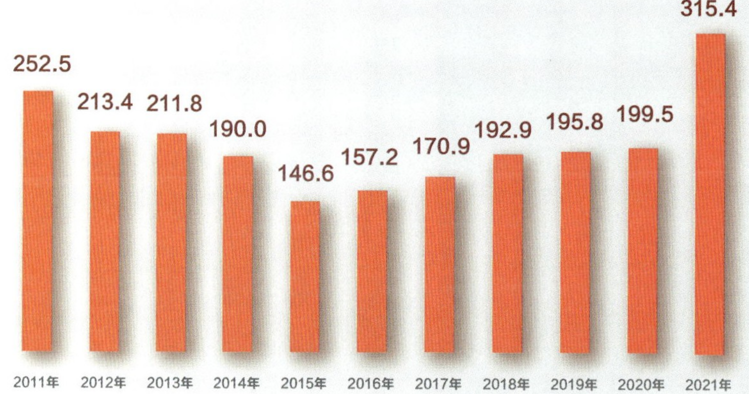

出口（亿美元）

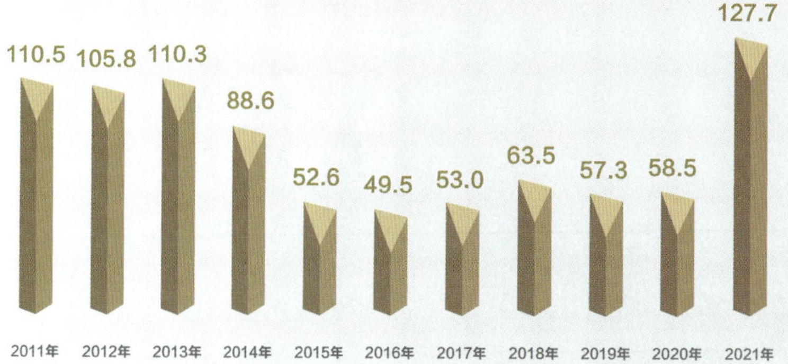

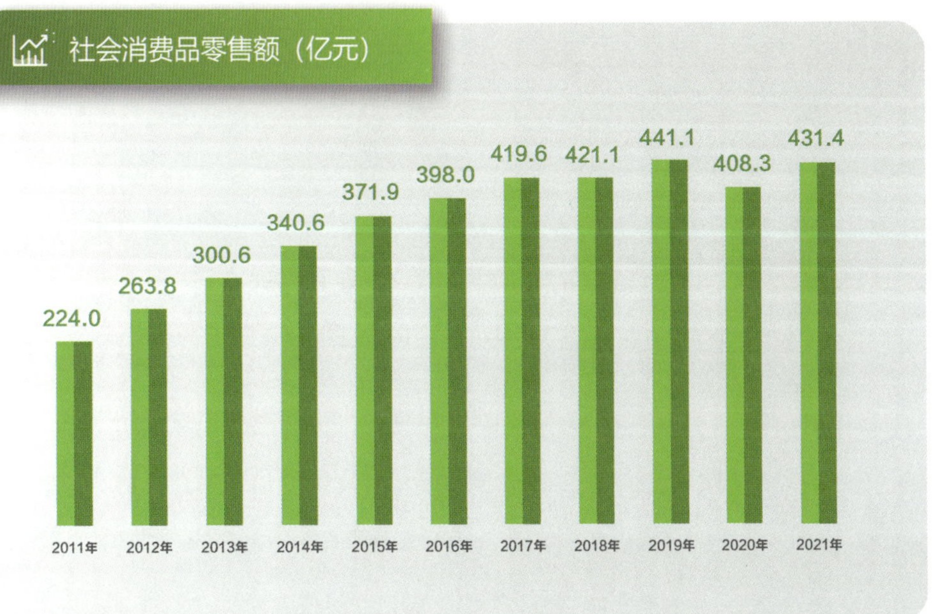
社会消费品零售额（亿元）
224.0
263.8
300.6
340.6
371.9
398.0
419.6
421.1
441.1
408.3
431.4
2011年
2012年
2013年
2014年
2015年
2016年
2017年
2018年
2019年
2020年
2021年

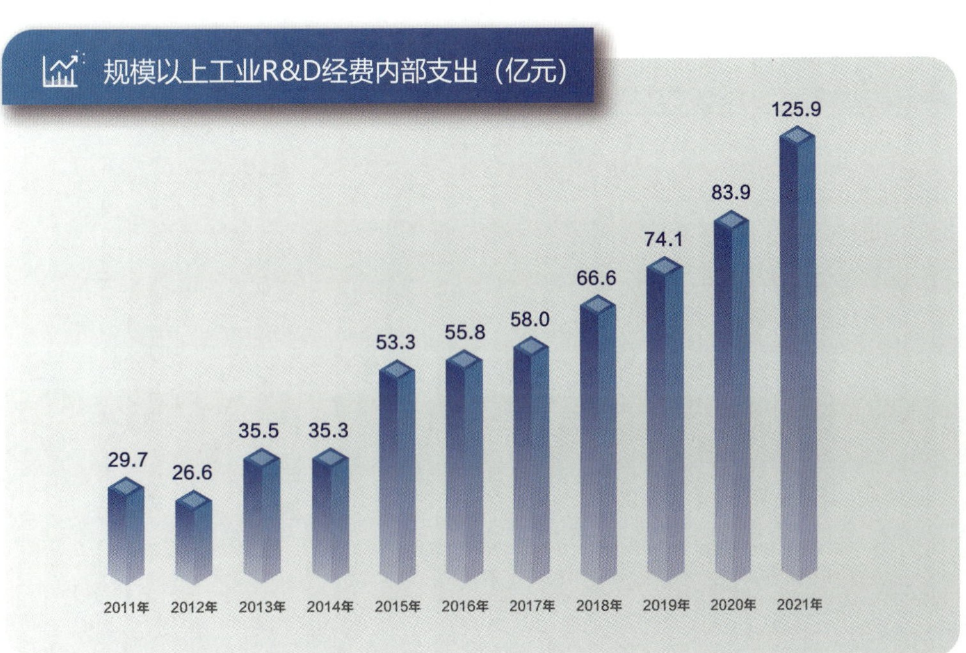
规模以上工业R&D经费内部支出（亿元）
29.7
26.6
35.5
35.3
53.3
55.8
58.0
66.6
74.1
83.9
125.9
2011年
2012年
2013年
2014年
2015年
2016年
2017年
2018年
2019年
2020年
2021年

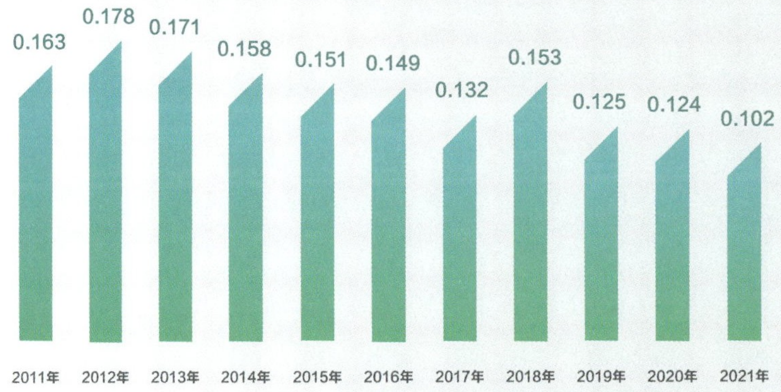
万元地区生产总值能耗（吨标准煤）
0.163
0.178
0.171
0.158
0.151
0.149
0.132
0.153
0.125
0.124
0.102
2011年
2012年
2013年
2014年
2015年
2016年
2017年
2018年
2019年
2020年
2021年

2011—2021年经开区主导产业产值

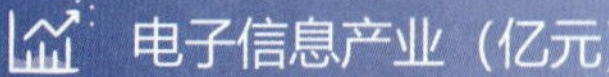

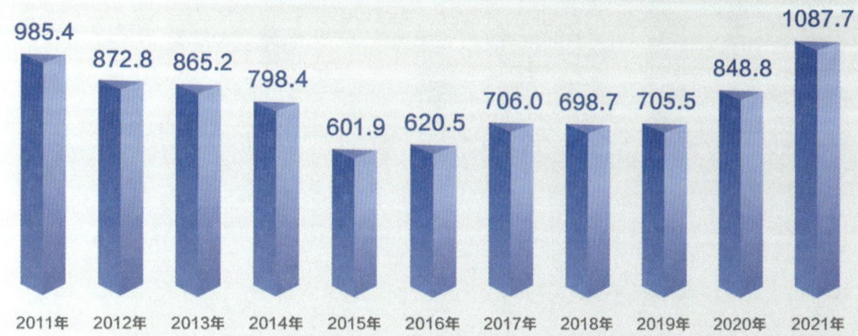

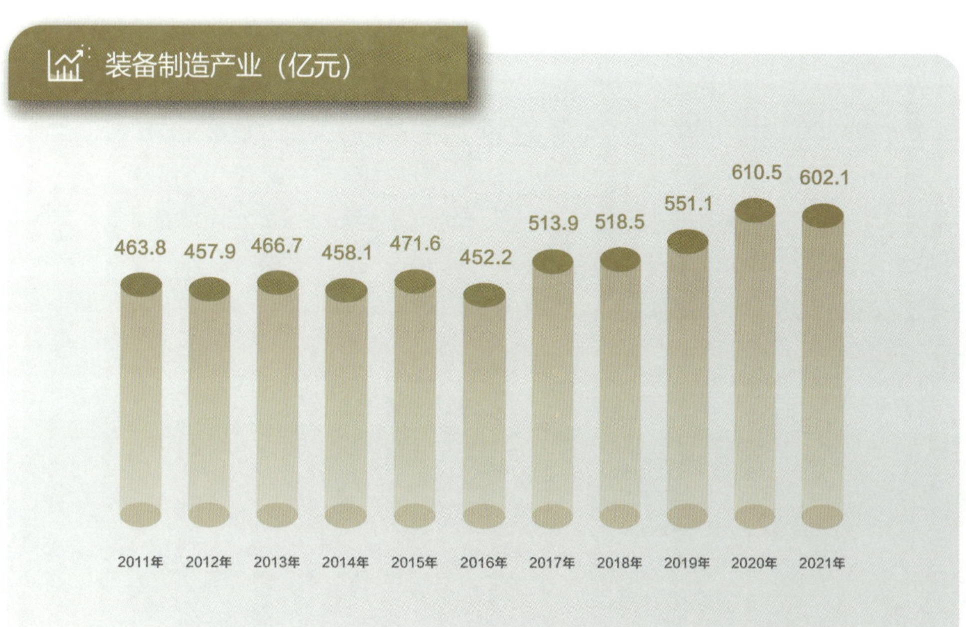

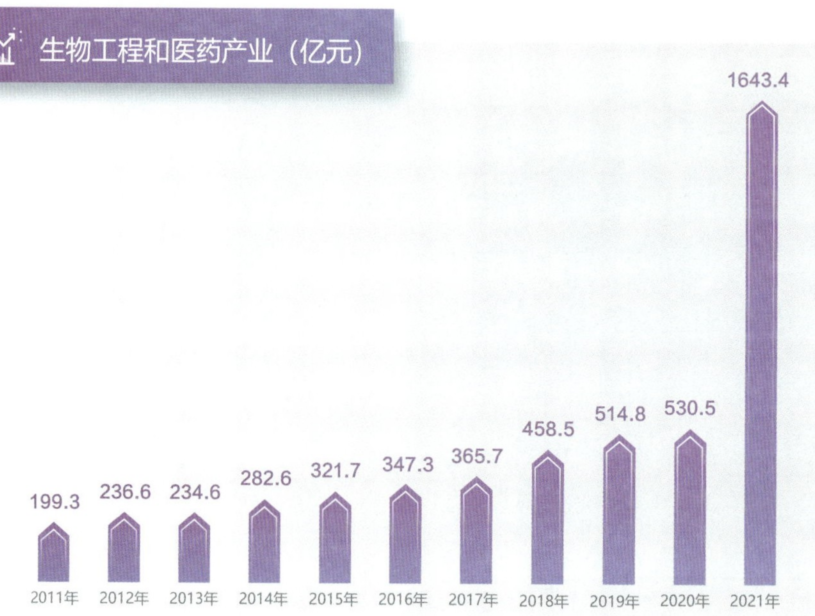

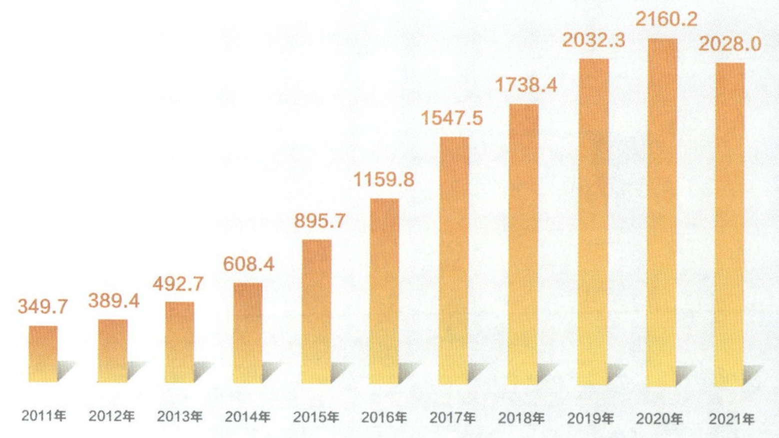

数据来源：《北京经济技术开发区统计年鉴（2021）》

3 月 2 日，经开区工委党校揭牌　　工委党群服务中心提供

5 月 21 日，“两新”工委党史学习教育推进会召开　　融媒体中心提供

6 月 18 日，百年党建展开展　　工委党群服务中心提供

6 月 18 日，非公党建展开展　　工委党群服务中心提供

8 月 7 日，大族广场工作人员在公共区域进行消毒作业　　吴江 摄

年内，联合康力保障防疫物资供应　　刘娜 摄

8 月，金地格林小镇社区安保人员要求进入社区的机动车驾驶员扫码登记

吴江 摄

10 月 26 日，经开区开展点人群核酸检测工作

吴江 摄

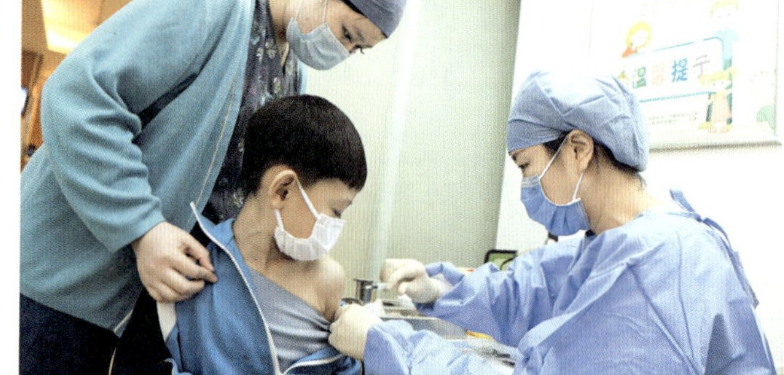

11 月 1 日，经开区启动 3~11 岁儿童新冠疫苗接种工作

吴江 摄

8 月 31 日，2021 世界 5G 大会在经开区开幕　　张磊 摄

9 月 10 日，2021 世界机器人大会在经开区开幕　　王洪伟 摄

9 月 2 日，经开区参展 2021 年中国国际服务贸易交易会　　孙艳平 摄

9 月 26 日，经开区参展第二十四届中国北京国际科技产业博览会　张磊 摄

10 月 22 日，2021 智能汽车未来城市嘉年华——自动驾驶汽车“快闪”活动举行

市自动驾驶办公室提供

4月13日，智行者“蜗小白”无人驾驶清扫车展示 吴江 摄

4 月 13 日，新石器无人车展示 吴江 摄

4 月 13 日，北京市智能网联汽车政策先行区发布会召开　　吴江　摄

11月10日，北京市高级别自动驾驶示范区创新运营中心运营　　市自动驾驶办公室提供

6 月 10 日，赛莱克斯 8 英寸 MEMS 国际代工线启动量产　田艳军 摄

9 月 4 日，京东方品牌巡展“你好 BOE”美好生活馆系列活动启动　卢金曦 摄

9 月 28 日，睿智航发布全球民用航空领域新一代高分辨率系列触控模组 睿智航提供

12 月 25 日，冠捷显示科技液晶显示器智能化示范线投产 孙艳平 摄

12 月 3 日，北京奔驰 EVA2 全新电池生产线建成　　北京奔驰提供

6 月 21 日，北京奔驰 M254 发动机投产　　岳政 摄

9 月 16 日，北京奔驰全新国产 EQB 纯电 SUV 下线　　岳政 摄

1 月，远东正大获检验检测机构资质认定　　刘丹 摄

9 月 2 日，北京生物建设的全球首个重组新冠灭活疫苗生产车间投入使用　北京生物提供

5 月 3 日，智飞绿竹生物生产的重组新冠疫苗“智克威得”上市　　张泉 摄

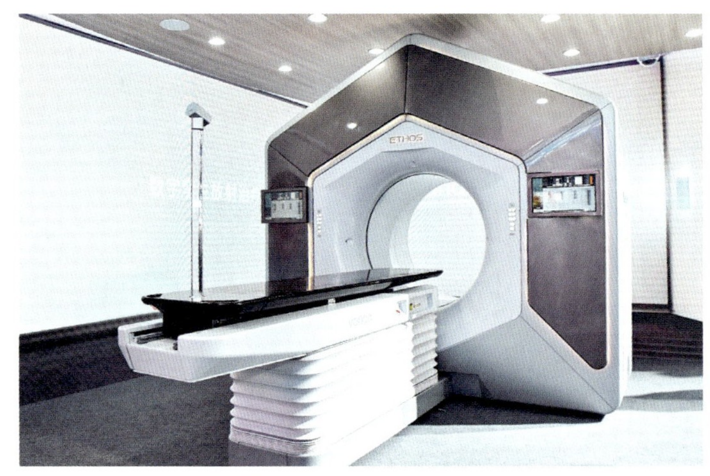

10 月，瓦里安 Ethos™ 智慧自适应放疗平台获批上市　　瓦里安提供

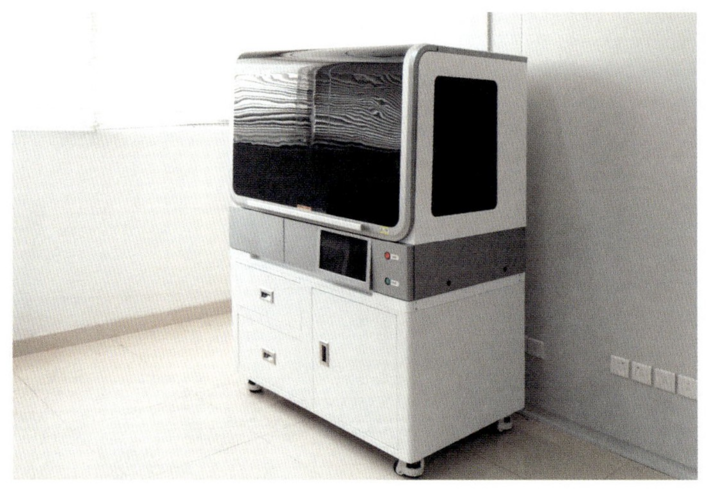

12 月 17 日，博尔诚研发的全自动核酸提取纯化仪 BN-4800 上市　　博尔诚提供

7 月 1 日，金风科创 GW184-6.45MW 海上机组完成吊装　　金风科创提供

12 月 7 日，星河动力谷神星一号（遥二）· 平安银行数字口袋号运载火箭成功发射　　汪江波 摄

12 月 7 日，零重空间和香港航天科技集团联合研制的金紫荆一号 03 号卫星搭载谷神星一号（遥二）运载火箭成功发射　　零重空间提供

12 月 25 日，森特股份研发楼建筑光伏一体化屋面电站并网成功　　森特股份提供

5 月 22—28 日，经开区参展 2021 年全国科技活动周暨北京科技周活动　　吴江 摄

6 月 20 日，“2020—2021 全球 IPv6 发展与展望”研讨会举行　　王子平 摄

4月25日，北京市知识产权保护中心经开区分中心挂牌
吴江 摄

10月21—22日，下一代互联网新技术联合实验室揭牌
王子平 摄

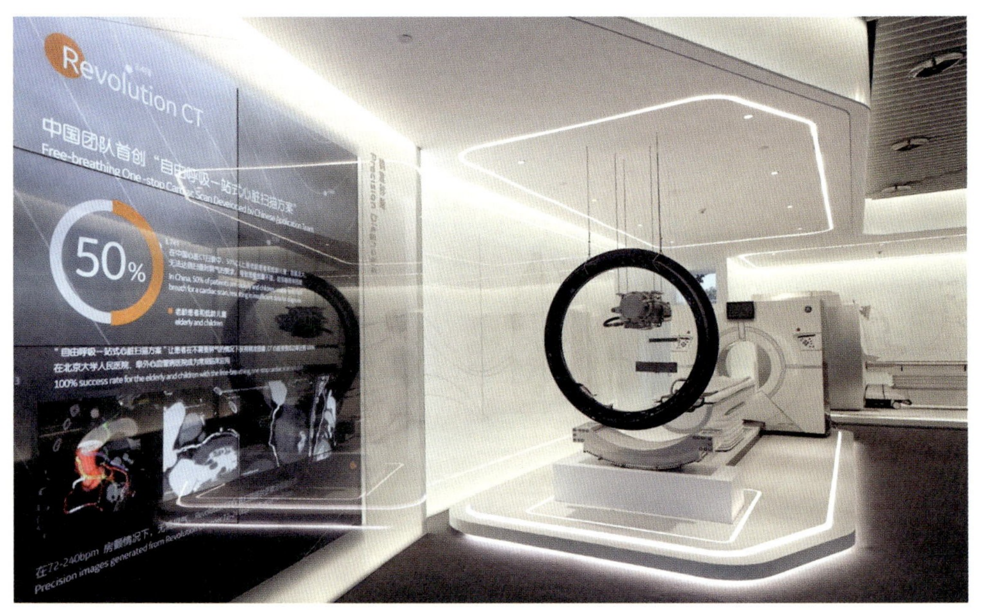

7月31日，健康科技创新平台——G2创·中心落成 李梦圆 摄

1 月 28 日，“政企互动会客厅”投入使用　　政务服务中心提供

4 月 26 日，政务服务中心开设“两区”建设服务窗口　　蒋科平 摄

8 月 2 日，国际人才服务厅首笔“两证联办”业务办结　　韩乐陶 摄

9 月 13 日，经开区公共资源交易分平台投入使用　　徐伊慰 摄

南海子天鹅

通明湖

潘清泉 摄

潘清泉 摄

年内，特来电研发的智动柔性充电弓投入运营 张泉 摄

6 月，经开区以“庆祝建党 100 周年”为主题的环境布置完工 张磊 摄

6 月 18 日，北京最大的消防特勤站——经开区瑞合路特勤站建成投入使用　白双全 摄

10 月 31 日，经开区首个装配式共有产权住房项目——亦城亦禧家园交付　亦庄人才集团提供

9 月 1 日，人大附中亦庄新城学校落成暨 2021—2022 学年度开学典礼举行　郭幸福 摄

9 月 28 日，经开区首家临床研究型医院——北京扶正肿瘤医院开业　北京扶正肿瘤医院提供

10 月 9 日，经开区第一届中小学生运动会举行　　融媒体中心提供

5 月 28 日，经开区首届“大都东南”科技艺术节开幕　　吴江　摄

4 月 28 日，经开区模范先进人物荣誉盛典活动召开　　吴江 摄

7 月 16 日，经开区亦麒麟人才评选发布会举办

10 月 20 日，2021 年德勤 · 亦庄高科技高成长二十强发布　　吴江 摄

张磊 摄

目　录
CONTENTS

协同合作

经济管理

城市运行

社会事业

法治

统计资料

附录

索引

区情概况

区情概况

经开区位于北京市市区东南部，地处大兴区、朝阳区、通州区交界处。1992 年，经市政府批准，经开区启动建设“3.83 平方公里”起步区。1994 年 8 月，经国务院批复成为第 32 个国家级经济技术开发区，一期规划面积“15.8 平方公里”。2002 年 8 月，国务院批准经开区在一期规划面积基础上扩区“24 平方公里”。2010 年年初，市委、市政府授权经开区统一开发和管理亦庄新城范围内大兴区“12 平方公里”产业和配套用地。经开区管委会管辖面积达“58.8 平方公里”。2019 年，市委、市政府批准经开区管委会统一规划和开发建设亦庄新城，明确亦庄新城规划范围为“225 平方公里”。

一、党建引领

2021 年，经开区把党的政治建设摆在首位，大力弘扬伟大建党精神，为开创亦庄新城高质量发展新局面提供坚强政治保证。巩固拓展党史学习教育成果，不断强化党的创新理论武装，为新城高质量发展凝心聚力。不断提升党建工作水平，以高质量党建引领高质量发展，助推企业高质量发展。打造亦庄新城党建协同发展先锋区，打造亦企服务港、科技攻关先锋港、园区楼宇党建联盟等党建品牌，推进基层党建与生产经营深度融合。通过搭建培训平台、开展结对共建等方式，不断强化新城范围内机关、驻区单位等基层党组织交流力度，为经济发展奠定基础。

经开区工委直接管理 10 个党（工）委，分别是机关党委、亦庄控股党委、亦庄国投党委、亦庄人才集团党委、尚亦城集团党委、“两新”工委、社会事业党委、荣华街道办事处工委、博兴街道办事处工委和税务局党委（党组性质党委，税务局党委由机关党委代管）；共有基层党组织 730 个，其中党委 30 个、党总支 18 个、党支部 682 个，党员共计 14418 名（京东集团党委于 9 月底整建制转入市互联网工委，转出党委 2 个、党支部 54 个、党员 3209 名）。

二、产业发展

2021 年，经开区作为北京市唯一的国家级经济技术开发区，持续优化高精尖产业生态。坚持做强主导产业，发力新兴产业，布局数字产业，配套生产性服务业，在延伸产业链、保障供应链、激活创新链上优化资源配置，增强产业体系抗冲击能力，提高产品核心竞争力，强化平台支撑力。全年实现地区生产总值2666亿元，比2020年增长28.8%，工业总产值5712.1亿元，比2020年增长27.8%，工业增加值增速和总量均为全市第一，在高质量发展新征程上交出一份“硬核”答卷，成为北京高质量发展的缩影，也折射出高精尖产业的无限潜力。

新一代信息技术产业加速壮大，通过实施“双1+1工程”，集成电路产业规模进一步扩大；晶圆制造环节优势地位继续巩固，核心装备环节集聚效应逐步显现；新型显示领域以京东方为龙头，形成康宁、冠捷显示科技等产业链上下游协同发展局面，成为继高端汽车、产业互联网、生物医药之后的第四个千亿级产业集群。高端汽车和新能源智能汽车产业加速布局，聚焦产业发展趋势和核心技术突破，推进高级别自动驾驶示范区、氢能实验室和产业化基地建设。生物技术和大健康产业突破发展，以创新疫苗、细胞和基因治疗、创新药及创新医疗器械为主要发展方向，建设全国首个细胞治疗中试基地，研制的新冠灭活疫苗、呼吸机、CT机等120余种产品驰援全球，检测资源服务全市，保障防疫物资供应。机器人和智能制造产业全面推进，形成以智能制造装备为核心，高端能源装备和节能环保装备为两翼的“一核双翼”的产业发展格局，打造全国智能制造系统解决方案策源地。经开区企业已成为中国智能制造标准制定主力军，在已发布的285项智能制造国家标准中，区内企业贡献超过1/3。智能制造标杆企业数量占全市总量的38%，居全市第一。数字经济加快发展，按照“一基、两化、多场景”的总体思路打造全球数字经济标杆城市先行区，数字经济核心产业营业收入增幅显著。新兴产业发展实现突破，商业航天产业、节能环保产业、新消费产业、科文融合产业持续蓬勃发展，成为新增长极。

三、科技创新

2021年，经开区坚决把“安全自主可控”作为首要任务，围绕国家重大战略需求，加快关键核心技术攻关，在尖端技术引领、战略产业支撑方面取得重大突破。“双1+1工程”引领集成电路产业跨越式发展，创建了“大线出题、产学研用合作攻关答题”的科研合作模式。集成电路产业链加速完善，产业生态建设初具规模。国家信创基地年内新增入驻信创企业62家，累计注册企业152家。

经开区高级别自动驾驶示范区1.0阶段建设完成。核心区“60平方公里”范围内400千米道路、305个路口实现智能网联道路基础设施全覆盖，搭建完成高级别自动驾驶车辆的城市级工程试验平台。大力推动智能网联汽车政策先行区建设，在全国率先发布早晚高峰测试、异地测试互认、无人化测试、出行服务商业化试点等多项创新政策。核心区内自动驾驶出租车、自动驾驶公交、自动驾驶警务巡逻车、无人零售、无人配送、无人环卫和微循环接驳等城市应用场景全面开放。

经开区与三大科学城联动发展为重点，加快建设具有全球影响力的科技成果转化承载区，启动高新技术企业培育库建设，推动科技成果转化落地。挂牌 6 家中关村科技成果产业化先导基地加速区，新增北京集成电路产业链及先导技术产业创新中心等市级企业研发机构 99 家，实现北京市认定的新技术 121 项、新产品 208 项。全年经开区企业获专利授权 9815 件，包括发明专利 2543 件、申请 PCT 专利 864 件，拥有有效发明专利 11480 件。入选中国科学技术协会“科创中国”试点园区。截至 2021 年年底，经开区国家高新技术企业存量为 1748 家，中关村高新技术企业存量为 1115 家。

四、城市建设

2021 年，经开区城市规划建设有序实施。以亦庄新城“433”城市功能组团为基础，有序编制街区控制性详细规划，统筹推动规划综合实施方案编制，持续深化城市设计，完善基础设施规划，加强基础设施建设，实施新扩区域基础设施三年行动计划。“60 平方公里”核心区范围内 400 千米道路、305 个路口实现智能网联道路基础设施全覆盖。完成无障碍环境专项行动工作任务。途经经开区的地面公交线路条数共 69 条，总长度 730 千米，现状运营公交场站共计 12 个，地铁线路与有轨电车线路各一条。

生态环境质量显著改善。经开区完成“无废城市”建设试点工作，形成六大示范模式在全国推广。空气质量持续好转，4 项主要污染物持续改善，细颗粒物（$PM_{2.5}$）年均浓度为 35 微克 / 立方米、臭氧（O_3）浓度值为 149 微克 / 立方米，同步达到国家二级标准限值，并创有检测记录以来历史最优。节能减排成效显著，万元 GDP 能耗、水耗保持全市领先，达到国际先进水平。制定“双碳”行动方案，探索经开区碳治理路径，加快区域能源结构绿色低碳转型。推动绿色建筑高星级建设，全年绿色建筑高星级标识认证面积达 130 万平方米。严格落实林河湖长制，凉水河水质稳定保持Ⅳ类。超过 40% 的区域达到市政府要求的海绵城市建设标准，海绵城市建设工作在全市保持领先。区域内园林绿化水平不断提升，人均公园绿地面积达 27.8 平方米，远高于北京市水平。

五、社会发展

2021 年，经开区聚焦民生、服务发展，围绕打造升级版经开区，优化布局优质公共服务资源，持续提升教育、医疗卫生、民政等公共服务质量。承接核心区教育管理职权，构建教育管理服务体系，科学区划学区，保障区域义务教育均衡发展。全区有基础教育学校 10 所，其中十二年建制学校 4 所、九年一贯制学校 2 所（公办 1 所、民办 1 所）、完全中学 1 所、小学 3 所；中外合作办学机构 1 所。有市属高职学校 1 所，市管中等职业学校 1 所。初中毕业率达 100%，高中毕业率达 98.8%。

承接核心区卫生管理职权，构建区域医疗卫生体系。区域内共有卫生机构 110 个，其中医院 9 个、社区卫生站 4 个、医学检验实验室 22 个、门诊部 30 个、诊所 26 个、医务室 19 个；拥有包括三级甲等公立医院、专科医院、社区卫生服务站和药店在内的定点医药服务资源 70 家；卫生机构实有床位数 1810 张，每千常住人口医疗机构床位数达到 10.9 张，是全市的 1.8 倍；卫生技术人员 4951 人，每千常住人口卫生技术人员 29.8 人，是全市的 2 倍。

大力推进文化事业建设，公共文化服务水平持续提升。成立区文联，创建全市工业科技旅游示范区，推出首批 50 家“北京 · 亦庄科技馆”和 5 条工业科技旅游精品线路；支持公共图书馆、实体书店和公共阅读空间、影院等文化设施建设，服务居民文化生活需求。举办首届“大都东南”科技文化艺术节，推出 100 余场融合科技革新与艺术创新的文化活动，参与企业超过 1000 家，传播覆盖超过千万人。

经过数年的发展，经开区已成为全国唯一一个集国家级经济技术开发区、自由贸易试验区高端产业片区、国家服务业扩大开放综合示范区、国家自主创新示范区等政策优势于一体的经济功能区，形成了以新一代信息技术、新能源汽车和智能网联汽车、生物医药和大健康、机器人和智能制造四大主导产业以及新兴产业为基础。作为首都实体经济主阵地、“三城一区”主平台，全面深化改革开放，全面推进创新驱动，统筹新冠肺炎疫情防控和经济社会发展，统筹发展和安全，坚持聚焦国家战略，坚持提升创新能力，坚持打造产业生态，坚持推动产城融合，坚持改善民生福祉，以更加昂扬向上的精神状态，更加奋发有为的工作作风，全力推动升级版经开区和亦庄新城高质量发展。

特载

砥砺奋进三十年 笃定前行做先锋 努力谱写亦庄新城高质量发展新篇章

经开区工委书记王少峰在 2022 年度工作会上的发言

（2021 年 12 月 22 日）

同志们，刚才经开区管委会主任以“创新引领 使命担当 在高质量发展新征程上再谱华章”为主题，向大会报告了工作，系统总结了一年来我们取得的成绩，分析了我们面临的发展形势和目标任务，部署了明年的重点工作，总共五大方面 30 个重点领域，涉及经济发展、城市建设、改革创新、区域协同、民生福祉及政府自身建设，任务很重、很实。昨天市委全会闭幕，蔡奇书记对明年工作进行了 12 个方面的部署，陈吉宁市长做了经济社会发展报告，涉及经开区承担或者参与的全市重点任务达 23 项之多。经开区作为全市高端经济功能区、高质量发展开路先锋，要把责任扛起来，为全市发展做出我们的贡献。经开区管委会主任的这个报告是经经开区工委、管委会集体讨论并征求各方意见后确定的，对明年的工作安排，请各部门各单位认真抓好落实。也希望得到大兴区、通州区、南郊农场和驻区单位的大力支持和全力配合。

2021 年是党和国家历史上具有里程碑意义的一年。在以习近平同志为核心的党中央坚强领导和习近平新时代中国特色社会主义思想指引下，我们坚决贯彻落实市委、市政府的决策部署，始终牢记“看北京首先从政治上看”，坚持以人民为中心的发展思想，扎实推进党史学习教育，在常态化疫情防控中抢时间抓发展，全区上下对党的拥护热爱空前高涨、对中国特色社会主义的自信自豪空前增强，实现了“十四五”良好开局，切实展现出了北京高质量发展开路先锋的应有担当！

根据会议安排，下面，我代表经开区工委再讲四点意见。

一、坚持党史学习教育与高质量发展两手抓双促进，奋力实现“十四五”良好开局

一年来，我们深入开展党史学习教育，全力推动学习成效向发展实效转化。围绕“学

史爱党强使命，勇当先锋开新局”，坚持“用好6种资源、打造6个课堂，开展6大行动、提升6种能力”，四史联学与“七一”重要讲话、党的十九届六中全会精神相结合；利用高质量发展优势资源、科技创新优势资源打造特色学习样本；以学促行紧抓“我为群众办实事”，解决了一批关系企业居民切身利益的问题，形成了一批惠企利民的政策措施，切实推动党史学习走深走实。

一年来，我们锚定发展航向，全力推动新城建设加挡提速。《“十四五”时期北京经济技术开发区发展建设和二〇三五年远景目标规划》发布，《“十四五”时期台马地区经济发展规划》《“十四五”时期北京经济技术开发区生态商务区经济发展规划》等扩区范围的经济社会发展专项规划相继出台，新扩区域基础设施三年行动计划启动实施，土地开发加速推进、城乡一体加速融合，大家思想更加统一、力量更加凝聚，“亦城一家人”的观念逐步深入新城企业市民心中。

一年来，我们强化“五子联动”，全力推动叠加效应加倍增益。围绕人才、平台、项目、资金等，完善机制、政策、服务供给，营造良好创新生态；“两区”建设坚持政策创新和机制创新，持续释放制度利好；数字经济以高级别自动驾驶为产业示范先行一步，加速推动数字技术与实体经济交融、催生增长新动力；深入实施城市更新行动，通过优化空间供给支持扩大有效投资；与“三城”联动发展逐渐深化，重大项目迅速推进，推动京津冀经开区间实现政务互通互办，有力促进三地产业协同共建、优势互补。

一年来，我们接续推进改革，全力推动营商环境引领示范。聚焦市场主体关切，敢于啃硬骨头，舍得下绣花功，“审、管、执、信、服”各领域努力用更大力度、更大程度降门槛、统标准、简流程、缩时限、提质效，局处两级一把手带头下一线走流程，疏通营商环境落地“最后一公里”。全区上下贯通发力，用好市级赋权优势，全市创新举措最多、全市推广的做法最多，充分激活市场激发信心，用营商“软”环境支撑起发展“硬”实力。

一年来，我们坚持人民至上，全力推动民生福祉优益而广惠。用足社会领域新职权空间，高起点谋划社会事业新篇章，办实办好“衣食住行业教保医”民生实事，增数量更提质量。加快推进新扩区域基础设施和市民服务设施建设，进一步擦亮蓝天、绿水、净土的生态底色，不断提升城市治理和安全风险管控水平，加速新城一体化发展，推动更多共建成果惠及更多新城市民。

一年来，我们注重协同创新，全力推动党建引领更加坚强有力。亦庄新城党建协同发展先锋区建设持续深化，11个亦企服务港配备到位，实现新城服务全覆盖。“两新”组织建设加快向新行业新业态推进“两个覆盖”，把党组织建在重大项目上、园区工地里，成立行业功能型党委。特色党建品牌充分发挥“红色引擎”作用，京东、悦康药业、中芯国际、金风科技、北华中清环境等企业上榜北京市 100 个两新组织“党建强、发展强”党建品牌项目名单。社区“两委”换届完成，基层治理的“主心骨”强健稳固。

事非经过不知难，路须蹚出方为新。一年来的工作告诉我们：这些成绩的取得，根本在于以习近平同志为核心的党中央坚强领导，在于习近平新时代中国特色社会主义思想的科学指引。从一域看全局，“中国之治”与“西方之乱”对比更加鲜明，我们更加深切地感受到“党有核心才能万众一心”，更加深切地感受到中国特色社会主义制度的优越性，更加深切地感受到伟大思想的真理光芒和实践伟力。我们必须始终沿着总书记指引的方向奋勇前进，在新征程上不断创造高质量发展新的辉煌！

这些成绩的取得，也是经开区工委、管委会在市委、市政府的正确领导下，团结带领全区人民努力拼搏的结果，是各方面关心支持帮助的结果。大兴区、通州区给予我们大力支持，全区 7 万余家驻区单位、30 万新城市民，勠力同心，汇聚起推动高质量发展的磅礴力量。在这个过程中，每个人都出了力，每个人都了不起！在此，我代表经开区工委、管委会，向全区广大干部群众、向所有关心支持经开区发展的各界朋友，致以崇高敬意和衷心感谢！

二、深刻理解、准确把握新发展阶段我们面临的新形势、新任务、新要求

（一）新的百年征程中两个大局相互交织，我们机遇与挑战并存

中央经济工作会议指出，中国经济韧性强，长期向好的基本面不会改变。随着中国日益走近世界舞台中央，必将进一步提升北京的国际影响力，“四个中心”“四个服务”蕴含的巨大能量将会进一步释放，作为首都重要的经济功能区，我们势必会迎来更多的发展机遇。但是在新冠肺炎疫情冲击下，百年变局加速演进，外部环境更趋复杂严峻和不确定，全球经济处于“复苏一受阻”的波动中，中国经济面临需求收缩、供给冲击、预期转弱三重压力，北京在宏观经济整体下行的态势下，在疏解非首都功能、“减量”发展、创新发展的背景下，在节能降耗、能源保供的压力下，也可能面临经济增速放缓、财政压力增大、外迁企业增多、高端人才外流等现实问题。在市委全会上，蔡奇书记强调，稳住一季度就是开门红；陈吉宁市长在经济社会发展报告中讲到，2020 年受疫情影响全市各项指标大幅下降，主要经济指标都是负增长，可以说“挖了一个坑”，2021 年我们疫情防控常态化确保了首都安全，经济活动逐渐恢复正常，特别是在我们和大兴区两支疫苗的整体拉动下，各项主要指标快速增长，可以说“鼓了一个包”，在这个背景下，2022 年各项指标的增速压力极其之大，必须要“过好这道坎儿”。这是从全市情况讲，对我们来说也是一样，北生研疫苗为经开区、为全市做了贡献，但是在减量降价的政策背景下，明年我们的地区生产总值、工业总产值等指标也充满了挑战和不确

定性。

（二）经开区三十年艰苦创业奠定雄厚基础，我们底气与信心共生

明年我们将迎来建区 30 周年。三十年创新为要、三十年产业报国、三十年敢为人先。而立之年的经开区，发展能级跃上新台阶。从一片农田中起跑、跟跑、并跑，到现在我们在部分领域示范领跑，今年前三季度，我们的地区生产总值、工业总产值、一般公共预算收入、固定资产投资等主要指标增速在全国头部经开区中全部排名第一。而立之年的经开区，战略位势迎来新机遇。我们坚持以首都发展为统领，重大国家战略与“六区”政策红利叠加赋能，高质量发展优势更加凸显。而立之年的经开区，改革创新蓄积新动能。我们坚持对标国际一流，产生了诸多全国乃至全球“第一”，高质量发展活力迸发。而立之年的经开区，城市建设进入快车道。我们坚持一张蓝图干到底，“五位一体”全面发展，综合新城生机勃勃。而立之年的经开区，一以贯之的是为党和国家事业开路探路的崇高使命；是体现首善标准、发挥引领带动作用的首都重要窗口；是一代又一代经开区人敢闯敢试、唯实惟先、善作善成的精神气质。

（三）亦庄新城高质量发展蓝图绘就，我们责任与使命同在

站在向第二个百年奋斗目标进军新的历史起点上，我们有底气、有信心，也有能力，全方位建设好新城，高水平当好北京高质量发展开路先锋。我们要把责任使命落在国家战略任务上。集成电路、自动驾驶、信创工程等国家战略，既是我们高质量发展的重大机遇，更是我们必须干好的责任使命，要“举非常之力，成非凡之事”。我们要把责任使命落在“十四五”规划体系上。北京市“十四五”规划及高精尖产业发展规划、“四个中心”等各专项规划，以及京津冀、副中心、城南行动等重点工作中，均有涉及经开区的任务；我们自己的“十四五”发展建设规划以及各专项规划也已经陆续发布。对这些重点任务，都要清单化管理、项目化推进、精细化落实，确保明年起步见效。我们要把责任使命落在力补弱项短板上。刚才经开区管委会主任从 5 个方面总结了我们工作中的差距和不足，我再点几个具体的问题，比如我们在土地资源对高精尖产业项目的支撑还不够。土地一级开发中还存在不少问题，耕地占补指标仍存在缺口，城市更新越往后越是硬骨头。随着我们规划和重点产业的进一步明确，现在大项目在排队等候落区，所以产业空间、土地资源、相关政策等这些发展最为重要的基础还需加强保障。“两区”建设步伐还不够快。围绕企业痛点难点与现实需求，政策和机制创新还不够强，开放的力度还不够大，明年 RCEP 协定即将生效，国家还在积极争取加入 CPTPP，这些协定对我们的产业和企业有什么影响，对此我们研究的还不够深入。“专精特新”企业优势发挥不明显。我们的“专精特新”企业在全国经开区里位列第一，有 38 家，如何发挥这些企业的优势作用，在支持培育进一步发展壮大上做得还不够，还没有充分挖掘出这类企业的潜力。全面从严治党还有薄弱环节。违反中央八项规定精神问题禁而未绝，腐败案件仍有发生。我们必须高度重视，强化问题导向和底线思维，扎实迈好现代化建设每一步。

三、而立之年启新篇，在新征程上续写更多“春天的故事”

2022 年是具有特殊重要性的一年。党的二十大将胜利召开，2022 北京冬奥会、冬残奥会将成功举办，“十四五”规划实施进入关键时期。作为首都实体经济主阵地，我们要在“稳”的基础上增强“进”的动能，乘势而上，加快质量变革、效率变革、动力变革，走好新征程的第一步。关于全年重点工作，我再从重点方法和路径上强调一下，和刚才经开区管委会主任的部署形成一个有机整体。

（一）夯实产业基础“顶梁柱”，成就高质量发展“新高度”

围绕北京市构建“2441”高精尖产业体系，加快培育具有战略领航性、示范带动性、科技引领性的产业集群，这 3 个方面是对我们创新型产业集群的进一步诠释，要引领全市产业向中高端迈进，体现出“亦庄担当”。

一是聚焦产业链关键环节，打造完整产业生态，提升优势产业国际影响力。集中攻坚国家战略任务，持续壮大四大主导产业，强化重大项目空间保障和服务供给。继续稳固协同发展产业体系，支持龙头企业、骨干企业带动产业链、创新链上下游集聚，营造更具韧性的产业生态，确保产业链、供应链安全。

二是完善先进制造业和现代服务业融合发展的全产业链条，拓展两业融合深度广度。深化服务业综合改革，强化现代服务业对先进制造业的支撑作用，加快构建以数字经济为引领、以先进制造业为重点、先进制造业与现代服务业融合发展的现代产业体系。刚才经开区管委会主任在部署明年工作时指出，明年工业总产值保持正增长是我们的底线，GDP 要实现 6.5% 的增速，我们的科技服务业、现代服务业就必须发力，对制造业形成有力支撑，才能实现这一增长目标。

三是培育壮大数字经济，争取数字经济标杆城市先行区先试先赢。“数字产业化”“产业数字化”齐驱并驾，加快工业互联网平台建设，助力制造业全流程智能化改造，推出更多智能工厂、未来工厂，落地一批跨领域、综合型的特色应用示范场景。

（二）打造科技创新“强磁场”，积攒高质量发展“动力源”

围绕国际科技创新中心主平台建设，高浓度集聚各类创新要素，让科技创新这个“关键变量”成为发展的“最大增量”。

一是增强支持科技创新的服务能力。以更准的政策、更实的措施、更快的速度，引导创新要素向企业集聚，实现最优配置，鼓励企业提升创新能力和技术迭代能力。提升高校和科研院所创新供给能力，坚持深化“产学研用”一体化模式，联智联力，打赢关键核心技术攻坚战，打好前沿新兴技术争位赛。

二是打造“专精特新”企业生态圈。健全“微成长、小升规、高变强”梯次培育机制，以“专精特新”企业、瞪羚企业的铺天盖地，逐步造就独角兽企业、领军企业、头部企业的顶天立地。紧抓北京证券交易所设立机遇，进一步完善创新型中小企业服务机制，着力培育上市后备资源，扶持创新型中小企业做大做强。

三是实施高层次人才支持计划。聚焦“高精尖缺”，持续完善“人才十条”政策体系，加快建设国际人才社区，大力引育战略科学家等各类人才，既推广“揭榜挂帅”又鼓励“赛马”机制，做精增值服务、做优服务质量，努力使经开区成为卓越人才辈出之地、全球人才向往之地、人才活力涌流之地、人才生态典范之地。

（三）当好深化改革“排头兵”，精耕高质量发展“试验田”

坚持首都所需、亦庄所能、企业所盼、未来所向，更加坚定地走解放思想、深化改革之路，以改革突破创造制度优势、发展优势。

一是加快推进“两区”建设。强化“两区”政策创新、制度创新，聚焦制约产业发展的痛点难点，深入开展前瞻性、战略性和实操性研究，着力引进一批有分量的外资项目，推动企业参与“一带一路”建设，不断打造开放发展的“亦庄境界”。

二是加快推进政府数字化转型。打破“数据孤岛”“信息壁垒”“业务障碍”，整体驱动新城治理模式变革。围绕数字赋能决策、服务、执行、监督和履职评价全周期，树立数字意识和思维、培养数字能力和方法、建设整体智治的现代数字政府，提供现代化数字治理“亦庄方案”。

三是开展改革成效“回头看”。坚持问题导向、效果导向，结合市级新一轮赋权，进一步优化理念、方法、机制，调试工作链条，建设决策科学、运转流畅、落实有力、服务优质、法治诚信、公正廉洁的高效政府，切实展现“亦庄效能”。同时，要系统总结建区 30 年积累的宝贵经验，以史为鉴、开创未来。

四是持续优化营商环境。站在“企业侧”“群众侧”，对标国际先进水平，深入完善“政府侧”，推进审批制度“极简化”、政务服务“便利化”，深化政务服务“一网通办”和城市运行“一网统管”，完善企业全生命周期服务机制，树立市场化、法治化、国际化营商环境的“亦庄标杆”。

（四）跑出新城建设“加速度”，体现高质量发展“新面貌”

坚持“一盘棋”发展，突出“党建引领、三区协同、八镇提升、全面发展”，努力建成一批融合发展标志性成果，切实提升新城企业市民认同感。

一是有序释放产业空间。坚决落实《北京城市总体规划（2016 年—2035 年）》，严格遵循《亦庄新城规划（国土空间规划）（2017 年—2035 年）》，精准释放用地指标，保障高精尖产业发展空间供给。加快推进街区控制性详细规则和综合实施方案编制，研究亦庄新城产业用地功能兼容管理办法，持续推动城市更新，盘活存量用地，促进多种功能集成，鼓励紧凑集约、复合利用、融合发展。

二是统筹推进智慧城市建设。把握好“双智”（智慧城市基础设施与智能网联汽车协同发展）试点城市机遇，加快城市数字平台和应用场景建设。构建智慧民生服务网络，完善智慧园区、社区平台建设，用数字手段为产业发展和民生服务赋能。

三是持续推动产城融合。综合考虑人口分布、资源承载、城市容量等因素，统筹各组团协调均衡发展，实现“产、城、人”良性循环互动。深化城市表达，启动城市节点景观提升，凸显工业文明特质和高新科技特点。坚持生态优先，紧盯“双碳”目标，科学谋划碳达峰、碳中和的实现路径。

（五）把准群众关切“主动脉”，提升高质量发展“软实力”

民之所盼，政之所向。始终把人民放在心中最高位置，把为民造福作为新城建设的目标追求，让新城市民生活的更有品质、更为舒心、更加美好。

一是加大公共服务供给。深化教育体制改革，提升优质教育、国际教育资源质量和规模，建设教育综合改革示范区。健全基层卫生健康服务网络，完善公共卫生应急救援体系。加强社会保险保障体系建设。深化“一刻钟社区服务圈”建设，提质升级便民服务能力。

二是不断提升社会治理能力。深入贯彻落实《北京市接诉即办工作条例》，推动“接诉即办”工作越办越精、越办越快、越办越好。继续为街道赋能增效，推动资源整合、力量下沉，构建充满活力的基层治理机制。坚持把法治作为“最大公约数”，加快经开区条例修订，深化法治政府建设。

三是统筹好发展和安全。百年未有之大变局，必然带来百年未有之不确定因素，防范化解重大风险任务异常艰巨繁重。尤其是明年大事多、喜事多、要事多，我们在首都工作，必须高度重视安全工作，要将防范化解政治安全风险摆在重要位置。当前政治领域风险错综复杂，意识形态领域风险多样多变，社会领域风险交织叠加，经济领域风险累积显现，经贸摩擦风险依然较大，科技领域风险日益凸显，党的自身建设领域风险也依然存在，我们必须坚持底线思维，提高风险预见预判能力，以工作的确定性应对风险的不确定性，有效防范和化解各类风险隐患。

四、大力弘扬伟大建党精神，为开创亦庄新城高质量发展新局面提供坚强政治保证

（一）始终把党的政治建设摆在首位，将对党绝对忠诚贯穿于履职尽责全过程

政治建设是党的根本性建设，新的赶考路上，必须始终坚持把讲政治作为第一位要求，旗帜鲜明加强党的政治建设。

一是忠诚拥护“两个确立”。强化对“两个确立”的高度政治认同、理性认同、情感认同，切实增强“四个意识”、坚定“四个自信”、做到“两个维护”，始终胸怀“两个大局”、心系“国之大者”，始终同以习近平同志为核心的党中央保持高度一致。坚决贯彻执行党的政治路线，严守党的政治纪律和政治规矩，把对党忠诚体现在本职岗位、落实到日常言行。

二是全面加强党的领导。持续完善党的全面领导的制度体系，把党的领导贯穿到亦庄新城各领域工作全过程、各方面。坚持民主集中制，切实加强工委各类议事协调机构作用，发挥好工委作为市委派出机构，在推动区域高质量发展中把方向、谋大局、保落实的作用，回答好“加强党的全面领导”这个重大课题的亦庄答卷。

三是强化政治能力训练和政治实践历练。教育引导全区广大党员干部始终保持政治上的清醒坚定，善于从政治上观察处理问题，做到对大局心中有数，坚决贯彻落实党中央决策部署和市委、市政府任务要求，结合实际创造性开展工作。

（二）巩固拓展党史学习教育成果，不断强化党的创新理论武装，为新城高质量发展凝心聚力

思想建设是党的基础性建设，新的赶考路上，必须持续强化思想引领，学深立场观点方法，学懂道理学理哲理，学出信仰信心信念。

一是强化理论学习，彰显思想伟力。自觉将学习贯彻习近平新时代中国特色社会主义思想作为终身必修课。把思想理论武装与新城使命定位及具体实践紧密结合起来，编辑好《中国共产党北京经济技术开发区历史大事记》《30 年改革创新案例集》等，深化党史研究和党史学习教育。

二是弘扬创新文化，擦亮新城文化品牌。服务全国文化中心建设，深化创新文化内涵表达，加快推进文化设施建设，建设一批“创新 +”文化空间，精心打磨文化 IP 品牌，以“一园三中心”为依托，加强文化产业引入，构建起科文融合的产业生态，形成科技范国际化城市风貌。

三是做强主流舆论，打造新城展示平台。紧紧围绕党的二十大等重大主题和高质量

发展主线，加强谋划，生动展现亦庄新城的创新实践。持续深化融媒改革，加快建设“四全媒体”。严格落实意识形态工作责任制，推动宣传思想工作守正创新。

（三）着力锻造亦庄新城特质的干部队伍，不断提升现代化建设新能力

党的干部是党的事业的骨干，亦庄新城发展的怎么样，关键就看我们的干部怎么样。新的赶考路上，必须坚持培养造就亦庄新城高质量发展需要的好干部，不断激励干部敢担当勇作为善创新。

一是把干部任用的鲜明风向标树立好。坚持五湖四海、任人唯贤，以事择人、人岗相适的原则，选拔重用善谋划、重实干、肯担当、出实效的干部。坚持“有错是过，无为也是过；有错要问责，无为也要问责”，做到德不配位就去位、才不适岗就调岗、状态不佳就换人，打造可堪大用、能打胜仗、德才兼备的干部队伍。

二是把培养干部的摇篮建设好。加强经开区党校建设，科学设置课程，开拓师资力量，充分挖掘区内优秀企业家、尖端科技人才、优秀基层工作者来传道授业。突出区域特色，发挥“两新”组织作用，搭建企业党组织交流平台。

三是把关键岗位锻炼干部的作用发挥好。在产业发展最前沿、项目建设主战场、基层治理群众间、急难险重第一线培养锻炼干部。加大经开区工委、管委会与国有企业、镇街社区以及其他社会组织之间的干部交流力度。加强与头部开发区、自贸区等发达地区的干部交流，抽调干部到一线岗位学习经验、开拓视野、拓宽思维。

四是把绩效考核对干部的激励作用利用好。结合上年度绩效考核情况，进一步细化考核内容、量化考核指标、强化考核结果运用，把绩效奖励向担当实干、实绩突出的干部倾斜，拉大绩效奖金差距，让愿作为、能作为、善作为的干部更多地受激励。

五是把对干部的严管与厚爱结合好。加强对重点领域、关键岗位的监督，从制度和机制上堵塞漏洞，从源头上防范治理。建立健全干部担当作为的激励和保护机制，充分利用容错纠错机制，旗帜鲜明为勇于担当的干部撑腰鼓劲，让他们放下思想包袱、主动作为。各级组织都要多与干部谈心谈话，真诚关心干部工作生活，让干部有奋斗激情、无后顾之忧。

（四）夯实基层基础，构筑坚强有力的组织体系

基层党组织建设是党建工作的重中之重，新的赶考路上，做好基层党组织建设是亦庄新城高质量发展的必然要求，必须抓实抓好。

一是持续推进亦庄新城党建协同先锋区建设。充分发挥亦庄新城党建协调委员会作用，进一步完善与大兴、通州两区的协同发展机制，重点谋划一批利企惠民、促进协同的重大工程、重大项目和民生实事，切实体现出“亦城一家人”的凝聚力。

二是打造具有亦庄新城特色的党建品牌。围绕各亦企服务港、各园区、各企业不同特点，加强资源统筹，推动实现“一港一品牌”“一园一品牌”“一企一品牌”。开展党建提升行动，固化提升党组织书记接待日机制，进一步为非公企业党组织赋能。强化国企党建，把加强党的领导和完善国企企业治理统一起来，为深化国企改革提供坚实组织保障。深化新社会组织党建工作，加大政策、资源倾斜力度，进一步推动各方共同参与亦庄新城建设。

三是全面提升党建引领下的基层治理水平。严格落实基层党建工作责任制，不断增强基层党组织战斗堡垒作用，引导广大党员充分发挥先锋模范作用，推进资源向基层倾斜，强化激励保障措施，以繁文缛节的“减法”、形式主义的“除法”，换来资源下沉的“加法”和担当作为的“乘法”。

（五）扎实开展开发区领域腐败问题专项整治，持续涵养风清气正的政治生态，让求真务实、清正廉洁的新城正气不断充盈

按照中央和市委部署，明年要持续开展开发区领域腐败问题专项整治。我们要以此为契机，系统施治、标本兼治，切实推动全面从严治党向纵深发展。

一是严密构筑风险防控体系。围绕重点领域和关键环节，建立健全重大廉政风险防控规程，进一步从制度机制上加强对权力的监督和制约。创新风险防控体系，建设廉政风险防控预警系统，将日常监督嵌入行政审批、财政资金使用、土地开发等事项的工作流程中，实现权力运行全流程防控预警。

二是持续强化廉政教育。深入吸取杨学锋、王俊杰等人违纪违法案件教训，以身边事警示身边人。用好经开区廉政警示教育基地等资源，经常性开展党员干部廉政谈话，使党员干部紧绷纪律之弦，把遵规守纪融入日常工作生活。

三是驰而不息推进监督执纪。强化政治监督，稳步推进巡察工作全覆盖，建立巡察整改促进机制，健全巡察发现问题“一张清单到底”机制，提升巡察工作规范化、科学化水平。加强对“一把手”和领导班子的监督，提升监督治理效能。深入整治群众身边的腐败和不正之风，深化新型亲清政商关系建设。

元旦和春节将至，尤其是 2022 年北京冬奥会即将举办，按照冬奥组委工作部署和全市工作安排，整个冬奥闭环管理，境外人员的疫情防控和服务保障工作整整提前一个月开展，从 1 月 4 日开始，整体的城市运行特别是赛区的运行将进入冬奥周期，我们要严格落实疫情防控措施，确保安全生产，维护区域安全稳定，为冬奥保障做出贡献。这里我再强调一下：必须坚持“万无一失”的紧迫感和“一失万无”的危机感，坚持“细致、精致、极致”作风，以强烈的政治担当、使命担当、责任担当，科学精准扎实抓好疫情防控和安全稳定各项措施落实，确保“两节”期间绝对安全、确保 2022 年北京冬奥会顺利举办。

同志们，新征程浩然开启，新时代华章铺展。往远看，东方风来满眼春，社会主义现代化强国的光明前景召唤我们去开拓创造；往前走，三十而立从头越，共同富裕幸福美好的新城画卷有待我们去努力绘就：这是一幅科技自立自强、产业生态完备的自信自豪画卷，这是一幅生活更有保障、日子更加甜美的富裕富足画卷，这是一幅自然可亲近、事业可成就的宜业宜居画卷。唯有日夜兼程、风雨无阻，才能不负时代、不负人民。让我们更加紧密团结在以习近平同志为核心的党中央周围，高举旗帜、牢记嘱托，始终保持“归零”心态、“冲刺”姿态、“赶考”状态，精彩谱写亦庄新城高质量发展新篇章，不断让习近平新时代中国特色社会主义思想在大都东南绽放出更加璀璨的真理光芒，以优异成绩迎接党的二十大胜利召开！

创新引领 使命担当
在高质量发展新征程上再谱华章

经开区管委会主任在经开区 2022 年度工作会上的报告
（2021 年 12 月 22 日）

一、2021 年工作

2021 年，我们坚持以习近平新时代中国特色社会主义思想为指导，在市委、市政府的坚强领导下，立足新发展阶段，完整、准确、全面贯彻新发展理念，积极融入新发展格局，以高质量发展为主题，以供给侧结构性改革为主线，以首都发展为统领，以建设“三城一区”主平台为抓手，认真落实市委、市政府主要领导关于“勇当北京高质量发展开路先锋”指示要求，牢牢把握“四区一阵地”功能定位，拼搏进取，积极应对新冠肺炎疫情带来的严峻考验和复杂多变的国内外形势，夺取了疫情防控的阶段性胜利，完成了全年各项目标任务。

——抗疫情、勇担当，防控保供贡献“亦庄”力量。全力以赴促疫苗研发扩产。加强统筹协调、并联审批，协助北生研仅用 58 天、97 天、98 天建成 3 个新冠疫苗生产车间，年产能达 50 亿剂，累计供应国内外超过 17 亿剂，在全球 100 余个国家获得紧急使用或市场准入。全力服务防疫大局持续保障防疫物资。持续跟踪、精准对接，助力舒泰神等抗疫药品进入绿色通道，支持赛诺威盛、神州细胞等 41 家企业 76 项新冠检测及治疗药实现研发转化。检测资源服务全市，呼吸机、CT 机等 120 余种产品驰援全球。全域作战筑牢抗疫防线。强化疫情防控网格化管理，持续做好“外防输入、内防反弹”，实现全年社区居民、企业员工“双零”感染。检疫检测应检尽检，单管检测能力 14 万例，3 天完成区内检测全覆盖。织密安全屏障，加快疫苗接种，接种点最快 2 天建成，截至 12 月 14 日，全区疫苗接种 992529 剂次，实现全员应接尽接。

——谋新篇、开新局，“十四五”发展建设规划体系全面完成。坚持规划引领，紧紧围绕“三城一区”主平台和“四区一阵地”功能定位，深入贯彻《北京市国民经济和社会发展第十四个五年规划和二〇三五年远景目标纲要》，编制发布《“十四五”时期北京经济技术开发区发展建设和二〇三五年远景目标规划》，统筹推进 33 个专项规划编制，打造“1+33”规划体系。强化规划实施，明确 30 项指标和 498 项任务，把规划各项工作制作成“作战图”和“施工方案”。通过国内主流媒体、创新发布会等平台广泛宣传解读，形成“深入了解规划、自觉遵守规划、严格执行规划”的良好氛围。

——保生产、促发展，经济高质量运行成效显著。坚持统筹疫情防控和经济社会发展，实施抗疫情稳增长系列政策，落实经济运行“双周调度”等服务企业系列举措，按照“七促周调度”要求，推进项目落地建设，促进企业稳产增产。全年预计亦庄新城地区生产总值比 2020 年增长 20%（经开区比 2020 年增长 22%，两年平均比 2020 年增长 10.9%）；工业总产值 5820 亿元，比 2020 年增长 20%（经开区完成 5400 亿元，比 2020 年增长 25%，两年平均增长 13%），全市总量排名第一；地方级收入 362.5 亿元，比 2020 年增长 5.2%（经开区完成 334.3 亿元，比 2020 年增长 3.9%，两年平均增长 6.9%）；固定资产投资比 2020 年增长 38%（经开区比 2020 年增长 14%，两年平均增长 19%），增速在全市排名第一。大中型企业研发投入 280 亿元，比 2020 年增长 22%。经开区全社会消费品零售额完成 410 亿元，比 2020 年增长 8%。

一年来，主要推进了以下工作：

（一）围绕科技自立自强总目标，国家战略工程推进实现新突破

坚决把“安全自主可控”作为首要任务，围绕国家重大战略需求，加快关键核心技术攻关，在尖端技术引领、战略产业支撑方面取得重大突破。

“双 1+1 工程”引领集成电路产业跨越式发展。坚持构建中国集成电路自主可控体系，围绕代工产能严重不足、先进工艺落后、技术专利壁垒等问题，推动集成电路“双 1+1 工程”实施。通过建设 20 万片 / 月的中芯京城 12 英寸代工线、北方集成电路创新中心、10 万片 / 月的 12 英寸 DRAM 存储器生产线、超弦存储器研究院，形成集设计、制造、封测、装备、材料及零部件全产业链协同发展的产业生态，亦庄已成为国内集成电路产业发展的新高地。创建了“大线出题、产学研用合作攻关答题”的科研合作模式，启动建设北京集成电路产教融合基地，北京大学、清华大学、中国科学研究院微电子研究所、北方创新中心、中芯国际、北方华创等各方参与，教学、科研与大生产脱节的问题将得到根本性解决。中芯京城 12 英寸代工线项目仅用 10 个月完成主体结构建设；12 英寸 DRAM 存储器生产线一期 4000 片 / 月试产线开始流片；北方集成电路创新中心国产化项目取得突破性进展，带动近 70 种核心装备、15 大类关键零部件、20 余种材料实现国产化替代；推动超弦存储器研究院联合中国科学院、北京大学、清华大学等高校、研究机构及行业龙头企业建设国内首个集成电路领域专利池，入池专利达 2 万余件；装备材料零部件产业园储备项目突破 100 个，总投资突破 500 亿元，产业链加速完善，产业生态建设初具规模，为中国集成电路产业自主可控发展打下坚实基础。

高级别自动驾驶示范区 1.0 阶段建设完成。抢抓智能网联汽车发展先机，统筹国家创新中心建设、新能源汽车制造、自动驾驶测试、新型基础设施建设等各方资源，围绕“车、路、云、网、图”五大体系，全力推进高级别自动驾驶示范区建设，创建技术标准，制定先行试点政策，构建起智能网联汽车产业生态。核心区“60 平方公里”范围内 400 千米道路 305 个路口实现智能网联道路基础设施全覆盖，搭建完成高级别自动驾驶车辆的城市级工程试验平台，网联云控系统对外服务能力不断提升。设立北京亦庄数字基础设施科技发展有限公司和北京车网科技发展有限公司，探索新型商业运营模式，引进新石器等头部企业，聚集效应初显。大力推动智能网联汽车政策先行区建设，在全国率先发布早晚高峰测试、异地测试互认、无人化测试、出行服务商业化试点等多项创新政策。投放 270 台智能网联测试汽车，安全测试里程达 221 万千米，占全市 70% 以上，核心区内自动驾驶出租车、自动驾驶公交、自动驾驶警务巡逻车、无人零售、无人配送、无人环卫和微循环接驳等城市应用场景全面开放。

国家信创基地集聚效应显著。聚焦建设国家信创基地、打造全球信息技术产业高地的目标任务，推动核心芯片、操作系统、应用软件、系统集成等信创上下游产业关键环节全覆盖，信息技术应用创新体系日益完善。国家通用软硬件攻关适配中心、国家信创应用成果展示中心、信创技术验证测试平台、信创技术服务保障平台 4 个国家级平台试运行，先进微处理器、网络安全技术 2 个国家重点实验室落地，比特大陆、中兴数据库、长城超云等产业链核心关键项目完成落地，年内新增入驻信创企业 62 家，累计注册企业 152 家。

（二）加快“三城一区”主平台建设，高精尖产业发展迈上新台阶

围绕攻克核心技术、转化科技成果、优化创新生态，集聚创新要素，完善创新链条，激发创新活力，推动高精尖产业集聚发展和新兴产业快速发展。

创新体系“四梁八柱”加速构建。紧扣创新能力持续提升，突出企业创新主体地位，推动产学研用创新联合体建设，出台“科创 20 条”，打造体系完备、活力迸发的创新生态。

——关键核心技术攻关能力系统提升。聚焦“卡脖子”技术，制定《“白菜心工程”项目管理实施细则》和项目研发任务作战图，国望光学光刻物镜、聚束科技高通量扫描电镜、中电科超精密减薄抛光设备、华卓精科光刻机双工件台、智同精密减速器、东方晶源电子束缺陷检测设备、欣奕华负性光刻胶、宽腾 CT 探测器、天广实抗体药物糖基化工程平台、和利时工业安全级嵌入式操作系统首批 10 个项目完成预定研发任务。发挥“20+10”创新体系引领作用，新增市级研发机构 99 家，实现市级认定的新技术 121 项、新产品 208 项、新标准 59 项。

——“三城一区”联动机制持续深化。聚焦成果转化、政策协同、载体建设、成果共享等关键环节，发扬经开区企业与中关村高校、研究机构紧密合作的优良传统和经验做法，与三大科学城签订创新联动发展合作协议，首批 6 家先导基地加速区挂牌，落地成果转化项目 162 项。与北京航空航天大学、北京工业大学开展全面战略合作，推动北京清华工业开发研究院与 GE 医疗中国合作设立 G^2 创 · 中心，储备产业化项目 700 余项。搭建“三城一区”线上服务平台，发布共享设备 549 台（套），共享实验室 108 个，提供技术服务 345 项。实施“创新成长计划”和“创新伙伴计划”，储备项目 112 个。

——创新生态持续优化。聚焦锻长板、补短板，搭建全市首创的“概念验证平台—公共技术服务平台—打样中心—中试基地”全链条创新服务体系，挂牌公共技术服务平台 59 家。打造“龙头企业 + 孵化”的融通型特色载体，上线科技型中小微企业运行融通发展平台，培育“独角兽 + 专精特新 + 瞪羚 + 金种子”创新梯队，入库企业 1114 家。完善科技资金管理机制，科技创新资金规模扩大至 60 亿元。打造科技金融服务平台，成立双创友好型科技金融服务联盟，支持企业 375 家、资金超过 232 亿元。经开区获批中国科协“科创中国”试点园区。创新型企业加速成长，全年新增国家高新技术企业 89 家，累计达 1717 家。其中，规模以上高新技术企业实现产值 2233.2 亿元，同比增长 1.1 倍，占全区工业总产值近一半。全年新增国家级专精特新“小巨人”企业 22 家，北京市专精特新“小巨人”企业 41 家，市级以上累计达 295 家。

——创新人才服务体系持续完善。坚持人才是第一资源，围绕创新链、产业链部署人才链，加快推进高水平人才高地建设。成立人才创新创业发展中心，整合金融谷、亦麒麟工作站、高新技术企业公共服务平台和“揭榜挂帅”创新中心，建设国内领先的双创服务大厅。创新校企合作模式，在全市率先一体化推进技术技能人才培养，打造亦城工匠学院、亦城工程师学院，认定人才联合培养基地 50 个，博士后科研工作站达 59 家，为企业提供了坚强的人才和技术保障。深入实施亦麒麟人才品牌工程，落实“人才十条”，评定首批“亦城人才”2065 名。国际人才公寓投入使用，各类人才住房需求得到有力保障。

高精尖产业生态持续优化。坚持做强主导产业，发力新兴产业，布局数字产业，配套生产性服务业，在延伸产业链、保障供应链、激活创新链上优化资源配置，增强产业体系抗冲击能力，提高产品核心竞争力，强化平台支撑力。

——新一代信息技术产业加速壮大。集成电路方面，通过实施“双 1+1 工程”，产业规模进一步扩大，全年实现屹唐半导体、国望光学等 20 个项目开工，华封集芯、至纯科技等 16 个项目签约，北方华创、科益虹源等 5 个项目土地摘牌，储备项目超过 70 个。晶圆制造环节优势地位继续巩固，中芯国际、中芯北方实现满产，燕东微电子、赛莱克斯产能加速提升。核心装备环节集聚效应逐步显现，北方华创微电子即将跨入百亿企业门槛，屹唐半导体成为海外并购项目标杆，具备集成电路七大核心装备生产能力。新型显示方面，以京东方为龙头，形成康宁、冠捷显示科技等产业链上下游协同发展局面，坚持打造显示和物联网技术创新策源地，发布全球第一款主动式玻璃基次毫米发光二极管（Mini LED）电视，布局下一代显示技术，全年申请专利约1500件。产业互联网方面，深化与京东战略合作，中央研究院项目开工建设，依托京东合作伙伴大厦引入上下游企业。预计新一代信息技术产业全年产值将超过1000亿元，比2020年增长超过20%，成为继高端汽车、产业互联网、生物医药之后的第四个千亿级产业集群。

——新能源汽车和智能网联汽车产业加速布局。以高级别自动驾驶示范区为引领，发挥创新平台支撑作用，国创中心整车能效试验室、环境模拟试验室进入试运行，国汽智联建成国内领先的仿真测试、地图、网联、信息安全四大试验平台，总投资11亿元的戴姆勒全球第二研发中心投入使用，阿尔特汽车设计中心为国内外10余家新能源车企提供整车设计服务。小米、长城等新能源龙头整车企业项目落地。国汽智控、国汽智图、马威电机等智能网联重点项目签约。制订实施氢能产业发展规划，支持丰田等企业积极筹建氢能产业联盟，氢能实验室和产业化基地深入推进。预计全年新能源汽车和智能网联汽车完成产值1900亿元。

——生物医药和大健康产业突破发展。针对医药企业临床研究瓶颈问题，建设集肿瘤诊疗、药物临床试验、生物样品检测、药物研发于一体的扶正临床研究型医院，为广大药企搭建起临床试验平台。支持医药转化平台建设，推进昭衍生物大分子CDMO基地2万升产能投产。建设全国首个细胞治疗中试基地，储备对接细胞基因治疗项目23项。引入国家药监局七大中心，产业吸附力进一步增强。亦庄新药研发生产基地、健康智谷产业公园等8个标厂加快推进，产业载体空间更加广阔。支持国药中生研究院生物安全三级实验室建设。引入百普赛斯中国总部等11个项目。预计全年完成产值1700亿元，比2020年增长2倍。

——机器人和智能制造产业全面推进。在中国已发布的285项智能制造国家标准中，区内企业贡献超过三分之一，成为中国智能制造标准制定主力军。加快智能工厂、重点产业基地和应用生态示范区建设，搭建国际一流的机器人和智能制造创新合作平台。全国首个人工智能高新技术产业化基地获批，智同工大智能传动技术研究院投入运营。2021世界机器人大会成功举办。鸿霁科技、赛智新创、俐玛光电等项目签约。预计全年完成产值450亿元，智能制造标杆企业数量占全市总量的38%，居全市第一。

——数字经济加快发展。按照“一基、两化、多场景”的总体思路，打造全球数字经济标杆城市先行区。参与北京市数字经济顶层设计，为北京数字经济发展贡献亦庄力量，编制完成《北京经济技术开发区“十四五”时期数字经济发展规划》。发挥优势，夯实数字经济基础。做优做强集成电路、显示等数字经济支撑产业，构建自主可控的数字产业生态。加快数字经济产业“七通一平”基础设施建设，全区建成开通的5G基站密度为全市平均的6.7倍，率先实现全域覆盖。实施“多功能综合杆”工程，安装智能灯杆2300根，覆盖265个路口，部署全域泛在的物联感知体系。依托信创工程，实现亦庄新城政府治理数字化。推动信创技术赋能应用，扎实推进行政审批“一网通办”、城市治理“一网统管”等“六个一网”建设，建成“城市大脑 1.0”，打造便捷高效的数字政府。加快数字技术产业化发展。利用国家“5G+8K”实验室、天地互联 IPv6 根服务器、红山科技 5G 研究院、京东数科等平台资源，大力发展工业互联网、基础软件、人工智能等科技创新服务业，推动数字技术与产业深度融合，促进无人科技、“5G+8K”等新业态发展，推动“5G+”“IPv6+”规模部署和商用；着力培育创新主体，新增软体机器人、博雅工道、智行者等 14 家国家级专精特新“小巨人”企业。推动数字技术赋能产业升级。深化制造业数字化转型，支持企业实施关键工艺与工序段、生产单元与产线、车间与工厂的数字化改造升级，新增施耐德、智飞绿竹生物、俐玛光电等 12 家智能制造试点示范企业，京东物流与北京电信联合推广 5G 全连接智能仓。进一步开放和构建应用场景。聚焦产业升级、城市治理、民生服务等重点领域，依托中国（北京）高新视听产业园等重点项目，推动高清视听、智能制造、自动驾驶等数字技术应用场景建设。1—10 月亦庄新城数字经济核心产业营业收入 3947 亿元，比 2020 年增长 19%，利润比 2020 年增长 1.4 倍。

——新兴产业发展实现突破。商业航天产业快速发展，出台支持办法，推进火箭、卫星、地面终端等卫星网络全产业链发展，星河动力首次一箭多星商业发射成功；节能环保产业加速推进，中建亦庄总部、国电投综合智慧能源等项目签约；新消费产业加速布局，龙湖亦庄天街、南海子体育休闲产业园等项目加快推进；科文融合产业成为新增长极，北京智慧融媒创新中心、北京智慧电竞赛事中心等项目加快推进，京东星宇、爱奇艺虚拟现实（VR）、阿里巴巴云游戏等高新视听、游戏电竞头部企业落地。

（三）纵深推进重点领域和关键环节改革，“两区”建设取得新进展

积极开展先行先试，持续释放改革红利，打造“两区”建设的“亦庄样板”。

“两区”创新打造“亦庄品牌”。以高效化、系统化为着力点，推进制度机制创新，形成全市首创、全国领先的改革创新实践案例 12 个，4 项案例全市复制推广。以特色化、精准化为着力点，推动政策创新，自动驾驶出行服务商业化试点、国际消费城市、商圈高水平发展等 8 项政策落地实施。以国际化、便利化为着力点，推动管理服务创新，开设“两区”服务窗口提供多元化涉外服务，国际人才服务大厅实现全市首个外国人工作许可和居留许可“一窗受理、同时取证”。设立北京首家自贸知识产权保护分中心，打通知识产权创造、运用、保护、管理和服务全链条。

国际合作强化“亦庄生态”。坚持创新培源，以研发鼓励政策吸引外资企业建设研发中心、区域总部，施耐德、SMC 中国、通用（GE）、瓦里安等一批存量优质外企落地新增项目。坚持特色集聚，以世界 500 强企业为龙头推进国际合作园区建设，吸引丰田燃料电池研发中心和生产基地、芬兰湃邦先进光刻胶、德国莱茵检测等一批重点海外项目落地。坚持技改导向，支持外资企业技术升级，ABB、拜耳医药保健、北京奔驰等技改项目年度投资达 20 亿元。建设国家海外人才离岸创新创业基地，11 个离岸创新中心挂牌。截至 11 月，新增合同外资额、新引进外资企业数、进出口总额分别比 2020 年增长 3.5 倍、54.76%、55.7%。

“放管服”改出“亦庄效率”。在全市率先出台《“最后一公里”工作方案》，问题解决率达 100%。深度推进“一网通办”，依申请政务服务事项网办率达 100%，全程网办率达 91.31%。备查、“一业一证”、跨省通办、证照分离等改革领跑全市。在全市率先实现电子证照场景应用，试点“免申即享”，构建政府政策在办事大厅集中兑现的新模式。公共资源交易平台实现全流程电子化“云上”交易。“一刻钟”政务服务圈作用凸显，七大类别 177 个事项实现“马上办、就近办、自助办”。以亦企服务港和园区政务服务站为抓手，完善企业服务三级体系，设立亦企服务港 11 个，走访企业 4299 家，解决企业诉求 1666 个。

项目落地跑出“亦庄速度”。深化“区域评估 + 标准地 + 承诺制 + 政府配套服务”改革，通过优化告知承诺模式、建立全过程政府综合服务机制等举措，构建企业投资项目快速落地新模式，改革经验在全市自贸区推广。印发《企业投资项目承诺制改革试点工作实施细则》，16 个项目参与改革试点，投资总额达 1285 亿元，集成电路材料装备产业园、亦昭生物医药中试基地等重点项目实现“拿地即开工”，中国电科项目实现当年开工、当年竣工，拜耳扩产改造项目成为其全球在建项目中唯一未受疫情影响而延期的项目。坚持“七促”调度，加快推动重大项目落地。全区推进重点项目 229 个，总投资 3819 亿元，预计达产产值 3773 亿元。

土地集约利用输出“亦庄模式”。出台《亦庄新城产业用地规划建设指标使用管理办法》，保障规划建设指标供给、合理匹配、高效利用。构建“50 年（国家战略项目）+20 年弹性出让 + 先租后让 + 国企代建标准厂房 + 产业用地城市更新”的五级供地模式。深化产业用地标准化改革，经验在全市自贸区推广，中芯京城项目率先纳入“标准地”管理，完成全市首例园区级区域评估。修订《工业用地先租后让实施办法》，以“先租后让”方式挂牌成交项目 18 个，占比 72%。高效推动土地精细化管理，出台国有建设用地使用权分层供应及建设项目开工竣工管理规定，探索混合用地模式。加快推进马驹桥智造基地、瀛海镇工业区和镇区改造、长子营工业园区土地一级开发，完成 190.34 公顷土地征收，11 宗 100.73 公顷工业用地挂牌出让。累计推动海尔智造 · 未来创新中心等 54 个城市更新项目，提供 422.35 万平方米高质量产业发展空间，配套服务设施 19 万平方米。

金融赋能展示“亦庄支撑”。战略合作深入推进，与北京银行、工行北分、国开北分、中银北分开展战略合作，在重大项目建设、产业升级发展、核心技术攻坚等领域提供 6600 亿元意向授信。金融机构加速集聚，农行、中行升格为二级分行，工行、中行等 7 家银行升格为自贸业务专营银行。吉利商业保理公司成立，填补经开区商业保理领域空白。金融产品持续创新，全市首笔线上开立进口信用证、建行北分首笔“跨境快贷”外币贷款、全市首笔城市更新项目贷款及碳排放配额质押贷款落地。小微企业金融综合服务平台效应凸显，发布融资需求 18.07 亿元，落地 17 亿元。企业上市成效显著，通过梯队管理、精准辅导，建立 156 家拟上市企业培育库。新增上市企业 11 家，比 2020 年增长 57.1%，境内外上市企业达 41 家，在全市名列前茅。国有资本引领带动作用增强，亦庄国投累计投资产业项目 170 个，出资 770 亿元，有力推动中兴高达等项目落地，撬动社会投资 2500 亿元。

国有企业改革呈现“亦庄特点”。坚持做强做优做大国有资本，制订《北京经济技术开发区国有经济“十四五”发展规划》，优化国有资本布局，促进保值增值，服务区域发展。制订《北京经济技术开发区国企改革三年行动实施方案（2020—2022 年）》《北京经济技术开发区国企改革三年行动实施方案督促督办工作办法》，扎实推进 70 项重点工作有序开展。制订以管资本为主推进职能转变方案，国有企业公司制改革任务全面完成。围绕巡察、审计发现的重点问题，制定违规经营投资责任追究、内部经济责任审计等管理办法，完善制度体系，强化国资国企监管。

区域协同共建体现“亦庄格局”。坚持“三家是一家、发展靠大家”，深化产业协同发展、审管执协同推进、征拆联动、转非安置等三区协同发展机制，定期开展专题会商，共同议定协同发展、规划衔接、项目布局、基础设施建设、赋权承权等重要事项，新扩区域累计完成政府投入 287 亿元。两区腾退产业空间 1.33 平方千米，征地 0.91 平方千米，有力保障 10 个重大项目开工建设。承接新扩区域划转在途一级开发项目 16 个，有力化解历史遗留问题。扎实推进城南行动计划 32 个项目建设。深入推进区内企业与平谷区 18 个乡镇（街道）85 个经济薄弱村结对共建，建设“又亦家”精品民宿项目。推进京蒙东西部协作，25 项任务顺利完成，京蒙（亦庄 · 赤峰）科创产业园启动建设，京东方 20 万千瓦牧光储（养殖、光伏、储能）综合示范项目落户苏尼特右旗，酒仙网助力巴林右旗套马杆酒营销初见成效。与新疆生产建设兵团第十四师二二五团建立常态化干部交流机制，援建的 3000 余平方米保鲜冷库投入使用。加强头部国家级开发区协同发展，京广协同创新产业园开工建设，与广州、天津、十堰等地开发区实现政务服务事项“跨省通办”，京津冀开发区合作发展扎实推进。

（四）深化产城融合，和谐宜居之城建设展现新风貌

落实《北京城市总体规划（2016 年—2035 年）》和《亦庄新城规划（国土空间规划）（2017 年—2035 年）》，推动“一张蓝图”干到底，打造“基本没有大城市病”的绿色新城。

城市规划建设有序实施。以亦庄新城“433”城市功能组团为基础，有序编制街区控制性详细规划，完成第二批 6 个控制性详细规划，启动第三批 4 个控制性详细规划。统筹推动规划综合实施方案编制，批复 30 个实施方案，切实保障重大产业、城市更新和民生工程项目落地。持续深化城市设计，完成“亦城之心”、嘉会湖湿地公园方案征集和凉水河沿岸价值提升研究。完善基础设施规划，开展台湖站前区、马驹桥镇区及金桥产业基地一期市政专项规划编制，保障土地一级开发进度，确保重大项目快速落地。完成新城第一批轨道微中心方案，优化城市功能，提升轨道效率。优化与中心城区的联络条件，编制亦庄新城至海淀便捷交通方案。常态化开展城市体检评估，强化规划刚性约束，确保规划实施不走样、不甩项。加强基础设施建设，累计投资 50 亿元，实施新扩区域基础设施三年行动计划，开工建设辛四路等项目，凉水河一街等一批道路改造完成，经海九路、西环路、博兴八路等项目加快推进。

公共服务供给高效优化。统筹“七有”“五性”，优化布局优质公共服务资源，不断提升亦庄新城综合承载能力。核心区全面承接教育管理职权，构建教育管理服务体系，科学区划学区，保障区域义务教育均衡发展。投资 37 亿元建成北京市第二中学经开区学校、人大附中亦庄新城学校、北京市建华实验亦庄学校（南校区），新增中小学学位 3600 个、普惠性幼儿园学位 630 个。与首都师范大学、海淀教师培训中心等机构开展战略合作，组建经开区教育发展理事会，推动教学质量稳步提升。全力落实“双减”政策，学科类校外培训机构“动态清零”。构建区域医疗卫生体系，核心区 33 号地社区卫生服务中心、北京急救中心经开区直属分中心加快建设，8 家医保定点医院实现看病“脱卡结算”，3 家实现跨省异地就医直接结算，区疾控中心、荣华街道社区卫生服务中心获批，4 个急救站点建成。成立区医学会，打造高标准、高质量医学交流平台。坚持文化兴城，举办“大都东南”科技文化艺术节、“亦庄学院”科技沙龙等文化活动，推出一批实体书店、书屋，定期举办创新发布，深入开展精神文明创建活动，丰富群众文化生活。成立区文联，创建全市首个工业科技旅游示范区，推出首批 50 家“北京 · 亦庄科技馆”和 5 条工业科技旅游精品线路，公共文化服务水平持续提升。

生态环境质量显著改善。完成国家“无废城市”试点，形成六大经验模式全国推广。截至 11 月底，细颗粒物（$PM_{2.5}$）年累计浓度值为 34.9 微克 / 立方米，比 2020 年下降 5.4%，创有监测以来历史同期最优水平。严格落实林河湖长制，凉水河水质稳定保持Ⅳ类。节能减排成效显著，万元 GDP 能耗、水耗保持全市领先，达国际先进水平。成立区域零碳协会和碳中和研究院，制订“双碳”行动方案，探索经开区碳治理路径。推动 9 家企业申报绿色工厂，2 家企业成为绿色供应链管理企业。打造国内首个可再生能源“金风科技碳中和”智慧园区。北京奔驰、SMC 绿色电力交易量占全市总交易电量的 35% 以上。以国家整县（市、区）屋顶分布式光伏开发试点为契机，加快区域能源结构绿色低碳转型。推动绿色建筑高星级建设，全年绿色建筑高星级标识认证面积达 130 万平方米。

社会治理水平明显提升。聚焦“一支队伍管执法”改革，在全国率先试点综合执法模式，向街道下放行政执法职权 433 项，在新扩区域派驻执法队，承接 29 个领域执法职能，实现综合执法领域和区域全覆盖。稳定有序完成社区“两委”换届。荣华街道、博兴街道 27 个小区业委会（物管会）组建率、物业服务覆盖率、党的组织和工作覆盖率“三率”实现 100%。深入推进生活垃圾分类，建成 10 个示范小区。深入开展“基本无违法建设区”创建，拆除违建 5 万平方米，超额完成市级任务。深入落实《北京市接诉即办工作条例》，累计办理诉求 16 万件，积极妥善解决群众身边的揪心事、烦心事、操心事。

社会安全稳定充分保障。坚持稳定压倒一切，加强社会综合治理，深入开展矛盾纠纷排查，妥善化解各类争议，强化社会面防控，确保社会安全稳定。以建党百年庆祝活动、“两会”为重点，持续加强城市安全运行、应急处突、公共安全维护、金融风险防范处置等工作，完成各项服务保障任务。深入开展安全生产专项整治三年行动，持续抓好安全隐患排查整治，全年未发生重特大安全生产事故，实现平安度汛。

一年来，经开区坚决落实高质量发展要求，在统筹抓好疫情防控和经济社会发展的同时，全面加强管委会自身建设。领导班子自觉增强“四个意识”，持续做好巡视整改“后半篇文章”，深入开展开发区领域腐败问题专项整治，认真落实党风廉政建设责任制，切实履行“一岗双责”，坚持零容忍、无禁区、全覆盖，坚决查处违反中央八项规定精神和违纪违法行为。全面推动依法治区，坚持常态化会前学法，认真落实行政机关负责人出庭应诉制度。着力加强制度建设，出台调查研究、预算管理、招投标管理办法等 10 余项制度，建立重大项目定期与驻经开区管委会纪检监察组会商机制，修订入区协议增加廉政承诺，进一步扎紧制度的笼子，压缩个人自由裁量权。狠抓效能建设，持续推进管理流程再造，研究制定督查实施办法，强化经济运行“双周调度”、产业项目“七促周调度”机制，初步建立“督考合一”的部门绩效考评体系。自觉增强服务意识，扎实推进党史学习教育，构建亲清政商关系，坚持“无事不扰、有求必应”，坚持“民有所呼、我有所应”，赢得区内企业和居民广泛赞誉。

同志们，这一年，在市委、市政府的坚强领导下，在市级各部门的大力支持下，在大兴区、通州区通力合作下，全区广大干部职工、企业员工坚定信念、砥砺前行，于危机中育先机，于变局中开新局，以疫情防控和经济社会发展取得重大阶段性成效献礼建党百年。在此，我代表工委、管委会，向支持经开区发展的全市各部门，向全区广大干部群众，向引领经开区发展的区内企业，向所有奋战在一线的驻区单位、专业公司，向关心和支持经开区发展的各界人士，致以崇高的敬意和诚挚的感谢！

在肯定成绩的同时，也要清醒地认识到，我们的发展与高质量可持续发展的要求还有差距，与高层次人才和广大社会民众对美好生活的向往还有差距，与应对严峻复杂形势实现稳定增长的目标还有差距。具体表现在 5 个方面：一是产业生态的要素匹配度还不精准，产业配套体系的抗冲击能力还不高，关键产品的全球核心竞争力还不强，高精尖产业国际话语权还不够；二是创新平台的支撑带动作用发挥不足，创新服务体系保障水平有待优化，龙头企业的持续创新能力、产业引领能力还有提升空间，创新企业梯队培育不足；三是应对要素约束、切实提高土地利用效率的思路还不开阔、办法还不多；四是充分运用“两区”建设政策先行优势，高质量推动国际合作，高水平引进外资和海外优秀人才的成效还不明显；五是城市建设和民生供给的品质还不高，高素质人才落户亦庄的吸引力还不够强。对于这些问题，我们将高度重视，切实改进。

二、2022 年工作安排

2022 年，中国共产党第二十次全国代表大会将召开，这是党和国家事业发展具有重要意义的一年，也是全面实施“十四五”规划的关键之年，经开区的“而立之年”，大事多、喜事多。

2022 年，我们迎来了大好的发展机遇。中央经济工作会明确了 7 个方面的政策，着重强调要加快推进科创中心建设、扩大高水平对外开放、激发市场主体活力、深化供给侧结构性改革，作为“三城一区”主平台，我们具有难得的政策优势。经开区建区 30 年，我们积累了深化改革、创新发展的宝贵经验，培养了敢闯敢干、勇于担当的优秀干部队伍，激发了协同高效、执行有力的行政效能，贯彻“勇当北京高质量发展开路先锋”指示精神，我们面临难得的发展机遇。近年来，我们承担了集成电路、信息技术创新、高级别自动驾驶等一批国家战略任务，市级重大项目也优先向经开区布局，相关权限将进一步下放，作为高精尖产业发展主阵地，我们拥有难得的战略机遇。2022 年，我们肩负重大的历史使命。市委、市政府寄予我们很高期望，我们必须充分利用优势资源，辐射带动周边地区发展，坚决扛起高质量发展开路先锋的职责，坚决扛起国际科技创新中心建设的重任，坚决扛起代表北京参与全国乃至全球产业竞争合作的重担，在创新发展上开新局，在深化改革上闯新路，在融合发展上谱新篇。把握历史趋势，抢抓历史机遇，承担历史使命，书写历史答卷，我们必须全力以赴做好明年工作。

2022 年工作的总体要求是：坚持以习近平新时代中国特色社会主义思想为指导，全面贯彻党的十九大、十九届六次全会及中央经济工作会议精神，深入贯彻习近平总书记对北京重要讲话精神，弘扬伟大建党精神，坚持稳中求进工作总基调，完整、准确、全面贯彻新发展理念，积极融入新发展格局，以首都发展为统领，紧紧围绕北京国际科技创新中心“三城一区”主平台建设和“四区一阵地”功能定位，全面深化改革开放，全面推进创新驱动，统筹疫情防控和经济社会发展，统筹发展和安全，坚持聚焦国家战略，坚持提升创新能力，坚持打造产业生态，坚持推动产城融合，坚持改善民生福祉，以更加昂扬向上的精神状态，更加奋发有为的工作作风，全力推动升级版经开区和亦庄新城高质量发展，以优异成绩迎接党的二十大胜利召开。

综合考虑经济社会发展形势，落实“十四五”规划，明年经济发展的主要目标是：亦庄新城地区生产总值比 2021 年增长 6.5%（经开区比 2021 年增长 6.5% 以上）；工业总产值 5820 亿元，保持正增长（经开区完成 5400 亿元，保持正增长）；地方级收入 384 亿元（经开区完成 354 亿元）；固定资产投资 935 亿元；实际利用外资 8.5 亿美元，比 2021 年增长 13.5%。

主要做好以下 5 个方面工作。

（一）坚持创新驱动发展，加快推进高精尖产业主阵地建设

坚持高水平科技自立自强不动摇，推动生态优化、平台支撑、园区集聚、企业创新，打造具有全球影响力的创新型产业集群，为北京国际科技创新中心建设贡献力量。

以“双 1+1 工程”建设为引领，推进新一代信息技术产业领先发展。以重大项目建成投产、国产化项目取得决定性突破、产业人才短缺局面取得实质性改善为目标，全力推进“双 1+1 工程”进一步取得重大突破性成果。组建集成电路工作专班，强化协调保障机制。加快建设集成电路产教融合基地，攻克关键技术，培养高端人才，推动高校科研与产业实际快速融合。举办 IC WORLD 大会等具有国际影响力的集成电路产业活动，打造一流产业交流环境，推动产业资源共享。中芯京城项目第一个 5 万片 / 月工厂 5 月中旬实现机台搬入并开始流片，第二个 5 万片 / 月工厂 10 月中旬实现封顶。北方集成电路技术创新中心国产化项目一季度取得关键性突破，DRAM 存储器一期项目一季度实现量产、二期开工建设。加快装备零部件材料园建设，华封集芯、华海清科、科益虹源等一批项目开工，屹唐半导体、北京亦盛、江丰靶材等一批项目封顶，集创北方、中科九微等一批项目投产，拓荆、新松等一批项目落地。全力建设“亦庄芯谷”。与京东方开展全面战略合作，推动京东方智慧物联创新中心全国总部落地，进一步完善显示产业生态。加快国家信息技术应用创新产业园建设，在技术领域，拓展金融信创领域应用，突破 5 纳米芯片设计研发、分布式数据库、云计算平台等技术壁垒；在工程领域，加快一期工程建设，实现主体结构封顶；在产业生态领域，持续提升通明湖产业牵引效应，推进国家信创展示中心落地。推进京东二期投入使用，京东中央研究院启动主体结构施工，京东物流基地开工建设，京东合作伙伴大厦土地摘牌。

以高级别自动驾驶示范区建设为先导，推进新能源汽车和智能网联汽车领航发展。持续推动高级别自动驾驶示范区建设，完善智能网联汽车产业创新生态。加强智能网联汽车关键核心技术攻关，实施“五大专项”，聚焦“六项任务”，突破车规级芯片和操作系统技术，开展智能网联汽车商业化运营试点，推动自动驾驶出租车、无人配送、无人零售等商业化场景落地，培育壮大智能网联汽车产业。在智能网联汽车技术、路侧设施、云控基础平台、专用通信网络、基础地图、安全管理等方面，持续推进政策和管理模式创新，探索形成技术标准并复制推广。加快建设新能源智能汽车产业集群。围绕汽车电动化、智能化、网联化，建设整车引领、总部与研发中心赋能、核心供应链协同、创新平台支撑、政策保障的汽车产业生态。小米汽车、丰田燃料电池研发中心及生产基地项目 4 月底前开工建设，长城汽车全球研发中心及品牌总部年内落地。围绕区内龙头整车企业，引入清陶固态电池等“三电”领域核心零部件企业，加速构建新能源智能汽车核心零部件价值链。发挥国创中心、国汽智联、阿尔特汽车工业设计中心、戴姆勒全球第二研发总部等创新引领作用，突破一批“卡脖子”技术，推动技术成果产业化。扶持一批产业链龙头企业和系统解决方案供应商，推动整车与智能网联服务企业融合发展。制定氢燃料电池汽车示范支持政策，加快构建氢能产业生态。围绕北京奔驰及其配套产业链，制定专项精准扶持政策，促进全区高端汽车产业增量发展。

以创新平台建设为抓手，推进生物医药和大健康产业创新发展。围绕新型疫苗、细胞治疗药物、基因治疗药物、肿瘤靶向药物、高端医疗器械、智能诊疗设备等产业，发布医药健康产业支持措施，加速提升生物医药自主创新能力。在长子营片区规划建设生物医药国际创新园，搭建医工结合转化平台。持续深化与国药集团合作，加快推进北京生物创新疫苗产业化基地、国药医光内窥镜项目落地及产业投资基金设立。大力支持平台型企业和中试基地建设，推进康龙化成制剂开发及 CDMO 平台项目开工、昭衍生物大分子 CDMO 平台项目投入使用。推动立康生命等新药项目入驻亦庄新药研发生产基地，健康智谷产业公园等医药标厂竣工投产，细胞治疗中试基地、航卫通用分子影像工厂、瓦里安全球创新中心投入使用。加快扶正临床研究型医院建设，组建具有国际视野的科研团队。推动国家药监局七大中心落地。挖掘培养一批创新强、潜力大的本土企业，助力首药控股、华益精点等企业快速成长。鼓励企业开展线上线下行业学术交流，支持京东健康、阿斯利康等头部企业向中小企业赋能，实现融通发展。

以智能场景应用为牵引，推进机器人和智能制造产业特色化发展。拓宽机器人应用场景渠道，增强产业关键供给和创新能力，优化创新创造产业生态。以青云店工业区为载体，打造国内领先的机器人和先进智能装备产业集群高地。支持经开区企业和机构牵头承担国家重大技术创新项目，突破一批具有自主知识产权的重大科技成果。助力中航迈特等增材制造 3D 打印项目落地，推动萨姆森中国扩产项目、航宇测通项目土地摘牌，海尔智造创新中心项目开工建设。支持中航智、星网宇达等企业提升无人机研发和制造水平，布局飞控系统、动力系统、智能感知导航等关键环节，打造无人机产业生态。布局发展高性能机器人高精密旋转矢量减速器、控制器和末端执行器等关键零部件，推进软体机器人等项目落地。持续支持施耐德中压二次输配电项目和 SMC 中国区总部及销售总部高效运营。

以塑造先发优势为导向，推进新兴产业跃进发展。加快卫星网络产业发展，推动商业航天产业基地发展，建设北斗产业创新基地，承接中国星网集团的项目在经开区布局；支持蓝箭航天研发中心项目落地。推动智能装备、航空航天、新能源新材料、金融科技等领域的项目和在京央企新增业务板块落地亦庄新城。加快科文融合产业布局，以中国（北京）高新视听产业园为主体实现国家级视听产业园挂牌，以 2022 北京冬奥会直转播为契机推动“5G+8K”应用示范，高标准推进北京智慧电竞赛事中心、北京智慧融媒创新中心等项目落地。

以数字产业化和产业数字化为重点，推进数字经济产业快速发展。打造全球数字经济标杆城市先行区，预计全年数字经济核心产业营业收入实现5100亿元，增长12%以上。进一步夯实数字经济基础，持续做优做强集成电路、新型显示、信创、智能网联等数字经济支撑产业，进一步完善自主可控的数字产业生态；推广应用新一代互联网 IPv6、千兆固网，夯实“七通一平”数字基础设施。持续提升亦庄新城数字化治理能力，优化政务大数据平台，深化政务服务“一网通办”，建设“全区域、全时空、全场景”企业法人链；打造“城市大脑 2.0”，助力城市治理现代化。加快推动数字技术产业化发展，加快建设数字经济创新实验室，加强关键共性技术攻关；培育一批数字技术领域独角兽、“专精特新”企业，提升企业数字技术创新能力。持续深化数字技术赋能产业升级，推动数字技术在制造业和服务业的深度融合应用，支持企业开展重大技术改造升级，促进数字技术赋能企业生产组织、经营管理、智能工厂、个性化数字服务等领域，遴选认定一批智能制造试点项目；组织开展智能制造诊断，支持京东方、京东工业、和利时等重点企业打造行业级工业互联网平台。加速布局应用场景，聚焦产业升级、园区管理、城市治理、民生保障等重点领域，鼓励各类企业组建数字化应用场景“联合体”，推动“10+”综合型特色应用场景建设。

以“三城一区”主平台建设为核心，推动科技成果转化。深入落实与怀柔科学城、未来科学城合作协议，落地转化项目 150 项以上。组织 10 万平方米以上的园区资源，持续推进中关村科技成果产业化先导基地实体化运作，建设服务平台超过 40 家。完善“创新成长计划”和“创新伙伴计划”储备库，储备项目及机构 100 个以上。加快北方集成电路创新中心、超高清新型显示创新中心等重点项目建设，搭建高标准产业创新平台。健全“20+10”管理机制，加强动态评估考核，大力提升创新中心和中试基地标准化、规范化水平，在集成电路、无人驾驶等重点领域布局共性服务平台 4 家以上。

以“白菜心”工程为龙头，推动企业研发创新能力提升。完善“白菜心”工作机制，制定工程项目清单，聚焦集成电路装备、零部件和材料、车规级芯片、车控系统、区块链、新型细胞治疗、新型抗体技术、医用机器人、高端植入式耗材、火箭垂直回收等行业共性关键技术，有力有序推进“揭榜挂帅”。支持一批首台（套）项目，鼓励企业开展颠覆性领跑技术研发。强化企业创新主体地位。突破一批关键核心技术，推出一批国际领先的新技术新产品，实现新技术新产品双 100 项。支持科技领军企业联合行业上下游、科研院所，合作建设国家级技术创新中心和制造业创新中心。加强与北京工业大学合作，重点引入智能制造装备、机器人、人工智能芯片等创新企业。深化北京中医药大学与悦康药业合作，利用悦康药业现有 28 条中药生产线，搭建院内制剂成果转化平台。聚焦装备制造和光电显示领域，联合北京协同创新研究院建设新型产学研用合作攻关平台。支持优势企业拔节成长。大力培育创新型企业梯队，新增市级及以上专精特新“小巨人”企业 15 家以上，“专精特新”企业数量突破 250 家。加快建设产业创新联盟。抓住新兴市场窗口期，支持通用（GE）、星网宇达、国电投分别建设医疗器械、卫星网络、绿色能源产业联盟，构建弹性强、韧性足的供应链体系。支持企业举办供应商大会、专业技术闭门会、开发者大会。

以高水平人才高地建设为先导，大力引进培育创新人才。制订高水平人才高地建设实施方案，持续落实“人才十条”，深化亦麒麟人才品牌工程，打造人才综合改革试验区。培育卓越工程师，引进战略科学家，全力优化人力资源配置。加快推进院士工作站、产教融合基地、博士后科研工作站建设。开展博大贡献奖评选，吸引人才加入“亦城发展顾问团”。针对高精尖产业发展急需的紧缺人才，完善落户、住房、子女入学等方面的人才政策。加快建设全市首个百万平方米新型国际人才社区，依托中芯亦园、瀛海名居等建设人才社区示范街区。发挥人才创新创业发展中心作用，提升人才专业服务水平。实施劳动力职业能力提升工程，用好“亦城工匠学院”“亦城工程师学院”，构建技术技能人才培养主平台。设立市场化人才项目投资基金，加大对创新人才及项目金融支持力度。

（二）深化全方位改革开放，加快推进“两区”建设

坚持以开放促改革促发展，切实提高要素资源配置效率，打造国际一流营商环境，推动更大区域协同发展。

积极推动自贸试验区创新发展。贯彻《中国（北京）自由贸易试验区条例》，推动自贸试验区高质量创新发展。对标国际高标准经贸规则，在市场准入和投资便利等方面深度探索。结合园区（组团）功能定位和产业特色，高标准制订发展建设三年行动方案。汇编标准版引资政策包，搭建宣传解读平台，持续做好政策解读宣贯。对标全国同类功能区，设立地标性展示标识，总结提炼经开区特色创新制度和经验做法，提升高端产业组团显示度。出台生物医药全产业链开放专项政策。建设自贸区政务服务中心。

打造服务贸易创新发展示范区。以贸易便利、投资便利为重点，加快完善服务业扩大开放政策。建设创新服务体系，全面提升生产性服务业水平。实施高端商务服务业提升行动计划，在南海子公园、荣华路、台湖“两站一街”等地区发展高端商务服务业。加快完善产业金融政策体系，加大招商引资力度，打造产业金融创新服务示范区，持续提高金融赋能实体经济能力，构建以产业金融为核心的特色金融供给。

不断优化营商环境。深入落实《北京市培育和激发市场主体活力持续优化营商环境改革实施方案》（5.0 版），打造北京营商环境改革创新区。全面做好新一轮赋权和自贸区赋权承接工作，运用市场化、法治化、科技化手段，深化审管执闭环管理，持续打造“极简审批、极优服务”审批服务环境。推行“证照联办”，深化“证照分离”，优化“一业一证”，探索开展行政许可相对集中领域“首席审批师”改革试点。探索“6+4”新型监管模式，建立健全风险监管、信用监管、分级分类监管、协同监管、科技监管、共治监管六项制度，应用“一业一册、一业一单、一业一查、一业一评”四大场景，构建“风险＋信用”“分级分类＋协同”“科技＋共治”一体化综合监管制度体系，提升数字化、智能化监管能力。完善“双随机、一公开”和告知承诺制，建设审管执信监一体化平台，开展“信用＋审批”“信用＋政策”兑现场景应用，推动全流程信息监管、信用监管。推进信用示范区建设，开展企业信用承诺、政府信用监管、社会信用监督，构建法治管理、企业自治、公平竞争的良好营商氛围。完善政策服务包，做好 3.0 政策兑现评价，加大对企政策精准推送力度。探索建立企业服务包和亦企服务港协同工作机制，实现信息共享、资源互通。

持续提高对外开放水平。出台专项政策，持续激励外资企业国内再投资。支持百普赛斯等企业建设 5 个以上海外离岸创新中心，鼓励戴姆勒、丰田、萨姆森等外资企业和香港中文大学等高校设立研发中心。搭建国内外交流平台，高水平办好世界机器人大会、世界 5G 大会、京台科技论坛、通明湖信创论坛等，筹办全国生物医药大会。持续推进中日、中法、中英创新合作示范区建设，促进国际间技术合作交流。

积极推动区域协同发展。深化三区协同，持续做好区域规划、征地拆迁、产业落地和历史遗留等问题联动联解，进一步探索超转人员安置方式，推进乡村公寓试点。持续强化东西部协作，支持京东方能源、金风科技、京东、联东 U 谷等企业在协作地区落地项目，加快建设京蒙（亦庄 · 赤峰）科创产业园，全面完成协作考核任务。举办京津冀开发区优化营商环境改革创新高峰论坛，推动三地产业、政务协同发展。建立京津冀产业生态协同机制，保障区域供应链安全。推进与平谷区结对协作，深化镇企结对共建和经济薄弱村帮扶机制，支持羊羊牧业上市。全面落实新一轮城南行动计划，加强与大兴区、丰台区、房山区联动，引领城市南部地区高质量发展。持续深化头部经开区协同，加快推动京广协同创新产业园建设。

持续深化国资国企改革。完善国有企业治理结构，进一步落实党组织在公司法人治理结构中的法定地位，实现董事会、监事会应建尽建、配齐建强。研究制定国有企业董事会规范运作和董事会评价办法，加快推进企业经理层成员任期制和契约化管理。完善国有企业监督管理机制，通过混合所有制、选人用人机制、考核与激励约束机制改革和授权放权等综合手段，提升国有企业市场化、专业化、规范化水平。完善分类监管，建立出资人监管与纪检监察、巡视、审计等协同监督机制，推动国资监管更加科学有效。全面落实国企改革三年行动方案，明确国有企业战略定位，优化国有资本布局。亦庄控股探索产业新城运营管理新模式，亦庄国投发挥投融资平台作用，加快推进集成电路平台公司组建，人才集团完善优秀人才引进、稳定、发展、培养、服务的综合管理机制，尚亦城集团持续推动“5G+8K”产业生态建设，打造亦庄新城创新文化品牌。

（三）围绕产业新城品质提升，加快推进绿色新城建设

坚持一张蓝图干到底，强化基础设施保障，加速智慧城市建设，树立“基本没有大城市病”的标杆。

进一步强化规划引领。充实亦庄新城“1+4+N”空间规划体系，编制完成核心区 -5、旧宫 -2、旧宫 -3、马驹桥 -3 等街区控制性详细规划，持续开展城市设计。深入研究地铁亦庄线南延方案，完善第二批轨道微中心和亦庄新城各功能组团交通联络方案，加快启动核心区交通优化方案研究。开展新扩区域交通、水、环境影响评价。完成亦庄新城非建设空间土地资源梳理与优化研究报告，制定产业用地功能兼容管理办法。

推动新扩区域功能升级。台湖镇加快推进台湖 -4 街区拆迁、土地腾退，实现土地尽快上市，启动再生水厂建设，引入北京八中和北京小学等优质教育资源，加快推进光机电一体化产业基地腾退和产业升级。马驹桥镇全面启动智造基地项目西部“4 平方公里”区域开发建设，推进老镇区疏整促，推动小周易村、物流基地、金桥一期土地开发。亦庄镇推进东工业区低效闲置土地、厂房腾退和 X1、X8、X9 地块滞留户腾退。旧宫镇加快研究工业区腾退工作方案，推进旧宫地铁站轨道微中心建设，推动解决历史遗留问题。瀛海镇做好工业区和镇区改造项目一期收尾工作，启动二期开发建设，启动儿童医院建设。青云店镇盘活现有工业厂房，推进创业大街、创新大街等道路和综合环境改造升级。长子营镇完成工业区一期和 500 千伏变电站土地一级开发，启动工业区二期土地开发，做好重大产业项目落地保障。采育镇加快推进低效闲置企业用地腾退，完成海纳川航盛等 3 个项目回购。

推动城区基础设施优化。完成博兴八路改造施工，推动核心区架空线入地二期工程、辛四路能源管线建设。启动黄亦路、马驹桥智造基地范围内道路提升项目建设。落实新扩区域基础设施三年行动计划，统筹推进“165 平方公里”范围内市政道路设施建设。加快市郊铁路亦庄线、台湖再生水厂等轨道交通和市政能源设施建设。路南区 N20 地块公寓式酒店和台湖 -4“建设者之家”投入使用。推广“示范河湖”经验，完成凉水河闸建设，引水南海子公园。吸引社会力量在马驹桥建设小米小镇。

加快推进城市更新产业升级。完成 20 个城市更新项目，盘活 1 平方千米土地，提供 100 万平方米标准厂房等空间资源。制定“1+N”城市更新及配套政策，出台城市更新实施办法、产业用地（类）城市更新实施细则。研究各镇工业区“腾笼换鸟”政策，充分调动八镇城市更新积极性。以光机电一体化基地为试点探索由点及面的片区城市更新方式，探索设立城市更新基金破除资金瓶颈。加快天空之境 · 产业广场、星网（STAR NET）健康智谷等项目进度，保障产业落地发展空间。推进低效工业项目回购，加强跟踪处置。深化新一轮疏整促专项行动，加快违建拆除、施工围挡治理、揭网见绿等重点工作。

加快推进智慧城市建设。统筹布局传感器、摄像头、电子标签等物联感知设备，强化智能网联道路基础设施建设。加快建设多功能综合杆，提升城市道路景观，推进路侧数字化基础设施全覆盖，打造全国领先的智慧城市感知体系。运用视频分析平台，建设人工智能中枢、视图大数据和应用赋能系统，通过数据融合分析，赋能业务系统建设。推动业务与系统、管理与服务、档案与数据相结合，建设全国数字档案馆标杆。加快人才公租房、智慧工地、数字国土等信息化系统建设，实现系统试运行。

加快推进绿色低碳发展。持续推动“无废城市”建设，发布“无废园区”建设指标体系，引领工业园区建设“无废城市”国家标准。实施碳减排碳中和专项行动方案，建立碳排放总量与强度双控机制。实施产业能效提升行动，开展能源审计和节能监察，深度挖掘企业节能减碳潜力。开展存量数据中心分类指导，推动具备条件的数据中心向产业发展计算型和人工智能算力型数据中心转型，探索高耗能数据中心退出机制。推进国家能源局整区屋顶分布式光伏试点工作，推动实施北京奔驰、同仁堂科技、利乐包装和电子科技职业学院等 18 个光伏项目。持续加大绿色电力引进力度，与国家电网、北京电力交易中心紧密合作，鼓励北京奔驰、SMC 等企业参与新一轮绿色电力交易。

（四）切实增进民生福祉，加快推进惠民城市建设

坚持共同富裕方向，紧扣“七有”“五性”补短板，切实增强有效供给，不断提升人民的幸福感、获得感和安全感。

进一步筑牢疫情防线。坚持“外防输入、内防反弹”，毫不放松抓好疫情防控。加快疫情防控专业场所和疾控中心建设，组建 150 人以上的流行病学调查队伍。持续加强疫苗接种，筑牢免疫屏障。加快新型疫苗、特效药物研发。持续开展对大型楼宇、大型工地、大型企业、商超物流等场所环境核酸检测。深化大数据信息体系建设，抓严抓实冷链食品和进口物资监管。

打造国际消费中心城市优质供给节点。实施国际消费中心城市培育建设方案，打造京东南国际消费地标。加快“一廊两带四圈多中心”规划布局，构建荣华路国际化活力消费走廊，打造工厂特色消费和数字经济双核心消费经济带。精心筹划消费季活动，积极发展夜间经济。推动龙湖北京亦庄天街、南海子体育休闲产业园等项目落地，实现南海子公园足球场免费开放。结合南海子公园的皇家文化、苑囿文化、麋鹿文化，打造南海子实景秀，深化“大都东南”科技艺术节系列活动。探索草坪婚礼、企业团建等服务模式。创建全市首个全域工业科技旅游示范区，加快 T408 公园等项目建设，推出科技荣华路、智慧荣京街等“科技 +”场景，举办“梦幻凉水河”主题灯光秀。

提高城市治理水平。苦练“绣花功夫”，强化联勤联动，深入推进城市网格化管理和市容环境整治，提升城市管理精细化水平。会同通州区、大兴区完成亦庄新城“基本无违法建设区”创建。加快海绵城市、公园城市、韧性城市建设。持续强化垃圾分类，探索引入社会资本参与老旧小区改造，进一步提升居民居住环境质量。持续开展“七小”门店专项整治，规范经营秩序，改善卫生状况。优化交通服务管理，完善城市基础设施，推动各类交通方式有机衔接，构建区域大交通体系。发布住宅物业服务指导体系 2.0，指导街道、社区、物业、业委会（物管会）开展精细化服务。提升仲裁办案质效，全年争议案件结案率达 90% 以上。贯彻落实《北京市接诉即办工作条例》，推进“接诉即办”系统平台建设，提高诉求办理实效。

全力提升公共服务水平。创建教育综合改革示范区，推动台马地区人才子女学校落地建设，启动马驹桥 2 所小学建设，加快亦庄一小、亦庄二小和人大附中北校区等老旧校舍改造，提升区域教育教学质量。创建“主动健康生活示范区”，健全基础医疗服务和院前急救体系，推进急救分中心、急救站向台马地区延伸，提升应急救援能力。加快 3 所社区卫生服务中心建设，打造人民健康中心和大数据智慧平台，推进 2 家医保定点医院实现医保电子凭证“全流程”服务。全民健身助力冬奥，以“亦马”当先、“亦企”辉煌为主题举办经开区首届马拉松，适时引入凉水河水上竞技或休闲运动。引入线上引导、智能场控安防、赛事预约发布等服务，打造智慧体育场馆，做好场馆数据采集利用。组建社会事业发展中心。持续加强养老服务体系建设，加快区级养老机构落地。持续做好社会救助、残疾人保障、退役军人等工作。完善区街两级社会保障服务管理，实现百项以上居民社会保险事务在街道办理。

着力强化城市安全风险管控。完善“平安开发区”建设工作体系，有效防范、化解、管控各类社会稳定风险。深化安全生产专项整治三年行动，系统构建大安全、大应急管理体系，提高突发事件防控应对能力。加强区街与各行业管理部门联动，完善应急物资配备，建立统一高效应急救援指挥体系。统筹做好 2022 北京冬奥会、冬残奥会，党的二十大等重大安保维稳工作。

（五）持之以恒强化政府自身建设，加快推进政府服务能力提升

坚持党建引领，巩固深化党史学习教育成果，加快转变政府职能，不断提高服务能力。

加强法治政府建设。牢记“看北京首先要从政治上看”的要求，始终在增强“四个意识”、坚定“四个自信”、坚持和捍卫“两个确立”，做到“两个维护”上做表率，始终在思想上、政治上、行动上同以习近平同志为核心的党中央保持高度一致。严格遵守党的政治纪律和政治规矩，严格落实民主集中制，严格执行重大事项请示报告制度。坚持运用法治思维和法治方式，修订《北京经济技术开发区条例》，认真办理人大代表和政协委员提案。强化督查考核，构建上下贯通的抓落实体系。推进审计监督全覆盖。

加强效能政府建设。深化政务公开，构建发布、解读、回应“三位一体”政务公开新格局，完善各领域规章制度、工作流程、操作细则，以公开促规范。持续落实过“紧日子”要求，深化预算管理，除民生保障刚性支出外，其余项目预算一律暂按 80% 批复。贯彻落实《北京市节约型机关创建行动方案》，厉行节约，杜绝浪费。

加强廉洁政府建设。层层压实全面从严治党主体责任，落实《开发区领域腐败问题专项整治实施方案》，深化以案促改、以案促治。扎实开展常态化反腐倡廉教育，引导党员干部时刻强化廉政风险意识，重点加强对“三重一大”、国家重点战略等项目相关人员廉政教育，严防“项目建起来、干部倒下去”。抓好市委巡视巡察反馈意见落实整改，督促相关责任人不断强化风险意识，提高廉政自觉性。严格执行经开区工委、管委会工作规则，严格遵守各项规章制度，坚持调度机制，最大限度压缩个人自由裁量权，全面督促公正用权、依法用权、廉洁用权。紧抓“关键少数”，严格落实“一岗双责”，坚决防止“四风”问题反弹。发挥社会组织作用，加强服务企业过程监督，进一步构建亲清政商关系。

加强服务政府建设。强化首问首接责任制，推动基层主动治理，促进“接诉即办”向“未诉先办”转变。持续深化政务服务三级体系建设，发挥亦企服务港功能堡垒作用，为区内企业居民提供便利化、精准化、高效化服务。加强调查研究，开展教育培训，不断拓宽国际视野，切实提升干部专业服务能力。围绕各类重难点问题，健全专班工作推进机制，强化工作主动性和创造性，真正做到办实事、出实招、求实效。

同志们，当今世界正经历百年未有之大变局，我们已经进入了高质量发展的新阶段，迈上了第二个百年奋斗目标的新征程，迎来了波澜壮阔的伟大时代。征途漫漫，唯有奋斗！伟大的征程呼唤着我们，宏伟的目标激励着我们，艰巨的任务鞭策着我们。唯有恪尽职守、勇挑重担，才能无愧于组织、无愧于人民！唯有攻坚克难、奋发有为，才能无愧于时代、无愧于历史！让我们更加紧密地团结在以习近平同志为核心的党中央周围，在市委、市政府的坚强领导下，真抓实干、顽强拼搏，勇当高质量发展开路先锋，为加快建设国际一流高端产业综合新城努力奋斗，以优异成绩迎接党的二十大胜利召开！

专文

北京经济技术开发区年鉴 2022
BEIJING ECONOMIC-TECHNOLOGICAL DEVELOPMENT AREA YEARBOOK 2022

学史力行担使命，实干担当出成效

在全党开展党史学习教育，是以习近平同志为核心的党中央，立足百年党史新起点，着眼开创事业发展新局面，作出的一项重大战略决策。习近平总书记高度重视，亲自谋划、亲自部署、亲自推进。市委以身作则、率先垂范，带头开展学习教育，为全市树立了标杆。总结好、巩固好、拓展好党史学习教育成果，首要的是再学习、再领悟、再对标习近平总书记关于党史学习教育的重要论述重要指示精神，深刻把握党百年奋斗的历史价值，把“学史明理、学史增信、学史崇德、学史力行”贯穿学党史、用党史的全过程，更加坚定捍卫“两个确立”，坚决做到“两个维护”，在新征程上更加自觉地向历史寻经验、向历史求规律、向历史探未来，使经开区前进的每一步都无愧历史、不负未来。

一、紧扣目标要求，高站位推进党史学习教育取得扎实成效

2021 年 2 月以来，在市委的坚强领导和党史学习教育市委第五指导组的悉心指导下，经开区认真贯彻落实党中央和市委决策部署，坚持把开展党史学习教育作为贯穿全年的重大政治任务来抓，按照学史明理、学史增信、学史崇德、学史力行的要求，精心组织实施，有力有序推进，使广大党员干部在学史寻源中砥砺初心使命、在学史思进中赓续红色血脉、在学史开来中增强历史自信、在学史明责中彰显先进本色，党员干部群众经受了一次全面深刻的政治教育、思想淬炼和精神洗礼，推进全区各项事业取得了新进展新成效，达到“学党史、悟思想、办实事、开新局”的目的。

经开区注重把加强组织领导与确保学习效果紧密结合起来，经开区工委落实主体责任，成立领导机构，加强谋划部署，牵引党史学习教育全面启动、有序展开、深入推进。

推进党史学习教育规范化。深入学习贯彻习近平总书记在党史学习教育动员大会上的重要讲话、“七一”重要讲话和党的十九届六中全会精神，紧密结合全区实际，印发党史学习教育系列指导性方案 15 个，制定局处两级领导干部、基层单位和领导小组办公室四类任务清单，做到内容明、要求明、时限明、责任明，实现规定动作落实、自选动作出彩。

推进党史学习教育特色化。紧密结合经开区发展定位，把“学史爱党强使命，勇当

先锋开新局”作为主题，以“用好 6 种资源、打造 6 个课堂、开展 6 大行动、提升 6 种能力”为抓手，打造党史学习教育“亦庄样本”。

推进党史学习教育制度化。建立健全调度统筹、信息反馈和督导检查机制，坚持周调度、月统筹，及时研究解决重点难点问题，压紧压实各级责任。党史学习教育市委第五指导组莅临经开区检查指导工作 26 次，深入机关部门、街道社区、企业园区、学校、医院开展面对面指导、手把手帮带，以当好上级部署“传导员”、工作落实“督查员”、以上率下“示范员”的突出成效，确保经开区党史学习教育的正确方向和质量。经开区工委成立的 3 个指导组以市委第五指导组为榜样，严督实导，推进各项任务在基层落实。全年编印《信息简报》78 期、《信息专报》17 期、《工作周报》37 期，中央和市属媒体播发经开区党史学习教育报道 1200 余篇，2 条学习“七一”重要讲话信息被“学习强国”录用，12 个特色典型经验做法被多家中央刊物、中央媒体和市属重点媒体刊发推广。

经开区注重把学习党的历史与感悟思想伟力紧密结合起来，按照“六个进一步”（进一步感悟思想伟力，增强用党的创新理论武装全党的政治自觉；进一步把握历史发展规律和大势，始终掌握党和国家事业发展的历史主动；进一步深化对党的性质宗旨的认识，始终保持马克思主义政党的鲜明本色；进一步总结党的历史经验，不断提高应对风险挑战的能力水平；进一步发扬革命精神，始终保持艰苦奋斗的昂扬精神；进一步增强党的团结和集中统一，确保全党步调一致向前进）的要求，紧扣 8 个方面的学习重点，注重在学懂弄通做实上下功夫。

坚持用“三个带动”示范引领促深入。发挥领导干部带头作用，坚持专题学带动、跟进学带动、联席学带动，按照党史学习教育 3 个阶段主要学习任务，分 5 个专题制订工委理论中心组学习（扩大）会暨党史学习专题读书班方案，把集中自学、深入研学、交流互学融入日常、抓在经常。全年工委理论中心组学习 47 次、集中自学 12 次、研讨交流 7 次，到红色教育基地学习 6 次；落实工委会议第一议题制度，及时学习习近平总书记最新重要讲话精神 30 次。领导干部先学一步、深学一层，有效带动全区的学习，全区各基层党组织普遍采用党建引领学、组织全员学、培训辅导学、线上互动学、现场观摩学等方式，围绕“1+4”（“1”即习近平总书记“七一”重要讲话，“4”即《论中国共产党历史》《毛泽东邓小平江泽民胡锦涛关于中国共产党历史论述摘编》《习近平新时代中国特色社会主义思想学习问答》《中国共产党简史》）指定学习材料和党的十九届六中全会精神开展专题学习 2200 余次、集中研讨 1300 余次，处级以上领导干部撰写心得体会 900 余篇。

坚持用“三个促学”创新形式求实效。打造“六个课堂”促学。围绕经开区发展实践打造的“历史课堂”“理论课堂”“实践课堂”“发展课堂”“创新课堂”和“廉政课堂”，推动教育资源全面激活、广泛利用、有效转化。开发“5 条参观线路”促学。

以区史馆为核心，推出的“科技游”“工业游”“创新游”“文化游”“研学游”5条线路成为党史学习教育网红地，让大家在沉浸中感受经开区成立以来取得的成就。举办“5大主题展览”促学。推出的“百年党建 · 中国共产党党的建设教育展”“做首都高质量发展的红色开路先锋——非公党建在北京 · 亦庄”“亦庄腾飞展”“新城展望展”和“廉政教育展”，激励全区建设者在学史中担当新使命、展示新作为。

坚持用“三个活动”用好红色资源增效果。深入开展“品阅百年红色经典”活动，围绕“颂读百年路 展阅新征程”主题，以“百年百篇忆经典”“百人百企诵读会”“百家百场读书会”为特色，广泛发动社会各界诵读党史经典佳作。深入开展“品鉴百年红色档案”活动，启动“寻红色印迹 忆百年历史”档案史料主题征集，发布经开区在党的领导下壮大发展的历史故事25期，厚植红色记忆。深入开展“品悟百年红色情怀”活动，广泛组织讲党史故事、观党史影片、寻党史印迹、写党史体会等活动，各基层党组织开展红色主题活动和参观红色教育基地达2100余次，让广大党员群众在赓续红色血脉中润泽心灵、在领悟伟大建党精神中增信铸魂。

经开区注重把有效动员与广泛参与紧密结合起来，着眼经开区实际，多措并举提升党史学习教育的参与度、活跃度，推进学习教育走深走实。

围绕“两新”组织聚焦度高的特点，开展“广泛推动学”。结合“两新”组织党建工作实际，举办百场“用党史之光照亮奋进之路”马克思主义读书会，开展“学党史、跟党走、感党恩、颂党情”主题红色诗歌汇演和党史专题大讲堂等活动。完善“两新”组织党史学习教育体系课程，成立经开区党校，挂牌北京市非公经济组织党校。以特色园区、商务楼宇、规模较大的非公企业为重点，通过企业促建、园区合建、行业联建、群团共建、产业链带建等方式，促进党史学习教育在“两新”组织中“活”起来、“燃”起来。

围绕有效覆盖浓厚氛围的要求，开展“文化引领学”。举办“大都东南”科技文化艺术节和“永远跟党走”第十三届文化艺术节，推出百余场文化活动，在全区掀起庆祝建党百年文化活动热潮。制订《经开区关于开展党史学习教育百场宣讲进千企万家百姓宣讲活动实施方案》，通过说、唱、演、舞等方式，开展宣讲320余场次，推动党史学习教育“飞入寻常百姓家”。在全区学校举办“寻访百位共产党员”“共产党员寄语红领巾”“红领巾对党说”等系列活动近千场，对青年学生进行系统化党史学习教育、接受革命传统洗礼。

围绕发挥区属融媒矩阵的优势，开展“深入造势学”。坚持“党的盛典、人民的节日”基调定位，强化全媒体报道、互动化传播，在区属媒体开设13个专栏、推出7种融媒体产品，同时统筹区内企业、园区各平台共刊发稿件3600篇，转发中央、市属媒体重要稿件 2100 篇，让党员群众菜单式、点播式、体验式学习百年党史、感悟真理力量、品味百年风华。

经开区注重把办好为民实事与促进改革发展紧密结合起来，坚持以学促行、以行践学，推进学用一致、有效结合、深度融合。

建队伍搭平台，推动学史力行“见行动”。建立“亦企服务管家”队伍，用心用情推动为企业解决问题。建立“在职党员服务社区”队伍，领办群众“微心愿”。以“接诉即办”为主抓手，开展“听民意 解民忧”活动。局处级领导干部认真落实党建工作基层联系点机制，实现 18 个社区、“两街八镇”、524 家重点企业全覆盖，让党旗在基层一线高高飘扬。全年在经开区工委、管委会领导带领下，机关各部门走访企业 4100 余家，收集企业诉求 1500 余个，办结率达 99.6%，举办政策宣讲、书记接待日 120 余场，提高了为民为企服务的温度、热度、力度，强化了公仆意识和为民情怀，密切了党群关系。

办实事解难题，推动学史力行“见真情”。学习教育中，经开区工委每月选取 1~2 个具体问题，形成“每月一题”清单。开展“领导‘走流程’”专项行动和赴基层一线接访活动，疏堵点、解难点。制定的区级重点民生项目清单 66 项，以及各街道、各单位、各部门办实事清单 255 项已全部完成，并建立为群众办实事长效机制 68 个。经开区为民办实事的经验做法，被中央党史学习教育领导小组学习实践组向全国转发；以亦企服务港为枢纽、以“企业吹哨、部门报到”为抓手，为企业办实事的成效，得到市委党史学习领导小组的充分肯定；助力新疆维吾尔自治区、内蒙古自治区等对口协作单位实现乡村振兴办实事的成果，被《前线》客户端在头条栏目持续播发。

开新局促发展，推动学史力行“见成效”。国家战略工程推进实现新突破。集成电路产业跨越式发展，北京市高级别自动驾驶示范区 1.0 阶段建设完成；国家信息技术应用创新产业园 4 个国家级平台试运行、2 个国家重点实验室落户，新增入驻企业 60 户，集聚效应显著；新增国家高新技术企业 89 家，总数达 1717 家；新增国家级专精特新“小巨人”企业 22 家，总数达 38 家；新增北京市专精特新“小巨人”企业 41 家，总数达 57 家。高精尖产业发展迈上新台阶。新一代信息技术产业全年完成产值 1000 亿元，比 2020 年增长超过 20%，成为继高端汽车、产业互联网、生物医药之后的第四个千亿级产业集群；新能源汽车和智能网联汽车产业全年完成产值 1900 亿元；生物医药和大健康产业全年完成产值 1700 亿元；机器人和智能制造产业全年完成产值 450 亿元，智能制造标杆企业数量占全市总量的 38%，居全市第一。“两区”建设取得新进展。形成全市首创、全国领先的改革创新实践案例 12 个，4 项案例全市复制推广。国际人才服务大厅实现全市首个外国人工作许可和居留许可“一窗受理、同时取证”。设立北京首家自贸知识产权保护分中心，打通知识产权创造、运用、保护、管理和服务全链条。全年全区共推进重点项目 229 个，总投资达 3819 亿元。和谐宜居之城建设展现新风貌。围绕

“七有”“五性”，优化布局优质公共服务资源，新增中小学学位 3600 个、普惠性幼儿园学位 630 个。北京急救中心经开区分中心加快建设，8 家定点医疗机构、7 家定点零售药店均实现医保电子凭证“脱卡结算”和跨省异地就医实时结算，4 个急救站点建成，公共服务水平大幅提升。完成“无废城市”试点，形成六大示范模式、十大经典案例。全区各部门各单位紧密结合中心工作任务，推动“十四五”高质量发展落子布局，有力筑牢了“保”的底线、夯实了“稳”的基础、提高了“进”的质量。

通过党史学习教育，经开区主要有 4 个方面的收获：一是促进了信念更坚定。通过组织广大党员干部认真研读“1+4”指定学习材料和深入学习党的十九届六中全会精神，有力深化了对“两个确立”决定性意义的认识，有效推动了党的创新理论大众化、普及化，增进了全区广大党员干部对习近平新时代中国特色社会主义思想的政治认同、思想认同、理论认同、情感认同，带头捍卫“两个确立”、坚定做到“两个维护”成为普遍共识和行为规范。二是促进了思悟更深透。通过百名书记谈初心、百名党员话使命、百堂党课讲党史、百部影片强党性、百场宣讲作辅导，使全区广大党员干部群众全方位多层次感悟到，在党的百年“追梦史”“奉献史”“为民史”“斗争史”“赶考史”中形成的光辉历程、伟大成就和宝贵经验来之不易，必须百倍珍惜，决心以更加昂扬的姿态迈进新征程、建功新时代。三是促进了行动更笃定。广大党员干部在党史学习教育中通过一次次集中“补钙”“加油”，不断擦亮先锋本色、激发奋斗热情，更加主动在工作中打头阵、攻难关。百名党员劳模联系千名优秀班组长，以创新驱动为动力，打造了百个创新案例，形成了千项技术专利，助力了国际科创中心主平台建设。全区 4 个集体、11 名个人获国家级、市级“两优一先”称号，京东、悦康药业、中芯国际等企业入选北京市 100 个两新组织“党建强、发展强”党建品牌项目名单。全年全区发展党员 535 名，培育入党积极分子 1076 名，入党申请人达 2619 名，增幅比 2020 年大幅提高，党组织的吸引力、感召力进一步增强。四是促进了学史更长效。在各级的共同努力下，建立了以工委理论学习中心组发挥带动引领作用为主要内容的“示范学史”模式，编写了以“六个课堂”为主要内容的“潜心学史”教材，开发了以 5 条参观路线为主要内容的“沉浸学史”路线，完善了以 5 大群众性主题展为主要内容的“参观学史”阵地，搭起了以群众演、群众唱、群众广泛参与为主要内容的“文化学史”平台，拓宽了以红色歌曲唱起来、红色印迹寻起来、红色故事讲起来、党史知识比起来为主要内容的“红色学史”途径，构建了以新时代文明实践中心（所、站）三级宣讲网络为主要内容的“宣讲学史”矩阵，开创了以国有企业深入、非公企业活跃为主要内容的“企业学史”新局，创新了以课堂植入、活动嵌入、启迪深入为主要内容的“校园学史”方法，完善了以健全“吹哨报到”“早餐会”“一线工作法”等为主要内容的“力行学史”机制。“十个学史”成果为推动党史学习教育深入群众、深入基层、深入人心提供了坚强支撑和有力保障，并被市委宣传部《宣传通讯》

刊发。

以上这些收获，是全区各级党组织和广大党员干部群众以高度的政治热忱全身心投入党史学习教育的结果，展现了以史为鉴、开创未来的坚定信念，体现了学史爱党、勇当先锋的丰硕成果，表达了对党的深情和对祖国的热爱。

二、围绕巩固深化，着力推进党史学习教育常态化长效化

习近平总书记对巩固拓展党史学习教育成果高度重视，多次作出强调，提出明确要求。我们要深入学习贯彻习总书记关于党史学习教育的一系列重要讲话精神，深刻领悟习总书记关于党的百年奋斗价值、学习党史根本目的、基本要求、着力点和科学态度的重要论述，以学习贯彻党的十九届六中全会精神为重点，持之以恒推进党史总结、学习、教育、宣传，建立常态化长效化机制，进一步用党的百年奋斗重大成就启迪智慧、砥砺品格，用党的百年奋斗历史意义统一思想、统一行动，用党的百年奋斗历史经验坚定信心、增强斗志。

聚焦学史明理再深化，不断感悟思想伟力。工委要继续将学党史纳入理论学习中心组学习内容，各基层党组织要把党史学习作为年度学习的重点内容，通过中心组理论学习制度、“三会一课”等方式，把党史学习教育融入日常、抓在经常。各级领导干部要带头学党史、经常学党史，发挥好示范带头作用。工委党校要把党史作为必修课、常修课，抓好干部的学习培训。学校要用好学校思政课这个渠道，发挥好党史立德树人的重要作用。区属融媒体中心要坚持目标导向、问题导向、效果导向，关注理论困惑和精神需求，继续推出更多适应不同受众特点的产品，有针对性地加强党史宣传普及。新时代文明实践中心（所、站）要把党史课堂设在工厂车间、街道社区等生产生活一线，讲好党的创新理论、党的基本知识、党的光荣历史和优良传统，宣传好经开区建区以来在党的领导下取得的翻天覆地的变化。要切实让大家在深入学习党史中进一步用心领悟习近平新时代中国特色社会主义思想对马克思主义的原创性贡献、对科学社会主义的原创性发展，从中悟出真理的味道、思想的力量，悟出改造主观世界和客观世界的管用举措，悟出服务“国之大者”的担当作为。特别要进一步从政治的、历史的、时代的高度深刻认识习近平总书记无愧为党中央和全党的核心、人民的领袖、时代的领路人，深刻认识习近平新时代中国特色社会主义思想是全党全军全国各族人民的思想旗帜、精神旗帜，不断增强捍卫“两个确立”的政治自觉、思想自觉、行动自觉。

围绕学史增信再锤炼，持续提升政治能力。进一步在全社会广泛开展好党史、新中国史、改革开放史、社会主义发展史宣传教育，持续推进读书学史活动，深入发动社会各界学习“四史”佳作，品悟“四史”精髓。持续推进“六个课堂”进培训课程、进企

业园区、进街道社区，让广大干部群众对高质量发展的本质内涵有更深认识和更好把握，增强立足本职岗位当好全市高质量发展开路先锋的底气和信心。持续发挥好区史馆以及推出 5 条参观线路、5 大主题展的教育功能，积极探索用舞台剧、情景剧等多种形式，推动“四史”联学不断向纵深发展。各基层党组织每年至少开展 1 次中国特色社会主义和中国梦宣传教育，通过主题党课、团课、队课、演讲比赛、展览展示、诵读“红色家书”等活动，更好地教育引导广大党员干部群众学懂弄通党百年奋斗的光辉历程，学懂弄通党坚守初心使命的执着奋斗，学懂弄通党百年奋斗的历史意义和历史经验，学懂弄通以史为鉴、开创未来的重要要求，进一步增强对马克思主义、共产主义的信仰，对中国特色社会主义的信念，对实现中华民族伟大复兴的信心。

着眼学史崇德再提升，更好赓续红色血脉。进一步加强革命传统教育、爱国主义教育、青少年思想道德教育，广泛开展致敬革命先烈活动，充分用好北京 31 处红色教育资源和区内教育资源，定期开展红色主题党日活动，引导全社会更好知史爱党、知史爱国。各基层党组织每年开展红色教育主题的党日活动不少于 1 次。要通过整理我区已有的离退休老干部、重要党史见证人、党员代表等典型人物的口述历史音视频资料，出版“跟着小亦读区志”原创历史故事，引导广大党员干部群众不断加深对红色基因的传承。各党（工）委、总工会特别是“两新”组织工委要重点挖掘区内创新创业典型、非公企业家和科技人员、一线班组长等先进典型事迹，讲好经开区特色故事，弘扬好科学家精神、企业家精神和工匠精神。要进一步搭建群众学习展示平台，多措并举让主题展览看起来、红色歌曲唱起来、党史故事听起来、党史知识比起来，教育引导广大党员干部群众切实在大力发扬红色传统、传承红色基因、赓续红色血脉中，自觉做到讲政德、明大德、守公德、严私德。

立足学史力行再出发，坚定扛起使命责任。升级版经开区和亦庄新城建设站在一个新的起点上，进入一个历史关键期。我们要把学史力行同围绕北京市构建“2441”高精尖产业体系结合起来，加快培育具有战略领航性、示范带动性、科技引领性的产业集群，在引领全市产业向中高端迈进中体现“亦庄担当”；同推进国际科技创新中心主平台建设结合起来，高浓度集聚各类创新要素，让科技创新这个“关键变量”成为发展的“最大增量”；同当好深化改革“排头兵”结合起来，坚持首都所需、亦庄所能、企业所盼、未来所向，更加坚定地走解放思想、深化改革之路；同深化“我为群众办实事”实践活动结合起来，把为民造福作为新城建设的目标追求，让新城市民生活的更有品质、更为舒心、更加美好；同抓好当前正在做的工作结合起来，强化责任担当、认真履职尽责，切实把学史力行的成果转化为攻坚克难、干事创业的实际成效，转化为应对风险挑战、推动事业发展的治理能力和工作水平。

（工委宣传文化部）

严字当头，打好疫情防控“主动仗”

经开区工委、管委会高度重视新冠肺炎疫情防控工作，坚定不移贯彻落实党中央、国务院、市委、市政府决策部署，将疫情防控作为首要任务。经开区新型冠状病毒肺炎疫情防控工作指挥部下设“一办十五组”，各组各司其职，齐动员、共努力，坚持以人民为中心，以强烈的责任感和使命感，坚守岗位、英勇战斗、全力奉献，毫不松懈地抓好疫情防控工作。全区上下以严要求、高标准、高质量落实疫情防控各项举措，全力守护人民群众生命安全和身体健康，保障生产生活平稳有序。

一、科学统筹，完善疫情防控体制机制

（一）强化保障体系

健全完善分工明确、逐级负责、科学合理的目标任务分解机制。社会事业局围绕抓落实的重点内容和工作要求，凝聚北京市疾病预防控制中心、中国食品药品检定研究院、首都医科大学附属北京同仁医院专家力量，先后制订《北京经济技术开发区突发新冠疫情处置应急预案》《北京经济技术开发区流行病学应急调查组建设及管理方案》《北京经济技术开发区突发公共事件医疗卫生救援工作方案》等，做到岗位责任具体化、责任链条无缝化，进一步提高主动、科学、精准、综合处置能力。制发文件指引 2 个，分别为《北京经济技术开发区疫情防控指引手册》《北京经济技术开发区进口货物疫情防控指引手册》，累计印发 1000 余册，为疫情防控工作提供全面指导。

（二）建立联动机制

在阶段性疾控机构不健全的情况下，经开区统筹资源，建立疫情防控三区联动机制，实现经开区—大兴区—通州区横向协同，疫情信息互通、专业资源共享、医疗救治联动；区—街—单位（社区）纵向贯通，防控指令及时传达到位、防疫知识及时指导到位、防控任务及时分解落实到位。

（三）加速补齐短板

7 月 13 日，经开区疾病预防控制中心获批，经开区积极推进区级疾控中心建设，逐步对接疾控信息系统，完善服务职能，同时依据《疾病预防控制中心建设标准》要求，

选址拟租用泰豪大厦 C 座，开展标准区级疾控中心建设。开展疾控中心的岗位设置、事业单位设立登记、主体建设等各项工作，启动第一轮人员招聘工作。

（四）组建应急队伍

按照“平战结合”原则，社会事业局整合区域优质医疗资源，抽调医护骨干人员，与公共卫生专业技术人员共同组建流行病学调查、核酸检测、公共卫生管理、医疗救援、后勤保障等卫生应急队伍，各专业队伍常备不懈、训练有素、机动灵活，随时应战各类突发事件。同时，聘请市、区各级各类专家定期开展防范和处理新冠肺炎疫情的培训与演练，为突发公共卫生事件应急处理提供技术保障。

二、多点触发，加强疫情监测预警

（一）坚持疫情数据统计和信息报送

每日更新疫情防控信息简报，为疫情防控决策和指挥调度提供支撑。全年报送医疗保障组简报 155 期，疫苗接种日报 302 期，组织疫情相关会议 40 余场，回复疫情防控督办台账 100 余条。

（二）严格发热门诊管理

经开区设发热门诊医院 1 家（首都医科大学附属北京同仁医院经济技术开发区院区），全年接诊发热患者 19248 例，全部按要求进行流调、核酸检测、闭环管理，未排查出新冠肺炎相关患者，医护及发热门诊其他工作人员实现“零感染”。

（三）强化小诊所“哨点”运行管理

严格要求小诊所不可接诊有发热等症状患者，如有前往就诊发热患者，诊所须落实好首诊负责制，做好信息登记、闭环引导、信息上报、后续随访等工作。

三、守住底线，严格落实院感防控

（一）落实重点人群定期核酸检测

严格落实常态化核酸检测工作，为隔离点、医疗机构等重点人群开设专门检测通道，全年检测 13.92 万人次。开展校园核酸检测筛查，自 9 月 24 日起，分 4 批次对区内 33 所学校师生、职工进行全覆盖核酸筛查。

（二）成立经开区院感质控中心

12 月，经开区院感质控中心挂牌仪式举行，委托北京同仁医院亦庄院区承担主任委员单位工作，建立和完善医院感染管理质量控制长效机制。由区内北京同仁医院亦庄院区、北京爱育华妇儿医院、国家康复辅具研究中心附属康复医院、北京陆道培医院派出专家，聘请市级专家，组建院感专家巡查队伍。开展区内医疗机构第一轮疫情防控的督导及“回头看”工作。通过实地考察、现场询问及查阅材料等方式，持续开展院感风险排查，督促辖区医疗机构将各项疫情防控工作落到实处。

（三）加强疫情防控常态化监督检查

根据疫情防控的总体要求，督促落实防控主体责任，提高科学精准防控能力。全年对医疗机构组织开展督导检查 6 轮，涉及一级及以上医院 8 家、门诊 27 家、诊所 25 家、社区卫生服务站 3 家、核酸检验所 16 家、医务室 19 家。重点检查院感防控、预检分诊、医疗垃圾、消毒等方面。对核酸检测机构开展督导检查 6 轮，重点检查医学实验室生物安全、核酸检测机构的规范操作等方面。现场指出发现的问题，要求立即整改，及时跟进整改落实情况。

四、“从快、从严、从实”加强排查管控

（一）严格流调管控

社会事业局流调队伍立足于“早发现”“快响应”，按照“追到、检到、管到”的步骤，确保流调和管控工作无缝衔接，快速、科学、规范判定风险人群并落实管控措施，在最短时间内阻断疫情传播链条。全年累计管控涉及区内行动轨迹密接 85 人，判定管控次密接 1527 人，现场及电话流调 1612 次，转运 592 人。积极稳妥处理 20 余起较大规模涉疫事件，对事件处理做到报告率、应急响应率和有效处置率均为 100%。

（二）以演练促实战

为有效应对突发情况，全面掌握疫情防控主动权，各相关部门按照《北京经济技术开发区新冠疫情应急处置桌面演练脚本》开展疫情防控应急处置桌面推演会议，并邀请专家进行全程观摩、点评。以演练促实战，磨合各成员单位联动机制，不断提升协同处置突发公共卫生事件的实战能力。

（三）加强集中隔离点管理

社会事业局会同工委组织人事部，定期对集中隔离点专班工作人员进行专业培训指导，并开展全覆盖式监督检查，确保隔离点安全、规范、有序运行。同时，明确北京中医药大学东方医院经开区院区为集中观察点医疗指导管理机构，对集中隔离医学观察点人员进行医学观察，每日监测体温等，确保有不适症状隔离人员能及时被转运救治。

五、多措并举，精细化做好疫苗接种

自 1 月 6 日新冠疫苗接种工作启动以来，社会事业局深化组织引领、创新接种方式、

激励广泛参与，截至 12 月 31 日，区内新冠疫苗累计接种 102.8 万剂次，覆盖率超过 97.5%，新冠疫苗接种工作已经取得阶段性成效。

（一）突破瓶颈，新冠疫苗接种工作有序推进

年初，经开区公共卫生体系尚未完善，疫苗接种“零”基础。面对严峻的接种任务，多方协调、打破瓶颈，出台方案、整合各部门的力量。利用约一周的时间紧急增设 3 家疫苗接种门诊。协调区内 3 家三级医院取得疫苗接种资质，开设疫苗接种服务。3 家接种门诊发挥连续作战精神，截至 12 月 31 日，已连续 359 天接种新冠疫苗不间断，累计接种新冠疫苗 57.4 万剂次。在经开区疫情防控指挥部统一领导下，统筹推进 9 类重点人群、重点场所方圆 5 千米人群、大规模人群、60 岁以上人群、3~11 岁人群等新冠疫苗接种各项工作任务。

（二）不断挖掘潜力，织密服务网络

利用大型会展场所建立全区最大的北京亦创国际会展中心接种点，最大接种能力达 6000 剂 / 日。在大族广场、沃尔玛、南海子公园人流量较大的地点增设临时接种点，为群众提供便捷的接种渠道。租用流动接种车开进商圈、社区、企业，为群众提供“家门口”的接种服务。10 月底，北京扶正肿瘤医院、北京中医药大学东方医院经开区院区临时接种点启用，进一步加快推动区内新冠疫苗加强免疫工作进度。最快的接种点 2 天建成，区内同一天内最多开设 13 个疫苗接种点，最大接种能力达 17000 剂 / 日。

（三）坚持需求导向，提供便捷服务

为助力复工复产，为京东集团、北京奔驰汽车有限公司、中芯国际集成电路制造有限公司等企业送“苗”上门，由市级指派北京同仁医院亦庄院区的 2 支接种队专门为经开区企业员工提供上门服务。经开区启用“临时接种点 + 常规接种门诊”“集中接种 + 上门接种”“日场接种 + 夜场接种”“固定接种 + 流动接种”等多重服务模式，为区内群众提供便捷的接种服务，确保生产防疫两不误。各街道安排专车为老年人群提供“家门口—接种点”点对点接送服务，为老人接种建立绿色通道。

（社会事业局）

大事记

1月

1 日　经开区建设工程招投标交易服务费取消收费，每年为企业节省服务费 200 万余元。

26 日　北京口岸首次实现对细胞治疗产品的出入境风险评估、集中审批、集中查验和后续监管，打通细胞治疗产品的出入境绿色通道。

27 日　中经云数据存储科技（北京）有限公司的中经云亦庄数据中心、中金数据集团有限公司旗下中金花桥数据系统有限公司的中金数据昆山数据中心暨腾讯云 IDC 被评为 2020 年度国家绿色数据中心。

28 日　中国首个可再生能源“碳中和”智慧园区颁证仪式在北京金风科创风电设备有限公司二期园区举行，金风科创二期园区（新疆金风科技股份有限公司亦庄智慧园区）成为中国首个可再生能源“碳中和”智慧园区。

是月　远东正大检验集团有限公司获国家认监委颁发的检验检测机构资质认定证书，筹建的远东正大化妆品检测中心成为化妆品注册和备案检测机构。这是北京市首家同时涵盖微生物、理化、毒理试验和人体安全与功效评价等检验检测项目的民营化妆品检测中心。

是月　工委组织人事部启动首批亦城领军人才专家评审工作，认定范围覆盖亦庄新城，推荐 126 名人才进入专家建议入选名单。

2月

2 日　北京泰德制药股份有限公司自主研发的帕立骨化醇注射液（凯沙®）获国家药监局批准上市，用于治疗接受血液透析的慢性肾功能衰竭患者的继发性甲状旁腺功能亢进症。

3 日　“工银瑞投—亦庄控股产业园区第一期资产支持专项计划”成立，发行规模为 10 亿元，发行利率为 3.99%，创同类产品同期新低。这是北京市首单储架型产业园区商业房地产抵押贷款支持证券（CMBS）产品、北京市首单生物医药特色产业园区 CMBS 产品。

5 日　《北京市自动驾驶车辆道路测试报告（2020 年）》发布，总结 14 家企业在北京开展自动驾驶路测试的情况，介绍北京在自动驾驶产业化方面的最新进展。

11 日　经开区首届线上亦城春晚举办，包括相声、歌舞、器乐演奏 12 个节目，浏览量超过 30 万人次。

是日　中央广电总台采用京东方科技集团股份有限公司自主研发的 110 英寸 8K 超高清显示产品进行春节联欢晚会“8K+5G”超高清直播。这是中央广电总台首次通过 8K 超高清电视频道进行直播。

是月　拜耳医药保健有限公司的前列腺癌治疗新药达罗他胺片（诺倍戈®）获国家药监局批准上市，用于治疗有高危转移风险的非转移性去势抵抗性前列腺癌（NM-CRPC）成年患者。

是月 经开区率先在北京市试点开展依申请政务服务事项备查改革。截至 2021 年年底，综合工时、人力资源、新闻出版等领域的 15 项依申请政务服务事项全部实现备查方式办理，办件 127 个。

3月

1 日 中国建设银行股份有限公司北京经济技术开发区支行成为首批电子口岸合作制卡代理点，可提供新企业入网以及已入网企业新增操作员卡、新增报关员卡、补卡等服务。

是日 社会事业局承接“60 平方公里”范围内的卫生健康职权。

2 日 中共北京市委经济技术开发区工委党校揭牌成立。

5 日 经开区政务服务中心、行政审批局与天津经开区政务服务办公室签署北京、天津经开区推进政务服务“跨省通办”授权协议，国家级经开区“跨省通办”工作机制建立。截至 2021 年年底，实现与 6 个经开区共 268 个事项的“跨省通办”。

8 日 融媒体中心挂牌尚亦城（北京）科技文化集团有限公司，成为北京市首个由事业单位整建制转为企业专业化运营的区级融媒体中心。

18 日 社会事业局承接“60 平方公里”范围内教育职权。教育领域 114 项新赋权事项实现全面履职，承接市教委各项系统 46 个、各类教育单位 28 家。

19 日 北京 ABB 低压电器有限公司光伏发电及系统集成项目实现并网。这是 ABB 集团继德国吕登沙伊德能源自给工厂之后的全球第二个光伏发电项目，可实现年发电量 42 万千瓦 · 时，每年减少约 400 吨温室气体排放。

20 日 拜耳医药保健有限公司的前列腺癌治疗新药达罗他胺片（诺倍戈®）与氯化镭 [^{223}Ra] 注射液（多菲戈®）联合商业上市。诺倍戈® 和多菲戈® 的联合上市为中国前列腺癌患者及临床医生提供全新治疗方案。

22 日 百泰生物药业有限公司与古巴分子免疫学中心共同建立中国—古巴“一带一路”联合实验室。该实验室致力于在分子免疫学学科热点，特别是具备临床转化前景的学术领域开展原创性研究、分子免疫学机制基础性研究及应用研究。

是日 中国建设银行股份有限公司北京经济技术开发区支行为北京德普恩科技有限公司办理“跨境快贷—出口贷”美元支用业务。该公司是北京市首家办理中国建设银行“跨境快贷”外币贷款支用业务的企业。

25 日 北京陆道培医院成为经开区首家实现异地就医门（急）诊实时结算的定点医疗机构。截至 2021 年年底，经开区所有定点医疗机构均实现异地就医实时结算。

是月 北京华昊中天生物技术有限公司自主研发的 1 类新药优替德隆注射液（优替帝®）获国家药监局批准上市。这是中国首款上市的埃博霉素类抗肿瘤药物。

4月

2 日 经开区首批 6 家中关村科技成果

产业化先导基地加速区挂牌，空间面积总计为 8.23 万平方米，内设创新服务平台 30 个，标志着先导基地加速区进入实体化运行阶段。

12 日　经开区召开“创场景城市　享科技未来”发布会。亦庄新城首批共有 50 家企业、区内博物馆和文旅资源纳入“科技馆之城”建设体系，推出 5 条主题线路。

13 日　北京市智能网联汽车政策先行区发布会在经开区举行，宣布北京市将依托北京市高级别自动驾驶示范区设立北京市智能网联汽车政策先行区。该先行区的实施范围为亦庄新城“225 平方公里”规划范围。会上，北京小马智行科技有限公司、北京百度网讯科技有限公司、滴滴（中国）科技有限公司 3 家企业获首批乘用车道路测试牌照。

26 日　政务服务中心在国际人才服务厅开设的“两区”建设服务窗口启用，首批推出金融服务、税务咨询、知识产权服务及综合咨询 4 个窗口，提供薪酬购汇、结汇，外资企业税务、知识产权问题咨询等涉外服务。

28 日　北京市依托在经开区建设的高级别自动驾驶示范区被评为智慧城市基础设施与智能网联汽车协同发展第一批试点城市。

5 月

1 日　经开区发布《北京经济技术开发区关于 2021 年义务教育阶段入学工作的意见》。该意见首次对经开区“60 平方公里”范围内的小区进行划片。

3 日　北京智飞绿竹生物制药有限公司受托紧急生产的安徽智飞龙科马生物制药有限公司与中国科学院微生物研究所联合研制的第一批重组新冠疫苗“智克威得”下线上市。

12 日　经开区侨界联合会成立，下设侨益维护委员会、社会公益委员会、产业发展委员会、联谊联络委员会和建言献策委员会 5 个专委会。

21 日　国富瑞数据系统有限公司被评为北京市第一批产教融合型企业建设培育试点，并被纳入北京市产教融合型企业建设信息储备库。

25 日　国汽（北京）智能网联汽车研究院有限公司与中国网络安全审查技术与认证中心、中国汽车工程研究院股份有限公司就汽车行业网络安全专业人员培训项目进行签约，并共同发布《汽车行业网络安全专业人员》认证证书。这是国内首个针对汽车行业，特别是智能网联汽车领域的网络安全从业人员的培训认证。

是日　北京市高级别自动驾驶示范区发布国内首个《无人配送车管理实施细则（试行版）》。该细则填补无人配送车在监管和标准层面的双重空白，构建适度超前的政策管理体系。

27 日　施耐德电气数字产业示范园成立，标志着经开区“两区”建设开启与外资头部企业共建产业园的新模式。

28 日　经开区首届“大都东南”科技艺术节开幕。该艺术节以“赤子之心、创新之魂”为主题，历时 3 个月，开展“赤子心”科技艺术展览、亦庄学院、“和乐”

南海子生态剧场等五大系列活动，推出100余场融合科技革新与艺术创新的文化活动。

28—30日 在“两院”院士大会、中国科学技术协会第十次全国代表大会上，经开区作为北京市政府2021年度唯一推荐的单位入选第二批“科创中国”试点城市（园区）名单，成为“科创中国”打造科技经济融合的“样板间”之一。

是月 人大附中北京经济技术开发区学校建设工程和河西区X39地块十二年一贯制学校新建工程项目获第十四届中国钢结构金奖。

是月 北京昭衍新药研究中心股份有限公司历时8年主编的《药物毒性诊断病理学》由科学出版社出版。这是国内第一部诊断毒性病理研究的专著，共16章113万字。

是月 亦城时代广场在美国绿色建筑委员会建立并推行的美国LEED绿色建筑认证中获LEED-CS金级认证。这是经开区首个被认证获LEED-CS金级认证的园区。

6月

3日 安诺优达基因科技（北京）有限公司发布基于DNBSEQ-T7测序平台开发的单细胞文库和Hi-C文库等测序产品。

10日 赛莱克斯微系统科技（北京）有限公司8英寸MEMS国际代工线（北京FAB3）启动量产。同时，北京FAB3制造的首批晶圆良率与瑞典FAB1&2处于同一水平，开始进行批量商业化生产。

18日 瑞合路特勤站揭牌。这是北京市总建筑面积最大的特勤站，救援范围覆盖经开区西南部7.8平方千米。

是日 北京市非公经济组织党校“开学第一课”暨全市“两新”组织庆祝中国共产党成立100周年活动在经开区党校举办，北京市非公经济组织党校揭牌成立。

21日 北京奔驰汽车有限公司M254发动机投产暨首台发动机下线庆祝仪式在经开区举行。

是日 北京亦庄投资有限公司发起设立北京亦庄创源股权投资合伙企业（有限合伙），基金规模为2亿元。这是亦庄控股首只自主管理基金。

27日 北京天坛生物制品股份有限公司筹建的中国生物血液制品博物馆开馆。这是国内首家血液制品行业博物馆，占地面积约为300平方米。

28日 政务服务中心“一业一证”专窗为尚亦城（北京）智慧融媒有限公司办理北京市首张综合许可证。

29日 经开区管委会印发《“十四五”时期北京经济技术开发区发展建设和二〇三五年远景目标规划》。

30日 东方晶源微电子科技（北京）有限公司举行国内首台关键尺寸量测设备（CD-SEM）出机仪式，填补国产关键尺寸量测设备（CD-SEM）的市场空白。

是月 安川首钢机器人有限公司研发的机器人油缸智能焊接系统在娄底市中兴液压件有限公司投入使用。该系统可实现全过程无人化操作，是国内首个机器人油缸全自动智能焊接系统。

是月 经开区廉政警示教育基地建成。该基地位于万源街 3 号，总展览面积为 260.7 平方米。

7月

1 日 北京金风科创风电设备有限公司研制的 GW184-6.45MW 海上机组在上海奉贤海上风电项目完成首台吊装。

5 日 中金数据系统集团有限公司参与起草的《温室气体排放核算与报告要求 数据中心》（T/EES 0001—2021）团体标准发布并实施。该团体标准是数据中心行业的首个碳核查标准。

是日 国家知识产权局商标业务北京经济技术开发区受理窗口获批设立，于 7 月 20 日启动运行。

9 日 拜耳医药保健有限公司研发的非奈利酮（KerendiaKerendia）（10 毫克和 20 毫克）获美国食品药品监督管理局（FDA）批准上市。这是首个非甾体选择性盐皮质激素受体拮抗剂，用于治疗与 2 型糖尿病相关的慢性肾病（3 期和 4 期并伴有白蛋白尿）成人患者。

12 日 经开区工程建设项目审批服务平台上线。该平台包括 71 个固定资产事项以及 24 个非固定资产事项的全流程审批办理功能，累计办件量为 1998 件。

16 日 瓦里安医疗设备（中国）有限公司与中国医学装备协会共同启动中国医学装备协会放疗研修院。该放疗研修院是中国首个放疗专业的行业岗位胜任力培训体系。

是日 北京电子科技职业学院加入世界职业院校联盟（WFCP），成为其会员单位。

20 日 北京神州细胞生物技术集团股份公司自主研发的首款产品注射用重组人凝血因子Ⅷ（安佳因®）获国家药监局批准上市。这是中国首个获批上市的国产重组人凝血因子Ⅷ，用于成人及青少年（大于 12 岁）血友病 A（先天性凝血因子Ⅷ缺乏症）患者出血的控制和预防。

29 日 北京京讯递科技有限公司亦庄分公司劳动争议调解委员会揭牌。这是经开区首家新业态、新就业群体暨平台经济调解委员会。

31 日 北京—GE 医疗中国联合北京清华工业开发研究院打造的健康科技创新平台——G^2 创 · 中心落成。该中心搭建创新服务平台，推动医疗健康行业中新技术、新产品、新模式的转化。

是月 北京博电新力电气股份有限公司自主研制成功 PST6747A 半导体测试系统。这是一款测量与分析功率半导体器件 I-V 特性的专用仪器。

是月 北京泰德制药股份有限公司的子公司北京卡迪泰医疗器械科技有限公司研发的经导管三尖瓣修复系统（Trialign）在空军军医大学西京医院完成全国首例植入。

是月 安川首钢机器人有限公司承接乌兹别克斯坦最大的汽车制造企业 JV O’zauto-Austem LLC 公司的 UzAuto 后桥焊接线项目。这是安川首钢承接的首个中亚地区机器人系统集成项目。

8月

6日　北京经开区、天津经开区、广州开发区通过“跨省云签”方式签署京津穗经开区政务服务改革创新合作联盟框架协议，共同创立京津穗经开区政务服务改革创新合作联盟，建立政务服务通办、互访学习交流、智库共享、产业发展协同四大工作机制。

11日　经开区管委会印发实施《亦庄新城产业用地规划建设指标使用管理办法（试行）》（京技管［2021］95号），填补北京市产业用地更新政策中规模管控的空白。

16日　松下电气机器（北京）有限公司获中国船级社质量认证有限公司颁发的碳中和证书。松下电气成为经开区首批、中国松下东北亚公司（CNA公司）旗下首家以7种温室气体为对象而实现碳中和的工厂。

19日　北京市高级别自动驾驶示范区工作办公室获批设立，负责北京市高级别自动驾驶示范区的建设推进和统筹协调工作。

是日　亦企服务港建制由工委党群服务中心调整至“两新”工委，累计建设11个亦企服务港。

25日　博尔诚（北京）科技有限公司研发生产的胃癌早诊产品思博卫®和肠癌早诊产品思博定®作为基因甲基化检测产品被纳入北京市医保范围，可全额报销。其中，思博卫®是国内唯一被纳入医保目录的胃癌早诊产品。

30日　北京市高级别自动驾驶示范区项目（1.0阶段）完成验收。

是日　中金数据集团有限公司旗下中金花桥数据系统有限公司的中金数据昆山数据中心通过全球通用数据中心标准认证机构Uptime Institute的国际运维管理能力及运维管理体系认证（M&O）认证，标志着该数据中心的运维能力达到国际标准。

9月

2日　北京生物制品研究所有限责任公司新冠疫苗三期车间建设项目完成验收并投入使用，总建筑面积为1.52万平方米。这是全球最大的新冠灭活疫苗生产车间。

5—8日　经开区党政企代表团到内蒙古自治区实地调研对接。其间，经开区与苏尼特右旗、巴林右旗人民政府分别签订2021年东西部协作协议。

13日　经开区公共资源交易分平台投入使用。该平台建筑面积为2385.75平方米，累计进场交易538次，完成各类公共资源交易项目218宗，总投资估算227.27亿元。

14日　欧必翼科技集团有限公司子公司欧必翼太赫兹科技（北京）有限公司自主研发的毫米波人体成像安全检查设备ZHS-1获民航局颁发的安全检查设备使用许可证书，检测级别为A级，表示该设备的稳定性和可靠性等技术指标达到航空级最高标准要求，可应用于中国民用航空安全检查。

16 日　北京奔驰汽车有限公司的全新国产 EQB 纯电 SUV 下线。

17 日　经开区首家商业保理公司北京智慧普华商业保理有限公司设立。该公司注册资本为 1 亿元，位于经开区荣华中路 22 号院。

是日　北京经济技术开发区妇女工作委员会成立，填补区域妇女职权专门管理机构的空白。

20 日　北京银行股份有限公司经济技术开发区管辖行为北京盛通印刷股份有限公司发放贷款 1000 万元。该笔业务是聚焦国家“碳达峰、碳中和”战略目标背景下北京市首笔碳排放配额质押贷款。

23 日　创维集团有限公司与京东方科技集团股份有限公司共同推出全球首款应用主动式玻璃基技术 Mini LED 电视——创维鸣丽屏®Smart Mini LED 电视 Q72。

25 日　航天长征化学工程股份有限公司研发的首台 3500 吨航天炉在山东润银生物化工股份有限公司一次点火投料成功，产出合格的合成氨产品。

是日　经开区 1 位科学家和 9 项科研成果获 2020 年度北京市科学技术奖。

28 日　北京睿智航显示科技有限公司发布民用航空领域新一代高分辨率系列触控模组。这是全球首款采用量子点技术的 4K 高分辨率触控显示产品。

是月　政务服务中心联合辖区街道在辖区内 6 个人口密度较大的社区安装政务服务便民自助终端，可供群众随时办理社会保障、医疗保障、住房置业等七大类别 177 个事项。

是月　经开区管委会印发《北京经济技术开发区首批“两区”建设改革创新实践案例》。首批有 12 个案例，案例数量为全市各区最多。其中，4 个案例已在全市复制推广。

10 月

9—10 日　经开区第一届中小学生运动会在经开区体育中心举行。10 所学校和 1 所中外合作办学机构派出代表队共 2000 余名学生参加比赛，各代表队 273 人次获区级一、二、三等奖。

15 日　北京市高级别自动驾驶示范区工作办公室发布《北京市智能网联汽车政策先行区无人化道路测试管理实施细则》，开放无人化测试场景，首批为百度在线网络技术（北京）有限公司、北京小马智行科技有限公司 2 家企业颁发北京市智能网联汽车政策先行区无人化道路测试通知书。

19 日　“三城一区”科技成果转化服务平台上线，设有政策服务、技术资源、科技金融、空间载体、企业服务、云上展厅 6 个板块。

20 日　北京奔驰汽车有限公司的全新国产 EQA 纯电 SUV 下线。

22—23 日　2021 智能汽车未来城市嘉年华在经开区举办。这是国内首个面向大众的智能汽车互动娱乐活动品牌。

30 日　交通银行股份有限公司北京自

贸试验区支行与经开区管委会、北京数字认证股份有限公司、市公安局配合，为亦庄控股、酒仙网络科技股份有限公司等公司旗下 3 家新开办企业办理应用电子印章开立单位银行结算账户，实现北京市首笔电子印章开立单位银行结算账户业务。

是月 中金数据集团有限公司旗下中金数谷科技有限公司的中金数据武汉数据中心通过 Uptime Institute 的 Tier IV 最高等级设计认证，标志着该数据中心建设标准达到国际最高水平。

是月 瓦里安医疗设备（中国）有限公司的 Ethos ™智慧自适应放疗平台通过国家药监局批准上市。这是全球率先利用人工智能技术驱动的自适应放射治疗平台。12 月，中国大陆首台 Ethos ™智慧自适应放疗平台在中国医学科学院北京协和医院完成安装。

是月 安川首钢机器人有限公司承接大众汽车（安徽）有限公司 MEB 前、后桥焊接全自动生产线项目。这是国内首条全自动乘用车车桥焊接项目。

是月 社会保险保障中心升级社会保险权益记录查询服务，社保记录线下查询打印首次实现跨区通查和银行网点查询打印。

11月

3 日 中冶京诚工程技术有限公司申报的“连铸凝固末端重压下技术开发与应用”项目获 2020 年度国家科学技术进步奖二等奖。

5—10 日 瓦里安医疗设备（中国）有限公司携 ProBeam® 360° 等比质子治疗室（FLASH FLEX 版）、全球首个人工智能高度自动化无接触癌症放疗中心、数字化肿瘤互联网医院解决方案三大全球首发解决方案参展第四届中国国际进口博览会。

12 日 中国建设银行股份有限公司北京经济技术开发区支行为经开区某集成电路产业重点企业线上办理国际信用证，实现北京市首笔线上开立国际信用证业务落地。

15 日 人大附中北京经济技术开发区学校被评为首批北京市中小学思想政治理论课示范基地。

19 日 博尔诚（北京）科技有限公司主办的首届血液基因甲基化检测高峰论坛在北京召开。博尔诚同与会专家共同发起“三早”（早发现、早诊断、早干预）行动倡议，旨在发挥血液甲基化检测优势，推进癌症预防“三早”全面普及。

24 日 贝达药业股份有限公司北京新药研发中心与北京天广实生物技术股份有限公司合作开发的贝伐珠单抗注射液（贝安汀®）获国家药监局批准上市，适应证为转移性结直肠癌和晚期、转移性或复发性非小细胞肺癌。

25 日 京津冀三地国家级经开区优化营商环境改革创新合作联盟成立。该联盟由 14 个京津冀国家级经开区合作成立，确立产业协同共建共享、政务服务互通互办、“放管服”改革互学互鉴、人才干部互派交流四大合作机制。

是日 北京市高级别自动驾驶办公室开放国内首个自动驾驶出行服务商业化试点，

并发布配套管理政策《北京市智能网联汽车政策先行区自动驾驶出行服务商业化试点管理实施细则（试行）》。

是月 中国联合网络通信有限公司北京市七区分公司亦庄电话局携手中国联合网络通信有限公司设计全国首例“5G+MEC边缘云”专属定位平台，协助区内企业进行数字化转型，建设 5G 数字智慧工厂。

12月

3 日 北京金风科创风电设备有限公司研制的 GW165-4.0MW 超高钢制柔性塔架样机在河南省新乡市清云智慧能源封丘县一期 40 兆瓦风电场项目完成吊装。该塔架高度为 165 米，刷新国内钢制柔性塔架新高度，是亚洲最高的柔性塔架。

是日 北京奔驰汽车有限公司 EVA2 全新电池生产线建成暨第一块客户电池交付仪式举行。

4 日 北京经济技术开发区文学艺术界联合会成立。

5 日 北京金风科创风电设备有限公司被市总工会评为 2021 年北京市职工体育示范单位，成为经开区首家市级职工体育示范单位。

7 日 星河动力（北京）空间科技有限公司自主研发的谷神星一号（遥二）· 平安银行数字口袋号运载火箭在酒泉卫星发射中心成功发射，将 5 颗商业卫星送入 500 千米太阳同步轨道，实现国内民营火箭首次连续发射成功和首次一箭多星商业发射的新突破。

是日 汇龙森国际企业孵化（北京）有限公司的汇龙森小型微型企业创业创新基地凭借优秀的创新模式和专业服务被认定为国家小型微型企业创业创新示范基地。

15 日 全球首个零碳码头智慧绿色能源系统并网仪式在天津港北疆港区 C 段智能化集装箱码头举行，北京金风科创发电设备有限公司研发的 GW155-4.5MW 风力发电机组并网发电，北京天诚同创电气有限公司提出的源网荷储一体化零碳码头智慧能源解决方案落地应用，保证该码头实现 100% 电力驱动、100% 使用绿色电力、100% 自给自足。

是日 经开区首家街道劳动人事争议调解中心在荣华街道成立，主要负责辖区内“九小”门店从业人员劳动争议预防和调解。

17 日 博尔诚（北京）科技有限公司自主研发的全自动核酸提取纯化仪 BN-4800 获国家药监局批准上市。

是日 东方晶源微电子科技（北京）有限公司承担的“14 纳米以下电子束硅片图形缺陷检测设备研发与产业化”项目通过国家科技重大专项“极大规模集成电路制造装备及成套工艺”专项实施管理办公室验收。该项目解决了国内在极大规模集成电路设计和生产过程中检测设备的国产化空白问题。

20 日 国药中生生物技术研究院有限公司牵头建设的新型疫苗国家工程研究中心通过国家发展改革委的优化整合评价，并被纳入新序列管理。该中心是全国唯一的国家级新型疫苗研发和产业化的基地及服务平台。

21 日 京东方科技集团股份有限公司发布中国半导体显示领域的首个技术品牌——京东方显示技术品牌，包括高端液晶显示技术 ADS Pro、高端柔性显示技术 f-OLED、高端玻璃基新型 LED 显示技术 α-MLED 三大技术品牌体系。

22 日 经开区 2022 年度工作会召开，系统总结经开区 2021 年主要工作和取得的成绩，全面部署 2022 年重点工作。

是日 北京昭衍新药研究中心股份有限公司及其子公司昭衍（苏州）新药研究中心有限公司通过日本药品及医疗器械监督管理局（PMDA）线上药物非临床研究质量管理规范（GLP）合规性检查。这是日本 PMDA 首次对中国非临床新药研发合同外包服务机构（CRO）进行 GLP 合规性检查。

是日 北京智象信息技术有限公司发布支持用户界面（UI）可定制化的全新智能电视解决方案 Whale OS Turnkey 2.0。

25 日 森特士兴集团股份有限公司研发楼建筑光伏一体化（BIPV）屋面电站并网成功，投入使用。该电站是经开区首个实现 BIPV 并网的屋面分布式光伏电站，开启能源自发自用新模式。

是日 冠捷显示科技（中国）有限公司新建成的液晶显示器智能化示范线投产，年设计产量为 200 万台液晶显示器。

28 日 北京继续教育协会生物医药健康领域博士后工作委员会成立。

29 日 悦康药业集团股份有限公司自主研发的枸橼酸爱地那非（爱力士®）获国家药监局批准上市。这是国内首款用于治疗男性勃起功能障碍（ED）的 1.1 类原研创新药物 PDE5 抑制剂。

31 日 广电总局同意在经开区设立中国（北京）高新视听产业园。这是全国首个全产业链视听产业园。国家广播电视网工程技术研究中心、超高清电视技术研究和应用实验室 2 个平台入驻中国（北京）高新视听产业园。

是月 航天长征火箭技术有限公司副总工程师彭泳卿和北京神州细胞生物技术集团股份公司董事长、总经理谢良志 2 人获第七届北京市留学人员创新创业特别贡献奖。

截至 2021 年年底 北京生物制品研究所有限责任公司的新型冠状病毒灭活疫苗（Vero 细胞）在阿联酋、巴林、摩洛哥等 10 个国家注册上市，在匈牙利、新加坡、墨西哥等 8 个国际药品认证合作组织(PIC/S）成员国获准入许可，总计获全球 117 个国家和地区及国际组织批准紧急使用或市场准入，接种人群覆盖 196 个国别。

年内 北京北方华创微电子装备有限公司获国务院国有企业改革领导小组 A 级评价，被评为全国 5 家国企改革典范企业之一。

年内 北京智象信息技术有限公司负责开发的搭载有智能音箱操作系统（Whale Speaker OS）的 Philips Smart Display 产品通过亚马逊 Alexa ACM Audio Call 和亚马逊 Alexa ACM Video Call 官方认证，成为全球首个获这两项官方认证的第三方带屏 Alexa Built-in 产品。

年内 特来电（北京）新能源科技有限公司针对电动公交大巴车场景，解决大功率快速充电的无人化智能产品——智动柔性充电弓投入运营。

年内 北京华盛中能科技有限公司设计和搭建的创新性综合测试和保护特性一体型框架式断路器生产线投产，产能为 30 台 /8 小时，最大设计产能为 50 台 /8 小时。

年内 经国际检验医学溯源联合委员会执行委员会（JCTLM Executive Committee）审核，北京利德曼生化股份有限公司医学参考实验室被列入 JCTLM 参考测量服务实验室数据库，成为中国体外诊断行业企业第 4 家、全球第 12 家加入该数据库的实验室。

年内 拜耳医药保健有限公司与默沙东（MSD）联合开发的维立西呱（Verquvo™）（2.5 毫克、5 毫克和 10 毫克）获美国食品药品监督管理局（FDA）、日本厚生劳动省、欧盟委员会批准上市，用于治疗症状性慢性心力衰竭成人患者。

年内 北京天空卫士网络安全技术有限公司在全球率先推出数据安全治理自动化技术体系（DSAG）。DSAG 可通过识别和检查网页、电子邮件、USB 设备、即时通信工具等的协议内容，对网络通道、终端、云端的数据实现安全防护。

年内 经开区有 11 家企业上市，比 2020 年增长 57.1%，新增数量居全市第三，首发募集资金达 376.4 亿元，总市值达 3085.7 亿元。

年内 城市运行局牵头编制并印发《北京经济技术开发区污染防治攻坚战 2021 年行动计划》，涵盖大气污染防治、水污染防治和土壤污染防治。

年内 城市运行局首次完成“13+3”慢行交通服务全域评价，评价体系中 13 项为评价指标、3 项为加分指标。评价结果显示，经开区多项指标居全市前列，形成具有经开区特色的慢行系统示范区。

年内 经开区系统总结“无废城市”建设经验，形成可复制、可推广的六大示范模式、十大经典案例。其中，4 个示范模式入选生态环境部首批优秀试点案例。

年内 经开区所有定点医疗机构均实现医保电子凭证“脱卡结算”。经开区参保人医保电子凭证激活率、就医使用率均在全市排名第一。

党政事务

北京经济技术开发区年鉴 2022
BEIJING ECONOMIC-TECHNOLOGICAL DEVELOPMENT AREA
YEARBOOK 2022

综述

2021年，经开区坚决贯彻市委、市政府决策部署，扎实开展党史学习教育，统筹推进疫情防控和经济社会发展，实现“十四五”良好开局，切实展现出北京高质量发展开路先锋的应有担当。

持续创新基层治理模式。亦庄新城党建协同发展先锋区建设持续深化，通过“五联”工作机制，实现多层次、全方位融合发展。11个亦企服务港配备到位，实现新城服务全覆盖。“两新”组织建设加快向新行业、新业态推进“两个覆盖”，把党组织建在重大项目上、园区工地里，成立行业功能型党委。社区“两委”换届完成，基层治理“主心骨”强健而稳固。

深化机构和人事制度改革。持续选优配强中层管理岗干部，全年提拔任用20名干部，推动49名干部交流任职，招聘83名优秀年轻干部。开展改革后首次干部绩效考核，运用考核结果，将干部干事创业的能力贡献与个人职业发展挂钩，激发干部队伍活力。

不断优化人才发展环境。推动“人才十条”和相关实施细则落地，初步建立起“1+N”人才政策体系。实施“千人聚亦”工程，基本形成以院士为领衔、以“亦麒麟”人才为中坚、以技术技能人才为重要支撑的人才队伍梯次。

纵深推进全面从严治党。出台《关于加强对“一把手”和领导班子监督的具体措施》。发挥巡察综合监督平台作用，跟进做好巡察“后半篇文章”，健全“一张清单到底”机制，引导形成未巡先改的良好态势。深化监督机制贯通融合，建立会商机制，形成同向发力、协作互动的工作格局。健全“三网一平台”廉政风险防控体系建设，建成廉政警示教育基地。

（臧华）

综合管理

概况

2021年，经开区以庆祝建党100周年为主线，开展党史学习教育“我为群众办实事”实践活动、建党百年系列庆祝活动及推荐表彰工作等，健全党建工作机制，做好机关党员教育培训，高质量开展党的组织生活，推动党建协同发展先锋区建设。

（苏鋆浩）

领导职务任免

2月7日，市委组织部批准张凤民退休。2月24日，市委决定，张继红、袁立洪、赵雅娟、陈小男任中共北京市委经济技术开发区工作委员会、北京经济技术开发区管理委员会一级巡视员。2月26日，市政府第104次常务会议决定，免去陈小男北京经济技术开发区管理委员会副主任职务。5月11日，市政府第113次常务会议决定，免去张广北京经济技术开发区管理委员会副主任职务（结束挂职）。6月15日，市政府第118次常务会议决定，刘力任北京经济技术开发区管理委员会副主任（试用期一年）。10月18日，市政府第131次常务会议决定，宋亚君任北京经济技术开发区管理委员会副主任（挂职至2022年10月）。10月29日，市政府第132次常务会议决定，免去袁立洪北京经济技术开发区管理委员会副主任职务。12月28日，市政府第141次常务会议决定，郑海涛任北京经济技术开发区管理委员会副主任（试用期一年）。

（张晓立）

2021年度党建工作会

3月10日，经开区召开党史学习教育动员会议暨2021年度党建工作会。会议学习贯彻习近平总书记在中央党史学习教育动员大会上的重要讲话精神和北京市党史学习教育动员大会精神，部署全区党史学习教育工作和全年党建重点工作。王少峰主持会议并讲话。他强调，要坚持首善标准，以史鉴今学党史，高质量组织开展好党史学习教育，深刻认识党史学习教育的重大意义，进一步锚定目标要求，切实把党史学习教育抓紧抓好。经开区工委、管委会各部门分管领导、负责人参加会议，亦庄控股负责人以视频形式参加会议。

（张君　李江棋　孙晓伟）

机关星级员工选树活动

3—11月，机关党委组织开展“榜样在身边　我为亦先锋”机关星级员工选树活动。根据《“榜样在身边　我为亦先锋”机关星级员工选树工作方案》，经经开区工委会议审议通过，并结合2020年度个人绩效考核结果，决定认定吕昊等7名干部职工为“学习之星”、杨静等10名干部职工为“敬业之星”、霍永悟等8名干部职工为“服务之星”、郝咏巍等7名干部职工为“创新之星”、杨国苹等10名干部职工为“进取之星”，共选出42名机关星级员工。

（杜东来）

“我为群众办实事”实践活动

5月6日，工委组织人事部为落实市实践活动组和经开区工委党建教育领导小组部署要求，研究制订《关于在全区开展“我为群众办实事”实践活动实施方案》，开展“我为群众办实事”实践活动，落实“两个机制”（党建工作基层联系点机制和“部门主导、行业主抓”党建工作体制机制），建立“两支队伍”（亦企服务管家和在职党员服务社区），抓实“两个平台”（“12345”市民服务热线和亦企服务港），制定“两个清单”（“我为群众办实事”重点民生项目和“每月一题”），开展“两个行动”（亦城先锋行动和走遍新城行动）。

（苏鋆浩）

亦庄控股党史学习教育微党课

5 月 28 日，亦庄控股党委在“亦庄控股”微信视频号推出“党小友讲党史”系列短视频 50 期，每期时长为 2~3 分钟，借助珍贵的史料记载和影像素材，为职工传授党史知识。全年推出短视频 50 期，观看次数达 5 万余次。

（张小燕）

百年党建展

百年党建展　　单位提供

6 月 18 日，工委党群服务中心新设的百年党建 · 中国共产党党的建设教育展（简称百年党建展）开展。百年党建展以“百年党建 · 中国共产党党的建设”为主题，以时间为串联主线，以重大事件和理论为支撑，从党的创建与初步发展探索、推进新时代党的建设新的伟大工程等 7 个方面内容，回顾中国共产党的党建历程，彰显党的建设在新时期散发出的时代力量。

（游宇豪）

非公党建展

非公党建展　　单位提供

6 月 18 日，工委党群服务中心新设的做首都高质量发展的红色开路先锋——非公党建在北京 · 亦庄（简称非公党建展）开展。非公党建展以经开区企业党组织“围绕中心抓党建、抓好党建促发展”为主题，突出开拓创新、狠抓落实、党建引领，通过汇聚非公党建发展力量、厚植非公党建发展沃土、彰显非公党组织引领作用、展示红色先锋榜样力量 4 个方面内容，展示经开区非公有制企业党的建设从无到有、从小到大、从弱到强的发展历程，以及与经营发展双赢互促的党建工作格局。

（游宇豪）

庆祝建党百年保障工作

年内，机关党委号召各基层党组织、

在职党员回社区开展“服务基层办实事、服务群众作表率”活动，各党组织开展“双报到”“结对共建”主题党日活动 103 次，参与社区服务 2900 余人次；组织开展市、区“两优一先”（“两优”即优秀共产党员、党务工作者，“一先”即先进基层党组织）推荐、“光荣在党 50 年”纪念章发放、走访慰问困难党团员、组织开展建党百年城市志愿服务活动、“共产党员献爱心”募集善款等，完成庆祝建党百年各项政治任务。

（李倩雯 韩烨 霍永悟）

党建工作机制健全

年内，机关党委开展机关党员摸底调查，梳理分析队伍整体情况，形成机关党员队伍状况分析报告；牵头健全工作机制，定期召开党委会，起草印发《机关党委抓党建工作责任提示清单》《机关党委书记抓党建工作责任提示清单》《机关党委班子成员抓党建工作责任提示清单》“三个清单”。

（霍永悟 韩烨）

机关党员教育培训

年内，机关党委举办“坚持党建引领·助推产业发展”党组织书记及党务干部培训班、2021 年北京经济技术开发区机关党务干部和纪检委员专题培训班各 1 期，入党积极分子培训班 2 期、新党员培训班 1 期，为各党支部党务工作者开展“党员 E 先锋”平台使用管理培训 1 期，开设“铭记百年奋斗的光辉历程”“学习习近平总书记关于党史、新中国史的重要论述”等线上专题班 4 期，覆盖党员 900 余人次。

（李倩雯 霍永悟）

机关作风建设

年内，机关党委贯彻落实全面从严治党主体责任方面，以经开区工委名义制定印发《经开区工委 2021 年贯彻落实全面从严治党主体责任工作安排》《工委 2021 年党风廉政建设和反腐败工作要点》，并要求各党组织制定全面从严治党主体责任年度任务安排；根据经开区 2020 年全面从严治党（党建）工作考核结果暨政治生态分析研判问题清单的反馈意见，制订整改方案，责成相关部门落实整改任务，定期分析研判整改情况，狠抓落实；牵头制定印发《经开区领导班子全面从严治党重点责任内容》《关于贯彻落实全面从严治党相关会议精神的通知》，进一步强化责任领导、牵头部门的责任意识，持续推动全面从严治党向纵深发展；牵头制定《机关党委贯彻落实全面从严治党主体责任工作安排》，通过清单化引领、项目化推进，落实责任到人，指导各党组织制定责任清单，组织开展自查和督查考核，确保主体责任落实。

（杜东来）

党建与税收工作深度融合

年内，税务局党委推进党建工作与税收工作深度融合。其中，开展党史学习教育，从党的百年奋斗历程中汲取前进动力；注重精准部署，制订“严管就是厚爱”、庆祝建党 100 周年等主题活动方案；强化分级分类，建立“青年联学”和“党委委员 + 支部书记”双导师机制，学习研讨 200 次，主题联学 57 次；突出特色亮点，拍摄《万疆》MV、录制“税务青年学党史”有声作品 46 期；为民便民办实事，累计开展“一把手走流程”50 次，为纳税人、基层税务干部解决急难愁盼问题 201 件；推进党风廉政建设，完善一体化综合监督体系；党委会传达学习纪检专题 21 次，研究审议纪检议题 18 次，持续加强作风建设，强化监督责任；发挥特约监督员作用，推进税务所派驻专职纪检员工作，抓好政治监督，严肃执纪问责；多形式开展廉政警示教育 20 次，推送“亦税话廉”党史清廉故事 34 期。

（于江斋）

工委和管委会机构设置

年内，经开区管委会根据工作需要，统筹优化机构设置。1 月，划转大兴区在经开区“60 平方公里”内设立的 11 所公办学校，人、财、物以及日常工作由经开区管委会代管。2 月，设立中国（北京）自由贸易试验区高端产业片区亦庄组团（国家服务业扩大开放综合示范区经开区区域）工作领导小组，为经开区工委所属议事协调机构。3 月，设立财源建设工作领导小组，为经开区工委、管委会所属议事协调机构。7 月，设立经开区疾病预防控制中心、经开区荣华社区卫生服务中心，为经开区管委会所属公益一类事业单位；撤销生命健康产业工作促进专班、国企改革工作专班和“无废城市”建设工作专班，相关工作分别由“两区”办、财政审计局、城市运行局统筹，人员随转。8 月，设立北京市高级别自动驾驶示范区工作办公室，为经开区管委会所属临时机构；2 所新建学校（北京市第二中学经开区学校、人大附中亦庄新城学校）核定财政补助事业编制；推进事业单位改革，撤销党群活动服务中心等 32 家事业单位，保留机关事务管理服务中心。10 月，成立经开区妇女工作委员会，健全完善妇女工作体制机制。

（张琳　贾梦超）

街道管理体制调整

年内，工委组织人事部出台《北京经济技术开发区关于加强和改进街道工作的实施意见》，统筹优化街道党政机构和事业单位设置，完成荣华、博兴街道行政管理体制改革，向街道下放 433 项行政执法职权，下沉执法工作人员。

（张琳）

基层党组织工作者培训

年内，工委组织人事部联合经开区工委党校共同举办 2 期 2021 年基层党组织书记、党务工作者轮训示范班。培训综合运用讲授式、研讨式、体验式等教学方法，学习习近平新时代中国特色社会主义思想，围绕党性修养及理想信念、党建实务、经开区产业经济发展等内容开展。来自国企、社区、学校、“两新”组织等各领域及亦庄新城新扩区域的基层党组织书记、党务工作者 100 人参加培训。

（苏鋆浩）

党建工作责任制相关办法发布

年内，工委组织人事部发布《经开区出资国有企业党建工作责任制实施细则（试行）》《经开区工委抓党建工作责任提示清单》《经开区工委书记抓党建工作责任提示清单》《经开区工委班子其他成员抓分管领域党建工作责任提示清单》4 个文件，落实党建工作责任制，加强领导干部对分管领域党建工作的指导督促。

（苏鋆浩）

亦庄新城党建协同发展先锋区建设

年内，工委组织人事部推进亦庄新城党建协同发展先锋区建设。其中，修订完善《亦庄新城党建工作协调委员会工作规则》；召开3次工作会议，以推动落实年度重点任务为抓手，将经开区各类资源、各项政策、各种服务向八镇覆盖，与八镇开展干部交流；与亦庄新城新扩区域128个社区（村）党组织结对共建，推动长子营镇留民营村村民文化活动中心翻修等首批4个“为民办实事”项目，划拨资金200万余元。

（苏鋆浩）

调研接待

年内，经开区完成调研接待任务358批4652人次。其中，接待中共中央政治局常委、国务院副总理韩正到经开区进行专题调研1次，接待中共中央政治局委员、市委书记蔡奇到经开区出席重大活动和进行专题调研7次，市委副书记、市长陈吉宁到经开区出席重大活动和进行专题调研13次。

（马营）

各项会议组织

年内，党政办组织服务工委会议37次、研究议题336个，主任办公会议36次、研究议题290个，新型冠状病毒肺炎疫情防控工作指挥部会议63次，工委专题会议64次，综合性视频会议78次，全区性大会9次，协调辅助安排经开区工委、管委会及亦庄控股每周、每月重点工作并组织工委碰头会26次；制定印发《中共北京市委经济技术开发区工委关于安排工委会议第一议题深入学习贯彻习近平新时代中国特色社会主义思想制度》，推动经开区工委会议学习贯彻习近平新时代中国特色社会主义思想常态化、长效化；制定印发《关于严肃工作纪律改进调研会议工作有关规定》《关于进一步加强议题管理规范工委会议管委会主任办公会议工作有关规定》等文件，为严肃工作纪律、规范工作制度和流程、不断提高会议质量和实效提供良好服务保障。

（葛佳）

“两新”组织党建

概况

2021年，经开区以党史学习教育为载体，狠抓基层党建工作，实施“强党建促发展”四项行动，以党建促发展，以发展强党建。亦企服务港建制纳入“两新”工委体系；在组织体系建设方面，按照三级多片多线构架，形成“1+11+N+X”体系，即“两新”工委牵头抓总，11个亦企服务港区域统筹，N个行业党组织和党建联盟纵向推进，X个园区党组织、非公企业党组织和社会组织党组织全面覆盖。

（周超 冯青）

亦企智慧服务系统上线

3月，亦企智慧服务系统上线。该系统包括吹哨报到系统、智慧党建系统、党群服务公开小程序以及企业信息管理系统4个部分，以科技手段赋能党建事务、亦企服务港日常事务工作，分别通过多种事件填报方式与填报维度提升企业问题诉求采集与上报效果，通过智能化分析与派单功能增强服务港与各职能部门联动，通过行政问效对职能部门企业服务效率、服务质量进行考核，提升企业满意度。全年完成 3 次升级。

（李浩）

亦企服务港纳入“两新”工委体系

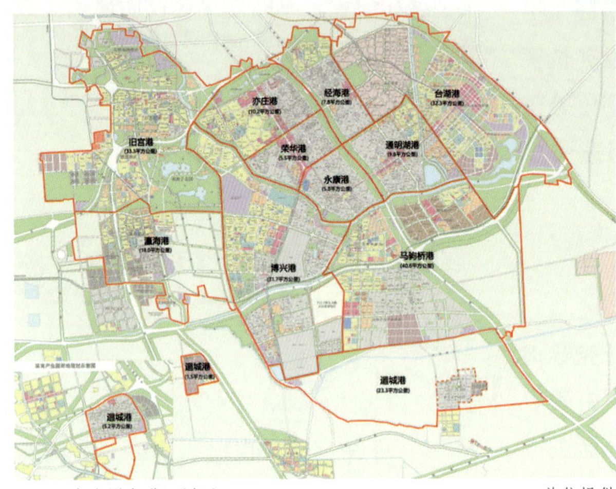

经开区亦企服务港区划图　　单位提供

8 月 19 日，经开区召开工委会决定亦企服务港建制由工委党群服务中心调整至“两新”工委。亦企服务港始终秉承“高效、便捷、准确、有效”的服务目标，丰富为企服务内容，创新为企服务方式，回应企业诉求，为企业解难题办实事，营造政企沟通“零距离”、企业办事“零障碍”、为企服务“零投诉”的营商氛围。全年新建旧宫港、瀛海港、迴城港 3 个亦企服务港，累计建设 11 个亦企服务港。

（李浩　刘雪）

亦企服务港政策解读宣讲活动

年内，亦企服务港开展亦企成长课、亦企开放日、公益志愿服务等各类活动 304 场次，包括邀请职能部门开展政策解读宣讲 135 场、开展面向全区企业的“政策宣讲厅”30 场，覆盖 114 个产业园区、3000 余家企业，打通服务企业“最后一公里”。

（李浩　刘雪）

亦企服务港完善政务服务工具

年内，亦企服务港完善政务服务工具，配备便民终端机、亦事通智慧服务平台等。全年亦事通智慧服务平台（亦企办）涵盖事项 395 个，政务服务便民自助终端涵盖事项 177 个，自助机使用 10000 余次。

（李浩　刘雪）

亦企服务港为政府决策服务

年内，亦企服务港走访企业 4299 家次，收集企业信息，挖掘企业增资扩产、股份变更等动态信息 476 条，完成工作周报 48 期、工作月报 12 期，形成专题调研报告 12 篇；通过建立企业需求清单及时掌握企业最新动态和发展瓶颈问题，结合行业发展趋势和企业共享诉求综合研判全面分析，为经开区工委、管委会领导及行业主管部门各项决策提供有力支撑。

（李浩　刘雪）

亦企服务港发挥防疫作用

年内，亦企服务港推进 78 个园区 2434 家企业 62 个公寓大院的新冠肺炎疫情防控工作。全面落实防疫工作要求，督促企业落实“四方责任”，全年开展疫情防控摸排检查 60541 家次，发现并督促整改问题 806 个，处理大数据派单及密接管控近 200 件，累计组织企业接种疫苗近

70000 人次。

（刘雪）

亦企服务港为企解忧行动

年内，亦企服务港开展为企解忧行动，收集企业诉求 1754 件，其中服务港内办结 1595 件、协调部门解决 159 件，整体办结率达 99.6%。

（李浩 刘雪）

“两新”基层党组织发展

年内，“两新”工委成立基层党支部 24 个；发展党员 299 人。截至 2021 年年底，“两新”工委所属基层党组织 487 个，其中基层党委 11 个、党总支 10 个、党支部 466 个。党员有 9357 人，包括女性党员 3962 人，占比 42.34%；少数民族党员 475 人，占比 5.08%；具有本科及以上学历党员 4355 人，占比 46.54%；35 岁及以下党员 5472 人，占比 58.48%。

（周超 冯青）

“两新”组织党史学习教育

年内，“两新”工委以党史学习教育为载体，实施思想政治引领行动。其中，深入学习贯彻落实习近平总书记在党史学习教育动员大会上的重要讲话精神，按照市委、经开区工委有关工作要求，结合“两新”组织党建工作实际，制订“亦企学党史 担当促发展”党史学习教育方案，召开党史学习教育工作推进会暨 2021 年党建工作会，开设党史教育专题大讲堂，累计授课 6 期、中国共产党展览馆参观 3 次、区史馆参观学习 3 次；配发党史学习书籍 1 万余册，组建“两新”工委党史学习教育宣讲团，举办“学党史、跟党走、感党恩、颂党情”主题红色诗歌公益会演、《再唱山歌给党听》国乐音乐会；制订庆祝建党 100 周年系列活动方案，号召引领全区“两新”组织党员观看庆祝中国共产党成立 100 周年大会、集中学习“1+4”指定材料 608 次，研讨交流 491 次，自行开展党史学习教育主题党日活动 561 次。

（周超 冯青）

多措并举保障新就业群体

年内，“两新”工委建立“快递小哥案件速裁机制”，通过快立、快审、快结机制受理新就业群体案件 115 件，涉案金额 306.88 万元，最快 30 天结案，比法定结案时间缩短 15 天；开辟快递小哥办事通道；设立服务窗口，提供免费法律咨询服务；成立快递行业功能型党委，绘制快递小哥综合服务红色地图，挂牌 38 个“亦家亲”暖心驿站，配备微波炉、充电器、口罩等物资设备，开放图书阅览室、自助政务办理机等，为新业态和新就业群体提供综合服务。

（周超 冯青）

提升新业态和新就业群体获得感

年内，“两新”工委对从业人员进行大走访、大调研，召开新业态、新就业群体青年发展和志愿服务工作座谈会，组织无人驾驶企业负责人召开座谈会，了解企业和从业人员需求，探索试点打造网约车司机政策宣传队、志愿服务队和业务培训队；组织社区、党建工作站支部书记，快递站点负责人座谈交流，动态摸排新就业群体需求和意见建议；结合相关部门可提供服务内容，梳理政务服务、站点服务、特色服务 3 类 27 项服务清单，为从业人员提供“菜单式”服务；开展大讲堂、从业人员党组织负责人轮训班、“亦城先锋骑手”评选等提升从业人员素质。

（周超 冯青）

新业态和新就业群体党建工作方案制订

年内，“两新”工委制订《关于进一步落实新业态、新就业群体党建工作方案》，建立由工委党建领导小组领导，“两新”工委统筹协调，总工会、博兴街道办事处等 12 个成员单位组成的新业态、新就业群体党建工作协调工作机制，启动“六个一”（建立一个机制、绘制一张红色地图、打造一张组织网、梳理一张服务清单、签订一份承诺书、选派一名党建指导员）项目，开展“五新”行动（“亦新强基”行动、“亦新聚力”行动、“亦新先锋”行动、“亦新提升”行动、“亦新关爱”行动），打造常态化工作机制，全方位推动试点任务落地落实。通过新业态、新就业群体党建工作的开展，实现新业态、新就业群体党建横向到边、纵向到底，覆盖到城市治理的“最后一平方米”。

（周超 冯青）

“两个覆盖”提质增效行动

年内，“两新”工委以开展调查研究为抓手，实施“两个覆盖”（党的组织和工作覆盖）提质增效行动。其中，推进行业领域党组织建设，组建互联网、物业、快递业行业党组织，信创园重大项目党组织，马驹桥智造基地工地项目党组织，摸清行业底数，明确职责任务和下一步工作思路；开展“两个覆盖”专项行动，深入 50 余家企业开展调研，了解企业发展情况，并提出党建意见建议，会同科技创新局，围绕园区党建和企业创新发展召开专题座谈会，听取各园区在推进园区建设和党建工作方面存在的困难和问题；开展园区党建深化提升课题研究，分析园区党建存在的问题并提出对策建议，形成《园区党建深化提升调研报告》《加强园区从业人员思想政治建设落地路径》和嘉捷科技园、生物医药园党建引领园区发展典型案例；打造特色党建品牌，推动中国共产党中芯国际北京北方委员会、中国共产党金风科技北方委员会、中国共产党悦康药业集团有限公司委员会、中国共产党北京北华中清环境工程技术有限公司支部委员会等入选北京市 100 个两新组织“党建强、发展强”党建品牌项目，形成示范带动作用。

（周超 冯青）

干部人事管理

概况

2021 年，经开区推进人事管理制度改革工作，加强各单位班子及干部队伍建设和年轻干部的培养管理，健全干部管理制度体系，做好干部选派和接收工作、干部监督工作、人事招聘工作等。

（张晓立）

人员招聘

3 月，工委组织人事部先后启动校园招聘、社会招聘、面向 2018 届北京市选调生定向选聘、面向清北学子暑期实习生招募、2021 年“优培计划”招聘等系列招聘工作。经网络报名、资格初审、笔试、资格复审、面试、体检考察、公示、聘任程序后，入职高校应届毕业生28名和社会工作人员49名，招募清北暑期实习生31名。工委组织人事部按照招聘流程2022年“优培计划”完成报名、资格初审及笔试工作。

（张琳）

干部转聘

6月、12月，工委组织人事部组织开展2批人员集中转聘工作。经动员部署、知情确认、个人申请、组织审查、拟聘岗位及合同期限确认、决策审议及公示、办理聘任手续等工作环节，共有32名干部转聘，其中公务员及参公事业单位编制干部29人、其他事业单位编制干部3人。截至2021年年底，经开区累计转聘625人。

（张琳）

政府专业雇员劳务派遣

年内，工委组织人事部委托北京亦庄人才服务有限公司为经开区工委、管委会各机构招聘专业雇员。3月，第一批专业雇员招聘启动，涉及9个机构19个岗位，1179名报名应聘者通过资格初审、笔试、面试、体检、背景调查等工作，最终录用17人。11月8日，第二批专业雇员招聘工作启动。截至2021年年底，完成3000余人的资格复审与700余人线上笔试工作。

（杨静　梁菲）

领导干部队伍调整

年内，工委组织人事部统筹区域干部资源，打破机构界限，按照事业为上、人岗相适的原则，调整干部12批87人次；拓宽选人用人来源，面向全国公开招聘5名中层管理岗、国企领导人员。

（张晓立）

干部任用管理制度完善

年内，工委组织人事部建立健全对国有企业、中小学校领导人员的管理制度。其中，完善干部选拔任用制度体系，研究出台经开区《区属国有企业领导人员选拔任用实施细则》《出资国有企业中层管理人员及重点岗位领导人员任免备案暂行办法》《出资国有企业职业经理人选聘管理办法》《出资国有企业外部董事选聘管理办法》《中小学校领导人员选拔任用管理办法（试行）》；加强对总监及雇员管理，研究出台经开区《总监管理办法（试行）》《雇员管理办法（试行）》；增强干部队伍活力，解决干部长期在同一岗位任职的问题，研究出台经开区《关于加强干部交流工作的办法（试行）》。

（张晓立）

干部教育培训

经开区第一期中青年干部培训班开班　翁雷鸣 摄

年内，工委组织人事部制定《经开区干部教育培训管理办法》。全年组织开办处职领导干部学习贯彻党的十九届五中全会精神专题研讨班3期、中层管理岗任职培训 2 期、中青年干部培训班 1 期、新聘任干部入职教育培训班 2 期、到上海和苏州举办推动科创中心及“两区”建设专题培训 1 期、党政领导干部专题培训班 1 期、业务主管岗任职培训班 1 期，共开展 11 个班次，培训 350 余人次。

（马心悦）

挂职干部选派交流

年内，工委组织人事部按照市委组织部统一安排，从各机构各街道各国有企业选派 4 名处科级干部到内蒙古自治区锡林郭勒盟苏尼特右旗、赤峰市巴林右旗挂职，选派 1 名干部到辽宁省沈阳市挂职，选派 6 名干部到北京市平谷区担任驻村“第一书记”；接收中央单位、辽宁省沈阳市、湖北省十堰市、内蒙古自治区锡林郭勒盟苏尼特右旗和赤峰市巴林右旗等地 7 名挂职干部到经开区工作。

（张晓立）

人才工作

概况

2021 年，经开区深入贯彻落实中央和市委关于新时代人才工作的各项决策部署，从中国建设世界重要人才中心和创新高地的大局着眼，以北京市建设高水平人才高地为契机，实行更加开放的人才政策。针对“人才十条”，制定各项实施细则 21 个；开展人才选拔推荐激励，启动人才评审认定、个人专项奖励和个人经济贡献专项奖励申报和兑现等工作。完成 2021 年度省国家级人才计划申报推荐工作，申报“启明计划”项目 41 个，其中“创新人才”项目 8 个、“创业人才”项目 5 个、“青年人才”项目 28 个。经开区 1 名人才入选青年北京学者名单，2 名人才获第七届北京市留学人员创新创业特别贡献奖。

（郭霄飞　邵益霞）

首批亦城领军人才专家评审工作启动

1 月，工委组织人事部启动首批亦城领军人才专家评审工作，认定范围覆盖亦庄新城。评审工作首次聘请第三方专业公司组织实施，经企业申报、材料审核，共有 572 名符合条件申请人进入专家评审环节，其中“科技创新领军人才”申报人 384 人、“经营管理领军人才”申报人 160 人、“公共服务领军人才”申报人 28 人。根据申报领域和专业细分为 20 个评审组，邀请 60 名相关领域专家，首次对经营管理类和科技成果转化类人才进行答辩评审，推荐 126 名人才进入专家建议入选名单。

（杨琦）

特聘岗位专家考核测评

6 月 15 日，工委组织人事部组织召开北京市特聘岗位专家年度考核测评会。考核小组由北京市联合工作组、经开区特聘岗位专家年度考核工作小组组成。会上，北京市人才工作局副局长刘敏华介绍设置特聘岗位的重要意义，对特聘岗位专家毛山宏进行民主测评，测评等级为优秀。毛山宏，美国国籍，化学专业博士，2018 年被聘为经开区管委会主任助理，主要职责是协助经开区管委会主任做好经开区生物医药和医疗器械相关产业的年度规划、项目引进和指导等工作；协助推动国际人才交流和产业合作，助力全国科技创新中心建设。

（王艳艳）

第二批国际人才公寓配租

6月25日，经开区第二批国际人才公寓配租工作启动。人才公寓位于经开区路东区亦城景园社区，根据人才层次不同，提供“亦麒麟”杰出人才公寓和“亦麒麟”领军人才公寓2种房源。其中，“亦麒麟”杰出人才公寓配置家具家电、智慧家居、地暖、新风系统等，“亦麒麟”领军人才公寓保留原公租房装修配置及家具家电，均能够拎包入住。经开区有99名人才申请，经对人才身份、资格条件2轮审核，有89名人才符合申请条件，于9月9日完成配租摇号工作和入住手续办理。

（王艳艳）

“清北学子亦庄行”活动

7月7日，工委组织人事部联合社会事业局组织开展“清北学子亦庄行”活动。40余名来自清华大学、北京大学的高校学子受邀参观区史馆及京东集团、百度Apollo Park应用测试基地、京东方智慧系统创新中心等，实地了解经开区城市建设情况和科技创新成果；开展为期1~3个月的实习，分配到经开区工委、管委会各类别、各领域的党政管理和服务岗位，且有机会参与经开区产业政策制定、相关重点课题研究、区域发展规划等相关工作。“清北学子亦庄行”活动是经开区体制机制改革后的创新之举，通过“请进来”和“走出去”相结合的方式，让更多优秀院校学子认识和了解经开区，为经开区校园招聘及区内企业人才引进预热。

（张琳）

“亦麒麟”人才评选发布会

经开区亦麒麟人才评选发布会举行　　张磊 摄

7月16日，“麒麟聚亦　同心筑城”北京经济技术开发区亦麒麟人才评选发布会在亦城财富中心举行。该发布会由工委组织人事部牵头，北京亦庄国际人才发展集团有限公司承办，通过新星篇、求索篇、至善篇、造极篇、使命篇、荣耀篇6个篇章，呈现经开区人才多样性及经开区重点产业发展现状。会上为新评定的2065名“亦城人才”颁奖，其中经开区管委会认定首都医科大学附属北京同仁医院经济技术开发区院区韩德民1人为“亦麒麟”顶尖人才、北京奥一新源科技股份有限公司姚一波等45人为“亦麒麟”杰出人才、安普德（北京）科技有限公司蔡颖昭等120人为“亦麒麟”领军人才、阿尔特汽车技术股份有限公司孟晓光等1899人为“亦麒麟”优秀人才。截至2021年年底，经开区累计有“亦麒麟”人才2759人。

（王艳艳　邹容）

人才专项奖励兑现

8月2日，工委组织人事部启动个人专项奖励和个人经济贡献专项奖励申报工作。个人专项奖励涵盖“亦麒麟”杰出人才、领军人才、优秀人才。其中，杰出人才专项奖励100万元，将按照50万元、30万元、20万元的标准，分3个自然年度给予兑现；领军人才专项奖励50万元，将按照20万元、20万元、10万元的标准，分3个自然年度给予兑现。截至2021年年底，在个人专项奖励中，首批39名“亦麒麟”杰出人才和111名“亦麒麟”领军人才已收到第一年度兑现的专项奖励资金，同时兑现的还有149名往届“亦麒麟”人才的专项奖励资金，共计5660万元。在个人经济贡献专项奖励资金方面，将连续3年对“亦麒麟”杰出人才、领军人才每年按照个人薪资收入产生区域经济贡献中经开区地方财政可支配部分的100%的比例给予奖励，此项奖励与人才专项奖励可自主选择其一兑现，不得同时享受；对“亦麒麟”优秀人才每年按照个人薪资收入产生区域经济贡献中经开区地方财政可支配部分的15%的比例给予奖励。对于“人才十条”实施前评定的“亦麒麟”领军人才，仍按原来的办法兑现奖励资金。

（王艳艳）

人才创办企业补贴兑现

10月11—13日，经开区人才创办企业租赁补贴、贷款贴息补贴、外籍人才创办企业资助3个事项兑现工作启动。经开区针对符合申报条件的人才按照创办企业实际支出的50%且不超过1.5元/（天·平方米）的标准，给予企业连续2年、总额度最高200万元的办公场所和生产场地租赁补贴；按照贷款额2%的比例，给予企业连续3年、每年最高200万元的贷款贴息补贴；对于取得硕士及以上学位的外籍人才，首次入区并创办企业，且企业实缴资本不低于100万美元、持股比例不低于30%的，一次性给予20万元资助；对于“人才十条”实施前认定的“亦麒麟”领军人才创办企业且已申请过贷款贴息支持但未兑现完的，仍按原办法兑现支持资金。该工作由北京亦庄人才服务有限公司负责实施，服务30余家项目申报企业完成申报咨询及材料审核等全流程工作。

（王艳艳　杨陈　梁菲）

北京市海外高层次人才认定推荐

10月21日，工委组织人事部组织召开2021年度北京市海外高层次人才申报推荐工作部署会。详细介绍北京市人才引进计划相关政策以及北京市高层次人才引进情况，明确各个项目的申报条件、材料要求、政策兑现以及工作安排时间节点，并对企业提出的疑问进行解答。来自区内144家重点人才单位、国家级研发机构和市级研发机构项目申报负责人参加会议。

（崔福强）

高层次人才体检服务

12月1日，经开区2021年度高层次人才体检工作完成。该工作由工委组织人事部牵头，北京亦庄人才服务有限公司联合首都医科大学附属北京同仁医院经济技术开发区院区共同实施，特设3个体检专场，分4个时段，以专场、分时段、专车接送等服务形式和定制体检内容（50余项体检项目），为人才提供高灵活度、高自主性和高安全性的健康体检服务。此次服务覆盖经开区在册“亦麒麟”顶尖人才、杰出人才、领军人才540余名，实际参检人才284名。

（崔福强 杨陈 梁菲）

亦庄双创人才发展促进委员会组建

12月1日，北京亦庄创新创业人才发展促进委员会组建。该委员会设立新一代信息技术、高端汽车和新能源汽车、生物技术和大健康、机器人和智能制造、战略新兴产业、产业金融6个领域的专家委员会，共60位专家。各位专家作为经开区“智库”的一部分，将围绕经开区“4+2+1”的产业发展战略（“4”即聚焦经开区四大主导产业，建设高精尖产业主阵地；“2”即做优高端服务业及科技文化融合产业；“1”即大力发展数字经济产业，打造数字标杆城市先行区），为北京亦庄人才创新创业发展中心有限公司提供投资咨询意见，为经开区提供建议导向和发展路径。

（张紫涵）

青年人才培养资助项目启动

10月，工委组织人事部、团工委落实《北京经济技术开发区支持高精尖产业人才创新创业实施办法》，制定《北京经济技术开发区青年人才培养资助实施细则》。培养资助项目分为青年骨干研究项目、青年拔尖研究项目和青年优秀创新活动项目3类，分别可以获20万元、30万元和5万~50万元的项目扶持资金。培养资助工作每年开展一次，每类根据申报情况，研究确定资助项目的个数。

（田培利 徐宁）

市人才局领导调研高水平人才高地情况

11月17日，市委组织部副部长、市人才工作局局长桂生率调研组听取经开区整体规划方案和人才工作情况的汇报，并就建设高水平人才高地进行座谈交流。会后，调研组到北京集电控股有限公司及中芯国际集成电路制造（北京）有限公司调研，了解经开区整体发展、重大专项推进、企业生产经营、技术创新情况，听取企业在人才引进、培养、使用方面的经验做法，了解企业在人才队伍建设方面存在的困难和问题，以及对北京市和经开区建设高水平人才高地的意见建议。王少峰、于淼及经开区有关部门负责人参加调研。

（李慧敏）

经开区国际人才社区项目建设

经开区国际人才社区项目总体鸟瞰图　企业提供

12月29日，经开区国际人才社区项目举行奠基仪式，该项目位于亦庄新城的综合配套服务区，西至瀛达路，南至瀛科路，北至瀛元路，东至瀛顺路，毗邻南海子公司文化休闲中心和京台高速，总用地面积为39.5万平方米，总建设规模为100.65万平方米，包括地上建筑面积为74.88万平方米。项目拟建设具有“类海外”生活环境、满足国际人才归属感的高品质复合型社区，提供长、短租公寓4000余套。项目由北京博大新元房地产开发有限公司的全资二级子公司北京海创英才安居置业有限公司开发建设。截至2021年年底，该项目完成综合实施方案编制，其中YZ00-0803-0012地块（1号地块）先行启动，于12月20日取得土地成交确认书。

（安宁　岳晓甜）

两人获创新创业特别贡献奖

12月，北京市人才工作局发布第七届北京市留学人员创新创业特别贡献奖入选名单，经开区航天长征火箭技术有限公司副总工程师彭泳卿和北京神州细胞生物技术集团股份公司董事长、总经理谢良志2人入选。北京市留学人员创新创业特别贡献奖用以表彰在首都经济社会发展中做出突出贡献的留学人员。

（黄佳怡）

课程引进和开发

年内，北京亦庄人才创新创业发展中心有限公司围绕经开区四大主导产业及特色产业，根据企业全生命周期的发展需求和人才的不同层级，设立创新、管理、技术、创业、资本运营五大类培训内容板块，针对政府中、高层设立改革发展、管理创新二大类培训内容板块，引进、开发具有经开区产业特色课程与通用类专业化培训课程400余种。

（张紫涵）

“亦享出行”品牌建设

年内，北京亦庄人才服务有限公司落实经开区人才出行配套服务建设，围绕区域内人才多场景出行问题，持续优化出行综合服务细节，打造“亦享出行”品牌，并推出长租车、微通勤、出行礼遇等服务，业务宣传及推广工作下沉至区内7个社区，为区内人才、企业提供不同租期、多款车型、各类租用服务。截至2021年年底，累计为区内29家企事业单位（1000人次）提供轿车长租服务、商务专车服务和大巴车临租服务等；为区内领军人才及以上级别人才提供1000人次绿通服务。

（杨陈　梁菲）

“亦享健康”品牌建设

年内，北京亦庄人才服务有限公司优化人才医疗服务产品目标，打造“亦享健康”品牌，推出大健康综合服务产品，以“专通道、专服务”的模式，打通线上、线下问诊渠道，解决人才挂号难、排队久等高频医疗难题，让人才高效、便捷享受服务。截至2021年年底，累计服务人才3588人次，实现亦庄新城线上免费健康咨询服务网络全域覆盖、全员覆盖，全方位落实区域人才日常健康管理和医疗服务保障工作。

（杨陈　梁菲）

公共卫生项目人员招聘

年内，北京亦庄人才服务有限公司协助北京亦庄国际人才发展集团有限公司完成社会事业局公共卫生项目人员招聘及聘用工作。自发布岗位信息起，该项目收取1400余人的求职简历，通过资格审核、笔试、面试、体检及背景调查等环节，最终录用40人。

（梁菲）

“三城一区”主平台人才政策对接机制

年内，工委组织人事部编制《国际科技创新中心“三城一区”主平台人才政策对接机制研究报告》。该报告在对“三城”

与“一区”各自发展定位、资源禀赋，以及人才政策、人才工作机制、人才服务保障措施等方面进行对比分析的基础上，提出经开区与“三城”在人才对接联动方面的优势及存在的问题，并提出探索建立议事协调机制、利益共享机制、共享服务机制和引导奖励机制的建议。此外，报告还就“三城一区”人才资源的流动方式进行设计。

（李慧敏）

亦城景园国际人才公寓改造完成

亦城景园国际人才公寓 5G 会议室　　企业提供

年内，北京博大新元房地产开发有限公司启动并完成亦城景园（E18）5 号楼国际人才公寓装修改造及配套设施升级工作。新增国际人才公寓 206 套，均为 90 平方米的两居室；配套书吧、开放式会客厅、5G 会议室，打造集居住、工作、生活、社交于一体的新型共享空间。

（安宁　岳晓甜）

3 人被评为“北京青年榜样”年度人物

9 月，北京团市委联合相关委办局举办“2021 年北京青年榜样”主题教育活动。通过组织推荐、社会举荐、媒体举荐等渠道，以网络投票、专家评审等方式，最终从 1300 名候选人中评选出 100 名事迹突出、感染力强、根植基层的“北京青年榜样”年度人物。其中，经开区 3 名优秀青年翟晶晶、梁启征、孙国庆入选。

（田培利　徐宁）

工作居住证指标分配情况

年内，经开区为 1120 家企业分配工作居住证指标 5667 个，比 2020 年增长 61%，包括近 70% 的指标分配给纳税产值前 100 名企业、“服务包”企业、“亦麒麟”领军人才创办企业等各类重点企业。从产业类型看，80% 的工作居住证指标分配给四大主导产业、战略新兴产业，包括 799 个指标分配给集成电路“双 1+1 工程”重点企业、高级别自动驾驶示范区建设相关企业，占主导产业分配指标中的 18%。

（邵益霞）

高水平人才高地建设调研

年内，工委组织人事部紧抓北京建设高水平人才高地的战略机遇，围绕高水平人才高地建设进行动员部署，组织科技创新局、营商合作局、规自分局等部门成立 7 个专项调研组，深入开展相关调研活动。全年调研组召开座谈会 13 场，向企业发放调研问卷 900 余份，调研范围覆盖经开区四大主导产业、高端服务业、科技文化融合产业和数字经济等产业领域，以及有关行业协会等社会组织和各类人才，并就经开区打造高水平人才高地定位、目标、布局、举措、组织实施形成专项报告。

（崔福强　李慧敏）

人员调京

年内，经开区累计 310 人获批人员调京指标。其中针对集成电路、医药健康等领域和战略性新兴产业争取专项引才措施，建立专属引才渠道，有 269 人获得引进，占总调京人数的 86.77%。

（黄佳怡）

组织工作

概况

2021 年，经开区成立人才集团党委、尚亦城集团党委、社会事业党委以及经开区园区楼宇党建联盟。截至 2021 年年底，经开区工委直接管理 10 个党（工）委，分别是机关党委、亦庄控股党委、亦庄国投党委、亦庄人才集团党委、尚亦城集团党委、“两新”工委、社会事业党委、荣华街道办事处工委、博兴街道办事处工委和税务局党委（党组性质党委，税务局党委由机关党委代管）；共有基层党组织 730 个，其中党委 30 个、党总支 18 个、党支部 682 个，党员共计 14418 人（京东集团党委于 9 月底整建制转入市互联网工委，转出党委 2 个、党支部 54 个、党员 3209 人）。

2021 年经开区工委基层党组织建设情况统计表

党组织名称	基层党组织数（个）	党员数（人）
机关党委	65	1104
亦庄控股党委	73	1076
亦庄国投党委	8	188
亦庄人才集团党委	5	117
尚亦城集团党委	6	54

续表

党组织名称	基层党组织数（个）	党员数（人）
“两新”工委	487	9357
社会事业党委	28	743
荣华街道办事处工委	45	1488
博兴街道办事处工委	13	291
总数	730	14418

（苏鋆浩）

“两优一先”表彰大会

6 月 25 日，经开区“红色领航　亦城先锋‘两优一先’”表彰大会召开。表彰全国优秀共产党员 1 人，北京市优秀共产党员 4 人、北京市优秀党务工作者 2 人、北京市优秀基层党组织书记 2 人、北京市先进基层党组织 3 个，经开区优秀共产党员 100 人、经开区优秀党务工作者 48 人、经开区先进基层党组织 48 个。同时，为老党员代表 172 人颁发“光荣在党 50 年”纪念章。

（苏鋆浩）

亦庄人才集团党委成立

9 月 23 日，中国共产党北京亦庄国际人才发展集团有限公司委员会和中国共产党北京亦庄国际人才发展集团有限公司纪律检查委员会选举大会在工委党群服务中心召开。大会以无记名投票的方式差额选举产生亦庄人才集团第一届党委委员 5 人，叶斌任书记；纪委委员 3 人，王衣彤任书记。亦庄人才集团及二级公司全体党员 100 余人参加大会。

（苏鋆浩）

尚亦城集团党委成立

9 月 28 日，中国共产党尚亦城（北京）科技文化集团有限公司委员会和中国共产党尚亦城（北京）科技文化集团有限公司纪律检查委员会选举大会召开。大会以无记名投票的方式差额选举产生尚亦城集团第一届党委委员5人，边元松任书记；纪委委员3人，刘维娜任书记。尚亦城集团51人参加大会。

（苏鋆浩 周未）

社会事业党委成立

12月24日，中共北京经济技术开发区社会事业委员会和中共北京经济技术开发区社会事业纪律检查委员会选举大会在工委党群服务中心召开。大会以无记名投票的方式差额选举产生社会事业第一届党委委员5人，袁立洪任书记；纪委委员3人，黄俊斌任书记。

（肖潇）

经开区园区楼宇党建联盟成立

12月2日，科技创新局牵头与区内66个产业园区与商务楼宇共同筹建的经开区园区楼宇党建联盟成立。该联盟旨在以党建链接产业一线，发挥园区楼宇党员先锋模范和党组织战斗堡垒作用，不断增强园区楼宇党建的组织力和影响力；从党建体系建设出发，根据园区党建特点，通过资源、需求、服务3张清单，组织科技政策、科技金融、创业创新、社会公共服务等主题活动和对接服务；围绕党史学习教育，开展“为群众办实事”等系列活动，通过不断创新活动主题和形式，培育创建党建品牌，在帮助成员提升党建工作水平的同时，以党建促进企业生产经营，推动园区楼宇经济发展，打造经开区园区楼宇高质量党建品牌。

（李涵潇）

基层党组织经费管理办法修订

12月31日，工委组织人事部联合财政审计局修订印发《基层党组织党建活动经费管理办法》《城乡基层党组织服务群众经费管理办法》，自2022年1月1日起执行，原管理办法同时废止。其中，《基层党组织党建活动经费管理办法》倡导充分利用本地条件，进一步明确使用范围和标准，强调党务外包要求；《城乡基层党组织服务群众经费管理办法》进一步简化计划管理程序，丰富经费主要用途，扩大街道统筹资金的比例和适用情形，增加监督检查内容，更加注重实操性和效益性。

（苏鋆浩）

13个党支部工作法

年内，工委组织人事部为发挥优秀党支部工作法对党支部建设的引领作用，指导各党（工）委总结提炼13个党支部工作法，其中思想引领类1个、队伍建设类3个、服务中心类5个、引领治理类3个、服务群众类1个，分领域、分类型探索基层党支部发挥作用的有效路径。

（苏鋆浩）

社区“两委”换届选举

年内，经开区开展社区“两委”换届选举工作，先进行党组织换届，再进行居委会换届，社区党组织书记和居委会主任实现“一肩挑”。1月28—29日，经开区社区党组织换届选举完成。经过近4个月的筹备，博兴街道、荣华街道所辖18个社区党组织，选举产生新一届社区党组织委员70人、书记18人、副书记17人。3月26—28日，经开区社区居委会换届选举完成。其中，荣华街道2个社区采取居民代表选举的方式进行投票选举，6 个社区采取户代表和直选的方式进行投票选举；博兴街道 1 个社区居民采取居民代表选举的方式进行投票选举，7 个社区采取户代表和直选的方式进行投票选举。博兴街道、荣华街道所辖 16 个社区居委会选举产生新一届社区居委会委员 120 人、主任 16 人、副主任 30 人。

（苏鋆浩　李下蹊）

机关基层党组织建设

年内，机关党委成立党支部 1 个；发展党员 37 人，申请入党 99 人。截至 2021 年年底，机关党委所属基层党组织 65 个，其中基层党委 1 个、党总支 1 个、党支部 63 个。党员有 1104 人，包括女性党员 514 人，占比 46.55%；少数民族党员 76 人，占比 6.88%；具有本科及以上学历党员 1017 人，占比 92.12%；35 岁及以下党员 347 人，占比 34.43%。

（霍永悟）

亦庄控股基层党组织发展

年内，亦庄控股党委成立基层党支部 2 个；设置调整党组织 7 个，指导 6 个党组织完成换届选举；发展党员 130 人。截至 2021 年年底，亦庄控股党委所属基层党组织 73 个，其中二级党委 6 个、党总支 6 个、党支部 61 个。党员有 1076 人，超过员工总数的 1/3，包括女性党员 452 人，占比 42%；少数民族党员 53 人，占比 4.9%；具有本科及以上学历党员 878 人，占比 81.6%；35 岁及以下党员 398 人，占比 37%。

（常冰）

社会事业基层党组织发展

年内，社会事业党委发展党员 26 人。截至 2021 年年底，社会事业党委所属基层党组织 28 个，其中基层党委 3 个、党支部 25 个。党员有 743 人，包括女性党员 605 人，占比 81.4%；少数民族党员 36 人，占比 0.05%；具有本科及以上学历党员 733 人，占比 98.7%；35 岁及以下党员 499 人，占比 67.1%。

（肖潇）

亦庄国投基层党组织发展

年内，亦庄国投党委成立基层党支部 1 个；发展党员 15 人。截至 2021 年年底，亦庄国投党委所属基层党组织 8 个，均为党支部。党员有 188 人，包括女性党员 103 人，占比 55%；少数民族党员 14 人，占比 7%；具有本科及以上学历党员 188 人，占比 100%；35 岁及以下党员 81 人，占比 43%。

（马思思）

亦庄人才集团基层党组织发展

年内，人才集团党委成立基层党支部 2 个，调整党支部 1 个；发展党员 11 人。截至 2021 年年底，人才集团党委所属基层党组织 5 个，其中基层党委 1 个、党支部 4 个。党员有 117 人，包括女性党员 58 人，占比 49.6%；少数民族党员 9 人，占比 7.7%；具有本科及以上学历党员 103 人，占比 88%；35 岁及以下党员 45 人，占比 38.4%。

（邹容）

尚亦城集团基层党组织发展

年内，尚亦城集团党委成立基层党支部 5 个；发展党员 3 人。截至 2021 年年底，尚亦城集团党委所属基层党组织 6 个，其中基层党委 1 个、党支部 5 个。党员有

54 人，包括女性党员 35 人，占比 65%；少数民族党员 3 人，占比 6%；具有本科及以上学历党员 54 人，占比 100%；35 岁及以下党员 24 人，占比 44%。

（周未）

荣华街道办事处基层党组织发展

年内，荣华街道办事处工委完成基层党组织升建工作；发展党员 25 人。截至 2021 年年底，荣华街道办事处工委所属基层党组织 45 个，其中基层党委 7 个、党总支 1 个、党支部 37 个。党员有 1488 人，包括女性党员 728 人，占比 48.9%；少数民族党员 68 人，占比 5.0%；35 岁及以下党员 103 人，占比 6.9%。

（孙浩）

博兴街道办事处基层党组织发展

年内，博兴街道办事处工委成立基层党支部 2 个；发展党员 15 人。截至 2021 年年底，博兴街道办事处工委所属基层党组织 13 个，均为党支部。党员有 291 人，包括女性党员 148 人，占比 51%；少数民族党员 14 人，占比 5%；具有本科及以上学历党员 173 人，占比 59%；35 岁及以下党员 87 人，占比 30%。

（刘心）

宣传工作

概况

2021 年，经开区宣传思想文化工作坚持以习近平新时代中国特色社会主义思想为指导，以庆祝建党 100 周年为主线，以深化改革激发融媒创新活力，推动工作创新发展，深挖党史研究，为打造升级版经开区和高标准建设亦庄新城提供有力的思想保障、舆论氛围和文化支撑。全年组织工委理论中心组学习 40 次，集体参加教育活动 25 次，集中开展党史专题宣讲 100 余场；创建群众性精神文明，建设新时代文明实践中心；持续开展重大主题宣传，构建网上网下一体、内宣外宣联动的主流舆论格局。

（李江棋 张晓慧）

融媒体中心改制运行

3 月 8 日，融媒体中心挂牌尚亦城（北京）科技文化集团有限公司，成为北京市首个由事业单位整建制转为企业专业化运营的区级融媒体中心。融媒体中心有员工 70 人，下设政务新闻中心、产经新闻中心、城市新闻中心、新视听实验室、融媒平台实验室、品牌联动中心、新航城工作组、“尚亦城”App 等部门，获信息网络传播视听节目许可证、广播电视节目制作经营许可证、互联网新闻信息服务许可证，可提供移动互联网视听节目服务、互联网新闻信息采编发布服务，制作与发行动画片、专题片、电视综艺。

（周未）

多部作品获奖

4 月 1 日，2021 年第二期全国县级融媒体中心优秀作品双月赛结果揭晓，融媒体中心创作的经开区疫苗接种微纪录片《炬光》获二等奖。5 月 14 日，2020 年度“爱上北京的 100 个理由”主题短视频和征文大赛颁奖典礼在故宫博物院举行，融媒体中心创作的《北京是我最爱的城市》获二等奖和最佳网络人气奖、《我爱这里，这里是我的另一个家》获优秀奖，融媒体中心获组织奖。

（周未）

亦庄控股“党员口袋书”App3.0上线

12月7日，亦庄控股“党员口袋书”App3.0版本上线。该版本新增亦控学院板块，作为亦庄控股在线学习教育培训平台，集在线培训、活动报名、学时认证和成长记录于一体，包含直播、录播、音频、图文类型的课程及《党史上的今天》《党小友讲党史》《主题宣讲团》《红色映像》等栏目；优化党费缴纳功能，用户无须二次登录账号即可缴费，还能查看历史缴纳记录；打开活动通知、线上报名、现场签到、数据统计的流程，所有活动均可在线上完成；设置及时同步工作机制，保证党员信息更新的及时性和准确性。

（张小燕）

亦庄控股党委宣讲团成立

12月9日，亦庄控股党委召开学习贯彻党的十九届六中全会精神首场宣讲会，成立由50余人组成的学习贯彻党的十九届六中全会精神宣讲团。全年面向亦庄控股3400余人宣讲50余场。

（张小燕）

亦庄控股打造四大学习阵地

年内，亦庄控股党委推进党史学习教育与业务结合，打造不同功能的四大学习阵地，包括“红色记忆”亦庄控股党建展厅、“智慧＋党建”展厅、非公党建“护航”联盟展厅、企业文化展厅。其中，“红色记忆”亦庄控股党建展厅是亦庄控股第一个红色党建阵地，设有新民主主义革命时期、社会主义革命和建设时期、改革开放和社会主义现代化时期、中国特色社会主义新时代4个篇章，为党员群众开展党史学习教育、推动红色基因传承开辟实践平台，并成为人民城市年票推荐的党建基地；“智慧＋党建”展厅是亦庄控股在“智慧＋党建”领域的创新探索，设有实物展区、AR智慧展厅、多屏展区、“我为群众办实事”展区、学习课堂展区5个展区，打通领导驾驶舱、阳光纪检平台、“党员口袋书”App等，建成一体化的“智慧＋”党建家园，通过智慧手段丰富国企党建工作重要成果；非公党建“护航”联盟展厅是亦庄控股首个园区非公企业党建平台，在经开产业园区成立党建“护航”联盟，将融合“两新”工委、北京经开投资开发股份有限公司和非公企业三方力量，通过构建沟通联系、共建共享、服务保障3项机制，护航企业发展；企业文化展厅通过亦庄控股发展历程、企业核心竞争力、党建引领高质量发展、未来远景4个方面，介绍亦庄控股30年间的发展过程，展示亦庄控股作为产业新城运营商的主要工作成果。

（张小燕　荣肖磊　王苗苗）

尚亦城集团党史学习教育宣传

年内，尚亦城（北京）科技文化集团有限公司开展党史学习教育的宣传报道和舆论引导，推出党史学习融媒产品，包括“亦起学党史”小游戏（小程序）、“唱支歌儿给党听”H5页面、“生生不息”系列报道、《跟着小亦读区志》音频、《你是我想成为的人》视频探访节目、《口述历史之亦城记忆》微纪录片、《亦城慕课》

全媒体产品等，刊发相关稿件1万余篇，点击量超过8000万人次。

（周未）

工委理论学习中心组学习

经开区工委组织工委理论学习中心组学习　单位提供

年内，经开区工委紧抓党史学习教育主线，突出学习习近平新时代中国特色社会主义思想。始终突出根本深入学，全年组织工委理论学习中心组学习47次、研讨交流7次，中心组每名成员撰写心得体会均在4篇以上；建立经开区工委会议第一议题制度，组织及时跟进学习习近平总书记最新重要讲话精神达24次。始终紧扣使命专题学，坚持以首都发展为统领，以打造国际科创中心主平台为着眼，系统学习党的十八大以来习近平总书记9次视察北京、16次对北京发表重要讲话精神，并根据经开区发展实际，党的十九大以来设置“十四五”规划、“两区”建设、科技创新等专题12个，加强对经济、社会、文化、生态、科技等领域前沿知识的学习，熟悉新领域，掌握新动态，提升新能力。始终围绕问题研讨学，每季度坚持理论与实践相结合、围绕经开区发展的重点、难点问题，至少安排一次学习体会交流，共享学习成果，深化思想认识，寻找对策措施；围绕为当好全市高质量发展开路先锋、深化体制机制改革、促进产城深度融合、优化营商环境、构建“双循环”等开展研讨交流22次，推动学习由感性向理性升华、由思想向行动转化。

（张君　李江棋　孙晓伟）

新闻宣传报道

年内，工委宣传文化部围绕经开区重点工作、重大政策、重要活动，组织庆祝建党100周年、“十三五”成就宣传、“科技馆之城”等重点主题宣传报道，宣传经开区在科技创新、产业升级、深化改革、产城融合、区域协同等方面取得进展和成效。利用重大宣传时间节点，统筹安排经开区工委、管委会领导参加中央和市级主要媒体采访13次、市级新闻发布会4次、新华社内参调研报道5次，主要领导在《前线》杂志发表署名文章；在中央、市属重点媒体播发重点报道2800余篇，先后登上《人民日报》21次、《北京日报》308次、中央电视台48次、北京电视台204次。坚持网上网下一体、内宣外宣联动，聚焦传播效果，发挥“大宣传格局”优势，在重大主题宣传、重大舆论引导中调动各方力量打好“组合拳”，联合18家区内政务新媒体和50余家区内重点企业，发布文章4200余篇，阅读量达百万次。

（王涛　郑云）

《两万五千里》纪录片拍摄

年内，工委宣传文化部联合四达时代集团拍摄制作重走长征路纪录片《两万五千里》，共计5期。通过3名非洲籍主持人途经江西瑞金、广西全州、贵州遵义等5个长征路上具有历史意义的地点，以非洲友人的视角，重温人类历史上的行军奇迹，采集红军长征途中的感人故事。

（石雨　成浩　刘艳立秋）

《新时代组歌》系列原创红色歌曲推出

年内，工委宣传文化部联合经开区合唱协会共同推出《新时代组歌》系列原创红色歌曲。通过邀请王晓岭、孟卫东、修骏、沈尊光等词曲作家，聚焦践行社会主义核心价值观、歌颂工匠精神、弘扬创新文化及喜迎2022北京冬奥会等新时代主题展开集中创作，推出16首精品原创合唱曲目，举办近20场巡回演出及合唱艺术大讲堂活动，吸引上万人次在线欣赏收听。

（石雨　成浩　唐嘉）

创新新闻发布

年内，工委宣传文化部坚持新闻发布鼓励创新、宣传创新、服务创新，加强议题设置，宣传发布政策解读、创新成果等。全年组织市级新闻发布会4场、线下例行发布会17场、企业供需对接活动2场、线上网络发布217场，组织新华社、中央电视台、《光明日报》等近300家次媒体参加发布会，在网页、客户端、微博、微信等平台监测发布稿件38427篇，全网传播量达5亿次，视频直播单场观看量均超过60万次，各平台累计观看总量近千万次；51家创新型企业进行发布，首发比例超过92%，发布国际领先新产品、新技术、新成果9项，全国领先新产品、新技术、新成果10项，北京领先新产品、新技术、新成果32项；北京亦庄创新发布清单帮助32家企业推介发布41项合作需求，发布融资需求8.9亿元。

（王涛　郑云）

国际传播能力建设

年内，工委宣传文化部坚持对外讲好新时代创新发展故事，聚焦国际传播能力建设，结合经开区重点工作、国际活动，做好经开区英文网站、海外社交平台账号建设运营，打造经开区国际传播新矩阵，构建全方位、多层次、宽领域的对外宣传工作格局，经开区英文网站更新新闻200余条，海外社交账号发布帖文399条，粉丝近15万人，累计海外阅读量超过768.9万人次。工委宣传文化部联合外交部新闻司、市政府新闻办组织“北京市推进‘两区’建设，打造高水平开放平台”外媒集体采访活动，20家境内外媒体的30余名记者参与活动并进行活动报道；组织“丝路大V感受北京”经开区采访活动，为经开区改革发展营造有利的国际舆论环境。

（王涛　郑云）

媒体融合改革“新样本”

年内，工委宣传文化部坚持把媒体融合改革作为全区改革重点事项，以探索公司化管理新模式推进媒体融合改革，形成集全程、全息、全员、全效基本特征于一身的“四全媒体”，为北京市乃至全国区县融媒体中心发展提供“新样本”。经开区形成以“尚亦城”App为核心，《亦城时报》、微信公众号、政务微博等组网号为支撑，职能部门、街道、企业N家自媒体为延伸的“1+6+N”融媒星云传播矩阵；探索“新闻＋政务＋服务＋电商”的内容运营模式，实现“数据多跑路、企业群众少跑腿”。全年“尚亦城”App下载量比2020年增加约4万次，总注册用户突破110万人；“北京亦庄”微信公众号、政务微博累计阅读量达1.7亿次，微信公众号粉丝数突破15万人；“北京亦庄”微信视频号阅读量连续3个月进入全市三甲。

（王涛 马淞恺）

意识形态阵地管理

年内，工委宣传文化部加强意识形态阵地管理，落实讲座、论坛、报告会等意识形态阵地备案管理机制，加强宣传橱窗、户外大屏、“两微一端”等平台管理管控，以“四不两直”形式深入一线开展监督检查；每季度对全区公共空间艺术品进行巡查检查，确保阵地建设规范、内容安全。

（张君 李江棋）

意识形态主体责任

年内，工委宣传文化部落实领导带头抓意识形态工作，主要领导累计批示《每日舆情》30次；通报工委会专题研究意识形态工作3次，全市、全区意识形态工作形势和相关情况3次；开展会商研判3次，督查检查8次；组织意识形态培训7场，完成对京东集团、悦康药业集团股份有限公司、嘉捷科技园等非公企业的定制化培训。

（张君 李江棋）

文化市场巡查检查工作

年内，工委宣传文化部建立“扫黄打非”三级工作体系，制定《北京经济技术开发区关于进一步落实意识形态工作责任制切实履行“扫黄打非”工作责任的实施细则》《北京经济技术开发区关于推进“扫黄打非”基层站点规范化标准化建设实施方案》和《北京经济技术开发区文化市场监督员管理办法》，以“清源”“固边”“净网”“护苗”“秋风”五大专项行动为抓手，以“两会”、“七一”、开学季、国庆等时间节点为重点，有序开展文化市场巡查检查工作。全年协同各成员单位出动检查人员1900余人次，检查各类文化经营场所1600余家次，处置有害信息4900余条，基层站点监督员开展巡查500余次，发放各类宣传资料2000余份，处置“扫黄打非”案件3起，均未达到重大案件立案标准。

（张君 王磊 王瑶）

群众性精神文明创建工作

年内，工委宣传文化部加强新时代文明实践中心建设，建立健全经开区新时代文明实践中心组织体系，增加22家文明实践站和40支文明志愿服务队；与4所北京高校、3所区内企业大学建立合作机制，打造亦尚亦美“每月一品”活动品牌，发布第一版文明志愿服务菜单5类40项，区级新时代文明实践互动网络平台建成，完善“中心吹哨、部门动员、各方参与”工作机制；推进新时代公民道德建设，统筹抓好《北京市新时代爱国主义教育实施方案》《北京市新时代公民道德建设实施方案》的学习宣传，组织开展重点节日纪念活动和重大主题教育活动，挖掘系统内、行业内的榜样人物和典型事迹，开展“亦庄榜样”选树，加大对科学家精神、企业家精神、工匠精神的选树宣传力度；开展文明引导活动，把精神文明与行业管理、社会治理结合起来，在全区范围内着眼生态文明、文明出行、垃圾分类、常态化疫情防控等主题深入开展宣传教育活动100余场。

（张君 李江棋 孙晓伟）

网上精神家园建设

年内，工委宣传文化部成立经开区互联网企业行业党委，制定《北京经济技术开发区工委宣传思想与文化工作委员会网络意识形态及网络安全工作规则》，推进网信应急指挥中心建设，开展网络安全检查及网络安全周宣传教育工作。工委宣传文化部健全风险防控工作机制和舆情报告制度，加强与“两街八镇”的舆情联动和网评员队伍建设管理，提升舆论引导工作水平；按照“常事日报、要事快报、特事专报”的原则，对监测到的敏感信息进行研判，开展分级预警，及时进行舆情督办。全年编制《每日舆情》日报 250 期、《每日舆情》专报 6 期、《每日舆情》快报 54 期，发送《舆情通知单》39 期。工委宣传文化部在重要节点期间开展互联网企业自有网站的安全检查和内容审查，发现区内 21 家网站存在高、中、低风险漏洞，分别有 26 个、60 个、315 个，通过《安全隐患通知单》形式下发至各企业，各企业均按照要求完成整改或关停，确保整体网络信息安全；统筹协调信息化主管部门行政审批局组织开展网络安全自查核查工作，印发《关于开展北京经济技术开发区网站、信息系统、新媒体网络安全检查工作的通知》，明确检查目标和工作任务，监督指导行政审批局落实网络安全主体责任，敦促做好网络安全自查核查工作；同步开展现场检查工作，该工作以网络安全工作责任制落实情况为主，通过人员访谈、制度核查、安全检测等方式，以查“促建、促管、促改、促防”，确保经开区网络安全主体责任工作落实到位。

（王涛　杨超）

历史课堂课件编写

年内，档案数据中心承担党史教育系列活动“六个课堂”之一历史课堂，编写党史学习教育历史课堂《回望来时路　阔步新征程》课件，讲述和宣传经开区的党建史、改革史。该课件以党组织建设、发展为主线，利用编辑出版的志鉴编研成果，对经开区建区以来的大事、要事进行梳理、编辑，通过 7 个部分 13 个章节 2.2 万字，展示和回顾历史上所发生的大事、要事。

（张美霞）

纪检监察

概况

2021 年，经开区强化政治监督，纵深推进全面从严治党，高质量推进巡察工作、开发区领域腐败问题专项整治工作，完善巡察机制建设、党政廉政制度建设，探索建立巡察成果运用机制，筹建经开区廉政警示教育基地，召开经开区警示教育大会，督促各部门自查自纠，有效防范廉政风险，堵塞制度漏洞。

（代雨宏　薛小敏　张扬）

全面从严治党工作考核和政治生态研判

6 月 30 日，机关纪委根据北京市总体部署，结合经开区实际，制订印发《一体推进 2021 年北京经济技术开发区全面从严治党工作考核和政治生态分析研判工作的实施方案》；会同机关党委、工委组织人事部、工委宣传文化部，完成经开区工委所属党组织全面从严治党年终考核的现场检查工作，把党委全面监督、纪委专责监督、党的工作部门职能监督、党的基层党组织日常监督、党员民主监督结合起来，融为一体。

（薛小敏 张扬）

廉政警示教育基地建成

经开区廉政警示教育基地 单位提供

6月，经开区廉政警示教育基地建成。该基地由驻经开区管委会纪检监察组联合机关纪委、尚亦城（北京）科技文化集团有限公司参与指导建设，位于万源街3号，总展览面积为260.7平方米，以警示教育为牵引，注重“以案为鉴、以案促改”“以案说纪、以案说法、以案说德、以案说责、以案说制”，分为“成就发展须清廉”“警钟长鸣戒贪念”“亦城清风树正气”3个单元，分析从全国经济技术开发区到经开区的党风廉政建设和反腐败斗争的严峻形势，发挥典型案例警示功能和震慑作用，剖析全国经济技术开发区和经开区在土地规划、征地拆迁、招商引资、行政审批、招标投标、工程建设、干部提拔等重点领域发生的违纪违法行为和存在的廉洁风险，深挖背后根源，严明纪律要求。同时，介绍经开区纪检监察体制的历史发展沿革，系统总结经开区围绕打造廉洁政府、效能政府以及一体推进“三不”体制机制开展的工作情况。全年317人次参观。

（代雨宏 夏振文）

开发区领域腐败问题专项整治工作

10月27日，经开区开展开发区领域腐败问题专项整治工作动员部署会召开，启动专项整治工作，通报《北京经济技术开发区关于开展开发区领域腐败问题专项整治的实施方案》，成立开发区领域腐败问题专项整治领导小组，统筹推进专项整治工作，王少峰任领导小组组长。全年领导小组召开工委会议2次、领导小组会4次、专题会2次，审议通过《领导小组工作规则》《专项整治期间信访举报工作办法》《北京经济技术开发区关于开展开发区领域腐败问题专项整治自查自纠的工作方案》等文件，形成自查自纠问题清单模板、整改落实情况台账模板和整改任务进度模板等。自查自纠问题62个，完成整改33个，建章立制21项。

（夏振文）

全区警示教育大会

10月27日，经开区召开“以案为鉴、以案促改”全区警示教育大会，对纵深开展经开区党风廉政建设和反腐败斗争进行再动员、再部署。与会者集体观看警示教育片《贪欲的“洪水”》《危险关系》；王少峰分析经开区全面从严治党面临的严峻形势，采取点人点事方式对8个方面26类问题，涉及28家单位、11个人的典型案例进行通报，分析违纪违法案件背后的问题和根源，并就始终保持“严”的主基调，持续推动全面从严治党向纵深发展，要求坚持把党的政治建设摆在首位，切实扛起管党治党政治责任，严格执行规章制度，发挥巡察利剑作用，构建一体推进“三不”（不敢腐、不能腐、不想腐）体制机制，共同维护好经开区风清气正的改革发展环境。全区科级以上全体干部参加会议。

（代雨宏 夏振文）

廉政教育实施意见印发

12 月，经开区工委印发《中共北京市委经济技术开发区工委关于进一步加强廉政教育的实施意见》，形成系统全面、针对性强、结合实际的经开区廉政教育机制。经开区不断加强党性教育，通过将理想信念教育贯穿到各个类型的教育培训，纳入各级党（工）委理论学习中心组、各党（总）支部等各个层级学习的必修内容，引导党员干部解决好世界观、人生观、价值观“总开关”问题；强化党风教育，围绕理论联系实际、密切联系群众、开展批评与自我批评、谦虚谨慎和艰苦奋斗、坚持民主集中制 5 个方面，结合经开区实际，开展党风教育，提高党员政治素质，促进快速发展；深化党纪教育，通过党纪教育、廉洁从政教育、关键节点教育提醒等方式，教育引导党员干部知敬畏、存戒惧、守底线，不断增强纪法观念，切实秉公用权；抓好警示教育，通过公开通报曝光、召开警示教育大会、运用反面典型资料等方式，教育引导党员干部引以为戒，不断增强廉洁自律意识；推动廉政文化建设，通过建设和完善经开区廉政警示教育基地、开设《廉政教育》专栏等方式加强廉政文化阵地。同时，推进廉政风险防控平台建设，建立干部数字化廉政档案，整合廉政教育资源，不断推进廉政文化一体化建设。

（夏振文）

巡察制度机制完善

年内，机关纪委制定印发《关于推进经开区巡察工作高质量发展的意见》《被巡察党组织配合工委巡察组开展工作规程（试行）》等规范性文件，同时制定《夯实基础，完善机制，扎实推进巡察工作高质量发展》《关于规范巡察发现问题线索移交和处置工作的意见》《巡察报告问题底稿管理办法》等，提升巡察工作规范化、科学化水平，为常态化开展巡察监督工作奠定基础。

（刘毅 孙丽惠）

巡察整改日常监督检查

年内，巡察办公室统筹机关纪委、工委组织人事部组成检查组，对两轮巡察的 6 家单位开展日常监督检查。检查围绕巡察发现的问题，聚焦被巡察党组织及其主要负责人和班子成员整改责任是否主动认领并认真履行、整改进展是否属实、整改措施是否执行到位等，形成《巡察整改日常监督检查情况报告》，督促被巡察党组织强化分析研究，推动整改落实，达到“举一反三、标本兼治”工作成效。

（刘毅 孙丽惠）

巡察成果运用机制建立

年内，机关纪委发挥巡察综合监督平台作用，围绕做好巡察“后半篇文章”，探索建立巡察成果运用机制，强化巡察整改评估，将巡察反馈问题整改落实情况作为全面从严治党（党建）工作考核的重要内容；强化问题通报机制，制定印发《关于巡察发现的突出问题情况通报》，督促、引导未被巡察部门主动做好自查自纠，未巡先改，查找问题根源，举一反三，制定完善相关制度机制，标本兼治提升巡察工作效果和效能。

（刘毅 孙丽惠）

特约监察员监督

年内，机关纪委推动各类监督有机贯通、相互协调，发挥政商关系监督员暨第三届特约监察员参谋咨询、桥梁纽带、舆论引导作用，组织特约监察员参观经开区廉政警示教育基地，引导特约监察员增强履行监督职责的责任感和使命感；通过参与座谈、线上沟通等多种形式，征求特约监察员意见建议，改进工作、完善机制；组织特约监察员开展重要节点“四风”（形式主义、官僚主义、享乐主义和奢靡之风）检查并反馈情况，使特约监察员通过近距离监督，发挥特约监察员“观察员”“信息员”“裁判员”“监督员”的作用。

（夏振文）

“接诉即办”会商沟通

年内，驻经开区管委会纪检监察组、机关纪委在主动研判经开区“接诉即办”工作现状，常态化开展“接诉即办”专项监督工作的同时，就“接诉即办”办理情况专题与工单重点承办部门进行会商沟通，共同研判形势，分析问题，研究解决办法。客观分析现状，结合机构改革、管理体制调整和亦庄新城高质量发展的形势，共同分析经开区当前阶段“接诉即办”工作呈现出的特点和规律，尤其是分析对个别重点企业投诉反映量大、处理复杂的实际现状；会商解决对策，结合“接诉即办”工作现状及重点承办部门的客观难题，共同提出运用信息化技术等手段，完善举报投诉受理流程和运行机制，专题分析重点举报投诉情况，健全工作人员行为规范，加强专业技能培训，加大内部考核力度，严格干部和工作人员管理，坚决杜绝违纪违法行为；固化会商机制，围绕“接诉即办”专项监督工作要求，针对办理工作中存在的难点和群众反映集中的问题，主动加强与主责部门及重点承办部门的沟通对接，定期会商研究，提出解决对策，督促落实整改，贯通主体责任与监督责任，确保经开区“接诉即办”工作持续向好；加大监督力度，认真落实市纪委要求，开展“接诉即办”专项监督工作，采取“四不两直”、一线督查等方式，加强日常全流程监督，聚焦突出典型问题，定期核查工单办理情况，运用跟进监督、“小切口”监督、专题监督等方式，督促经开区工委、管委会各部门强化责任担当，认真落实“接诉即办”工作要求，切实解决群众反映的合理诉求。

（代雨宏 夏振文）

党内监督专责

年内，机关纪委综合运用日常监督、专项监督等方式发挥党内监督专责作用。其中，推进政治监督具体化、常态化，把“两个维护”作为强化政治监督的根本任务，聚焦区委书记月度工作点评会、“两区”建设等内容，加强对各部门各单位落实中央、市委和经开区工委决策部署的监督检查；强化日常监督检查工作，围绕疫情防控、垃圾分类、接诉即办、作风建设等内容，采取“四不两直”、一线督查等方式，全年开展检查213家次，发现问题41个，提出改进建议10条；开展专项监督工作，按照经开区工委部署和驻经开区管委会纪检监察组要求，将巡视整改落实情况、监察建议指出问题整改落实情况等纳入专项监督内容，对推诿扯皮、整改不力、应付交差，甚至弄虚作假等行为进行依规依纪依法严肃问责。

（夏振文）

“四风”监督检查整治

年内，机关纪委制订《关于2021年开展“四风”监督检查的工作方案》，明确监督重点，通过监督检查、约谈提醒、公开曝光典型案例，深化作风建设检查，全年围绕公车管理、餐饮浪费、值班值守、是否违规收受礼金等方面，开展监督检查45家次，发现问题9个。加强节前廉政提醒，开展“三类问题”（违规发放津补贴或福利、违规收送名贵特产和礼品礼金、违规吃喝问题）、违规配备使用公务用车等专项整治工作，针对发现的问题督促相关部门整改，对违反规定的行为，坚持严肃处理并通报曝光。

（夏振文）

巡视巡察工作

年内，机关纪委完善经开区巡察工作总体计划，成立工委巡察工作领导小组办公室，明确思路和具体实施路径，合理安排巡察任务，综合考虑年度重点计划、部门职能等因素，制定对经开区工委、管委会各机构、街道和区属国有企业党组织巡察工作安排，实现3年内巡察全覆盖，有序推进巡察工作平稳发展。全年开展2轮常规巡察工作，覆盖9家单位，发现问题122条，移交问题线索11个。

（刘毅　孙丽惠）

廉政风险防控体系建设

年内，机关纪委推进廉政风险防控“三网一平台”建设，即经开区工委、管委会各机构、街道和区属国有企业制定完成权责清单和工作流程图，建立四级廉政风险防控责任网络，形成四级廉政风险点及防控措施，推动搭建廉政风险防控管理平台建设，以行政审批局为试点，对接行政审批数据，初步形成权责清晰、流程规范、风险明确、预警及时、措施管用、科学分析的信息化管控模式。同时，推动制定重大廉政风险防控规程，推动财政审计局、公共资源管理服务中心等部门制定《北京经济技术开发区预算管理暂行办法》《关于完善工程建设项目招标投标活动的若干措施》等制度，加强对重点环节的廉政风险防控。

（夏振文）

《亦话清廉》专栏开设

年内，机关纪委在“尚亦城”App上开设《亦话清廉》专栏，分为党纪法规和廉政文化两大类，包括漫说党纪、学史明理、廉政教育等内容。全年发布信息85篇。

（夏振文）

执纪问责

年内，机关纪委开展执纪问责工作，综合运用监督执纪“四种形态”（党内关系要正常化，批评和自我批评要经常开展，让咬耳扯袖、红脸出汗成为常态；党纪轻处分和组织处理要成为大多数；对严重违纪的重处分、作出重大职务调整应当是少数；严重违纪涉嫌违法立案审查的只能是极少数），及时提醒纠正苗头性、倾向性问题。全年办理问题线索23件，提醒谈话2人次，谈话提醒3人次，批评教育5人次，诫勉4人次，对2家单位下发提醒函、

7家单位通报问责，立案并给予纪律处分8人次。

（夏振文）

巡视巡察整改落实

年内，驻经开区管委会纪检监察组紧盯巡察整改，督促帮助被巡察单位完善制度，提升巡察实效；根据《中共北京市委关于中央第十一巡视组对北京市开展巡视意见的整改方案》中涉及经开区管委会的整改任务，落实巡视反馈问题。

（代雨宏）

立案查处及问责情况

年内，驻经开区管委会纪检监察组配合区监委（非经开区，是其他行政区）留置3人，运用监督执纪“四种形态”处理37人，立案9件，协助区监委（非经开区，是其他行政区）办理涉嫌职务犯罪4人，党纪处分8人，政务处分2人，对5个党组织、1名处级干部、1名科级干部进行问责。

（代雨宏）

“接诉即办”月度“双对接”机制建立

年内，驻经开区管委会纪检监察组建立完善“接诉即办”月度“双对接”机制，形成上下协同的月度工作闭环。月初与“接诉即办”工作专班对接本月工作重点难点，及时了解突出诉求；月末利用问题通报会与排名靠后的单位逐一谈话，共同分析原因对策，推动行业性问题治理。驻经开区管委会纪检监察组健全“接诉即办”线索移交机制，落实监督责任，将“接诉即办”监督纳入驻经开区管委会纪检监察组“我为群众办实事”实践具体内容，督促驻在部门结合本单位实际制定经开区“每月一题”清单，对照制定监督清单，重点核查办理群众诉求中不作为、慢作为等形式主义、官僚主义问题。

（代雨宏）

新冠肺炎疫情防控监督检查

年内，以驻经开区管委会纪检监察组为牵头单位的经开区新冠肺炎疫情防控监督组围绕市委、市纪委疫情防控监督会议精神要求，深入疫情防控一线开展监督检查，及时通报检查中发现的领导责任意识不强、防控措施不到位等问题，及时提醒工作中出现的麻痹思想和松劲心态，督促“四方责任”落实；跟进监督集中观察点建设等工作，确保市委交代任务保质保量完成。全年开展疫情防控监督检查2082次，发现问题126个。

（代雨宏）

政务工作

概况

2021年，经开区对区内859项重点事项开展全程督办，流转、办理市级疫情等督办件555件；制发公文1155件，公文流转8750件；完成1741台非涉密国产终端的硬件替代工作，针对手机应用软件自查工作及微信泄密开展专项整顿行动，对经开区内35家单位进行全面自查自纠，开展非涉密计算机保密检查4次、专题保密业务知识培训6次；报送市级信息1617条、被采用241条，报送特刊、约稿信息10条，《亦城信息》编发普刊

50 期、特刊 20 期；受理政府信息公开申请 324 件，接待咨询、查阅 463 人次。

（李钰芳）

经开区 2022 年度工作会

12 月 22 日，经开区召开 2022 年度工作会。会上，王少峰主持会议并做“砥砺奋进三十年 笃定前行做先锋 努力谱写亦庄新城高质量发展新篇章”讲话，经开区管委会主任做“创新引领 使命担当 在高质量发展新征程上再谱华章”2021 年度工作报告。系统总结经开区 2021 年主要工作和取得的成绩，分析 2022 年面临的形势和机遇，并从加快推进高精尖产业主阵地建设、“两区”建设、绿色城区建设、惠民城市建设、政府服务能力提升 5 个方面对 2022 年重点工作进行全面部署。经开区工委、管委会以及驻区相关单位、区属国有企业、公共服务单位等单位负责人参加会议。经开区工委、管委会各部门，亦庄控股，区属国有企业，工委党群服务中心，亦企服务港，街道社区以视频形式参加会议。

（成翎）

“一把手”和领导班子监督管理

年内，经开区工委贯彻落实全面从严治党和党风廉政建设主体责任领导小组办公室研究制定《北京经济技术开发区关于加强对“一把手”和领导班子监督的具体措施》，主要围绕加强对“一把手”监督、同级领导班子监督、对下级领导班子监督 3 个部分，提出 24 项具体措施，不断督促各责任部门抓好落实。

（杜东来 霍永悟）

督查工作

年内，党政办出台《关于进一步加强督促检查工作的实施办法》，制订《开发区 2021 年重点工作分工方案》《开发区 2021 年为企业和居民拟办实事》等专项工作方案，编制《开发区 2021 年重点项目调度工作方案》，形成项目“作战图”，对区内 859 项重点事项开展全程督办；全年累计流转、办理市级疫情等督办件 555 件；完成全国政协提案，市区两级人大代表、政协委员建议和提案 44 项；制订《2021 年度部门绩效管理考评工作方案》及考评体系，完善考核体系，逐步推动督考工作规范化。

（王猛）

保密工作

年内，党政办按照市国家保密局的工作部署，组织开展全区中国共产党成立 100 周年北京市庆祝活动保密自查工作。同时，对 16 家重点单位进行现场督查检查并向市国家保密局报告自查结果；完成各单位涉密领域国产化替代及系统升级，部署电子文件密级标志管理系统安装工作，全面应用电子密级标志技术；完成 1741 台非涉密国产终端的硬件替代工作；组织参与保密局庆祝建党 100 周年书画作品征集活动，征集书画作品 12 幅，上报市国家保密局 9 幅；组织编制并印发《北京经济技术开发区“十四五”时期保密事业发展实施方案》；完成向市国家保密局报送定密事项统计数据工作，统计报备定密事项 128 件，其中原始定密 6 件、派生定密 122 件；针对手机应用软件自查工作及微信泄密开展专项整顿行动，在区内 35 家单位开展全面自查自纠，各单位使用微信工作群 15278 个、图文识别功能小程序 49 个，没有发现微信泄密违规行为。全年开展非涉密计算机保密检查4次、专题保密业务知识培训6次；组织开展全区保密自查自评工作，向各单位、各部门发放《保密常识百问》《保密管理知识》《保密工作论丛》等保密图书资料。

（温晋平　李钰芳）

各类公文办理流程规范化

年内，党政办规范公文办理流程，严把文书工作关口。“一网通用”网页版、手机端上线，功能接续开发、优化，结合业务流程再造探索政务办公新模式。全年实现公文制发1155件，包括向市委、市政府请示报告130件；公文流转8750件，包括涉密文件1670件；完成主要领导批示登记3932件；简报类文件传阅569件；登记、传阅机要文件372件；通过市电子政务内网接收各类公文1.1万余件，关于新冠肺炎疫情、防汛和建党100周年庆祝大会的文件，做到即收即转。全年经开区工委、管委会机要通信渠道顺畅、寄递有序，完成取送寄递104次，共5292件。

（满兴博）

政府信息公开

年内，党政办及时发布法定主动公开内容，做好政府信息公开指南修订工作；不断完善依申请工作机制，依法办理政府信息公开申请，专人接听咨询电话，畅通4种申请渠道。全年受理政府信息公开申请324件，接待公众咨询、查阅463人次。

（王海凤）

政务信息报送

年内，党政办结合经开区承担的重点任务，从高质量发展、疫情防控、经济运行、城市运行、科技创新、民生保障等方面，全面及时掌握各项工作的部署、推进、落实情况，整理报送相关经验总结、特色做法、问题困难及建议，为上级掌握情况、做出决策提供参考。全年累计向《北京信息》报送信息830条、被采用131条，比2020年增长11%；向《昨日市情》报送信息787条、被采用110条，比2020年下降13%；向市委、市政府报送特刊信息5条、被采用1条。同时，承担上级约稿任务，完成约稿信息5条。《亦城信息》全年编发普刊50期、特刊20期。全年收集各单位报送信息2698条、被采用964条。

（郎海燕）

档案、史志工作

概况

2021年，经开区推进档案数字化建设，印发《北京经济技术开发区“十四五”时期档案工作发展规划》；建设临时档案馆并投入使用；完成档案数字化管理17万卷，数字化率达54%；梳理亦庄新城“225平方公里”范围内8.5万家企业市场登记档案，开通“企业档案信息网上查”服务。同时，启动编纂《中国共产党北京经济技术开发区历史大事记》，开办《跟着小亦读区志》专栏。

（张美霞）

“读志用志”活动

2月，档案数据中心启动“读志用志”

活动，联合融媒体中心在《亦城时报》开办《跟着小亦读区志》专栏，鼓励和倡导全社会“读志”“传志”“用志”。该专栏以《北京志·北京经济技术开发区志》为基础，结合档案资料和典型人物的口述历史资料，创作系列原创故事，打通地方志、档案资源之间的联系；设有志书原文、文章导语、正文、随文图片、“亦城人讲亦城事儿 说出你的故事”征稿启事、“亦城印记”有奖问答 6 个板块。全年刊登经开区初期筹建、党建工作、招商引资、政策定位、人文建设等主题原创历史故事 30 篇，合计 11 万字。

（张美霞）

经开区临时档案馆投入使用

4 月，经开区临时档案馆投入使用。档案数据中心采用以租代建方式，破解经开区档案职能转变过程中的档案库存空间难题，满足未来 3 年内的档案库存需求。该馆位于中和工业园，建筑面积为 800 平方米，其中档案库区空间面积为 600 平方米、办公用房面积为 200 平方米，档案库存空间层高为 9 米，可存储约 30 万卷档案。截至 2021 年年底，该档案馆存放档案约 13 万卷。

（冯若娇）

第六期口述历史活动

5 月，档案数据中心启动第六期口述历史活动。通过对经开区建设发展各阶段的主要亲历者、决策者进行深度人物访谈，回忆经开区建设和发展历程，补充建区以来台前幕后、不为档案所记载的历史珍贵信息。全年访谈 17 人，其中经开区管委会和亦庄控股老干部 8 人、区内企业相关人员 9 人。

（陆丹）

“十四五”档案工作发展规划印发

11 月 26 日，经开区管委会印发《北京经济技术开发区“十四五”时期档案工作发展规划》（京技管［2021］151 号）。该规划由档案数据中心编制，提出打造具有亦庄特色的经开区档案治理体系，打造资产化、资本化的档案资源体系，打造共享化、智慧化的档案服务体系，打造长效化、常态化的档案安全体系 4 个主要目标；提出档案治理体系建设、档案制度标准建设、档案资源体系建设、档案服务体系建设、档案安全体系建设、档案信息化建设、数据运营体系建设、档案人才队伍建设八大建设任务。

（陈晨）

《北京经济技术开发区年鉴（2021）》出版

12 月，经开区管委会主编的《北京经济技术开发区年鉴（2021）》由中国商务出版社出版发行。该卷记述 2020 年 1 月 1 日—12 月 31 日经开区经济社会发展情况，重点收录和记载经开区统筹推进疫情防控、力保经济率先复苏、产业持续优化升级、科技创新、“两区”建设、“三城一区”平台建设等方面的重大事项、重点工作、突出成就、所获荣誉及综合统计数据。全书设有 19 个类目，涉及参编单位 283 家，定稿成书 90 万字，收录条目 1628 个、大事记 173 条、照片 261 张、表格 44 个、索引词 1532 个。

（陆丹）

档案史料征集活动

年内，档案数据中心为庆祝中国共产

党成立100周年，全面展示中国共产党在经开区留下的红色印迹，开展“寻红色印迹 忆百年历史”档案史料征集活动。活动采用线上征集、主动收集、多方查询等方式，多维度、多渠道地收集、搜集、征集经开区红色文献档案，挖掘百年红色记忆。活动期间联系北京市档案馆、大兴区档案馆、通州区档案馆等20家单位，联手“两街八镇”，查询历史档案资料，同时选择5名经开区发展过程中具有代表性的建设者、决策者和亲历者进行历史资料征集，收集资料1357件，其中文书231件、照片488张、实物549件、影像89个，并据此编制完成《亦庄不会忘记》，记录亦庄新城“225平方公里”范围内抗日战争时期和解放战争时期的历史故事。

（陈晨）

档案收集整理

年内，档案数据中心面向经开区工委、管委会各职能部门、各公共服务机构接收各门类档案46956卷（件），整理档案20697卷（件），录入档案条目16235条，扫描档案404450页；面向亦庄新城“225平方公里”范围内，接收并整理企业登记档案21812卷（件），扫描档案482332页。全年接待档案查询692人次，利用各类档案5024卷（件），完成档案数字化管理17万卷，数字化率达54%。

（冯若娇）

“企业档案信息网上查”服务开通

年内，档案数据中心梳理亦庄新城“225平方公里”范围内8.5万家企业的工商注册、市场登记信息，并在进行数字化处理后统一上传市级平台，开通“企业档案信息网上查”服务。企业只需使用法人一证通或者电子营业执照，即可在网上查询企业档案信息，节省企业办事成本，实现“零见面”服务，让群众“少跑腿”、数据“多跑路”，进一步畅通服务渠道、提升服务能力。

（陈晨）

档案信息化建设和利用

年内，社会保险保障中心借助档案信息化数据分析优势，提高档案共享程度，加强档案利用服务，做好社会保险和医疗保险业务档案、基金财务档案以及职工人才档案全方位服务。一方面利用档案数字化系统及全面的电子档案，为企业和参保人提供一站式档案查询服务；另一方面通过电子档案信息共享，实现档案数据的统一展示及查询，做到数据“一口进、一口出”，利用档案信息统计分析整合为管理决策提供参考依据。截至2021年年底，社会保险保障中心库存档案96.6万份。

（陈欣茹）

7项审批事项进入综窗

年内，档案数据中心7项审批事项进入政务服务中心综合服务窗口，分别为“利用档案馆尚未开放档案的审批”“国有企业资产与产权变动时销毁档案的备案”“单位档案机构的设立、变更和撤销的备案”“对向档案馆移交档案的范围和技术要求有异议的进行裁决”“对国有企业文件材料归档范围和保管期限表的审查”“对重点建设项目（工程）档案的验收”“专业性较强或者需要保密的档案变更向有关档案馆移交期限的审批”。

（冯若娇）

党校工作

概况

2021 年，经开区在市委组织部和经开区工委的领导下，以习近平新时代中国特色社会主义思想为指导，坚持党校姓党的根本原则，不断加强自身建设，发挥自身功能，高水平打造开放式党校，推进党校办学师资、保障、工作队伍等各方面建设，落实党员干部培训工作。中共北京市委经济技术开发区工委党校、北京市非公经济组织党校挂牌成立，承办市、区级等各部门的主体班及专题班 25 个，承接来自市委党校及其他区县党校主体班现场教学 6 次，接待 195 人次；完成“推动‘三城一区’融合发展研究”课题，课题成果被评为优秀科研成果；完成 10 门亦城实践课程开发，自编《党的历史决议资料汇编》《论中国共产党的精神谱系》等 6 种校本教材。

（林靖）

经开区党校成立

3 月 2 日，中共北京市委经济技术开发区工委党校（简称经开区党校）揭牌成立。经开区党校包含专业师资、企业师资、干部师资“三支队伍”105 人，涵盖理论教育、党史党性教育、首都工作要求、亦庄实践“四个体系”的教学课程 100 门，围绕“一个中心、五个方面”（“一中心”即坚持以习近平新时代中国特色社会主义思想为中心，“五个方面”即突出党的理论教育、党性教育、“四史”教育、新时代首都和经开区高质量发展、领导素质与能力）开展办学，教学班主要分为主体班和专题班；办学空间以开放式封闭办学为主，内拓外联，同步推进外部挖掘和内部建设，利用区内、市内行业资源建立不同品类、各具特色的多个教学点矩阵；通过梳理拓展现有资源，采用外部聘请与内部挖掘相结合的方式建立师资队伍，探索设置专职党校教室，打造党校课程品牌；挂牌在党群服务中心实行校务委员会领导体制，校委会领导党校工作。

（游宇豪）

党校教学基地揭牌

4 月 26 日，经开区党校与北京电子科技职业学院合作框架协议签署暨教学基地揭牌仪式举行，经开区党校教学基地在电科职院挂牌。该基地是经开区与电科职院加强多领域、多层次、多形式交流合作的最新探索，为进一步提高经开区干部培训的科学性、针对性和实效性，不断加强理论教学与实践的结合。

（游宇豪）

北京市非公经济组织党校成立

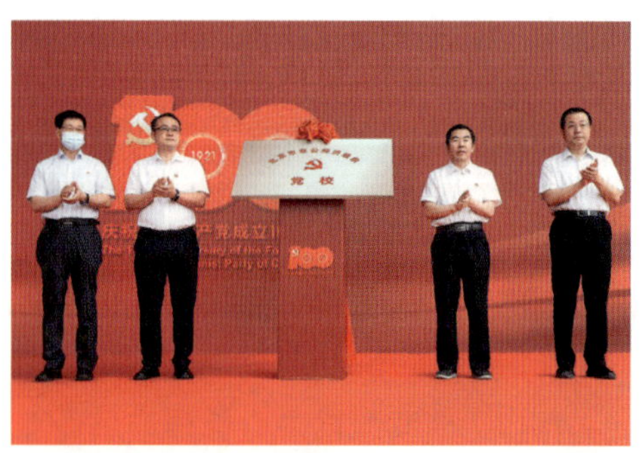

北京市非公经济组织党校揭牌　　单位提供

6 月 18 日，北京市非公经济组织党校“开学第一课”暨全市“两新”组织庆祝中国共产党成立100周年活动在经开区党校举办，北京市非公经济组织党校揭牌成立。北京市非公经济组织党校依托经开区党校办学，成立工作专班，执行一体运行、一体管理、一体发展的原则，由领导小组统筹安排各项非公经济组织党员干部教育培训工作；通过梳理拓展现有资源，探索建立“四支队伍”，打造具有经开区特色的非公党建师资体系；办学空间以经开区党校教学阵地为主，整合工委党群服务中心、北京电子科技职业学院等为核心阵地，远期建设兼顾经开区党校、企业培训中心、企业会议中心的主阵地，形成“两校两中心”的办学空间体系，成为经开区服务党组织和企业发展的综合性场地。

（游宇豪）

经开区党校开展课题研究

11月30日，经开区党校联合北京市海淀区委党校、昌平区委党校和怀柔区委党校申报开展的“推动‘三城一区’融合发展研究”智库项目结项，是“三城一区”所在地党校联合开展决策咨询研究的首次尝试。4个党校推荐骨干师资共同成立课题组，通过走访调研“三城一区”所在地管委会、驻区企业、科研院所等20余家管理单位、职能部门和重点企业，开展座谈交流10余次，对“三城一区”融合发展现状和存在问题进行甄别、提炼，并提出相关对策建议，共同完成《关于推动“三城一区”实现深度融合发展的对策建议》专题报告，该报告在2021年度北京市党校系统智库项目中被评为优秀科研成果。

（游宇豪）

经开区党校开设特色教学和配套课程

年内，经开区党校围绕“开拓创新中锤炼党性”主题，开设10门以北京金风科创风电设备有限公司、康龙化成（北京）新药技术股份有限公司、悦康药业集团股份有限公司为代表，突出基层党建、创新发展、履行社会责任等不同主题的特色教学课程，同时对经开区党史学习教育“六个课堂”进行规范转换；围绕以工委党群服务中心展览为主体打造系统化教学内容，基于展陈开设配套课程4门、党史故事课程11门，丰富党员干部教育培训的形式和内容。

（游宇豪）

双党校培训

第1期中层管理岗任职培训举办　　单位提供

年内，经开区党校和北京市非公经济组织党校承办市委组织部、市“两新”工委，经开区工委组织人事部、机关党委、社会事业局、政务服务中心等各部门的主体班及专题班25个，有1308名党员领导干部参加，承接来自市委党校及其他区县党校主体班现场教学6次，接待195人次。

（游宇豪）

经开区党校搜集优秀党建案例

年内，经开区党校搜集党建工作优秀案例，形成优秀党建案例材料，为非公党建研究积累实践资料。截至 2021 年年底，经开区党校完成基于嘉捷科技园党委的“深入推进园区党建，创新企业发展新思路”、基于悦康药业集团股份有限公司党委的“‘质量铁律’——坚持党建引领企业高质量发展”等案例资料。

（游宇豪）

统一战线

概况

2021 年，经开区统战工作以发挥新时代统一战线重要法宝作用为目标，突出思想政治引领主线，不断扩大统战工作覆盖面和影响力。经开区组织统战成员学习宣传贯彻《中国共产党统一战线工作条例》，开展“不忘百年初衷 · 共筑百年梦想”庆祝建党 100 周年主题教育实践活动，引导统战成员不断深化“四个认同”（对祖国的认同、对中华民族的认同、对中华文化的认同、对社会主义道路的认同）；强化组织建设，完善统战工作载体，成立经开区侨界联合会、社会组织协同发展联盟；强化阵地建设，打造楼宇园区统战工作站，推动统战工作有效覆盖；发挥统战工作领导小组协调指导、督促检查的作用，完善大统战工作格局，广泛团结凝聚党外人士，推动统战工作高质量发展。

（焦晓云）

新联会第一次“两区”建设座谈会

1 月 7 日，经开区新的社会阶层人士联谊会（简称新联会）组织召开“两区”建设建议征询第一次座谈会。新联会会员结合自身行业发展特点，针对“两区”建设总体布局，围绕海关税率、人才引进、人才服务、进出口政策、投融资环境等方面提出建设性意见 10 余条。经开区 10 名有代表性会员参加会议。

（马世尧）

党外代表人士座谈会

2 月 9 日，经开区党外代表人士座谈会举办。会上，各民主党派、新的社会阶层人士联谊会等党外代表人士 23 人介绍加强自身建设、投入疫情防控、创新履职形式等情况，并围绕推动经开区发展提出意见和建议；于淼对经开区 2020 年度优秀民主党派调研报告进行通报和表彰，表彰优秀报告 8 篇。

（田超）

经开区侨界联合会成立

5 月 12 日，经开区侨界联合会（简称侨联）成立大会召开。大会宣读侨联成立筹备工作报告和《中共北京市经济技术开发区工委关于同意成立北京经济技术开发区侨界联合会的批复》，审议通过《北京经济技术开发区第一次侨界代表大会选举办法（草案）》《北京经济技术开发区侨界联合会第一届委员会第一次会议选举办法（草案）》，选举产生以赵磊为主席，李华、杨云春、郭斐、梅涛、阎海涛为副主席，闫励为秘书长的侨联第一届领导机构。市侨联党组副书记、副主席李冬娟，经开区工委书记王少峰共同为侨联揭牌。

侨联由经开区工委领导，下设5个专委会，分别为侨益维护委员会、社会公益委员会、产业发展委员会、联谊联络委员会和建言献策委员会，专委会主任由委员会相关代表人士担任。侨联代表覆盖全区四大主导产业及新兴产业，资源优势明显，高学历、高层次人才力量突出，呈现出结构类别合理、覆盖面广泛、代表性和影响力强的特点。

（马世尧）

学习总书记“七一”重要讲话精神报告会

经开区统一战线学习贯彻习近平总书记“七一”重要讲话精神报告会举办　翁雷鸣 摄

7月30日，工委组织人事部召开经开区统一战线学习贯彻习近平总书记“七一”重要讲话精神报告会。中央社会主义学院统战理论教研部主任、中国统一战线理论研究会理事、国务院政府特殊津贴专家王小鸿以“以史为鉴、开创未来，必须加强中华儿女大团结”为主题，围绕“在百年奋斗历程中，中国共产党始终把统一战线摆在重要位置”“爱国统一战线是党团结海内外全体中华儿女实现中华民族伟大复兴的重要法宝”“新的征程上，必须不断巩固和发展最广泛的统一战线，汇聚起实现民族复兴的磅礴力量”3个方面，系统回顾党的百年统一战线历史，阐明新时代统一战线的性质、地位和作用。驻区各民主党派、优秀人才及非公经济、侨界、新的社会阶层代表人士约90人参加会议。

（焦晓云）

统战工作站建设调研

12月1日，工委组织人事部到东城区委统战部调研统战工作站建设工作。参观调研朝阳门街道党群服务中心统战工作站、中关村东城园统战工作站，了解工作站运行模式和工作开展情况，并就工作站如何发挥组织凝聚、思想引领、联系服务等作用进行座谈交流。经开区将结合区域实际和特点，推动园区、楼宇统战工作站建设，合理布局、优化完善工作网络，搭建统战人士交流、联谊、服务平台，推动区域统战工作有效覆盖。

（马世尧）

庆祝建党100周年主题教育实践活动

统战人士参加统一战线中秋交流活动　刘娜 摄

年内，工委组织人事部开展统一战线“不忘百年初衷 · 共筑百年梦想”庆祝建党100周年主题教育实践活动。5月13—16日，工委组织人事部组织35名经开区各界统战代表人士，到中国革命的摇篮——井冈山开展党史学习教育活动。活动通过理论教学、现场教学、体验教学等多种形式，引导统战代表人士学习党的百年历史、井冈山斗争史，感悟井冈山精神。9月16日，工委组织人事部在区史馆、乡情书斋举办统一战线中秋交流活动。活动以“团圆、同心、共进”为主题，通过参观区史馆、制作月饼、手绘祈愿等形式，激发统战各界人士创新创业热情，巩固团结奋斗的共同思想政治基础。驻区民主党派、民营经济、新的社会阶层、留学归国人员以及侨界代表人士60余人参与活动。10月15日，工委组织人事部举办红色观影活动，邀请驻区民主党派、民营经济、新的社会阶层、留学归国人员以及侨界代表人士230余人，走进大族广场CGV影城党建影厅，观看红色电影《长津湖》。

（焦晓云 马世尧）

涉侨政务服务事项实现网上办理

年内，工委组织人事部推动涉侨政务服务事项网上办理。通过全面梳理涉侨政务服务事项认定程序、申请条件、所需材料及办理流程，与行政审批局、政务服务中心对接系统填报、网址配置、网上公示等系列操作，推动实现涉侨政务服务事项网上办理，办理者可通过“首都之窗”查看办事指南并进行材料填报和初审。全年解答各类问题100余次，办件4件。

（焦晓云）

『两区』建设

综述

2021年，经开区围绕人才、平台、项目、资金等，完善机制、政策、服务供给，营造良好创新生态；“两区”建设坚持政策创新和机制创新，持续释放制度利好；数字经济以高级别自动驾驶为产业示范先行一步，加速推动数字技术与实体经济交融、催生增长新动力。

围绕高端制造、硬核科技产业化，持续发展优势产业，打造智能制造应用示范及标杆工厂。深化金融领域开放创新，吸引更多外资金融机构，构建多元化产业金融体系。发展总部经济，支持符合经开区定位的世界500强、跨国创新型企业、全球化与世界城市（GaWC）机构在区内发展。在制度创新、重大项目落地、营商环境优化等方面，加快形成一批有影响力、示范性的成功案例。

面向全球，举办2021世界5G大会、2021世界机器人大会等品牌活动，不断提升国际影响力。

以探索建设“聪明的车、智慧的路、实时的云、可靠的网和精确的图”五大体系融合为核心，打通“车路云一体化”自动驾驶技术和管理关键环节，形成城市级工程试验平台，实现一系列应用场景商业化落地和一批中间产品推广应用。推进全球首个网联云控式高级别自动驾驶示范区和国内首个智能网联汽车政策先行区建设，打造“车路云一体化”自动驾驶汽车产业发展服务新模式，引领和赋能智能网联汽车产业发展。北京市依托在经开区建设的高级别自动驾驶示范区，结合北京市智慧城市建设规划，成为智慧城市基础设施与智能网联汽车协同发展第一批试点城市之一。

（李凯丽　彭遥）

配套政策

概况

2021年，经开区发布《北京经济技术开发区国家服务业扩大开放综合示范区和中国（北京）自由贸易试验区高端产业片区建设工作方案》，并推介首批145条政策，明确经开区“两区”建设路线图，发布《中国（北京）自由贸易试验区高端产业片区亦庄组团实施方案》，全面落实国务院印发的《中国（北京）自由贸易试验区总体方案》。“两区”办印发《中国（北京）自由贸易试验区高端产业片区亦庄组团首批产业政策》，引发中央、市级媒体和企业广泛关注。

（李凯丽）

“两区”建设方案发布

1月20日，经开区发布《北京经济技术开发区国家服务业扩大开放综合示范区和中国（北京）自由贸易试验区高端产业片区建设工作方案》，并推介首批145条政策。该方案明确经开区将聚焦高端产业发展“一条主线”，围绕国际化和便利化“两个抓手”，从构建“4+2+1”产业开放新格局、持续提升国际化水平、加快推进特色综保区建设、强化关键要素支撑保障、创新区域协同发展5个方面推动“两区”建设。首批145条政策中，产业发展政策87条（支持四大主导产业发展政策45条、高端服务业发展政策13条、科技文化创意产业政策22条、数字经济产业政策7条）、人才服务体系优化政策45条、金融开放创新政策6条、空间资源保障优化7条。经开区将每年拿出100亿元，在重大项目落地、实验室和创新中心建设、场景应用、技术改造、产业协同等方面通过引导基金、贷款贴息、奖励扶持、基金到期保值退出等方式支持高精尖产业发展。

（李凯丽）

自贸区亦庄组团首批产业政策印发

2月25日，“两区”办印发《中国（北京）自由贸易试验区高端产业片区亦庄组团首批产业政策》。该政策在打造具有全球影响力的新一代信息技术产业集群、打造新能源及高端汽车产业发展核心承载地、打造全球领先新一代创新医疗健康与服务产业集群、打造机器人和先进智能装备产业创新应用高地、培育商务服务及科技服务竞争优势、促进科技文化创意融合、聚焦数字经济产业发展七大项内容中，细分30小项政策，对具体的自贸区建设工作给予政策支撑。

（李凯丽）

自贸区亦庄组团实施方案发布

3月27日，经开区发布《中国（北京）自由贸易试验区高端产业片区亦庄组团实施方案》。该方案立足“四区一阵地”发展定位，发挥“三城一区”主平台作用，以制度创新为核心，提出将亦庄组团建设成为新时代改革开放新高地；明确28项重点任务，经过3~5年将亦庄组团建成投资自由便利、贸易自由便利、运输往来便利、资金跨境流动便利、人才从业便利和数据安全有序流动的高标准高质量自由贸易园区。

（李凯丽）

制度创新

概况

2021年,经开区建立“规定动作”与“自选动作”相结合的任务清单管理机制，在对接市级政策清单的基础上，坚持问题导向，形成213项任务清单，其中68项为主动承接市级政策清单中的任务、145项为主动加压进行的区级试点创新任务，除部分没有市级权限和实施主体的任务外，其余任务实施率达100%。

（李凯丽）

企业投资项目告知承诺制改革试点

1月13日，经开区根据《北京经济技术开发区企业投资项目承诺制改革试点工作实施细则（试行）》（京政办发［2019］3号），对标国际、国内先进经验，以“政府告知书＋企业承诺书”方式，最大限度精简审批环节，深化企业投资项目告知承诺制改革，完善“拿地即开工”工作机制。除立项、规划、施工等必要手续外，其他涉及企业工程建设审批的12个事项均可采取告知承诺方式办理，以“标准＋承诺”最大限度精简审批环节，变“先批后建”为“先建后验”，实现“拿地即可开工”。截至2021年年底，全区有17个项目参与企业投资项目承诺制改革试点，并全部完成备案和开工手续，总投资达1306亿元，总工程规模约为192万平方米。

（郭艳菊 李凯丽）

“两区”建设涉外服务新模式座谈交流

4月14日，工委组织人事部联合政务服务中心、中国银行股份有限公司北京经济技术开发区分行开展题为“机制创新、金融助力、服务护航，共话‘两区’建设”的座谈交流活动，旨在打造国际化营商环境生态，让外籍人才在区内享受便利化服务。活动邀请北京奔驰汽车有限公司、中芯北方集成电路制造（北京）有限公司等外籍人才相对集中的企业，就“两区”建设涉外服务新模式展开座谈交流，为参会企业解答区内人才政策、外籍人才薪酬购汇、大额资本业务办理等试点服务的相关问题；提出在国际人才服务厅开设“两区”建设服务窗口。

（周宁 孙宁）

“两区”建设服务窗口启用

“两区”建设服务窗口启用　　刘娜 摄

4月26日，政务服务中心在国际人才服务厅开设的“两区”建设服务窗口启用，首批推出金融服务、税务咨询、知识产权服务及综合咨询4个窗口，提供薪酬购汇、结汇，外资企业税务、知识产权问题咨询、引导帮办等多元化涉外服务。自5月19日起，每周三14：00—16：00，中国银行股份有限公司北京经济技术开发区支行派专员进驻"两区"服务窗口，为外籍人才和涉外企业提供全方位金融咨询和材料预审服务。全年解答问题200余次。

（周宁 李凯丽 万黎）

"一业一证"改革试点

6月28日，政务服务中心"一业一证"专窗为尚亦城（北京）智慧融媒有限公司办理北京市首张综合许可证。9月25日，经开区管委会印发《北京经济技术开发区"一业一证"改革试点工作方案》（京技管〔2021〕14号），该方案将一个行业准入涉及的多张许可证整合为一张综合许可证。创新"10+1+N"综合许可模式，首批推出10个试点行业，实现准入时一证准营、开业前工程建设一件事、运行后证照联办；深化"审管执"链条式管理，围绕试点行业，探索"6+4"监管模式（"6"即强化协同监管，建立风险监管、信用监管，探索分类监管、科技监管、共治监管；"4"即开展一业一册、一业一单、一业一查、一业一评），提升"无事不扰、无处不在"监管质效。"一业一证"改革减轻企业办事负担，将企业需提交的材料和办理时间压缩70%。截至2021年年底，10家企业通过"一业一证"改革办理综合许可证。

（郭浩 李凯丽 周宁）

改革创新实践案例

9月，经开区管委会印发《北京经济技术开发区首批"两区"建设改革创新实践案例》。首批12个成熟案例聚焦产业促进、"放管服"改革、生态建设等领域，具有经开区特色，创新性、可复制推广性较强、实践效果较好且风险可控，案例数量为全市各区最多。其中，关乎审批制度改革和办事极简化改革的案例占六成以上；《完善生物医药产业全链条创新发展服务体系》《网联云控式自动驾驶汽车产业发展服务模式》《服务工业固体废物全生命周期的数字管理新模式》《聚焦"六大维度"打造国际化营商环境生态》4个改革创新实践案例已在全市复制推广。

经开区首批"两区"建设改革创新实践案例一览表

序号	案例
1	完善生物医药产业全链条创新发展服务体系
2	网联云控式自动驾驶汽车产业发展服务模式
3	服务工业固体废物全生命周期的数字管理新模式
4	聚焦"六大维度"打造国际化营商环境生态
5	"线上一网申报、线下一口受理"的政策集中兑现服务新模式
6	跨省通办——破局企业"多地跑""折返跑"难题
7	以"五化"为特点的产业用地标准化改革
8	深化"一网通办"，推进"审管执"流程再造
9	以备查改革创新行政审批极简化转型
10	"告知承诺制"企业准入准营极简模式
11	建行"关银一KEY通"项目落地打通海关服务"最后一公里"
12	政策集中兑现智能核验模式

（李凯丽）

生物医药产业全链条服务体系

年内，经开区编制《完善生物医药产业全链条创新发展服务体系》创新实践案例。该案例鼓励园区和龙头企业搭建概念验证平台，为基础研究成果等早期成果配置资源，论证商业化可行性；建设全服务链条公共技术服务平台，涵盖检测、服务、药物转化、基因片段合成等全服务链条；聚焦行业短板定制打样中心，为医疗器械企业提供从产品的小试打样到批量化的工艺设计等一套代加工服务；加大支持企业建立高水平中试基地。该案例的创新突破点为建设跨区域协同创新平台，搭建概念验证平台—公共技术服务平台—打样中心—中试基地全链条的产业服务体系。

（李凯丽）

网联云控式自动驾驶汽车产业服务模式

年内，经开区编制《网联云控式自动驾驶汽车产业发展服务模式》创新实践案例。该案例成立三级工作机制保障工作推进，并以 3~6 个月为一个迭代周期，推动创新加速，不断修正完善后续建设方式和内容；在北京市高级别自动驾驶示范区设立北京市智能网联汽车政策先行区，发挥政策叠加效应，依托云控平台，聚焦头部企业，提供系统服务，构建良性循环。该案例的创新突破点为建立全球首个网联云控式高级别自动驾驶示范区；建立全国首个以管理政策创新为核心的先行区，适度超前并系统构建智能网联汽车道路测试、示范应用、商业运营服务以及路侧基础设施建设运营等政策体系。

（李凯丽）

工业固体废物全生命周期数字管理新模式

年内，经开区编制《服务工业固体废物全生命周期的数字管理新模式》创新实践案例。该案例在国内首创编制《北京经济技术开发区一般工业固体废物分类名录》，并根据产业发展和企业需求按年度进行动态调整；以掌握固体废物流向、服务企业交易和服务产业发展为目的，基于名录开发建设一般工业固体废物信息管理平台；创新实施一般工业固体废物电子联单管理，实现对区域内工业固体废物的全过程监管。在工业固体废物信息管理平台上搭建工业固体废物资源交易信息对接渠道，实现工业固体废物资源的一键匹配；工业固体废物信息管理平台系统引入“一表分级评价”机制，通过对产废企业和回收利用企业进行线上数据填报和线下固体废物管理的双重评价，对企业的相关信用予以评级。该案例的创新突破点为针对环境统计制度中的“其他类”进行适度突破，通过细化分类，实现对一般工业固体废物情况的精确掌握。

（李凯丽）

京津经开区“跨省通办”

年内，经开区编制《跨省通办——破局企业“多地跑”“折返跑”难题》创新实践案例。该案例由经开区和天津经开区在国家“跨省通办”事项清单基础上，有针对性地分别推出 10 项政务服务事项，作为首批两区通办服务内容。该案例的创新突破点为对可实现“全程网办”的“跨省通办”事项，采用委托服务的方式，实行线上“跨省通办”；涉及提交纸质材料或纸质证照的，由一方“跨省通办”专窗工作人员按事项办理标准进行线上办理，完善“全程网办”“代售代办”工作模式，形成国家级经开区“跨省通办”模式典范。

（李凯丽）

产业用地标准化改革

年内，经开区编制《以“五化”为特点的产业用地标准化改革》创新实践案例。

该案例明确经开区产业用地标准化的核心内容，强调按照街区控制性详细规划及区域综合评估，分类制定标准化工业用地指标体系；除立项、规划、施工、竣工等关键且必要节点性手续外，以“标准＋承诺”最大限度精简审批环节，将能评、环评、水评、交评等12个事项列入《告知承诺事项清单》；对于大型、重点、疑难项目，在企业项目意向基本成熟后，将审批服务“前移”，主动提供项目审批流程个性化定制服务；打通产业用地的全流程闭环管理模式，建立健全一体化管理机制；建立以信用监管为核心的事中事后监管体系、企业综合评价制度；将标准化产业用地纳入“智慧亦庄”地理信息系统。该案例的创新突破点为通过细化告知承诺模式、率先实施区域综合评估、建立全过程政府综合服务机制、推进产业用地标准化改革等组合措施，推动政府、企业、第三方机构通力协作，建立新型企业投资管理模式，建立服务企业投资项目快速落地新路径。

（李凯丽）

政策集中兑现服务新模式

年内，经开区编制《“线上一网申报、线下一口受理”的政策集中兑现服务新模式》创新实践案例。该案例运用“互联网＋政务服务”的建设思路，打造一站式、全流程综合服务平台；确定线上申报、审核、材料受理、公示、兑现等关键环节，根据实际需要，将若干环节组成业务流，在确保规范化、标准化的同时，又保障兑现事项的个性化需求；对计划纳入集中兑现的政策事项，主责部门需一次性列明申报所需的全部材料及要求；推行办事指南格式化模板，按次序载明政策名称、申报事项、申报时间、申报条件等11个要素。该案例的创新突破点为对政策兑现工作进行流程再造，建立政策集中兑现“四化”（服务集中化、流程标准化、材料清单化、指南格式化）工作机制，实现政府精准施策、企业便捷申报、部门廉洁高效的工作目标。

（李凯丽）

“审管执”流程再造

年内，经开区编制《深化“一网通办”，推进“审管执”流程再造》创新实践案例。该案例加快推行“一枚印章管审批”，同时通过梳理电子证照，推进电子证照调用以及与北京市电子证照库的对接，全面推进政务服务事项的在线咨询、查询、办理和评价。对事项的办理条件、申办材料等要素进行标准化、场景化梳理，推动流程再造、材料精简；强化“一网通办”系统支撑，确保多项行政审批改革落地。该案例的创新突破点为以“一网通办”系统为支撑，在全市率先开展告知承诺制审批改革，将告知书、承诺书和履诺核查内容上链，进行可信存证；在告知承诺制基础上创新“数字时间戳”技术；在全市率先实现技术类审批工作线上踏勘。

（李凯丽）

行政审批极简化转型

年内，经开区编制《以备查改革创新行政审批极简化转型》创新实践案例。该案例对行政审批事项进行研讨梳理，选取风险较小、办理程序相对简单、有一定办理量，且一旦出现过失能够及时纠正、不需要重新申领统一制式结果物的事项；研究制定备查事项办理流程，并开发信息化支撑平台；依托“互联网＋政务服务”系统平台，通过区块链、大数据技术应用，实现申请资料云存储、申请过程全留痕，“审管执信”互联通。该案例的创新突破点为通过“线上申请、随时可查、信息共享、全程留痕”的备查工作模式，逐步探索推进行政审批从便利化向极简化模式转变。

（李凯丽）

建行“关银一KEY通”项目落地

年内，经开区编制《建行“关银一KEY通”项目落地打通海关服务“最后一公里”》创新实践案例。该案例的主要措施和做法为政银合作、技术创新、服务创新。中国电子口岸数据中心北京分中心与中国建设银行股份有限公司北京市分行签署项目合作协议，双方就“关银一KEY通”项目进行全面合作，为电子口岸企业用户提供更加便利高效的服务体验。中国建设银行通过技术创新推出“单一窗口共享盾”，筛选包括中国建设银行有限公司北京经济技术开发区支行在内的8家试点支行作为首批代办网点，辐射范围覆盖北京市全部主城区，提供新企业入网及已入网企业新增操作员卡、新增报关员卡、补卡、换卡、延期、解锁服务。该案例的创新突破点为通过科技创新，将电子口岸数字证书与中国建设银行企业网银证书集中到同一个介质——“共享盾”，实现企业办理电子口岸业务和中国建设银行金融业务的跨平台“一KEY双证”应用。

（李凯丽）

企业准入准营极简模式

年内，经开区编制《“告知承诺制”企业准入准营极简模式》创新实践案例。该案例的主要措施和做法为审批服务部门编制本部门告知承诺事项清单，并向社会公布；申请人做出符合相应要求的书面承诺并承担相应法律责任；审批服务部门应当场做出审批决定，特殊情形应按照“最多签两次”方式在3个工作日内做出审批决定；准予行政审批决定后，办件不再进行现场核查，告知承诺审批事项纳入事中事后监管范围；建立诚信体系和失信修复机制，异议处理在5个工作日内完成并给予回复；确定16个“企业投资项目全流程”告知承诺事项，一律取消政府审批；创新性地将“数字时间戳”技术应用到告知承诺审批系统中。该案例的创新突破点为通过审批极简化、监管智慧化、执法数字化，实现减时限、减材料、减环节。

（李凯丽）

“六大维度”打造国际化营商环境生态

年内，经开区编制《聚焦“六大维度”打造国际化营商环境生态》创新实践案例。该案例对775个进厅事项实行动态管理，每月进行办件量TOP10排名，梳理出82个高频办理事项，通过制作办事指南一次告知所需材料，让企业和群众一次备齐相关材料；深入探索创新办事引导模式，推出《样表集册》；以5G技术为依托，建设全市首个政务服务远程交互中心；打造企业服务三级贯通体系，把政务服务送到企业门口；针对重点企业和外资企业开发“上门办”系统；设立“亦事通”微信公众号；建设“智能答”系统，提供7×24小时不打烊的“秒回”服务。该案例的创新突破点为深入探索创新办事引导模式，推出《样表集册》；依托5G技术，建设全市首个政务服务远程交互中心；建立政务服务三级联动机制，对企打造企业服务三级贯通体系，落实三级综合窗口服务模式。

（李凯丽）

政策集中兑现智能核验模式

年内，经开区编制《政策集中兑现智能核验模式》创新实践案例。该案例在“线上一网申报，线下一口受理”的政策集中兑现服务模式基础上，依托数据服务能力，在全市率先探索建立政策集中兑现、智能核验模式，通过建立政策集中兑现“六化”（服务集中化、流程标准化、材料清单化、指南格式化、操作规范化、系统智能化）工作机制，利用智能化模式优化政策核验兑现和数字化技术简化政策申报流程，实现政策事项与企业信息的精准匹配以及对企业政策服务全生命周期管理，优化企业群众办事流程。同时，企业也可通过平台反馈政策诉求，形成“企业反馈诉求—制定政策—政策兑现”的企业全生命周期的政策服务模式。

（李凯丽）

外资外贸

概况

2021 年，经开区立足全市打造高水平对外开放平台的要求，以特色化、精准化为着力点，统筹各部门持续推动政策创新。新增储备项目超过 1000 个，签约项目 208 个，总投资额约为 4458 亿元，已纳入市“两区”工作重点推进项目 265 个。

（李凯丽）

“两区”建设项目集中签约

2 月 3 日，经开区举办“共享机遇 · 共谋合作 · 共赢发展”“两区”建设项目集中签约活动。外资项目、汽车与智能装备项目、生物医药大健康项目、科文融合项目、产业基金及高端商务服务项目、社会事业项目、城市更新产业升级项目等 9 个细分领域的 129 个重点项目通过现场签约、5G 云签约的方式签署入区协议，总投资额近 4000 亿元。这些项目将围绕国家重大战略、关键技术突破、进一步推动经开区高精尖产业发展，优化“两区”产业链、创新链、资金链、供应链，完善产业创新发展生态，支持产业迈向高质量发展水平，同时也将有助于促进区域协同发展。

（李玉竹　李凯丽）

心诺普心脏电生理器械扩产项目签约

5 月，心诺普医疗技术（北京）有限公司心脏电生理器械产业化扩产项目签约入区。项目总投资 13.27 亿元，其中固定资产投资为 2.30 亿元、流动资金为 10.97 亿元；选址同济北路 9 号，占地面积为 1.58 万平方米；扩产建设心脏电生理器械的生产线，用于冷冻消融系统和球囊导管、射频消融系统和导管、三维标测系统和导管、肾动脉消融导管等产品的产业化。

（贾玉龙）

恒瑞北方运营总部和产业化基地项目签约

5 月，经开区管委会与江苏恒瑞医药股份有限公司及其全资子公司北京盛迪医药有限公司（简称北京盛迪）签署入区协议。北京盛迪拟投资 25 亿元，在经开区核心区 42M1 地块建设恒瑞北方运营总部和产业化基地项目，占地面积为 9.93 万平方米，主要建设生物医药研发中心、全球临床实验管理中心、生物和化学制剂创新药生产车间。

（胡云靖）

艾美疫苗中国总部及产业化基地项目签约

5月，艾美疫苗股份有限公司中国总部及新型疫苗产业化基地一期项目签约入区。项目总投资6.56亿元，其中固定资产投资为6.21亿元；选址瀛海镇DX08-0004-6001地块，占地面积为10.14万平方米；建设疫苗、载体蛋白车间、质量大楼、动物实验楼等配套设施，开设5条疫苗生产线，用于20价肺炎球菌多糖结合疫苗、百白破疫苗和B型嗜血流感杆菌四联苗等产品的研发及生产。

（贾玉龙）

小马智行卡车研发测试中心项目签约

6月，经开区管委会与北京小马智卡科技有限公司签署入区协议。该公司将投资6000万元，在天骥智谷园区建设物流运输自动驾驶技术研发中心，研发全栈式高级别自动驾驶卡车软硬件集成系统，包括传感器融合、感知、决策、仿真等技术。

（张福逸）

北京福贝项目签约

7月，经开区管委会与福贝生物医药科技（北京）有限公司签署入区协议。该公司拟投资3亿元，租用面积为6500平方米，建设神经系统疾病1类创新药物研发和生产运营总部项目，包括神经系统疾病创新药物研发实验室和制剂生产车间。

（胡云靖）

“两区”建设一周年工作成效新闻发布会

8月30日，经开区“两区”建设一周年工作成效新闻发布会召开。全市首创、全国领先改革创新实践案例12个，数量为全市最多；储备项目超过1000个，已签约项目近200个，总投资超过4200亿元；规模以上工业总产值对全市工业增长贡献率达近三成。

（李凯丽）

参展中国国际服务贸易交易会

9月2—7日，2021年中国国际服务贸易交易会在北京国际会议中心和首钢园举办。经开区组织358家企业线上、线下参展，征集预筹并通过审定项目126个，一年期执行金额19.92亿美元，助推6个项目落地，总签约金额达42.06亿元。会上，亦庄控股以“科技让生活更美好”为主题，在首钢园举办展览，展览面积约为300平方米，涵盖让贸易更通畅、让市场更开放、让生命更健康、让能源更绿色、让园区更专业、让危险更遥远、让城市更智慧7个板块，展示并推介亦庄控股在智慧城市、医疗、能源等领域的成果及中国（北京）高新视听产业园、中国通关网等项目，与550家机构、企业对接；以“数字经济时代　企业加速转型”为主题主办数创未来高峰论坛，签约国际应急救援数字服贸平台合作项目等9个项目，来自政府机关、头部企业等的101名嘉宾探讨交流数字化赋能企业转型升级新趋势。尚亦城（北京）科技文化集团有限公司以“创新智造驱动　国际文旅新城”为主题，在首钢园区打造经开区文旅服务专题展区，展区面积为310平方米，设有主形象区、六大创新知识产权（IP）区、科技文化产业区、科文融合特色展品区，展示经开区在构建创新文化和科文融合产业体系过程中的探索，包括经开区“科技馆之城”、“大都东南”科技艺术节、创新发布、“书香亦城”、“亦庄学院”、城市表达六大创新文化品牌。

（邓海燕　周未　杨晓燕）

“两区”建设一周年主题活动

9月3日，2021年中国国际服务贸易交易会“北京日”暨“两区”建设一周年主题活动在首钢园举办。活动中，经开区与京东合作伙伴大厦项目、马威电动力全球总部及电驱动系统生产项目、中兴金融数据库总部项目、太保家园·国际颐养中心项目、艾美疫苗中国总部及新型疫苗产业化基地一期项目、长城汽车产业金融总部项目6个项目签约，签约总金额超过42亿元。

（李凯丽）

国际贸易服务第三方平台贸服汇发布

10月29日，北京亦庄文化集团有限公司旗下中国通关网与中国报关协会联合打造的国际贸易服务第三方平台贸服汇发布。该平台是经开区“两区”建设跨境贸易领域的服务窗口平台，依托中国报关协会提供专业、高效、精准的归类服务和关务知识服务，并为国际贸易服务企业提供宣传、展示、推广服务，邀请全球优质归类、报关、单证、查验、物流、货代、仓储、保险、金融、咨询等280余家服务商入驻平台。12月9日，亦庄文化下属企业北京东方亚港国际资讯有限公司打造的全球跨境商品归类服务平台上线。该平台立足经开区，汇聚全国70余家归类服务企业和400余名归类专家入驻平台，依据全球各国海关编码规则，打造行业中最具权威性、专业性的专家归类服务能力。截至2021年年底，该平台吸引400余名中国报关协会考核认证的归类专家入驻，与阿里巴巴、亚马逊等客户达成合作，归类服务量达1200万票。

（姚诚）

国家级动态高精度基础地图平台项目签约

10月，经开区管委会与国汽智图（北京）科技有限公司签署入区协议。该公司将投资6亿元，在经开区搭建智能网联汽车产业“车、路、云、网、图”五大共性技术基础平台之一的国家级动态高精度基础地图平台，构建动态数据汇聚、数据推送、服务监管支撑、数据合规处理等核心能力，提供动态高精度地图数据快速更新及精准发布服务，解决高精度地图行业无法快速更新的痛点，并保障符合国家对数据的安全监管要求。

（张福逸）

马威电动力总部及生产项目签约

10月，北京马威电动力技术有限公司全球总部及电驱动系统生产项目签约入区。该公司将投资7亿元，在国盛工业园建设全球总部、研发中心和生产基地，包含年产量为10万台（套）的定子、转子等核心部件生产线及电驱动系统装配线。其中，研发中心将承担永磁电机技术研发、混磁产品二次开发，并与中国科学院、清华大学、国家新型显示技术创新中心等机构合作推进成果转化；生产基地将生产高性能、高效率的驱动电机、控制器及三合一电驱动系统。

（杨昌林）

康龙化成制剂开发及生产平台项目签约

11月，康龙化成（北京）新药技术股份有限公司高端制剂开发及生产CDMO平台项目签约入区。项目预计总投资25.6亿元，其中固定资产投资预计为24.25亿元；选址经开区路南区N23M1、N24M1地块，总建筑面积约为17.53万平方米；

建设制剂研发配套中心、制剂中心、配套设施，为经开区及全国新药研发企业提供中试、工艺验证、分析方法开发和验证、商业化生产及申报服务。

（张玉兵）

分子影像医学设备生产和制造项目签约

11 月，航卫通用电气医疗系统有限公司、北京通用电气华伦医疗设备有限公司分子影像医学设备的生产和制造项目签约入区。项目总投资 1 亿元，在永昌北路 1 号扩建分子影像工厂项目，建筑面积约为 1260 平方米；主要建设分子影像医学设备的生产和制造项目，引进单光子发射及 X 射线计算机断层成像系统（SPECT/CT）、正电子发射及 X 射线计算机断层成像系统（PET-CT）等高端核医学设备生产线，配套建设 X 射线球管、探测器等核心部件生产线。

（王子韬　董艺菲　孙茜）

丰田燃料电池研发及生产项目签约

12 月，丰田燃料电池研发及生产项目签约入区。项目总投资 11 亿元，选址经开区路南区 N4 地块，占地面积为 11 万平方米，是丰田汽车公司在海外设立的首个燃料电池研发中心和生产基地，聚焦商用车燃料电池系统。项目的研发公司联合燃料电池系统研发（北京）有限公司将发挥其 6 家股东公司（丰田汽车公司、北京亿华通科技股份有限公司、北京汽车集团有限公司等）的技术优势，推动燃料电池技术研发，并通过项目的生产公司华丰燃料电池有限公司实现快速产品化，促进燃料电池最新技术在中国的应用和普及。

（柴进）

英创汇智总部及生产项目签约

12 月，北京英创汇智科技有限公司总部及汽车智能线控底盘系统生产项目签约。项目总投资 3.5 亿元，选址经开区河西区 X18-1 地块，占地面积为 1.4 万平方米，建设总部及汽车线控系统关键零部件研发中心、自动化生产线和具备中国合格评定国家认可委员会（CNAS）认证资质的试验检测中心。该公司是国内唯一具有电子稳定性控制系统完全自主技术和知识产权的企业，其产品是汽车安全和自动驾驶最核心的执行单元，对标德国博世（BOSCH）最新产品 ESP9.3 的性能指标。

（柴进）

百普赛斯中国总部项目签约

12 月，北京百普赛斯生物科技股份有限公司中国总部项目签约入区。项目总投资 6.57 亿元，其中固定资产投资为 5.96 亿元；选址瀛海镇原北京中电华强焊接工程技术有限公司腾退地块，占地面积为 2.66 万平方米；建设 3 个生产车间和研发试验中心、新药转化平台等配套设施，用于生产重组蛋白、伴随诊断试剂，提供 CRO 分析服务。

（贾玉龙）

高级别自动驾驶示范区

概况

2021 年，北京市高级别自动驾驶示

范区以经开区全域为核心开展建设，完成“智慧的路、聪明的车、实时的云、可靠的网和精确的图”五大体系建设，并打通车路云一体化自动驾驶技术和管理的关键环节，形成城市级工程试验平台，实现一系列应用场景商业化落地和一批中间产品推广应用，加快实现 L4 级及以上高级别自动驾驶车辆规模化运行，助力北京成为全球数字经济标杆城市。北京市高级别自动驾驶示范区 1.0 和 2.0 阶段建设完成。

（彭遥）

北京市自动驾驶车辆道路测试报告发布

2 月 5 日，《北京市自动驾驶车辆道路测试报告（2020 年）》发布。该报告由北京市自动驾驶测试管理联席工作小组指导，北京智能车联产业创新中心有限公司与中关村智通智能交通产业联盟联合编写，总结 14 家企业在北京开展自动驾驶路测试的情况，介绍北京在自动驾驶产业化方面的最新进展。报告显示，北京持续出台重大政策引导和支持自动驾驶相关产业发展，“场一路一区”环境建设持续优化，形成“安全第一，有序创新”的自动驾驶创新发展格局，使北京的自动驾驶工作从研发和道路测试阶段迈向特定区域的示范运营阶段。

（俞国强）

北京市获批国家“双智”试点城市

4 月 28 日，住房和城乡建设部、工业和信息化部发布《关于确定智慧城市基础设施与智能网联汽车协同发展第一批试点城市的通知》（建城函〔2021〕51 号），确定北京等 6 个城市为智慧城市基础设施与智能网联汽车协同发展第一批试点城市。北京市依托在经开区建设的高级别自动驾驶示范区，结合北京市智慧城市建设规划，探索智慧城市基础设施和智能网联汽车感知系统的最佳耦合方案，研究城市智能化道路与数字化平台的建设标准，支持网联式高级别自动驾驶的规模化应用，推进智能网联汽车与城市出行、智慧物流与智慧交通的协同发展。

（彭遥）

多种自动驾驶应用场景落地

5 月 25 日，北京市高级别自动驾驶示范区发布《北京市高级别自动驾驶示范区应用场景机会清单》。该清单研究筛选城市服务应用类、前沿技术研发类、跨界融合创新类三大类 20 项应用场景，邀请有关企业、机构参与产品研发、技术应用、道路测试、场景示范等合作，同时征集其他应用场景创新方案，并将对优秀项目予以政策及资金支持。12 月 28 日，北京市高级别自动驾驶示范区增加城市服务应用场景，在南海子公园试运行自动驾驶接驳车、漫游车，将其打造为集科技、市民娱乐和互动体验于一体的智能网联公园。截至 2021 年年底，北京市高级别自动驾驶示范区实现多种自动驾驶应用场景的落地，在自动驾驶出行方面，萝卜运力（北京）科技有限公司、北京小马智行科技有限公司部署自动驾驶乘用车 120 余辆，在经开区“60 平方公里”范围为市民提供出行服务；在无人配送方面，京东集团部署 30 余辆无人配送车，实现区域性自动驾驶快递和生鲜配送；在无人零售方面，新石器慧通（北京）科技有限公司投放 100 余辆无人零售车，为产业园区职工提供早午餐。

（彭遥）

第八届国际智能网联汽车技术年会

经开区主办第八届国际智能网联汽车技术年会　　张磊 摄

5 月 25—27 日，第八届国际智能网联汽车技术年会（CICV 2021）在北京亦创国际会展中心举办。年会由中国汽车工程学会、国家智能网联汽车创新中心、清华大学苏州汽车研究院、经开区主办，围绕汽车智能化与网联化关键技术、人工智能技术、安全技术、高精度地图和定位技术、电子电器架构技术、车路协同（V2X）理论及应用、测试评价技术、技术标准与法规等内容，设置 2 场主题峰会、11 场专题分会、1 场圆桌对话互动环节，邀请行业 100 余名专家和企业技术领袖演讲，吸引 400 余家相关产业链上下游企业机构以及 1300 余名专业级嘉宾参与。会上，北京市高级别自动驾驶示范区为首批无人配送车企业颁发无人配送车车身编码，首次给予无人配送车相应路权；北京市高级别自动驾驶示范区建设进展与无人配送车管理政策、北京市高级别自动驾驶示范区应用场景机会、《智能网联汽车信息物理系统参考架构 2.0》发布。

（彭遥）

百度 Apollo 获第二阶段无人化路测许可

6 月 24 日，北京市自动驾驶测试管理联席工作小组向北京百度网讯科技有限公司（简称百度）的百度自动驾驶平台 Apollo 颁发 10 张无人化路测（第二阶段）通知书。百度成为全国首家也是唯一一家获无人化路测第二阶段测试许可的自动驾驶企业，可在北京市已开放测试的多个区域开展相关测试。北京智能车联产业创新中心有限公司负责提供车辆无人驾驶性能测试和车辆合规性监管服务，收集无人驾驶车辆的行驶时间、里程和自动驾驶脱离次数等指标，为北京市自动驾驶测试管理联席工作小组的审查意见提供数据支撑。

（俞国强）

北京智能车联参与组建车路协同研究中心

7 月 9 日，市发展改革委印发《关于车路协同自动驾驶北京市工程研究中心组建方案的批复》（京发改〔2021〕988 号），同意由北京千方科技股份有限公司牵头，与北京联合大学、北京航空航天大学、交通运输部路网监测与应急处置中心、北京智能车联产业创新中心有限公司共同组建车路协同自动驾驶北京市工程研究中心（筹）。该中心旨在开展基于车路协同自动驾驶的融合感知、协同控制等关键技术研究，以及个性化场景开发、关键装备研制、测试验证平台搭建、政策标准研究等工作，并与实际工程相结合，推动“人工智能 + 自动驾驶产业”的快速发展。

（俞国强）

统一基础数据底座汇聚完成

7 月，市自动驾驶办公室在国家各部委的指导下，统筹北京市高级别自动驾驶示范区“车、路、云、网、图”五大要素建设，打通智能网联汽车的关键环节。面向城市多领域跨层级的数据感知需求，统筹自动驾驶、城市治理和企业服务要求，建设智能城市多源感知终端和动态服务单元，建设统一感知基座实现“多杆合一、多箱合一、多感合一”，破解智慧城市底层终端标准化难题，探索车路能力之间的最佳耦合关系。截至2021年年底，实现高清视频数据、激光雷达点云数据、毫米波雷达结构化数据、路侧单元（RSU）应用层数据、边缘计算单元事件检测等计算结果数据的全部联通，统一基础数据底座汇聚完成。

（彭遥）

高级别自动驾驶示范区工作办公室成立

8月19日，中共北京市委机构编制委员会办公室印发《关于在经开区管委会设立北京市高级别自动驾驶示范区工作办公室的批复》（京编办函〔2021〕10号），批准设立北京市高级别自动驾驶示范区工作办公室。该办公室负责北京市高级别自动驾驶示范区的建设推进和统筹协调工作，会同相关部门研究建立智能网联汽车政策制度体系，并在辖区内组织实施。

（彭遥）

高级别自动驾驶示范区项目阶段验收

8月30日，城市运行局组织北京市高级别自动驾驶示范区工作办公室，监理单位北京京博通工程咨询有限公司，设计施工总承包联合体北京百度网讯科技有限公司、北京博大经开建设有限公司、北京市市政工程设计研究总院有限公司完成北京市高级别自动驾驶示范区项目（1.0阶段）验收。该项目包含车路协同系统、电子警察系统、智能信号控制系统、支撑系统、智慧交管智能信号优化控制平台等，将智能信控、自主泊车等应用示范，与交通和城市管理融合，实现共建共享，构建区域高级别自动驾驶和车路智行的生态系统，构建全息感知、智能决策、高效运行、稳定可控、适应高级别自动驾驶的智能交通设施体系，打造国内自动驾驶领域示范高地。

（彭遥 高新伟 秦晓兵）

自动驾驶车辆道路测试安全运行研讨会

9月29日，2021年北京市自动驾驶车辆道路测试安全运行研讨会召开。会议由北京市自动驾驶测试管理联席工作小组指导，北京智能车联产业创新中心有限公司主办，邀请来自北京市自动驾驶测试管理联席工作小组、公安部道路交通安全研究中心、中国汽车技术研究中心有限公司等自动驾驶行业主管部门、科研单位、行业协会以及以萝卜运力（北京）科技有限公司为代表的自动驾驶龙头企业的50名专家出席，分析自动驾驶道路测试安全运行问题，梳理国内外在车辆道路安全方面的各项举措，为北京市自动驾驶道路测试的安全有序开展指明方向。

（俞国强）

2021智能汽车未来城市嘉年华

10月22—23日，2021智能汽车未来城市嘉年华在经开区举办。该活动由经开区、市科协主办，市自动驾驶办公室、北京科普发展与研究中心协办，尚亦城（北京）科技文化集团有限公司承办，是国内首个面向大众的智能汽车互动娱乐活动品牌。活动中，自动驾驶汽车“快闪”活动环节，来自13家企业的88辆自动驾驶汽车参与；在大族广场设置科普潮馆，从自动驾驶发展历程、智能网联发展路径、政策及示范应用3个方面向参观者介绍自动驾驶的知识和信息；在大族广场、南海子公园、国家智能汽车与智慧交通示范区（京冀）亦庄基地、北京奔驰园区四大体验场设置10余个体验点，参观者可体验无人配送车、无人零售车、无人清扫车等，感受自动驾驶在不同场景下的应用。活动吸引媒体从业者、公众2813人参与。

（彭遥）

高级别自动驾驶示范区创新运营中心启动

11月10日，北京市高级别自动驾驶示范区创新运营中心启动运营。该中心选址宏达中路10号，占地面积为9094平方米，建筑面积为1.24万平方米，地上建筑面积为9754.92平方米。该中心具有4项核心功能，分别是作为北京市高级别自动驾驶示范区的管理中心，实现对各“车路云一体化”场景数据汇聚功能与调度指挥功能；展示“车路云一体化”新技术、新产品及北京市高级别自动驾驶示范区阶段性建设成果；承揽国家管理平台功能，实现工业和信息化部智能网联汽车创新数据管理平台入驻；打造智能网联汽车行业交流中心，搭建国际智能网联汽车产业发展路径对话平台。

（彭遥 郭艳菊）

国际智能网联汽车测试示范发展论坛

12月13—15日，2021国际智能网联汽车测试示范发展论坛（ICVTP 2021）以线上直播形式启动。首届ICVTP论坛由国家智能网联汽车创新中心、中国汽车工程学会、经开区管委会联合主办，包括1场全体大会及6场主题分论坛，以系统工程思维为主题，统筹在政策法规、技术标准、测试评价、示范应用、安全保障等方面的国际创新实践，邀请日本、新加坡、欧洲等国家和地区的政府、行业机构、测试示范区及相关企业代表，共计70余名资深专家学者、企业高管、技术领军人物参加。全体大会由国家智能网联汽车创新中心常务副主任郑继虎主持，工业和信息化部装备工业一司副司长郭守刚，中国工程院院士、中国汽车工程学会理事长、国家智能网联汽车创新中心主任李骏出席开幕式并致辞，累计有25.9万人次在线观看。经开区管委会副主任孔磊发表主题报告《北京市高级别自动驾驶示范区及政策先行区建设成果与经验》，从车端、路段、云端、网端、图端五位一体介绍北京市高级别自动驾驶示范区的建设成果，分享北京市智能网联汽车政策先行区建设经验与阶段性政策举措。论坛期间，《智能网联汽车团体标准体系建设指南（2021年）》《中国城市智能网联汽车产业发展综合评价指数和建设指南》以及智能网联汽车安全运营平台和测试工具等成果发布，展示智能网联汽车测试示范领域的阶段性研究与应用进展。

（彭遥）

智能网联汽车政策先行区

概况

2021年，北京市智能网联汽车政策先行区获批设立，以政策和制度创新为核心，支撑北京市高级别自动驾驶示范区建设。北京市智能网联汽车政策先行区以特色政策和制度创新为突破口，瞄准企业在创新发展中遇到的亟待解决的政策管理问题，建立起安全高效、创新包容、衔接顺畅、国际一流的智能网联汽车示范应用政策管理体系；以管理创新推动智能网联汽车道路测试、示范应用和商业运营服务，坚持以“政策先行、统一管理办法、合规有序开放”为原则，在国内率先实施企业可开展基于收费的商业运营服务、允许无人配送车获取路权上路运营、开放自动驾驶汽车高速测试、支持智能网联汽车异地测试结果互认，为智能网联汽车企业在北京发展营造良好的营商环境。

（彭遥）

北京市智能网联汽车政策先行区发布会

4月13日，北京市智能网联汽车政策先行区发布会在经开区举行，宣布北京市将依托北京市高级别自动驾驶示范区设立北京市智能网联汽车政策先行区。该先行区的实施范围为亦庄新城“225平方公里”规划范围，北京大兴国际机场，以及京台高速公路（北京段）、京津高速（北京段）、大兴机场高速公路、南五环路（新机场高速口至京津高速口段）、南六环路（新机场高速口至京津高速口段）及大兴机场北线高速公路等区域及路段；提出涵盖优化完善智能网联汽车道路测试管理办法、支持开展智能网联场景试运行及商业运营、制定自动驾驶新产品应用办法等5类18项先行先试重点工作，构建“2+5+N”智能网联汽车管理政策体系（“2”即依托两大顶层设计文件，“5”即从环境、速度、车型三维立体模型衍生形成五大类管理体系，“N”即匹配N项基础支撑管理细则），为智能网联汽车新产品、新技术和新模式的应用推广提供支撑。启动会上，北京小马智行科技有限公司、北京百度网讯科技有限公司、滴滴（中国）科技有限公司3家企业获首批乘用车道路测试牌照。3家企业可在复杂的交通环境中进行道路测试，测试场景包括城市道路、夜间及特殊天气等。

（彭遥）

政策先行区总体实施方案印发

4月19日，市经济和信息化局联合经开区管委会发布《北京市智能网联汽车政策先行区总体实施方案》，这是北京“两区”建设中的又一项全国首个相关政策。根据该方案，北京市智能网联汽车政策先行区有关工作由市经济和信息化局与经开区管委会联合牵头负责，经开区管委会具体负责北京市智能网联汽车政策先行区内的行政管理工作。方案要求市经济和信息化局与经开区管委会加强与各有关部门的协同配合，会同市交通委、市规划自然资源委、市市场监督管理局、市发展改革委等部门在北京市智能网联汽车政策先行区内开展各类先行先试工作，发挥“两区”建设政策优势，共同推进体制、机制和政策创新。

（彭遥）

首批无人配送车获路权

5月25日，北京市高级别自动驾驶示范区发布国内首个《无人配送车管理实施细则（试行版）》。该细则填补无人配送车在监管和标准层面的双重空白，构建适度超前的政策管理体系，为新产品、新技术和新模式的应用推广提供支撑，营造政策友好型产业发展环境。根据该细则，北京京东世纪贸易有限公司、北京三快科技有限公司、新石器慧通（北京）科技有限公司3家企业获在北京市智能网联汽车政策先行区进行无人配送车上路运营服务的资质，并获北京市高级别自动驾驶示范区颁发的无人配送车车辆编码，成为国内首批获无人配送车上路资质的企业，在国内率先实现无人配送车“持证上岗”。截至2021年年底，示范区累计发放自动驾驶乘用车牌照124张、无人车编码81个、自动驾驶卡车牌照4张，自动驾驶里程达304万千米。

（彭遥　俞国强）

无人化道路测试管理实施细则发布

10月15日，北京市高级别自动驾驶示范区工作办公室发布《北京市智能网联汽车政策先行区无人化道路测试管理实施细则》，开放无人化测试许可，萝卜运力（北京）科技有限公司和北京小马智行科技有限公司成为北京市智能网联汽车政策先行区首批开展无人化测试企业。该细则从申请审核、技术规范、安全监管、交通执法等方面为企业开展无人化道路测试提供政策依据。测试分为“副驾有人”“后排有人”“车外远程”3个阶段，满足前序测试条件后，方可开展后一阶段测试。开放的“无人化”测试路段的范围包括北京市智能网联汽车政策先行区所在地经开区“20平方公里”，共100余千米城市道路。企业在开展道路测试时，须避开早晚高峰时段，并在车身张贴醒目“无人化”标识。根据企业现阶段相关技术水平，将选取示范区内交通场景丰富但交通流量相对较少的路段作为首批测试区域。

（彭遥）

自动驾驶出行服务商业化试点启动

11月25日，北京市高级别自动驾驶办公室开放国内首个自动驾驶出行服务商业化试点，并发布配套管理政策《北京市智能网联汽车政策先行区自动驾驶出行服务商业化试点管理实施细则（试行）》。该实施细则主要从申请审核、试点管理、网络数据安全、服务监督与违规管理等方面规范企业的商业化出行服务，获商业化试点许可的企业可在保障市场公平竞争原则的前提下，采取市场化定价机制，开启体验收费服务。北京百度网讯科技有限公司和北京小马智行科技有限公司成为首批获许开展商业化试点服务的企业，将在经开区“60平方公里”范围投入近100辆自动驾驶车辆，开展商业化试点服务。此次试点启动及配套政策的发布，标志着国内自动驾驶领域从测试示范迈入商业化试点探索新阶段。

（彭遥）

京台高速路段为智能网联汽车测试道路

12月28日，北京市高级别自动驾驶示范区工作办公室发布通告，指定京台高速部分路段（大兴区兴亦路K0+600至旧宫新桥K5+280之间双向路段）为智能网联汽车测试道路，取得北京市智能网联汽车政策先行区临时行驶车号牌的自动驾驶车辆即日起可在指定道路进行常态化自动驾驶测试。开放高速测试可支撑企业加速算法和产品的迭代升级，收集大量数据，挖掘更多长尾场景，促进行业快速发展。

（彭遥）

产业发展

综述

2021 年，经开区主动践行双循环战略理念，推进产业集群培育、创新产业生态营造。新一代信息技术产业加速壮大，全年产值首次超 1000 亿元，成为继高端汽车、产业互联网、生物医药和大健康之后的第四个千亿级产业集群。高端汽车和新能源智能汽车产业加速布局，聚焦产业发展趋势和核心技术突破，推进高级别自动驾驶示范区、氢能实验室和产业化基地建设。生物技术和大健康产业突破发展，以创新疫苗、细胞和基因治疗、创新药及创新医疗器械为主要发展方向，建设全国首个细胞治疗中试基地，研制的新冠灭活疫苗、呼吸机、CT 机等 120 余种产品驰援全球，检测资源服务全市，保障防疫物资供应。机器人和智能制造产业全面推进，形成以智能制造装备为核心，高端能源装备和节能环保装备为两翼的“一核双翼”的产业发展格局，打造全国智能制造系统解决方案策源地。数字经济核心产业快速发展，加快推进制造业数字化转型，推进数字技术与实体经济深入融合发展，建成“城市大脑 1.0”，逐步构建数据驱动未来产业发展的数字经济新体系和全球数字经济标杆城市。科技文化融合产业聚焦高新视听、游戏、电竞三大领域，推动科文融合产业集聚，打造中国（北京）高新视听产业园、北京网络游戏新技术应用中心、北京智慧电竞赛事中心、北京智慧融媒创新中心四大产业园区（中心），培育“热带雨林”式的产业生态。现代服务业巩固扩大产业优势，打造“北京服务”新名片，培育具有全球竞争力的万亿级产业集群。

经开区规模以上企业完成工业总产值 5712.1 亿元，比 2020 年增长 27.8%。

（成翎）

新一代信息技术产业

概况

2021 年，经开区推进新一代信息技术产业加速发展，国产信息体系初具雏形。京东方科技集团股份有限公司助力中央广播电视总台首次春节联欢晚会“8K+5G”超高清直播，与创维集团有限公司共同推出全球首款应用主动式玻璃基技术 Mini LED 电视——创维鸣丽屏®Smart Mini LED 电视 Q72。北京睿智航显示科技有限公司发布民用航空领域新一代高分辨率系列触控模组。北京天空卫士网络安全技术有限公司在全球率先推出数据安全治理自动化技术体系（DSAG）。全图通位置网络有限公司承接工业和信息化部的“智能交通应用示范项目”、北京市地铁运营有限公司的“城市轨道交通定位试验系统”等项目。北京北方华创微电子装备有限公司获国务院国有企业改革领导小组 A 级评价，被评为全国 5 家国企改革典范企业之一。

（周平）

信创技术服务保障平台投入使用

1 月 1 日，由工业和信息化部网络安全产业发展中心牵头建设的信创技术服务保障平台在国家信息技术应用创新产业园投入使用。该平台以网络安全技术与产业发展部级实验室为支撑，主要承担国家信创安全技术与解决方案攻关、信创产品安全防护、国产密码技术研发与应用、网络攻防和产业推广等任务，建设内容包括密码关键技术创新中心、网络安全公共服务平台、工业互联网网络安全态势感知平台和信创安全研发测试基础共性服务平台。

（李玉竹）

京东方获多项荣誉

1 月 11 日，在 2021 年国际消费类电子产品展览会上，京东方科技集团股份有限公司被评为 2020—2021 年度消费电子领先品牌 10 强，自主研发的玻璃基主动式驱动 Micro LED 获年度创新显示应用产品奖。1 月 26 日，品牌估值与咨询机构 Brand Finance 发布 2021 年全球品牌价值 500 强名单，京东方位列第 447。5 月 21 日，国际信息显示学会公布 2021 年国际显示周人民选择奖，京东方的玻璃基主动式 Mini LED P0.9 直显产品被评为最佳新型显示技术（Best New Display Technology）、柔性 OLED 滑卷屏被评为最佳技术演示（Best Technology Demonstration）。7 月 20 日，京东方入选 2021 年《财富》中国 500 强榜单，位列第 83。9 月 16 日，京东方凭借“双向驱动‘屏’质取胜”质量管理模式获第四届中国质量奖。

（李琬姣）

京东方助力央视首次春晚 8K 直播

2 月 11 日，中央广电总台首次通过 8K 超高清电视频道进行春节联欢晚会“8K+5G”超高清直播，采用京东方科技集团股份有限公司自主研发的 110 英寸 8K 超高清显示产品，在中央广电总台、北京城市副中心、国家大剧院等地呈现节目内容。中央广电总台 8K 超高清电视频道于 2 月 1 日启动播出试验，京东方作为中央广电总台 8K 超高清技术合作伙伴，为其提供 110 英寸 8K 超高清显示产品。

（李琬姣）

参展 SEMICON China 国际半导体展

3 月 17—19 日，SEMICON China 2021 国际半导体展在上海新国际博览中心举办。经开区组织北京集创北方科技股份有限公司、北京矽成半导体有限公司、北京纽瑞芯科技有限公司等 11 家集成电路企业参展，展示显示驱动芯片、车载存储芯片、双频 Wi-Fi 芯片、电源管理芯片、超高纯金属材料及溅射靶材、气体分流盘、点火腔、蚀刻（ETCH）设备专用静电卡盘和 12 英寸磁存储器刻蚀系统模型等集成电路前沿科技技术和产品，展现经开区集成电路产业创新成果。

（兰坤）

国家通用软硬件适配认证中心投入使用

3 月 19 日，由工业和信息化部和北京市共同建设的国家通用软硬件适配认证中心投入使用，为信创企业提供软硬件产品的兼容性测试和攻关适配服务。该中心位于国家信息技术应用创新产业园，通过统一适配标准、统一测评体系、统一生态服务，建设公共适配支撑平台；整体规划“1+6”业务发展路线，即集约化、专业化的“1 个适配中心”策略，多维度、多领域的“6 个支撑平台”（综合业务运营平台、应用软件适配平台、应用方案联合适配平台、外设板卡适配平台、CPU 整机适配平台、适配中心办公平台）形式，以实现对产品的适配、验证、运营以及生态伙伴信息库、资源库、知识库、生态成果库、方案库的统一规划管理，可将一款应用软件与操作系统的适配时间由 6 个月缩短至 1 个月，加速信息技术领域软硬件产品的国产化进程。截至 2021 年年底，该中心完成适配 6 万余次。

（李玉竹）

信息技术应用创新解决方案专家评审会

3 月 25 日，由工业和信息化部网络安全产业发展中心、信息中心技术创新应用协作组共同组织开展的 2020 年信息技术应用创新解决方案专家评审会在国家信息技术应用创新产业园举行。2020 年信息技术应用创新解决方案征集工作自 2020 年 11 月启动，征集到 143 个团队 268 个解决方案，经过材料征集、形式审查、技术初评 3 个环节，90 个解决方案入围专家评审答辩环节，覆盖党政、金融、能源、交通、医疗等领域。评审会按照解决方案报送数量比例分为党政领域、通用领域、专业领域 3 个组别，邀请全国政协办公厅、中国铁路信息科技集团有限公司等国家党政机关和重点领域行业信息化管理建设部门的 21 名资深用户和技术专家参加，采用现场答辩的方式评审入围的解决方案，最终评选出 2020 年信息技术应用创新解决方案典型案例 70 个、单项创新奖 9 个、获奖企业 8 家。

（李玉竹）

京东方物联网解决方案助力“两会”召开

3 月，十三届全国人大四次会议和全国政协十三届四次会议召开。此次“两会”采用京东方科技集团股份有限公司的 AI 体温预警系统、智慧办公解决方案等物联网解决方案。其中，AI 体温预警系统采用戴口罩人脸识别及口罩检测技术，可在 30

毫秒内完成16个目标的温度检测筛查，人脸温度检测精准度≤0.3℃。智慧办公解决方案中，京东方智能会议桌牌可以一键式、远程、多目标地更新会议桌签内容，提升会议室使用效率；BOE数字标牌和BOE画屏标牌可以远程实时推送并更新会议内容。京东方与中央广电总台新闻中心、技术局在2021年“两会”与会人员驻地安装采用京东方8K超高清解决方案的8K电视终端，实时呈现中央广电总台8K超高清频道试验播出信号。

（李琬姣）

京东方参展国内外多个展会

4月9日，京东方副总裁、首席战略官齐铮出席第九届中国电子信息博览会（CITE 2021），在2021中国国际显示产业大会主旨论坛上，分享京东方在数字化新机遇下的物联网生态布局及其对推动产业健康发展和企业数字化转型的思考与建议。5月31日—6月2日，京东方携下一代LED系统级解决方案等参展2021国际显示技术大会（ICDT 2021），并宣布新一代玻璃基主动式Mini LED产品量产。7月30日—8月2日，京东方携480Hz超高刷新率等电竞显示产品首次参展第十九届中国国际数码互动娱乐展览会（ChinaJoy）。

（李琬姣）

信创安全技术委员会2021年全体会议

4月10日，信创安全技术委员会2021年全体会议在国家信息技术应用创新产业园召开。会议通过交流讨论的方式，总结信创安全技术委员会2020年工作，讨论2021年重点工作计划。与会专家围绕“可信、安全、可控、可对抗和可存活”5个层次的目标打造信创安全技术体系进行交流讨论，为提升信创产业安全能力提供思路和建议。会议期间，举行信创安全技术委员会表彰及秘书长聘任仪式。会议指出，信创产业已成为推动“数字中国”建设的重要抓手，要深刻认识信创安全的重要性，做好技术手段和应急能力建设，做好关口前移，确保网络信息安全建设更好发展。来自工业和信息化部信息技术发展司、中国电子工业标准化技术协会信息技术应用创新工作委员会、国内安全企业的60余名专家参会。

（李玉竹）

京东方数字医院开诊

4月25日，京东方科技集团股份有限公司投资建设的成都京东方医院开诊。该医院总投资60亿元，位于四川省成都市天府国际生物城，建筑面积为38.5万平方米，占地面积为23.6万平方米，拥有床位2000张。该医院采取“强专科+大综合”模式，在三级医院设置标准基础上，开设精准医疗、生物技术、微创医学等前沿学科，提供智慧临床、智慧护理、智慧医技等智慧医疗服务，构建具有京东方特色的“院前—院中—院后”一体化健康照护创新型医院运营模式，在提升医院运营效率的同时，为患者提供个性化、高品质的医疗服务。京东方在北京、成都、合肥、苏州4个城市开设4家数字医院，形成区域联动效应。

（李琬姣）

升鑫网络安全总部项目落地

5月21日，北京升鑫网络科技有限公司投资建设的升鑫网络安全总部项目在国家信息技术应用创新产业园注册成立，总投资 7000 万元，建设基于国产平台的主机自适应安全平台项目，落地研发中心、实验室、培训及展示中心，推进青藤云安全项目的自主研发与国产化。青藤云安全项目是中国主机自适应安全开创者，运用云计算、大数据、AI 等技术，采用自适应安全架构，推出青藤万相 · 主机自适应安全平台、青藤蜂巢 · 云原生安全平台、青藤猎鹰 · 威胁狩猎平台、青藤雷火 · AI-Webshell 检测系统以及专业的安全服务，形成完整的安全产品矩阵，以智能、集成和联动的方式应对各类攻击。其中，青藤万相 · 主机自适应安全平台与国家信息技术应用创新产业园内上下游企业完成对接，实现与统信 UOS 桌面操作系统 V20、华为鲲鹏处理器、飞腾处理器、海光处理器等产品的兼容性互认证，促进信创产业协同发展。

（李玉竹）

京东方“照亮成长路”

6 月 25 日，京东方科技集团股份有限公司与中国扶贫基金会共同启动 2021 京东方“照亮成长路”教育公益项目。该项目旨在以科技赋能乡镇数字化教育，将在四川省、湖南省 30 所乡镇中心学校捐建智慧教室，提供交互类电子设备、智慧化教育产品及服务，惠及 6000 余名学生。同时，将在乡镇中心学校开展学科骨干教师培养，通过数字化教学激励，提升其基础教学水平及数字化教学能力。

（李琬姣）

天空卫士入选多个榜单

6 月 28 日，Gartner 发布 2021 年《数据防泄露市场指南》，北京天空卫士网络安全技术有限公司凭借数据防泄露（DLP）解决方案成为该指南推荐的全球代表性供应商之一，这是天空卫士连续 3 年入选该指南。12 月 6 日，国内安全行业门户 FreeBuf 旗下 FreeBuf 咨询发布《CCSIP 2021 中国网络安全产业全景图》（第三版），该全景图设有 87 个细分安全领域，收录 578 家安全厂商，天空卫士入围数据防泄漏（DLP）、数据安全治理（解决方案）、数据安全管控（平台型）等 13 个细分安全领域。12 月 14 日，北京数字世界咨询有限公司发布《2021 年度中国数字安全能力图谱（完全版）》，该图谱分为信息计算环境、应用场景、数据安全等 8 个方向，下设 37 个一级领域和 105 个子领域，天空卫士被认定为信息计算环境方向移动安全一级领域移动终端安全子领域的能力者，应用场景方向办公安全（办公网）一级领域打印安全子领域、邮件安全子领域能力者，数据安全方向数据访问安全一级领域数据防泄露子领域的代表者、数据安全综合治理一级领域的创新者；ISC 平台发起评选的 ISC 2021 网络安全创新能力百强榜单揭晓，该榜单分为数据安全、云安全、密码技术安全等 10 个领域，天空卫士的数据防泄露（DLP）入选数据安全领域十强。12 月 28 日，嘶吼安全产业研究院发布 2021 中国网络安全产业势能榜，天空卫士被评为“专精型”安全厂商 TOP20。

（张文礼）

国家信创园一期项目开工

7 月 16 日，国家信息技术应用创新产业园一期项目 G6F-1 地块率先取得建筑工程施工许可证，进入开工建设阶段。该项目选址通明湖环湖区域 6 块土地，占地面积约为26.5万平方米，建筑规模约为117万平方米，包括规划建设60万平方米前沿办公空间、10万平方米商业中心、5万平方米高端酒店、2万平方米会展及文化中心以及5000平方米高端院线等。项目总投资188亿元，规划建设核心器件创新区、高端芯片创新区、基础软件创新区、集成服务创新区和功能平台保障区五大功能板块，为完善产业链、稳定供应链、构建创新链提供定制化空间保障，打造产业综合新城的新地标。

（李玉竹）

2021世界5G大会

2021世界5G大会经开区展区　　吴江 摄

8月31日—9月2日，2021世界5G大会在北京亦创国际会展中心举办。大会由市政府、国家发展改革委、科技部、工业和信息化部主办，市经济和信息化局、经开区管委会、未来移动通信论坛承办，以“5G深耕，共融共生”为主题，围绕前瞻与创新、全球视野区域发展、5G落地进行时三大板块举办1场主论坛和11场主题论坛；设置“智享、赋能、新突破、创新榜”4个主题，展示5G原始技术创新和应用创新成果，共展出34家企业的620余件5G与各行业融合应用的解决方案及创新产品。大会发布2021年5G应用设计揭榜赛获奖项目、8份技术白皮书及研究报告，实现18个战略合作项目集中签约，推动形成一批可复制、可推广的5G示范应用场景。来自20余个国家和地区的300余名嘉宾出席，国内外1500余名业界专家和从业人士以线上、线下的方式参会。

（陈真权）

中科晶电晶片加工车间项目工程竣工

9月3日，中科晶电信息材料（北京）股份有限公司的“晶片加工车间等2项”项目工程竣工并通过验收。该工程位于经开区核心区65M4地块，包括晶片加工车间厂房和配套库房，总建筑面积为17915.61平方米，总造价为5910万元。设计单位为中铁华铁工程设计集团有限公司，施工单位为湖北省工业建筑集团天华建筑工程有限公司，监理单位为北京华建项目管理有限公司，勘察单位为北京京岩工程有限公司。2011年9月22日工程开工建设。

（张元璋）

京东方年度品牌巡展系列活动

9月4日，京东方科技集团股份有限公司年度品牌巡展“你好BOE”美好生活馆系列活动启动。活动在北京、上海、深圳、成都、合肥5个城市举行，在每个城市打造一座融科技感、艺术感、潮流风尚于一体的智慧生活体验馆。智慧生活体验馆分为智能家居、智慧健康、智慧交通、智慧办公、智慧文博5个体验区，融合显示、传感、人工智能、物联网等软硬件科技，展示生活中的创新场景，参观者可通过互动体验感受科技对生活的改变。在智能家居体验区，参观者触发枕头上的压力感应装置后，可通过49英寸ADS无界拼接大屏感受星空云海、宇宙银河、热带雨林等场景；在智慧健康体验区，参观者可体验传感搏击游戏，在超高清大屏上获取速度、力度等实时健康数据；在智慧交通体验区，参观者可通过采用透明OLED显示技术的智能炫窗在旅途中随时切换观影娱乐、调光遮阳等功能；在智慧办公体验区，参观者可利用5376超高分区Mini LED背光智慧一体机无缝切换办公、会议、绘画三大场景，感受智慧高效的办公体验；在智慧文博体验区，参观者可利用类纸护眼显示技术的BOE画屏，在电子屏幕上感受世界名画的细腻笔触与真实质感，还可通过按钮操作让画中人物动起来，体验后台智能互动程序。

（李琬姣）

电力行业信创产业发展研讨会

9月24日，电力行业信息技术应用创新发展研讨会召开。会议由中国电力企业联合会科技开发服务中心和国家信息技术应用创新产业园联合举办，旨在共同搭建“产学研用”电力信创平台，推进国产基础软硬件的开发和电力行业深化应用，解决核心技术“卡脖子”等问题。会议筹备成立电力信创专家委员会，研讨电力信创推进工作方案，促进电力行业信创工作从信息技术底层的基础软硬件到上层的应用软件全产业链的安全可控；结合电力信创试点项目推进情况交流经验。来自电力行业政产学研用各方领导及代表50余人参会。

（李玉竹）

北方华创微电子项目获市科学技术进步奖

9月25日，北京北方华创微电子装备有限公司牵头申报的“12英寸先进集成电路制程电感耦合等离子刻蚀机研发及产业化”项目获2020年度北京市科学技术进步奖一等奖。该项目是由北方华创微电子、上海集成电路研发中心有限公司、中国科学院微电子研究所共同完成，采用具有自主知识产权、大面积、低容性的新型高密度等离子体源系统设计，实现对刻蚀均匀性的精确控制，并通过高效稳定的晶圆传输、颗粒和金属污染控制等关键技术设计，提升设备量产性能。该项目通过主流芯片生产线的工艺和量产验证，实现批量销售。

（王茜）

首届信创关键产品安全挑战赛

9月25日—12月12日，2021首届信创关键产品安全挑战赛举行。该挑战赛由信创安全技术委员会、国家工业信息安全发展研究中心、工业和信息化部电子第五研究所和中国电子商会自主创新与安全技术委员会主办，大数据协同安全技术国家工程实验室、国家信息技术应用创新产业园承办，面向全国邀请国内顶级网络安全战队参与信创关键产品挑战，提升信创产品竞争力与风险防控能力。比赛设有操作系统、数据库、中间件、打印机4个项目，分为开放环境和线下赛2个阶段，参赛队伍先通过开放环境平台开展研究，入围线下赛后进行现场演示。全国88支队伍报名参赛，其中19支队伍入围线下赛。最终，

360 漏洞研究院战队获第一名，0x300 战队获第二名，光非小分队战队获第三名。

（李玉竹）

天空卫士子公司与电子科技大学达成合作

9 月 26 日，北京天空卫士网络安全技术有限公司子公司成都天空卫士网络安全技术有限公司与电子科技大学签订战略合作协议。根据协议，天空卫士将建设工程实践教育中心，为电子科技大学信息与软件工程学院软件工程专业（方向）学生提供实践基地，在大数据与人工智能领域同电子科技大学的产学研资源进行整合对接，同时为学生设立奖学金，提供实习机会和就业岗位。

（张文礼）

至纯科技北方产业基地项目签约

9 月，经开区管委会与至纯科技（北京）有限公司签署入区协议。该公司将投资 3.2 亿元，在马驹桥智造基地建设至纯湿法清洗设备及高纯工艺系统北方产业基地，占地面积为 1.6 万平方米，投产后将提供高纯工艺系统、湿法清洗设备的配套供给。

（陈真权）

信创人才培养论坛暨信创产教融合论坛

10 月 15—16 日，2021 年信创人才培养论坛暨信创产教融合论坛在国家信息技术应用创新产业园举行。该论坛由工业和信息化部人才交流中心、中国高科集团股份有限公司（简称中国高科集团）共同主办，以“新产业 · 新人才 · 新教育”为主题，探讨产教融合背景下的信创产业人才培养模式和信创产业学院建设模式。论坛上，工业和信息化部人才交流中心与中国高科集团签约并发起高科信创英才产教融合计划，授权中国高科集团依托高等院校的人工智能、大数据等专业方向，开展信创专业共建、产业学院建设等人才培养培训专项活动，首批意向合作院校包括广州华立科技职业学院、吉利学院、河南工业和信息化职业学院、电子科技大学成都学院等；信创英才产学研联盟成立，将中国高科集团作为连接校企的桥梁，促进教育资源、技术资源、专家资源等的双向流通，培养信创领域人才；中国高科集团首批 3 个区域型信创产教融合平台揭牌。来自教育界、产业界和科研界的 200 余位专家学者出席论坛。

（李玉竹）

2021 北京微电子国际研讨会

10 月 22—24 日，2021 北京微电子国际研讨会暨 IC WORLD 大会在经开区举办。会议由市经济和信息化局、经开区管委会主办，北京半导体行业协会（CBSIA）等联合承办，以“凝聚芯力量，打造芯永恒”为主题，聚焦产业发展的痛点、堵点和关键点。会议分为学术会议和博览会，学术会议会聚数百名业内专家学者和企业领袖，围绕集成电路产业发展现状和趋势、零部件连续性、自主可控连续生产线等 10 余个热点话题展开交流，为中国及北京市集成电路产业发展提供更广阔的思路；博览会吸引中芯北方集成电路制造（北京）有限公司、北方华创科技集团股份有限公司、宁波江丰电子材料股份有限公司等 100 余家企业参展，展示刻蚀、薄膜、射频电源等核心攻关产品的最新研究成果。会议吸引业内相关领导、专家学者、产业人士和新闻媒体记者超过 6000 人次。

（郭怡睿）

北京中电科产品入选市首台装备目录

10月22日，2021年全国大众创业万众创新活动周北京会场2021年首台（套）重大技术装备授牌暨项目路演活动举办，公布《北京市首台（套）重大技术装备目录（2021年）》。北京中电科电子装备有限公司研发的减薄抛光一体机入选该目录，所属领域为“半导体—集成电路生产设备”。该产品具备背面减薄和去除残余应力抛光技术的一体化工艺能力，可以实现50微米以下的超薄晶圆加工，同时可以集成贴膜和揭膜设备，在集成电路先进封装减薄抛光设备领域填补国内空白。

（李恺）

国家能源局领导到国家信创园调研

11月26日，国家能源局综合司司长梁昌新一行到国家信息技术应用创新产业园调研。梁昌新一行参观信息技术应用创新成果展示中心、国家通用软硬件适配认证中心、统信软件技术有限公司、龙芯中科技术股份有限公司、神州国信（北京）信息科技有限公司、工业和信息化部网络安全产业发展中心建设的网络安全国家重点实验室等地，了解企业技术创新、产品应用和解决方案。梁昌新对经开区信创产业的发展给予肯定，要求经开区与国家能源局一同强化科技创新引领，带动能源产业升级；经开区要主动寻求相关部委的支持和市场化的运作，为企业提供公共服务平台，通过协同发展，更好地发挥政府作用。国家能源局电力安全监管司、信息中心领导一同调研。

（李玉竹）

桌面信创软件开发赛道全国总决赛

11月30日，2021信创“大比武”桌面信创软件开发赛道全国总决赛暨颁奖典礼在国家信息技术应用创新产业园举行。本次大赛于7月14日启动，由统信软件技术有限公司主办，以“筑梦信创 编写未来”为主题，着眼信创产业发展新趋势，汇聚产学研多方优势力量，促进信创人才的深层发展和自主软硬件生态建设。来自全国高校、企业的数百支团队报名，10支团队进入决赛。最终，企鹅战队的“搜狗输入法企业版 for Linux”获冠军，固体平台小分队的“芯片固件升级平台”获亚军，DMarked的“DMARKED”获季军；扫雷大队的“基于神经对抗网络的图像隐写系统”获最具创意奖，安普印战队的“嘉华文印管理软件（ICPrint）”获最具潜力奖，邮件22年醇的“Coremail邮箱客户端”获最具人气奖。

（李玉竹）

北京鲁汶高端装备产业化基地项目签约

11月，经开区管委会与北京鲁汶半导体科技有限公司签署入区协议。该公司拟投资4.5亿元，在马驹桥智造基地建设集成电路高端装备产业化基地项目，占地面积为2.25万平方米；主要生产半导体刻蚀、材料检测等精密设备及配套技术服务，其母公司江苏鲁汶仪器有限公司在新型存储器刻蚀技术和离子束刻蚀技术上具有自主知识产权。

（郭怡睿）

全图通主办非暴露空间 PNT 学术论坛

12月18日，第六届非暴露空间PNT国际学术论坛北京主会场在经开区召开。该论坛由全图通位置网络有限公司与经开区企业协会联合主办，以“推动北斗非暴露空间应用，扩大数字孪生无人化服务”为主题，以线上和线下相结合的方式进行，在郑州、武汉等17个城市开设国内分会场，在比利时、美国、英国等国家开设国际分会场。该论坛作为推动科技部国家重点研发计划“超大城市轨道交通系统高效运输与安全服务关键技术”项目的课题间交流、成果转化与应用推广的重要平台，围绕非暴露空间导航定位与空间数字化、非暴露空间无人化客服与智慧地铁、非暴露空间安全应用等议题组织多个主题演讲和主题分论坛，来自导航定位、人工智能、数字孪生、轨道交通等领域的专家学者和典型应用的用户代表近万人参与。

第六届非暴露空间 PNT 国际学术论坛北京主会场　　企业提供

（唐毅彬）

京东方发布中国半导体显示首个技术品牌

12月21日，京东方科技集团股份有限公司发布中国半导体显示领域的首个技术品牌——京东方显示技术品牌。该品牌包括高端液晶显示技术ADS Pro、高端柔性显示技术f-OLED、高端玻璃基新型LED显示技术α-MLED三大技术品牌体系。其中，ADS Pro代表京东方独有的高端LCD技术解决方案，具有全视角、超高刷新率等优势，为用户带来更真实的画质和流畅的体验；f-OLED代表京东方独有的高端柔性OLED技术解决方案，具有色彩绚丽、形态多变、功能集成度高等优势，为用户提供沉浸式的时尚体验；α-MLED代表京东方首创的玻璃基新型LED显示系统及解决方案，具有超高亮度、超高对比度、超广色域与极低频闪等特点，为用户呈现全场景的沉浸式体验。

（李琬姣）

世维通产业基地项目签约

12月，经开区管委会与北京世维通科技股份有限公司签署入区协议。该公司将投资6亿元，选址马驹桥智造基地，占地面积为2.54万平方米，建设产业基地，研发及生产光电子器件。

（陈真权）

北方华创微电子被评为国企改革典范

年内，北京北方华创微电子装备有限公司获国务院国有企业改革领导小组A级评价，被评为全国5家国企改革典范企业之一。北方华创微电子根据企业特点进一步优化法人治理体系，形成科学高效的经营决策机制；全面实施职业经理人制度和契约化管理，落实企业管理团队责任；作为北京市首家国有控股上市公司，实施两期股权激励计划，实现管理层和核心骨干员工长效激励。

（王茜）

睿智航6款3D打印产品批量出货

年内，北京睿智航显示科技有限公司5.96英寸、6.08英寸、6.23英寸、9.25

英寸、10.1英寸、13.6英寸6款定制开模高端3D打印光栅产品实现批量出货，3D打印业务完成4~32英寸产品线的全尺寸覆盖。这6款3D打印产品具有黑白屏、方形像素、高像素密度、高对比度等特点。睿智航专业类3D打印产品全年销售额及销售数量居市场第一位。

（孙书馨）

·企业（选介）·

京东方科技集团股份有限公司

2021年，京东方科技集团股份有限公司（简称京东方，英文简称BOE）的营业收入为2194.42亿元，归属于上市公司股东的净利润为258.26亿元。截至2021年年底，京东方累计有可使用专利超过7万件，年度新增专利申请中发明专利超过90%、海外专利超过35%，其中OLED、传感、人工智能、大数据等领域的专利申请占比超过50%，覆盖美国、日本、韩国、欧洲等国家和地区；全球PCT专利申请量在世界知识产权组织（WIPO）公布的2021年全球国际专利申请排名中位列第七，在美国专利服务机构IFI Claims发布的2021年度美国专利授权量统计报告中位列全球第11。年内，根据全球市场调研机构Omdia数据显示，京东方在智能手机、平板电脑、笔记本电脑、显示器、电视五大应用领域显示屏出货量均位列全球第一。公司升级品牌定位，以“传承、创新、发展”为理念，将“用心改变生活”确立为公司的品牌使命，发布“科技引领 产品卓越 融合共生 以人为本”的品牌原则和品牌承诺；发布在西南地区的总体战略布局，以四川省成都市、绵阳市及重庆市为核心打造西南产业集群；与创维集团有限公司共同推出全球首款应用主动式玻璃基技术Mini LED电视。

京东方创立于1993年4月，是一家为信息交互和人类健康提供智慧端口产品和专业服务的物联网公司，形成以半导体显示事业为核心，Mini LED、传感器及解决方案、智慧系统创新、智慧医工事业融合发展的“1+4+N”航母事业群。在Mini LED领域，公司以独有的主动式驱动架构、高速转印技术，为客户提供半导体工艺和先进微米级封装工艺的下一代LED显示系统及解决方案，推出75英寸8K Mini LED、0.9毫米像素间距Mini LED显示产品等。传感器及解决方案事业聚焦医疗影像、生物检测、智慧视窗、微波通信、指纹识别等领域，公司拥有12~46英寸的全尺寸X-ray平板探测器背板产品（FPXD），应用于日本、韩国等国家的全球性高端医疗器械公司；智慧视窗通过显示和传感技术创新，为交通、建筑等领域提供传感器件及解决方案。智慧系统创新事业通过人工智能、大数据、云计算技术，聚焦软硬融合的产品与服务，为智慧金融、智慧园区等物联网细分领域提供整体解决方案，其中智慧金融解决方案覆盖2200余个网点，智慧园区解决方案在北京、天津、重庆等20余个城市落地应用。智慧医工事业通过科技与医学融合创新，构建以物联网技术为支撑的智慧分级健康管理体系，形成智慧健康管理生态系统，打造以健康管理为核心、医工终端为工具、互联网医院及数字医院为支撑的全周期健康服务闭环。公司在北京、合肥、成都、苏州等地布局多家数字医院，提供以人为中心的全周期、全方位的健康管理服务。

（李琬姣）

京东方科技集团股份有限公司

董事长 陈炎顺

北京睿智航显示科技有限公司

睿智航参展第十三届中国国际航空航天博览会 企业提供

2021 年 5 月 18 日，北京京东方专用显示科技有限公司（简称京东方专显）更名为北京睿智航显示科技有限公司（简称睿智航），资产总额为 2.36 亿元，营业收入为 5.69 亿元，有员工 181 人。截至 2021 年年底，睿智航累计拥有专利 37 件，其中发明专利 25 件（含国际发明专利 11 件）。年内，睿智航发布民用航空领域新一代高分辨率系列触控模组；实现 6 款 3D 打印产品批量出货；完成民用航空显示能力技术改造升级项目；携 12 款民用航空显示产品参展第十三届中国国际航空航天博览会；与北京三盈石油技术有限公司签署战略合作协议，共建智慧加注站合作平台；与中电科航空电子有限公司、北京东软越通软件技术有限公司共同成立的智慧航空联合实验室中标中国国际航空公司新一代基于舱内 Wi-Fi 的娱乐系统研究项目，这是实验室成立后中标的首个科研项目。公司入选工业和信息化部建议支持的国家级专精特新“小巨人”企业名单（第二批第一年）；参与的自主式航空物流宠物智慧舱项目获第二届南航创新挑战赛优秀奖。

睿智航成立于 1999 年 5 月 6 日，注册资本为 1 亿元，位于经开区地泽路 11 号，是以液晶显示产品研发生产和销售服务为主的国家高新技术企业，设有完备的液晶显示屏、模块（组）、终端产品生产线和符合产品研发、生产和测试要求的研发实验室、洁净间 / 生产车间和检测实验室。公司聚焦民用航空、轨道交通、智慧加注等细分领域市场，为中电科航空电子有限公司、Thales Avionics Inc、LG Aircraft Solutions 等多家国内外厂商配套民用航空显示产品，为和谐号、复兴号等列车配套轨道交通显示产品，为北京三盈石油技术有限公司等能源加注行业企业配套智慧加注领域显示产品和智慧芯类产品。公司产品覆盖全国各地，并销往新加坡、土耳其、意大利、韩国、日本、美国、法国等国家。公司是国家级专精特新“小巨人”企业、北京市“专精特新”中小企业、安全生产标准化二级单位。

（孙书馨）

北京睿智航显示科技有限公司

董事长兼总经理 孙盛林

中芯国际集成电路制造有限公司

2021 年，中芯国际集成电路制造有限公司（简称中芯国际）的子公司中芯国际集成电路制造（北京）有限公司（简称中芯北京）的产值为 11.88 亿美元，净利润为 7.22 亿美元，有员工 2918 人；中芯北方集成电路制造（北京）有限公司（简称中芯北方）的销售收入为 15.13 亿美元，净利润为 3.14 亿美元，有员工 2488 人。

中芯国际成立于 2000 年，总部位于中国上海，是世界领先的集成电路晶圆代工企业之一，也是中国内地技术最先进、配套最完善、规模最大、跨国经营的集成电路制造企业集团，提供不同技术节点的晶圆代工与技术服务。

2002 年 7 月 25 日，中芯国际成立全资子公司中芯北京。中芯北京位于经开区文昌大道 18 号，注册资本为 10 亿美元。公司拥有中国第一条 12 英寸集成电路生产线，是国内规模最大的 12 英寸集成电路生产厂，也是国内技术最先进的集成电路生产厂。公司主要经营范围为半导体（硅片及各类化合物半导体）集成电路芯片的制造、针测及测试，提供 0.13 微米到 65/55 纳米先进技术工艺 12 英寸芯片的制造服务。公司自 2004 年建成投产后，在集成电路量产工艺上一直是中国集成电路制造业的领头羊：2006 年实现 90 纳米工艺量产，标志着中国集成电路制造工艺进入纳米级；2009 年实现 65 纳米工艺量产，成为中国科技成果产业化的亮点；2011 年实现 55 纳米工艺量产，65/55 纳米工艺产品是公司的主要生产产品，月产能达 5 万片，其中 65/55 纳米高端工艺产品月产能为 4 万片。

2013 年 7 月 12 日，中芯国际及中芯北京与国家集成电路产业基金、北京市政府代表投资方共同出资兴建中芯北方。中芯北方位于经开区文昌大道 18 号，注册资本为 48 亿美元。中芯北方的 12 英寸集成电路生产线项目是中芯北京项目的扩展，项目分 2 个阶段实施，总投资 72 亿美元，在中芯北京地块上再建设 2 条月产能为 3.5 万片晶圆的集成电路生产线。

2020 年 12 月 4 日，中芯国际与国家集成电路产业基金、北京市政府代表投资方共同出资兴建中芯京城。中芯京城位于亦庄新城 0606 街区，项目规划两期建设实施，其中第一期总投资 76 亿美元，重点建设 2 条月产能为 5 万片的 12 英寸生产线。

（马焱）

中芯国际集成电路制造有限公司

董事长 周子学（9 月免）

联合首席执行官 赵海军、梁孟松

富智康精密组件（北京）有限公司

2021 年，富智康精密组件（北京）有限公司（简称北京富智康）的营业收入为 2.7 亿元，资产总额为 28.76 亿元。员工有 1014 人，其中研发设计人员 350 人，平均年龄为 35 岁。年内，北京富智康研发中心研发的诺基亚全球首款三防（防水、防尘、防摔）手机 Nokia 800、经典折叠手机 Nokia 2720 等 35 款诺基亚功能机的全球总销量为 1.05 亿只，营销范围超过 86 个国家，主要销往美国、印度、欧洲、中东、北非等国家和地区。

北京富智康成立于 2001 年 3 月 13 日，注册资本为 6880 万美元，是富士康科技集团旗下富士康国际控股有限公司北京分公司，原名为富士康精密组件（北京）有限公司，于 2014 年 4 月 1 日更名。公司隶属于世界 500 强鸿海集团，是鸿海集团 FIH（Foxconn International Holdings）事业群重要的无线通信设备制造商，有冲压、成型、表面处理、SMT、系统组装和测试生产线，有模具研发制造能力和研发设计团队，服务于小米、诺基亚、苹果等客户。

（王玉勤）

富智康精密组件（北京）有限公司

总裁 刘杨伟

威讯联合半导体（北京）有限公司

2021 年，威讯联合半导体（北京）有限公司（简称威讯北京，英文简称 Qorvo）的销售收入为 68.28 亿元，纳税总额为 0.90 亿元，利润总额为 2.79 亿元，固定资产总额为 19.05 亿元，原材料进口额为 56.55 亿元，成品出口额为 59.80 亿元，有员工 1761 人。年内，威讯北京完成生产区域 LED 灯更换项目、空压机余热回收项目；获社会保险保障管理中心返还企业失业保险费 43 万元。公司通过 ISO 9001:2015 版、IATF 16949:2016 版、ISO 14001:2015 版、ISO 45001:2018 版，以及海关总署高级认证企业的年度复审；获三星电子有限公司颁发的优秀质量奖、获中兴通讯股份有限公司颁发的 2021 年度最佳技术创新奖、闻泰科技股份有限公司颁发的闻泰科技优秀供应商奖、维沃移动通信有限公司颁发的射频开关类优秀质量奖。

威讯北京成立于 2001 年 8 月 3 日，前身为美国半导体射频厂商 RFMD 全资子公司。2015 年 1 月 1 日，RFMD 与美国半导体射频厂商 TriQuint 以全股交易形式合并成立新公司，并更名为 Qorvo。公司占地面积为 1.82 万平方米，建筑面积为 3.03 万平方米，其中生产车间面积为 1.32 万平方米，包括面积为 5800 平方米的无尘车间。公司坚持提供创新性的射频解决方案，服务于无线设备、有线和无线网络、通信系统市场。公司设立可靠性和失效分析实验室、中国销售和客户技术支持中心，主要经营范围为开发、生产、测试、加工集成电路产品和专用设备、仪器、材料，销售自产产品，以及自产产品的安装、调试、维护、技术咨询、技术服务。

（杨璐）

威讯联合半导体（北京）有限公司

亚太区运作副总裁 李育才

北京北方华创微电子装备有限公司

2021 年，北京北方华创微电子装备有限公司（简称北方华创微电子）有员工 5246 人。年内，北方华创微电子与北京大学宽禁带半导体研究中心签署技术合作协议，双方就第三代半导体领域的技术开发项目达成深度合作；公司参展 SNEC 第十五届（2021）国际太阳能光伏与智慧能源（上海）展览会暨论坛、SEMICON CHINA 2021 中国国际半导体展、2021 年中国半导体设备年会暨重庆半导体产业创新发展论坛第九届高峰论坛。公司获国务院国有企业改革领导小组 A 级评价，被评为全国 5 家国企改革典范企业之一、北京市诚信创建企业；获 2021 华灿光电股份有限公司金牌合作伙伴奖、2022 中国 IC 风云榜年度雇主品牌奖、2021 北京年度非凡雇主奖；入选 2021 中国最具创新力企业榜 TOP50、2021 年度中国最具发展潜力雇主 TOP30 等榜单。公司“应用于存储器领域的 300mm 立式氧化炉”项目在第四届“IC 创新奖”中获成果产业化奖。

北方华创微电子成立于 2001 年 10 月 25 日，注册资本为 4.81 亿元。公司在经开区、中关村电子城高科技园区、顺义天竺出口加工区设有制造基地，营销服务体系覆盖亚洲、美洲、欧洲等地区。公司位于经开区的总部生产基地占地面积为 18 万平方米，包括占地面积为 4 万平方米的半导体级别洁净厂房，配备专业的工艺展示实验室、工艺设备开发实验室、工艺性能检测实验室、零部件精密清洗实验室和射频等离子实验室。公司主要产品包括等离子刻蚀（Etch）、物理气相沉积（PVD）、化学气相沉积（CVD）、氧化/扩散、清洗、退火等半导体工艺装备，以及平板显示制造装备、气体质量流量控制器等核心零部件，产品应用于集成电路、先进封装、发光二极管（LED）、微机电系统（MEMS）、电力电子、平板显示、光伏电池等半导体相关领域。公司是中关村高新技术企业，通过 ISO 9001 质量管理体系、ISO 14001 环境管理体系和 OHSAS 18001 职业健康安全管理体系认证，获国家战略性创新产品、SEMI 中国产业奖、半导体创新产品和技术奖、中关村知识产权领军重点示范企业等荣誉和称号。公司研制的 8 英寸 100 纳米等离子刻蚀机获 2007 年北京市科学技术进步奖一等奖、2009 年国家科学技术进步奖二等奖、中国信息产业第一届中国半导体创新产品等殊荣；承担的“十一五”国家科技重大专项“65-45nmPVD 设备研发”项目获北京市科学技术奖二等奖；承担国家科技重大专项“90/65nm 刻蚀机研发及产业化”“65-45nmPVD 设备研发”两大项目；完成 14 纳米立体栅刻蚀机研发与产业化项目（2014—2017 年）和国产集成电路装备关键零部件量产应用工程（2014—2016 年）2 个国家科技攻关专项工作。

（王茜）

北京北方华创微电子装备有限公司

董事长 赵晋荣

北京神州光大科技有限公司

2021 年，北京神州光大科技有限公司（简称神州光大）的签约客户数量比 2020 年增长 20%，用户数量比 2020 年增长 261%，服务网点数量比 2020 年增长 102%。7 月 6 日，神州光大的注册资本由 727.04 万元增至 3099.99 万元。年内，神州光大签约并入驻国家信息技术应用创新产业园；参加首批“育英”企业“走进北交所”资本市场专题辅导活动。公司被评为国家信息技术服务标准工作组（ITSS）观察成员单位、2021 数字生态云服务领军企业、北京市 2021 年度第五批“专精特新”中小企业；RPAOps 混合云运维服务管理系统获 2021 中国运维 RPAOps 年度明星产品奖；董事长兼首席执行官高峰获 2021 中国数字生态英雄榜云服务领军人物奖。

神州光大成立于 2001 年 11 月 22 日，位于经开区大族广场 T1-18 层，是一家以信息技术服务为核心业务的国家高新技术企业。公司基于创新型的云化服务资源模式，开创“服务资源云化 + 平台集中管控 + 分布式敏捷交付”的新型服务交付模式，打造国内领先的神行服务云平台。该平台通过聚合海量服务资源，采用数字化、智能化等服务手段，为企业级客户提供高效的、有服务质量保证的、按需使用的 IT 服务，助力客户实现降本、提质、增效发展目标。

（高峰 曹述玮 李晶玉）

北京神州光大科技有限公司

董事长兼首席执行官 高峰

北京中电科电子装备有限公司

2021年，北京中电科电子装备有限公司（简称北京中电科）推进12英寸全自动划片机、全自动减薄机以及气浮主轴等高端产品和核心零部件的研发工作；实现划片机和减薄机的系列化、规模化生产，应用于集成电路、第三代半导体等领域；在材料加工、芯片制造、封装测试3个主要工艺段实现6英寸、8英寸、12英寸晶圆制程的全覆盖。公司研发的减薄抛光一体机入选《北京市首台（套）重大技术装备目录（2021年）》。

北京中电科成立于2003年12月15日，注册资本为1.60亿元，位于经开区泰河三街1号，是以集成电路封装设备研发生产为主的国家高新技术企业。公司承担国家02科技重大专项多个关键设备及核心零部件的研发与产业化项目，在集成电路封装设备减薄机、划片机领域技术领先，并实现核心零部件的自主可控。公司减薄机可完成6~12英寸集成电路晶圆的背面减薄工艺，并适用于各种尺寸及形状的半导体材料的减薄加工；划片机形成6~12英寸系列化产品，覆盖半导体基板、化合物半导体材料、硅晶圆及集成电路封装体的划切加工。公司是国家集成电路封测产业链技术创新战略联盟副理事长单位、北京高精尖产业设计中心等。

（李恺）

北京中电科电子装备有限公司

总经理 王海明

中科晶电信息材料（北京）股份有限公司

2021年，中科晶电信息材料（北京）股份有限公司（简称中科晶电）的资产总额为3.80亿元，营业收入为637.25万元，纳税总额为245.95万元，有员工54人。公司“晶片加工车间等2项”项目工程竣工并通过验收。

中科晶电成立于2004年12月24日，注册资本为1000万美元，是中外合资企业，曾用名为北京美西半导体材料有限公司、中科晶电信息材料（北京）有限公司。2015年12月29日，公司完成股份制改制，注册资本变更为1.45亿元。2016年，公司增资扩股至1.98亿元。公司是一家砷化镓衬底材料供应企业，服务于国内外半导体元器件用外延片和芯片制造商，在北京市、江苏省张家港市、山西省运城市和忻州市、贵州省黔南布依族苗族自治州独山县、中华人民共和国香港特别行政区和日本名古屋市设有分支机构，主要生产基地位于江苏省和山西省，具备向客户提供2~6英寸多种参数规格砷化镓衬底材料定制化生产加工服务的能力。公司曾获国家高新技术企业、国家火炬计划产业化示范项目认证企业、中关村瞪羚重点培育企业等资质。公司的砷化镓单晶、晶片生产及售后服务质量管理体系通过GB/T 19001—2016/ISO 9001:2015标准认证；汽车用4寸砷化镓晶片的设计与制造管理体系通过ISO/TS 16949:2009（版本3）认证；砷化镓单晶体在研发、生产和销售领域有关职业健康安全和环境的管理体系通过GB/T 28001—2011/OHSAS 18001:2007及GB/T 24001—2004/ISO 14001:2004认证；砷化镓衬底产品曾通过俄罗斯联邦技术控制和计量署GOST-R合格认证，以及符合欧盟《RoHS 指令》（2011/65/EU）和《REACH 法规》（1907/2006/EC）要求的检测认证。

（张元璋）

中科晶电信息材料（北京）股份有限公司

董事长 张杰

北京星网宇达科技股份有限公司

2021 年，北京星网宇达科技股份有限公司（简称星网宇达）的总资产为 19.64 亿元，营业收入为 7.68 亿元。员工有 631 人，其中具有研究生以上学历人员占 10%。公司有 2 家全资子公司、6 家控股子公司、2 家孙公司、4 家参股子公司。年内，星网宇达 6 件发明专利和 6 件实用新型专利获授权，下属子公司 1 件发明专利和 3 件实用新型专利获授权；携无人机及无人车、综合集控系统、导航设备等产品首次参展第十三届中国国际航空航天博览会。公司获中共北京市委军民融合发展委员会办公室颁发的北京市“民参军”领军企业称号；被评为北京市 2021 年度第六批“专精特新”中小企业；入选科技创新局评选的第一批科学技术攻关先锋港名单。公司惯性技术中心主任李志宏被评为“亦麒麟”领军人才。

星网宇达成立于 2005 年 5 月 20 日，注册资本为 1.54 亿元，以惯性技术产业化为中心，是专业从事军事训练器材装备和智能无人系统研发、生产、销售的国家高新技术企业，致力于打造智能海上蓝军综合平台及无人智能全产业链生态圈。公司是北京市企业技术中心，建有北京市工程实验室惯性导航与测控技术实验室，有 4 万平方米的惯性技术及测控产品产业化基地。

（杨永馨）

北京星网宇达科技股份有限公司

董事长 迟家升

北京易美新创科技有限公司

2021 年，北京易美新创科技有限公司（简称易美）的资产总额为 1.52 亿元，营业收入为 0.45 亿元，纳税总额为 117 万元。员工有 109 人，其中技术、研发人员 40 人，具有大专及以上学历人员 46 人。年内，易美 9 件实用新型专利获授权，累计拥有国际、国内专利 150 余件。公司由标准产品批量生产转型为以新技术开发、新产品推广为主的运营模式，开发 mini 显示产品、红外产品、VCSEL 产品、高端户外照明产品等。公司参与的国家重点研发计划“战略性先进电子材料”专项“高品质、全光谱无机半导体照明材料、器件、灯具产业化制造技术”项目通过科技部验收。公司被认定为北京市 2021 年度第二批“专精特新”中小企业。

易美成立于 2010 年 1 月 4 日，注册资本为 4064.23 万美元，由金沙江创业投资基金、北极光创投、美国国际数据集团（IDG）、梅菲尔德风险投资公司（MayField）等国际风险投资公司联合投资，多名留美博士共同创办。公司以高亮度 LED 封装为主体，致力于高品质、高可靠性 LED 产品及模组的研发与制造，是一家拥有自主高功率芯片和应用产品的外资高新技术企业。公司拥有行业领先的封装级光谱调制技术，着力于研发并向客户提供健康光源，可以实现光谱定制、教育照明、植物照明、紫外线杀菌（UV）等项目。公司建有获中国合格评定国家认可委员会（CNAS）和美国环境保护署（EPA）认证的 LM80 国家实验室，其自动化产线采用 ISO 9001 质量管理体系及专业的 ERP\MES 系统；建有高亮度半导体发光器件北京国际科技合作基地。公司承接并主导国家及北京市重大科技项目 17 项。公司获红鲱鱼全球 100 强、德勤中国高科技高成长 50 强等称号，设有博士后科研工作站。

（张云燕）

北京易美新创科技有限公司

董事长 范振灿

冠捷显示科技（中国）有限公司

2021 年，冠捷显示科技（中国）有限公司（简称冠捷显示科技）的销售收入为 31.3 亿元（高新产品收入为 26 亿元），纳税总额为 4531 万元，产值比 2020 年增长 18.6%，利润比 2020 年增长 155.8%，纳税额比 2020 年增长 45%，出口收入比 2020 年增长 24%，有员工 632 人。

冠捷显示科技于 2010 年 4 月 8 日在经开区投资建厂，主要业务是研发、生产、销售液晶电视、液晶显示器、液晶显示模组。公司有 4 条整机生产线、1 条自动化液晶模组生产线、7 条基座线、8 条 SMT 线，关键设备的数控化率达 85%，年设计产能达液晶显示器 600 万台、液晶显示模组 200 万片。产品线由液晶显示器扩展到智能数字电视、大屏户外商显等定制化高端数字显示领域。

（林为民）

冠捷显示科技（中国）有限公司

董事长 谢继琮

总经理 吴光发

北京云狐时代科技有限公司

2021 年，北京云狐时代科技有限公司（简称云狐时代）依托具有自主知识产权的数据中台技术、数据可视化技术和低代码开发能力，建立并实施“3+N”（“3”即 FoxWorks 数字企业平台、DataFlake 设备上云平台、FoxBrain 数字政府平台，“N”即智慧产线、智慧巡检、智慧物流等多个应用场景）产品战略，为市场提供全场景数据智能平台。

云狐时代成立于 2010 年 6 月 30 日，注册资本为 1038.42 万元，是国内领先的产业互联网平台、应用和智能终端提供商，秉承链接万物、开发应用、提炼应用、提供装备的全数字化理念，是集智能终端管理、应用开发、应用管理于一体的大型行业互联网平台，为各行业提供数字化服务。同时，基于云狐平台和平台应用，推出系列行业智能终端，提供平台、应用、终端一站式服务。云狐平台拥有强大的大数据处理能力，包括基础中台、应用中台、数据中台、人工智能中台、设备管理中台五大中台，为各行业提供数字化定制服务或 SaaS 服务。

（董德福）

北京云狐时代科技有限公司

董事长 董德福

北京世纪金光半导体有限公司

2021 年，北京世纪金光半导体有限公司（简称世纪金光）的总资产为 11.60 亿元，净资产为 4.01 亿元，营业收入为 0.035 亿元，有员工 148 人。

世纪金光成立于 2010 年 12 月 24 日，占地面积为 3.73 万平方米，总建筑面积达 9.3 万平方米，是一家贯通碳化硅全产业链的综合半导体企业，是致力于第三代半导体功能材料和功率器件研发与生产的国家高新技术企业。公司专注于战略新兴半导体的研发与生产，解决高纯碳化硅粉料提纯技术、6 英寸碳化硅单晶制备技术，以及高压低导通电阻碳化硅 SBD、MOSFET 结构及工艺设计技术等，完成碳化硅功能材料生长、功率元器件和模块制备、行业应用开发和解决方案提供等关键领域的全面布局。公司碳化硅 6 英寸单晶生长已研制成功，单晶片已量产；功率器件和模块制备覆盖额定电压 650~1700 伏、额定电流 5~100 安培的碳化硅肖特基二极管（SBD），额定电压 650~1200 伏、额定电流 20~100 安培的金属一氧化物半导体场效应晶体管（MOSFET），50~600 安培的全桥、半桥混合功率模块及全碳化硅功率模块等。在终端应用方面，公司碳化硅功率器件已应用于电源 PFC、充电桩充电模组、光伏逆变器、特种电源等领域。公司累计承担国家科研项目 80 余项，12 项成果处于国内同类技术领先水平、5 项成果达到国际先进水平。

（赵岩）

北京世纪金光半导体有限公司

董事长 李百泉

北京天空卫士网络安全技术有限公司

2021 年，北京天空卫士网络安全技术有限公司（简称天空卫士）在全球率先推出数据安全治理自动化体系（DSAG）；成立上海人工智能安全研发创新中心；参加金融行业数据安全治理研讨会、2020 年度（第十一届）保险信息化技术峰会、2021 年国家网络安全宣传周金融网络安全论坛、2021 年北京网络安全大会等会议；赞助第十一届“感恩绽放 · 爱传四方”大型慈善义卖活动，向河南省儿童希望救助基金会提供多次捐赠。公司被评为 2021 年度北京市知识产权试点单位，获 2020 年度中国保险行业服务商优秀解决方案奖、中国信息协会信息安全专业委员会颁发的 2020 年优秀会员单位奖。

天空卫士成立于 2015 年 1 月 12 日，注册资本为 1270.65 万元，位于经开区永昌北路 3 号，是一家总部设立在经开区的数据安全技术企业。公司致力于发展以人和数据为核心的新一代数据安全技术，以融合统一内容安全技术（UCS）和内部威胁管理技术（ITM）为基础，构建自主研发、聚焦人工智能的内部威胁防护技术体系（ITP），覆盖数据流转的各个通道，包括终端、网络、邮件、应用、手机等。公司产品包括云访问安全代理（CASB）、数据防泄露（DLP）、内部威胁管理（ITM）、移动接入网关（MAG）、统一内容安全管理平台（UCSS）、增强型 Web 安全网关（ASWG）、增强型邮件安全网关（ASEG）、统一内容安全审查平台（UCWI）、数据安全治理自动化体系（DSAG）等，各产品已在政府、金融、高科技、制造业、大型企业以及互联网等部门和行业广泛部署并使用，获客户、权威媒体和测评机构广泛认可。公司在北京、成都和上海设有大型研发创新中心，在大连设有技术中心，并在上海、广州、深圳等地设立办事处。公司核心技术团队源自硅谷，有近 20 年国际安全公司的研发、业务背景；核心管理团队由国内大型互联网公司创始人、跨国安全公司在华业务骨干组成；技术工程师总数超过 200 人。公司是亚太地区唯一入选 Gartner 全球数据防泄露（DLP）代表性厂商和 CASB 观察者名单的中国网络安全企业。

（张文礼）

北京天空卫士网络安全技术有限公司

首席执行官 刘霖

全图通位置网络有限公司

2021 年，全图通位置网络有限公司（简称全图通）的总资产为 2300 万元。员工有 80 人，其中拥有高级技术职称以上的技术、研发人员 38 人，具有大专及以上学历人员 42 人。截至 2021 年年底，全图通累计拥有专利和软件著作权 31 件（项）。年内，全图通承担科技部国家重点研发计划“综合交通运输与智能交通”重点专项，作为其中的课题牵头单位和承担单位，从定位技术、导航装备、智能客服等方面，突破两大科学问题、攻克五项关键技术、研制两大平台装备，建立地铁时空体系，实现无人化服务新模式。同时，公司承担北京地铁 GIS 中台方案讨论与数据接口标准拟制。公司承担工业和信息化部的“智能交通应用示范项目”、北京市地铁运营有限公司的“城市轨道交通定位试验系统”等项目。公司和北京市地铁运营有限公司牵头的“智慧地铁高精度空间信息感知、融合与表达关键技术及应用”项目获 2021 年度卫星导航定位科技进步奖特等奖。公司通过 ISO 9001 质量管理体系认证。

全图通成立于 2016 年 4 月 8 日，注册资本为 2 亿元。公司以“开放、合作、共享、共赢”为理念，通过软件与算法，整合通信、遥感、导航领域的航天前沿技术，聚合终端设备和平台系统，形成综合解决方案，为用户提供以高精度时空为基准的天地一体综合信息服务。公司是国家高新技术企业、中关村高新技术企业，研制、发射并在轨运行全球首颗“通导遥”一体化卫星“亦庄 · 全图通一号”。

（唐毅彬）

全图通位置网络有限公司

董事长 张迪

北京德为智慧科技有限公司

2021 年，北京德为智慧科技有限公司（简称德为智慧）的资产总额为 3.30 亿元，营业收入为 2.48 亿元，利润总额为 1207 万元，纳税总额为 541 万元，有员工 176 人。年内，德为智慧 4 件实用新型专利和 10 件外观设计专利获授权；推出 AI 辅助阅片系统，改进智慧阅片中心系统；开始销售 23.8 英寸高端超声显示器；与上海杏脉信息科技有限公司、通用电气医疗系统（中国）有限公司签署战略合作协议。公司被认定为 2021 年度北京市知识产权示范单位、2021 年度第一批北京市企业技术中心、北京市 2021 年度第三批“专精特新”中小企业。

德为智慧成立于 2017 年 7 月 28 日，位于经开区科创十三街 12 号，注册资本为 7591.46 万元，是一家以医疗领域为业务核心的国家高新技术企业，设计、制造和销售医学影像链的专业显示产品和影像数字化智能化解决方案。公司致力于研发设计显示控制与校准、ARM 智能硬件、影像处理，深耕影像算法，研发和融合 AI、

5G 和物联网等前沿技术；拥有全贴合、美缝、热熔等先进工艺和智能制造系统；提供并不断完善专业影像终端、智能人机界面，以及人机环境系统、医学影像诊断与教研协作系统、手术室数字化等解决方案。公司累计拥有 70 余件专利、30 余项软件著作权，专业显示系统解决方案覆盖全国 80% 以上的三甲医院。公司通过 ISO 9001 质量管理体系、ISO 14001 环境管理体系、ISO 13485 医疗器械质量管理体系、IECQ QC 080000 有害物质过程管理体系等认证，产品通过 CCC、CE、FDA 等相关市场准入认证。

（栾可）

北京德为智慧科技有限公司

总经理 杨德文

高端汽车和新能源智能汽车产业

概况

2021 年，经开区推动高端汽车和新能源智能汽车产业加速布局，依托龙头整车企业，形成较完善的传统汽车产业链；以高端汽车及新能源汽车关键零部件产业园为物理承载空间，发展动力系统、驾驶舱、底盘等关键模块，推动项目落地；以北京高级别自动驾驶示范区为引领，发挥创新平台支撑作用，促进智能网联汽车产业发展。北京奔驰汽车有限公司建成 EVA2 电池生产线；动力电池工厂首台 M254 发动机，装配与测试工厂第 100 万台国产 M264 发动机、第 30 万台 M282 发动机，总装二工厂第 100 万辆整车，第 1 万块 EB301 动力电池下线。国汽（北京）智能网联汽车研究院有限公司发布智能汽车基础脑；参与推出国内首个汽车行业网络安全专业人员培训项目。

（周平）

北京通敏动力电池工程技术中心项目签约

1 月，经开区管委会与北京通敏未来动力科技有限公司签署入区协议。该公司将投资 7500 万元，在高端汽车及新能源汽车关键零部件产业园建设动力电池工程技术中心项目，并负责该项目的市场化运营。项目主要建设 4 个新能源汽车动力电池垂直领域的专业中心，包括动力电池检测、梯次利用及储能电池检测服务中心，新能源汽车测试装备研制中心，技术创新与人才实践、培训中心，成果转化与工程技术验证服务中心。

（杨昌林）

国汽智联子公司发布智能汽车基础脑

2 月 3 日，国汽（北京）智能网联汽车研究院有限公司子公司国汽智控（北京）科技有限公司（简称国汽智控）发布智能汽车基础脑 1.0 版本；11 月 17 日，国汽智控发布智能汽车基础脑 iVBB2.0 版本。智能汽车基础脑是面向量产的智能驾驶计算基础平台产品家族，包含智能网联汽车操作系统、智能汽车域控制器、车路云协同基础软件及信息安全数据安全，提供智能网联数字底座，具有应用快速开发、平台化、网联式、可扩展、车规级等特点，支持 AEB、ACC、LKA、自动泊车、遥控泊入泊出、智能召唤、记忆泊车、最优车道行驶、主动变道、超越慢车、出入匝道等 L0–L3 及泊车等智能驾驶应用定制化开发，兼容国内外主流芯片和硬件平台。

（林熙）

国家部委和市领导调研汽车创新中心

3 月 1 日，工业和信息化部党组成员、副部长辛国斌，市委常委、副市长殷勇一行到国汽（北京）智能网联汽车研究院有限公司运营的国家智能网联汽车创新中心调研。调研组在智能网联汽车实验室试乘自动驾驶车辆，考察北京市高级别自动驾驶示范区 1.0 阶段建设成果，听取关于国家智能网联汽车创新中心建设进展、智能网联汽车操作系统研发情况以及北京市高级别自动驾驶示范区工作开展情况的汇报。辛国斌强调，汽车智能化、网联化是发展的大趋势，要重视“车路云网图”协同发展的重要意义，坚持关键共性技术研发，突破短板弱项；抓好产业创新联盟建设，整合产业链条上的各类资源；提升成果转化和行业服务能力，强化对行业发展的辐射带动。殷勇表示，北京市高度重视智能网联汽车产业发展，将发挥国家智能网联汽车创新中心作用，吸引、培育和推动自动驾驶相关的企业集聚，推进智能网联领域的政策制度突破。

（林熙）

北京奔驰插电式混合动力 E 级车投产

3 月 15 日，北京奔驰汽车有限公司长轴距插电式混合动力 E 级车在总装一工厂投产下线。该车型采用奔驰第三代插电式混合动力技术，既能以纯电动模式满足市区的日常通勤，还能凭借内燃机与电力驱动系统的综合续航能力实现长途出行。

北京奔驰 E 级混动新车 E350eL 投产仪式　企业提供

（李悦）

国汽智联参编的人才需求预测报告发布

3 月 23 日，在第一届产业人才创新发展论坛暨工业和信息化重点领域人才需求预测系列报告发布会上，由中国汽车工程学会联合国汽（北京）智能网联汽车研究院有限公司运营的中国智能网联汽车产业创新联盟、吉林大学汽车工程学院等单位共同编写的《智能网联汽车产业人才需求预测报告》发布，该报告以梳理智能网联汽车业务新变化、技术新内涵、岗位新需求和人才新特征为基础，通过厘清智能网联汽车的产业现状、人才现状和高校人才供给现状，预测智能网联汽车人才需求，分析智能网联汽车人才数量和质量存在的问题，从高校学科改革、课程设置、行业人才培养和人才保障制度等方面提出可行性建议。

（林熙）

北京奔驰第 100 万台 M264 发动机下线

5 月 10 日，北京奔驰汽车有限公司发动机装配与测试工厂第 100 万台 M264 发动机下线。M264 发动机于 2018 年 6 月投产，应用于北京奔驰全新长轴距 C 级车、长轴距 E 级车、长轴距 GLC SUV 等车型，凭借“六缸动力 + 四缸油耗”满足更严苛的排放要求，同时具有更强的动力输出、降低油耗能力，在投产的第三年实现产量突破 100 万台。

北京奔驰第 100 万台 M264 发动机下线　　邓昆 摄

（李悦）

全国政协领导调研高级别自动驾驶示范区

5 月 17 日，十三届全国政协副主席、致公党中央主席、中国科学技术协会主席万钢带领调研组到北京市高级别自动驾驶示范区、国家智能网联汽车创新中心调研。调研组参观国家智能网联汽车创新中心太和桥基地与智能网联汽车实验室，试乘自动驾驶车辆，考察北京市高级别自动驾驶示范区 1.0 阶段的建设情况。座谈会上，万钢听取北京市高级别自动驾驶示范区工作进展、国家智能网联汽车创新中心建设进展、计算基础平台及自动驾驶操作系统研发进展的情况汇报，强调要加强汽车智能化、电动化及智慧基础设施和智慧能源的融合，推动不同级别自动驾驶技术普及，逐步升级基础设施，分步推动车网融合。

（林熙）

国汽智联推出汽车行业网络安全人员培训

5 月 25 日，在第八届国际智能网联汽车技术年会（CICV 2021）开幕式上，国汽（北京）智能网联汽车研究院有限公司与中国网络安全审查技术与认证中心、中国汽车工程研究院股份有限公司就汽车行业网络安全专业人员培训项目进行签约，并共同发布《汽车行业网络安全专业人员》认证证书。该培训项目是国内首个针对汽车行业，特别是智能网联汽车领域的网络安全从业人员的培训认证。培训内容包括汽车行业的法律、法规与标准，安全管理通识，汽车全生命周期安全工程，安全测试与防护体系等。

（林熙）

智行者无人驾驶总部项目签约

5 月，经开区管委会与北京智行者科技有限公司签署入区协议。该公司将投资 5 亿元，在亦城时代广场建设无人驾驶总部，发展符合国家战略的无人驾驶军用、民用技术，建设研发测试中心、无人驾驶技术应用交流中心等。

（柴进）

国汽智联主办首届车联网漏洞挖掘赛

5 月，国汽（北京）智能网联汽车研究院有限公司主办 2021 CVVD 首届车联网漏洞挖掘赛。大赛分为线上赛和线下赛，采用靶场与实车结合的方式，以挖掘车辆安全漏洞数据为核心，考查参赛选手的汽车信息安全理论知识和实践技能。来自全国主机厂、零部件厂、安全厂商、高校及科研机构等单位的 39 支队伍 200 余人参赛，10 支队伍进入决赛。最终四轮车战队、Everseclab 战队获一等奖，启明星辰 X9 战队、1024 安全实验室、亿咖通战队获二等奖，满分冰美式、北方实验室、ChaMd5、BinX4、NEURON 战队获三等奖。

（林熙）

全新梅赛德斯－奔驰长轴距 C 级车下线

北京奔驰国产全新梅赛德斯－奔驰长轴距 C 级车下线　乐政 摄

6 月 21 日，北京奔驰汽车有限公司国产全新梅赛德斯－奔驰长轴距 C 级车在总装一工厂下线。该车型的生产过程应用了北京奔驰全球领先的智能生产方式、节能的生产设备与技术、严苛的质量管理方法，将生产过程中产生的能耗降至最低。

（李悦）

北京奔驰 M254 发动机投产

6 月 21 日，北京奔驰汽车有限公司 M254 发动机投产暨首台发动机下线庆祝仪式举行。M254 发动机采用直列四缸布局，将为包括国产全新梅赛德斯－奔驰长轴距 C 级车在内的多款国产奔驰车型提供动力。

（李悦）

国汽智控智能汽车基础脑项目签约

6 月，经开区管委会与国汽智控（北京）科技有限公司（简称国汽智控）签署入区协议。该公司拟建设技术自主可控、具有行业竞争力的智能网联汽车计算技术平台，开展智能汽车基础脑开发，包含智能汽车操作系统、异构分布硬件平台、车路云协同基础软件。该项目是智能网联汽车系统五大共性技术基础平台（云控基础平台、高精度动态地图基础平台、车载终端基础平台、计算基础平台、信息安全基础平台）中计算基础平台的成果转化项目，生产智能网联汽车重要的增量零部件，是实现国产网联云控式高级别自动驾驶功能的重要基础，是北京市高级别自动驾驶示范区建设工作的一部分，为示范区车路云协同项目提供自主开发的智能汽车操作系统应用支持。该项目承担国家重大科技项目的成果转化任务，国汽智控作为牵头单位承担国家发展改革委项目 1 项，作为参与单位承担工业和信息化部项目 1 项。

（柴进）

北京奔驰第 30 万台 M282 发动机下线

北京奔驰第 30 万台 M282 发动机下线　王辰 摄

7 月 28 日，北京奔驰汽车有限公司发动机装配与测试工厂第 30 万台 M282 发动机下线。M282 发动机于 2019 年 6 月投产，标志着北京奔驰在核心零部件加工、整机装配与测试等方面的全流程品质已完全满足梅赛德斯－奔驰的全球统一标准。

（李悦）

北京奔驰总装二工厂第 100 万辆整车下线

8 月 4 日，北京奔驰汽车有限公司总装二工厂第 100 万辆整车下线。北京奔驰总装二工厂与相关部门通力协作，在新产品不断增加的情况下，克服多方困难，按公司目标要求提高产量；车间开展人员技能培训，立足技术攻关和创新创效，有效推进生产效率的提升。

（李悦）

市委领导调研高级别自动驾驶示范区建设

8月21日，市委副书记、市长陈吉宁到经开区调研北京市高级别自动驾驶示范区建设工作，到道路现场察看路口杆体上摄像头、雷达等设备复用设置情况。陈吉宁指出，经开区要从服务国家战略高度出发，结合北京数字经济标杆城市和智慧城市建设部署，深化高级别自动驾驶示范区建设工作，凝聚共识、坚定方向，梳理优化供应链结构，加强前瞻布局，发挥经开区产业优势，吸引孵化产业链重点企业，增强重要节点保障能力，提高供应链安全性、稳定性；以生态建设为重点，强化顶层设计，促进车、网深度融合，加强云、网核心力量构建，突破底层关键技术，创新各方共建共享机制，形成协同高效的软硬件体系；推动相关标准制定推广，加快法规制度建设，着力抓好数据管理和信息安全，筑牢产业健康发展底线；总结深化经验做法，加快示范区建设工作，突出网的作用，加速推进路侧设施建设改造，尽快实现网联云控智能化设施全覆盖，全面提升系统服务能力，推动更大规模网联车辆测试应用，促进更多创新成果转化落地。市领导殷勇、靳伟一同调研。

（成翎）

长城汽车产业金融总部项目签约

8月，长城控股集团有限公司产业金融总部项目签约入区。该公司将立足于北京实现京津冀汽车产业链全场景金融服务的战略布局，借助“两区”建设政策优势，设立保理、财务、私募基金、资产管理、第三方支付、消费金融等公司，开展全产业链金融业务。

（柴进）

长城汽车新能源汽车品牌总部项目签约

8月，长城控股集团有限公司高端新能源汽车品牌总部项目签约入区。项目总投资25亿元，在亦城时代广场建设长城汽车全新高端新能源品牌“沙龙”的总部（含研发、管理、销售等总部职能），主打高端纯电动和氢能乘用车型。

（柴进）

国汽智联成立高精度地图平台公司

9月6日，国汽（北京）智能网联汽车研究院有限公司、中国地图出版集团、北京亦庄智能城市研究院集团有限公司、北京四维图新科技股份有限公司等共同出资成立国汽智图（北京）科技有限公司。该公司位于经开区荣华南路13号，秉承“政府许可、行业认同、市场化运作”的经营理念，整合产业上下游资源，推动建设高精动态地图基础平台，以此推进智能网联自动驾驶产业关键共性技术的研发、数据合规安全管控、标准法规建设；基于自主研发的人工智能算法，实现车端传感器、市政交通、天气等多源海量数据高效融合、更新，为汽车制造商、图商、自动驾驶解决方案商、政府部门等用户提供规范化、标准化、专业化高精动态地图数据服务、数据合规服务、地图工具应用服务等多重服务。

（林熙）

国汽智联入选工业和信息化部试点项目

9月8日，工业和信息化部车联网身

份认证和安全信任试点工作启动会召开，公布车联网身份认证和安全信任试点项目名单，发布《车联网身份认证和安全信任试点技术指南（1.0）》。车联网身份认证和安全信任试点项目名单有 61 个项目入选，包括国汽（北京）智能网联汽车研究院有限公司牵头的基于国产商用密码算法的车车通信安全与互联互通身份认证项目、车联网车云通信安全和数字钥匙安全防护建设项目，作为联合单位参与的南京市新型公交都市先导区（江心洲）云控管理平台车联网身份认证安全通信项目、基于网联云控高级别自动驾驶的车联网身份认证和安全信任试点项目。国汽智联还为此次试点工作提供技术支撑，起草的《基于 LTE 的车联网无线通信技术　安全证书管理系统技术要求》（YD/T 3957—2021）被指南列为参考标准。

（林熙）

北京智能车联中标试点项目

9 月 13 日，北京智能车联产业创新中心有限公司、吉利汽车研究院（宁波）有限公司、中国市政工程中南设计研究总院有限公司、千方捷通科技股份有限公司组成的联合体以 9483 万元的报价中标宁波市城市智慧汽车基础设施和机制建设深化试点项目总承包（EPC）。项目建设内容为对宁波市杭州湾新区滨海六路、滨海四路、海垦路、玉海西路、越耕路等城市道路进行智能化新建和改造，总长度为 15.3 千米；选取 1 个停车场进行改造，支持自动泊车功能；选取宁波市世纪金源小区与吉利汽车研究院（宁波）有限公司之间 3 千米的道路建设无人驾驶公交测试线路。

（俞国强）

北京奔驰全新国产纯电 SUV 下线

北京奔驰全新国产 EQA 纯电 SUV 投产　　乐政 摄

9 月 16 日，北京奔驰汽车有限公司的全新国产 EQB 纯电 SUV 下线；10 月 20 日，北京奔驰的全新国产 EQA 纯电 SUV 下线。全新国产 EQA、EQB 纯电 SUV 的下线标志着北京奔驰推动绿色低碳发展，加速电动化战略转型。全新国产 EQA、EQB 与 2019 年下线的 EQC 纯电 SUV 初步形成北京奔驰电动产品矩阵，在覆盖中型纯电 SUV 及紧凑型纯电 SUV 市场的同时，为中国消费者提供豪华电动轿车出行新选择。

（张乐　李悦）

北京奔驰项目获市科学技术进步奖一等奖

9 月 20 日，北京奔驰汽车有限公司与首钢集团有限公司等单位联合申报的“高安全性车身结构用钢制造及应用关键技术集成与创新”项目获 2020 年度北京市科学技术进步奖一等奖。该项目是北京奔驰以高质量国产材料完成工艺自主规划的有效实践，首创热成形零件高精度预测模型，解决热成形零件组织性能控制不精准及冷成形零件回弹的难题，热成形零件预测精度超过 95%，冷成形零件回弹控制在 0.5 毫米以内；发明冷成形高强钢边部裂纹敏感性及热成形钢极限冷弯开裂敏感性的评价方法，揭示材料物理特性对两种裂纹敏感性的影响规律，将对高强钢开裂问题的处理由事后分析改进转变为事前预测调整，提升汽车企业的生产效率，降低成本损耗；于国内首发 590~980 兆帕增强成形性双相钢系列产品，解决传统双相钢成形能力不足、冲压开裂率高和可镀性差等难题；开发 780~1180 兆帕复相钢系列产品，由其制作的汽车零件空间尺寸合格率提升至 96% 以上，实现对北京奔驰等高端汽车企业部分零件的独家供货。

（李悦）

汽车产业链协同发展座谈会

10 月 14 日，经开区汽车产业链协同发展座谈会召开。座谈会以“前瞻新能源汽车和智能网联汽车零部件产业链协同发展”为主题，邀请北京市 4 家整车企业、30 余家汽车零部件企业及创新平台代表 50 余人参会。会议旨在建立整车企业与零部件企业沟通平台，促进区内企业加强合作，以整车带动零部件的模式，推进汽车产业高质量发展。会上，营商合作局、市自动驾驶办公室分别介绍高端汽车和新能源智能汽车产业规划及自动驾驶示范区建设情况；各整车企业和汽车零部件企业代表介绍产业链供需情况并开展交流；创新平台代表介绍新能源汽车领域关键共性技术研发进程；多家企业就零部件供需展开精准对接。

（张福逸）

国汽智联主办首届汽车开发者大会

10 月 20 日，由国汽（北京）智能网联汽车研究院有限公司运营的国家智能网联汽车创新中心和中国汽车工程学会联合主办的首届汽车开发者大会（2021）在上海汽车城会展中心召开。会上，国家智能网联汽车创新中心发布汽车开发者生态计划，提出构建以“发布者—开发者—支撑体系—组织体系”为核心要素的开发者生态体系架构，同时围绕基础算法，发布感知类、规控类和信息安全类等 10 个任务需求，按照“自由参与、开源共享、入库奖励、商业推广”的原则招募开发者。来自智能网联汽车行业的专家、技术领袖，围绕汽车操作系统、车用芯片、导航定位、工业技术软件、自动驾驶云服务、虚拟化平台架构等智能网联汽车产业涉及的关键领域、核心环节、共性技术，就产业生态建设展开讨论。

（林熙）

北京奔驰 EVA2 全新电池生产线建成

北京奔驰 EVA2 全新电池生产线建成　　企业提供

12 月 3 日，北京奔驰汽车有限公司 EVA2 全新电池生产线建成暨第一块客户电池交付仪式举行。EVA2 全新电池生产线兼具自动化与柔性化特征，不仅能实现不同电池产品的混线生产，还可以根据市场需求调整不同电池的生产产能，为更多国产纯电车型的投产奠定基础，加快北京奔驰的电动化进程。

（李悦）

北京奔驰第 150 万辆白车身下线

12 月 14 日，北京奔驰汽车有限公司车身二工厂第 150 万辆白车身下线。车身二工厂于 2015 年 10 月投产，在初始产能设计的基础上不断实现产能突破，持续保障生产工作，为完成提产和新项目启动双线任务做出贡献。

（李悦）

国家电投综合智慧能源项目签约

12 月 16 日，经开区管委会与北京经开综合智慧能源有限公司签署入区协议，建设国家电投综合智慧能源项目。该公司发挥产业带头作用，吸引行业内外高端产业落户经开区，牵头成立能源产业联盟，形成以智慧能源、环保科技、金融投资、软件信息为核心的新型产业集群；发挥其在投资、规划、建设、运营全产业链的优势，参与经开区基础设施的规划和建设，配合经开区申报整区能源规划方案；发挥高效产业组织能力，落实中央企业的社会责任，主动组织兄弟单位与经开区战略对口区县“结对子”，带动经济发展。

（李昌祖）

北京智能车联参编的团体标准发布

12 月 24 日，由中关村智通智能交通产业联盟、北京智能车联产业创新中心有限公司、北京电子科技职业学院等单位联合起草的团体标准《服务型电动自动驾驶行驶轮式车道路测试能力评估内容与方法》（T/ZSA 94—2021）发布，于 12 月 25 日起实施。该团体标准规定服务型电动自动行驶轮式车的通用测试要求及能力评估内容与方法，适用服务型电动自动行驶轮式车道路测试能力评估内容与方法。12 月 31 日，中关村标准化协会将该团体标准认定为中关村标准。

（俞国强）

北京奔驰 EB301 动力电池产量破万

北京奔驰 EB301 动力电池产量突破 10000　　企业提供

12 月 28 日，北京奔驰汽车有限公司动力电池工厂 EB301 产量突破 10000 暨年度表彰仪式举行。EB301 动力电池于 2019 年 7 月投产，实现从零到一的突破，拉开北京奔驰新能源时代的序幕。

（李悦）

亮道智能参建德国大型车路协同项目

12 月，北京亮道智能汽车技术有限公司（简称亮道智能）参建的“5GoIng-5G-Innovationskonzept Ingolstadt”（简称 5GoIng）试点项目获德国交通与信息化部经费批准，预算超过 400 万欧元。亮道智能在 5GoIng 试点项目中承担路侧感知融合系统与车路协同的数字化集成方案及软件系统架构与开发，获科研资金超过107 万欧元。5GoIng 试点项目是德国首次由市政府与汽车厂商、创新企业、科研院所共同合作开发、申请的试点项目，旨在联合汽车厂商与周边工业企业建设一个基于 5G 通信的车路协同大型示范区与开放式创新实验室。

（彭遥）

清陶固态电池北方总部项目签约

12 月，清陶（北京）能源科技有限公司固态电池北方总部项目签约入区。项目总投资 2 亿元，选址朝林广场，将重点建设清陶军品总部和固态储能与动力技术研究中心，联合国内外高校、科研院所等创新资源，从关键材料、特殊工艺、芯片设计、系统集成等方面开展核心技术创新研究，开发满足军工、储能、动力等领域所需的国际领先新型电池技术与产品；搭建共性技术研究平台，围绕军品特种电源和新能源汽车动力电池开展先进技术研发及市场对接，打造清陶北方总部。

（柴进）

北京奔驰获多项荣誉

年内，北京奔驰汽车有限公司被评为2018—2020 年度首都文明单位标兵、智能制造标杆企业、北京市节水型单位；在中国汽车技术研究中心有限公司 C-NCAP 十五周年活动上获汽车安全贡献奖；入选第四届“鼎革奖”数字化转型先锋榜，获年度企业奖。公司的工业互联网平台 + 新技术试点示范项目（基于工业互联网的汽车生产线智能维护数据应用平台解决方案）入选 2020 年工业互联网试点示范项目名单平台集成创新应用类别；数字化能源计量系统和设备智能化自控系统示范项目被评为 2020 年能源资源计量服务示范项目；36 个项目在第十五届北京发明创新大赛中获奖；车身二工厂主导的项目“基于工业互联网大数据平台的智能焊装工厂”入选2021 年中国智能制造十大科技进展。梅赛德斯－奔驰 GLA、梅赛德斯－奔驰长轴距 E 级轿车在 2020 年度中国汽车产品质量表现研究结果中分别获豪华紧凑型 SUV 第一名、豪华中大型轿车第一名；国产梅赛德斯－奔驰长轴距 A 级轿车和国产梅赛德斯－奔驰长轴距 E 级轿车在 2021 年中国燃油汽车行业用户满意度指数（CACSI）测评结果中分别获豪华紧凑型轿车满意度第一名和豪华中大型轿车满意度第一名。公司冲压工厂法格开卷线入选 2021 年北京市“青年安全生产示范岗”集体名单；总裁兼首席执行官方铭博获市政府颁发的长城友谊奖；方铭博、生产规划副总裁王玲玉分别被评为亦城领军海外人才和亦城领军经营管理人才，135 名员工被评为亦城优秀人才。

（李悦）

特来电智动柔性充电弓投入运营

年内，特来电（北京）新能源科技有限公司（简称特来电）针对电动公交大巴车场景，解决大功率快速充电的无人化智能产品——智动柔性充电弓投入运营。该产品从设计到成品，均采用国际一流技术水准的充电设备，整体呈弓形，下连公交场站，节省用地空间，又不失城市美观，匹配的超大功率快充技术。整个充电过程仅需 40 秒，每次可支撑公交大巴续航 10 千米，8 分钟就可充满一辆车，极大降低运营成本。

（康蕊）

·企业（选介）·

北京德尔福万源发动机管理系统有限公司

2021年，北京德尔福万源发动机管理系统有限公司（简称德尔福万源）的资产总额为8.9亿元，销售收入为16.05亿元，利润总额为2.5亿元，纳税总额为0.92亿元。3月15日，德尔福万源的外商投资企业由德尔福新加坡控股私人有限公司变更为博格华纳新加坡控股私人有限公司，持有德尔福万源51%的股份。公司开发新一代氧传感器、电子节流阀体总成、高能点火线圈3款新产品并量产。

德尔福万源成立于1999年，是一家中外合资企业，注册资本为3166.96万美元，由博格华纳新加坡控股私人有限公司与中国运载火箭技术研究院共同持股。公司于2000年投产，主要开发和生产汽车发动机管理系统（电子燃油喷射系统）。2012年11月，公司由经开区同济北路6号迁至经开区博兴路19号，新厂总投资3.6亿元，占地面积近3万平方米，建有生产基地和研发中心，主要从事汽车发动机电子控制系统的生产、发动机管理系统和变速箱控制系统的研发。公司拥有30余条生产线，国产化项目产品主要为电喷系统零部件，包括喷油系统、燃油输送系统、供气调节系统、传感器类、点火线圈等，均符合世界公认的排放法规标准。公司为国内汽车市场发动机管理系统的第二大供应商，主要客户包括重庆长安汽车股份有限公司、长城汽车股份有限公司、东风小康汽车有限公司等，市场占有率达10%以上。

（马玉杨）

北京德尔福万源发动机管理系统有限公司

董事长 邢贵中（11月任）

刘志伟（11月免）

总经理 王晖

北京奔驰汽车有限公司

北京奔驰十大主力车型　　企业提供

2021年，北京奔驰汽车有限公司（简称北京奔驰）长轴距插电式混合动力E级车投产，国产全新梅赛德斯－奔驰长轴距C级车、全新国产EQB和EQA纯电SUV相继下线；首台M254发动机下线；EVA2电池生产线建成；装配与测试工厂第100万台国产M264发动机、第30万台M282发动机，总装二工厂第100万辆整车，车身二工厂第150万辆白车身，动力电池工厂第1万块EB301动力电池下线。公司成为北京市首批购买绿色电力的企业之一；通过IATF 16949质量体系再认证审核，ISO 14001:2015环境管理体系、ISO 45001:2018职业健康安全管理体系换证审核。

北京奔驰成立于2005年8月8日，由北京汽车股份有限公司与梅赛德斯－奔驰集团股份公司、戴姆勒大中华区投资有限公司（梅赛德斯－奔驰集团股份公司旗下公司）共同投资，是一家集研发、发动机与整车生产、销售和售后服务于一体的中德合资企业。公司已成为梅赛德斯－奔驰全球同时拥有前驱车、后驱车、电动车三大车型平台以及发动机与动力电池工厂的合资企业，并实现了发动机核心零部件与整机的出口，是梅赛德斯－奔驰全球生产网络的重要组成部分。公司基于梅赛德斯－奔驰全球标准建立质量中心，以全球统一的标准和质量管理体系生产车辆，引入梅赛德斯－奔驰十大主力车型，包括全新 EQA 纯电 SUV、全新 EQB 纯电 SUV、EQC 纯电 SUV、AMG A 35 L、长轴距 A 级轿车、全新长轴距 C 级车、长轴距 E 级车、长轴距 GLC SUV、GLB SUV 以及 GLA SUV。公司获全球卓越运营最佳工厂、绿色示范工厂、北京市智能制造标杆企业、中德智能制造合作试点示范等称号。

（李悦）

北京奔驰汽车有限公司

总裁兼首席执行官 方铭博

党委书记兼高级执行副总裁 陈　巍

北京北汽李尔汽车系统有限公司

2021 年，北京北汽李尔汽车系统有限公司（简称北汽李尔）生产、销售整车座椅 43.8 万台（套）。员工有 883 人，平均年龄为 30 岁。年内，北汽李尔 16 件实用新型专利获授权；实施发泡自动喷涂胶水和消音蜡项目、智能仓库项目（包含无人行走搬运机器人项目及智能仓库管理系统）；完成北京奔驰汽车有限公司新 C 级车 206 座椅项目量产和长城汽车股份有限公司 V71、B01 车座椅项目量产。

北汽李尔成立于 2007 年 4 月 28 日，注册资本为 220 万美元，位于经开区瑞合东二路 3 号，占地面积为 4 万平方米，是由北京海纳川汽车部件股份有限公司与美国李尔有限公司共同出资组建的中外合资企业，主要产品及工艺包括汽车座椅发泡、骨架焊接、扶手、整椅装配等。公司致力于持续创新、自动化运营和可持续发展，拥有自动清膜、自动喷涂 / 吹干脱模剂、AGV 自动配料、UR 自动螺钉拧紧、组装自动熨烫、自动发运机器人等智能系统。公司入选工业和信息化部第五批绿色制造名单（绿色工厂），通过 IATF 16949 质量管理体系、ISO 14001 环境管理体系认证。

（何佳洁）

北京北汽李尔汽车系统有限公司

董事长 许小江

总经理 宋晓辉

北京中瑞蓝科电动汽车技术有限公司

2021 年，北京中瑞蓝科电动汽车技术有限公司（简称中瑞蓝科）有员工 30 余人。公司注册地址由经开区中和街 9 号迁至经开区科创十四街 99 号。

中瑞蓝科成立于 2010 年，注册资本为 1.44 亿元，专注于纯电动新能源汽车的研发、制造、销售。公司起步于 2003 年在荷兰建立的电动汽车实验室，研发纯电动汽车动力电源系统、驱动电机系统、整车控制系统三大技术，形成以荷兰 DURACR 新能源汽车科技公司为重点的研发基地、北京中瑞蓝科研究院为核心的科技生产基地。在新能源汽车产业化、商业化进程中，公司以多元化技术路线研发新能源汽车技术和产品，以整车系统优化为目标的技术路线，突破新能源汽车纯电驱动动力平台核心技术，开发满足多元化技术需求和整车系统最优化需求的关键“三电”（电驱动、电池、电控）零部件产品体系。公司坚持新能源汽车动力总成技术和产品方向，以纯电驱动汽车关键零部件开发、制造、销售为发展主线，提供纯电驱动汽车产业化、商品化全面解决方案。公司拥有 ISO/TS 16949 质量管理体系—汽车行业生产件与相关服务件认证资质，具备设计整车所需的电源管理系统（BMS）、电机控制系统（EMS）、整车控制系统（VMS）及直接数位同步（DDS）控制器能力，具备完成整车厂核心零组件的整合设计要求的能力。

（高建伟）

北京中瑞蓝科电动汽车技术有限公司

董事长 林伯实

北京智能车联产业创新中心有限公司

2021 年，北京智能车联产业创新中心有限公司（简称北京智能车联）的资产总额为 1.34 亿元，营业收入为 2963.92 万元，纳税总额为 102.94 万元，有员工 32 人。截至 2021 年年底，北京智能车联支撑北京市自动驾驶开放道路测试总里程超过 391 万千米，开放测试道路 278 条，共计 1027.88 千米。年内，北京智能车联主办 2021 年北京市自动驾驶车辆道路测试安全运行研讨会；与中关村智通智能交通产业联盟联合编写的《北京市自动驾驶车辆道路测试报告（2020 年）》发布；参编的团体标准《服务型电动自动驾驶行驶轮式车道路测试能力评估内容与方法》发布。公司获检验检测机构资质认定证书（CMA），被认定为北京市 2021 年度第六批“专精特新”中小企业。

北京智能车联成立于 2016 年 10 月 26 日，注册资本为 6000 万元，由京冀地区通信、互联网、汽车与交通产业内的 9 家企业联合出资成立。公司是依照新兴产业创新主体模式设立的全国首家智能网联创新中心，也是北京市唯一一家智能网联测试与服务领域的市级产业创新中心。公司致力于打造智慧交通方向下国内领先的智能网联汽车“全生命周期”测试、验证、检测与评估机构以及应用示范的产业服务平台。公司聚焦解决钳制智能网联行业发展的测试难、评价难与上路难等问题，牵头组织行业企业、科研院所编制自动驾驶能力评估、道路选取、试验场建设、数据传输等 11 项团体标准。公司支撑北京市建设完成“场—路—区”三级试验与示范环境，包括约 43.33 万平方米的自动驾驶封闭试验场，可模拟京津冀地区 85% 的城市交通场景、90% 的高速交通场景、80% 的乡村交通场景，并在亦庄核心区域建设完成 40 千米的 V2X 测试道路，与产业伙伴合作建设虚拟仿真实验室、人机混驾实验室和 V2X 网联测试实验室。公司负责国家智能汽车与智慧交通（京冀）示范区的管理、建设与运营，以及全国首个车联网（智能网联汽车）和自动驾驶地图应用试点的支撑、推进工作。公司具备自动驾驶与车联网测试评估方法与标准研制能力和测试评估服务能力，自动驾驶与车联网测试评估政策研究推动能力、测试管理能力、技术方案咨询服务能力，以及自动驾驶与车联网测试设备、系统软硬件的设计开发与研制能力。2018 年 3 月 15 日，公司被授权为北京自动驾驶车辆道路测试第三方服务机构，负责北京市自动驾驶车辆道路测试日常管理工作，构建全国首个自动驾驶道路测试管理服务平台，并连续3年发布《全国首份自动驾驶道路测试技术报告》。

（俞国强）

北京智能车联产业创新中心有限公司

总经理 董 萧（12月任）

孙亚夫（12月免）

国汽（北京）智能网联汽车研究院有限公司

2021年，国汽（北京）智能网联汽车研究院有限公司（简称国汽智联）有员工近400人。年内，国汽智联主办2021 CVVD首届车联网漏洞挖掘赛、首届汽车开发者大会（2021）；推出国内首个汽车行业网络安全专业人员培训项目及资格证书；参编的《智能网联汽车产业人才需求预测报告》发布；成立子公司国汽智图（北京）科技有限公司；子公司国汽智控（北京）科技有限公司发布智能汽车基础脑。公司牵头或参与的4个项目入选工业和信息化部车联网身份认证和安全信任试点项目名单；运营的中国智能网联汽车产业创新联盟入选2020年"科创中国"产学研融通组织榜单。

国汽智联成立于2018年3月，由中国汽车工程学会、中国汽车工业协会、中国智能网联汽车产业创新联盟等行业机构牵头，中国第一汽车集团有限公司、东风汽车集团有限公司等23家股东单位共同出资成立，注册资本为11亿元，位于经开区荣华南路13号，占地面积为1437.42平方米，包括占地面积为480平方米的一期实验室，同时在建占地面积为10.73万平方米的智能网联汽车试验基地。公司主营业务包括工程技术研究和试验发展，技术开发、技术咨询、技术推广、技术检测、技术服务、技术转让等。2019年，公司获批组建国家智能网联汽车创新中心，设立院士专家工作站，通过中关村高新技术企业认定，成为中国卫星导航定位协会理事单位。

（林熙）

国汽（北京）智能网联汽车研究院有限公司

董事长 张进华

总经理 严 刚

生物技术和大健康产业

概况

2021年，经开区推进生物医药和大健康产业创新发展。北京凯因科技股份有限公司和北京百普赛斯生物科技股份有限公司分别在上海证券交易所、深圳证券交易所上市；北京生物制品研究所有限责任公司建成全球最大的新型冠状病毒灭活疫苗生产车间，研发生产的新型冠状病毒灭活疫苗（Vero细胞）获全球117个国家和地区及国际组织批准紧急使用或市场准入，接种人群覆盖196个国别。北京泰德制药子公司研发的经导管三尖瓣修复系统（Trialign）完成国内首例植入。北京利德曼生化股份有限公司医学参考实验室被列入国际检验医学溯源联合委员会（JCTLM）参考测量服务实验室数据库。

（周平）

北京生物完成疫苗重点物料国产化替代

1月1日，北京生物制品研究所有限

责任公司与 5 家合作单位启动新型冠状病毒灭活疫苗（Vero 细胞）（简称新冠灭活疫苗）的重点物料国产化替代项目的研究工作，并在工业和信息化部完成“疫苗生产关键物料产业化及验证应用项目”的立项工作，将部分国产物料应用于新冠灭活疫苗的生产。截至 2021 年年底，北京生物该项目实现重点物料替代率达 98%，并完成 5 个商业化批次新冠疫苗原液生产的国产化生产验证及可比性研究。

（程玉）

市委统战部领导到悦康药业调研

1 月 19 日，市委统战部常务副部长周开让一行到悦康药业集团股份有限公司调研。周开让参观悦康药业绿色生产、智能制造和新药研发等方面的最新进展，传达 1 月 18 日召开的全国统战部长会议精神。周开让表示，要坚持以习近平新时代中国特色社会主义思想为指导，学深悟透做实习近平总书记关于加强和改进统一战线工作的重要思想，增强“四个意识”、坚定“四个自信”、做到“两个维护”，把党中央对统一战线的决策部署落实下去，把广大统一战线成员的智慧和力量凝聚起来。全国政协委员、中国致公党中央常委一同调研，悦康药业党委书记、董事等参加调研。

（刘旭辉）

卡替医疗开发免疫细胞治疗产品

1 月，北京卡替医疗技术有限公司开发针对恶性实体瘤的“超级 TIL”免疫细胞治疗产品。公司融合肿瘤浸润淋巴细胞（TIL）疗法、嵌合抗原受体 T 细胞（CAR-T）技术和克服肿瘤微环境抑制作用的基因改造技术，解决如何获得可识别异质性肿瘤的 T 细胞、肿瘤微环境对 T 细胞具有抑制作用、T 细胞数量扩增等难题，突破 T 细胞数量瓶颈，并降低体外细胞扩增的周期及成本。临床试验数据显示，“超级 TIL”免疫细胞治疗产品以普通 TIL 疗法万分之一的剂量即可对晚期多线治疗无效的实体瘤实现近 100% 的疾病控制率和 33% 的客观缓解率；安全性好，无一例患者出现严重不良反应。该产品还适用于全部实体瘤患者，不限癌种、不限疾病分期、不限肿瘤突变负荷（TMB），不依赖手术获取 TIL 细胞，具有制备过程简易、容易标准化、成药性好等优势，可实现短周期、低成本、高疗效的目标。

（梁丽文）

加科思多个临床试验获批

1 月，北京加科思新药研发有限公司自主研发的小分子口服抗肿瘤药 JAB-3068 与 PD-（L）1 特瑞普利单抗注射液（Toripalimab Injection）药物联合使用，用于晚期实体瘤患者的 Ib/IIa 期临床试验获国家药监局批准；JAB-3312 与 PD-（L）1 派姆单抗（Pembrolizumab）或 MEK 抑制剂比美替尼（Binimetinib）联合使用，用于晚期实体瘤患者的临床试验获美国食品药品监督管理局（FDA）批准，并于 5 月完成首例患者给药。5 月，加科思自主研发的 KRAS G12C 抑制剂 JAB-21822 用于治疗 KRAS G12C 突变的晚期实体瘤患者的临床试验获国家药监局和 FDA 批准，并于 8 月在中国完成晚期实体瘤患者 I/II 期临床试验的首例患者给药。10 月，加科思自主研发的 CD73 单克隆抗体 JAB-BX102 针对实体瘤患者的

I/IIa 期临床试验获 FDA 批准，这是加科思首个进入临床阶段的大分子项目；JAB-21822 用于 KRAS G12C 与 STK11 共突变且 KEAP1 野生型的晚期或转移的非小细胞肺癌患者、与 PD-（L）1 派姆单抗（Pembrolizumab）联用治疗 KRAS G12C 突变的晚期实体瘤 2 项临床试验获国家药监局批准。12 月，JAB-21822 与西妥昔单抗注射液（Cetuximab）联合用药临床试验获国家药监局批准，可在中国开启一项 I/II 期、开放、多中心、剂量递增和扩展的临床研究，旨在探索 JAB-21822 联合西妥昔单抗注射液（Cetuximab）用于治疗 KRAS G12C 突变的晚期结直肠癌患者的安全性、耐受性和初步疗效。

（吴光耀）

凯因科技在上海证券交易所上市

凯因科技在上海证券交易所科创板上市　　企业提供

2 月 8 日，北京凯因科技股份有限公司在上海证券交易所科创板挂牌上市（股票简称：凯因科技；股票代码：688687），首次公开发行股票 4246 万股，发行价格为 18.98 元 / 股，募集资金净额约为 7.26 亿元，用于新药研发、营销网络扩建及补充流动资金。

（陈喆　靳雪晶）

北京生物建设全球最大新冠疫苗生产车间

2 月 19 日，北京生物制品研究所有限责任公司为保障新型冠状病毒灭活疫苗（Vero 细胞）供应，紧急启动三期车间建设项目，项目总建筑面积为 1.52 万平方米，为地上 4 层建筑。3 月 16 日，该项目取得建筑工程施工许可证。6 月 20 日，该项目完成施工。9 月 2 日，该项目完成验收并投入使用，是全球最大的新冠灭活疫苗生产车间。

（程玉）

泰德制药 1 类新药 TDI01 实现海外授权

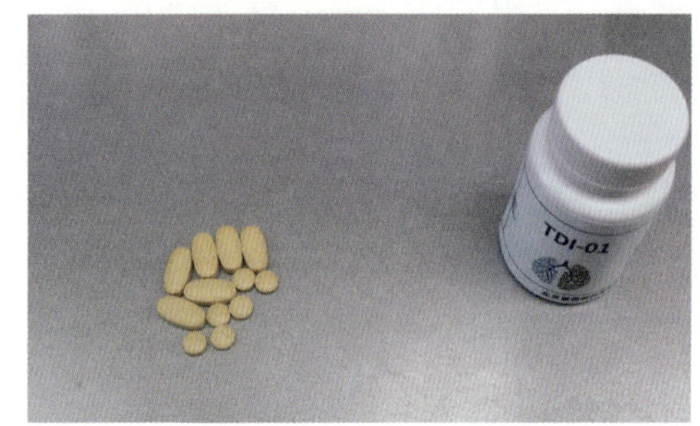

泰德制药 1 类创新药 TDI01　　企业提供

2 月 24 日，北京泰德制药股份有限公司与美国公司 Graviton Bioscience Corporation 达成海外授权合作协议，双方将共同开发并商业化泰德制药自主研发的治疗特发性肺纤维化 1 类创新药 TDI01。TDI01 是一款全新靶点、全新机制的口服小分子药物，可通过抑制 Rho 相关卷曲螺旋形成蛋白激酶 2（ROCK2）起到抑制纤维化进程和调节免疫的作用，疗效优于同类上市药物，并就肺纤维化、尘肺病等适应证开展临床试验。此次海外授权合作的交易总值达 5.18 亿美元，创下中国口服小分子药物对外授权的最高纪录，将采取阶段性里程碑付款方式，泰德制药保留大中华区全部权利。

（郑雅丹）

北京生物向全球供应新冠灭活疫苗

2 月，北京生物制品研究所有限责任公司的新型冠状病毒灭活疫苗（Vero 细胞）（简称新冠灭活疫苗）获玻利维亚国家药品与卫生技术局、塞舌尔卫生部批准注册上市。4 月，北京生物的新冠灭活疫苗获匈牙利国家药品审批监管机构颁发的欧盟 GMP 证书，这是中国首个在欧盟获批使用和通过 GMP 认证的疫苗产品。5 月，北京生物的新冠灭活疫苗获泰国食品药品监督管理局批准注册；获世界卫生组织（WHO）紧急使用授权，这是 WHO 批准的首个中国新冠病毒疫苗紧急使用认证，也是 WHO 批准的首个非西方国家的新冠病毒疫苗。6 月，北京生物向新冠肺炎疫苗实施计划（COVAX）供应的首批新冠灭活疫苗下线，这是中国向 COVAX 供应的首批新冠灭活疫苗。7 月，北京生物的新冠灭活疫苗获土库曼斯坦卫生部门批准注册上市；获马来西亚卫生部批准附条件注册上市。8 月，北京生物的新冠灭活疫苗获秘鲁共和国卫生部门批准注册上市。9 月，北京生物的新冠灭活疫苗获摩洛哥王国卫生部批准附条件注册上市。截至 2021 年年底，北京生物的新冠灭活疫苗在阿联酋、巴林、摩洛哥、中国、玻利维亚、塞舌尔、泰国、土库曼斯坦、马来西亚、秘鲁 10 个国家注册上市，在匈牙利、新加坡、墨西哥等 8 个国际药品认证合作组织（PIC/S）成员国获准入许可，总计获全球 117 个国家和地区及国际组织批准紧急使用或市场准入，接种人群覆盖 196 个国别。

（程玉）

重组新冠疫苗下线

3 月 15 日，北京智飞绿竹生物制药有限公司接到集团的指示，利用公司现有先进生产包装线，受托紧急生产安徽智飞龙科马生物制药有限公司与中国科学院微生物研究所联合研制的重组新冠疫苗“智克威得”。5 月 3 日，第一批重组新冠疫苗下线上市。该款疫苗采用基因重组技术表达特异性抗原，技术先进成熟，可在 2℃至 8℃避光的环境下保存 24 个月，更易于正常运输及存储，在国内获批紧急使用，是采用三针免疫程序的重组亚单位疫苗。

重组新冠疫苗“智克威得”下线　　张泉 摄

（康蕊）

悦康药业开展多次公益活动

悦康药业江西团队到敬老院提供义诊服务现场　曾子荣 摄

3 月 18 日，悦康药业集团股份有限公司江西团队到江西省丰城市特殊教育学校，为学生捐赠书籍 100 本、剪纸画 50 余份、苹果 10 箱、哈密瓜 8 箱、生日蛋糕 8 个。4 月 16 日，悦康药业党委为大兴区儿童福利院捐赠洗衣液、尿不湿等价值 1 万元的物资。6 月，悦康药业到山东省蒙阴县开展“传承红色基因 致敬参战老兵”公益行动，走访慰问 70 余名抗日战争及抗美援朝战争的参战老兵，捐赠价值数十万元的家庭常备药品和日常生活用品。9 月 5 日，悦康药业江西团队与南昌大学第一附属医院心内科行政副主任彭小平、郑耀富等到南昌市新建区昌邑乡敬老院，捐赠空调、常备药品、老年人奶粉、水果等爱心物资，并提供义诊服务。10 月，在中国人民政治协商会议全国委员会教科卫体委员会于江西省开展的卫生“三下乡”活动中，悦康药业捐赠价值 50 余万元的注射用头孢哌酮钠舒巴坦钠等常用药品。

（刘旭辉）

百泰生物建立“一带一路”联合实验室

3 月 22 日，百泰生物药业有限公司与古巴分子免疫学中心共同建立中国—古巴“一带一路”联合实验室。该实验室由科技部批准建设，整合中国和古巴在抗体领域的技术、人才和市场等资源优势，致力于在分子免疫学学科热点，特别是具备临床转化前景的学术领域开展原创性研究、分子免疫学机制基础性研究及应用研究，为新型肿瘤抗体药物开发提供新思路，并有针对性地开发药物，联合攻关生产关键性“卡脖子”技术。

（宋莉 许丽娜）

博尔诚推进融资工作

4 月 1 日，博尔诚（北京）科技有限公司获天津京东方创新投资有限公司注资 150 万美元、新余羲嘉德投资股权合伙企业（有限合伙）注资 100 万美元、海南翌晖科技有限公司注资 50 万美元，注册资本由 1500 万美元增至 1800 万美元。4 月 30 日，博尔诚完成 B 轮融资，苏州国新科创二期股权投资基金合伙企业（有限合伙）领投 77.59 万美元，舟山同富股权投资合伙企业（有限合伙）跟投 6.01 万美元，注册资本由 1800 万美元增至 1883.60 万美元。博尔诚于 2020 年引入产业战略投资人，与京东方健康投资管理有限公司等企业达成合作协议，改变依靠自有资金维持企业运转的模式，为公司开展重大疾病早期检测领域的研究提供保障。

（宁丽辉）

康乐卫士与俄罗斯制药集团签署合作协议

5 月 28 日，北京康乐卫士生物技术股份有限公司及其全资子公司康乐卫士（昆明）生物技术有限公司与俄罗斯制药集团举行关于重组九价人乳头瘤病毒（HPV）疫苗项目合作的网络签约仪式。根据合作协议，俄罗斯制药集团将利用康乐卫士的 HPV 疫苗活性药物成分及制剂技术，在俄罗斯联邦境内进行重组九价 HPV 疫苗的临床开发、生产和商业化。

（熊军）

赛升药业认购拜西欧斯股份

5 月，北京赛升药业股份有限公司召开第四届董事会第五次会议，审议通过《关于签订股权转让协议暨关联交易的议案》。赛升药业出资 600 万元认购拜西欧斯（北京）生物技术有限公司（简称拜西欧斯）注册资本 30.76 万元，持有拜西欧斯 2.35% 的股权。拜西欧斯是一家致力于神经系统疾病领域创新药物研究、开发与转化的国家高新技术企业。

（王雪峰）

纳百生物新增微生物测试片生产线

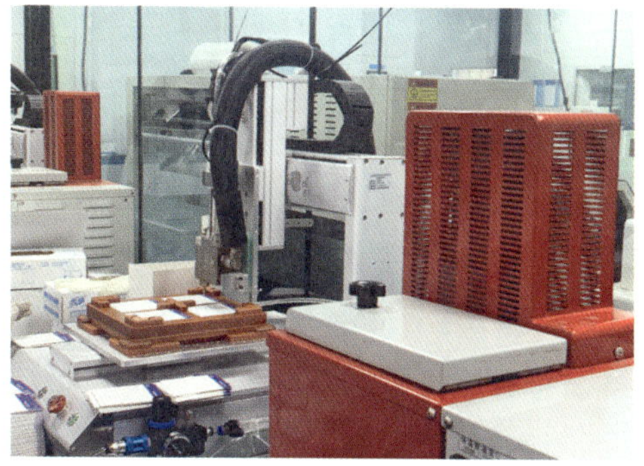

纳百生物微生物测试片生产线　　企业提供

5月，北京纳百生物科技有限公司新增微生物测试片生产线，产品用于快速检测食品及环境中菌落总数、金黄色葡萄球菌、沙门氏菌等微生物含量，其中50%以上的产品已投产、部分产品仍在优化中。该生产线各环节均采用全自动化机器，并利用智能化喷码技术等实现产品可追溯，预计年产能达1000万份。

（魏单平　吴迪）

义翘科技生产及研发基地项目签约

5月，义翘神州科技股份有限公司亦庄新城生产及研发基地项目签约入区。项目总投资5亿元，其中固定资产投资为3亿元；选址国家环保产业园（金桥产业基地）B3-2-7地块，占地面积为2.45万平方米；建设研发总部和产品生产基地，开展技术研发，扩充既有生物科研工具试剂产品线，开设新的免疫学诊断试剂关键核心原料产品线，培养基干粉线，提供各种生物技术服务。

（贾玉龙）

珐博进爱瑞卓®获肾性贫血临床指南推荐

6月1日，《中国肾性贫血诊治临床实践指南》在《中华医学杂志》发表，以珐博进（中国）医药技术开发有限公司的药品罗沙司他胶囊（爱瑞卓®）为代表的低氧诱导因子脯氨酰羟化酶抑制剂（HIF-PHI）被纳入该指南，并获最高力度的1A级推荐。爱瑞卓®用于包括非透析和透析慢性肾脏病患者的肾性贫血治疗，可促进生理范围内促红细胞生成素（EPO）的生成，同时下调铁调素水平，增加机体对铁的吸收、转运和利用，减少铁剂用量。该指南由中国工程院院士、中国人民解放军总医院全军肾脏病研究所所长陈香美牵头、中国医师协会肾脏内科医师分会编制，是中国首部针对肾性贫血的临床指南。

（陈君明）

贝达药业北京研发中心药品新适应证获批

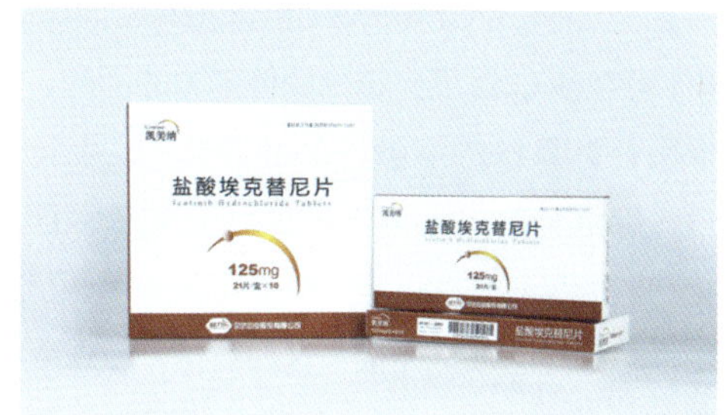

贝达药业北京研发中心盐酸埃克替尼（凯美纳®）企业提供

6月4日，贝达药业股份有限公司北京新药研发中心申报的靶向抗癌药盐酸埃克替尼（凯美纳®）新适应证获国家药监局批准，用于Ⅱ－ⅢA期表皮生长因子受体（EGFR）突变非小细胞肺癌（NSCLC）术后辅助治疗。这是凯美纳®在国内获批的第三个适应证，凯美纳®成为国内首个获批用于早期肺癌患者术后辅助治疗的一代表皮生长因子受体络氨酸激酶抑制剂（EGFR-TKI）。

（徐晓峰）

凯因科技成立美国子公司

6月21日，北京凯因科技股份有限公

司在美国设立全资子公司凯因生命科学（美国）有限公司（Kawin Biosciences USA Inc.），注册资本为 2 万美元，位于美国康涅狄格州威瑟斯菲尔德市，主要业务为生物医药领域的技术开发、技术咨询、技术服务、技术转让，以及药物开发、临床研究等。

（陈喆）

舒泰神 3 种注射液获批临床试验

7月16日、9月18日，舒泰神（北京）生物制药股份有限公司自主研发的 STSA-1002 注射液分别获美国食品药品监督管理局（FDA）和国家药监局新药临床试验批准，可在美国、中国同步开展用于治疗重型新冠肺炎的临床试验。STSA-1002 注射液是重组抗人 C5a IgG1 全人源单克隆抗体，可在使 C5a 丧失结合受体能力的同时，保留补体系统的溶菌、杀菌功能。8 月 19 日，韦洛利单抗（BDB-001）注射液获国家药监局新药临床试验批准，可开展用于抗中性粒细胞胞质抗体相关性血管炎（AAV）患者的临床试验。该试验是国内首个针对 AAV 患者的临床试验。9 月 4 日，舒泰神自主研发的 STSA-1005 注射液获 FDA 新药临床试验批准，可开展用于治疗重型新冠肺炎的临床试验；10 月 27 日，该试验在美国实现首例受试者用药。STSA-1005 注射液通过特异性结合人重组人粒细胞巨噬细胞集落刺激因子受体 a（GMRα）并阻断其与配体 GM-CSF（重组人粒细胞巨噬细胞集落刺激因子）的相互作用，从而负向调节先天免疫反应。

（张静梅　王小茜）

泰德制药子公司研发成果用于临床

7 月，北京泰德制药股份有限公司的子公司北京卡迪泰医疗器械科技有限公司研发的经导管三尖瓣修复系统（Trialign）在空军军医大学西京医院完成全国首例植入。Trialign 是一款经导管微创介入器械，设计巧妙，创伤性小，可有效降低开胸手术为患者带来的风险，在国外完成 51 例临床试验。

（郑雅丹）

拜耳医药保健与 1 药网达成战略合作

8 月 3 日，拜耳医药保健有限公司与广东壹号大药房医药连锁有限公司旗下的 1 药网签署战略合作协议。根据协议，双方将在全渠道药品商业化、慢病管理、患者教育、互联网医院等领域开展合作，共建疾病管理平台，为患者打造医患沟通、病程管理和送药上门等数字化“医 + 药”服务模式。1 药网是拜耳医药保健在中国唯一开展直供合作的数字化医药健康平台，将通过整合智能供应链、大数据、云服务等方式，助力拜耳医药保健的创新，以及将高品质原研药物等产品扩展和渗透到线上、线下市场。

（邹京）

义翘神州在深圳证券交易所上市

义翘神州在深圳证券交易所上市　张磊　摄

8 月 16 日，北京义翘神州科技股份有限公司在深圳证券交易所创业板挂牌上市（股票简称：义翘神州；股票代码：301047），首次公开发行股票1700万股，发行价格为292.92元/股，刷新A股历史发行价记录，募集资金净额为47.24亿元，用于生物试剂研发中心项目、全球营销网络建设项目及补充流动资金。

（赵凯丽 靳雪晶）

博尔诚产品纳入地方医保

8月25日，《北京市医疗保障局 北京市卫生健康委员会 北京市人力资源和社会保障局关于规范调整物理治疗类等医疗服务价格项目的通知》（京医保发［2021］23号）发布，规范调整北京市公立医疗机构物理治疗类等284项医疗服务价格，于10月23日起实施，基因甲基化检测被纳入实验室诊断类别，可全额报销。博尔诚（北京）科技有限公司研发的胃癌早诊产品RNF180/Septin9基因甲基化检测试剂盒（PCR荧光探针法）（思博卫®）和肠癌早诊产品Septin9基因甲基化检测试剂盒（PCR荧光探针法）（思博定®）作为基因甲基化检测产品被纳入北京市医保范围，其中思博卫®是国内唯一被纳入医保目录的胃癌早诊产品。11月26日，吉林省医疗保障局、吉林省卫生健康委员会发布并实施《关于制定新增和修订部分医疗服务价格项目的通知》（吉医保联［2021］28号），博尔诚的思博定®被纳入2021年新增部分医疗服务价格项目。截至2021年年底，思博定®被纳入北京市、上海市、吉林省等14个省级行政区医疗服务价格项目，并入选北京市、福建省的医保目录。

（宁丽辉）

天广实生物与恒瑞医药达成合作意向

9月5日，北京天广实生物技术股份有限公司（简称天广实生物）与江苏恒瑞医药股份有限公司（简称恒瑞医药）达成第三代抗CD20抗体重组人源化单克隆抗体（MIL62）的商业化及联合用药临床开发合作意向，将合作开发MIL62与其他产品的联合疗法；初步达成股权投资意向，恒瑞医药拟作为基石投资人向天广实生物进行约3000万美元的股权投资。MIL62是新一代Ⅱ型CD20抗体，由天广实生物自主创新研发，已获中国专利授权以及国家重大新药创制专项支持，是国内首款及唯一进入Ⅲ期临床试验阶段的国产第三代抗CD20抗体。

（隋丞琳）

赛升药业与天广实生物达成战略合作

9月，北京赛升药业股份有限公司和北京天广实生物技术股份有限公司（简称天广实生物）在北京举行抗体药物药品上市许可持有人制度（MAH）战略合作协议签约仪式。根据协议，赛升药业委托天广实生物的全资子公司北京华放天实生物制药有限责任公司（简称华放天实）为人源化抗VEGF单抗注射液提供技术转移、工艺优化、临床样品生产、临床期间药学研究以及生物制品许可申请等一站式服务。赛升药业向华放天实支付服务经费3932万元。

（栾美丽）

求臻医学完成2.3亿元C1轮融资

10月8日，求臻医学科技（北京）有限公司（简称求臻医学）完成2.3亿元C1轮融资，投后估值超过14亿元。本轮融资由上海沂景投资有限公司领投，湖南高新创投健康养老基金管理有限公司、青岛京铭创新资本管理有限公司跟投，易凯资本有限公司担任独家财务顾问。本轮融资主要用于求臻医学进一步推动肺癌、消化道肿瘤伴随诊断产品临床注册，肿瘤早筛产品及微小残留病灶（MRD）产业化落地；持续推进基于中国人群的肿瘤样本库、临床数据库的建设，为肿瘤新药开发提供临床支持。

（隋丞琳）

义翘神州成立 2 家全资子公司

10 月 11 日，北京义翘神州科技股份有限公司成立全资子公司义翘神州（泰州）科技有限公司，注册资本为 3000 万元，总投资 1.5 亿元，建设以培养基和诊断试剂原料为代表的生物试剂产业化基地，建设干粉培养基、液体培养基、诊断试剂原料等生物试剂研发实验室，高通量快速抗体重组表达项目技术平台，相关产品生产线以及与之配套的办公、研发、质量检查等辅助设施。11 月 10 日，义翘神州成立全资子公司义翘神州（苏州）生物技术有限公司，注册资本为 1000 万元，总投资 5000 万元，主要进行研发及检测工作，包括细胞库检测服务和病毒清除验证服务。

（赵凯丽）

百普赛斯在深圳证券交易所上市

10 月 18 日，北京百普赛斯生物科技股份有限公司在深圳证券交易所创业板上市（股票简称：百普赛斯；股票代码：301080），本次发行股票 2000 万股，发行价格为 112.50 元，募集资金总额为 22.5 亿元，用于研发中心建设项目、营销服务升级项目、补充流动资金项目。

（靳雪晶）

博尔诚主办血液基因甲基化检测高峰论坛

11 月 19 日，博尔诚（北京）科技有限公司主办的首届血液基因甲基化检测高峰论坛在北京召开。论坛以“博采众‘肠’‘胃’病先防”为主题，邀请中国人民解放军总医院、中日友好医院、首都医科大学附属北京同仁医院等医院的专家，围绕血液基因甲基化检测技术在癌症早检领域的应用，探讨表观遗传标志物的发展、院内真实世界数据研究、肠癌基因甲基化检测临床应用以及胃癌基因甲基化检测最新临床应用进展等议题。博尔诚同与会专家共同发起癌症防治“三早”（早发现、早诊断、早干预）行动倡议，旨在发挥血液基因甲基化检测优势，推进癌症防治“三早”全面普及。来自北京多家医院检验科、病理科的 50 余位学科带头人参会。

（宁丽辉）

微岩医学完成 1.5 亿元“A+”轮融资

11 月 29 日，微岩医学科技（北京）有限公司（简称微岩医学）完成 1.5 亿元“A+”轮融资，投后估值约为 10 亿元。本轮融资由上海联和投资有限公司独家领投，将用于加快中国病原微生物天网实验室项目的建设及医疗器械产品的注册报证进程，推进感染精准诊断新产品开发。

（隋丞琳）

3 家企业药品入选国家医保目录

12 月 3 日，国家医保局、人力资源社会保障部发布《关于印发〈国家基本医疗保险、工伤保险和生育保险药品目录（2021 年）〉的通知》（医保发〔2021〕50 号），目录收载西药和中成药共 2860 种，其中西药 1486 种、中成药 1374 种。经开区企业拜耳医药保健有限公司的前列腺癌治疗新药达罗他胺片（诺倍戈®）和贝达药业股份有限公司北京新药研发中心的盐酸埃克替尼（凯美纳®）和盐酸恩沙替尼（贝美纳®）入选；珐博进（中国）医药技术开发有限公司的罗沙司他胶囊（爱瑞卓®）续约成功。

（邹京　陈君明　徐晓峰）

义翘神州推出奥密克戎研究试剂

12 月 6 日，北京义翘神州科技股份有限公司推出一系列针对新型冠状病毒变种奥密克戎（B.1.1.529）的研究试剂，包括重组奥密克戎刺突蛋白（RBD、S1 和 S-ECD 三聚体）、识别奥密克戎刺突蛋白的单克隆抗体以及奥密克戎假病毒检测 CRO 服务，为研究人员了解奥密克戎突变对病毒传播的影响，以及治疗性中和抗体和预防性疫苗的有效性提供研究工具。

（赵凯丽）

泰德制药 TCR1672 获批临床试验

12 月 16 日，北京泰德制药股份有限公司自主研发的 TCR1672 获国家药监局临床试验许可。TCR1672 为二代高选择性的 P2X3 受体拮抗剂，主要应用于治疗呼吸领域的难治性慢性咳嗽（RCC）成年患者及疼痛领域的子宫内膜异位症等复杂性内脏痛患者。P2X3 受体是嘌呤类受体家族中的配体门控离子通道，其过度活化与感觉神经元的超敏化有关，而由损伤或感染引发的气道和肺部神经元超敏反应可引起过度、持续和频繁的咳嗽，TCR1672 通过阻断三磷酸腺苷（ATP）启动 P2X3 受体而产生的钙离子内流，起到治疗效果。

（郑雅丹）

北京亦庄（京津冀）生物医药产业大会

12 月 16 日，第八届北京亦庄（京津冀）生物医药产业大会在线上举办。大会由北京亦庄生物医药园主办，经开区青年联合会、亦庄控股党外知识分子联谊会、京东健康集团等承办，以“区域协同，共建健康”为主题，重点关注基因治疗研发进展及行业前景、医疗器械产业发展新机遇、线上服务与医药健康相结合三大领域议题，展示生命科学领域最新技术成果，探讨行业规范和发展机遇，推动京津冀生物医药产业健康发展。中国食品药品检定研究院重组药物室等单位的 9 位专家围绕“新一代技术在试剂蛋白高效制备中的应用”“基因检测在健康监控和疾病评估中的应用”等主题做报告。来自北京、天津、河北等地区以及海外地区的 440 余人参会。

（吕菲）

悦康药业 5 款产品被评为家庭常备药

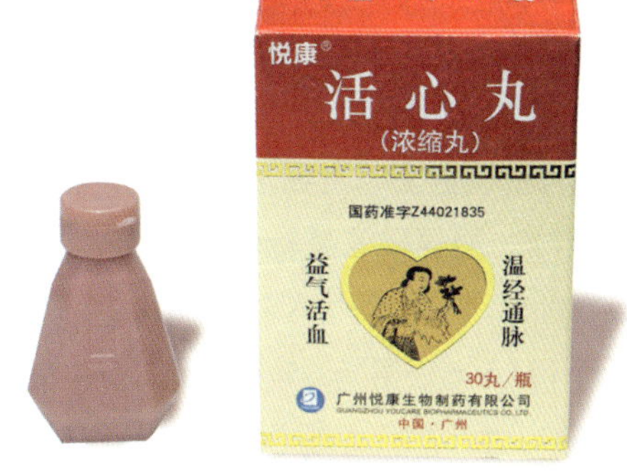

悦康药业出品悦康®活心丸（浓缩丸）　栾传奇 摄

12 月，2020—2021 年中国家庭常备药上榜品牌榜单发布，悦康药业集团股份有限公司产品悦康®活心丸（浓缩丸）、悦康®心力丸（浓缩丸）入选中国家庭常用心脑血管药品牌榜，奥美拉唑肠溶胶囊

（立卫克®）入选中国家庭常备肠胃用药品牌榜，盐酸二甲双胍缓释片（悦达宁®）入选中国家庭常备糖尿病药品牌榜，悦康®复方胎盘片入选中国家庭常备补益用药品牌榜。

（任高远　栾传奇）

悦康药业4款产品通过仿制药一致性评价

年内，悦康药业集团股份有限公司4款产品获国家药监局核准签发的《药品补充申请批准通知书》，通过仿制药质量和疗效一致性评价。药品分别是盐酸二甲双胍片（0.25克）、阿莫西林胶囊（按C16H19N3O5S计0.25克）、奥美拉唑肠溶胶囊（立卫克®）（20毫克）、注射用头孢曲松钠（0.5克、1.0克）。

（刘丁超　刘旭辉）

利德曼实验室加入JCTLM实验室数据库

年内，经国际检验医学溯源联合委员会执行委员会（JCTLM Executive Committee）审核，北京利德曼生化股份有限公司医学参考实验室被列入JCTLM参考测量服务实验室数据库，成为中国体外诊断行业企业第4家、全球第12家加入该数据库的实验室，列名项目包括肌酸激酶（CK）、丙氨酸氨基转移酶（ALT）、天冬氨酸氨基转移酶（AST）、乳酸脱氢酶（LDH）、γ-谷氨酰基转移酶（GGT）、α-淀粉酶（α-AMY）和碱性磷酸酶（ALP）7项，标志着利德曼医学参考实验室参考测量的标准化工作达到国际一流实验室水平，有资格在这7个项目上为全球体外诊断试剂制造商、医疗机构、第三方检测机构等提供国际认可的参考测量定值服务，也为检验结果的互认提供技术支持。

（张丽华　朱萍）

·企业（选介）·

北京四环生物制药有限公司

2021年，北京四环生物制药有限公司（简称四环生物）实现产值3.25亿元，销售额为3亿元，纳税额为1444万元。员工有200余人，其中工程技术人员占70%以上，具有专科以上学历人员超过80%。

四环生物成立于1988年10月8日，注册资本为3.51亿元，位于经开区建安街5号，是中国首家集基因工程药物的研发、生产和销售于一体的高新技术企业，是国内拥有生物制药品种最多的企业之一。公司拥有4种上市产品，其中新生物制品一类抗癌药物注射用重组人白介素-2(德路生®)是国家“八五”重点课题、国家“863”计划高技术研究开发项目——基因工程人白细胞介素-2的研制、中试、生产及临床应用的科研成果；重组人白介素-2注射液（新德路生®）是公司自行研制、在国际上拥有专利的首款上市白介素-2水针剂新药；重组人促红素注射液（CHO细胞）（环尔博®）是抗贫血新生物制品二类新药；重组人粒细胞刺激因子注射液（欣粒生®）是促进中性粒细胞增加的新生物制品二类新药。公司销售网点遍布全国32个省、自治区、直辖市，主要产品环尔博®和欣粒生®远销亚洲、非洲的多个国家。

（韩明娣）

北京四环生物制药有限公司

总经理　程度胜

北京泰德制药股份有限公司

2021年，北京泰德制药股份有限公司（简称泰德制药）的总资产为43.3亿元，比 2020 年增长 15.6%；纳税额为 5.2 亿元，比 2020 年增长 58.53%；净利润为 6.1 亿元，比 2020 年增长 98.9%；有员工 2874 人。年内，泰德制药自主研发的依托考昔片（凯昔®）、帕立骨化醇注射液（凯沙®）上市；自主研发的 TCR1672 获国家药监局临床试验批准，向美国食品药品监督管理局（FDA）提交试验用新药（IND）申请并获受理；自主研发的治疗特发性肺纤维化 1 类创新药 TDI01 实现海外授权；递交的抗肿瘤药哌柏西利胶囊 4 类仿制药上市申请获国家药监局药品审评中心（CDE）受理；子公司北京卡迪泰医疗器械科技有限公司研发的经导管三尖瓣修复系统（Trialign）在空军军医大学西京医院完成全国首例植入。公司成立中国疼痛医学研究转化中心；向中国医学科学院药物研究所捐赠 20 台海尔滚筒洗衣机等物资，向河南捐赠价值 100 万元的医疗物资以抗击水灾，向陕西省西安市捐款 100 万元抗击新冠肺炎疫情；随母公司中国生物制药有限公司及其他成员企业与河北省承德市承德县刘杖子乡孟家庄村签订价值达 275 万元的商品采购协议。公司获 2018—2020 年度首都文明单位标兵、2020 年度“中国健康公益星”十大公益企业、2021 年中国创新力医药企业等称号；产品氟比洛芬凝胶贴膏（得百安®）被评为 2021 中国化学制药行业其他各科用药优秀产品品牌；董事长郑翔玲获第四届北京市华侨华人“京华奖”、2021 年银紫荆星章，副总裁赵焰平获 2021 年全国五一劳动奖章。

泰德制药成立于 1995 年 5 月 29 日，注册资本为 5 亿元，位于经开区荣京东街 8 号，是中国第一家能够研发、生产和销售系列靶向药物的高科技制药企业。公司坚持创新驱动发展战略，搭建完成脂微球、脂质体、生物制剂、外用透皮贴剂和固体制剂等高端制剂技术平台，拥有多项具有自主知识产权的核心技术，以及总占地面积近 15 万平方米的 2 个药品生产基地和位于沧州地区占地面积为 14 万平方米的现代化原料药生产基地。2008 年，公司通过日本注射剂 GMP 认证，并连续 10 年向日本出口高端注射剂药品，累计超过千万支；2016 年，公司被工业和信息化部评为全国质量标杆企业；2019 年，公司通过 ISO 9001 质量管理体系认证。公司有 8 个上市产品，上市时均是国内独家或首家、填补国内空白或引领市场的优质产品。公司每年将 10% 以上的销售收入用于研发创新，围绕新机制新靶点的创新药、生物制品、高端制剂、高端医疗器械四大业务板块开发创新型系列产品，聚焦微循环、镇痛、呼吸、肿瘤四大领域，拥有 370 件发明专利申请，其中 PCT 国际专利申请超过 166 件。公司坚持产学研医重点合作，与国内外多家高端医疗机构建立战略合作关系，加快围绕聚焦治疗领域开展 1 类创新药的研究开发。同时，拓展三尖瓣修复、人工心脏等国际领先的高端医疗器械产品业务。其中，与美国创新企业合作引入全球首个介入三尖瓣修复医疗器械项目，在泰德制药研发中心建成世界领先的医疗器械洁净车间；与呼吸病领域著名院士合作建立的呼吸病研究中心，孵化出治疗肺纤维化全球 1 类新药。

（郑雅丹）

北京泰德制药股份有限公司

董事长 郑翔玲

总　裁 孙宇航

拜耳医药保健有限公司

2021 年，拜耳医药保健有限公司（简称拜耳医药保健）的工业总产值超过 218 亿元，是北京市唯一一家连续 10 年实现产值过百亿元的生物医药企业。公司主营业务收入超过 238 亿元，纳税总额为 40 亿元。公司在中国有员工 6201 人，其中北京 1600 人（北京工厂员工 500 人）。公司与国家卫生健康委合作，开展“走进西部”项目、“走进基层”项目，提升基层卫生管理人员专业能力和知识水平。截至 2021 年年底，拜耳医药保健“走进西部”项目持续开展 15 年，辐射全国 30 个省、自治区、直辖市，培训卫生人才超过 8 万人次，投入资金超过 7500 万元；“走进基层”项目持续开展 9 年，辐射全国 31 个省、自治区、直辖市，惠及省级部分三级医院院长、基层卫生管理者、区（县）卫生局局长等不同人群 43 万人，投入资金超过 3460 万元。年内，拜耳医药保健的达罗他胺片（诺倍戈®）获国家药监局批准上市并入选国家医保目录；非奈利酮（Kerendia®）获美国食品药品监督管理局（FDA）批准上市；维立西呱（Verquvo™）获美国、日本及欧盟批准上市。公司与美国 WaveForm 公司合作开发的持续葡萄糖监测系统（CGMs）获海南省药品监督管理局批准进口；与 1 药网达成战略合作。公司获市总工会颁发的首都劳动奖状。

拜耳医药保健成立于 1995 年 8 月 25 日，注册资本为 1.06 亿美元，位于经开区荣京东街 7 号，占地面积为 6.9 万平方米，建筑面积为 5.9 万平方米，是拜耳集团的子公司。公司总部设在北京市，在北京市、广东省、江苏省、云南省设有工厂。1995—1997 年，公司在北京兴建药品生产与包装工厂，用于制造固体和半固体产品。2009 年起，公司与中华慈善总会共同设立“拜科奇血友病儿童援助项目”。2011 年，北京工厂获市食品药品监管局颁发的 GMP 认证证书，成为北京市第一家获此证书的制药企业。公司下设处方药、健康消费品、作物科学 3 个事业部，其中处方药业务遍及全国 260 余个城市，产品主要为抗感染、抗血栓药物，用于糖尿病、心血管病、肿瘤等疾病，以及女性健康、眼科及特殊领域的治疗。2014 年，为满足中国市场对拜耳产品日益增长的需求，公司投资 1 亿欧元用于提升北京工厂的生产能力。2015 年 1 月起，“拜科奇血友病儿童援助项目”转型为“拜科奇 Co-pay 慈善援助项目”。2016 年 11 月，北京工厂综合扩建项目落成并投入使用，成为拜耳全球最大处方药包装基地。公司曾连续 2 届被商务部评为信用等级 AAA 级企业，是北京市唯一一家拥有 4 种年销售额超过 10 亿元产品（拜唐苹®、拜新同®、拜阿司匹灵®、拜瑞妥®)的外资企业，产品多次被评为北京生物医药产业跨越发展工程（G20 工程）最具贡献度大品种。公司获市政府颁发的北京市人民政府质量管理奖，是北京市唯一一家获此奖项的外资企业；被市商务委认定为跨国公司在京地区总部；被工业和信息化部评为国家级绿色工厂。

（邹京）

拜耳医药保健有限公司

总裁 周晓兰（8 月任）

霍　安（8 月免）

赛诺菲（北京）制药有限公司

2021年，赛诺菲（北京）制药有限公司[简称赛诺菲（北京）制药]的主营业务收入为67.29亿元，其中出口额为1.02亿元；工业总产值为66.75亿元；纳税额为3.63亿元；有员工597人。年内，赛诺菲（北京）制药的Marchesini包装线获市药监局批准，用于本地化生产甘精胰岛素注射液（来得时®）（3毫升：300单位/笔芯）和进口分包装药品[依诺肝素钠注射液（克赛®）、注射用替考拉宁、利司那肽注射液、谷赖胰岛素注射液、来得时®（3毫升：300单位/笔芯）]的外包装；基础胰岛素产品甘精胰岛素注射液（来优时®）、来得时®以及速效胰岛素谷赖胰岛素注射液（艾倍得®）入选全国药品集中采购（胰岛素专项）中选结果。公司被北京市企业创新信用领跑行动组委会评为2021年度信用领跑企业。

赛诺菲（北京）制药始建于1995年12月25日，注册资本为1200万美元，位于经开区兴盛街7号，是法国赛诺菲集团在华设立的全资子公司。2006年，公司更名为赛诺菲安万特（北京）制药有限公司；2012年，更名为赛诺菲（北京）制药有限公司。公司重点品牌包括全球销售的产品来得时®、口服降糖药格列美脲片（亚莫利®）、抗凝依诺肝素克赛®、治疗脂肪肝及其他肝病的口服药物多烯磷脂酰胆碱胶囊（易善复®）等。工厂按照世界级质量标准设计并建造，拥有来得时®灌装线、来得时®注射笔组装线技术、胶囊灌装线、全封闭制粒生产线和全自动固体包装线。2010年6月，赛诺菲集团增资4400万美元在赛诺菲（北京）制药建设来得时®生产车间和相关配套设施。2012年5月，组装生产线投产。2014年年底，注册资本增至9600万美元。公司通过国家药监局GMP认证、日本药品与医疗器械管理局GMP认证和澳大利亚药品管理局TGA认证，通过ISO 14001环境管理体系认证和ISO 50001能源管理体系的认证。公司被评为“十百千工程”企业，G20工程优秀企业、2018中国化学制药行业工业企业综合实力百强、绿色工厂等。公司产品克赛®被评为2018中国化学制药行业心脑血管类优秀产品品牌，来得时®、亚莫利®被评为2018中国化学制药行业原研药、专利药优秀产品品牌，易善复®被评为2018中国化学制药行业OTC优秀产品品牌，来得时®被评为G20工程突出贡献大品种、G20工程创新品种（甘精胰岛素注射液）。

（母仲秋）

赛诺菲（北京）制药有限公司

工厂总监　何国玲

北京利德曼生化股份有限公司

2021年，北京利德曼生化股份有限公司（简称利德曼）的总资产为23.5亿元，公司及子公司营业收入为5.6亿元，利润总额为5880万元，纳税额为6069.35万元。员工有522人，其中具有硕士和博士学位人员占10.7%、本科以上学历人员占40.2%。利德曼的注册资本由4.23亿元增至5.44亿元。截至2021年年底，利德曼拥有专利77件，其中发明专利57件、实用新型专利17件、外观设计专利3件，医疗器械注册证370项。年内，利德曼医学参考实验室被纳入检验医学溯源联合委员会（JCTLM）参考测量服务实验室数据库；协办 2021 中国医师协会检验医师年会暨第十六届全国检验与临床学术会议、2021 第六届海上检验医师论坛等学术会议。

利德曼成立于 1997 年 11 月 5 日，位于经开区兴海路 5 号。2012 年，公司在深圳证券交易所创业板上市（股票代码：300289），是一家集研发、生产和销售于一体的国家高新技术企业。公司主营业务涉及体外诊断试剂、诊断仪器及生物化学原料三大领域，其中体外诊断试剂包括生化诊断试剂、免疫诊断试剂、凝血类诊断试剂系列产品。公司有 200 余项生化诊断试剂产品注册证、66 项免疫诊断化学发光试剂产品注册证、6 项血凝产品注册证、3 项诊断仪器产品注册证和 28 种产业化诊断酶。公司参与国家级“十二五”规划重点课题“结核病诊断技术的研究”、国家火炬计划、国家发展改革委 2015—2017 年增强制造业核心竞争力重大工程包项目等。公司被评为北京市著名商标、国家高新技术企业、纳税信用 A 级企业、北京市级企业科技研究开发机构等。公司通过市食品药品监管局医疗器械质量体系考核、YY/T 0287—2003 idt ISO 13485:2016 质量管理体系、GB/T 19001 idt ISO 9001:2015 质量管理体系认证。

（张丽华 朱萍）

北京利德曼生化股份有限公司

董事长 王凯翔

第一三共制药（北京）有限公司

2021 年，第一三共制药（北京）有限公司（简称第一三共制药）的投资总额为 2.51 亿美元，营业额为 7.17 亿元，纳税额为 1.92 亿元。员工有 171 人，其中具有大专以上学历人员 89 人。公司增设水污染在线监测系统，上线实验室信息管理系统（LIMS）。

第一三共制药原名为第一制药（北京）有限公司，由原日本第一制药株式会社投资，1998 年 5 月 19 日在经开区注册成立，投资 2000 万美元建设固体制剂和瓶装注射制剂 2 条生产线。2005 年，日本总社企业合并重组，名称变更为第一三共株式会社。2009 年，第一制药（北京）有限公司更名为第一三共制药（北京）有限公司。2011 年，第一三共株式会社调整在华事业，并在上海设立第一三共（中国）投资有限公司，统一管理在华事业。2012 年，第一三共株式会社通过第一三共（中国）投资有限公司向第一三共制药增资实现部分持股。2016 年，第一三共株式会社将所持股份转让给第一三共（中国）投资有限公司，第一三共制药成为第一三共（中国）投资有限公司的全资子公司。公司建有注射剂软袋生产线制剂栋、固体制剂 PTP 新包装线；主要产品有泰利必妥®片剂、可乐必妥®片剂、可乐必妥®注射剂、优利福®硬胶囊剂，均入选国家医保目录。

（戴晓静 张征）

第一三共制药（北京）有限公司

工厂长 向杰

北京赛升药业股份有限公司

2021 年，北京赛升药业股份有限公司（简称赛升药业）的总资产为 33.81 亿元，销售收入为 10.36 亿元，净利润为 4.16 亿元，纳税额为 0.93 亿元。在职员工有 447 人，其中具有本科及以上学历人员 165 人，占总人数的 37%；研发人员占总人数的20%。1月25日，赛升药业的注册资本由4.84亿元变更为4.82亿元。截至2021年年底，赛升药业拥有全资子公司赛升药业（香港）有限公司，控股子公司北京赛而生物药业有限公司和沈阳君元药业有限公司、1个营销中心（北京赛升药业股份有限公司销售分公司），参股北京华大蛋白质研发中心有限公司、北京绿竹生物技术股份有限公司、浙江赛灵特医药科技有限公司、拜西欧斯（北京）生物技术有限公司及北京中润伟业投资有限公司。年内，赛升药业获实用新型专利授权7件、药品再注册批件2件。公司被评为企业信用评价AAA级信用企业、中国生化制药工业协会副会长企业，通过知识产权管理体系认证、中关村高新技术企业复审；注射用纤溶酶（赛百®）获2021年生化生物药品优秀品牌奖。

赛升药业成立于1999年5月20日，位于经开区兴盛街8号。2015年6月，公司在深圳证券交易所创业板上市（股票代码：300485）。公司是一家专注于高端制剂、生物药、现代中药、原料药、保健产品、医疗器械生产和销售的国家高新技术企业，初步形成基于研发创新平台、医药产业链创新平台、协作技术创新平台和资本产业平台四大战略平台的集团化发展路径，产品涉及心脑血管类疾病、免疫性疾病（抗肿瘤）和神经系统疾病三大用药领域。公司拥有4个全国首家生产品种、4个北京市自主创新产品、2个国家重点新产品，是5个品种的国家药品标准原研起草单位。公司2件发明专利获中国专利优秀奖；“免疫亲和层析规模纯化纤溶酶及其药学性质、药物制剂的开发研究”项目获北京市科学技术奖三等奖；“注射用纤溶酶及纤溶酶注射液的产业化”项目被科技部列入国家火炬计划产业化示范项目。公司是中国知识产权研究会团体会员、北京市级企业科技研究开发机构、北京市企业技术中心、北京市专利示范单位、北京生物医药产业跨越发展工程（G20工程）行业领军企业、北京医药行业协会副会长企业、中关村企业信用促进会会员，设有博士后科研工作站分站。

（栾美丽）

北京赛升药业股份有限公司

董事长兼总经理 马骉

北京同仁堂科技发展股份有限公司

2021年，北京同仁堂科技发展股份有限公司（简称同仁堂科技公司）实现销售收入54亿元，归属母公司净利润为8.67亿元。年内，同仁堂科技公司扩大基地种植规模，打造食品、文化创意、消杀系列新产品，完善“非药”板块品种结构；成立终端战略联盟，推进营销体系改革；完善药物警戒和药品追溯管理机制。公司的西黄丸传统制作技艺入选北京市第五批市级非物质文化遗产代表性项目名录。

同仁堂科技公司由北京同仁堂股份公司下沉部分优良资产于2000年3月组建而成，同年10月在香港联交所创业板挂牌上市（股票代码：1666.HK）。公司作为中国北京同仁堂（集团）有限责任公司旗下的六大二级集团之一，是一家集产、供、销于一体的高科技现代化中药企业，通过ISO 9001质量管理体系认证，所有生产线均通过国家GMP认证，其中8条生产线通过澳大利亚TGA认证、1条生产线通过日本厚生省认证，产品涉及 20 余个剂型、200 余个品种。

（史皓巍）

北京同仁堂科技发展股份有限公司

董事长 顾海鸥

总经理 王煜炜

百泰生物药业有限公司

百泰生物实验室 企业提供

2021 年，百泰生物药业有限公司（简称百泰生物）有员工 925 人，其中具有本科及以上学历人员占 46%。年内，百泰生物获发明专利授权 3 件，累计拥有专利 28 件，其中发明专利 23 件、实用新型专利 5 件。公司完成新灌封车间、新研发实验室与中试研究中心的净化装修；向古巴出口 2 批尼妥珠单抗原液，支持古巴分子免疫学中心项目临床研究、开发和生产。公司董事长白先宏出席纪念卡斯特罗活动暨菲德尔与生物技术研讨会，获中国—古巴建交 60 周年纪念章及中古建交 60 周年荣誉证书；出席中古生物技术合作联合工作组第十一次会议，与古巴分子免疫学中心进行 2021—2023 年合作项目的“云”签约。公司产品尼妥珠单抗注射液（泰欣生®）第三次入选国家医保目录。

百泰生物成立于 2000 年 8 月 1 日，注册资本为 1.15 亿元，位于经开区荣京东街 2 号，是中国与古巴合作经营的国家高新技术企业。公司以自主研发、生产和销售治疗恶性肿瘤的单克隆抗体和治疗性疫苗为主营方向，建设包括中古分子免疫学中心、转化医学研究室、新药研发中心以及抗体药物中试基地等在内的研发体系。2000 年，公司建成中国第一个人源化抗体技术平台——“CDR 移植”技术平台。2005 年，公司在经开区建成集抗体药物科学研究、产品开发和规模化生产于一体的人源化单克隆抗体药物研发和产业化基地。2008 年，公司一期生产厂房投产并取得中国、古巴两国 GMP 认证；研发的中国第一个人源化单克隆抗体药物泰欣生®上市。2015 年，公司建成 1 条 4000 升连续灌流式细胞培养生产线。2017 年，泰欣生®首次入选国家医保目录。2018 年，泰欣生®通过古巴 GMP 认证；公司建立和完善多个涉及抗体药物研发的中上游关键技术平台。2020 年，4000 升连续灌流培养生产线获国家药监局批准运行，通过市药监局 GMP 符合性检查，并启动商业化生产。

（宋莉 许丽娜）

百泰生物药业有限公司

董事长兼总经理 白先宏

本元正阳基因技术有限公司

2021 年，本元正阳基因技术有限公司（简称本元正阳）的资产总额为 1.3亿元。员工有 86 人，其中研究人员 52 人。

本元正阳成立于 2000 年 10 月 24 日，注册资本为 1.11 亿元，位于经开区永昌中路 6 号，是一家从事生物医药研发和生产的生物技术企业。公司立足于生物医药平台研发、生产、服务和药物开发，致力于用于基因治疗的基因载体研发和生产，建立集腺相关病毒、腺病毒、慢病毒和质粒 DNA 等多种基因载体的生产、纯化和检定于一体的技术平台和中试工艺，可大规模生产高质量的基因载体制品以用于基因治疗药物、载体疫苗的临床前研究和早期临床，其产品线涵盖世界上 90%以上用于基因治疗的载体种类。公司参与抗体仿制药即抗体生物类似物药物的研发，品种包括贝伐株单抗、阿达木单抗、奥马株单抗、阿柏西普单抗、派姆单抗以及西妥昔单抗等。公司拥有面积为 710 平方米的实验室和符合 GMP 要求的面积为 800 平方米的中试车间，承担国家“863”计划、“973”计划、市科委等科研课题 11 项，发表学术论文 58 篇，累计申请国内外专利 37 件，其中 17 件专利获授权。公司是国家“863”计划生物领域病毒基因载体研发基地和国内唯一具备多品种病毒载体开发和规模生产能力的高科技企业，设有博士后科研工作站分站。

（何新舟）

本元正阳基因技术有限公司

董事长 范　朴

总经理 瞿学东

北京星昊医药股份有限公司

2021 年，北京星昊医药股份有限公司（简称星昊医药）的资产总额约为 13 亿元，营业收入为 5.8 亿元，纳税总额为 6556 万元，有员工 607 人。截至 2021 年年底，公司有发明专利 31 件、新药证书 28 项、注册生产批件 146 件。年内，星昊医药完成国家“十三五”“重大新药创制”科技重大专项“子课题六 冻干工艺口腔速释给药关键技术平台”。公司获北京市品牌企业注册备案证书；产品甲钴胺片（星佳定®）获北京市品牌产品注册备案证书。

星昊医药成立于 2000 年 10 月 27 日，于 2007 年整体改制并更名为北京星昊医药股份有限公司，注册资本为 9197.72 万元，总部位于经开区中和街 18 号，是一家以药品研发为龙头，集科研开发、药品生产和市场销售于一体的新型综合医药服务企业。公司在北京、广东建有生产基地，生产线符合 GMP 标准，主要业务为研发生产片剂、胶囊剂、颗粒剂、冻干粉针剂、小容量注射液、大容量注射液等多种剂型。作为北京缓控释制剂工程技术研究中心的依托单位，星昊医药拥有高精尖科研团队、GMP 认证中试车间、百万级净化实验室和进口先进仪器设备，建有以缓控释制剂技术、冻干口腔崩解速释技术和高端注射剂智能制造技术为代表的核心技术平台。公司是国家高新技术企业、国家级专精特新“小巨人”企业、国家知识产权优势企业、北京市工程技术研究中心、北京市企业技术中心。

（张帆）

北京星昊医药股份有限公司

董事长 殷　岚

总经理 于继忠

悦康药业集团股份有限公司

2021 年，悦康药业集团股份有限公司（简称悦康药业）的资产总额为 57.26 亿元，营业收入为 42.46 亿元，有员工 2836 人。3 月 22 日，悦康药业的注册资本由 3.60 亿元增至 4.50 亿元。年内，悦康药业自主研发的枸橼酸爱地那非（爱力士®）上市；奥美拉唑肠溶胶囊（立卫克®）（20 毫克）等 4 款产品通过国家药监局仿制药质量和疗效一致性评价。公司启动国内首个完全自主研发的反义核酸药物“注射用 CT102”治疗原发性肝细胞癌Ⅰ期临床试验、羟基红花黄色素 A 和复方银杏叶片 2 项Ⅲ期临床试验、悦康通®银杏叶提取物注射液真实世界临床研究项目。公司的固体三车间、固体四车间、固体五车间通过欧盟药品管理局 GMP 认证。公司被评为2018—2020年度首都文明单位标兵、北京市非公有制经济组织党建示范单位和党员驿站示范点；入选 2020 年度中国医药工业百强榜单，位列第 75；在《证券日报》举办的 2021 科创领军者峰会上，获科创金骏马之卓越公司奖；在《财经》杂志主办的“国家情怀——2021 科创之夜”活动上，获 2021 科创板硬科技领军企业称号等。

悦康药业成立于 2001 年 8 月 14 日，总部位于经开区宏达中路 6 号，是一家集新药研发、药品生产和流通销售于一体的医药集团企业；2020 年，公司在上海证券交易所科创板上市（股票代码：688658）。公司以“产品、产能、产业链”为核心，在北京组建集团药物研究院，并以安徽、河南医药原料基地为基础，在北京、广州建立不同的制剂生产基地，拥有 200 余个品规的药物，涵盖心脑血管、消化系统、抗感染、内分泌、抗肿瘤等治疗领域。公司是中国医药工业百强企业、医药工业研发十强企业、国家技术创新示范企业、全国质量标杆企业、国家绿色制造体系建设示范企业“绿色工厂”、国家智能制造试点示范企业、国家企业技术中心、北京生物医药产业跨越发展工程（G20 工程）行业领军企业、北京市智能制造标杆企业、全国文明单位。公司组建头孢药物晶型研究国家地方联合工程实验室、心脑血管北京市工程研究中心、微丸缓控释制剂技术开发平台等，设有院士专家工作站、博士后科研工作站。

（艾瑞婷）

悦康药业集团股份有限公司

副总经理 张伟

舒泰神（北京）生物制药股份有限公司

2021 年，舒泰神（北京）生物制药股份有限公司（简称舒泰神）的营业收入为 5.84 亿元，营业利润为 −2.13 亿元，归属上市公司股东净利润为 −1.37 亿元。员工有 805 人，其中具有本科及以上学历人员 499 人，研发人员 302 人（包括具有博士学位人员 39 人、硕士学位人员 160 人）。年内，舒泰神 4 件国外发明专利、4 件国内发明专利、1 件外观设计专利获授权，新增 66 件国内注册商标。公司自主研发的 STSP-0601 注射液用于治疗伴抑制物 A 型或 B 型血友病的临床试验完成Ⅱ期首例受试者给药；韦洛利单抗（BDB-001）注射液用于治疗化脓性汗腺炎（HS）的临床试验完成境内首例 HS 患者给药；STSA-1002 注射液、STSA-1005 注射液获批开展临床试验；韦洛利单抗（BDB-001）注射液治疗重型新型冠状病毒肺炎国际临床项目获国家重点研发计划 2020 年度应对新冠肺炎疫情国际合作项目支持。

舒泰神成立于 2002 年 8 月 16 日，注册资本为 4.76 亿元，位于经开区经海二路 36 号。公司主要业务为研发、生产和营销具有自主知识产权的创新药物，主要包括蛋白类药物（含治疗性单克隆抗体药物）、基因治疗 / 细胞治疗药物、化学药物三大药物类别，治疗领域聚焦于感染性疾病、自身免疫系统疾病和神经系统疾病。公司的产业链条完整，涵盖从早期探索性研究、药物发现、工艺开发及中试放大、临床前生物学评价、临床开发到药品的生产和商业化，拥有完整的研发、生产、质量管理、营销以及配套的体系，是国家高新技术企业、中关村国家自主创新示范区创新型企业，承担多项国家级、市级科技创新及产业化项目。公司上市销售产品为创新生物药物苏肽生（注射用鼠神经生长因子）和全国独家品种舒泰清［复方聚乙二醇电解质散（Ⅳ）］。除上述产品外，公司还生产销售舒唯欣（曲司氯铵胶囊）、阿司匹林肠溶片等具有特色的化学药品。

（金勇）

舒泰神（北京）生物制药股份有限公司

董事长 周志文

总经理 王 超（8月任）

张荣秦（8月免）

贝达药业股份有限公司北京新药研发中心

2021年，贝达药业股份有限公司北京新药研发中心（简称贝达药业北京研发中心）的营业收入为22.46亿元。研发人员有199人，其中具有博士学位人员37人、硕士学位人员105人、本科学历人员50人、专科及以下学历人员7人。年内，贝达药业北京研发中心的靶向抗癌药盐酸埃克替尼（凯美纳®）累计销售额突破100亿元，新适应证获批；贝伐珠单抗注射液（贝安汀®）上市；盐酸埃克替尼（凯美纳®）和盐酸恩沙替尼（贝美纳®）入选国家医保目录；细胞周期蛋白依赖性激酶4/6（CDK4/6）抑制剂BPI-16350进入注册性Ⅲ期临床研究；小分子PD-L1项目、大分子EGFR/MET双特异性抗体MCLA-129项目等7个项目的临床试验申请获国家药监局批准；靶向非小细胞肺癌的第四代小分子抑制剂BPI-361175获美国食品药品监督管理局（FDA）的批准可开展临床实验。公司入选2021中国医药创新企业100强榜单第一梯级、2021年中国医药新锐创新力量榜单（第一名）、2021年浙江本土民营跨国公司经营50强榜单。

贝达药业北京研发中心成立于2003年8月22日，注册资本为4.01亿元，位于经开区北工大软件园，设有合成、药理、分析、制剂、注册、早期临床等部门，可完成新药开发过程中临床前及临床早期所有工作。

（徐晓峰）

贝达药业股份有限公司北京新药研发中心

董事长 丁列明

北京智飞绿竹生物制药有限公司

智飞绿竹生物新型病毒疫苗和工程疫苗产业化基地项目奠基仪式 企业提供

2021年，北京智飞绿竹生物制药有限公司（简称智飞绿竹生物）的总资产为36.1亿元，营业收入为14.6亿元，纳税总额为0.91亿元。员工有761人，包括研发人员 283 人、专业技术人员 314 人。截至 2021 年年底，公司累计拥有发明专利 22 件、实用新型专利 6 件和外观设计专利 1 件。年内，智飞绿竹生物新型联合疫苗产业化项目完成车间净化装修；新型病毒疫苗和工程疫苗产业化基地项目开工建设；自主研发的吸附无细胞百白破（组份）联合疫苗、轮状病毒灭活疫苗进入Ⅰ期临床试验阶段，ACYW135 群脑膜炎球菌多糖结合疫苗、福氏宋内氏痢疾双价结合疫苗进入Ⅲ期临床试验阶段。公司被评为北京市 2021 年度第一批专精特新“小巨人”企业、2021 年度北京市知识产权示范单位，入选 2021 年北京民营企业科技创新百强榜单，通过中关村高新技术企业复核。

智飞绿竹生物成立于 2003 年 10 月 8 日，位于经开区同济北路 22 号，前身为北京绿竹生物制药有限公司，2013 年 3 月 18 日更名为北京智飞绿竹生物制药有限公司，注册资本为 13.32 亿元，是重庆智飞生物制品股份有限公司的全资子公司，占地面积为 12.1 万平方米，是集疫苗科研开发、生产制造和市场营销于一体的国家高新技术企业。公司曾获北京市“专精特新”中小企业、北京市级企业科技研究开发机构、北京市细菌性疫苗工程技术研究中心、北京市企业技术中心、北京生物医药产业跨越发展工程（G20 工程）等称号和资质认定。

（赵维奇）

北京智飞绿竹生物制药有限公司
执行董事 杜琳
总裁 刘刚

北京兴德通医药科技股份有限公司

2021 年，北京兴德通医药科技股份有限公司（简称兴德通医药）的资产总额为 7246 万元，营业收入为 7368 万元。截至 2021 年年底，兴德通医药下设 7 家子公司，业务范围覆盖全国 32 个城市和全国主要药物临床试验机构，有员工 300 余人，在武汉和苏州分别设立全资子公司，在沈阳、长沙、上海、海口等多个城市设立办事处，已形成集团化布局，逐步完成以北京为中心的全国性战略布局。年内，兴德通医药在武汉成立全资子公司——兴德通医药科技（武汉）有限公司；参与出资设立广东省新黄浦中医药联合创新研究院，研究院的第一届理事会理事长为中国工程院院士张伯礼；与国际性公益慈善组织——海南国际医药创新联合基金会达成永久战略合作伙伴关系；作为学术支持单位，举办天津市中西医结合学会中药临床药理专业委员会学术年会；联合创始人、副总经理梁潇作为副主编参编的《中药新药研发变局中的新局——三结合审评新政策专家解读、探究与驱动》出版，该书获 2021 年度“医界好书”提名奖。公司被评为北京市 2021 年度第六批“专精特新”中小企业，成为首家获国家认定的“专精特新”临床 CRO 企业；通过 ISO 9001:2015 质量管理体系认证，在各项管理系统整合上达到国际标准。公司有 11 个自主开发的临床试验系统获国家版权局颁发的计算机软件著作权登记证书。

兴德通医药成立于 2006 年 3 月 30 日，于 2016 年完成股份制改革，注册资本为 1000 万元，位于通州区物流基地兴贸二街，是一家提供新药临床研究综合服务一体化的 CRO 公司。公司致力于创新药的研发、注册和临床研究，为申办方提供新药产品从药学研究、开发立项、注册、临床研究

（Ⅰ期、Ⅱ期、Ⅲ期临床试验，药物警戒，数据管理，统计分析）到最终上市、上市后研究（Ⅳ期临床试验）的全产业链咨询与研究服务，以及提供真实世界研究服务、医疗器械研发服务。公司自2013年起开始使用甲骨文国际数据管理系统，并自主研发多项系统，符合国际临床数据的申报要求。2019年，公司在行业内率先成立细胞临床研究中心，提供细胞药物注册路径咨询、GMP厂房建设咨询、细胞质量检测、临床试验CRO、药物注册服务等一站式服务，创新药服务占公司总收入的50%以上，创新药项目数量的年复合增长率在60%以上，累计承接近20个细胞研究项目。在国内干细胞“双轨制”监管模式背景下，公司承接的干细胞研究项目占国内市场规模的15%左右。公司是国家高新技术企业、中关村高新技术企业，曾连续3年获中国临床研究服务外包20强企业称号。此外，公司还与中国药学会、中国临床药理学杂志共同成立中国临床药理学杂志青年编委北京活动站，与中国医学科学院阜外医院共同成立国家心血管病中心高血压专病医联体标准化临床研究服务平台，与中华中医药学会中药临床药理分会、中国中医科学院中医基础理论研究所共同成立中医药特色临床价值科学表达工作联盟。

（郝祖慧　郝运）

北京兴德通医药科技股份有限公司

董事长　黄明光

博尔诚（北京）科技有限公司

2021年，博尔诚（北京）科技有限公司（简称博尔诚）的资产总额为5亿元，营业收入为7960万元，有员工近300人。公司有3家全资子公司，其中2家在经开区。4月1日，博尔诚的注册资本由1500万美元增至1800万美元；4月30日，注册资本由1800万美元增至1883.60万美元。年内，博尔诚旗下北京博尔诚医学检验所作为经开区管委会指定的大规模新型冠状病毒核酸检测合作单位之一，为企事业单位提供检测服务30余万人次；主办首届血液基因甲基化检测高峰论坛，协办第五届“中部五省一市论健”学术会议暨湖南省医学会健康管理学专业委员会第六届年会暨首届湘雅国际健康管理高峰论坛，参加P4 China 2021第五届国际肿瘤精准医疗大会。公司被评为北京市2021年度第三批“专精特新”中小企业；设有博士后科研工作站。

博尔诚成立于2006年8月21日，位于经开区宏达南路18号，深耕癌症、心脑血管病、呼吸道传染病等重大疾病“三早”领域，致力于为大众提供早期、精准、安全、依从性好、适用范围广的重大疾病“三早”产品和服务。公司有近20款产品上市，其中肠癌早诊产品Septin9基因甲基化检测试剂盒（PCR荧光探针法）（思博定®）是国内首款上市的结直肠癌基因甲基化检测产品，胃癌早诊产品RNF180/Septin9基因甲基化检测试剂盒（PCR荧光探针法）（思博卫®）是国内首款上市的胃癌血液基因甲基化检测产品，两款产品应用于全国数百家三甲医院，并纳入多地医保目录。公司储备丰富的产品管线，在研管线包括即时监测（POCM）系列产品，食管癌、肺癌、肝癌等癌症的早诊产品，下一代测序（NGS）多癌筛查项目等。公司在经开区建有占地面积为14647.5平方米、建筑面积近 4 万平方米的产业化基地，包括经市卫生健康委认证并颁发医疗机构执业许可证的北京博尔诚医学检验所和符合相关要求的万级、十万级 GMP 洁净生产车间，每年可提供数百万人份的检测产品和服务。公司作为国家高新技术企业，与多个国家顶级专家团队开展科研合作，承担多个国家级重大科研项目，累计拥有 23 件发明专利（含 3 件国际发明专利），以及 5 件发明专利的独家或优先使用权。

（宁丽辉）

博尔诚（北京）科技有限公司

董事长 王建铭

总经理 张 涛

北京永泰生物制品有限公司

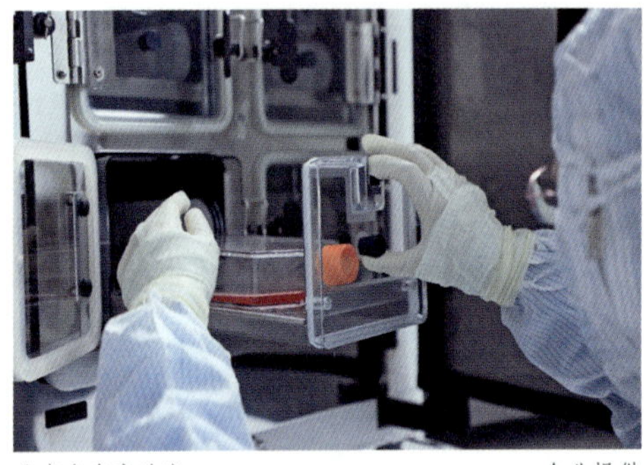

北京永泰实验室　　企业提供

2021 年，北京永泰生物制品有限公司（简称北京永泰）的总资产为 6.43 亿元，净资产为 −4922.65 万元，净利润为 −2.4 亿元。员工近 500 余人，其中具有本科以上学历人员占 70% 以上。8 月 31 日，北京永泰的注册资本由 3 亿元增至 6 亿元。年内，北京永泰的细胞药物产业化基地、免疫细胞制品产业化项目开工，管线开发进入实质性商业化阶段。公司产品 CAR-T-19 注射液（抗 CD19 单链抗体嵌合抗原受体 T 细胞）针对 CD19 阳性复发 / 难治 B 细胞急性淋巴细胞白血病（B-ALL）适应证的 I 期临床试验完成第 1 个剂量组的 3 名患者给药。

北京永泰成立于 2006 年 11 月 20 日，于 2018 年 5 月迁入经开区，位于经开区康定街 1 号，是永泰生物制药有限公司间接控股的全资子公司。公司专注于基于 T 细胞的细胞免疫治疗药物研发和商业化，致力于肿瘤等重大疾病的免疫治疗和临床应用研究与开发，针对肿瘤等重大疾病提供细胞治疗解决方案，形成细胞制品上游研发、细胞存储、细胞制品制备、细胞制品质量检测的免疫细胞制品产业链。公司主营业务为生产扩增淋巴细胞培养基；开发和研究淋巴细胞扩增技术等。公司是中国首家进行免疫细胞治疗产品研发的企业，也是中国最早将免疫细胞制剂按照药品注册研究并获国家药监局药物临床试验批件的企业，获国家高新技术企业认定。公司承担国家高技术研究发展计划（“863”计划）重大专项课题、北京市科技服务业促进专项等 10 余项科技创新项目，是 44 个北京市服务业扩大开放综合试点单位中唯一的生物医药企业。

（姜娜娜）

北京永泰生物制品有限公司

总经理 王歆

北京义翘神州科技股份有限公司

2021 年，北京义翘神州科技股份有限公司（简称义翘神州）的资产总额为 68.90 亿元，营业收入为 9.65 亿元，纳税总额为 2 亿元，有员工 442 人。10 月 11 日，义翘神州的注册资本由 5100 万元增至 6800 万元。公司在深圳证券交易所创业板上市；成立 2 家全资子公司；推出一系列针对新型冠状病毒变种奥密克戎的研究试剂。

义翘神州成立于2007年4月23日，位于经开区科创十街18号。2020年3月27日，公司由北京义翘神州科技有限公司更名为北京义翘神州科技股份有限公司。作为国家高新技术企业，公司主要从事蛋白、抗体技术和产品研发，拥有海外高层次人才团队和先进的蛋白、抗体研发生产技术平台，开发近6000种蛋白试剂，建成全球最大规模人源细胞表达的重组蛋白库，拥有专业的工艺优化和多年生产经验的哺乳动物细胞表达平台，提供从基因合成到高质量抗体生产的一站式技术服务。同时，公司也为制药公司或生物技术公司提供单克隆抗体候选药物临床前规模生产服务，从基因序列到1~30克纯化后单克隆抗体仅需几周时间，是全球范围内抗体生产速度领先的企业之一。公司为全球客户交付数千个重组抗体生产项目，与国际知名制药公司均建立合作关系，是全球TOP10制药公司首选的抗体生产服务供应商。

（赵凯丽）

北京义翘神州科技股份有限公司

总经理 张杰

北京神州细胞生物技术集团股份公司

2021年，北京神州细胞生物技术集团股份公司（简称神州细胞）有在职员工1353人，其中具有博士学位人员53人、硕士学位人员302人，本科及以上学历人员665人；研发人员664人，占总人数的49.08%。2月23日，神州细胞的注册资本由3.85亿元增至4.35亿元。年内，神州细胞的首款产品注射用重组人凝血因子Ⅷ（安佳因®）上市；2个产品进入上市申请阶段，7个产品进入Ⅱ/Ⅲ期临床研究阶段，有多个品种处于临床前研发阶段。

神州细胞成立于2007年4月23日，位于经开区科创七街31号，是中国最早从事真核细胞表达重组蛋白和单克隆抗体药物研发、产业化的企业之一。公司是一家创新型生物制药研发和产业化公司，专注于针对恶性肿瘤、自身免疫性疾病、感染性疾病和遗传病等疾病的治疗和预防领域开展生物药产品的研发和产业化。公司有3家子公司。2003年，公司与中国医学科学院协和医学院联合成立协和细胞工程中心。公司拥有大分子生物药物研发团队、技术平台和产品线。2013年4月，公司启动H7N9禽流感国家应急药物研发任务，创造了在7个月内完成从靶点蛋白基因合成到H7N9中和抗体应急药物的临床研发及申报纪录。2020年6月，公司在上海证券交易所科创板挂牌上市（股票代码：688520）。公司承担多项国家“重大新药创制”科技重大专项的关键技术、孵化基地、技术平台、重大新药和仿制药相关品种产业化、新发突发传染病应急抗体研发等重大科研攻关课题任务。公司致力于通过研发在临床上具有差异化竞争优势的同类最佳（Best-in-Class） 或“Me-better”创新生物药产品，以实现中国自主研发和生产的生物药进入欧美市场、惠及全球患者、树立领先生物制药国际品牌的目标。经过长达十余年的生物制药技术积累和创新，公司及其子公司自主建立从靶点蛋白筛选到候选药物的全套创新生物药发现上游技术平台体系；并且按照GMP标准建立拥有领先规模、可实现商业化生产的动物细胞培养生产线，包括2条基于CHO细胞培养技术的原液生产线和1条制剂生产线，可生产水针制剂和冻干制剂2类不同的生物药品种。

（边金烨）

北京神州细胞生物技术集团股份公司

董事长 谢良志

北京亚宝生物药业有限公司

2021 年，北京亚宝生物药业有限公司（简称亚宝生物）的固体制剂车间产量为 8 亿片，营业收入为 6365 万元，纳税额为 451 万元，有员工 150 人。年内，亚宝生物糖尿病治疗 1 类创新药（SY-004）进入临床 II 期研究阶段；中美双报项目甲苯磺酸索拉非尼片获国家药监局产品注册批件，塞来昔布胶囊通过国家药监局研发和生产注册现场检查。公司被评为北京市 2021 年度第二批“专精特新”中小企业。

亚宝生物成立于 2007 年 6 月 18 日，是亚宝药业集团股份有限公司的全资子公司，注册资本为 8000 万元，厂房位于经开区科创东六街 97 号，占地面积为 1.7 万平方米，建筑面积为 2 万平方米，是一家以生产缓控释制剂为主体的现代外向型制药企业。公司投资 4 亿元，按照美国食品药品监督管理局（FDA）法规要求建立六大质量管理体系，配备固体制剂生产设备和实验设施，各项技术指标和产品质量符合美国 cGMP 要求。公司现有美洛昔康片、氢溴酸加兰他敏片和索拉非尼片 3 个美国产品的 ANDA 批件，国内产品有硝苯地平缓释片、奥美拉唑肠溶片、索拉非尼片等，年产能为 100 亿片。公司于 2011 年成为国内首批通过国家药监局新版 GMP 认证的企业，2012 年被北京市药品安全百千万工程建设领导小组评为北京市药品质量管理示范企业，2013 年、2015 年及 2019 年通过 FDA 现场检查，2019 年被工业和信息化部评为绿色工厂。

（韩钰彬）

北京亚宝生物药业有限公司

总经理 张连军

北京康乐卫士生物技术股份有限公司

2021 年，北京康乐卫士生物技术股份有限公司（简称康乐卫士）的资产总额为 14.94 亿元；完成 Pre-IPO 轮融资，募集资金 10.15 亿元，截至 2021 年年底，公司总股本为 1.34 亿股，新三板二级市场市值为 97.19 亿元。员工有 195 人，其中具有硕士及以上学位人员 52 人。年内，康乐卫士 7 件发明专利获授权；与俄罗斯制药集团就重组九价人乳头瘤病毒（HPV）疫苗在俄罗斯的开发和商业化达成合作协议。公司拥有 10 个重组人用疫苗在研项目，其中重组三价人乳头瘤病毒（HPV16/18/58 型）疫苗和重组九价人乳头瘤病毒（HPV 6/11/16/18/31/33/45/52/58 型）疫苗（女性适应证）进入临床 Ⅲ 期阶段，重组九价人乳头瘤病毒（HPV6/11/16/18/31/33/45/52/58 型）疫苗（男性适应证）进入临床 Ⅰ 期阶段；与辽宁成大生物股份有限公司合作研发的重组十五价人乳头瘤病毒（HPV6/11/16/18/31/33/35/39/45/51/52/56/58/59/68 型）疫苗临床试验申请获国家药监局受理；基于新冠病毒原型株和南非株刺突蛋白受体结合域序列的二价新冠病毒疫苗完成临床前研究工作；多价诺如病毒疫苗、呼吸道合胞病毒疫苗、带状疱疹疫苗、多价手足口病疫苗和脊髓灰质炎疫苗 5 个重组疫苗项目处于临床前研究阶段。公司被认定为 2021 年度北京市知识产权试点单位、北京市安全文化建设示范企业。

康乐卫士成立于 2008 年 4 月 14 日；2013 年 5 月，公司完成股份制改造；2015 年 9 月，公司在全国中小企业股份转让系统挂牌（股票代码：833575）。公司建成多个关键技术平台，包括基于结构的抗原设计技术平台、基因工程和蛋白表达技术平台、疫苗工程化技术平台和重组疫苗效力评价技术平台，并拥有大肠杆菌、酵母细胞和中国仓鼠卵巢（CHO）细胞 3 个表达体系。公司被认定为国家高新技术企业、中关村高新技术企业、北京市“专精特新”中小企业等。

（熊军）

北京康乐卫士生物技术股份有限公司

董事长 郝春利

总经理 刘永江

北京凯因科技股份有限公司

2021 年，北京凯因科技股份有限公司（简称凯因科技）的营业收入为 11.4 亿元，营业利润为 1.3 亿元，有员工 647 人。5 月 31 日，凯因科技的注册资本由 1.27 亿元增至 1.70 亿元。年内，凯因科技在上海证券交易所科创板挂牌上市（股票简称：凯因科技；股票代码：688687）。公司布局 KW-001、KW-027、KW-034 等产品管线，涵盖重组蛋白、单克隆抗体、小分子抑制剂等药物类型；开发用于治疗慢性乙型肝炎的 siRNA 1 类新药；研发的培集成干扰素 α-2 注射液（派益生®）治疗低复制期慢性 HBV 感染Ⅲ期临床试验完成首例受试者入组。公司向中国预防性病艾滋病基金会累计捐赠 1500 万元，支持其下设的消除丙肝公共卫生危害行动专项基金开展公益项目；向河南省新乡市疾控中心捐赠 8 万支丙型肝炎病毒抗体试剂，用于丙肝基层筛查工作。公司自主研发的盐酸可洛派韦胶囊（凯力唯®）入选第十三届健康中国年度论坛 · 十大新药（国内）榜单。

凯因科技成立于 2008 年 8 月 20 日，是一家以生物技术为平台，专注于病毒及免疫性疾病领域，致力于提供预防与治疗方案的生物医药公司。公司研发团队由海归和本土博士、硕士组成，人员专业涵盖药物设计、工艺开发、质量控制及制剂、药理、临床等领域。公司拥有 41 件国内发明专利、3 件国际发明专利，是北京市专利示范单位。公司研发中心被评为北京市重组蛋白药物工程技术研究中心、北京市企业技术中心、肝病治疗药物研究北京市工程实验室等。

（陈喆）

北京凯因科技股份有限公司

董事长兼总经理 周德胜

小江生物技术有限公司

2021 年，小江生物技术有限公司（简称小江生物）的资产总额为 2.55 亿元，营业收入为 12.62 万元，利润为 -1839.75 万元，纳税总额为 923.13 万元，有员工 9 人。4 月 14 日，小江生物的注册资本由 5000 万元增至 2.2 亿元。公司完成用于治疗心衰的化药 1.1 类新药 802 体内外活性评价、体内外毒性评价、药代动力学评价等成药性研究工作。

小江生物于 2009 年在黑河市爱辉区登记注册，2014 年地址变更至经开区西环南路 18 号汇龙森科技园。公司致力于开发针对各种恶性疾病的创新疗法，在以结构生物学为基础的分子设计以及新型分子靶标研究方面具有实力和创造力。公司的研发项目包括世界首创的病理性心肌肥厚及心力衰竭的候选药物开发、急性白血病的靶向疗法及联合用药方案开发等；研究内容包括小分子创新药物设计、先导化合物的优化、机理研究、候选药物确认等。公司主要业务范围包括化合物合成、剂型开发、质量研究、细胞活性筛选、体内药效学和动力学评价。

（居瑶）

小江生物技术有限公司

总经理 周太峰

北京罗诺强施医药技术研发中心有限公司

2021 年，北京罗诺强施医药技术研发中心有限公司（简称罗诺强施）的资产总额为 1322.91 万元，主营业务收入为 1503.81 万元，纳税总额为 2.64 万元，净利润为 893.70 万元。员工有 18 人，其中美国籍高级管理人员和专家 2 人、印度籍专业技术人员 1 人，产品开发高级管理人员 2 人、国内专业技术人员 10 人。年内，罗诺强施签订研发产品合同 6 个，其中技术开发合同 4 个；2 件发明专利获授权，累计拥有 16 件专利。公司将自主知识产权转让至北京世桥生物制药有限公司并授权的氟伐他汀钠缓释片（80mg）在中国和美国取得生产批件并销售。公司通过北京亦城合作发展基金会为新冠肺炎疫情防控和河南水灾各捐款 2000 元。

罗诺强施成立于 2011 年 9 月 20 日，注册资本为 1000 万元，位于北京亦庄生物医药园，由拥有 20 余年美国制药公司工作经验的药物制剂专家团队创立。公司为国家高新技术企业，拥有国际水平的技术团队和国际先进的口服、注射和皮肤外用制剂技术。公司药物制剂技术包括反向工程技术、缓控释技术、高技术壁垒产业化技术等 10 个技术平台。公司提供开发药物制剂产品的技术服务，包括创新药物制剂、改良型新药、高技术壁垒仿制药。公司开发儿童制剂、心血管疾病、胃肠道疾病和中枢神经系统等治疗领域的制剂产品。

（汪鹤龄）

北京罗诺强施医药技术研发中心有限公司

董事长兼总经理 魏世峰

珐博进（中国）医药技术开发有限公司

2021 年，珐博进（中国）医药技术开发有限公司（简称珐博进）的资产总额为 25.54 亿元，纳税总额为 8656 万元，核心产品罗沙司他胶囊（爱瑞卓®）实现净销售额约 12 亿元，有员工 270 人。年内，珐博进的控股子公司北京珐利康医药有限公司启动商业运营，成为爱瑞卓®的批发经营实体。公司推进抗结缔组织生长因子（CTGF）人单克隆抗体 Pamrevlumab（FG-3019）治疗特发性肺纤维化（IPF）、联合吉西他滨 / 白蛋白紫杉醇（G/NP）作为新辅助治疗用于局部晚期不可切除的胰腺癌的 2 项Ⅲ期临床试验；开展爱瑞卓®治疗正在接受化疗的非髓性恶性肿瘤患者贫血和相对低危骨髓增生异常综合征患者贫血的 2 项Ⅲ期临床试验；开展由中国医学科学院北京协和医学院牵头的 FG-3019 治疗卧床和非卧床杜氏肌肉营养不良症患者的 2 项Ⅲ期临床试验。爱瑞卓®续约国家医保目录；以爱瑞卓®为代表的低氧诱导因子脯氨酰羟化酶抑制剂被纳入中国医师协会肾脏内科医师分会编制的《中国肾性贫血诊治临床实践指南》和国家卫生健康委发布的《血液净化标准操作规程

（2021 版）》。

珐博进于 2011 年 11 月 28 日在经开区成立，2013 年入驻北京亦庄生物医药园，注册资本为 25.10 亿元，致力于研发全新作用机制创新药，用于治疗危及生命的慢性疾病，包括贫血、特发性肺纤维化、胰腺癌和杜氏肌肉营养不良症等。公司主营业务是生产和销售爱瑞卓®，推进其适用于其他适应证的研发项目，推进 FG-3019 在中国的临床研究。公司的原料药和制剂工厂均具备药品生产许可证并通过药品 GMP 认证。公司是国家高新技术企业、北京市级企业科技研究开发机构、北京生物医药产业跨越发展工程（G20 工程）后备企业。

（陈君明）

珐博进（中国）医药技术开发有限公司

执行董事 雷　欢（11 月任）

柯理德（11 月免）

总经理 钟黎蕴华

北京艾德摩生物技术有限公司

2021 年，北京艾德摩生物技术有限公司（简称艾德摩生物）的营业收入达千万元。员工有 80 人，其中具有硕士及以上学位人员占 15%。年内，艾德摩生物成立全资子公司苏州艾德摩生物技术有限公司；与 20 余家三甲医院或肿瘤专科医院达成合作，共同构建人源性肿瘤组织异种移植（Patient-Derived Xenograft,PDX）小鼠模型以及基于该模型的活肿瘤样本库，样本库规模超过 1 万例。

艾德摩生物成立于 2014 年 8 月 8 日，由北京市级人才、中关村“高聚工程”人才及北京市科技新星计划人才、经开区杰出人才彭思颖带领其团队创立，注册资本为 3815.99 万元，位于经开区科创六街 88 号。公司主要开展肿瘤转化医学研究及癌症个体化治疗，通过使用自主研发的 PDX 模型，对不同癌症患者筛选适合的治疗药物，为医生提供精确临床用药指导，为患者提供具有针对性和高效性个性化治疗方案，提高肿瘤临床治疗效率；依托自主研发的肿瘤免疫评价平台 Ideal-Immune，帮助药企对肿瘤免疫类疗法，如治疗性单抗（PD-1 类等）、双抗、过继性细胞疗法（CAR-T）、肿瘤疫苗等进行药物药效和安全性评价，提高研发成功率、降低研发成本。

（肖雅娟）

北京艾德摩生物技术有限公司

总经理 彭思颖

北京纳百生物科技有限公司

2021 年，北京纳百生物科技有限公司（简称纳百生物）的资产总额为 6000 万元，营业收入为 5500 万元，有员工 150 余人。年内，纳百生物食品安全检测试剂、动物疫病诊断试剂两大主营业务稳步发展的同时，新增微生物测试片生产线，多条业务线并进，以独立的研发团队和销售网络进入目标细分市场，打通技术研究与产品开发的脉络。公司参加第十二届中国奶业大会暨 2021 中国奶业展览会、中国乳制品工业协会第二十七次年会暨 2021 年中国（国际）乳业技术博览会、第三届国际兽医检测诊断大会暨亚洲兽用医疗器械及药品展览会等。公司被认定为北京市级企业科技研究开发机构，被评为国家级第三批专精特新“小巨人”企业、北京市 2021 年度第一批专精特新“小巨人”企业。

纳百生物成立于 2014 年 9 月 17 日，位于经开区科创十四街 11 号，注册资本为

1000 万元，是一家集产品创新研发、生产、销售及售后服务于一体的生物高科技公司，是国内食品安全和动物健康领域的创新者和先行者，为食品安全检测、动物疫病预防、诊断和治疗提供专业化产品和技术服务。公司由归国博士及国内具有产品开发经验和市场经验的团队创建，形成以博士、硕士为核心的研发团队，专业背景覆盖预防兽医学、微生物学、医学、生物工程、化学工程等学科，与国内多家科研院所、高校等单位达成产学研合作。公司以“预防、诊断、治疗”为经营理念，历经数年的专注和积累，建立食品安全和动物健康领域全面的技术研发和服务创新平台，通过抗原抗体技术平台、酶联免疫快检技术平台、胶体金快检技术平台、分子生物学诊断技术平台、微生物分析技术平台、生物制品产业化技术平台、大数据中心，为客户和市场提供全方位解决方案。公司在食品安全领域产品超过 200 余种，覆盖乳品企业日常品质监管的各方面，年产能可达 2000 万份，服务于国内乳业前 20 企业（D20）中的大部分企业。在动物疫病检测方向拥有多个产品系列，包括禽病诊断检测试剂系列、猪病诊断检测试剂系列和反刍动物诊断检测试剂系列等，年产能可达 500 万份。此外，公司的产品还出口至欧洲、北美洲、南美洲等地区的 40 余个国家，初步形成全球化的市场布局。公司通过 ISO 9001 质量管理体系、ISO 13485 医疗器械质量管理体系、ISO 14001 环境管理体系、ISO 45001 职业健康安全管理体系认证，获欧盟 CE 认证、ILVO 认证等多项国内外资质认证，拥有两条兽药 GMP 生产线，拥有发明专利 20 余件，先后获中关村高新技术企业、国家高新技术企业、第一批北京市“专精特新”中小企业等称号。

（李金戈 朱丽君）

北京纳百生物科技有限公司

总经理 杨春江

北京卡替医疗技术有限公司

2021 年，北京卡替医疗技术有限公司（简称卡替医疗）的注册资本由 1792.25 万元增至 2403.29 万元。公司开发针对恶性实体瘤的“超级 TIL”免疫细胞治疗产品。公司完成逾亿元 Pre-B 补充轮融资，由新浚资本领投、建兴基金等机构跟投。

卡替医疗成立于 2015 年 6 月 4 日，位于北京亦庄生物医药园，由连续创业者和行业顶级科学家创立，专注于免疫细胞治疗技术的研发。公司拥有中青年海归科学家群体，一流的研发平台和细胞生产平台，以及从业超过 20 年的临床试验及注册管理团队。公司是中国最早启动肿瘤新抗原和 TIL 细胞治疗技术研发的公司之一，拥有多项自主研发的免疫细胞治疗技术，包括 CAR-T、UCAR-T、TCR-T、肿瘤新抗原疫苗、新抗原反应性 T 细胞、新抗原特异性 TCR-T 及 TIL 技术，累计申请国内外发明专利 21 件。公司主打产品“超级 TIL”是具有完全自主知识产权的创新技术，是在国际最前沿的 TIL 和 CAR-T 等技术基础上的重大升级。“超级 TIL”项目获 2018 年科技部重大专项——国家重点研发项目和 2019 年中关村颠覆性技术研发和成果转化项目的资金支持。

（梁丽文）

北京卡替医疗技术有限公司

董事长 谷为岳

北京加科思新药研发有限公司

2021 年，北京加科思新药研发有限公司（简称加科思）的营业收入为 1.53 亿元；研发投入为 4.21 亿元，比 2020 年增长 83%。员工有 245 人，其中国家级人才 1 人、北京市级人才 1 人，经开区“亦麒麟”领军人才 6 人；具有博士学位人员 22 人、硕士学位人员 93 人。9 月 15 日，加科思的注册资本由 2.1 亿元增至 2.5 亿元。年内，加科思在上海设立研发中心；自主研发的 SHP2 抑制剂 JAB-3068、JAB-3312，KRAS G12C 抑制剂 JAB-21822，CD73 单克隆抗体 JAB-BX102 等药物的多个临床试验获批，其中 JAB-3312 在美国完成与 PD-1 派姆单抗（Pembrolizumab）、MEK 抑制剂比美替尼（Binimetinib）联合使用治疗晚期实体瘤患者临床实验的首例患者给药，并收到合作伙伴艾伯维全球企业有限公司支付的 2000 万美元里程碑付款；BET 抑制剂 JAB-8263 临床试验在中国完成首例患者给药。

加科思成立于 2015 年 7 月 17 日，位于经开区科创六街 88 号，是一家临床阶段制药公司，专注于创新肿瘤疗法的内部发现和开发，致力于为患者提供突破性治疗方案，围绕 RAS、MYC、RB、I/O、肿瘤代谢、P53 六大肿瘤信号通路布局研发管线。

（吴光耀）

北京加科思新药研发有限公司

行政总裁 王晓洁

北京赛赋医药研究院有限公司

2021 年，北京赛赋医药研究院有限公司（简称赛赋医药）的资产总额为 7.09 亿元，营业收入为 1.74 亿元，有员工 700 余人。年内，赛赋医药服务客户 300 余个，近三年订单复合增长率超过 100%，承担省级课题 4 项、市级课题 2 项，获实用新型专利授权 14 件。公司推进全国性战略布局，完成河北固安实验室的扩建，启动深圳实验室的扩建及北京中心实验室（赛赋检测）的建设，建成的实验室面积达 3.5 万平方米。公司构建以细胞和基因治疗（CGT）为重心的创新药物创新疗法一站式服务平台，服务药物覆盖单 / 双抗、AAV、慢病毒、CART、ADC/PDC、RNA、溶瘤病毒、小分子新靶点、疫苗等领域。公司完成中国首个治疗克罗恩病肛瘘的脂肪间充质干细胞全部的药效学、药代动力学和临床前安全性评价，并一次性获国家药监局临床试验默示许可等 200 余项 CGT 药物的临床前评价服务。公司承担 40 余个新冠肺炎应急防控药品的临床前评价工作，涉及灭活疫苗、mRNA 疫苗、重组蛋白疫苗、新型载体疫苗及抗体等品种类型，助力 SCB-2019（CpG 1018/铝佐剂）、奥密克戎变异株（Omicron）灭活疫苗等获批临床试验。公司获北京市级企业科技研究开发机构认定；公司及其全资子公司国科赛赋河北医药技术有限公司分别设有博士后科研工作站分站。

赛赋医药成立于 2016 年 6 月 12 日，注册资本为 572.34 万元，位于经开区科创六街 2 号院亦创高科创新科技园，致力于成为国际一流的一站式医药 CRO 服务公司，提供国际一流的医药 CRO 评价服务，并结合技术开发、融资和创新医药产品转化等服务，为企业提供整体创新医药研发规划，加速创新药物的研发进程，帮助企业更快成长。公司下设医药研发咨询、NMPA/FDA 注册申报、药物筛选、成药性评价、模型动物、药理药效、药物代谢分析、非临床安全性评价、药学制剂、生物样本分析、临床Ⅰ期以及药物警戒等技术部门。公司先后获国家级专精特新“小巨人”企业、国家高新技术企业、北京市专精特新“小巨人”企业、北京市科技型中小企业等称号。公司拥有京南固安药物 GLP 中心、药理药效中心、深圳药物评价中心、成都模型动物中心抗体药物发现中心、药物筛选中心、北京临床评价中心、沈阳生物样本分析中心，自建 4 家三甲医院 GCP 临床试验基地以及负责美国食品药品监督管理局（FDA）注册申报的美国赛赋办公室。

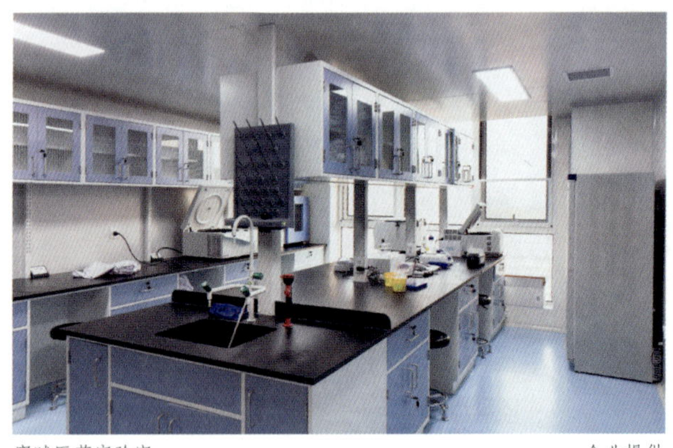

赛赋医药实验室　　企业提供

（韩刚）

北京赛赋医药研究院有限公司

董事长　刘杨

北京生物制品研究所有限责任公司

2021 年，北京生物制品研究所有限责任公司（简称北京生物）有员工 1493 人。年内，北京生物 3 件发明专利获授权；与南开大学、清华大学、北京工业大学建立联合研发中心；建立新型冠状病毒变异株毒种库；对厂区进行绿色化技术改造。公司研发生产的新型冠状病毒灭活疫苗（Vero 细胞）在玻利维亚、塞舌尔、泰国等国家注册上市，获匈牙利颁发的欧盟 GMP 证书和世界卫生组织（WHO）的紧急使用授权；向新冠肺炎疫苗实施计划（COVAX）供应；开展重点物料国产化替代项目。公司质量检定实验室通过中国合格评定国家认可委员会（CNAS）认证，成为有创新性的、技术过硬的对标国际的一流实验室；“全球脊灰病毒根除阶段关键疫苗 sIPV 和 bOPV 的研发及应用”项目获中华预防医学会科学技术奖一等奖，“新冠灭活疫苗研发创新及产业化项目管理”项目在国资委开展的国有重点企业管理标杆创建行动中被评为标杆项目，新冠疫苗研制团队被评为第六届全国专业技术人才先进集体。

北京生物成立于 2016 年 8 月 8 日，注册资本为 23.16 亿元，位于经开区博兴二路 6 号和 9 号，占地面积为 15.8 万平方米，是中国医药集团有限公司下属企业中国生物技术股份有限公司的国有独资子公司，从事疫苗、诊断制剂等生物制品的研究、生产和经营，是国内最大的国家免疫规划疫苗生产基地。公司的历史可追溯至成立于 1919 年的北洋政府中央防疫处，作为一家具有百年历史的国家高新技术企业，公司在中国消灭天花、麻疹，维持无脊灰状态，降低乙肝病毒携带率，控制儿童百日咳、白喉、破伤风等传染病，防控重症急性呼吸综合征（SARS）、甲型流感病毒、新冠肺炎疫情等方面做出贡献。公司入选 2019 年北京市绿色制造示范名单及工业和信息化部第四批绿色制造名单（绿色工厂名单）。

（程玉）

北京生物制品研究所有限责任公司
总经理 王辉

机器人和智能制造产业

概况

2021年，经开区构建具有全国领先水平的机器人产业生态，重点发展机器人核心零部件和打造国内知名智能制造产业基地，推动SMC中国区总部及销售总部运营，与施耐德电气（中国）有限公司共建施耐德电气数字产业示范园，加快推动智能工厂、重点产业基地和应用生态示范区建设，搭建国际一流的机器人和智能制造创新合作平台。在国内已发布的285项智能制造国家标准中，区内企业贡献超过1/3，成为中国智能制造标准制定主力军。北京金风科创风电设备有限公司成为中国首个可再生能源“碳中和”智慧园区；北京天诚同创电气有限公司发布源网荷储一体化调控系统，安诺优达基因科技（北京）有限公司发布基于DNBSEQ-T7测序平台开发的单细胞文库和Hi-C文库，北京博电新力电气股份有限公司自主研制成功PST6747A半导体测试系统等新产品；瓦里安医疗设备（中国）有限公司推出ProBeam® 360°等比质子治疗室（FLASH FLEX版）、全球首个人工智能高度自动化无接触癌症放疗中心、数字化肿瘤互联网医院解决方案三大全球首发解决方案。

（宋璐）

瓦里安完成“放疗新星”医学公益项目

1月13日，瓦里安医疗设备（中国）有限公司与四川大学华西临床医学院签署“放疗新星”医学公益项目战略合作协议，向其捐赠肿瘤治疗计划设计教学软件及配套终端，并提供相应的教学培训。“放疗新星”医学公益项目由瓦里安于2018年启动，计划为7所高校捐赠肿瘤学软件，助力高校进一步提高放射医学教学及科研工作水平，以促进肿瘤放射学科的全面发展。截至2021年年底，瓦里安已与山东第一医科大学放射学院、苏州大学医学部放射医学与防护学院、吉林大学公共卫生学院、南华大学核科学技术学院、南方医科大学、昆山杜克大学签署战略协议，与四川大学华西临床医学院签署协议标志着瓦里安完成“放疗新星”医学公益项目面向7所高校的捐赠计划。

（杨雅全）

和利时开展公益活动

1月14日，“心灵之窗”和利时志愿者联盟组织8名志愿者到海淀区韩家川村利民小学，开展公益助学捐赠慰问活动，捐赠电脑及配件20套，学习用水彩笔、练习本、尺子、书包等文具用品3600余件，生活用品100份。4月2日，和利时集团党群办公室联合“心灵之窗”和利时志愿者联盟在北京基地开展和利时2021年世界自闭症日公益宣传活动。4月13日，和利时党委带领7名“心灵之窗”和利时志愿者联盟成员到海淀区阳光友谊儿童康复训练中心，开展慰问自闭症儿童公益活动，捐赠投影仪教具1套、学习用品50套等。

5月30日，和利时党委、工会和“心灵之窗”和利时志愿者联盟成员一行到甘肃省天水市清水县新城乡方湾村西坡小学，开展公益助学捐赠慰问活动，捐赠文具、衣物、食用油等学习和生活用品。7月30日，和利时党委、工会发起“风雨同舟、共助河南”——和利时集团全体员工情系河南爱心捐赠活动，1000余名员工捐款15.90万元，和利时党委捐赠夏被、冬被、消毒液、卷纸、帐篷等1000余件以及总价值5万余元的生活物资和消杀物资，捐助款项与物资交予鹤壁市慈善总会、鹤壁市防汛抗旱指挥部，用于支持河南省抗汛救灾和灾后重建等工作。8月1日，和利时5名党员、职工代表到经开区消防救援支队亦庄中队开展慰问活动，捐赠冰红茶、方便食品、毛巾等慰问品。

（刘曼）

和利时参建的多条线路交付运营

CR400AF-G型复兴号高寒动车组　　企业提供

1月，京哈高铁全线贯通，CR400AF-G型复兴号高寒动车组投入运行，该车型搭载和利时集团生产的CTCS3-300S型列控车载设备（ATP）。5月，和利时助力朝凌高铁引入新建凌海南站及京哈铁路秦沈段能力加强工程完工，此次施工创造中国铁路既有线施工一次“天窗”作业时间最长、参建人数最多、工程量最大、施工组织最复杂的纪录。6月，绵阳至泸州高铁内江至自贡至泸州段开通运营，和利时作为绵泸高铁内自泸段CTCS-2级列控设备供应商，提供12套列控中心系统（TCC）、1套临时限速服务器（TSRS）、1套信号安全数据网管理系统（EMS）的供货及安装调试工作。7月，昆明长水国际机场捷运系统项目开通运营，和利时作为该项目的信号系统集成商，提供基于无线通信的列车运行控制系统（CBTC），包括行车综合自动化系统（TIAS系统）、列车自动防护系统（ATP系统）、列车自动运行系统（ATO系统）、计算机联锁子系统（CI系统）、综合维修管理子系统、综合培训子系统等，为用户提供安全、智慧、绿色、多元的一体化捷运智能控制系统解决方案，该项目是和利时地铁CBTC信号产品在国内的首次应用，也是和利时自主列车自动监控系统（ATS）与综合监控深度结合的TIAS系统产品的首次应用。12月，敦白高铁通车，和利时自主研发的应答器产品在该线路实现首次应用，同时为该线路提供TCC、TSRS、EMS的供货及安装调试等工作；贵阳市域快铁西南环线开通，和利时为其提供8套TCC、314个区段轨道电路设备的供货及安装调试工作；北京地铁19号线、17号线开通，8号线、14号线全线贯通，和利时提供基于工业互联网的智能城轨综合业平台（TOS）、环境与设备监控系统（BAS）、电力监控系统（PSCADA）等。

（刘曼）

金风科创GW3S风机在阿根廷运营

1月和5月，北京金风科创风电设备有限公司研发的GW3S智能风电机组在阿根廷丘布特省（Chubut）的罗马布兰卡（Loma Blanca）一期和三期风电场项目、六期风电场项目并入当地国家电网系统，进入20年商业运营期。此机型具有高可靠性、高拓展性、良好并网能力、智能自主优化发电性能、高适应性、运行安全等优点。罗马布兰卡风电场项目是阿根廷最大的风电项目群——赫利俄斯（Helios）项目群的组成部分，项目一期容量51.2兆瓦、二期容量51.2兆瓦、六期容量102.4兆瓦，共使用64台金风科创GW3S智能风电机组，缓解阿根廷南部巴塔哥尼亚地区用电紧张问题。

罗马布兰卡风电场项目　　企业提供

（方张曙）

ABB低压光伏发电及系统集成项目并网

3月19日，北京ABB低压电器有限公司光伏发电及系统集成项目实现并网，是ABB集团继德国吕登沙伊德能源自给工厂之后的全球第二个光伏发电项目。该项目运用ABB智慧能源管理技术，把所有设备连接至基于云部署的ABB Ability智能配电控制系统（EDCS），利用大数据和人工智能实现设备的监视、优化、预测和管理；通过ABB i-bus KNX智能建筑控制系统，实现对厂区建筑物的照明、窗帘、采暖、通风、安全等设备的优化控制；通过互联技术和楼宇自动化实现建筑数字化，在帮助管理电网可靠性和电力消耗，提高能源效率、降低能源成本方面具有关键作用，可实现年发电量42万千瓦·时，每年减少约400吨温室气体排放。

（席兆雨）

和利时开展校企合作活动

3月25日，和利时集团与西安石油大学举行合作协议签署暨奖学金捐赠仪式，就设立和利时奖学金签署协议。4月22日—6月17日，和利时与西南交通大学信息科学与技术学院联合举办和利时—西南交通大学设计创新主题赛，比赛分交通大数据分析与可视化展示、ATO调试工具UI设计、信号平面图生成工具、ATO准点目标速度计算模型、铁路产品故障数量预测分析5个组别，21名学生获一、二、三等奖；4月23日—12月24日，和利时与北京交通大学电子信息工程学院联合举办首届“北交大—和利时杯”科技创新大赛，历时8个月，课题主要围绕自动化控制领域和轨道交通领域，参赛团队共计22组80余人，最终评选出一等奖1组、二等奖2组、三等奖4组。6月2日，和利时与河北科技大学举行工业过程控制联合实验室揭牌仪式，向该校捐赠DCS设备1套。12月3日，和利时参加北京化工大学本科实践教学质量提升研讨会暨DCS设备捐赠仪式，向该校捐赠 DCS 设备 1 套。

（刘曼）

森特股份携手隆基股份重新定义 BIPV

3 月，隆基绿能科技股份有限公司（简称隆基股份）收购森特士兴集团股份有限公司 27.25% 股份，成为森特股份第二大股东。双方携手，重新定义和共同开发建筑光伏一体化（BIPV）产品及市场。此次深度合作，可以充分发挥森特股份在大型公共建筑及工业建筑屋面系统的设计能力、施工能力、资源优势，以及隆基股份在光伏领域的经验、产能优势与技术能力，推进建筑光伏一体化系统在大型公共建筑及工业建筑领域的应用进程。

（宁珊珊）

和利时参建的多个项目投产

3 月，中国海洋石油集团有限公司曹妃甸 6—4 油田投产，该油田新建 1 个中心平台（CEPA），其中央控制系统采用和利时集团一体化控制系统，包含 PCS（DCS）过程控制系统、ESD 紧急关断系统、FGS 火气系统等。4 月，陕煤集团榆林化学有限责任公司一期 180 万吨 / 年乙二醇工程动力站装置 DCS 系统 4# 锅炉成功点火，该项目的动力站及辅助装置采用和利时自主研发的 MACS-K 系列 DCS 控制系统。5 月，全球首个铁合金工业尾气生物发酵制燃料乙醇项目——宁夏首朗吉元新能源科技有限公司“年产 4.5 万吨冶金工业尾气生物发酵制燃料乙醇项目”投产，和利时为该项目主装置提供自主研发的 MACS-K 系列 DCS 控制系统及 SIS 安全仪表系统。8 月，中国石油重点工程、新疆维吾尔自治区最大的天然气深加工基地塔里木油田天然气乙烷回收工程建成投产，生产出合格的乙烷产品，和利时承担该项目轻烃回收工段分布式控制系统（DCS）和安全仪表系统（SIS）改造工程，以及新建二期乙烷回收 DCS 与 SIS 控制系统的设计、施工、安装、调试工作。9 月，和利时承建的西安铁路局重点工程、陕西省北部最大的信号设备智能化集中检修基地绥德工电段电务标准化综合检修基地建成投产，该基地承担包西、太中、浩吉等铁路继电器、转辙机、综合器材、电子信息设备配件、铁路专用仪器仪表等设备的检修和计量任务。10 月，兖矿鲁南化工有限公司“30 万吨 / 年己内酰胺项目”流程全线贯通，产出合格产品，和利时为该项目的全部装置提供自主研发的 MACS-K 系列 DCS 控制系统。12 月，国内首个核电行业智慧水务项目“秦二厂塍泾取水口智慧运行改造项目”建成投产，和利时负责该项目系统集成、设备供货、现场施工及技术服务等工作，为其定制核电厂智慧水务系统，支持秦山核电站水务控制中心实现智慧化升级；国能（连江）港电有限公司 1 号机组一次通过 168 小时满负荷试运行，该项目采用和利时推出的第 5 代高可靠性 DCS 系统 MACS V6 和 DCS 主控制器加工业现场总线技术，实现控制功能；华能石岛湾高温气冷堆核电站示范工程并网发电，该工程是全球首座球床模块式高温气冷堆电站，和利时为其定制开发“DCS+DEH”一体化 HOLLiAS—N 核电站数字化仪控系统，可满足高温堆运行控制场景的严格要求，在测试试验及试运行期间运行稳定。

（刘曼）

中航国际北京公司签约 2 个项目

4 月 2 日，中国航空技术北京有限公司签约三门峡腾跃同力水泥熟料生产线窑尾烟气脱硝深度治理项目，项目总金额约为 2300 万元。该项目运用德国洪堡水泥脱硝改造工艺 PYROCLON® REDOX，治理水泥熟料生产线窑尾烟气，具有占地面积小、自身压损低、操作简便、对原系统影响小等优势。10 月 26 日，中航国际北京公司签约秘鲁教育局平板电脑集中采购项目，合同总金额约为 6100 万美元。项目出口产品将被分发至秘鲁境内 1.6 万余所学校，帮助当地中小学实现在线授课，保障新冠肺炎疫情影响下的当地教育水平，助力海外公共事业发展。

（邱健）

天诚同创发布新产品和新技术

4 月 14—16 日，在第十届储能国际峰会暨展览会上，天诚同创电气有限公司发布储能创新产品模块化储能一体机（Energy Brick）和创新技术风储一体化控制解决方案。模块化储能一体机采用户外一体化设计，集成所有储能系统子部件，内置能量管理系统并预置多种运行控制策略，可以实现模块化叠拼，支持兆瓦级应用，单个 400 千瓦/920 千瓦·时子系统（含变流器）占地面积仅为 8 平方米，系统使用寿命最高可达 15 年，全生命周期平准化度电成本为 0.2 元/千瓦·时。风储一体化控制解决方案的核心是风储一体化实时数字仿真系统，该系统拥有业内领先的仿真能力，可实现毫秒级响应，有效降低损失，提升发电量，实现风机、储能、静止无功发生器等设备联合运行和最优化调度，替代风电场专门用于稳定电压的昂贵设备，有效降低风电场运行成本，在东北、华北北部和西北地区等新能源渗透比高的地区应用，可有效避免次同步振荡等问题，提高并网友好性。

（方张曙）

华盛中能签订多个项目合同

华盛中能箱变智能监控装置 HS2002（s）　　企业提供

4 月 16 日，北京华盛中能科技有限公司签订江西明正河北 1.55G 光伏项目，合同标的为 HS2002 型箱变测控装置 118 台。8 月 6 日，华盛中能签订吉林省白城市风电平价上网基地示范大唐向阳风电场二期工程（600 兆瓦）东场区项目，合同标的为 HS2002（s）型箱变测控装置 100 台。8 月 19 日，华盛中能签订华能北方上都百万千瓦级风电多伦 1、2 号基地项目，合同标的为 HS2002（s）型箱变测控装置 111 台。9 月 14 日，华盛中能签订马鬃山第一风电场 B 区 20 万千瓦风电项目，合同标的为 HS2001-F 型箱变测控装置 56 台。11 月 24 日，华盛中能与特变电工山东沈变电气设备有限公司签订专项采购合同，包含华能阿克陶项目、华能乌什项目、华能五莲项目、华能康乐项目、华能铁岭项目、华能康保项目，合同标的为 HS2002（s）型箱变测控装置 187 台。全部按照合同约定完成生产、安装和调试工作。

（白亮）

博电科技参加多个行业会议

4 月 23—25 日，北京博电新力电气股份有限公司参加第十二届中国智能电网学术研讨会，展示功率半导体测试解决方案、电动汽车及充电设施检测解决方案、仿真功率放大器解决方案、基于检测大数据的电力设备全生命周期管理方案等综合解决方案。5 月 25 日，国际电气与电子工程师学会电力与能源协会（IEEE PES）电动汽车技术委员会（中国）电动汽车并网试验与检测技术分委会成立。博电科技作为 IEEE PES 会员单位，应邀出席并参加分委会技术论坛。博电科技电动汽车及充电桩事务总负责张明晖被聘为 IEEE PES 中国区电动汽车技术委员会电动汽车并网试验与检测技术分委会常务理事。10 月 22—24 日，博电科技参展 2021 国网电动出行博览会暨第五届中国（杭州）国际电动车充电技术展览会，展示其在新能源电动汽车及充电设施检测及仿真领域的最新突破性成果。在同期举办的“桩”点世界第二届充换电设施及配套产品颁奖典礼上，博电科技全资子公司——北京博电未来电动汽车科技有限公司新能源电动汽车及充电设施解决方案获中国充电设施行业十大影响力品牌大奖。12 月 14 日，第十七届中国电气工业发展高峰论坛举行，国务院政府特殊津贴专家、全球能源互联网研究院原院长、博电科技首席科学家邱宇峰发表题为“‘双碳’目标下电力电子设备在有源配网中的应用”演讲。同时，第二十一届中国电气工业 100 强研究榜单发布，博电能源互联网创新园园区孵化企业——北京全来电科技有限公司入选 2020 中国电气工业“双碳”解决方案 10 强。

（关朝强　陈苹　黄迎迎）

和利时推出多款创新产品

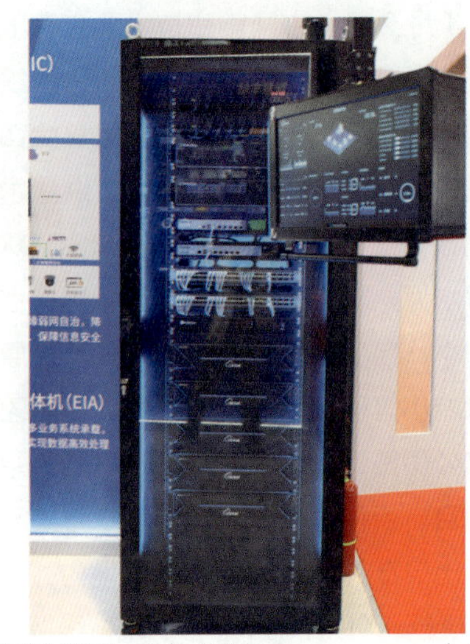

和利时边缘智能一体机（EIA）　企业提供

4 月，和利时集团推出智慧高速云控平台。该平台融合工业互联网平台、边缘智能控制器、边缘网关等技术，实现对高速公路全要素的状态感知与全方位管控，为高速公路管理者及使用者提供高水平、智慧化的便捷服务。5 月，和利时推出面向中继站、无人通信机房、变电所的智慧机房系统。该系统利用机器人、视频处理、多模传感、人工智能等技术，可实现无人站 / 所的自动巡检和智能运维监控功能。9 月，和利时推出隧道智能巡检机器人。该产品运用人工智能、物联网、大数据等技术，可感知隧道内气象条件、路面遗撒、检测隧道结构与设备异常、隧道内人员、车辆故障与事故等情况，实现全天候智能化实时巡检、人工智能故障诊断、大数据隧道病害趋势预测、应急事故抢险灭火四大功能，满足隧道的日常巡检、应急抢险等需要，最大化增强隧道运营管理的安全性，降低能耗和日常运维成本，提高智能化管控水平。同月，和利时推出 MD6120N 中药调剂设备。该设备单次最多可调剂 28 袋，让颗粒配药更安全、科学、高效、精准。10月，和利时发布边缘智能控制器（EIC）、边缘智能一体机（EIA）、HOLLiAS MACS IC 完全自主可控 DCS 系统。其中，EIC 集可编程逻辑控制器（PLC）、个人计算机（PC）、运动控制、网关，数据采集、现场总线协议、机器视觉、设备联网等多领域功能于一体，同时实现设备运动控制、运算、存储、网络和云边协同现场智能控制，以及高频数据采集、设备级智能分析等功能；EIA 采用软硬件一体化整机柜交付方式，构建站级边缘云平台，实现对站内计算、存储、网络、安全等资源的整合与管理，具有数据本地化、低延时、敏捷部署、业务自治等特点；HOLLiAS MACS IC 完全自主可控 DCS 系统融合和利时自主研发的控制器微内核架构、嵌入式操作系统、工业控制系统软件以及工业信息安全技术，实现所有硬件、软件全部国产化。

（刘曼）

和利时多项产品或技术通过专家评审

4 月，和利时集团在中国国家铁路集团有限公司（简称国铁集团）的组织和领导下研发的高速铁路 ATO 系统通过国铁集团科技和信息化部组织的技术评审。该系统构建具有完全自主知识产权并符合互联互通标准的高速铁路自动驾驶技术体系，提升高速铁路列车运行控制系统的功能，实现时速 350 千米的高铁列车正点、高效、舒适、节能运行。8 月，和利时自主研发的“高速铁路 CTCS2-200H 型列控车载系统研制及产业化”科技成果通过中国交通运输协会的专家评审。和利时通过引进、消化吸收并再创新 CTCS2-200H 型列控系统车载设备的设计和制造技术，使国内制造的列控系统车载设备达到规定的技术性能指标，具备持续的列控系统车载设备研制和开发能力。11 月，和利时与呼和浩特城市交通投资建设集团有限公司、深圳市地铁集团有限公司等单位联合申报的“基于云平台的线网级综合监控系统关键技术及示范应用”项目通过中国城市轨道交通协会的科技成果评价。该研究成果采用和利时自主研发的 MACS-SCADA 软件，在“云平台”整体规划框架下进行网络方案的创新优化，实现各互联系统的数据采集，应用于呼和浩特、深圳等地的多条线路，取得技术、经济和社会效益。评价委员会专家认为该成果先进性强、创新性突出、具备完全自主知识产权，成果整体水平达到国际先进水平。12 月，和利时牵头组织的“基于工控安全的自主可控 PLC 开发及应用研究”项目通过中国钢铁工业协会组织的专家评审。该项目首次将国产中央处理器及操作系统应用于冶金行业可编程逻辑控制器（PLC）产品；采用光纤同步技术，具备机架冗余、中央处理器冗余、通信冗余、通道冗余智能切换功能；自主开发跨平台逻辑组态软件；具有在线调试、仿真调试及程序检查功能，整体达到国际先进水平。

（刘曼）

安诺优达与东北林业大学达成校企合作

5 月 10 日，安诺优达基因科技（北京）有限公司和东北林业大学校企合作签约授牌仪式在北京举行。安诺优达被东北林业大学授牌就业实习基地，并与东北林业大学就远程在线培训、短期参观和长期实习、博士后科研深度合作 3 个方面开展校企合作，实现产学研一体化。全年安诺优达组织 2 场基因测序相关知识的线上培训，聘用东北林业大学 3 名毕业生。

（姜莹）

施耐德电气数字产业示范园成立

5 月 27 日，施耐德电气数字产业示范园成立仪式举行。该示范园由施耐德电气（中国）有限公司（简称施耐德电气）与经开区管委会共建，位于经开区凉水河二街 2 号，包括施耐德电气（中国）软件研发中心、电子行业科创中心、新一代环保气体中压设备生产线以及相关配套建设，主要生产塑壳断路器、中压开关柜 GM AirseT、中压环网柜 SM AirseT 和 RM AirseT，其研发、试验及量产均在施耐德（北京）中低压电器有限公司的工厂进行。该示范园的成立标志着经开区“两区”建设开启了与外资头部企业共建产业园的新模式。仪式上，施耐德电气新一代环保气体中压设备量产启动仪式举行，核心产品为绿色智能无六氟化硫（SF_6-free）系列产品，包括中压开关柜 GM AirseT、中压环网柜 SM AirseT 及 RM AirseT。该系列产品为施耐德电气历时十年研发的绿色数字化产品，通过使用干燥空气代替传统六氟化硫（SF_6）气体作为绝缘介质，能大幅减少电力系统的碳足迹，助力中国电力产业的低碳发展。

（倪延云）

天诚同创发布源网荷储一体化调控产品

6 月 2—5 日，在第十五届（2011）国际太阳能光伏与智慧能源（上海）大会暨展览会上，天诚同创电气有限公司发布源网荷储一体化调控系统产品。天诚同创以自主开发的阿尔法能源聚合平台为基础，开发出支持源网荷储参与电力交易的源网荷储一体化调控系统产品，放大储能系统调节源网荷友好互动的优势。在电源侧，该产品可将储能与资产配置、运营维护、电力交易、一体化控制结合，达到提升发电量、降低支出、提升电价和提升考核的作用；在负荷侧，该产品可结合储能与风、光等电源，降低企业度电成本，承担现货波动风险，为企业提供稳定的零售购电价格，帮助企业承担可再生能源消纳责任。

天诚同创发布源网荷储一体化调控系统产品　　企业提供

（方张曙）

安诺优达基因测序应用创新大会

6 月 3 日，安诺优达基因科技（北京）有限公司与深圳华大智造科技股份有限公司联合主办安诺优达基因测序应用创新大会暨 DNBSEQ-T7 平台单细胞和 Hi-C 文库测序新品发布会。安诺优达发布基于 DNBSEQ-T7 测序平台开发的单细胞文库和 Hi-C 文库等测序产品。基于 DNBSEQ-T7 测序平台开发的单细胞文库的测序序列比对率大于 95%，在提升测序数据有效性的同时，保持数据和分析结果的一致性；Hi-C 文库用于后续 Hi-C 互作分析有效数据的比例达 90%，在提高数据有效性的同时降低测序成本。来自基因测序领域企业、国内高校以及医院的专家、学者 200 人参会。

（姜莹）

森特股份承担的研究中心项目通过验收

6 月 18 日，森特士兴集团股份有限公司与北京航空航天大学共同承担的“机械工业土壤修复技术与装备工程研究中心”建设项目通过中国机械工业联合会审查验收。该项目重点围绕污染场地原位修复装备智能化、修复过程精细化控制、修复风险管控监测技术装备等开展研究与工程应用，通过提供技术服务，促进国内土壤修复治理领域技术进步。

（宁珊珊）

航天火箭公司助力火星探测任务

6 月 27 日，国家航天局发布“天问一号”火星探测任务着陆和巡视探测系列实拍影像，包括一组由“祝融号”火星车驱动机构加电开始移动、坡道行驶、驶上火星表面等过程现场声音组成的声音数据。探测到这组声音数据的是由航天长征火箭技术有限公司自主研制的、具有完全自主知识产权的国内首个火星声音传感器。该传感器突破一致性光谱控制、小型化可靠封装、高精度信号解调、低损数据压缩等关键技术，除探测声音之外，还跟随同样由航天火箭公司提供的火星气象测量仪在火星表面对气温、气压、风速、风向等环境参数进行测量和监测，完成“祝融号”火星车巡视区大气物理特征与表面环境探测的科学任务，确保实现火星表面气候与环境特征研究的科学目标。

（张宁）

安诺优达技术助力科研成果发表

6 月，中国科学院生物物理研究所在《自然细胞生物学》（*Nature Cell Biology*）期刊上发表论文，利用单细胞 ATAC-Seq 技术结合新研发的单细胞多组学 Ti-ATAC-Seq 技术，绘制新冠肺炎康复者外周免疫细胞表观遗传多维图谱，解析其单核细胞、B 细胞和 T 细胞免疫记忆形成的表观遗传机制，安诺优达基因科技（北京）有限公司为该研究提供 10x scATAC 测序服务；中国农业科学院深圳农业基因组研究所在《细胞》（*Cell*）期刊上发表研究文章，介绍其培育出的第一代高纯合度（> 99%）二倍体马铃薯自交系和杂交优势显著的杂交马铃薯品系“优薯 1 号”，安诺优达为该研究提供 PacBio 三代 DNA 建库测序服务。7 月，福建省淡水水产研究所薛凌展团队联合福建师范大学、华中农业大学和维也纳大学等单位在《基因组生物学》（*Genome Biology*）期刊上发表论文，从染色体层面解析大刺鳅基因组，对性染色体的起源及重组抑制进行相关研究，构建鱼类 Y 染色体完整图谱，提出动物性染色体近着丝粒起源的假说，安诺优达为该研究提供 PacBio 三代 DNA 建库测序、Hi-C 辅助组装以及 RNA-Seq 等多组学测序技术和服务；福建农林大学、中国农业科学院深圳农业基因组研究所等单位在《自然遗传学》（*Nature Genetics*）期刊上发表论文，利用自主开发的新算法破译高杂合铁观音的基因组组装难题，并在此基础上阐释等位特异性表达应对“遗传负荷”的机制及茶树群体进化和驯化历史，安诺优达为该研究提供二代重测序和 PacBio 三代 DNA 建库测序服务。12 月，北京林业大学生物科学与技术学院联合安诺优达在《细胞》（*Cell*）期刊上发表研究文章，对油松进行染色体水平的基因组组装和注释，绘制油松基因组的染色体甲基化图谱，安诺优达参与该研究中的 PacBio 三代 DNA 建库测序、Hi-C 辅助组装以及 RNA-Seq、WGBS 等多组学测序等环节。全年安诺优达发表科学引文索引（SCI）文章 56 篇，累计影响因子超过 600。

（林萌莉）

金风科创 GW184-6.45MW 机组吊装

金风科创 GW184-6.45MW 海上机组吊装　　企业提供

7 月 1 日，北京金风科创风电设备有限公司研制的 GW184-6.45MW 海上机组在上海奉贤海上风电项目完成首台吊装。该机组搭载 90 米叶片，采用定制化降载策略及技术方案，在保障机组可靠性和安全性的前提下，能够显著提升发电效益。该项目是国内首个竞争性配置海上风电项目、2021 年上海市重大建设项目之一，位于上海市奉贤区杭州湾北部海域，总装机规模为 206.4 兆瓦，是上海单次建设容量最大的海上风场。

（方张曙）

捷杰西技术入选中化联合会科技指导计划

7 月 1 日，中国石油和化学工业联合会印发《关于印发 2021 年度中国石油和化学工业联合会科技指导计划的通知》（中石化联科发〔2021〕139 号），将 102 项技术列入计划，其中研发类 78 项、推广类 24 项。北京捷杰西石油设备有限公司的石油钻井平台高性能顶驱内防喷器被列入研发类技术。石油钻井平台高性能顶驱内防喷器采用捷杰西自有专利设计和自主研发的新材料制造阀芯和阀座，优化内部结构和参数，实现超高压下顶驱内防喷器开关的手动开启。阀体材料采用特殊钢材和处理工艺，可承受高压力、大流量和高载荷。应用该技术的产品可靠性高、寿命长，已通过 API Spec Q1/7-1 会标认证。

捷杰西石油钻井平台高性能顶驱内防喷器　　企业提供

（谢畅　崔馨蕊）

中国医学装备协会放疗研修院启用

7 月 16 日，瓦里安医疗设备（中国）有限公司与中国医学装备协会共同启动中国医学装备协会放疗研修院，并面向放疗医师、物理师和放疗技师招募首批学员。该放疗研修院是中国首个放疗专业的行业岗位胜任力培训体系，旨在补齐放疗从业人才短板，在行业内推动建立放射治疗装备技术岗位制度，强化在岗人员的放疗知识储备，提高实操技能，建立岗位职业能力考评机制。针对放疗医师、物理师和放疗技师不同的岗位特点，由中国医学装备协会放射治疗装备技术分会组建专家师资队伍，结合理论知识、实际操作创新性设计五级培训课程，通过线上、线下方式培育专业人才。瓦里安负责搭建培训平台、培训场地，并设计部分课程内容。

（杨雅金）

“火种计划”中小学乡村教师培训开班

7月20日，通用电气医疗北京影像设备制造基地和北京亦城合作发展基金会在经开区举行“火种计划”中小学乡村教师培训开班仪式，为来自贵州省、广西壮族自治区、内蒙古自治区的百名乡村教师进行为期12天的培训，提升边远地区教师的教学水平。此次培训是2021“火种计划”——乡村女教师培训与发展公益活动的一部分，该活动由GE医疗北京影像设备制造基地与北京亦城合作发展基金会、北京益创乡村女性公益事业发展中心等机构于4月15日共同启动。“火种计划”由GE医疗北京影像设备制造基地所属的通用电气医疗集团于2003年创设，累计举办19期培训，为来自云南省、贵州省、四川省等地的1000余名乡村中小学、幼儿园女教师提供培训，惠及60万名边远地区的学生。

（董艺菲　孙茜）

航天工程公司3项技术成果获行业奖励

7月21日，在2021年中国氮肥、甲醇技术大会上，航天长征化学工程股份有限公司与山西晋煤华昱煤化工有限责任公司联合研发的航天炉无烟粉煤清洁高效转化技术获中国氮肥工业协会科学技术奖一等奖，该技术攻克以无烟煤为原料的气化难题，可应用于无烟煤气化制合成氨、甲醇、烯烃、乙二醇等煤化工领域，为实现无烟煤资源清洁高效利用提供有效技术途径；航天工程公司的全资子公司北京航天长征机械设备制造有限公司自主研发的煤化工用高温高压氧气切断球阀和煤化工用高温高压氧气调节阀2项科技成果，凭借节能减排效果明显、技术成熟可靠、用先进适用技术改造或替代传统技术、效益明显的优势，被中国氮肥工业协会评为“十四五”期间氮肥、甲醇行业推荐推广的节能减排新技术。

（程大中）

捷杰西参与完成“十三五”示范项目

7月，由北京捷杰西石油设备有限公司参与完成的国家海洋局“十三五”海洋经济创新发展示范项目——“海洋工程装备用高性能机械密封部件的产业链构建”通过宁波市自然资源和规划局专家组验收。捷杰西对机械密封新结构的研发取得重大突破，并参与该项目海洋石油钻井平台机械密封联合研发中心建设。11月，该项目获科学技术成果登记证书。捷杰西高性能机械密封冲管在内的系列产品应用于“海洋石油982”“胜利4号”“CPOE16”等海洋井平台和川渝地区页岩气开发等项目。该项目为打造具有市场竞争力的海洋石油工程装备核心配套设备及关键材料产业链做出重要贡献，带动相关企业和行业的创新发展。

（谢畅　崔馨蕊）

先瑞达医疗在香港联交所上市

8月24日，北京先瑞达医疗科技有限公司在香港联交所挂牌上市（股票简称：先瑞达医疗；股票代码：06669.HK），本次公开发行股票6863.30万股，发行价格为23.80港元/股，募集资金总额为16.33亿港元。

（靳雪晶）

2021 世界机器人大会

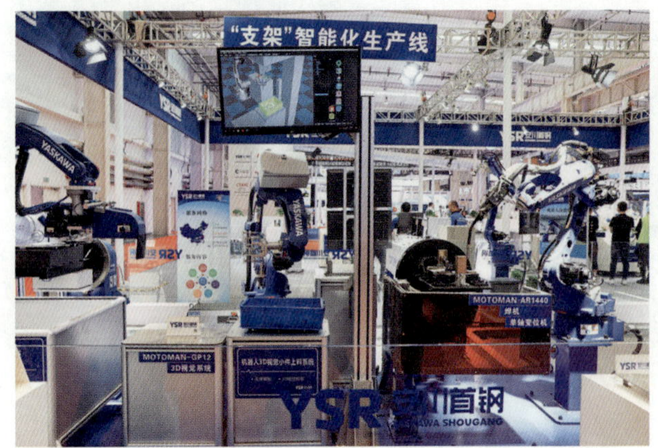

2021 世界机器人大会安川首钢展位　　张磊 摄

9 月 10—13 日，2021 世界机器人大会在北京亦创国际会展中心举办。大会由市政府、工业和信息化部、中国科学技术协会主办，中国电子学会、市经济和信息化局、经开区管委会承办，以“共享新成果 共注新动能”为主题，设有博览会、论坛、大赛三大板块。博览会有沈阳新松机器人自动化股份有限公司、哈工大机器人集团（HRG）、安川首钢机器人有限公司等 108 家企业参展，展出中信重工防爆轮式巡检机器人、优必选熊猫机器人等 513 件创新机器人产品; 论坛邀请图灵奖得主、中国科学院院士、中国工程院院士等 300 余名业界专家和企业家代表，在 3 个主论坛、19 个专题论坛、7 场国际双多边会议、20 场配套活动中交流行业热点议题；大赛设有共融机器人挑战赛、BCI 脑控机器人大赛、机器人应用大赛、青少年机器人设计大赛 4 类赛事共 41 个分赛项，4 万余名选手参赛，集中展示智能制造、助残康复、特种救援等领域的机器人竞技水平。大会发布《中国机器人产业发展报告（2021 年）》《机器人十大新兴前沿热点领域（2021—2022 年）》等 5 项研究成果；推动产业链上下游紧密合作，签约金额达 53 亿元，促进机器人领域新技术、新成果的落地转化。大会得到 200 余家国内外媒体的报道，在线直播的观看人数达 2300 万人次，微博话题阅读量达 1.2 亿次，短视频平台话题播放量达 2.4 亿次。

（张培培）

金风科创项目获市科学技术进步奖一等奖

9 月 25 日，北京金风科创风电设备有限公司参与完成的“工业物联网时序数据库管理系统关键技术及应用”项目获 2020 年度北京科学技术进步奖一等奖。该项目以风机数据管理为场景，金风科创与项目牵头单位清华大学共同攻关风机时序数据存储、元数据识别、低质数据处理等技术，提出边侧数据压缩方法、元数据序列片段级工况标签的识别方法、多分段多阈值的序列片段识别方法等；在低质数据处理方面提出风机缺值、错值问题，与清华大学共同研制相关修复算法，并将项目技术成果集成入风电装备大数据平台；通过使用物联网数据库（IoTDB），降低传统工业实时库的采购使用成本，对风角优化实现增效提升风电场整体发电量，对风机故障预警实现增效减少维护成本，载荷仿真时序数据管理减少建设成本，支撑风机产品竞争力提升实现效益提升。

（方张曙）

天诚同创项目获市科学技术进步奖一等奖

9 月 25 日，北京天诚同创电气有限公司参与完成的“分布式可再生能源交直流高效集成与互联关键技术、装备及应用”项目获 2020 年度北京市科学技术进步奖一等奖。天诚同创参与研制项目中的模块化高效高功率能量路由器，采用高度集成的能量路由器实现分布式可再生能源的交直流集成与互联，可以更加高效地接纳可再生能源，并提升整体转换效率和供电能力。该科研成果提高分布式能源的接入能力与转换效率，节能降耗效果显著，成果推广至北京、河南、河北、陕西等地，在分布式可再生能源系统、风电场、光伏发电站等多个场合应用。

（方张曙）

参展中国国际航空航天博览会

9 月 28 日—10 月 3 日，第十三届中国国际航空航天博览会在广东省珠海市国际航展中心举办。经开区率区内商业航天企业参展，展示最新技术成果。其中，星河动力（北京）空间科技有限公司展出其自主设计研发的智神星一号和谷神星一号（遥一）商业运载火箭的模型，其中智神星一号是两级液体加先进上面级可重复使用运载火箭，是未来宽带互联网星座建设的主力箭型；北京零壹空间技术研究院有限公司展出灵龙系列运载火箭、望舒系列保障装备、玄鹊系列无线通信、玄珠系列智能控制、鸿鸣系列固体动力五大神兽系列产品，其未来发展的战略级产品“灵龙一号甲”具有高效运载、快响发射、智能测发、品质保障等特点，将有效满足中小型固体运载火箭快速增长的发射需求，填补卫星市场快速补网的需求缺口；九州云箭（北京）空间科技有限公司展出 LY-10 凌云发动机和 LY-70 龙云发动机，这两型主力发动机均采用火炬式电点火系统并具备多次启动能力，同时均具备大范围推力调节能力。

（陈伟）

捷杰西参与项目获行业技术进步奖一等奖

捷杰西高性能机械密封冲管　　企业提供

9 月，北京捷杰西石油设备有限公司、宁波伏尔肯科技股份有限公司、中国科学院宁波材料技术与工程研究所和清华大学组成产学研联合创新团队共同完成的“高性能机械密封新材料及装置的关键技术与应用”项目获 2021 年度中国液压液力气动密封行业技术进步奖一等奖。该项目首次研制出中国金刚石 / 碳化硅材料为配副的机械密封系统，满足石油钻井行业对高性能基础装备和关键零部件的重大需求。承载项目研究成果的高性能机械密封冲管在多个海洋平台和陆地钻井现场得到示范应用，并进入中国石油天然气集团公司、中国海洋石油集团公司、中国石油化工集团公司的采购目录，打破欧美石油设备企业在高性能钻井机械密封冲管系统领域的技术垄断，产生良好的经济效益。

（谢畅　崔馨蕊）

蓝箭航天入选新经济独角兽企业150强

10月11日，蓝箭航天空间科技股份有限公司（简称蓝箭航天）入选互联网周刊发布的2021新经济独角兽企业150强名单。蓝箭航天是中国唯一一家、世界第三家同时掌握百吨级液体火箭发动机和中大型液氧甲烷火箭全部关键技术及研制保障能力的民营企业，其自主研制的“朱雀二号”液体火箭为中国首款采用液氧甲烷推进剂的低成本液体火箭，填补国内相关技术空白。

（陈伟）

航天火箭公司助神舟十三号载人飞船发射

10月16日，长征二号F运载火箭托举神舟十三号载人飞船成功发射并进入预定轨道。在此次任务中，航天长征火箭技术有限公司为神舟十三号研制的飞行数据记录仪安置于航天员座椅下方，用于记录舱内气压、温度、湿度，飞船姿态，各种设备工作状态，航天员在仪表上的操作等数据信息；研制的剩余液位测量设备利用4个象限推进剂，控制飞船在轨飞行、交汇对接的飞行姿态，具有小型化、轻量化、高可靠的特点，能适应从真空到超20个大气压力的气压环境；研制的环境测量智能设备对舱内的温度、湿度、空气压力等进行实时监测，确保舱内环境时刻安全稳定，保障航天员在空间站正常工作生活。长征二号F运载火箭是一种大型两级捆绑助推器运载火箭，航天火箭公司为其研制遥测传输设备、卫星导航接收机、多型传感器等产品，覆盖火箭测量系统、控制系统及地面测试系统，确保火箭发射成功；配套生产100余根电缆，承载各类遥测参数并进行信号传输，确保清晰准确地传输各类信号。

（张宁）

瓦里安推出三大全球首发解决方案

瓦里安参展第四届中国国际进口博览会　　企业提供

11月5—10日，瓦里安医疗设备（中国）有限公司携ProBeam® 360° 等比质子治疗室（FLASH FLEX版）、全球首个人工智能高度自动化无接触癌症放疗中心、数字化肿瘤互联网医院解决方案三大全球首发解决方案参展第四届中国国际进口博览会。其中，ProBeam® 360° 等比质子治疗室（FLASH FLEX版）与实际治疗室等比，体积为60立方米，搭配新发布的FLEX Toolkit，展示癌症治疗下一代技术Flash粒子治疗的潜力。全球首个人工智能高度自动化无接触癌症放疗中心融合瓦里安全球首个商业化人工智能癌症放疗解决方案、全球首个15分钟在线式个体化精准放疗方案、全球首创新冠肺炎疫情下患者全流程无接触放疗环境3个核心优势，汇总全球38家癌症中心的全癌种治疗经验和数据，精准追踪不断变化的肿瘤靶区，实现跟随式个体化精准打击，可在15分钟内完成传统放疗设备需用10小时完成的临床工作；其核心产品 Ethos™ 智慧自适应放疗平台采用低能耗环保设计理念，年耗电量比传统放疗设备降低约 86%。数字化肿瘤互联网医院解决方案是以患者为中心的数字化病程管理体系，对肿瘤健康管理和防控形成全新的线上、线下一体化全流程服务模式；通过远程肿瘤多学科会诊、肿瘤随诊、肿瘤复诊等多种咨询模式，解决肿瘤诊疗资源不均衡的问题。

（杨雅全）

安诺优达成为医用高通量测序标准化单位

11 月 11 日，国家药监局发布《国家药监局关于成立医用高通量测序标准化技术归口单位的公告》（2021 年第 137 号），公布第一届医用高通量测序标准化技术归口单位及人员名单。该名单由来自医疗器械监管机构、检验检测机构、科研院所、生产企业等领域的 76 名专家组成，包括 47 名成员、1 名秘书以及 28 名观察员。其中，安诺优达基因科技（北京）有限公司入选，安诺优达体外诊断（IVD）研发总监张介中担任观察员。医用高通量测序标准化技术归口单位主要负责医用高通量测序专业领域的基础通用标准、产品标准、方法标准、管理标准和其他相关标准制定和修订工作。

（罗紫薇）

博电科技与 2 家基金公司签署协议

11 月 30 日，北京博电新力电气股份有限公司与中核（浙江）新兴产业股权投资基金（有限合伙）、北京基锐科创投资中心（有限合伙）在博电能源互联网创新园举行股权投资签约仪式。博电科技董事长陈卫、中核基金总经理刘隆文、基锐基金股东代表李石磊作为三方代表出席并签署股权投资协议。博电科技将把电气系统检测技术及产品导入中国核工业集团公司旗下电站的运维检修领域，助力博电科技在核电和新能源领域的技术推广，深化企业在核电检测领域的产业链建设。

（陈芊）

航天和兴军工设备研发等项目签约

11 月，经开区管委会与北京航天和兴科技有限公司签署入区协议。该公司拟投资 6 亿元，在瀛海镇工业区建设军工设备研发及生产基地项目。该公司于 2003 年在大兴区瀛海镇成立，主要从事以航天领域为主的军工产品的设计制造、电子装调、总装总测、特种车辆设计改装等业务，是国内唯一的导弹及地面特种装备设计、生产及总装总测系统配套的民营企业，总装生产北京星际荣耀空间科技股份有限公司及蓝箭航天空间科技股份有限公司的火箭，拥有全套军工资质及 48 件专利、16 项软件著作权，承接国家科研课题 3 项。

（李昌祖）

金风科创超高钢制柔性塔架样机完成吊装

12 月 3 日，北京金风科创风电设备有限公司研制的 GW165-4.0MW 超高钢制柔性塔架样机在河南省新乡市清云智慧能源封丘县一期 40 兆瓦风电场项目完成吊装。该塔架高度为 165 米，刷新国内钢制柔性塔架新高度，是亚洲最高的柔性塔架，为陆上大兆瓦机组及超高塔架的应用提供安全、可靠、经济的支撑结构方案。该塔架融合金风科创分片式钢塔和高柔性塔架技术，通过增大直径的方式提升塔架承载力，可节约 15% 以上的材料；运输灵活，不受道路及车辆限制，对运输重量满足要求的塔架段采用堆叠运输方式，对运输重量超限的道路与区域采用单片运输方式；与高度为 140 米的普通塔架相比，每年增加发电量 225 小时，使整个项目的收益增加 8%。

（方张曙）

金风科创和天诚同创参建首个零碳码头

天津港北疆港区 C 段智能化集装箱码头　企业提供

12 月 15 日，全球首个零碳码头智慧绿色能源系统并网仪式在天津港北疆港区 C 段智能化集装箱码头举行，北京金风科创风电设备有限公司研发的 GW155-4.5MW 风力发电机组并网发电，北京天诚同创电气有限公司提出的源网荷储一体化零碳码头智慧能源解决方案落地应用，保证该码头实现 100% 电力驱动、100% 使用绿色电力、100% 自给自足，标志着该码头成为全球首个零碳码头。该码头是天津港落实世界一流港口建设要求的重要标志性项目，包括 3 个 20 万吨级泊位，岸线长度为 1100 米，设计集装箱通过能力为 250 万国际标准箱 / 年，后方陆域占地面积约为 75 万平方米。该码头建有包含金风科创研发的 2 台 4.5 兆瓦风力发电机组的风力发电项目和由天诚同创设计的峰值功率为 1.43 兆瓦的分布式光伏发电项目，年可供绿色电力分别为 2189.3 万千瓦 · 时和 140.9 万千瓦 · 时，实现对园区大量自动化设备的可再生能源供给，每年节约标准煤约 7340.1 吨，减少二氧化碳排放 2.06 万吨。该码头还采用天诚同创首创且符合国际电工委员会（IEC）国际标准的微电网技术，协同调度系统内各电源、储能和可调负荷，基于智能预测和算法，保证网络自主可靠运行，实现高比例的可再生能源利用；采用金风科创和天诚同创参与开发的码头能源管控系统，实现能源系统的数据同步同源、数据可视化与业务可视化的高度融合，以及清洁电力发电与负荷的优化配置和智能预测，提高能源利用率，助力码头高效低能耗运行。

（方张曙）

金风科创 2 款风电机组并网发电

12 月 25 日，北京金风科创风电设备有限公司研制的 38 台 GW155-4.5MW 海上风电机组和 20 台 GW171-6.45MW 海上风电机组在三峡新能源江苏大丰 H8-2#300 兆瓦海上风电项目实现全容量并网发电。该项目位于江苏省盐城市大丰区毛竹沙北侧海域，场址中心离岸距离为 72 千米，是国内离岸距离最远的海上风电项目，装机容量为 300 兆瓦。该项目采用的 GW155-4.5MW 海上风电机组和 GW171-6.45MW 海上风电机组是金风科创自主开发设计、具有自主知识产权的 4S 和 6S 产品平台代表机型之一，延续金风科创直驱永磁全功率变流的特点，具有并网友好、运行稳定、安装高效、管理智能等优势。

三峡新能源江苏大丰 H8-2#300 兆瓦海上风电项目　企业提供

（方张曙）

森特股份建筑光伏一体化屋面投入使用

12 月 25 日，森特士兴集团股份有限公司研发楼建筑光伏一体化（BIPV）屋面电站并网成功，投入使用。BIPV 是将太阳能光伏产品集成到建筑上，与建筑同设计、同施工、同运维，在满足防水、抗风揭等建材属性的同时，兼具发电的清洁能源属性，应用范围广、运维成本低。该电站是经开区首个实现 BIPV 并网的屋面分布式光伏电站，开启能源自发自用新模式。

（宁珊珊）

安诺优达通过多项室间质评项目考核

年内，安诺优达基因科技（北京）有限公司满分通过欧洲分子基因诊断质量联盟（EMQN）的 2020 年无创产前 DNA 检测（NIPT）项目能力评估认证；满分通过国家卫生部临床检验中心（NCCL）的 2021 年外周胎儿染色体非整倍体（T21，T18 和 T13）高通量测序第 1 次、第 2 次室间质量评价项目，全国肿瘤游离 DNA（ctDNA）基因突变高通量测序检测室间质量评价项目，2021 年全国新型冠状病毒变异株核酸检测第 1 次、第 2 次室间质量评价项目，2021 年遗传病高通量测序检测生物信息学分析第 1 次室间质量评价项目，2021 年染色体基因组结构异常第 1 次室间质量评价项目。

（罗紫薇）

和利时获多个奖项

年内，第十九届中国自动化及数字化年度评选结果发布，和利时集团被评为 2020—2021 中国自动化及数字化品牌 50 强，联席总裁徐悦获年度领袖人物经营管理奖；在第十届中国智能交通最具影响力企业评选颁奖典礼上，和利时准全天候通行系统获 2020 年中国高速公路行业十大优秀产品创新奖；《中国交通运输协会关于“2020 年度中国交通运输协会科学技术奖”获奖项目的通知》（中交协秘字〔2021〕15 号）发布，和利时联合中国铁路成都局集团有限公司等单位申报的“ZPW-2000S 无绝缘轨道电路系统研究及川藏铁路应用”项目获 2020 年度中国交通运输协会科学技术奖一等奖；在 2020 年度中国石油和化工自动化行业科学技术奖奖励暨行业智能发展大会上，和利时牵头完成的科研成果“国产自动化系统在自主专利技术大型煤化工项目上的开发与应用”获 2020 年度中国石油和化工自动化行业科学技术奖科技进步奖特等奖；在 2021 年中国软件产业年会上，和利时被评为 2020 年中国软件行业最具影响力企业，自主研发的高速列车自动驾驶系统 V1.0 和基于工业互联网和先进控制技术的智能一体化解决方案被评为 2020 年中国软件行业优秀解决方案；在 2020 年度中国自动化学会颁奖盛典上，和利时获 2020 年度中国自动化学会企业创新奖；在 2021 中国自动化产业年会暨第十六届中国自动化产业世纪行活动（CAIAC 2021）上，和利时被评为 2020 中国自动化领域年度企业，副总裁何春明被评为 2020 中国自动化领域年度人物，参建的广东粤电茂名博贺电厂 2×100 万千瓦“上大压小”发电工程主辅机 DCS 项目被评为 2020 年度最具影响力工程项目，研发的智慧车站管理系统解决方案被评为 2020 年度最具价值解决方案、智能 DCS 数字孪生系统被评为 2020 年度最具竞争力创新产品、LKS 安全型控制系统被评为 2020 年度用户信赖产品；在首届工控中国大会暨工业软件产业链供需对接会上，和利时“中安联合煤化一体化”项目被评为行业优秀示范案例；在第二届国家级新区经开区高新区班组长管理技能大赛上，和利时员工燕玲玲获个人二等奖；在 2021 年中国国际数字经济博览会企业数字化转型高峰论坛上，和利时城市轨道交通全自动互联互通 CBTC 系统与和利时智慧高速云控平台被评为 2021 年企业数字化转型优秀案例；在 2021 年度 SHE 颁奖大会（ASAC）上，和利时获 2021 年度工程安全优异奖。

（刘曼）

和利时中标或签约多个重大项目

年内，和利时集团签约唐山三孚新材料有限公司“化工智能工厂项目”、沁阳永润科技发展有限公司“20 万吨 / 年甲醛、3 万吨 / 年多聚甲醛项目”、中国铁路工会天津供电段委员会“高铁外部环境预警管控应急系统项目”、华强化工集团股份有限公司“工业网络安全项目”、重庆市九龙万博新材料科技有限公司“年产 360 万吨特铝新材料项目”、安阳顺利环保科技有限公司“二氧化碳加氢制绿色甲醇项目”、鲁西化工集团股份有限公司“120 万吨 / 年双酚 A 装置项目”、陕西榆能化学材料有限公司“煤制 40 万吨 / 年乙二醇项目”、北京中铁建电气化设计研究院有限公司“铁建大厦项目调度指挥中心、运营指挥中心设计及施工”、山东天弘化学有限公司“45 万吨 / 年丙烷脱氢项目”、中海石油（中国）有限公司深圳分公司“恩平 15-1/10-2/15-2/20-4/20-5 油田群联合开发项目”、中海石油（中国）有限公司天津分公司“垦利 6-1 油田 5-1、5-2、6-1 区块开发项目”、中国石化集团石油商业储备有限公司“岚山油库、册子岛油库 119 台罐根阀 DCS\SIS 改造项目”以及“深圳地铁 14 号及岗厦北枢纽综合监控及 MCC 系统设备采购项目”“深圳地铁 6 号线支线及二期综合监控及 MCC 系统设备采购项目”“国家管网集团天津液化天然气有限责任公司二期项目 ICS 系统项目”等。和利时中标山东东岳有机硅材料股份有限公司“30 万吨 / 年有机硅单体及 20 万吨 / 年有机硅下游产品深加工项目”、市交通委“隧道智能巡检与应急联动关键技术示范应用项目”等。

（刘曼）

华盛中能搭建的断路器生产线投产

年内，北京华盛中能科技有限公司设计和搭建的创新性综合测试和保护特性一体型框架式断路器生产线投产。该生产线有别于国内传统型的分体式设备，具有占地空间小、工业化合理性高、操作灵活、避免产品二次移转等特点，实现独立研发和自主生产框架式断路器，产能为 30 台 /8 小时，最大设计产能为 50 台 /8 小时。

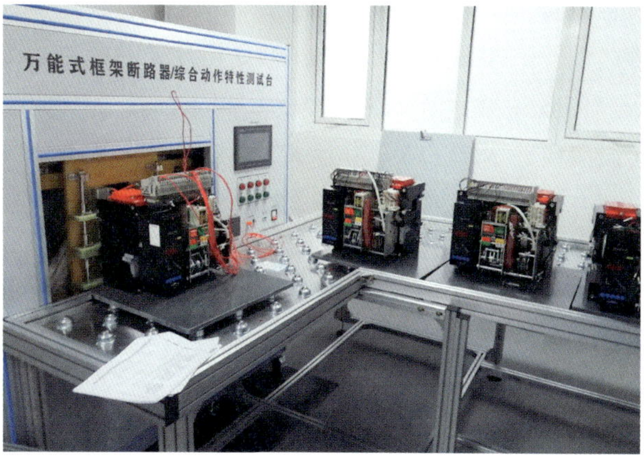

华盛中能框架式断路器生产线　企业提供

（白亮）

嘉纳尔科技企业标准备案通过

年内，嘉纳尔科技（北京）有限公司的企业标准 2021 年版在企业标准信息公共服务平台备案通过。该标准由市市场监督管理局进行审核，更新修订公司 Q/DXJNE 0001—2021《水基型低挥发性脱漆剂》、Q/DXJNE 0002—2021《脂肪酸钾皂》等 23 个标准，包括标准名称、编号、技术指标和执行该标准的产品信息等，适用的脱漆剂覆盖范围更全面。

（王春时）

松下电气延伸开发“光文化”照明产品

年内，松下电气机器（北京）有限公司延伸开发住宅“光空间”照明、住宅“移动”照明、非住宅照明品类下诸多系列“光文化”照明产品，包括装饰灯具、吸顶灯具、“光空间”产品系列、仓储灯具、办公公建照明器具等。产品销往日本、韩国、马来西亚等国家，年销量约为 2260 万台，通过制订解决方案、直播、平台营销等方式，向大众传播健康光文化。

（李真）

博电科技承担的云南电网项目通过验收

年内，北京博电新力电气股份有限公司承担的云南电网电磁暂态仿真实验室建设项目通过云南电网有限责任公司的专项验收。该项目加装 4 套实时数字仿真器及接口板卡。云南电网开展电磁暂态仿真实验室建设，将用于开展云南电网电力系统电磁暂态建模仿真。博电科技数字功率仿真系列产品为保障智能电网的安全可靠运行发挥关键作用。

（张琦）

·企业（选介）·

经纬纺织机械股份有限公司

2021 年，经纬纺织机械股份有限公司（简称经纬纺机）的总资产为 415.57 亿元，营业收入为 74.78 亿元，归属于上市公司股东的净利润为 6.01 亿元。员工有 7466 人，包括技术研发人员 883 人。年内，经纬纺机推动智慧纺纱设备全面解决方案、数字化科技服务、产业生态服务平台建设三大业务，加强数字化服务和产融结合，加快构建纺织机械全产业链核心主业，形成涵盖现代纺织贸易等在内的产业链及其上下游业务协同发展格局，打造“纺织生态园”业务发展新方式。公司为国内知名纺纱企业建成数字化、智能化纺纱示范工厂。公司获省部级科技奖 14 项，其中“全流程智能化棉纺成套装备及系统”项目获第二届促进金砖工业创新合作大赛一等奖。

1951年，经纬纺机的前身经纬纺织机械制造厂动工兴建；1995年，在原经纬纺织机械制造厂的基础上，将其从事纺织机械生产的业务和与之相关的资产及负债改组设立为经纬纺织机械股份有限公司，注册于太原高新技术产业开发区；1996年，公司在深圳证券交易所上市（股票代码：000666）；2000年，公司总部办公地迁往北京；2003年，公司注册地由太原迁入经开区，为中国机械工业集团有限公司所属的国家高新技术企业。公司纺织机械与金融信托双主业并行发展，纺织机械产品涵盖纺纱、织造、捻线、化纤和专件，其中智能化全流程纺纱系统、数字化加捻系统具备全球竞争力。公司拥有2个国家级企业技术中心，成立11种产品的纺织机械行业研发机构，设有博士后工作站。

（王华强）

经纬纺织机械股份有限公司

董事长 吴旭东

总经理 毛发青

北京北开电气股份有限公司

2021年，北京北开电气股份有限公司（简称北开电气）的年销售收入为1.85亿元，签订购货合同总额为3亿元，有员工279人。年内，在智能制造板块上，北开电气高压电器事业部业务重回国网市场，获国网批次中标5782万元；获承装（修、试）电力设施许可证（四级），为运维检修业务高质量发展提供支撑；围绕舰艇核心控制系统，做优做强军工业务，军品订货累计达1.59亿元；在智能园区板块上，北京希艾益科技有限公司、萝卜运力（北京）科技有限公司、阿尔特汽车技术股份有限公司等6家企业入驻园区，出租面积达2.05万平方米，比2020年增加9229平方米；全年实现租赁业务收入1700万元，比2020年增长124%。

北开电气的前身是成立于1952年的北京开关厂，具有70年开关电器制造经验；1999年12月组建成为股份制企业，更名为北京北开电气股份有限公司。2003年从朝阳区迁至经开区，占地面积为14万平方米，注册资本为2.7亿元。公司围绕开关制造/服务、园区运营精耕细作，形成智能制造和智能园区“双主业”格局，致力于高、中、低压开关控制设备，超导和机电一体化开关控制设备技术的研究、管理、销售、制造和安装维修服务，主营智能化组合电器、SF_6组合电器、SF_6断路器、真空断路器和接触器、充气柜、智能变电站、低压陆用（船用）空气断路器、高低压成套配电装置和军工产品等，产品应用于电网、电厂、电气化铁路、地铁、城市轻轨、钢铁、冶炼、石油化工、核电、新能源等领域。

（魏文丽）

北京北开电气股份有限公司

董事长 张振永

总经理 贾晓邦

北京华德液压工业集团有限责任公司

2021年，北京华德液压工业集团有限责任公司（简称华德液压）的资产总额为15.9亿元，营业收入为8.45亿元，有员工1054人。公司主持修订国家标准2项，参与修订国家标准3项；承担多项“卡脖子”工程和重点项目研发。公司工程阀职工创新工作室获2021年北京市工人先锋号称号。

华德液压成立于1979年，注册资本为6.63亿元，于1994年入驻经开区，是北京京城机电控股有限责任公司的全资子公司，在北京市有5个园区，总占地面积为48.45万平方米，设有4个生产基地、2个研究院所，拥有国内先进制造设备750余台，以及泵、工业阀、工程阀装配线各1条。公司从事液压元件及集成设备的设计、制造、服务，主要业务包括工业阀、工程阀、插装阀、控制阀、泵/马达、成套设备的设计、制造、销售和服务。主导产品全部通过ISO 9001质量管理体系认证。公司是国家高新技术企业、工业和信息化部制造业单项冠军培育企业、中国液压气动密封件工业协会副理事长单位等。

（张颖）

北京华德液压工业集团有限责任公司

董事长 廖显胜

北京华东电气股份有限公司

2021年，北京华东电气股份有限公司（简称华东电气）的固定资产为5487万元，销售收入为0.99亿元，利润总额为272万元，有员工79人。公司获北京国标联合认证有限公司颁发的质量管理体系、环境管理体系、职业健康安全管理体系证书，兴原认证中心有限公司颁发的中核集团合格供应商证书，北京市高新技术企业和中关村高新技术企业证书；有24个低压成套开关设备获中国质量认证中心CQC证书，完成强制性认证产品符合性自我声明。

华东电气始建于1985年，注册资本为1亿元，占地面积为6万平方米，建筑面积为4万平方米。公司主要从事0.4~252千伏智能型高、低压电气成套开关设备的研发、设计、生产和服务。产品用于国家电网、核电站、发电厂、变电站、交通、工矿企业、军队国防等行业，并出口至亚洲、非洲、拉丁美洲。典型产品有LW50-252六氟化硫罐式断路器，ZF38-126气体绝缘封闭开关设备，KYN61-40.5、HKA-24、KYN28A-12、SUV-12金属铠装移开式开关设备，JX600、QX600、YBM600军港码头岸电设备，智能型GHK-Z2000低压成套开关设备；核安全级产品有1E级HKA600-12、1E级HKA600-7.2、1E级GHK-Z2000、1E级HXL、1E级HXX。公司持有中央军委装备发展部颁发的武器装备承制资格单位证书、中国新时代认证中心颁发的国军标质量管理体系认证证书。

（唐军平）

北京华东电气股份有限公司

董事长兼总经理 王钰洲

北京利达华信电子有限公司

2021年，北京利达华信电子有限公司（简称利达华信）的营业收入为6.77亿元，纳税总额为3245万元，有员工717人。公司被中国消防协会授予企业信用评价AAA级信用企业称号，连续14年获消防行业十大知名报警企业称号。

利达华信的前身是成立于1990年1月18日的北京利达防火保安设备有限公司。公司的注册资本为6000万元，位于经开区荣京东街17号，是一家致力于人类安全与环境保护的多元化经营企业，建有集中央空调、楼宇自控、安防监控系统、宽带网及综合布线系统于一体的智能化星级工厂，建筑面积为3万平方米。公司产品包括火灾自动报警控制系统、消防设备电源监控系统、可燃气体探测系统、电气火灾监控系统、消防应急照明余压监控系统、线型光纤感温火灾探测系统、智慧消防云平台等。公司产品行销全国 30 余个省市以及东南亚、中东等 20 余个国家和地区，在全国范围内设有 300 余个售后服务中心。公司具有消防设施工程专业承包一级资质。

（张梦茹）

北京利达华信电子有限公司

董事长 涂燕平

通用电气医疗北京影像设备制造基地

2021 年，通用电气医疗北京影像设备制造基地（简称 GE 医疗北京影像设备制造基地）的工业总产值为 54.17 亿元，比 2020 年增长 20%；生产 CT 机约 2700 台（套），其中 60% 的产品出口国外市场，覆盖 130 余个国家和地区，在全球累计装机近 3 万台。通用电气医疗集团（简称 GE 医疗）在 GE 医疗北京影像设备制造基地投资建设分子影像工厂。

GE 医疗北京影像设备制造基地由 GE 医疗旗下的航卫通用电气医疗系统有限公司（简称 GE 航卫）和北京通用电气华伦医疗设备有限公司（简称 GE 华伦）组成。GE 航卫于 1991 年由美国通用电气医疗系统亚洲公司与中国科学器材公司合资成立，是美国通用电气公司在中国的第一家合资公司，注册资本为 250 万美元，从事大型医疗影像设备的研发、生产、销售，产品主要包括 CT 机、磁共振成像（MRI）等。GE 华伦于 1995 年在经开区成立，注册资本为 3800 万美元。GE 医疗北京影像设备制造基地占地面积为 7 万平方米，是 GE 医疗全球最大的生产和研发基地之一。2020 年 11 月 15 日，基地由通用电气医疗北京工业园更名为通用电气医疗北京影像设备制造基地，逐步发展为 GE 医疗医用 CT 机及主要分系统单元的唯一生产基地，并且产品种类覆盖范围最广，曾被评为 GE 集团全球十个智能示范工厂之一。

（董艺菲 孙茜）

通用电气医疗北京影像设备制造基地

总经理 陈一鹏（11 月任）

陈和强（11 月免）

北京牡丹联友环保科技股份有限公司

2021 年，北京牡丹联友环保科技股份有限公司（简称牡丹联友）的资产总额为 1.52 亿元，营业收入为 5739 万元，净利润为 116 万元，纳税总额为 405 万元，有员工 132 人。公司有 10 件实用新型专利获授权；烟气排放连续监测系统入选 2021 年度第一批（总第十五批）北京新技术新产品（服务）名单。

牡丹联友成立于 1992 年 10 月 19 日，注册资本为 7170 万元。2015 年，公司在新三板上市（证券代码：832987）。公司专业从事环保领域污染源在线监测设备的研发、生产、销售和后期运营服务，生产设备在北京、天津、上海等 20 余个省、自治区、直辖市投入运行，建立长期稳固技术服务站 20 余个。

（孟雨）

北京牡丹联友环保科技股份有限公司

董事长兼总经理 杨森

中国航空技术北京有限公司

2021 年，中国航空技术北京有限公司（简称中航国际北京公司）的总资产为 50.68 亿元，营业收入为 46.97 亿元，有员工 1100 人。公司签约秘鲁教育局平板电脑集中采购项目、三门峡腾跃同力水泥熟料生产线窑尾烟气脱硝深度治理项目。

中航国际北京公司成立于 1992 年，注册资本为 8 亿元，位于经开区宏达北路

16号，是中国航空工业集团有限公司的成员单位、中航国际控股有限公司的全资子公司，在五大洲10余个国家和地区设有分支机构。公司主营水泥工程、石化工程、机电工程和设备进出口等业务，有包括工程项目设计、采购、施工、备件服务、技术服务以及设备研发制造在内的全价值链服务体系，具备国际工程总包业务经验与能力。公司持有在德国法兰克福证券交易所上市的洪堡威达克国际股份公司90%的股权。公司在经开区核心区域有中航国际北京航空城、中航国际北京工业园两大产业园区。

（明月）

中国航空技术北京有限公司

董事长 龚家炎

松下电气机器（北京）有限公司

2021年，松下电气机器（北京）有限公司（简称松下电气，英文简称PMFBJ）的资产总额为5.28亿元、收入为13亿元、利润为1586万元、纳税额为4336万元，有员工约1000人。年内，松下电气承建国内多个地铁安全门项目和快速公交系统项目，并将海外项目扩展到11个国家及地区，门控安防事业部销售规模约达3.4亿元；参加第四届中国国际进口博览会。公司通过ISO 45001职业健康安全管理体系认证、法国CSR Ecovadis体系（铜牌）认证、美国WELL HSR体系认证，获中国船级社质量认证有限公司颁发的碳中和证书，获国家高新技术企业证书；参加2021中国国际照明灯具设计大赛，作品“巡影化妆镜灯”获功能类优秀奖；获《LED照明产品生命周期评价技术规范（产品种类规则）》团体标准起草单位证书。员工赵霞宇参与中国标准化协会（CAS）标准T/CAS 523—2021《智能灯具智能化水平评价技术规范》的编制工作，获中国标准化协会授予的荣誉证书。

松下电气（PMFBJ）成立于1993年1月19日，是松下集团在中国投资的第一家公司，致力于照明事业、门控安防事业、建筑电气事业及健康事业，提供健康、安全、节能、舒适的高品质产品。

（孙键）

松下电气机器（北京）有限公司

董事长 木下步

和利时集团

2021年，和利时集团（简称和利时）实现境内公司“零新冠肺炎疫情”，保障各项业务发展，签订的合同金额比2020年增长50%以上，经营状况保持稳健，市场占有率和市场影响力进一步提高，有员工4200余人。年内，在工业自动化业务方面，和利时市场份额持续扩大，中标14台60MW以上大型火电机组项目；签订包括千万吨炼油在内的数十个大型石化化工项目，中标中国海洋石油集团海上平台项目，在海上平台领域累计拥有38个项目订单，居国内供应商之首；推出新产品OCS工业光总线控制系统；定制开发的“DCS+DEH”一体化HOLLiAS—N核电站数字化仪控系统助力华能石岛湾高温气冷堆核电站并网发电，实现商业化运行；和利时HOLLiAS MACS IC完全自主可控DCS系统应用于大唐安徽洛能发电有限责任公司600MW以上超超临界火电机组项目、国家石油天然气管网集团有限公司成品油管输项目。在交通自动化业务方面，和利时签订广东珠三角城际轨道“C2+ATO”列控车载合同，提高在高铁车载设备市场空间的占有率，全年交付车载设备120余套、完成车载高级修700余套，确保多条新建改造工程开通；中标北京、深圳、兰州、成都等多个地铁综合监控项目，支撑北京地铁8条线路同期开建、4条线路同时开通的客户需求。在医疗自动化业务方面，和利时的饮片调剂煎煮自动化业务在国内同时开展近20个项目；包装和自动化业务实现自主多列产品的项目突破，并在多个客户现场实际运营，同时启动关键组件的自主开发；基因检测自动化业务进一步拓宽产品线，加强与试剂公司的合作，扩大业务规模、提升运营质量；探索并开发安全管理产品、医疗大健康产品，以调研项目形式推进重要里程碑的达成。

和利时始创于1993年，是全球自动化系统解决方案供应商，于2008年在美国纳斯达克上市（股票代码：HOLI）。公司总部位于北京，在杭州、西安等国内城市，以及新加坡、印度、马来西亚等国家的重要城市设有研发、生产或服务办公基地，并在全国各地设有数十个分支机构。公司业务由工业自动化、交通自动化、医疗大健康三大板块构成，为用户提供定制化的整体解决方案、稳定可靠的产品和全生命周期的服务，帮助其提升市场竞争力。公司在各个领域和行业积累超过2万家客户，累计实施3.5万余个项目。

（刘曼）

和利时集团

董事长　马毅

北京福田电子医疗仪器有限公司

2021年，北京福田电子医疗仪器有限公司（简称北京福田电子）的资产总额为3831万元，营业收入为3125万元，纳税总额为204万元，利润总额为－240万元，有员工63人。年内，北京福田电子中标2021年延庆区冬奥会医疗卫生保障医疗设备采购项目；完成2022年北京冬奥会高山滑雪医疗队培训；研发的心电图机产品应用于2022年北京冬奥会和2022年北京冬残奥会的医疗服务保障工作；为2021年湖南省心肺功能网络课堂暨2021福田（日本）心电新技术巡讲（长沙站）提供学术支持。

北京福田电子成立于1994年5月9日，注册资本为390万美元，是日本福田电子株式会社的全资子公司。作为专业的心电整体解决方案供应商与服务商，公司集研发、生产、销售、售后服务于一体，主要产品系列包括心电图机、动脉硬化检测（血压脉搏测量装置）、除颤器等医用电子仪器。公司以临床医疗为核心，不断研发生产符合中国市场需求的新产品；以信息化为手段，建立福田电子云平台心电信息系统，实现区域内信息共享，提升医疗服务品质。公司致力于将世界一流的技术转化为人人都能享受的医疗服务；致力于以患者体验为中心，为其提供安全、专业、精准、人性化的整体解决方案。

（刘姗姗）

北京福田电子医疗仪器有限公司

董事长　米贤二（12月任）

福田孝太郎（12月免）

总经理　铃木信彦（12月任）

永田强（12月免）

北京ABB低压电器有限公司

2021年，北京ABB低压电器有限公司（简称ABB低压）的总资产为8.70亿元，净资产为4.70亿元，营业收入为

11.21亿元，净利润为2.47亿元，纳税额为0.92亿元，有员工643人。年内，ABB低压被市发展改革委评为清洁生产企业，在2021中国电气工业100强评选活动上获中国电气工业领军企业10强称号，获上海环境能源交易所颁发的碳中和证书；产品ABB纤悦系列开关插座获德国2021年度红点设计大奖。

ABB低压成立于1994年11月5日，由ABB（中国）有限公司与北京京仪敬业电工科技有限公司共同投资创建，隶属于ABB中国智能建筑业务部，是ABB全球低压产品制造基地之一，总投资2900万美元，注册资本为1710万美元。公司主要生产终端配电保护产品和建筑电器附件产品，产品核心技术来源于ABB中国、德国、意大利、法国和瑞典等公司。公司在共享ABB百年电器生产经验的同时，依托其先进技术，为中国市场开发一系列低压产品，应用于城乡建筑、工业及公共事业等自动化领域。公司将ABB全球领先的终端电器产品和制造技术引入中国，相继引进及联合开发不同系列的多种模数化终端配电保护产品，包括微型断路器产品、电磁式及电子式剩余电流断路器产品、隔离开关及其他模数化终端配电产品、电涌保护器、智能电表、多功能电能表、智能楼宇控制产品、配电箱、充电桩。基于ABB德国Busch-Jaeger电器公司的成熟技术，公司开发与生产出多系列满足中国市场需求、融合中外审美取向的高品质建筑电器附件产品，包括机械开关产品、插座产品、弱电插座产品、酒店功能控制产品。随着智能楼宇控制产品在中国的发展，公司引进德国先进技术，结合当前流行趋势推出满足客户需求的产品，包括KNX智能驱动器、KNX智能面板。公司先后通过ISO 9002质量管理体系、ISO 14001环境管理体系、OHSAS 18001职业健康安全管理体系和ISO 50001能源管理体系认证，并获北京市质量管理奖、北京市实施卓越绩效模式先进企业和北京市智能制造标杆企业称号；产品通过中国强制性产品认证、CE认证，并获德国2018年度及2019年度红点设计大奖、中国创新设计红星奖等。

（席兆雨）

北京ABB低压电器有限公司
总经理 黄翔

亨特道格拉斯建材（北京）有限公司

济南黄金时代广场工程　　企业提供

2021年，亨特道格拉斯建材（北京）有限公司（简称亨特建材）有员工24人，均具有大专及以上学历。公司参与完成山东省济南市黄金时代广场办公楼工程升级改造的供货任务，为其提供铝方通、铝单板、蜂窝铝板、织物蜂窝铝板等产品。

亨特建材是荷兰亨特集团（The Hunter Douglas Group）的全资子公司。亨特集团于1994年在北京设立办事处，为北京、吉林、辽宁、黑龙江、天津、河北等北方区域的客户提供产品和服务；2000 年 1 月，办事处升级为亨特建材（北京）有限公司；2010 年，亨特集团将亨特建材（北京）有限公司拆分为亨特建筑产品（北京）有限公司和亨特窗饰产品（北京）有限公司；2016 年，重组为亨特建材。公司为京津冀、山东、东北区域的客户提供乐思龙建筑吊顶和外墙产品介绍、项目配合、方案建议、客户服务、项目履约等服务。

（盖莉）

亨特道格拉斯建材（北京）有限公司

董事长 彭志伟

总经理 吕 凯

北京供电福斯特开关设备有限公司

2021 年，北京供电福斯特开关设备有限公司（简称供电福斯特）实现销售额 2.05 亿元、纳税额 538 万元，签订的海外订单金额超过 4000 万元，有员工近 200 人。

供电福斯特成立于 1996 年 7 月 9 日，2002 年入驻经开区，是原机械工业部和电力工业部定点的高低压开关设备的生产厂家。公司的注册资本为 1.01 亿元，占地面积为 2.7 万平方米，下设 7 个部门、3 个车间，有大、中、小型设备 16 台（套），装备了从海外进口的数控冲模回转头压力机、数控剪板机、数控折弯机等。公司主要产品为高低压开关柜及配电箱，主要生产 KYN28A-12 等高压成套设备，MNS、GGD 等低压成套设备，XL 等配电箱。产品应用于国家电网、火力发电、石油化工、工业民用建筑配电等行业，并出口海外市场。公司通过 ISO 9001:2015 质量管理体系、ISO 14001:2015 环境管理体系、OHSAS 45001:2018 职业健康安全管理体系认证。

（吴彤）

北京供电福斯特开关设备有限公司

总经理 孙廷芹

博世力士乐（北京）液压有限公司

2021 年，博世力士乐（北京）液压有限公司（简称博世力士乐）的营业收入为 30 亿元，纳税总额（含关税）为 2.9 亿元，有员工 1024 人。公司连续 12 年入选全球杰出雇主调研机构发布的中国杰出雇主榜单。

博世力士乐是由原德国曼内斯曼力士乐公司和北京华德液压集团有限责任公司于 1996 年投资兴建的合资公司。2002 年博世力士乐股份有限公司和博世（中国）投资有限公司收购中方的全部股份，成为外商全资投资企业。公司于 2006 年 10 月入驻经开区，工厂投资额为 2.27 亿元，占地面积为 8.5 万平方米，该工厂是博世力士乐集团在中国最重要的投资项目之一。公司产品包括液压泵和马达、液压控制、行走机械电子与系统、减速机及紧凑型液压系统，应用于挖掘机、装载机、叉车、推土机、农业机械、压路机、混凝土搅拌机、混凝土泵起重机、钻机、履带式装载机。公司是国内外行业内多家企业的专用指定供应商。

（寇丽君）

博世力士乐（北京）液压有限公司

商务总经理 王 茵

技术总经理 贝瑞克

航天长征火箭技术有限公司

2021 年，航天长征火箭技术有限公司（简称航天火箭公司）实现营业收入 27.4

亿元，交付产值为38亿元，利润突破2.2亿元，新增任务量47亿元，新签合同额为52亿元、销售回款为35亿元。3月9日，航天火箭公司的注册资本由4.63亿元增至6.43亿元。公司获国防技术发明奖一等奖、国防科学技术进步奖3项，提交国防报告17篇。公司获2018—2020年度首都文明单位标兵称号、中国航天工业质量协会行业优秀奖等，“火星光纤声音传感器系统”获2021中国传感器创新创业大赛特等奖，累计获各类荣誉50余项。

航天火箭公司于1999年12月15日在经开区注册成立，经营范围包括航天设备、运载火箭、卫星等的技术开发、技术服务、技术转让、技术咨询、设备租赁，销售经公司开发后的产品、汽车。

（张宁）

航天长征火箭技术有限公司
总经理 李凉海

北京京精医疗设备有限公司

2021年，北京京精医疗设备有限公司（简称京精公司）有员工330人，拥有一支涵盖光、机、电、信息、医学等学科的科技队伍，其中具有大专以上学历科技人员136人、研究开发人员58人。

京精公司成立于2000年6月28日，是集血液回收、血液净化、血液治疗及血液储存技术的研究、生产、推广、销售、服务、培训于一体的国家高新技术企业。3000P/3000N血液回收机系列产品是主打产品，满足临床自体血液回收需求；3000H型血液回收治疗机属国内首创，引入血浆置换、血液治疗功能；HS-9000/HS-9000B加温输液泵系列产品满足临床加温并快速输液需求；BX-A冰冻红细胞洗涤机适用于对解冻后的冰冻红细胞进行洗涤，满足备战需求。血液回收机产品被全国上千家大中型医院使用，年均血液回收10万余例，回收失血100余吨。公司通过并保持ISO 9001/ISO 13485国际质量体系认证，2012年通过ISO 13485医疗器械质量管理规范体系审核，2017年取得一次性使用血液回收罐装置和一次性使用血液收集装置产品CE证书。公司先后获国家重点新产品证书、国家科技进步奖二等奖、北京市科学技术进步奖一等奖、北京市高新技术企业证书等。

（高光普）

北京京精医疗设备有限公司
董事长兼首席执行官 黄帆

北京博电新力电气股份有限公司

博电科技外观　　企业提供

2021年，北京博电新力电气股份有限公司（简称博电科技）与中核（浙江）新兴产业股权投资基金（有限合伙）、北京基锐科创投资中心（有限合伙）签署股权投资协议；推出智能检测云平台，为电力装置提供基于检测大数据的全生命周期管理；研制 PST6747A 半导体测试系统、中低压配电柜自动测试系统、PLT30 阳极电抗器检测仪等；成立全资子公司北京博电未来电动汽车科技有限公司，专注于电动汽车及充电设施检测、试验、智能制造及技术服务领域。公司被评为 2020 年北京市诚信创建企业、北京市 2021 年度第六批“专精特新”中小企业、2021 年度第二批北京市专精特新“小巨人”企业。

博电科技成立于 2001 年 3 月 2 日，2011 年改制为股份制企业，总部位于经开区经海三路 139 号，注册资本为 8650 万元，是国内电力检测、监测、试验领域的设备制造商、方案解决商、服务提供商，为中国现代制造业提供关键电气性能研究、检测、试验设备，为复杂电气系统安全运行维护提供解决方案。公司自主研制的百余款检测、监测、仿真设备应用于国家电力检测及权威认证部门、电力自动化设备骨干生产商、大型新能源集团、高等院校等，为中国电力发展持续提供安全可靠的测试设备和周到便捷的服务。公司是国家火炬计划重点高新技术企业。

（黄迎迎）

北京博电新力电气股份有限公司

董事长 陈卫

北京航天拓扑高科技有限责任公司

2021 年，北京航天拓扑高科技有限责任公司（简称航天拓扑）的营业收入为 2.9 亿元，利润总额为 2002 万元，新签合同额为 3.73 亿元，有员工 300 人。

航天拓扑成立于 2001 年 5 月 15 日，位于经开区永昌南路 21 号，北京总部科研场所占地面积为 1.5 万平方米。公司隶属于中国航天科技集团有限公司旗下的中国运载火箭技术研究院，是一家致力于智能制造和智慧产业的国家高新技术企业。公司在能源、制造、军工等行业的通信指挥、远程监控调度等领域具有技术积累及项目经验，为探月工程、北京奥运会、北京冬奥会、雄安智慧城市建设等国家重点项目提供信息系统集成等服务；通过智控智联，整合北斗监测、智能感知、物联网、大数据、云计算等先进技术，为工厂、能源、军工等领域提供一流的产品、服务及系统集成解决方案。公司形成智慧工厂、智慧能源、智慧军工三大相互支撑的业务板块，在北京、沈阳、天津 3 个城市设有研发中心。公司获多个国家、省部级技术奖项，具有计算机信息系统集成二级资质证书、电子与智能化工程专业承包二级资质证书、机电设备安装工程专业承包三级资质证书、安防工程企业资质三级证书，通过 CMMI 3 级、ISO 9001 质量管理体系、ISO 14001 环境管理体系、OHSAS 18001 职业健康安全管理体系认证。

（王建竹）

北京航天拓扑高科技有限责任公司

董事长 孙明宙

总经理 金小辉

北京宏达日新电机有限公司

2021 年，北京宏达日新电机有限公司（简称宏达日新）的资产总额为 26675 万元，销售收入为 8469 万元，实际缴纳税费 528 万元，投资收益为 87 万元。从业人员有 104 人，其中在岗职工 101 人（专业技术人员 15 人）、日方派驻高级管理人员 2 人、中方派驻高级管理人员 1 人。年内，宏达日新取得国家电网有限公司多个特高压工程无功补偿专用开关设备项目订单，包括晋中和晋北站扩建项目、南昌站项目、武汉站项目。公司完成具有 CNAS 标识的 145kV 电压等级气体绝缘金属封闭开关设备用三工位隔离、接地开关的所有型式试验项目。

宏达日新成立于 2001 年 9 月 29 日，前身是北京北开日新高压开关设备有限公司，为中日合资有限责任公司，注册资本为 6500 万元。公司主要从事设计、生产气体绝缘开关及配套设备、零部件，销售自产产品，提供自产产品的安装、调试、维修、技术咨询、技术服务（售前及售后服务）。公司主要技术和产品从日新电机株式会社引进和自主开发，主导产品包括 126kV GIS、252kV GIS、72.5~168kV 无功补偿专用开关（LBS）等。

（久保田圭司 池田守）

北京宏达日新电机有限公司

董事长 久保田圭司

总经理 池田守

赛维航电科技有限公司

2021 年，赛维航电科技有限公司（简称航空工业赛维）的营业收入为 3980 万元，利润为 1217 万元。员工近 100 人，其中具有中、高级职称的专业技术人员占比超过 60%。公司承担 100 余个项目的软件测评任务，软件测试规模达 1000 余万行。

航空工业赛维成立于 2001 年 12 月，注册资本为 9000 万元，隶属于中国航空工业集团有限公司，是中航机载系统有限公司的成员单位，拥有现代化办公场所 1.28 万平方米。公司作为中国航空工业集团有限公司计算机软件北京测评中心的挂靠单位，是国内首批独立从事软件第三方测试的单位，服务对象覆盖陆军、海军、空军、战支和武警部队等。公司是空军重点型号技术支撑单位和陆航装备软件第三方测试单位，同时具备软件开发与民品测试服务、工程化管理服务、测试保障设备研发能力。

（孔德艺）

赛维航电科技有限公司

总经理 周荣林

森特士兴集团股份有限公司

2021 年，森特士兴集团股份有限公司（简称森特股份）有员工 1500 余人，其中技术研发人员占 60% 以上。7 月 19 日，森特股份的注册资本由 4.8 亿元增至 5.39 亿元。年内，隆基绿能科技股份有限公司注资森特股份，成为森特股份第二大股东，以“隆基—森特”双品牌战略为引领，聚焦建筑光伏一体化市场。森特股份开拓建筑光伏一体化市场，研发楼建筑光伏一体化屋面电站并网并投入使用。公司中标原马岭炼厂污染地块修复治理项目，杭钢单元 GS1301-05/09、GS1302-05 地块及周边规划道路区域土壤修复工程项目，重钢渔鳅浩原址场地污染土壤治理修复项目等工程项目；与太原钢铁（集团）有限公司共建先进不锈钢材料国家重点实验室；完成杭钢旧址公园 GS1303-12/14 地块土壤修复工程、拉萨贡嘎机场航站区改扩建工程新建航站楼工程金属屋面工程建设、“机械工业土壤修复技术与装备工程研究中心”建设项目。公司承办第二届土壤修复大会。公司获 2020 年度建筑金属屋（墙）面行业综合竞争力前十名企业、2020 年度中国建筑钢结构行业（5A）诚信企业、2021 年北京市第一批“隐形冠军”

企业、全国模范职工之家称号；“北京经济技术开发区森特士兴集团研发楼”项目被评为 2021 年北京市绿色建筑市级奖励项目；参建的北京新机场工程（航站楼及换乘中心、停车楼）和北京新机场南航基地项目获 2020—2021 年度第一批中国建设工程鲁班奖（国家优质工程）。

森特股份创建于 2001 年，在全国有 26 个分支机构，业务覆盖建筑金属围护系统、生态治理以及建筑光伏一体化三大领域，是国内第一家在主板上市提供金属围护系统解决方案的专业公司。从金属围护系统专业咨询、科技研发、工程设计、材料加工到施工安装，公司为客户提供工业建筑及公共建筑高端金属建筑围护一体化解决方案。公司工程项目累计超过 2500 个，建筑面积累计达 2 亿平方米，涵盖机场、火车站、会展中心、商业展馆、文体场馆等公共建筑，以及航空航天、汽车、电子电器、物流、机械、电力、化工冶金等工业建筑。公司拥有世界领先的技术、装备和产品，并与国内外众多科研院所形成产学研合作体系，同时以“投资引进、国产转化”的经营模式开拓第二主业，形成以土壤与地下水治理、噪声治理、矿山灾害治理为主的三大业务板块。公司先后在钢铁、焦化、石化、化工、农药、电力电子、有色冶炼、矿山等行业领域承担众多土壤修复治理项目。

（宁珊珊）

森特士兴集团股份有限公司

董事长 刘爱森

北京利达科信环境安全技术有限公司

2021 年，北京利达科信环境安全技术有限公司（简称利达科信）的年产值为 1984 万元，纳税额为 97.6 万元，有员工 30 人。公司开发多参数水质自动检测超标取样小微站。

利达科信于 2002 年 7 月 5 日成立，注册资本为 1500 万元，主要从事环保在线监测设备的研发、生产、销售。公司是国家高新技术企业、中关村国家自主创新示范区创新型试点企业、北京市级企业科技研究开发机构、北京市瞪羚重点培育企业、北京市企业信用评价 AA 信用企业，通过 ISO 9001 质量管理体系、ISO 14001 环境管理体系认证。

（陶素杰）

北京利达科信环境安全技术有限公司

总经理 陶素杰

北京蓝新特科技股份公司

2021 年，北京蓝新特科技股份公司（简称蓝新特）的资产总额为 3755 万元，营业收入为 189 万元，纳税总额为 3 万元，有员工 11 人。年内，蓝新特自主研发第三代智能工艺机床，破解第一代普车、普铣和第二代数控车、数控铣存在的工装夹具瓶颈问题，其自带的智能夹具工艺包能提供机床加工时所需工装夹具，可解决高级工艺技师不足的问题；6 件实用新型专利获授权。

蓝新特成立于 2002 年 7 月 18 日，注册资本为 4360 万元，位于经开区双羊路 7 号，是专业从事工装夹具技术研究、生产的国家高新技术企业、北京市科技研究开发机构。公司是工业和信息化部国防科工局的先进制造工艺技术推广项目合作单位，教育部的校企合作项目支撑单位，人力资源社会保障部的“国家653科技人才继续教育工程”合作单位，中国和平利用军工技术协会、中国航空航天工具协会、中国机械制造工艺协会、中国机械工业教育协会的会员单位，国家六部委历届全国数控技能大赛、教育部中国职业教育技能大赛、全国总工会中国职工技能大赛的技术支持单位。公司为空军装备部研发的柔性航电试验台获2008年军队科技进步二等奖；与清华大学合编、由高等教育出版社出版的《组合夹具训练教程》被教育部评为创新示范教材。

（高志杰）

北京蓝新特科技股份公司

董事长 王　军

总经理 张勇毅

北京京运通科技股份有限公司

2021年，北京京运通科技股份有限公司（简称京运通）的总资产为218.72亿元，净资产为107.83亿元，营业收入为55.26亿元，净利润为8.28亿元；有员工4034人，其中具有大专及以上学历人员占39.02%；有68家全资子公司、5家控股子公司、3家参股子公司和1家分公司。7月2日，京运通的注册资本由19.93亿元增至24.15亿元。年内，京运通与乐山高新投资发展（集团）有限公司共同成立乐山市京运通新材料科技有限公司；与四川省乐山市人民政府、乐山市五通桥区人民政府签署投资协议，投资约55亿元建设乐山二期22GW高效单晶硅棒、切片项目。公司参加SEMICON China2021国际半导体展、第十五届（2021）国际太阳能光伏与智慧能源（上海）展览会暨论坛。公司2件发明专利获授权；获安全生产标准化认证证书（三级）、国家高新技术企业认证证书，被评为北京市2021年度第一批专精特新“小巨人”企业、国家级第三批专精特新“小巨人”企业、2018—2020年度首都精神文明单位，入选北京民营企业百强榜单。

京运通高端装备事业部研发新产品电阻加热式碳化硅炉、集中监控系统与数据报表系统；针对JD-1600型全自动单晶炉开发智能调温、引晶时机、开叉检测、绝对值液口距等自动化功能。

京运通新材料事业部——乐山基地乐山市京运通12GW高效单晶硅棒项目首根长度为3125毫米的单晶硅棒出炉，标志着该项目试生产成功。无锡基地启动合理化建议项目，开展TL/GL精益领导力训练，建立标杆车间，打造精益生产示范区。无锡荣能半导体材料有限公司被评为2021年无锡市企业技术中心，通过中国船级社质量认证有限公司能源管理体系认证；光伏单多晶硅片制造智能车间被评为2021年无锡市智能车间。无锡京运通科技有限公司年产10GW大尺寸光伏硅片项目投产；通过《光伏制造行业规范条件》企业认证；旗下的无锡市光伏发电硅片工程技术研究中心被评为无锡市工程技术研究中心；太阳能单晶硅片的设计（工艺设计）、生产的智能制造能力成熟度达到二级规范级水平。乌海市京运通新材料科技有限公司完成JD-1600全自动软轴单晶炉升级改造。

京运通新能源发电事业部——京运通（天津）建设工程有限公司取得电力工程施工总承包三级资质，并与陕西省安康市旬阳县人民政府签订整县推进合作协议。

京运通节能环保事业部——山东天璨环保科技有限公司研制使用全稀土清洗料制作高温稀土催化剂的工艺配方，并在催化剂生产中推广应用，降低稀土催化剂的生产成本；获“北极星杯”2021脱硝催化剂影响力企业称号；通过中国船级社质量认证有限公司质量管理体系再认证。

京运通成立于2002年8月8日，位于经开区经海四路158号，是一家以高端装备制造、新材料、新能源发电和节能环保四大产业综合发展的集团化企业。公司主导产品包括单晶硅生长炉、多晶硅铸锭炉、区熔炉等光伏及半导体设备，多晶硅锭及硅片、直拉单晶硅棒及硅片、区熔单晶硅棒及硅片等光伏产品，光伏发电和风力发电等新能源发电项目及蜂窝式中低温SCR烟气脱硝催化剂。

（孟庆华）

北京京运通科技股份有限公司

董事长兼总经理 冯焕培

中国航空科技工业股份有限公司

2021年，中国航空科技工业股份有限公司（简称中航科工）实现营业收入602.96亿元，首次突破600亿元，比2020年增长18.39%；实现归属母公司净利润23.69亿元，比2020年增长22.56%；每股收益0.31元，比2020年增长22.8%；拟派发股息每股0.08元，比2020年增长60%。年内，中航科工以2亿元现金认购中航重机股份有限公司非公开发行A股股票。子公司中航直升机股份有限公司向哈尔滨哈飞航空工业有限责任公司和江西昌河航空工业有限公司增资，中航光电科技股份有限公司非公开发行A股股票募集资金约为33.93亿元；附属公司中国航空规划设计研究总院有限公司承接工业和信息化部、中国商用飞机有限责任公司的大飞机专项接续顶层规划任务。公司携新型10吨级中型通用直升机、AC系列直升机等产品参展第十三届中国国际航空航天博览会；为直8直升机增设改装医疗方舱，打造“直升机＋医护队员”的应急救援新模式；AC332双发多用途直升机在天津投产；AC352直升机完成次高原试飞；AC311A直升机执飞的“直升机索降作业标准验证飞行”科研项目完成陆地科目验证飞行，为形成和提升国产直升机航空应急救援能力提供数据支持；运12F时间域飞机完成试飞，验证航空物探能力；运12E型飞机执飞“铜仁—张家界”航线，是黔湘两省首条跨省短途运输航线。

中航科工成立于2003年4月30日，是经国务院批准设立的股份有限公司；10月30日，公司在香港联交所主板上市（股票代码：02357）。公司内资股股东为中国航空工业集团有限公司、中航机载系统有限公司、中国华融资产管理股份有限公司、中国信达资产管理股份有限公司、中国东方资产管理公司，H股股东主要为空中客车集团。公司是中国香港资本市场唯一的航空高科技军民通用产品和服务上市公司，控股中直股份（股票代码：600038）、洪都航空（股票代码：600316）、中航电子（股票代码：600372）和中航光电（股票代码：002179）4家A股上市公司，主要从事航空产品的开发、制造、销售和改进，为国内外客户提供直升机、教练机、通用飞机、支线飞机，以及与国外的航空产品制造商共同合作开发、生产航空电子产品和航空零部件。公司业务分为航空整机、航空配套系统及相关业务、航空工程服务三大板块。

（贾鹏）

中国航空科技工业股份有限公司

董事长 王学军（12月免）

总经理 闫灵喜（12月任）

赵宏伟（11月免）

北京大基康明医疗设备有限公司

2021年，北京大基康明医疗设备有限公司（简称大基医疗）的产值为800万元，有员工70人。

大基医疗成立于2003年9月1日，注册资本为2120万美元，位于经开区永昌北路11号，是一家集核医学诊断设备［PET、PET-CT、PET-MRI、闪烁分层摄影仪（DS）、DS-CT、DS-MRI］、放射治疗设备医用电子加速器和医用机器人系统的研发、生产、销售和服务于一体的国际化高科技医疗集团。公司在美国、瑞典等国家设有子公司、研发中心和工厂。公司承担多项国家科技支撑计划项目、国家“863”计划项目、国家高性能医学诊疗设备专项等。公司被评为国家高新技术企业、中关村高新技术企业、中关村国家自主创新示范区“十百千工程”企业、北京市核医学工程技术研究中心等。

（翟巧波）

北京大基康明医疗设备有限公司

董事长 孙启银

欧必翼科技集团有限公司

2021年，欧必翼科技集团有限公司（简称OBE）的总资产达4.3亿元，实现营业收入1.72亿元，纳税额为1079万元。员工有168人，其中科研人员59人，占总数的35%，包括20余名院士及行业专家；30余名具有博士、硕士学位的研发工程师，均拥有15年以上的射频、光学、控制、结构和软硬件开发工作经验。年内，OBE有19件（项）知识产权获授权，其中发明专利11件、实用新型专利4件、外观设计专利3件、软件著作权1项，累计拥有48件（项）知识产权。子公司欧必翼太赫兹科技（北京）有限公司自主研发的毫米波人体安检设备ZHS-1通过民航局A级认证，可用于中国民用航空安全检查。

OBE创始于2003年，注册资本为5000万元，有全资子公司9家。公司是一家涉及门控安防、太赫兹、产业园、投资等业务板块的多元化企业集团，以综合管控平台、实时数据处理技术为核心技术，应用边缘计算技术、数字孪生技术、大数据分析、数据可视化、工作流引擎等技术，构建智能化综合系统平台，实现对核心组件、基础硬件、数据服务等领域的自主可控。公司的核心产品包括新一代门区解决方案系统、出入口通道管控系统、门禁管理系统、人脸识别终端、访客管理系统、太赫兹毫米波智能安检系统等，产品应用于商业建筑、住宅建筑、医疗建筑、交通建筑、数据中心、公共建筑、工业建筑等领域。

（胡子琼）

欧必翼科技集团有限公司

总裁 张建新

比泽尔制冷技术（中国）有限公司

2021年，比泽尔制冷技术（中国）有限公司（简称比泽尔中国）的销售收入为16.1亿元，比2020年增长15%；销售制冷压缩机13万台。年内，比泽尔中国成立全资子公司绿之点制冷技术服务（上海）有限公司，制冷空调行业国内首家按4S店标准设置的压缩机售后服务中心投入使用。公司升级革新 CS95 系列半封闭式螺杆压缩机油分壳，降低泄漏率；启动喷涂项目，对多种喷涂原料进行实验验证，确定最优质的喷涂原料，更好地满足压缩机在中低温应用场合的应用需要；建造涡旋机寿命测试装置，加快涡旋机国产化进程。公司被评为 2021 中国肉类食品行业先进企业、2021 中国冷链节冷链物流 50 家重点企业冷库制冷技术与工程推荐品牌、“比泽尔”杯第十五届中国制冷空调行业大学生科技竞赛最佳协办单位，紧凑型螺杆压缩机 CSW105 在 2021 第 32 届国际制冷、空调、供暖、通风及食品冷冻加工展览会上被评为专用空调热泵设备类创新产品。

比泽尔中国成立于2005年1月27日，注册资本为 3205 万欧元，位于经开区经海四路 20 号，是德国比泽尔制冷设备集团有限公司的全资子公司。2014 年，比泽尔中国工厂二期竣工，生产面积为 3.8 万平方米，办公面积为 4700 平方米，是全球领先的独立压缩机制造厂。同时，公司完善在中国的售后维保及配件网络，拥有特约维修中心 15 家、配件经销商 30 家，为用户提供及时优质的原厂售后服务。公司产品包括半封闭活塞压缩机、开启式活塞压缩机、半封闭螺杆压缩机、全封闭螺杆压缩机、涡旋压缩机、压力容器等。公司通过 ISO 9001 质量管理体系认证；半封闭活塞压缩机、运输用铝制压缩机、半封闭螺杆压缩机通过 CRAA 认证，运输用铝制压缩机通过 CCAP 认证。

（滕博）

比泽尔制冷技术（中国）有限公司

执行董事 冯飚

嘉纳尔科技（北京）有限公司

2021 年，嘉纳尔科技（北京）有限公司（简称嘉纳尔科技）的营业收入为 583 万元（税后），有员工 20 人。截至 2021 年年底，公司累计有发明专利 7 件、实用新型专利 2 件。公司自主研发的高温涂层溶剂型脱漆剂、9301 高效溶剂型脱漆剂完成现场试验；企业标准 2021 年版通过企业标准信息公共服务平台备案。

嘉纳尔科技成立于 2005 年 10 月 9 日，注册资本为 1000 万元，位于经开区运成街 2 号泰豪智能大厦。公司主要从事航空、船舶、铁路等领域的维修使用清洗材料、环保型建材、高分子过滤材料和相关专业设备的研发、设计、制造和推广，产品包括航空维修用化学品和配套设备、自熄型阻燃聚氨酯保温材料、PVF 高分子过滤材料和数控大型工业微波设备等设备的清洗剂材料。公司为航空制造及维修、船舶制造及维修、动车和机车制造及维修、交通设施制造及维修、工业设备技术改造及维修、公路设施制造及维修等领域研发提供的材料和设备被列入政府采购类新技术新产品。公司通过 ISO 9001:2015 质量管理体系认证和中关村高新技术企业认证，是市知识产权局认定的专利试点单位、市科委认定的自主创新产品单位、北京质量评价中心评审的长城杯质量信得过单位。公司自主研发产品均通过企业标准、国家化工行业标准、航空行业标准、美国宇航标准的检测，70% 的自行研发产品属高新技术产品和专利技术转化产品。公司的飞机脱漆剂系列产品入选《中国军工军需企业与产品物资采购目录》《中国军转民物资采购手册》

《中国民航商务指南》等。

（王春时）

嘉纳尔科技（北京）有限公司

董事长 金 鑫

总经理 金文涛

北京金风科创风电设备有限公司

2021 年，北京金风科创风电设备有限公司（简称金风科创）的年产值为 63.52 亿元，销售收入为 66.95 亿元，纳税总额为 2.68 亿元，利润总额为 2.88 亿元。员工有 2325 人，其中具有研究生及以上学历人员 977 人、本科学历人员 1144 人，平均年龄为 35 岁。年内，金风科创二期园区获中国首个可再生能源“碳中和”智慧园区认证。公司研制的 GW184–6.45MW 海上机组在上海奉贤海上风电项目完成吊装；GW165–4.0MW 超高钢制柔性塔架样机在河南省新乡市清云智慧能源封丘县一期风电场项目完成吊装，成为亚洲最高的钢制柔性塔架；首台新型轴系样机在新疆维吾尔自治区达坂城风电场实现并网发电及满发运行；38 台 GW155–4.5MW 海上风电机组和 20 台 GW171–6.45MW 海上风电机组在三峡新能源江苏大丰 H8–2#300MW 海上风电项目实现全容量并网发电。阿根廷罗马布兰卡一期、三期、六期风电场项目进入商业运营期，采用 64 台金风科创研制的 GW3S 智能风电机组。公司参与完成的“工业物联网时序数据库管理系统关键技术及应用”项目获 2020 年度北京市科学技术奖科技进步奖一等奖，“风电圆台形钢结构塔筒的性能分析、关键技术及其工程应用”项目获 2020 年度重庆市科学技术奖科技进步奖一等奖。

金风科创成立于 2006 年 2 月 13 日，注册资本为 10.44 亿元，是新疆金风科技股份有限公司的重要一级子公司。公司主营业务包括研发、生产、销售大型风力发电机组及其零配件等。公司研发的 1.5MW、2S、3S/4S、6S/8S 等直驱永磁系列化机组和中速永磁系列化风电机组可适用于高温、低温、高海拔、低风速、沿海等不同运行环境，遍布全球六大洲。公司被评为国家高新技术企业、国家知识产权优势企业、北京市企业技术中心、北京市国际科技合作基地、北京市级企业科技研究开发机构等，设有博士后科研工作站、北京市工程实验室，累计承担国家、北京市 30 余项科技项目，3 次获北京市科学技术进步一等奖。

（方张曙）

北京金风科创风电设备有限公司

总经理 李飞

瓦里安医疗设备（中国）有限公司

2021 年，瓦里安医疗设备（中国）有限公司（简称瓦里安）的工业总产值为 13 亿元，营业收入为 14.13 亿元，约 90% 的产品销往国际市场。员工有 900 余人，其中工程师或拥有临床经验的专家占 50% 以上。年内，瓦里安中国研发和生产基地扩产项目完工；约为 75 万国内肿瘤患者提供肿瘤放射治疗；为台湾大学医学院附设癌医中心医院和山东省质子中心吊装 ProBeam® 质子治疗系统超导回旋加速器；生产的 Ethos ™智慧自适应放疗平台获国家药监局批准在中国上市，并在中国医学科学院北京协和医院完成安装；参展第三十二届国际医疗仪器设备展览会、第四届中国国际进口博览会；

支持中国癌症基金会开展革命老区肿瘤中心建设红色培训项目。公司在第十届（2020）CSR 年度盛典上被评为 2020 年度 CSR 责任担当企业；在 2021《财经》长青奖中获年度卓越社会责任奖；在 2020 年度中国医疗设备行业数据调研中，连续 4 年获放疗行业最佳售后服务金人奖，并在净推荐值、保有率、满意度等 10 个维度上获第一名。

瓦里安成立于 2006 年 7 月，注册资本为 2800 万美元，是美国瓦里安医疗系统公司在华设立的全资子公司，在经开区运成街 8 号设立中国研发和生产基地，并建立教育中心、智云支持中心和软件中心。公司致力于提供放射治疗、放射外科、质子治疗以及近距离放射治疗的设备和相关软件。公司的医用直线加速器全球装机量为 9000 台，为超过 10 万个软件用户提供服务，肿瘤学软件用户量排名世界第一，并为全球 32 个质子治疗中心提供设备和服务。

（杨雅金）

瓦里安医疗设备（中国）有限公司

总裁 张晓

蓝星（北京）化工机械有限公司

2021 年，蓝星（北京）化工机械有限公司（简称蓝星北化机）的营业收入为 7.5 亿元。公司投入科研经费 4100 万元，13 件专利获授权，其中 2 件发明专利、11 件实用新型专利，累计有 150 件专利，其中 73 件发明专利、77 件实用新型专利。年内，蓝星北化机在国外签订俄罗斯 4.5 万吨 / 年烧碱、3 万吨 / 年环氧氯丙烷项目，越南 5 万吨 / 年烧碱，孟加拉 3.5 万吨 / 年烧碱，印度 2 个合计 7.3 万吨 / 年烧碱，日本 0.1 万吨 / 年烧碱试验电解槽装置 7 个成套项目；在国内签订云南 10 万吨 / 年烧碱、兰州 20 万吨 / 年烧碱、广西 30 万吨 / 年烧碱、宁波 4 万吨 / 年烧碱、内蒙古自治区 5 万吨 / 年烧碱、浙江 5 万吨 / 年烧碱、宁夏 5 万吨 / 年烧碱等成套项目；完成唐山进海 2 万吨 / 年生物质综合利用项目的安装和投产，完成全球最大的迪拜 100 兆瓦熔盐储热项目、国内玉门 50 兆瓦熔盐储热项目的交付；参加上海、江苏、甘肃、黑龙江、山东和浙江等国内烧碱厂家对于离子膜烧碱设备升级改造项目的投标，全年中标率达 73%。公司全年项目承揽合同金额为 10.3 亿元。

蓝星北化机是中国中化控股有限责任公司旗下中国蓝星（集团）股份有限公司的全资子公司，在原北京化工机械厂（1966 年建厂）基础上搬迁组建而成，于 2006 年 11 月成立，注册资本为 2 亿元。公司依托氯碱成套装置和电解节能改造技术，为用户提供氯碱工厂及上下游一体化解决方案和 EPC 总承包服务。公司有加工、检测设备和生产线，是世界四大离子膜电解槽技术供应商之一，具有年产 300 万吨烧碱装置和 500 万吨电极生产能力；向世界各地的 140 家氯碱生产企业提供年产能超过 1800 万吨烧碱离子膜电解槽装置，为全球 18 个国家提供超过 200 套工艺技术包和核心设备，业务范围覆盖欧洲、亚洲、北美洲、南美洲和非洲。公司是国家高新技术企业、中国化工行业技术创新示范企业、北京市企业技术中心、北京市知识产权试点单位和知识产权联盟成员。

（李云翰）

蓝星（北京）化工机械有限公司

总经理 乔霄峰

航天长征化学工程股份有限公司

2021年，航天长征化学工程股份有限公司（简称航天工程公司）完成营业额24.3亿元，利润额为1.59亿元。公司拥有从业人员638人，在岗人员615人（北京本部395人），其中具有研究生及以上学历人员325人、本科学历人员240人、大专学历人员34人。截至2021年年底，公司累计拥有专利312件，其中发明专利124件（国际发明专利授权60件、国内发明专利64件）、实用新型专利188件。年内，航天工程公司获2020年度中国石油和化工·企业公民楷模榜社会责任典范、“十三五”石油和化工行业节能优秀服务单位称号。公司发明专利“高效洁净含碳物质干粉加压气化装置及方法”获中国石油和化学工业专利奖金奖；与山西晋煤华昱煤化工有限责任公司联合研发的航天炉无烟粉煤清洁高效转化技术获中国氮肥工业协会科学技术奖一等奖。子公司北京航天长征机械设备制造有限公司自主研发的煤化工用高温高压氧气切断球阀和煤化工用高温高压氧气调节阀被评为“十四五”期间氮肥、甲醇行业推荐推广的节能减排新技术。

航天工程公司成立于2007年6月22日，注册资本为5.36亿元，位于经开区经海路141号，隶属于中国航天科技集团有限公司中国运载火箭技术研究院，是以航天粉煤加压气化技术为核心，专业从事煤气化技术及关键设备研发、工程设计、技术服务、设备成套及工程总承包的工程公司。2015年1月，公司在上海证券交易所上市（股票代码：603698），总股本为5.3599亿股；截至2021年12月31日，市值为98.41亿元。公司是国内唯一专业从事煤气化技术研发和推广的上市公司，是国内首家、行业唯一的粉煤气化技术工程研究中心、国家企业技术中心。公司拥有自主知识产权的航天粉煤加压气化技术是中国第一个自主研发的粉煤气化技术，于2005年获国家专利授权，被誉为航天技术应用领域的“神七”。2009年，公司研制的HT-L航天粉煤加压气化技术通过中国石油和化学工业联合会组织的科技成果鉴定，达到国际领先水平。公司拥有化工石化医药行业专业甲级资质、压力容器A1/A2/A3级设计资质、压力管道GB类/GC类/GD类设计资质、工程咨询甲级资质。

（程大中）

航天长征化学工程股份有限公司

董事长 姜从斌（6月任）

唐国宏（6月免）

总经理 孙庆君（6月任）

姜从斌（6月免）

康明斯排放处理系统（中国）有限公司

2021年，康明斯排放处理系统（中国）有限公司（简称康明斯排放）有员工约400人，产品在中国销量为43万台。年内，康明斯排放在福田汽车集团2022全球合作伙伴大会上获技术创新金奖、福田汽车奥铃事业部优秀供应商使命担当奖、福田汽车欧航欧马可事业部优秀供应商卓越绩效奖，新型天然气后处理系统研发团队在2021中国商用车创新奖中获创新团队奖。

康明斯排放成立于2008年6月20日，注册资本为970万美元，位于经开区锦绣街18号，是康明斯（中国）投资有限公司的全资子公司。公司作为康明斯排放处理系统在华的独资企业，开发道路欧Ⅳ、欧Ⅴ、欧Ⅵ、国四、国五、国六和非道路国四及以上排放标准的排放处理系统，为客户提供全系排放处理解决方案，主要包括选择性还原催化器（SCR）、柴油氧化催化器（DOC）、部分流催化器（PFC）和柴油颗粒捕集器（DPF）等。公司致力于开发更高效、更兼容的产品，如碳氢喷射系统、尿素喷射系统、发动机与后处理控制模块、超低排放系统分解反应器和EcoFit™ 系列后处理产品，其中后处理产品可兼容从 2.8~95 升的发动机平台，应用覆盖中重型卡车、轻型卡车、中重型客车、工程机械、农用机械和大马力发电机组等。公司客户包括福田、一汽、东风、宇通、金龙等国内外企业。2009 年 9 月，公司第一台后处理产品下线。2013 年 5 月，公司与东风汽车在湖北省十堰市成立合资公司生产排放处理设备；11 月，公司第 10 万台后处理产品下线。2014 年 11 月，公司首个年度第 10 万台后处理产品下线。2015 年 12 月，公司后处理系统的关键部件 UA2 尿素泵实现年度第 10 万台产品下线，产能为 40 万套。2020 年 12 月，公司与福田汽车集团在北京市成立合资公司北京福田康明斯排放处理系统有限公司，生产排放处理设备。

（李雪）

康明斯排放处理系统（中国）有限公司
总经理 柴永全

北京天诚同创电气有限公司

2021 年，北京天诚同创电气有限公司（简称天诚同创）的年产值为 15.18 亿元，销售收入为 28.32 亿元，纳税总额为 1.23 亿元，利润总额为 2.52 亿元。员工有 605 人，其中具有研究生及以上学历人员 135 人、本科学历人员 270 人，平均年龄为 36 岁。截至 2021 年年底，公司累计拥有 697 件（项）知识产权，其中国际专利 11 件，国内发明专利 165 件、实用新型专利 215 件、外观设计专利 21 件、软件著作权 285 项。公司发布模块化储能一体机（Energy Brick）、风储一体化控制解决方案、源网荷储一体化调控系统产品；参与建设全球首个零碳码头天津港北疆港区 C 段智能化集装箱码头。

天诚同创成立于 2008 年 12 月 16 日，注册资本为 1 亿元，是新疆金风科技股份有限公司的全资子公司，致力于风电电控系统研发生产、微网及能源互联网核心产品研发，为客户提供新能源与节能综合能源解决方案。公司主导制定国际标准 3 项，是国际电工委员会（IEC）微电网标准试验基地和中国法国国家级合作项目测试验证基地，被认定为国家高新技术企业、新能源并网关键技术北京市工程实验室、北京市知识产权示范单位、北京市高新技术成果转化示范企业、中关村“十百千”重点培育企业等。公司“2.5MW 直驱永磁风力发电机组”获国家能源科技进步一等奖，“一种风力发电机组”获中国专利优秀奖，“分布式可再生能源交直流高效集成与互联关键技术、装备及应用”获北京市科学技术奖一等奖等，微电网动态扰动保护装置、风光储智能分层控制装备、孤岛微燃机和储能联合控制系统等多款产品被评为北京市新技术新产品（服务）和中关村首台（套）重大技术装备示范项目。

（方张曙）

北京天诚同创电气有限公司
总经理 胡江

北京捷杰西石油设备有限公司

捷杰西JJC智能铁钻工　　企业提供

2021年，北京捷杰西石油设备有限公司（简称捷杰西）的资产总额为2.2亿元，营业收入为1.6亿元，净利润为3266万元，研发投入为1226万元，自主研发产品市场占有率达90%以上。员工有147人，其中研发人员46人，具有本科以上学历人员占43.5%。年内，捷杰西完成5000万元C轮融资，同中国海洋石油集团公司联合研发钻井平台的管柱自动化设备升级改造项目。公司15件专利获授权，累计拥有52件（项）知识产权，并形成系列化产品。公司通过ISO 9001质量管理体系、ISO 14001环境管理体系、ISO 45001职业健康安全管理体系认证；美国石油协会API Spec Q1体系认证，API7 K、7-1、8C会标认证；获国家级专精特新"小巨人"企业、北京市专精特新"小巨人"企业称号等；JJC高性能顶驱用IBOP成为第六届ECF能源技术革新奖中唯一获新品类开创奖的项目。

捷杰西成立于2009年3月17日，注册资本为2398.06万元，总部位于经开区荣华南路15号，在天津设有分公司，专注于石油行业高端智能化装备的研发制造，是行业细分领域龙头企业。公司主营业务由高端智能石油装备研发制造和高端石油装备技术服务两大板块组成，其中研发制造板块有多款自主产品，以独特的性能优势赢得市场主导地位；技术服务板块为国内外钻井作业项目提供各类高端钻井装备的定制化产品服务和现场技术服务，最大限度地为客户保障钻井作业的连续进行。公司自主研发的智能铁钻工、高性能机械密封冲管等多项产品，被列为中国石油天然气集团公司、中国海洋石油集团公司、中国石油化工集团公司装备配套产品，在中国石油天然气集团公司自动化钻机设备选型中被列为优选产品，拥有90%以上国内市场份额。在人才专业分布上，公司构建以各个领域的技术专家为顾问，涵盖石油工程、机电工程、机械工程等各技术背景的人才队伍。公司通过ISO 9001等体系认证；美国石油协会API Spec Q1体系认证，API 7-1、API 7K、API 8C会标认证；是国家高新技术企业、国家级专精特新"小巨人"企业、北京市"双自主"企业、"瞪羚企业"、中国设备管理协会石油技术装备中心副理事长单位。

（谢畅　崔馨蕊）

北京捷杰西石油设备有限公司

董事长　李学军

北京焕大电气有限公司

2021年，北京焕大电气有限公司（简称焕大电气）的资产总额为1.06亿元，实现收入2185.85万元，纳税总额为424万元。

焕大电气成立于2009年10月13日，

2012 年入驻经开区，注册资本为 1 亿元，位于经开区兴业街 19 号，占地面积近 7 万平方米。公司拥有现代化的综合厂房及先进的数控生产、加工和测试设备，拥有专业的动态无功补偿成套装置全容量实验设备和测试手段。公司致力于加强智能电网、节能减排领域的技术创新，在电压无功控制、电能质量品质提升和节能降耗等方面为客户提供整体解决方案，在为用户提供增值服务的同时，实现企业与员工的共同发展。公司累计拥有 12 件专利；曾获经开区科技创新资金支持，设计开发的大型故障限流器技术填补国内行业空白；获国家高新技术企业证书、中关村高新技术企业证书。

（马彦华）

北京焕大电气有限公司

总经理 陈宜军

施耐德（北京）中低压电器有限公司

2021 年，施耐德（北京）中低压电器有限公司（简称施耐德中低压）的销售额为 46.53 亿元，其中低压塑壳断路器开关业务比 2020 年增长 16.4%、中压开关柜业务比 2020 年增长 20%。施耐德电气数字产业示范园成立；绿色智能无六氟化硫（SF_6-free）系列产品，包括中压开关柜 GM AirseT、中压环网柜 SM AirseT 及 RM AirseT 在施耐德中低压工厂开始量产。

施耐德中低压成立于 2009 年，前身为 1997 年成立的两家工厂，分别是施耐德（北京）中压电器有限公司和施耐德（北京）低压电器有限公司。公司总投资 1750 万美元，其中施耐德电气（中国）有限公司占股 95%、亦庄控股占股 5%，工厂占地面积为 3.12 万平方米，主要生产低压塑壳断路器开关、中压开关柜等。

（倪延云）

施耐德（北京）中低压电器有限公司

总经理 林嵩（6 月任）

Vincent BRUNEAU（5 月免）

安诺优达基因科技（北京）有限公司

2021 年，安诺优达基因科技（北京）有限公司（简称安诺优达）获专利授权 27 件，其中国外发明专利 5 件、国内发明专利 22 件；发布基于 DNBSEQ-T7 超高通量测序平台开发的单细胞文库和 Hi-C 文库等测序新产品；给予技术支持的《宏基因组测序病原微生物检测生物信息学分析规范化管理专家共识》发布；承担北京市新型冠状病毒核酸检测任务，助力经开区规模以上企业的新冠肺炎疫情防控工作。公司通过《企业知识产权管理规范》（GB/T 29490—2013）国家标准的贯标认证审核，并获《知识产权管理体系认证证书》；通过北京市知识产权示范单位复核。医学检验实验室通过中国合格评定国家认可委员会的 ISO 15189 医学实验室质量与能力认可现场评审；10x 空间转录组测序技术获认证服务提供商 CSP（Certified Service Provider）认证。公司被评为 2018—2020 年度首都文明单位、第一届医用高通量测序标准化技术归口单位、国家级第三批专精特新“小巨人”企业、北京市 2021 年度第一批专精特新“小巨人”企业、2021 中国基因科技企业 TOP10。

安诺优达成立于 2012 年 4 月 28 日，注册资本为 5989.47 万元。总部位于北京亦庄生物医药园，专注于基因组学技术在人类医学健康和生命科学研究两大领域的产业化应用。公司在测序设备和分子诊断试剂、医学检测与研究、科研服务、基因大数据和云平台服务等方面具备产品体系和品牌效应，形成Bio-IT产业化服务能力。公司为国家高新技术企业、国家卫生健康委首批高通量基因测序技术临床应用试点单位、国家发展改革委首批基因检测技术应用示范中心、“十三五”时期首批北京生物医药产业跨越发展工程（G20工程）企业等，设有博士后科研工作站。

（肖飞）

安诺优达基因科技（北京）有限公司

董事长 夏佐全

哈尔滨工大特种机器人有限公司

2021年，哈尔滨工大特种机器人有限公司（简称哈工大机器人集团特种机器人事业部）的营业收入为3.08亿元，净利润为782.03万元，有员工117人。公司全资子公司哈工军立方机器人科技（北京）有限公司在武警部队装备部举行的首届智卫杯无人系统挑战赛排爆比赛中获第三名。

哈工大机器人集团特种机器人事业部成立于2015年3月30日，是哈工大机器人集团下属一级子公司，注册资本为5083.7万元，有3家全资子公司、2家分公司。公司主要业务是开发、生产、销售在公安、消防、国防、军工、医疗等特种环境下的机器人产品和自动化装备，包括安防、消防、排爆、武装打击、查验类机器人，水下机器人，无人机。

（赵文正）

哈尔滨工大特种机器人有限公司

董事长 唐霄汉（3月任）

王　猛（3月免）

总经理 王大勇

总经理 马清海

北京华盛中能科技有限公司

2021年，北京华盛中能科技有限公司（简称华盛中能）累计生产新能源电力工业技术产品4143台，完成销售额3100万元，助力和保障发电量近10770兆瓦·时，有员工41人。年内，华盛中能5项计算机软件著作权获授权；设计和搭建的创新性综合测试和保护特性一体型框架式断路器生产线投产。公司被认定为北京市高新技术企业、中关村高新技术企业；万能式断路器产品系列、塑料外壳式断路器产品系列获中国质量认证中心CQC认证。

华盛中能成立于2017年5月4日，注册资本为2000万元，是一家在新能源行业集研发、生产、销售、售后服务于一体的国家高新技术企业。公司拥有专业的研发团队，针对行业内关键核心和“卡脖子”技术难题，多次完成技术突破，引领行业产品革命；与各大院校进行产学研合作，在人才培养、技术攻克、成果转化方面，设立长足的发展机制。公司以科技进步为先导，致力于电力工业技术产品的研发、生产，为用户提供电气自动化系统及保护类产品。公司产品覆盖箱变测控装置、低压断路器、塑壳断路器、浪涌保护器、纵向加密装置、箱变测控差动加密保护一体机及新能源电站电气设备技术改造等产品及服务。公司在贵州省、黑龙江省、吉林省、辽宁省、甘肃省、青海省、宁夏回族自治区、河北省、内蒙古自治区、河南省、山西省、陕西省、安徽省设立办事处，业务覆盖全国。公司成为测控行业的知名品牌，行业内合作企业覆盖80%，主要客户有国家电投、华能集团、中广核等。

（白亮）

北京华盛中能科技有限公司

总经理 吕海龙

SMC 投资管理有限公司

2021 年，SMC 投资管理有限公司（简称 SMC）的资产总额为 198 亿元，营业收入为 128 亿元。员工有 6900 人，其中研发人员 900 人。3 月 11 日，SMC 的注册资本由 2.20 亿元增至 56.85 亿元。年内，SMC 有 1 件发明专利、14 件实用新型专利获授权，累计拥有有效专利 68 件，其中发明专利 7 件。公司完成业务重组，作为中国地区总部，代表 SMC 株式会社负责在中国的投资、资金集中管理、财务集中管理等运营工作，从生产制造布局、研发体系建设、全球营销网络构建、稳健运营体制、信息网络安全 5 个维度强化经营体制。SMC 设立的北京 SMC 教育基金会向清华大学、哈尔滨工业大学、北京理工大学等 16 所院校提供奖学金 357 万元、教学科研经费 92 万元，资助院校 32 万元举办学术交流和学术研究活动，资助贫困地区 65 万元援建希望小学；与北京青少年发展基金会合作援建的江西省兴国县龙潭中日友谊希望小学竣工。子公司 SMC（中国）有限公司［简称 SMC（中国）］的员工张子康在第七届全国职工职业技能大赛中获工业机器人操作调整工工种个人第二名。

SMC 成立于 2020 年 12 月 29 日，位于经开区万源街 7 号，下设 5 家全资子公司，其中 SMC（中国）于 1994 年 9 月在经开区成立。公司在北京、上海、广州、天津 4 地建有 7 家工厂，总占地面积近 80 万平方米。

（孙欣欣）

SMC 投资管理有限公司

董事长 太田昌宏

数字经济核心产业

概况

2021 年，经开区制订印发《北京经济技术开发区“十四五”时期数字经济发展规划》，组建并挂牌 3 个数字经济实验室，支持骨干制造企业与“5G+ 云 +AI”企业参与搭建工业云平台，构建“端、网、云、用”的工业互联网网络聚集生态。北京智象信息技术有限公司对外发布支持 UI 可定制化的全新智能电视解决方案 Whale OS Turnkey 2.0，与法国、俄罗斯、越南、中国香港等国家和地区的媒体建立合作关系。安川首钢机器人有限公司承接国内首条全自动生产线项目——大众汽车（安徽）有限公司 MEB 前、后桥焊接全自动生产线项目；承接公司首个中亚地区机器人系统集成项目——乌兹别克斯坦汽车制造企业 JV O'zauto-Austem LLC 公司的 UzAuto 后桥焊接线项目。东方晶源微电子科技（北京）有限公司承担的国家科技重大专项“14 纳米以下电子束硅片图形缺陷检测设备研发与产业化”通过验收。北京升鑫网络科技有限公司连续 5 年入选 Gartner 发布的《云工作负载保护平台（CWPP）市场指南》，在中国云主机安全市场的市场份额排名第一。苍穹数码技术股份有限公司主办首届“苍穹杯”全国大学生空间信息技术大赛。

（周平）

中金数据集团与 2 家企业达成战略合作

1 月 19 日，中金数据集团有限公司与腾讯云计算（北京）有限责任公司（简称腾讯云）签署战略合作协议。根据协议，在网络安全和信息安全领域，双方将以中金数据集团旗下中金数谷科技有限公司的中金数据武汉数据中心为基础，合作构建基于数据中心的网络安全示范区；在区块链业务领域，双方将依托中金数据集团旗下中金数据烟台数据中心，结合腾讯云在安全领域区块链的技术，共同打造联合解决方案，为客户提供“区块链 + 安全”的解决方案；在云安全、私有云及智慧园区等领域，双方将基于数据分析与数据应用的企业服务、行业服务、城市服务等领域以及算力基础设施、超算中心、行业级和国家级容灾备份中心开展合作。4 月 9 日，中金数据集团旗下中金汇融（昆山）信息科技有限公司与中国联合网络通信有限公司苏州市分公司签订战略合作协议。根据协议，双方将发挥各自优势，围绕国家大数据发展战略，在大数据、云计算、人工智能等多个领域展开探讨，并将在机房资源、客户资源及增值业务等方面合作，助力苏州数字化建设，协同打造新基建产业生态圈。

（李晨）

苍穹数码获多项荣誉

1 月 21 日，在智库观中国创新发展专家座谈会暨中央财经大学和国声智库合作签约仪式上，苍穹数码技术股份有限公司被评为文明之光 · 2020 中国文化交流年度机构。4 月 7 日，在 2021 中国软件产业年会上，苍穹数码被评为 2020 年中国软件行业最具影响力企业，董事长徐文中被评为 2020 年中国软件行业优秀企业家。4 月 24 日，2021 数字中国创新大赛 · 鲲鹏赛道决赛举行，苍穹数码团队凭借苍穹地理信息桌面平台（KQGIS Desktop）获企业赛优秀产品奖、团体赛二等奖。9 月 26—28 日，在 2021 中国物联网与智慧城市大会上，苍穹数码研发的亦庄生物医药园全国产化 CIM 平台的智慧园区管理系统获 2021 年度数字孪生与城市大脑优秀案例大奖。10 月 11 日，中国测绘学会发布《2021 年测绘地理信息自主创新产品目录》，苍穹数码研发的苍穹遥感地图数据处理软件、苍穹规建管一体化 CIM 平台入选。10 月 14 日，在 2021 中国地理信息产业大会上，苍穹数码入选 2021 地理信息产业百强企业名单，与华中师范大学、北京亦庄智能城市协同创新研究院有限公司等单位联合申报的“全国产化数字孪生城市 CIM 平台研发与关键技术创新”项目获 2021 地理信息科技进步奖二等奖，参建的中山市国土资源局电子政务系统项目“互联网 +”不动产登记管理平台获 2021 地理信息产业优秀工程铜奖。10 月 18 日，在中国测绘学会 2021 年学会年会上，苍穹数码被评为 2021 年科技创新型优秀单位，研发的地图制图与地理信息系统获 2021 年测绘科学技术奖二等奖，参建的泸西县农村土地承包经营权确认登记颁证工作测绘项目获 2021 年全国优秀测绘工程奖银奖。12 月，苍穹数码与中山市自然资源局联合申报的基于中山市政务云的“互

联网 + 不动产登记”综合服务平台被评为 2021 年广东省政务服务创新案例，并被编入《2021 年广东省政务服务创新案例集》；与宿迁市自然资源基础信息中心联合申报的宿迁市智慧自然资源综合管理平台项目获 2021 年度江苏省优秀测绘地理信息工程一等奖。

（李斌）

智象与全球多家内容提供商达成合作

1 月，北京智象信息技术有限公司与法国世界媒体集团（France Médias Monde）达成合作，France Médias Monde 旗下的新闻频道 France 24 将登录智象免费直播流媒体服务 WhaleLive。3 月，俄罗斯规模最大的电视频道之一俄罗斯第一频道（Channel One Russia）与欧洲智象（ZEASN Europe B.V.）完成签约合作，成为智象 Whale Eco 生态平台的内容提供方。4 月，今日俄罗斯（Russia Today） 与 ZEASN Europe B.V. 签署合作协议。Russia Today App 将上线智象 Whale Eco 生态平台，同时授权其新闻直播频道 Russia Today TV 上线 WhaleLive。5 月，越南胡志明市电视台（HTV）与智象达成合作，HTV 旗下的流媒体应用 HTVC 将登陆智象 Whale Eco 生态平台。8 月，香港电视广播有限公司（TVB）与智象完成补充合作协议的签署，双方将扩大合作范围，TVB 旗下的流媒体应用“TVB Anywhere+”将为智象新增更多授权国家和地区，并增加线性媒体内容的订阅收入分成。11 月，全球最大的财经资讯服务提供商彭博集团与智象完成内容授权协议的签署。彭博集团旗下的 Bloomberg Television 和 Bloomberg QuickTake 线性频道将上线 WhaleLive。

（蓝增露）

苍穹数码主办大学生空间信息技术大赛

4 月 13 日，由中国测绘学会指导，苍穹数码技术股份有限公司主办的首届“苍穹杯”全国大学生空间信息技术大赛启动报名。该大赛是一项面向大学生的地理信息系统（GIS）技能大赛，分为地图制图、空间分析、应用开发和学术论文 4 个赛道，吸引全国 300 余名高校大学生、120 余支队伍参赛。经过 2 轮评审，大赛评选出二等奖、三等奖、优秀奖共 57 个，12 支队伍进入决赛答辩环节。11 月 20 日，大赛举行决赛答辩，4 个赛道共评选出 4 个特等奖和 8 个一等奖。其中，河北农业大学“河北省阜平县白家峪村域田园综合体规划图集制作”项目获地图制图赛道特等奖，成都理工大学“全国城市典型污染气体的分布及演化”项目获空间分析赛道特等奖，南京大学“基于群智感知的（校园）噪声监测及反馈定位系统”项目获应用开发赛道特等奖，华中农业大学“沉湖湿地罗纹鸭栖息地景观动态与生境质量评价”项目获学术论文赛道特等奖。

（李斌）

苍穹数码承建的项目通过验收

4 月 28 日，苍穹数码技术股份有限公司承建的黄山市自然资源和不动产三维立体调查登记试点项目通过专家组验收。该项目于 2019 年开始建设，是全国自然资源和不动产三维调查登记领域的唯一试点项目。苍穹数码基于云架构，运用互联网、大数据、云计算、人工智能、国产化 GIS 等技术，研发三维自然资源和不动产系列产品，包括三维自然资源数据管理系统、三维自然资源登记管理系统、三维不动产数据管理系统、三维不动产登记管理系统、三维不动产手机客户端，用以支撑黄山市自然资源和不动产三维立体调查登记工作，并建设一套可复制、可推广的自然资源和不动产三维立体调查登记技术路线和方法，为自然资源和不动产登记由二维到三维升级转型提供实践基础。

（李斌）

中企动力推出“万店奔流”计划

4月，中企动力科技股份有限公司推出面向全国的“万店奔流”计划。该计划拟从全国遴选1万家企业，帮助其进行商业品牌包装，通过商业宣传片、文字内容、海报宣传等多种形式，以多渠道组合矩阵推广产品，为其微信小程序店铺引流。截至2021年年底，中企动力通过该计划为100余家企业的20余种农产品、特色食品提供推广宣传服务，包括永仁本土沃柑、保定满城草莓、大连草莓柿子、重庆蜜莉葡萄、大连樱桃、五常大米、洛阳牡丹鲜花饼等，提升当地农产品与特色食品的销量，推动其向现代化、品牌化方向发展。

（李朋朋）

京东总部二期2号楼项目C座工程竣工

京东总部二期2号楼项目　　单位提供

5月12日，京东集团总部二期2号楼项目C座等7项工程竣工。工程位于经开区C14C-1\C-2地块，包括1栋办公楼及6个人防出入口，总建筑面积为18.96万平方米，工程造价为7.93亿元，框架剪力墙结构。建设单位为北京联茂方泰房地产开发有限公司，设计单位为北京市建筑设计研究院有限公司，勘察单位为建设综合勘察研究设计院有限公司，施工单位为中建八局第一建设有限公司，监理单位为北京兴电国际工程管理有限公司。2018年4月20日工程开工建设。

（张晨筱）

京东物流在香港联交所上市

5月28日，京东物流股份有限公司在香港联交所挂牌上市（股票简称：京东物流；股票代码：02618.HK），本次公开发行股票60920万股，发行价格为40.36港元/股，募集资金净额为241.13亿港元。

（靳雪晶）

智象获认证

搭载智象Whale Speaker OS的智能音箱　　赖玉婷 摄

5月，北京智象信息技术有限公司负责开发的搭载有智能音箱操作系统（Whale Speaker OS）的Philips Smart Display产品通过亚马逊Alexa ACM Audio Call官方认证；12月，该产品通过亚马逊Alexa ACM Video Call官方认证，成为全球首个获这 2 项官方认证的第三方带屏 Alexa Built-in 产品。同时，搭载智象“Whale TV OS+Alexa”语音方案的 NVT72671 及 NVT72563 TV 产品获亚马逊 Alexa 在哥伦比亚的 AVS 授权，成为全球首个通过 AVS ROW（Rest of World）认证的第三方 Alexa 产品。

（蓝增露）

安川首钢承接特斯拉车架焊接项目

安川首钢承接的特斯拉副车架机器人焊接项目 李冬冬 摄

5 月，安川首钢机器人有限公司承接的特斯拉前副、后副车架机器人焊接生产线项目开始施工。该项目包括 58 台机器人焊接系统、19 台机器人搬运焊接系统、29 套三轴垂直翻转变位机、2 套单轴变位机、2 套机器人焊缝检测系统、2 套焊缝追溯系统、4 套打码系统、2 套机器人尺寸检测系统、1 套机器人激光切割系统、1 套安全防护系统、1 套可编程逻辑控制器（PLC）控制系统，整线采取全自动运行模式，集成机器人焊接、焊缝测量、尺寸检测、打码、扫码等自动化工艺和设备，并配以产品质量追溯系统，可实现每小时 40.1 件的产能节拍，年产能达 25 万套。截至 2021 年年底，该项目实现小批量生产。

（李明尧）

苍穹数码 KQGIS 移动产品支持鸿蒙系统

6 月，苍穹数码技术股份有限公司的苍穹地理信息平台（KQGIS）实现全系列移动产品支持鸿蒙系统。苍穹地理信息移动平台（KQGIS Mobile）及基于该平台开发的现状建筑外业调查系统、苍穹三调外业调查系统等产品均可在华为 MatePad Pro（型号：MRX-W29）上稳定运行，与 Harmony OS 系统兼容，满足各行业用户对移动地理信息平台的应用需要。

（李斌）

中金数据集团参编的团体标准发布

7 月 5 日，由中国信息通信研究院云计算与大数据研究所、中国标准化研究院资源环境研究分院牵头，百度时代网络技术（北京）有限公司、阿里云计算有限公司、中金数据系统集团有限公司等单位起草的《温室气体排放核算与报告要求 数据中心》（T/EES 0001—2021）团体标准发布并实施。该团体标准是数据中心行业的首个碳核查标准，定义数据中心温室气体排放核算的概念、计量要求、核算边界、核算方法、数据质量管理以及报告内容和格式等要求，为业界核算数据中心温室气体排放、出具测试核算报告提供参考依据。

（李晨）

青藤云安全入选 CWPP 市场指南

7 月，北京升鑫网络科技有限公司的青藤万相 · 主机自适应安全平台入选全球权威 IT 咨询和调研分析机构 Gartner 发布的 2021 年《云工作负载保护平台（CWPP）市场指南》。这是青藤云安全连续 5 年入选 Gartner CWPP 市场指南，以强大的技术表现和品牌优势获权威机构的认可。CWPP 市场指南每年更新云原生基础设施安全性的最新发展，综合分析对保护多云、混合云工作负载时评估的核心功能和关键架构考虑因素，为企业用户推荐全球 CWPP 厂商。青藤万相 · 主机自适应安全平台区别于其他主机安全产品，融合资产清点、风险发现、入侵检测、合规基线、病毒查杀等技术功能。青藤万相作为国内最早将自适应主机安全理念落地实践的产品，在政府、金融、互联网、运营商等多行业的核心业务中实现大规模部署，建立新一代安全防护体系，为用户提供安全、稳定的云工作负载保护。

（王梦瑶）

安川首钢承接机器人自动装配项目

安川首钢承接的减速机行星架机器人自动装配项目　　台玉杰 摄

7 月，安川首钢机器人有限公司承接索特传动设备有限公司减速机行星架机器人自动装配项目。该项目通过 3 台搬运机器人配备自动上料单元、自动装配设备，实现自动装配和自动导引运输车（AGV）自动下料，打破传统的人工装配模式，原来需要 7 人的装配线现在只需要 1 人负责集中上料即可完成自动装配以及后续的成品码垛工作，自动化水平提高。该项目的生产模式为国内首创，是重型工程机械行业自动化改造的标杆。

（台玉杰）

安川首钢承接蔚来天马座车身焊接项目

7 月，安川首钢机器人有限公司承接安徽天汽模通蔚车身科技有限公司蔚来 Pegasus（天马座）志通车身机器人焊接项目。该项目包含前地板线、后地板线、纵梁生产线 3 条自动化生产线，由 4 车型混线生产，规划产能为每小时 60 件。安川首钢技术团队经过多轮方案优化，不仅满足客户对生产线产能节拍的要求，还实现产能提升，各项技术参数指标远超规划要求。该项目用 8 天时间完成 34 台机器人的安装、上电及人工调试等作业，首套下件合格率达到 75% 以上。

（韩毅强）

安川首钢承接 UzAuto 后桥焊接线项目

7 月，安川首钢机器人有限公司承接乌兹别克斯坦最大的汽车制造企业 JV O'zauto-Austem LLC 公司的 UzAuto 后桥焊接线项目，是安川首钢承接的首个中亚地区机器人系统集成项目。该项目由 B-CAR 和 B-SUV 2 条独立的机器人焊接生产线组成，其中 B-CAR 产线由 6 台 AR1440 机器人、3 台 GP225 机器人、3 台垂直翻转变位机和 1 台 GP50 机器人搭配 IPG 激光器组成，B-SUV 产线由 4 台 AR1440 机器人、2 台 GP225 机器人、2 台垂直翻转变位机和 1 台 GP50 机器人搭配 IPG 激光器组成。2 条生产线集成下线后的检具、机加工以及压装工序等设备，全线实现使用机器人搬运。

（路云峰）

青藤云安全在云主机安全市场占有率第一

7月，赛迪顾问发布《中国云主机安全市场研究报告（2021）》，对中国云主机安全市场进行全面分析。报告中指出，北京升鑫网络科技有限公司凭借在云主机安全领域深耕多年的技术与品牌优势，市场份额排名第一。青藤万相·主机自适应安全平台通过一串代码即可实现高稳定、低消耗的轻 Agent 部署，并通过其强大的实时监控和响应能力，打造完整的自适应主机安全闭环。青藤 Agent 服务于政府、金融、运营商、制造业、互联网等行业的 1000 余个客户，在 600 余万台核心服务器上稳定运行。

（王梦瑶）

中国工程院院士到青藤云安全调研

9月16日，中国工程院院士沈昌祥一行到北京升鑫网络科技有限公司调研。沈昌祥就《用主动免疫可信计算构筑新型网络空间安全保障体系》展开交流，指出要构建自主创新的可信计算 3.0 体系，抢占网络空间安全核心技术战略制高点；要落实中国网络安全等级保护制度，加快构建关键信息基础设施安全架构，切实增强安全能力。青藤云安全创始人兼首席执行官张福汇报公司的发展历程、业务情况等。沈昌祥对青藤云安全的努力与成绩给予高度评价，并对公司未来自主创新发展规划和路线提出建议。

（王梦瑶）

中企动力推出智慧零售数字门店

9月16日，中企动力科技股份有限公司在北京亦庄数码庄园举行“小门店 大零售”——中企动力秋季商城产品发布会，推出智慧零售数字门店。该产品基于调研门店数据和用户价值贡献两大诉求点，以及对用户消费习惯和路径的研究，以门店全渠道营销获客管理为核心，通过数字化管理为门店导购赋能，开发一系列适用于小门店电商数字化系统。该产品解决门店引流获客、数据获取和门店运营管理等一系列增长难题。

（李朋朋）

苍穹数码助力“云享乌镇”平台升级

9月26—28日，2021 世界互联网大会乌镇峰会举行，会上推出升级后的“云享乌镇”平台，苍穹数码技术股份有限公司为该平台构建“一底座·两路径·多场景”工作体系，支持乌镇落实“网格 +”社会治理模式。“一底座”指为“网格 +”模式定制的数字孪生网格，综合应用地理信息系统、城市信息模型、建筑信息模型、物联感知等技术，从“网格 +”模式治理、精细化模型呈现、丰富数据资源、加强物联感知 4 个方面升级该平台；“两路径”指依托平台底座建立跨部门多业务协同、融合基层自治力量 2 条路径，实现需求精准定位、情况及时发现、问题高效解决；“多场景”指通过 2 条路径打造的多跨场景应用，包括“网格 + 安全监管”“网格 + 街区治理”等，实现监管企业作业流程、精准识别街区状况并及时处理等功能。

（李斌）

智象发布 Whale Web Services 平台

10月，北京智象信息技术有限公司将 Customer Portal 平台更名为 Whale Web Services 平台，并对外发布。作为一个聚合公司各项核心业务及资源，驱动企业可持续发展的 SaaS 云平台，Whale Web Services 平台是以形成连接设备供应商、平台运营商、内容提供者和终端用户的商业闭环，提供全套软件接入、数据对接、内容运营等整体解决方案的综合性平台。企业用户可以通过该平台完整地体验产品从样品创建到产品批量生产的整个生命过程，还能实现对设备的基本运营和数据分析。

（蓝增露）

安川首钢承接焊接全自动生产线项目

安川首钢承接的 MEB 前、后桥焊接全自动生产线项目　台玉杰 摄

10 月，安川首钢机器人有限公司承接大众汽车（安徽）有限公司 MEB 前、后桥焊接全自动生产线项目，并完成该项目的设计、制造工作。该项目是国内首条全自动乘用车车桥焊接项目，采用 90 台不同类型的机器人组成 2 条焊接线体，通过大量采用 3D 视觉引导上料、多种振动盘、储料分料设备、自动导引运输车（AGV）输送系统，实现无人化焊接生产。

（台玉杰）

青藤云安全入选中国企业科技 50 强

11 月 25 日，北京升鑫网络科技有限公司入选福布斯中国首度发布的中国企业科技 50 强榜单。本次评选活动由福布斯中国与红杉中国合作，通过估值、利润、增长率、人文及市场领导力等多个维度构建评价体系，发现中国企业科技中的 50 家潜力初创企业及非上市公司。

（王梦瑶）

智象成为亚马逊云科技 ISV 合作伙伴

11 月，北京智象信息技术有限公司成为亚马逊云科技合作伙伴网络中的独立软件供应商（ISV）合作伙伴。通过 ISV 合作伙伴路径，智象可利用亚马逊云科技的丰富资源，构建和发展基于亚马逊云科技的软件服务和解决方案。亚马逊云科技合作伙伴网络（APN）是合作伙伴的全球社区，专注于提供全面的业务、技术、营销和进入市场等方面的支持，帮助 APN 合作伙伴建立基于亚马逊云科技的商业解决方案或服务。全球有数以万计的亚马逊云科技合作伙伴，超过 90% 的财富 100 强企业和大部分财富 500 强企业都在使用亚马逊云科技合作伙伴提供的解决方案。

（蓝增露）

安川首钢承接万安两款车型后副车架项目

11 月，安川首钢机器人有限公司承接安徽万安汽车零部件有限公司理想 X01 后副车架全自动生产线及蔚来 PEGASUS 后副车架全自动生产线项目。该项目主要生产铝合金副车架，由 2 条生产线组成，每条生产线包含机器人及工装夹具 10 套、冷却线 1 条、激光打标机 1 套、去包边机

1 套、切边机 1 套、高速带锯及圆盘锯 6 套，实现铝合金铸造副车架的自动压铸机下料、设备打码追溯、产品快速冷却、铸造件自动落沙、切边、浇道自动切割等功能。该项目采用安川首钢自主研发的高速切割盘锯设备及铝合金专用铣削设备，切割效率提高近 50%，理想 X01 铝合金后副车架的生产效率可达每件 120 秒，蔚来 PEGASUS 铝合金后副车架的生产效率可达每件 90 秒。

（贾文杰）

安川首钢承接智能 Patch 焊生产线项目

11 月，安川首钢机器人有限公司承接的卡斯马汽车系统（上海）有限公司智能 Patch 焊自动化柔性生产专线项目进入组装调试阶段。该项目由 8 台点焊机器人和 4 台搬运机器人组成，集成订单管理系统（OMS）、视觉智能防错系统、柔性抓手、万能柔性夹具、焊接质量监控系统等，具有占地面积小、自动化程度高的特点，与同类产品相比可节约 41.5% 的面积，每年节约人力成本 144 万元。经过不断设计优化，该项目实现 6 款车型产品的快速切换生产，满足小批量差异化订单生产需要。

（滕巧）

全球数字经济标杆城市建设现场推进会

12 月 11 日，全球数字经济标杆城市建设现场推进会在经开区召开。市领导了解北京国际大数据交易所搭建数据流通生态服务体系，推动发展国内数字贸易等情况；察看自动驾驶无人化测试、无人零售、无人配送等应用场景，了解全息路口、车路协同等运行情况。中共中央政治局委员、市委书记蔡奇强调，前瞻布局新基建是基础性工程，要保持新基建投资增长良好态势；要推动互联网、大数据、人工智能同产业深度融合，培育具有国际竞争力的数字产业集群；要抓紧推进智慧城市发展行动纲要落地实施，打造“七通一平”数字基础底座，推出“京通、京办、京智”应用终端。市委副书记、市长陈吉宁，市政协党组书记魏小东，市委副书记张延昆参会。

（成翎）

“十四五”数字经济发展规划印发

12 月 15 日，经开区管委会印发《北京经济技术开发区“十四五”时期数字经济发展规划》（京技管〔2021〕169 号）。该规划由科技创新局编制，规划明确，在“十四五”时期，经开区将抓住新一轮科技革命和产业变革重大机遇，以数字产业化和产业数字化为主线，从供给侧和需求侧双向发力，培育数字经济产业新技术新业态新模式，强化创新驱动，培育应用市场，优化空间布局，完善产业生态，发展数字生产力，着力提升数字经济产业发展能级，持续产业迭代升级和经济社会高质量发展。经开区将贯彻市委、市政府关于推动“五子”（建设国际科技创新中心、“两区”建设、数字经济、以供给侧结构性改革引领和创造新需求、深入推动京津冀协同发展）联动、打造全球数字经济标杆城市的战略部署，坚持政府引导、改革支撑，坚持项目推进、市场运作，坚持需求牵引、创新驱动，坚持数据流动、技术赋能，坚持安全先行、场景开放，力争到 2025 年，将经开区打造成数字经济标杆城市先行区。

（蔡茜）

东方晶源承担的项目通过验收

12 月 17 日，国家科技重大专项“极大规模集成电路制造装备及成套工艺”专项实施管理办公室对东方晶源微电子科技（北京）有限公司所承担的“14 纳米以下电子束硅片图形缺陷检测设备研发与产业化”项目开展综合绩效评价验收会。专家组听取项目负责人和 6 位课题负责人的汇报、测试组的现场测试报告、财务执行情况报告等内容，审阅验收资料，经过质询、答疑等环节，最终专家组一致同意该项目通过验收。该项目结合集成电路设计与制造的实际需求，研制电子束硅片图形缺陷检测（EBI）和特征尺寸测量（CD-SEM）设备，解决国内在极大规模集成电路生产制造环节电子束检测量测设备的市场和技术空白问题，为中国产业界先进制程的工艺开发及量产环节良率监控提供解决方案。同时，该项目的完成也确立东方晶源在国内电子束检测领域领先的市场地位和核心科技优势。

（马苗苗）

智象发布 UI 可定制化智能电视解决方案

12 月 22 日，北京智象信息技术有限公司对外发布支持用户界面（UI）可定制化的全新智能电视解决方案 Whale OS Turnkey 2.0。作为一款全球领先的智能电视解决方案，Whale OS Turnkey 2.0 是智象基于 Whale OS 内核，针对品牌客户推出的一套快速定制的解决方案，不仅支持 UI 高度定制，拥有现代智能电视所需的众多创新功能，还能为电视观众带来极致顺畅的原生应用体验，包括顶级流媒体应用 Netflix、YouTube、Prime Video、Globoplay 等。Whale OS Turnkey 2.0 已为搭载 Novatek 芯片的 Linux 智能电视提供 Turnkey 软件服务。

（蓝增露）

智象项目入选《中国数字营销生态图》

12 月，中国商务广告协会数字营销专业委员会、虎啸奖组委会及秒针营销科学院发布《中国数字营销生态图 2021 版》及完整版解读。北京智象信息技术有限公司旗下智能电视（CTV）广告平台 WhaleAds 入选广告投放管理系统和 OTT/OTV/CTV 两个细分领域。《中国数字营销生态图》的宗旨是站在行业视角，通过对行业公司的征集调研，全面梳理中国数字营销的发展状况与脉络框架，帮助品牌和数字营销行业从业人员了解中国数字营销的整体发展版图与生态，有效地进行数字营销布局及实战。WhaleAds 平台拥有超过 5000 万台全球激活设备，独一无二且优质的 CTV 广告库存（包括飞利浦、AOC 等电视品牌），能够链接全球超过 1.5 亿的电视用户，在海外市场拥有丰富的数字营销经验和行业资源积累。

（蓝增露）

安川首钢机器人耐火砖智能码垛系统投用

12 月，安川首钢机器人有限公司开发的机器人耐火砖智能码垛系统在辽宁奥镁有限公司投入使用。该系统集成压机出砖输送系统、砖型识别定位系统、机器人抓手快换系统、码砖托盘分离与输送系统、可编程逻辑控制器（PLC）控制系统；设计 6 种抓手，与多个吸盘组合成 106 个工具点；在智能检测滑台配置 4 个光电传感器；采用先进的编程理念，无须对每种砖单独示教，仅通过 PLC 屏幕设定砖型尺寸，机器人便可通过自动识别和计算耐火砖的数量和位置，实现精准抓取和 770 种锥体状耐火砖、10 种垛型、2 个工位的全自动自适应交叉码放，满足客户要求的各项生产指标。该系统自动化、柔性化水平高，适用于多品种、小批量混线生产需求，可提高生产效率。

（郭超）

中金数据集团昆山数据中心入选蓝皮书

12 月，由中国计算机用户协会数据中心分会编著，中金数据集团有限公司副总裁、中金花桥数据系统有限公司副总经理王薇薇与数据中心行业专家共同编写的《中国数据中心发展蓝皮书（2020）》出版。该蓝皮书以业内观点及前沿案例记录数据中心发展年轮；对新基建浪潮下的中国数据中心新发展进行阶段性总结，介绍数据中心智慧园区、金融行业数据中心、边缘数据中心的新发展，不间断供电、柔性配电、电力储能等数据中心基础设施，以及全景拼接、人脸识别、自动驾驶等技术的最新应用。该蓝皮书收录中金数据昆山数据中心作为优秀实践案例，从电力、暖通、智能化系统技术方案与提升机房规划、运维能力角度介绍中金数据昆山数据中心的绿色低碳发展及高效运维实践。中金数据昆山数据中心是该蓝皮书收录的唯一第三方数据中心实践案例。

（李晨）

安川首钢交付底盘焊接线项目

年内，安川首钢机器人有限公司承接的长城光束宝马 J01 底盘焊接线项目完成交付。该项目是国内 SUV 汽车领导者长城汽车和德国宝马联合开发的合资电动汽车项目，集成弧焊、机械加工、冲孔、自动搬运、自动凸焊、自动检测、激光打标等全套生产工艺。该项目生产线全部采用机器人自动焊接，工位间采取机器人自动搬运，具有线体数据采集功能，可记录和存储设备状态、运行情况、订单执行情况等数据；具有防错性强的特点，一旦有工位发生变化点事件，设备会按照系统设定及时锁定，并报警提示工作人员检测；具有自动化、信息化、少人化程度较高等优势。

（叶坤）

·企业（选介）·

北京瑞赛长城航空测控技术有限公司

2021 年，北京瑞赛长城航空测控技术有限公司（简称长城测控公司）的销售收入为 6409 万元，比 2020 年增长 14.7%；经济附加值为 151 万元，比 2020 年增长 112.7%；新签合同额为 6960 万元，比 2020 年增长 22.7%；有员工 143 人。年内，长城测控公司中标并实施中国石化销售股份有限公司江苏江阴石油分公司江阴长山油库罐根紧急切断阀及安全仪表系统改造项目、中国石化销售有限公司云南昆明分公司长坡油库 3 万方扩容配套生产自控设备及系统项目等 10 个自动化项目，涉及合同额近 1524 万元；中标中国石油天然气股份有限公司四川销售分公司加油站油气回收在线监测系统及配套设备采购项目，签订框架协议合同额近千万元；完成中国平煤神马能源化工集团有限责任公司、铁法煤业（集团）有限责任公司物资供应分公司、霍州煤电集团有限责任公司等客户的煤矿安全监控新系统免费升级工作；研发的中航公共建筑全时空消毒杀菌装置在中安联合煤化有限责任公司、新疆维吾尔自治区人民政府驻京办事处得到应用；携智能化煤矿安全保障一体化整体解决方案参加第十九届中国国际煤炭采矿技术交流及设备展览会；通过 GB/T1 9001—2016 质量管理体系、中国石油化工集团有限公司 HSSE 管理体系、GB/T 27922—2011 售后服务体系认证，GB/T 45001—2020 职业健康安全管理体系、GB/T 24001—2016 环境管理体系的扩项审核，国家高新技术企业、生产安全标准化三级企业复审。

长城测控公司成立于 1990 年 7 月 30 日，于 2002 年 9 月入驻经开区，注册资本为 1200 万元，隶属于中国航空工业集团有限公司，是一家从事易燃易爆环境和特种环境测控系统及测控设备研究、开发与制造，并提供监测、管理、控制一体化整体解决方案（技术支持、工程服务）的国家高新技术企业。公司产品主要包括煤矿安全监控系统、伺服控制系统、油罐自动计量系统、加油站油气回收在线监测系统、空气制氮分离装置等，产品分布在全国 20 余个省、自治区、直辖市。

（黄倩）

北京瑞赛长城航空测控技术有限公司

董事长 杨　超

总经理 张劲广

安川首钢机器人有限公司

2021 年，安川首钢机器人有限公司（简称安川首钢）的总资产为 13.27 亿元，净资产为 52016 万元，销售收入为 16.88 亿元（比 2020 年增长 32.3%），纳税总额为 0.50 亿元，净利润为 0.71 亿元。公司下设 2 个分公司、3 个办事处和 2 个服务中心，有员工 749 人。公司获 13 件（项）知识产权，其中发明专利 1 件、实用新型专利 10 件、软件著作权 2 项，累计拥有 77 件专利和 16 项软件著作权。年内，安川首钢强化科学管理，开展降本提效工作，推进标准化进程，全年降低成本 5480 万元，机器人订货合同和销售合同金额均比 2020 年增长 25% 以上。公司承接特斯拉前副、后副车架机器人焊接生产线项目、索特传动设备有限公司减速机行星架机器人自动装配项目等重点项目；承接的桂林福达股份有限公司曲轴油孔打磨项目、东风本田汽车有限公司（武汉工厂）侧围点焊生产线机器人自动化升级项目、长城光束宝马 J01 底盘焊接线项目投入使用。公司自主研发的弧焊机器人数字电弧跟踪功能测试成功；信息化软件机器人焊接监控系统、机器人油缸智能焊接系统、机器人镀锌取样冲压制样系统、机器人耐火砖智能码垛系统投入使用。公司被中国设备管理协会汽车智能制造技术中心认定为中国汽车行业智能装备管理解决方案优秀供应商；参与的“取制检一体化硅钢磁性能自动监测系统”项目获 2020 年度首钢科学技术奖（科技项目奖）三等奖。

安川首钢的前身为首钢莫托曼机器人有限公司，于 1996 年 8 月 23 日在经开区成立，注册资本为 700 万美元，是北京首钢股权投资管理有限公司与日本株式会社安川电机、安川电机（中国）有限公司共同投资成立的合资公司，专业从事工业机器人及机器人自动生产线的设计、开发、制造。公司是国家高新技术企业、中关村高新技术企业，是首批被市科委认定的外商投资高新技术企业之一，通过 ISO

9001:2015 质量管理体系认证。

（葛晨辉）

安川首钢机器人有限公司
总经理 前川昭一
副总经理 曹利

北京国富安电子商务安全认证有限公司

2021 年，北京国富安电子商务安全认证有限公司（简称国富安）的总资产为 8261 万元，营业收入为 4887 万元，有员工 57 人。年内，国富安加入 IMT-2020（5G）推进组——蜂窝车联工作组（C-V2X 工作组）；被认定为北京市 2021 年度第二批“专精特新”中小企业；获北京软件和信息服务业协会颁发的 2021 年北京市诚信系统集成企业证书。公司自主研发的基于国产化平台的数字签名服务系统入选 2021 年度第一批（总第十五批）北京市新技术新产品（服务）名单。

国富安成立于 1998 年 12 月 1 日，注册资本为 3000 万元，位于经开区荣华中路 11 号，是中国国际电子商务有限公司的全资子公司，是中国权威电子认证与信息安全服务提供商，是国内首家获工业和信息化部颁发服务许可资质的第三方电子认证服务机构，具有电子认证服务许可资质、电子政务电子认证服务许可资质、信息安全风险评估服务资质和信息系统集成及服务资质，是国家高新技术企业、北京市软件企业、北京市级企业科技研究开发机构和北京市专利试点企业。公司作为信息安全服务提供商，业务涉及电子签约与证据保全、电子认证与数字签名、商用密码产品等服务，覆盖政府、电子商务、能源、金融、医疗卫生、电信等领域，并在电子政务、网上招投标、电子签收等重点新兴领域建立市场优势。公司先后承接国家“九五”计划、“十一五”规划、国家“863”计划等国家级、省部级重大科研课题 65 项；累计建立技术标准 30 余项，发表规范与报告 100 余篇、论文 30 余篇，获知识产权 60 余件（项）。

（杨鹏武）

北京国富安电子商务安全认证有限公司
总经理 唐清文

中企动力科技股份有限公司

2021 年，中企动力科技股份有限公司（简称中企动力）的资产总额为 6.44 亿元，营业收入为 7.6 亿元，纳税总额为 4500 万元，利润总额为 -5800 万元，在全国设有 73 家分公司，有员工 4600 人。年内，中企动力推出面向全国的“万店奔流”计划；推出新产品智慧零售数字门店。公司入选市经济和信息化局发布的 2021 年度第一批北京市企业技术中心新创建名单。

中企动力创建于 1999 年，是中国数码集团的全资子公司，注册资本为 2.42 亿元，主要为企业提供个性化、多样化的 SaaS 服务产品，致力于帮助企业实现数字化智能经营。公司业务涉及制造、服务、IT 互联网、建筑与房地产、外贸、物流、零售等 14 个主流行业、近百个细分行业，有 135 万余家企业客户。

（李朋朋）

中企动力科技股份有限公司
总经理 陈鸣飞

揖斐电电子（北京）有限公司

2021 年，揖斐电电子（北京）有限公司（简称揖斐电）的总资产为 13 亿元，净资产为 12 亿元，有员工 1200 人。年内，揖斐电生产的印制线路板总面积为22万平方米；开展节能减排活动，通过浓缩污泥中的有价成分实施污泥干燥，实现污泥资源化；根据生产情况调整新风机的新风排风量、降低部门空调机组的运行频率、关闭部分公共区域和产品区域的新风机组等，改善冷水盘管机组的控制系统，实现根据环境温度选择风机的使用数量。

揖斐电成立于2000年12月25日，注册资本为1亿美元，是日本揖斐电株式会社全资子公司，专门从事印制线路板的生产、销售。公司被评为中国电子电路行业百强企业、北京市文化安全建设企业模范企业、首都文明单位等。

（李小冬）

揖斐电电子（北京）有限公司

总经理　袁本镇

苍穹数码技术股份有限公司

苍穹数码承办2021中国地理信息产业大会分论坛　企业提供

2021年，苍穹数码技术股份有限公司（简称苍穹数码）拥有各类专业人才2600余人。年内，苍穹数码5项软件著作权获授权；发布苍穹地理信息平台（KQGIS）V8.5、苍穹遥感智能服务平台（KQRS）V5.0两款新产品；上线苍穹智能分析平台（KQBI）、农村宅基地管理云、“皖美登”统一服务平台等产品和服务；为宁夏回族自治区贺兰县农村宅基地制度改革试点工作提供技术支持，完成5个试点村的宅基地资格权证书发放；苍穹地理信息平台（KQGIS）与多款操作系统、数据库、图形处理及办公软件产品兼容互认，推动国产化生态构建；承办2021中国地理信息产业大会“苍穹双擎，共建地理信息新生态”分论坛、首届“苍穹杯”全国大学生空间信息技术大赛。公司入选教育部产学合作协同育人项目企业名单；自主研发的苍穹城市信息模型（CIM）基础平台V1.0通过2021年城市信息模型（CIM）基础平台软件测评。

苍穹数码于2001年5月25日在经开区注册成立，注册资本为1.18亿元，是一家专业从事“3S”技术（遥感技术、地理信息系统和全球定位系统）研究、开发与应用服务，致力于政府、国防和企业信息化建设的国家高新技术企业、中关村高新技术企业，也是领先的时空信息平台及产品供应商，数字政府及智慧产业解决方案提供商，区域经济及社会发展规划、咨询服务商。公司在全国设有30个分公司及办事处、另有5个研发中心、3个研究院、2个测绘生产基地、1个仪器公司，并在马来西亚、印度尼西亚等国家和中国香港设有分支机构，在亚洲和非洲一些国家建有销售网络。公司拥有甲级测绘资质、土地规划机构甲级、城乡规划编制甲级等资质证书，水文、水资源调查评价乙级资质证书，新型基础设施建设产品与服务认定证书等各类资质。

（李斌）

苍穹数码技术股份有限公司

董事长　徐文中

北京蓝天多维科技有限公司

2021 年，北京蓝天多维科技有限公司（简称蓝天多维）的总资产为 1.60 亿元，营业收入为 6000 万元，净利润为 1100 万元，有员工 100 余人。公司 4 项软件著作权获授权；本务机车调车作业安全防护系统科技成果获由中国铁路北京局集团有限公司颁发的 2020 年度集团公司科技进步一等奖。

蓝天多维成立于 2002 年 3 月 26 日，注册资本为 6600 万元，位于经开区凉水河一街 2 号院，生产经营面积为 1500 平方米，研发场地面积为 500 平方米。公司是一家侧重于铁路机务安防产品研发、生产及销售的北京市高新技术企业，累计拥有 33 件专利和 50 余项软件著作权。公司与郑州大学、中国铁路北京局集团有限公司北京科学技术研究所及美国通用电气公司（GE）等合作，研发生产用于轨道交通领域中的机车防火监视装置、现场救援指挥系统、机车车载安全防护系统（6A 系统）、中国机车远程监测与诊断系统（CMD 系统）车载子系统、动车组受电弓视频监控系统、动车组车厢视频监控系统、机车防火监控及灭火装置、列车防追尾预警系统等车载产品及检测工装等 100 余种产品，推广应用范围涵盖全国铁路及地方铁路。公司通过 GB/T 19001—2016/ISO 9001:2015 质量管理体系、GB/T 24001—2016/ISO 14001:2015 环境管理体系、GB/T 45001—2020/ISO 45001:2018 职业健康安全管理体系，以及铁路产品 / 零部件认证证书（CRCC）、ISO/TS 22163:2017 轨道交通业质量管理体系（IRIS Ver3.0）等认证，被中国铁路兰州局集团有限公司、大秦铁路股份有限公司、内蒙古集通铁路（集团）有限责任公司、北京纵横机电科技有限公司、中车长春轨道客车股份有限公司、中车大同电力机车有限公司、中车青岛四方机车车辆股份公司等认定为合格供应商。

（潘欢欢）

北京蓝天多维科技有限公司

总经理 胡伟力

中金数据集团有限公司

2021 年，中金数据集团有限公司（简称中金数据集团）启动建设武清大数据产业园项目；参编的《温室气体排放核算与报告要求 数据中心》发布并实施，《中国数据中心发展蓝皮书（2020）》发布并收录中金数据昆山数据中心作为优秀实践案例；与腾讯云计算（北京）有限责任公司签署战略合作协议，旗下中金汇融（昆山）信息科技有限公司与中国联合网络通信有限公司苏州市分公司签订战略合作协议。公司成为工业和信息化部发起的新型数据中心推进计划成员单位；旗下中金数谷科技有限公司参与中国信息通信研究院发起的数据安全推进计划（DSI），推动落实《中华人民共和国数据安全法》。公司总裁助理王丹丹被聘为数据中心低碳行动计划专家智库成员。

中金数据集团成立于 2005 年 5 月 10 日，位于经开区博兴八路 1 号，北京数据中心占地面积为 6.7 万平方米，是数字基础设施综合服务商，依托开设在全国各地的绿色云数据中心，跨领域聚合产业，汇集行业数据，逐渐建立以数据为核心的业务生态，形成数据中心设施服务和行业数据应用服务两大业务体系，有下属成员单位 10 余家。2020 年 7 月 22 日，公司由中金数据系统有限公司更名为中金数据集团有限公司。公司是国家高新技术企业，是国内首家自主规划、投资、建设、运营大型第三方高等级数据中心企业，开启国内高等级数据中心社会化外包服务的先河。公司在北京、烟台、昆山、武汉、天津等城市建设数据中心园区，总占地面积为 83.9 万平方米，总规划机柜服务能力 14.8 万余台，为数据中心选址、规划、设计、建设、运维、网络服务的全生命周期提供服务，并自主研发智能化数据中心运维管理平台，实现对资产、能耗、运维管理水平的自动化、全方位管理。公司基于高等级数据中心设施资源，在大健康、金融科技监管、出版发行及工业互联网等领域开展云计算、大数据、人工智能等行业应用服务，为国家级政府机构、国有银行、互联网行业头部企业、大型保险机构和大型制造业等数百家客户提供服务。公司参与编写数据中心、云计算、大数据、信息安全、IT 服务等领域的国家、行业和地方标准、规范 50 余项。公司是中国数据中心标准联盟的发起单位和常务副理事长单位、中国电子信息行业联合会常务理事单位、国家信息技术服务标准工作组全权成员单位、中国互联网金融协会会员单位等。

（李晨）

中金数据集团有限公司

董事长 张利（8 月任）

杨洁（8 月免）

数码辰星科技发展（北京）有限公司

2021 年，数码辰星科技发展（北京）有限公司（简称新辰星科技）实现营业收入近 5000 万元，有员工 190 余人，其中技术、研发人员占 65% 以上。11 月 17 日，新辰星科技被中企网通投资顾问（北京）有限公司收购，成为其全资子公司，公司的注册资本由 1.5 亿元增至 2.5 亿元。截至 2021 年年底，公司建设和服务的影院覆盖 32 个省、直辖市、自治区，共计 2400 余家影院近 1.71 万个影厅。

新辰星科技成立于 2009 年 9 月 21 日，总部位于经开区地盛西路 1 号，有北京、广州 2 个研发中心。公司从影院硬件、设备集成服务起步，经过十余年的耕耘，成为中国影院行业领先的高科技互联网公司，致力于构建先进的影院数字媒体经济平台。公司采用云计算和大数据技术，推出符合影院行业发展趋势和客户需求的解决方案——基于影院场景的会员经济服务及应用平台。公司立足于“科技助力中国电影行业发展”的经营理念，于 2011 年自主研发具有独立知识产权的数字电影服务器，并通过美国数字电影倡导组织（DCI）的认证。公司具有电影票务系统牌照，累计拥有发明专利 25 件、软件著作权 50 项，是北京市专利试点单位、北京市企业技术中心、中国电影发行放映协会电影技术分会理事单位、广电总局 DRM 技术标准委员会委员单位等。

（盛倩）

数码辰星科技发展（北京）有限公司

总经理 陈鸣飞

酒仙网络科技股份有限公司

2021 年，酒仙网络科技股份有限公司（简称酒仙网）推动直播战略，打造拥有超过 400 万粉丝的酒类头部主播。公司入选第十三届华樽杯中国酒类品牌价值

200 强名单，并以 383.78 亿元的品牌价值连续 6 年位列中国酒类流通行业第一。

酒仙网 2009 年创立于山西省，2010 年运营，2014 年入驻经开区，主要经营范围包括白酒、啤酒、葡萄酒、洋酒、保健酒等，有 1800 万名精准会员，与国内 500 余家酒企建立深度合作关系，与天猫、京东等多家电商平台实现深度合作。酒仙网在上海、广州、天津拥有三大仓储中心，仓储面积近 20 万平方米；在全国 60 余个城市可实现次日到达服务、200 余个城市可实现 3 日到达服务。酒仙网从酒类商品线上 B2C 起家，后推重点核心项目酒业新零售及直播，通过战略布局，逐步建立起涵盖 B2C、B2B、VIP 大客户、品牌运营、爆款打造、新零售、直播等多个板块的酒类生态圈。

（李雯姝）

酒仙网络科技股份有限公司

董事长 郝鸿峰

北京智象信息技术有限公司

智象参加第六届瑞芯微开发者大会（RKDC2021）瑞芯微 摄

2021 年，北京智象信息技术有限公司（简称智象）在核心软件产品方面，启动鸿鹄计划，发布用户界面（UI）可定制化智能电视解决方案 Whale OS Turnkey 2.0、SaaS 云平台 Whale Web Services；加入欧洲 HbbTV 协会，打造符合 HbbTV 官方认证的 Whale OS 软件产品；Whale Speaker OS 产品线首获亚马逊 Alexa 官方新认证；WhaleLive 全球上线超过 70 个直播频道。在全球市场的国际化合作中，智象与法国世界媒体集团（France Médias Monde）、全球最大的财经资讯服务提供商彭博集团（Bloomberg L.P.）、乌克兰知名 OTT/VOD 服务提供商 MEGOGO、俄罗斯规模最大的电视频道之一俄罗斯第一频道（Channel One Russia）、今日俄罗斯（Russia Today）、香港电视广播有限公司（TVB）、越南胡志明市电视台（HTV）等传媒公司完成合作签约。公司参加 2021 亚马逊云科技中国峰会、第六届瑞芯微开发者大会（RKDC2021）。

智象创立于 2011 年 1 月 14 日，注册资本为 4000 万元，是全球领先的智慧家庭解决方案和服务提供商。公司以北京为总部，陆续在中国台湾、中国福州、荷兰、中国香港、印度、巴西、阿根廷、俄罗斯、法国、中国深圳设立分支机构。公司的软件产品从电视应用商店、Launcher，到定制化应用开发、Whale 云服务、Whale OS、智能语音服务，再延伸到为智能音箱、智能相框、智能投影仪等众多智能家庭娱乐设备提供服务。Whale 云服务为 100 余家品牌商提供覆盖 190 余个国家和地区的定制化、多样化的智慧家庭解决方案。同时，累计有超过 5000 万的全球家庭在使用搭载 Whale 云服务的智能电视、智能音箱、智能投影仪、智能相框等家庭数字娱乐设备。公司围绕自有知识产权的 Whale OS 操作系统，依托功能强劲的 SaaS 云平台，联合内容服务合作伙伴、技术服务提供商、广告服务提供商以及智能设备制造商共同打造全新的家庭数字娱乐生态 Whale Eco。公司连续多年获国家高新技术企业、中关村高新技术企业等称号，拥有 16 件发明专利和 77 项软件著作权。

（蓝增露）

北京智象信息技术有限公司

董事长兼首席执行官 何志宏

北京中航智科技有限公司

2021 年，北京中航智科技有限公司（简称中航智）的总资产为 11.46 亿元，净资产为 3.71 亿元，营业收入为 3.47 亿元，纳税总额为 1797 万元。员工有 321 人，其中技术、研发人员 160 人，具有大专及以上学历人员 251 人。10 月 25 日，中航智的注册资本由 1.00 亿元增至 1.06 亿元。截至 2021 年年底，中航智累计拥有国际发明专利 14 件、国内发明专利 70 余件、核心软件著作权 35 项。年内，中航智完成神州十三号载人飞船发射的地面保障工作；完成 500 公斤级无人直升机首飞和海拔 5000 米高原性能试飞。公司参加 2021 年中国国际服务贸易交易会、2021 年全国大众创业万众创新活动周、第十三届中国国际航空航天博览会等。公司被评为 2018—2020 年度首都文明单位；航空报国馆首批入选北京 · 亦庄“科技馆之城”建设体系。

中航智成立于 2012 年 11 月 6 日，是一家专业从事无人机等无人智能智造装备系统研发、设计、生产、销售的国家和中关村“双高新”技术企业，是北京市重点扶持的高端智能制造企业。公司技术发展路线及研发产品具有明确的军民两用应用需求。公司研发出一批高性能的无人直升机，包括 TA168 多旋翼无人机、TD5-280 公斤级共轴无人直升机、TD220-350 公斤级共轴无人直升机、TD450-500 公斤级共轴无人直升机，应用于国防建设、地质勘探、农业植保、应急消防、海关缉私、海警海事等领域。

（曹启斌）

北京中航智科技有限公司

董事长 田刚印

中经云数据存储科技（北京）有限公司

2021 年，中经云数据存储科技（北京）有限公司（简称中经云）有员工 125 人。年内，中经云获北京市 2020 年能效领跑者（数据中心）先进技术奖；中经云亦庄数据中心获中国电子学会颁发的数据中心能源综合利用等级评估二级证书，被评为 2020 年度国家绿色数据中心；中经云电费核算上报系统被评为北京市新技术新产品（服务）。

中经云成立于 2013 年 8 月 15 日，注册资本为 1.45 亿元，位于经开区科创 9 街 15 号。公司是由国家信息中心发起成立的新一代大数据基础设施服务商，发展以应用为导向的通用化数据分析技术，为中国大数据、“互联网 +”战略提供绿色、安全、智能的下一代零碳数据中心基础设施服务。中经云通过传感器网络、可再生能源与创新节能技术的叠加应用，减少数据中心对地球环境的影响，实现绿色可持续发展。公司通过 ISO 9001 质量管理体系、ISO 14001 环境管理体系、ISO 45001 职业健康安全管理体系、ISO 27001 信息安全管理体系、ISO 50001 能源管理体系、ISO 22301 业务连续性管理体系等认证，获中国网络安全审查技术与认证中心颁发的信息安全服务资质认证证书（信息系统灾难备份与恢复三级）、工业和信息化部颁发的增值电信业务经营许可证。公司参照国家 A 级机房标准和 Uptime T3/T4 标准建设的亦庄数据中心于 2017 年投入运营，总建筑面积为 5.22 万平方米，抗震结构等级为 8 级，可容纳超过 1 万个机柜，同时采用智能化运维管理系统，保障数据中心的物理安全和信息安全。

（朱恋）

中经云数据存储科技（北京）有限公司

董事长 孙茂金

北京升鑫网络科技有限公司

2021 年，北京升鑫网络科技有限公司（简称青藤云安全）的资产总额为 12.35 亿元，营业收入为 2.3 亿元，合同额为 4 亿元，主营业务毛利率达 95%，纳税总额为 3100 万元。公司总部位于北京，在北京、武汉设立研发中心，在上海、深圳、杭州、武汉、北京等城市设有 4 个分公司和 4 个子公司，并在国内 20 余个省份设有分支机构，有员工 800 余人。6 月 1 日，公司的注册资本由 1424.36 万元增至 3313.35 万元。年内，青藤云安全完成 D 轮融资，累计获国内顶级投资机构超过 16 亿元的投资。公司加大研发投入，同步推进既有产品迭代与新产品开发工作；依托安全架构建设、漏洞挖掘以及攻防实战经验丰富的安全团队，多次参加国家级、省级以及大型机构组织的攻防实战，为众多央企、部委等关键信息基础设施提供保障。公司参加 2021 年国家网络安全宣传周网络安全博览会，展示青藤万相 · 主机自适应安全平台、青藤蜂巢 · 云原生安全平台、青藤猎鹰 · 威胁狩猎平台、青藤雷火 · AI-Webshell 检测系统及专业的安全服务。公司被认定为国家级第三批专精特新“小巨人”企业、北京市 2021 年度第一批专精特新“小巨人”企业和北京市级企业科技研究开发机构，入选 2021 年中国网络安全产业竞争力 50 强、中国企业科技 50 强榜单等；13 件发明专利、1 件外观设计专利获授权。

青藤云安全成立于 2013 年 9 月 6 日，公司总部于 2020 年 4 月迁入经开区科谷一街 10 号，主营业务为安全产品与安全服务。公司拥有国内规模最大的主机安全类技术研发、服务团队，形成以万相主机自适应安全平台为基础，蜂巢云原生安全平台、猎鹰威胁狩猎（THP）平台、鹊桥安全编排自动化与响应（SOAR）平台为支撑的安全技术体系，为政府、金融、运营商、互联网、大型企业、医疗、教育等组织机构的数百万台核心服务器提供稳定、高效的安全防护。公司拥有两大核心实验室，其中吴钩实验室拥有一支国内顶尖的网络攻防专家队伍，73Lab 实验室专注于漏洞挖掘及前瞻性安全技术研究，与国家信息安全漏洞共享平台（CNVD）、国家信息安全漏洞库（CNNVD）、微软公司等有合作。公司支持国家自主可控能力建设，坚持自主研发、构建信创产业生态，产品与天津飞腾、华为鲲鹏、中标麒麟、统信软件、银河麒麟等国产芯片和操作系统完成兼容性适配。公司是国家高新技术企业、国内首家自适应主机安全公司，是国内第一家且唯一连续 5 年入选 Gartner 发布的《云工作负载保护平台（CWPP）市场指南》的网络安全公司，入选 2018 云计算企业百强榜、2019 年中国高科技高成长 50 强企业、中国网络安全百强企业等。

（王梦瑶）

北京升鑫网络科技有限公司
首席执行官 张福

东方晶源微电子科技（北京）有限公司

东方晶源总部外观　　陈雅峰 摄

2021年，东方晶源微电子科技（北京）有限公司（简称东方晶源）的年销售额首次突破1亿元。员工有近300人，其中研发人员占70%，具有博士学位人员占8%、硕士学位人员占53%，拥有国家级和北京市人才7人。公司的注册资本由2.46亿元增至3.03亿元。年内，东方晶源计算光刻软件产品完成28纳米逻辑芯片关键工艺层良率硅片验证，结果优异；突破14纳米计算光刻技术；开发LFD等特色工具。公司依托国家科技重大专项02专项技术成果，在电子束检测领域连续取得重大突破。其中，首台电子束检测设备（EBI）完成国内一线大厂产线验证，进入28纳米产线全自动量产；首台12英寸关键尺寸量测设备出机到客户端进行产线验证。

东方晶源成立于2014年2月18日，位于经开区经海四路156号，致力于围绕以电子束图像检测、量测和计算光刻技术为核心的综合良率提升解决方案为业务发展方向。公司自主研发的核心产品包括计算光刻产品（OPC）、电子束缺陷检测装备（EBI）、关键尺寸量测装备（CD-SEM）等。公司承担3项国家科技重大专项02专项、1项工业和信息化部工业强基工程。公司是国家级专精特新“小巨人”企业、国家高新技术企业、中关村高新技术企业、北京市专利试点企业，设有博士后科研工作站等。

（关阳）

东方晶源微电子科技（北京）有限公司
董事长兼首席技术官 俞宗强

科技文化融合产业

概况

2021年，经开区以促进科文深度融合为重点，推进文化产业实现高质量发展。以“两区”建设打造“421”产业体系（“4”是聚焦经开区四大主导产业，建设高精尖产业主阵地；“2”是做优高端服务业及科技文化融合产业；“1”是大力发展数字经济产业，打造数字标杆城市先行区）为契机，加快推进首都科文融合产业示范区建设，推动中国（北京）高新视听产业园完工，完成北京智慧电竞赛事中心、北京智慧融媒创新中心城市更新审核。经开区举办系列产业品牌活动，举办2021动漫游戏产业发展国际论坛、电竞北京2021等活动，促进电子游戏嘉年华——“核聚变”、Spark锦标赛等系列活动落地举办，展示经开区文化产业高质量发展态势。经开区文化企业发展数字出版、文化传播等文化创意产业体系，中国杂技团有限公司出品的魔术节目《玉壶光转》获中国杂技金菊奖；北京新华印刷有限公司完成《求是》《解放军画报》期刊、“两会”文件的印制工作。

（王磊　陈佳）

四达时代助力中非文化交流

2月9—28日，由文化和旅游部国际交流与合作局主办、四达时代集团承办的2021年“欢乐春节走进非洲”主题播映活动举行。该活动挑选一批反映春节文化精神标识的影像作品，包括《红梅花开》《春之序曲》民族音乐会、《美丽中国》微春晚视频放送、《过年》剪纸动画片等，通过四达时代在非数字电视平台和互联网视频平台，面向非洲32个国家（15个英语区国家、15个法语区国家和2个葡萄牙语区国家）播出。2月10日，文化和旅游部、尼日利亚新闻和文化部共同举办“共此时——庆祝中国和尼日利亚建交50周年文艺演播”活动。该活动分为中国文化篇、尼日利亚文化篇、中尼友谊篇3个篇章，通过四达时代在非数字电视平台和互联网视频平台，面向非洲32个国家播出，展现中国传统舞蹈和音乐、尼日利亚歌舞和鼓乐艺术。

（范佩）

四达时代在非洲获多个奖项

2月，四达时代集团凭借其在新冠肺炎疫情期间为非洲民众居家远程教育工作做出的贡献，获非洲大学联盟颁发的非洲青年教育赋能特别奖项。4月，非洲知名媒体分析机构BrandImpact发布非洲市场影响力百强品牌报告，四达时代位列该榜单前20，品牌认知度、品牌认可度在非中资民营企业中单向排名第一；被评为乌干达2020/2021年度消费者选择奖——最佳付费电视品牌。10月，四达时代卢旺达子公司在卢旺达杰出服务奖的评选中被评为年度电视频道服务商。11月，四达时代凭借其在产品质量及服务方面的突出表现，连续3年获肯尼亚消费者联合会（COFEK）授予的消费者喜爱顶级品牌认可证书。

（范佩）

中杂公司《玉壶光转》获中国杂技金菊奖

中杂公司《玉壶光转》节目表演现场　　企业提供

5月5日，在第十一届中国杂技金菊奖全国魔术·滑稽比赛上，中国杂技团有限公司出品的魔术节目《玉壶光转》获中国杂技金菊奖。节目编排契合诗词意蕴，由“灯影”引出“美人”，灯与影的转变，人与器的置换，巧妙精绝在“转”字上。节目结尾处寓意“花好月圆”的轮盘转动，繁花盛开，将魔术中的“光影”奥秘发挥到极致。

（刘鑫）

电子游戏嘉年华

5月15—16日，由机核网主办的线下电子游戏嘉年华——“核聚变”在北京亦创国际会展中心举办。该活动通过文化消费新体验，以创新供给引领需求升级，进一步释放文化消费潜力，助力经开区消费季系列活动。活动设有次世代主机的体验、Spark 电竞赛事的独立比赛区域以及独立游戏作品展区，集结国内外 50 余家展商参展，观展人员可现场体验各类电子游戏、桌游等，还可现场参与首次引入的大型“线上 + 线下”实景互动冒险游戏。

电子游戏嘉年华——“核聚变”举办　　张磊 摄

（王磊 陈佳）

“电竞北京 2021”启动盛典

5 月 20 日，“电竞北京 2021”启动盛典在朝林松源酒店举办。启动盛典上，尚亦城（北京）科技文化集团有限公司与京东星宇电竞（北京）文化传播有限公司（简称京东星宇）、中竞智联（北京）文化发展有限公司（简称中竞智联）、北京联讯时空科技发展有限公司（简称联讯时空）三大电竞家企业就合作项目进行签约。其中，京东星宇旗下的 JDG 战队签约入驻北京智慧电竞赛事中心，北京智慧电竞赛事中心为北京唯一的英雄联盟职业联赛（LPL）主场；中竞智联入驻北京智慧电竞赛事中心，建设电竞职业认证中心、多频道网络（MCN）直转播基地；联讯时空入驻北京网络游戏新技术应用中心，设立移动游戏研发运营中心，从事移动网络游戏的研发、运营等业务。启动现场还发布了“电竞北京”合作伙伴计划以及《关于协同促进电子竞技产业健康繁荣发展的倡议》。市委宣传部副部长王野霏、经开区工委书记王少峰出席活动并致辞，北京市国有文化资产管理中心、经开区工委和管委会等领导以及电竞领域行业协会、重点企业、高校和研究机构、新闻媒体代表等近百余人出席。

（王磊 陈佳 周未）

亦竞杯千企电子竞技大赛

6 月 13 日—9 月 1 日，经开区首届大都东南亦竞杯千企电子竞技大赛举办。大赛由市委宣传部指导，北京市国有文化资产管理中心、经开区管委会主办，尚亦城（北京）科技文化集团有限公司、京东星宇电竞（北京）文化传播有限公司承办，以“千帆过竞　为梦而战”为主题，采用腾讯出品的“王者荣耀”游戏作为比赛项目，全市范围内 800 家企业组成电竞战队，通过 750 场线上海选赛及线下决赛，历经海选赛、淘汰赛、晋级赛，最终微呼战队获大赛总冠军。

微呼战队获大都东南亦竞杯千企电子竞技大赛总冠军　　单位提供

（王磊 陈佳）

四达时代加蓬子公司开业

6 月 22 日，四达时代集团在加蓬开设的子公司四达时代传媒（加蓬）有限公司开业，宣布推出数字电视产品和服务。四达时代对加蓬公众提供包含 100 余个频道的节目包，打破当地市场付费电视服务节目包的频道数量记录，涵盖体育、新闻、影视、教育等领域，兼顾国际频道和本地频道，可促进加蓬观众对包括中国在内的国际文化的认知和理解。此次在加蓬开通业务后，四达时代的业务覆盖中部非洲地区的所有国家。

（范佩）

莫桑比克中央数字电视中心揭幕

6 月 25 日，四达时代集团承建的莫桑比克中央数字电视中心揭幕仪式在马普托市举行。该中心总建筑面积为 5456 平方米，其设计融入当地理念，以反映本地文化。在大楼内部整合相同的功能区域，整个大楼划分为节目中心、TVM 办公区域、TMT 办公区域。该中心将与莫桑比克国家数字电视传输网系统的数字化改造、国家电视台数字化改造及全国电视接收终端的数字化改造三部分一起实现莫桑比克广播电视从制作、传输到终端接收的全面数字化。

（范佩）

尚亦城集团成立 5 家子公司

6 月 29 日，尚亦城（北京）科技文化集团有限公司与北京新航城城市运营管理有限公司共同出资 1000 万元成立北京新航城文化传媒有限公司，其中尚亦城集团出资 490 万元。该公司位于中国（北京）自由贸易试验区高端产业片区，主要业务包括承担临空区融媒中心建设，承办各类大型活动、会议会展等。8 月 25 日，尚亦城集团出资 1000 万元成立全资子公司尚亦城（北京）科技会展有限公司。该公司位于经开区万源街 3 号，主要业务包括展馆、展会、活动组织以及新媒体应用四大板块，旨在打造尚亦城集团的会展品牌。11 月，尚亦城集团成立全资子公司尚亦城（北京）文旅科技有限公司、尚亦城（北京）城市文化有限公司。2 家子公司均位于经开区万源街 3 号，注册资本均为 1000 万元，通过打造精品文化活动、超级文化知识产权集群和标杆文旅项目，探索城市表达新路径，加快推动 T408 桥下空间景观提升改造、空天城堡等项目建设，实现高品质、多层次的区域品牌活动打造、文旅产品供给和文化基础设施建设。12 月 23 日，尚亦城集团出资 5 亿元成立全资子公司北京超高清视频技术有限公司。该公司位于经开区万源街 3 号，主要为重大体育赛事、重大活动提供超高清视频直播保障服务、超高清视频综合服务。

（周未）

“尚亦城”App 2.0 版上线

6 月，尚亦城（北京）科技文化集团有限公司上线“尚亦城”App 2.0 版。该版本接入 110 项线上办事功能，推进与经开区管委会各部门的对接，提升基层治理水平；推出各类文艺演出免费抢票活动、云上高清好剧播放、“7 天好戏大联播”等线上活动，满足区内群众的精神文化需求；分 2 批实际发放总计 1956.48 万元的新冠疫苗接种消费券，18.05 万人次领取。

（周未）

北京网络游戏应用中心公共服务平台投运

6月，北京网络游戏新技术应用中心公共服务平台投入运营。该平台占地面积为3000平方米，在市委宣传部与经开区管委会的联合指导下，由尚亦城（北京）科技文化集团有限公司负责投资、建设、运营，拟搭建云游戏新技术研发平台、云游戏科技监管平台和云游戏新技术展示体验中心等功能设施。截至2021年年底，平台可为入驻北京网络游戏新技术应用中心的企业提供5G云游戏发行、游戏版号审批专家咨询及绿色通道、5G云游戏企业孵化、科技监管等服务。

（王磊 陈佳）

大地影院集团开展“光影敬百年”活动

“庆百年华诞 写你我祝福”红色寄语主题活动 企业提供

6月，大地影院集团开展“光影敬百年”主题系列活动，启动红色电影主题展，以旗下400余家影院为主阵地，通过实体物料和电子屏两种方式展出12个主题板块、36部精选电影、36句经典台词和70余张经典剧照，展览为期近2个月；启动百城百场红色观影活动，在全国100个城市开展100场免费红色观影活动，吸引党员、学生群体等上万人参与；在大地影院（上海吴泾宝龙广场店）举行“薪火相传 致敬百年红色传承”主题观影活动，组织少先队员、退伍老兵等观看电影《战狼2》；在北京、上海、深圳等地的10家代表影院举行“庆百年华诞 写你我祝福”红色寄语主题活动，由观众写下对中国共产党的祝福。

（郝美丽）

2021动漫游戏产业国际论坛

2021年动漫游戏产业发展国际论坛举办 张磊 摄

9月7日，2021动漫游戏产业发展国际论坛在朝林松源酒店举办。论坛由市文化和旅游局、北京市国有文化资产管理中心、北京市文化创意产业促进中心、经开区管委会联合主办，北京动漫游戏产业协会承办，以“动漫游戏新场景、新模式、新业态”为主题，由动漫游戏产业发展国际论坛、闭门会议——动漫游戏产业座谈会、动漫游戏IP国际展三大板块组成，重点聚焦行业发展前沿态势，展现中国动漫游戏产业发展最新成果，促进中外产业交流合作。市委、经开区领导以及相关委办局负责人，海内外动漫行业专家学者、游戏企业代表、投资人、新闻媒体代表以及动漫游戏爱好者等300余人出席。

（王磊 陈佳）

大地影院集团开拓海外市场

11月1日，大地影院集团位于马来

西亚的大地影院（吉隆坡柏威年广场店）和大地影院（梳邦再也大门广场店）2 家影院开业，标志着大地影院集团进入东南亚市场。其中，吉隆坡柏威年广场店位于马来西亚首都吉隆坡市中心，占地面积为 5160 平方米，设有 13 个影厅（包括星幕 Star-max 厅、Star+ 厅、Lil Star 儿童厅等特色影厅）1776 个座位；梳邦再也大门广场店位于马来西亚雪兰莪州，占地面积为 2864 平方米，设有 8 个影厅（包括 2 个特色儿童厅）623 个座位。

大地影院（梳邦再也大门广场店）　　企业提供

（郝美丽）

四达时代承办北京影视剧海外展播季活动

11 月 5 日，由市广播电视局主办、四达时代集团承办的 2021 年北京优秀影视剧海外展播季 · 非洲活动启动，活动将在坦桑尼亚和莫桑比克举办。四达时代对《破冰行动》《我们的四十年》《斗罗大陆》等 10 部优秀影视剧进行英语、法语、葡萄牙语及非洲本地语译制配音并展播，并于展播季举办驻华使馆影视推荐活动、中非青年圆桌论坛、中非视听之夜、对接北京国际视听大会、拍摄北京冬奥纪录片等主题活动。

（范佩）

四达时代承办中非视听节目推介会

11 月 25 日，由广电总局国际合作司主办、四达时代集团承办的 2021 年中非视听节目推介会暨中国电视剧《山海情》（法语版）开播仪式在中国首都北京和塞内加尔首都达喀尔同步举办。广电总局国际合作司司长闫成胜、塞内加尔文化与新闻部新闻司司长奥塞努 · 迪昂、塞内加尔国家二台频道总监马蒂 · 迪奥普分别致辞。推介会展示《功勋》《在一起》《小欢喜》等中国优秀视听节目，以及《哈拉筷子》《美食驾到》《与非洲同行》等中非合作制作节目。塞内加尔文化与新闻部、非洲广播电视联盟、塞内加尔国家台和四达时代代表为《山海情》（法语版）开播仪式剪彩。塞内加尔文化与新闻部、非洲广播电视联盟、塞内加尔国家电视台、塞内加尔驻华大使馆、中国驻非洲各国使馆、中国亚非学会等政府部门和视听机构代表共 100 余人通过线上、线下方式参加开播仪式。

（范佩）

游戏电竞产业交流会

12 月 10 日，经开区举行游戏电竞产业交流会。交流会以“共享电竞新技术，共创行业新价值”为主题，由工委宣传文化部指导，中国文化管理协会电子竞技管理委员会支持，尚亦城（北京）科技文化集团有限公司主办。作为经开区科文融合产业招商系列活动的终场活动，交流会在此前 4 场线上招商推介会基础上，定向邀请有合作意向的游戏、电竞、高新视听等科文融合领域企业 40 家。会上，工委宣传文化部有关负责人围绕科文融合产业政策和落地空间进行介绍；腾讯天美电竞制作中心等行业企业负责人、电竞俱乐部特邀嘉宾和入区企业代表带来主题发言，中科云富基金管理有限公司有关负责人则介绍未来围绕经开区科文融合产业进行定向投资的规划。在签约环节，尚亦城集团与广州凡拓数字创意科技股份有限公司、北京宸憙数据科技有限公司、西派特（北京）科技有限公司、东方华妍（北京）数字传媒有限公司4家意向入区企业签订战略合作协议，进一步完善科文融合产业上下游链条。

（周未）

中国（北京）高新视听产业园设立

12月31日，广电总局印发《关于“中国（北京）高新视听产业园”的批复》（广电函［2021］222号），同意在经开区设立中国（北京）高新视听产业园。该园区是全国首个全产业链视听产业园，覆盖视听技术研发、视听内容生产、视听服务集成、创新业态运营、终端硬件制造、视听产品营销等全产业链条，是北京市广播电视局提出北京新视听理念后，在视听产业建设方面的重大突破，将成为北京市推动新视听赋能数字经济、超高清视频、“5G+”视听、视听创新应用场景发展和京津冀视听走廊建设的重要抓手和支撑力量。国家广播电视网工程技术研究中心、超高清电视技术研究和应用实验室2个平台入驻中国（北京）高新视听产业园。

（王磊 陈佳）

经开区视听和游戏产业政策细则编制

年内，工委宣传文化部编制《北京经济技术开发区视听产业政策细则》和《北京经济技术开发区游戏产业政策细则》，明确游戏和视听产业政策的支持范围、支持方式及标准、申报方式及流程等内容。经开区加大视听、游戏、数字创意设计业和文化装备制造业领域扶持及招商引资力度，推动京东星宇等3个重点项目入区，促进北京影数科技有限公司等38家企业落地。

（王磊 陈佳）

四达时代推进“万村通”项目建设

年内，四达时代集团在乌干达、布隆迪、塞内加尔启动“万村通”项目第二批村落建设工作。“万村通”项目旨在为非洲一万个村落实施接入卫星电视信号，由四达时代独家实施。此次第二批村落建设将覆盖乌干达400个受援村落、布隆迪200个受援村落及塞内加尔300个受援村落。截至2021年年底，“万村通”项目已完成在9012个村落的施工，直接受益家庭超过18万户，覆盖非洲民众近千万人。

（范佩）

四达时代推出多档节目献礼建党百年

年内，四达时代集团推出体验式纪录片《两万五千里》和采访纪实类系列短视频《大使说》2档节目。其中，《两万五千里》共拍摄5期，通过1名非洲籍主持人途经江西瑞金、广西全州、贵州遵义等6个长征路上具有历史意义的地点，从非洲人的视角重新讲述长征路上的故事；《大使说》邀请10名非洲国家驻华大使讲述他们眼中的中国共产党，倾听他们如何评价当代中国的发展变化。四达时代自办的中国影视频道开展庆祝建党百年主题展播月活动，安排播放《山海情》等5部建党、脱贫及主旋律电视剧，《建党伟业》等40部主题电影，《摆脱贫困》等4部纪录片。

（范佩）

·企业（选介）·

北京新华印刷有限公司

2021年，北京新华印刷有限公司（简称新华印刷）的营业收入为3.8亿元，利润总额为616万元，负债总额为8193万元，资产负债率为18.45%，所有者权益为3.62亿元。年内，新华印刷完成《求是》《解放军画报》期刊、“两会”文件的印制工作。公司完成党和国家的重要文件文献印制295万册、重大主题出版物159万册、重要报纸期刊4326万册。公司被认定为2020年北京市诚信创建企业；在2020年全国行业职业技能竞赛——第七届全国印刷行业职业技能大赛上获北京赛区突出贡献单位称号，职工关锋获装订工一等奖；在第十九届北京市印刷行业职业技能大赛上获优秀组织单位、团体优胜单位、大赛口号征集活动优秀组织单位称号，职工柴福强获平版印刷工一等奖、袁士鑫获平版印刷工三等奖，朱章涛获装订工二等奖、王方和韩高营获装订工三等奖。

新华印刷的前身是成立于1949年4月24日的北京新华印刷厂，是由中国出版传媒股份有限公司和中国文化产业发展集团有限公司共同出资组建的国有大型综合性印刷企业。2007年5月，北京新华印刷有限公司注册成立，2010年投产运营，注册资本为3亿元，固定资产为5亿元，占地面积为3万平方米，建筑面积为5.4万平方米，位于经开区凉水河一街8号。公司经营范围包括经典书籍、精美画册、期刊、商业广告、包装、证件等的制版、印刷、装订。公司作为国家印刷示范企业，长期承担国家重点图书和文件的印制工作，是中央国家机关、中直机关、中宣部政府采购定点印刷单位。公司通过ISO 9001质量管理体系、ISO 14001环境管理体系、OHSAS 18001职业健康安全管理体系和ISO 27001信息安全管理体系认证，获强制性清洁生产审核证书，拥有国家秘密载体印制甲级资质；获中环联合认证中心颁发的中国环境标志产品认证证书，是首批通过绿色印刷中国环境标志产品认证的企业；连续多年获质量管理十佳企业、印刷知名品牌企业、首都文化企业三十佳等称号；被评为国家印刷示范企业；被工业和信息化部授予绿色工厂称号；是北京市出版物印刷服务首都核心功能重点保障企业；印制的图书多次获中华印制大奖等。

（王冬温）

北京新华印刷有限公司
党委书记　兰本立

中国杂技团有限公司

2021年，中国杂技团有限公司（简称中杂公司）完成原创和复排项目8个，其中大型原创作品1个、中型原创作品1个、小型原创作品4个、大型复排作品1个、小型复排作品1个。年内，中杂公司协办“与时代共进　与祖国同行”——庆祝中国共产党成立100周年杂技展演；携作品《对手顶》《空中奔跑》参加庆祝中国共产党成立100周年文艺演出《伟大征程》，是唯一参演的杂技艺术团体；与北京演艺集团联合创作的现实题材杂技剧《呼叫4921》在北京二七剧场首演。公司的魔术节目《玉壶光转》在第十一届中国杂技金菊奖全国魔术·滑稽比赛上获奖；职工邢运伟获第七届北京中青年德艺双馨文艺工作者称号。

中杂公司的前身是成立于1950年的中华杂技团，1953年更名为中国杂技团，是中华人民共和国成立后由中央政府组建的第一个国家级杂技艺术表演团体，也是第一个代表新中国出访的艺术表演团体。2006年，公司转企，改制为中国杂技团有限公司，2009年，北京演艺集团成立，中杂公司成为北京演艺集团旗下的龙头企业。公司历经70余年发展，会聚一大批杂技演员、教练以及节目编导、道具研发、舞美及造型设计等创作人才，与北京市杂技学校形成的“团校一体”发展格局，使中杂公司具备科学发展的基础，形成可持续发展的机制。

（张玉阳）

中国杂技团有限公司

董事长 吕立民（6月任）

齐　红（6月免）

北京金辰西维科安全印务有限公司

2021年，北京金辰西维科安全印务有限公司（简称金西公司）有员工近500人。公司中标多个国家部委安全防伪证件项目、军队证件项目。

金西公司成立于1995年12月20日，注册资本为6640万元，位于经开区荣昌东街甲1号，占地面积为1万平方米。公司是专门从事国内外高安全防伪证卡、IC卡、票据、证券、防伪商标等防伪产品设计和印制的国家级专业高安全防伪证卡印制企业，是中央国家机关政府采购印制定点单位。公司通过ISO 9001质量管理体系、ISO 14001环境管理体系、GB/T 28001职业健康安全管理体系、ISO 27001信息安全管理体系和绿色印刷中国环境标志产品认证等，具有全国工业产品生产许可证、印刷经营许可证等生产资质和行业许可。

（程砚春）

北京金辰西维科安全印务有限公司

总经理 王永捷

四达时代集团

2021年，四达时代集团（简称四达时代）有员工4500余人，其中外籍员工占80%以上。年内，四达时代在乌干达、布隆迪和塞内加尔启动“万村通”项目第二批村落建设工作；推出体验式纪录片《两万五千里》、采访纪实类系列短视频《大使说》；承办2021年中非视听节目推介会暨中国电视剧《山海情》（法语版）开播仪式、中非视听之夜、2021年北京优秀影视剧海外展播季·非洲活动等文化交流活动；参加2021年中国国际服务贸易交易会、首届中非未来领袖对话、第二届中国—非洲经贸博览会、第四届中非地方政府合作论坛、第六届中非民间论坛和中非智库论坛第十届会议。公司被评为2018—2020年首都精神文明单位、2021—2022年度北京市工商业联合会（北京市商会）民营经济发展服务基地、2021年北京新视听国际交流示范机构；中国影视非洲之旅体验馆入选北京·亦庄“科技馆之城”建设体系。公司董事长庞新星当选中国欧盟协会副会长。

四达时代成立于1988年10月18日，2012年12月底迁入经开区，是中国广播电视行业颇具影响力的系统集成商、技术提供商和网络运营商。截至2021年年底，公司已在卢旺达、尼日利亚、肯尼亚、坦桑尼亚、乌干达、南非等 30 余个国家注册成立公司并开展数字电视和互联网视频业务运营，发展数字电视用户超过 1300 万、移动端用户超过 2700 万，成为非洲重要的视频流量拥有者和家庭视频流量入口。公司搭建起可支持千万量级用户规模运营的庞大网络体系，节目中继、直播卫星、地面数字电视传输和互联网视频四大基础网络平台使节目信号覆盖撒哈拉沙漠以南非洲；拥有超过 700 个频道，内容涵盖资讯、综艺、儿童、体育、音乐、影视、时尚等，使用汉语、英语、法语、葡萄牙语、斯瓦希里语、豪萨语、约鲁巴语等 10 余种语言播出。公司拥有 43 个自办频道，年节目更新量超过 3 万小时。公司于 2011 年成立译制中心，会聚多国优秀译制创作人才，建成具备汉语、英语、法语、葡萄牙语、斯瓦希里语、豪萨语、约鲁巴语等多个译配语种，产能超过 1 万小时的大型节目译制基地，被授予中国（北京）影视译制基地称号。公司被评为国家文化出口重点企业、国家文化和科技融合示范基地，获 2015 年世界质量认证国际之星金奖、欧洲质量研究协会 2016 年最佳商业实践奖等奖项，入选改革开放 40 年——中国企业海外形象 20 强、2018 年北京民营企业科技创新百强、2019 年北京民营企业文化产业百强、2020 年非洲影响力百强品牌等榜单。

（范佩）

四达时代集团

董事长 庞新星

北京盛通印刷股份有限公司

2021 年，北京盛通印刷股份有限公司（简称盛通股份）的资产总额为 26.6 亿元，营业收入为 24 亿元，纳税总额为 9675.89 万元。公司有 15 家全资子公司，有员工近 2000 人。公司通过北京市出版物服务首都核心功能重点保障企业重新认定，被评为 2020 年北京市诚信创建企业。

盛通股份成立于 2000 年 11 月 30 日，注册资本为 5.48 亿元，是一家以出版物印刷服务、儿童素质教育服务为主要业务的上市公司（证券代码：002599）。公司业务涵盖综合出版服务和素质教育培训服务两大板块。在综合出版服务方面，公司为客户提供自有产能加工、创意设计、装帧排版、产能管理、原材料供应链、图书仓配等全产业链综合解决方案；在素质教育培训服务方面，公司为中国青少年提供关注学习者自驱力和自我认知、适应未来的可迁移能力的教学内容，以及个性化、大规模、高效率并存的教学场景相结合的素质教育服务和产品。公司蝉联 4 届中国出版物政府奖（印刷复制奖），先后获国家高新技术企业、国家印刷示范企业、绿色印刷标兵示范单位、国家文化出口重点企业称号。

（佟芳）

北京盛通印刷股份有限公司

总经理 栗延秋

北京华联印刷有限公司

2021 年，北京华联印刷有限公司（简称华联印刷）的资产总额为 4.32 亿元，营业收入为 3.33 亿元，纳税总额为 1414.16 万元，净利润为 1626.29 万元。员工有 463 人，其中一线生产人员 328 人、具有大专及以上学历人员 110 人。年内，华联印刷有 6 件实用新型专利获授权；承接庆祝中国共产党建党 100 周年等主题的出版物印刷数量超过 500 万册；优化生产工艺流程，更新《平装车间管理流程》《平装车间质量标准》，通过加装多维视觉系统、建立自动化包装联动线等措施提高生产效率，全年平装车间胶装组产量达 5060.50 万册，比 2020 年增长 15%。公司连续 15 年被评为国家文化出口重点企业，被中国外文出版发行事业局评为最佳承印单位，获北京市企业技术中心认定，获高等教育出版社 2021 年度《习近平法治思想概论》教材印装特殊贡献奖，获外语教学与研究出版社 2020 年度最佳供应商、中国人民大学出版社有限公司 2021 年度优秀供应商称号。公司完成的“一种空压机能源计量系统”项目获 2020 年度中国印刷及设备器材工业协会科学技术三等奖；印制的画册《风中摇滚：哈雷戴维森摩托车鉴赏》、杂志《中国国家地理》2021 年第 4 期分别获第三十二届香港印制大奖金奖和铜奖。

华联印刷成立于 2001 年 4 月 29 日，注册资本为 3000 万美元，位于经开区东环北路 3 号，总建筑面积为 3.36 万平方米，厂区占地面积为 2.59 万平方米，2002 年 8 月 16 日开业投产，是中华商务联合印刷（香港）有限公司的全资子公司。公司是中国加入世界贸易组织（WTO）后政府批准设立的大型现代化印刷企业，是国家印刷示范企业、国家文化出口重点单位、国家高新技术企业。公司以传承股东“中华商务”百年文化品牌为使命，将企业定位于精品印刷服务提供商，主要从事高档图书、期刊、广告、商标、安全保密产品、数码印刷产品及其他商业产品的全产业链印刷服务，为客户提供全方位的一站式印刷服务。

（陈林林）

北京华联印刷有限公司

董事总经理 朱敏

北京东港安全印刷有限公司

2021 年，北京东港安全印刷有限公司（简称北京东港）的营业收入为 1.24 亿元，利润为 1274.86 万元。4 月 30 日，北京东港的注册资本由 5200 万元增至 8000 万元。公司被北京印刷协会评为 2021 年度北京印刷质量信得过品牌。

北京东港于 2004 年 8 月 25 日由东港股份有限公司投资成立，位于经开区经海四路 139 号。公司主要从事商业防伪票据印刷、数字印刷、数据处理和邮发封装等业务，专注于高新技术的研发与推广。公司是国家印刷示范企业、国家高新技术企业、中关村高新技术企业，通过绿色印刷中国环境标志产品资质认证，以及 ISO 9001 质量管理体系、ISO 14001 环境管理体系、GB/T 28001 职业健康管理体系、ISO 27001 信息安全管理体系等认证。

（钱刚）

北京东港安全印刷有限公司

董事长 刘宏

总经理 高瞻

大地影院集团

2021 年，大地影院集团的票房收入和观影人次在全国影院投资管理公司中位居第二，其中含税票房收入为 22.7 亿元，占全国市场份额的 4.8%；观影人次为 5519 万。大地影院集团拥有影院 409 家，有银幕2617块、座位36.15万个，影院覆盖29个省、自治区、直辖市的170个城市；员工有6980人，平均年龄为30岁，其中总部员工具有本科及以上学历人员占56%。年内，大地影院集团发布光仔及可比MAN两个品牌IP形象；首个空气净化厅投入使用；助力由网约车平台曹操出行和重庆浙商爱心基金会推出的“让毛孩子温暖过冬——曹操旧衣回收计划”公益活动，在旗下橙天嘉禾影城（杭州来福士店）举办捐衣免费观看电影《送你一朵小红花》活动；宣传中国慈善联合会发起的“开年行善”项目，通过全线影院的大银幕广告和LCD广告位，公益放映“开年行善”宣传片24万场次，覆盖16万人次；旗下橙天嘉禾影城（北京祥云CINITY店）的经营案例“橙绿集市”和“会员经济”在CinemaS2021“星河计划”影院经营创新评选活动中分别获卓越作品奖和优秀作品奖。

大地影院集团成立于2006年，是集影院投资、建设、经营及管理于一体的综合型企业。公司旗下拥有大地影院、橙天嘉禾影城、自由人影城、中瑞国际影城、悦影绘影城五大品牌，致力于为观众提供高品质的观影体验，坚持“电影+”核心理念和线上与线下融合（OMO）战略定位，全方位创新突破。公司以电影为基础，经营多元化消费场景，打造新型观影文化生活体验。公司旗下自有激光巨幕品牌“Star-max”的整体放映设备、观影体验超过国际标准。公司旗下大地影院在二、三、四线城市的核心商圈布局与橙天嘉禾影城、自由人影城在一线和二线城市的优势布局形成整合效益，成为中国部署范围最广的影院投资管理企业之一。

（郝美丽）

大地影院集团

董事长 刘荣

首席执行官 尚峰

北京东港嘉华安全信息技术有限公司

2021年，北京东港嘉华安全信息技术有限公司（简称东港嘉华）实现收入2.72亿元、利润3750.71万元。

东港嘉华成立于2007年2月2日，由东港股份有限公司投资成立，注册资本为4892.68万元，位于经开区经海四路139号。公司建有3.3万平方米的研发大楼，是由国家税务总局北京市税务局授权的电子发票查验平台，主要业务范围涵盖开发、生产电子发票应用软件，为电商等企业和税务部门提供电子发票技术支持、技术服务、软硬件系统集成和档案数字化加工及存储等业务，获境内区块链信息服务4项备案。公司是国家高新技术企业、中关村高新技术企业、国家秘密载体印制资质企业等，通过ISO 9001质量管理体系、ISO 14001环境管理体系、GB/T 28001职业健康管理体系、ISO 27001信息安全管理体系的认证。

（钱刚）

北京东港嘉华安全信息技术有限公司

董事长 刘 宏

总经理 冯海涛

东港瑞云数据技术有限公司

2021年，东港瑞云数据技术有限公司（简称东港瑞云）的营业收入为1.13亿元，净利润为4061.99万元，有员工155人。公司的占地面积由8600平方米增至1.64万平方米。公司被评为北京市2021

年度第二批“专精特新”中小企业。

东港瑞云成立于2015年5月12日，由北京东港嘉华安全信息技术有限公司出资设立，注册资本为5000万元，位于经开区经海四路139号。公司依托现有国家等保三级的标准机房，建立大数据存储中心和中央管理控制系统，同时在上海建立大数据备份中心和备用中央管理控制系统。公司拥有具有自主知识产权的档案防御系统，可实现对档案库房的安全保护。公司主要从事档案存储、软件研发、档案整理、数字化加工、数据处理和金融外包等业务。公司是国家高新技术企业，档案寄存托管类定点企业，档案数字化加工服务类定点企业，档案设备、用品与服务定点企业；是中国档案学会、北京市档案学会、上海市浦东新区档案学会、广州档案学会、山东省档案学会的会员；通过ISO 27001信息安全管理体系、ISO 9001质量管理体系、ISO 14001环境管理体系、ISO 18001职业健康安全管理体系认证。

（董海伦）

东港瑞云数据技术有限公司

董事长 刘 宏

总经理 王 刚（11月任）

李奎涛（11月免）

现代服务业

概况

2021年，经开区重点发展金融服务、研发设计、软件与信息服务、商务服务、现代物流、航空服务等现代服务业。北京昭衍新药研究中心股份有限公司挂牌上市，编写的国内首部诊断毒性病理研究专著《药物毒性诊断病理学》出版发行；国药中生生物技术研究院有限公司牵头建设的新型疫苗国家工程研究中心通过国家发展改革委评价，该中心是全国唯一的国家级新型疫苗研发和产业化的基地及服务平台；北京亦庄国际生物试剂物流中心有限公司打通细胞治疗产品的出入境绿色通道，标志着北京口岸首次实现对细胞治疗产品的出入境风险评估、集中审批、集中查验和后续监管；北京天坛生物制品股份有限公司筹建的中国生物血液制品博物馆实现开馆，该博物馆是国内首家血液制品行业博物馆；北京泰诚信数字化技术有限公司设计制造的多条装配线交付投产；中外运－敦豪国际航空快件有限公司被全球杰出雇主调研机构认证为中国杰出雇主2021。

（宋璐）

北京泰豪新冠疫苗接种指挥调度平台上线

1月1日，由北京泰豪智能工程有限公司自主研发的北京市新冠疫苗接种指挥调度平台上线运行。该平台是支撑北京“市、区、街、居”四级组织协同联动开展疫苗接种工作的典型大数据应用平台，用大数据服务疫苗接种工作。平台设置疫苗配送、疫苗接种、统计报表、接种排名四大功能模块，实现疫苗生产、运输、存储、接种的全流程数据监控和分析，反映省、市、区县各级接种单位的接种能力，为疫苗接种工作的科学组织、安全防范等进行精细化调控。

（赵珍）

华安鑫创在深圳证券交易所上市

1月6日，华安鑫创控股（北京）股份有限公司在深圳证券交易所创业板上市（股票简称：华安鑫创；股票代码：300928），本次公开发行股票2000万股，发行价格为38.05元/股。本次募集资金用于前装座舱全液晶显示系统研发升级项目，募集资金投资金额约为2.41亿元；后装座舱显示系统研发升级项目，募集资金投资金额约为1.11亿元；座舱驾驶体验提升研发中心项目，募集资金投资金额为9893.34万元；补充流动资金，募集资金投资金额为1亿元。

（靳雪晶）

北华中清环境污水生态湿地处理技术落地

1月12日，北京北华中清环境工程技术有限公司自主研发的农村污水生态湿地处理技术应用于大兴区安定镇17个村的污水处理工作。该技术为北华中清环境针对农村排水特点而研发，根据农村的条件，设计与其相匹配的处理规模，同步强化工艺流程中的预处理、湿地处理单元功能，使各村污水经过处理后的出水指标可稳定达到并优于《农村生活污水处理设施水污染物排放标准》（DB 11/1612—2019）的规定，并可用于周边水系生态补水。在研发过程中，北华中清环境将农村污水治理难题与绿色低碳、生态持续、资源再生结合，首次打破农村污水生态治理领域在智慧模型技术开发和应用方面的限制，构建湿地智慧管理平台和湿地专业模型等，使农村污水生态湿地处理技术系统具有灵活、高效、生态性强的特点，实现污水治理和景观提升的融合。

（张敏芝）

细胞治疗产品出入境绿色通道

1月26日，北京亦庄国际生物试剂物流中心有限公司接收从美国运来的1个装有嵌合抗原受体T细胞（CAR-T细胞）的液氮罐，将其彻底消杀后转入海关特殊物品监管场地进行查验，通过亦庄海关查验后再将其运至北京大学肿瘤医院，用于1名淋巴瘤患者的治疗。该液氮罐于2020年12月由北京大学肿瘤医院采集临床试验该患者包括T细胞在内的部分白细胞并装罐，运送到北京诺华制药有限公司（简称诺华）位于美国的生产工厂后加工制成CAR-T细胞，再运送回中国用于该患者的治疗。为实现此次治疗，中关村国际生物试剂物流中心受诺华委托，于2020年7月向北京海关、市药监局等部门提出申请，经审批后完成此次生物制剂的出入境全流程，标志着北京口岸首次实现对细胞治疗产品的出入境风险评估、集中审批、集中查验和后续监管，打通细胞治疗产品的出入境绿色通道。

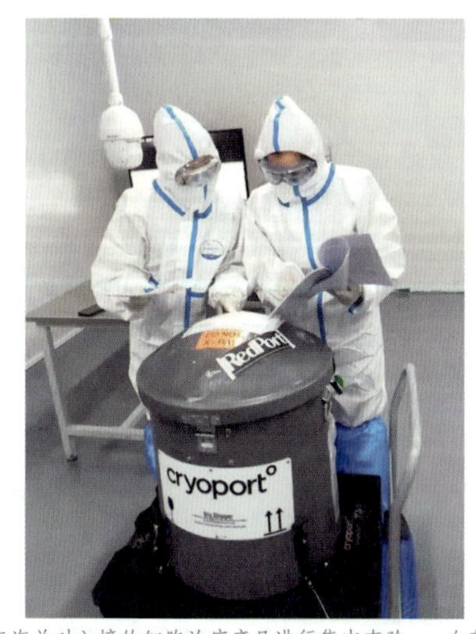

亦庄海关对入境的细胞治疗产品进行集中查验　白菊 摄

（王洪平 白菊）

华卓精科生产厂房等5项工程竣工

华卓精科生产厂房　　单位提供

1月26日，华卓精科生产厂房等5项工程竣工。工程位于经开区C8M3地块，该厂房用于半导体装备关键零部件研发制造，包括1栋生产厂房、1栋宿舍、1个门卫、2个地库出入口，总建筑面积为4.55万平方米，工程造价为1.63亿元，框架结构。建设单位为北京华卓精科科技股份有限公司，设计单位为中国新兴建设开发有限责任公司，勘察单位为北京航勘建设有限公司，施工单位为中国电子系统工程第四建设有限公司，监理单位为建研凯勃建设工程咨询有限公司。2018年3月20日工程开工建设。

（张晨筱）

昭衍新药成立2家子公司

1月28日，北京昭衍新药研究中心股份有限公司成立全资子公司昭衍（上海）新药研究有限公司（简称昭衍上海）。昭衍上海的注册资本为1000万元，主要从事临床前研究服务，包括医药、生物科技领域内的技术服务、技术开发、技术咨询、技术交流、技术转让、技术推广，以及货物、技术进出口等。11月18日，昭衍新药联合江苏先通分子影像科技有限公司共同投资成立子公司昭衍（无锡）新药研究中心有限公司（简称昭衍无锡）。昭衍无锡的注册资本为5000万元（其中昭衍新药出资4000万元，占比80%），主要从事医学研究和试验发展等业务，打造国内放射性药物研发服务平台，提供从合成、标记到药效、药代动力学及安全性评价的专业技术服务。

（何亮颖）

昭衍新药在香港联交所上市

2月26日，北京昭衍新药研究中心股份有限公司在香港联交所主板挂牌上市（股票简称：昭衍新药；股票代码：6127.HK），成为国内第一家从事新药评价新药医药研发合同外包服务机构（CRO）的“A+H”双上市企业。昭衍新药本次H股公开发行股票4332.48万股，发行价格为151港元/股，募集资金净额约为62.86亿港元（假设超额配售权未获行使），将用于新建及扩建药物安全性评价设施，升级和扩大实验动物及疾病模型研发设施，增加临床试验业务的投入以及补充营运资金等。

（何亮颖　靳雪晶）

中铁十九局参建的多个项目通车

3月28日，中铁十九局集团有限公司参建的洛阳地铁1号线开通运营，标志着洛阳成为河南省第二座开通地铁的城市、中西部地区第一座独立运营地铁的非省会城市。6月25日，中铁十九局参建的拉林铁路开通运营，该铁路是川藏铁路的重要组成部分，有效改善国内区域铁路网布局，构建西藏自治区连接川渝经济圈和长江经济带的快捷通道。8月3日，中铁十九局参建的辽宁朝阳至凌海南高速铁路（朝凌高铁）开通运营，完善东北地区的高速铁路网络。9月28日，中铁十九局参建的广州市轨道交通18号线首通段开通运营，将广州市南沙区融入大湾区“半小时交通圈”。11月28日，中铁十九局参建的成兰铁路跃龙门隧道左线贯通，标志着国内重大铁路建设完成对龙门山地震断裂带的单洞贯穿。12月3日，中铁十九局参建的中国昆明至老挝万象铁路（中老铁路）开通运营。12月6日，中铁十九局参建的黑龙江牡丹江至佳木斯高速铁路（牡佳高铁）开通运营。12月10日，中铁十九局参建的赣（州）深（圳）高铁开通运营。

（方迎春）

昭衍新药与加拿大 Nexelis 公司达成合作

3月30日，北京昭衍新药研究中心股份有限公司与加拿大 Nexelis 公司签署战略合作意向书。根据协议，昭衍新药将作为 Nexelis 公司在中国的独家合作伙伴，为其国际客户在中国提供生物分析研究服务；双方将在临床生物分析、与疫苗临床检测相关的酶联免疫吸附剂测定、中和实验和实时荧光定量核酸扩增检测及其他相关领域进行合作，包括在平台建设与发展、质量体系、人员培训等方面进行对接，针对具体检测的分析方法开发与验证领域展开系统合作等。Nexelis 公司在北美洲和欧洲设有5个实验室，在传染病、代谢疾病和肿瘤学等领域提供分析方法开发和实验室检测服务。

（何亮颖）

北京泰豪中标3项重点工程

4月，北京泰豪智能工程有限公司中标北京市大数据平台汇聚共享能力建设项目。该项目作为北京市“筑基工程”的重要组成部分，将支撑城市在数字政府、数字经济、领导决策等方面的重要工作。北京泰豪主要负责提升大数据平台共性组件应用支撑能力、实现目录链与共享交换体系联动、建设功能完善的智能搜索引擎等建设内容。10月，北京泰豪中标民海生物新型疫苗国际化产业基地建设项目——弱电智能化工程项目。该项目是北京市重点工程，位于中关村科技园区大兴生物医药产业基地，主要用于生物疫苗产品的研发、生产和销售。北京泰豪采用新型智慧园区理念，通过能源、生产、运维、平台及服务等多系统实现智慧应用，打造集创新化、生态化于一体的整体解决方案。11月，北京泰豪中标广州市南沙国际金融论坛（IFF）永久会址项目。该项目包含国际会议中心、国际会议服务酒店、政要公馆3个部分，北京泰豪负责会议服务中心、配套用房、公共服务用房以及室外智能化工程的深化设计与施工。

（赵珍）

国富瑞成为第一批产教融合型试点企业

5月21日，市发展改革委和市教委联合发布《关于北京市第一批产教融合型企业建设培育试点名单的通知》，确定包括国富瑞数据系统有限公司在内的16家企业为北京市第一批产教融合型企业建设培育试点，并纳入北京市产教融合型企业建设信息储备库。国富瑞将深入推进产教融合、协同育人，与职业院校在人才培养方面进行研究与探索，以专业共建、“1+X证书”及师资培养为抓手，通过专业群建设、产业学院建设等合作模式，推进产教融合向多专业纵深发展，为数据中心及大数据行业培养更多理论与实践相结合的复合型人才，以赋能产业发展为目标做好产业人才储备工作。

（李哲 许润秋）

昭衍新药出版诊断毒性病理研究专著

5月，北京昭衍新药研究中心股份有限公司历时8年主编的《药物毒性诊断病理学》由科学出版社出版。该书是国内第一部诊断毒性病理研究的专著，共16章113万字，介绍实验动物主要器官和组织发生的自发性、药物引起的毒性组织病理病变，以及部分疾病动物模型的病理变化，着重介绍诊断和鉴别诊断的方法，配有1800余张病理图片，为毒性病理诊断和鉴别诊断提供支持材料。

（何亮颖）

科学园公司参与成立3060实验室

6月18日，国研智库创新科学园投资股份有限公司和上海华略智库集团有限公司在经开区共同成立3060实验室。该实验室将依托国家高端智库，联合研究院所、中央企业、金融机构等，以科技为引领，锚定“双碳”目标，围绕方案设计、技术服务、改造实施三大重点领域，主攻碳达峰、碳中和行动方案和路线图设计，低碳技术和碳捕获、利用与封存（CCUS）技术研发、应用和孵化，城市和园区低碳化改造实施和运维等业务，为各级地方政府实现“双碳”目标提供系统解决方案。

（赵雅超）

泰诚信主减总成装配线交付投产

6月20日，北京泰诚信数字化技术有限公司为荆门市长城智能科技有限公司（简称长城公司）设计制造的主减总成装配线交付投产，年产15万套产品。泰诚信运用半轴齿轮间隙检测技术、轴承动态检测技术、全齿间隙测量技术、主齿螺母拧紧技术、主齿选垫技术、SCADA系统集成能力等技术，以及在测量和测试方面的优势技术，采用成熟的智能制造装配工艺，解决长城公司在主减总成装配水平落后，质量控制点较少、控制手段较低的问题。整线各种位移、扭矩、视频测量传感器98个，防错点88个，全线30个工序，自动化率达65%，即时采集、展示生产线数据。所有数据本地存储，上传制造执行MES系统，利用信息技术抓住制造流程每一个环节的数据，清楚掌握生产过程，提高生产可控性，使产线高效率、高质量运转。该项目是长城公司为“坦克”系列SUV车型打造的高端RDU数字化装配线，每年将为15万辆“坦克”SUV提供传输动力的主减。

泰诚信设计制造的主减总成装配线　　白涛 摄

（张豪 杨彦鹏 李晓杨）

天坛生物中国生物血液制品博物馆开馆

6月27日，北京天坛生物制品股份有限公司筹建的中国生物血液制品博物馆开馆。该博物馆是国内首家血液制品行业博物馆，位于四川省成都市天府国际生物城永安血制厂区行政楼，占地面积约为300

平方米。博物馆包括世界血液制品发展历程、中国血液制品发展历程、今日天坛、爱与责任等六大部分和体验区，通过图文介绍、资料展示、体验互动等方式，记录天坛生物整合重组以来取得的成绩和积累的经验，展示中国生物血液制品事业的发展历程。截至 2021 年年底，博物馆累计接待各类团体 22 批，接待参观者 400 余人次。

天坛生物筹建的中国生物血液制品博物馆开馆　企业提供

（兰杰）

康龙化成收购艾乐艮生物制品有限公司

6 月，康龙化成（北京）新药技术股份有限公司以 1.19 亿美元现金收购艾伯维公司旗下的艾乐艮生物制品有限公司（ABL）100% 的股权。ABL 位于英国利物浦，从事基因治疗 CDMO 服务和最先进疗法的研究与开发，包括化学、制造和控制（CMC）服务。康龙化成的工艺研发、cGMP 生产及先进分析能力将进一步为 ABL 打造在基因疗法产品开发方面的基础和专业能力。此次交易旨在打造从临床前研究、产品开发到商业化生产的基因治疗（CGT）服务大平台。

（张岚）

东方雨虹研发总部基地工程竣工

7 月 5 日，东方雨虹新材料装备研发总部基地项目工程竣工。工程位于经开区 C4M-1 地块，包括 1 栋装备厂房、1 栋国家重点实验室、1 栋设备厂房、3 栋测试厂房、1 栋倒班宿舍、地下建筑、地下车库出入口、地上人防出口及竖井，共 10 个单体建筑，总建筑面积为 13.22 万平方米，工程造价为 3.64 亿元，框架剪力墙结构。建设单位为东方雨虹民用建材有限责任公司，设计单位为中国建筑设计院有限公司，勘察单位为北京市勘察设计研究院有限公司，施工单位为湖南省第六工程有限公司，监理单位为北京方圆工程监理有限公司。2018 年 6 月 26 日工程开工建设。

东方雨虹新材料装备研发总部基地　单位提供

（张晨筱）

倍杰特在深圳证券交易所上市

8 月 4 日，倍杰特集团股份有限公司在深圳证券交易所创业板上市（股票简称：倍杰特；股票代码：300774），本次公开发行股份 4087.64 万股，发行价格为 4.57 元 / 股，募集资金总额为 1.87 亿元，将投入环保新材料项目（一期）以及补充营运资金。

（靳雪晶）

瑞达公司 2 种技术达国内先进水平

9 月，北京京诚瑞达电气工程技术有限公司在湖南华菱湘潭钢铁有限公司厚板坯连铸机技术提质改造项目中应用的动态二冷水和轻压下系统及漏钢预报的结晶器专家系统技术经实际数据检验，达到国内先进水平。动态二冷水和轻压下系统采用三维凝固传热模型计算的温度场，可直观地看到铸坯凝固过程，以便更快确定液芯的位置，经过反复调试和实际浇铸模拟，实现动态配水和轻压下功能，铸坯内部质量1级品率由92%提高至95%，2级品率由97%提高至99%，改善铸坯质量。结晶器专家系统采用新模型算法及模式识别技术，通过顺序扫描结晶器上的单一热电偶进行温度曲线拟合计算，判定曲线类型，根据一段时间内曲线类型的连续变化判断是否预报警，若左右及上下关联的热电偶在一段时间内的温度曲线也出现预报警，则判断为重报警并对铸坯降速以防漏钢。该系统结合瑞达公司在多个现场采集的大量数据，对历年各个现场产生的漏钢数据进行程序模拟，漏钢报出率达100%、准确率达98%以上、误报率下降85%以上，提高系统稳定性、生产连续性，减少漏钢事故的发生。

（侯东昊）

泰诚信商用车车桥装配线交付投产

10月30日，北京泰诚信数字化技术有限公司为三一重工集团有限公司（简称三一重工）设计制造的商用车车桥装配线交付投产，年产8万根车桥。泰诚信运用视觉自动定位、主减自动入桥壳技术、轮毂间隙和转动控制技术、半轴自动入桥壳技术、测试台NVH测试技术、SCADA系统集成能力等技术，以及在测量和测试方面的优势技术，采用成熟的智能制造装配工艺，解决整个车桥行业均是人工装配、人工操作强度大、无质量控制点、无数据自动分析的问题，判断并给出优化意见。该项目以打造零缺陷产品为理念规划设计，集信息化、自动化、数字化技术于一体，将驱动桥产品质量控制贯穿装配全过程，提升驱动桥现场管理水平、作业效率和产品品质。该项目共用7套机器人、5套视觉系统、16套拧紧轴（枪），并集成高精度位移传感器、高精度角度编码器、气密测试仪、氢氦检漏仪、定量加注油过滤系统、激光打标机等技术，可实现所有数据及曲线等实时动态展示，100%监控和采集每个工艺步骤生产和质量信息。同时，利用三维模型、传感器技术、运行历史等数据，集成多物理量、多尺度、多概率的仿真过程，在虚拟空间中完成映射，实现数字孪生技术在重型车桥行业首次实战应用。该项目是泰诚信为三一重工“灯塔工厂”打造的高端重型驱动桥第三代数字化装配线。

泰诚信设计制造的商用车车桥装配线　　李洪乾 摄

（张豪　李晓杨）

中冶京诚获国家科学技术进步奖二等奖

11 月 3 日，中冶京诚工程技术有限公司申报的“连铸凝固末端重压下技术开发与应用”项目获 2020 年度国家科学技术进步奖二等奖。该技术针对特大断面连铸坯普遍存在的中心偏析、中心疏松比较严重的问题，研发在铸坯凝固末端施加连续、动态大变形压下的重压下关键工艺与装备技术，其推广和应用可实现国产优质大规格铸坯产品的大批量稳定生产，为绿色、优质、高端特厚板钢铁产品的制备开辟新途径，对推动中国钢铁行业产品的升级换代、结构调整与节能减排、提升国际市场竞争力等具有现实意义和战略意义。

（卢秀娟）

北京泰豪承接的项目交付使用

11 月 30 日，北京泰豪智能工程有限公司承接的国家会议中心二期主媒体中心赛时智能化系统项目交付使用，并于 12 月 1 日投入运行。国家会议中心二期主媒体中心的总建筑面积为 41.9 万平方米，赛时总使用面积约为 21.1 万平方米，是 2022 北京冬奥会北京赛区开工最晚、规模最大的新建项目，也是 2022 北京冬奥会、冬残奥会国际广播中心（IBC）、主新闻中心（MPC）的重要场所。公司承担该项目公共广播系统、视频安防监控系统、入侵报警系统等多个系统的深化设计、安装、系统调试、运行等工作。

（赵珍）

“十四五”现代服务业发展规划印发

11 月 24 日，经开区管委会印发《“十四五”时期北京经济技术开发区现代服务业发展规划（商业服务及金融）》（京技管［2021］149 号）。规划明确，在“十四五”时期，经开区围绕“两区”建设提升金融业双向开放水平，打造产业、金融、科技相互促进、相互融合、始终领先的金融支持高质量发展创新区；按照北京打造国际消费中心城市的要求，全面提升经开区商业品质，进一步强化商业在服务产业、繁荣城区、提升消费等方面的功能和作用。经开区将在金融业发展上坚持错位发展、产融结合、创新驱动、稳健发展，在商业发展上坚持规划引领、需求导向、融合发展、创新驱动，力争到 2025 年，在金融业发展上实现金融服务高质量发展能力不断加强，金融支持高质量发展创新区形成规模和样板效应；在商业发展上建成与经开区建设进度和产业发展相适应的现代消费体系，消费集聚性、品牌引领性、业态融合性、品质示范性显著提高。

（陈知晖）

“十四五”物流发展规划印发

12 月 6 日，经开区管委会印发《“十四五”时期北京经济技术开发区物流发展规划》（京技管［2021］164 号）。规划明确，在“十四五”时期，经开区全面提升物流业国际竞争力，持续优化物流供应链、产业链结构，推进五六通道建设，促进经开区内外双循环发展和“一带一路”新起点建设，提高经开区物流在京津冀、国内和全球的地位和影响力。经开区将发挥有为政府、有效市场在规划、政策方面的引领性作用和市场在资源配置中的决定性作用，力争到 2025 年，畅通物流骨干通道，推进公转铁，加强市郊铁路亦庄线建设，基本建成现代化、智能化、国际化物流网络，在区域创新链、产业链、城市配送布局取得突破性进展，形成京津冀区域高精尖产业特色物流枢纽。

（陈知晖）

泰诚信三合一电驱动总成装配线交付投产

泰诚信设计制造的三合一电驱动总成装配线　王飞　摄

12月10日，北京泰诚信数字化技术有限公司为零跑汽车有限公司（简称零跑汽车）设计制造的三合一电驱动总成装配线交付投产，年产18万套三合一电驱动产品。泰诚信运用转子自动叠装技术、定子自动热套技术、定转子自动合装技术、轴系高度自动测量、总成NVH测试技术、SCADA系统集成能力、MES系统集成等技术，以及在测量和测试方面的优势技术，采用成熟的智能制造装配工艺，解决零跑汽车之前在三合一电驱动方面装配水平落后，质量控制点较少、控制手段较低的问题，实现管理过程信息化、作业过程自动化、品质控制数字化的设计理念。该项目集成MOM系统、SCADA系统、WMS系统，融入订单式管理以及可视化操作，全线配备智能AGV系统，定点物料无人自动智能配送，全域集成化控制，同时结合数字化无线射频技术、光电视觉技术，实现物料编码完全追溯。该产品是零跑汽车的新一代汽车车型（C11系列）核心配件，零跑C11是零跑汽车首款纯电动SUV，轴距达2930毫米，NEDC续航里程达600千米以上。

（吴邦稳　李晓杨）

新型疫苗国家工程研究中心获新序列管理

12月20日，国家发展改革委发布《国家发展改革委办公厅关于印发纳入新序列管理的国家工程研究中心名单的通知》（发改办高技〔2021〕1022号），191家国家工程研究中心和国家工程研究室通过国家发展改革委的优化整合评价，并被纳入新序列管理。其中，国药中生生物技术研究院有限公司牵头建设的新型疫苗国家工程研究中心入选。该中心是全国唯一的国家级新型疫苗研发和产业化的基地及服务平台，作为科技攻关重地、原创技术策源地、科技人才高地、科技创新“特区”，依靠自身在抗原结构设计和重组技术、灭活疫苗技术、病毒载体疫苗技术、新型佐剂技术的开发经验，结合结构疫苗学、生物信息学等交叉学科的发展，建立自主知识产权疫苗研发核心关键技术体系。基于核心技术优势，全年取得多项关键成果突破。其中，一代重组新冠疫苗在国内启动I/II期临床试验，针对多种变异毒株具有广谱保护效力的二代新冠疫苗获阿联酋紧急使用授权，是全球首个获批的二代新冠疫苗；重组11价HPV疫苗已完成II期临床，是全球同类疫苗进入II期临床阶段的最高价次产品；重组双价诺如疫苗开展II期临床研究，是全球进展最快的同类型产品。

（彭晓瑛）

泰诚信电驱动总成车桥装配线交付投产

泰诚信设计制造的车桥在线自动检测台　　徐功玉 摄

12 月 20 日，北京泰诚信数字化技术有限公司为广西玉柴机器股份有限公司（简称广西玉柴）设计制造的商用车电驱动总成车桥装配线交付投产，年产 5 万根电驱动车桥。泰诚信运用壳体高度测量、壳体自动涂胶、轴系高度自动测量、总成 NVH 测试技术、SCADA 系统集成能力、MES 系统集成等技术，以及在测量和测试方面的优势技术，采用整体打包的解决方案，解决广西玉柴在新能源汽车车桥行业无经验、无技术积累、无法提供有效技术输入等问题，实现管理过程信息化、作业过程自动化、品质控制数字化的设计理念。该项目采用工业无线终端和射频识别技术（RFID）对电驱动总成桥的装配数据和主要物料信息进行采集、记录和上传；采用气动拼装设备对轴系自动拼装，实现自动涂胶、均匀受热等功能，解决轴系入壳的磕碰损伤问题；采用传感器测量验证气室推杆行程，智能辅助人工进行装配，装配过程采用防错技术，实时记录、计数、拍照，杜绝错装、漏装和缺件等人为因素对质量的影响；采用先进的汽车噪声、振动与声振粗糙度（NVH）测试分析技术，对电驱单元总成模拟加载、自动润滑、车载电机温控水冷，自动进行振动分析、判断电驱动总成内部的质量缺陷及其类型和位置，为总成装配是否合格提供金标准，为打造零缺陷的产品创造条件。

（李开翔　李晓杨）

昭衍新药及子公司通过 PMDA 检查

12 月 22 日，北京昭衍新药研究中心股份有限公司及其子公司昭衍（苏州）新药研究中心有限公司通过日本药品及医疗器械监督管理局（PMDA）线上药物非临床研究质量管理规范（GLP）合规性检查。检查组专家依据相关法规，检查两家公司的组织机构、运行管理、实验设施、标准操作规程、质量保证体系、专题原始资料、档案文件等。两家公司均通过检查，表明昭衍新药的实验室体系和数据质量完全符合日本 PMDA 新药申报要求。这是日本 PMDA 首次对中国非临床新药研发合同外包服务机构（CRO）进行 GLP 合规性检查。

（何亮颖）

北华中清环境承揽的新凤河项目竣工

12 月 23 日，北京北华中清环境工程技术有限公司承揽的北京市大兴区新凤河流域综合治理工程 PPP 项目竣工并通过验收。项目总投资 40.35 亿元，治理流域面积为 166.4 平方千米，涉及 23 条河渠，总长为 96.35 千米，分为河道清淤、水环境治理、生态廊道建设和生态修复 4 个子项工程。建设单位为北京市大兴区水务局、北京北控兴凤水环境治理有限公司；设计单位为北京禹冰水利勘测规划设计有限公司、北京市水利规划设计研究院、苏州园林设计院有限公司等；施工单位为中电建建筑集团有限公司、北京诺和兴建设工程有限公司、湖南省第四工程有限公司、北华中清环境等；监理单位为京水江河（北京）工程咨询有限公司、北京燕波工程管理有限公司、北京中城建建设监理有限公司等。2017 年 12 月 16 日工程开工建设。

（石建兵）

国富瑞中标多个项目

年内，国富瑞数据系统有限公司中标中国铁路总公司数据中心基础设施运维认证及体系建设咨询服务项目、中国银保信乌兰察布数据中心项目一期管理咨询单位采购项目、国家融资担保基金政府性融资担保数字化平台—IDC 超融合一体化项目、北京公交数字化转型云基础平台扩建改造项目、北京市市级行政事业单位 2021—2022 云计算服务定点采购政府采购项目、中央国家机关 2021—2023 年互联网接入服务框架协议采购项目。

（李哲　许润秋）

北华中清环境支持新凤河运维

年内，北京北华中清环境工程技术有限公司建成新凤河智慧水务平台，应用于新凤河全流域 166.4 平方千米的运维工作。北华中清环境依托该流域范围内的 23 座水质站、10 座水文站、3 座雨情站、34 套排口监测设备、243 套视频监测设备、1 套卫星遥感分析系统，开发以水环境总控模型和大数据专家库为双核心的智慧水务平台。该平台通过构建入河排污口分类分级管控体系，实现“环境水体—入河排口—污染源”的动态联动管控。围绕“感知现状、预知未来、科学决策、精准实施”的建设理念，该平台对新凤河流域内 23 条河渠，全长为 96.35 千米的水环境、水资源、水生态、水安全进行智慧管控，做到及时预警、精准预报、科学决策、指令精确，实现新凤河河道水清岸绿、长治久清的目标。

大兴区新凤河流域　　企业提供

（乔群博）

· 企业（选介）·

中冶京诚工程技术有限公司

2021 年，中冶京诚工程技术有限公司（简称中冶京诚）的营业收入为 173 亿元，纳税额为 4.1 亿元。员工有 3562 人，其中国家注册执业人员 1364 人，教授级高级工程师 1314 人，工程技术人员占员工总人数的 78%。年内，中冶京诚总体设计的全球首例氢冶金示范工程——河钢宣钢氢能源开发和利用工程示范项目开工；推出智慧钢铁领域智慧生态环保管控平台系统；获批建设中国中冶低碳技术研究院（北京），与北京科技大学、山西晋城钢铁控股集团有限公司联合建设山西省低碳氢冶金工程研究中心；加入全球低碳冶金创新联盟。

年内，中冶京诚获国务院国资委“科改示范企业”标杆级（AA 级）评价，入选《改革创新：“科改示范行动”案例集》。与公司项目相关的新闻“全国产柔性化高棒线创稳定运行新纪录”“氢冶金技术再获进展 迎接低碳经济时代”分别入选《世界金属导报》2020 年世界钢铁工业十大技术要闻、十大产业要闻。

年内，中冶京诚获国家级奖项 1 项、省部级奖项 13 项。其中，在 2020 年度国家科学技术进步奖中，“连铸凝固末端重压下技术开发与应用”项目获二等奖；在 2020 年度北京市科学技术进步奖中，“高品质管材用钢洁净冶炼技术及应用”获一等奖，“面向化石燃料能源转换系统燃烧不稳定性预报、调控技术及工程应用”获二等奖；在 2021 年中国钢铁工业协会、中国金属学会冶金科学技术奖中，“高效薄带铸轧稳定化生产关键技术创新及应用”“钢铁烟气多功能高效低耗超低排放关键技术集成与应用”获一等奖，“基于 CPS 架构的钢铁联合企业电网智能管控平台研究与应用”获二等奖，“转炉一次烟气干法超低排放及回收系统的研究与应用”获三等奖；在 2021 年中国节能协会创新奖中，“基于余压利用的节能型冶金浊环水处理装备研发及应用”获节能减排技术发明奖；在 2021 年中冶集团科学技术奖中，“高速棒材柔性轧制技术与装备的研制及应用”“大型板带轧机颤振抑制技术及推广应用”获一等奖，“大口径不锈钢无缝管材高效制备关键技术与应用”“薄带铸轧工艺装备及稳定化生产技术开发与应用”“城市综合管廊智慧管控系统研发与应用”“钢轧全流程质量分析与管控平台开发与应用”获二等奖。

年内，中冶京诚设计的“山钢集团日照钢铁精品基地项目轧钢工程”、参建的“武汉市轨道交通 6 号线一期工程”获 2020—2021 年度国家优质工程金奖；设计的“张家港中美超薄带科技有限公司年产 50 万吨超薄带项目主厂房及公辅区域土建、安装工程”项目、参建的“河北北方学院体育馆及室外运动场看台项目体育馆工程”和“雄县第三高级中学建设项目”获 2020—2021 年度国家优质工程奖。公司申报的“基于 CPS 架构的钢铁企业电网智能管控技术与应用”项目获 2021 年度中国质量协会质量技术奖二等奖；“鹤壁市城市地下综合管廊专项规划”等 3 个项目获 2020 年度全国优秀工程咨询成果奖；“内蒙古包钢钢联股份有限公司 2019—2023 年环境提升规划”等 4 个项目获 2020 年度北京市优秀工程咨询成果奖；“河钢产业升级及宣钢产能转移项目热轧工程”等 25 个项目获全国冶金建设行业工程设计优秀成果奖；“于家堡金融区 03-21 地块工程项目（商务写字楼）”等 7 个项目获 2021 年北京市优秀工程勘察设计奖；“世界首套 60MW 亚临界高炉煤气发电工程”获 2021 年基础设施数字化光辉大奖赛光辉大奖；“中国科学院大连物理化学研究所资源与能源绿色转化技术创新平台工程”等 11 个项目累计获中国冶金科工集团有限公司、中国勘察设计协会、中国信息协会、中国冶金建设协会等机构的 18 项 BIM 技术应用奖。公司参建的高海拔宇宙线观测站参展国家“十三五”科技创新成就展；“千万吨钢铁企业电网高效能源调度”和“基于 TRIZ 创新开发的热风炉高风温技术”项目分别获 2021 年中国创新方法大赛全国总决赛一等奖和二等奖。

年内，中冶京诚主编的《钢铁工业资源综合利用通用规范》《钢铁冶炼工程项目规范》《工业气体制备通用规范》3 项全文强制性国家标准，《钢铁企业低碳设计导则》1 项行业标准，《钢铁行业 电网智能管控系统技术要求》等 6 项团体标准获批立项；参编的《智慧城市 数据融合 第 3 部分：数据采集规范》（GB/T 36625.3—2021）、《水回用导则 污水再生处理技术与工艺评价方法》（GB/T 41017—2021）2 项国家标准发布；主编的《钢铁企业绿色工厂设计规范》（T/CSM 15—2021）、《钢铁企业绿色工厂设计指标体系》（T/CSM 16—2021）、《钢铁行业智能车间技术要求－第 1 部分 棒线材》（T/CISA 147.1—2021）等 6 项团体标准发布实施。

中冶京诚的前身为成立于 1951 年的鞍山钢铁设计处，1956 年迁至北京组建冶金工业部北京钢铁设计研究总院，是中国第一家国家级的冶金设计单位，于 2003 年 11 月 28 日改制为国际化的工程技术公司，是中国冶金科工集团有限公司核心子企业。公司凭借 70 年来在冶金工程领域积累的经验，将业务领域从单一的钢铁冶金工程延伸至市政、公路、公用基础设施、建筑、水务等行业，培养“两院院士”2 人、国家工程勘察设计大师 5 人。公司拥有工程咨询资信综合甲级、工程设计综合甲级、工程监理综合甲级和冶金工程施工总承包特级资质，同时还拥有充分支持公司发展多行业工程业务的规划、勘察、造价、环境影响评价等一系列国家最高级别的行政许可。公司承担 50 余项国家和省部级重点研发项目；主持或参加 320 余项国家和行业标准的编制工作；获国家科技进步奖 19 项，中国专利奖、国家和省部级科技成果奖 431 项，国家和省部级优秀工程设计奖近 600 项；获 2000 余件专利授权；被评为国家知识产权示范企业；建有工业节能与绿色发展评价中心等 16 个国家级或省部级研发平台。

（卢秀娟）

中冶京诚工程技术有限公司

董事长 岳文彦

总经理 张勇（4 月任）

张波（4 月免）

中铁十九局集团有限公司

2021 年，中铁十九局集团有限公司（简称中铁十九局）新签合同 426 项、总额为 1081.24 亿元，其中集团母公司新签合同 135 项、总额为 793.25 亿元；营业总收入为 479 亿元，其中集团母公司营业收入为 289 亿元；利润总额为 5.24 亿元，其中集团母公司利润为 2.86 亿元。年内，中铁十九局参编的国家标准 1 项、地方标准 2 项发布实施。公司获中国建设工程鲁班奖（国家优质工程）、中国土木工程詹天佑奖各 1 项，国家优质工程金质奖、国家优质工程奖各 2 项，省部级优质工程奖 9 项，全国建设工程优秀 QC 成果 3 个，省部级优秀 QC 成果 47 个；获 2020 年度国家科学技术进步奖二等奖 1 项，中国施工企业管理协会工程建设科学技术奖特等奖 1 项、二等奖 5 项，中铁建科学技术奖二等奖 3 项，中国公路建设行业协会科学技术进步奖三等奖 1 项，中国石油和化学工业联合会科学技术科技进步奖三等奖1项，辽宁省公路学会科学技术奖二等奖1项，2021年第四届“优路杯”全国BIM技术大赛优秀奖1项，省部级工法17项；参建的杭州地铁8号线一期工程施工总承包机电二工区被评为浙江省建筑施工安全生产标准化管理优良工地，无锡地铁4号线一期站后工程七工区被评为2020年下半年江苏省建筑施工标准化星级工地项目。

中铁十九局的前身系中国人民解放军铁道兵第九师，1984年1月1日集体转业并入铁道部，改编为铁道部第十九工程局，1999年12月改称中铁第十九工程局，2000年9月划归中央企业工委管理，2001年12月企业改制改称中铁十九局集团有限公司，归属国务院国资委管理，现为中国铁建股份有限公司的全资子公司。2009年7月，集团总部机关从辽宁省辽阳市搬迁至经开区荣华南路19号。公司为建筑行业大型施工企业，拥有铁路、公路、建筑、市政公用工程4个专业5项施工总承包特级资质、5项工程设计行业甲级资质，有爆破作业单位许可证（营业性）A级，同时拥有境外工程承包资质和对外经营权。公司业务涉及铁路、公路、轨道交通、矿山、房建、桥梁、隧道、市政、水利水电、机场、港口码头等诸多施工领域。公司下辖第一、二、三、五、六工程有限公司，电务工程有限公司，轨道交通工程有限公司，矿业投资有限公司，西藏工程有限公司，广州工程有限公司，深圳工程有限公司，华东工程有限公司，房地产开发有限公司，物资有限公司，工程检测有限公司，勘察设计院分公司、置业有限公司、梧桐苑（宁波）置业有限公司18家子分公司；设有东北、华北、西北、中原、华东、华中、西南、华南8个区域指挥部；总部（基地）服务管理中心、项目督导中心、海外事业部（外事办公室、国际建设分公司）、投资开发事业总部4个直属机构。公司施工领域遍及全国32个省、自治区、直辖市，以及东非、北非、中东、中亚、东南亚和南美洲地区。公司获全国优秀施工企业、全国先进建筑企业、全国质量管理先进单位、全国工程建设管理先进单位、全国守合同重信用企业、全国建设施工企业设备管理优秀单位、全国工程建设质量管理优秀企业、全国科技创新优秀企业、国家高新技术企业、水利安全生产标准化一级单位、交通运输部公路安全生产标准化建设一级单位等称号。

（方迎春）

中铁十九局集团有限公司
董事长 杨哲峰
总经理 李华伟

中外运－敦豪国际航空快件有限公司

2021年，中外运－敦豪国际航空快件有限公司（简称中外运敦豪）被全球杰出雇主调研机构认证为中国杰出雇主2021；被中国快递协会评为快递业抗击新冠肺炎疫情先进集体；获亚太顾客服务协会（APCSC）颁发的最佳客户联络中心、最佳顾客体验中心、最佳知识管理三项团体奖，并同时获国际杰出顾客关系服务奖；入选由卓越职场®研究所发布的2021年大中华区最佳职场®榜单；在由上海报业集团和界面新闻发起的ESG先锋60评选中获2021年度企业ESG实践奖。公司凭借“国际快递‘摆渡人’主动融入双循环”案例入选由商务部国际商报社编写的

《2021 外资企业融入双循环实践案例》。

中外运敦豪创建于 1986 年，由 DHL 和中国对外贸易运输（集团）总公司各注资一半成立，专注发展国际限时快递服务、全球范围的文件和包裹快递，是中国成立最早的国际航空快递领导者。公司在中国建立起广阔的国际快递服务网络，遍及中国 80% 的人口聚集区和经济中心城市，拥有近 8000 名精通国际快递业务、熟悉本地情况的员工，为客户提供服务。公司的服务覆盖全国 390 个城市，在全国各主要城市建立 100 余家分公司和 200 余处办公设施；国际快递服务可直达其中 159 个主要城市，每周使用超过 500 架次商业航班和专机。

（兰嘉）

中外运－敦豪国际航空快件有限公司

董事总经理 吴东明

北京东方雨虹防水技术股份有限公司

2021 年，北京东方雨虹防水技术股份有限公司（简称东方雨虹）实现营业收入 319 亿元，比 2020 年增长 46.96%；利润总额为 51 亿元，比 2020 年增长 22.74%。3 月 22 日，东方雨虹的注册资本由 23.55 亿元变更至 23.48 亿元；5 月 14 日，注册资本由 23.48 亿元增至 25.24 亿元。截至 2021 年年底，公司累计拥有国内有效专利 1220 件，其中发明专利 372 件、实用新型专利 726 件、外观设计专利 122 件；国外有效专利 6 件。年内，东方雨虹与中国建筑防水协会、徐州工业职业技术学院、东方雨虹职业技能培训学校牵头联合成立全国建筑防水职业教育集团；与徐州工业职业技术学院、广州城建职业学院、江苏城乡建设职业学院等全国 9 所职业技能院校开展校企合作，成立东方雨虹大师工作室；主办第九届“雨虹杯·匠人心”全国建筑防水职业技能大赛。东方雨虹职业技能培训学校高级培训技师、全国技术能手王巍获中华全国总工会颁发的 2021 年全国五一劳动奖章；张立、李光篪、程小龙 3 人在 2021 年全国行业职业技能竞赛——第四届全国装配式建筑职业技能竞赛装饰装修工决赛中获全国技术能手称号。

东方雨虹成立于 1995 年，致力于新型建筑防水材料的研发、生产、销售和防水工程施工，成为以主营防水业务为核心，民用建材、建筑涂料、特种砂浆、建筑粉料、节能保温、建筑修缮、非织造布、特种薄膜等多元业务为延伸的建筑建材系统服务商。公司的产品及系统服务应用于房屋建筑、高速铁路、地铁及城市轨道、高速公路和城市道桥、机场和水利设施、综合管廊等领域，包括毛主席纪念堂、人民大会堂、国家会议中心、鸟巢、水立方、北京大兴国际机场等标志性建筑，以及港珠澳大桥、京张铁路、京沪高铁、京津城际、北京地铁等国家重大基础设施建设项目。2019 年，公司获民办学校办学资格，同年 6 月雨虹学院更名为东方雨虹职业技能培训学校，围绕建筑建材行业“研发—生产—销售—施工—修缮”协同的建筑施工技术职业技能要求，打造行业领先，并在人力资源社会保障部备案的职业技能等级认定体系。公司拥有防水工、装饰装修工、油漆工等 14 个工种的企业职业技能等级认定资质。

（李影）

北京东方雨虹防水技术股份有限公司

董事长 李卫国

金鹰国际货运代理有限公司

金鹰国际库房 企业提供

2021 年，金鹰国际货运代理有限公司（简称金鹰国际）在全国拥有 18 家子公司及办事处，有员工 3000 余人，启动运营站点 220 余个，覆盖 3000 余个终端配送网络。

金鹰国际成立于 1996 年 5 月 15 日，注册资本为 1428 万美元，位于经开区锦绣街 11 号。公司隶属于顺丰控股股份有限公司旗下专注供应链服务的板块“顺丰供应链”，业务覆盖中国内地、中国香港及中国澳门。公司结合德国邮政敦豪集团领先的供应链经验，以及顺丰控股股份有限公司在本地市场的丰富基础设施和客户基础，为跨行业企业客户提供一体化的供应链解决方案。公司致力于为客户提供基于行业运作特点的最优解决方案和运作经验，为汽车行业、快消品和零售行业、高科技行业、生命科学与医疗行业、工程与工业制造行业、化工行业、能源行业、政府部门等领域客户提供全方位的供应链解决方案以及仓储、运输及进出口关务等物流服务。

（马传伟）

金鹰国际货运代理有限公司

董事长 邹胤

北京天坛生物制品股份有限公司

2021 年，北京天坛生物制品股份有限公司（简称天坛生物）的总资产为 115.77 亿元，营业收入为 41.09 亿元，净利润为 10.74 亿元，研发投入为 3.32 亿元。从业人员有 3933 人，其中具有本科及以上学历人员 1994 人，具有中、高级职称人员 899 人。6 月 21 日，天坛生物的注册资本由 12.54 亿元增至 13.73 亿元。年内，天坛生物筹建的中国生物血液制品博物馆开馆。公司获财联社颁发的 2021 新经济最具投资上市公司奖，在第十五届中国上市公司价值评选中获 A 股上市公司社会责任奖；董事长杨晓明获 2021 上市公司“金质量”企业领袖奖，董事会秘书慈祥获 2021“金质量”优秀董秘奖。

天坛生物于 1997 年 6 月经卫生部卫计发［1997］第 214 号文批准，由北京生物制品研究所（其前身为 1919 年成立的北洋政府中央防疫处）独家发起成立；后经中国证券监督管理委员会以证监发字［1998］111 号和［1998］112 号文批准，于 1998 年在上海证券交易所挂牌上市（股票代码：600161.SH）。2009 年 9 月，公司注册地址迁至经开区。经过 2010 年、2017 年两次重大资产重组后，天坛生物成为中国生物技术股份有限公司旗下唯一的血液制品专业公司，主营业务为血液制品的研发、制造、销售及咨询服务。公司下辖 5 家血液制品生产企业，在全国 13 个省、自治区拥有 58 个单采血浆采集基地，生产规模处于国内领先地位。

公司拥有人血浆蛋白、人免疫球蛋白、人凝血因子三大类产品，共计 14 个品种 72 个产品生产文号。公司拥有一批多年从事血浆蛋白产品研发的科技人员，技术实力雄厚，旗下的血液制品企业在国内血液制品行业占据多个第一，在国内首发上市人血白蛋白、静注人免疫球蛋白（pH4）、破伤风人免疫球蛋白等产品，率先引进血浆蛋白压滤分离工艺，建立血浆蛋白产品、病毒灭活工艺技术验证和重组产品的研发平台。

（兰杰）

北京天坛生物制品股份有限公司

总经理 付道兴

北京泰豪智能工程有限公司

2021 年，北京泰豪智能工程有限公司（简称北京泰豪）的总资产为 31.23 亿元，净资产为 11.39 亿元，营业收入为 20.61 亿元，纳税总额为 3500 万元，有员工 589 人，下设 18 家全资子公司。年内，北京泰豪确立数据驱动治理运营服务商的新定位；新增 110 件（项）知识产权，累计拥有 500 余件（项）知识产权。公司中标北京市大数据平台汇聚共享能力建设项目、广州市南沙国际金融论坛（IFF）永久会址项目、民海生物新型疫苗国际化产业基地建设项目智能信息化工程；自主研发的新冠疫苗接种指挥调度平台上线运行；参与的“工业互联网络模态关键技术研究与验证”项目获国家重点研发计划“多模态网络与通信”重点专项立项；参与的国家重点研发专项成果新型智慧城市评价数据采集与分析服务平台被 2021 年世界互联网大会《科技之魅》收录；参编的团体标准《零碳数据中心建设标准》（T/CA 301—2021）发布；参加由中国建筑业协会绿色建造与智能建筑分会主办的《智慧园区建设研究与应用》行业白皮书编写工作。公司被认定为北京市企业技术中心；自主研发的“泰豪城市大脑”获北京市新技术新产品（服务）认定；参建的深圳国际交流学校建设项目总承包工程获 2020—2021 年度国家优质工程奖。

北京泰豪成立于 1997 年 9 月 10 日，注册资本为 1.06 亿元，位于经开区锦绣街 3 号。公司业务覆盖智慧建筑、智慧园区、智慧城市、数据中心、智慧水务、智慧能源、智慧医疗、智慧教育、智慧司法等领域，通过大数据、物联网、人工智能、数字孪生、建筑节能等信息技术和自研成果，为建筑、园区、城市等主体的管理者和运营方，提供智能化和精细化治理服务。公司与清华大学、北京大学、中国科学院、国家信息中心等高等院校（所），腾讯云、阿里云、百度（中国）有限公司、华为技术有限公司等企业达成战略合作，承接奥运会、世界博览会、北京城市副中心等千余个项目；实施湘潭市新型智慧城市建设 PPP 项目；为北京城市大数据平台及领导驾驶舱、石家庄节能减排监控管理平台—企业端能源数据采集物联网工程、奉新县工业园区智慧环保安全应急管理平台等项目建设提供数字化业务服务。公司是中国智慧城市发展研究中心企业联合组成员、中国节能协会副理事长单位、中国建筑业协会理事单位、中国建筑业协会绿色建造与智能建筑分会副会长单位，拥有涉密信息系统集成和安防监控双甲资质、CMMI 软件能力成熟度五级、建筑智能化系统设计专项甲级、电子与智能化工程专业承包一级、建筑机电安装工程专业承包一级、信息系统集成及服务资质一级等资质。

（马益荣）

北京泰豪智能工程有限公司

总裁 邹卫明

北京昭衍新药研究中心股份有限公司

2021年，北京昭衍新药研究中心股份有限公司（简称昭衍新药）的总资产为85.38亿元，营业收入为15.17亿元，净利润为5.57亿元，在北京有员工470余人。8月3日，昭衍新药的注册资本由2.27亿元增至2.71亿元。年内，昭衍新药非临床业务新签订单超过28亿元，比2020年增长86%。公司在香港联交所主板挂牌上市；与加拿大Nexelis公司在临床生物分析领域达成战略合作；成立全资子公司昭衍（上海）新药研究中心有限公司，与江苏先通分子影像科技有限公司共同投资成立控股子公司昭衍（无锡）新药研究中心有限公司；承办第六届“创客中国”北京市中小企业创新创业大赛暨“创客北京2021”创新创业大赛昭衍·创新医药专项赛、ICH M7及Q3指导原则研讨会、创新药早期临床研究主题沙龙，承担国家与市级课题3项；子公司昭衍（广州）新药研究中心有限公司、昭衍（重庆）新药研究中心有限公司开工建设；病理团队编写的国内首部诊断毒性病理研究专著《药物毒性诊断病理学》出版发行。公司被评为2021年度第一批北京市企业技术中心；通过日本药品及医疗器械监督管理局（PMDA）线上药物非临床研究质量管理规范（GLP）全规性检查。

昭衍新药成立于1998年2月25日，位于经开区荣京东街甲5号。公司专业从事新药临床前评价，是中国最早成立的GLP实验室之一，是中国首家通过美国食品药品监督管理局（FDA）的GLP检查，同时具有AAALAC、欧盟OECD GLP和韩国MFDS GLP认证资质的新药评价机构。公司业务包括药物的药理和毒理学评价、实验动物生产、食品动物产品和化学品评价等服务。

（何亮颖）

北京昭衍新药研究中心股份有限公司

董事长 冯宇霞

总经理 高大鹏

北京京诚瑞达电气工程技术有限公司

2021年，北京京诚瑞达电气工程技术有限公司（简称瑞达公司）的营业收入为5.82亿元，利润总额为1872万元。员工有247人，其中具有研究生及以上学历人员135人，具有中、高级职称人员214人。年内，瑞达公司有29项软件著作权获授权。公司在邯郸中央商务区地下道路综合软件管理平台项目中，负责提供智能控制设备、综合软件管理平台的设计及技术服务；在西安市地下综合管廊建设PPP项目Ⅱ标段监控中心及维护站工程中，负责为2021第十四届（西安）全国运动会场馆和会务设施等供水电气的浐灞生态区4条综合管廊进行装修、设备采购、系统集成、日常运行监控与维护管理。公司参与的“千万吨钢铁企业电网高效能源调度”项目获2021年中国创新方法大赛一等奖，“高速棒材柔性轧制技术与装备的研制及应用”项目获2021年中冶集团科学技术奖一等奖、“城市综合管廊智慧管控系统研发与应用”项目获2021年中冶集团科学技术奖二等奖。

瑞达公司的前身是成立于1998年4月的北京赛瑞斯达电气设计研究所，2004年改制为北京京诚瑞达电气工程技术有限公司，同年迁入经开区，是中冶京诚工程技术有限公司的全资子公司，注册资本为3000万元，位于经开区建安街7号。公司提供技术服务与咨询、工程设计、设备集成、基础自动化、过程自动化、信息化系统集成，业务覆盖冶金、化工、港口、市政、发电、输配电、弱电智能化、新能源等领域。公司工程技术出口至白俄罗斯、孟加拉国、印度、伊朗等海外市场。

（侯东昊）

北京京诚瑞达电气工程技术有限公司

总经理 田淑杭

国富通信息技术发展有限公司

2021年，国富通信息技术发展有限公司（简称国富通）的资产总额为3545万元，净资产为3406万元。年内，国富通中标河北、江苏、河南等地国家级电子商务进农村综合示范县项目，中标国家卫星海洋应用中心A01包网络和虚拟化平台采购项目，完成商务部中国国际经济技术交流中心重点项目（统一平台、援外物资、南南基金管理系统六期）、商务部经济合作事务局援外项目监管系统、商务部外贸发展局官网项目、商务部国际商务官员研修学院全国援外培训项目管理系统，负责中关村论坛官方网站、大兴区科技管理平台运维及服务工作。

国富通成立于1998年7月24日，注册资本为2122.73万元，是中国国际电子商务有限公司的全资子公司，是一家致力于推动社会信息化发展的国家高新技术企业。公司秉承“以质量求生存，以创新求发展”的理念，配备专业的技术开发团队，坚持自主研发与技术创新，主要业务涉及数字政务服务管理平台服务、县域电商实施服务、电子贸易服务、产品追溯服务、会展综合服务领域，为客户提供定制化软件开发、硬件平台服务、售前咨询、系统集成、解决方案等一站式服务。公司拥有ISO 9001:2015质量管理体系认证证书、CMMI®-DEV V1.3证书、增值电信业务经营许可证、企业信用等级AAA证书等资质，以及116项计算机软件著作权登记证书。

（郑怡）

国富通信息技术发展有限公司

总经理 贺冬（6月任）

王颖（6月免）

北京嘉捷源技术开发有限公司

2021年，北京嘉捷源技术开发有限公司（简称北京嘉捷集团）的总收入为4.85亿元，总资产为49.14亿元，纳税总额为2125万元，利润总额为3395万元。年内，北京嘉捷集团旗下的北京嘉捷恒信能源技术有限责任公司有1件发明专利和3件实用新型专利，南昌嘉信高科技有限公司有3件发明专利和3件实用新型专利获授权。公司被评为2018—2020年度首都精神文明单位；旗下北京明漫克斯科技有限公司获2021年“创客中国”北京市中小企业创新创业大赛初赛优秀承办单位称号，北京嘉捷恒信能源技术有限责任公司被认定为北京市2021年度第一批“专精特新”中小企业。

北京嘉捷集团成立于1998年，1999年进入经开区，注册资本为5371.50万元，位于经开区西环南路26号。公司从一家以电力电子为核心业务的高科技企业成长为横跨军民融合、物联网技术、大健康产业、产业园区运营与服务等投资领域的综合性投资集团。

（李军辉）

北京嘉捷源技术开发有限公司

董事长 孔大航

总经理 任 彤

北京高新利华科技股份有限公司

2021年，北京高新利华科技股份有限公司（简称北京高新利华）的资产总额为1.41亿元，营业收入为1.13亿元，有员工165人。年内，北京高新利华解决醋酸羰基合成水含量过高、贵金属催化剂损失大等问题，形成钌铱离子液体催化剂、三碘化铑两大类产品的系列化、绿色化的技术发展路线。公司开发GXLH-CO、BC-2-007、YLH-1等型号羰基合成催化剂，均形成销售合同；2件发明专利获授权，累计拥有13件发明专利。公司被评为北京市2021年度第七批“专精特新”中小企业；“一种加氢精制催化剂及其制备方法和应用”获第二十二届中国专利优秀奖。

北京高新利华成立于2001年3月2日，注册资本为3000万元，位于经开区光机电一体化产业基地兴光三街1号，是一家为基础能源工业清洁生产、节能减排、质量提升提供产品、技术、服务的国家高新技术企业。公司主要产品有石油化工净化催化剂、煤化工催化剂、五齿球形载体、羰基合成贵金属催化剂四大系列近百个品种，年销量近2000吨，合作客户包括中石化、中石油、中海油等央企以及山东能源等国企下属企业。五齿球形载体产品解决炼化工厂加氢装置普遍存在的由于物料分布不均，从而导致产品质量不稳定的问题，保证生产装置的“安稳长满优”常态化生产。此外，公司开展的贵金属催化剂全生命周期管理模式，为合作客户节约大量资金。

（宋兆伟）

北京高新利华科技股份有限公司

董事长 杨大奎

汇龙森国际企业孵化（北京）有限公司

2021年，汇龙森国际企业孵化（北京）有限公司（简称汇龙森）建设运营的汇龙森科技园新引进近60家科技型孵化创新企业。年内，北京市产业计量创新中心落户汇龙森科技园。公司协办《生物制药产业计量检测技术与应用》新书编写启动会；与北京远大恒通科技发展有限公司就共建太赫兹生物医学创新平台与无损检测新技术创新平台达成战略合作。公司在科技部火炬中心开展的2020年度国家级科技企业孵化器评价工作中获优秀（A类）评价；被评为2020年度北京市科技企业孵化器、2021年度国家小型微型企业创业创新示范基地，入选2021年北京市留学生创业园拟资助入选单位。

汇龙森成立于2002年4月26日，注册资本为6000万元，是一家专业从事科技园区建设与管理、科技企业孵化服务和科技投资业务的公司。公司在经开区建设并运营汇龙森一园，汇龙森二园，汇龙森三园一期、二期4个园区，建筑面积近30万平方米，入园企业有600余家，主要产业分布在生物医药、医疗器械、新材料、新一代信息技术以及高端装备制造等领域。公司围绕科技企业需求，在园区建有中关村生物产业创新基地等九大公共技术服务平台，并配备专业的服务团队，加速科技成果转化；发起设立多只投资基金，为企业提供全生命周期的投资服务。

（朱伟 刘晓雪）

汇龙森国际企业孵化（北京）有限公司

董事长 刘泳

北京协和建昊医药技术开发有限责任公司

2021 年，北京协和建昊医药技术开发有限责任公司（简称协和建昊）的总资产为 4880.12 万元，营业收入为 4757.18 万元，利润总额为 590.42 万元。员工有 99 人，其中技术、研发人员 77 人。年内，协和建昊签订技术服务合同 161 份，合同金额近 6000 万元；完成 321 个项目的安全性评价。公司引入的实验室信息管理系统（LIMS）开始运行，可以实现自动化、标准化、国际化的数据采集。公司完成国产转基因小鼠应用于药物致癌性试验；开展溶瘤病毒的重复给药组织分布、新型冠状病毒灭活疫苗试验的系列非临床安全性评价试验；开展小鼠肠系膜移植胰岛小体单次给药毒性试验及伴随生物学分布研究。公司承担临床前安全性评价的晚期上皮性卵巢癌治疗的靶向间皮素嵌合抗原受体 NK 细胞（CAR-NK）注射液获国家药监局药品审评中心批准开展临床试验，该注射液是国家药监局药品审评中心审批通过的国内首例“现货型”异体来源的 CAR-NK 产品。公司以中国医学科学院北京协和医学院新药安全评价研究中心的名义参与由市药品检验研究院牵头建设的创新药物安全性研究与评价重点实验室，该实验室被评为国家药监局第二批重点实验室。公司被认定为北京市 2021 年度第六批“专精特新”中小企业；药物非临床安全性评价服务入选 2021 年度第一批（总第十五批）北京市新技术新产品（服务）名单。

协和建昊成立于 2002 年 4 月 28 日，注册资本为 1866.82 万元，位于经开区景园街 2 号，实验室总面积近 7000 平方米。公司主营业务范围包括药物非临床安全性评价、仿制药一致性评价生物样本分析和抗肿瘤药物药效学评价、药物早期毒性筛选以及毒性作用机制研究。药物安全性评价、常规性评价与毒性作用机制探索相结合是协和建昊的技术特点之一。公司承担中国医学科学院北京协和医学院新药安全评价研究中心的运营建设。公司为经开区“药物安全性评价与成药性评估”公共技术服务平台、市发展改革委“药物安全评价关键技术北京市工程实验室”、中关村开放实验室、北京市级企业科技研究开发机构、国家高新技术企业。公司通过国家药监局药物非临床研究质量管理规范（GLP）检查、国际实验动物评估和认可委员会 AAALAC 认证、中国合格评定国家认可委员会实验室认可及 GLP 认可、国家认监委 CMA 认证等。

（靳洪涛 王然）

北京协和建昊医药技术开发有限责任公司

董事长 魏金锋（9 月任）

李　春（9 月免）

总经理 魏金锋

北京大津硅藻新材料股份有限公司

2021 年，北京大津硅藻新材料股份有限公司（简称大津股份）的资产总额为 9882.35 万元，营业收入为 1376.62 万元，有员工 62 人。年内，大津股份进行品牌形象升级，全面启用新 VI 体系，与酷家乐平台深入合作，携手天猫打造线上营销平台，多次开展“设计师沙龙”活动。公司在丰富硅藻泥产品饰面效果的基础上，突破硅藻泥品类，推出大津 stucco 系列壁材产品，包括砂岩、清水、清玉、FKX- 小米砂、彩釉等，并配套开发一系列代表性的肌理工艺。公司产品“菲蒂亚斯 · 薄”被应用于广州泰菱孵化器项目的外墙施工，“FKX”被应用于华为贵安云数据中心、崇仁兴华小学的外墙施工，“Magic coat”被应用于即墨新兴 · 中心城的外墙施工，“A 级阻燃 - 平湖硅藻泥”被应用于杭州市萧山区益农镇第二幼儿园的内墙施工。华为贵安云数据中心项目案例被收录于日本《左官总览（2021 年版）》中。大津粉体、液体产品系列介绍被刊登在日本装饰建材风向标《仕上年鉴（2022 版）》中。公司入选第八届中国行业标志性品牌榜单，获北京市 2021 年度第七批“专精特新”中小企业称号。

大津股份成立于 2003 年 4 月 11 日，注册资本为 3900 万元，总部位于经开区经海四路 22 号，自有生产基地位于大兴区长子营镇长营工业园区 20 号。公司于 2003 年将含硅藻土的装饰壁材从日本引进至国内，并为之命名为硅藻泥，填补国内行业的空白。公司致力于以硅藻泥为主的生态壁材营销、生产与技术研发，引领行业发展，成为享誉海内外的绿色生态壁材专业企业。公司在全国各省市拥有数百家销售专卖店，并获 27 万个家庭的选择，销售网络横跨国内外 56 个地区。公司作为中国建筑装饰协会会员、中国建筑材料联合会生态环境建材分会会员、工业和信息化部指定立标单位，主要起草《硅藻泥装饰壁材》《室内空气净化功能墙面涂覆材料净化性能》等行业标准，产品入选《北京市自主创新产品目录》《国家生态建筑选材目录》《国家重点新产品（项目编号：2011TJA00012）》，通过 ISO 9001 质量管理体系认证、中国环境标志产品（十环）认证、欧盟 CE 安全认证、日本 F4 星认证、国家高新技术企业认证、中关村高新技术企业认证。公司还与中国建材科学研究总院、国家绿色环保建材重点实验室、建筑材料工业技术监督研究中心、国家建筑材料质量监督检验中心等建立长期合作关系。公司累计拥有专利 39 件，其中发明专利 3 件、实用新型专利 7 件、外观设计专利 29 件；商标 288 件；美术作品著作权登记 12 项、软件著作权登记 14 项。

大津 stucco 系列壁材产品（粉体灰泥） 企业提供

（王兴）

北京大津硅藻新材料股份有限公司

总经理 陈发琪

国富瑞数据系统有限公司

2021年，国富瑞数据系统有限公司（简称国富瑞，英文简称 CIDS）有员工 217 人，其中福建分公司 23 人。5 月 12 日，国富瑞的注册资本由 1.99 亿元增至 2.56 亿元。年内，国富瑞 1 件发明专利、4 件实用新型专利、7 项计算机软件著作权获授权，累计拥有 73 件（项）知识产权；中标中央国家机关 2021—2023 年互联网接入服务框架协议采购项目、国家融资担保基金政府性融资担保数字化平台—IDC 超融合一体化项目、北京市市级行政事业单位 2021—2022 云计算服务定点采购政府采购项目等；与湖南省汽车技师学院签署计算机网络应用专业共建合同；参编的团体标准《县域数字经济发展评价指南》发布；参加第十一届 DCIC 2021 中国数据中心产业发展大会暨数字经济百城助力计划北京峰会、2021（第二届）数字化转型推动高质量发展论坛、2021 第三届数据湖大会；加入由中国通信企业协会云数据专业委员会发起的数据中心低碳行动计划。公司被认定为北京市 2021 年度第一批“专精特新”中小企业；入选北京市第一批产教融合型企业建设培育试点名单；获中国电子工业标准化技术协会信息技术服务分会颁发的信息技术服务标准符合性证书、中国网络安全审查技术与认证中心颁发的信息安全服务资质证书（安全运维二级）。副董事长张念录兼任中国通信企业协会云数据专业委员会副主任；总裁周福全入选云数据企业家论坛常务委员。

国富瑞成立于 2003 年 11 月 28 日。公司战略定位为安全智能的大数据基础设施运营服务商，依托核心技术，实现全国数据中心的互联互通、云网融合和下一代互联网技术全面升级，打造新型高附加值、高技术含量数据中心，构建 IDC、云计算、网络与安全、智能运维、咨询与培训等业务板块，形成了以数据中心为核心的业务布局，是国内云数据中心和大数据服务提供商。公司十余年专注于建设和运营安全智能的大数据基础设施，在云计算、CDN、IPv6、SDN、网络安全、智能运维等新技术领域拥有核心服务能力，管理的近 40 个数据中心及服务网络遍布全国。公司技术团队拥有 15 年以上建设和运营国家“金关”工程外经贸专用网的经验，为商务部提供“两地三中心”数据灾备体系的建设和运维服务。公司是国家高新技术企业和中关村高新技术企业，通过 ISO 9001 质量管理体系、ISO 20000 信息技术服务管理体系、ISO 22301 业务连续性管理体系、ISO 27001 信息安全管理体系、ISO 14001 环境管理体系、OHSAS 18001 职业健康安全管理体系等认证，获工业和信息化部颁发的 IDC/ISP 跨地区增值电信业务经营许可证及云牌照等。公司的北京光机电数据中心（BJ3）被工业和信息化部认定为首批国家绿色数据中心。

（许润秋）

国富瑞数据系统有限公司

董事长 高　辉（11 月任）

林拥军（11 月免）

康龙化成（北京）新药技术股份有限公司

2021 年，康龙化成（北京）新药技术股份有限公司（简称康龙化成）实现营业收入 74.44 亿元，比 2020 年增长 45%；营业利润为 19 亿元，主营业务毛利率达 36%，实现归属上市公司股东的净利润增长 51%。在全球拥有 1.5 万名员工，其中研发、生产技术人员超过 1.3 万人，比 2020 年增加 4000 余人。12 月 17 日，康龙化成的注册资本由 79419.44 万元变更为 79417.71 万元。年内，康龙化成的新药研发服务平台为国内 583 家客户提供服务，新增客户 266 家；参与 565 个药物发现项目，其中为国内医药及生物技术公司开展研究性新药（IND）或新药（NDA）的临床试验申报 77 个、多国（包括中国、美国）同时申报的项目 56 个；加速建设包括大分子药物发现、开发与生产服务，服务涉及药物分子或中间体 1013 个，其中临床前项目 754 个、临床 Ⅰ 期及 Ⅱ 期项目 224 个、临床 Ⅲ 期项目 30 个、工艺验证和商业化阶段项目 5 个。公司扩大产能，加强研发服务能力建设，天津工厂三期（4 万平方米）交付使用，宁波第一园区 Ⅱ a 期工程完工，绍兴工厂一期工程试运行，宁波第二园区（大分子 CDMO 基地）进入安装和调试阶段，杭州湾毒理实验室（7500 平方米）进入收尾阶段。公司收购艾乐艮生物制品有限公司。

康龙化成成立于 2004 年 7 月 1 日，于 2005 年 6 月迁入经开区，位于经开区泰河路 6 号，2019 年在深圳证券交易所创业板挂牌上市（股票代码：300759）和香港联交所主板挂牌上市（股票代码：03759），是一家立足中国、服务全球的全流程一体化“CRO+CMO”生命科学研发服务企业。公司提供药物发现和药物开发的全流程、一体化的新药研发服务，在纵向上加强同一学科在新药研发不同阶段的协同效应，在横向上加强不同学科在新药研发同一阶段的协同合作，在中国、美国、英国设有 18 个研发服务基地或分支机构，客户囊括在全球排名前 20 的跨国制药企业。

（张岚）

康龙化成（北京）新药技术股份有限公司

董事长兼总经理 楼柏良

北京亦庄国际人力资源有限责任公司

2021 年，北京亦庄国际人力资源有限责任公司（简称亦庄国际人力）的营业收入为 6 亿元（含子公司收入），净利润为 5715.21 万元，实现纳税 8450 万元，社会保险、公积金等缴纳约为 3.44 亿元。

亦庄国际人力成立于 2005 年 9 月 7 日，注册资本为 1000 万元。公司业务专注于生物医药大健康、半导体芯片、高端制造、互联网高科技 4 个产业，为超过 600 家跨国及中资企业、上市公司、中小型创新、创业企业提供一站式人力资源服务。公司持有人力资源服务许可、劳务派遣、商业保险代理、质量管理体系、对外劳务派遣等完备的服务资质，可提供中高端人才访寻、灵活用工、业务流程外包 / 服务外包、生产作业外包、薪税管理、综合福利、劳动法律咨询等多项服务内容。

（王巍）

北京亦庄国际人力资源有限责任公司

总经理 郑洁

国药中生生物技术研究院有限公司

2021 年，国药中生生物技术研究院有限公司（简称中国生物研究院）的资产总额为 9.42 亿元，营业收入为 2.85 亿元。员工有 222 人，其中科研人员 160 人。年内，中国生物研究院开发的一代、二代重组新冠疫苗获阿联酋紧急使用授权 2 项；获临床批件 2 项、发明专利授权 3 件；9 项 I 类新药正在开展临床阶段研究，其中 1 项处于Ⅲ期临床试验阶段、5 项处于Ⅱ期临床研究阶段、3 项处于临床申报阶段。

中国生物研究院的前身是成立于 1919 年的北洋政府中央防疫处，是中国第一个国家级卫生防疫和血清疫苗研究与生产专门机构；2006 年 6 月 13 日，公司在经开区注册成立，注册资本为 11.48 亿元，位于经开区经海二路 38 号，占地面积为 5 万平方米，是中国生物技术股份有限公司的全资子公司，是新型疫苗国家工程研究中心的承载机构，被认定为国家高新技术企业。公司主要从事新型疫苗、抗体、新型佐剂、治疗类生物制剂及基因与蛋白质诊断试剂等生物制品的研究和中试工艺的开发，主持或参与完成手足口病疫苗、人乳头瘤病毒疫苗、诺如疫苗、艾滋病疫苗、治疗性乙肝疫苗等国家重点研发项目，并与中国疾病预防控制中心（CDC）、清华大学、北京大学、复旦大学等政府机构和高校开展合作研究。

（彭晓瑛 蔡萌）

国药中生生物技术研究院有限公司

总经理 李启明

华测检测认证集团北京有限公司

2021 年，华测检测认证集团北京有限公司（简称北京华测）的资产总额为 1.83 亿元，营业收入为 2.21 亿元，利润总额为 3913.59 万元，纳税总额为 674.18 万元。员工有 451 人，其中具有研究生以上学历人员 46 人；研发人员 197 人，具有中高级职称人员 30 余人。公司被认定为北京市用户满意企业、北京市中小企业公共服务示范平台、北京市级企业科技研究开发机构等。

北京华测的前身是成立于 2007 年 5 月 14 日的北京华测北方检测技术有限公司，2018 年 3 月 13 日变更为华测检测认证集团北京有限公司，注册资本为 5000 万元，是华测检测认证集团股份有限公司的全资子公司，股票代码：300012。公司为客户提供食品、环境、汽车、消费品、建工等领域的第三方检测技术服务。公司参加国家认监委、认可委的 PT 机构能力验证、市场监管总局、农业部组织的能力验证及实验室比对均获得最满意结果。公司累计拥有 23 件专利，其中发明专利 4 件、实用新型专利 6 件、软件著作权 13 项。公司是国家高新技术企业、首都科技条件平台检测与认证领域中心优秀成员单位、北京市水利建设市场主体信用评价 AAA 级检测单位、北京市诚信创建企业、北京市构建和谐劳动关系先进单位，中关村高成长企业 TOP100，通过 ISO 9001 质量管理体系、ISO 14001 环境管理体系、OHSAS 18001 职业健康安全管理体系等的认证，获中国国家认证认可监督管理委员会颁发的 CMA 证书、中国合格评定国家认可委员会颁发的 CNAS 证书等。

（申珊）

华测检测认证集团北京有限公司

总经理 吕小兵

大族环球科技股份有限公司

2021 年，大族环球科技股份有限公司（简称大族环球）的资产总额超过 36 亿元，营业收入超过 4.5 亿元，纳税总额超过 7800 万元。员工有 110 人，其中具有本科及以上学历人员占 78% 以上。年内，大族环球 2 个产业园项目签约企业 89 家，累计在签企业 313 家（大族企业湾“工业 4.0”创新园入驻企业 90 家，整体入驻率为 92.58%；大族广场“互联网 + 创新园”入驻企业 223 家，整体入驻率为 71%）。公司与氪空间（Kreator Space）签署合作协议，对大族广场“互联网 + 创新园”进行项目改造，打造灵活可变、拎包入驻的精装修服务式办公空间。大族广场“互联网 + 创新园”挂牌成为经开区首批中关村科技成果产业化先导基地加速区，举办和参与科技成果转化项目路演活动 3 场，引进北京易智时代数字科技公司、北京涞澈科技发展有限公司、北京索真医学检验实验室有限公司等 16 个“三城一区”项目，签约面积达 8930.02 平方米，随项目落地而入驻的 16 家企业拥有超过 300 件（项）自主知识产权；获批大族广场政务服务站，成立专业服务团队，结合线上、线下方式，为园区内企业提供一对一咨询、申报材料预审、帮办代办等服务。大族企业湾“工业 4.0”创新园被评为 2021 年度中国产业园区 · 商办金梧桐奖企业服务 10 强；大族广场“互联网 + 创新园”被评为 2021 年度中国产业园区 · 商办金梧桐奖创新活力 10 强，获年度区域商务办公楼宇建筑典范奖，通过中关村特色产业园认证。

大族环球成立于 2007 年 12 月 17 日，注册资本为 4 亿元，隶属于大族控股集团，是一家自持运营产业园区的大型综合企业，项目包括位于经开区内的大族企业湾“工业 4.0”创新园和大族广场“互联网 + 创新园”。大族企业湾“工业 4.0”创新园位于经开区凉水河二街 8 号，占地面积为 10.8 万平方米，建筑面积为 22 万平方米，由 18 栋 5~6 层独栋写字楼和 2 栋 10 层配套公寓组成，立足四大主导产业，依托经开区产业政策优势和基础设施配套优势，统一规划、统一管理，推动特色产业园区的持续发展，形成智能制造、生物医药“一主一重”两大产业链条。大族广场“互联网 + 创新园”位于经开区荣华南路 2 号，占地面积为 6.7 万平方米，建筑面积为 32 万平方米，由 18.8 万平方米的甲级写字楼集群和 8 万平方米的商业综合配套空间组成。2 个产业园形成研发产业园与商务办公楼互补的空间形态，为企业搭建一站式科创成果孵化场景。

（王曼曼）

大族环球科技股份有限公司

董事长 高云峰

总经理 谢国栋

阿尔特汽车技术股份有限公司

2021 年，阿尔特汽车技术股份有限公司（简称阿尔特汽车）的营业收入达 12.72 亿元，比 2020 年增长 54.96%；净利润为 2.05 亿元，比 2020 年增长 85.12%。员工有 1826 人，其中具有本科及以上学历人员 1327 人，占总人数的 72.67%；技术人员 1424 人，占总人数的 77.98%，同时拥有多名外籍技术专家。12 月 30 日，阿尔特汽车的注册资本由 3.06 亿元增至 3.32 亿元。截至 2021 年年底，公司拥有 875 件专利（发明专利 37 件、实用新型专利 826 件、外观设计专利 12 件），比 2020 年增长 28.30%；拥有 28 项软件著作权。年内，阿尔特汽车的办公地址由大兴区亦庄东工业区双羊路8号迁至经开区凉水河二街7号。公司被评为中关村高新技术企业、2020年北京市诚信创建企业，获广汽本田汽车有限公司2020年度品质优胜供应商奖等，成为中国知识产权研究会会员、中国汽车工程学会理事单位等。

阿尔特汽车的前身是董事长宣奇武于2002年创立的北京精卫全能科技有限公司（简称精卫全能），精卫全能从事汽车整车、汽车总成和零部件研发。精卫全能核心团队接受红杉资本、金沙江创投、三井创投等公司投资后，于2007年创立阿尔特（中国）汽车技术有限公司，并于2012年完成股份制改制，更名为阿尔特汽车技术股份有限公司；2016年3月，公司成功挂牌新三板。2020年3月27日，公司在深圳证券交易所创业板上市（股票代码：300825）。公司服务于汽车生产企业，是国内率先开展整车研发“交钥匙”服务和发动机/动力总成研发制造的独立汽车设计公司，成为集研发、制造、前沿布局于一体的综合性汽车研发解决方案供应商，主营业务涵盖乘用、商用、特殊场景专用的新能源汽车及燃油汽车整车研发，平台研发及基于平台的电子电气架构、面向服务（SOA）架构和智能化关键软硬件等核心模块研发，动力系统相关核心总成、部件研发制造销售等。公司是国家高新技术企业、北京高精尖产业设计中心、北京市级科技研究开发机构，也是工业和信息化部认证的国家级工业设计中心，设有博士后科研工作站，拥有新能源汽车整车控制系统技术北京市工程实验室和新能源汽车整车研发中试基地，在中国北京和上海、美国洛杉矶、日本爱知、意大利都灵设有五大创意研发中心。

（杨博）

阿尔特汽车技术股份有限公司

董事长 宣奇武

总经理 张立强

锋创科技发展（北京）有限公司

2021年，锋创科技发展（北京）有限公司（简称锋创科技）与赫普能源环境科技股份有限公司签约，就分布式光伏开发项目展开合作；完成智慧园区第一阶段布局，实现员工在线、管理在线、企业在线、服务在线的线上线下共融转型；完成对锋创科技园园区餐厅的智慧改造；投身公益事业，发挥企业社会责任，向北京亦城合作发展基金会捐赠100万元，为河南省新乡市捐赠价值10万元的防汛物资；锋创科技园员工关茂森参加2021北京市消防行业职业技能大赛获消防设施操作员第二名。

锋创科技成立于2008年4月23日，是一家集产业投资、园区建设运营、数字科技于一体的综合性集团公司、国家高新技术企业，拥有锋创科技园、物业运营公司、投资管理公司、数字化科技公司四大业务模块。公司自持运营的锋创科技园位于经开区科创十三街18号，总建筑面积约为17万平方米，含总部办公、研发生产、人才公寓、商务配套等31栋楼。该项目是“人工智能+生物医疗”产业园区，以“矩阵式科技产业生态”布局，初步形成横向以互联网、大数据、人工智能（AI）技术为驱动引擎，纵向以生物医疗等应用模式为产业特色的科技园区生态。入驻企业200余家，包括上市公司1家，累计孵化500

余家创新企业，培育北京长木谷医疗科技有限公司、北京和华瑞博科技有限公司等11 家独角兽隐形冠军企业，在孵化企业年纳税额为 3 亿元。

（赵婧乔）

锋创科技发展（北京）有限公司

董事长 张寒燕

中星联华科技（北京）有限公司

2021 年，中星联华科技（北京）有限公司（简称中星联华）在第四届全国复杂电磁环境技术及应用学术会议、2021 年全国微波毫米波会议（中国微波年会）暨 2021 年微波毫米波科技成果及产品展（MWIE2021）、2021 全国复杂电磁环境效应学术大会、第六届光连接大会CFCF2021、IME2021 第三届中国西部微波会等活动中，向量子计算、航空航天、国防军工相关领域的研究所、军校、高等院校等用户单位展示国产高端电子测试测量仪器及相关应用解决方案，获业内用户认可。公司被评为北京市 2021 年度第五批“专精特新”中小企业、北京市级企业科技研究开发机构，成为中国电子仪器行业协会理事单位，继续担任中国电磁环境效应产业技术创新战略联盟理事单位。

中星联华成立于 2009 年 2 月 18 日，长期聚焦高速率、大带宽、宽频带测试测量技术研发，为雷达、卫星通信、复杂电磁环境等传统应用领域及 5G 移动通信、量子技术、高速互连等新兴行业提供稳定可靠、性能卓越的专属测试测量软硬件工具。公司产品服务于政府研发、企业研发以及高等院校，每年服务国内外客户 200 家以上，累计服务客户上千家，为中国电子测量领域高端研发类仪器头部供应商之一、中国量子计算领域多通道相参微波信号源独家供应商、军工微波产品研发生产用高端微波信号源仅有的两个国产品牌之一、高端研发类误码仪唯一国产供应商。

（陈进）

中星联华科技（北京）有限公司

总经理 程军强

北京悦康科创医药科技股份有限公司

2021 年，北京悦康科创医药科技股份有限公司（简称悦康科创）的总资产为12048.96 万元，净资产为 1794.44 万元，营业收入为 4432.60 万元，净利润为138.20 万元，研发投入为 3159.84 万元（研发投入占销售收入的 71.29%）。员工有 147 人，其中研发人员 111 人，具有本科及以上学历人员 130 人，具有研究生及以上学历人员 81 人。

悦康科创成立于 2009 年 4 月 29 日，注册资本为 1243 万元，位于经开区科创七街 11 号，是从事医药产品技术开发、技术咨询、技术转让和技术服务的国家高新技术企业。公司可提供新药调研立项，化合物合成、分析测试、制备合格的制剂产品，申报或技术转让等服务。公司与中国药科大学、沈阳药科大学、北京理工大学、北京石油化工学院等学校建立学术交流和长期合作关系。

（郝孟阳）

北京悦康科创医药科技股份有限公司

董事长 于伟仕

奥码拓（北京）科技有限公司

2021 年，奥码拓（北京）科技有限

公司（简称奥码拓）有员工 10 人。公司成为中央电视台《大国匠心》节目的检测设备行业合作伙伴，首席执行官王杨成为中央电视台《创新之路》节目的特邀嘉宾。

奥码拓成立于 2010 年 5 月 13 日，注册资本为 100 万元，专业从事材料检测设备的研发、生产、销售、技术服务、技术咨询。公司主要产品有各类摩擦形式的摩擦磨损试验机、滚动接触疲劳试验机、万能手指磨耗仪等；研发中心服务于高等院校、科研院所、企业技术中心，为其提供材料学、摩擦磨损学等前沿技术和一站式解决方案。

（张一）

奥码拓（北京）科技有限公司

董事长 Wolfgang P. Weinhold

首席执行官 王杨

北京云基地企业管理有限公司

2021 年，北京云基地企业管理有限公司（简称云基地）的资产总额为 1364 万元，营业收入为 530.28 万元，纳税总额为 14.16 万元；在孵企业的产值为 9 亿元，利润总额为 5700 万元，纳税总额为 890 万元；在孵企业 45 家，服务京津冀企业 220 家，组织活动 24 次，有 310 家企业、310 人次参与活动。公司专职从事创业创新服务人员 16 人、管理人员 5 人，具有本科及以上学历人员占 90%、接受孵化器专业培训的人员占 80%。截至 2021 年年底，云基地在孵创业实体累计获发明专利 30 件、实用新型专利 116 件、外观设计专利 43 件、软件著作权 70 项、国内注册商标 129 件。

云基地成立于 2010 年 8 月 17 日，注册资本为 1000 万元，位于经开区北工大软件园内。公司是聚焦云计算尖端技术产业链的创业服务型孵化器，创立“基金＋基地”的云产业创新发展模式，同时具备投资、孵化、服务、管理和拓展功能。公司通过自有基金引导政府资金和民间资本，在国家对战略性新兴产业的政策支持下，为经筛选的创新创业企业提供融资、办公场地、创业辅导、创新支持等孵化服务及投资后期管理。公司在孵企业涵盖云计算、大数据、人工智能、物联网等领域，依据经开区的产业形态特性及优势资源，以建设完整的云计算产业链并形成经济聚合效益为目标，最终为技术、品牌、产业的自主创新开拓新的商业与运营模式，打造云产业创新创业特色服务平台。公司设有院士专家工作站，是北京市“祥云工程”示范基地、国家中小企业公共服务示范平台、中国电子学会云计算专家委员会理事单位、中国云产业联盟理事单位、中国智慧城市论坛云产业创新单位、首批北京市中小企业公共服务示范平台等。

（王菲）

北京云基地企业管理有限公司

总经理 何苹

北京兴联顺达商业管理有限公司

2021 年，北京兴联顺达商业管理有限公司（简称兴联顺达）所运营的 BHG MAll 北京华联力宝购物中心品牌更迭，吸引绿茶餐厅、肯德基、李宁 KIDS 等总计 47 个品牌入驻；响应商务金融局对支持“夜经济”的号召，引入 Today’s Special 概念，打造“今日食集”综合性餐饮街区，共入驻 20 家餐饮商户；借势互联网思维，开展新媒体互动营销活动，举办 130 余场促销活动及多场线下聚客活动，首次引入中国航天事务交互展。

兴联顺达成立于 2011 年 7 月 7 日，是北京华联商厦股份有限公司的控股子公司，主要从事该商业项目的租赁管理和广告经营；主营业务为与商业零售相关的商业地产投资、开发、租售，以及购物中心的运营和管理。公司在经开区内运营的项目为 BHG MAll 北京华联力宝购物中心，该中心是建筑面积达 11 万平方米的大型商业综合体，涵盖生活超市、影院、美食、快时尚消费品和生活服务等业态，打造集健康、运动、美丽、亲子元素于一体的家庭型消费一站式生活空间。

（鲁雨超）

北京兴联顺达商业管理有限公司

总经理 杨 爽（3 月任）

关筱玉（3 月免）

北京金色华勤数据服务有限公司

2021 年，北京金色华勤数据服务有限公司（简称金色华勤）的营业收入为 9485 万元，产品毛利率为 7.81%，净利润为 1978 万元，有员工 193 人。公司被广东德生科技股份有限公司以 1020 万元收购 51% 的股权，成为其控股子公司。

金色华勤成立于 2011 年 10 月 19 日，注册资本为 2000 万元，位于经开区科创十三街 18 号，是以人力资源为核心应用场景的技术创新型企业服务解决方案提供商。公司于 2015 年 11 月挂牌新三板（股票代码：834067）。公司凭借“平台 + 服务”发展战略，以及十余年人力资源外包管理服务实践经验和互联网技术创新优势，为中小微企业和自由职业者提供高效、便捷服务。公司在“互联网 +”人事服务平台的基础上，发展成为集手机 App、电脑客户端、网站服务平台、企业 SaaS 应用于一体的面向企业和个人（员工）的一站式管理和便捷服务平台，在全国 200 余个城市和地区建立网络和服务体系，实现全国跨地区、多渠道一体化服务管理与服务标准化、流程化、专业化和精细化。

（薛向东）

北京金色华勤数据服务有限公司

总经理 乐晓飞

北京亦庄国际生物试剂物流中心有限公司

2021 年，北京亦庄国际生物试剂物流中心有限公司（简称中关村国际生物试剂物流中心）的营业收入为 8305 万元。员工有 27 人，其中具有本科及以上学历人员占 48%。公司打通细胞治疗产品的出入境绿色通道。

中关村国际生物试剂物流中心于 2012 年 7 月 30 日在北京亦庄生物医药园成立，注册资本为 1000 万元，是由行业联盟、监管部门和政府多方合作共建的第三方公共服务平台。公司经营范围包括货物、技术、代理进出口，仓储服务，货物运输代理，销售化学和生物试剂、化工产品，以及技术咨询、技术服务等。公司为企业提供生物试剂快速通关一站式服务，包括对照药品和参比制剂、基因检测人体血样、生物试剂、体外诊断质控品、实验动物模式生物等。2014 年 1 月，公司打造的全国首条生物试剂进出口绿色通道——中关村国际生物试剂物流中心进出口一站式公共服务平台在北京亦庄生物医药园开通运行。2018年3月，由国家药监局药品审评中心、市药监局和经开区管委会三方共建的北京国际药品参比制剂服务中心公共服务平台在中关村国际生物试剂物流中心挂牌成立。

（王洪平 白菊）

北京亦庄国际生物试剂物流中心有限公司

董事长 兰宝石

北京泰诚信数字化技术有限公司

泰诚信展位 刘海龙 摄

2021年，北京泰诚信数字化技术有限公司（简称泰诚信）的资产总额为3.06亿元，营业收入为1.22亿元，利润为1894万元，纳税额为658万元。员工有260人，其中技术人员占60%。年内，泰诚信为三一重工集团有限公司、荆门市长城智能科技有限公司、智新科技股份有限公司、上汽通用五菱汽车股份有限公司、广西玉柴机器股份有限公司、常熟美桥汽车传动系统有限公司（AAM）、上海纳铁福传动系统有限公司（GKN）、零跑汽车有限公司、四川阿尔特新能源汽车有限公司、汇川新能源汽车技术（常州）有限公司等公司设计制造交付车桥、电驱动总成、主减速器等装配及检测线设备。公司携数字化智能装配技术，参展AMTS第十六届上海国际汽车制造技术与装备及材料展览会。

泰诚信成立于2013年1月25日，注册资本为7500万元，位于经开区兴海三街16号。2016年年初完成亦庄一期厂房建设并入驻开始试生产，是一家为运动部件装配提供工艺规划、设计、制造、安装调试及交付服务等整套数字化解决方案的高新技术企业。公司技术团队以过程质量控制测量为切入点，主要着眼于齿轮运动副装配过程质量控制与检测技术的研究与应用，核心技术有轴承检测技术、轴承预紧技术、位移检测技术、齿轮啮合综合误差检测、NVH技术、装配在线检测技术、SCADA系统等，以数字化装配技术理论为指导，推动公司新一代信息化数字化技术与制造业深度融合，打造全方位数字化智能制造产业生态链。公司为奔驰、宝马、沃尔沃、路虎、捷豹、凯迪拉克、林肯、JEEP、长城、上汽、北汽、一汽、长安、东风、江淮、理想、零跑、小鹏等国内外汽车厂商，直接或间接提供数字化智能装配线。特别在新能源领域，利用公司独特的数字化智能装配技术，结合公司多年的技术沉淀和产线项目经验，为中国新能源汽车产业的发展提供技术支持，助力国家“十四五”完成碳达峰目标。

（李晓杨）

北京泰诚信数字化技术有限公司

董事长 陶发筍

中泰德信（北京）档案管理有限公司

2021年，中泰德信（北京）档案管理有限公司（简称中泰德信）的营业收入为1513万元，纳税总额为41.97万元，有员工78人。

中泰德信成立于2013年7月，注册资本为2000万元，位于经开区地盛中路2号院，办公面积为1000余平方米，并在平谷区设有占地面积为6000余平方米的档案保管中心。公司是全国第一家以“档案管理”命名的专业档案管理公司，秉持“推进中国档案事业发展”的宗旨，致力于档案信息化建设，主要从事档案馆库规划、档案展厅设计、智能库房建设、档案信息化咨询、数字档案馆、档案系统软件开发、BPO业务外包和实体档案寄存等，提供档案全生命周期服务，客户涉及国内各级机关、企事业单位、医疗、金融、建筑、生产业及服务业等领域。公司有1件档案保密专用折叠式纸箱专利和11项软件著作权。公司是国家高新技术企业，中国档案学会、北京市档案学会会员；有国家秘密载体印制乙级资质；通过ISO 27001信息安全管理体系、ISO 9001质量管理体系、ISO 14001环境管理体系、ISO 45001职业健康安全管理体系、ISO 20000服务管理体系认证。

（杨晓云）

中泰德信（北京）档案管理有限公司

董事长 王哲

诺未科技（北京）有限公司

2021年，诺未科技（北京）有限公司（简称诺未科技）的资产总额为3025.84万元，营业收入为806.81万元，研发费用总额为2003.38万元，有员工32人。9月17日，诺未科技的注册资本由1000万元增至1150万元。年内，诺未科技获首笔融资，3000万元A轮资金到位，投资方为北京国信海翔股权投资合伙企业（有限合伙），此次融资主要用于新一代HPV治疗性DNA疫苗和肝癌治疗性DNA疫苗的临床前研究和IND申请。公司第一款自主研发的1类新药“自体记忆性淋巴细胞注射液”临床试验申请（IND）获国家药监局药品审评中心批准，取得临床批件。公司9件发明专利获授权，累计拥有专利33件、软件著作权5项。公司被认定为北京市级企业科技研究开发机构、北京市2021年度第六批“专精特新”中小企业，获经开区企业研发机构专项奖励金300万元；发明专利“培养基及其在中央记忆型T淋巴细胞培养中的应用”被认定为中关村科技型中小微企业高价值发明专利；联合创始人兼首席执行官刘德芳博士入选2021年北京市科技新星计划；研发团队联合国家癌症中心/中国医学科学院肿瘤医院科研人员在SCI期刊《肿瘤学前沿》（*Frontiers in Oncology*）共同发表肝癌术后辅助免疫治疗相关研究论文。

诺未科技成立于2014年4月3日，位于经开区西环南路18号，是一家聚焦细胞免疫治疗和first-in-class型DNA肿瘤疫苗新药研发的生物创新药企业，致力于打造成为国内DNA核酸药物领域的领军企业。公司主要布局细胞治疗和基因治疗领域，在研项目包括NewishT® 自体记忆性淋巴细胞注射液与抗肿瘤DNA核酸疫苗新药研发两大方向。公司在经开区建有“B+A”级GMP新药中试车间、DNA

肿瘤疫苗和肿瘤代谢药物研发实验室，共计 900 平方米，采用全自动中央控制系统，贯彻人流、物流、污物流分流原则，并配置美国 BD 流式细胞仪、法国梅里埃 3D 全自动细菌 / 分枝杆菌培养监测系统等高端仪器设备，深入开展生物医药前沿领域的研发工作。公司首席科学家是清华大学教授陈立功，拥有全职博士学位人员 8 人、硕士学位人员 6 人，形成由研究员、博士、硕士及行业资深专家、学者组成的新药研发团队，专业涵盖分子肿瘤学、免疫学、结构生物学、细胞生物学等领域。公司获国家高新技术企业、北京市知识产权试点单位、中关村高新技术企业、中关村金种子企业、中关村瞪羚企业等资质认定，是中国医药生物技术协会理事单位。

（李姝）

诺未科技（北京）有限公司

总经理兼首席执行官 刘德芳

北京北华中清环境工程技术有限公司

2021 年，北京北华中清环境工程技术有限公司（简称北华中清环境）的资产总额为 7.32 亿元，净资产为 2.10 亿元，收入为 4.12 亿元，净利润为 6157 万元，纳税额为 2366 万元，有员工 120 人。年内，北华中清环境中标辽宁省盘锦市辽东湾新区入驻企业环保管家综合服务、环保问题诊断排查综合服务和环境监测管理系统项目、长子营镇再生水补给的北方乡镇河道生态修复（凤河长子营段）示范工程项目、长子营镇小黑垡村功能型湿地项目等；承揽的北京市大兴区新凤河流域综合治理工程 PPP 项目竣工，并入选国家发展改革委发布的绿色政府和社会资本合作（PPP）项目典型案例名单，大兴区新凤河流域综合治理工程 PPP 项目——生态廊道建设工程（勘察）获 2021 年北京水利学会科学技术奖三等奖、第十二届园冶杯市政园林大奖。公司 3 件实用新型专利获授权；新凤河安南湿地环保展览馆获授牌并入选北京 · 亦庄“科技馆之城”建设体系。公司被评为首都生态文明建设先进集体，2020 年度北京市“安康杯”竞赛优胜单位；党支部“生态文明当先锋 党建引领促发展”项目被评为北京市 100 个两新组织“党建强、发展强”党建品牌项目。

北华中清环境成立于 2014 年 4 月 17 日，2017 年 5 月迁至经开区荣华南路 2 号，注册资本为 5000 万元。公司是国家高新技术企业，业务覆盖流域生态、区域环境和智慧平台三大领域，拥有市政公用工程、建筑工程、建筑机电安装、环保工程、电子与智能化、环境工程设计等多项资质，通过质量、环境、职业健康安全、中石油、中石化“五合一”管理体系认证。

（赵堃）

北京北华中清环境工程技术有限公司

总经理 张志刚

曜立科技（北京）有限公司

2021 年，曜立科技（北京）有限公司（简称曜立科技）运用“AI+ 互联网 + 应用平台”的方式提升国内医疗资源的使用效率，整体销售额比 2020 年增长 110%，服务医院客户年增长率达 141.18%，覆盖华北、东北 40 余家三甲医院。截至 2021 年年底，曜立科技服务的年冠心病手术患者数量占全国冠心病手术患者数量的 10%，在公司业务核心区域北京服务的冠心病手术患者占总人数的

70%；累计拥有 19 件发明专利、48 项软件著作权。公司被评为 2021 年度第四批北京市“专精特新”中小企业、“十三五”国家重点研发计划研究单位、北京市级企业科技研究开发机构、北京市知识产权试点单位、北京市科技型中小企业、国家高新技术企业、中关村高新技术企业等；获二类医疗器械生产许可证，中国软件产品、中国软件企业评估认证。

曜立科技成立于 2015 年 7 月 1 日，注册资本为 1000 万元，是一家专注于复杂慢病临床路径数据集成与服务的医疗科技公司，为医院提供高质量结构化数据采集服务及科室医疗精细化管理、手术室质控、临床科研辅助、筛查评估与早期干预等多场景应用服务。公司利用人工智能、大数据等技术改善医疗数据的使用效率，有效促进医院在科室建设、患者服务以及医学研究等方面的发展。公司依托核心研发设计能力围绕行业研发热点，推出多款创新自研产品，包括慢病筛查服务系统、心血管手术风险评估系统、智慧社区病患复诊及康复系统等，初步形成在业内极具竞争力的核心优势，获政府重点扶持和培养。

（张悦）

曜立科技（北京）有限公司

首席执行官 许钧杰

国研智库创新科学园投资股份有限公司

2021 年，国研智库创新科学园投资股份有限公司（简称科学园公司）以园区为载体，围绕园区招商、企业服务、论坛研讨等方面展开具体工作，围绕园区总体战略部署，创新合作模式，开展多渠道招商，集聚优质产业，逐渐形成具有智库特色的产业生态链。截至 2021 年年底，累计入园注册企业 256 家，入驻企业 146 家，包括科技文化类企业 98 家、年收入过亿企业 9 家、国家高新技术企业 14 家。年内，科学园公司落实智库产业化，让智库服务于产业，完善园区硬件配套设施，建立产业服务体系。其中，深化对入驻企业及经开区企业的服务，满足入驻企业的各项需求；加强对园区的综合保障服务，为企业提供工商注册、政策解读、金融服务等专项服务；完善国研智库企业服务平台，开展多期企业服务系列讲座，为文化企业、科技企业、金融机构及相关智库机构提供信息共享和资源交流等服务。公司主办第二期中国经济政策沙龙暨在京各省商会座谈会，承办国研智库论坛 · 新年论坛 2021。

科学园公司成立于 2016 年 7 月，注册资本为 5000 万元，位于经开区亦城科技中心，是国研文化传媒集团股份有限公司（简称国研智库）的控股公司，是国研智库创新科学园的运营主体。国研智库创新科学园于 2016 年 11 月开园，是由国研智库与经开区管委会、亦庄控股共同打造的，以智库产业为主体，以“三智一金”产业（“三智”即智库、智慧、智造，“一金”即智能金融）为主要业态的全国首家智库类园区。园区旨在通过整合市场、资金、人才、政策四大资源，在经开区着力打造全球高端智库集聚，文化与科技融合发展的全国首家以智库产业为核心的“中国创新智谷”，推动国家软实力的发展。园区以亦城财富中心 A 座、亦城科技中心 D 座 2 座 5A 级写字楼作为起步区与示范区，享受国家、北京市、中关村国家自主示范区、国家高新技术产业园区及园区“一企一策”的特殊政策待遇，政策优势集聚。亦庄园是国研智库创新科学园的首家园区，是具有国研智库体系特色的创新基地。写字楼硬件设施优秀，配套设施完备，满足国际企业高端商务的多元化需求，园区提供一键式办公服务，食堂、酒店、金融机构、学校等基本配套设施完备。

（赵雅超）

国研智库创新科学园投资股份有限公司
董事长 张诗雨（3月任）
包月阳（3月免）
总经理 张诗雨

其他产业

概况

2021年，经开区统一产业布局，围绕一体化、高端化、国际化的新区发展目标，在做强四大主导产业的基础上，配套发展其他产业，具体包括食品饮料、服装纺织等。北京义翘神州科技股份有限公司、北京同益中新材料科技股份有限公司2家企业上市；北京中纺化工股份有限公司牵头完成的“有机—无机微纳米无氟防水整理剂制备与应用技术”通过科技部验收和中国纺织工业联合会组织的成果鉴定，达到国际先进水平；北京章光101科技股份有限公司5款产品在国家药监局化妆品注册备案信息服务平台完成备案；中粮可口可乐北京厂推出雪碧无糖系列饮料、Costa奶茶系列饮料、Costa冰萃咖啡系列饮料，亿滋食品（北京）有限公司推出零糖奥利奥夹心饼干、樱花柚子和玫瑰葡萄口味奥利奥夹心饼干，北京大宝化妆品有限公司推出大宝维生素E乳（增强版）等新产品。

（宋璐）

市场监管总局领导到资生堂丽源调研

4月14日，市场监管总局法规司副司长任端平一行15人到资生堂丽源化妆品有限公司调研。调研听取资生堂丽源为应对新颁布的《化妆品监督管理条例》而采取的各项具体措施，并到生产现场实地参观。任端平肯定了资生堂丽源的经营理念和对产品品质的追求，以及支持中国化妆品市场健康发展、不断完善市场环境的态度和决心，鼓励其继续为妆点中国消费者美好生活贡献力量。市场监管总局政策法规司副司长、化妆品监督管理司副司长一同调研，市药监局局长、市药监局第三分局局长参加调研。

（邢迪 刘潇）

资生堂丽源开展公益活动

6月，资生堂丽源化妆品有限公司为国家康复辅具研究中心附属康复医院“福康工程”“明天计划”项目救治的患儿捐赠价值2000元的慰问品。10月，资生堂丽源为北京市海淀区五一小学大兴一分校捐赠价值5000元的防疫物资，并为大兴区榆垡镇的2名贫困青少年捐赠价值3000元的生活及学习物资。11月，资生堂丽源参加中国香料香精化妆品工业协会主办的“走进贵州——香化协会爱心书包/爱心校服公益活动”，募集善款10.47万元，认购爱心书包 524 个、爱心校服 523 套；为公司捐建的 3 所“花之友”希望小学购买 9000 元的篮球、羽毛球、网球等文体用品。

（邢迪 刘潇）

百得利在香港联交所上市

7 月 15 日，百得利控股有限公司在香港联交所挂牌上市（股票简称：百得利控股；股票代码：06909.HK），本次全球发行股票 1.50 亿股，发行价格为 4.4 港元 / 股，募集资金总额为 6.60 亿港元。

（靳雪晶）

北京同益中在上海证券交易所上市

10 月 19 日，北京同益中新材料科技股份有限公司在上海证券交易所科创板挂牌上市（股票简称：同益中；股票代码：688722），是国内首家在上交所科创板上市的高性能纤维企业。公司公开发行股票 5616.67 万股，发行价格为 4.51 元 / 股，募集资金净额为 2.25 亿元，用于年产 4060 吨超高分子量聚乙烯纤维产业化项目（二期）、防弹无纬布及制品产业化项目、高性能纤维及先进复合材料技术研究中心 3 个项目的建设。

（潘超 靳雪晶）

宝健推进公益项目

年内，宝健（中国）有限公司推进公益项目，在全国累计捐建 110 余所宝健希望小学和农民工子弟学校，帮扶超过 15 万名青少年与弱势群体；为 20 所宝健希望小学配置卫生室；为河南水灾受灾地区捐赠 600 万元物资；为江西省全南县第三小学、大吉山小学捐赠 95.8 万元，用于建设运动场、塑胶篮球场、儿童之家活动室等；为内蒙古自治区锡林郭勒盟苏尼特右旗、赤峰市巴林右旗教育局捐赠总价值 20 万元的健康产品。

（曾恕媛）

·企业（选介）·

资生堂丽源化妆品有限公司

2021 年，资生堂丽源化妆品有限公司（简称资生堂丽源，英文简称 SLC）的工业总产值为 22.24 亿元，主营业务收入为 16.67 亿元，纳税总额为 2.73 亿元。公司有 16 家分公司，有员工 2845 人。年内，资生堂丽源推出首款安瓶产品欧珀莱臻源凝时焕采安瓶精华液，以及欧珀莱时光锁塑颜紧肤霜、欧珀莱恒久修护肌底眼部精华露等新产品；依托“欧珀莱”微信公众号开设官方微商城。公司 1 件实用新型专利获授权；欧珀莱恒久修护肌底精华露、欧珀莱时光锁塑颜紧肤霜、欧珀莱臻源凝时焕采霜 3 款产品作为升级消费品入选中国香料香精化妆品工业协会编制的《升级和创新消费品指南—化妆品（第一批）》；欧珀莱水乳替换装获塑料污染治理 3R 创新模式“金苹果奖”。

资生堂丽源成立于 1991 年 12 月 9 日，是入驻经开区的首家企业，注册资本为 9430 万元，位于经开区宏达北路 2 号，是日本株式会社资生堂与北京丽源有限公司的合资企业。公司以生产化妆品为主，是集生产、销售、服务于一体的大型企业。公司生产销售的“欧珀莱（AUPRES）”品牌化妆品在全国 900 余家中、高端百货店设有专柜，在天猫、京东、唯品会等电商渠道设立官方旗舰店或品牌官方授权店，在大型购物中心设立直营店，以满足消费者的多元化需求。

（邢迪 刘潇）

资生堂丽源化妆品有限公司

董事长 藤原宪太郎

副总经理 侯政红

中粮可口可乐饮料（北京）有限公司

2021年，中粮可口可乐饮料（北京）有限公司（简称中粮可口可乐北京厂）有员工1187人。年内，中粮可口可乐北京厂推出雪碧无糖系列饮料、Costa奶茶系列饮料、Costa冰萃咖啡系列饮料、可口可乐星河漫步饮料、美汁源气泡水系列饮料、小宇宙AHHA草莓白巧克力饮料、柠檬道气泡酒系列饮料等新产品。公司被评为2018—2020年度首都文明单位标兵、全国文明单位，连续10年被中国饮料工业协会授予“绿水青山杯”中国饮料行业节水节能优秀企业称号。

中粮可口可乐北京厂的前身是成立于1981年的北京可口可乐瓶装厂，1992年北京可口可乐饮料有限公司成立，1999年在经开区建成新厂，投资总额为4300万美元，注册资本为1950万美元，占地面积为7万余平方米。2018年1月23日，公司更名为中粮可口可乐饮料（北京）有限公司。公司股东是中粮可口可乐饮料有限公司和北京北粮国际经贸有限公司。公司是可口可乐公司在北京地区唯一授权的装瓶厂，也是中粮可口可乐饮料有限公司旗下装瓶厂之一。公司拥有易拉罐、塑胶瓶、BIB生产线、无菌线等6条生产线，具有国际先进饮料生产能力。公司主要产品包括可口可乐、零度可口可乐、可口可乐健怡、雪碧、芬达、怡泉系列汽水、魔爪系列、美汁源果汁系列、爆锐系列、唷茶系列、美汁源奶优系列、美汁源酷儿系列、水动乐系列、乔雅咖啡系列、冰露、纯悦、Costa咖啡系列、Costa奶茶系列、阳光茶系列、小宇宙AHHA系列、淳茶舍系列、纯悦果味水系列等，产品销售范围为北京市行政区域，汽水饮料在北京市场份额中的占比超过60%，果汁饮料市场占有率位居第二。公司在生产和管理中，采用可口可乐在全球推行的全面质量管理系统。

（张晗）

中粮可口可乐饮料（北京）有限公司

总经理 展在中

和路雪（中国）有限公司

2021年，和路雪（中国）有限公司（简称和路雪）的总资产为58.21亿元，营业收入为12.63亿元，利润为5.68亿元，纳税总额为2.49亿元，有员工210人。年内，和路雪推出新产品梦龙车厘子樱花口味冰淇淋、可爱多特牛乳熔岩可可风味冰淇淋产品；引进全套自动化装箱设备，实现装箱自动化；增加高精度自动不良品（空包、连包产品）检测检验设备，不良品剔除率达100%；增设自动CRQS扫码记录工作台，实现质量记录无纸化；直线4生产线引入自动化敲章设备，实现对梦龙香草口味冰淇淋表面加盖标志性“M”图章；混料车间增加黄油融化系统，提高生产效率；蛋卷车间121自动生产线提速并满负荷运转以提高产量，同时增加产品装箱数量以减少库存，满足市场对可爱多特牛乳熔岩可可风味冰淇淋产品的需求；物料库房增加新式叉车进行送货，提高出入库效率。

和路雪成立于1993年5月24日，注册资本为1.8亿美元，位于经开区万源街16号，是由联合利华投资有限公司投资的外商独资企业。公司主要从事冰淇凌、糖果制品、冷冻产品的设计、开发、生产，以及产品原辅材料的批发、佣金代理、商品进出口等。产品在中国、澳大利亚、南非等国家和地区销售。

（乔悦）

和路雪（中国）有限公司

厂长 杜蓉娟

加多宝（中国）饮料有限公司

2021年，加多宝（中国）饮料有限公司（简称加多宝）有员工近1万人。年内，加多宝创建的“加多宝·学子情”公益项目完成转型升级，由资助高考应届贫困学生转型为培养乡村振兴人才。公司成为中国国家体操队官方合作伙伴；入选中央广电总台2022年“品牌强国工程”；作为凉茶行业唯一代表被中国食品科学技术学会认定为全国食品科普教育基地；在第四届中国文旅品牌影响力大会上获2020年度中国企业社会责任典范称号；在2021（第八届）中国品牌影响力评价成果发布活动中获2021中国品牌影响力100强称号；在第八届中国品牌口碑年会上获快速消费品年度中国好口碑称号；在第二十八届中国国际广告节上获2021年度数字营销案例、年度整合营销案例等5项金奖。

加多宝创立于1995年，是一家集原材料种植、饮料生产和销售于一体的大型企业，旗下产品包括罐装、瓶装、盒装“加多宝凉茶”“昆仑山雪山矿泉水”。1996年，首创并推出第一罐罐装凉茶；1998年，在广东省东莞市长安镇建立首个生产基地；2010年，获全球食品工业奖，成为中国首家获此殊荣的凉茶饮料民族品牌；2008年和2011年，均获民政部颁发的中华慈善奖；2012年，启用“加多宝”品牌；2015年，推出金罐凉茶；2016年，入选第十届中国品牌价值500强榜单；2018年，经典红罐重装上阵，入选中央电视台2018年“CCTV国家品牌计划”；2019年，成立加多宝（天津）饮料有限公司，实现产销分离；2020年，推出合伙人机制，将红股激励机制覆盖面从管理人员扩展至一线营销办事处负责人及工厂厂长。

（李家琪）

加多宝（中国）饮料有限公司

董事长 王金昌

宝健（中国）有限公司

2021年，宝健（中国）有限公司（简称宝健）的总资产近40亿元，具有大专及以上学历人员占员工总数的93%。年内，宝健推出9款全新及升级产品，并打造直播、短视频、企业微信等线上销售体系。公司成为北京日化协会理事（常务）单位；被评为2018—2020年度首都文明单位；被市委、市政府认定为北京市扶贫协作先进集体；被中国质量检验协会认定为全国产品和服务质量诚信示范企业、全国质量诚信标杆企业，宝健、宝萃健、宝芙、宝馨系列产品被认定为全国质量检验稳定合格产品；总裁李道获北京市华侨华人“京华奖”。

宝健于1995年进入中国，1996年开始运营，是一家专业从事健康理念传播及健康产品生产、销售的大型高科技健康企业，产品横跨营养保健、美容护肤、日用护理、健康家居四大类别。宝健是宝健国际集团的全资子公司，2008 年宝健亚太营运总部在经开区落成，是集原料生产和产品研发于一体的综合园区。宝健在全国各地拥有 18 个基地，近 1500 家门店。宝健秉承“诚信经营，稳健发展”的经营原则，每年以超过 20% 的速度稳健增长。宝健还携手中国青年创业就业基金会开展精准扶贫、自主创业项目。宝健在 10 余年中帮助 12 万人就业、创业，成功率达 95%。

（曾恕媛）

宝健（中国）有限公司

总裁 李道

葆婴有限公司

2021 年，葆婴有限公司（简称葆婴）的销售总额超过 31.86 亿元，纳税总额超过 7.64 亿元。年内，葆婴继续作为体育总局训练局的“体育 · 训练局赞助商”，为运动员提供备战保障产品；公益项目捐赠资金达 324.5 万元。公司被中国质量检验协会认定为全国质量诚信标杆企业；在 2021 年 CSR 竞争力——中国企业社会责任评选中获社会责任行业影响力奖。

葆婴成立于 1999 年 1 月 1 日，注册资本为 3000 万美元，总投资 9000 万美元，总部位于经开区景园街 9 号，是一家专业从事健康理念传播以及健康产品研发、生产、销售和服务，为孕妇、婴幼儿等提供营养健康食品和全面系统健康资讯的外商独资企业。2016 年 11 月底，新工厂投产，建筑面积为 3 万余平方米，总产能达百亿元以上。公司在全国设有 29 个分支机构，其所有保健食品均获保健食品注册证书或保健食品备案凭证。公司产品包括针对母婴健康的葆婴系列、针对成人健康的葆婴系列和优莎纳系列、唤醒肌肤健康活力的肌肤营养系列，全线 50 款产品。产品加工制造符合中国国家标准，工厂按照 GMP 标准进行生产。公司连续多年被评为食品安全示范单位、消费者信赖品牌、质量管理示范企业等。

（狄宇）

葆婴有限公司

中国区执行董事 聂怀禹

北京大宝化妆品有限公司

2021 年，北京大宝化妆品有限公司（简称大宝化妆品公司）的总资产为 11.31 亿元，净资产为 8.36 亿元，工业总产值为 7.46 亿元，营业收入为 7.79 亿元，纳税总额为 0.86 亿元。年内，大宝化妆品公司推出大宝维生素 E 乳（增强版）等新产品；投资 4000 余万元优化生产布局，完成大宝重塑项目计划，利用建筑原有的层级结构，采用重力滑道运输材料，使工厂的全年能源消耗降低 5%；对实验室及车间废气排放口进行改造，将无组织废气排放改造为有组织废气排放，非甲烷总烃排放浓度为 0.77 毫克 / 立方米。

大宝化妆品公司成立于 1999 年 1 月 29 日，注册资本为 4.53 亿元，位于经开区荣华中路 12 号，占地面积为 2.51 万平方米，建筑面积为 4.49 万平方米，2002 年投产。2008 年 7 月 30 日，强生公司完成对大宝化妆品公司的收购。公司主要产品包括大宝 SOD 蜜、SOD 蛋白蜜、SOD 滋润霜、美容洗面奶、美容日霜和晚霜等。公司通过 ISO 14001:2015 环境管理体系认证、国家清洁生产审核，获北京市安全文化建设示范企业、BrandZ™ 最具价值中国品牌 100 强、个人护肤品牌首位等称号，大宝 SOD 蜜升级的全新包装获 2014 中国可持续发展包装榜样大奖。

（王蔚）

北京大宝化妆品有限公司

厂长 杨京宜

北京同益中新材料科技股份有限公司

2021 年，北京同益中新材料科技股份有限公司（简称北京同益中）的资产总额为 10.93 亿元，营业收入为 3.3 亿元，利润总额为 5874.27 万元，有员工近 700 人。12 月 21 日，北京同益中的注册资本由 1.69 亿元增至 2.25 亿元。年内，北京同益中在上海证券交易所科创板上市。公司有 7 件专利获授权，其中发明专利 4 件、实用新型专利 3 件；主持修订 1 项行业标准，牵头起草 1 项团体标准，参与起草 1 项行业标准。公司被评为国家级第三批专精特新“小巨人”企业、化纤行业“十三五”技术创新示范企业；在公安部组织的“警盾 -2020”警用防刺服挑战赛中获 B 类防刺服比测第一名。

北京同益中的前身是成立于 1999 年 2 月 10 日的北京同益中特种纤维技术开发有限公司，2018 年 7 月 5 日更名为北京同益中新材料科技股份有限公司，位于经开区中和街 16 号，是一家专业从事超高分子量聚乙烯纤维及其复合材料的研发、生产和销售的国家高新技术企业，是国内首批掌握全套超高分子量聚乙烯纤维生产技术和较早实现超高分子量聚乙烯纤维产业化的企业之一，拥有超高分子量聚乙烯纤维行业全产业链布局。公司坚持“技术向纵深发展，应用向纵横发展”的发展路径，成为国内少数可以同时实现超高分子量聚乙烯纤维及其复合材料规模化生产的企业。公司作为中国化学纤维工业协会下属超高分子量聚乙烯纤维分会副会长单位，参与起草多项国家和行业标准，获国家科学技术进步奖二等奖、中国专利优秀奖，获北京市高新技术成果转化示范企业等称号。

（潘超）

北京同益中新材料科技股份有限公司

董事长兼总经理 黄兴良

北京章光 101 科技股份有限公司

2021 年，北京章光 101 科技股份有限公司（简称章光 101 公司）的营业收入为 12325 万元，利润总额为 1212 万元，纳税总额为 1142 万元。年内，章光 101 公司通过化妆品生产许可证的换证验收；章光 101 瑞丝净爽去屑洗发水、章光 101 瑞丝头皮去屑精华液、章光 101 瑞丝净爽控油洗发水、章光 101 瑞丝头皮控油精华液、章光 101 玫瑰香氛沐浴露 5 款产品在国家药监局化妆品注册备案信息服务平台完成备案；4 件外观设计专利获授权。

章光 101 公司成立于 1999 年 7 月 19 日，注册资本为 7500 万元，位于经开区永昌中路 4 号，以赵章光自主研发的章光 101 育发、防脱发和护肤系列产品等为主导产品。公司研发团队由药学、医学、化学、生物工程等专业人员组成，临床研究人员的专业以皮肤病、毛发专业为主。

公司产品包括育发、养发、防脱发和护肤4个系列的80余个品种，除“章光101”系列外，开发以养发为主的子品牌“瑞丝”系列产品，满足不同层次、不同类型头发亚健康人士的需求。公司有北京、乐清2个生产基地，产品行销65个国家和地区。公司被评为中国节能环保优势推动力企业、北京市信用企业和北京诚信经营承诺企业、北京市诚信创建企业、国家安全生产标准化二级企业、2019年度信息建设工作单位等，获中医药服务突出贡献奖、中国绿效企业绿色责任奖、科技创新企业优秀奖、2020年全国商业质量奖等；章光101头皮护理系列产品及章光101洗护系列产品被北京市产品评价中心评为北京市优质产品。

（郑伟涛　王亚娟）

北京章光101科技股份有限公司

董事长　赵章光

总　裁　赵旭良

北京百花蜂业科技发展股份公司

2021年，北京百花蜂业科技发展股份公司（简称百花蜂业）的资产总额为3.40亿元，纳税总额为373万元。公司有正式员工111人、劳务工11人。年内，百花蜂业在北京市密云区、河北省承德市等帮扶地区收购339吨蜂蜜，价值452万元；完成消费扶贫采购（米、面、油、肉类），价值10万元。公司凭借在新冠肺炎疫情下为保障首都蜂产品供应做出的贡献，收到市商务局的感谢信；携果味型蜂蜜、勺型便携装蜂蜜、盲盒式袋装蜂蜜等近20款新产品参展2021年中国国际服务贸易交易会。公司生产部副部长张经福被评为2021年北京老字号工匠。

百花蜂业的前身是创建于1919年的李林园养蜂场；1999年，北京百花蜂产品有限责任公司成立；2004年7月，公司总部迁入经开区，建成符合国家标准的GMP保健品生产车间；2011年，整体改制为北京百花蜂业科技发展股份公司，注册资本为4491.67万元，位于经开区同济中路7号3号楼。公司是一家具有百年历史的中华老字号企业，是集科研、生产、经营于一体的蜂产品高新技术企业。公司经营范围包括蜂蜜、蜂花粉、蜂王浆、蜂胶、日化、蜂产品制品六大类140余个品种，其中蜂蜜类产品销往全国27个省市；销售渠道包括商超、专卖店和电商。公司作为中国蜂产品协会副会长单位、蜂蜜专业委员会主任单位，参与蜂蜜、蜂王浆、蜂胶、蜂花粉等产品的国家标准制定工作。公司领导兼任中国蜂产品协会副会长、中国蜂协蜂蜜专业委员会主任。

（钟一鸣）

北京百花蜂业科技发展股份公司

总经理　闵才良

北京中纺化工股份有限公司

2021年，北京中纺化工股份有限公司（简称中纺化工）的资产总额为1.41亿元，净资产为1.12亿元，营业收入为2.02亿元，利润总额为1066.56万元，净利润为1035.07万元，有员工138人。年内，中纺化工23种产品通过国际纺织和皮革生态学研究和检测协会认证，34种产品完成有害化学物质零排放缔约品牌组织（ZDHC）的环保纺织助剂检测注册。公司牵头完成的“十三五”国家重点研发计划“针织物全流程平幅印染技术”项目子课题“有机—无机微纳米无氟防水整理剂制备与应用技术”通过科技部验收和中国纺织工业联合会组织的成果鉴定，达到国际先进水平，并获第八届“中国十大纺织科技”·绿色先锋奖；承担的“环保型锦纶染色固色剂的开发及应用”项目通过中国纺织工业联合会组织的成果鉴定，达到国际先进水平。公司通过中国纺织工业联合会纺织行业面料防水剂技术创新中心、北京市级企业科技研究开发机构复审。

中纺化工成立于 2000 年 8 月 1 日，注册资本为 5300 万元，是中国纺织科学研究院有限公司（简称中纺院）控股的高新技术企业，从事纺织化学品和生物酶制剂的研发、生产和销售，同时进行特种纺织品研发并提供技术服务。公司科研队伍由纺织、印染、高分子化学、精细化工、生物化工等领域的创新技术人才和专家组成，建有化工合成、化学分析、生物工程、纺织染整等专业实验室。公司在北京、东莞建立有生产基地，并建立覆盖全国的市场营销网络。公司依托中纺院在技术、人才、信息和地域等方面的优势，完成苎麻脱胶助剂、油剂和脱胶工艺的研究等多项国家级重点科研项目。公司是北京市专利试点单位，曾获“九五”国家重点科技攻关计划优秀科技成果奖、国家科学技术进步奖三等奖、中国纺织工业联合会科学技术进步奖二等奖等，通过 ISO 9001 质量管理体系认证。

（康剑敏）

北京中纺化工股份有限公司

董事长 李开占

总经理 朱清峰

亿滋食品（北京）有限公司

2021 年，亿滋食品（北京）有限公司（简称亿滋北京）向市场交付 7.5 万吨饼干类产品，超出年度计划产量的 5%，有员工 600 人。年内，亿滋北京采用光伏发电技术，年发电量为 20 万千瓦·时；采用永磁电机和石墨烯节能技术，每年减少用电 30 万千瓦·时，共计减少碳排放 299.1 吨；采用锅炉动态管理、节水龙头、冷却塔填充技术，每年节省水资源 2000 立方米。公司推出全新产品零糖奥利奥夹心饼干，樱花柚子和玫瑰葡萄口味奥利奥夹心饼干。

亿滋北京是亿滋国际设立的外商投资企业，于 2007 年搬迁至经开区经海三路 148 号，注册资本为 3500 万美元，占地面积为 5.6 万平方米，建筑面积为 4.1 万平方米，年产能为 12 万吨。公司有 6 条生产线，总投资 6.4 亿元，主要生产各类饼干产品，其中包括“奥利奥”“闲趣”“乐之”等品牌，部分产品出口至澳大利亚、新西兰、日本和马来西亚等国家。

（王萌）

亿滋食品（北京）有限公司

厂长 宋湘涛

科技创新

综述

2021 年，经开区坚持以推动国际科技创新中心“三城一区”主平台建设为主线，立足“四区一阵地”功能定位，挂牌 6 家中关村科技成果产业化先导基地加速区，新增北京集成电路产业链及先导技术产业创新中心等市级企业研发机构 99 家，入选中国科学技术协会“科创中国”试点园区。核心区内大中型企业研发经费增长达 25.4%，落地“三城”科技成果转化项目，进一步推动产业链创新链融合，初步形成“三城一区”南北协同、产研互补的科技创新与成果转化新格局。

以强化与三大科学城联动发展为重点，加快建设具有全球影响力的科技成果转化承载区。通过“建机制、抓源头、强承载、优服务”，不断强化与“三城”的协同联动，与“三城”管委会建立“三城一区”联动发展协调会议机制，推动科技成果转化落地。

加强培育高新技术企业，启动高新技术企业培育库建设工作，筛选区内优秀企业吸收入库，研究企业出库奖励政策。推动高新技术企业服务平台建设，提高对高新技术企业的服务能力，建立高新技术企业服务生态，促进升级版经开区高质量发展。截至 2021 年年底，经开区国家高新技术企业存量为 1748 家，中关村高新技术企业存量为 1115 家。

推进中小企业转型升级，鼓励中小企业提升综合竞争力，从“金种子”“展翼”“瞪羚”“专精特新”“隐形冠军”“独角兽”5 个层级挖掘企业成长潜力，构建科技创新型企业成长培育梯队，培育北京市“专精特新”中小企业、北京市专精特新“小巨人”企业。

（张鹏宇）

综合管理

概况

2021 年，经开区围绕推动国际科技创新中心“三城一区”主平台建设，以着力打造创新领航、创新雁阵、创新加速、创新服务、创新引导五大工作体系和持续做好疫情防控工作为重点，推动经开区科技创新再上新台阶。新增市级企业研发机构 99 家，实现北京市认定的新技术 121 项、新产品 208 项。开展科技型中小企业服务工作。新增国家级专精特新“小巨人”企业 22 家、北京市专精特新“小巨人”企业 41 家、北京市“专精特新”中小企业 135 家。开展创新政策宣传和培训，服务企业 530 余家次，参训人数 400 余人次。强化企业科学技术协会组织建设，新发展 25 家企业成立企业科学技术协会。

（吕华斌）

高新技术企业培育库建设

2 月 23 日，科技创新局根据市科委印发的《促进高新技术企业高质量发展工作措施（征求意见稿）》（京科函［2021］31 号），启动高新技术企业培育库建设工作。科技创新局以提高经开区高新技术企业存量，优化高新技术企业认定流程为重点，梳理区内中关村高新技术企业、科技型中小企业名单，筛选优秀企业吸收入库；研究企业出库奖励政策，对符合规定的出库企业给予资金补贴；在市科委的指导下开展高新技术企业“报备即批准”试点政策组织申报工作。截至 2021 年年底，高新技术企业培育库入库企业 214 家、出库企业 45 家。

（张鹏宇）

“三城一区”创新联动机制建立

3 月 31 日，经开区管委会在市科委、市经济和信息化局的指导下，与“三城”管委会建立“三城一区”联动发展协调会议机制，并召开联席会第一次会议，明确信息互通、定期会商、走访交流等工作机制；与三大科学城建立创新联动发展领导小组，在加强技术创新源建设、加快科技成果转化空间载体建设、加强科技成果产业化服务能力方面开展合作，加强沟通交流，落实工作督办与评估，结合各自优势和联动发展需求，制订 2021 年度联动发展工作计划。

（吕华斌）

首批 6 家先导基地加速区挂牌

4 月 2 日，经开区首批 6 家中关村科技成果产业化先导基地加速区挂牌，空间面积总计为 8.23 万平方米，内设创新服务平台 30 个，标志着先导基地加速区进入实体化运行阶段。先导基地加速区是经开区围绕四大主导产业和战略新兴产业，从区内具有一定空间载体和产业化加速服务能力的机构中，择优选取的一批创新空间，将承接科技成果加速项目、关键核心技术攻关项目和服务机构，并通过实施“创新成长计划”和“创新伙伴计划”，对纳入计划的创新项目和服务机构给予房租补贴、贷款贴息、人才奖励、投资资金等支持，建立转化项目储备库，储备项目 88 个。在设立先导基地加速区的基础上，经开区将亦庄新城“225 平方公里”全域纳入先导基地扩展区范围，储备 44 个城市更新园区和一批集成电路、生物医药标准厂房及产业用地，全面承接科技成果产业化项目；设置先导基地服务平台，为入驻的科技成果转化项目和服务机构提供交互社区、科技服务对接、公共服务资源发布、政策发布、项目申报等服务，与先导基地加速区、扩展区互联互动。

经开区首批中关村科技成果产业化先导基地加速区一览表

类别	序号	加速区名称	地址	加速区面积（平方米）	运营团队（人）	服务平台（个）
商务楼宇	1	大族广场	荣华南路 2 号	3100	25	4
	2	亦城国际中心	荣华中路 10 号	16408.86	10	8
	3	国家信创园	科谷一街 10 号院	16251.76	9	9
	4	朝林广场	荣华中路 19 号	2000	5	1
城市更新园区	5	北京经开·北工大软件园	地盛北街 1 号	17300	8	4
	6	鸿坤国际生物医药园	凉水河一街 7 号院	27252	9	4
合计				82312.62	66	30

（陈稳）

北京科技周活动

5 月 17—28 日，科技创新局举办“庆党百年华诞，走进科技之城”2021 北京科技周经开区系列活动，围绕“百年华诞 长忆初心”“实地感受 科技强国”“政策助力 科技攻坚”三大主题，组织小型机器人成果展专场、“如何科学预防肿瘤”科普讲座、“博物馆探秘”之旅等活动，集中展示经开区的科技创新成果。5 月 22—28 日，2021 年全国科技活动周暨北京科技周主场活动举行，科技创新局在亦庄新城范围内征集 18 件代表性成果展品参加北京科技周线上展览，其中自动驾驶智能网联汽车先导实验平台、“谷神星一号”火箭模型、Super-M 双足人形智能机器人等 7 件展品同时参加北京科技周主会场线下展览。

（张鹏宇）

入选“科创中国”试点园区

5 月 28—30 日，在两院院士大会、中国科学技术协会第十次全国代表大会上，第二批“科创中国”试点城市（园区）名单公布，全国共有 39 个城市（园区）入选。其中，经开区作为北京市政府 2021 年度唯一推荐的单位入选，成为“科创中国”打造科技经济融合的“样板间”之一。“科创中国”是中国科协为服务国家战略，树立科技自强理念，促进科技与经济深度融合而推出的品牌行动，注重构建资源整合、供需对接的技术服务和交易平台，以发现企业需求价值和构建园区产业链为重点，通过探索产学融合的组织机制和激励机制，实现人才聚合、技术集成、服务聚力，推动技术交易规范化、市场化、国际化，建设创新、创业、创造生态。

（李欢欢）

新增 41 家市专精特新“小巨人”企业

6 月 2 日，市经济和信息化局发布《关于北京市 2021 年度第一批专精特新“小巨人”企业的公告》，共有285家企业入选。其中，经开区有41家企业入选，入选企业主要分布在高端装备制造、集成电路、人工智能、新材料、生物医药等领域。

经开区入选北京市2021年度第一批专精特新“小巨人”企业名单一览表

序号	企业名称
1	北京同益中新材料科技股份有限公司
2	北京中科金马科技股份有限公司
3	北京斯利安药业有限公司
4	北京唯迈医疗设备有限公司
5	北京智飞绿竹生物制药有限公司
6	北京东方百泰生物科技股份有限公司
7	北京利达华信电子有限公司
8	北京凌空天行科技有限责任公司
9	北京天润融通科技股份有限公司
10	北京泽桥医疗科技股份有限公司
11	北京捷杰西石油设备有限公司
12	北京星河动力装备科技有限公司
13	蓝箭航天空间科技股份有限公司
14	中航金网（北京）电子商务有限公司
15	蓝谷智慧（北京）能源科技有限公司
16	北京特倍福电子技术有限公司
17	北京京仪自动化装备技术股份有限公司
18	中航迈特粉冶科技（北京）有限公司
19	北京升鑫网络科技有限公司
20	博雅工道（北京）机器人科技有限公司
21	北京培宏望志科技有限公司
22	北京锐洁机器人科技有限公司
23	北京纳百生物科技有限公司
24	赫普能源环境科技股份有限公司
25	北京金迈捷科技有限公司
26	安诺优达基因科技（北京）有限公司
27	北京京运通科技股份有限公司
28	东方晶源微电子科技（北京）有限公司
29	北京华卓精科科技股份有限公司
30	求臻医学科技（北京）有限公司
31	北京软体机器人科技有限公司
32	健康力（北京）医疗科技有限公司
33	北京和合医学诊断技术股份有限公司
34	北京旷博生物技术股份有限公司
35	北京华达建业工程管理股份有限公司
36	长城超云（北京）科技有限公司
37	北京安必奇生物科技有限公司
38	北京智行者科技有限公司
39	北京黎明文仪家具有限公司
40	北京融安特智能科技股份有限公司
41	北京中丽制机工程技术有限公司

（孔祥瑞）

7个项目获金桥工程种子资金支持

6月9日，市科协金桥工程办公室发布2021年北京市科协金桥工程种子资金支持项目名单，共支持60个金桥工程种子资金项目。其中，经开区有7个项目入选，分别为北京东方百泰生物科技股份有限公司的“广谱抗肿瘤药物重组人IL-10-Fc融合蛋白（JY010）研发”项目、蓝箭航天空间科技股份有限公司的“液氧甲烷发动机静态性能仿真平台”项目、北京欣奕华科技有限公司的“新型量子点光刻胶材料及图案化工艺研究”项目、北京枭龙科技有限公司的“衍射波导显示光学器件关键技术研发及应用”项目、中冶赛迪电气技术有限公司的“超高功率直流电弧炉柔性电源装备开发”项目、北京泰德制药股份有限公司的“治疗铂耐药卵巢癌1类小分子靶向药TDI07的成药性研究”项目、北京百普赛斯生物科技股份有限公司的“新型冠状病毒突变株抗原预偶连磁珠的开发和应用”项目。经开区累计有42个项目获该资金支持。

（李欢欢）

成果转化战略合作协议签订

6月10日，科技创新局与中关村技术经理人协会、中关村创业生态发展促进会签署成果转化战略合作协议。根据协议，三方推动技术转移机构与孵化器建立合作机制，提升技术转移和孵化服务能力；探索建立市场化的成果转化基金，引入2只“三城”基金落地经开区，落地金额为4.68亿元。

（吕华斌）

3个项目获技术成果转化培育项目支持

6月15日，北京科技咨询中心公示2021年中小企业优秀技术成果转化培育项目拟支持项目，拟对评选出的12个项目予以资金支持。其中，经开区3个项目入选，分别是索真（北京）医学科技有限公司的“基于肿瘤高通量测序大数据和AI算法的肿瘤新生抗原免疫疗法转化研究项目”、北京唯迈医疗设备有限公司的“介入手术机器人转化研究项目”、北京锐洁机器人科技有限公司的“半导体晶圆自动化传输及校准技术转化研究项目”。

（李欢欢）

47家单位获科学技术攻关先锋港认定

6月17日，科技创新局首次启动科学技术攻关先锋港申报工作。申报企业必须符合经开区产业发展方向，设有基层党组织，党组织开展党史学习教育活动，承担国家、北京市重大战略任务或重大专项且表现突出等条件。6月29日，科技创新局发布2021年第一批科学技术攻关先锋港名单，包括北京京东世纪贸易有限公司、北京和利时智能技术有限公司等在内的26家单位入选。10月14日，科技创新局发布2021年第二批科学技术攻关先锋港名单，包括北京北方华创微电子装备有限公司、国汽（北京）智能网联汽车研究院有限公司等在内的21家单位入选。先锋港企业将带头推动关键核心技术攻关。

（陈稳）

加强创新联动发展战略合作协议签订

6月18日，经开区管委会与怀柔科学城管委会、未来科学城管委会签订加强创新联动发展战略合作协议。根据协议，经开区和怀柔科学城、未来科学城将按照“市场主导、政府支持，优势互补、资源共享，优化布局、合作共赢”的原则，加强技术研发和科技成果转化战略合作，形成“南北协同、产研互补”的科技创新与成果转化新格局。经开区已与“三城”全部签订战略合作协议。

（陈稳）

新增22家国家级专精特新“小巨人”企业

7月19日，工业和信息化部中小企业局发布《关于第三批专精特新“小巨人”企业名单的公示》。经开区22家企业入选，累计有38家国家级专精特新“小巨人”企业，数量在全国230个国家级经开区中位居第一。

经开区入选第三批专精特新“小巨人”企业名单一览表

序号	企业名称
1	北京京仪自动化装备技术股份有限公司
2	北京安必奇生物科技有限公司
3	北京特倍福电子技术有限公司
4	中航迈特粉冶科技（北京）有限公司
5	博雅工道（北京）机器人科技有限公司
6	北京纳百生物科技有限公司

续表

序号	企业名称
7	北京华卓精科科技股份有限公司
8	北京软体机器人科技有限公司
9	北京智行者科技有限公司
10	北京捷杰西石油设备有限公司
11	蓝箭航天空间科技股份有限公司
12	北京升鑫网络科技有限公司
13	北京锐洁机器人科技有限公司
14	赫普能源环境科技股份有限公司
15	北京金迈捷科技有限公司
16	北京京运通科技股份有限公司
17	东方晶源微电子科技（北京）有限公司
18	北京同益中新材料科技股份有限公司
19	北京利达华信电子有限公司
20	北京星河动力装备科技有限公司
21	安诺优达基因科技（北京）有限公司
22	北京中丽制机工程技术有限公司

（孔祥瑞）

参展中国北京国际科技产业博览会

科博会经开区展区　　吴江　摄

9月24—28日，第二十四届中国北京国际科技产业博览会（简称科博会）举办。经开区率阿斯利康中国北部总部、施耐德（北京）中低压电器有限公司、北京京东乾石科技有限公司等31家企业的74件高精尖科研成果参与智慧科技领域展区的展示，展位面积约为400平方米，分为“智启·赋能”“智行·云控”“智造·驱动”“智远·筑梦”四大板块，覆盖智能制造、智慧医疗、自动驾驶、航空航天、低碳节能、精密仪器等多个高精尖产业领域，展现经开区作为国际科技创新“三城一区”主平台的科技成果转化力、承载力、创新力和研发力。其中，阿斯利康中国北部总部展出的“AI+医疗应用场景：智慧基层诊疗方案”通过线上平台赋能多种医疗场景，实现从筛查、治疗到居家健康管理的全闭环管理，被选为科博会重点项目。9月27日，在科博会科技合作项目推介暨签约仪式上，福贝神经系统疾病创新药物研发生产和商业化项目，北京亦庄城市更新有限公司天空之境·产业广场项目、健康智谷·产业公园项目等7个项目签约落户经开区，签约总额超过24亿元。

（唐硕）

1位科学家和9项成果获市科学技术奖

9月25日，在2021中关村论坛全体会议上，2020年度北京市科学技术奖揭晓，14位科学家、150项科研成果获奖。其中，经开区1位科学家和9项科研成果获奖。

经开区获2020年度北京市科学技术奖一览表

杰出青年中关村奖			
序号	姓名	工作单位	
1	杨洋	北京北方华创微电子装备有限公司	
科学技术进步奖			
序号	等级	项目名称	完成单位
1	一等奖	12英寸先进集成电路制程电感耦合等离子刻蚀机研发及产业化	北京北方华创微电子装备有限公司
2		工业物联网时序数据库管理系统关键技术及应用	北京金风科创风电设备有限公司

续表

序号	等级	项目名称	完成单位
3	一等奖	大型电商物流中心机器人及智能化调度系统研发与应用	北京京东乾石科技有限公司 北京京东世纪贸易有限公司
4	一等奖	高安全性车身结构用钢制造及应用关键技术集成与创新	北京奔驰汽车有限公司
5	一等奖	高品质管材用钢洁净冶炼技术及应用	中冶京诚工程技术有限公司
6	一等奖	分布式可再生能源交直流高效集成与互联关键技术、装备及应用	北京天诚同创电气有限公司
7	二等奖	基于深度学习的智能数字营销技术研究与应用	北京京东世纪贸易有限公司 北京沃东天骏信息技术有限公司
8	二等奖	面向化石燃料能源转换系统燃烧不稳定性预报、调控技术及工程应用	中冶京诚工程技术有限公司 北京嘉永会通能源科技有限公司
技术发明奖			
序号	等级	项目名称	完成单位
1	一等奖	高通量众核处理器关键技术及应用	北京睿芯高通量科技有限公司

（许金星　袁紫阳）

双创周亦庄会场活动

10月20—21日，2021年全国大众创业万众创新活动周亦庄会场活动在亦城财富中心举行。经开区围绕高精尖产业发展创新活力，组织以“众创亦精彩，创新赢未来”为主题的“1+1+N”系列活动（1场开幕式和主题展览、1场中关村自主创新示范区展示中心推介会和N场双创系列活动）。开幕式上，2021第七届北京·亦庄创新创业大赛颁奖仪式、2021德勤·亦庄高科技高成长20强授牌仪式、2021年度国家级专精特新“小巨人”经开区企业授牌仪式举行；《“十四五”时期北京经济技术开发区科技创新发展规划》、中关村科技成果产业化先导基地及经开区科技金融服务联盟的成果发布；经开区科技金融服务联盟成员单位联合发布50亿元的授信额度，支持专精特新“小巨人”企业发展。市发展改革委、市科委、中关村管委会、市经济和信息化局、市科协、经开区负责人和企业代表200余人出席开幕式。主题展览分为“三城一区”科技成果项目展示区、创新开放平台场景展示区、高精尖技术创新展示区三大板块，123家企业、高校科研院所及金融联盟等单位报名参加，展出作品600余件，参加人数近1000人。

（姜楠）

“十四五”科技创新发展规划印发

11月15日，经开区管委会印发《“十四五”时期北京经济技术开发区科技创新发展规划》（京技管〔2021〕139号）。该规划由科技创新局编制，规划明确，在“十四五”时期，经开区将坚持把科技自立自强作为发展战略支撑，坚持把科技创新作为推动高质量发展的第一动力，以应用创新和成果转化为主线，以关键技术突破和重大创新项目落地为牵引，以建成创新领航、创新雁阵、创新加速、创新服务、创新引导五大体系为目标，实施技术创新领航、企业雁阵培育、成果转化平台、数字赋能升级、应用场景示范、协同创新引领、创新人才高地、创新文化培育八大工程，加快建设具有全球影响力的技术创新示范区、科技成果转化承载区和全球数字经济标杆城市先行区，支撑首都国际科技创新中心建设，力争到2025年，以应用为导向、企业为主体的科技创新五大体系日益完善，创新要素加快聚集、创新能力显著提升、创新活力充分释放，科技创新对产业发展和城市建设的引领性、带动性、支撑性充分彰显。

（张鹏宇）

2个园区被评为中关村示范区特色产业园

12月6日，市科委、中关村管委会发布《关于公示2021年中关村示范区特色产业园支持资金项目拟支持名单的通知》，认定17个园区为2021年拟支持特色产业园。其中，北京亦庄生物医药园和北京经开·北工大软件园入选。

（张向松）

2家企业被评为市首批“隐形冠军”企业

12月21日，市经济和信息化局、市工商业联合会公布北京市第一批“隐形冠军”企业名单，共有20家企业入选。其中，北京集创北方科技股份有限公司、森特士兴集团股份有限公司2家企业入选。“隐形冠军”企业需满足细分市场占有率全国第一、年营业收入不低于20亿元、连续3年毛利率达20%以上要求，并具有成长性高、经营利润高、行业地位高的特点。

（孔祥瑞）

“十四五”高精尖产业发展规划印发

12月29日，经开区管委会印发《北京经济技术开发区“十四五”时期高精尖产业发展规划》（京技管［2021］185号）。规划明确，在“十四五”时期，经开区抓住具有战略领航性、示范带动性、科技引领型的核心环节，承接国家战略性重大项目，聚焦关键核心技术攻关、产业链优化升级、产业生态集聚，构建更加开放的高精尖产业创新生态，培育世界级高精尖产业集群，加强高精尖产业支持体系建设。经开区将坚持战略担当、创新驱动、融化创新、辐射带动，力争到2025年，新一代信息技术、汽车、生物医药、新兴产业等重点产业累计总投资突破2000亿元，规模以上工业产值突破8000亿元，培育一批专精特新企业、独角兽企业和伟大企业，重点突破一批“卡脖子”关键核心技术，打造一批具有国际影响力的特色产业园区、重大公共平台和新型基础设施，形成6个具有世界影响力的高精尖千亿级产业集群。

（陈知晖）

创新领航体系

年内，科技创新局打造创新领航体系。其中，制定《北京经济技术开发区科技创新局“白菜心工程”项目管理工作规范（试行）》及相关配套文件、项目研发任务作战图，规范项目组织实施，实行月调度机制；制订重大项目节点奖励资金管理办法及实施方案，激发科研人员的创新活力，确保项目按建设节点完成进度；建立集成电路专利池，开展集成电路专利联盟成员单位专利入池工作；与北京航空航天大学等开展全面战略合作，强化与香港中文大学的交流合作，推动与中国科学院的深入合作，组织北京大学医学部等50余家医疗机构和高等院校与北京扶正肿瘤医院对接，推动产学院研用深度融合；推动企业参与国家自然科学基金区域创新发展联合基金，对接高校智力资源，提升区域间的协同创新能力。

（蔡茜　石美浓）

创新雁阵体系

年内，科技创新局打造创新雁阵体系。其中，开展雁阵梯队企业培育工作，梳理高科技高成长企业情况，制订《雁阵式科技创新企业梯队培育工作方案》，为梯队企业提供更精准服务保障；制订国家高新技术企业认定评审工作方案，开展申请高新技术企业认定审查工作；开展科技型中小企业服务工作，包括深化“专精特新”企业科技金融服务，联合商业银行推出针对“专精特新”企业的专属信用贷产品，开展创新政策宣传和培训，强化企业科学技术协会组织建设等。

（蔡腾飞）

创新加速体系

年内，科技创新局打造创新加速体系。其中，编制并印发《北京经济技术开发区关于建设中关村科技成果产业化先导基地实施方案》，推动中关村科技成果产业化先导基地实体化运行，搭建“创新成长计划”企业库和“创新伙伴计划”机构库；与怀柔科学城、未来科学城管委会签订加强创新联动发展战略合作协议，并制订 2021 年工作计划；推动“三城一区”科技成果转化服务平台上线运行，建立北京国际科技创新中心“三城一区”创新路演大厅，开展 10 场项目路演和科技成果供需对接活动，共有 51 个科技项目进行路演，累计近 750 人次参加，推动“三城”创新联动发展；完善产业园区楼宇管理办法，健全评价指标体系，筹备组建园区楼宇党建联盟，对 66 个纳入经济运行调度的园区楼宇开展日常动态监测分析，对园区楼宇运行情况进行月度分析与调度，全面推动产业空间量质齐升；打造“龙头企业＋孵化”的融通型特色载体，截至 7 月底，共发放 3 批专项资金，累计支持金额达 3941.87 万元；特色载体工作高分通过财政部、工业和信息化部、科技部联合评审，获最高 1000 万元奖励资金；上线科技型中小微企业运行融通发展平台，构建区域内中小微企业精准服务、项目入驻备案联动、空间载体招商服务工作体系。

（吕华斌）

创新服务体系

年内，科技创新局打造创新服务体系。其中，推动建设北京市知识产权保护中心经开区分中心；举办“4·26”知识产权宣传周活动，组织开展 2021 年高价值专利奖评选，评选出获奖项目 11 项，开展专利预审业务讲座、知识产权实务技能提升等培训 10 余场；新增 8 家知识产权贯标培育企业、56 家北京市知识产权试点示范单位；举办 2021 第七届北京·亦庄创新创业大赛，推动 36 个获奖项目落地经开区；鼓励商业航天产业发展，落实北京市“南箭北星”产业布局，成立北京亦庄星箭网络产业联盟，制定联盟章程，研究商业航天标准及发展规划，募集蓝箭航天空间科技股份有限公司、星河动力（北京）空间科技有限公司等 41 家联盟成员；出台支持卫星网络产业发展的专项政策，促进产业集聚发展；统筹推进数字经济发展工作，起草《北京经济技术开发区“十四五”时期数字经济发展规划》《北京经济技术开发区数字经济创新发展暨推进全球数字经济标杆城市先行区建设行动计划（2022—2024）》，推动数字经济亦庄创新实验室建设，打造领先的数字生活场景。

（刘茜紫　陈伟　罗天晨）

创新引导体系

年内，科技创新局打造创新引导体系。其中，强化科技创新顶层设计，加强科技工作系统谋划，编制《“十四五”时期北京经济技术开发区科技创新发展规划》；完善科技创新资金管理，完成《科技创新资金的评审、决策程序及职责》制度修订；指导北京超弦存储器研究院和北方先进工艺研究院制订研究院5年建设方案，制定支持资金管理办法，实行负面清单管理，赋予资金管理自主权，激发项目研发积极性；鼓励企业研发资金投入，制定经开区科技创新服务券制度规则，促进创新资源开放共享。

（张鹏宇 石美浓）

高新技术企业服务平台建设

年内，经开区持续推动高新技术企业服务平台建设，提升服务高新技术企业的能力，建立高新技术企业服务生态，促进升级版经开区高质量发展。全年受理国家高新技术企业申报722家，认定通过619家；认定中关村高新技术企业648家，其中新认定企业156家、通过复核企业492家。截至2021年年底，经开区国家高新技术企业存量为1748家，比2020年增加120家；中关村高新技术企业存量为1115家。

（张鹏宇）

首都科技条件平台开发区工作站服务企业

年内，首都科技条件平台开发区工作站完善工作站管理办法，规范服务工作机制，修订《首都科技条件平台开发区工作站办理办法》《开发区工作站创新券管理办法》《日常工作管理考核办法》等配套管理制度；新增北京宏诚创新科技有限公司、蓝箭航天空间科技股份有限公司、国药物流有限责任公司等23家成员单位，涉及生物医药、电子信息、智能装备、新材料等领域；征集企业有效科技需求66项，解决8项；牵头与北京科技大学、北京工业大学、中国家用电器研究院等单位联合组织6次“首都科技条件平台百家重点实验室进千家企业”专题对接活动；促成北京锤特生物科技有限公司与北京大学、百实创（北京）科技有限公司、北京工业大学等单位签订8项合作协议，涉及合同金额达119.26万元；协助6家企业申请首都科技创新券，促进签署创新券合同总金额达188.3万元；梳理经开区内166.09万平方米空间资源，将空置空间信息在首都科技条件平台网站上公开，协助企业选择合适的办公空间。该工作站由经开区管委会与市科委于2016年联合共建，为区内企业提供科技资源对接服务。

（张鹏宇）

科技创新服务券发放

年内，科技创新局分3次发放经开区科技创新服务券，共计300万元，用于支持企业围绕科技创新创业购买专业技术服务。补贴范围从经开区核心区拓展至亦庄新城“225平方公里”，在规定时间内于经开区认定的中试基地、公共技术服务平台购买专业技术服务并实际付款的企业均可申领，对单个合同的补贴比例不超过50%、金额不超过5万元。全年累计支持93家企业，直接撬动技术服务交易3000万元。

（陈稳）

科技型中小微企业融通发展服务平台上线

年内，经开区科技型中小微企业融通

发展服务平台上线。该平台包含空间承载、运行分析、服务管理、预测预警四大板块。平台融合2019年、2020年科技数据手册及社会化数据，梳理企业标签38类，从产业、行业、科技创新属性等多维度对5万余家中小微企业、城市更新园区、重点商务楼宇进行运行监测；基于企业和园区的动态数据分析，提供税收波动提示、异地企业风险预警、租期预警等多类预测预警功能。该平台的上线构建区域内中小微企业精准服务、项目入驻备案联动、空间载体招商服务工作体系。

（李涵萧）

3个应用创新经济实验室挂牌

年内，经开区3个数字经济实验室组建并挂牌，分别是京东科技控股股份有限公司“区块链应用创新实验室”和“时空AI+城市治理应用创新实验室”、北京天空卫士网络安全技术有限公司“AI+数据安全治理应用创新实验室”，覆盖可信供应链、防伪溯源、城市精细化治理、企业数据安全防护等应用场景，推动区块链、人工智能等数字技术与实体经济深度融合，服务企业数字化转型升级。

（蔡茜）

创新平台

概况

2021年，经开区推动“三城一区”平台建设，通过举办“三城一区”项目路演活动等方式，搭建创新平台，推动“三城一区”成果在经开区转化落地。下一代互联网关键技术和评测国家地方联合工程研究中心牵头成立中国网络空间安全协会IPv6安全工作组、粤港澳下一代互联网产业创新中心，与中国联合网络通信有限公司等共建下一代互联网新技术联合实验室；启动IPv6 Enabled Security Logo安全认证项目、IPv6 Ready SRv6 Logo国际认证项目，推动全球网络互联互通。

（万轶群）

“三城一区”项目路演活动

4月16日，由市科委、中关村管委会主办，“三城一区”管委会协办的北京市科技成果转化统筹协调与服务平台系列项目路演活动——“三城一区”项目路演活动暨科技成果供需对接会举办。经开区首批6家中关村科技成果产业化先导基地加速区的运营方进行园区推介，介绍其围绕科技成果转化落地需求而推出的房租减免、贷款贴息、投资支持、人才支持、创新券支持等政策。清华大学的基因分析仪产业化项目——组件化工业系统解决方案，北京大学第三医院的三维适型热疗粒子植入治疗肿瘤、自动控制膀胱压力导尿装置的研发及临床应用，中国医学科学院药物研究所的抗再生障碍性贫血（AA）创新药物IMM-H25等来自“三城”的10个科技项目进行现场路演，从核心团队、技术和产品、核心竞争力、市场前景分析等方面展示项目最新研究成果，点评嘉宾从融资需求、技术发展路线、商业模式等方面为项目落地转化提供专业意见。“三城一区”管委会负责人，中关村科技成果产业化先导基地加速区负责人，以及企业、投资机构、服务机构的 100 余名代表参与活动。

（陈稳）

IPv6 Enabled Security Logo 项目启动

5 月，全球 IPv6 论坛（IPv6 Forum）与下一代互联网关键技术和评测国家地方联合工程研究中心联合启动 IPv6 Enabled Security Logo 安全认证项目。该项目针对网络安全产品在 L4~L7 层进行 IPv6 支持度测评，从网络防护、应用防护和入侵检测等方面检测产品的 IPv6 支持能力，为网络安全厂商设备的升级提供支撑，确保 IPv6 改造的安全性。通过该项目认证表明网络安全设备在 IPv6 网络协议安全和 IPv6 网络功能防护方面得到权威验证，能够有效保障用户在 IPv6 环境下的网络安全。10 月 22 日，全球 IPv6 论坛（IPv6 Forum）与下一代互联网国家工程中心在 2021 全球 IPv6 下一代互联网峰会上，联合发布首批通过该项目认证的 5 家厂商，分别是新华三技术有限公司、北京神州绿盟科技有限公司、网神信息技术（北京）股份有限公司、北京长亭未来科技有限公司、北京天融信网络安全技术有限公司。

（王子平）

IPv6 安全工作组成立

6 月 7 日，中国网络空间安全协会 IPv6 安全工作组成立，并召开 2021 年第一次工作会议暨 IPv6 安全研讨会。该工作组是下一代互联网关键技术和评测国家地方联合工程研究中心在中国网络空间安全协会的指导下牵头组建的，旨在进一步强化下一代互联网安全发展，推动安全技术创新，夯实 IPv6 网络安全和数据安全建设，发挥中国网络空间安全协会行业交流合作和促进行业规范发展方面的作用。该工作组将面向下一代互联网安全和 IPv6 为代表的关键资源技术治理等方面的安全风险和解决路径，持续开展基于 IPv6 的网络空间技术治理和政策研究、国际交流合作、相关技术产业标准和规范研究、认证与培训等方面的工作。50 余名安全产业学术专家参会，就工作组工作方向、IPv6 安全痛点及产业发展机遇展开交流。

（王子平）

全球 IPv6 发展与展望研讨会

“2020—2021 全球 IPv6 发展与展望”研讨会举行　　王子平 摄

6 月 20 日，由全球 IPv6 论坛（IPv6 Forum）、下一代互联网关键技术和评测国家地方联合工程研究中心联合主办的“2020—2021 全球 IPv6 发展与展望”研讨会暨 IPv6 互联网名人堂颁奖仪式在中国科技会堂举行。中国互联网协会理事长尚冰、中国通信标准化协会副理事长兼秘书长闻库等近百名业界领袖、主管部门领导、行业专家出席研讨会，共议全球 IPv6 技术的融合发展与创新趋势，聚焦 IPv6 产业的规模部署及生态构建，推动全球 IPv6 商用部署步入新阶段。IPv6 Forum 主席拉提夫 · 拉蒂德以“2020—2021 全球 IPv6 发展总结与展望”为主题，分享其对全球

IPv6 技术发展趋势的分析。IPv6 Forum 副主席、下一代互联网国家工程中心主任刘东发表致辞，提出要从增进共识、融合发展、持续创新和打造生态 4 个方面，联合全产业链，推进 IPv6 规模商用部署。会上，宣布中国电信集团有限公司总经理李正茂入选全球 IPv6 互联网名人堂。

（王子平）

健康科技创新平台落成

GE 医疗与清华工研院打造的 G^2 创 · 中心　李梦圆 摄

7 月 31 日，北京—GE 医疗中国联合北京清华工业开发研究院（简称清华工研院）打造的健康科技创新平台——G2 创·中心落成。该中心将依托清华工研院的科研力量以及 GE 医疗的全产业链资源，搭建创新服务平台，推动医疗健康行业中新技术、新产品、新模式的转化，惠益临床、丰富生态，助力大健康产业升级。

（隋丞琳）

北京市首家产业计量技术创新中心落地

10 月 19 日，由市市场监督管理局、经开区管委会共同主办的北京市产业计量技术创新中心建设启动会暨北京市 2020 年全国能源资源计量服务示范项目推广会召开，北京市首家产业计量技术创新中心落地经开区。该中心将以汇龙森国际企业孵化（北京）有限公司为主要建设单位，打造“政产检学研用资”一体化的产业计量技术创新模式，建设“源头培育一资本催化一中试扩大一量化推广一技术转移”的产业计量跨区域协同创新平台，为科技型企业孵化、培育和发展提供计量技术创新服务，推动计量科技成果转移、转化和产业化。涉及计量产业的“政产检学研用资”政府及企事业单位 100 余人参加推广会。

（王红军　李凯丽　刘晓雪）

2021 全球 IPv6 下一代互联网峰会

10 月 21—22 日，由全球 IPv6 论　坛（IPv6 Forum）、下一代互联网关键技术和评测国家地方联合工程研究中心联合主办的 2021 全球 IPv6 下一代互联网峰会在广州召开。峰会以“构建生态体系　融合应用发展”为主题，会聚数百名来自国内外组织机构、产业联盟、高校院所的产业专家、技术精英，通过主题演讲、技术专题论坛、圆桌论坛等形式，聚焦各行业的 IPv6 部署及应用，分享探讨 IPv6 下一代互联网领域的前沿技术趋势。会上，下一代互联网国家工程中心发布《2021 全球 IPv6 支持度白皮书》，从全球 IPv6 技术最新进展、全球用户数、网络及域名系统、国际运营商、网站、云服务、网络设备等方面对 IPv6 部署数据进行阐述和统计，反映全球 IPv6 发展状况；与全球 IPv6 论坛（IPv6 Forum）联合发布首批通过 IPv6 Enabled Security Logo

安全认证项目认证的厂商名单；与中国联合网络通信有限公司研究院、中国联合网络通信有限公司广东省分公司合作共建的下一代互联网新技术联合实验室揭牌；与澳门科技大学等合作建设的澳门科技大学及大湾区科研专网启动；与全球 IPv6 论坛（IPv6 Forum）联合发起的 IPv6 Ready SRv6 Logo 国际认证项目启动。

下一代互联网新技术联合实验室揭牌　　王子平 摄

（王子平）

北京亦庄星箭网络产业联盟成立

12 月 23 日，由科技创新局牵头筹建的北京亦庄星箭网络产业联盟成立。该联盟以“政府引导、企业主导”为原则，以“立足经开区，辐射京津冀”为目标，通过资源整合，优化技术创新、产学研合作等环节，建立具有行业影响力的创新型服务平台。联盟成立后将以国家和北京市产业政策为导向，瞄准卫星网络领域国际先进水平，组织全国卫星网络研发机构、高等院校、相关企业，开展卫星网络产业研究、高端技术研发、关键设备开发、终端产品生产等活动。截至 2021 年年底，共有北京中科宇航探索技术有限公司、蓝箭航天空间科技股份有限公司、星河动力（北京）空间科技有限公司等 41 家企业加入该联盟。

（陈伟）

知识产权

概况

2021 年，经开区按照《北京经济技术开发区知识产权行动计划（2021—2023）》的要求，推进知识产权创新发展，通过创造、运用、保护、管理和服务提升经开区知识产权整体发展水平。成立中国（北京）自由贸易试验区高端产业片区亦庄组团知识产权保护中心暨北京市知识产权保护中心经开区分中心，建设知识产权运营服务平台，专利授权时间由 22 个月缩短至最快 3 个月。设立国家知识产权局商标业务经开区受理窗口。33 家单位被认定为 2021 年度北京市知识产权试点单位、23 家单位被认定为 2021 年度北京市知识产权示范单位。全年经开区企业获专利授权 9815 件，比 2020 年增长 36.13%，其中发明专利 2543 件，比 2020 年增长 56.2%；申请 PCT 专利 864 件，比 2020 年增长 92.43%。截至 2021 年年底，经开区企业拥有有效发明专利 11480 件。

（刘茜紫）

北京同益中 4 件发明专利获授权

2 月 9 日，北京同益中新材料科技股份有限公司“一种超高分子量聚乙烯纤维纺丝溶液的制备方法”获巴西国家工业产权局发明专利授权（BR 112013003987-6）。该专利保证纺丝原液具有较好的流动性和出丝连续性，避免在后续的纺丝过程中出现毛丝、断丝，从而制备出性能良好的超高分子量聚乙烯纤维。4 月 23 日，北京同益中“一种聚乙烯纤维纺丝冷却浴槽”获国家知识产权局发明专利授权（ZL 201810784080.2）。该聚乙烯纤维纺丝冷却浴槽在工作过程中水体波动较小、水流稳定且水温分布均匀，能够有效保证聚乙烯纤维纺丝的成型效果和产品质量。4 月 27 日，北京同益中“凝胶化预取向丝及其制备方法和超高分子量聚乙烯纤维及其制备方法”获巴西国家工业产权局发明专利授权（BR 112014008726-1）。该专利制得的凝胶化预取向丝和超高分子量聚乙烯纤维具有优异的力学性能。6 月 1 日，北京同益中“一种水性环氧胶黏剂及其在高性能纤维防弹板粘接中的应用”获国家知识产权局发明专利授权（ZL 201910103344.8）。该专利使防弹板具有优异的耐冲击性，减小弹击后的凹陷深度，提高防弹效果。

（潘超）

博尔诚 2 件发明专利获授权

2 月 15 日，博尔诚（北京）科技有限公司“用于检测食道癌的组合物及其用途”获日本知识产权局发明专利授权（JP 2020—545787）；11 月 30 日，该发明获国家知识产权局发明专利授权（ZL 201810989986.8）。该发明涉及一种组合物及其在疾病检测中的用途，以及所述组合物在制备用于体外检测食管癌的试剂盒中的用途，针对食管癌检测技术存在的检测不便、灵敏度不足和成本高的问题，提供具有良好食管癌检测灵敏性的试剂盒，能够方便、快捷、有效地检测食管癌。12 月 7 日，博尔诚“从人外周血红细胞分离或提纯的 DNA 及其制备方法和用途”获国家知识产权局发明专利授权（ZL 202110955502.X）。该发明从受试者的红细胞中提取 DNA 并加以转化，再根据基因的甲基化水平检测癌症或癌症患病风险，实现对癌症的筛查和诊断。

（宁丽辉）

罗诺强施 2 件发明专利获授权

2 月 26 日，北京罗诺强施医药技术研发中心有限公司“稳定的益生菌组合物”获国家知识产权局发明专利授权（ZL 201710163295.8）。该发明具有抗胃酸、抗消化酶的特点，可通过人体胃肠道防线，在胃肠道指定部位繁殖并维持人体健康。3 月 9 日，罗诺强施“经鼻给药治疗精神疾病的方法和药物组合物”获国家知识产权局发明专利授权（ZL 201710726724.8）。该发明采用经鼻给药的方式，可快速、高效地治疗精神系统疾病。

（汪鹤龄）

蓝星北化机 2 件发明专利获授权

3 月 30 日，蓝星（北京）化工机械有限公司“氯气析出电极及其制备方法”获国家知识产权局发明专利授权（ZL 201910549040.4）。该发明研究制作保证良好的氯气析出阳极，降低涂层制作成本，简化电极制作工艺。8 月 17 日，蓝星北化机“一种熔盐储罐换热系统”获国家知识产权局发明专利授权（ZL 201810109616.0）。该发明采用自开闭装置，可解决部分气孔未被储罐内的熔盐浸没时，大量用于循环加热的热气体直接回到循环风机进行下一轮循环，没有参与对储罐内熔盐的加热环节，从而造成能量损失的问题。

（李云翰）

亦庄置业知识产权服务中心启动

4月9日，“助力科创 亦企腾飞”亦庄置业知识产权服务中心启动仪式暨银企对接会·高新企业知识产权质押融资专场活动举行。该中心主动对接和服务园区企业，开展知识产权质押融资服务，进一步盘活企业知识产权资产，为经开区高精尖产业发展和中小微企业转型升级服务。重点为区内企业提供知识产权融资咨询、贷款担保、资产评估等服务，促进金融资源投向拥有自主知识产权的科技型企业，缓解企业融资难的问题。北京亦庄国际融资担保有限公司、北京信诚资产评估有限责任公司、中国工商银行股份有限公司北京自贸试验区支行、中国邮政储蓄银行股份有限公司北京分行、交通银行股份有限公司北京经济技术开发区支行成为首批加入该中心的5家服务机构。

（李雯）

舒泰神4件发明专利获授权

4月13日，舒泰神（北京）生物制药股份有限公司和北京舒泰神医药科技有限公司共同发明的“神经生长因子组合物和注射粉剂”获国家知识产权局发明专利授权（ZL 201680023059.X）。该发明将氨基酸代替白蛋白作为稳定剂，能够避免因白蛋白中携带病毒或其他未知成分带来的潜在风险。4月16日，舒泰神和北京诺维康医药科技有限公司共同发明的“一种从蛇毒中提取凝血因子X激活剂的方法”获国家知识产权局发明专利授权（ZL 201711394414.7）。该发明提供一种从蛇毒中提取凝血因子X激活剂的方法，以及所述方法提取的凝血因子X激活剂在制备止血药和治疗出血性疾病的药物中的用途。4月27日，舒泰神和北京舒泰神医药科技有限公司共同发明的“一种神经生长因子组合物及注射粉剂”获国家知识产权局发明专利授权（ZL 201680023115.X），该发明使用二糖类或二糖类与氨基酸组合代替白蛋白作为稳定剂，能够避免因白蛋白中携带病毒或其他未知成分带来的潜在风险；“神经生长因子组合物及注射粉剂”获国家知识产权局发明专利授权（ZL 201680023083.3），该发明使用糖类或糖醇类代替白蛋白作为稳定剂，可避免因白蛋白中携带病毒或其他未知成分带来的潜在风险。

（吴文雅）

亦庄水务1件发明专利获授权

4月23日，北京亦庄水务有限公司“反渗透在线水质参数采集系统”获国家知识产权局发明专利授权（ZL 201810989779.2）。该专利可在线监测反渗透单膜运行的压差及产水水质，用于污水处理膜系统的运行、维护、更换等全过程管理，解决经开区污水处理膜技术运行检测难题，运行监测实时便捷、数据采集智能化。

（张惠）

市知识产权保护中心经开区分中心成立

4月25日，中国（北京）自由贸易试验区高端产业片区亦庄组团知识产权保护中心暨北京市知识产权保护中心经开区分中心挂牌成立。经开区分中心通过打造一站（专利预审支撑工作站）、一室（纠纷调解工作室）、一庭（知识产权巡回审判庭）、一窗（商标受理窗口）、一厅（知识产权运营服务大厅）五大平台，为企业提供重点产业专利预审支撑、快速维权、商标业务受理、知识产权保护协作等综合服务。截至 2021 年年底，经开区分中心完成专利预审案件受理及咨询 1000 余次；开展知识产权专题培训 33 场，服务经开区企业 500 余家 1600 余人次；“一对一”服务区域内知识产权领军企业、“专精特新”企业、中华老字号企业 38 家，解答知识产权疑难问题 80 余项；为企业提供全球专利信息检索服务 7000 余次，提供商标侵权判定咨询以及快速维权服务 170 余次、商标咨询及注册服务 1.75 万件（次），提供各类知识产权咨询服务 4000 余次；开展高端装备制造产业与国际专利分类（IPC）对照修订和审核、高端装备制造产业专利数据的标引和校验及专利统计分析工作，完成《经开区高端装备制造产业 IPC 分类研究报告》。

（刘茜紫　李凯丽）

经开区知识产权运营服务联盟成立

经开区知识产权运营服务联盟成立　　吴江　摄

4 月 25 日，经开区知识产权运营服务联盟成立。该联盟是由知识产权创造、运用、管理、保护、服务领域的企业及服务机构自愿组成的联合组织，包括 38 家知识产权服务机构和 100 名知识产权专家。该联盟将依托经开区知识产权运营服务平台，统筹协调知识产权运营服务机构，提供专业咨询、专利挖掘、运营等服务；定期举办企业知识产权专题培训、技术咨询、信息交流等活动，提供信息共享平台，推动联盟成员之间的合作，实现资源共享、优势互补。

（李凯丽）

京运通 2 件发明专利获授权

5 月 4 日，北京京运通科技股份有限公司的 2 件发明专利获国家知识产权局发明专利授权。其中，“风电场群或光伏场群的快速消缺自动化决策方法及系统”（ZL 201910027343.X）通过计算故障设备与现场检修人员的距离，分派距离最近的检修人员进行抢修处理，缩短故障发生与检修开始之间的时间，提高风电或光伏场群中故障消缺的速度，提升发电量，增加企业收益；“风电场设备监视与生产管理相结合的运行管理方法”（ZL 201910027908.4）为风电场的运行维护建立故障数据库，实时监测风电场中的风力发电机组、输变电设备、线路等设备的运行状态，采集实时故障数据，并推荐标准化的维修方法，以提高故障解决的准确度和效率。

（孟庆华）

北京生物 3 件发明专利获授权

6 月 18 日，北京生物制品研究所有限责任公司“新型冠状病毒 Vero 细胞灭活疫苗病毒液的纯化方法”（ZL 202010537733.4）和“新型冠状病毒

Vero 细胞灭活疫苗病毒液及其生产方法”（ZL 202010537730.0）获国家知识产权局发明专利授权。10 月 8 日，北京生物“铝佐剂吸附型新型冠状病毒灭活疫苗中抗原的解离方法”获国家知识产权局发明专利授权（ZL 202010645875.2）。

（程玉）

国富瑞 1 件发明专利获授权

6 月 29 日，国富瑞数据系统有限公司“一种量子云计算方法及系统、客户端及云服务端”获国家知识产权局发明专利授权（ZL 201811540241.X）。该发明提供一种量子云计算方法及系统、客户端及云服务端，克服技术中存在云服务提供商泄露用户隐私、侵入者窃取用户数据信息等可能性的问题，可满足对云计算环境中数据隐私性的需求。

（李哲　许润秋）

商标业务受理窗口设立

7 月 5 日，《国家知识产权局关于设立第十二批商标业务受理窗口的公告》（国家知识产权局第 433 号公告）发布，批准设立 19 个商标业务受理窗口，包括国家知识产权局商标业务北京经济技术开发区受理窗口。该窗口位于经开区荣华中路 10 号北京市知识产权保护中心经开区分中心，于 7 月 20 日启动运行，开展商标申请受理工作，包括商标注册申请受理，商标变更、转让、续展等后续业务申请受理，马德里商标国际注册申请受理，注册商标专用权质权登记申请受理，代发相关纸质商标注册证，商标受理相关业务咨询，国家知识产权局商标局交办的其他业务 7 个方面的工作。截至 2021 年年底，该窗口提供商标咨询及注册服务 1.75 万件次。

（刘茜紫）

亦庄城市服务集团 3 件发明专利获授权

8 月 24 日，北京亦庄城市服务集团有限公司“一种基于物联网的资产管理系统”获国家知识产权局发明专利授权（ZL 202120351763.6），该系统包括多个身份电子标签、资产库房、门禁设备、控制装置和智能终端，是一种基于物联网的资产管理系统，装配效率高，不易出故障，耐用性好；“一种智慧园区的资产管理系统”获国家知识产权局发明专利授权（ZL 202120351752.8），该系统包括标签库房、资产库房、门禁模块、导向装置和照明电路，寻找所管理的物品省时省力。9 月 10 日，亦庄城市服务集团“一种应用于智慧园区场景的信息采集系统”获国家知识产权局发明专利授权（ZL 202120363945.5），该系统包括视频监控装置、多个声音监控装置、无人机、调度台、服务器和显示端，是一种应用于智慧园区场景的信息采集设备，可对园区内人物进行信息采集，采集信息全面且自动性强，无须人与人面对面交互。

（姜美竹）

56 家市知识产权试点示范单位获认定

9 月 8 日，市知识产权局发布《关于认定 2021 年度北京市知识产权试点示范单位的通知》。经开区 33 家单位被认定为 2021 年度北京市知识产权试点单位、23 家单位被认定为 2021 年度北京市知识产权示范单位，资质有效期为自通知之日起 3 年。

（刘茜紫）

中纺化工子公司 2 件发明专利获授权

9 月 28 日，北京中纺化工股份有限公司子公司北京凯泰新世纪生物技术有限公司“一种有机氟拒水拒油剂生产废液的减排处理方法”获国家知识产权局发明专利授权（ZL 201810123385.9）。该发明自主研发一种含氟有机废液的减排处理方法，采用超滤膜，通过侧流过滤技术进行二级超滤，并在工艺运行中适时适量向有机氟微乳液体系添加乳液稳定剂，解决现有技术中稳定分离的技术难题。10 月 8 日，中纺化工子公司绍兴中纺化工有限公司“一种天然染料固色剂及其制备方法”获国家知识产权局发明专利授权（ZL 201910653025.4）。该发明自主研发用于纺织印染的环保固色剂，该固色剂可提高天然染料和棉、麻、毛纤维中的羟基或氨基的反应活性，形成共价键，将原本较难发生反应的天然染料和织物纤维通过共价键结合到一起，解决天然染料容易掉色的问题。

（李翔）

SMC1 件发明专利获授权

11 月 26 日，SMC 投资管理有限公司子公司 SMC（中国）有限公司“称重灌装装置和控制方法”获国家知识产权局发明专利授权（ZL 201710980637.5）。该发明提出一种称重灌装装置和控制方法，采用脉冲驱动模块输出脉冲信号给电磁阀，使电磁阀能够高频率开启，并以此控制气缸动作，进而控制灌装阀的开度，实现对灌装流量的无级调整和平滑控制，最终实现高精度灌装，解决现有技术中称重灌装装置灌装精度低、成本高的问题。

（孙欣欣）

康乐卫士 7 件发明专利获授权

年内，北京康乐卫士生物技术股份有限公司 7 件发明专利获国家知识产权局授权，分别为“52 型重组人乳头瘤病毒病毒样颗粒及其制备方法”（ZL 201711123473.0）、“45 型重组人乳头瘤病毒病毒样颗粒及其制备方法”（ZL 201510490367.0）、“31 型重组人乳头瘤病毒病毒样颗粒及其制备方法”（ZL 201510490172.6）、“33 型重组人乳头瘤病毒病毒样颗粒及其制备方法”（ZL 201510490177.9）、“重组诺如病毒 VLP 颗粒和制备方法及其用途”（ZL 202110256302.5）、“一种新型冠状病毒的重组亚单位疫苗及其应用”（ZL 202011454175.1）、“一种抗人乳头瘤病毒 31 型的单克隆中和抗体及其应用”（ZL 202110256302.5）。

（熊军）

金风科创 238 件（项）知识产权获授权

年内，北京金风科创风电设备有限公司 238 件（项）专利获授权。其中，国际专利 58 件，国内发明专利 99 件、实用新型专利 35 件、外观设计专利 9 件、软件著作权 37 项。截至 2021 年年底，金风科创累计有 2393 件（项）专利获授权，其中国际专利 210 件，国内发明专利 810 件、实用新型专利 869 件、外观设计专利 68 件、软件著作权 436 项。

（方张曙）

诺未科技 9 件发明专利获授权

年内，诺未科技（北京）有限公司 9 件发明专利获授权。4 件发明专利涉及造血干细胞扩增技术，“丁酸钠的用途及含有丁酸钠的培养体系”（ZL 201980001861.2）、“扩增造血干细胞的培养体系、方法及其用途”（ZL 201811628989.5）获国家知识产权局授权；“扩增造血干细胞的组合物、扩增方法、药物组合物和用途”（HK 40014873）、“用于扩增造血干细胞的组合物、培养基、方法和试剂盒”（HK 40014874）获中国香港知识产权署专利注册处授权。4 件发明专利涉及疫苗技术，“靶向 VEGFR2 的转移性癌疫苗”（ZL 202010273819.0）、“融合蛋白及其在制备靶向新冠病毒 SARS-COV-2 的疫苗中的应用”（ZL 202110471959.3）、“靶向人乳头瘤病毒的核酸疫苗”（ZL 202110624820.8）、“一种靶向 AFP 的肝癌疫苗”（ZL 202110624831.6）获国家知识产权局授权。1 件发明专利涉及免疫细胞技术，“记忆性淋巴细胞群在肝癌治疗中的应用”（ZL 201910068937.5）获国家知识产权局授权。

（李姝）

中国生物研究院 3 件发明专利获授权

年内，国药中生生物技术研究院有限公司 3 件发明专利获授权，分别为“一种包含蹄蝠肝炎病毒核心蛋白的重组融合蛋白及其制备方法和应用”（ZL 201710111683.1）、“特异性结合诺如病毒 GI.1 基因型 VP1 蛋白或 VLP 的抗体及其制备方法和应用”（ZL 201811128214.1）、“特异性结合诺如病毒 GII.4 基因型 VP1 蛋白或 VLP 的抗体及其制备方法和应用”（ZL 201811155460.6）。其中，后两件专利为新型疫苗开发的关键核心技术，助力疫苗研发。

（蔡萌）

智飞绿竹生物 3 件发明专利获授权

年内，北京智飞绿竹生物制药有限公司 3 件发明专利获国家知识产权局授权，分别为“一种 b 型嗜血杆菌多糖的纯化工艺”（ZL 201811352089.2）、“一种 B 群脑膜炎球菌 fHBP A 亚家族单克隆抗体及其制备方法”（ZL 201810599591.7）和“一种 B 群脑膜炎球菌 fHBP B 亚家族单克隆抗体及其制备方法”（ZL 201810599759.4）。

（赵维奇）

星网宇达 6 件发明专利获授权

年内，北京星网宇达科技股份有限公司 6 件发明专利获国家知识产权局授权。其中，“一种检测车位置预测的方法及装置”（ZL 201910183692.0）可有效修正惯导误差，提高测量效率；“靶机发射控制方法、装置、靶机飞控计算机及存储介质”（ZL 202010497230.9）根据检测目标的俯仰角及预设的发射窗口的角度范围，判断目标靶机是否处于发射状态，提高发射准确率；“一种机动车驾驶考场现场检查方法及系统”（ZL 201810459456.2）获取考场现场的检测结果和考察信息，并将其发送至服务器，避免手动填写过程中的漏记或错记，有效提高准确率；“导电织物、其制备方法及应用”（ZL 201910498046.3）所述方法具有简单高效、无污染等特点，易于实现大批量生产；“一种检测车对准方法、装置和设备”（ZL 201910333072.0）

涉及数据处理技术领域，根据检测车的位置信息及预设信息，确定角速度，进而确定并输出检测车的姿态角；“考试项目复核方法、装置、处理终端及存储介质”（ZL 201910508892.9）在卫星与卫星定位设备断开连接时也能快速、准确地判断场地是否合适。

（杨永馨）

睿智航 7 件发明专利获授权

年内，北京睿智航显示科技有限公司 7 件发明专利获授权，分别为“显示装置及其制造方法”（US 10884165B2）、“一种灯条胶带、背光模组及显示装置”（ZL 201810013547.3）、“一种莫尔条纹的消除方法、装置及设备”（ZL 201810540749.3）、“制作切片的装置、3D 打印设备和方法、以及 3D 打印模型”（ZL 201811012543.X）、“透明显示板体及具有显示功能的透明窗”（ZL 201910308705.2）、“光学玻璃贴合方法及装置”（ZL 201910457864.9）、“显示装置的控制方法及显示装置”（ZL 202010296023.7）。

（孙书馨）

安诺优达 27 件发明专利获授权

年内，安诺优达基因科技（北京）有限公司 27 件发明专利获授权，其中国际发明专利 5 件、国内发明专利 22 件。截至 2021 年年底，安诺优达累计有 67 件专利获授权，其中国际专利 10 件，国内发明专利 44 件、实用新型专利 13 件。

（罗紫薇）

纳百生物 8 件发明专利获授权

年内，北京纳百生物科技有限公司 8 件发明专利获国家知识产权局授权，分别是“一种检测猫泛白细胞减少综合征病毒抗体的免疫层析试纸条、制备方法及其应用”（ZL 202011413135.2）、“一种地塞米松单克隆抗体及其应用”（ZL 202110369816.1）、“一种黄曲霉毒素 M1 单克隆抗体及其应用”（ZL 202110369793.4）、“一种羊乳及羊乳粉中掺有牛乳成分的检测试剂盒及其检测方法”（ZL 201811086511.4）、“一种黏菌素胶体金检测试剂盒及其应用”（ZL 201811177138.3）、“禽流感病毒 H5 亚型 Re-6 株抗体鉴定试剂盒”（ZL 201811257591.5）、“一种用于检测禽白血病病毒的胶体金检测试剂盒及其应用”（ZL 201811446521.4）、“牛传染性鼻气管炎病毒抗体检测试剂盒及其应用”（ZL 201811188313.9），均围绕食品安全检测和动物疫病检测技术开发抗原抗体原料，可提高产品的灵敏度和特异性，有效降低成本，提高经济效益。

（李金戈 朱丽君）

青藤云安全 13 件发明专利获授权

年内，北京升鑫网络科技有限公司 13 件发明专利获授权，包括“一种保护企业信息资产的单点登录方法”（ZL 201911423467.6）、“一种从联机磁盘启动多操作系统的方法及装置”（ZL 202110934813.8）、“一种通过反向代理实现管理和 IT 服务的单点登录方法”（ZL 201911417348.X）、“一种主机访问关系异常行为自适应检测装置及其检测方法”（ZL 201910273130.5）、“一种系统行为审计方法、装置、终端及存储介质”（ZL 2020109426575）、“一种应用层命令审计方法、装置、系统及存储介质”（ZL 202010943534.3）、“一种容器内代理执行方法”（ZL 201910273129.2）、“自适应的进程CPU资源限制方法、装置、终端及存储介质”（ZL 202010893829.4）、“一种基于Agent的主机资产管理系统”（ZL 201810357419.0）、“一种容器内信息资产的实时清点方法、装置及计算设备”（ZL 202010716003.0 ）、“一种Webshell检测方法、装置、存储介质和设备”（ZL 2020102968101）、“一种软件补丁快速扫描的方法、装置及计算设备”（ZL 2020107347672）、“多源数据分析引擎的分布式调度方法、计算节点及系统”（ZL 2020107347668）。

（王梦瑶）

成果转化

概况

2021年，经开区推进与中国科学院、高校院所的战略合作；推动企业参与国家自然科学基金区域创新发展联合基金，对接高校智力资源，提升区域间的协同创新能力。发挥好企业创新中心主体地位，以龙头企业和技术创新中心为核心，整合经开区内25家国家工程研究中心、工程实验室，与“三城”高校院所组建31家联合实验室，打造创新联合体。探索建立市场化的成果转化基金，引入2只“三城”基金落地经开区，落地金额共计4.68亿元，推动成果转化项目。全年新增新技术121项、新产品208项。

（吕华斌）

拜耳医药保健维立西呱在美日欧上市

1月19日，拜耳医药保健有限公司与默沙东（MSD）联合开发的维立西呱（Verquvo™）（2.5毫克、5毫克和10毫克）获美国食品药品监督管理局（FDA）批准上市；6月23日，该药品获日本厚生劳动省批准上市；7月21日，该药品获欧盟委员会批准上市。该药品用于治疗症状性慢性心力衰竭成人患者，是一种可溶性鸟苷酸环化酶（sGC）刺激剂，增强sGC对一氧化氮的敏感度，使sGC产生大量环磷酸鸟苷（cGMP），从而修复受损的NO-sGC-cGMP通路，减少心肌硬化、血管硬化、心肌纤维化，降低对心脏、血管和肾脏系统的伤害，实现对靶器官的保护。

（邹京）

苍穹数码智能分析平台（KQBI）3.0上线

1月27日，苍穹数码技术股份有限公司上线苍穹智能分析平台（KQBI）3.0。KQBI是以大屏为主要展示载体的数据可视化设计平台，包含数据组件、地图组件、表格组件、普通组件、装饰组件、筛选组件、导航组件等上百种组件，用户可通过拖拽组件构建个性化大屏，实现数据可视化，便于根据数据做出决策；支持国产硬件环境和国产数据库，可应用于智慧城市、自然资源、农业林业、水利环保、应急安监等行业。与此前的版本相比，KQBI 3.0采用微服务前后端分离技术，应对项目的高并发需求，实现产品的高可用；深度融合KQGIS二三维平台，以“拖拉拽”“轻代码”的方式，实现 GIS 场景与图表组件互动，大屏效果所见即所得；新增多种动画效果，使大屏展现效果更炫酷；新增“二开组件”“沙盒组件”，使平台更开放、更包容。

（李斌）

安川首钢交付侧围线自动化升级项目

安川首钢承接的侧围点焊生产线机器人自动化升级项目　吴诗文 摄

1 月，安川首钢机器人有限公司承接东风本田汽车有限公司（武汉工厂）侧围点焊生产线机器人自动化升级项目。该项目在白车身侧围点焊生产线基础上，追加搬运机器人、伺服中转转台、取件抓手、放件抓手、钢构平台、搬送线等设备，将自动搬运、存储线和视觉引导等工艺应用到白车身生产领域。11 月，该项目投入使用，实现侧围搬送、存储自动化，原来需要 10 名工人同时操作的生产线现在只需保留 2 名工人负责抽样检查，节省 80% 的人力；可兼容 6 种车型产品，提升生产线的柔性化、自动化水平。

（吴诗文）

泰德制药帕立骨化醇注射液上市

2 月 2 日，北京泰德制药股份有限公司自主研发的帕立骨化醇注射液（凯沙®）获国家药监局批准上市。凯沙®是最新一代的选择性维生素 D 受体激动剂，与维生素 D 受体结合，有效降低甲状旁腺素（PTH），经由血液透析通路给药，用于治疗接受血液透析的慢性肾功能衰竭患者的继发性甲状旁腺功能亢进症。

（郑雅丹）

拜耳医药保健 2 款药品联合商业上市

2 月，拜耳医药保健有限公司的前列腺癌治疗新药达罗他胺片（诺倍戈®）获国家药监局批准上市。诺倍戈®是一类新型口服雄激素受体抑制剂，用于治疗有高危转移风险的非转移性去势抵抗性前列腺癌（NM-CRPC）成年患者，其分子结构独特，与受体结合具有高亲和力，从而抑制受体功能和前列腺癌细胞的生长；血脑屏障通过性低，不良反应少，能延长患者总生存期和出现转移的时间。3 月 20 日，诺倍戈®与拜耳医药保健的另一款前列腺癌治疗药品氯化镭 [^{223}Ra] 注射液（多菲戈®）联合商业上市。多菲戈®用于治疗伴症状性骨转移且无已知内脏转移的去势抵抗性前列腺癌（CRPC）患者，是一款发射 α 粒子的放射性治疗药物，延长患者总生存期，改善患者的生活质量，并且不会为患者带来辐射危害，已于 2020 年 8 月获批上市。诺倍戈®和多菲戈®的联合上市为中国前列腺癌患者及临床医生提供全新治疗方案。

（邹京）

华昊中天优替帝®上市

3 月，北京华昊中天生物技术有限公司自主研发的 1 类新药优替德隆注射液（优替帝®）获国家药监局批准上市。优替帝®为埃博霉素类衍生物，可促进微管蛋白聚合并稳定微管结构，诱导细胞凋亡。该药可联合卡培他滨，用于既往接受过至少一种化疗方案治疗的复发或转移性乳腺癌患者，为晚期乳腺癌患者提供新的治疗选择，是中国首款上市的埃博霉素类抗肿瘤药物。

（吕菲）

安川首钢数字电弧跟踪功能测试成功

3月，安川首钢机器人有限公司开发的弧焊机器人数字电弧跟踪功能测试成功。该功能在焊接电源总线通信的基础上，更改焊接电流取值路径，实时获取机器人反馈的电流电压数值，结合摆焊相位及相关算法，更改梯形图控制程序，实现机器人弧焊电源的无硬件电弧跟踪功能，并在各品牌常配电源中测试成功，可使每套机器人中厚板弧焊工作站的硬件成本降低 1.5 万元。全年该功能获 20 余次订货。

（周传双）

苍穹数码推出农村宅基地管理云

4 月 8 日，苍穹数码技术股份有限公司与北京青云科技股份有限公司联合推出农村宅基地管理云。该平台可将基地调查、农户建房申请查询、宅基地审批管理、台账管理、监测监管、共享交换等系统部署在云端，利用混合云架构的优势，通过“公、私、混、托”多种云管理模式，应对农业部门在农村宅基地管理过程中的各种难题和需求，满足宅基地管理过程中对互联网应用和内网办公的双重需求。截至 2021 年年底，该平台已应用于安徽省、宁夏回族自治区、内蒙古自治区、北京市等地。

（李斌）

苍穹数码国土空间基础信息平台升级

5 月 18 日，苍穹数码技术股份有限公司推出国土空间基础信息平台 V3.0。该版本以大数据、微服务、容器化、三维等技术为驱动，对国土空间基础信息平台已有版本进行升级，通过中台架构思想，构建数据分布式管理、全景式数据展示分析、多服务安全共享、多级资源共享交换、人工智能辅助决策、多类型个性化定制、多维度安全运维七大核心能力，以此强化数据治理与共享服务、提升业务支撑能力、扩展内聚与解耦作用，促进自然资源智慧化转型。

（李斌）

赛莱克斯 8 英寸 MEMS 国际代工线量产

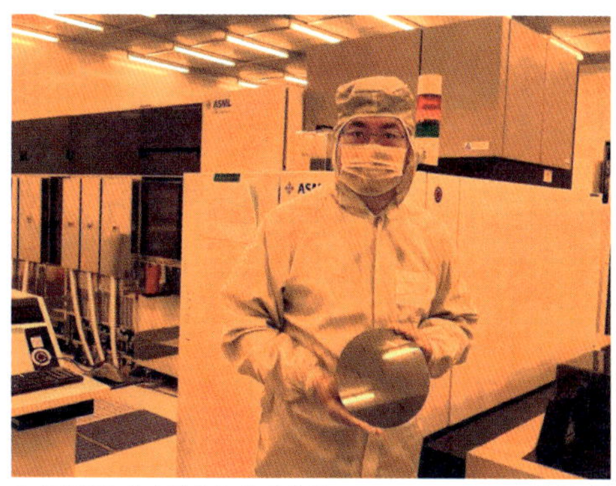

北京 FAB3 成功量产的首款芯片　　田艳军 摄

6 月 10 日，赛莱克斯微系统科技（北京）有限公司 8 英寸 MEMS 国际代工线（北京 FAB3）启动量产。北京 FAB3 量产的首款芯片为来自通用微（深圳）科技有限公司（GMEMS）代产的 MEMS 麦克风芯片，该型芯片具有高信噪比、高 AOP 特征，与其在瑞典 FAB 代工的同型号芯片性能一致；基于该芯片封装的 MEMS 麦克风性能优异。同时，北京 FAB3 制造的首批晶圆良率与瑞典 FAB1&2 处于同一水平，开始进行批量商业化生产。

（康蕊）

东方晶源首台关键尺寸量测设备出机

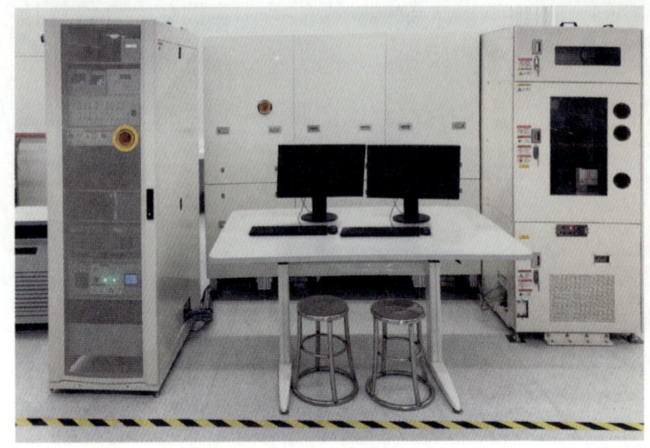

东方晶源首台关键尺寸量测设备（CD-SEM） 陈雅峰 摄

6 月 30 日，东方晶源微电子科技（北京）有限公司举行国内首台关键尺寸量测设备（CD-SEM）出机仪式，宣布斩获订单并出机。关键尺寸量测设备（型号：SEpA-c410）面向 300 毫米硅片工艺制程，通过电子束成像系统和高速硅片传输方案，搭配量测算法，实现高重复精度、高分辨率及高产能的关键尺寸量测。设备进驻客户端后，将通过实际产线验证，进一步提升、完善设备性能。此次出机仪式，标志着东方晶源继 2019 年攻克电子束缺陷检测技术后，再一次取得重大产品技术突破，填补国产关键尺寸量测设备（CD-SEM）的市场空白。

（刘聪聪）

安川首钢机器人油缸智能焊接系统投用

6 月，安川首钢机器人有限公司研发的机器人油缸智能焊接系统在娄底市中兴液压件有限公司投入使用。该系统通过研发伺服动态检测及校准机构，实现对缸底与缸筒组对后径向跳动值的准确测量，校准后的同心精度可达到 0.2 毫米以内；通过研发轴向定位机构，实现缸底与缸筒组对装配时轴向位置的准确定位，确保间隙在 0.05 毫米以内；通过运用 3D 视觉和 2D 视觉技术，实现机器人自动抓取和焊接。该系统攻克视觉与机器人交互、缸底与缸筒组对的高同心度、外部轴在任何位置自适应焊接等技术难点，可实现全过程无人化操作，是国内首个机器人油缸全自动智能焊接系统，推动工程机械制造行业的智能化进程。

（王卓）

拜耳医药保健非奈利酮在美国上市

7 月 9 日，拜耳医药保健有限公司研发的非奈利酮（Kerendia®）（10 毫克和 20 毫克）获美国食品药品监督管理局（FDA）批准上市。Kerendia® 是首个非甾体选择性盐皮质激素受体拮抗剂，用于治疗与 2 型糖尿病相关的慢性肾病（3 期和 4 期并伴有白蛋白尿）成人患者，可减轻患者的蛋白尿，提高肾小球的滤过率，可降低患终末期肾病的风险，以及心血管疾病的发病率和死亡率。

（邹京）

神州细胞首款产品安佳因® 上市

7 月 20 日，北京神州细胞生物技术集团股份公司自主研发的首款产品注射用重组人凝血因子Ⅷ（安佳因®）获国家药监局批准上市。安佳因® 是中国首个获批上市的国产重组人凝血因子Ⅷ，可用于成人及青少年（大于 12 岁）血友病 A（先天性凝血因子Ⅷ缺乏症）患者出血的控制和预防。

（边金烨）

博电科技研发半导体测试系统

博电科技 PST6747A 半导体测试系统　　陈苹 摄

7 月，北京博电新力电气股份有限公司自主研制成功 PST6747A 半导体测试系统。该产品是一款测量与分析功率半导体器件 I-V 特性的专用仪器，能在 3 千伏（可扩展为 10 千伏）、2200 安培的条件下实现精确测量、分析功率半导体器件的静态参数；具有快脉冲能力、微欧级导通电阻测量分辨率、飞安级电流测量能力，以及更大的电压和电流测试范围；适用于圆晶、单管及各类半导体器件的各项参数精确测量，I-V 测试及数据分析，并满足千级净化间标准，主要应用于科研单位、实验室、生产企业等。

（韦春蕾）

拜耳医药保健 CGMs 准予进口使用

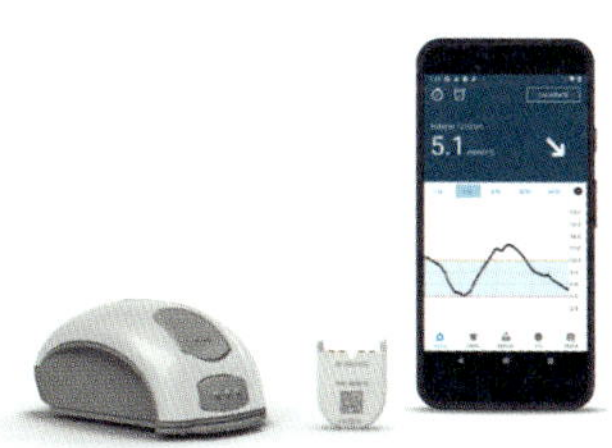

拜耳医药保健持续葡萄糖监测系统　　企业提供

8 月 18 日，拜耳医药保健有限公司与美国 WaveForm 公司合作开发的持续葡萄糖监测系统（Continous Glucose Monitoring System，CGMs）获海南省药品监督管理局准予进口，可在博鳌乐城先行区临床使用；9 月 23 日，CGMs 在博鳌乐城一龄生命品质改善中心完成首例佩戴。CGMs 以分钟为单位记录患者 14 天内的组织间液葡萄糖水平，使用微丝感测技术减轻穿刺部位的炎症程度，改善患者的佩戴体验，其具备的高 / 低血糖报警功能，尤其是提前 15 分钟的预警功能可减少临床不良事件的发生。

（邹京）

京运通电阻加热式碳化硅炉研制成功

京运通电阻加热式碳化硅炉　　田甜 摄

8 月，北京京运通科技股份有限公司自主研发的电阻加热式碳化硅炉完成组装，标志着该设备研制成功。该设备采用石墨加热器对石墨坩埚进行加热，使硅料气化后向上沉积在坩埚顶部的籽晶上，与感应加热式碳化硅炉相比，热场温度更易控制，能够形成更稳定的温度梯度，更有利于晶体的生长；采用西门子系统进行电气控制，使系统整体稳定可靠。

（孟庆华）

京东方与创维集团有限公司推出新产品

9 月 23 日，创维集团有限公司与京东方科技集团股份有限公司共同推出全球首款应用主动式玻璃基技术 Mini LED 电视——创维鸣丽屏®Smart Mini LED 电视 Q72。该产品采用京东方自主研发的 Mini

LED 主动式玻璃基技术，提高亮度和对比度，具有分区更多、控光更精细、长期使用画质更稳定的特点；采用京东方具有自主知识产权的高级超维场转换技术，具有 178° 广视角、超广色域的特点，让用户拥有全视角的完美画质体验；应用京东方自主研发的主动式恒流驱动，使显示亮度与瞬时亮度快速保持一致，降低眼部疲劳。

（李琬姣）

航天工程公司 3500 吨航天炉投料成功

9 月 25 日，航天长征化学工程股份有限公司研发的首台 3500 吨航天炉在山东润银生物化工股份有限公司一次点火投料成功，产出合格的合成氨产品。该气化炉为超大型粉煤气化炉，日投煤量达到 3500 吨。航天工程公司在现有炉型的基础上优化炉内反应和流场调控，有效保证气化性能；开发半废锅一激冷技术，利用气化显热副产高压蒸汽，具有日投煤量更大、技术指标更优、一次性投资更省、运行成本更低、环保水平更高等优势，提高煤炭清洁高效利用效率，对中国煤化工行业转型升级，实现碳减排、碳中和目标有助推作用。

（程大中）

睿智航发布新一代高分辨率系列触控模组

9 月 28 日，北京睿智航显示科技有限公司在第十三届中国国际航空航天博览会上发布民用航空领域新一代高分辨率系列触控模组。这是全球首款采用量子点技术的 4K 高分辨率触控显示产品，用于民用航空客舱娱乐系统，具有超薄结构、光学贴合、高色域等性能，并支持高动态范围图像（HDR），有 11.6 英寸、13.3 英寸、15.6 英寸、17.3 英寸、20 英寸 5 种尺寸。

（孙书馨）

安川首钢焊接监控系统投入使用

9 月，安川首钢机器人有限公司研发的信息化软件机器人焊接监控系统完成技术升级转化，在上海佛吉亚红湖排气系统有限公司整厂车间投入使用。该系统是安川首钢在原有 CS 软件版系统的基础上开发的第一套 BS 网页版系统，无须安装软件即可实现焊接参数实时监控、参数超限实时报警、产线及焊道配置、不同维度报表分析等功能。该系统连接 101 个工作站，包括 61 个机器人工作站和 40 个专机站，实现车间级焊接数据的高频率采集和高并发处理，以及产线的实时监控反馈。

（张颖）

苍穹数码发布 2 款新产品

“苍穹双擎，共建地理信息新生态”分论坛　企业提供

10 月 15 日，在 2021 中国地理信息产业大会“苍穹双擎，共建地理信息新生态”分论坛上，苍穹数码技术股份有限公司发布苍穹地理信息平台（KQGIS）V8.5、苍穹遥感智能服务平台（KQRS）V5.0 两款新产品。其中，KQGIS V8.5 实现二维和三维数据的融合、渲染、编辑、管理、分析应用等功能，为新型智慧城市、数字政府和数字乡村等应用提供产品支撑；KQRS V5.0 实现对遥感数据的管理、处理、分析、解译、发布与共享服务等功能，具有全链条、智能化等特点，可支撑数字

孪生底座构建和遥感智能行业应用。

（李斌）

“三城一区”科技成果转化服务平台上线

10月19日，“三城一区”科技成果转化服务平台上线。该平台由科技创新局牵头组织、中孵高科产业孵化（北京）有限公司开发建设，设有政策服务、技术资源、科技金融、空间载体、企业服务、云上展厅6个板块。其中，政策服务板块为企业提供政策筛选、智能匹配、订阅推送、专家解读等功能，便利申报工作；技术资源板块面向“三城一区”企业用户，以各中试基地及公共技术服务平台为供给方，提供资源共享、线上预约、线下使用、订单确认等全流程服务；科技金融板块汇聚科技金融等企业服务资源，让企业全面了解金融服务及相关政策；空间载体板块选择特色园区，展示各类空间载体，并提供地图选房、线上预约、线下看房、入园申请的端到端服务；企业服务板块展示财税、法务、知识产权、人力资源等商务服务，并提供在线咨询、线上下单等功能；云上展厅板块展示新技术新产品，提供云上路演功能。截至2021年年底，该平台发布政策106条、金融服务66项、共享实验仪器549个、技术服务345项、新技术新产品1043个；集聚创新中心24家、中试基地14家、公共技术服务平台59家；德诺杰亿（北京）生物科技有限公司、北京亿美诺生物科技股份有限公司、北京京东方显示技术有限公司等110余家企业以平台为依托，开展“创新成长计划”和“创新伙伴计划”报名、创新券申领等工作。

（唐硕）

瓦里安 Ethos™ 智慧自适应放疗平台上市

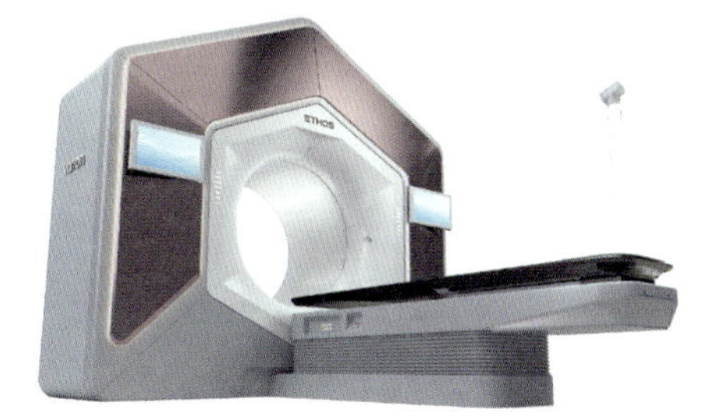

瓦里安 Ethos™ 智慧自适应放疗平台　　企业提供

10月，瓦里安医疗设备（中国）有限公司的Ethos ™智慧自适应放疗平台通过国家药监局批准上市。该平台是全球率先利用人工智能技术驱动的自适应放射治疗平台，可将磁共振成像（MR）、电子计算机断层扫描（CT）、正电子发射型计算机断层显像（PET）多模态影像自动融合，捕捉肿瘤和器官的变化，自动调整治疗方案，将从图像采集、器官轮廓勾画和评估到计划生成、计划质控、计划实施的自适应流程总时间压缩至15分钟，为患者开出精准的、个体化的4D处方。其全球唯一的生产基地是位于经开区的瓦里安中国研发和生产基地。12月，中国大陆首台Ethos ™智慧自适应放疗平台在中国医学科学院北京协和医院完成安装。

（杨雅金）

中冶京诚推出智慧生态环保管控平台系统

11月19日，在2021中国“5G+”工业互联网大会上，中冶京诚工程技术有限公司推出智慧生态环保管控平台系统。该系统由中冶京诚的全资子公司北京京诚嘉宇环境科技有限公司、北京京诚瑞达电气工程技术有限公司联合开发，以国家环保政策和超低排放要求为基础，以5G技术为信息载体，融合工业互联网、人工智能、大数据分析等技术，搭建具有智能感知、智能分析、智能决策功能的智能化系统架构和管控平台，实现废气排放管理、废水综合管理、固废利用/处置管理、综合环保管理等全方位管控。该系统可推动对钢铁生产厂区的网格化环境管理，解决在日常环保管理工作中的技术难题，助力钢铁企业的环保管理向智能化、智慧化转型。

（卢秀娟）

贝达药业北京研发中心贝安汀®上市

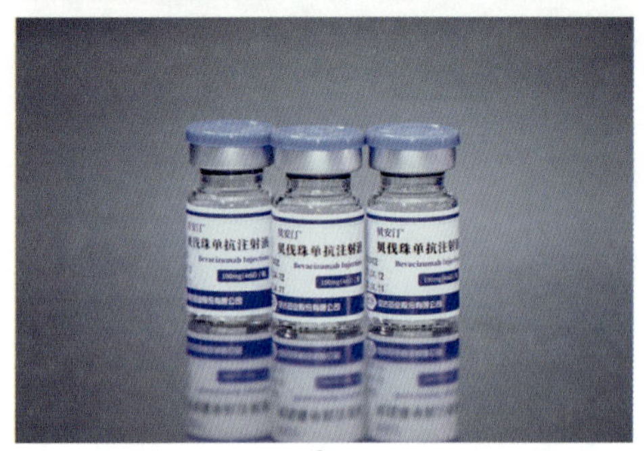

贝伐珠单抗注射液（贝安汀®） 企业提供

11月24日，贝达药业股份有限公司北京新药研发中心与北京天广实生物技术股份有限公司合作开发的贝伐珠单抗注射液（贝安汀®）获国家药监局批准上市，适应证为转移性结直肠癌和晚期、转移性或复发性非小细胞肺癌。贝安汀®是贝达药业北京研发中心第三个获批上市的药物，是公司首个按药品上市许可持有人（MAH）制度申报的品种，也是首个获批的大分子生物制品，具有高品质、高可及性的特点。贝安汀®是一种重组的人源化单克隆抗体，可以选择性地与人血管内皮生长因子（VEGF）结合并阻断其生物活性，减少肿瘤的血管形成，从而抑制肿瘤的生长，Ⅲ期临床结果表明贝安汀®与进口原研药疗效一致。

（徐晓峰）

苍穹数码“皖美登”平台上线

11月，苍穹数码技术股份有限公司开发研制的安徽省“互联网+不动产登记”统一服务平台“皖美登”在“皖事通”App上线试运行。该平台整合安徽省16个市、55个县的不动产登记平台，企业和群众可以登录“皖事通”App，进入“皖美登”平台办理不动产登记业务申请、不动产登记信息查询、不动产登记业务进度查询等业务。截至2021年年底，该平台办理进度查询8591次、不动产登记信息查询4.13万次，接收市县上传登记业务107万笔；提供给市县的税务接口累计调用频次为457万次，国家部委接口累计调用频次为1.70万次，银联税费合一接口累计调用频次为7230次。

（李斌）

德为智慧推出AI辅助阅片系统

11月，北京德为智慧科技有限公司推出AI辅助阅片系统。该系统由专业显示系统及辅助诊断软件组成，专业显示系统具有专业的医学数字成像和通信（DICOM）校准、定制化的硬件设备、多显示模式组合、人体工学设计等特点；辅助诊断软件具有诊断影像自动标注、报告生成及导出等功能。该系统可应用于远程医疗、医学诊断及教学、科研等场景，为医生提供辅助诊断参考，帮助影像医生在短时间内对患者病情的发展做出准确评判，提高诊断效率。

（栾可）

星河动力自主研发的商业运载火箭发射

12月7日，星河动力（北京）空间科技有限公司（简称星河动力）自主研发的谷神星一号（遥二）·平安银行数字口袋号运载火箭在酒泉卫星发射中心成功发射，将搭载的“天津大学一号”红外观测卫星、“丽泽一号”科学实验卫星、“宝酝号”科学实验卫星、“金紫荆五号”遥感卫星、“金紫荆一号03星”遥感卫星5颗商业卫星送入500千米太阳同步轨道，其中“金紫荆一号03星”遥感卫星由北京零重空间技术有限公司参与研发。同时，火箭还搭载平安银行两大战略项目“星云物联计划”及“数字口袋”的太空纪念载荷，以及一块储存着平安银行数字资产的储存卡共同进入太空。谷神星一号运载火箭直径为1.4米，全长约为20米，起飞重量约为33吨，500千米太阳同步轨道运载能力为300千克，是四级小型商业运载火箭，专注于为商业微小卫星提供质优价廉的定制化发射服务。本次发射实现国内民营火箭首次连续发射成功和首次一箭多星商业发射的新突破，标志着谷神星一号商业火箭的技术状态日趋成熟，在国内民营商业运载火箭型号中率先迈入商业化发射交付的新阶段。

（陈伟）

博尔诚全自动核酸提取纯化仪上市

12月17日，博尔诚（北京）科技有限公司自主研发的全自动核酸提取纯化仪BN-4800获国家药监局批准上市。该产品是博尔诚为满足临床及科研机构等客户的大通量核酸纯化处理需求而推出的高通量全自动核酸提取纯化仪，适用于临床样本中核酸的提取、纯化。该产品采用多模块集成，可实现一键式便捷操作、标准化工作流程，可有效降低人工操作的误差，提高检测结果的标准性，为打造高精化、简便化、自动化、系统化的实验室提供系统的解决方案。

（宁丽辉）

冠捷显示科技液晶显示器示范线投产

冠捷显示科技液晶显示器智能化示范线　孙艳平 摄

12月25日，冠捷显示科技（中国）有限公司新建成的液晶显示器智能化示范线投产。冠捷显示科技对传统生产线进行升级改造，在多系统协同管理基础上，新建液晶显示模组（LCM）和显示器整机组装（FA）生产线。通过液晶显示模组段、整机段、测试段等关键工序智能化、关键岗位机器人替代、生产过程智能控制等措施，在关键工序的生产过程中可实现100%标准化，可以将综合效能提升20%~30%。该生产线基本实现基于物联网感知和大数据分析的新一代新型显示产品智能制造新模式，为制造企业提供新的应用场景与价值，促进传统产业的创新发展和转型升级，年设计产量为200万台液晶显示器。

（郭瑞巧）

悦康药业枸橼酸爱地那非片上市

12月29日，悦康药业集团股份有限公司自主研发的枸橼酸爱地那非片（爱力士®）获国家药监局批准上市。爱力士®是国内首款用于治疗男性勃起功能障碍（ED）的1.1类原研创新药物PDE5抑制剂，规格为30毫克/片，具有化合物结构设计更加稳定、跟靶点的结合率较高、安全性好、起效快、剂量小、用药体验更佳等特点，其上市打破欧美企业在该领域的长期垄断格局。

（任高远 栾传奇）

博电科技小步长实时仿真装置研制成功

12 月，北京博电新力电气股份有限公司与全球能源互联网研究院有限公司联合研制出小步长实时仿真装置，并应用于白鹤滩工程的直流系统实时仿真。该装置提供与物理动模之间的接口方式，实现数字与物理动模设备的数模混合仿真；提供与电力系统全数字仿真装置（ADPSS）系统的接口，实现白鹤滩工程直流系统与外部系统的实时联合仿真。该装置可应用于直流电网等大规模电力系统实时仿真，具有阀控、站控及保护系统等实时硬件在环测试功能。

（王丽会）

博电科技研发 PLT30 阳极电抗器检测仪

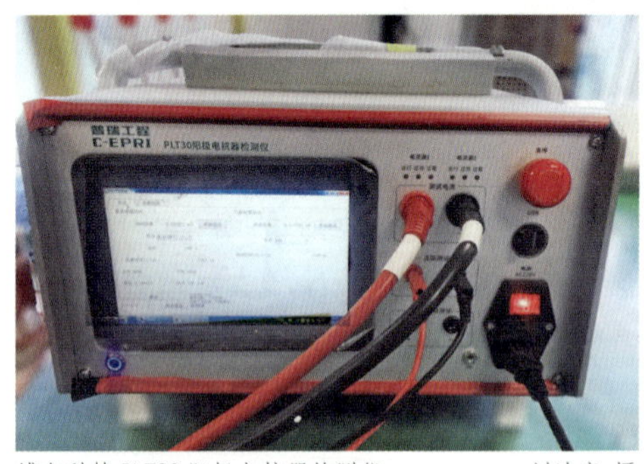

博电科技 PLT30 阳极电抗器检测仪　　刘清亮 摄

12 月，北京博电新力电气股份有限公司自主研制出 PLT30 阳极电抗器检测仪。该装置可在运维阶段对阳极电抗器开展试验和故障检测，判断其运行工况和故障情况，以提高对阳极电抗器的关键性能检测和状态评估，可应用于电网变电站、换流站等场所。该装置分为便携式低压测试设备和高压测试设备。其中，低压测试设备采用伏安法实现电抗器直流电阻和工频电感测试；高压测试设备采用冲击电压试验回路实现伏秒特性、不饱和电感、拐点电流、饱和时间测试。

（李俊）

天空卫士推出数据安全治理自动化体系

年内，北京天空卫士网络安全技术有限公司在全球率先推出数据安全治理自动化体系（DSAG）。DSAG 可通过识别和检查网页、电子邮件、USB 设备、即时通信工具等的协议内容，对网络通道、终端、云端的数据实现安全防护；整合多种数据安全能力工具，覆盖数据安全治理周期的所有环节，包括企业内资源发现、数据分类 / 分级、数据安全策略配置和执行等，将以数据分类 / 分级为核心的数据安全保护能力整合到企业业务应用中；对企业数据安全治理流程进行自动化处理，最大化地利用自动化技术，将需要人工干预的地方降到最少，并在需要人工介入的环节进行智能辅助。

（张文礼）

利达科信开发排污超标取样设备

年内，北京利达科信环境安全技术有限公司为满足顺义区生态环境局对抽查、监测排污单位是否存在不定时排污、超标排污等情况的工作需求，开发多参数水质自动监测超标取样小微站。该小微站设备可及时、快速、准确地采集超标水样，为环境执法机构人员、第三方监测机构、仲裁机构提供可靠、及时的采样保证，为生产事故原因追溯、排污超标争议解决、污染源头确认等提供解决方案。

（张磊）

安川首钢交付曲轴油孔打磨项目

安川首钢承接的曲轴油孔打磨项目　　企业提供

年内，安川首钢机器人有限公司承接的桂林福达股份有限公司曲轴油孔打磨项目完成交付。安川首钢成立专项团队，自主研发曲轴油孔自动打磨系统，该系统由送纸机、自动切纸机、自动卸料工装等设备组成，实现机器人自动取纸、切割、打磨，改变曲轴油孔打磨因操作复杂、难度大而采用传统人工处理模式的现状，填补国内技术空白。

（许志强）

资质认证

概况

2021年，经开区企业及相关成果获多项国家级认证，中经云亦庄数据中心、中金数据昆山数据中心暨腾讯云 IDC 入选 2020 年度国家绿色数据中心；金风科创二期园区（新疆金风科技股份有限公司亦庄智慧园区）成为中国首个可再生能源“碳中和”智慧园区；汇龙森小型微型企业创业创新基地被评为 2021 年度国家小型微型企业创业创新示范基地。

（万轶群）

2 家数据中心被评为国家绿色数据中心

1月27日，《中华人民共和国工业和信息化部　中华人民共和国国家发展和改革委员会　中华人民共和国商务部　国家机关事务管理局　中国银行保险监督管理委员会 国家能源局公告 2021年 第2号》发布，确定60家2020年度国家绿色数据中心。其中，中经云数据存储科技（北京）有限公司的中经云亦庄数据中心、中金数据集团有限公司旗下中金花桥数据系统有限公司的中金数据昆山数据中心暨腾讯云 IDC 入选。2 家数据中心均在规划、建设及运营各阶段引入绿色节能新兴技术，深入实践绿色节能方案，通过前期的节能化设计方案、采购期绿色节能设备采购、建设期环保建材选用、运维期多种能源资源制度规范管理，提升数据中心的能源资源利用效能。

（朱恋　李晨）

金风科创二期园区成为“碳中和”园区

金风科创二期园区　　企业提供

1月28日，中国首个可再生能源“碳中和”智慧园区颁证仪式在北京金风科创风电设备有限公司二期园区举行，金风科创二期园区（新疆金风科技股份有限公司亦庄智慧园区）成为中国首个可再生能源“碳中和”智慧园区。金风科创二期园区集可再生能源、智能微网、智慧水务、绿色农业和运动健康等功能于一体，具有可感知、可思考、可执行的绿色园区生态系统。园区通过部署2台输出功率共4.8兆瓦的风电机组、1.3兆瓦光伏设备、730千瓦微型燃气轮机和2.9兆瓦·时混合（包括钒液流电池、锂电池、超级电容等多种形式）储能系统，实现负荷侧源网荷储一体化，核算2020年度绿色能源电量使用量占园区总用电量的50%左右。此次认证由中国合格评定国家认可委员会（CNAS）授权的第三方认证机构按照国际标准《温室气体 第一部分 组织层次上对温室气体排放和清除的量化和报告的规范及指南》（ISO 14064—1:2006）核查园区的温室气体排放情况。根据核查报告，在2020年自发自用电量不计入碳核查范围的基础上，金风科创二期园区其他所有与温室气体排放相关的生产经营活动所产生的总温室气体排放量为11937吨二氧化碳当量，在购买国家核证自愿减排量（CCER）核销所排放全部温室气体后，园区实现“碳中和”。

（方张曙）

远东正大获检验检测机构资质认定

1月，远东正大检验集团有限公司（简称远东正大）获国家认监委颁发的检验检测机构资质认定证书，筹建的远东正大化妆品检测中心成为化妆品注册和备案检测机构与北京市首家同时涵盖微生物、理化、毒理试验和人体安全与功效评价等检验检测项目的民营化妆品检测中心。远东正大于2020年6月开始进行化妆品检测中心的筹建工作。在硬件方面，公司建造全新的实验室，并投入使用美国SPF紫外防晒指数分析仪、德国CK皮肤弹性测试仪、美国VISIA CR2.3、OLYMPUS IX71倒置显微镜等进口高端仪器分析设备，覆盖检测项目齐全；在软件方面，构建起一支20余人的专家技术团队，并建立志愿者资源库，以满足不同产品和人群的测试需求。

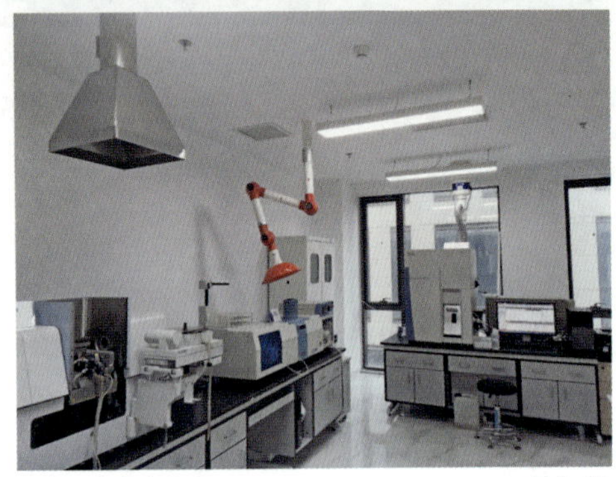

远东正大实验室　　刘丹 摄

（康蕊）

和利时子公司通过多项资质认定

4月，和利时集团旗下杭州和利时自动化有限公司通过CMMI 5级认证。6月，和利时旗下宁波和利时信息安全研究院有限公司获信息安全风险评估服务资质证书（三级）、信息安全应急处理服务资质证书（三级）。10月，和利时旗下北京和利时系统工程有限公司的CBTC系统及CI、ATP、ATO、ATS子系统通过交铁检验认证中心（成都）有限公司（JRCC）认证，获城市轨道交通装备产品认证证书。

（刘曼）

松下电气获碳中和证书

8月16日，松下电气机器（北京）有限公司凭借节能措施的推进、光伏发电的导入及国家核证自愿减排量（CCER）碳指标购买方式，获中国船级社质量认证有限公司颁发的碳中和证书。公司利用节能型设备替换高能耗设备，在 24 小时作业区域安装独立空调、调整制冷机组投入台数等节能技改及节能管理措施，成为经开区首批、中国松下东北亚公司（CNA 公司）旗下首家以 7 种温室气体为对象而实现碳中和的工厂。

（张国军　赵娟　张澜鹤）

5 家企业成为第一批碳中和试点项目

8 月 24 日，经开区 2021 年度节能宣传周线上启动会暨第一批碳中和试点项目颁证仪式举行，北京金风科创风电设备有限公司、施耐德（北京）中低压电器有限公司、松下电气机器（北京）有限公司、北京亦庄城市服务集团有限公司和北京京东方光电科技有限公司被评为第一批碳中和试点项目，带动企业、产业及区域碳减排。

（万轶群）

中金数据集团 2 家数据中心通过认证

8 月 30 日，中金数据集团有限公司旗下中金花桥数据系统有限公司的中金数据昆山数据中心通过全球通用数据中心标准认证机构 Uptime Institute 的国际运维管理能力及运维管理体系认证（M&O），标志着该数据中心的运维能力达到国际标准。10 月，中金数据集团旗下中金数谷科技有限公司的中金数据武汉数据中心通过 Uptime Institute 的 Tier IV 最高等级设计认证，成为湖北省首个通过 Tier IV 认证的大规模高等级数据中心，标志着其建设标准达到国际最高水平。

（李晨）

欧必翼子公司人体安检设备获民航局认证

9 月 14 日，欧必翼科技集团有限公司子公司欧必翼太赫兹科技（北京）有限公司（简称 OBE 太赫兹）自主研发的毫米波人体成像安全检查设备 ZHS-1 获民航局颁发的安全检查设备使用许可证书，检测级别为 A 级，表示该设备的稳定性和可靠性等技术指标达到航空级最高标准要求，可应用于中国民用航空安全检查。该设备通过近千个雷达天线发射电磁波，接收并处理分析反射波，进行图像三维重建，形成高分辨率的雷达图像，再经过深度学习，可精准识别被检测人员是否携带违禁品。OBE 太赫兹是国内第八家以毫米波人体成像安全检查设备通过民航局认证的企业。

（赵英学）

松下电气获法国 CSR Ecovadis 体系认证

9 月 24 日，松下电气机器（北京）有限公司通过 Ecovadis 平台专业评审，获法国 CSR Ecovadis 体系（铜牌）认证。Ecovadis 认证是专门应用于各国际供应链管理组织搭建的系统平台，涉及企业运行除质量之外的所有组织治理项目，主要围绕公司环境、劳工人权、商业道德、可持续采购及总体情况 5 个方面进行系统性评价。公司依据 Ecovadis 各标准规范，编写制定、搜集、修正和整理公司相关制度及资料，建立和完善公司 CSR 体系管理的内涵。

（罗怡力）

长城测控公司智能密度计获合格证

10 月 14 日，北京瑞赛长城航空测控技术有限公司研制的智能密度计通过煤炭科学技术研究院有限公司检测中心的防爆标准测试，取得防爆合格证。智能密度计用于测量成品油、轻质油和成品油的回收产品，适用于石油产品贸易交接的自动化系统以及加油站和轻质油回收行业等。其基本测量原理是利用传感器进行温度和密度实时测量，数据显示后存储在本地芯片内，可通过 USB 有线或蓝牙无线传输至电脑服务端。

长城测控公司研制的智能密度计　　企业提供

（王洋）

青藤入选北京市级企业科技研发机构

12 月 1 日，根据市科委《北京市鼓励企业设立科技研究开发机构实施办法》（京科发〔2014〕312 号），经过形式审查、书面审查、现场考察和综合评审，市科委和中关村管委会公布《北京市企业科技研究开发机构认定名单》，北京升鑫网络科技有限公司（青藤云安全）入选。青藤自成立以来高度重视自主研发，连续 5 年研发投入同比增长 100%，拥有百余项研发专利及软件著作权，不断提高核心技术创新能力。公司开创了中国安全行业的新品类——主机安全，解决网络安全的“最后一公里”难题，连续 7 年市场占有率第一，为政企、金融、能源、电信、互联网等 1000 余家大型行业用户的数百万台核心服务器提供稳定、高效的安全防护。

（王梦瑶）

汇龙森科技园获小微企业双创基地认定

12 月 7 日，工业和信息化部发布《关于公布 2021 年度国家小型微型企业创业创新示范基地名单的通告》（工信部企业函〔2021〕336 号），确定 2021 年度 168 家国家小型微型企业创业创新示范基地。其中，汇龙森国际企业孵化（北京）有限公司的汇龙森小型微型企业创业创新基地凭借优秀的创新模式和专业服务入选。该基地将聚集资源、搭建平台、会集人才、开创市场，推动小微企业科技创新与成果转化。

（刘晓雪）

天空卫士产品通过数据分类分级工具评测

12 月 13 日，中国信息通信研究院公布第 13 批大数据产品能力评测结果，分为数据脱敏工具评测、数据审计工具评测、数据分类分级工具评测 3 类。北京天空卫士网络安全技术有限公司的产品同一内容安全架构 V3.10 在数据源管理、规则管理、数据分类分级、系统管理方面均符合测试要求，通过数据分类分级工具基础能力专项评测。

（张文礼）

营商环境

综述

2021年，经开区深入贯彻落实国家《优化营商环境条例》，坚持新发展理念，以市场主体需求为导向，着力推动制度创新，持续深化“放管服”改革，加快推动更高水平开放，加快建设人民满意的服务型政府，打造与高质量发展相适应的国际一流营商环境。

行政审批方面。在全市率先开展“一业一证”改革试点，探索“10+1+N”服务模式。推动备查事项落地，深化告知承诺制改革，形成“标准公开、规则公平、预期明确、各负其责、信用监管”的治理模式。通过优化告知承诺模式、建立全过程政府综合服务机制等举措，构建企业投资项目快速落地新模式。实现京广协同创新产业园开工建设。与天津、广州、十堰等经开区签署协议，启动政务服务事项“跨省通办”。

政务服务方面。持续深化对企服务三级体系建设，以亦企服务港和园区政务服务站点为抓手，聚焦政务服务下沉和多元共建营商环境主题，实现政府、园区和企业深度交融。政务服务便民自助终端进社区，国际人才服务厅设立单一窗口提供金融、税务、知识产权及外资企业问题咨询和受理反馈等多元化涉外服务。在全市率先建立政策集中兑现服务模式。完成电子证照上线运行工作，推行“免申即享”兑现方式，提高政策精准服务水平。

创新创业方面。坚持以“推动国际科技创新中心‘三城一区’主平台建设”为主线，立足“四区一阵地”功能定位，挂牌6家中关村成果产业化先导基地加速区，新增市级以上研发机构99家，入选中国科协“科创中国”试点园区，落地“三城”科技成果转化项目162项，初步形成“三城一区”南北协同、产研互补的包容普惠创新格局。

金融服务方面。金融机构加速集聚，金融产品持续创新，全市首笔线上开立国际信用证、全市首笔中国建设银行“跨境快贷”外币贷款、全市首笔城市更新项目贷款及碳排放配额质押贷款落地。

国有资本投资方面。印发《北京经济技术开发区国有经济“十四五”发展规划》。制定国企改革三年行动实施方案及督促督办工作办法，推进70项重点工作有序开展。制订以管资本为主推进职能转变方案，国有企业公司制改革任务全面完成。围绕巡察、审计发现的重点问题，制定违规经营投资责任追究、内部经济责任审计等管理办法，完善制度体系，强化国资国企监管。

（张晓娟 张勇）

行政审批

概况

2021年，经开区打造一流营商环境，持续深化“一枚印章管审批”，全面推进以“便利化、极简化、规范化、品质化、阳光化”为目标的新一代政务服务改革，强化大数据技术和平台支撑。为加快推动经开区高质量发展，促进“经开区的事由经开区办”，按照市领导的批示、指示精神，开展新一轮赋权。为贯彻落实市委、市政府的决策部署，经开区进一步发挥“相对集中许可权”优势，推进行政审批“便利化”改革、深化行政审批“极简化”改革、加强行政审批“规范化”改革；加快推进大数据创新应用，推进“一网通办”建设。截至2021年年底，经开区实现依申请政务服务事项网办率达100%，全程网办率达91.31%。

（郭浩　赵璐彤　王立珩）

科益虹源研发基地项目完成备案

3月5日，科益虹源集成电路光刻光源制造及翻新基地（北京亦庄研发基地）项目完成项目备案。项目总投资12.92亿元，均为固定资产投资；选址经开区河西区X6-1M3地块，占地面积为2.30万平方米，建筑面积为4.20万平方米；主要针对光刻机核心部件的研发需求，通过购置相关的检测设备62台（套），建设测试实验室、翻新实验室、电学实验室、控制实验室、光学实验室、放电试验室、机械实验室、准分子激光器的生产厂房等，提升准分子激光器产品研发能力及翻新服务能力。

（郭艳菊）

工程建设项目审批服务平台上线

7月12日，经开区工程建设项目审批服务平台上线。该平台包括市经济和信息化局、市园林绿化局、市交通委等共计71个固定资产事项以及24个非固定资产事项的全流程审批办理功能，并逐步实现审批材料电子化；完成与北京市投资项目在线审批监管平台对接，与北京市各垂管系统完成单点登录集成，解决经办人需使用多个账号登录不同市级部门业务系统的问题，实现“一套系统跑手续、一张表单来填报、一个账号办审批”；将经开区工程建设项目全部事项归集到一个平台办理，实现工程建设项目相关事项“一个平台办审批”的改革目标；具备告知承诺、企业自主告知承诺、政府咨询服务等经开区特色功能。截至2021年年底，该平台累计办件量为1998件。

（王立珩）

“审管执信”一体化平台建设启动

9月24日，行政审批局启动以事项风险感知模型为基础的“审管执信”一体化平台建设。该平台在打通审批、监管、执法部门业务数据的基础上，以风险点为主线，贯穿审、管、执三端，将审批、监管、执法与信用衔接起来，打造“审管执信”全流程链条式闭环管理模式，实现审管执闭环数据互通和业务协同。

（王立珩）

北投台湖产业园项目完成备案

10月15日，北投台湖产业园项目完

成项目备案。项目总投资1.20亿元，其中固定资产投资为9899万元、流动资金为2146万元；选址亦庄新城0503街区G-071地块，占地面积为4.49万平方米，建筑面积为1.67万平方米；主要建设1栋研发生产楼，服务产业定位于研发与试制以集成电路设计、人工智能以及半导体零部件为代表的新一代信息技术企业，重点针对轻资产、高智力的研发及小规模试制企业。

（郭艳菊）

俐玛光电科技研发和生产项目完成备案

10月19日，俐玛光电科技研发和生产项目完成项目备案。项目总投资1.50亿元，其中固定资产投资为7000万元、流动资金为8000万元；选址经开区路东区D9M3地块，占地面积为7843.9平方米，建筑面积为1.16万平方米。

（郭艳菊）

“证照分离”改革

11月22日，经开区管委会印发《北京经济技术开发区关于深化“证照分离”改革进一步激发市场主体发展活力的实施方案》（京技管〔2021〕146号）。该方案明确自7月1日起，在亦庄新城全域，结合行政权力事项的实际赋权行使范围，对所有涉企经营许可事项实行全覆盖清单管理。按照直接取消审批、审批改为备案、实行告知承诺、优化审批服务4种方式，对涉企经营许可事项推行“证照分离”改革；对照《中央层面设定的涉企经营许可事项改革清单（2021年版）》《中央层面设定的涉企经营许可事项改革清单（2021年自由贸易试验区版）》《北京市设定的涉企经营许可事项改革清单(2021年版)》，形成经开区《落实中央层面、北京市设定的涉企经营许可事项改革清单》，包含涉及经开区事项277项，其中直接取消审批事项37项、审批改为备案事项19项、实行告知承诺事项90项、优化审批服务事项131项。

（郭浩 赵璐彤）

以告知承诺制试点开展施工许可审批

12月1日，经开区管委会、市住房城乡建设委联合印发实施《关于在北京经济技术开发区以告知承诺制试点开展施工许可审批的实施方案》（京技管〔2021〕150号），规定在经开区核心区“60平方公里”范围内，依法需办理建筑工程施工许可证的房屋建筑及其附属设施的建造，装修装饰和与其配套的线路、管道、设备的安装，以及城镇市政基础设施工程（社会投资低风险项目除外），可由建设单位自主选择以告知承诺制方式申请办理施工许可手续。12月13日，方同舟控股有限公司在经开区政务服务大厅办结全市首个施工许可告知承诺制事项，取得建筑工程施工许可证。

（郭艳菊）

北方集成电路技术创新中心项目完成备案

12月27日，北方集成电路技术创新中心大宗气站项目完成项目备案。项目总投资1.5亿元，其中固定资产投资为1.33亿元、流动资金为1724万元；选址经开区文昌大道与地盛北街之间，占地面积为1887.84平方米，建筑面积为944.55平方米；建设综合厂房（含空压机房、纯化间、配电室、消防泵房等）、氢气纯化间和供氢站，以及露天制氮区和低温罐区。

（郭艳菊）

营商环境整改提升方案制订

年内，经发局将《关于提供北京市进一步优化营商环境更好服务市场主体实施方案（4.0版）》中的19项经开区主责任务分解到部门，周督办、月总结，其中政府采购、开办企业等6项指标在全市领先，“一业一证”“区域评估＋标准地＋承诺制＋政府配套服务”审批改革在全市推广。经发局对标上海、广州、苏州等营商环境先进地区，研究制订《经开区营商环境整改提升方案》。

（张晓娟）

部分行政权力和公共事项承接

年内，行政审批局落实《北京市人民政府关于由北京经济技术开发区管理委员会行使部分行政权力和办理部分公共服务事项的决定》（京政发〔2019〕23号）相关工作要求，梳理涉及的职权事项，结合经开区机构改革实际，逐一明确承权部门；通过厘清各部门权力边界和业务边界，形成经开区职权事项清单和行政处罚权力清单；按照“核心区‘60平方公里’范围内按领域、‘165平方公里’新扩区域按清单”的原则，会同有关部门做好赋权承接工作，实现能接尽接、越早越好。9月20日，市政府印发《北京市人民政府关于由部分重点功能区管理机构和区政府有关部门行使一批市级行政权力等事项的决定》（京政发〔2021〕27号），将118项市级行政权力下放至中国（北京）自由贸易试验区部分组团管理机构和所在区政府有关部门。行政审批局结合经开区和中国（北京）自由贸易试验区高端产业片区的发展需要，进一步梳理申请下放市级职权，对自由贸易试验区行政权力事项应接尽接，并申请将107项市级职权行权范围扩大至“225平方公里”范围，为优化区域营商环境提供有利条件。

（郭浩 赵璐彤）

“一网通办”实现全流程可见

年内，行政审批局完成97719条审批办件数据沉淀，支撑办件业务可有、可用、可溯；搭建授权审批档案核查业务线上流程，完成241个事项电子档案配置，完成348次办件档案数据核查，实现办件业务可查、可管。

（王立珩）

“一网通办”全程网办率达91.31%

年内，行政审批局持续推进“互联网＋政务服务”“一网通办”系统建设，结合业务事项办理标准，推行事项线上全流程办理，通过电子证照应用、数据共享核验、政务数据底座等技术，实现多端接件、自助办件，实现全区1676个事项线上办理，网办率达100%。新增工商银行和建设银行7个自助服务网点，自助办事项达64个；建设“一网通办”移动端配套设施，新增19类事项可通过“尚亦城”“北京通”2个App办理，实现78类事项掌上办；完成724个事项授权审批改革，实现办件减时间、减环节申报办理；利用邮政特快专递服务（EMS），减少申请人的跑动次数，提升办事体验；推进电子印章、电子证照等电子媒介应用，实现申请人减材料申报，降低申报成本。截至2021年年底，全程网办事项达1282项，全程网办率达91.31%，基本实现“全网通办、全程网办”。

（王立珩）

告知承诺改革

年内，行政审批局率先在全市开展告

知承诺改革，修订《北京经济技术开发区依申请政务服务事项告知承诺审批管理办法》，优化告知承诺办理流程，重新梳理办理事项，以行政机关清楚告知、行政相对人诚信守诺为重点，形成标准公开、规则公平、预期明确、各负其责、信用监管的治理新模式，构建事前告知、技术服务、诚信承诺、即来即办、限时核查、违诺撤证、信用监管的闭环管理模式。截至 2021 年年底，告知承诺在办事项达 226 个，告知承诺制办件 35697 件。同时，在 35 个政务服务事项中推出“数字时间戳”技术，实现企业“承诺即可经营、违诺承担责任”，为告知承诺改革在全市乃至全国的进一步推广提供可借鉴、可复制的新路径。

（郭浩 赵璐彤 王立珩）

产业用地“标准地”地图建设

年内，行政审批局深化“区域评估 + 标准地 + 告知承诺制 + 政府配套服务”审批改革，建设经开区工业用地“标准地”地图。该地图面向主管部门建设“标准地”数字地图管理系统，提供“标准地”数据的整理与维护模块。该系统基本搭建完成，包括“标准地”门户、“标准地”App 和“标准地”后台管理系统，实现天地图、规划用地图、项目信息图、企业信息图、城市更新园区图、“433”产业组团图、自贸区范围。其中，天地图为国家地理信息公共服务平台提供的地图；规划用地图为规划部门提供的用地信息和开发建设局提供的土地出让信息，包含地块编号、地块属性、容积率、面积、建筑高度、出让年份、出让年限等；项目信息图主要为行政审批局的立项核准信息和建筑工程施工许可证涉及的项目信息；企业信息图主要展示经开区“60 平方公里”范围内 3.90 万余家企业的名称、地址、工商注册信息；城市更新园区图为开发建设局提供的经开区“60 平方公里”范围内经经开区工委审议通过的城市更新申报项目；“433”产业组团图为经发局提供的产业组团图；自贸区范围为从虚拟城市获取的矢量化后的自贸区范围。该系统面向公众和行政审批局内部人员等不同权限用户展示相应内容，并提供属性查询、检索等功能。

（刘晶 王砚海 王立珩）

产业用地标准化“五化”改革

年内，行政审批局率先在北京市开展产业用地标准化改革，探索以供地标准化、审批便利化、管理规范化、行为契约化、信用体系化为特色的“五化”管理新模式，初步建立产业项目全生命周期服务链、土地利用全过程监管链，实现“标准化产业用地”对标招商、按标出让、按标施建、竣工验收、达产复核、全程监管、信用奖惩、违诺退出、城市更新全流程闭环管理。截至 2021 年年底，马驹桥智造基地试点工作开展。

（郭浩 赵璐彤）

政务服务“便利化”改革

年内，行政审批局在赋权承接稳定运转的基础上，全面开展政务服务“便利化”改革，推动行政审批“办得快、办得好、办得便利”。经开区依申请政务服务事项网办率达 100%，全程网办率达 91.31%，实现全程可在线咨询、全部可在线办理，全部事项实现线上、线下可评价，网上政务服务能力稳步提升；实行“四减一增”（“四减”即减环节、减时限、减材料、减次数，“一增”即增透明）政务服务工作模式，切实惠企利民；建立重点企业服务保障机制，为重点服务企业办理政务服务事项开启绿色通道，促进项目快速落地。

（王立珩）

行政审批“极简化”改革

年内，行政审批局深化行政审批“极简化”改革，推出多项举措。其中，在初步实现“便利化”的基础上，将“极简化”甚至“无感化”作为目标，进一步释放市场活力，探索政府、市场 2 个主体责任共担的政务服务新生态，包括优化告知承诺改革，实现承诺就能办成事；率先落地备查制改革，实现“无感审批”；创新推动工程建设审批改革，实现“拿地即可开工”；上线经开区工改审批系统，实现一站式服务；实践产业用地标准化，实现政府有为、市场有效；推动“一业一证”改革，实现高效服务一个行业；探索首席审批师制度，发挥市场化用人制度优势。

（王立珩　郭浩　赵璐彤）

重点项目“减时限”服务

年内，行政审批局以审批又好又快为目标，实施全程服务“店小二”工程，为重点项目提供“减时限”服务。其中，建立重点企业服务保障机制，为重点服务企业办理政务服务事项开启绿色通道；通过“店小二”式跟踪服务、复杂事项提前技术服务、工程类事项交底服务，以及告知承诺事项当场批、备查事项秒批、工程建设类事项和“一业一证”改革事项联合踏勘并联审批，实现“减时限”，为行政相对人开展生产经营活动节约办事时间。

（郭浩　赵璐彤）

审批工作流程优化

年内，行政审批局制定《企业投资项目审管执工作指引》《建设工程消防验收工作指引》《技术审查工作指引》《行政审批岗位职责及流程工作指引》《政府综合服务实施方案》《第三方技术单位管理办法》等 15 项工作指引，理顺审管执工作流程，确保每一项审批服务有标准可遵循、有制度能管控、有记录可追溯。

（王立珩）

首席审批师制度探索

年内，行政审批局发挥市场化用人制度优势，结合经开区相对集中许可权优势，探索首席审批师制度。在办理一个或一类行政审批事项时，将受理、审核、决定、发证等审批环节合并，由同一具有独立审批资格的人员或团队独立完成，并对审批结果终身负责的首席审批师制度进行改革；从清单、标准、制度、绩效等方面，确认任职条件、岗位职责、遴选流程以及管理考核制度。

（郭浩　赵璐彤）

审批标准化要点梳理

年内，行政审批局以找堵点、理要点为重点，梳理事项标准化手册 726 个，分批次发布至政务服务中心，推动无差别办理，围绕高频办理事项，做到一事项一手册、一指引、一视频。11 月 1 日，行政审批局在“尚亦城”App 上线《审批人员教您办》栏目，首批上传 29 个小视频。视频中，审批服务人员针对排污许可、人防工程竣工验收备案、企业设立变更注销登记等 29 个高频办理事项，为办事人解读政策、讲解流程、提示重点、答疑解惑；视频下方则以“文字 + 图片 + 示例”的形式，提醒办事人需准备哪些材料，提示填报易错点等，并提供标准化样本。截至2021年年底，共上传99个视频。

（郭浩 赵璐彤）

行政审批“规范化”改革

年内，行政审批局总结经验，固化改革成果。其中，结合产业用地标准化、告知承诺制、备查制、工程建设领域审批等改革试点的落地实践，不断优化流程设计，促进闭环管理，形成标准化改革成果，为在“三城”推广复制提供支撑；优化15项工作指引，理顺“审管执”工作流程；梳理标准化要点，推动无差别办理，创造审批服务“秒懂”模式；制定《行政审批局审批工作指引》《审批结果推送管理办法》《审批档案管理办法》，形成行政审批闭环管理；明确“接件、受理、审查、决定、告知、结果推送、履诺核查”的审批工作全流程，确保审批合法规范；围绕营商环境优化，落地服务企业群众“最后一公里”，开展“局处长走流程”，进一步优化行政相对人的办理体验。

（郭浩 赵璐彤 王立珩）

项目备案核准

年内，经开区完成项目备案核准322项，项目备案固定资产投资1246.32亿元。开工项目324项（含简易低风险工程19项），比2020年增长27.06%；涉及项目资金286.69亿元，比2020年增长21.46%，其中市政工程（雨水管道、桥梁道路等）规模为11.80万米，比2020年增长46.95%。竣工验收备案161项，比2020年增长103.80%，规模为307.62万平方米，比2020年增长50.79%。

（张勇 郭艳菊）

政务服务

概况

2021年，经开区在全市率先出台《开发区关于打通深化“放管服”改革优化营商环境落地“最后一公里”工作方案》，问题解决率达100%。推动备查制、“跨省通办”“跨区通办”等改革。在全市率先实现电子证照场景应用，试点“免申即享”，构建政府政策“线上一口申报，线下一窗受理”的新模式。公共资源交易平台实现全流程电子化“云上”交易。15分钟政务服务圈作用凸显，七大类别177个事项实现“马上办、就近办、自助办”。政务服务中心全年线下接待办事群众157233人次，办理量121304件；“不见面办政务”业务量76964件次；受理“12345”市民服务热线转办诉求共计18.38万件（包括京东投诉10.35万件、市场管理类问题1.36万件、教育类问题8029件、住房类问题4691件、公共安全类问题3842件），响应率为97.97%，解决率为86.23%，满意率为91.54%。截至2021年年底，政策兑现综合服务平台累计访问量超过74万人次，注册企业2591家，发布经开区26个政策235个事项，累计兑现政策事项144个，惠及企业1243家。

（郭浩 赵璐彤 周宁）

经开区建设工程招投标交易服务费取消

1月1日，经开区建设工程招投标交

易服务费取消收费，公共资源管理服务中心持续降低公共资源交易成本，提升交易服务效能，促进企业成长，为经开区市场主体提供更多服务支持，每年为企业节省服务费200万余元。

（仲婉青）

“政企互动会客厅”投入使用

1月28—29日，政务服务中心“政企互动会客厅”投入使用，北京奔驰汽车有限公司、中芯国际集成电路制造有限公司、中冶京诚工程技术有限公司等近20家企业到政务服务大厅体验各项改革成果和创新服务，并就事项办理的便利度、政务服务的延伸度、政策兑现综合服务平台的运行情况、使用感受进行交流。政务服务中心根据企业反馈的意见建议，对政策兑现综合服务平台进行再升级，实现高频附件材料一次上传，下次申报自动关联；企业通过一证通或电子营业执照授权口令账号后，可以实现多人同时登录操作等。

（周宁）

2个事项实行备查制

1月，政务服务中心将“企业实行不定时工作制和综合计算工时工作制审批”“人力资源服务备案”2个事项实行备查制，无需审批部门审核，可实现“秒获批”。备查制旨在深化“放管服”改革，探索推进行政审批从“便利化”向“极简化”模式转变。中心就首批试点的2个备查制事项对全体综合窗口工作人员进行培训、讲解和模拟演练。

（周宁）

“亦事通”上线多项新功能

2月5日，政务服务中心“亦事通”微信公众号上线“市场主体登记预约”功能，可以分时段、免排队。3月，“亦事通”微信公众号推出《亦视易办》栏目，一事项一视频，从申报开始一步一讲解，沉浸式展现高频事项办理流程，让“零基础”的企业和群众一看就懂、照着能办，全年共发布视频35个。12月，“亦事通”微信公众号上线“预约”和“在线办理”功能，打破时间、空间限制，所有事项均可在线预约、签到取号并线上办理，便于企业和群众合理规划行程，减少等待时间。

（周宁）

政务服务事项备查改革

2月，经开区率先在北京市试点开展依申请政务服务事项备查制改革。10月13日，市政府行政审批制度改革办公室印发《关于试行开展政务服务事项备查制的通知》，将经开区率先在北京市试点依申请政务服务事项备查制改革的经验在全市推广。行政审批局按照《北京经济技术开发区管理委员会关于开展政务服务事项备查改革的工作指引（试行）》（京技管〔2020〕105号），根据“标准自行判别、权利自主享受、资料自行留存、责任自我承担”的改革思路，开发审批平台，实现申请端企业无感知审批、管理端“审管执”同步履职。截至2021年年底，综合工时、人力资源、新闻出版、公共卫生等领域的15项依申请政务服务事项全部实现备查方式办理，共计办理量182件次。

（郭浩　赵璐彤）

国家级经开区间实现“跨省通办”

3月5日，经开区行政审批局、政务服务中心与天津经济技术开发区政务服务办公室签署北京、天津经开区推进政务服务“跨省通办”授权协议，首个国家级经开区“跨省通办”工作机制建立。根据《北京、天津经开区推进政务服务“跨省通办”实施方案》，北京经开区和天津经开区根据经开区区域特点、企业办事需求、信息化系统能力等实际情况，在国家“跨省通办”事项清单基础上，分别推出人力资源服务许可、企业实行不定时工作制、综合计算工时工作制审批、企业登记档案查询等10个政务服务事项，对可实现全程网办的事项，采用委托服务的方式，实行线上“跨省通办”；涉及提交纸质材料或纸质证照的事项，由一方“跨省通办”专窗工作人员按事项办理标准进行受理。这是国家级经开区之间事项办理实现“跨省通办”的首个案例，有效满足各类市场主体和群众的异地办事需求。截至2021年年底，实现与天津经开区、广州开发区、十堰经开区等6个经开区共268个事项的“跨省通办”。

（周宁　郭浩　赵璐彤）

亦企服务港政务服务站点建设

3月，政务服务中心继建成启用永康港、通明湖港、经海港、台湖港政务服务站后，挂牌并启用位于亦庄新城地区的马驹桥港政务服务站和位于河西区的博兴港政务服务站。至此，政务服务中心已开放6个服务站点，15分钟政务服务圈初步覆盖亦庄新城，可为近万家企业提供标准化的远程咨询帮办、事项自助办理、材料智能流转等一站式服务，最大程度满足企业“就近办、一次办、马上办、自助办”需求。

（周宁）

政务服务中心获多项荣誉

4月，政务服务中心运行管理处被市总工会授予2021年北京市工人先锋号称号。12月，政务服务中心获北京市扶残助残先进集体称号。年内，经开区政务服务系统9人在2021年北京市第三届“北京榜样·政务服务之星”评比活动中获表彰；“聚焦‘六大维度’打造国际化营商环境生态”案例入选北京市“两区”建设第一批改革创新实践案例；“数据智能应用赋能惠企政策兑现再提速”案例获北京市政务服务管理局2021年度基层政务服务“十佳案例”称号。

（周宁）

与副中心及东部地区实现“跨区通办”

5月20日，经开区行政审批局、政务服务中心与通州区、朝阳区、顺义区、大兴区政务局共同签署关于实施政务服务“跨区通办”联动机制框架协议，朝阳区、通州区、顺义区、大兴区、经开区共同梳理形成第一批26项跨区办理的政务服务事项，涵盖建筑工程、道路施工、贸易、环保、新闻、烟草等领域。5月28日，北京叁悦文化有限责任公司通过经开区政务服务中心“跨区通办”专窗领取烟草专卖零售许可证，是协议签署以来首个“跨区通办”案例，北京城市副中心及东部地区“跨区通办”首证在经开区办结标志着北京市政务服务实现“同事同标”。

（周宁）

亦庄新城地区首场政策宣讲会

5月28日，政务服务中心联合亦企服务港台湖港举办亦庄新城地区首场《关于贯彻新发展理念加快亦庄新城高质量发展的若干措施（3.0版）》政策宣讲会。政务服务中心与财政审计局、商务金融局、社会事业局等政策主管部门相关负责人为企业介绍与解读该政策。亦庄新城地区近40家企业60余名企业代表参与活动。政策宣讲会通过部门间的横向协同，根据台湖港片区企业特点，确定企业区域经济贡献奖励政策、中小微企业贷款奖励政策、招聘相关渠道及活动等具有针对性的内容，详细解读与演示政策申报兑现方式、自助服务终端的操作，确保各项政策“应知尽知”“应享尽享”。全年共举办政策宣讲会6场，惠及150余家企业400余人。

（周宁）

政策落地“最后一公里”工作方案出台

6月8日，经发局聚焦市场主体关切，出台并落实《开发区关于打通深化“放管服”改革优化营商环境落地“最后一公里”工作方案》，创新推出“两步走”走流程模式，经开区工委、管委会领导带头走流程，通过亲身办、代理办、陪同办等形式开展13次政务服务深度体验。截至2021年年底，经开区12个部门开展一把手走流程活动106次，体验事项87项，发现并解决问题79个，形成一系列全国领先、全市推广的改革成果。

（张晓娟）

规范工程建设项目招标投标活动措施发布

6月25日，经开区管委会印发《北京经济技术开发区关于规范工程建设项目招标投标活动的若干措施（试行）》（京技管［2021］73号）。该措施的试行是经开区创新监管方式、体现区域特色、优化招投标服务的一项精准举措，填补招投标活动场内交易监管空白。

（仲婉青）

办事大厅疫情“防控十条”清单出台

7月，政务服务中心制定出台办事大厅新冠肺炎疫情“防控十条”清单，要求各分中心按“防控十条”自查整改，坚持零报告、日报告；增强全体工作人员常态化疫情防控意识，引导企业群众通过“不见面”的方式办理业务，并迅速在全区各级政务服务中心复制推广，把好每一道关口、筑牢每一条防线，确保经开区政务服务领域“零感染”。

（周宁）

京津穗经开区政务服务“跨省通办”

8月6日，北京经开区、天津经开区、广州开发区通过“跨省云签”方式签署京津穗经开区政务服务改革创新合作联盟框架协议，共同创立京津穗经开区政务服务改革创新合作联盟，建立政务服务通办、互访学习交流、智库共享、产业发展协同四大工作机制。经开区以合作联盟为载体，扩大与国家级经开区的合作范围和深度，启动涉及商事登记、行业准入、从业资格、人事薪酬等领域共268个政务服务事项的“跨省通办”，其中北京经开区79个、天津经开区53个、广州开发区136个，惠及三地34万余家市场主体。

（郭浩 周宁 李凯丽）

“两证联办”业务升级

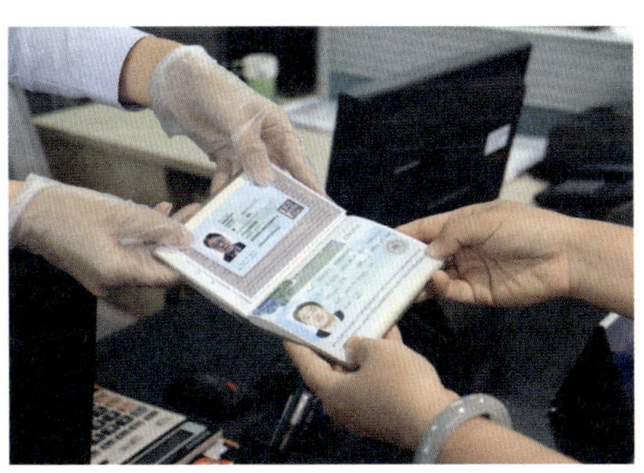

“两证联办”业务首证办结 韩乐陶 摄

8月6日，国际人才服务厅为北京福田电子医疗仪器有限公司办理首笔外籍专业人才（B类）来华工作许可证和居留许可证“两证联办”业务，经开区“两证联办”业务从外籍高端人才（A类）拓展到外籍专业人才（B类）。“两证”办理延期只需10个工作日，办理新证只需12个工作日，由至少跑4次缩减至最多跑1次，办理的人才来自美国、德国、英国、日本、韩国、新加坡等40余个国家。截至2021年年底，经开区国际人才服务厅各类业务办理总量为8529件次（含公安业务），其中提供咨询服务5850次、现场受理业务1116件、全程网办业务433次、办结业务1130件；有73名外籍高端人才办理“两证联办”业务，其中A类44件、B类29件。

（涂瑞敏 周宁）

24小时自助服务区开设

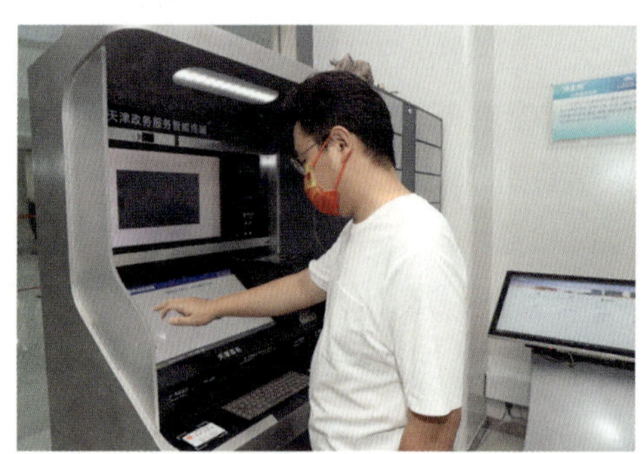

天津政务服务智能终端设备 吴江 摄

8月，政务服务中心联合中国工商银行股份有限公司北京自贸试验区支行开设24小时自助服务区。自助服务区设置各类政务服务自助设备和银行ATM机，提供个人社保权益记录查询打印、住房公积金查询、个人完税证明打印等200余项自助服务，满足企业和群众对金融服务和政务高频事项的办理需求。同时，增设带有“天津政务”字样的自助办智能终端设备，搭载二代身份证识别、指纹识别、电子签名、打印，并配备智能流转柜等功能，通过政务数据集成，可提供临时身份证明、无犯罪记录证明开具，以及社保缴费明细查询、不动产登记查询等268项政务服务，实现事项从业务查询、业务申请、材料提交、智能流转到结果送达的一站式自助办理服务。“天津政务服务智能终端”可实现268个天津经开区的政务服务事项在经开区自助办，是对“跨省通办”服务的再升级。

（周宁）

公共资源交易分平台投入使用

9月13日，经开区公共资源交易分平台投入使用，标志着经开区公共资源交易智能化、规范化管理水平迈上新台阶。该平台位于亦城国际中心，建筑面积为2385.75平方米，满足开评标业务需求的同时，可对评标区域进行封闭管理，对专家和业主实施有效物理隔离，从而保证公共资源交易过程的安全、保密。场内监控全覆盖，确保场内无死角并同步摄录留存备查。平台还设有行业监督室、监控室和见证室，可满足业主、各行业监管部门、纪检监察部门等对项目的见证和监管需求。在信息化建设方面，平台增加公共资源交易服务网站、政府采购电子交易系统、远程开标系统、远程评标系统、场地调度及设备智能化管理系统、综合管理系统、电子监督平台、数据交换平台、区块链服务、后台支撑平台等应用软件系统，以及建设场地基础环境及场地智能化等多项内容。全年累计进场交易538次，完成各类公共资源交易项目218宗，其中房建类项目152宗（投资估算214.24亿元）、市政类项目22宗（投资估算10.81亿元）、政府采购类项目44宗（投资估算2.21亿元），全年总投资估算227.27亿元。

（徐伊慰）

6个社区安装政务服务便民自助终端

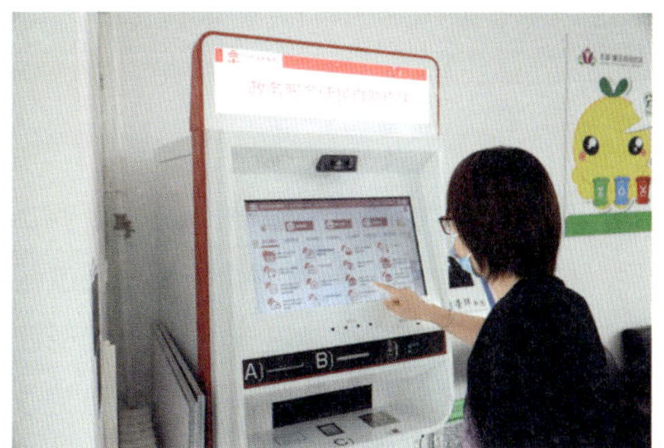

社区政务服务便民自助终端设备　　蒋科平　摄

9月，政务服务中心联合辖区街道在辖区内6个人口密度较大的社区安装政务服务便民自助终端，包括荣华街道的卡尔百丽、天华园三里、大雄郁金香舍社区，博兴街道的亦城茗苑、天通泰及赢海庄园社区。设备可供群众随时办理社会保障、医疗保障、住房置业、市场监管、生活服务、交通出行、税收服务七大类别177个事项，解决“上班时间没空办，下班时间没法办”的痛点，“一刻钟社区服务圈”进一步完善。

（周宁）

首批“政务服务体验官”上岗

9月，政务服务中心选择35名企业及第三方机构的办事人作为首批“政务服务体验官”，到各级政务服务中心、亦企服务港政务服务站进行深度体验。以“群众懂不懂”“流程通不通”“体验好不好”为标尺，了解办事过程中的堵点和痛点，推动政务服务工作找差距、补短板、提境界，架起政务大厅与办事群众、市场主体之间的“连心桥”。

（周宁）

首批行政办事员持证上岗

10月，政务服务中心首批34名工作人员通过全国行政办事员（政务服务综合窗口办事员）职业技能等级考试并获职业技能等级证书，成为北京市首批持证上岗的综合窗口行政办事员。综合窗口团队的业务能力、服务水平、综合素质进一步提升，为实现队伍领先、打造一流政务服务团队奠定基础。

（周宁）

首场全流程电子化政府采购项目完成

11月30日，公共资源管理服务中心通过“系统支持＋软件对接”等方式，完成首场全流程电子化政府采购项目，打通政府采购电子化交易“最后一公里”，实现政府采购“文件无纸化、标书在线传、网上开评标、过程全留痕”的全过程网上办理，结束经开区政府采购项目纸质标书近20年的历史，使经开区公共资源交易向“互联网＋政府采购”模式转型。

（仲婉青）

政务服务标准化示范社区建成

11月，政务服务中心建设完成天华园三里、赢海庄园2个政务服务标准化示范社区。2个社区实施全区统一的首问负责、一次性告知、帮办代办等9项基本制度，实现规范统一、服务延伸、管理到位，进一步提升服务群众能力。

（周宁）

3个园区政务服务点挂牌

12月，政务服务中心位于锋创科技园、中航技广场、大族广场3个园区的政务服务点挂牌，可为近千家园区企业提供一对一咨询、高频事项材料预审、帮办代办等服务。至此，继汇龙森、亦城时代园区服务点开通后，政务服务中心已在辖区内设立5个园区政务服务点，与亦企服务港政务服务站联动，形成线上和线下结合、以点带面的“1+8+N”（“1”即1个区级综合政务服务中心，“8”即8个亦企服务港政务服务站，“N”即多个园区政务服务点）政务服务矩阵，对企服务三级体系建设进一步推向纵深。

（周宁）

政务服务中心现场运行和管理规范

12月，政务服务中心根据市政务服务管理局编制的《政务服务中心现场运行和管理规范》，对标企业群众需求，围绕“标准规范化、方式集约化、供给身边化、态度暖心化”展开培训，全方位推进该规范的落地，为企业群众提供全流程、全要素、高品质的政务服务。

（周宁）

“每月一题”任务清单落实

年内，政务服务中心按照市级要求推进“每月一题”工作开展，聚焦经开区企业群众反映突出的高频热点、重点难点问题，采用承办单位主动申报和热线系统数据分析研提2种渠道，精选形成区级“每月一题”任务清单。通过清单式管理、项目化推进、靶向化治理，推动解决房产证办理难、群租房治理难、小区内电动汽车充电桩安装难等重点民生诉求。

（周宁）

电子证照在政策兑现场景应用

年内，政务服务中心在全市率先落地电子证照在政策兑现场景中的应用。政务服务中心历时超过2个月，完成方案调研、系统对接、联调测试、上线运行等工作，实现企业政策申报时在线调用电子证照、部门审核时在线查验电子证照的业务应用。在减少申报材料、压缩审核周期上实现企业和部门两端的优化，解决高频使用证件材料反复提交的问题。全年共计86家企业通过电子证照申报政策事项。

（周宁）

政策智能匹配

年内，政务服务中心提高政策服务水平，依托政策兑现综合服务平台，通过建立匹配模型、搭建智能匹配引擎，实现政策与企业的精准匹配。服务平台自动将政策匹配结果通过站内推送、短信提醒或邮件发送等方式推送给办事人员。截至2021年年底，服务平台共进行3800余次匹配，覆盖企业933家，实现由模糊推送向精准推送转变。

（周宁）

企业信息智能核验

年内，政务服务中心提高政策审核中核验效率，运用大数据技术，通过制定核验规则、建立数据共享机制、开发核验引擎等措施，实现企业申报信息智能比对、在线核查，解决政策审核信息量大、准确度难以把握的问题，减轻审核工作量，缩短审核时间，提升政策审核的质量和效率。

（周宁）

“免申即享”政策兑现服务模式推出

年内，政务服务中心推出“免申即享”政策兑现服务新模式。对于条件明确、标准清晰、以政府掌握的客观数据为审核依据的政策事项，通过对现行业务模式深度梳理，流程精减，实现企业零材料、零跑动、零接触，免予申报，直接享受政策资金。全年试点完成载体内“专精特新”企业创新发展资金奖励、企业上市奖励2个政策事项的“免申即享”，兑现周期大幅缩短，提升企业体验感、获得感。

（周宁）

惠企政策体系建设

年内，经发局构建惠企政策体系，统筹推进高端人才所得税优惠、支持企业上市等12项政策研究和制定，统筹出台《绿色发展资金支持政策》《关于贯彻新发展理念加快亦庄新城高质量发展的若干措施（3.0版）》等9项惠企政策；推进《关于进一步统筹疫情防控和经济社会发展支持企业攻克时艰的若干措施（2.0版）》兑现，18个专项政策惠及企业109家，涉及资金6700万余元；完成《控疫情稳增长十条（1.0版）》《房租减免政策》评价，统筹推进2.0版政策评价和3.0版政策细则制定，实现以评促提升。同时，加强政策宣传，组织政策创新发布，依托尚亦城（北京）科技文化集团有限公司、亦企服务港开展线上、线下解读和参与“我为群众办实事”政策解读，涉及企业1.2万余家。

（张晓娟）

项目建设联合验收试行

年内，行政审批局试行单体工程联合验收制度，对工业厂房、仓库等项目房屋建筑与市政基础设施工程，以单体工程为单位开展竣工联合验收。项目完工后，由项目建设单位一次申请多个相关行政主管部门按“统一时间、集中组织、一次验收”要求完成项目验收，通过验收的单体工程即可开展下一步工序或者生产运营。截至2021年年底，对北京集电控股有限公司的集成电路标准厂房（一期）项目（集成电路生产厂房FAB B3A等7项）等区内重大产业项目开展政策讲解及技术服务。

（刘晶）

重点服务企业长效联系机制建立

年内，行政审批局建立重点服务企业长效联系机制，安排企业服务专员与10余家重点服务企业对接。重点关注处于发展关键阶段的企业，通过微信群向企业传递北京市和经开区的利企惠企政策；收集企业诉求，实施“一对一”服务指导，协调各部门解决诉求，并实时跟进办理情况，直至问题解决；服务专员每周定期回访，做到与企业“每周一联系，有事随时到”。截至2021年年底，解决北京同益中新材料科技股份有限公司、北京先瑞达医疗科技有限公司等重点企业遇到的与上市、经营相关的10余个难题。

（王立珩）

创新创业

概况

2021年，经开区优化产业生态与营商环境，吸引多方人才，提供政策优惠，打造良好的创新创业环境。举行2021第七届北京·亦庄创新创业大赛，承办2021年“国科大杯”创新创业大赛软件互联网分享赛，组织区内企业参加第六届“创客中国”北京市中小企业创新创业大赛暨“创客北京2021”创新创业大赛等。

（万轶群）

“创客北京2021”创新创业大赛

6月16日—10月19日，第六届“创客中国”北京市中小企业创新创业大赛暨“创客北京2021”创新创业大赛在北京举行。大赛由工业和信息化部、财政部指导，市经济和信息化局、市财政局、顺义区人民政府主办，北京市中小企业服务中心、北京市中小企业公共服务平台、北京创业投资创新服务联盟等单位承办，面向十大高精尖产业、文化创意产业、新型便民服务业三大领域，共4349个项目报名参赛。经开区10家企业和7组团队获奖，其中北京欣奕华科技有限公司的“国内量产第一的LCD负性光刻胶”项目获企业组特等奖，北京国科天迅科技有限公司的“自主可控的高速高可靠通信协议芯片”项目获企业组二等奖，赛芒（北京）信息技术有限公司的“试管婴儿全流程智能化解决方案”项目获企业组三等奖，北京星河动力装备科技有限公司、北京星际荣耀科技有限责任公司、北京博鲁斯潘精密机床有限公司、北京融为科技有限公司、北京中祥英科技有限公司、北京觉非科技有限公司、北京千寻未来科技有限公司入选企业组TOP150，ME团队、北京奔驰车身二工厂团队、裂变产物贵金属提取与资源化应用团队、华自机器人团队、历途机器人团队、金刚石薄膜研发团队、akso机器人团队入选创客组TOP150。大赛还设置11个龙头企业赛道赛，其中4个龙头企业赛道赛由经开区企业承办，分别是昭衍·创新医药专项赛（70个项目报名，6个项目获奖），京东方·物联网专项赛（123个项目报名，11个项目获奖），集创北方·集成电路设计专项赛（240个项目报名，4个项目获奖），京东·数字化服务专项赛（152个项目报名，11个项目获奖）。

（张鹏宇 苏慕寒 钱环宇）

第七届北京·亦庄创新创业大赛

7月13日—8月8日，2021第七届北京·亦庄创新创业大赛举行。大赛由经开区管委会主办，科技创新局承办，北京创业投资创新服务联盟、中联智库（北京）科技发展有限公司等单位共同协办，以“链接三城，创想亦庄”为主题，围绕数字经济、商业航天、新能源智能汽车、新一代信息技术、生物医药与医疗器械五大赛道，举办20余场比赛，共有1000余个企业、项目报名，264个项目进入复赛路演环节，最终36个项目入围总决赛，其中多功能卫星遥感信息智能服务终端、中国微创能量医学引领者、自动驾驶的领航员等5个项目获一等奖，中孵航天数字基地、绿色生物智造研发平台、北京海沃思声纹识别等10个项目获二等奖，嗨目蜂巢影院、浸没式液冷数据中心、高空幕墙清洗机器人等21个项目获三等奖。

（姜楠 苏慕寒）

参展HICOOL 2021全球创业者峰会

9月10—11日，HICOOL 2021全球创业者峰会在中国国际展览中心（新馆）举办。会上，HICOOL 2021全球创业大赛获奖名单揭晓，经开区11个企业项目获奖，其中予果生物科技（北京）有限公司的病原微生物高通量基因检测项目、北京软体机器人科技有限公司的软体机器人技术研发和产业化项目及北京宏景智驾科技有限公司的Windbreaker干线物流重卡自动驾驶解决方案3个项目获一等奖。来自全球84个国家和地区的4018个项目、5077名创业人才报名参赛。同时，经开区作为参展单位，以“龙腾虎跃看亦庄”为主题，从经开区概况、产业发展、“人才十条”政策、优秀企业、国际人才社区、基金和孵化器6个方面展现经开区宜居宜业环境、创新创业成果，以及政府在企业开办、人才服务、配套保障等方面打造的“亦庄服务”。

（王艳艳 邹容）

“国科大杯”软件互联网分项赛

9月17日，2021年“国科大杯”创新创业大赛软件互联网分项赛暨合作资源对接会在经开区举行。活动由中国科学院大学主办，经开区人才工作领导小组办公室、北京亦庄国际人才发展集团有限公司、中国科学院大学创新创业学院、中国科学院大学魏桥国科联合实验室承办，以“建党百年砥砺发展，创新创业开拓未来”为主题，旨在提高大学生、科研工作者创新创业意识，激发创新创业动力，联合社会各界力量，集聚创新创业资源，注重科研成果转化，推动项目落地，助力产业高质量发展。软件互联网分项赛共有36支队伍入围决赛。36支队伍分为创意组、初创组和成长组，各参赛项目按照参赛顺序依次上场展示，每个项目有10分钟路演展示时间，包括6分钟展示时间、4分钟问答环节。无法到场的参赛项目将通过线上展示和问答的方式进行路演。最终评出3个一等奖、4个二等奖、8个三等奖。

（邹容）

金融服务

概况

2021年，经开区有25家银行类金融机构54个网点，包括2家外资银行、2家二级分行和7家自贸业务专营银行；各银行机构本外币存款余额合计2522.78亿元，比2020年增长18.33%；本外币贷款余额合计1272.38亿元，比2020年增长7.57%。

（李凯丽）

亦庄控股发行资产证券化融资项目

2月3日，由工银瑞信投资管理有限公司担任计划管理人、中国工商银行股份有限公司担任总协调人/托管银行的“工银瑞投——亦庄控股产业园区第一期资产支持专项计划”成立，后续于上海证券交易所挂牌。该项目由亦庄控股子公司北京亦庄国际生物医药投资管理有限公司作为原始权益人，标的物业是亦庄控股名下位于经开区的北京亦庄生物医药园，发行规模为10亿元，发行利率为3.99%，创同类产品同期新低，是北京市首单储架型产业园区商业房地产抵押贷款支持证券（CMBS）产品、北京市首单生物医药特色产业园区CMBS产品，是亦庄控股首次通过资产证券化方式盘活优质存量资产。

（宋晓梅）

亦庄国投参与投资设立多只基金

2月，亦庄国投完成对国家集成电路产业投资基金二期股份有限公司的10亿元后续出资。4月，亦庄国投完成对国家制造业转型升级基金股份有限公司的10亿元后续出资。12月，亦庄国投出资2亿元与清华大学联合设立北京水木领航创业投资中心（有限合伙），基金总规模为10.84亿元，主要投资北京地区的科技成果转化项目，以创新型医疗器械为主，兼顾集成电路、新能源、高端制造和人工智能等领域。全年完成基金实缴出资约60亿元，实现4只（家）新增基金及基金管理公司落地；累计完成110只（家）基金及管理公司落地，母基金体系实现招商落地及区内返投项目 183 个。

（万玉森）

建行经开区支行成为电子口岸制卡代理点

3 月 1 日，中国建设银行股份有限公司北京经济技术开发区支行成为首批电子口岸合作制卡代理点。建行经开区支行可提供新企业入网以及已入网企业新增操作员卡、新增报关员卡、补卡、换卡、延期、解锁服务，服务范围包括经开区、大兴区、房山区等在内的整个北京南部地区，为电子口岸用户提供更加便利、高效的服务。

（靳雪晶）

“跨境快贷”外币贷款支用业务办理

3 月 22 日，中国建设银行股份有限公司北京经济技术开发区支行为北京德普恩科技有限公司办理“跨境快贷—出口贷”美元支用业务。该公司是北京市首家办理中国建设银行“跨境快贷”外币贷款支用业务的企业。“跨境快贷”系列产品依托金融科技和大数据建模优势，通过与各类监管部门多渠道进行信息交互，以“G 端连接”实现“B 端赋能”，构建包括“退税贷”“出口贷”“信保贷”等产品的矩阵，可为小微外贸企业提供最高 300 万元的贷款额度，支持外币或人民币发放，具有利率低、支用比例高等特点。

（靳雪晶 李凯丽）

招商银行信创园支行开业

5 月 20 日，招商银行股份有限公司北京亦庄信创园支行（简称招商银行信创园支行）开业。招商银行信创园支行是招商银行股份有限公司在经开区设立的首家 3.0 网点，可提供更加智能化的业务办理服务；是国家信息技术应用创新产业园首家开业的银行，配备融资、授信等政策，为园区内信创企业提供金融服务，并从审批额度、放款利率等方面为信创产业的优质企业给予相应优惠。

（李玉竹）

亦庄投资发起设立 2 只基金

6 月 21 日，北京亦庄投资有限公司发起设立北京亦庄创源股权投资合伙企业（有限合伙）。该基金由亦庄股权投资基金管理（天津）有限公司管理，基金规模为 2 亿元；是亦庄控股首只自主管理基金，强化了在一级市场与一级半市场的组合投资职能，重点投资战略新兴产业、北京十大高精尖产业、经开区四大主导产业。12 月 15 日，亦庄投资与南京市产业发展基金有限公司、南京六合科技创业投资发展有限公司共同发起设立南京亦庄创熠创业投资合伙企业（有限合伙）。该基金由亦庄股权投资基金管理（天津）有限公司管理，基金规模为 2 亿元，其中亦庄投资出资 9900 万元；实现国有资本放大比率 1:1，获长三角地区政府引导基金的认可，形成区域间科技、产业合作纽带，促进北京、南京在科技、产业方面的对接交流，将重点投资新一代信息技术、高端装备制造、新能源、新材料领域。

（张京诺）

交行自贸区支行 NRA 账户结汇业务落地

6 月，交通银行股份有限公司北京自贸试验区支行境外非居民账户（NRA）账户结汇业务落地。该业务允许自贸区内的银行为境外 NRA 外汇账户结汇，满足企业统筹境内外资金安排的需求，提升资金使用的便捷性和灵活性，对扩大自贸区内跨境人民币使用、实现资金自由流通和贸易便利化具有重大意义。

（郗然）

防范非法集资宣传教育

7月20日，商务金融局发布《关于开展2021年经开区防范非法集资“百千万宣教工程”宣传活动的通知》，建立常态化宣传教育工作机制，按照金融机构配合园区、街道的试点宣传模式，成立金融风险防范工作小组，开展宣传教育工作。该小组共开展基层宣传7次，通过线上、线下相结合的模式覆盖不少于2个街道、20个园区，形成非法集资全区共治的格局。

（靳雪晶）

北京农商银行经开区支行银行系统上线

7月，北京农村商业银行股份有限公司经济技术开发区支行新一代核心银行系统上线。北京农商银行经开区支行历时21个月，对核心系统、柜面系统及100余个外围系统进行更新换代，重构原有的核心银行系统，通过搭建开放、灵活、成熟和先进的系统，支撑北京农商银行以客户为中心的理念和精细化管理要求。该系统具有业务驱动、层次合理、面向服务、功能完备、响应快速等特点。

（王菲佳）

经开区首家商业保理公司设立

9月17日，经开区首家商业保理公司北京智慧普华商业保理有限公司设立。该公司由浙江吉利控股集团有限公司旗下全资子公司浙江众尖投资有限公司发起设立，注册资本为1亿元，位于经开区荣华中路22号院，经营范围包括保理融资、销售分户（分类）账管理、与受让应收账款相关的催收业务、非商业性坏账担保、客户资信调查与评估、与商业保理相关的咨询服务以及经国家有关部门批准和认可的其他业务。

（李凯丽　靳雪晶）

北京市首笔碳排放配额质押贷款发放

9月20日，北京银行股份有限公司经济技术开发区管辖行为北京盛通印刷股份有限公司发放贷款1000万元，该笔业务是聚焦国家“碳达峰、碳中和”战略目标背景下北京市首笔碳排放配额质押贷款。北京银行经开区管辖行为助力实现“双碳”战略目标，支持经开区绿色低碳发展，推出碳排放配额质押贷款，加大对节能减排、清洁能源、生态环保、绿色升级等领域的金融支持，帮助企业盘活碳配额资产，利用自有碳排放配额即可获质押贷款，拓宽企业低碳融资渠道，协助企业实现绿色转型发展。

（周严妍　靳雪晶　李凯丽）

拟上市公司IPO巡讲会

9月29日，“拟上市公司IPO巡讲会——企业上市IPO路径解析与成功保障”公益讲座举办。该讲座由北京亦庄国际人才发展集团有限公司、北京亦庄人才创新创业发展中心有限公司、中国CFO发展中心共同组织，邀请中国首席财务官研究院、中信建投证券投资银行业务管理委员会、毕马威中国高科技等行业专家指导A股IPO流程、监管理念，分析创业板的上市要点等。经开区50余家有上市诉求企业的60余位企业高级管理人员参加讲座。

（邹容）

北京市首笔城市更新贷款落地

10月11日，经开区通过中国工商银行股份有限公司北京市分行完成北京市首笔城市更新贷款，为北京亦庄城市更新有限公司天空之境·产业广场、健康智谷·产业公园项目审批贷款 9.65 亿元，以拆除重建方式开展城市更新，实现调高容积率、混合功能供地等突破。该笔贷款解决城市更新业务间隔时间长、投资金额大、自持时间长、现金流入少、决策时间紧五大痛点，具有额度高、利率低、年限长、审批灵活的特点。

（李凯丽 陈樱尹）

北京市首笔应用电子印章开户

10 月 30 日，交通银行股份有限公司北京自贸试验区支行与经开区管委会、北京数字认证股份有限公司、市公安局配合，为亦庄控股、酒仙网络科技股份有限公司等公司旗下 3 家新开办企业办理应用电子印章开立单位银行结算账户，实现北京市首笔电子印章开立单位银行结算账户业务。电子印章具有流程更便捷、过程更可靠、管理更安全等优势，依据《中华人民共和国电子签名法》形成数字签名，绑定实物印章印模图形，在用印过程中与市公安局印章信息比对核验，具备法律效力。通过电子数据直连交互，替代 10 余项纸质信息采集，免去文件资料的打印用印，以及在企业内部、企业与银行间的反复流转，简化客户临柜后资料录入和审核环节，提高开户效率。

（靳雪晶 鄢然）

北京市首笔线上国际信用证开立

11 月 12 日，中国建设银行股份有限公司北京经济技术开发区支行为经开区某集成电路产业重点企业线上办理国际信用证，实现北京市首笔线上开立国际信用证业务落地。针对经开区外资外贸企业数量多、开立国际信用证业务需求量大等问题，经开区联合建行经开区支行，开通线上办理国际信用证功能，企业通过网上银行、中国电子口岸“单一窗口”、互联交易平台等，均可线上办理跨境汇款、结售汇及衍生品、跟单结算、跨境快贷、贸易融资、智能投顾等综合服务，开立时间由 3 个工作日缩短至 1 个工作日。

（靳雪晶 李凯丽）

北京农商银行经开区支行支持重点项目

年内，北京农村商业银行股份有限公司经济技术开发区支行支持区内重点项目“亦庄东工业园区 A6M2 地块亦庄生命健康产业区生物医药标准厂房项目”，为项目建设提供授信 1.27 亿元，放款 0.2 亿元。

（杨光）

北京农商银行经开区支行延伸金融服务

年内，北京农村商业银行股份有限公司经济技术开发区支行加强与区内两镇、两街道和辖区内 55 个社区居委会对接，跟进区内养老助残卡发放工作。截至 2021 年年底，北京农商银行经开区支行存量养老助残卡客户达 4.06 万户，养老助残卡客户资产量总额达 37.37 亿元。北京农商银行经开区支行开展金色时光社区行活动，宣讲金融知识，全年开展社区宣传活动 165 场，完善养老金融服务体系和生态圈建设，并依托社区养老服务驿站、社区便利店及区域优惠商圈搭建，延伸金融服务范围，构建“网点 + 驿站 + 便利店 + 商户”的服务格局。

（贾萌萌）

北京农商银行经开区支行拓展理财管理

年内，北京农村商业银行股份有限公司经济技术开发区支行发展财富管理业务，打造由 1 家财富管理中心为核心、2 家贵宾理财中心为支点的财富管理生态。截至2021年年底，北京农商银行经开区支行合计管理金融净资产余额达76亿元，主要为高净值客户提供储蓄、理财、保险、基金、资产管理等产品和金融服务，提供定制化财富管理规划，涉及资产增值与投资管理、家族财富传承规划、婚姻财产规划、子女教育规划、海外移民规划、全球税务规划等维度。

（蔡馨颜）

北京农商银行经开区支行普惠金融服务

年内，北京农村商业银行股份有限公司经济技术开发区支行践行普惠金融责任，物理网点与金融便利店、社区便利店协同发展，扩大金融服务辐射范围，在瀛海镇便民服务中心、兴悦家园社区居委会新建并投入使用2家社区便利店。截至2021年年底，北京农商银行经开区支行在经开区内建成包括7家社区便利店、1家金融便利店的全渠道便民服务网络。

（王子超）

新增7600亿元意向授信金融保障

年内，商务金融局统筹推进与北京银行股份有限公司总行营业部、中国工商银行股份有限公司北京市分行、国家开发银行北京市分行、中国银行股份有限公司北京市分行、中国邮政储蓄银行股份有限公司北京分行战略合作，在支持重大项目建设、产业升级发展、核心技术攻坚等领域提供7600亿元意向授信金融保障。

（靳雪晶）

工商银行自贸试验区支行成外汇首选行

年内，中国工商银行股份有限公司北京自贸试验区支行办理中国（北京）自由贸易试验区首批跨境人民币便利化业务、新政项下跨境资金集中运营资金池等10余项全国、北京市、自由贸易试验区首发业务，助力先进制造企业资金高效调剂和运营效率提升；顺应数字经济新趋势，主动参与并协助区内企业数字化转型，于工商银行系统内上线首个电子化保函系统模块，推出“企保通”电子保函产品，并在2021年中国国际服务贸易交易会上就该产品与客户签署合作协议。

（刘园园）

工商银行自贸试验区支行深化智慧转型

年内，中国工商银行股份有限公司北京自贸试验区支行新增荣华中路支行、信创园支行2个智慧网点，共有3家智慧网点。其中，荣华中路支行为改造后重新开业，升级为以智慧政务为特点的网点，与经开区政务服务大厅合作，实现“银政合作一事通办”、全国首笔银政合作一体化账户变更等创新合作，并率先实现1900余项政务功能的查询和103项服务事项的线上办理；信创园支行为新开业的网点，是工商银行首家国产化智慧网点，结合国家信创园民族信创产业特色，助力信息技术应用创新，打造产业、金融、科技融合促进的新生态，为推进结算、融资、普惠等全领域合作打下基础。

（刘园园）

9家银行升格

年内，中国农业银行股份有限公司北京经济技术开发区分行和中国银行股份有限公司北京经济技术开发区分行升格为二级分行；中国工商银行股份有限公司北京自贸试验区支行、中国建设银行股份有限公司北京经济技术开发区支行、交通银行股份有限公司北京自贸试验区支行、招商银行股份有限公司北京亦庄支行、北京农村商业银行股份有限公司经济技术开发区支行、中国银行经开区分行、农行经开区分行 7 家银行升格为自贸业务专营银行。截至 2021 年年底，经开区有 25 家银行类金融机构 54 个网点，包括 2 家外资银行、2 家二级分行和 7 家自贸业务专营银行；各银行机构本外币存款余额合计 2522.78 亿元，比 2020 年增长 18.33%；本外币贷款余额合计 1272.38 亿元，比 2020 年增长 7.57%。

（靳雪晶　李凯丽）

亦庄国投推进融资服务

年内，亦庄国投协同推进融资服务，满足企业融资需求。在拓宽融资渠道方面，亦庄国投针对国家信息技术应用创新产业园、中芯国际南区等重大战略项目投资，发挥自身融资能力，与银行、信托、保险等金融机构对接，拓宽资金来源渠道，保障重大投资项目资金需求，完成 80 亿元公司债、100 亿元普通中票申请；完成纾困债、企业债、普通公司债等债券发行共计 77 亿元；融资储备约为 200 亿元。在降低企业融资成本方面，北京亦庄国际融资担保有限公司对亦庄新城企业执行担保额 1%/ 年的综合费率，有效降低企业担保费超 2000 万元，新增担保项目 865 个，新增业务总额 69.8 亿元；北京亦庄国际融资租赁有限公司新增租赁资产投放 9.79 亿元，累计为区内外中小企业提供融资服务支持约 55.24 亿元。

（龙浑璞）

中国银行经开区分行推出普惠金融政策

年内，中国银行股份有限公司北京经济技术开发区分行针对人民群众的就业需求、过节需求和日常生活需求，推出“惠如愿·千岗万家”普惠金融行动计划，以“惠至千岗、惠达万家”为行动目标，通过授信融资、就业供需撮合、就业咨询培训等综合性普惠金融服务，为小微商业主体、劳动中介机构和职业技能培训机构，以及各类灵活就业者提供阶段性用工、经营周转及就业撮合支持；结合经开区区域优势和特点，推广园区“置业通宝”和线上贷款“中银企 E 贷 · 抵押贷”等产品，借助互联网与大数据技术，依托风控模型及策略对客户进行综合评价，向小微企业提供流动资金贷款，深度服务区内中小微企业。

（万黎）

亦庄担保加大降费力度

年内，北京亦庄国际融资担保有限公司贯彻政府性融资担保公司“支小支农、保本微利、服务实体经济、降低社会融资成本”要求，落实国务院对小微企业减费让利的精神，执行超低综合费率，全年为企业降低担保费超过 2000 万元。其中，亦庄新城范围内企业的担保费率从 1% 降至 0.5%，为亦庄新城 201 家企业降费约 1000 万元，重点支持苍穹数码技术股份有限公司、北京四维智联科技有限公司等新一代信息技术企业，北京源通康百医药有限公司、北京航洋健康科技有限公司等生物医药和大健康企业，成为经开区产业金融体系的重要支撑。亦庄担保持续加大对小微企业的降费力度，将小微企业的担保费率从 1.5% 降至 1.0%，为全市 580 家小微企业提供融资担保金额超过 30 亿元，实现小微企业的在保余额占融资担保总额的 70% 以上，在保项目数占总项目数的 80% 以上，重点支持新石器慧通（北京）

科技有限公司、蜂巢航宇科技（北京）有限公司等智能制造企业，北京电满满科技有限公司、北京鑫源寰宇环保科技有限公司等新能源企业，保障中小微企业稳定发展。

（李雯）

亦庄租赁赋能科技创新企业高质量发展

年内，北京亦庄国际融资租赁有限公司作为经开区、亦庄国投的产业金融服务平台，聚焦落实集成电路国家战略工程，支持经开区推进北京市集成电路“双 1+1 工程”实施，给予科技企业 3 亿元的融资授信额度，实现签约额度 9200 万元；推动高端汽车和新能源汽车产业高质量发展，向北京通敏未来动力科技有限公司提供 2000 万元的融资支持，助力其解决国内动力电池领域科研、测试评价、测试设备相分离的问题，使经开区新能源汽车产业生态链形成闭环；响应清洁空气行动计划，为北京市兴顺达客运有限责任公司的新能源公共交通项目提供 1300 万元的融资支持。全年为经开区内外科创型企业提供约 3 亿元的融资支持。

（杨颖）

亦庄控股收购麦克奥迪 29.99% 的股份

年内，亦庄控股通过协议转让方式，投资 13.46 亿元收购麦克奥迪（厦门）电气股份有限公司（股票名称：麦克奥迪；股票代码：300341）29.99% 的股份。3 月 30 日，证券过户登记手续完成。4 月 26 日，公司控制权变更工作完成。这是亦庄控股首次实现对上市公司的实际控股。

（刘岑）

亦庄控股参股股权管理

年内，亦庄控股统筹推进集团增资工作，完成增资项目 9 个，累计向北京亦庄智能城市研究院集团有限公司、北京亦庄数字显示产业管理有限公司、北京亦庄科技创新有限公司等子公司增资约 26 亿元；统筹参股股权管理工作，对集团参股公司董事会、监事会以及股东会等需决策事项向集团领导履行报批，全年承办参股股权事项报批 70 次。

（刘劼）

亦庄租赁促进科技型中小企业转型升级

年内，北京亦庄国际融资租赁有限公司总结支持中小企业的项目操作经验，研究针对科技型中小企业的风险辨识标准，定制个性化融资服务产品。其中，为北京踏歌智行科技有限公司提供 208.8 万元融资支持，助力其推进特种车辆无人驾驶运输技术领域的国家重点研发计划；以直租模式为北京爱思益普生物科技股份有限公司购置价值 400 万元的国内首台第二代全自动膜片钳（QPATCH Ⅱ 48X），帮助其更新关键设备；向中航迈特粉冶科技（北京）有限公司提供 1433 万元的融资支持，助力其在 3D 打印金属粉末原材料领域打破国外垄断。全年为经开区内 6 家科技型中小企业提供约 3500 万元的融资支持。

（杨颖）

· 金融服务机构（选介）·

中国建设银行股份有限公司北京经济技术开发区支行

2021 年，中国建设银行股份有限公司北京经济技术开发区支行（简称建行经开区支行）的一般性存款日均余额为 483.3 亿元，其中企业存款日均余额为 324.4 亿元、个人日均存款余额为 158.9 亿元；本外币各项贷款时点余额 159.2 亿元，其中普惠金融贷款余额 17.0 亿元。员工有 208 人，下设 9 个部室、8 个营业网点（支行营业部、万源路支行、马驹桥支行、高端产业片区支行、博兴七路支行、北环西路支行、经海路支行、天宝北街支行）。年内，建行经开区支行响应落实“两区”建设政策清单，升级便利化金融服务，为 106 家企业办理电子口岸业务 112 笔；发放北京地区系统内首笔“专精特新”客户专属产品“善新贷”，全年办理 9 笔，授信金额为 3715 万元；实现经开区区级政务“人力资源服务许可审批（新申请）”与“办件查询”在智慧柜员机（STM）终端办理；新增大中型授信客户 19 户，新增授信额度 58.73 亿元。

建行经开区支行成立于 1994 年 9 月，位于经开区景园北街 2 号 55 幢。支行经营范围包括办理人民币存款、贷款、结算业务，办理票据贴现，代理发行金融债券，办理外汇业务、国际结算，代理保险等。

（余新飞）

中国建设银行股份有限公司北京经济技术开发区支行

行长 胡京平

中国银行股份有限公司北京经济技术开发区分行

2021 年 11 月 22 日，中国银行股份有限公司北京经济技术开发区支行（简称中国银行经开区支行）升格为中国银行股份有限公司北京经济技术开发区分行（简称中国银行经开区分行）。年内，中国银行经开区分行实现营业收入 3.30 亿元、拨备前利润 2.40 亿元；新设的经海路支行开业，下辖网点增至 7 个（分行营业部、自贸试验区高端产业片区支行、天华支行、方庄东区支行、亦庄文化园支行、旧宫支行、经海路支行）；推出“惠如愿 · 千岗万家”普惠金融行动计划，推广园区“置业通宝”和线上贷款“中银企 E 贷 · 抵押贷”等产品。

中国银行经开区分行成立于 1994 年，位于经开区荣京东街 3 号。分行经营范围包括办理人民币存款、贷款、结算业务，办理票据贴现，代理发行金融债券，代理发行、代理兑付、销售政府债券，代理收付款项，办理外汇存款、外汇汇款、外汇贷款、外币兑换、国际结算、结售汇，代理国外信用卡付款，通过上级行办理代客外汇买卖，总行在中国银行业监督管理委员会批准的业务范围内授权的业务，代理保险业务。

（万黎）

中国银行股份有限公司北京经济技术开发区分行

行长 罗正

中国农业银行股份有限公司北京经济技术开发区分行

2021 年，中国农业银行股份有限公司北京经济技术开发区分行（简称农行经开区分行）的本外币存款时点余额为 180.94 亿元，本外币贷款余额为 116.97 亿元，实现营业收入 3.92 亿元，净利润为 1.96 亿元，缴纳税款 3342.86 万元；有 7 个网点（分行营业部、华腾支行、北环西路支行、经海路支行、博兴路支行、荣京西街支行、富源支行）。年内，农行经开区分行与中冶京诚工程技术有限公司、戴姆勒大中华区投资有限公司、中航技进出口有限责任公司对接，就开立结算账户、存款业务、国际业务等方面交流合作意向。

农行经开区分行成立于 1997 年 2 月，位于经开区中和街 3 号。2020 年 12 月

31日，由中国农业银行股份有限公司北京经济技术开发区支行更名为中国农业银行股份有限公司北京经济技术开发区分行。分行经营范围包括办理人民币存款、贷款、结算业务，投资银行服务，国际金融业务，现金管理服务，电子银行服务等。

（慕猗文）

中国农业银行股份有限公司北京经济技术开发区分行
行长 阎英秋（12月任）
丁大勇（12月免）

交通银行股份有限公司北京自贸试验区支行

2021年5月20日，交通银行股份有限公司北京经济技术开发区支行更名为交通银行股份有限公司北京自贸试验区支行（简称交行自贸区支行）。年内，交行自贸支行有员工105人，成立国际业务部，下设二级部门增至10个，即支行营业室、东高地支行、文化园西路支行和旧宫支行4个综合性网点以及公司业务一部、业务二部、小企业部、零售信贷业务部、国际业务部、内控和经营管理部。交行自贸区支行开办北京首单电子印章开立单位结算账户；首批境外非居民账户（NRA）账户结汇业务落地；完成近20户人民币跨境支付系统（CIPS）标准收发器的意向申请；参与北京南海子郊野公园B片区项目开发贷款、动态随机存储内存（DRAM）生产线银团贷款项目；为区内近百家科技型小微企业提供普惠业务支持；联合区内内保大队开展防诈骗金融知识普及宣传教育活动，堵截多起诈骗案件。

交行自贸区支行成立于1998年6月，位于经开区隆庆街3号。支行在财富管理、融资支持、资金结算，以及投资银行服务、中小企业服务等领域为客户提供全方位金融服务；推进绿色信贷，参与和支持慈善事业及社会公益事业。

（鄢然）

交通银行股份有限公司北京自贸试验区支行
行长 马天圣（2月任）
张 伟（2月免）

北京银行股份有限公司经济技术开发区管辖行

2021年，北京银行股份有限公司经济技术开发区管辖行（简称北京银行经开区管辖行）的本外币存款时点余额为179.65亿元，本外币贷款时点余额为35.82亿元。年内，北京银行经开区管辖行新增光机电园区支行、马驹桥支行2个网点，下辖网点增至5个（经开区支行、亦庄支行、富力又一城支行、光机电园区支行、马驹桥支行）；为北京盛通印刷股份有限公司发放北京市首笔碳排放配额质押贷款1000万元；推动经开区管委会与北京银行签署全面战略合作框架协议；参加亦庄大讲堂、绿色金融发展研讨会、创新发布会、知识产权宣传周等活动。

北京银行经开区管辖行成立于1999年7月14日，位于经开区宏达北路12号。管辖行秉持“服务地方经济、服务中小企业、服务市民百姓”的发展理念，支持经开区内的基础设施建设和园区企业成长。同时，作为医保业务承办行和工会会员互助服务卡发卡行，为区内职工、居民提供便捷高效的金融服务。管辖行经营范围包括办理人民币存款、贷款、结算业务，办理票据贴现，代理发行金融债券，代理发行、代理兑付、销售政府债券，代理收付款项，办理外汇存款、外汇汇款、外币兑换、结售汇业务等。

（周严妍）

北京银行股份有限公司经济技术开发区管辖行

行长 赵雨佳

兴业银行股份有限公司北京经济技术开发区支行

2021 年，兴业银行股份有限公司北京经济技术开发区支行（简称兴业银行经开区支行）的对公存款余额为 120.27 亿元，比年初增加 17.07 亿元；储蓄存款余额为 13.01 亿元，比年初增加 2.25 亿元。年内，兴业银行经开区支行开通民营企业绿色通道，加大对新能源装备制造行业、医药行业的支持力度，累计投放贷款 13.15 亿元，比 2020 年增长超过 50%；扶持中小企业发展，扶持经开区内企业 84 户，累计投放贷款 4.83 亿元。

兴业银行经开区支行成立于 2001 年 12 月 28 日，位于经开区荣华南路 15 号。支行经营范围包括办理人民币存款、贷款、结算业务，办理票据贴现，代理发行金融债券，代理发行、代理兑付、销售政府债券，代理收付款项，办理外汇存款、外汇汇款、外币兑换、国际结算、结汇、售汇，通过上级行办理代客外汇买卖，总行在中国人民银行批准的业务范围内授权的业务。自 2015 年 5 月起，支行开始管辖兴业银行经开区支行营业部、兴业银行北京大兴支行、兴业银行北京大兴瀛海支行、兴业银行北京房山支行。2018 年 6 月，支行新建的兴业银行北京庞各庄支行、兴业银行北京礼贤支行、兴业银行北京榆垡支行 3 家机构开始营业。

（童剑）

兴业银行股份有限公司北京经济技术开发区支行

行长 张春明

中国工商银行股份有限公司北京自贸试验区支行

2021 年，中国工商银行股份有限公司北京自贸试验区支行（简称工商银行自贸试验区支行）的本外币存款时点余额为 699 亿元，本外币各项贷款时点余额为 376 亿元，拨备前利润为 8.27 亿元，中间业务收入为 2.2 亿元。年内，工商银行自贸试验区支行新增信创园支行 1 个网点，下辖网点增至 11 个（支行营业室、宏达北路支行、十八里店南桥支行、光机电支行、荣华中路支行、北环西路支行、天宝园支行、隆庆街支行、金地格林小镇支行、马驹桥支行、信创园支行）。

工商银行自贸试验区支行成立于 2003 年 8 月，位于经开区荣昌东街甲 5 号。2020 年 12 月 29 日，由中国工商银行股份有限公司北京经济技术开发区支行更名为中国工商银行股份有限公司北京自贸试验区支行。支行经营范围包括办理人民币存款、贷款、结算业务，办理票据贴现，代理发行金融债券，办理外汇业务、国际结算等。

（刘园园）

中国工商银行股份有限公司北京自贸试验区支行

行长 方园

上海浦东发展银行股份有限公司北京经济技术开发区支行

2021 年，上海浦东发展银行股份有限公司北京经济技术开发区支行（简称浦发银行经开区支行）的存款余额为 190.7 亿元，贷款余额为 28.9 亿元，经营利润为 1.65 亿元。浦发银行经开区支行新增旧宫支行 1 个网点，下辖网点增至 4 个（经开区支行、天华园支行、北工大软件园支行、旧宫支行）。

浦发银行经开区支行成立于 2004 年 3 月 26 日，位于经开区荣华南路 10 号。支行经营范围包括办理人民币存款、贷款、结算业务，办理票据贴现，代理发行金融债券，代理发行、代理兑付、销售政府债券，代理收付款项等。

（李华）

上海浦东发展银行股份有限公司

北京经济技术开发区支行

行长 李佳琪

中国邮政储蓄银行股份有限公司北京亦庄支行

2021 年 9 月末，中国邮政储蓄银行股份有限公司北京经济技术开发区支行升格为中国邮政储蓄银行股份有限公司北京亦庄支行（简称邮储银行北京亦庄支行）。截至 2021 年年底，邮储银行北京亦庄支行的个人存款余额为 25.07 亿元、公司存款余额为 3.03 亿元；保险销量为 6078.35 万元、非货币基金销量为 4915.43 万元、人民币理财保有量为 3.27 亿元；小企业贷款余额为 1.1 亿元、三农贷款余额为 2933 万元；实现收入 4877.17 万元，其中零售条线收入为 4518.55 万元、公司条线收入为 358.62 万元；利润为 2034.47 万元。员工有 81 人，其中亦庄支行一级支行机关人数 31 人、二级支行 50 人；内设综合管理部、零售金融部、风险合规部（安全保卫部）、公司金融部 4 个部室，下设 5 个二级支行。年内，邮储银行北京亦庄支行开展邮储驿站建设工作，设计标准化服务项目和形象展示；储备长城研修学院学费信用卡分期和智慧校园项目、自动驾驶项目等重点项目。

邮储银行北京亦庄支行直属网点成立于 2009 年 3 月 27 日，位于经开区隆庆街 4 号。支行主要从事公司业务、贷款业务和个人业务，吸收公众存款，办理小企业贷款，代理发行、代理兑付、销售政府债券。

（高倩倩）

中国邮政储蓄银行股份有限公司北京亦庄支行

行长 任传东

华夏银行股份有限公司北京亦庄支行

2021 年，华夏银行股份有限公司北京亦庄支行（简称华夏银行亦庄支行）的一般性存款余额为 27.79 亿元，个人客户总数为 14.41 万户、公司客户总数为 803 户，个人金融资产总量为 21.43 亿元；“华夏民生一卡通”项目储备 73 户；个人按揭贷款投放 1.73 亿元；基金产品销售 1.27 亿元；立项“白名单”企业 34 户，办理消费贷款 205 笔，新增发放个人“菁英贷”业务贷款 4100 万元。年内，华夏银行亦庄支行为 67 户小微企业解决融资问题，新增普惠金融贷款投放 4.71 亿元；推出无还本续贷、“银税通”等产品，打造小企业融资新通道。

华夏银行亦庄支行成立于 2009 年 12 月，位于经开区荣昌东街甲 5 号。支行经营范围包括办理人民币存款、贷款、结算业务，办理票据贴现，代理发行金融债券，代理发行、代理兑付、销售政府债券，代理收付款项，办理外汇存款、外汇汇款、外汇贷款、国际结算，通过上级银行办理代客外汇买卖，总行在中国银行业监督管理委员会批准的业务范围内授权的业务。

（李菲）

华夏银行股份有限公司北京亦庄支行

行长 尚高（12 月任）

魏华（12 月免）

国泰君安证券股份有限公司北京亦庄宏达北路证券营业部

2021 年，国泰君安证券股份有限公司北京亦庄宏达北路证券营业部（简称国泰君安北京亦庄营业部）累计服务企业 140 余家，为企业提供融资 2.6 亿元；通过“国泰君安君弘”App 的在线投顾服务解答投资者的投资困惑，累计服务客户 4000 人次；开办线上投教专场活动 6 场，覆盖中小投资者 1500 人次。

国泰君安北京亦庄营业部成立于 2010 年 6 月，位于经开区宏达北路 16 号，是国泰君安证券股份有限公司设立在经开区内的区域综合金融服务中心。营业部经营范围涵盖证券经纪、证券投资咨询，融资融券业务、证券投资基金代销，为期货公司提供中间介绍业务、代销金融产品业务。

（邢雷）

国泰君安证券股份有限公司北京亦庄宏达北路证券营业部 总经理 柴明

北京农村商业银行股份有限公司经济技术开发区支行

2021 年，北京农村商业银行股份有限公司经济技术开发区支行（简称北京农商银行经开区支行）的资产规模为 140.25 亿元，存款余额为 136.83 亿元，贷款余额为 81.29 亿元。年内，北京农商银行经开区支行新建 2 家社区便利店并投入使用，共有物理网点支行 10 家、社区便利店 7 家、金融便利店 1 家，覆盖经开区、亦庄镇和瀛海镇，其中天华园网点支行升格为北京自贸试验区支行，成为经开区内第六家自贸业务专营银行；新一代核心银行系统上线运行；全年支持亦庄控股流动资金贷款 12 亿元，并入围亦庄控股 2021—2023 年度超短期融资券承销团；支持北京市“三个一百”重点项目落地；做好“三农”领域金融服务，加强涉农贷款投放；精准支持区域高精尖产业、专精特新“小巨人”企业发展等。

北京农商银行经开区支行成立于 2010 年，位于经开区荣华南路 10 号。支行业务范围包括吸收公众存款，发放短期、中期和长期贷款，办理国内结算、票据承兑与贴现，代理发行、代理兑付、承销政府债券，从事银行卡业务，代理收付款项及代理保险业务，提供保管箱服务，结售汇业务，总行在中国银行业监督管理委员会批准的业务范围内授权的业务。支行主要产品包括集体建设用地贷款、首都职工创业贷款、小微快贷、园区贷款等。

（南新旭 张丞）

北京农村商业银行股份有限公司经济技术开发区支行
行长 李兵（11 月任）
王迎（11 月免）

招商银行股份有限公司北京亦庄支行

2021 年，招商银行股份有限公司北京亦庄支行（简称招商银行亦庄支行）有个人客户 20 万户、对公客户 1 万余户；下辖亦庄文化园支行、旧宫东路支行和自贸试验区高端产业片区 3 个二级网点。

招商银行亦庄支行成立于 2014 年 7 月，位于经开区荣华中路 8 号院力宝广场 8 号。支行经营范围包括办理人民币存款、贷款、结算业务，办理票据贴现，发行金融债券，办理外汇存款、外汇汇款、外汇兑换等经中国人民银行批准的其他业务。

（王逸婧）

招商银行股份有限公司北京亦庄支行
行长 郭盈

协同合作

综述

2021年，经开区推进落实市政府国际交往中心功能建设的规划目标，全方位深度参与国际竞争合作，促进北京高精尖产品加速走向世界，发挥国际化高端产业集聚优势，促进产业国际化、高端化、特色化发展，建立面向全球的技术和项目组织机制，建设国际科技产业合作园区，推动更多国际会议会展在经开区举办，着力构建国内国际双循环的新格局。

推动区域协同发展，与津冀两地协同合作，在承接平台建设、人才队伍建设、产业链升级、体制机制创新等领域多向发力。制订《北京、天津经开区推进政务服务“跨省通办”实施方案》，推动京津冀经开区间实现政务互通互办，促进三地产业协同共建、优势互补。成立京津冀产业协同数字联盟和京津冀三地国家级经开区优化营商环境改革创新合作联盟，搭建跨区域产业协同平台，深化产业政策衔接和园区共建，推动京津冀产业链上下游企业联动。

支援合作持续深化，推进与内蒙古自治区、新疆维吾尔自治区的对口支援工作，在战略互补、产业发展、劳务协作、乡村振兴、人才交流等方面建立长期稳定可持续的协作关系；深化与平谷区结对协作，利用各自资源优势，在产业发展、民宿建设等方面探索建立合作领域新模式。

围绕“四区一阵地”功能定位，与大兴区、通州区协调联动，完善协同工作机制，加强主动对接，沟通涉及经济发展、社会管理、公共服务、基础设施建设等问题，共同建设亦庄新城，同时为城市副中心产业发展提供有力支撑。

（张杰）

国际交流

概况

2021年，经开区克服国际形势和境外疫情的双重困难，推动开展国际交流合作，促进多形式、高频次的产业互动，促进技术、人才多方面对接。协调接洽法国大使、约旦大使、德国大使等国际政要到访经开区，对接欧洲科技商会、中国国际跨国公司促进会等14家国际性组织、商会开展线上和线下国际活动，宣传产业政策和营商环境，推动高层双多边交流。梳理高端产业涉外接待资源，引导国外高级别访京团组到经开区参观访问和商洽合作，打造高端产业涉外参访线路，接待各类团组近50个，参访840余人，包括驻华使节200余人、副国级领导3人、局级领导近60人。与市政府外办开展北京国际交往中心国际产业合作重要承载地合作共建工作，完成与经开区相关的15项任务26项举措，推动经开区国际化发展进程。

（朱蕾）

外籍人士新冠疫苗接种工作启动

4月3日，经开区启动外籍人士新冠疫苗接种工作，首批完成预约的外籍人士在北京爱育华妇儿医院接种国产全病毒灭活疫苗第一剂。为保证外籍人士新冠疫苗接种工作有序进行，营商合作局制订《经开区外籍人士新冠病毒疫苗接种实施方案》，并根据区内外籍人士的国籍结构，协调安排4名熟练掌握英语、日语、韩语、德语技能的大学生志愿者，在接种现场负责登记、收费、接种、留观等环节的翻译工作，此举获新华社等报道。全年1927名外籍人士在经开区完成新冠疫苗接种。

（朱蕾）

驻华代表参观小米互联网电子产业园

6月11日，外交部和国家发展改革委组织超百位驻华代表参观小米互联网电子产业园。驻华代表听取小米集团对生态链产品的介绍，体验平衡车、滑板车、智能房车等产品，并听取国家发展改革委国际司副司长潘江、经开区管委会副主任陈小男的讲话。来自芬兰、新加坡、德国等国家和国际组织驻华代表140余人参与活动。

（朱蕾）

第五届中国—中东欧国家首都市长论坛

11月18日，第五届中国—中东欧国家首都市长论坛以线上、线下结合的方式举行，论坛活动的北京线下会场设在经开区。论坛由波黑萨拉热窝市主办，围绕“携手抗击疫情 推动韧性合作”主题，市委副书记、市长陈吉宁与波黑萨拉热窝市、塞尔维亚贝尔格莱德市、阿尔巴尼亚地拉那市等16个中东欧国家的首都城市市长或代表分别发言。论坛通过《第五届中国—中东欧国家首都市长论坛共同宣言》，表达与会城市在创新创业、经贸合作、医疗健康、人文和冬奥等领域进一步深化合作的意愿。论坛前后还举办首都商会会长圆桌会、健康城市建设研讨会等5场线上平行活动，围绕深化经贸合作、建设健康城市、促进旅游合作等问题进行交流研讨。

（朱蕾）

“领事保护走进经开区”宣传活动

12月20日，“领事保护走进经开区”

宣传活动举办。活动由市政府外办主办、经开区管委会协办，通过“领保知识和安全防范”宣讲、应急防范技能模拟演练等形式，帮助经开区相关机构和人员了解预防性领事保护工作，提高境外风险防范技能。来自经开区管委会有关部门、企业、学校等 50 余人现场参会、300 余人线上参会。

（朱蕾）

经开区企业参加“云会见”活动

年内，营商合作局推进区内跨国企业参加市领导的“云会见”活动，为区内跨国企业创造与市级领导对话的机会。活动上，市政府领导与各企业代表交流，协助企业解决痛点、难点问题，推进跨国企业项目进程，增强其在经开区发展的信心。施耐德（北京）中低压电器有限公司、拜耳医药保健有限公司、瓦里安医疗设备（中国）有限公司、SMC 投资管理有限公司等 10 家区内跨国企业参与活动。

（朱蕾）

推进驻海外工作站发展

年内，经开区驻德国海外工作站和驻法国海外工作站围绕经开区重点发展产业，举行产业（技术）“线上 + 线下”交流对接活动，加强经开区营商环境及政策宣传推广，为区内企业转型提升提供技术咨询与指导服务。其中，经开区驻德国海外工作站围绕智能网联汽车、新能源产业等领域，与瀚海嘉兴国际创新中心联合举行“中德科技创新系统比较及启发”线上活动、“氢能行业的现状和发展趋势”讲座活动、“模型驱动的新能源汽车研发”线上讲座活动、架构与安全——智能网联汽车的技术趋势研讨会 4 场活动；经开区驻法国海外工作站围绕新能源、新材料、智能制造、医疗大健康等领域，与中拓金研（北京）科技有限公司、法国各领域的产业集群举办经开区线上产业交流及推介会——Big Booster 产业集群专场、经开区线上产业交流及推介会——Medicen 产业集群专场、经开区线上产业交流及推介会——Endeavor 产业集群专场、中法创新加速论坛专场、阿联酋 KIZAD 园区专场线上产业交流及推介会 5 场活动，邀请中国、法国相关产业专家、企业代表等，分享行业动态，探讨行业趋势。

（朱蕾）

中国国际友好城市建设

年内，经开区国际产业合作由市政府外办纳入市级国际友好城市工作框架，支持经开区开展对外交流合作。依托经开区重大产业项目，以发达国家为重点，推动经开区与国外有关城市（园区）建立友好合作关系。经开区优先以欧美发达国家为重点，推动与国外有关城市（园区）建立友好合作关系；探索与法国格勒诺布尔科技园区、日本筑波科学城、德国慕尼黑科学园、芬兰奥卢科技园等为代表的国际知名高科技园区或产业集群建立全方位合作平台。

（朱蕾）

推进高水平国际会议展览落地经开区

年内，营商合作局对标国际一流展会，提升世界 5G 大会、世界机器人大会等高端产业展会国际化、专业化和品牌化水平；支持经开区自主申报举办国际会议展览，推动更多具有国际影响力的产业交流活动和学术活动在区内举办；对接中国机械工业联合会、中国机电产品进出口商会、中国欧洲经济技术合作协会等 20 余家全国性脱钩行业协会代表，沟通建筑、汽车等行业重大会展活动的落户需求。

（朱蕾）

对外工作对接机制建立

年内，经开区安排专人负责与市政府外办对接，开展定期沟通，加强信息通报，协调推进各项举措落地。其中，营商合作局与市政府外办领事保护处建立境外安全联络员对接机制，全年收到境外快讯 50 条，并向区内 343 家规模以上企业提供相关信息，为企业外派人员提供安全提示；推广“境外服务宝”微信小程序，提供境外安全服务，截至 2021 年年底，有 6 家单位 21 人注册信息，已全部开通使用权限。

（朱蕾）

外籍员工入境返京

年内，经开区为外籍人员入境返京复工复产开通绿色通道。营商合作局邀请区内北京奔驰汽车有限公司、拜耳医药保健有限公司、京东方科技集团股份有限公司等 100 余家企业的外籍法人、专家、高级管理人员疫情期间来京，共受理近 2000 人，无一输入病例。

（朱蕾）

外语标识规范管理

年内，营商合作局组成专项督查小组，自查应急避难场所、城市轨道交通站点、大型活动承办和接待场所、国际人才社区等 6 类公共场所的外语标识，摸排区内外语标识 1.14 万块并形成台账；邀请市政府外办工作人员及外语专家，检查 6 类公共场所的外语标识，并根据专家意见完成 80 块错误标识的整改；邀请北京外国语大学中国外语教育研究中心和外国语言研究所教授，对标识设置单位、窗口服务单位、行业主管部门等 40 余人开展培训，推动经开区外语标识的规范设置和规范管理。

（朱蕾）

京津冀协同发展

概况

2021 年，经开区推动京津冀协同加速启动，京津冀产业协同数字联盟组建；京津冀三省市 14 个国家级经开区成立优化营商环境改革创新合作联盟，率先建立产业协同共建共享机制。制订完成《北京、天津经开区推进政务服务“跨省通办”实施方案》，截至 2021 年年底，两个经开区的“跨省通办”事项从最初探索的 20 项扩展到 132 项。

（张杰）

京津经开区“跨省通办”实施方案制订

北京、天津经开区“跨省通办”事项首单办结　蒋科平　摄

1 月，北京、天津经开区制订《北京、天津经开区推进政务服务“跨省通办”实施方案》。该方案就深化交流合作、签署

授权协议、明确审批标准、开展业务互学及拓展事项范围等重点问题作出明确部署，并制定工作落实“路线图”和“时间表”。

（张杰）

京津冀产业协同数字联盟成立

8 月 16 日，京津冀产业协同数字联盟暨京津冀产业数字化转型促进中心成立大会召开。大会由京东集团联合京津冀地区 43 家企业共同召开，京东、联通数字科技有限公司等相关企业做主旨发言。大会选举京东为京津冀产业协同数字联盟理事长单位，北京亦庄智能城市研究院集团有限公司为秘书长单位。截至 2021 年年底，联盟已储备赋能项目 270 余个。

（张杰）

优化营商环境改革创新合作联盟成立

11 月 25 日，由经开区牵头，京津冀 14 个国家级经开区线上举办京津冀三地国家级经开区优化营商环境改革创新合作联盟启动仪式。该联盟由北京、天津、北辰、西青、武清、东丽、子牙、秦皇岛、唐山曹妃甸、廊坊、沧州临港、邯郸、石家庄、张家口 14 个京津冀国家级经开区合作成立，确立产业协同共建共享、政务服务互通互办、“放管服”改革互学互鉴、人才干部互派交流四大合作机制。在产业协同共建共享方面，主要通过加强区域间高精尖产业合作，推动产业链上下游布局和资源互补，打造京津冀产业发展的生态雨林；在政务服务互通互办方面，主要针对企业和群众关注的高频政务服务事项，实现“跨省通办”和“异地代办”，并逐步推动“同事同标”，通过建立即时沟通机制，加快企业办事效率；在“放管服”改革互学互鉴方面，通过共同打造高端智库、举办高峰论坛、实地考察研讨等形式，定期总结各地创新措施和经验做法，为 14 个经开区提供思路借鉴；在人才干部互派交流方面，主要通过干部互派挂职、人才轮岗锻炼，在各联盟单位的岗位工作中历练，积累工作经验，提升工作能力，进而协同提升整体政务服务水平。

（张晓娟 郭浩 赵璐彤）

对口支援协作

概况

2021 年，经开区推动区域协调发展、协同发展、共同发展的大战略，构建全方面、多层次、宽领域的协作体系，全方位推进产业合作、消费帮扶、人才交流、劳务协作等工作。经开区开展与内蒙古自治区锡林郭勒盟苏尼特右旗、赤峰市巴林右旗东西部协作，建立“两旗出题，经开区答题”工作机制，打造经开区特色产业帮扶，推进京蒙协作（亦庄 · 赤峰）科创产业园建设；推进对口支援新疆生产建设兵团第十四师二二五团工作，保障冷库项目等产业扶持项目投入使用；推进区内企业集团与平谷区乡镇结对共建，打造线上消费助农专区，形成线上线下消费帮扶模式。

（张杰）

尚亦城集团与平谷区签订合作协议

4 月 16 日，在北京 · 平谷世界休闲大会上，尚亦城（北京）科技文化集团有限公司与平谷区文化和旅游局签订项目合作框架协议。根据协议，双方将在投资精品民宿、农副产品带货和宣传旅游资源方面展开合作。

（周末）

尚亦城集团助力平谷区农产品销售

平谷区峨眉山村桃子包装　　企业提供

6 月 28 日—7 月 2 日，尚亦城（北京）科技文化集团有限公司与海尔集团北京分公司举办北寨红杏特卖会，销售平谷区北寨村种植的红杏。9 月，尚亦城集团为平谷区峨眉山村的桃子注册“吃乐桃”商标，并制作农产品包装和宣传视频，通过抖音、微信视频号以及经开区全媒体平台进行宣传。全年销售红杏 1100 余千克、大桃 1.1 万余千克，实现经济收入 24 万元，北寨村村委会首次实现留存收入。

（周末）

经开区与内蒙两旗共谱东西部协作新篇章

9 月 5—8 日，由王少峰率领的经开区党政企代表团到内蒙古自治区锡林郭勒盟苏尼特右旗和赤峰市巴林右旗就东西部协作工作进行对接，并看望在内蒙古自治区挂职支援的经开区干部、人才代表。其间，经开区管委会分别与两旗人民政府签订 2021 年东西部协作协议，并举行资金捐赠仪式；北京亦城合作发展基金会与两旗人民政府分别签订合作协议，社会事业局与两旗教育局签订合作协议，京东集团、北京京东方能源科技有限公司、北京金风科创风电设备有限公司、苏宁云商集团股份有限公司、宝健（中国）有限公司 5 家区内企业与两旗相关部门开展深入合作交流。

（张杰）

京东方能源援蒙牧光储项目签约

9 月，北京京东方能源科技有限公司与内蒙古自治区锡林郭勒盟苏尼特右旗人民政府签署京东方能源苏尼特右旗 20 万千瓦牧光储综合示范项目合作意向协议，就开发利用当地优势资源开展产业合作。这是由经开区和内蒙古自治区锡林郭勒盟苏尼特右旗协作促成的首个重大项目。项目总投资额约 9 亿元，占地面积约为 4.67 平方千米，整合苏尼特右旗的区位优势、资源优势与经开区的市场优势、科技优势、资金优势，采用光伏发电场综合利用“光伏 + 储能 + 综合治沙 + 养殖”模式，将光伏建设与优质畜牧业养殖相结合。项目建设包括总装机容量 20 万千瓦光伏电站及 220 千伏升压站一座，配套 2.5 兆瓦 /85 兆瓦 · 时储能系统和相关养殖设施等。

（张杰）

京蒙（赤峰）协作项目网上签约

11 月 22 日，京蒙（赤峰）协作项目网上签约仪式举行，经开区和有关城区与内蒙古自治区赤峰市 8 个旗县签署合作框架协议，在设施农牧业、商贸流通、移民搬迁、旅游、交通等多个领域开展合作，在北京加快建设京蒙协作（亦庄·赤峰）科创产业园。该产业园预计总投资 5.72 亿元，其中固定资产投资为 5.5 亿元，流动资金为 2000 万元；选址经开区 21 号街区 M46 地块，占地面积为 1.76 万平方米，建筑面积为 3.51 万平方米；按照“研发孵化在北京、转化落地在赤峰”的思路，建设以生物技术和大健康为主导产业的反向飞地孵化器，以创新能力强、科技含量高、成长性能好的生物技术和大健康领域企业作为重点招商对象，建成后将在人才引进、企业技改、升级产品研发、协同创新、初创企业投资成长孵化、国资公司对外投资、推广展销、京蒙协调联络服务等方面发挥作用，承担京蒙两地科技创新企业孵化器与承接产业转移新窗口的重要职责。12 月 24 日，该产业园项目完成项目备案。

（张杰）

两旗卫生人员跟岗培训

11 月 30 日，首批内蒙古自治区锡林郭勒盟苏尼特右旗、赤峰市巴林右旗 15 名卫生人员到经开区开展跟岗培训工作。卫生人员分别前往首都医科大学附属北京同仁医院经济技术开发区院区、北京中医药大学东方医院经开区院区、国家康复辅具研究中心附属康复医院，到急诊科、口腔科等不同岗位，开展为期 1~3 个月的学习交流。12 月 28 日，社会事业局召开京蒙协作卫生跟岗培训座谈会，了解跟岗培训卫生人员在学习、生活中遇到的困难以及真实诉求，以针对性地解决问题，不断优化帮扶工作。

（樊新蕊）

“杏花村里又亦家”民宿开业

“杏花村里又亦家”民宿 企业提供

11 月，尚亦城（北京）科技文化集团有限公司的“杏花村里又亦家”民宿项目通过竣工验收，完成公司注册和取证工作，开始对外营业。该项目总投资 500 万余元，位于平谷区南独乐河镇北寨村，是尚亦城集团与平谷区北寨村结对共建的重要成果，借助尚亦城集团的文化资源，探索企村发展模式，带动乡村旅游等村域经济发展。

（周未）

尚亦城集团与武当山特区达成合作

12 月 2 日，尚亦城（北京）科技文化集团有限公司与武当山旅游经济特区管理委员会签订项目合作协议。根据协议，双方就元和民宿四期 58 套居民院子改造运营、融媒推广合作、发起民宿产业基金 3 个方面展开合作。

（周未）

镇企结对协作

年内，经发局围绕“四联四建四合”工作目标，推进京东集团、中芯国际集成电路制造有限公司、北京北方华创微电子装备有限公司等区内 18 家企业与平谷区乡镇结对共建。

（张杰）

援疆保鲜冷库建设项目投入运营

年内，经开区对口支援新疆生产建设兵团第十四师二二五团保鲜冷库建设项目完工，并投入试运营。该项目工程造价为 1312 万元，占地面积为 3318 万平方米，建筑面积为 3318.11 平方米；主要建设保鲜冷库一座，建设高度为 10.20 米，内含半封闭压缩机、冷风机等硬件设施以及电气系统和管线系统等软件设施。

（张杰）

对口支援干部挂职交流

年内，经开区落实关于年轻干部培养和干部人才帮扶的决策，安排来自对口支援贫困地区的干部到不同部门和单位任职。全年安排新疆生产建设兵团第十四师二二五团三批次 12 名干部到经开区挂职交流。

（张杰）

京蒙就业帮扶工作

京蒙对口支援帮扶点对点直播专场　　刘娜　摄

年内，经开区助力内蒙古自治区锡林郭勒盟苏尼特右旗和赤峰市巴林右旗开展就业帮扶工作。举办点对点直播专场招聘会，向两旗提供北京奔驰汽车有限公司、京东物流集团、京东方科技集团股份有限公司等 14 家涵盖各领域的企业上千个岗位。

（张杰）

公益项目帮扶

年内，经发局加大社会动员力度，实施内蒙古自治区帮扶公益项目 6 个，帮扶金额（折款）累计 863.25 万元。

（张杰）

京蒙教育结对帮扶

年内，社会事业局与内蒙古自治区锡林郭勒盟苏尼特右旗和赤峰市巴林右旗签署 2021 年结对帮扶框架协议，该协议从校际交流、跟岗研修及送教帮扶等方面入手，为两旗学校提供各项教育交流及合作资源。人大附中北京经济技术开发区学校与巴林右旗大板蒙古族中学、北京亦庄实验中学与巴林右旗大板第四中学签订对口帮扶合作协议，以提供智力支教为重点，采取“请进来、走出去”的方法深入开展校际间互动交流，通过共享优质教育资源、帮扶送教、交流访学、云端研训等多种形式，帮助提升对口帮扶合作学校的教学质量和办学水平。9 月初，社会事业局选派 6 名优秀年轻教师前往苏尼特右旗、巴林右旗进行支援交流，并开展示范课、专题讲座、同课异构教学研究活动，形成学习、研究、实践为一体的教研氛围。苏尼特右旗于 12 月 13 日选派 15 名教师，巴林右旗于 10 月 19 日、12 月 13 日选派 30 名校长分批前往亦庄实验中学、北京亦庄实验小学和人大附中北京经济技术开发区学校开展教学交流研讨活动。

（李佳薇）

三区协同

概况

2021年，经开区坚持协同联动、协同会商、协同推进，在党建先锋区建设、土地规划、区域建设、产业落地等方面协作配合，三区领导全年专题会商140余次，部门沟通对接400余次，与大兴区发展改革委建立疑难问题解决、支持大兴区基础设施项目调度、重点项目拆迁腾退、协同招商4个工作机制，与通州区发展改革委建立协同发展清单化管理、产业协同发展、接诉即办事项协同解决、重点项目拆迁腾退、审管执协同推进等6项工作机制，发挥三区协同专班作用。

（宋吾省）

瀛海工业区和长子营工业区征地拆迁

2月，瀛海工业区和镇区改造土地一级开发项目和长子营工业区土地一级开发项目拆迁工作启动。截至2021年年底，瀛海镇工业区2号地已取得征地批复，项目内有11家企事业单位签约，占地面积为9.3万平方米，建筑面积为8.4万平方米，拆除面积为5.14万平方米；长子营工业区土地一级开发项目征地完成拨地钉桩、多规合一审批、立项工作，正在开展权属审查，同时镇政府开始对腾退企业开展谈判工作，先期完成3家企业拆迁腾退。

（宋吾省）

马驹桥智造基地项目征地拆迁

5月，马驹桥智造基地项目征地拆迁工作启动。该项目涉及非住宅131户，总占地面积约为202万平方米，总建筑面积约为46万平方米。截至2021年年底，完成125户入户清登，总占地面积约为198万平方米，总建筑面积约为38万平方米；完成签约80户，总占地面积约为46万平方米，总建筑面积约为12万平方米。

（姜波）

青云店创业大街改造项目竣工

6月18日，亦庄新城青云店创业大街改造项目竣工。该项目南至孙垡路，北至双北路，总长度约为1185米，路宽30米，道路采用两上两下路幅形式，机非混行，并随路建设雨水和污水管道。建设单位为北京市大兴区青云店镇人民政府，设计单位为长春市市政工程设计研究院有限公司，监理单位为万宁国际工程咨询（北京）有限公司，施工单位为北京首通建设工程有限公司。7月工程开工建设。

（毕雪瑜）

亦庄调节池投入运行

6月，南水北调北京段重要配套工程亦庄调节池投入运行。当遇到工程检修需切换南水北调水与密云水库水水源时，可持续供水32小时。其中，亦庄调节池一期工程可调蓄水量52.5万立方米，二期工程可调蓄水量207.5万立方米，一期工程和二期工程有闸门连通，可联动调水。

（毕雪瑜）

瀛海镇公共服务中心工程竣工

8月29日，瀛海镇公共服务中心工程竣工，并投入使用。该项目位于亦庄新城瀛海镇，东至瀛祥路，南至瀛安街，西至瀛坤路，北至瀛海家园瑞园，占地面积约为 2.16 万平方米，总建筑面积约为 2.75 万平方米，内设文化休闲、体育健身等设施，为辖区居民提供必要的休闲、文娱活动等用房。建设单位为北京市大兴区瀛海镇人民政府，设计单位为泛华建设集团有限公司，监理单位为北京中环工程建设监理有限责任公司，施工单位为北京京石建业建设工程有限公司。2019 年 5 月工程开工建设。

（宋吾省）

亦庄生物医药标准厂房项目启动

9 月 30 日，亦庄镇东工业区生物医药标准厂房项目奠基开工，形成“属地政府拆除腾退建设标厂，经开区趸租招商引入项目”的发展新模式。该项目位于亦庄镇东工业区 A11-2 地块，总用地面积约为 1.40 万平方米，规划总建筑面积为 3.94 万平方米，主体建筑地上 7 层、地下 2 层，总高度为 44.85 米。以生物技术和大健康产业为导向，重点为生物细胞实验、基因治疗、抗体中试等新兴企业入驻提供便利条件。截至 2021 年年底，4 个地块 5 家企业完成腾退，拆除建筑面积约为 2.5 万平方米，腾退国有工业用地面积约为 6.67 万平方米。总项目重点推进 A11、A12、A6M2 三处土地利用工作。其中，A11 项目用地面积为 1.45 万平方米，建筑面积为 4 万平方米，计划总投资 2.83 亿元，已开工建设；A12 项目用地面积为 1.40 万平方米，建筑面积为 3.9 万平方米，计划总投资 3.28 亿元，已开工建设；A6M2 地块占地面积约为 1.15 万平方米，建筑面积为 3.3 万平方米，计划总投资 1.7 亿元，已完成主体结构建设，项目创新实现从立项、公开招投标到开工建设仅用 63 个工作日，刷新项目落地最快速度纪录。

（杨井昆）

超转人员安置试点

年内，地区协同事务局制订《经开区超转人员安置试点工作实施方案》，在全市率先获批。该实施方案结合亦庄新城实际情况，通过改革超转筹资方式，降低超转筹资标准，探索超转投资渠道，创新超转人员保障方式，确保超转人员待遇与原政策超转一致，有效盘活资源，实现“死钱变活钱、资金变资产、趸交变分期”。试点工作涉及马驹桥镇郭村、柴务、小周易等 7 个村，涉及超转人员 1650 人，按照原有超转安置方式预计需资金 42.4 亿元，创新超转人员安置方式后仅需 21.3 亿元，可减少一次性支出、盘活资金 21.1 亿元。

（宋吾省）

新扩区域基础设施建设

年内，经开区启动亦庄新城新扩区域采育街电力隧道、采和路、瀛海镇消防站、瀛祥街、横十三路、纵四路、通马路供水管线等工程建设，推进台湖总部基地电力管线建设，协调解决南海子公园供水问题，完成经开区至马驹桥物流基地、镇区供水管线施工，补齐新扩区域基础设施短板。全年新扩区域累计完成政府投入 295 亿元。

（宋吾省）

新扩区域产业项目落地服务保障

年内，地区协同事务局为亦庄新城新扩区域做好产业项目服务保障。其中，协调大兴区、通州区相关部门、专业公司、开发主体、属地政府等单位，解决中芯国际、北方华创、国望光学、武汉精测、保健扩产项目、九州恒盛、江丰靶材、凯德石英、华封集芯 9 个项目的临水及生产初期用水保障；协调落地项目在房辛路、景盛南六街、四支路、辛四路、马朱路临时开口工作；协调属地政府配合供电公司架设临时供电设施、迁改高压输电线、完成项目所需供电设施建设工作；协调一级开发单位及属地政府完成项目用地内涉及林木伐移、水泵报废、涉农设施清除工作；协调属地政府完成小米汽车项目、北方华创项目、华封集芯项目、九州恒盛项目的施工暂舍选址、地上物腾退、市政设施迁改等方面工作；成立专门配合小组，为小米汽车项目落地解决土方消纳、沟渠填埋、涉农设施移除等问题。

（姜波）

新扩区域 3.0 版政策宣传

年内，地区协同事务局开展《关于贯彻新发展理念加快亦庄新城高质量发展的若干措施（3.0 版）》政策宣传工作。其中，针对亦庄新城新扩区域有政策需求和有待兑现政策的企业，通过逐一走访或电话沟通方式向企业介绍政策；组织八镇相关领导和科室进行座谈，解读政策，研究部署各镇宣传工作；督促各镇广泛通过培训、走访、电话联系、微信推送等形式开展政策宣传；针对宣传中企业关注度较高的政策，组织重点企业参加区内统一组织的政策宣讲活动。全年累计向 2240 家企业进行有针对性的政策宣传。

（宋吾省）

滞留户专项清理行动

年内，地区协同事务局启动滞留户清理腾退专项行动。其中，与通州区、大兴区协同配合，系统梳理亦庄新城范围内影响土地上市和区域建设的滞留户情况，并形成台账，共涉及 5 个镇 11 个项目 157 户，“一户一策”分析成因，制订解决方案。截至 2021 年年底，55 户上账滞留户完成清理腾退，其中民宅 28 户、非住宅 27 户，占地面积为 11 万余平方米，建筑面积为 5 万余平方米，涉及北神树、两站一街、黄亦路拓宽项目的多处滞留户及马驹桥智造基地区域滞留 10 余年的 2 户非住宅。

（姜波）

经济管理

综述

2021年，经开区坚持规划引领，紧紧围绕“三城一区”主平台和“四区一阵地”功能定位，深入贯彻北京市“十四五”规划纲要，编制发布《“十四五”时期北京经济技术开发区发展建设和二〇三五年远景目标规划》，统筹推进33个专项规划编制，打造“1+33”规划体系。强化规划实施，明确30项指标和498项任务，把规划各项工作制作成“作战图”和“施工方案”。通过国内主流媒体、创新发布会等平台宣传解读，形成“深入了解规划、自觉遵守规划、严格执行规划”的良好氛围。

保生产、促发展，经济高质量运行成效显著。坚持统筹新冠肺炎疫情防控和经济社会发展，实施抗疫情稳增长系列政策，落实经济运行“双周调度”等服务企业系列举措，按照“七促周调度”要求，推进项目落地建设，促进企业稳产增产。在商务领域，促进内外贸均衡发展，聚焦经济热点，打造国内外双循环、新格局。按照新冠肺炎疫情常态化防控要求，为经开区公共服务部门、复工复产企业和社会3个层面的防疫需求提供物资保障，压实防疫责任，市场防疫工作协同高效。在财政金融领域，构建金融扶持体系平台建设，助力稳上市、促融资。在市场监督管理领域，全面提升市场监管水平，落实抓专项、保安全。

（郑建颖　李斌）

综合经济

概况

2021年，经开区地区生产总值2666亿元，比2020年增长28.8%；亦庄新城完成地方级收入362.7亿元，比2020年增长5.2%；工业总产值6037.4亿元，比2020年增长24.5%，全市总量排名第一；固定资产投资完成897.1亿元，比2020年增长38.1%，增速在全市排名第一，超额完成市区两级目标任务。强化经济运行调度分析，将16项主要任务指标分解到责任部门，并将科技创新、园区楼宇、企业服务包、外资外贸等专题纳入调度会常规内容。全年开展工委专题会汇报3次、主任专题会汇报12次，牵头组织召开经济运行双周调度会20余次，形成经济运行汇报材料30余篇。完善经济运行调度机制，统筹八镇及各部门召开亦庄新城经济工作会暨党建协调委员会第四次会议，牵头编制八镇经济指标基础数据指标表，梳理形成《北京经济技术开发区政策汇编》。

（张垒）

市委领导调研经济社会发展

2月18日，中共中央政治局委员、市委书记蔡奇就“助推经济社会发展开门红”到经开区调研，并先后走访北京亦庄细胞治疗研发中试基地、北京生物制品研究所有限责任公司、京东方技术创新中心。蔡奇强调，经开区是高端制造、智能制造的高地，要坚持服务走在创新前头，营造最优产业生态；用好“两区”政策，加强与“三城”对接互动，推动更多科技成果转化，打造更多千亿级创新产业集群；强化央地合作，抓住创新研发等关键环节，合力提升产业竞争力；要融入京津冀协同发展大格局，更好配置资源。市领导一同调研。

（成翎）

“十四五”发展规划印发

6月29日，经开区管委会印发《“十四五”时期北京经济技术开发区发展建设和二〇三五年远景目标规划》，该规划明确“十四五”时期经开区经济社会发展的指导思想、基本原则和目标指标，形成8项重点任务，基本建成面向未来、人人向往、充分体现社会主义制度优越性和率先基本实现社会主义现代化特征的国际一流的高端产业综合新城。

（王秋余）

企业参与首次绿色电力试点交易

9月7日，绿色电力交易试点启动会在北京和广州同步召开，共17个省259家市场主体参与，成交电量为79.35亿千瓦·时。本次交易中，北京绿电交易成交电量9620万千瓦·时，其中北京奔驰汽车有限公司交易电量3300万千瓦·时、SMC（中国）有限公司交易电量120万千瓦·时，共计3420万千瓦·时，占北京市总交易电量的35.55%。

（滕立民　李悦）

碳达峰碳中和专项行动方案编制

12月7日，经发局牵头编制完成《北京经济技术开发区碳达峰碳中和专项行动方案》。该方案通过行业数据分析、建立数据模型预测不同情景下的碳排放量，从重点领域减碳、绿色经济体系、能源体系、技术创新、减源增汇和碳治理体系等方面制定21条路径措施。

（滕立民）

台马地区经济发展规划印发实施

12月13日，经开区管委会印发《“十四五”时期台马地区经济发展规划》（京技管［2021］166号）。该规划由经发局编制，从建设新发展理念践行示范区、支持信创产业协同发展、实施集成电路领跑计划、做大做强新能源智能汽车、加快发展战略新兴产业、高标准发展现代服务业、大幅提升科技创新能力、建设宜业宜居现代城区、保障规划统筹实施等方面明确台马地区经济发展的具体目标、主要任务和重大举措，力争到2025年，实现工业总产值达660亿元，占亦庄新城工业总产值比重提升5个百分点左右，培育建成3个以上北京市级企业技术创新平台，构建“3+X”全新产业体系等规划目标。

（成翎）

复工复产防疫工作

年内，经发局作为经开区新冠肺炎疫情防控工作指挥部复工复产防控组办公室统筹安排14个成员单位对全区工业、商业、服务业及建筑业开展复工复产防控工作；完善新冠肺炎疫情防控和复工复产制度保障体系，牵头编制《北京经济技术开发区环境检测补充实施细则》《北京经济技术开发区产业园区与商务楼宇疫情防控组工作方案》《北京经济技术开发区产业园区与商务楼宇新型冠状病毒（德尔塔变异株）疫情防控工作指引》等相关制度措施。截至12月底，累计形成复工复产情况专报120期，组织召开复工复产专题工作会议47次，完成市级督办84件。全年对区内3453家企业进行核酸检测采样送检，累计采样点位数545610个，检测结果均为阴性；对规上工业、园区楼宇、商超餐饮、九小门店等各类经营主体检查16520家次，发现问题2052项，均当场责令完成整改。

（吴忠诚）

重点企业“服务包”工作

经开区领导走访北京小马易行科技有限公司并送“服务包” 翁雷鸣 摄

年内，经发局深化重点企业“服务包”工作，制订《关于建立区内重点企业两级服务保障机制的工作方案》《关于开展2021年度经开区联系走访企业工作方案》，对区内559家重点企业开展区镇领导两级走访服务128次，企业反馈各类诉求297项，均已办结，办结率为100%。

（张垒 吴忠诚）

重点投资项目服务保障

年内，经发局制定《2021年固定资产投资调控思路及重点工程计划任务安排建议》，建立“百项工程”项目清单和“双周调度”推进机制，推动科泰乐讯、智飞绿竹、国望光学等项目开工建设，推进市郊铁路亦庄线、500千伏变电站前期工作；启动实施亦庄新城新扩区域基础设施三年行动计划，辛四路、景盛南六街等基础设施保障项目实现开工建设。

（李志）

“疏整促”专项行动

年内，经发局做好市级相关部门对接，指导责任部门完成市级平台上账，建立经开区“疏整促”专项行动台账，设立“红绿灯”机制。全年拆除违法建设5.6万平方米，超额完成市级任务5.6倍，拆除施工围挡17处、临时建筑120处，均按年度任务目标完成。

（张垒）

对接央企资源

年内，经发局对接央企资源，先后走访对接16个央企总部，与中国建筑集团有限公司、中国太平洋保险股份有限公司、国家电力投资集团有限公司签署战略合作协议；推动中建城镇发展、国科天讯、联通数科、太保保代等31个央企项目落地，新增注册资本83.6亿元；依托央企资源围绕新能源等战略新兴产业形成创新链、产业链、金融链相互融通的产业生态，北京经开综合智慧能源有限公司资产规模增长近10倍，达65.5亿元，装机容量104.7万千瓦·时，推动中冶京诚工程技术有限公司、航天氢能有限公司等央企在津、冀地区进行技术输出和成果转化，氢冶金技术获重大技术突破并实现全球首例工业应用。

（邢亚）

新增注册企业9022家

年内，经开区新增注册企业9022家（内资企业8877家、外资企业145家），比2020年增长29.94%；新设企业注册资本为942.98亿元（内资企业注册资本为782.24亿元、外资企业注册资本为160.74亿元），比2020年下降29.61%。截至2021年年底，经开区存续市场主体83801家，其中企业75289家（核心区36841家、大兴新扩区14978家、通州新扩区23470家）、个体工商户8444家、农民专业合作社29家、常驻代表机构39家。存续企业中内资企业73678家，比2020年增长135.21%，内资企业注册资本合计为5246.71亿元，比2020年增长17.84%；外资企业1611家，比2020年增长44.61%，外资企业注册资本合计为3447.22亿元，比2020年增长57.8%。

（张勇　郭艳菊）

统计

概况

2021年，经开区以高质量统计服务高质量发展，加强统计分析，形成一批专题研究报告，其中《提升经开区新扩区域工业贡献的研究报告》等4篇分析被经开区工委、管委会领导批示10次，《经开区工业互联网助推高技术制造业快速增长》等5篇经济信息被《昨日市情》等刊物采用；开展广泛调查调研，全年围绕先进制造业和现代服务业融合、统计电子台账、芯片短缺、外资外贸等发展新情况和新问题，开展多种形式的调研、走访、座谈，涉及企业 400 余家次，立项开展“两业融合”课题研究，挖掘总结新业态新模式，推动产业链向高级化发展；做好数据服务，全年在官网发布月度主要经济指标 11 次，对外提供数据 10.1 万笔。

（蒋亮智）

统计督察整改

年内，经发局联合驻经开区管委会纪检监察组等相关部门落实统计督察反馈意见，形成《北京经济技术开发区贯彻落实国家统计局统计督察反馈意见整改方案》，制定 14 条整改措施，已全部完成。

（张一凡）

统计数据利用

年内，经发局完成第四次全国经济普查数据开发利用，按照市统计局要求做好第七次全国人口普查数据整理，协助做好人口历史数据修订；编印《北京经济技术开发区 2020 年国民经济和社会发展统计公报》《北京经济技术开发区统计年鉴（2021）》等统计资料。

（王文勇）

财政

概况

2021 年，经开区印发《北京经济技术开发区“十四五”时期公共财政发展规划》（京技管〔2021〕162 号），发挥财政、国资职能作用，深化财税体制改革，加大监督力度，推进复工复产和经济运行各项工作，为经济社会发展提供保障。经开区实行支付业务专管员模式，优化业务审核流程，促进财务工作与部门业务工作深度衔接，精准提高服务质量和效率，完成 28 家预算部门、4 个基建账套和 6 家代记账单位的财务核算工作；完成部门的 2020 年决算报表的编制，独立上报 27 个部门和 4 个基建账套的决算报表；完成 4 个工程项目的财务决算；完成 2019 年会计凭证 941 本，会计账簿、报表 688 册的归档；组织实施 3 个政府集中采购项目；完成 2020 年经开区资产年报填报工作。

（王杨　常兴华　曹毅）

政府采购电子交易系统使用对接工作

2 月 23 日，财务结算中心与公共资源管理服务中心、智能研究院共同研讨政府采购电子交易系统使用对接工作。结合 2021 年全区首个教育单位物业服务政府采购项目实际案例经验，与会人员聚焦政府集中采购公开招标方式，从采购人、投标人和代理机构不同角度入手，围绕交易系统模拟演示中出现的问题展开探讨，对全部 40 个环节进行再确认和再优化，深化政府集中采购工作的标准化、科学化、便捷化。

（常兴华　曹毅）

“十四五”公共财政发展规划印发

12 月 4 日，经开区管委会印发《北京经济技术开发区“十四五”时期公共财政发展规划》（京技管〔2021〕162 号）。规划明确，在“十四五”时期，经开区统筹推进疏功能、调结构、填空白、补短板、惠民生、防风险工作，稳步推进经开区“四区一阵地”建设，为经开区建成世界一流产业综合新城提供坚强的财政保障。经开区将坚持优化结构、保障重点，坚持明晰权责、强化效能，坚持健全机制、提升效率，力争到2025年，落实国家战略、打造世界级先进制造业产业集群，深耕产研融合，打造创新驱动的财源体系和服务机制，深化国有企业改革和财税改革，完善治理机制、打造支撑有力的发展型财政。

（陈知晖）

盘活存量资金12.4亿元

年内，财政审计局贯彻落实中央和北京市盘活财政存量资金有关精神，在全面掌握结转结余资金规模的情况下，分类处理、分步实施，消化盘活存量资金12.4亿元，消化率近100%。

（王杨）

土地收入返还资金213.25亿元

年内，财政审计局与市财政局对接，市财政局返还经开区土地前期成本130.55亿元、土地收益82.70亿元。土地收入用于亦庄新城土地开发建设。

（王杨）

预算管理制度完善

年内，财政审计局贯彻落实党的十九大报告提出的“建立全面规范透明、标准科学、约束有力的预算制度”和中央及市委、市政府提出的“过紧日子”要求，结合经开区预算管理实际情况，印发《北京经济技术开发区预算管理暂行办法》《北京经济技术开发区公共服务平台财政资金支持办法》，进一步强化落实预算管理主体责任，促进公共服务平台可持续发展；印发《北京经济技术开发区财政审计局关于进一步规范政府购买服务的通知》，从源头上规范政府购买服务。

（王杨）

拨付重点项目资金206.87亿元

年内，财政审计局拨付重点项目资金206.87亿元。其中，拨付促进高精尖产业发展支出资金187.30亿元，主要用于产业扶持、控疫情稳增长等政策兑现；拨付市政基础设施建设项目、教育医疗建设项目资金19.57亿元。

（王杨）

政府专项债券管理

年内，经开区全面承接“165平方公里”新扩区域存量债务，为有效防范政府债务风险，持续加强政府专项债券“借、用、管、还”全生命周期管理工作，管理要求明晰、职责分工明确。其中，建立划转债务基本信息台账，对划转项目基本信息、地债系统操作权限变更等情况进行梳理；完成债券发行工作，根据专项债券发行时序，制定工作表，全面统筹项目公司和中介机构，全年参与市政府专项债券3个批次的发行工作，发债总规模115亿元（旧宫南街棚户区改造项目45亿元、马驹桥智造基地园区建设项目70亿元），主要投向产业园区建设、棚户区改造等重大建设项目；严格监管资金用途，依托地方政府债务管理信息系统，对专项债券使用实行穿透式、全过程监控，按期、如实上报债券资金拨付使用及实际支出情况。

（王杨）

新扩区域土地开发建设项目资金支出保障

年内，财政审计局加大资金统筹力

度，从公共预算、政府性基金预算、专项债券资金、结余资金等多个方向统筹调配资金，保障“165 平方公里”新扩区域重点土地开发建设项目开展。全年累计拨付“两站一街”项目、马驹桥智造基地项目、长子营工业园区土地一级开发等项目资金 253.49 亿元。

（王杨）

政策资金兑现 67.19 亿元

年内，财政审计局为区内企业及个人兑现政策资金 67.19 亿元。其中，涉及产业政策资金 50.42 亿元，涉及控疫情稳增长政策资金 15.24 亿元，涉及人才发展政策资金 1.42 亿元，涉及亦庄新城城市发展政策资金 0.11 亿元。

（王杨）

社保基金上缴

年内，经开区上缴城乡居民基本养老保险财政补助资金 11 万元，上缴城乡居民基本医疗保险财政补助资金 779 万元。

（王杨）

部门预算项目评审

年内，财政审计局开展部门预算项目评审工作，审核预算项目送审资料 38 个，审定项目21个，审减金额为3325.81万元。

（王杨）

预算绩效管理

年内，经开区完成 887 个预算绩效自评项目，参评单位 37 家，涉及预算金额 33.36 亿元，实现预算项目“全覆盖”、参评单位“无死角”；完成 61 个预算项目的财政绩效管理工作，其中财政事后绩效评价工作项目 24 个、事前绩效评估工作项目 17 个、政策绩效评价项目 8 个、成本绩效分析项目 12 个，涉及资金 26.51 亿元。

（王杨）

国企京外投资和债务审计

年内，财政审计局配合市审计局对经开区监管国有企业进行京外投资和债务审计工作。对审计过程中发现的问题，财政审计局牵头监管国有企业进行问题整改，按季度向市审计局报送整改进展情况，并形成长效机制，确保审计反馈意见得到有效落实。

（王杨）

财源建设工作成效显著

年内，财源建设专班收到市财源办推送的 50 批企业清单，共计 400 户企业，累计完成走访 400 户，完成走访率为 100%，走访企业实现地方级收入 195 亿元，占经开区地方级收入的 56.4%，比 2020 年增收 10 亿元，增幅为 5%，走访成效显著。财源建设专班协同税务局、地区协同事务局对“165 平方公里”新扩区域 29 户地方级收入 1000 万元以上重点企业开展专项调度，累计征集企业诉求 84 条，已基本解决完毕，并形成《扩围区域重点企业调研报告》。

（王杨）

新冠肺炎疫情防控资金使用效益提升

年内，财政审计局在全力保障新冠肺炎疫情防控资金需要的前提下，进一步规范疫情防控经费管理，设立“经开区疫情防控专项资金”1 亿元，专项用于物资采购、环境消杀、疫苗接种、核酸检测及人员隔离等与疫情防控相关方面的工作；聚焦疫情防控重点领域，及时拨付消费券发放资金；及时跟进审计监督，完成疫情防控资金、物资和疫情稳增长专项审计工作，采取查账与现场核查相结合的方式，就税费减免政策、财政贴息政策、《关于应对新型冠状病毒感染的肺炎疫情影响促进中小微企业持续健康发展的若干措施》及“控疫情稳增长 10 条”等政策落实情况开展审计工作，共抽查 40 个单位，涉及奖励资金 1.3 亿元。

（王杨）

支付专管员制度试行

年内，财务结算中心试行支付专管员制度，为服务的 28 个测算部门设置 4 名专管员，通过提前培训、过程跟踪指导等方式，确保专管员成为各种类型支付业务的“全面手”，对专管部门“全负责”。通过专管模式，促进财务工作与部门业务工作紧密衔接，为各部门日常运行做好财务保障。

（常兴华 曹毅）

经办人备案制度建立

年内，财务结算中心围绕合同支付、资产核算、会计档案管理、基本建设资金核算、财务信息系统开发建设等方面开展前期走访调研，学习外省市财务集中核算经验，并结合经开区实际情况，推进财务专管员制度。财务结算中心与各预算单位协商建立固定经办人备案制度，实现财务与预算单位业务的深度衔接，采取线上或线下模式对备案经办人进行业务培训和政策宣讲，发挥经办人桥梁纽带作用，实现业财融合，提高财务工作效率。全年围绕日常报销业务通用操作举办 1 期备案经办人培训班。

（常兴华 曹毅）

审计

概况

2021 年，经开区开展领导干部经济责任审计项目 8 个、预算执行情况专项审计项目 1 个、国有企业使用财政资金情况专项审计项目 1 个，新启动专项审计项目 1 项，清算（含全程）审计 33 项，结算审核项目 45 项。

（张萌）

预算执行情况专项审计

年内，财政审计局对经开区工委、管委会各部门各机构及两街道 2020 年度部门预算执行情况进行审计，审计金额为 29.73 亿元。

（张萌）

领导干部经济责任审计

年内，财政审计局对 8 名领导干部进行经济责任审计，涉及被审计单位 7 家，提出审计建议 25 条。

（张萌）

政府投资建设项目审计

年内，财政审计局在做好 150 项延续性审计项目的基础上，新启动专项审计项目 1 项，清算（含全程）审计 33 项，结算审核项目 45 项；在完成新冠肺炎疫情防控资金、物资专项审计工作基础上，完成新冠肺炎疫情稳增长专项审计工作，推进延续性项目结算工作，完成“12 平方公里”项目安置房、C4M2 等 7 块宗地、X6-1M2 等 12 块宗地土地平整工程的审计工作；完成 2 份重大政府投资项目和政策审计专报。

（吴元元）

国有企业使用财政资金情况专项审计

年内，财政审计局对国有企业使用财政资金情况进行专项审计，重点审计亦庄控股、北京亦庄国际投资发展有限公司、北京亦庄国际人才发展集团有限公司、尚亦城（北京）科技文化集团有限公司、北京博大新元房地产开发有限公司、北京亦庄科技有限公司、北京博大科技投资开发有限公司 7 家重点国有企业，并就重点事项延伸审计下属企业，审计金额为 460.94 亿元，提出审计建议 4 条。

（张萌）

区属国有企业管理

亦庄控股编制《改革三年行动实施方案》

3 月，亦庄控股落实中央、北京市及经开区国企改革三年行动工作部署，在综合改革的基础上编制完成《改革三年行动实施方案》。该方案从完善中国特色现代企业制度、完善战略管控体系、健全市场化运营机制、推进业务布局优化、深化创新发展、加强党的领导和党的建设 6 个方面进行统筹安排，制定 25 项工作举措、67 项改革任务，抓重点、补短板、强弱项，以机制体制创新推动改革落实落地。

（张振楠）

国有经济“十四五”发展规划印发

10 月 22 日，经开区管委会印发《北京经济技术开发区国有经济“十四五”发展规划》（京技管〔2021〕130 号）。规划明确，“十四五”时期，经开区国有经济要立足新发展阶段、贯彻新发展理念、服务新发展格局，把握高质量发展的内涵和要求，聚焦质量变革，坚持质量第一、效益优先，支持战略性新兴产业发展，不断优化供给结构，改善供给质量；聚焦效率变革，持续提高资本效率、劳动效率和全要素生产率，努力实现资源配置最优化和价值创造最大化；聚焦动力变革，把科技创新服务摆在更加突出的位置，以深化改革全力破除制约企业发展的顽瘴痼疾，为服务经开区经济社会发展更好地蓄能增势。力争持续扩大国有经济开放程度，壮大国有资产规模优势，放大国有资本功能作用，实现国有企业主要经济指标达到北京市属同类国有企业平均水平，增强国有经济的竞争力、创新力、控制力、影响力、抗风险能力，为经开区高质量发展做出更大贡献。

（万轶群）

亦庄控股“十四五”时期发展战略规划

10 月，亦庄控股完成并印发《北京亦庄投资控股有限公司“十四五”时期发展战略规划》。该规划构建“总体规划 + 职能规划 + 专项规划 + 子规划”的“十四五”战略规划体系，实施深化改革工程、创新驱动工程、市场化转型工程、能力提升工程、提质增效工程、资本融通工程、精准投资工程、人才强企工程、安全发展工程、党建引领工程十大工程。

（张振楠）

行政事业单位资产管理

年内，财政审计局落实行政事业单位资产管理工作，做好资产处置审批备案工作，共调拨、报废资产 10 批次。其中，报废处置 6 批次，涉及金额 527.09 万元，共 1408 件；调拨 3 批次，涉及金额 45.64 万元，共 394 件；待北京证券交易所回单 1 批次，涉及金额223.79万元，共1078件。

（王杨）

国有经济布局结构优化

年内，财政审计局持续优化国有经济布局结构。其中，国有企业聚焦主责主业，做强做精优势产业，加快转型升级；以亦庄控股核心二级子公司为平台，加快资源整合和结构性重组，打造 7 家子集团和 7 家专业公司；北京亦庄国际人才发展集团有限公司、尚亦城（北京）科技文化集团有限公司加快形成自身业务模式，完成北京博大新元房地产开发有限公司、北京二中博大教育投资有限公司、北京亦庄资本控股有限公司股权出资等工作；北京亦庄科技有限公司加快推进关键核心技术成果转化。

（王杨）

国有企业公司制改革

年内，财政审计局印发《北京经济技术开发区国企改革三年行动实施方案（2020—2022 年）》《北京经济技术开发区国企改革三年行动实施方案督促督办工作办法》，围绕实施方案落实台账中的 70 项重点工作，按照“可衡量、可考核、可检验、要办事”的要求，制定企业具体的实施方案及工作台账，督促国有企业加紧落实改革任务；支持北京屹唐半导体科技有限公司上市，协助完成屹唐半导体相关国有股东标识；督促国有企业落实《北京市国有企业公司制改革工作方案》，完成国有企业公司制改革任务。

（王杨）

依法依规做好国资监管工作

年内，经开区印发《北京经济技术开发区出资国有企业内部经济责任审计工作管理办法》《北京经济技术开发区出资国有企业工资总额管理办法》《北京经济技术开发区出资国有企业违规经营投资责任追究暂行办法》《北京经济技术开发区出资国有企业投资监督管理办法》等制度，不断完善国资监管制度体系；研究拟订亦庄控股、北京亦庄国际投资发展有限公司、北京亦庄国际人才发展集团有限公司、尚亦城（北京）科技文化集团有限公司 4 家重点国有企业 2021 年度考核指标；审批重点一级国有企业 2020 年工资总额预算和企业负责人薪酬；完成资产评估核准 13 项、备案 2 项、产权登记 31 项；组织全级次 91 户国有企业编报 2020 年企业国有资产统计报表、企业财务决算。截至 2021 年年底，国有资产总额为 2159 亿元，比 2020 年增长 27.5%；所有者权益总额为 1202 亿元，比 2020 年增长 15.9%；负债总额为 957 亿元，比 2020 年增长 45.6%，资产负债率为 44.32%。全年经开区监管国有企业实现营业收入 135.8 亿元，比 2020 年增长 45.7%，净利润为 29.9 亿元。

（王杨）

国有资本经营预算管理

年内，财政审计局编报完成2020年度经开区国有资本经营预决算；国有资本经营预算收入为5亿元、支出为5亿元，全部为企业资本金注入；组织2021年国有资本收益收缴工作并按时入库。

（王杨）

亦庄控股8家子公司重组更名

年内，亦庄控股8家子公司重组更名。2月7日，北京亦庄科技成果转化中心有限公司更名为北京亦庄科技创新有限公司；6月17日，亦庄科技注册资本由3421.79万元增至4421.79万元；11月2日，亦庄科技注册资本增至6421.79万元。6月9日，北京星网工业园有限公司更名为北京亦庄城市更新有限公司。6月18日，北京亦庄盛元投资开发有限公司更名为北京亦庄盛元投资开发集团有限公司，注册资本由28.7亿元增至34.63亿元。6月24日，亦庄控股项目部与北京亦庄国际开发建设有限公司、北京亦庄久筑工程管理有限公司改革重组，更名为北京亦庄国际开发建设集团有限公司。6月29日，北京亦庄水务有限公司更名为北京亦庄环境科技集团有限公司。7月13日，北京亦庄置业有限公司的注册资本由4475.22万元增至4559.37万元；8月24日，亦庄置业更名为北京亦庄城市服务集团有限公司。9月2日，博大世通国际物流（北京）有限公司更名为北京亦庄国际服务贸易有限公司。10月8日，北京亦庄智能城市协同创新研究院有限公司更名为北京亦庄智能城市研究院集团有限公司，注册资本由3.5亿元增至9亿元；11月18日，智能院入驻北京市高级别自动驾驶示范区创新运营中心。

（张小燕）

亦庄城市服务集团深化资产运营平台构建

年内，北京亦庄城市服务集团有限公司继续推动全要素资产运营平台的深化构建。在政策研究方面，亦庄城市服务集团开展产业发展趋势跟踪研究，编写并发布12期视听产业月报、6期产业园区市场信息月报，完成《优秀产业园区运营案例分析》《经开区智能网联汽车产业研究报告》《国内视听类产业园区对比分析》；梳理北京市、经开区各类政策，举办2场政策交流会，开展园区企业政策对接、咨询服务。在平台构建方面，亦庄城市服务集团与北京维鲸科技有限公司共建北京市科技企业孵化器，吸引小微型科创企业入驻；在亦城财富中心打造5G+科技金融创新中心，形成以北京红山信息科技研究院有限公司、北京唯得科技有限公司、北京四维智联科技有限公司等为代表的5G产业集群；服务的亦城国际中心挂牌中关村科技成果转化先导基地加速区，与中关村民营科技企业家协会等机构建立合作关系。在强化产业服务能力方面，亦庄城市服务集团与26家服务机构签订战略合作协议，涵盖政策服务、金融服务、人才服务等方面，构建企业服务包1.0；通过线下走访、线上需求调研的方式摸底平台企业经营情况，同步开展信息分析及需求对接，及时回应并解决客户问题100余个；与中国银行股份有限公司北京经济技术开发区分行、中国工商银行股份有限公司北京自贸试验区支行等银行达成合作，为园区企业的国际业务提供金融服务；举办银企对接会一高新企业知识产权质押融资专场活动、北京证券交易所上市相关政策专题讲座等11场线下、线上活动。

（姜美竹）

·相关单位·

北京亦庄投资控股有限公司

2021年，北京亦庄投资控股有限公司（简称亦庄控股）的总资产超过650亿元，全资控股企业20家（含上市公司1家），持有产业平台35个，承载企业近4000家。年内，亦庄控股围绕“两区”建设主要任务，向经开区管委会上报分类监管等“两区”政策创新需求；配合经开区管委会推动亦庄综保区的申报，协助商务金融局调研亦庄综保区需求，完善《综保区运营方案》，从基础运营、供应链、生物医药、文化、金融、智能等方面助力经开区建设特色综保区；向“两区”办上报“生物医药产业全链条技术服务创新模式”“7×24小时智能快速通关创新模式”“‘一网一馆’打造国际贸易新生态圈”等改革创新实践案例。

亦庄控股成立于1992年，是经市委、市政府批准成立的市属国有企业，定位为“特色鲜明、管理卓越、高效运行、跨越发展，具有国际视野、一流水准的现代化、集团化、专业化产业新城运营商”，逐步构建起科技产业投资促进、科技创新成果转化、产业新城开发建设、智慧城市运营服务、城市公共服务保障五大业务板块，探索出产业新城运营管理的全产业链模式。

（张小燕）

北京亦庄投资控股有限公司
党委书记、董事长 白 文
总经理 杨文良

北京亦庄国际人才发展集团有限公司

2021年，北京亦庄国际人才发展集团有限公司（简称亦庄人才集团）的资产总额为314.87亿元，所有者权益总额为147.89亿元，利润总额为-5100.63万元，资产负债率为53.03%，国有资产保值增值率99.6%；完成固定资产投资11860万元，其中建安投资8500万元。年内，亦庄人才集团完成机构调整，优化功能设置。北京二中博大教育投资有限公司、北京南海子投资管理有限公司股权划转至亦庄人才集团。亦庄人才集团成立二级公司北京亦庄人才创新创业发展中心有限公司（简称双创中心）。亦庄人才集团迁址到经开区荣华南路13号院中航国际广场H2号楼6、8、9层，占地面积约为3858平方米。截至2021年年底，亦庄人才集团拥有全资子公司5家，包括北京亦庄人才服务有限公司（简称人才服务公司）、北京博大新元房地产开发有限公司（简称新元公司）。年内，亦庄人才集团依托新元公司，投入运营的保障住房项目16个，共18409套房屋，新增配租2248套；结合“十四五”期间亦庄新城发展规划及租赁型人才住房需求，筹建经开区国际人才社区。依托人才服务公司，与举贤网科技（北京）股份有限公司等专业人力资源机构达成战略合作，对接区内重点企业19家；完成80余人的政府专业雇员劳务派遣，制定《专业雇员管理制度》；搭建人才、企业交流互动平台，以市场化方式提供政策解读、申报咨询、资料审核等服务，全年服务企业400余家、人才3000余名；承接人才评审、人才医疗、人才出行等人才服务职能，完成经开区2021年度高层次人才体检工作、2000 余名人才评审工作、2600 余名亦城人才基础信息采集工作；就医体验方面，将人才医疗服务机构范围扩充至全国三级甲等医院；通勤出行方面，提供长租车、短租车等灵活用车方式，为企业人才多场景出行提供解决方案。双创中心根据企业全生命周期的发展和人才不同层级的需求，引进、开发具有经开区产业特色课程与通用类专业化培训课程 400 余种。

亦庄人才集团成立于 2020 年 7 月 30 日，是财政审计局全资国有企业，注册资本为 99.92 亿元，为区属一级国有企业。亦庄人才集团围绕经开区打造国际科技创新中心主平台和“两区”建设重点工作任务，通过深入对接产业需求，整合人才资源要素，主动谋划人才发展，进一步优化功能设置，强化人才引进招聘功能，补强人才创新孵化短板，提升人才培育使用水平，保持人才安居先发优势，打造创新人才高地，为“十四五”时期经开区高质量发展提供人才支撑和智力保障。

（曹振国 邹容）

北京亦庄国际人才发展集团有限公司

董事长 叶　斌

总经理 曹振国

北京亦庄国际投资发展有限公司

2021 年，北京亦庄国际投资发展有限公司（简称亦庄国投）的资产总额为 1087.9 亿元，营业收入为 42.1 亿元，利润总额为 33.1 亿元。公司累计完成投资项目 170 个，总投资额为 798.2 亿元；在管基金项目 65 只，涉及基金总规模超过 6400 亿元；通过产业投资、金融服务、园区招商等方式吸引高精尖产业项目落地 264 个。全年招商引资储备项目 1310 个；完成股权投资项目 38 个；招商项目落地 131 个，落地注册资本为 163.9 亿元。

亦庄国投成立于 2009 年 2 月 6 日，注册资本为 425.95 亿元，是一家以服务经开区科技创新和产业发展为使命的国有投资公司。公司下设 11 家二级子公司。公司定位为经开区产业金融、科技园区与资本运营创新服务商，结合政府资源与市场力量，吸引龙头企业入区发展，完善经开区上下游产业链，形成产业聚集效应。公司重点聚焦新一代信息技术、生物技术和大健康、新能源和智能网联汽车、机器人和智能装备等产业，不断完善“重大项目带动、产业政策引导、产业基金引领、融资服务支撑、产业基地承载”产业服务体系，打造实体经济支持平台、金融服务平台、创新孵化平台，为升级版经开区建设和亦庄新城高质量发展提供有力支撑。

（龙浑璞）

北京亦庄国际投资发展有限公司

董事长 杨永政

总经理 张　鹏

尚亦城（北京）科技文化集团有限公司

2021 年，尚亦城（北京）科技文化集团有限公司（简称尚亦城集团）的营业收入为 2.25 亿元，利润总额为 3003 万元，纳税总额近 1000 万元，国有资产保值增值率达 102%，总资产报酬率为 2.68%，主营业务利润率为 26.91%；有员工 160 人，有全资和控股子公司 10 家。年内，尚亦城集团推动融媒体中心建设、加快融媒改革；持续优化提升科文融合产业布局，新增“5G+8K 超高清产业”“城市表达”两个业务板块；加大科文融合产业招商力度，位列文化艺术服务行业招标采购供应商北京市 TOP50 榜单第一、全国 TOP100 榜单第 17。

尚亦城集团成立于 2020 年 7 月 30 日，位于经开区万源街 3 号，注册资本为 10 亿元，是由经开区管委会出资的国有独资公司。公司以融媒体和科文融合产业为经营方向，通过“1+1+4”（“1”即融媒体中心，“1”即超高清全产业链平台，“4”即科文融合产业运营、科技会展服务、工业科技文旅、科技城市表达）业务布局，推动科文融合产业成为全区乃至全市文化产业发展的公共服务平台、投融资平台、展示交易平台、开放合作平台，助力经开区形成“科技创新和文化创新”双轮驱动发展新格局，打造文化服务业发展先行区、全球视听产业中心核心区、全国游戏电竞产业应用示范区。

（周未）

尚亦城（北京）科技文化集团有限公司

副董事长兼总经理 齐萱

金融管理

概况

2021 年，经开区紧密结合国家金融业开放发展战略，明确产业金融发展定位，着力优化金融营商环境，推进区内金融产业集聚，丰富金融业态体系，创新金融服务供给。经开区初步汇聚 82 家银行、证券、保险及其他地方金融机构，形成以企业信贷为主，债券、股权投资基金、保险、担保等为补充的金融服务体系，提升金融服务区域实体经济效能，为企业纾困解难，助力企业融资发展。经开区新增上市企业 11 家，累计有上市企业 41 家；新增落地基金 2 只、基金管理公司 2 家，落地基金规模 9.84 亿元，累计有落地基金 62 只、基金管理公司 48 家，落地基金规模为 6279.05 亿元。

（靳雪晶）

“1+3+3”企业上市服务体系建设

年内，商务金融局打造以“企业上市综合服务平台，已上市企业库、拟上市企业培育库、中介机构资源库，政府、交易所、中介机构”为一平台、三库、三端的“1+3+3”企业上市服务体系，开展上市辅导培训、中介机构推介、金融资源对接等服务。商务金融局更新升级已上市企业库，与市地方金融监管局对接，对照政务数据，国家高新技术企业和中关村高新技术企业数据，德勤一亦庄高科技、高成长 20 强申报数据及各板块上市披露信息，梳理已上市企业，掌握企业基本情况，形成 41 家已上市企业库，跟踪服务企业发展；扩容提质拟上市企业培育库，对标对表拟上市企业入库标准，深入挖掘拟上市后备资源，扩大企业上市服务圈，形成 156 家拟上市企业组成的培育库，比 2020 年增加 61 家，比 2020 年增长 58.1%；持续拓展完善中介机构资源库，对接保荐机构、会计师事务所和律师事务所，发挥外部专业力量作用，赋能上市综合服务水平。

（靳雪晶）

新增 11 家上市企业

年内，商务金融局继续打造“亦庄上市服务”品牌，持续提升上市企业群体能级，助力 11 家企业上市，比 2020 年增长 57.1%，新增数量居全市第三，首发募集资金达376.4亿元，总市值达3085.7亿元。截至 2021 年年底，经开区累计有上市企业 41 家。其中，上海证券交易所上市企业 14 家、深圳证券交易所上市企业 15 家、香港联交所上市企业 12 家、美国纳斯达克交易所上市企业 3 家［康龙化成（北京）新药技术股份有限公司、北京昭衍新药研究中心股份有限公司为“A+H”股双上市，京东集团中概股回港二次上市］。

（靳雪晶）

服务企业上市

年内，商务金融局落实管家服务机制，完善梯队式培育，对纳入培育库的拟上市企业按照上市工作进展及预计上市时间进行梯队划分，开展分阶段链条式培育。商务金融局聚焦企业上市诉求，协同市地方金融监管局、京沪港深新五大交易所、保荐机构等多方力量，提供专业化企业上市服务，组织开展上市辅导培训 20 余场，座谈走访企业 40 余家，为企业上市纾困解难，加快企业上市进程。商务金融局组织开展新三板改革与经开区优质企业融资创新发展活动，引导企业享受新三板改革政策红利，加快融资发展步伐；紧抓北京证券交易所有限责任公司（简称北交所）设立重大机遇，面向区内创新型中小企业举办北交所上市培育宣介会——暨北京“钻石工程”培训活动，活动采取“线上 + 线下”模式，促使企业深入了解北交所基本情况及上市制度规则，获得最优上市方案，惠及“专精特新”等创新型企业近 70 家。

（靳雪晶）

新增落地基金规模 9.84 亿元

年内，经开区新增落地基金 2 只、基金管理公司 2 家，落地基金规模为 9.84 亿元。截至 2021 年年底，经开区累计落地基金 62 只、基金管理公司 48 家，落地基金规模为 6279.05 亿元。

（靳雪晶）

小微企业金融综合服务平台推广

年内，经开区小微企业金融综合服务平台上线推广。截至 2021 年年底，该平台已汇集区内主要金融机构 25 家、注册企业 300 余家，发布融资需求 18.07 亿元，落地金额为 16.99 亿元。

（靳雪晶）

企业保就业专项行动

年内，商务金融局落实市金融局支持稳企业保就业专项行动，梳理优先保障类企业、重点保障类企业、普惠保障类企业，累计上报需保障企业 99 家，融资需求 139.28 亿元。截至 2021 年年底，已放款 216 家，实际落地贷款 23.6 亿元。在全市银行对接情况排名中，经开区贷款落地户数位列全市第三，放款总额位列全市第七。

（靳雪晶）

商务

概况

2021 年，经开区促进内外贸均衡发展，聚焦经济热点，打造国内外双循环、新格局，以研发鼓励政策吸引企业建设研发中心和区域总部，引进外资企业；以2021中国国际服务贸易交易会等为契机，推动经开区高质量发展；以消费券发放等为举措，促进消费提档升级，激发市场活力。

（杨晓燕）

北京国际消费中心建设实施方案印发

10月28日，商务金融局印发《北京经济技术开发区加快推进北京国际消费中心建设实施方案》，并同步开始实施。该方案以产城融合、产消互促、未来消费、开放消费为方向，通过“1+5+8”（“1”即明确一条主线，支持高精尖产业创新发展，满足人民群众对美好生活的需求，释放经开区“五子”联动新活力；“5”即实施注重产城融合、强化产业赋能、突出宜业宜居、拓展场景应用、坚持开放引领五大任务，显著提高经开区消费集聚性、品牌引领性、业态融合性、品质示范性；“8”即部署特色消费中心打造行动、消费品牌供给提振行动、数字消费创新引领行动、产业消费协同互促行动、智慧流通集成示范行动、消费体验服务升级行动、消费市场秩序优化行动、特色消费活动促进行动八大行动）实施框架，高标准推动国际消费中心城市5个重点项目、99个任务落地。

（赵齐）

生态商务区经济发展规划印发实施

11月25日，经开区管委会印发《“十四五”时期北京经济技术开发区生态商务区经济发展规划》（京技管〔2021〕152号）。该规划由经发局编制，从全力打造国际一流的生态商务区、建设经开区生态文化休闲中心、融入经开区高精尖产业主阵地等方面系统阐明经开区对生态商务区经济发展的战略意图，力争到2025年，经开区将基本建成风景无边、创新无界、魅力无限、生机无限的生态商务区。

（成翎）

外贸企业监测

年内，商务金融局完善外贸企业监测台账，实行月报监测制度，精准掌握企业发展动态。经开区实际利用外资8.19亿美元，比2020年增长25.16%，占全市的5.3%；实现进出口总额315.4亿美元，比2020年增长55.5%，占全市的6.7%。其中，出口实现127.7亿美元，比2020年增长118.1%，占全市的13.5%；进口实现187.6亿美元，比2020年增长30.1%，占全市的5%。

（杨晓燕）

促进商圈高水平发展工作方案制订

年内，商务金融局研究制订的《北京经济技术开发区促进商圈高水平发展工作方案》（2021—2023年）报送至市商务局。该方案以商圈空间范围、原则导向、商圈定位、发展目标等为总体发展要求；引导大族广场、华联力宝购物中心、城乡世纪广场、创意生活广场等重点项目改善现状及提升路径；推动传统商业设施改造升级，引进和培育高品质消费业态，营造开放型体验式消费场景，优化便民商业消费服务体系，扩大区域商圈协同辐射效应；完善组织统筹机制，加大政策资金支持，创新商圈治理模式，做好动态监测分析。

（赵齐）

消费券发放

年内，商务金融局发放消费券拉动消

费，开展“留京过年送红包活动”，发放消费券 2700 万元，核销 1926 万元，带动消费 5300 万元；开展“感谢共筑屏障 鼓励春季消费”“鼓励疫苗接种提振，共享数字生活消费”“鼓励加强疫苗接种，共筑健康亦城”消费券发放活动，发放消费券 6000 万元，核销 3975.5 万元，带动消费超过 1.7 亿元。

（赵齐）

便民服务设施和网点布局

年内，商务金融局引入便民设施，满足居民早餐消费需求，布局 10 个早餐车点位；提升社区便民服务网点覆盖率，完成 8 类生活性服务网点 402 个，蔬菜零售、便利店（社区超市）、早餐、美容美发、末端配送 5 项服务功能覆盖率达 100%；鼓励品牌连锁便民店健康发展，便利蜂、罗森、木北等品牌连锁便民店陆续入驻经开区。

（赵齐）

市场监督管理

概况

2021 年，经开区在信用监管、包容审慎监管、药品监管等方面加强探索实践，创新监管模式，推进经开区诚信体系建设。全年开展餐饮食品安全、药店药品器械、无证无照、冷链、餐饮行业从业人员健康证等 32 大类专项检查，检查市场主体 7395 户次；对经开区“两品一械”（“两品”即药品、化妆品，“一械”即医疗器械）相关企业及网络交易平台开展监督检查，组织药品（含药包材）市抽 260 批次、医疗器械市抽 27 批次、化妆品市抽 38 批次；完善诉求办理机制，提升投诉举报办理水平，维护消费者合法权益，推行行政约谈制度，指导企业完善内部管理制度，接到投诉举报 293988 件，处理率达 100%。

（王贺年 郑海峰）

春节期间保供稳价

2 月 1 日，商务金融局出台春节期间保供稳价工作方案，向区内商超发布《关于加强蔬菜等生活必需品供应及交易场所防疫工作的通知》；加强市场监测，持续推进“日报告、周调度”工作机制，要求区内规模以上超市每日线上填报民生物资价格及供销情况；做好销售预警，春节期间组织协调人手，按时到大型商超查销售、查库存、查缺货；及早备货补货，指导商家提高补货、补架频次，确保生活必需品供应充足、市场稳定；发挥电商作用，加强与京东等线上平台联系，及时获取重要生活必需品供需信息；指导大型商超加大线上销售力度，提高商品网订配送比例；优化市场环境，开展市场秩序专项整治，依法打击假冒伪劣、虚假宣传、价格欺诈等违法行为。

（赵齐）

特种设备业务知识培训

3 月 23 日，商务金融局组织开展特种设备业务知识培训。重点培训北京市特种设备监察管理系统操作、辖区特种设备基本情况、各类设备的检验周期、检查规范及检查重点；解读法律法规；结合实际讲解特种设备日常监管中常见问题、投诉处理等，为特种设备安全监督检查工作打下基础。全局市场监管相关人员30余人参加培训。

（王红军）

市场监管总局领导到经开区调研

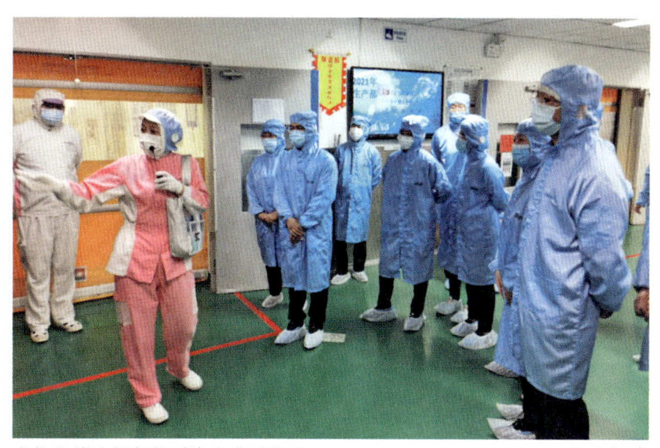

市场监管总局领导到资生堂丽源调研　　单位提供

4月14日，市场监管总局法规司副司长任端平，国家药监局政法司副司长邱琼、化妆品监管司副司长戚柳彬，市药监局和市药监局第三分局相关负责人组成调研组，到经开区化妆品生产企业调研并开展座谈。调研组到资生堂丽源化妆品有限公司现场走访，参观生产车间并询问企业的基本情况，以及对新版《化妆品监督管理条例》的理解及执行情况。调研结束后，调研组邀请北京市儿童类化妆品生产企业、牙膏类生产企业、自有品牌生产企业、研发及代加工生产企业等7家化妆品生产企业，参加化妆品生产监管座谈。

（刘惠媛）

药械网络销售平台专项整治

6月2日，市药监局第三分局对药品医疗器械网络交易服务平台北京京东叁佰陆拾度电子商务有限公司进行实地检查与现场服务。重点检查平台药品医疗器械质量负责相关机构和人员设置、药品医疗器械经营者数量和规模、药品医疗器械网络销售者资质审核、平台对药品医疗器械经营行为的管理方式和手段等；要求平台持续关注药品经营者在药品网络销售及信息发布的资质更新，对药品网络销售者通过网络违法违规销售药品问题建立巡查管理机制，有涉嫌违法违规行为的及时上报并停止提供平台网络交易服务。通过专项整治，助力平台达到定期实现商家资质核查，建立平台与商家的合作与信用体系，营造良好网络销售平台生态环境。

（杨晶）

《医疗器械监督管理条例》宣贯培训会

6月10日，市药监局第三分局举办《医疗器械监督管理条例》宣贯培训会暨经开区医疗器械生产企业工作会。会议采取“云课堂”线上培训方式，学习《医疗器械监督管理条例》，要求企业开展学习、严格落实主体责任、深入推进不良事件监测工作、加大创新医疗器械研发投产、做好疫情防控用医疗器械质量安全管理、开展医疗器械安全风险隐患大排查。辖区内115家医疗器械生产企业负责人参加会议。

（袁敬梅）

2022北京冬奥会食品供应企业遴选踏勘

9月9日，商务金融局配合由北京冬奥组委牵头，市市场监督管理局、市商务局、通州区商务局等多部门组成的联合检查工作组，开展经开区冬奥食品供应企业遴选踏勘工作。此次对经开区中央厨房北京金鼎轩酒楼有限责任公司通州分公司开展现场踏勘，主要检查粗加工、切配、烹调、工器具清洗消毒操作区，以及食品库房、更衣室、清洁工具存放区，围绕硬件设施布局、制度建立、人员健康、疫情防控、运输等重点部位督促整改中央厨房存在的风险隐患并提出保障要求。

2022 北京冬奥会食品供应企业遴选工作会谈　李彤　摄

（王红军）

市药监局领导督导检查 2 家药企

12 月 7 日，市药监局党组书记于海波、驻市市场监管局纪检监察组组长孙利清带领督导组对经开区药品零售企业疫情防控措施落实以及含兴奋剂药品管理情况开展督导检查。督导组采取“四不两直”的方式，随机选取经开区 2 家药品零售店，重点检查药店“四类药品”实名登记及信息上报、经营场所消杀通风、“京药通”App 使用落实等情况；督查含兴奋剂药品经营管理情况。检查过程中未发现违法违规问题。于海波强调，经开区要毫不放松地开展疫情防控工作，落实好各项防控措施；加强“四类药品”登记信息管理和网络药品销售管理，做实信息登记报告及闭环管理，确保信息可追溯，防止漏登、漏报；推动使用“京药通”App，优化药店和购药群众的使用体验；加强对含兴奋剂药品的经营管理，为 2022 北京冬奥会、冬残奥会举办营造良好环境。

（闫欢　郑海峰）

建筑工地食堂专项检查

年内，商务金融局开展建筑工地食堂专项检查。重点检查辖区建筑工地食堂的证件持有情况、卫生环境状况、食品储存情况、疫情防控落实情况等；指导建筑工地食堂严格落实落细管理制度，督促管理人员提高食品安全风险防范意识，认真履行主体责任，严格加强日常管理，禁止购进“禁食名录”中的食品，落实进货查验和索证索票制度，规范食品加工制作过程安全规范；现场查看从业人员健康证明，检查防疫用品佩戴、工作服穿戴、个人卫生状况等；根据当前疫情防控形势，倡导工人分散就餐、错时就餐并发放工地食堂食品安全提示单。检查发现问题 17 个，均现场整改到位。

（王红军）

重点公共场所防疫监管

年内，商务金融局加大日常巡查监管力度，检查商场、超市、农贸市场、餐饮服务单位、药店等人群密集的重点公共场所，约谈新冠肺炎疫情防控工作不到位的单位相关人员，严格处理。全年防疫检查 8461 户，人员核酸检测 118571 人次，常态化环境检测 249490 个点位。

（赵强）

冷库冷链食品防疫监管

年内，商务金融局开展冷库冷链食品疫情防控监管排查工作，检查辖区内超市、餐饮以及进口冷链企业的新冠肺炎疫情防控情况。经开区有冷链企业 183 户、冷库

156 个，包括进口冷链企业 82 户、冷库 74 个，有进口冷链从业人员及共同居住者 490 人。全年组织排查检查 1460 次，发现问题 174 个，均已整改到位。

（赵强）

冬储菜供应保障

年内，商务金融局鼓励各超市对接货源、加强储备，用特价、平价菜等形式，让利稳价。其中，建立“日报告、周调度”工作机制，依托“战疫金盾”平台，组织 10 家规模以上超市每日线上填报民生物资价格、库存及销量 3 项数据，避免因河北疫情、寒潮等因素造成民生物资短缺、物价上涨等；聚焦 10 家规模以上超市，加强数据监测分析，梳理白菜、白萝卜、油菜、菜花、扁豆等 16 种蔬菜及肉类平均价格、库存及销量涨落情况，提前采取保供稳价措施；鼓励企业与山东省、内蒙古自治区等外埠蔬菜产区对接，加强货源保障。

（赵齐）

食品安全抽检专项行动 29 次

商务金融局工作人员现场抽检食品　李彤 摄

年内，商务金融局落实市场监管总局“四级抽检分工”要求，明确区级食品安全监督抽检任务，合理计划抽检的品种、时间、频次，均衡推进民生实事工程。全年组织开展监督抽检专项行动 29 次，涉及辖区食品（保健食品）生产企业、商场超市、食杂店、餐饮单位等 74 户，分别抽取食用农产品、餐饮食品、速冻食品、水产制品、豆制品、酒类、饮料、食品添加剂、保健食品等 32 大类 300 批次，其中食品（保健食品）生产领域 18 批次、食品（保健食品）流通领域 166 批次、餐饮服务领域 116 批次，检出不合格样品 4 批次，覆盖率为 94.1%，合格率为 98.7%。

（王红军）

市场主体信用体系（区级）平台上线

年内，商务金融局建设的市场主体信用体系（区级）平台上线试运行。该平台包括经开区公共信用数据库、经开区公共信用信息服务网、经开区公共信用数据管理平台、经开区综合信用监管平台、公共信用档案系统、公共信用评价系统、信用业务协同系统、信用地理信息系统、信用分析系统的建设（除企业信用积分系统外均已建设完成）等功能模块。

（赵强）

企业公共信用评价

年内，商务金融局从基本情况、金融财税、管治能力、遵纪守法、社会责任等维度完成企业公共信用评价。评价经开区内已归集的 95582 家企业，评价结果初步呈现正态分布趋势。其中，A 级的企业 8683 家，占比 9.1%；B 级企业 85139 家，占比

89.1%；C 级企业 1639 家，占比为 1.7%；D 级企业 121 家，占比 0.1%。

（赵强）

诚信管理办法出台

年内，商务金融局出台《北京经济技术开发区诚信管理办法》，建立分级分类鼓励激励及失信惩戒机制。全年受理信用出证 363 件，完成率达 100%；列入异常名录企业 7651 家，包括因未年报列入 7286 家；受理企业经营异常移出 2304 家，受理企业严重违法失信移出 28 家，列入严重违法失信 265 家。

（赵强）

特种设备安全监管

年内，商务金融局开展特种设备安全监管。检查锅炉、压力容器、电梯、起重机械、厂内机动车和压力管道 6 类特种设备。检查特种设备生产使用单位及计量专项监察单位 451 家，检查特种设备 736 台（套）。全年未发生特种设备安全事故和重大舆情。

（王红军）

投诉举报受理

年内，商务金融局接到投诉举报 293988 件。其中，投诉 247661 件（京东 210385 件、非京东 37276 件）、举报 46327 件（京东 30076 件、非京东 16251 件），京东投诉约占总投诉量的 84.95%、京东举报约占总举报量的 64.92%。京东投诉件中，“12345”市民服务热线来源投诉 103302 件，占比 49.10%；京东举报件中，“12345”市民服务热线来源举报 9792 件，占比 32.56%。全年投诉举报处理率为 100%。

（王贺年）

单用途预付卡企业监管

年内，商务金融局开展单用途预付卡企业监管。对零售业、餐饮业、居民服务业发行单用途预付卡企业进行政策宣传，督促企业依法依规发行单用途预付卡。实地调研备案企业 4 家，对规模发卡备案企业存管资金账户持续监管，对涉嫌违法行为坚决移送至相关部门。

（赵齐）

食品药品安全监管

年内，商务金融局开展食品药品安全监管。通过日常监督及专项检查对辖区内药品、医疗器械企业进行监督检查。全年抽检药品、医疗器械流通不少于 86 批次，完成系统食品销售分级 1381 户，餐饮风险分级完成评定 128 家。

（王红军）

安全生产主查主改

年内，商务金融局开展安全生产月、质量月、第十四个世界认可日、有机认证、绿色认证、有限空间宣传教育等 10 次，日常检查区内商务行业 150 余次，现场检查餐饮场所的油烟管道清洗、用电安全、防疫工作等，通过边查边改、立查立改的方式，推动安全生产整治取得成效。

（王红军）

产经政策研究

概况

2021 年，经开区聚焦四大主导产业，

持续开展产业发展、经济建设和政策分析。开展热点产经现象追踪、发展趋势判断、制度政策创新等专项问题研究，起草呈报研究报告 20 份；以经验总结为抓手，梳理经开区在产业集聚、产城融合等领域的先进做法，形成理论文章 10 篇；以“两区”建设为平台，总结经开区在“两区”试验田中取得制度创新成效，形成宣传材料 40 份；编纂《奋楫争先正当时——北京经开区“两区”建设一周年纪实》等。

（孙建伟 牛佳）

社会力量参与亦庄新城建设的指导意见

7 月 6 日，产经院牵头起草的《关于鼓励社会力量参与亦庄新城建设的指导意见》发布。该意见聚焦产城融合、公共服务、城市治理、创新发展和文化文明建设五大领域，制定 92 项重点措施，突出多元综合协同的发展思路，深化社会力量参与的体制机制改革，激发社会力量参与的创新活力，制定加强“一个领导”、搭建“一平台”、建立“四个机制”等保障措施，引领经开区高质量发展。

（孙建伟）

调研交流活动

8 月 11 日，产经院到国家信息技术应用创新产业园调研交流。调研团队参观国家信息技术应用创新展示中心、国家通用软硬件攻关适配中心、龙芯中科企业展示厅等；探讨园区国产化信息技术体系培育、项目储备与落地、核心攻关平台运行、数据基础设置布局等工作的开展情况，以及运营中遇到的制度创新突破难、人才吸引集聚难等问题。12 月 30 日，产经院到北京社会科学院开展实地调研。双方就研究成果共享、重大课题合作、基层调研开展、研究成果转化 4 个方面达成合作共识，持续搭建长效沟通机制，加强人员互通学习，增强专项研究课题合作，提升研究成果转化成效。

（牛佳）

产经政策研究团队初步组建

9 月 24 日，经开区管委会面向全国招聘产经政策研究团队。产经院组建由 1 名博士后牵头、5 名硕士为骨干的产经政策研究团队，以及由国家知名专家、部门资深人士和行业领军人才构成的专家智库；开设博士后科研工作站分站，形成每年招收博士后 10 名，保持在站博士后 20 名的培养能力。研究团队的主要工作是围绕“产业发展、经济建设和政策研究”开展平台建设、智库搭建、企业服务、调查研究。

（牛佳 孙建伟）

编制案例入选可持续发展议程进展报告

9 月 26 日，产经院编制的“‘无废城市’：让绿色成为开发区发展‘底色’”案例被《中国落实 2030 年可持续发展议程进展报告（2021）》选录为典型案例之一。该案例从工业固废减量、危险废物处置、固废精细化管理、绿色生活方式场景等方面总结提炼经开区“无废城市”建设经验，探索经开区“无废城市”建设的可行路径和具体模式。

（张倩倩）

“两区”建设一周年纪实撰写

年内，产经院撰写《奋楫争先正当时——北京经开区“两区”建设一周年纪实》，梳理总结“两区”建设从“夯基垒台”到“积厚成势”、从“应势而动”到“乘势而上”、从“先行先试”到“复制推广”

的发展历程与关键举措。文章刊登在“中国智库”微信公众号和“学习强国”App，点击量超过 7000 余次。

（牛佳）

产经政策信息刊物编发

年内，产经院编发各类内刊 271 期。其中，完成经开区相关《国家、部委、北京市政策汇编》12 期，每月一期，该汇编搜集整理中央、国务院、各部委、北京市和经开区出台的各类政策，细分综合类、经济发展类、外资外贸类、产业促进类、科技创新类等 12 个类别，为经开区在产业经济、社会发展等方面制定政策与规划提供重要参考；编发《学习通讯》日刊 200 余期、《学习通讯》周刊 45 期，聚焦全国头部开发区，瞄准经济建设、产业研究、社会发展等方面的创新政策、创新做法、创新经验，并结合经开区实际情况加以分析研究，为领导和部门提供借鉴和参考；完成《亦城参考》14 期，关注经开区部门、企业和社区，发现其工作中独到的、创新的经验、方法和体会，并进行相应的梳理、分析、研究、提炼，形成经验材料并推广宣传。

（陈越婷　段云竹）

税务

概况

2021 年，国家税务总局北京经济技术开发区税务局（简称税务局）聚焦精诚共治，强化与大兴区、通州区涉税事项协调；强化与经开区工委相关职能局联动协作，做好全年度全险种社会保险费征收；深化国际税收合作，为“一带一路”企业提供涉税支持，构建多方协同的税收共治格局。全年完成税收收入 778.79 亿元，其中中央级税收收入 437.61 亿元，比 2020 年增加 43.17 亿元、增长 10.9%；地方级税收收入 341.18 亿元，比 2020 年增加 28.37 亿元、增长 9.1%。全年完成市级一般公共预算收入 360.64 亿元。大兴区、通州区累计 57000 余户企业划转至经开区，经开区共有税收企业 72328 户（不包括跨区税源登记 5954 户、组织临时登记 15994 户）。

（于江斋）

新增减税降费超过 30 亿元

年内，税务局新增减税降费超过 30 亿元。其中，对疫情防控重点保障物资生产企业减免增值税 0.36 万元；支持国际科技创新中心建设，313 户企业享受高新技术企业所得税优惠，减免税额 108.5 亿元，221 户企业享受技术转让、技术开发免征增值税优惠，免税收入累计 54.68 亿元；9 户科技企业孵化器享受减免房产税、城镇土地使用税优惠，减免税额 2975 万元，累计办理研发费用加计扣除 283.36 亿元，技术转让所得试点优惠政策减免所得额 2.08 亿元；支持小微企业和个体工商户纾困发展，累计免征增值税 2.17 亿元，财行六税减半优惠户数达 28137 户，减税金额 6158 万元。

（于江斋）

纳税人办税体验提升

年内，税务局加强反馈提示，利用系

统派单流转，提高“接诉即办”工作质效；做好政务服务“好差评”工作；承接“票e送”等市级征管优化项目工作，累计为154.4万户次全市纳税人提供“票e送”服务，比2020年增长7.08%，申领发票总份数突破10亿份；为58.6万户全市纳税人提供邮寄代开发票服务，比2020年增长18.31%。

（于江斋）

税种监管

年内，税务局加强增值税管理，落实发票电子化改革，防控增值税发票风险；加强所得税管理，2020年度实现企业所得税汇算清缴申报率99.02%，比2019年增长0.52%，严格分级、分类、分层、分区四分方案，完成个税综合所得汇算清缴；加强横向沟通纵向联动，个人股权转让“先税后证”业务平稳落地；加大财产和行为税管理，推进财行十税合并申报平稳运行，强化主附税费协同管理；持续推动土地增值税清算工作，完成7个项目土地增值税清算，清算税额累计7.96亿元；推进非税收入管理，做好非税收入划转项目的平稳衔接，完成3批次6项非税收入项目划转工作；加强非居民财产转让案头分析，强化反避税管理。

（于江斋）

智慧税务建设

年内，税务局聚焦精确执法，严格落实《税务行政处罚“首违不罚”事项清单》《京津冀税务行政处罚裁量基准》，提升税收法治化水平。税务局聚焦精细服务，创新推出自助代征延伸服务，持续拓展容缺办理事项；持续升级社会保险费缴费服务，保障特殊人群缴费顺畅便捷；推广“全程网办”，全面开展“在线导办”，累计为2305户次纳税人提供在线咨询服务8076次，累计时长745小时。税务局聚焦精准监管，探索发票分级分类管理并开展专项试点；进一步优化风控体系，开展“一区一行业”风险管理工作；电子税务局平均办结时长从1.66天下降至0.75天，整体提速54.8%。

（于江斋）

企业涉税诉求解决

年内，税务局开展重点企业走访调研，及时解决企业涉税诉求。其中，扩大“银税互动”范围，实现区内银行全覆盖，累计帮助1182户次企业申请信用融资贷款20.76亿元；推进制造业中小微企业缓缴等各项政策落地，最大限度助力企业纾困解难；在办税服务厅设立国际税收专窗，开通“冬奥办税绿色通道”，优化业务办理流程，提高涉奥业务办理质效，服务涉奥企业发展；强化党建引领，联合亦企服务港设立“党建+税法宣传服务站”，成立7个服务队精准对接11个亦企服务港企业涉税需求。

（于江斋）

税收干部队伍建设

年内，税务局完善数字人事和绩效管理，围绕市、区两级考核指标，推进绩效管理和数字人事有机融合，推进数字人事各项制度体系落实落地。税务局强化人事管理和教育培训工作，完成2021年度职务与职级晋升工作，全年培训1843人次、38324学时；加大专业人才培养力度，“三师”（注册会计师证、注册税务师证、律师证）资格人员 55 人次，占比 16.1%。

（于江斋）

海关

概况

2021 年，中华人民共和国亦庄海关（简称亦庄海关）主要负责大兴区的海关监管和北京地区唯一的保税物流中心（B 型）的海关监管，开展加工贸易监管、企业管理、减免税审核、稽核查、卫生检疫、动植物检疫、进出口食品检验、商品检验、北京亦庄保税物流中心监管等海关监管工作。

（高东辉）

全民国家安全教育日普法活动

4 月 13 日，亦庄海关开展全民国家安全教育日生物安全宣传进企业普法教育活动。亦庄海关宣讲生物医药和医疗器械两类商品的通关申报、属地查验及海关企业信用评级等政策法规，对进出口过程中的生物安全风险给予特别提示，对企业在办理业务中容易出现的差错进行专门提醒，并在现场解答企业提出的疑难问题。区内 40 余家生物医药和医疗器械企业参与活动。

（高东辉）

亦庄控股推动中国通关网建设

5 月，中国通关网迁入经开区。中国通关网由中国报关协会与亦庄控股共同主办，亦庄控股以中国通关网为平台，发挥中国报关协会及各地方协会 7000 余个会员单位以及国际报关协会同盟（IFCBA）29 个成员国的资源优势，以关务业务为核心、数字技术为途径，围绕贸易合规风控、贸易服务对接、贸易数字赋能三大核心业务，重点推动“一带一路”国家经贸文化科技中心项目运营以及 e 鹿网、北京亦庄保税物流中心（B 型）等展、贸、仓、服一体化运营平台建设，推动商品由全球制造商到全球消费者的一站式流通；研发上线全球进出口商品人工智能归类服务系统，承接阿里巴巴进口商品分类服务，深化构建海关总署服务保障的网上通关一体化服务模式。截至 2021 年年底，中国通关网注册用户达 30 万，覆盖全球 139 个国家和地区，中文站和国际站日均用户访问量超过 10 万。

（姚诚）

北京关区首单“三无”企业联合勘验作业

7 月 26 日，亦庄海关与商务金融局对辖区某合资企业联合开展“三无”（倒闭）企业现场勘验作业，是北京海关“多查合一”业务改革以来，首单“三无”企业联合勘验核查作业。亦庄海关提前联系地区商务部门，确定联合作业的方式、人员，以及联合勘验报告形式；梳理双方作业要求，制订行动方案，确定现场勘验的重点环节；桌面推演，对现场可能遇到的如人去楼空、企业人员不配合等意外情况制定预案，确定解决方案。

（高东辉）

2022 北京冬奥会前临检考试样品查验

11 月 26 日，亦庄海关对来自北京兴奋剂检测实验室首次承接的世界反兴奋剂机构（WADA）2022北京冬奥会前临检考试样品进行快速查验。亦庄海关针对此类特殊物品进境，与北京兴奋剂检测实验室建立长效沟通机制，建立合作备忘；创新“保安全、密关切、快通关”工作法，专人对接，实行“5+2”（周六、周日按照平时周一至周五的工作模式）预约工作模式，采取入境申报与查验工作集约化管理，对符合条件的货物做到“随到随查、随查随放”，做好监管的同时提高通关效率，打造特殊物品进出境绿色通道。

亦庄海关快速查验临检考试样品　　单位提供

（高东辉）

营造守信便利营商环境

年内，亦庄海关在“我为群众办实事”基础上创新开展“我为企业解难题”活动；加大政策宣传解读力度，通过多次举办线上、线下政策宣讲会、录制政策宣讲微视频等形式普及政策，帮助企业读懂用好各项政策；升级信用培育模式，前置服务，加大培育力度，聚焦辖区主导产业，推进完善“一企一策”机制，多次实地走访帮扶企业完善自身管理；引导企业应用“京关信用”“海关信用管理”微信平台，为咨询企业提供优质服务和专业解答，协助地方政府做好惠企政策前期资质审核工作，推动守信企业高质量发展。

（高东辉）

“双十一”跨境电商运行保障准备

年内，亦庄海关成立“双十一”跨境电商工作组，由分管关长牵头，具体执行科室责任到人；加强关企合作，提前掌握辖区电商企业促销安排，对销售业务量进行评估预判，保障现场监管力量充足，确保审单、查验、卡口验放等环节作业高效有序；提前制定应急预案，高效及时处理突发情况。

（高东辉）

进口粮食质量安全监管

年内，亦庄海关对进口粮食等相关文件进行梳理、归纳，开展集中学习，提升监管队伍技能；摸清“家底”，对辖区内2家进境粮储备库和2家面粉加工厂逐一现场考核，确保进境粮食安全；根据进境用途，对“储存粮”“加工粮”分类管理，提升监管效能；多方联动，主动与地方农业部门加强交流沟通，签订三方协议，密切配合，共同做好粮食疫情防控工作。

（高东辉）

多措并举做好属地查检

年内，亦庄海关对货物随到随检“零等待”，在原有7×24小时预约监管的基础上，对国家重点扶持企业急需的设备、原材料等货物优先安排查检；加强监管的智能化，利用追溯监管系统等科技手段，提升监管的有效性；根据属地产业特点，针对集成电路行业设备洁净度要求高等特点，制定“一企一策”，开展上门查检工作；

优化人力资源配置，加强岗位练兵，通过网络培训、岗位互训、建立专家库等方式提升队伍素质。

（高东辉）

新冠疫苗生产设备进口

年内，亦庄海关成立专门工作小组助力企业新冠疫苗生产设备进口。工作小组与企业对接，了解企业进口计划并介绍海关监管要求，避免企业耽误生产计划；及时通关放行；与企业保持沟通，设备到货后第一时间进行现场检验，确保设备第一时间投产使用；与企业建立长期联系。截至 2021 年年底，亦庄海关完成 8 批新冠疫苗生产设备进出境查检通关工作。

亦庄海关查检进口新冠疫苗生产用设备　　单位提供

（高东辉）

规划与开发建设

综述

2021 年，经开区落实《北京城市总体规划（2016 年—2035 年）》和《亦庄新城规划（国土空间规划）（2017 年—2035 年）》。以亦庄新城“433”城市功能组团为基础，编制 12 个区域街区控制性详细规划；统筹推动规划综合实施方案编制；开展台湖站前区、马驹桥镇区及金桥产业基地一期市政专项规划编制，保障土地一级开发进度，保障重大产业、城市更新和民生工程项目落地。

落实《亦庄新城新扩区域基础设施和公共服务提升三年行动计划》，统筹推进“165 平方公里”土地一级开发工作，按照加快推进一批、研究启动一批、谋划储备一批开发建设项目的总体要求，全面推进马驹桥智造基地、瀛海镇工业区和长子营工业区土地一级开发工作，有序推进征地、拆迁、安置房和市政基础设施建设。

土地集约利用输出“亦庄模式”。出台《亦庄新城产业用地规划建设指标使用管理办法》，保障规划建设指标供给、合理匹配、高效利用。进一步完善亦庄新城工业工地“先租后让”试点阶段政策，探索亦庄新城范围内多功能用地利用模式，满足企业用地需求，助力产城融合。

改善和提升生态环境品质。印发《北京经济技术开发区“十四五”时期生态环境（保护）建设规划》，推动秋冬季大气污染综合治理和加强重点单位污水处理管理，制定精细化生态环境准入清单，明确亦庄新城生态环境分区管控细化工作。开展环境管理检查、环境质量监测、移动源排放监管等，进一步降低污染物排放，构建经开区现代环境治理体系。

统筹推进智慧城市建设。全面建成“城市大脑 1.0”，发挥区内企业优势，深化智慧交通、智慧物流、智慧政务等应用场景建设。

（成翎）

总规与规划研究

概况

2021 年，经开区充实“专家领衔、内外联动”的责任规划师体系，以亦庄新城“433”城市功能组团为基础，有序编制街区控制性详细规划；统筹推动规划综合实施方案编制，批复 29 个实施方案，保障重大产业、城市更新和民生工程项目落地。

（李全龙 江敏 马圆圆）

产业用地规划建设指标使用管理办法印发

8 月 11 日，经开区管委会印发实施《亦庄新城产业用地规划建设指标使用管理办法（试行）》（京技管〔2021〕95 号），填补北京市产业用地更新政策中规模管控的空白。该办法由规自分局编制，针对的是亦庄新城规划范围内可区级统筹使用的产业用地建筑规模指标。规自分局通过比较、总结国际发展经验，预判四大主导产业的空间发展趋势，梳理亦庄新城现状产业特征，摸清产业建筑规模底数，合理预测未来各类产业项目的规模需求。产业项目应符合亦庄新城产业发展定位且达到经开区产业准入要求，包括产值税收、投资强度、研发投入等，同时还要符合工业用地用途管制相关规定等要求，才可申请规划建设指标。该办法以“保新增、优存量”为原则，差异化设定新入区项目、更新类项目的准入门槛，应对新产业、新业态的发展需求，精准投放有限的规划建设指标，满足高精尖企业的空间需求。同时，规自分局还在统筹企业发展与公共利益、实现企业全生命周期管控和探索创新的土地政策 3 个方面重点布局。通过指标使用规则的精细化设计，实现企业发展与公共利益之间的均衡。

（徐海涛 李凯丽）

亦庄新城 2020 年度城市体检评估

年内，规自分局坚持“一张蓝图干到底”，落实“一年一体检、五年一评估”的工作部署，开展亦庄新城 2020 年度城市体检评估工作。结合亦庄新城由区向城转变的阶段特点，建立“5+1”“区 + 城”（经开区五年期的城市评估和亦庄新城的年度城市体检）的亦庄特色评估体系，对战略定位、资源本底、城市规模、空间布局、运行支撑等重点领域进行体检评估，完成《亦庄新城 2020 年度城市体检评估报告》和制作《亦庄新城核心指标监测表》，发挥体检评估查漏补缺的作用，支持地方发展、引导固定资产投资。

（张颖帅）

街区控制性详细规划编制

年内，规自分局结合亦庄新城重点发展建设区域及重点设施建设计划，推进已启动的 12 个区域街区的控制性详细规划编制审批工作；在完成第一批 2 个控制性详细规划、第二批 4 个控制性详细规划的基础上，启动第三批核心区 -5、旧宫 -2、旧宫 -3、亦庄新城台湖 -3 区域（站前区）4 个区域的街区控制性详细规划编制工作。2019—2021 年，规自分局累计编制 16 个区域街区控制性详细规划，涵盖亦庄新城 29 个街区 100 余平方千米的土地，逐步实现重点区域的控制性详细规划全覆盖。

（张颖帅）

凉水河沿岸用地梳理和价值提升研究

年内，规自分局以凉水河沿岸用地为研究对象，启动价值提升规划研究工作，编制完成《凉水河沿岸用地梳理和价值提升研究》。该研究通过在新的历史发展阶段对凉水河沿岸用地的再定位，在汲取国内外案例先进经验和研判现状用地资源禀赋的基础上，对凉水河沿岸用地提出不同的功能分区，并从用地功能、空间环境、交通体系 3 个方面针对不同分区提出提升策略与实施建议。

（孙雨）

规划综合实施方案编制

年内，规自分局坚持“以规划生成项目”，启动规划综合实施方案 60 余项，其中 29 项通过市规划自然资源委、经开区管委会审查，并核发审定意见。综合实施方案的编制，通过精准对接项目需求，精细化使用指标，有序释放用地指标，切实保障重大产业项目、城市更新项目、补短板民生工程、重点疏解任务、土地供应计划的落地。

（张颖帅）

亦庄新城马驹桥 -2 区域控制性详细规划

年内，规自分局组织开展《亦庄新城马驹桥 -2 区域控制性详细规划（街区层面）（2020—2035 年）》编制工作。该工作通过梳理现状问题，结合全市对物流行业以及物流基地的发展要求与定位，提出区域规划目标与定位。街区控制性详细规划方案具体从优化资源配置，强化首都物流保障作用完善；交通系统，强化现代物流的系统支撑；配套产业服务，推动高质量供应链产业发展；探索减量约束下的存量物流设施立体化更新路径四大方面展开。

（孙雨）

儿童医院新院区选址用地及交通规划研究

年内，规自分局编制完成《儿童医院新院区选址用地及周边交通规划研究》。该研究基于儿童医院新院区选址，统筹梳理周边用地资源，对功能布局、用地性质、规模指标等进行综合研判，为项目实施提供技术支撑；通过现状调研及分析，梳理归纳选址周边交通问题，针对问题提出全面优化对外道路系统、内部道路网系统、轨道系统、地面公交系统和停车系统五大策略，并依托轨道站点梳理河西片区工业用地，提出优化方向。

（杨琼）

市政设施项目规划综合实施方案

年内，规自分局委托经开区城市规划和环境设计研究中心编制完成《金桥再生水厂、站前区再生水厂、路南区环卫转运站及可回收物分拣中心、金桥大宗气体站、嘉会湖项目规划综合实施方案》。该方案完成对市政基础设施的规划论证，从区域规划定位、项目占地、建设方案、交通设施承载力及市政设施供给能力论证等方面开展调研分析和规划研究，论证市政设施项目规划建设的必要性、合理性和可实施性，推进项目建设，完善区域市政供给体系。

（陈庚 龙莹洁 郭光伟）

河西区居住地块管网改造方案研究

年内，规自分局委托经开区城市规划和环境设计研究中心、北京博瑞华宏科技有限公司编制完成《河西区居住地块管网改造方案研究》。该研究在梳理现状污水管网规划建设以及运行情况的基础上，结合污水再生水流域再造方案，提出具体管网改造方案及近期实施建议，以保障高科技企业的用水需求及落实亦庄新城环境品质的提升要求，尤其是满足集成电路双“1+1”战略项目落地对用水量及水质的要求。

（陈庚 龙莹洁 马贺）

站前区市政专项规划修编

年内，规自分局委托北京市城市规划设计研究院编制完成《站前区市政专项规划修编》。该规划内容包括河道及防洪、雨水、供水、污水、再生水、电力、燃气、供热、电信、有线电视、环卫 11 个专业的地下管线、场站设施及河湖。在现状评估的基础上，承接亦庄新城市政基础设施规划体系，按照安全经济、绿色生态、城乡一体、功能融合的原则科学规划，明确区域水源、电源、气源、再生水水厂、雨水排除去向；创新提出新的市政供热体系，提高区域可再生能源利用。同时，该规划有力支撑《亦庄新城站前区控制性详细规划》编制。

（陈庚 郭光伟 马贺）

河西区排涝蓄排水管工程方案研究

年内，规自分局委托经开区城市规划和环境设计研究中心、北京博瑞华宏科技有限公司编制完成《河西区排涝蓄排水管工程方案研究》。该研究在对河西区雨水规划及现状评估基础上，针对提标增管实施难、低区排涝泵站占地大等问题，提出建设蓄排水管、雨水管网网状连接等优化方案，指导下一步工程建设，以保障河西区居民和企业防洪排涝安全。

（陈庚 龙莹洁 马贺）

亦庄新城科学家小镇选址研究

年内，规自分局编制完成《亦庄新城科学家小镇选址研究》。该研究精准对接科学家的核心诉求，深入挖掘国内外现有科学家聚集区的特征，综合考虑生态条件、交通条件、产业条件、服务条件、用地条件五大要素，梳理亦庄新城用地资源，对亦庄新城建设科学家小镇提出综合研判，为部门决策、建设实施提供技术支撑。

（王松）

亦庄新城集中建设区再生水流域再造研究

年内，规自分局编制完成《亦庄新城集中建设区再生水流域再造研究》。该研究通过亦庄新城范围内实施污水流域再造的方式，形成充分利用区域内生活污水作为高品质再生水的原水，不足部分向小红门调水的统筹方案。同时，该研究协调市水务局，落实第二根管道输送水量的水指标和实施主体，并推动规划审批等工作。

（龙莹洁）

儿童医院及周边交通专项规划

年内，规自分局编制完成《儿童医院及周边交通专项规划》。该规划配合儿童医院新院区的建设，做好交通系统支撑，分别针对对外通道、周边道路、轨道、公交、停车等方面提出解决方案。其中，加快推进对外通道建设，优化节点，强化对外通达性，重点推动城市快速路博兴西路的实施；完善周边道路网系统，构建高品质街道，营造友好的步行、自行车环境，为就医等出行提供服务；提高区域轨道交通服务水平，优化调整地铁 S6 线（地铁 S6 线已列入北京市轨道交通第三期建设规划）和地铁8号线规划线位，推动地铁8号线东延、亦庄火车站开通；优化地面公交系统，加强设施保障，提升地面公交服务水平；构建以配建停车为主、公共停车场为辅的停车供给系统。

（陈庚 张建利）

17号线亦庄四站交通接驳规划实施研究

年内，规自分局编制完成《17号线亦庄四站交通接驳规划实施研究》。该研究指导具体工程实施内容，优先安排衔接比例大、成本低、用地需求少、效率高的交通衔接设施，以小投入来实现新开通地铁车站的高效接驳；同时落实近远期结合的设计原则，利用近期方案满足开通初期需求并做好远期按规划完整实施的预留工作。

（李奕宇 张建利）

重大项目交通综合实施保障方案

年内，规自分局编制完成《亦庄新城0606街区重大项目交通综合实施保障方案》。该方案通过分析重点项目周边区域用地及道路交通等情况，提出周边道路规划方案，指导周边道路定线以及道路设计方案编制，保障周边道路实施；满足区域重大项目交通出行需求，优化区域交通出行环境，保障区域公共出行安全及公众利益，有效支撑区域交通健康、可持续发展。

（陈庚 张建利）

亦庄新城交通分析模型系统建设

年内，规自分局完成2021年亦庄新城交通分析模型系统建设工作。该模型在收集亦庄新城交通基础设施资料的基础上，分别搭建居民和企事业单位职工的用地与交通需求关系模型、出行生成模型、出行分布模型、方式选择模型和道路网车流分配模型，可分析城市交通与城市发展各类要素之间的关系，并进行直观、量化表达，辅助进行科学的交通决策和管理，实现交通模拟功能、交通预测功能和评价功能，为亦庄新城规划的编制提供数据支撑。

（陈庚 高赫）

经海路站点及周边用地联通研究

年内，规自分局组织完成《经海路站点及周边用地联通研究》工作。该工作从微中心的相关分析以及站点一体化评估入手，挖掘经海路站点周边的交通问题，通过对站点周边进行交通分析，从用地改善和交通改善的角度提出区域轨道交通一体化的改善方案；研究经海路站点及周边用地联通方案，形成近期拟建天桥和地下联通通道规划设计导则，辅助推进项目的落地实施。

（李奕宇 高赫）

亦庄新城公交场站布局规划

年内，规自分局组织完成《亦庄新城公交场站布局规划》工作。该工作在现状调研的基础上，结合上位规划的要求，提出公交场站发展目标与策略；综合人口岗位以及公交出行需求，预测公交场站设施规模，提出公交场站规划布局以及综合开发的要求，保障公交场站用地需求；提出公交场站近期建设计划，促进公交场站的落地实施。

（陈庚 高琳）

河西区与核心区交通联络研究

年内，规自分局完成《河西区与核心区交通联络研究》工作。该工作在现状调研的基础上，借助手机信令等大数据手段分析现状交通存在问题，结合亦庄新城交通发展的要求，坚持“以人为本、慢行优先、公交优先、绿色优先”的治理理念，提出打通通道和节点、优化慢行交互设施、优化轨道交通线网、加密中低运量网、提升常规公交服务、强化交通需求管理6类改善措施；结合项目紧迫性，分近期、中远期制定工作任务清单，缓解两组团交通压力，提升交通运行效率和出行品质。

（李奕宇　高琳）

亦庄线北联和南延规划方案

年内，规自分局编制完成《亦庄线北联和南延规划方案》。该方案结合亦庄新城定位产生的轨道交通需求，分析轨道布局空缺带来的问题，研究亦庄线北联、南延规划方案，并梳理南延线路空间资源要素，确保线路合理可行，为后续项目建议书和客流预测提供支撑。

（陈庚　高赫）

轨道微中心交通一体化规划方案研究

年内，规自分局完成《亦庄新城第一批轨道微中心交通一体化规划方案研究》工作。该工作贯彻市领导“城市跟着轨道走”的指示精神，借鉴“东京经验”，建立多方融合的亦庄新城轨道微中心交通一体化工作专班，与街区控制性详细规划编制工作协同推进，以微中心打造新城新中心。该研究涉及6个站点，包括17号线沿线的北神树站、次渠北站、次渠站和亦庄站前区南站以及亦庄线沿线的荣昌东街站和同济南路站。此外，考虑轨道微中心的可实施性，针对京东商城附近的经海路站也开展相应研究。各微中心站点的研究主要历经基础研究、规划维度、基础资源研究、整体定位和规划策略5个阶段，各站点的完整规划方案分别基于效率提升策略、活力激发策略、交通优化策略、街道生活策略、吸引力提升策略、形象打造策略、可持续发展策略7个部分予以分析和设计。

（陈庚　高赫）

项目规划与管理

概况

2021年，经开区完成行政审批事项819项，其中“多规合一”189项、建设工程规划许可证368项（83个建筑工程证）、规划验收90项、建筑物名称核准5项、地名命名6项、服务类事项161项。

（李金龙　江敏　马圆圆）

简易低风险全程网办项目规划许可办结

7月2日，规自分局办理完成区内首个简易低风险工程全程网办项目——北京航天拓扑高科技有限责任公司综合办公楼加装货梯项目规划许可，实现项目从受理到办结全程网上办理流转。该项目总建筑面积为83.65平方米，企业只需在网上提交项目资料，项目审批完成后在网上下载电子版建设工程规划许可证即可，提升企业便利度。

（王婧　张大强）

第一批集中供地项目规划许可证核发

7月30日，规自分局向YZ00-0801-0015地块住宅项目核发建设工程规划许可证。该项目位于亦庄新城旧宫镇，总用地面积约为3.8万平方米，是北京市2021

年首批 30 宗商品住宅用地集中供地项目之一。该项目从摘地到取得规划许可用时约 2 个月，审批时间较以往压缩一半以上，是深化审批制度改革、优化营商环境的又一次有意义尝试。规自分局在保证项目方案质量的前提下，优化审批流程，提高审批效率。

（王婧）

“基本无违法建设区”创建验收工作会

12 月 2 日，经开区“基本无违法建设区”创建（简称“创无”）验收工作对接会召开。作为第一批创建区，为落实全市各项相关工作部署，经开区强化组织领导，建立健全机制，经过几个月的创建工作，实现从整治型拆违向精细化治违转变，形成具有经开区产业地区特点的国土空间全域管控典范区。会上，市规划院、市测绘院、市发展改革委、市园林绿化局、市城管执法局、市创建办等有关部门相继对经开区“创无”工作创建情况进行评价及意见交流。各部门代表表示，经开区在“创无”工作过程中，组织详实，结合经开区特点探索三区协同，进一步结合非建设空间治理、分类治理、拆后利用等实际情况，走出一条具有经开区特色的“创无”道路，工作成效位列全市榜首。

（郝萱）

拆违腾退土地再利用方案

12 月 5 日，规自分局制订《拆违腾退土地再利用方案》。该方案将经开区用地面积为 7.02 万平方米的 300 个拆违腾退图斑纳入方案范围，衔接控制性详细规划、综合实施方案、各类专项规划编制情况，优先将拆违腾退土地用于公共服务、市政设施、交通设施、道路、绿地等民生保障设施，补足设施短板，提升城市品质，改善人居环境，将拆违、“创无”工作与营造高质量发展的宜居宜业空间相结合。

（郝萱）

持续治理类建设项目闭环管理的治理方案

12 月 15 日，规自分局制订《持续治理类建设项目闭环管理的治理方案》。该方案将经开区占地面积为 7.14 万平方米、建筑面积为 10.77 万平方米的 554 个持续治理类图斑纳入闭环管理方案，实现全程精细化管控的长效监督责任体系，在整合各责任主体优势资源的同时，打通持续治理类图斑的治理实施路径，支持经开区“60 平方公里”的“基本无违法建设区”创建工作。

（郝萱）

中芯京城集成电路生产线项目

年内，中芯京城集成电路生产线项目一期、二期建设工程规划许可证获批。项目总用地面积为 47.12 万平方米，总建筑面积为 91.64 万平方米（地上建筑面积为 81.64 万平方米），容积率为 1.85，建筑密度为 48.3%，绿地率为 15.9%，机动车停车位 3236 个（地上 1786 个、地下 1450 个），用地性质为 M1 一类工业用地。

（陈庚　郭琪）

集成电路标准厂房（二期）项目

年内，集成电路标准厂房（二期）项目建设工程规划许可证获批。项目总用地面积为 22.77 万平方米，总建筑面积为 59.37 万平方米（地上建筑面积为 46.45 万平方米、地下建筑面积为 12.92 万平方米），容积率为 1.90~2.42，建筑密度为48.23%~60.66%，绿地率为15.00%~15.22%，机动车停车位1747个（地上187个、地下1560个），用地性质为M1一类工业用地。

（陈庚 郭琪）

芯片配套产业园3个项目

年内，芯片配套产业园3个项目建设工程规划许可证获批。其中，北京国望光学科技有限公司投影光刻机曝光光学系统研发及批量生产基地项目总用地面积为7.33万平方米，总建筑面积为11.89万平方米（地上建筑面积为9.70万平方米、地下建筑面积为2.19万平方米），容积率为1.49，建筑密度为44.66%，绿地率为18.31%，机动车停车位507个（地上62个、地下445个）；联华林德工业气体（北京）有限公司北京马驹桥大宗气站项目总用地面积为1.30万平方米，总建筑面积为0.70万平方米（地上建筑面积为0.55万平方米、地下建筑面积为0.15万平方米），容积率为0.59，建筑密度为40%，绿地率为15%，机动车停车位27个（均为地上）；北方华创半导体装备研发及产业化扩产项目总用地面积为12.80万平方米，总建筑面积为36.17万平方米（地上建筑面积为24.93万平方米、地下建筑面积为11.24万平方米），容积率为2.0，建筑密度为47.43%，绿地率为15.18%，机动车停车位1239个（地上59个、地下1180个）。用地性质均为M1一类工业用地。

（陈庚 郭琪）

5个输变电工程项目

年内，路东220千伏、柴务220千伏、云和110千伏、同宁110千伏、亦芯城110千伏输变电工程项目建设工程规划许可证获批。其中，路东220千伏输变电工程项目总用地面积为0.91万平方米，总建筑面积为0.66万平方米（地上建筑面积为0.45万平方米、地下建筑面积为0.21万平方米），容积率为0.49，建筑密度为33%；柴务220千伏输变电工程项目总用地面积为0.92万平方米，总建筑面积为0.70万平方米（地上建筑面积为0.45万平方米、地下建筑面积为0.25万平方米），容积率为0.49，建筑密度为29%；云和110千伏输变电工程项目总用地面积为0.46万平方米，总建筑面积为0.36万平方米（地上建筑面积为0.20万平方米、地下建筑面积为0.16万平方米），容积率为0.45，建筑密度为32%；同宁110千伏输变电工程项目总用地面积为0.60万平方米，总建筑面积为0.36万平方米（地上建筑面积为0.20万平方米、地下建筑面积为0.16万平方米），容积率为0.34，建筑密度为24%；亦芯城110千伏输变电工程项目总用地面积为0.45万平方米，总建筑面积为0.36万平方米（地上建筑面积为0.20万平方米、地下建筑面积为0.16万平方米），容积率为0.45，建筑密度为32%。用地性质均为U12供电设施用地。

（陈庚 郭琪 赵见）

2个住宅项目

年内，北京合亦盛景置业有限公司北京市大兴区旧宫镇南郊农场棚户区改造项目DX05-0200-0037、0038、6002等地块R2二类居住用地项目建设工程规划许可证获批。该项目总用地面积为5.69万平方米，总建筑面积为21.04万平方米（地上建筑面积为 13.30 万平方米、地下建筑面积为 7.74 万平方米），容积率为 2.34，建筑密度为 19%，绿地率为 30%，户数 1430 户，机动车停车位 1882 个（地上 147 个、地下 1735 个）。北京和信仁泰置业有限公司北京市大兴区旧宫镇 YZ00-0801-0015、0016 地块 R2 二类居住用地（配建“公共租赁住房”）项目建设工程规划许可证获批并开工。该项目总用地面积为 2.56 万平方米，总建筑面积为 9.31 万平方米（地上建筑面积为 6.40 万平方米、地下建筑面积为 2.91 万平方米），容积率为 2.5，建筑密度为 30%，绿地率为 30%，户数 580 户，机动车停车位 608 个（均为地下）。

（陈庚　郭琪　郭艳菊）

16 条道路 78 个工程

年内，博兴八路道路改造、东合盛街（三海子东路—博兴八路）、景盛南一街、辛四路（环宇西二路—环宇东五路）等 16 条道路共 78 个工程建设工程规划许可证获批。规划道路全长 17.06 千米，包含道路工程及燃气、电力、排水、给水、再生水等市政管线工程。

（陈庚　郭琪　赵见）

6 个一级开发项目取得规划意见

年内，镇区改造剩余地块 6 个一级开发项目取得规划意见。项目总用地面积为 229.64 万平方米，用地性质为 M1 一类工业用地、U12 供电用地、G1 公园用地及 S1 城市道路用地。

（陈庚　王江丽　郭琪）

南海子郊野公园 B 片区 3 个地块项目

年内，经开区南海子郊野公园 B 片区 B-04、B-06、B-11 地块 F3 其他类多功能用地项目（B06-1# 办公楼等 13 项、B11-1# 综合楼）建设工程规划许可证获批。B-04、B-06、B-11 地块总用地面积为 5.17 万平方米，其中 B-04 地块用地面积为 1.49 万平方米、B-06 地块用地面积为 2.89 万平方米、B-11 地块用地面积为 0.80 万平方米。B-06、B-11 地块总建筑面积为 10.61 万平方米（地上建筑面积为 5.93 万平方米、地下建筑面积为 4.68 万平方米）。其中，B-06 地块建筑面积为 7.65 万平方米（地上建筑面积为 4.33 万平方米、地下建筑面积为 3.32 万平方米），容积率为 1.5，建筑密度为 38.18%，绿地率为 35.01%，机动车停车位 481 个（均为地下），建筑最大设计高度为 18 米；B-11 地块建筑面积为 2.96 万平方米（地上建筑面积为 1.60 万平方米、地下建筑面积为 1.36 万平方米），容积率为 2.0，建筑密度为 37%，绿地率为 35.01%，机动车停车位 162 个（均为地下），建筑最大设计高度为 18 米、局部 30 米[地上 5 层（局部 7 层）、地下 3 层]。

（王婧　刘美琪）

华润赛科药业制剂厂建设项目

年内，华润赛科药业制剂厂库房及质检楼建设项目（3 号质检楼等 9 项）建设工程规划许可证获批。项目总用地面积为 3.60 万平方米，总建筑面积为 4.25 万平方米（地上建筑面积为 2.69 万平方米、地下建筑面积为 1.56 万平方米），容积率为 0.97，建筑密度为 40.5%，绿地率为 20.57%，机动车停车位 257 个（地上 9 个、地下 248 个），非机动车停车位 345 个，用地性质为 M1 一类工业用地。

（王婧 何航）

智飞绿竹生物疫苗项目

年内，经开区路南区 N16M2 地块智飞绿竹生物新型病毒疫苗和工程疫苗产业化基地项目 [1# 生产车间（包括连廊）等 12 项] 建设工程规划许可证获批。项目总用地面积为 6.61 万平方米，总建筑面积为 11.97 万平方米（地上建筑面积为 9.31 万平方米、地下建筑面积为 2.66 万平方米），计容建筑面积为 9.54 万平方米，容积率为 1.44，建筑密度为 49.96%，绿地率为 15.57%，机动车停车位 386 个（均为地下），非机动车停车位 985 个（均为地上），建筑最大设计高度为 25.2 米，用地性质为 M1 一类工业用地。

（王婧 何航）

天空之境 · 产业广场项目

年内，经开区核心区 0107 街区 69M1 地块天空之境 · 产业广场项目（1# 生产中试及研发用房等 4 项）建设工程规划许可证获批并开工。项目总用地面积为 2.10 万平方米，总建筑面积为 9.76 万平方米（地上建筑面积为 7.36 万平方米、地下建筑面积为 2.41 万平方米），容积率为 3.5，建筑密度为 40.29%，绿地率为 15.07%，机动车停车位 363 个（地上 8 个、地下 355 个），建筑最大设计高度为 60 米（地上 9 层），用地性质为 M1 一类工业用地。

（王婧 刘美琪 王铁东）

化学品库和实验室建设项目

年内，经开区路东区 B6M1 地块中国生物研究院亦庄二期项目 1 号化学品库、国药中生生物技术研究院生物安全三级实验室建设项目生物安全三级实验室建设工程规划许可证获批。项目总用地面积为 4.50 万平方米，总建筑面积为 9.11 万平方米（地上建筑面积为 7.00 万平方米、地下建筑面积为 2.11 万平方米），容积率为 1.4，建筑密度为 40.1%，绿地率为 15.8%，机动车停车位 324 个（地上 35 个、地下 289 个），建筑最大设计高度为 30 米，用地性质为 M1 一类工业用地。其中，中国生物研究院亦庄二期项目建筑面积为 8.88 万平方米（地上建筑面积为 6.78 万平方米、地下建筑面积为 2.11 万平方米），国药中生生物技术研究院生物安全三级实验室建筑面积为 0.23 万平方米（均为地上）。

（王婧 何航）

河西区 2 个地块项目

年内，经开区河西区 X66F1、X67F1 地块北京公司 108 号楼、北京生物 203 号研发大楼建设项目建设工程规划许可证获批。项目总用地面积为 15.81 万平方米，总建筑面积为 29.26 万平方米（地上建筑面积为 23.01 万平方米、地下建筑面积为 6.25 万平方米），计容建筑面积为 28.20 万平方米，容积率为 1.78，建筑密度为 48.03%，绿地率为 15.09%，机动车停车位 776 个（地上 79 个、地下 697 个）。其中，北京公司 108 号楼建筑面积为 1.52 万平方米（均为地上），北京生物 203 号研发大楼建筑面积为 3.65 万平方米（地上建筑面积为 2.67 万平方米、地下建筑面积为 0.98 万平方米）。

（王婧 刘美琪）

健康智谷·产业公园项目

年内，经开区核心区 0106 街区 22M2 地块健康智谷·产业公园项目（1# 生产中试及研发用房等 4 项）建设工程规划许可证获批并开工。项目总用地面积为 0.89 万平方米，总建筑面积为 2.39 万平方米（地上建筑面积为 1.79 万平方米、地下建筑面积为 0.60 万平方米），容积率为 2.0，建筑密度为 40%，绿地率为 15.01%，机动车停车位 88 个（地上 6 个、地下 82 个），建筑最大设计高度为 45 米（地上 8 层、地下 1 层），用地性质为 M1 一类工业用地。

（王婧　刘美琪　王铁东）

京东中央研究院项目

年内，经开区路东区 E16C-4 地块京东中央研究院项目中央研究院综合性办公楼等 2 项建设工程规划许可证获批。项目总用地面积为 1.14 万平方米，总建筑面积为 8.18 万平方米（地上建筑面积为 3.42 万平方米、地下建筑面积为 4.77 万平方米），容积率为 3.0，建筑密度为 24.99%，绿地率为 20.07%，机动车停车位 910 个（均为地下），建筑最大设计高度为 74.75 米（地上 13 层、地下 5 层），用地性质为 F3 其他类多功能用地。

（王婧　刘美琪）

京东集团总部 3 号楼项目

年内，经开区路东区 E16C-3、E16C-5 地块京东集团总部 3 号楼项目（3 号楼 C 座综合性办公楼等 9 项）建设工程规划许可证获批。其中，E16C-3 地块用地面积为 1.24 万平方米，总建筑面积为 9.23 万平方米（地上建筑面积为 4.35 万平方米、地下建筑面积为 4.88 万平方米），容积率为 3.5，建筑密度为 32.49%，绿地率为 20.11%，机动车停车位 672 个（均为地下），建筑最大设计高度为 74.55 米（地上 13 层、地下 5 层）；E16C-5 地块用地面积为 1.58 万平方米，总建筑面积为 14.35 万平方米（地上建筑面积为 7.87 万平方米、地下建筑面积为 6.48 万平方米），容积率为 5.0，建筑密度为 32.83%，绿地率为 20.10%，机动车停车位 1132 个（均为地下），非机动车停车位 300 个（均为地下），建筑最大设计高度为 80 米（地上 17 层、地下 5 层）。用地性质均为 B4 综合性商业金融服务业用地。

（王婧　刘美琪）

华卓精科半导体装备研发制造项目

年内，经开区路东区 E7M1 地块华卓精科半导体装备关键零部件研发制造二期项目（1# 生产厂房等 5 项）建设工程规划许可证获批。项目总用地面积为 3.09 万平方米，总建筑面积为 6.89 万平方米（地上建筑面积为 5.12 万平方米、地下建筑面积为 1.77 万平方米），计容建筑面积为 5.25 万平方米，容积率为 1.7，建筑密度为 40%，绿地率为 15%，机动车停车位 215 个（地上 10 个、地下 205 个），非机动车停车位 556 个，用地性质为 M1 一类工业用地。

（王婧　何航）

通州区马驹桥镇 3 个地块项目

年内，亦庄新城通州区马驹桥镇 C01、C-07、C-09 地块项目商业主楼等 3 项建设工程规划许可证获批。项目总用地面积为 0.70 万平方米，总建筑面积为 3.20 万平方米（地上建筑面积为 2.09 万平方米、地下建筑面积为 1.11 万平方米），容积率为 2.99，建筑密度为 36.38%，绿地率为 30.61%，机动车停车位 138 个（均为地下），建筑最大设计高度为 45 米，用地性质为 B1 商业用地。

（王婧　刘美琪）

路东区 A12-1 地块项目

年内，经开区路东区 A12-1 地块亦庄生命健康产业区生物医药标准厂房开发建设项目（标准厂房等 4 项）建设工程规划许可证获批。项目总用地面积为 1.36 万平方米，总建筑面积为 3.94 万平方米（地上建筑面积为 2.71 万平方米、地下建筑面积为 1.23 万平方米），容积率为 1.99，建筑密度为 32.5%，绿地率为 15.8%，机动车停车位 163 个（均为地下），用地性质为 M1 一类工业用地。

（王婧　刘美琪）

路东区 A11-2 地块项目

年内，经开区路东区 A11-2 地块亦庄生命健康产业区生物医药标准厂房开发建设项目（标准化生产车间等 5 项）建设工程规划许可证获批。项目总用地面积为 1.39 万平方米，总建筑面积为 3.94 万平方米（地上建筑面积为 2.79 万平方米、地下建筑面积为 1.15 万平方米），容积率为 2.0，建筑密度为 31.07%，绿地率为 16.68%，机动车停车位 162 个（地上 6 个、地下 156 个），用地性质为 M1 一类工业用地。

（王婧　刘美琪）

北京亦昭生物医药中试研发生产基地项目

年内，经开区路南区 N35M1 地块北京亦昭生物医药中试研发生产基地项目（BP01 单抗生产楼等 5 项）建设工程规划许可证获批。项目总用地面积为 8.30 万平方米，总建筑面积为 21.72 万平方米（地上建筑面积为 13.15 万平方米、地下建筑面积为 8.57 万平方米），容积率为 1.6，建筑密度为 42%，绿地率为 15%，机动车停车位 1036 个（均为地下），用地性质为 M1 一类工业用地。本次报审 BP01 单抗生产楼、BP02 单抗生产楼等 5 项总建筑面积为 3.61 万平方米（地上建筑面积为 2.13 万平方米、地下建筑面积为 1.48 万平方米）。

（王婧　何航）

联东 U 谷 · 高端生物技术创新产业园项目

年内，经开区核心区 80M3 地块联东 U 谷 · 高端生物技术创新产业园项目 1# 厂房等 5 项建设工程规划许可证获批。项目总用地面积为 1.84 万平方米，总建筑面积为 3.07 万平方米（地上建筑面积为 2.20 万平方米、地下建筑面积为 0.87 万平方米），容积率为 1.2，建筑密度为 30.3%，绿地率为 30.1%，机动车停车位 120 个（均为地下），用地性质为 M1 一类工业用地。

（王婧　何航）

施耐德全球生产研发中心项目

年内，经开区河西区 X19-2F1 地块施耐德中压二次输变电产品全球生产研发中心项目二期库房等 6 项建设工程规划许可证获批并开工。项目总用地面积为 9.35 万平方米，总建筑面积为 5.45 万平方米（地上建筑面积为 5.43 万平方米、地下建筑面积为 173 平方米），计容建筑面积为 8.52 万平方米，容积率为 0.91，建筑密度为 51.57%，绿地率为 16.29%，机动车停车位 249 个（均为地上），非机动车停车位 969 个，建筑最大设计高度为 17.8 米，用地性质为 M1 一类工业用地。本次报审二期库房、二期连廊等 4 项总建筑面积为 1.23 万平方米（地上建筑面积为 1.22 万平方米、地下建筑面积为 120 平方米）。

（王婧　何航　王苗苗）

同仁医院配套项目

同仁医院配套项目开工　　单位提供

年内，经开区核心区 67F1 地块同仁医院配套项目 1 号酒店 / 商业等 4 项建设工程规划许可证获批并开工。项目总用地面积为 1.80 万平方米，总建筑面积为 7.15 万平方米（地上建筑面积为 3.78 万平方米、地下建筑面积为 3.37 万平方米），容积率为 2.1，建筑密度为 23.02%，绿地率为 20.2%，机动车停车位 715 个（地上 60 个、地下 655 个），建筑最大设计高度为 60 米，用地性质为 F3 其他类多功能用地。

（王婧　刘美琪　郭艳菊）

防伪油墨厂房改扩建项目

年内，经开区运成街 5 号防伪油墨厂房改扩建项目（A1 栋扩建建筑等 4 项）建设工程规划许可证获批。项目总用地面积为 9831 平方米，总建筑面积为 5247.18 平方米（均为地上），计容建筑面积为 7119.05 平方米，容积率为 0.72，建筑密度为 38.29%，绿地率为 15.05%，机动车停车位 21 个（均为地上），建筑最大设计高度为 11.45 米（地上 2 层），用地性质为 M1 一类工业用地。本次报审 A1 栋扩建建筑、B1 栋扩建建筑、C1 栋扩建建筑及消防安防控制室 4 项总建筑面积为 2049.18 平方米（均为地上）。

（王婧　赵书婕）

北京亦庄实验小学改扩建工程

年内，经开区河西区 X84 R2 地块北京亦庄实验小学改扩建工程 4# 综合教学楼等 10 项建设工程规划许可证获批。项目总用地面积为 3.62 万平方米，总建筑面积为 5.37 万平方米（地上建筑面积为 3.62 万平方米、地下建筑面积为 1.76 万平方米），容积率为 1.0，建筑密度为 35%，绿地率为 30%，机动车停车位 81 个（均为地下），可容纳班级 60 个、学生 2400 人、教师 216 人，用地性质为 R52 小学用地。本次报审 4# 综合教学楼、1# 人防主出入口及风井、2# 人防次出入口等 10 项总建筑面积为 2.78 万平方米（地上建筑面积为 1.07 万平方米、地下建筑面积为 1.70 万平方米）。

（王婧　刘美琪）

北京智慧融媒创新中心项目

年内，经开区核心区 M44-1（乙）地块北京智慧融媒创新中心项目综合楼等 3 项建设工程规划许可证获批。项目总用地面积为 2.27 万平方米，总建筑面积为 2.53 万平方米（地上建筑面积为 2.39 万平方米、地下建筑面积为 0.14 万平方米），计容建筑面积为 2.60 万平方米，容积率为 1.14，建筑密度为 43.56%，绿地率为 15%，机动车停车位 234 个（地上 60 个、地下 174 个），用地性质为 M1 一类工业用地。

（王婧 刘美琪）

北京智慧电竞赛事中心项目

年内，经开区亦庄新城台湖镇光机电一体化基地 G-074 地块（嘉创二路 6 号）北京智慧电竞赛事中心项目综合楼建设工程规划许可证获批。项目总用地面积为 13.32 万平方米，总建筑面积为 9.36 万平方米（地上建筑面积为 9.16 万平方米、地下建筑面积为 0.20 万平方米），计容建筑面积为 10.82 万平方米，容积率为 0.81，建筑密度为 28.7%，绿地率为 23.9%，机动车停车位 285 个（均为地上），用地性质为 M1 一类工业用地。本次报审综合楼改造后总建筑面积为 1.52 万平方米（地上建筑面积为 1.32 万平方米、地下建筑面积为 0.20 万平方米），计容建筑面积为 1.58 万平方米。

（王婧 刘美琪）

润生二期城市更新产业升级项目

年内，经开区金桥科技产业基地景盛南二街 29 号润生二期城市更新产业升级项目（1# 生产研发楼等 3 项）建设工程规划许可证获批。项目总用地面积为 2.97 万平方米（建设用地面积为 2.75 万平方米、代征道路用地面积为 0.22 平方米），总建筑面积为 10.06 万平方米（地上建筑面积为 5.51 万平方米、地下建筑面积为 4.55 万平方米），容积率为 2.0，建筑密度为 43.97%，绿地率为 10.88%，机动车停车位 527 个（地上 8 个、地下 519 个），非机动车停车位 95 个，用地性质为 M1 一类工业用地。本次报审 1# 生产研发楼、2# 研发生产楼等 3 项总建筑面积为 6.48 万平方米（地上建筑面积为 2.89 万平方米、地下建筑面积为 3.59 平方米）。

（王婧 赵书婕）

九州恒盛绿色电能设备项目

年内，经开区亦庄新城 0605 街区 D1-4-4-1 地块九州恒盛绿色电能设备研发及产业化基地项目研发试验楼等 4 项建设工程规划许可证获批。项目总用地面积为 1.69 万平方米，总建筑面积为 4.48 万平方米（地上建筑面积为 3.21 万平方米、地下建筑面积为 1.27 万平方米），计容建筑面积为 3.24 万平方米，容积率为 1.92，建筑密度为 45.12%，绿地率为 15%，机动车停车位 193 个（均为地下），建筑最大设计高度为 24.4 米（地上 5 层），用地性质为 M1 一类工业用地。

（王婧 赵书婕）

北京神州细胞自动立体库建设项目

年内，经开区路东区 B5M5 地块北京神州细胞自动立体库建设项目（立体库）建设工程规划许可证获批。项目总用地面积为 1.80 万平方米，总建筑面积为 4.24 万平方米（地上建筑面积为 3.43 万平方米、地下建筑面积为 0.82 万平方米），容积率为 1.91，建筑密度为 31.6%，绿地率为 15.39%，机动车停车位 30 个（地上 9 个、地下 21 个），另借用同厂区 B5M4 地块超额设置车位 93 个，用地性质为 M1 一类工业用地。本次报审立体库建筑面积为 0.51 万平方米（地上建筑面积为 0.32 万平方米、地下建筑面积为 0.19 万平方米）。

（王婧 赵书婕）

北京亦庄京广产业园项目

年内，亦庄新城 0605 街区 B4-2-5-1 地块北京亦庄京广产业园项目建设工程规划许可证获批并开工。项目总用地面积为 3.4 万平方米，总建筑面积为 8.6 万平方米（地上建筑面积为 6.8 万平方米、地下建筑面积为 1.8 万平方米），容积率为 2.0，建筑密度为 40%，绿地率为 15.11%，机动车停车位 289 个（均为地下），用地性质为 M1 一类工业用地。

（陈庚 郭琪 王苗苗）

行政执法与信访

年内，规自分局联合综合执法局、荣华街道办事处、博兴街道办事处开展违法建设检查 706 次（包括卫星查违 66 次），查处违法建设 90 起，均移交相关部门；规劝督促违法建设相对人自拆违法建设 61 处，企业自拆 23 处，自拆面积为 2.36 万平方米；完成 76 个项目 288 个单体建筑的规划验收工作，验收面积为 365.4 万平方米；完成 34 个信访案件回复，办结 5 件。

（鹿剑光）

“基本无违法建设区”创建

年内，经开区管委会成立创建“基本无违法建设区”工作专班，推进“创无”工作。经开区分类治理台账创建底图图斑共 2547 个，建筑面积为 462.9 万平方米。其中，有证类 1134 个，建筑面积为 422.9 万平方米，占比 91.4%；不纳入创建类 424 个，建筑面积为 13.1 万平方米，占比 2.8%；持续治理类（含保留和缓拆）554 个，建筑面积为 10.8 万平方米，占比 2.3%；限期整治类（含已拆除和正在拆除）435 个，建筑面积为 16.1 万平方米，占比 3.5%。同时，注重提升并调查社会公众对“创无”工作的知晓度和满意度，通过报纸、广播、电视和互联网新兴数字媒体多角度立体宣传“创无”工作，发放并回收调查问卷 6238 份。

（郝萱）

首个集体建设用地临时规划许可证核发

年内，规自分局以临时公共服务设施规划许可的形式创新性解决道路建设和用地腾退矛盾的难题。亦庄新城辛四路（同义路—四风路）新建道路工程是经开区 2021 年百项重点工程之一，在实施过程中发现，通州区马驹桥镇小张湾小学部分教学用房和围墙占压进规划道路红线 9 米，且暂时无法进行拆迁腾退。规自分局组织协调各相关单位进行研讨，拟定将影响施工部分建筑物拆除，在小学现有空地内建设临时周转用房，并在 1 个工作日内核发首个临时建设工程规划许可证。临时周转用房总建筑面积为 485.52 平方米，建筑高度为 4.23 米，报审文件齐全、建设规模和标准满足教学需求。

（陈庚 郭琪）

开发建设

征地拆迁

概况

2021 年，经开区优化征地拆迁各项

工作流程，规范集体土地征收和农用地转用、建设项目用地预审、土地权属审查、拆迁等行政审批工作，全面开展国土变更调查、临时用地土地复垦、耕地耕作层土壤剥离利用等工作，落实市1333.33平方千米耕地保护，全年农用地转用及集体土地征收总面积为90.88万平方米。

（马岩）

瀛海镇工业区和镇区土地开发项目征地

年内，瀛海镇工业区和镇区改造土地一级开发项目2号地征地协议签订。本次征地共涉及瀛海镇2个村，征地面积为13.51万平方米，项目开发主体为土储建设中心，实施主体为瀛海镇政府。

（杨廷君）

建设项目用地预审

年内，开发建设局编制完成《建设项目用地预审工作制度》，按照“一次申报，分开办理，合并出证”的工作机制，全年办理市政交通基础设施工程类建设项目用地预审9个。其中，与规自分局合并办理《建设项目用地预审与选址意见书》1个，单独办理建设项目用地预审8个，总面积为36.83万平方米。

（马岩）

农用地转用及集体土地征收

年内，开发建设局编制完成《农用地转用及集体土地征收工作制度》。全年完成马驹桥智造基地75-01-（23、24、25）地块、75-01-（28、29）地块、75-01-（31、32、33、35、36）-1地块，04地块（辛四路段），瀛海镇工业区和镇区改造DX08-0004-6001地块土地一级开发项目的农用地转用及集体土地征收工作，征收总面积为90.88万平方米。其中，农用地转用面积为18.48万平方米，通过跨省域增减挂钩节余指标解决耕地占补平衡面积20.38万平方米（含可调整地类面积），委托大兴区政府利用已验收入库的新增耕地落实耕地占补平衡面积1.48万平方米，经市政府批准，取得征地批复，保障重大项目落地。

（马岩）

土地权属审查

年内，开发建设局编制完成《土地权属审查工作制度》，完成47个项目共138宗土地的权属审查工作，涉及土地总面积386.69万平方米，其中国有土地面积为141.12万平方米、集体土地面积为245.57万平方米。

（马岩）

国土变更调查463个图斑

年内，开发建设局建立健全经开区国土变更调查相关工作制度，按照市规划自然资源委统一工作部署，对国家下发的383个图斑、市级下发的54个图斑和区级自提的26个图斑，总计463个图斑，利用最新卫星遥感影像，完成区级实地调查与成果全面自查工作，配合市级检查、国家级核查等工作，查清并掌握经开区土地利用现状变化情况，更新“三调”数据库，保障国土调查成果的真实性和准确性。

（马岩）

耕地耕作层土壤剥离利用实施方案

年内，开发建设局制订针对瀛海镇工业区和镇区改造DX08-0004-6001地块土地一级开发项目的《耕地耕作层土壤剥离利用方案》。该方案利用编制统筹分区规划的规定，结合土地整治规划高标准基本农田建设规划的要求，明确瀛海镇工业区和镇区改造 DX08-0004-6001 地块土地一级开发项目耕作层土壤剥离利用拟占用耕地的情况，从区域土地资源条件出发，在区域内对耕作层土壤的利用作出空间的调配布置；按照区域自然资源状况、社会经济条件，结合瀛海镇工业区和镇区改造 DX08-0004-6001 地块土地一级开发项目耕作层土壤剥离利用实施计划，因地制宜地制定符合区域实际的耕地耕作层土壤剥离利用活动；在耕作层土壤剥离利用中，加强生态环境保护，防止水土流失及其他生态安全隐患，降低生物多样性减少的风险，注重保护和改善耕地资源的生态环境，确保耕地质量和生态环境共同提高；耕地耕作层土壤剥离利用应与土地整治项目、高标准基本农田建设、地质环境治理、平原造林工程和城市绿化用地相结合，创新剥离后的土壤利用方式，保证耕作层土壤剥离利用在时间、空间上的衔接，并尽量做到“应剥尽剥，即剥即用”。

（马岩）

耕地保护

年内，开发建设局根据北京市 13.33 亿平方米耕地保护空间调整优化工作要求及调整优化成果审查工作方案，在亦庄新城“225 平方公里”规划范围承担耕地保护空间调整优化工作任务量总计为 2387 万平方米，其中包括永久基本农田 1220 万平方米、永久基本农田储备区 60 万平方米、耕地保有量储备区 1107 万平方米。开发建设局利用最新卫星遥感影像，通过实地调查与听取乡镇意见问题反馈，结合经开区实际情况不断更新调整优化划定成果，完成经开区耕地保护空间调整优化工作。

（马岩）

拆迁许可证管理

年内，开发建设局对接市住房城乡建设委相关处室、大兴区住房和城乡建设委员会、通州区住房和城乡建设委员会，编制完成《拆迁许可证和裁决工作制度》。全年受理 6 个项目 16 次拆迁许可证延期手续办理以及张贴延期公告；针对信访、“12345”市民服务热线等舆情风险，进行现场调查以及答复。

（马岩）

政府投资建设项目

概况

2021 年，经开区对已办理施工许可的政府投资建设项目开展质量安全监督工作，对于符合竣工验收条件的政府投资建设工程，建设单位组织工程开展竣工验收工作，并对工程验收的组织形式、验收程序等情况进行现场监督。

（梁珍）

2 个项目获中国钢结构金奖

5 月，人大附中北京经济技术开发区实验学校建设工程和河西区 X39 地块十二年一贯制学校新建工程项目获第十四届中国钢结构金奖。两个项目围绕大型公建学校的技术特点和难点，开展大量技术研究与科技攻关，其中人大附中北京经济技术开发区实验学校建设工程研发大跨度环形天桥施工关键技术、三腹板弧形箱型梁施工关键技术、综合体育馆大跨度钢桁架施工关键技术等一系列成套技术，取得良好的经济和社会效益，形成良好的示范作用。

（任俊超）

南部新区特勤消防站工程竣工

6月4日，经开区南部新区特勤消防站工程竣工。工程位于经开区N20U1地块，总用地面积为7708.81平方米，总建筑面积为8386.59平方米，总投资5920.96万元。建筑内容包括主楼、训练塔，其中主楼建有消防模拟训练场地、通信室、训练器材库、消防员备勤室、灭火研讨室、体能训练室、阶梯教室等。建设单位为经开区基建办，设计单位为北京市住宅建筑设计研究院有限公司，施工单位为北京天恒建设集团有限公司，监理单位为北京方正建设工程管理有限公司。2019年9月4日工程开工建设。

（任俊超）

共有产权住房项目工程竣工

亦城亦禧家园项目　　企业提供

8月24日，经开区河西区X90R1、X90S1地块共有产权住房项目工程竣工。工程包括1~8号住宅楼、2个人防出入口、2个地下出入口、1座地下车库及1栋停车楼等14个单体，占地面积为4.36万平方米，总建筑面积为14.23万平方米，工程造价为6.20亿元，住宅楼地下为剪力墙结构，地上为装配式结构，人防出入口、地下出入口、汽车库及停车楼均为框架结构。建设单位为北京博大新元房地产开发有限公司，设计单位为北京维拓时代建筑设计股份有限公司，勘察单位为中航勘察设计研究院有限公司，施工单位为中国京冶工程技术有限公司，监理单位为北京华达建业工程管理股份有限公司。2018年12月5日工程开工建设。

（程洁　安宁　岳晓甜）

4条道路改造工程竣工

8月30日，凉水河一街（博兴八路—博兴路）、凉水河二街（博兴八路—博兴路）、博兴六路（凉水河一街—凉水河二街）、博兴七路（凉水河一街—凉水河二街）4条道路改造工程竣工。道路全长3.6千米，总投资10113万元。其中，凉水河一街道路长1100米，将现状两幅路道路断面调整为四幅路道路断面，保留现状6米宽中央分隔带，两侧机动车道各宽7.5米，布置两上两下4条机动车道，两侧机非分隔带各宽2米，两侧非机动车道各宽2.5米，两侧人行道各宽3.5米（含树池），人行道外侧绿化带宽1.5米，保留现状绿化树木；凉水河二街道路长1100米，将现状一幅路道路断面调整为三幅路道路断面，中央机动车道宽 15 米，布置一上一下 2 条机动车道和外侧多功能车道，两侧机非分隔带各宽 2 米，两侧非机动车道各宽 2.5 米，两侧人行道各宽 3 米（含树池）；博兴六路与博兴七路道路分别长 700 米，将现状一幅路道路断面调整为三幅路道路断面，中央机动车道宽 15 米，布置一上一下 2 条机动车道和外侧多功能车道，两侧机非分隔带各宽 2 米，两侧非机动车道各宽 2.5 米，两侧人行道各宽 3 米（含树池）。建设单位为经开区基建办，设计单位为北京市市政工程设计研究总院有限公司，施工单位为北京市市政四建设工程有限责任公司，监理单位北京方正建设工程管理有限公司。2020 年 11 月 8 日工程开工建设。

（魏建环）

E13 地块学校新建工程竣工

8 月 30 日，经开区路东区 E13 地块十二年一贯制学校新建工程项目竣工。工程位于 E13R1 地块，包括 1 栋高中楼、2 栋初中楼、2 栋小学楼、2 栋宿舍楼、2 个门卫室、锅炉房出口、分界室及地下室，总建筑面积为 9.36 万平方米，工程造价为 5.5 亿元，钢结构。建设单位为经开区基建办，设计单位为北京市住宅建筑设计研究院有限公司，勘察单位为航天建筑设计研究院有限公司，施工单位为江苏省建筑工程集团有限公司、北京城建八建设发展有限责任公司、北京城建远东建设投资集团有限公司等，监理单位为北京华厦工程项目管理有限责任公司。2018 年 11 月 26 日工程开工建设。

（张晨筱）

国家信息技术应用创新展示中心工程竣工

国家信息技术应用创新展示中心　　单位提供

9 月 30 日，经开区路东区 G9S-1 地块国家信息技术应用创新展示中心项目工程竣工。工程总建筑面积为 1.7 万平方米，工程造价为 1.66 亿元，钢结构。建设单位为土储建设中心，设计单位为中国建筑科学研究院有限公司，勘察单位为北京城建勘察设计研究院有限公司，施工单位为北京天恒建设集团有限公司，监理单位为北京中城建建设监理有限公司。2020 年 3 月 19 日工程开工建设。

（张晨筱）

战勤保障消防站工程竣工

10 月 12 日，经开区战勤保障消防站工程竣工。工程位于经开区 72U2 地块，用地面积为 6902.35 平方米，总建筑面积为 6297.82 平方米，总投资 4190.24 万元。建筑内容包括通信室及备勤室、车库、车辆检修间、灭火救援研讨室、干部办公室、图书阅览室、体能训练室、呼吸器检修充气室、室外训练场等。建设单位为经开区基建办，设计单位为北京都林国际工程设计咨询有限公司，施工单位为江苏中益建设工程有限公司，监理单位为北京伟泽工程项目管理有限公司。2021 年 9 月 4 日工程开工建设。

（任俊超）

人大附中亦庄新城学校建设工程竣工

12 月 16 日，经开区 X95A1、X96A1 地块人大附中亦庄新城学校建设工程竣工。工程包括 X1#艺术楼、X2#表演中心、X3#综合教学楼等 25 个单体，用地面积为 12.46 万平方米，总建筑面积为 14.97 万平方米，总投资 15.44 亿元，工程造价为 11.12 亿元，钢框架结构。建设单位为经开区基建办，设计单位为中国建筑设计研究院有限公司，勘察单位为北京城建勘测设计研究院有限责任公司，施工单位为北京天恒建设集团有限公司，监理单位为北京伟泽工程项目管理有限公司。2019 年 6 月 18 日工程开工建设。

（程洁　任俊超）

X39 地块学校新建工程竣工

12 月 24 日，经开区河西区 X39 地块十二年一贯制学校新建工程竣工。工程位于 X39A1 地块，包括小学部（教学用楼）、报告厅、综合办公图书馆、中学部（教学用楼）、宿舍楼、走班教学楼（教学用楼）、小学风雨操场、地下餐厅、中学风雨操场、地下车库（战时为二等人员掩蔽室）、北大门及门卫室、南大门、南门卫室、东大门、东门卫室、围墙、车行入口及大门 17 个单体建筑，用地面积为 8.28 万平方米，总建筑面积为 12.09 万平方米，总投资 10.03 亿元，工程造价为 8.72 亿元，钢结构。建设单位为经开区基建办，设计单位为北京市住宅建筑设计研究院有限公司，勘察单位为航天建筑设计研究院有限公司，施工单位为北京住总集团有限责任公司，监理单位为北京华厦工程项目管理有限责任公司。2019 年 3 月 28 日工程开工建设。

X39 地块十二年一贯制学校　　单位提供

（程洁　任俊超）

地铁 17 号线站点周边临时道路竣工

12 月 25 日，地铁 17 号线站点周边临时道路竣工。道路西起嘉秀东路，东至地铁嘉会湖站，全长 843 米，分两段建设。其中，西段为嘉秀东路至口小路，道路宽为 10 米，人行步道宽为 3 米；东段为口小路至嘉会湖地铁站，道路宽为 10 米，人行步道宽为 2 米。道路配有 10 米高太阳能路灯，满足居民夜间出行需求。建设单位为经开区基建办，设计单位为北京市市政工程设计研究总院有限公司，施工单位为北京天恒建设集团有限公司，监理单位为北京中城建建设监理有限公司。2021年11月20日工程开工建设。

（魏建环）

凉水河路道路改造工程竣工

12月30日，凉水河路（三海子东路—博兴路）道路改造工程竣工。凉水河路道路长约为2.7千米，总投资7167万元。道路改造横断面为四幅路形式，中央分隔带宽3米，两侧机动车道各宽7.5米，设置两上两下4条机动车道，两侧机非隔离带各宽5.5米，两侧非机动车道各宽2.5米，两侧人行道各宽3米。建设单位为经开区基建办，设计单位为北京市市政工程设计研究总院有限公司，施工单位为北京万兴建筑集团有限公司，监理单位为北京华厦工程项目管理有限责任公司。2020年11月10日工程开工建设。

（魏建环）

德茂地区拟实施干道项目专题会

年内，土储建设中心推进旧宫德茂地区道路建设，组织经开区经发局、经开区规自分局、旧宫镇政府、大兴区水务局、北京市南郊农场有限公司、北控水务集团有限公司、北京市市政工程设计研究总院有限公司等部门和单位召开旧宫镇德茂地区拟实施主、次干道项目专题会。会议拟实施2022年旧宫镇德茂地区建设城市次干道4条，总长度约为3.7千米，涉及跨河桥4座；梳理道路建设中需要解决的问题，并针对道路建设穿越南水北调南干渠、跨凉凤支渠桥，以及与正在实施的凉凤支渠治理工程配合等问题进行专项研究。

（魏建环）

土地与房屋管理

概况

2021年，亦庄新城“225平方公里”内总计供应土地186.46公顷。经开区推动58个项目纳入城市更新，占地面积为266万平方米，提供产业发展空间448万平方米；完成2宗工业用地土地收储工作，共4.70万平方米；完成亦城亦禧家园共有产权住房项目第一次申购工作、141套国际人才公寓配租工作。

（金长伟 李光伟 王文晓）

三海子郊野公园土地储备项目上市成交

5月12日，北京南海子投资管理有限公司作为一级开发实施主体的三海子郊野公园居住用地土地储备项目DX05-0102-6101/6102、YZ00-0801-0015/0016地块上市成交。该项目用地面积为3.86万平方米，规划建筑面积为8.26万平方米，成交价为16.3亿元，由北京住总房地产开发有限责任公司和北京首都开发股份有限公司联合拍下。

（仝晓青）

老房数据治理

11月30日，开发建设局启动老房数据治理工作，北京市测绘设计研究院派驻3名工作人员协助。所有老房业务全部上架，共上架数据13759条。12月20—30日，开发建设局全体数据治理质检工作人员分3次对已上架数据进行质量检测，并对所有上架数据中852条信息错误或遗漏问题和34条经开区房屋档案管理系统问题进行更正。

（王程颢）

人防工程质量监督

年内，开发建设局受理人防工程质量监督 22 项，面积为 14.96 万平方米；受理人防工程竣工验收 7 项，面积为 4.26 万平方米。开发建设局鼓励引导使用单位将人防工程加以适度改造用于改善社区服务、提升企业文化等。

（刘毅）

土地供应

年内，亦庄新城“225 平方公里”内总计供应土地 186.46 公顷。其中，公共管理与公共设施用地 16 宗 12.22 公顷，包括经开区党群中心、马驹桥人民法庭新建工程、金桥高品质再生水厂项目等；仓储用地 1 宗 19.48 公顷，为首发物流项目；交通运输用地 4 宗 15.94 公顷，包括 E16S-1 公用社会停车场工程、台湖镇次渠中二路道路工程、次渠东南路道路工程、站前街南五街道路工程；工矿用地 17 宗 96.27 公顷，包括集电控股（B11M2）、九州恒盛、科益虹源等；商服用地 2 宗 2.94 公顷，包括路东区 E16C-4 地块、核心区 67F1 地块；居住用地 5 宗 39.61 公顷，包括通州台湖公租房项目、大兴区旧宫镇南街地区棚户区改造回迁安置房项目、通州区嘉创二路四号地定向安置房项目等。

（王文晓）

亦庄新城工业用地先租后让实施办法

年内，开发建设局修订《亦庄新城工业用地先租后让实施办法（试行）》。该办法进一步完善亦庄新城工业用地“先租后让”试点阶段政策，解决政策试行中存在的契税缴纳、租赁期抵押等现实问题，鼓励空间创新，助力实现产城融合。

（赵靖云）

不动产登记

年内，经开区不动产登记大厅进一步优化营商环境，简化办事流程，实现个人存量房买卖全程网上办理。买卖双方通过北京市不动产登记领域网上办事服务平台，进行信息填报，并上传申请材料。税务和登记部门并联审核，审核通过后，个人可直接在网上缴纳税费，并领取不动产权证书电子证照，完成全部登记过程。截至 2021 年年底，不动产登记大厅共办理各类业务 4.82 万件，发放各类证书 2.94 万本，开具缴款书 2.09 万张，咨询 3.75 万次。

（刘小雨）

多功能用地混合用地探索研究

年内，开发建设局编制完成《北京经济技术开发区多功能用地混合用地探索研究》，并经经开区工委深改委审议通过。该研究探索亦庄新城范围内 F3 其他类多功能用地在土地用途混合、建筑功能复合方面的利用模式，并指出该类用地应当因地制宜进行开发利用，以满足企业用地需求，保障工业总产值稳步增长。

（赵靖云）

房屋市场管理

年内，开发建设局办理商品房预售许可 15 件，总建筑面积为 97.40 万平方米；办理商品房现房销售备案 5 件；办结房产测绘成果审核 60 件，总审核建筑面积约为 351 万平方米。

（金长伟）

房地产市场监测

年内，开发建设局对核发商品房预售许可证的在建商品住房项目进行逐个排查，建立工作台账和问题清单；坚持“房子是用来住的、不是用来炒的”定位，完善房地产市场平稳健康发展长效机制；强化政策协同，深化完善房地联动机制，健全住房和金融联动机制；严格执行住房限购政策，加强商品住房销售管理；加大市场监管力度，开展市场秩序专项整治工作，严肃查处各类违法违规行为；针对恒大地产集团有限公司、泰禾集团股份有限公司等房地产开发商出现的资金问题，按照《防范化解处置房地产开发企业经营风险的工作方案》，对每个监管项目进行研判，要求各项目按照预售资金监督管理办法，严格落实北京市各项调控，合理控制经营风险，归集资金（含监管账户资金与可回收资金）可覆盖后续工程款，工程进度符合施工合同约定，确保各项目如期竣工、交付、入住。

（赵振广）

南海家园小区房产证办理

年内，开发建设局成立专门工作小组负责推进南海家园小区房产证办理工作，并与瀛海镇、拆迁主体亦庄控股等单位建立工作对接机制，进一步摸清底数，找出“堵点”；指派业务骨干加强对亦庄控股登记报件工作的专业辅导，确保房产证登记报件材料质量。南海家园小区房屋共计 18387 套，已分配 17348 套。全年开发建设局为 4211 套房屋办理房产证。截至 2021 年年底，南海家园已有 15645 套房屋办理房产证，尚有 2210 套未办理房产证，主要涉及亦庄控股实施的瀛海镇腾退换绿项目。亦庄控股正在进行收集资料、报送审计、报税等前置手续，开发建设局与瀛海镇、亦庄控股等单位密切配合、持续调度、增加专项人员，推进完成房产证办理。

（刘小雨）

服务保障人才发展住房系列政策

年内，开发建设局组成工作专班，在原有公租房管理制度基础上，起草经开区服务保障人才发展住房系列政策文件，包括《开发区优化住房支持政策服务保障高精尖产业人才创新创业实施细则（试行）（对外发布版）》《开发区优化住房支持政策服务保障高精尖产业人才创新创业实施细则（试行）（内部版）》《北京经济技术开发区租赁型人才住房管理暂行办法（试行）》《北京经济技术开发区人才公租房管理实施细则（试行）》。

（刘伟）

住房保障

年内，经开区河西区 X90R1、X90S1 地块亦城亦禧家园共有产权住房项目，共有 994 套房源，均为单套建筑面积约为 90 平方米的两居室，销售均价为 3 万元 / 平方米（含全装修费用），于 4 月完成第一次网申销售及选房，销售房屋 587 套，8 月完成项目竣工验收；启动第二次网申销售工作，完成网上申购及购房人资格审核。开发建设局推动集体建设用地建设国际人才社区，营造“类海外”居住氛围，项目于 12 月 20 日取得 1 号地块土地成交确认书。开发建设局完成马驹桥商办、科研项目整体收购框架协议签订及合悦中心D2、合生E2项目收购协议，北投和苑共有产权住房项目预收购协议，首创定向安置房项目回购协议签订。开发建设局完成经开区超转试点N17地块项目综合实施方案编制工作。开发建设局按照国际人才公寓配租要求，为“亦麒麟”杰出人才、“亦麒麟”领军人才共计配租141套。

（马涛）

物业服务企业动态监管

年内，开发建设局完成物业管理项目合同备案6个、合同变更6个、合同注销3个。截至2021年年底，经开区物业管理项目合同备案总数为180个。

（王涛）

住宅专项维修资金管理

年内，开发建设局审批住宅专项维修资金4笔，涉及电梯和消防系统维修工程，维修款总额为649.86万元。

（王涛）

普通地下室备案和物业项目安全检查

年内，开发建设局按照市住房城乡建设委《关于加强2021年春节和全国“两会”期间普通地下室安全使用检查工作的通知》的要求，巡视清理违法使用地下室以及地下室存在的事故隐患，治理普通地下室安全隐患，消除地下室违法违规使用行为。春节期间，共巡视检查普通地下室85个，检查人员160人次，在巡视检查过程中发现4处普通地下室安全使用责任人普通地下室制度不健全，要求其立即进行整改。物业项目各项检查176次，共计251次。

（王涛）

人民防空建设规划

年内，经开区开展《开发区2020—2035年人民防空建设规划》编制工作。按照“抓重点、补短板、创样板、成体系”的目标，不断完善人防五大体系建设，提升经开区城市防护能力，做好人防工程与经济社会的融合式发展工作。

（刘毅）

人防工程管理

年内，开发建设局健全人防工程融入城市管理体系，本着“突出重点、明确责任、综合整治、疏堵结合、消除隐患、注重长效”的总体要求，通过平时巡查、专项检查等形式，重点打击违法违规侵占、使用人防地下空间行为，实现人防工程“以统筹使用为基础、以公益便民为目标、以科技手段为支撑”的长效监管机制；加大民防宣传力度，以知识讲座等形式为群众讲授民防知识及法律法规，传授防护救护技能。全年检查人防工程410次，现场提出各类整改要求近80处。

（刘毅）

施工现场质量安全管理

概况

2021年，经开区在监建筑工程项目418个，建筑面积为1273.44平方米；在监市政工程项目96个，工程总造价44.83亿元；进行质量监督检查共计706项次；完成竣工验收现场监督项目192个，建筑面积为297.12万平方米。

（梁珍）

建筑起重机械管理

年内，开发建设局加强建筑起重机械管理，全年安全生产无事故。截至 2021 年年底，全区共有使用中的起重机械 277 台，其中塔式起重机 191 台、施工升降机 80 台、物料提升机 6 台。开发建设局委托国家建筑城建机械质量监督检验中心对经开区内起重机械设备进行检测。其中，检测塔式起重机 232 台，合格 187 台，合格率为 80.6%；检测施工升降机 75 台，合格 70 台，合格率为 93.3%。全年起重机械使用登记备案 443 台，其中塔式起重机 242 台、施工升降机 194 台、物料提升机 7 台。

（苑亚超）

装配式建筑建设

年内，开发建设局发展装配式建筑建设，国家信息技术应用创新产业园、首都医科大学附属北京同仁医院北京经济技术开发区院区、北京智飞绿竹生物制药有限公司等 33 个装配式建筑项目开工建设，占新开工建设项目的 43.33%，创历史新高，超额完成北京市指标任务。

（李光伟）

建筑工程与市政工程项目监管

年内，经开区在监建筑工程项目 418 个，建筑面积为 1273.44 万平方米。其中，房建在施项目 129 个，建筑面积为 948.7 万平方米；装修在施项目 139 个，建筑面积为 65.28 万平方米；完工未验项目 89 个，建筑面积为 102.76 万平方米；停工项目 61 个，建筑面积为 189.68 万平方米。经开区在监市政工程项目 96 个，工程总造价 44.83 亿元。其中，在施市政项目 50 个，工程总造价 27.06 亿元；完工未验收项目 46 个，工程总造价 17.78 亿元。

（梁珍）

质量监督检查

年内，经开区进行质量监督检查 706 项次，发现各类质量问题 2701 条，下发监督检查整改通知书 546 份、责令限期改正通知书 54 份；对监督检查中发现存在违法、违规行为的责任单位及个人移送处理 34 件；处理质量问题投诉 1048 件。

（梁珍）

竣工验收现场项目监督

年内，经开区完成竣工验收现场监督项目 192 个，建筑面积为 297.12 万平方米。其中，房建项目 52 个，建筑面积为 234.35 万平方米；装修项目 121 个，建筑面积为 62.77 万平方米；市政项目 19 个，工程总造价 7.12 亿元。

（梁珍）

推进重大项目开工

年内，开发建设局协调、指导、调度产业项目建设过程，解决企业存在的问题和困难，缩短工程项目建设工期。全年推进华卓精科半导体装备关键零部件研发制造二期项目、亦庄生命健康产业区生物医药标准厂房、北京亦庄京广协同创新产业园项目、北方集成电路技术创新中心项目、北京亦昭生物医药中试研发生产基地等重大项目开工。

（苑亚超）

绿色施工管理

年内，开发建设局在全区工地推行绿色安全标准化工地，开展扬尘防治工作。其中，全区在施工地扬尘摄像头、洗轮机安装率实现100%，现场洒水降尘及裸露土方覆盖效果良好；加大对施工现场远程视频监控系统管理，定期开展非现场检查，全年共计视频检查1080次；推动使用高效洗轮机；加强建筑垃圾土方砂石运输管理；强化拆除工程、裸露地面和土方的扬尘治理；加强非道路移动机械管理，全区工地精细化管理。全年经开区共有31个项目通过北京市绿色安全工地评审，13个项目通过北京市绿色施工文明安全样板工地评审。

（苑亚超）

施工安全检查

年内，开发建设局开展施工现场质量安全检查1186家次，发现安全、防疫方面问题2300余项，向经开区综合执法局移交建设工地问题线索23次，向经开区行政审批局移交建设工地问题线索2次，向大兴区住房和城乡建设委员会移交建设工地问题线索4次，向通州区住房和城乡建设委员会移交建设工地问题线索1次。

（苑亚超）

安全生产培训

年内，开发建设局在经开区体验式安全培训基地开展体验式培训，共2.1万人参加培训；利用安全生产月、防灾减灾日及消防日等节点，开展宣传工作，发放安全生产、食品安全、防火等各类宣传材料，组织消防演练、防汛演练等各类活动10余次。

（苑亚超）

劳务市场管理

年内，开发建设局完成施工项目（劳务市场）检查200余次，约谈隐患项目参建单位20余家；监督指导施工项目劳务管理工作，对区内2万余名工人进行普法宣传；参与处理涉及工程款、工资纠纷的突发事件40起，涉及工人1668人，涉及金额8406.34万元。

（苑亚超）

绿色建筑高星级建设

年内，开发建设局推进绿色建筑高星级建设，取得绿色建筑高星级标识认证项目26个，总建筑面积为250.27万平方米。其中，民用绿色建筑二星级以上项目18个，建筑面积为183.74万平方米；工业绿色建筑二星级以上项目8个，建筑面积为66.53万平方米。森特士兴集团研发楼和经开大厦写字楼项目［北工大软件园（二期）B1办公楼］2个绿色运行项目获北京市绿色建筑市级奖励资金615.4万元。截至2021年年底，经开区取得绿色建筑高星级标识认证的项目总建筑面积为749.28万平方米，其中民用绿色建筑标识认证的项目建筑面积为547.94万平方米、工业绿色建筑标识认证的项目建筑面积为201.34万平方米。

（李光伟）

企业资质核查

年内，开发建设局按照《北京市住房和城乡建设委员会关于加强建筑业企业审批监管系统异常预警企业监管的通知》（京建发［2021］80号），对涉及亦庄新城“225平方公里”范围内，异常预警的215家建筑业企业进行资质动态核查工作。截至2021年年底，下发责令限期改正通知书204家，整改完成110家。

（苑亚超）

既有建筑绿色化改造

年内，开发建设局推动既有建筑绿色化改造，兴基铂尔曼、隆盛大厦、亦城国际大厦和亦城科技中心 4 个项目通过竣工验收，并获市级公共建筑绿色化节能改造财政资金，总计 693.7 万元。

（李光伟）

城市更新

概况

2021 年，经开区推进城市更新工作，建立健全城市更新全周期工作流程，形成从城市更新项目申报准入、审批、项目招商、运营、调度、评价、预警奖惩和退出的“七步工作法”及一系列规范性文件；提前布局城市更新规划，推进城市更新“1+N”政策出台。

（李光伟）

城市更新产业升级项目

截至 2021 年年底，经开区有 100 余个项目申报城市更新，其中 58 个项目通过经开区管委会审议，占地面积为 266 万平方米，提供高质量产业发展空间 448 万平方米，引入优质企业 342 家，带动固定资产投资总额约 27 亿元。已纳入城市更新项目中，天空之境·产业广场，健康智谷·产业公园，亦庄新城路东区 A6M2、A12-1 生物医药标准厂房工业用地，亦庄新城亦城客厅低效产业园区腾笼换鸟 4 个项目入选北京市第一批城市更新示范项目，星网工业园、鸿坤国际生物医药园、鼎新智园、北京亦创国际会展中心 4 个项目入选北京市第一批城市更新典型案例。

（李光伟）

城市更新规划编制初稿完成

年内，开发建设局根据城市更新工作实际及北京市城市更新要求，将亦庄新城城市更新规划列为年度重点工作，包括梳理亦庄新城各类用地资源情况、建立以土地利用数据为主的数据台账，制订亦庄新城近中远期城市更新实施计划和目标等。开发建设局完成亦庄新城范围内用地情况调研，并形成供地台账，在调研成果基础上搭建三层级亦庄更新规划编制体系，形成全域现状认知，围绕“产业升级”和“产城融合”2 条更新主线确定规划框架思路、总体更新规模与时序，完成《亦庄新城城市更新产业升级规划》初稿。

（李光伟）

城市更新全周期管理体系

年内，开发建设局研究制定从项目申报准入、审批、招商、运营、调度、评价、预警奖惩和退出的“七步工作法”项目管理机制，制定《城市更新项目准入审核程序》《北京经济技术开发区产业园区管理办法》等规定和《城市更新方案》《城市更新产业升级园区协议》《城市更新方案批复意见书》等规范化文件，持续优化工作程序，建立城市更新全周期工作流程管理体系。

（李光伟）

城市更新“1+N”政策制定

年内，开发建设局按照北京市城市更新工作总体要求和《北京市人民政府关于实施城市更新行动的指导意见》精神，启动亦庄新城“1+N”城市更新政策制定工作。

通过调研国家和各省市有关政策，分类形成城市更新政策汇编，结合工作实践研究亦庄新城“1+N”城市更新范围及适用政策，编制“1”个主政策《亦庄新城城市更新实施办法》，增加老旧小区更新改造、老旧楼宇与传统商圈改造升级、棚户区改造等工作，研究分层出让、织补完善公共空间、对新兴产业的包容性等内容。同时，开展《亦庄新城产业用地（类）城市更新实施细则》《亦庄新城老旧商务楼宇城市更新实施细则》等“N”个配套政策起草工作，均完成初稿。

（李光伟）

工业用地城市更新

年内，开发建设局推动工业用地的城市更新工作，落实巡视整改工作要求，形成长期停工、涉法涉诉低效工业项目汇总台账，成立专项整治领导小组进行专题调度，破解历史遗留问题。其中，通过城市更新引导嫁接优质产业项目，以市场化方式妥善处置华东电气项目历史问题；以城市更新方式推动盘活清大科华项目。探索以国有企业作为平台公司，回购盘活低效工业项目，全年完成5个低效工业项目回购；多部门协同作战，解决北方广微项目停工十年烂尾问题；强化镇区协同，盘活亦庄新城新扩区范围的海纳川航盛、海纳川恒隆、海纳川协众项目，实现“当年对接、当年回购”。

（李光伟）

城市更新工作专报

年内，开发建设局回顾城市更新工作开展以来的实践情况，系统总结主要做法和亮点，编制经开区城市更新工作专报《经开区低效工业用地更新改造的经验及启示》。该专报由市委城工委报市领导后得到中共中央政治局委员、市委书记蔡奇和市委副书记、市长陈吉宁批示，要求全市学习借鉴，是70余期特刊中第二个经市领导批示要求全市学习借鉴的专报。

（李光伟）

土地收储

年内，开发建设局收回2个地块工业用地土地使用权，分别为福瑞博达（北京）自动化设备有限公司N2M3地块和北京东能良晶科技有限公司YZ00-0606-0016地块，收回土地面积为4.70万平方米，并完成土地重新挂牌，促进土地集约利用。

（李光伟）

智慧城市建设

概况

2021年，经开区统筹推进智慧城市建设，全面建成“城市大脑1.0”，发挥区内企业优势，深化智慧交通、智慧物流、智慧政务等应用场景建设。打造审管执信监一体化平台底座，打通审批、监管、执法信息壁垒。以市场主体的全生命周期为重点，整合政务数据、经济运行数据、社会数据，建设“全区域、全时空、全场景”企业法人链。推进“雪亮工程”建设，建成32个基础型智慧平安小区，以科技手段提升社会治理能力。推进智慧执法，建立综合执法信息数据系统，加强大数据、区块链、5G等新技术在综合执法中的应用，实现基础功能上线，提升综合执法效能。

（王砚海）

大数据场景应用方案征集

2月24日，行政审批局发布《北京经济技术开发区行政审批局关于经开区大数据场景应用方案征集的通知》，征集8个大数据场景的应用方案。其中，大数据技术应用场景2个，分别是统一地址库、数据治理；业务应用场景6个，分别是企业数据链、政务数据链、城市治理链、标准地地图、个人身份链舱、领导驾驶舱。截至3月，收取36家企业78份方案，并在年内启动数据治理、企业数据链、城市治理链和标准地地图4个场景实施工作。

（王砚海）

多功能综合杆及配套设施管理办法出台

3月16日，开发建设局出台《北京经济技术开发区多功能综合杆及配套设施管理办法（试行）》。该办法适用于亦庄新城范围内已建道路、新建道路和改扩建道路的多功能综合杆的规划、投资、建设、运营、管理等相关事项。经开区以多功能综合杆为契机，推动城市道路数字基础设施建设，提高城市管理效能和公共服务精细化、智慧化水平，将多功能综合杆打造成经开区数字经济发展底座重要组成部分，提升数字经济营商环境品质，探索与数字经济发展相匹配的工作机制和配套政策。

（王瑾）

数字经济与大数据工作领导小组成立

4月15日，经开区工委数字经济与大数据工作领导小组成立，王少峰任组长。该小组旨在以数字技术为核心驱动力，以现代信息网络为重要载体，通过数字技术与实体经济深度融合，加速重构经济发展与政府治理新模式。同日，2021年小组第一次全体会议召开，审议《中共北京市委经济技术开发区工委数字经济与大数据工作领导小组工作规则》《智慧亦庄顶层设计（公开版）》《北京经济技术开发区政府投资信息化项目管理办法》和经开区2021年智慧城市建设和大数据工作要点及重点工作任务分工，统一部署经开区的数字经济、智慧城市建设和大数据工作。会议指出，经开区已形成具有经开区特点且集大成、重顶层的智慧城市建设和大数据工作总体布局。作为全球数字经济标杆城市示范区，经开区要在“三生”（数字生产、数字生活、数字生态）、“四链”（政务链、身份链、数据链、企业链）上下足功夫，形成“整体规划、分步实施、小步快跑、过程优化”的发展格局，加紧布局5G、物联网、人工智能等新基建，明确场景建设，进一步凝聚各类企业向经开区聚集；要做好与市级部门数字底座和数字交换技术的衔接，形成数字经济高效联动。

（王砚海）

“十四五”信息化发展规划印发

11月19日，经开区管委会印发《北京经济技术开发区“十四五”时期信息化发展规划》（京技管［2021］145号）。规划明确，在“十四五”时期，经开区准确把握数字化、智能化、绿色化、融合化发展趋势，以构建业务协同的数字政府、服务便捷的智慧社会为重点应用方向，以加大新型基础设施部署力度、加速数据要素流通、加强信息安全防护为发展保障，为亦庄新城高质量发展持续注入新动能新活力。经开区将坚持数据赋能、优政善政，场景驱动、建用协同，创新引领、以用兴产，夯实基础、保障安全，市场主导、政府引导，力争到2025年，实现智慧亦庄建社区的全面突破，物理空间与数字空间高度融合，智能技术深入应用到社会活动各层面，万物感知、万物互联、万物智能的智慧社会全面建成。

（陈知晖）

多功能综合杆建设

开发建设局推进经开区多功能综合杆建设　　融媒体中心提供

年内，开发建设局结合北京市高级别自动驾驶示范区、“雪亮工程”建设，统筹推进经开区多功能综合杆建设。截至2021年年底，完成经开区“60平方公里”305个灯控路口的升级改造，打造超大规模、超大范围的智能网联标准路口示范性工程，为北京市高级别自动驾驶示范区2.0提供基础服务保障。

（王瑾）

智慧应用新业态完善

年内，行政审批局制定《经开区大数据标准体系（2021年）》；完成视频网络升级改造及监理、无线视频监控年度服务、虚拟城市年度航飞、虚拟资源池年度服务、企业数据链和网络安全边界设备采购项目，推动经开区管委会政务信息基础设施实现统一运维服务；完成政务机房、节点机房升级项目、经开区窨井安全监控防御（路东区）项目和智慧管网示范等项目的实施和验收工作；完成20个政务系统安全等级保护测评工作，保证经开区管委会网络平稳安全运行，根据北京市统一安排部署，试用北京智能政务办公平台。

（王砚海）

政务链和企业链建设

年内，行政审批局开展政务链和企业链建设。政务链方面，行政审批局围绕行政审批“一网通办”目标，开展审管执信监一体化平台与服务项目建设，包括政务服务大数据底座系统建设、审批一体化系统建设、工程建设项目审批服务系统建设、审管执信监一体化协作系统建设，以及政务服务大厅智能化建设、综合执法系统建设、企业信用监管系统建设，并利用已建设的数据共享交换平台，实现数据在国家、北京市、经开区上下级和部门间流转，数据互联互通、实时共享。企业链方面，行政审批局围绕企业服务协同管理，率先在北京市启动基于企业全生命周期数据链条的企业链平台建设，构建经开区企业数据底座和应用服务平台，通过打造企业数据底座，赋能入区即上链、上链即监测、潜力早发掘、异动早发现、党建赋能力、监管精细化、洞察全面化七大应用场景，推动部门协同，助推经济领域业务的数字化转型。平台打通各部门企业服务流程，融合企业注册、监管、纳税、经济发展、科技创新、重点项目、企业服务等数据，形成一套经开区企业数据底数，优化企业相关工作流程，建立6类跨部门协同的服务场景，为经开区优化营商环境、畅通服务渠道、把握经济脉搏、精准服务企业提供支撑；以企业数据、工作管理信息，支撑亦企服务港走访服务、活动组织、园区管理等工作，并通过数字化工具推动企业相关服务信息回流，形成业务工作闭环，优化亦企服务港工作流程、提升工作效率；通过业务留痕数据的完善和积累，完善企业画像，形成越用越准的良性互动机制。

（王立珩）

生态环境建设

概况

2021年，经开区推动生态文明建设和生态环境保护工作，深入打好污染防治攻坚战，持续推进蓝天、碧水、净土三大攻坚战，深化“一微克”行动，推进生态环境治理体系和治理能力现代化，做好环评总量审批服务，巩固绿色发展优势，夯实监测监察体系。经开区生态环境质量持续向好，4项主要污染物持续改善，细颗粒物（$PM_{2.5}$）年均浓度为35微克/立方米，比2020年下降5.4%，创有监测记录以来历史最优，首次达到国家二级标准。

（齐峰 齐琦）

绿色发展资金政策印发

9月26日，经开区管委会印发的《北京经济技术开发区2021年度绿色发展资金支持政策》（京技管［2021］115号）实施。该政策由城市运行局牵头，结合经开区污染防治攻坚战、“无废城市”建设、节能减碳、绿色建筑等方面的工作计划，联合经发局和开发建设局制定，支持环境保护、节能减碳、绿色建筑、无废城市四大类22个支持方向。其中，新增新能源商用车置换项目，浅层地源、余热、再生水（污水）源等热泵项目，重点用能单位节能指标考核优秀单位项目，节能减碳咨询项目，碳中和认证项目，节水型单位称号项目6个支持方向。全年申报项目197个，涉及支持资金6500万元。

（王君丽 王欣）

“十四五”生态环境建设规划印发

12月15日，经开区管委会印发《北京经济技术开发区“十四五”时期生态环境（保护）建设规划》（京技管［2021］170号）。该规划由城市运行局组织编制，系统总结“十三五”期间生态环境建设所取得的成果，围绕“十四五”期间生态环境面临形势、主要工作目标、环境质量、低碳发展、生态空间、环境风险管理及治理体系等方面提出措施和目标。

（王君丽）

污染防治攻坚战行动计划

年内，城市运行局牵头编制并印发《北京经济技术开发区污染防治攻坚战2021年行动计划》，涵盖大气污染防治、水污染防治和土壤污染防治。其中，大气污染防治方面，在实施挥发性有机物专项治理、推进机动车结构优化、推进能源清洁低碳化、提升城市环境精细化管控、推进区域大气污染联防联控方面提出具体措施31条。截至2021年年底，经开区空气质量中细颗粒物（$PM_{2.5}$）年均浓度为35微克/立方米，比2020年下降5.4%，创有监测记录以来历史最优，首次达到国家二级标准。水污染防治方面，在水资源保护、深化水污染治理、水生态修复方面提出具体措施10条。截至2021年年底，经开区地表水水环境质量、地下水水质总体稳定。土壤污染防治方面，在土壤预防和保护、强化风险管控和修复以及基础保障方面提出具体措施12条。截至2021年年底，经开区无污染地块和疑似污染地块，土壤安全利用率为100%。

（齐琦 齐峰）

重点建设项目总量指标协调

年内，城市运行局推进中芯京城集成电路生产线、中国生物研究院亦庄二期等31个重点建设项目，与大兴区、房山区、海淀区、昌平区和门头沟区生态环境部门沟通协调，调剂污染物指标化学需氧量3017吨、氨氮412吨、氮氧化物920吨、二氧化硫186吨、烟粉尘636吨、挥发性有机物203吨，助力项目落地投产。

（王君丽）

秋冬季大气污染综合治理

年内，城市运行局落实《北京经济技术开发区2020—2021年度秋冬季大气污染综合治理攻坚方案》，监管重型柴油车、管控工地道路扬尘、治理挥发性有机物，秋冬空气质量中细颗粒物（$PM_{2.5}$）平均浓度为49微克/立方米，重污染天数为6天。全年累计启动空气重污染黄色预警5次。空气重污染期间，经开区管委会领导多次深入一线督导检查，各单位、街道按要求第一时间启动应急响应，落实应急减排措施，最大限度发挥“削峰”“降速”作用。

（齐琦 齐峰）

第二轮中央生态环境保护督察反馈问题

年内，城市运行局牵头制订《北京经济技术开发区贯彻落实第二轮中央生态环境保护督察反馈问题整改方案》，对15项问题提出具体整改措施。截至2021年年底，14项任务整改完毕、1项整改任务按计划推进，督察期间转办信访件全部办结。

（齐峰 齐琦）

重点单位污水处理管理

年内，城市运行局加强新冠肺炎疫情防控期间重点单位污水处理管理，根据疫情变化对4家污水处理厂、6家医院和北京生物制品研究所有限责任公司开展废水监测，监测结果显示11家单位污水处理设施运行正常，污水排放达标；加强对区内10家核酸检测机构医疗废物贮存、转移工作的监督管理，协调转移单位及时清运。

（龙庆华）

污染物减排

年内，城市运行局通过开展“一厂一策”、清洁生产审核、出台绿色发展资金支持政策，推动现有企业进行工艺技术改造、末端治理设施升级，进一步降低挥发性有机物（VOCs）排放。经市生态环境局认定，经开区实现VOCs减排约111吨，比2020年下降约5.9%。其中，北京奔驰汽车有限公司将中涂和色漆环节水幕吸收法升级为废溶剂回收系统，实现VOCs减排106吨；伯纳德控制设备（北京）有限公司拆除喷漆房项目，实现VOCs减排5.3吨。同时，城市运行局对2019—2021年经开区汽柴油车淘汰情况进行梳理统计，淘汰汽柴油车530辆，实现氮氧化物减排158吨、VOCs减排7.2吨。其中，中粮可口可乐饮料（北京）有限公司将40辆柴油货车淘汰更换为电动货车，北京春风华通货运有限公司将30辆汽柴油货车淘汰更换为电动货车。

（王君丽）

生态工业示范园区建设评价

年内，城市运行局牵头开展2020年度国家级生态工业示范园区评审，从经济发展、产业共生、资源节约、环境保护和信息公开等方面进行系统回顾，完成2020年度国家级生态工业示范园区建设评价报告。

（齐琦　齐峰）

环境管理检查

年内，城市运行局强化环境监察工作，制订《北京经济技术开发区城市运行局2021年生态环境综合检查重点工作方案》和《北京经济技术开发区城市运行局2021年度重点检查任务量化表》，明确重点企业清单、污染源状况、检查频次；从水、大气、土壤、辐射等方面强化监管，针对大气污染开展包装印刷、汽车制造、机械制造、电子制造、工业涂装、化学品制造、汽修等专项检查，清查经开区辐射源单位，确保放射源账物相符。全年出动检查人员10264人次，检查污染企业5132家次。

城市运行局检查污染企业现场　　单位提供

（龙庆华）

环境信访案件处理

年内，城市运行局组织接办环境信访。全年受理信访案件318件，信访案件处理率、及时办结率均为100%，未出现因环境信访排查调处不力而造成群体访、集体访和越级访等现象，有效化解环境纠纷。

（龙庆华）

排污许可证事中事后监管

年内，城市运行局加强和规范排污许可证事中事后监管。其中，对已发证的163家持证单位，开展排污许可证证后监管现场指导检查，针对发现的问题，下发153份责令整改通知书；开展排污许可证执行报告审核工作，区内全部持证单位执行报告提交率和内容规范性审核率均为100%；开展解读培训工作，针对企业在排污许可证证后执行中存在的困难和问题，邀请北京市生态环境保护综合执法总队执法人员和北京市环境科学研究院专家为企业答疑解惑，使排污单位做到“持证经营，按证排污，自证守法”，指导经开区建立健全环境管理体系。

（王君丽）

空气质量监测网络建设

年内，城市运行局加强空气质量监测网络建设。全年布设空气质量中细颗粒物（$PM_{2.5}$）趋势监测点位 2 个、挥发性有机物（VOCs）趋势监测点位 20 个，发挥趋势网格监测平台云服务功能，加强 2 个环境空气质量自动监测站点运维；布设噪声环境质量监测点位 25 个。

（齐峰）

环境质量监测

年内，城市运行局加强环境质量监测工作，完成《北京经济技术开发区 2016—2020 年环境质量报告书》和《2020 年北京经济技术开发区环境状况公报》编制工作，分析经开区 2016—2020 年度环境质量状况和污染物排放情况。全年完成区内 4 个河流断面点位、4 个地下水监测井位各 4 次监测，20 个点位土壤监测，25 个点位区域环境噪声监测。

（龙庆华）

重点排污单位监督监测

年内，城市运行局加强重点排污单位监督性监测工作。全年监测水环境重点排污单位 43 家次、大气环境重点排污单位 22 家次、土壤环境重点排污单位 4 家次，废气执法 86 家次、废水执法 21 家次，信访及应急监测 160 家次、餐饮油烟监测 111 家次、锅炉监测 51 家次 96 台，监测完成率为 100%。城市运行局加强监督性监测信息公开。全年完成公开 65 家重点排污单位监督性监测，完成率、公开率均为 100%；督促 65 家重点排污单位公开自行监测，完成率、公开率均为 100%；加强环保监控体系建设，包括对 65 家单位自动监控站的运维管理。

（龙庆华）

检测检验机构管理

年内，城市运行局监管机动车检测场 1 家，加强网络数据监控，对比分析过程数据、视频图像和检测报告，重点核查定期排放检验初检或日常监督抽测发现的超标车、外省（区、市）登记的车辆、运营 5 年以上的老旧柴油车等，年度核查率达 80%以上；加强检测机构的现场检查力度，抽查被检车辆的唯一性、净化装置以及车载自动诊断系统（OBD）的读取情况等，现场监督出租车、驾校车、复检车、柴油车的检测过程，全年检查 140 场次。

（齐峰）

移动源排放监管

年内，城市运行局完成移动源排放监管任务，落实“环保检测，公安处罚”模式。全年人工路查重型柴油车 10823 辆次，移送公安处罚 95 辆次；入户检查重型柴油车 8368 辆次；夜查重型柴油车 1517 辆次。其中，重型柴油车 OBD 检测 4760 辆次，检测氮氧化物 360 辆次；北京联合智业科技集团股份有限公司检测机动车尾气 224 辆次，检测氮氧化物 245 辆次。

（齐峰）

非道路移动机械监管

年内，城市运行局落实《北京市机动

车和非道路移动机械排放污染防治条例》和配套出台的非道路移动机械登记办法等要求，完成 1379 台非道路移动机械编码、登记工作，基本实现应登尽登；按照《关于划定禁止使用高排放非道路移动机械区域的通告》（京政发〔2019〕10 号）等要求，规范施工现场非道路移动机械管理，开展执法检查，累计检查非道路移动机械 887 台次，排气烟度检测 159 台次。

（齐峰）

现代环境治理体系建设

年内，城市运行局印发《北京经济技术开发区 2021 年度落实构建现代环境治理体系的实施方案》和《北京经济技术开发区 2021 年度落实构建现代环境治理体系任务清单》，从领导责任体系、企业责任体系、全民行动体系、监管体系、市场体系、信用体系、法律法规政策体系等方面，构建经开区现代环境治理体系。

（齐峰 齐琦）

城市运行

综述

2021年，经开区落实“三年行动”方案和安全生产集中专项整治工作；妥善做好应急处突工作，突发事件信息首报率全市第一；持续推进“大安全大应急”体系建设，做到城市运行保障和领域内疫情防控工作同步抓，经开区安全度汛，无重大事故发生，城市运行平稳有序。

构建高质量生态环境文明体系。完成“无废城市”建设试点工作，形成六大示范模式被生态环境部全国推广，4个案例入选生态环境部首批优秀试点案例；打造绿色城市发展样板，严格落实河长制和林长制，实施区域网格化管理；万元GDP水耗保持全市领先，达到国际先进水平；完成污水领域首个BOT项目回收；超过40%的区域达到市政府要求的海绵城市建设标准，海绵城市建设工作在全市保持领先。

构建绿色交通出行体系。试点完成50个可识别新能源车辆专用地锁安装，在北京率先破解油车占位难题；率先建成区级停车资源管理平台，完成路侧停车改革工作；引入首批2万辆定制单车，在主要干道设置41处共享单车规范停车区；实施大族广场周边等区域交通综合治理整治工作；优化3条公交线路，新开通5条公交线路。

构建垃圾分类长效机制。推选12个垃圾分类示范小区，区内占比37.5%，创建比例高于全市平均水平8%，排名名列前茅；开展非居民垃圾计量收费工作，首次建立建筑垃圾运输企业台账、建筑工地建筑垃圾清运台账，实现零突破。

构建应急管理新格局。加大专项整治检查力度，遏制安全生产事故发生，同时做好应急值守和处突准备，承担24小时应急值守工作，组织协调城市运行中突发事件的应急救援和灾害救助工作。

（左燕）

公用事业

综合管理

概况

2021年，经开区聚焦区域开发科学合理规划建设，全面提升区域承载力、集聚力，加快推进水、电、气、热等能源资源保障工作，指导协调驻区专业公司做好保障工作。经开区生产生活新水用水总量控制在4360万立方米以内，万元GDP水耗保持在4立方米以内，全区污水处理量为6025.83万立方米，高品质再生水利用量为1341.71万立方米；全社会用电量为78.2亿千瓦·时，其中生产用电75.1亿千瓦·时、居民生活用电3.1亿千瓦·时。经开区有用热户数308家，供热管线364.5千米，采暖面积为1473.4万平方米；有燃气公司3家，居民用户14.81万户、非居民用户1503户，天然气管网779.03千米，全年供气量为52031万立方米；有网络通信及智能信息一体化企业1家，通信管道246.17千米、管井3450座、通信基站63处、智慧信息一体杆655处、无线Wi-Fi场景98处，运行AP4700台。此外，区内有移动、联通、电信、广电等国有通信企业，为区内提供固（移）网络及有线电视网络等相应服务。

（孙晶艳　李森）

全国首个BOT污水处理厂移交

3月1日，金源经开污水处理厂完成运营权交接，是全国首个以BOT（基础设施投资、建设和经营的一种方式，以政府和私人机构之间达成协议为前提，由政府向私人机构颁布特许，允许其在一定时期内筹集资金建设某一基础设施并管理和经营该设施及其相应的产品与服务）模式开发建设并引入外资参与的污水处理项目。该项目于2001年3月2日由美国金州佳杰投资管理有限公司、亦庄控股共同建设，中外合作企业北京金源经开污水处理有限公司管理和经营，特许经营20年。期满后，亦庄控股作为经开区管委会指定的接收方，接收金源经开污水处理厂项目资产，并交由其二级公司北京亦庄水务有限公司管理和经营。为确保项目顺利移交，城市运行局协调16家相关单位，召开不同形式的调度会22次，在设施完整度界定、资产移交清单、水价核定、移交谈判等方面提供亦庄方案。

（孙晶艳　张惠）

亦庄水务项目通过科技成果评价

4月14日，北京亦庄水务有限公司完成的“LSP原位污泥减量技术”项目通过第三方专业科技成果评价机构中科合创（北京）科技成果评价中心组织的科技成果评价。经过专家评审，认为该项目实现污泥源头减量，满足剩余污泥减量化、无害化、资源化的处理需求，污泥减量超过50%，降低污泥二次污染的风险和后续处理成本，项目成果达到国内领先水平。

（张惠）

管线安全日常监管

6月30日，城市运行局开展管线安全专项检查工作，对110千伏输变电工程、路东区E9地块新建开闭站工程等10个在建项目进行施工现场防外力破坏专项检查，要求项目建设单位、施工单位及监理单位提高管线保护意识，落实管线保护方面的相应主体责任，确保施工现场管线安全稳定运行。

（杨浩盟）

“十四五”水务发展规划印发

11 月 8 日，经开区管委会印发《北京经济技术开发区“十四五”时期水务发展规划》（京技管〔2021〕135 号）。该规划由城市运行局编制，规划明确，在“十四五”时期，经开区按照新时期治水方针，以打造高标准的防洪排涝体系、发展安全完善的供水布局、保持领先污水收集处理水平、强化亦庄新城再生水利用、推进新城范围协同发展、深化海绵体系建设、构建滨水蓝绿空间、完善水务管理体制等为主要任务，坚持深化落实与衔接协调并重、长期目标与近期谋划并重、目标导向与问题导向并重、全面规划与突出重点并重，力争到 2025 年，完成贯彻落实“以水四定”原则和十六字治水方针的一级指标。

（陈知晖）

天然气居民用户安装安全型配件

11 月，经开区开展天然气居民用户安装安全型配件工作。截至 12 月底，安装安全型配件用户有 6700 余户，占全区居民用户的 20%。为确保工作完成，城市运行局定期组织各街道、燃气企业开展安全燃气安全型配件调度会，协调解决安装过程中的问题、难点。

（张贵轩）

电气热网能源运行保障

11 月，城市运行局全面梳理经开区市政箱变台账，为 43 处市政箱变签订购售电合同，市政用电全部参与市场化购售电工作，助推电价市场化改革工作落地。

（李森）

供暖投诉解决 179 件

11 月起，经开区接到有关供暖问题投诉 179 件，其中林肯公园小区（涉及林肯 A 区、B 区、C 区以及林肯公寓）投诉占供热问题总量的 36.31%。城市运行局接到投诉后，多次联合街道约谈小区物业公司、供热单位，了解存在的问题并提出相应整改措施；下社区与反映问题较多的业主进行沟通，了解需求，解决居民实际问题；责成供热单位对供暖不热的问题进行全面检查并提供故障排查计划，响应率达 100%。

（闫格）

“十四五”节能降耗规划印发

12 月 10 日，经开区管委会印发《北京经济技术开发区“十四五”时期节能降耗规划》（京技管〔2021〕168 号）。规划明确，在“十四五”时期，经开区加快创新节能减排工作机制，探索零碳示范的新路径，着力构建能效先进、低碳排放的绿色产业体系，构建绿色低碳的能源体系，深入推进重点领域节能减排，推进节能减排技术创新应用。经开区将坚持能碳双控、促进产业转型，坚持绿色低碳、促进多元发展，坚持区域协同、提升发展质量，坚持标准引领、加快转型升级，坚持技术创新、培育绿色动能，力争到 2025 年，能耗强度、碳排放强度得到有效控制，重点行业（产品）单位能耗水平、碳排放水平达到国际或国内领先水平，能源供给和消费体系更加绿色化、低碳化、智能化，新能源和可再生能源消费比例持续上升。

（陈知晖）

智慧水务规划建设

年内，城市运行局启动智慧水务规划建设，推进建立水资源“取供用排”全过程统筹协同监管机制，编制完成《北京经济技术开发水务1.0工作计划方案（2021—2023年）》，完成污水处理厂跨越水量计量、视频监控、视频接收平台等建设任务。

（孙晶艳）

年度水资源配置

年内，城市运行局下达532家用水户指标，年度水资源配置总量严格控制在4360万立方米以内；开展取用水管理专项整治工作，核查废弃取水机井20眼，已启动封填的流程；完成节水型单位创建工作，实现区内党政机关节水型单位、事业单位、高校创建率均达100%；开展节水宣传，发放节约用水宣传海报1000余张，倡议书800份；与北京市自来水集团禹通市政工程有限公司亦庄管理所配合，更换居民智能水表30985支。

（孙晶艳）

液化石油气非居民用户清零

年内，城市运行局围绕液化石油气用户开展全区“摸底建账和动态整改”专项行动，发现7家使用液化石油气的企业并建立台账，通过联合督查、责令整改、定期调度的管理手段，督促企业改电、改气、关停液化石油气。截至2021年年底，经开区实现非居民液化石油气用户全部清零。

（李森）

亦庄环境处理污水6524万吨

年内，北京亦庄环境科技集团有限公司自主运营的东区污水处理厂（一、二期）（含提级工程）、经开污水处理厂和南区污水处理厂，以及参股运营的东区污水处理厂（三、四期）处理污水6524万吨，出水水质达标率为100%，经开区污水处理率为100%。

（张惠）

亦庄环境生产再生水1350万吨

年内，北京亦庄环境科技集团有限公司负责运营的经开再生水厂、东区再生水厂2座再生水厂采用双膜法（微滤+反渗透）工艺处理污水，生产再生水1350万吨，约占经开区总供水量的1/3。

（张惠）

供水

自来水公司亦庄管理所自来水维修业务

年内，北京市自来水集团禹通市政工程有限公司亦庄管理所进行零活修理474处，包括更换DN100以下阀门107座；更换消火栓16座；保养维修消火栓12座；安排专人专车查找暗漏80处、修漏83处；更换井圈井盖12套；更换井盖9个；处理无水、水微、水质等用水问题655起；出动人工3783人次、车辆1261车次。

（张然）

自来水公司亦庄管理所检修市政消火栓

年内，北京市自来水集团禹通市政工程有限公司亦庄管理所配合消防救援支队，全覆盖、周期性地开展经开区范围内市政消火栓巡查、检修工作。截至 2021 年年底，累计巡检 6518 次，包括更换市政消火栓 58 座、清井 3 处，出动人工 1500 人次、车辆 350 车次。

（张然）

自来水公司亦庄管理所管线安装

年内，北京市自来水集团禹通市政工程有限公司亦庄管理所完成北京亦庄水厂一期工程配水管线工程（三标段）管线的工作任务，安装管线 1013 米，该工程于 5 月 31 日通水，保障亦庄水厂运行，缓解经开区内乃至南部地区的供水压力；为城市副中心供水管网完善一期一标工程安装管线 1212 米，该工程总长度为 1657 米，完工后将解决城市副中心 7 个小区 20 眼自备井置换的市政水源问题，惠及居民 15 万人。

（张然）

自来水公司亦庄管理所处理诉求

年内，北京市自来水集团禹通市政工程有限公司亦庄管理所处理居民诉求，开展“接诉即办”工作，接收并解决诉求 208 件，其中水微 38 件、无水 15 件、水质调查 69 件、施工问题 9 件、其他服务类咨询 77 件。

（张然）

自来水公司亦庄管理所保障冬奥会

年内，北京市自来水集团禹通市政工程有限公司亦庄管理所完成 2022 年北京冬奥会、冬残奥会前期保障工作。公司负责经开区 3 个单位及周边 71 处设备井的保障工作，完成打井盖 144 处、现场巡检 1086 处、处理隐患 13 处。

（张然）

自来水公司亦庄管理所完成自备井置换

年内，北京市自来水集团禹通市政工程有限公司亦庄管理所根据市政府办公厅印发的《加快推进自备井置换和老旧小区内部供水管网改造工作方案》，完成一栋洋房、西马庄村等经开区、朝阳区、通州区老旧小区的自备井置换和老旧小区内部供水管网改造工程，改造管线近 5 千米；参与朝阳区、大兴区共 80 个老旧小区的现场调查工作，为约 80 千米的管线出具改造方案及设计图。

（张然）

·水务公司·

北京市自来水集团禹通市政工程有限公司亦庄管理所

2021 年，北京市自来水集团禹通市政工程有限公司亦庄管理所（简称自来水公司亦庄管理所）有员工 62 人。公司接受入区企业用水咨询服务 42 户，代用户报装 18 户；完成节假日供水保障任务，出动人员 260 人次、车辆 208 车次；保障“两会”与会人员驻地供水安全，在丰大国际大酒店周边布设帕玛劳监控 27 处，每天专人专车进行收数检测，并对丰大国际大酒店周边 388 座设备井进行逐一掀盖检查，共出动人员 210 人次、机械台班 120 台班、车辆 62 台班；对北京新华印刷有限公司周边主管线进行水质监测，监测浊度、余氯指标，监测点位 4 个，监测周期 5 天，收取数据 45 个。

自来水公司亦庄管理所成立于 1996 年，位于经开区宏达北路甲 5 号，负责应对经开区范围内自来水管网突发事故和供水管网维修抢修，确保供水管网的安全稳定运行。

（张然）

北京市自来水集团禹通市政工程有限公司

亦庄管理所 负责人 吕超

北京亦庄环境科技集团有限公司

2021年6月29日，北京亦庄水务有限公司更名为北京亦庄环境科技集团有限公司（简称亦庄环境），注册地址由经开区西环南路5号迁至经开区景园北街2号。全年实现营业收入35105万元，净利润为4772万元。员工有214人，其中生产专业技术岗位人员占65%以上。年内，亦庄环境生产再生水1350万吨，处理污水6524万吨。公司1件发明专利、12件实用新型专利获授权，组织登记3项计算机软件著作权；通过检验检测机构资质认定证书（CMA）扩项评审；完成的“LSP原位污泥减量技术”项目通过科技成果评价。公司接管金源经开污水处理厂；成为马驹桥金桥高品质再生水厂与台湖总部基地再生水厂实施主体；完成兰州雁儿湾污水处理厂提标改扩建工程项目。

亦庄环境成立于2008年5月9日，由亦庄控股独资设立，注册资本为5.61亿元，下属全资、控股、参股企业3家。公司专注于再生水生产、污水处理等环保领域投资及运行管理，为客户提供综合水环境改善整体解决方案。公司自主运营经开再生水厂、东区再生水厂、东区污水处理厂、南区污水处理厂、经开污水处理厂，参股运营东区污水处理厂（三、四期）、北京新航城东区再生水厂和北京新航城西区再生水厂。公司采用双膜法（微滤＋反渗透）、序批式间歇活性污泥法（SBR）、膜生物反应器（MBR）、移动床生物膜反应器（MBBR）等水处理工艺，市政设施服务范围覆盖经开区。

（张惠）

北京亦庄环境科技集团有限公司

董事长 蒋玉明

电力

亦庄供电公司推进地区电网建设

亦庄供电公司同宁110千伏输变电工程施工现场 张庆玉 摄

年内，国网北京市电力公司亦庄供电公司做好《亦庄新城电网建设战略合作协议》落实工作，取得政府支持性重要文件28份、各类审批手续38项，在年度电网建设新开工计划、建设规模方面均位列北京市各地区首位。公司推进亦庄500千伏输变电工程前期工作，完成项目可研审批，取得建设工程规划许可证，实现对国家产业发展战略的重要支撑；开展台马地区220万平方米智造基地电力专项规划编制，主动对接地区重大项目需求，及时调整变电站规划时序及规模；取得220千伏路东站土地证和建筑工程施工许可证、220千伏柴务站土地划拨决定书，确保按计划全部开工；完成220千伏东石桥站土地权属审查，提前取得110千伏亦芯城站建设工程规划许可证。公司加快地区电网建设，同宁、云和 110 千伏输变电工程依法合规开工，并在年内具备发电条件，同时首次按照终期规模建设，一次性为地区增加主变容量 40 万千伏安；标厂站投入运行一个月内完成配套 10 千伏切改，缓解经开区路东区用电压力；博兴站扩建工程竣工发电，增加主变容量 10 万千伏安。

（黄珊）

亦庄供电公司服务“双碳”落地

亦庄供电公司充电桩送电现场　　张庆玉 摄

年内，国网北京市电力公司亦庄供电公司围绕“碳达峰、碳中和”目标，提高绿色电力供应比例，搭建企业与电力交易中心对接平台，推动实现经开区企业绿色电力交易的突破，北京奔驰汽车有限公司、SMC（中国）有限公司交易电量共计 3500 万千瓦·时，占北京地区绿色电力交易总规模的 36.38%。公司服务国家“新基建”部署，推进经开区充电基础设施建设，联合北京静态交通亦庄建设运营有限公司等多家单位，构建公交场站、停车场、园区、企事业单位等多种业态充电基础设施网络，新建充电站 15 个、扩建 2 个，解决充电设施使用痛点、难点，打通新能源汽车充电的“最后一公里”，实现经开区大型充电站全域覆盖，形成充电设施建设“亦庄经验”。公司与百度自动驾驶团队签订合作协议，建设全国首个自动驾驶汽车服务小站；与京东集团合作研发物流车无人、无线充电系统，探索自动驾驶领域充电基础设施新技术应用。

（黄珊）

亦庄供电公司服务保障工作

年内，国网北京市电力公司亦庄供电公司完成“两会”、冬奥测试赛、2021 世界 5G 大会、2021 世界机器人大会等 29 项保电任务，累计保障天数 160 天。公司落实 2022 年北京冬奥会、冬残奥会保障工作，作为唯一一家双场馆保障单位，对接冬奥组委、冬奥办，抽调各专业人员组建 51 人场馆保障团队、326 人整体保障团队，并完成北京冬奥颁奖广场、延庆冬残奥颁奖广场临电工程送电工作。公司开展重点线路运维和状态检测，确保地区重点医院、医药企业、隔离场所等 29 个防疫重要用户的供电平稳可靠。

（黄珊）

亦庄供电公司服务百姓民生

年内，国网北京市电力公司亦庄供电公司推进不停电作业示范区建设工作，带电作业率保持 100%，是全市唯一实现全域计划工作不停电的地区，城市供电可靠率保持在 99.999% 以上；深化社区经理网格化服务，强化与物业、居委会常态沟通机制，推动“互联网 +”线上办电，快速精准响应服务诉求，公司万户报修率为北京市各地区最低；推进智能电表高速载波通信（HPLC）改造全覆盖工作，优化居民用电体验；提升抢修效率，抢修平均到达现场时间由 17.19 分钟降至 15 分钟（国家规定城区范围为

45 分钟）；应对汛期降雨较同期增长近 1 倍、夏季冬季负荷双创历史新高等考验，始终保障电力供应平稳有序、电网运行安全可靠。截至 12 月 31 日，公司创纪录实现优质服务“零投诉”连续 1104 天，居全国地市级公司前列。

（黄珊）

亦庄供电公司优化营商环境

亦庄供电公司为仁众药业外电源项目送电　　张博宁 摄

年内，国网北京市电力公司亦庄供电公司推动电价市场化改革工作落地，组成专项工作组，开展工商业用户入市告知和购售电合同签订工作，通过政府工作平台、微信公众号等多渠道宣传相关文件，实现区内用户全部告知，签署购售电合同 783 户，完成全部 122 户换签工作，换签完成率在北京市电力公司排名第一；打造北京地区首个红线外电力“零投资”试点，仁众药业外电源项目落地，为《北京市进一步优化营商环境更好服务市场主体实施方案》提供“亦庄案例”；不断优化业务流程，将经开区高压单、双电源用户的方案答复时间分别压缩至 5 个、10 个工作日（北京市电力公司规定分别为 10 个、18 个工作日），快速响应客户用电需求；完成集电控股 18 路外电源、疫苗冷链增容、人大附中亦庄新城学校等 104 项工程接电工作，全年新增接电容量 61.29 万千伏安，包括大工业 43.86 万千伏安，占总接电容量的 71.09%，结存容量由 78 万千伏安降至约 31 万千伏安，达近年最低值；对标国际先进水平，打造“三零”（零上门、零审批、零投资）服务品牌，在北京市电力公司“办理 2 个环节、10 天内接电、办电 0 成本”标准基础上，将经开区平均接电时长压缩至 4 天内；制订营商环境提升专题方案，7 个工作案例入选《北京经济技术开发区制度创新案例汇编》，入选数量位居经开区第一；迎接国务院、国家能源局、北京市电力公司等各方检查，完成世界银行及国内营商环境评价工作，提升“获得电力”水平；以“党建 + 用电服务”为抓手，主动组织专家组开展安全用电评估，提升用户感知度。

（黄珊）

亦庄供电公司创新工作模式

年内，国网北京市电力公司亦庄供电公司创新工作模式，选派优秀青年职工专兼职到经发局、城市运行局工作，实现对政府重点项目的统筹协调和统一推进；派出营销专业人员参与政务服务中心轮岗工作，第一时间获取政策落地要求、第一视角接触政策服务需求，为各项重点工程落地奠定基础；配合城市运行局，在公司实训基地举办 2 期安全教育专业培训，72 家重点企业电气负责人参加培训。

（黄珊）

·电力公司·

国网北京市电力公司亦庄供电公司

2021 年，国网北京市电力公司亦庄供电公司（简称亦庄供电公司）设置 9 个职能部门、2 个业务支撑机构；有全口径职工 243 人，其中具有本科及以上学历人员 172 人、工程师及以上人员 102 人、中级职称及以上人员 168 人。年内，亦庄供电公司实现连续安全生产 6363 天；实现售电量 77.81 亿千瓦·时，比 2020 年增长 8.2%；城市供电可靠率 99.9998%，在北京地区排名第一；实现全年电力服务“零投诉”。亦庄供电公司成立于 1993 年，是北京市电力公司直属供电企业，负责经开区“60 平方公里”范围内的电网规划建设、运行管理、电力销售和 12.5 万客户的供电服务工作。

（黄珊）

国网北京市电力公司亦庄供电公司

经理 张心阳

天然气

北京燃气集团第四分公司调整天然气价格

3 月，北京市燃气集团有限责任公司第四分公司根据市发展改革委印发的《北京市发展和改革委员会关于调整本市非居民天然气销售价格的通知》（京发改〔2020〕1600 号）文件精神，从 2021 年 3 月 16 日起对本市非居民用管道天然气销售价格进行调整，下调 0.31 元 / 立方米。11 月，公司根据市发展改革委印发的《北京市发展和改革委员会关于调整本市非居民天然气销售价格的通知》（京发改〔2021〕1528 号）文件精神，从 2021 年 11 月 15 日起对本市非居民用管道天然气销售价格进行调整，自 2021 年 11 月 15 日至 2022 年 3 月 15 日上调 0.35 元 / 立方米；自 2022 年 3 月 16 日起，取消上调。

（张天娇）

华油联合马驹桥分公司召开分析会

10 月 22 日，北京华油联合燃气开发有限公司马驹桥分公司针对秋检巡查和入户安检中发现的隐患，召开缺陷及隐患分析会。会议对巡查检查中发现的 12 个问题进行逐条分析，制订就地整改、停气检修、不停气作业、应急储备等方案；对 4 个较大缺陷及隐患问题，确定整改措施和整改时限，严格执行“发现—评估—治理—验收—销项”闭环管理模式；规范管理流程，提高工作效率，对报告、侦察、作业、销项等各个环节，实现“痕迹管理”，方便“追

北京市非居民用管道天然气销售价格一览表

单位：元 / 立方米

用气分类		2021 年 3 月 16 日之前	2021 年 3 月 16 日—11 月 14 日	2021 年 11 月 15 日—2022 年 3 月 15 日	2022 年 3 月 16 日及之后
工商业用气	城六区	3.18	2.87	3.22	2.87
	其他区域	2.94	2.63	2.98	2.63
发电用气		2.60	2.29	2.64	2.29
供暖、制冷用气	城六区	2.78	2.47	2.82	2.47
	其他区域	2.54	2.23	2.58	2.23

本溯源”；落实安全责任，筑牢安全防线，多措并举确保冬季燃气供应。

（刘烁）

华油联合马驹桥分公司门站示范站建设

年内，北京华油联合燃气开发有限公司马驹桥分公司开展门站示范站建设。建设内容包括在工艺中增加热水循环系统，消除冬季调压器冰堵的毛病；在装置区加装 360° 红外云台遥测泄漏仪，能第一时间探测到由冬季气温变化引起的机械连接松动而导致的燃气泄漏；设置 8 个近场通信（NFC）打卡点，记录人工小时巡检。

（刘烁）

华油联合马驹桥分公司线路巡视

年内，北京华油联合燃气开发有限公司马驹桥分公司开展线路巡视工作。其中，巡线班组开展定位采集专项工作，做到“一巡多用”；要求员工做到“四到”（脚到、眼到、手到、心到），对关键点进行巡视，动态记录并跟踪隐患管理过程；利用可燃气体检测仪、红外测温仪等设备，提高巡视效率，扫除线路隐患盲区、死角。全年开展巡视工作 6 场。

（刘烁）

·燃气公司·

北京华油联合燃气开发有限公司

2021 年，北京华油联合燃气开发有限公司（简称华油联合）销售气量突破 6.37 亿立方米，其中经开区销售气量为 3.42 亿立方米。公司在经开区有天然气管网 97.13 千米，其中次高压及以上管线 18.81 千米、中压管线 35.67 千米、低压管线 42.65 千米。经开区管辖区域北至开拓 5 号厂，南至瑞和路，东至永昌中路，西至南海子东路；辖区内有场站 4 座、高中压调压柜 13 个、中低压调压柜（箱）85 台、钢制阀门井 50 个、PE 阀门井 93 个，累计有通气用户 7066 户，包括工商服用户 123 户。

华油联合成立于 2001 年 6 月 22 日，注册资本为 1000 万元，位于经开区宏达南路 7 号。公司主要负责经开区、门头沟区、通州区、大兴区、昌平区、山东齐河开发区和绥中开发区等地区的天然气供应，是一家集项目投资、开发、建设、运行管理于一体的综合性、专业化燃气公司。

（刘烁）

北京华油联合燃气开发有限公司

总经理 王涛

北京北燃港华燃气有限公司

2021 年，北京北燃港华燃气有限公司（简称北燃港华）实现天然气销售 7401 万立方米，实现产值 17887 万元，比 2020 年增长 14.8%。北燃港华在路东区供气服务主要以工商客户为主，截至 2021 年年底，工商用户有 271 户、公司通气居民用户有 10403 户，建设市政燃气管线 50.36 千米。年内，北燃港华增建 1 座 50000Nm^3/h 次高压 A 调压站并并网通气；打造综合能源智慧园区试点项目，融入近零能耗建筑、分布式光伏、储能、智慧园区平台等元素，完成园区整体设计；执行“小微工程 2.0”实施方案，提升报装体验。公司连续 5 年被评为北京市诚信创建企业。

北燃港华成立于 2005 年 1 月 26 日，注册资本为 4440 万元，位于经开区荣华中路 19 号，主要从事管道天然气经营。2005 年 3 月 16 日，公司与北京市原市政管理委员会签署经开区东部区天然气特许经营协议，特许经营年限 25 年，成为北京市第一家获燃气行业特许经营权的企业。2006 年 6 月，公司获质量、环境、职业健康安全管理体系的认证证书；8 月，获北京市燃气经营许可证，具备在特许经营区域内开展燃气生产经营活动的资质。2015 年 10 月，公司获北京市燃气供应企业二级安全生产标准化证书。

（刘彬彬）

北京北燃港华燃气有限公司

总经理 刘晓刚

北京市燃气集团有限责任公司第四分公司

2021 年，北京市燃气集团有限责任公司第四分公司（简称北京燃气集团第四分公司）的管辖范围为莲花池东路、莲石路、南二环以南的丰台区、大兴区、亦庄新城；辖区内共有天然气管线 5002.71 千米，调压站 74 座，调压箱 5017 座，闸井 4961 座，家庭用户约 139.90 万户，公服及各类生产用户 9170 户。公司设有 12 个职能部门、9 个所属机构，有员工 1010 人，其中具有中、高级职称人员 76 人。公司被市应急管理局评为北京市安全文化建设示范企业。

北京燃气集团第四分公司成立于 2009 年 6 月 16 日，位于经开区宏达北路 5 号。公司经营范围主要包括供应与销售燃气（管道天然气）；销售食品；餐饮服务；销售燃气设备用具、燃气专用设备和施工材料；检测、检修、安装燃气设备；燃气、热力技术开发、技术转让、技术咨询、技术服务；销售电气设备、家用电器、日用百货、厨房用具、卫生间用具、五金交电（不含电动自行车）、家具、装饰材料；设计、制作、代理、发布广告、家庭服务（不符合家政服务通用要求不得开展经营活动）、票务代理。公司担负着市场开发管理，新用户发展管理，用户服务管理，燃气销售管理，区域内管网的运行、维护、带气作业及急抢修作业（中压 A 级以下压力级别）、外线拆改迁工程以及部分外线技改工程管理等职能。

（张天娇）

北京市燃气集团有限责任公司第四分公司

总经理 段卫东

热力（热电）

开拓热力极端天气应对

1 月，北京博大开拓热力有限公司为应对寒潮，制定实施应对极端天气供暖的具体措施，研究解决供暖工作中的具体问题，保障经开区企事业单位和居民对供暖的需求，平稳应对 1 月 5 日由寒潮带来的北京市 21 世纪最低气温。7 月 11 日，开拓热力为应对北京市强降雨天气，启动应急机制备战汛情，组织以党员为骨干的 6 支汛期抢险队伍，累计投入防汛人员 225 人次，出动巡检车 20 辆、发电机 16 台、抽水泵 19 台、沙袋若干；封堵辖区内 37.37 千米的热力管线、520 余座井室的 2068 个井盖和所有地下换热站，加强市政井室巡视检查，避免雨水倒灌热力井室而造成管线撞击。

（董迪）

华润协鑫热水锅炉改造

华润协鑫改造#1余热锅炉凝结水加热器及热水锅炉 谭艳 摄

5月、9月，华润协鑫（北京）热电有限公司对存在频繁泄漏问题的#1、#2余热锅炉凝结水加热器及热水锅炉开展改造工程。改造工程包括更换热水锅炉，凝水加热器的上、下联箱和下降管，在下降管与联箱连接处安装加强管座。改造后设备运行正常，无渗漏现象，排烟温度下降20℃，锅炉热效率提高4.9%，热水炉流量增加近一倍，提升设备安全性。

（谭艳）

开拓热力推出“云客服”系统

7月1日，北京博大开拓热力有限公司推出“云客服”系统，通过开设“开拓热力云客服”微信公众号，搭建线上缴费、开票、报修综合智能服务平台，用户可通过微信公众号办理业务。截至2021年年底，“开拓热力云客服”微信公众号的关注人数达18558人，约占居民采暖用户数量的69.4%；用户通过该系统缴费21507次，缴费金额为7722万元；接收报修咨询5139次。

（董迪）

开拓热力光伏电站项目并网发电

7月20日，北京博大开拓热力有限公司建设的一号热源厂太阳能分布式光伏电站（三期）项目并网运行。该项目位于经开区宏达北路6号，占地面积约为1190平方米，光伏板面积为898平方米，总装机容量为182.16千瓦，年发电量可达18万千瓦·时，可减少二氧化碳排放108.6吨，提升节能降耗成效，优化厂区绿色环境。

开拓热力一号热源厂太阳能分布式光伏电站项目 田艳军 摄

（董迪）

开拓热力组建绿能公司

8月23日，北京博大开拓热力有限公司与北京天诚同创电气有限公司共同出资2亿元组建北京亦城金风绿能有限公司，其中开拓热力出资1.02亿元成为其控股公司。该公司主营业务为太阳能发电、风力发电、风光储能、能源站及碳中和园区建设等；于12月完成亦城科创家园光伏项目一期工程，装机容量为341.1千瓦。

（董迪）

· 热力（热电）公司 ·

北京博大开拓热力有限公司

2021年，北京博大开拓热力有限公司（简称开拓热力）的营业收入为5.57亿元，实现净利润3445万元。员工有428人，平均年龄为40岁，其中高级工程师5人、注册安全工程师5人，具有中级职称人员14人、大专及以上学历人员214人。公司下设6家专业分公司，所辖5个热源厂、6个区域锅炉房，蒸汽供应能力为935

吨 / 小时，高温热水安装容量为 473.47 兆瓦。截至 2021 年年底，公司总供暖面积为 1473.4 万平方米，拥有企业用户 309 户，供热居民小区 36 个，居民用户 40720 户；供热区域包括经开区的核心区、路东区、路南区、河西区和经开区以外区域 5 个部分；拥有区域热网 4 个（核心区、路东区、路南区、河西区），总管网长度 364.45 千米，换热站 34 个，窨井 1951 座。年内，开拓热力新增企业用户 11 户，新增供热居民小区 2 个，新增供热面积 65 万平方米；推进节能环保减排工作，单位产品综合能耗为 37.08 千克标准煤每吉焦，低于《北京市供热系统运行能源消耗限额》标准要求限定值 40.5 千克标准煤每吉焦及准入值 38.1 千克标准煤每吉焦。公司获资金类补贴、专项奖励 1522 万元；市级荣誉 1 项、区级荣誉 5 项；用户服务满意度为 99.9%。开拓热力位于经开区宏达北路 6 号，前身为成立于 1993 年 10 月 30 日的北供热厂，1995 年更名为开发区热力公司，1996 年 1 月 10 日更名为北京开拓热力中心，2011 年 8 月 23 日改制更名为北京博大开拓热力有限公司，注册资本为 5.78 亿元。公司作为经开区的城市基础设施单位，承担着经开区内企事业单位及居民的生产和生活用热保障。同时，负责经开区市政管网应急抢险抢修工作和北京市供热应急接管、代管工作，是北京市 39 支供暖应急抢险队之一。

（董迪）

北京博大开拓热力有限公司

执行董事 李树栋

总经理 黄　诚（10 月任）

李树栋（10 月免）

华润协鑫（北京）热电有限公司

2021 年，华润协鑫（北京）热电有限公司（简称华润协鑫）完成发电量 6.93 亿千瓦 · 时、供热量 167.91 万吉焦。员工有 88 人，其中具有中、高级职称 8 人，注册安全工程师 2 人。年内，华润协鑫组织开展 EHS 内部检查 19 次、安全行为观察活动 397 次、应急预案演练 20 次、安健环隐患排查治理 55 次；开展 EHS 检查回头看活动，隐患整改完成率达 95.6%；组织相关方人员入厂开展安全教育及再教育 51 次，培训 176 人，制止违章行为 10 次，全年未发生相关方安全事故；完成 1 台机组 A 级检修、3 台机组的 C 级检修及设备预防性试验工作；实施技术改造 15 项，涵盖燃机、热机、电气等专业，实现技术更新，提升设备可靠性。截至 2021 年年底，公司累计实现连续安全生产 5671 天。

华润协鑫成立于 2004 年 9 月 9 日，注册资本为 2.47 亿元，是港澳台与境内合资企业，主营业务为在经开区内投资建设、经营、管理天然气联合循环热电厂，提供供电、供汽服务，维护、技术服务，货物进出口、技术进出口、代理进出口。

（谭艳）

华润协鑫（北京）热电有限公司

总经理 齐寒

通信

经开区邮政支局参与保障服务工作

3 月，中国邮政集团有限公司北京市经济技术开发区邮政支局参与“两会”服务保障工作，成立临时邮局，选派 9 名员工为“两会”驻地提供邮件收寄、邮件投递、集邮服务等，累计投递报刊29850份，收寄EMS、快递包裹、平常信函439件。9月10—13日，经开区邮政支局参与2021世界机器人大会服务保障工作，成立世界机器人大会临时邮局，选派4名员工参与服务，为大会制作个性化邮品4000册，提供邮件收寄及明信片现场打印服务。

（刘明明）

亦庄电话局助力“大都东南”科技艺术节

5月28日，中国联合网络通信有限公司北京市七区分公司亦庄电话局作为首届“大都东南”科技艺术节特邀的通信保障单位，在活动现场利用应急通信车临时开通5G基站，将5G信号覆盖全部活动区域，同时利用5G切片技术提供专属无线带宽，保障现场4K超高清网络视频直播信号的传输。本次活动是经开区内首次采用RB资源预留和GBR双重保障的5G切片技术的实际应用，也是首次在应急通信车条件下实现5G切片技术应用的落地。

（孙羿）

亦庄电话局AI技术协助用户提高满意度

6月，社会保险保障中心由于经开区扩区赋权后大批企业转入，热线话务量激增，导致话路拥塞，直接影响话务接通率，为保障企业和普通民众诉求处理质量，中国联合网络通信有限公司北京市七区分公司亦庄电话局对社会保险保障中心的有关数据进行详细分析，利用联通冬奥AI技术对话路策略进行调整。该技术智能度高、灵活度强、能够实时更新知识库及相关信息。此次建设智能型服务热线，进一步营造便利化的营商环境，提高政务服务的满意度。

（田迅铭）

亦庄电话局响应新冠肺炎疫情保障

10月，经开区根据新冠肺炎疫情变化提前启动新型冠状病毒疫苗接种及相关疫情防控工作，为确保接种数据准确传递到疫情防控部门，中国联合网络通信有限公司北京市七区分公司亦庄电话局协调网络建设部门，搭建疫情保障线路，同时利用联通大数据精准推送的优势，向需要接种疫苗的民众发送特别提示短信10万余条，为疫情管控工作提供帮助。

（张盛）

亦庄电话局设计5G切片专属定位平台

11月，中国联合网络通信有限公司北京市七区分公司亦庄电话局携手中国联合网络通信有限公司（简称中国联通）设计全国首例“5G+MEC边缘云”专属定位平台，协助区内企业进行数字化转型，建设5G数字智慧工厂。中国联通12名5G传输及云平台设计专家与亦庄电话局2名无线通信技术专家到北京集电控股有限公司，利用5G工业专网及MEC边缘云技术，设计“5G+MEC边缘云”专属定位平台方案，用于其工厂的生产经营。该方案为全国首创，摒弃传统的传输方案，仅使用5G信号作为传输介质，利用其高带宽、低时延的特点，做到对生产设备的精准定位。此外，方案中的MEC边缘云支持云边协同、多厂区互联，结合工业专网的内部安全性，打造5G数字智慧工厂。

（田迅铭）

歌华有线经开区分公司为小区开通信号

年内，北京歌华有线电视网络股份有

限公司经济技术开发区分公司为新建小区中海北京世家、中海墅、金隅·金麟府开通高清交互有线电视信号，覆盖居民用户2210户。居民可收看数字节目221套、模拟节目9套、广播12套、服务5套。

（李倩）

歌华有线经开区分公司服务进社区活动

年内，北京歌华有线电视网络股份有限公司经济技术开发区分公司在辖区内和悦华锦社区开展服务进社区活动，为居民办理宽带、收视费收缴、机顶盒置换、服务咨询等业务，发放宣传册，覆盖居民用户2000余户。

（李倩）

经开区邮政支局提升服务质量

年内，中国邮政集团有限公司北京市经济技术开发区邮政支局开展专项活动，引导员工增强服务意识，提升服务质量水平。在“双十一”期间，经开区邮政支局累计进口快递包裹、标准快递包裹、约投挂号27.32万件，邮件妥投率、及时率均达到标准要求，邮件、工单无积压。全年收到表扬信38封、锦旗2面。

（刘明明）

经开区邮政支局落实安全生产责任

年内，中国邮政集团有限公司北京市经济技术开发区邮政支局落实安全生产责任，与下属12个网点签订安全生产责任书，制订安全月工作计划，累计检查支局、网点160余次；领导带队夜查网点安全工作落实情况32次，查出安全隐患3处，并及时予以解决；定期组织金融网点开展防抢、防火、防盗、防诈骗等安全演练，提升员工应对突发事件的处置能力；强化安全管控，逐级签订安全保障承诺书、责任书、保证书，保障寄递渠道安全；做到消防安全保障到位，采取集中学习或逐一培训的方式，将电器使用方法、电池充电要求及灭火器的正确使用方法等培训送到基层；严格落实防疫要求，为各网点配备口罩、消毒液、体温枪等防疫物资，组织员工进行疫苗接种及核酸检测，全体员工未出现疑似病例和确诊病例。

（刘明明）

·通信公司·

北京华开有线电视网有限公司

2021年，北京华开有线电视网有限公司（简称华开有线）完成隆盛大厦原公司办公区的搬迁腾退工作；保障“两会”驻地的电视信号正常；配合完成2022年北京冬奥会召开前期全区的工程安全检查；承接南海子公园派出所电视信号接入工程。截至2021年年底，公司建设的有线电视传输网络覆盖经开区50余个居民小区、20余个工业园区，全网线缆敷设总里程为900千米、接收端口总数量超过13万个，覆盖各类电视用户总计3万余户，包括路东区5000余户、核心区1.5万余户、河西区近9000户，并为100余家驻区企业提供有线电视节目信号，网络覆盖经开区近60平方千米。公司累计为经开区居民用户或企业用户发放和置换标清、高清数字电视机顶盒合计近3万台，在网传输100余套数字电视节目信号，包括20余套高清电视节目；长期为驻区政府部门、公务机构、学校、幼儿园、医院减免有线电视工程费、收视费用。公司在经开区超过10个居民小区内持续开展基于有线电视CABLE电缆的宽带上网业务，CABLE 方式上网服务的居民户接入率约为 10%，为居民提供 50 兆和 100 兆两种速率的宽带接入服务，维持、发展个人宽带上网用户约 1000 余户。

华开有线 1994 年获北京市广播电视局行文批准，受经开区管委会委托，负责经开区全区范围内有线电视传输网络的建设运营。

（席志斌 刘伟）

北京华开有线电视网有限公司

董事长 焦志祥

总经理 赵 龙

中国邮政集团有限公司北京市经济技术开发区邮政支局

2021 年，中国邮政集团有限公司北京市经济技术开发区邮政支局（简称经开区邮政支局）实现业务收入 9438 万元，有员工 288 人，有邮政网点 5 个、营业部 5 个、投递部 2 个。截至 2021 年年底，公司服务面积约为 175 平方千米，包括经开区核心区、亦庄镇、瀛海镇、旧宫镇、博兴街道、荣华街道，服务人口约 37 万人、注册企业约 4 万余家。

经开区邮政支局成立于 2002 年 5 月 15 日，位于经开区隆庆街 4 号，为经开区内企事业单位及居民提供全方位的邮政服务。2020 年 8 月 13 日，公司由中国邮政集团公司北京市经济技术开发区邮政支局更名为中国邮政集团有限公司北京市经济技术开发区邮政支局，企业类型由全民所有制分支机构转变为有限责任公司分公司。

（刘明明）

中国邮政集团有限公司北京市经济技术开发区

邮政支局 局长 刘洪杰（3 月任）

刘东霞（3 月免）

北京歌华有线电视网络股份有限公司经济技术开发区分公司

2021 年，北京歌华有线电视网络股份有限公司经济技术开发区分公司（简称歌华有线经开区分公司）的有线电视注册户数为 33813 户，覆盖 49 个居民小区、5 个工业园区。年内，歌华有线经开区分公司为辖区内用户传输模拟网中电视节目 58 套，标清数字网中有模拟节目 9 套、数字节目 137 套、广播 12 套、服务 2 套，高清交互数字网中有数字节目 221 套、模拟节目 9 套、广播 12 套、服务 5 套；为政府和区域内各企事业单位提供网络建设、系统集成等方面的信息化服务；春节、“两会”等重大节日和活动期间，启动重要保障期安全传输保障机制，完成有线电视安全传输保障和用户服务工作。

歌华有线经开区分公司成立于 2007 年 9 月 5 日，位于经开区贵园东里 51 号。公司负责推进经开区有线电视用户数字化、高清化；有线广播电视网络的经营管理和维护；广播电视节目收转、传送；广播电视网络信息服务。

（李倩）

北京歌华有线电视网络股份有限公司经济技术

开发区分公司 总经理 田秋

中国联合网络通信有限公司北京市七区分公司亦庄电话局

2021 年，中国联合网络通信有限公司北京市七区分公司亦庄电话局（简称亦庄电话局）新敷设 76 条光缆链路，链路总长度约为 43.12 千米。截至 2021 年年底，公司完成对区域内 416 家企事业单位的 5G 覆盖，5G 网络覆盖率为 82.7%，普通道路基站覆盖率为 98.9%，用户光纤覆盖率为 97.4%。年内，亦庄电话局加大对经开区 5G、多接入边缘计算技术（MEC）等新型基础设施的建设；携手中国联合网络通信有限公司设计全国首例“5G+MEC 边缘云”专属定位平台；作为首届“大都东南”科技艺术节特邀的通信保障单位，利用应急通信车临时开通 5G 基站，将 5G 信号覆盖全部活动区域。

亦庄电话局成立于 2008 年，位于经开区中和街 1 号，是经开区通信主导服务运营商，主要负责区内企事业单位、政府机构和公众用户的基础通信业务、相关数据传输业务，以及负责向企业用户提供定制化的大数据、物联网、云集成等新型通信服务解决方案。公司服务面积约为 59.6 平方千米，服务区域北起自东马路，向西沿南五环路至旧忠路，经公园北环路往南至新凤河路，自新凤河路、凉水河二街、博兴三路、西环南路、科创十七街向东至经海九路，从经海九路向北往嘉创路、东渠路方向至东马路。

（田迅铭）

中国联合网络通信有限公司北京市七区分公司
亦庄电话局 局长 刘杨

市政设施

概况

2021 年，经开区完成各类市政设施养护计划，完善内控管理机制。探索未出让地块管理新模式，盘活存量资源，新增各类临时停车位近 3000 个。开展慢行系统示范区建设工作，首次完成慢行交通服务全域评价，对慢行交通开展系统性“体检”，多项指标位居全市前列。完成 110 余条城市道路、6 座天桥人行步道、盲道和坡道无障碍改造任务，改造面积超过 1.10 万平方米。完成 10 所学校门前道路交通安全设施改造工程，改善重点地区交通环境。启动新建公厕项目建设工作，并完成前期手续办理。

（高新伟 付铠）

新建公厕项目前期手续办理

3 月 23 日，城市运行局完成《北京经济技术开发区公共厕所专项规划（2020—2035）》方案编制汇报工作；7 月 10 日，确定项目可研编制和勘察单位，开展可研编制及勘察测量工作；10 月 28 日，取得项目立项批复。本期共建设 7 座公厕，其中河西区 5 座、核心区 1 座、河东区 1 座（移动式），工期 8 个月，总投资 672.44 万元。

（高新伟 秦晓兵）

无障碍设施公厕提升改造

9 月，城市运行局推进同济南路、隆庆街、博大公园等 14 座无障碍设施公厕提升改造项目，完成验收并投入使用。提升改造项目包括在公厕内加装多功能设施挂钩、置物台、侧方位取纸器及无障碍横幅把手等设施，并对无障碍标识进行完善。提升改造后，经开区公厕全部符合《无障碍设计规范》要求，改善肢体障碍者如厕环境。

（国会民）

“十四五”基础设施发展规划印发

12 月 6 日，经开区管委会印发《北京经济技术开发区“十四五”时期基础设施发展规划》（京技管〔2021〕165号）。规划明确，在“十四五”时期，经开区加速提升经开区交通设施、市政设施、新基建设施三大领域保障性基础设施承载能力，构建智能高效的基础设施体系，为经开区可持续发展提供保障，力争到2025年，完成区域承载能力明显提升、服务保障能力更加充裕、生态环境质量显著改善、新型基础设施体系基本建成的规划目标。

（陈知晖）

首次完成慢行交通服务全域评价

年内，城市运行局首次完成“13+3”慢行交通服务全域评价，评价体系中13项为评价指标（自行车交通系统评价指标5项、步行交通系统评价指标4项和出行环境评价指标4项）、3项为加分指标。评价结果显示，经开区自行车道宽度2.5米以上比例、路幅宽度12米以上，道路独立自行车道设置率、步道通行宽度2米达标率、设施占用步道率、机动车违章侵入步道率、慢行林荫覆盖率、自行车交通投诉率、步行交通投诉率等多项指标居全市前列，形成具有经开区特色的慢行系统示范区，为全市慢行交通服务提供“亦庄经验”。

（高新伟 付铠）

停车位新增近3000个

年内，城市运行局利用60、E9、E18、X69等未出让地块新建、扩建临时停车场，缓解北京京东乾石科技有限公司和威讯联合半导体（北京）有限公司等区内重点企业及北京市建华实验亦庄学校、亦城文园、定海园社区的停车难问题，累计新增停车位近3000个。

（高新伟 付铠）

市政设施养护

年内，城市运行局围绕市政道路养护，借鉴工程项目管理模式，创造性引入第三方专业监理单位，在养护计划、养护进度和养护资金等方面发挥第三方专业监理的专业性、公正性和独立性优势；编制完成《城市运行局市政设施处市政道路、桥梁及照明养护管理办法（试行）》，明确养护巡查、施工质量、文明安全施工、应急处置、竣工验收等规定，养护工作闭环管理逐步形成，科学养护能力进一步提升，探索从传统养护向预防性养护转变。

（高新伟 付铠）

无障碍设施改造超万平方米

年内，城市运行局推进无障碍环境建设，以2022北京冬奥会、冬残奥会为契机，以城市道路、公共交通、公共服务场所等为重点领域，完成110余条城市道路和6座天桥的人行步道、盲道和坡道的无障碍改造任务，改造面积超过1.10万平方米。此外，城市运行局结合首次开展的慢行交通服务评价工作，排查、修复不合格道路交通无障碍设施，对相关工作开展“回头看”，确保人行步道、盲道设置符合规范要求，步道缘石坡道的坡口与车行道之间没有高差。

（高新伟 付铠）

有序充电桩项目试点建设

年内，城市运行局协调北京飞览高科科技有限公司在大雄城市花园建设8个智慧充电桩，破解老旧小区电容量不足、停车位不够等问题。这批充电桩利用峰谷调控、有序充电新技术，在不进行电力基础设施改造的前提下，满足16名新能源车主的充电需求。同时，城市运行局委托北京静态交通投资运营有限公司建立经开区停车诱导系统平台，协调国网北京市电力公司亦庄供电公司将部分公共充电桩资源嵌入系统，居民可在线查询可用充电桩数量，进入停车诱导系统，自动导航至距离最近的充电桩所在停车场完成充电，实现社会公共资源利用率最大化。

（冯丽颖）

开发建设集团推进重点项目

年内，北京亦庄国际开发建设集团有限公司承接亦昭生物园景观施工工程，如期完成年内工作计划；承接北京博大万源公寓改造提升项目、华丰燃料电池有限公司研发及生产厂房项目、北京昭衍新药有限公司研发厂房二期项目、麦克奥迪光电工业园二期及食堂装修等项目管理；启动《安置房规划综合实施方案》编制，编制完成安置房项目总体工作计划；完成河西区市政及景观整治提升方案；马驹桥智造基地2.2平方千米区域实现土地供给，5、6号地完成征地结案，非住宅拆迁腾退工作方案获批，完成马驹桥智造基地2.2平方千米区域再生水厂项目征地组卷申报、马驹桥智造基地4平方千米项目辛四路—04征地组卷申报；实现集贤回迁安置房项目主体结构封顶，市政道路工程建设同步推进；实现投影光刻机曝光光学系统研发及批量生产基地项目所有单体封顶；中国（北京）高新视听产业园建设项目完成竣工验收备案；市郊铁路亦庄线取得多规合一初审意见及环境影响评价批复；办理马驹桥智造基地5条支路前期建设程序。

（巨德慧　朱晓明）

开发建设集团推进“12平方公里”项目

年内，北京亦庄国际开发建设集团有限公司代亦庄控股开发的“12平方公里”项目按计划推进，启动“12平方公里”亦柏路以东项目（3.3区域）融兴街（东段）征地组卷申报；完成“12平方公里”项目东合盛街及瑞合东三路道路工程、融兴街污水管线工程、宏农路管线工程；融兴街道路、融兴街电力等工程开工建设，为中芯京城一期工程等重大项目提供市政保障。

（巨德慧　朱晓明）

交通路政

概况

2021年，经开区通过推进区域堵点治理、巩固交通执法整顿、提升公共交通系统服务能力、推动智慧交通加快发展，提升区域交通的综合治理能力。通过建立多元化的监管体系、完善机制、细化任务、明确目标，推进经开区交通运输行业各项工作任务，统筹结合经开区城市交通体系资源，推进经开区交通行业健康有序发展。

（宋萍）

共享单车规范管理

4月，城市运行局完成公共自行车全面退出市场工作以及居民公共自行车退卡工作。7月1日，城市运行局引入首批区域定制单车，在区内陆续投放2万辆（1.5万辆运营、0.5万辆储备）定制版哈啰单车，使用方法和价格与哈啰单车相同，其车身颜色与经开区标识专属颜色一致，印有“哈啰出行”和“北京·亦庄”字样，便于识别、使用和管理。年内，城市运行局为加强共享单车精细化管理，推行“电子围栏”应用技术，设置41处哈啰单车规范停车区，安装蓝牙道钉991个，避免车辆无序停放；安排巡查人员对非机动车乱停乱放集中区域进行治理，早晚高峰期派专人定位引导停放、码放车辆，维持秩序。

城市运行局规范共享单车管理　　单位提供

（宋萍）

“十四五”交通综合规划印发

11月25日，经开区管委会印发《北京经济技术开发区十四五时期交通综合规划》（京技管〔2021〕148号）。规划明确，在“十四五”时期，经开区全面提升交通承载能力与出行品质，为建成世界一流的产业综合新城打下坚实基础。经开区将遵循“精细化、绿色、智慧”的核心理念，力争到2025年，进一步落实“大交通”发展理念，支撑新城高质量发展与空间结构优化，全面提升“通勤流、商务流、产业物流”出行品质和运行效率，打响“智慧交通”名片，努力构建“高效、开放、绿色、智慧”的现代化典型交通示范区，打造基本没有“交通病”的标杆城区。

（陈知晖）

道路运输疫情防控措施

年内，城市运行局紧盯道路运输重点人群，组织全员核酸检测，征用停车场搭建检测帐篷，配合检测机构完成检测任务；建立台账（重点人群台账、检查情况台账、企业督办台账），确保人员有底数、措施能落实、要求迅速传达到位；每日更新重点人群检测情况、中高风险人群情况、返京人员情况3个动态，利用在线数据实时掌握企业新冠肺炎疫情防控重点情况；做好日常检查，除检查“一米线”设置、戴口罩、扫码登记、消杀等日常疫情防控措施的落实情况，要求重要场所一日消杀5次、重要保障岗位采取不见面交接班；对清运人员开展培训，全部过程与中转站均封闭管理，严格履行行业职责，做好疫情防控工作。

（宋萍）

定制公交多样化服务

年内，城市运行局根据《北京经济技术开发区人才“定制公交”、“定制班车”实施细则》要求，与北京公交集团亦庄运营管理有限公司拓展定制公交多样化服务，通过前期调研市场需要，结合经开区内路网结构等条件，为区内北京燕东微电子有限公司、北京立生房地产经纪有限公司、康龙化成生物医药有限公司、北京市地铁运营有限公司运营一分公司4家企业开通6条定制班车线路的接送服务。

（宋萍）

道路停车改革

年内，城市运行局推进道路停车改革工作，引入智慧停车系统，推进停车设施有偿错时共享，在23个经营性停车场内提供共享车位4176个；提升停车场管理水平和服务标准，在 50 个试点停车场完成可识别新能源车辆专用地锁安装工作，在北京市率先破解油车占位难题；推进停车设施智能化，在首都医科大学附属北京同仁医院经济技术开发区院区等 8 个停车场加装 ETC 识别设备；推进第二批路侧电子化收费，完成 4 条道路 233 个车位的电子收费设备安装，经开区路侧停车改革工作完成。

（宋萍）

公交网络优化

年内，城市运行局推进地面公交线网优化，打造“结构清晰、功能明确、层次分明”的地面公交线网体系。全年优化完成 184 路、兴 58 路、685 路 3 条公交线路，新开通专 231 路、专 232 路、兴 42 路、兴 74 路及快速直达 44 路 5 条公交线路。其中，专 231 路以泰河三街西站为起点、兴海三街东口为终点，途经鹿海园三里南门、南海家园五里、海梓府小区等站点；专 232 路以丽水路为起点、汇龙森科技园为终点，途径地铁经海路站、地铁次渠北站、铺西路西口等站点；兴 42 路以中信新城为起点、金融谷为终点，途径枫丹壹号、怡景名苑、贵园南里等站点；兴 74 路以地铁瀛海站为起点，经过环线行驶返回地铁瀛海站，途径瀛海庄、红星医院、敬老院等站点；快速直达专线 44 路以开发区交通服务中心为起点、融兴北二街西口为终点，途径太和庄东村、兴海一街战、凉水河一街等站点。

（宋萍）

交通综合治理

年内，城市运行局落实市委、市政府交通综合治理工作要求，推进交通综合治理，组织实施重点区域综合治理，以大族广场商圈为试点，编制完成《大族广场周边交通综合治理方案》，实施交通综合治理整治工作，改善周边交通运行环境。

（宋萍）

非机动车专项治理

年内，城市运行局依托网格化管理和综合执法机制，在荣华路、荣京街沿线的大族广场、力宝广场等重点商业及企业周边开展非机动车专项治理工作，成立“驻站组”和“机动组”，采取流动执法、驻点筛查、突击检查等方式，保障周边非机动车秩序正常有序。

（宋萍）

交通运输行业监管

年内，城市运行局与市级、大兴区和通州区交通部门加强对接，通过政府采购公开招标购买服务，承接经开区“60 平方公里”范围内公共交通（1 家）、道路客运（4 家）、租赁（21 家）、货运（267 家）、机动车维修（51 家）和静态交通（共享单车 2 家、经营性停车场管理单位（78 家）的日常监管工作。全年检查企业 603 家，出动车辆 599 台次、检查人员 1417 人次；发现企业存在问题 206 件（处），要求立即整改 187 件（处）、限期整改 19 件（处），问题整改率达 90.77%。

（宋萍）

亦庄城市服务集团推进停车场智慧化改造

年内，北京亦庄城市服务集团有限公司全资子公司北京亦庄智慧交通科技有限公司承接隆盛产业园、亦城亦景、亦城亦禧 3 个项目停车场运营业务，共计 3145

个车位；完成永晖大厦、青年公寓出入口设备、亦城国际中心快速通行门的规划设计和施工安装，提升停车综合解决方案提供能力；完善亦速泊智慧停车平台的服务功能，实现数据接入经开区智慧停车资源管理平台；对博大大厦西侧、亦城亦景、亦城亦禧停车场进行智慧化改造，实现无人化值守收费；为博大大厦西侧停车场的充电桩增设夜间照明设施；推动亦城财富中心、亦城国际中心等 20 个停车场接入经开区智慧停车资源管理平台。

（姜美竹）

市容环境

概况

2021 年，经开区开展春节景观布置工作；启动道路残尘量检测和网格划分工作，推进垃圾分类等市容环境工作，高质量完成“无废城市”建设试点工作，并在建筑垃圾及装修垃圾清运工作上实现零突破；完成《经开区户外广告设施设置规划》编制招标工作，落实冬季扫雪铲冰和居民供暖工作。

（常芯悦）

春节景观布置

春节前，城市运行局结合经开区实际环境，将传统文化与经开区特色、冬奥会元素有机融合，打造欢乐祥和中国年。其中，围绕“传统节日”“亲民”等主题，首次将景观布置引入博大公园、企业文化园，并在景观布置上融入冬奥会元素；在景观装饰上遵循环保的原则，大部分装饰品来自 2020 年装饰的“旧物”，通过添置少量新物件，结合投影灯等多种形式，使“旧物”不旧，达到为景观装饰布置增添新意的效果，向群众传递节约、环保生活理念；统筹安排经开区春节景观布置方案，在公共区域布置团团圆圆过新春、冬奥冰雪运动、泡桐花又开、创新科技贺新春、红红火火过大年 5 个主题景观；开创性地在企业文化园和博大公园设置冰雪景观。2021 年经开区春节景观被《北京日报》评为十处市民最喜爱的新春景观第一名。

（于丹丹　常芯悦）

户外单立柱广告拆除

户外单立柱广告拆除　　单位提供

3 月，城市运行局对经开区户外单立柱广告进行摸排，建立单立柱台账，制订《户外立柱式广告设施拆除项目实施方案》，并与单立柱产权单位沟通确定拆除计划和拆除细节。截至 2021 年年底，经开区 38 块单立柱广告全部拆除完成，出动人员 500 余人次、设备车辆 150 余车次。

（周文博）

首次网格划分

9 月，城市运行局按照《首都城市环境建设管理委员会关于印发全区统一网格划分的实施方案的通知》（首环建管［2021］4 号）要求，启动经开区范围内首次网格划分工作。按照市级构建“一网多层、一体多维、一格多元”全要素网格管理体系的总体思路和“全市域覆盖、全要素统筹、全信息共享”的划分原则，以社会事业局提供的四至为区域边界，与“两区四镇”（“两区”即大兴区和通州区，“四镇”即亦庄镇、瀛海镇、台湖镇、马驹桥镇）进行沟通，核实边界。同时，与 3 个街道（荣华街道、博兴街道、经海街道筹备组）进行沟通，基于便于日常工作原则，尊重各街道的建议意见，并按照市级 10 余次调度会要求，于 12 月 29 日完成经开区网格划分工作，共划分一级网格 1 个、二级网格 3 个、三级网格 14 个、四级网格 553 个。

（于丹丹）

户外广告规划编制招标

11 月 30 日，城市运行局完成《经开区户外广告设施设置规划》编制招标工作，工作内容包括经开区户外广告设施设置规划总体指导意见、经开区户外广告设施设置街区规划、经开区固定式牌匾标识设施设置指引、经开区城市部件设置导则、经开区广告牌匾及城市部件设置负面清单 5 部分。

（王威）

未出让地块集中整治

年内，城市运行局针对未出让地块集中开展冬季除草、环境整治和秩序管理工作，对部分破损围挡、缺失围挡进行及时更换和加装，覆盖全区 40 个地块，总面积超过 78 万平方米。同时，启动 X24 和 X32 两个样板地块打造工作，在场地平整、围挡加装、绿化美化、视频监控、标志标牌 5 个方面开展规范、有序管理。

（高新伟 付铠）

扫雪铲冰

年内，城市运行局部署各养护单位做好扫雪铲冰工作，并对扫雪铲冰车辆、设备进行清点、检修。降雪期间，累计出动清扫保洁人员 6000 余人次，各类作业车辆 400 余车次，扫雪铲冰设备 1900 余台次。城市运行局做好巡查、指挥、调度及数据报送工作。按照“先重点、后一般”“先中间、后两边”的作业顺序，加大学校、医院、敬老院、桥梁等重点区域的扫雪铲冰作业力度，确保道路积雪不压实、不结冰，保障市民出行畅通。

（张超）

生活垃圾分类日常监查

金地格林小镇社区垃圾分类现场　　张昊雯 摄

年内，城市运行局持续强化生活垃圾分类日常监督检查，实行“监管考核 + 第三方”管理模式，对 32 个居住小区、648 家社会单位及企业园区开展专项检查工作。全年开展 26 轮 2800 余次垃圾分类检查指导，形成检查记录并建立问题台账，通过建账销账的清单化管理落实问题整改。

检查居住小区固定桶站152个、移动桶站31个，桶站“四有+三选配”［“四有”即有防雨棚（桶架）、有标识（LOGO）、有公示牌、有宣传栏，“三选配”即因地制宜选配监控设备、语音提醒设备、洗手装置］达标率为100%，容器完好率为100%。从检查结果来看，经开区生活垃圾分类工作情况总体较好，部分物业存在管理不到位等情况，居民自主分类准确率仍有提升空间。

（郭瑾）

生活垃圾分类示范创建

年内，城市运行局开展全区生活垃圾分类示范小区、示范商务楼宇、示范单位创建工作。经过区级评议、现场核验、市级综合评议等工作程序，截至2021年年底，全区完成6批次12个示范小区创建，覆盖率达43.75%，全市领先；完成1批次7个示范商务楼宇创建；共有38家区级党政机关、事业单位和国有企业参与生活垃圾分类示范单位创建工作。通过创建示范引领，加快垃圾分类从“引领式”向“标准式”转变。

2021年度经开区新增生活垃圾分类示范小区、示范商务楼宇一览表

序号	名称
示范小区	
1	荣华街道一品亦庄
2	博兴街道中芯花园
3	荣华街道林肯公园C区
4	博兴街道经开壹中心
5	荣华街道上海沙龙
6	博兴街道亦城茗苑
7	荣华街道大雄郁金香舍
8	博兴街道悦廷茗苑
9	荣华街道卡尔生活馆
10	博兴街道亦城文园
11	荣华街道新康家园
12	博兴街道观海苑
示范商务楼宇	
1	博大大厦
2	朝林广场
3	大族广场
4	隆盛大厦
5	亦城财富中心
6	亦城科技中心
7	亦城时代广场

（郭瑾）

建筑垃圾运输专项整治方案印发

年内，经开区管委会印发《2021年建筑垃圾运输专项整治工作方案》（京管函［2021］59号）。该方案由城市运行局编制，主要内容包括整治建筑垃圾车辆违法违规运输、施工工地使用非法车辆、建筑垃圾乱倒乱卸、建筑垃圾运输企业违规经营和规范施工工地使用电子运单；强化建筑垃圾督导检查、加强违法违纪线索移送、实施联合惩处等。

（王瑾）

装修垃圾投放点设置和消纳备案

年内，经开区规范居住小区装修垃圾投放点设置和消纳备案工作。全年29个小区完成设置装修垃圾投放点、3个小区未设置装修垃圾投放点；装修垃圾消纳备案率超过90%。

（王瑾）

“无废城市”建设经验总结

年内，经开区系统总结“无废城市”建设经验，形成可复制、可推广的六大示范模式、十大经典案例。其中，“主导产业绿色升级带动全产业链减废提质模式”“危险废物管理管家式服务模式”“服务工业固体废物全生命周期的数字化管理模式”“以无废园区打造城市绿色循环枢纽模式”4 个示范模式入选生态环境部首批优秀试点案例。

经开区“无废城市”建设模式、案例一览表

序号	名称
示范模式	
1	主导产业绿色升级带动全产业链减废提质模式
2	危险废物管理管家式服务模式
3	服务工业固体废物全生命周期的数字化管理模式
4	以无废园区打造城市绿色循环枢纽模式
5	生活垃圾分类产城一体化模式
6	市场体系建设助力节能环保产业培育模式
经典案例	
1	构建无废政策体系
2	建设龙头企业绿色供应链
3	打造小微企业危废管家集中收运体系
4	建设工业固体废物全过程管理体系
5	统一管理经营性产业园区固体废物
6	构建京东绿色物流体系
7	建设生活垃圾分类回收体系
8	回收利用退役动力电池
9	废旧轮胎循环再利用为橡胶沥青路面
10	利用建筑垃圾打造景观公园

（姚静　郭瑾　梁超）

“无废园区”建设指导手册编制

年内，城市运行局以绿色高质量发展为重要着力点，深度剖析区域经济发展与工业固体废物产生的关系，对标国际形成“十四五”期间经开区在产业高质量发展的同时实现固体废物产生总量与产生强度双控制的指导思想，同步编制涵盖 34 项的指标体系及“无废园区”的建设指导手册。此外，按照绿色发展的要求，全年推动区内 9 家企业申报绿色工厂、2 家企业申报绿色供应链管理；结合一般工业固体废物平台的运行情况，从梳理问题、完善功能、加快推广等方面逐步优化平台建设，提升固体废物监管水平。

（姚静　郭瑾　梁超）

建筑垃圾运输台账建立

年内，经开区首次建立建筑垃圾运输企业台账、建筑工地建筑垃圾清运台账，开展日常监管和年度评估工作，与企业签署北京经济技术开发区建筑垃圾运输企业安全责任书，通过北京市建筑垃圾车辆运输管理系统、北京市施工扬尘视频监管平台实现对运输车辆、70 余家施工单位建筑垃圾的动态管理。

（王瑾）

非居民厨余垃圾计量收费

年内，城市运行局按照《关于加强本市非居民厨余垃圾计量收费管理工作的通知》的总体要求，推进非居民厨余垃圾计量收费相关工作。经开区非居民厨余垃圾的收运方式采用直收直运，餐厨垃圾直接送至董村垃圾综合处理厂和南宫垃圾综合处理厂。经开区通过市级平台系统注册新能源餐厨垃圾车辆 11 辆，备案车辆的喷涂、安装的卫星定位设备以及身份的识别系统均满足要求。城市运行局利用经开区官网及微信公众号发布《关于开展非居民厨余垃圾计量收费管理前期统计工作的通知》，发动相关单位开展排放登记工作。截至 2021 年年底，非居民餐厨垃圾排放登记工作完成，合同签订 649 家。

（王威）

园林绿化

概况

2021 年，经开区强化河长制、林长制工作统筹协调作用，推动城市绿化景观和水环境维护；加快推进公园城市建设，启动河西区 6 处口袋公园设计工作；完成重大节日景观布置，推进绿色城市建设。

（孙晶艳　高玉骐）

河长制

年内，河长办推动各级河长履职尽责，各级河长巡查次数累计 303 人次，巡查 350.8 千米，河湖问题整改率达 100%；依托节假日期间开展的“我为群众办实事”——引导市民安全文明游河行动，管理单位与综合执法部门形成联动，压实属地河长责任，累计开展河湖巡查 293 人次，制止不文明、违法违规行为 282 起，出动河湖保洁 193 人次，清理河湖垃圾 150 立方米。

（孙晶艳）

林长制

年内，城市运行局按照经开区“60 平方公里”+ 南海子公园范围，编制印发《经开区关于全面建立林长制实施方案》及 6 项配套制度，构建市、区、街道、社区四级管理体系；召开区级林长调度会，专题部署美国白蛾防治，成立工作专班，落实防控职责；部署杨柳飞絮治理工作，推动群防群治。同时，发布经开区林长令，明确林长公示牌、完善配套制度等 8 项工作任务。

（高玉骐）

口袋公园建设

年内，城市运行局启动河西区 6 处绿地精品化提升工作，谋划建设口袋公园。该工作以“十二花信”为主题，结合绿地基础情况，开展绿地提升方案编制，同时征求并吸纳周边居民意见，不断优化提升方案。截至 2021 年年底，初步完成方案。

（高玉骐）

杨柳飞絮治理

年内，城市运行局成立由土储建设中心、荣华街道办事处、博兴街道办事处、亦庄控股组成的杨柳飞絮综合防治工作组，完成 40272 株杨柳雌株排查，完善台账并进行位置标注和树木标记，精准化、精细化开展湿化作业，完成“抑花一号”药剂打孔注射工作，持续深化推进杨柳飞絮防治工作。

（高玉骐）

海绵城市建设

年内，城市运行局推进海绵城市建设，推进京东方研发配套项目等 3 个项目的实施，协调凉水河路、凉水河一街道路景观提升工作，海绵城市达标比例为 40%，高于全市平均水平。

（孙晶艳）

重大节日绿化景观布置

年内，城市运行局开展重大节日绿化景观布置，以更新立体花坛、更换时令花卉、摆置花坛为主，兼顾营造节日氛围。其中，按照厉行节约的原则，调整经开区京沪入口、荣华路迎宾广场、博大公园方广场、博大大厦南广场 4 处立体花坛装饰元素；将荣华路、荣京街、博大公园等区域花卉，更换为孔雀草等花期长的花卉品种，更新面积约为 2.1 万平方米；筛选替换下的花卉，就近采取补植，实现花卉的多次利用，补植面积为 5000 平方米。

（高玉骐）

应急管理

安全生产

概况

2021 年，经开区统筹协调安全生产各项工作任务，加大专项整治检查力度，坚决遏制安全生产事故，整体安全生产形势持续稳定。全年安全生产检查累计出动检查人员 24172 人次，比 2020 年增长 16.09%，检查生产经营单位 12086 家次，比 2020 年增长 16.09%，排查治理事故隐患 3942 项，比 2020 年下降 36.57%，处理安全生产投诉举报案件 31 起，比 2020 年下降 18.42%，罚款 499.14 万元，比 2020 年增长 95.45%。紧密围绕首都城市战略定位，以建党 100 周年庆祝活动、重大工程安全保障为主线，开展联合安全检查 22 次，累计出动检查人员 360 余人次，发现问题隐患 105 项，全部整改。

（张涛）

烟花爆竹回收

2 月 27 日—3 月 1 日，城市运行局组织区内荣华街道、博兴街道办事处参加市应急管理局烟花爆竹回收视频工作会，指定专门工作人员，按照《北京市 2021 年烟花爆竹回收工作方案》的工作要求，辅助两街道进行烟花爆竹回收工作，协调市应急管理局和北京市熊猫烟花有限公司进行烟花爆竹现场回收。经开区共有 5 人上交烟花爆竹，回收烟花爆竹 675 个，价值 4746.28 元。

（张涛）

“体检式”筛查工作会

4 月 29 日、5 月 6 日，城市运行局分别组织第三方项目评审机构、10 家被筛查企业开展项目验收评审会和企业整改工作汇报会。10 家被筛查企业的安全生产负责人，对本单位整改工作进行汇报，5 家企业完成整改工作。为督促企业问题清单清零工作，城市运行局发布《关于落实“体检式”筛查回头看整改工作的通知》，要求企业紧盯问题隐患整改，倒排工期、确定责任人、制定整改措施，实现隐患整改工作闭环。

（张涛）

重点涉危企业述责述安汇报会

5 月 25 日，城市运行局组织召开经开区危险化学品生产企业主要负责人述责述安汇报会。工作会采取专家审查、听取汇报、问询座谈的新方式，让企业重新梳理 2020 年安全生产管理工作，让主要负责人重新自我审视工作中存在的疏漏，促使监管部门进一步加强对企业的安全生产监管工作。经开区 5 家企业负责人参加会议。

（张涛）

重大危险源专项督导交叉检查

6 月 1—2 日，城市运行局、综合执法局、消防救援支队8名工作人员和4名专家组成专项检查督导工作组，对房山区7家重大危险源企业开展专项检查督导工作，交叉检查重大危险源点位17个，其中三级9处、四级8处。

（张涛）

安全生产月咨询日宣传活动

6月16日，城市运行局在北京同仁堂股份有限公司同仁堂制药厂亦庄分厂举办安全生产月咨询日宣传活动暨应急宣传“五进”系列之进企业宣传活动。活动以“落实安全责任，推动安全发展”为主题，开展安全生产宣传教育进工地、进园区、进校园、进社区活动，普及安全知识，培育安全文化，在工地、社区、校园、园区、企业组织宣传咨询，发放安全生产宣传教育手册、折页、纪念品等。经开区各相关行业主管部门及单位、企业员工代表约300人参与活动。

（张润婕）

安全生产专项整治三年行动工作专班会

7月2日，城市运行局为持续推进安全生产专项整治三年行动工作，召开三年行动工作专班会。会议强调，经开区生产安全形势严峻复杂，根据相关要求，各单位三年行动任务目标在原基础上增加30%；提示各单位，关于安全生产工作要予以高度重视，对企业要做到宣传提示到位，检查到位，督促整改到位；夏季高温天气，提示各单位紧盯重点领域，对于危险化学品、有限空间作业、建筑行业要加强管理，严防各类事故发生；提示各专项负责人，要利用周调度会机制持续推进三年行动工作，各部门加强沟通，相互支持配合，确保工作有效落实。安全应急委30家成员单位参加会议。

（张润婕）

储能电站安全风险评估专项整治

7月21日，经开区开展储能电站安全风险评估工作，根据“安办统筹、行业牵头、属地落实、单位主责”的原则，城市运行局牵头成立专项工作组，编制并印发《开发区储能电站安全风险评估工作方案》，推进经开区储能电站安全风险评估工作，加强经开区储能电站安全管理水平，消除安全隐患。9月22日，风险评估工作组组织召开工作部署会议及工作推进会议，邀请市局领导及相关行业专家现场调研，针对发现的问题指导企业进行整改。10月28日，相关部门及行业专家到现场进行核查，完成整改验收。

（张润婕）

有限空间作业“双防一推进”专项行动

8月4日，安全应急委办公室印发《开发区有限空间作业“双防一推进”监督执法和安全检查专项行动工作方案》，组织开展为期2个月的有限空间作业“双防一推进”（“双防”即防止违规作业、防止盲目施救，“一推进”即推进企业落实主体责任）监督执法和安全检查专项行动。专项行动的重点内容以《中华人民共和国安全生产法》《北京市生产经营单位安全生产主体责任规定》等法律法规和有限空间相关作业标准为依据，突出有限空间作业“六查”（一查有限空间作业安全管理制度制定执行情况，二查警示标志和安全告知牌设置情况，三查劳动防护用品及应急救援装备配备情况，四查有限空间安全管理协议签订情况，五查应急救援预案制定和演练情况，六查有限空间作业现场安全管理情况），督促企业从制度建立、标识设置、装备配备、安全协议、应急处置、现场管理等方面加强管理，提高有限空间作业的风险意识，防止违规作业和盲目施救，推动企业落实主体责任。同时，通过查处违法行为，消除事故隐患，规范作业行为，遏制较大以上事故发生，压减一般事故发生，提升有限空间作业安全管理水平，确保经开区有限空间作业安全稳定。

（张润婕）

区职能部门安全员改革工作推进会

9月16日，经开区参加全市深化区职能部门安全员改革工作推进会。会议解读《北京市安全生产委员会办公室关于进一步深化区职能部门安全生产专职安全员队伍改革的指导意见》，了解职能部门安全员队伍改革的必要性和重要性；与会人员围绕本区安全员改革工作的思路以及改革推进过程中的困难与疑惑等内容进行研讨交流。经开区针对专职安全员队伍中人员配备不均、管理机制不完善、薪酬分配不合理等情况，严格按照该指导意见的要求，坚持人员动态调整，实现薪酬创新；坚持安全员专职专用，明确安全员配备的市级基础标准，坚持应配尽配，足额配备，抓紧制订改革方案，让各项任务落地见效。

（黄平越）

电动汽车充电设施隐患排查治理

9月，城市运行局委托北京市产品质量监督检验研究院开展充电站安全检查工作。截至2021年年底，完成两轮1781个充电站安全检查工作，发现停运状态、拆除状态和地址不在经开区的充电站21座，存在安全隐患的充电站15座（存在一般安全隐患的充电站14座、存在严重安全隐患的充电站1座），其中2家单位未到整改限期、其他运营企业均完成安全隐患整改工作。

（张贵轩）

电动自行车领域消防安全专项整治

10月，城市运行局动员街道、社区力量摸排经开区32个居民小区，摸排出电动自行车3111辆（含临牌、无牌567辆），同时对居民小区现场进行走访调研，疏通建设中的阻碍和痛点，每周督促充电桩建设进展。截至2021年年底，经开区建设居民充电接口1544个，充电桩与电动自行车比例为49.63%，超额完成北京市电动自行车专班所定33.3%的任务目标，规范居民电动自行车停放、充电，遏制电动自行车亡人火灾的风险。

（陈义）

重大活动安全保障

年内，城市运行局以建党100周年庆祝活动、重大工程安全保障为主线，完成“两会”、建党100周年、2021世界机器人大会以及2022北京冬奥会安全保障，开展联合安全检查22次，累计出动检查人员360余人次，发现问题隐患105项，全部整改完成。

（张涛）

充电设施总体规划和标准建设

年内，城市运行局委托北京市产品质量监督检验研究院（简称北京质检院）制定经开区总体充电设施建设建议和城市公共设施电动汽车充换电设施运营管理服务规范、充电设施工程技术规范、建设技术导则、供电系统技术规范等运维管理11项，制定相关运维体系建设标准，要求运营企业落实到位。北京质检院根据检查数量和维保质量制定企业建设排名，城市运行局协调有关部门督促排名靠后的企业进行隐患整改，落实安全充电。

（张贵轩）

重大危险源安全风险监测

经开区开展重大危险源企业专项检查　　卢金曦　摄

年内，城市运行局制定《重大危险源安全风险监测值守工作的通报》制度，对区内在监测预警系统中的4家重大危险源企业，汇总安全管理、安全承诺、系统运行等方面出现的问题次数，主要存在安全管理不到位、未及时提交安全承诺、异常离线及视频故障、生产储存装置异常报警5个问题。全年经开区重大危险源安全风险监测值守被通报43次。

（张涛）

安全生产检查

年内，城市运行局出动安全生产检查人员24172人次，比2020年增长16.09%；检查生产经营单位12086家次，比2020年增长16.09%；排查治理事故隐患3942项，比2020年下降36.57%；处理安全生产投诉举报案件31起，比2020年下降18.42%；罚款499.14万元，比2020年增长95.45%。

（张涛　王燕平）

强化安全监管科学化水平

年内，城市运行局建立完善企业安全基础电子台账，全面掌握区域内企业类型和数量变化；运用风险监测预警平台，对涉危重点企业重点部位的监控视频和安全生产数据进行实时监管，强化对被监管单位安全风险的分析研判和预警监测；运用“互联网＋检查”，实现检查、监测、分析的实时管理，提前研判，防止各类事故发生。

（张涛）

防灾减灾救灾

概况

2021年，经开区精益求精做好应急值守和处突准备，承担24小时应急值守工作，组织协调城市运行中突发事件的应急救援和灾害救助工作。全年处置各类突发事件145起，发布预警信息72起，打造大应急指挥体系，强化应急队伍建设和应急处置能力，开展自然灾害综合风险普查服务，组建成立全区普查工作专班，印发各类文件36份，上报工作信息26条，召开各类会议46个，开展危险化学品应急演练，全力做好防汛应对工作，实现全区安全度汛，开展“5·12”防灾减灾宣传周活动，发放防灾减灾知识宣传手册及资料4000余份，开展灾害信息员业务知识培训，完成节假日和重大活动安全服务保障任务。

（王燕平）

“5·12”防灾减灾宣传教育

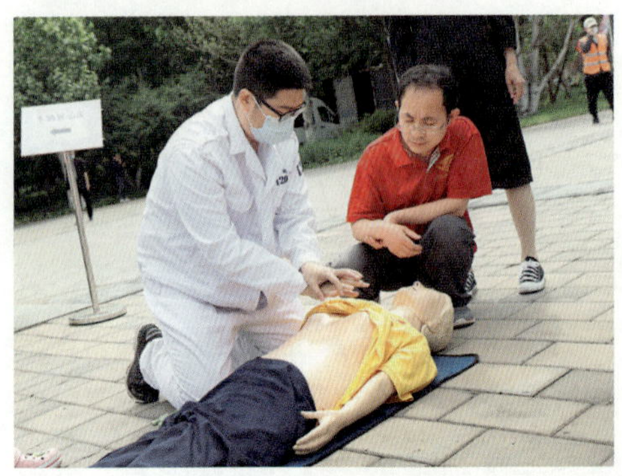

城市运行局开展“5·12”防灾减灾宣传教育活动 单位提供

5月12日，城市运行局组织开展“5·12”防灾减灾现场宣传教育活动，同时在经开区官网、微信公众号、“尚亦城”App开展线上宣传教育活动。宣传周期间，城市运行局依次在9个社区开展防灾减灾系列讲座活动，共300余人参与活动；在北京市大兴区亦庄镇第一中心小学举办“校园安全与防灾减灾”专题培训会，50余人参与活动；推动应急宣传进企业、进社区、进学校、进工地、进商超，普及防灾减灾和应急知识。

（王燕平）

亦庄城市服务集团发布应急管理宣传作品

6月19日，北京亦庄城市服务集团有限公司发布应急管理宣传作品《安全卫士》《安全员电子口袋书》。其中，《安全卫士》是展示安全员岗位工作职责的视频作品，展示安全员布置工作、巡查园区、检查监督、查看施工现场等场景，保障园区内的安全运行；《安全员电子版口袋书》包括安全员岗位职责、安全管理范围及内容、安全检查范围及项目、应急事件管理处置程序及安全培训教育视频等，能实现后台实时更新，将视频同步链接到电子版口袋书中，方便安全人员更直观地学习掌握安全操作处置流程。

（姜美竹）

亦庄控股应对强降雨天气

7月11—12日，亦庄控股为应对北京入汛以来的最强降雨，第一时间启动防汛最高级（Ⅰ级）应急响应，抢抓防汛部署，在强降雨前细化落实项目工地、运营园区、工业场所等关键区域防汛措施；执行主要领导带班在岗和24小时专人值守制度，组建3支应急救援队伍备勤待命；关注天气预警情况，提醒员工注意上下班安全；汛前防汛物资储备、属地隐患排查，汛中加大区域排水设施、城市公共服务设施巡查频次，汛后重点复查大型机械等项目施工设备重启运转情况。7月12日3时，工程抢险队14名队员到南海子公园北环路附近，针对道路积水严重情况，开展排水抢险作业，历时2.5小时将雨水井水位降到安全水平，并安排人员现场值守9小时，观测路面积水情况。

（宋璐 梁雅群）

灾害信息员培训

10月13日，城市运行局组织开展灾害信息员业务能力培训。培训就灾害信息报送、灾害形势评估、灾害现场危险识别、灾害现场应急救援体系等课题进行讲解，邀请中国红十字总会讲师现场为与会人员实操讲授心肺复苏技能，并进行现场互动。博兴街道、荣华街道等灾害信息员及辖区基层应急处突人员约200人参加培训。

（王燕平）

“十四五”应急管理专项规划印发

11月18日，经开区管委会印发《北京经济技术开发区“十四五”时期应急管理专项规划》（京技管〔2021〕141号）。规划明确，在“十四五”时期，经开区以强化应急治理，确保经开区人民群众生命财产安全和社会稳定为目标，加快推进经开区应急能力和治理体系现代化，为建成宜业宜居的高精尖产业新城，为国家级经济技术开发区建设创造良好的安全环境。经开区将坚持全区应急管理和事故灾难应急救援协调指挥工作，统筹规划、合理布局，依托现有、资源共享，科技先进、特点适用，力争到2025年，建成统一指挥、专常兼备、反应灵敏、上下联动、平战结合的应急管理体制，灾害事故防控能力显著加强、应急处置能力明显增强、安全生产水平持续提升、基层基础保障能力全面提高。

（陈知晖）

危险化学品突发事件应急演练

12月10日，经开区应急指挥中心与和路雪（中国）有限公司联合开展危险化学品突发事件应急演练。演练以和路雪制冷系统中间冷却桶集油器R260疲劳出现裂缝，发生液氨泄漏、人员中毒为背景，企业开展先期自救，政府启动应急响应，包括现场抢险、医疗救援、应急救援处置等环节。演练按照统一领导、综合协调、分级负责的应急处置原则，检验应急预案的实用性和可操作性，提升政府各部门应急响应配合能力。

（任杰）

基层信息报送工作

年内，城市运行局落实《北京市应急值守工作管理规范》，执行局级、处级、值班员三级24小时带班值班制度；通过处室周例会，组织全体干部职工对上级文件进行集体学习，针对突发事件信息报送、设备操作等定期开展培训，提高各项业务水平；修订完善经开区应急值守和信息报送制度，加强对各部门、各街道抽查力度，加强各社区灾害信息员队伍建设，提高信息报送能力。全年报送信息29条。

（曹瑜）

突发事件应对和预警信息发布

年内，城市运行局处置生产安全事故、交通事故、水电气热事故、食物中毒、聚众讨薪等各类突发事件145起，比2020年增长62.9%，包括构成一般突发事件13起，比2020年降低23.5%。全年未发生较大及以上突发事件。全年发布降雨、大风、雷电等自然灾害预警信息72次，督促引导相关单位提前采取应对措施。

（王燕平）

应急处突队伍建设

年内，城市运行局分别与8家专业公司签署经开区应急队伍建设合作协议，强化防汛、工程、热力、电力、供水、燃气等专业应急队伍建设，确保城市运行安全平稳有序；会同博兴街道、荣华街道办事处建设完成应急小分队，筹备建设蓝天救援队经开区分队，强化应急队伍体系；培育应急社会力量，培训社区应急响应人、灾害信息员和应急救援队人员300余人，提升相关人员的应急处突第一响应能力。

（王燕平）

自然灾害灾情会商

年内，城市运行局编制《北京经济技术开发区自然灾害灾情会商工作办法》，针对清明节、五一、十一等重点假期，党代会、中考、高考等重大活动以及防汛期间的每日气象形势，组织第三方专业公司、市气象服务中心开展会商研判，每日对灾害情况进行汇总分析，并对次日灾害形势进行预测预警。全年编写月度、季度自然灾害形势分析报告 16 份，对灾害应对和指挥调度工作提供数据支撑。

（任杰）

防汛应急

经开区开展防汛应急工作　　张磊 摄

年内，城市运行局在汛期来临前修订完成《防汛应急预案》，明确防汛工作组织领导、部门职责、应急机制和措施保障等；组织开展公共区域清管行动，对区内 4 座雨水泵站、4 条河道、6 座闸坝开展拉网式检查，总计清掏雨水口 14797 座，雨水支管疏通 132 千米，重点雨水设施养护 24.5 千米，清掏河道进出水口 27 座；配备专业防汛队伍，与城六区享有同样规格；落实三级值班值守制度；利用“亦庄新闻”、“尚亦城”App、“5 · 12”防灾减灾周等平台宣传汛期相关知识；组织开展防汛重点点位隐患排查和危险化学品生产单位防汛工作督查。开发建设局对经开区范围内住宅小区进行全覆盖检查，出动人员 126 人次，通过工作平台向各物业服务企业发出汛情信息 22 次。汛期内，城市运行局发布各类预警 24 次，其中启动暴雨黄色预警响应 1 次、暴雨蓝色预警响应 6 次、大风黄色预警 1 次、大风蓝色预警 16 次；开发建设局加强对重点小区巡查。全年经开区范围内降雨 50 次，累计降雨量 621.3 毫米，累计出动巡查人员 634 人次、车辆 405 辆次、泵站设备运行 170 台次，完成凉水河等区内河道清障工作，未发生道路积水导致的人员被困、车辆被泡等伤亡损失，城市运转总体平稳有序。

（任杰　孙晶艳　王涛）

应急指挥体系建设

年内，城市运行局完善预案体系，修订《经开区突发事件总体应急预案》，推进防汛、公共卫生、危险化学品事故等专项应急预案修订工作；统筹亦庄新城防汛应急，与周边 5 个乡镇联系，将其纳入汛期周调度范围；组织开展自然灾害类突发事件的调查评估工作，制定事故灾难和自然灾害应对措施，建设指挥调度能力体系，完成视频调度指挥系统升级改造，参照执行市应急管理局的 13 类突发事件《应对重大突发事件手册》，优化应急指挥和响应机制。全年累计参加全市政府系统视频例会 68 次，指导开展值班值守检查工作 18 次，编发短信 4000 余条、各类值班信息 50 余期。

（任杰）

自然灾害综合风险普查

年内，城市运行局完成经开区第一次自然灾害综合风险普查，组建成立全区普查工作专班，对经开区 86 条市政道路、17 座市政桥梁，127 家承灾体单位、111 家减灾能力单位以及 178 家抽样家庭开展全面普查，并针对地震灾害、气象灾害、水旱灾害致灾因子开展多维度调查。全面了解经开区自然灾害种类、风险程度、重要承载体风险隐患情况，掌握居民家庭减灾能力现状，为开展灾害防治和应急管理提供科学决策依据。全年印发各类文件26份，上报工作信息45条，召开各类会议21场。

（任杰）

排水管线全生命周期管理

年内，城市运行局开展排水管线全生命周期管理，针对经开区内管线建设时间较长、管线材质不符合现阶段标准等实际情况，结合结构性和功能性检测，并根据检测情况制订分类分级治理方案。截至2021年年底，采取非开挖技术修复加固管线13条。

（孙晶艳）

消防

概况

2021年，北京经济技术开发区消防救援支队（简称消防救援支队）主要承担社会面火灾防控及各种灾害事故的处置。全年开展“防风险、除隐患、保平安排查整治”“仓储物流排查整治”“建设工程施工现场排查整治”等专项工作和各项重点安保任务，指导368栋公共建筑、32个居民小区按照相关标准完成消防车道划线工作并开展“回头看”工作；完成重要节日和活动的安保任务，累计检查单位4406家，发现并督促整改火灾隐患8911处，下发责令改正通知书2634份，临时查封84处，责令“三停”（停止施工、停止使用、停产停业）单位64家，罚款417.38万元，拘留6人，辖区未发生有影响的火灾事故。

（李菲菲）

医疗机构消防安全专项检查

消防救援支队开展医疗机构消防安全专项检查　单位提供

2月3日，消防救援支队联合社会事业局、综合执法局对国家康复辅具研究中心附属康复医院、北京振国中西医结合肿瘤医院开展消防安全专项检查。查看氧气站、药库、配电室、食堂等区域，重点检查疏散通道、疏散指示标识以及消防控制室值班情况，了解医院日常消防安全工作开展情况。督改隐患问题5处。

（宫学森）

新能源储能场所灭火救援实战演练

5月11日，消防救援支队对北京金风科创风电设备有限公司开展新能源储能场所灭火救援实战演练。演练设定该公司一层实验中心一期储能室发生火灾，火势蔓延迅速。接到报警后，消防救援支队和公司微型消防站立即启动应急预案和内部消防设施，开启应急照明系统和应急广播系统，组织疏散着火区域人员，消防救援支队全勤指挥部及博兴路消防救援站、亦庄消防救援站、经海路消防救援站迅速赶赴现场救援。全勤指挥部到场后立即搭建火场指挥部、绘制火灾现场图纸、了解现场情况、明确任务分工，其中亦庄消防救援站负责疏散现场及周边人员，同时占领消火栓，做好供水保障；经海路消防救援站成立紧急救援小组，负责搜救被困人员；博兴路消防救援站成立攻坚组，对着火建筑进行强攻近战。用半个小时的时间扑灭火势，完成灭火救援实战演练。

（赵旭东）

错时检查行动

5 月 19 日，消防救援支队开展“平安 1 号”错时检查行动，组成 7 个检查组，白天会同开发建设局、天华路派出所、属地街道等部门对快递站点等开展联合整治，重点检查违规大量囤积货物、私拉电线、违规住人、电动车停放充电管理以及“三合一”（居住、生产、销售场所相通的家庭作坊式场所）等问题；晚上重点检查居民小区内电动车进楼入户、楼内公共区域停放充电、疏散通道违规占用、电动车室外停放充电场所建设使用等情况。此次行动检查相关场所 14 家，督改隐患问题 17 处。5 月 26 日，消防救援支队开展“平安 2 号”错时检查行动，联合开发建设局组成 5 个检查组，深入辖区各施工现场，重点检查施工工地消防安全管理情况，包括施工现场消防设施器材配备、施工人员住宿区、食堂的电器线路敷设、可燃物清理等；现场抽查工人消防基本技能，确保每名工人体验灭火器和消火栓的操作流程。此次行动检查施工现场 10 个，发现隐患 17 项，督促整改隐患 15 项，临时查封施工工地 1 家，罚款 3 万元。

（宫学森）

指导重大火灾隐患单位完成隐患整改

6 月，消防救援支队指导荣华街道办事处、相关物业单位完成一品亦庄小区和鹿鸣苑小区重大火灾隐患销账工作。其间，累计对荣华街道办事处、相关物业单位开展指导 8 次，完成市、区两级重大火灾隐患单位隐患整改工作。

（宫学森）

水域救援实战演练

7 月 5 日，消防救援支队在通明湖开展水域救援实战演练。此次演练调派 3 支站级抗洪抢险救援队 52 名指战员，以及 5 辆消防车、2 艘橡皮艇、2 台水面救援机器人，由 1 名消防队员模拟被困群众，由博兴路消防救援站队员展开搜索救援；经海路消防救援站队员负责架设救援绳索抛投器，开展定点定向绳索救援；亦庄消防救援站队员驾驶机动皮划艇与水面救援机器人前往落水点救援被困者。此次演练包含手抬泵和浮艇泵操作、橡皮艇驾驶、橡皮艇翻艇自救、活饵救援、绳索抛投等科目，检验水面搜索、溺水急救、逃生自救、舟艇操作、救生抛投、抽水排涝等专项战术的训练成效。

（赵旭东）

仓储物流场所消防安全专项检查

8 月 27 日，消防救援支队对小米互联网电子产业园等 4 家仓储物流企业开展专项检查，重点对物流仓储院内消防车通道是否违规占用、库内物资是否存在“五距”（顶距、灯距、墙距、柱距、垛距）不足、消防场所内部消防应急处置力量的应急值守、员工消防教育培训及疏散演练是否定期开展等情况进行现场检查。此次督改隐患问题 7 处。

（宫学森）

学校灭火救援演练

消防救援支队开展学校灭火救援演练　　单位提供

9 月 1 日，消防救援支队对北京市第二中学经开区学校开展灭火救援演练。演练设定着火点在学校教学楼二层，火势较大，有向周围蔓延的趋势，学校发现火情后第一时间报警，并立即拉响警铃，进行广播通报及紧急疏散。全体师生在引导人员指引下，用毛巾捂住口鼻，根据疏散路线沿着楼梯安全、快速、有序地撤离“火灾”现场。亦庄消防救援站到场后，利用无人机红外测温技术初步侦查火场情况，实时传回现场火情画面，并同步利用灭火机器人深入着火建筑物内部侦查；成立 2 个灭火组和 1 个破拆组，开展全面内攻救援，在外部使用举高喷射消防车进行灭火，经过近 20 分钟的紧张作业，火势被扑灭，完成灭火救援演练。

（赵旭东）

线上 119 消防宣传月活动

11 月 6 日，消防救援支队根据新冠肺炎疫情防控要求，采取线上直播的形式举行第三十一届经开区 119 消防宣传月线上宣传系列活动启动仪式。仪式上，消防救援支队通过视频连线，为消防主题影院、消防主题餐厅、消防主题书店以及消防主题游乐场 4 个消防主题场所揭牌；通过镜头走进消防救援站，向市民全景式展现消防救援器材装备、营区环境、训练设施及消防生活，增加市民对消防救援队伍的了解，普及消防安全知识。此次线上活动通过新华社“现场云”App，“北京亦庄”微博、抖音、快手账号以及消防救援支队官方抖音账号等平台直播，共计 31167 人次观看。

（黎军）

4 个消防主题场所揭牌

北京大料国际影城消防主题影院　　单位提供

11 月，消防救援支队联合社会单位在辖区北京大料国际影城（亦庄创意生活广场店）、肯德基（亦庄创意生活广场餐厅）、中信书店（大族广场店）、莫莉儿童游乐园（力宝商场）分别建设的消防主题影院、消防主题餐厅、消防主题书店、消防主题游乐园揭牌。4 个消防主题体验场所将消防元素、消防标识认知、常见设备器材、自防自救常识、基础法律法规等融入场所建设，在市民观影、就餐、娱乐时常态化宣传消防知识、开展体验活动，扩大辖区消防宣传覆盖面，提升辖区市民消防安全意识。

（黎军）

消防科普教育基地建成

消防救援支队建成消防科普教育基地　　单位提供

12月，消防应急科普教育基地建成。该基地由消防救援支队依托瑞合路特勤站建设而成，基地展陈设有消防队伍历史沿革、消防服装及器材展示、常见消防标识展示以及VR/AR虚拟体验、电动自行车模拟火灾、模拟报警、地震体验等宣传展示和模拟操作体验内容，为市民提供沉浸式消防科普和技能实操全景教育体验服务，增强社会整体消防安全意识。

（黎军）

消防警情接处558起

年内，消防救援支队接警558起，比2020年增加228起。其中，辖区内警情328起，比2020年增加150起；辖区外警情230起，比2020年增加78起。辖区内火警101起（误报62起、真实警情39起），比2020年增加23起。按火警类型分析，虚假误报、到场无须处置62起，占辖区内火警总数的61%；非建筑构物类15起，占辖区内火警总数的15%；建筑构物类13起，占辖区内火警总数的13%；交通工具类5起，占辖区内火警总数的5%；垃圾及废弃物类5起，占辖区内火警总数的5%；餐饮场所类1起，占辖区内火警总数的1%。

（朱友杰）

抢险救援和社会救助警情接处198起

年内，消防救援支队接处辖区内社会救助、抢险救援警情198起，比2020年增加98起。从接警类型分析，救助动物51起，占总数的26%；轻生营救39起，占总数的20%；开门33起，占总数的17%；困电梯31起，占总数的16%；交通事故17起，占总数的8.6%；取戒指8起，占总数的4%；室外身体受困7起，占总数的3.5%；设备故障救人7起，占总数的3.5%；气体泄漏2起，占总数的1%；高空取物2起，占总数的1%；送水1起，占总数的0.5%；

（朱友杰）

火灾分析

年内，经开区发生火灾39起。其中，垃圾及废弃物火灾21起，占总数的54%；电器故障起火7起，占总数的18%；交通工具火灾6起，占总数的15%；居民家中火灾5起，占总数的13%。

（朱友杰）

消防安全检查

年内，消防救援支队检查单位4406家，发现并督促整改火灾隐患8911处，下发责令改正通知书2634份，临时查封84处，责令“三停”单位64家，罚款417.38万元，拘留6人，辖区未发生有影响的火灾事故。

（李菲菲）

消防救援支队获多项荣誉

年内，消防救援支队被首都精神文明建设委员会评为2018—2020年度首都文明单位、被北京市消防救援总队评为2021年度工作先进支队，支队党委被中共北京市消防救援总队委员会评为2021年度先进支队党委，经海路消防救援站党支部被中共北京市消防救援总队委员会评为先进党支部；7人被北京市消防救援总队记个人三等功，66人获北京市消防救援总队个人嘉奖，2人被中共北京市消防救援总队委员会评为优秀共产党员，1人被中共北京市消防救援总队委员会评为优秀党务工作者。

（李菲菲）

电动自行车消防安全领域专项整治

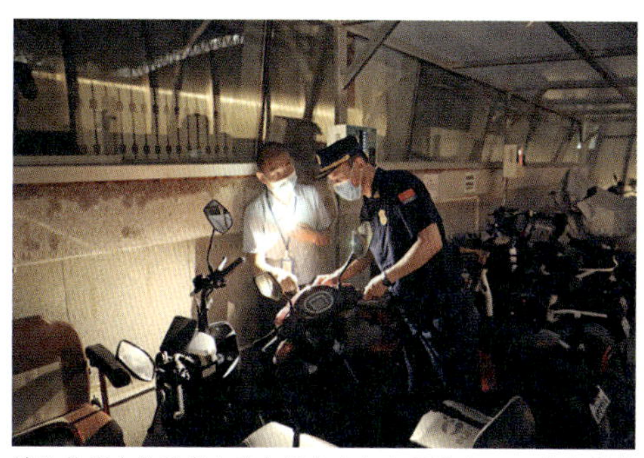

消防救援支队开展电动自行车夜查专项行动　单位提供

年内，消防救援支队累计推动全区32个居民小区建设集中充电口1591个，电梯电动自行车阻止系统530部；指导、推动相关行业部门、属地街道检查居住场所、社会单位9753家次，施工现场209家次，发现隐患问题1656处，清理违规停放充电电动自行车698辆，清理、暂扣各类超标电动自行车、非法改装电动自行车以及各类电动滑板车513辆；开展电动自行车夜查专项行动，检查单位168家次，发现并整改电动自行车火灾隐患213处，处罚单位及个人13起，罚款12万元，查封电动自行车销售点1个。

（宫学森）

重大活动消防安保任务

消防救援支队为武警官兵开展消防基本技能培训　单位提供

年内，消防救援支队结合“两会”、2021年中国国际服务贸易交易会、庆祝中国共产党成立100周年、中国共产党第十九届中央委员会第六次全体会议、2021世界机器人大会等重大会议、活动的消防安全工作实际，围绕“不起火、不冒烟”的防控目标，通过聘请电气、消防设施专家，组织业务骨干提前对安保对象开展组团体检式检查，督导落实每日动火备案、每日联合检查、每日夜间巡查3项制度，以及严格动火动焊、临时用电、材料进场、废料清运、巡查检查等管控措施；针对LED大屏、演出舞台、灯光音响、媒体转播、电气线路等重点部位和环节，组织实行网格化管理，指导执勤保卫力量与工程技术、电力等保障力量“结对子、搭班子”，强化专人看护、定点测温、巡查巡控等动态管控措施，确保“点”上绝对安全；以专项整治工作为抓手，通过推动职能部门联合执法、综合治理等方式，形成整治合力，督促指导社会单位落实主体责任，严密各项火灾防控措施；把握全区消防安全隐患风险点，适时启动消防安全网格化实名制管控，落实 4000 余名群防群治力量开展巡逻防控，确保重大安保期间整体消防安全形势持续稳定。

（宫学森）

智慧消防建设

年内，消防救援支队提请经开区管委会投入专项资金 700 万余元，为 9 个居民社区安装智慧消防系统，包括 224 套电梯电动自行车阻拦系统、72 套消防车道占用识别系统及电动自行车集中充电设施；申请 62.13 万元专项资金，新增 57 台物联网设备，完善系统报警联动、设施巡检、单位管理、消防监督等功能，保障消防物联网监控系统运行正常；落实专项资金 70 万余元，试点安装完成 10 台自动灭火充电柜，可供 240 块铅酸和锂电蓄电池同时充电，且具备报警和灭火功能，提升火灾防控水平。

（宫学森）

“一警六员”实操实训考核任务完成

消防救援支队培训快递行业员工消防技能　　单位提供

年内，消防救援支队采取自行培训与聘请第三方培训相结合的工作模式，超额完成“一警六员”［“一警”即社区公安民警和中央在京单位执勤武警；“六员”即各街道、乡镇政府、村（居）委会基层工作人员，安全生产巡查员，物业服务企业职员、保安员，消防安全重点单位及餐饮、娱乐等火灾高风险场所职员，微型消防站、义务消防队和社会志愿力量等多种形式的消防队员］实操实训考核任务。消防救援支队组织辖区人员开展使用灭火器“灭真火”、消火栓“出真水”实际操作培训并考核，使培训对象普遍达到“小火会用灭火器、大火会用消火栓”的要求，成为“见火不慌、抬手就灭”的准消防员。全年组织 9706 人参加达标考核，完成率为 161.7%。

（黎军）

防安全专项整治三年行动

年内，消防救援支队按照北京市消防安全专项整治三年行动工作部署，细化任务分工，进一步健全完善三年行动责任体系，提升消防安全管理水平。针对大型商业综合体、医疗场所、仓储物流场所、危险化学品企业、超大规模企业、施工现场等高风险场所，消防救援支队通过聘请建筑消防、电气防火等相关领域专家，组织骨干力量持续开展“会诊式”检查，累计检查发现并督促整改隐患问题 116 项。

（宫学森）

“开学第一课”消防宣传活动

年内，消防救援支队到北京市第二中学经开区学校、人大附中北京经济技术开发区学校开展消防安全“开学第一课”消防宣传活动。消防救援支队展示消防宣传车、烟雾逃生体验帐篷以及消防特种器材装备等设备，并通过疏散逃生演练、试穿消防服装、有奖互动问答、发放《中小学生消防安全教育读本》等环节，为师生讲解消防安全常识，巩固学生和教职工的消防安全意识。活动发放消防安全教育读本 8330 册，2000 余名学生和教职工参与活动。

（黎军）

消无人餐车消防宣传活动

年内，消防救援支队联合辖区新石器慧通（北京）科技有限公司（简称新石器），利用该公司的无人售餐车开展流动消防宣传活动，提升辖区群众消防安全素质。新石器提供 101 辆无人售餐车，在行驶过程中和售卖点进行消防宣传，通过 LED 屏幕滚动播放、语音循环播放消防安全提示，使更多群众增加消防安全知识，发挥“小阵地、大宣传”的社会效果。

（黎军）

快递车车身消防宣传

消防救援支队与京东进行消防宣传合作　　单位提供

年内，消防救援支队与京东集团合作，利用该公司旗下 110 辆电动三轮快递车车身开展电动自行车消防安全专项宣传工作。消防救援支队结合电动自行车火灾特点、防范要求以及日常注意事项等重点内容，设计制作简明扼要的车贴，张贴在京东快递车车身上，发挥京东快递车走街串巷、灵活快捷的优势，全天候、全覆盖地宣传电动自行车消防宣传知识。

（黎军）

2 个消防站建成投用

瑞合路特勤站揭牌　　白双全 摄

年内，消防救援支队新建瑞合路特勤站和永昌路消防救援站 2 个消防站，并投入执勤备防。其中，瑞合路特勤站于 6 月 18 日揭牌，配有指战员 33 人、消防车 8 辆，总建筑面积为 8386 平方米，是北京总建筑面积最大的特勤站，救援范围覆盖经开区西南部 7.8 平方千米，弥补该区域消防站建设的空白；永昌路消防救援站于 12 月 3 日揭牌，配有指战员 30 人、消防车 6 辆，总建筑面积为 6290 平方米，救援范围覆盖经开区核心区南部。截至 2021 年年底，消防救援支队有亦庄消防救援站、经海路消防救援站、博兴路消防救援站、瑞合路特勤站、永昌路消防救援站 5 个消防救援站，配有 21 部执勤备战车辆；全区建成微型消防站 258 个，推动配备微型消防车 48 辆，其中 34 个居民小区全部完成微型消防站建设，配备微型消防车 28 辆。

（李菲菲　张宇）

大型商业综合体消防安全管理达标建设

年内，消防救援支队指导、帮扶区内北京国盛兴业投资有限公司（城乡世纪广场）、北京兴联顺达商业管理有限公司（力宝广场）、北京汇正文化艺术发展有限公司（亦庄创意生活广场）、大族环球科技股份有限公司（大族商场）4 家大型商业综合体完成消防安全管理达标建设任务。其间，消防救援支队指导各单位就消防安全管理责任体系建设、安全管理制度完善、风险识别管控、设施维护保养、消防标识标志设置、员工教育培训、应急力量建设和应急处置流程 8 个方面开展标准化建设。

（宫学森）

消防志愿宣传活动

年内，消防救援支队联合团工委，会同社区青年汇志愿者、社会单位职工、社区物业管理人员、微型消防站队员等开展消防志愿宣传活动。消防救援支队通过发动市民注册为消防志愿者、发放消防宣传手册、张贴宣传海报、查找身边火灾隐患等形式，宣传消防安全常识，消除火灾隐患，鼓励市民发扬志愿服务精神。全年组织发动消防志愿活动 10 场次，累计注册消防志愿者 1096 人。

（黎军）

交通管理

概况

2021 年，北京市公安局公安交通管理局开发区交通大队（简称交通大队）机构规格为副处级，下设综合中队、勤务指挥科、事故处理中队和天华路中队 4 个中队，主要承担经开区路面交通秩序疏导、依法纠正交通违法行为、驾驶人管理、交通安全宣传教育和道路交通事故处理等工作。年内，交通大队完成春节、“两会”、建党 100 周年、十九届六中全会等重大交通安保任务，执行勤务路线保障任务 65 次，出动警力 3400 余人次。纠正各类交通违法行为 26.94 万起，办理驾驶证业务 2.27 万笔、临时号牌业务 1.79 万笔，检验合格标志 1.55 万笔；发生亡人交通事故 12 起、亡 12 人，处理一般交通事故 93 起、简易程序事故 5661 起。增设、调整交通标志 295 面，复划交通标线 5.97 平方千米，增设路口反光道钉 7 处，对荣华路、文化园西路、三海子东路等道路更换交通信号机 58 台，调整信号灯配时 70 次，增设语音声纳设备 6 台。交通大队被评为 2018—2020 年度首都文明单位标兵、2017—2020 年北京市交通行业先进集体；1 人立个人二等功，7 人立个人三等功，27 人被授予个人嘉奖，2 人获市公安局首都公安青年榜样称号，1 人获市公安局优秀女民警称号，1 人获市交管局优秀党务工作者称号，2 人获市交管局优秀共产党员称号，1 人获市交管局首都杰出青年交警称号，2 人获市交管局首都交警 · 时代先锋称号，1 人获市交管局首都交警铁骑先锋队长称号，2 人获市交管局首都交警铁骑先锋队员称号。

（闫盼娜）

校园安全宣传教育

1 月 7 日，交通大队到北京市大兴区二十一世纪实验幼儿园集中组织 20 余名教职工及学生家长开展交通安全宣教活动暨“交通安全副校长”聘任仪式。2 月 26 日，交通大队联合社会事业局、荣华街道办事处、消防救援支队、内保等部门到人大附中北京经济技术开发区经开学校等 6 家中小学校及二十一世纪幼儿园等 20 家幼儿园开展交通安全检查工作。3 月 1 日，交通大队为 15 所学校学生、教职工及接送学生家长发放《致在校师生及学生家长的一封信》5000 余封、交管 12123 宣传折页等宣传材料 8000 余份。9 月 1 日，交通大队到北京市建华实验亦庄学校、北京市中芯学校集中组织新入学的 100 余名小学生开展“开学第一课”交通安全知识讲座，发放《致学生及家长的一封信》、跳绳等宣传材料 100 余份。

（闫盼娜）

交通安全目标管理考核评价

1 月 21 日，市交通安全工作部门联席会印发《关于对区系统单位个人 2020 年度交通安全目标管理考核评价结果的通报》，其中经开区获市级交通安全优秀地区称号，城市运行局、综合执法局、国网北京市电力公司亦庄供电公司、中冶京诚工程技术有限公司、悦康药业集团有限公司5家单位获市级交通安全先进单位称号，荆丽华、绳建华、邹爱华、苟远鹏、直达 5 人获市级交通安全优秀管理干部称号。

（闫盼娜）

“两会”交通安保

3 月 4—10 日，交通大队制订“两会”应急处突、勤务管理、事故应急处置、安全监管等 9 个安保方案，出动警力 521 人次、警辅力量 1330 人次；围绕“两会”与会人员驻地丰大国际大酒店周边开展设施排查，增设伸缩护栏 26 个，调整信号灯配时 4 处，消除交通标志标线等设施隐患 12 处；针对 4 家与会单位、2 家服务单位及 1 个驻地，落实与会单位、车辆、驾驶人安全监管工作，做到“三见面三把关”（“三见面”即与会单位见面、与会人员见面、与会驾驶员见面，“三把关”即与会车辆把关、与会驾驶员把关、与会单位交通安全责任落实情况把关）；协调联系 49 家驻地周边企事业单位、“一危一货”企业（“一危”即危险化学品运输企业，“一货”即道路运输企业）等单位加强配合，开展安全检查和宣传教育工作，深入辖区 30 余家单位开展走访检查工作，下发责令限期改正通知书 4 份；深入管界重点路口、大型商圈开展宣传教育活动 7 场，发放《致辖区交通参与者的一封信》等宣传材料 3000 余份。

（闫盼娜）

燃气泄漏事件处置

3 月 18 日，当日 14 时 10 分交通大队天华路中队协警在路面执行定点岗位任务时，发现凉水河二街与博兴六路路口有异响后又闻到异味，怀疑是燃气泄漏事件，立即将情况上报大队指挥中心。接到通知后，大队路面指挥和天华路中队路面指挥立即赶赴现场，并第一时间通知应急办、消防部门、燃气公司等相关单位进行现场支援，同时将情况通报给周边社区和学校，做好应急处突工作。路面执勤民警立即对现场及周边进行交通管制，在周边路口进行交通维护和疏导，协助开展燃气管道抢修工作，最终于 15 时左右完成抢修工作，周边交通恢复正常。

（闫盼娜）

智慧交通科技建设

3 月，交通大队依托车路协同数字全息感知和边缘计算能力，实现交通运行状态实时感知与监测；打造全要素、多维度、实时智能交通路口，智能分析识别 17 类交通场景，为实现事后出警到事先预防提供精准决策依据。5 月，交通大队警企合作实验室搭建“车端＋云端”的巡检体系，实现自动记录、实时上报交通违法、红绿灯故障感知、抛洒物感知等特殊事件。9月，交通大队启动违法停车智能抓拍四期建设项目，完成110套违法监测设备建设任务；结合道路维修养护等工程，接入T1线沿线电子警察设备242套，重点打击闯红灯、货车闯禁行、违法停车、外埠车未办理进京证等交通违法行为，全年开展非现场违法22.1万笔。12月，交通大队在荣京街、荣华路开展信号联动优化和绿波带调试，相关路段行程时间减少30%。

（闫盼娜）

警种融合联合执法

4月22日，交通大队与亦庄派出所、天华路派出所、巡防大队、大兴分局治安支队等成立联合整顿组，对同济南路地铁站、经海路地铁站等“黑摩的”占路揽客严重地区进行突击整治，抓获违法嫌疑人10人，暂扣“黑摩的”10辆。6月1日，交通大队联合天华路派出所、亦庄派出所，对“电三电四”违法行为开展联合打击治理，扣留电动三轮车5辆，治安处罚5人，治安警告3人。

（闫盼娜）

世界机器人大会交通安保

9月10—13日，2021世界机器人大会在北京亦创国际会展中心举办。交通大队提前对主会场周边道路和进出区重点道路进行调查摸底，排查信号灯隐患1处，调整各类交通标志3处，调整设置机非护栏500米，更换信号机1台；对会场周边地铁站、公交站等开展交通秩序专项整治，打击治理摆摊占道、车辆乱停乱放、闯禁行等现象，现场处罚各类交通违法行为762起，现场劝离临时停靠车辆500余辆。大会期间，在东环路、荣华路、荣昌街、永昌路以及京沪高速出口等主场馆周边道路和重点路口路段加派执勤警力，每日部署干部民警68人次、辅警126人次、交通协管员90人次。

（闫盼娜）

全国交通安全日宣传教育活动

12月2日，交通大队以“守法规知礼让、安全文明出行”为主题，依托“一区一警”、社区交警、园区交警，在经海路与科创十二街文明交通示范路口设立1个主会场，在林肯公园社区、中芯花园社区、北工大软件园设立3个分会场，开展“12·2”全国交通安全日宣传教育活动。此次活动集中组织辖区50余名邮政寄递、外卖、公交客运及重点企业代表参与，部署“12·2”全国交通安全日工作，邮政寄递行业代表发言，交通大队同与会企业签订“礼让斑马线”交通安全承诺书，悬挂横幅2条，摆放展板80块，发放宣传材料3000余份，收集群众意见建议10余条。

（闫盼娜）

警种融合专项工作

年内，交通大队建立送训上门机制，大队事故处理中队和天华路中队干部带队送训上门，到天华路派出所、博兴路派出所、亦庄派出所、巡防大队开展7次警种融合执法培训活动，重点从处置流程、拦截嫌疑车辆站位等方面开展交通事故快清快处和安全防护培训，并通过面对面答疑解惑；建立定期会商机制，每月组织召开警种融合执法工作推进会，与博兴路派出所、天华路派出所、亦庄派出所、巡防大队研究方案落实、责任分工、措施落实等问题，梳理完善“交警入所”“所警入队”保障工作细节；建立通信联络机制，将各单位责任领导、联系人、指挥室等通信方式登记制作警种融合联系表，以小卡片形式发放“三所一队”（博兴路派出所、天华路派出所、亦庄派出所、交通大队），建立微信工作群，协调沟通岗位情况、人员信息报送以及工作中遇到的突出问题等；建立电台互通机制，路面交通民警发现 86 起正常影响执法类案件，经指挥中心电台联动，第一时间与博兴路派出所、天华路派出所对接。全年管界派出所与巡防大队在路面巡逻时发现 120 起交通类案情，第一时间处置并上报大队指挥中心处警，提升交通转治安类案件、治安转交通类案件的处置效率。

（闫盼娜）

打击“分虫”执法行动

4 月 30 日、8 月 18 日和 9 月 22 日，经开区交通大队分别与大兴分局博兴路、青云店等派出所联合成立买卖交通违法记分专项打击小组，在执法站开展“分虫”打击执法行动。该小组通过前期摸排取证，掌握“分虫”出没时间、活动规律和主要违法事实，出动警力 21 人次，迅速锁定目标，采取便衣贴靠、制服警力设岗拦截方式，现场抓获“分虫”8 人。

（闫盼娜）

接处警接收警情 12989 起

年内，交通大队 122 接处警接收各类警情 12989 起，比 2020 年增长 25.6%。其中，交通事故报警 6845 起，比 2020 年增长 8.5%；拥堵报警 67 起，比 2020 年增长 59.5%；群众反映 6077 起，比 2020 年增长 52.4%。交通大队出动警力 1.8 万余人次，接受群众咨询 2.5 万余次，为群众提供帮助 8000 余次，获群众赠送锦旗 22 面，收到群众表扬电话 40 余通。

（闫盼娜）

占路施工监管

年内，交通大队加强占路施工监管，采取施工前严格审批、施工期加强现场维护、施工后认真检查验收、严格落实安全责任制、严肃查处违规行为等措施，受理道路开设道口 66 个，审批占道施工 21 个、临时施工 68 个。

（闫盼娜）

文明示范路口建设

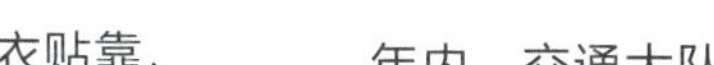

交通大队参与研发的警用自动驾驶巡逻车启用　　张磊 摄

年内，交通大队完善 4 处文明示范路口人行横道道钉、伸缩护栏等交通设施，施划右转车道礼让行人标识 7 处，增设语音声纳播放设备 6 处，提前设定声纳传递范围和交通安全宣传提示用语，每日 7:00—19:00 循环播放语音。交通大队联合新石器慧通（北京）科技公司、北京京东乾石科技有限公司等自动驾驶企业研发的警用自动驾驶巡逻车启用，每日早高峰7:00—9:00 和晚高峰 17:00—19:00 巡逻车行驶到荣京街与荣华路文明示范路口，进行不间断的交通安全宣传语音播报，同时利用车上装载的摄像头，对违法的交通参与者进行拍摄取证，警用自动驾驶巡逻车与民警的警务终端连接，民警利用手机对违法人员进行即时喊话处理，提示其遵守交通规则。交通大队在宏达南路与荣昌东街交叉口、经海路与科创十二街交叉口、经开区管委会北门 3 处文明示范路口右转弯车道上方安装投影提示设备，在每日20:00 自动开启，将“礼让斑马线”字样投放在人行横道前侧，提醒驾驶员自觉“礼让斑马线”。

（闫盼娜）

交通安全宣传教育活动

交通大队开展交通安全宣传教育活动　韩乐陶 摄

年内，交通大队围绕“守法规知礼让、安全文明出行”“生命无价、拒绝酒驾”“礼让斑马线、文明我践行”等主题，以开展交通安全教育培训、知识讲座、座谈会、签订安全责任书等形式，到学校、社区、企事业单位以及地铁站周边等开展交通安全宣传教育活动 126 场，印制、发放各类交通安全宣传材料 12 万余份，受教育群众累计达 22 万余人。

（闫盼娜）

交通安全检查

交通大队开展联合检查　张昊雯 摄

年内，交通大队到储存放射性危险化学品单位、生产危险化学品企业及加油站开展安全检查 12 次，检查企业交通安全防范责任制度及应急预案、企业资质及经营范围、道路运输许可证及从业资质、安全生产监管制度等方面，督导检查车辆刹车系统、电路系统、油路系统、轮胎、警示三角架、GPS 使用情况、尾气排放等内容。交通大队会同城市运行局、综合执法局等部门，集中对学校、企事业单位主体责任落实、车辆安全性能、验车、强制保险及 GPS 使用情况等开展联合检查 10 次，普查登记校园的交通环境、交通信号灯及安全标志配备情况，并针对检查中个别单位存在的问题，依据《北京市道路交通安全防范责任制管理办法》规定，向 36 家单位下发《交通安全隐患通知书》，要求企业认真查找问题原因，立即整改，制定并落实整改工作措施。交通大队以大货车、企业班车、危险化学品运输车、校车和七座以上金杯车为重点，对严重交通违法突出的 36 家单位、交通违法超标的 157 辆机动车，严格执行停运、停驶、消减通行证办理数量等管理措施；对发生酒后驾车、亡人监管事故的 4 家单位，采取罚款 1 万元的安全生产监管执法措施。

（闫盼娜）

社会事业

北京经济技术开发区年鉴 2022
BEIJING ECONOMIC-TECHNOLOGICAL DEVELOPMENT AREA YEARBOOK 2022

综述

2021年，经开区聚焦民生、服务发展，围绕打造升级版经开区，持续提升教育、医疗卫生、民政等公共服务质量，不断提高劳动关系协调和应急管理能力，持续打造技能技术型人才创新培养高地。办实办好“衣食住行业教保医”民生实事。

在教育方面，承接核心区教育管理职权，构建教育管理服务体系，科学区划学区，保障区域义务教育均衡发展。推进经开区教育综合改革试验区建设，在教育体制机制、教师队伍建设、课程教学改革等方面大胆探索，出台多项管理办法。

在卫生健康方面，承接核心区卫生管理职权。做好疫情防控工作，完善疫情处置预案，组建专业队伍，开展流调排查处置，确保疫情防控无疏漏。成立经开区医院感染管理质量控制和改进中心。开展“六位一体”的14项基本公共卫生服务工作。

在人力资源和社会保障方面，开展各类就业专项活动，吸纳通州区、大兴区、平谷区4000余名劳动力到经开区就业；创新政企校三方合作模式，搭建中高端人才招聘网络平台及“空中双选会板块”，提供中高级岗位和应届毕业生岗位5752个；推进职业技能提升试点区工作，打造终身职业技术技能提升体系，整合政府、企业、院校的培训资源，支持企业和个人通过各类渠道提升劳动者职业能力；落实各项社会保险政策，做好养老退休、工伤保险、劳动能力鉴定、积分落户申报和退休人员社会化工作；针对困难群体开展精准帮扶，完善欠薪保障机制，指导和帮助企业规范用工行为、防范和化解矛盾争议。

在社会治理方面，完成18个社区党支部和16个社区居委会的换届选举工作，选出“两委”班子成员148名；完成经开区和谐社区创建工作，评出6个社区为2020年度优秀社区；推进区内1个议事协商厅和5个楼门院治理示范点建设工作，提升基层自治能力和服务水平；统筹推动无障碍环境建设，落实2021年度无障碍改造项目，提升城市品质；优化亦城家园中心业态配置，打造集便民服务、商业服务和公共服务于一体的一站式服务综合体；指导街道规范社区养老服务，推进X85和X31两个公办养老机构方案设计；完成“60平方公里”管辖区域边界测绘工作。

在退役军人事务方面，承接“60平方公里”范围内的退役军人业务；完成全国示范型退役军人服务站的验收工作，逐步健全退役军人事务工作机制。

在体育方面，以2022北京冬奥会、冬残奥会为契机，将冰雪体验融入全民健身活动，开展冰雪文化节、冬奥冰雪进四区活动。

（范晓萌）

教育

综合管理

概况

2021年，经开区承接核心区教育管理职权，社会事业局纳入区级教育行政管理部门，在经开区“60平方公里”范围内全面履行教育行政部门的各项职责。全年教育经费总投入14.97亿元。全区教育固定资产总值4.76亿元。新建并投入使用十二年一贯制学校2所。截至2021年年底，经开区辖属教育单位28个；有教职工3217人（幼儿园1182人，小学、中学2035人），包括具有正高级职称人员13人、副高级职称人员184人、中级职称人员350人，北京市特级教师11人、北京市骨干教师5人、北京市学科教学带头人2人。

（李哲晖　刘欣）

查处无证校外培训机构12家

3月9日，经开区根据市教委要求，召开“双减”（减轻义务教育阶段学生作业负担和校外培训负担）工作调度会，成立经开区“双减”工作专班，研究并制订《经开区“双减”专班工作方案》，明确各部门职责分工，审核区内校外培训机构，对不符合复课标准的学科类培训予以取缔。经过规范治理，查处无证校外培训机构12家。截至10月，经开区在册7家有办学许可证的校外培训机构、12家无证校外培训机构均已停止学科类办学行为，实现阶段性“动态清零”。

（周杨　刘欣）

“60平方公里”范围内教育职权承接

3月18日，社会事业局承接“60平方公里”范围内的教育职权。教育领域114项新赋权事项实现全面履职，承接市教委各项系统46个、各类教育单位28家。原大兴区亦庄镇、瀛海镇辖区内6所公办中小学、5所公办幼儿园共1126个编制均划转至经开区。

（李哲晖　刘欣　徐颖）

基础教育经费管理办法印发

4月22日，经开区管委会印发《北京经济技术开发区基础教育经费管理办法（试行）》（京技管〔2021〕43号）。该办法明确经开区基础教育经费“包干制”管理模式，每年度按照统一的生均定额标准（分学段）和在校生数测算生均教育经费并拨付给经开区公办中小学、幼儿园，由各单位总额内“包干”使用，人员经费控制在一定比例内，教育管理部门、财政部门按职责实施监管。“包干制”是深化经开区基础教育经费保障机制改革的重要举措，最大限度保障区域内教育投入的公平，进一步扩大学校办学自主权、激发办学活力，推动经开区基础教育事业高质量、协调发展。

（周杨）

首次划分学区

5月1日，经开区全面启动义务教育阶段入学工作，发布《北京经济技术开发区关于2021年义务教育阶段入学工作的意见》。该意见严格按照“免试就近入学”

等相关政策，首次对经开区“60 平方公里”范围内的小区进行划片。同时，通过《致经开区适龄入学儿童家长的一封信》和每日值班电话，为 3000 余名适龄儿童家长答疑解惑，保障区域内义务教育阶段平稳入学。

经开区学校服务范围一览表

学校名称	服务范围
人大附中北京经济技术开发区学校	林肯公园（住宅）、新康家园、听涛雅苑、梅园小区、大雄城市花园、管委会宿舍、博客雅居、东晶国际、金泰公寓、一品亦庄、一栋洋房、鹿鸣苑、长新花园别墅、浉城百丽、卡尔生活馆、赢海庄园、金地格林小镇、上海沙龙、大雄郁金香舍、中央公馆、中芯花园、国锐·金嵿（住宅）、Dear Villa、天宝园二里（原大粮台地区）、境界等小区居民子女；符合经开区人才引进计划的海外归国人员及各类引进人才子女
北京亦庄实验小学	瀛海镇南海家园一里、南海家园二里、南海家园三里、南海家园四里、南海家园五里、南海家园六里、南海家园七里 7 个社区内（含亦庄镇宝善村）回迁居民子女；鹿海园五里回迁居民子女；符合经开区人才引进计划的海外归国人员及各类引进人才子女
北京亦庄实验中学	瀛海镇南海家园一里、南海家园二里、南海家园三里、南海家园四里、南海家园五里、南海家园六里、南海家园七里 7 个社区内（含亦庄镇宝善村）回迁居民子女；鹿海园五里回迁居民子女；符合经开区人才引进计划的海外归国人员及各类引进人才子女
北京建华实验亦庄学校	通泰国际公馆（住宅）、经开·壹中心（住宅）、汀塘小区（含公租房、以实际入住为准）、亦城文园（公租房）、亦城景园（公租房）、亦城科创家园（公租房）、定海园一里至三里公租房居民子女；定海园一里、定海园二里、定海园三里 3 个小区符合经开区入学条件的回迁居民子女；符合经开区人才引进计划的海外归国人员及各类引进人才子女
北京市第二中学经开区学校	观海苑、海棠苑（含公租房、以实际入住为准）、亦城亦景家园、泰和园二里一区（住宅）、亦园、海梓嘉园（含公租房）、金域东郡等小区居民子女；亦城茗苑（公租房）、博客雅苑（公租房）、鹿海园五里（仅公租房）居民子女；符合经开区人才引进计划的海外归国人员及各类引进人才子女
人大附中亦庄新城学校	金茂悦家园（含公租房）、亦庄悦家园、金茂逸家园（含公租房）、亦庄逸家园（含公租房）、和悦华锦（以实际入住为准）、金麟府（以实际入住为准）等小区居民子女；符合经开区人才引进计划的海外归国人员及各类引进人才子女
亦庄镇第一中心小学	贵园北里、贵园东里、贵园南里、燕景佳园、广德苑、瀛景园、星岛假日、星岛嘉园、富源里、莱茵河畔、米兰天空等小区居民子女；符合经开区人才引进计划的海外归国人员及各类引进人才子女
亦庄镇第二中心小学	泰河园一里、泰河园一里二区 1~4 号楼、泰河园三里、泰河园四里一区 1~4 号楼、泰河园七里、鹿海园一里、鹿海园三里等小区居民子女；符合经开区人才引进计划的海外归国人员及各类引进人才子女

（李凌飞　刘欣）

首批聘用聘任制教师 279 人

5 月 14 日，经开区管委会印发《北京经济技术开发区公办中小学、幼儿园聘任制教师管理暂行办法》（京技社会［2021］11 号），探索教师聘任制用人模式，缓解编制紧张与办学规模不断扩大之间的矛盾；优化教师准入制度，建立招聘优秀人才任教的绿色通道。9 月，根据经开区 2021—2022 学年度招生、增班情况，通过公开招聘和人才引进方式，首批聘用聘任制教师 279 人。

（徐颖）

各级各类考试任务

6月24—27日，社会事业局组织2021年初中学业水平考试，设考点1个、备用考点1个、考场56个、场次232个，共1469名考生参加考试。7月7—9日，社会事业局组织2021年第二次普通高中学考合格考，设考点2个、备用考点1个、考场47个，共2150名考生参加考试。8月，社会事业局完成中招录取工作，全区具有录取资格学生553人，普通高中录取425人，录取率达76.9%，其中优质高中录取343人，录取率达62%。10—11月，社会事业局组织区内470名考生完成2022年高考报名工作、780名考生完成2022年初中学考报名工作。12月11日、18日，社会事业局组织2022年高考、初中学考第一次英语听说机考，其中高考设考点2个、备用考点1个、考场5个，共442名考生参加考试；初中学考设考点2个、备用考点1个、考场7个，共780名考生参加考试。12月19日，社会事业局首次组织全国美术联考。

（李凌飞　汪再再）

首届教育创新发展论坛

8月27日，经开区“双减”工作专题培训班暨首届教育创新发展论坛召开。会议贯彻落实中央和市委关于“双减”工作的决策部署，发布《北京经济技术开发区关于进一步减轻义务教育阶段学生作业负担和校外培训负担的实施方案》，围绕群众诉求，稳步推进减轻义务教育阶段学生作业负担和校外培训负担工作，办好具有经开区特色的、人民满意的教育。区内中小学幼儿园校长、教师代表、校外培训机构负责人、“两街八镇”代表参加会议，探讨新发展格局下的经开区教育工作。

（李哲晖　刘欣）

首届经开区教育工作会议

9月27日，首届经开区教育工作会议在北京市第二中学经开区学校召开。会议部署经开区“十四五”期间教育事业改革发展各项任务，明确未来经开区要办立德树人、优质均衡、全面发展、开放合作、产教融合、先行先试的教育，全面落实全市教育大会精神。会上，社会事业局与首都师范大学、北京教育科学研究院、北京市海淀区教师进修学校分别签署合作协议，各方将推进优质教育均衡发展，提升教育质量，推动一批优质教师、优质学校落地经开区。同时，成立经开区首届教育理事会。

（李哲晖　刘欣）

“十四五”教育事业发展规划印发

12月1日，经开区管委会印发《北京经济技术开发区“十四五”时期教育事业发展规划》（京技管〔2021〕156号）。经开区计划在“十四五”期间围绕激发教育治理活力、形成教育治理新模式，改革教育投入政策、探索经费管理新机制，优化教育资源布局、拓展协同发展新资源，构筑教育人才高地、培养创新实干新师资，创新教育生态环境、创设开放融通新路径5个方面，构建具有中国特色、首都特点、经开区特征的高质量教育体系。

（刘欣）

首次经开区教育理事会工作会议

12月18日，经开区教育理事会召开首次工作会议。会议以贯彻党的教育方针、联系经开区教育发展实际为导向，紧扣影响经开区教育发展的热点、难点问题，开展教育改革创新研究，探索现代教育治理模式，为经开区教育发展提供专业支持，共同打造“产业新城特点、经开区特征、学校特色”的教育体系。社会事业局局长、副局长以及中国人民大学附属中学联合总校理事长、北京市第二中学经开区学校校长、北京市第八中学校长等教育理事会委员出席会议。

（李哲晖 刘欣）

区级教师评选认定

12 月，社会事业局为推进“双减”工作落实，加强经开区教育系统教师队伍建设，发挥学科带头人和骨干教师的引领示范作用，结合经开区师资队伍现状，制订《2021 年经开区教育系统学科带头人和骨干教师评选工作方案》。经过个人申报、校级遴选、专家评审、结果公示、区级批准，完成 249 名区级骨干教师、学科带头人的评选认定，其中区级骨干教师 173 名、区级学科带头人 76 名。

（徐颖）

停车服务保障

年内，公共资源管理服务中心完成经开区内中考考点和北京市初中学业水平考试的停车保障工作，开辟体育场停车场地和停车泊位共计 488 个，每天出动物业、安保工作人员 50 余人次完成保障停车及引导工作；配合人大附中北京经济技术开发区学校日常接送学生的管理和停车保障工作。

（高岗）

学生健康成长平台搭建

年内，社会事业局围绕德智体美劳不同维度为学生搭建健康成长平台，促进学生全面发展。其中，公布《北京经济技术开发区关于全面加强和改进新时代学校体育工作的行动方案》，举办经开区第一届中小学生运动会；以 2022 北京冬奥会、冬残奥会为契机，开展冰雪项目进校园活动；围绕“筑梦冰雪，亦起冬奥”“相约北京 · 我为冬奥加油”等主题开展书画作品征集活动；举办经开区首届艺术节、首届科技系列活动；结合经开区区域优势举办青少年未来工程师博览与竞赛；借助经开区“科技馆之城”，搭建“校企桥梁”，让学生走出课堂，开拓视野，感受科技的魅力，促进学生全面发展；加大劳动教育力度，引导学校每周五进行校内扫除，利用经开区及校内优势做实劳动教育；借助法治宣传周以及热点时事，组织学生学习《中华人民共和国未成年人保护法》，引导学生关注身边事，推动青少年普法意识。

（李哲晖 刘欣）

无证幼儿园整治

年内，社会事业局加大对无证幼儿园的排查整治力度，对区内 21 所在册无证幼儿园开展治理工作。其中，7 所幼儿园办园场地不达标给予取缔；将其余 14 所无证幼儿园纳入整改待审批范围，指导其按照《北京经济技术开发区行政审批局幼儿园设立审批服务工作指引（试行）》提交审批材料，并要求办园方签订承诺书，督促其尽快取证，限期完成抗震、消防等方面的整改。

（周杨 刘欣）

推进学前教育发展

年内，社会事业局加强学前教育学位供给，指导北京经济技术开发区四海幼儿园于 8 月获批开园，并将其转为普惠性民办幼儿园，加大经开区幼儿园普惠性学位的占比；开展学前教育督查工作，建立督查员月考核机制，每月对区内18所幼儿园开展全覆盖督查工作，将督查检查结果运用于幼儿园年检和考核中，完成区内8所幼儿园办园质量督导评估工作，被评估园所全部合格。加大以评促优、以赛促教，组织开展“成长杯”“京教杯”等评选活动，收获100余篇优秀案例，成立2个优秀园长工作室、3个优秀教师培养工作室和1个教研工作室，提升各类型幼儿园保教工作质量，提高区内幼儿教师保教工作能力和专业化水平。

（周杨　刘欣）

创新干部教师研训模式

年内，经开区创新干部教师研训模式，与北京市海淀区教师进修学校、首都师范大学、北京教育科学研究院等合作，形成“内引外培”的教师培训机制，首批选聘36名首席兼职教研员和70名兼职教研员；优化教师队伍建设，组织254名教龄在3年以内的新教师参加系统性培训，帮助新教师成长。

（徐颖　刘欣）

教师资格认定

年内，社会事业局根据市教委和北京市教师资格认定事务中心的统一部署，完善教师资格认定流程，于6月和10月开展两次教师资格认定工作。全年认定67人，其中幼儿园17人、小学36人、初中14人。

（李佳薇）

特教体系职能完善

年内，社会事业局统筹局内教育、民政、医疗等处室力量，完善健全残疾儿童少年入学数据核对机制，落实“一人一案”，巩固残疾儿童少年义务教育普及水平。同时，推进融合教育，加强特殊教育师资队伍建设，为区内有需求的学生进行评估，办理“随班就读”手续，教育事业处为150名学生进行一对一康复训练，全年组织全区各学段相关教师参加北京市兼职特教教研员及区特教中心专业人员系列培训课程；面向全区各学段相关负责教师组织开展2021年融合教育教师培训。

（周杨　张鑫钰）

教师评选活动

年内，经开区依托市级教育教学、立德树人等活动，开展区级“京教杯”“基础教育精品课”“基础教育教学成果奖”“立德树人优秀成果征集”“优秀班主任”等评选活动，共计10个单位400余名教师提交700余篇论文参评，经专家评审，评选出一等奖59篇、二等奖122篇。

（刘欣）

教育信息化建设

年内，社会事业局从促进教育理念的转变、推动构建教育新生态、提升教师的信息素养、加强政策制度创新、协调发展与安全5个方面推进教育信息化工作。全年重点提高硬件规划产能，开展调查研究22次，形成《经开区教育信息化基础配套建设项目（一期）》方案，保障教育教学与校园管理的刚性需求；启动“经开区教育信息化基础配套设施”和“考务专网”建设工作。

（李凌飞）

新冠肺炎疫情常态化防控

年内，社会事业局落实北京教育系统关于返校工作的要求，指导学校落实出京审批制度，做到离京师生轨迹清晰，鼓励师生寒暑假及节日等时期留京过节，提前部署并督促离京师生返京隔离工作；做好开学各项准备，协调多部门开展联合检查，组织各单位开展疫情防控应急演练活动，科学、精准指导学校疫情防控工作；做好核酸定期检测筛查工作，实现区内教育系统教职工（含第三方人员）及学生、幼儿的核酸检测 100% 全覆盖；组织 12~17 岁、3~11 岁学生及幼儿开展疫苗接种、补种工作，截至 2021 年年底，全程接种率均在 95% 以上；每周对学校、幼儿园等重要场所进行环境核酸采样，保障区内中小幼学校安全。

（刘欣　朱丽）

教育督导工作

年内，经开区加强教育督导，完成区内 10 所中小学、18 所幼儿园督学挂牌工作；发挥监督政府职能，完成区内各中小学、幼儿园依法落实教育责任督导考核评价工作；围绕“双减”等重点工作项目，完成各学段专项督导和常规督导任务，责任督学下校 174 次，下园 26 次；开展经开区幼儿园办园质量督导评估，完成 17 所（址）幼儿园网上自评，对 8 所幼儿园进行实地评估；开展学前教育督查工作，完成全年常规督查 6 次、寒暑假专项督查 2 次，共计督查员下园 680 余次。

（郝洪伟　刘欣　张鑫钰）

依法治校建设

年内，社会事业局落实依法治校，围绕交通安全、食品安全、国防安全、预防网络沉迷等主题开展 18 次讲座；开展 38 次防暴演练、应急逃生演练、消防演练等活动，开展 14 次中小学校长法治工作、青少年法制教育等专题培训；开展预防欺凌、中小学生心理健康等专题教育培训，推广《心理健康教育指导手册》；为区内 10 所学校和 18 所幼儿园配备《中小学幼儿园依法治校全流程实物指引》《青少年安全自护手册》《幼儿园安全管理实用手册》相关图书 4040 册；针对中小学及幼儿园开展 100 次以上安全检查，出动检查人数 200 余人次，发现问题隐患 30 余处，均按要求完成整改。

（郝洪伟　刘欣）

义务教育入学

年内，社会事业局推进人大附中亦庄新城学校、北京市第二中学经开区学校、北京市建华实验亦庄学校（南校区）启用，实现新增小学阶段学位 3600 个；支持人大附中北京经济技术开发区学校、北京亦庄实验中学设立高中国际部，其中人大附中经开学校国际部于 9 月 1 日开学；完成 2021 年义务教育入学工作，安排区内 2986 名居民、职工子女入学，比 2020 年增长 19.63%。

（李凌飞）

暑期托管服务

年内，社会事业局根据相关要求制定《北京经济技术开发区 2021 年暑期托管方案》，指导区内 4 所公办小学遵照“学生自愿、家长自愿、公益普惠”的原则开展暑期托管服务，切实增强“双减”实效。

（李哲晖　刘欣）

课后延时服务

年内，经开区管委会印发《关于在义务教育阶段进一步提升课后服务质量的实施意见》。由社会事业局指导学校制定课后服务实施意见，保障学校课后服务专项经费，满足学生个性化需求，支持优质教师开展课业辅导答疑。

（李哲晖 刘欣）

健全教师培养培训体系

年内，社会事业局加强区域合作。其中，与海淀区、西城区等教育强区在教学研究、师资培训、课程建设、学生活动等方面实现资源共享；与北京市海淀区教师进修学校签署战略合作协议，该校将在教师继续教育、新教师和骨干教师培训、考试命题研究等领域支持经开区，经开区将在中学阶段适当招收海淀区寄宿生，缓解海淀区学位压力；与首都师范大学拟在干部培训、学前教育、毕业生实习、理论研究等方面开展深度合作，建立首都师范大学经开区教师发展中心。

（李哲晖 刘欣）

教育综合改革试验区建设

年内，社会事业局推进经开区教育综合改革试验区建设，在教育体制机制、教师队伍建设、课程教学改革、创新人才培养、教育与社会融合等方面开展探索，出台《北京经济技术开发区基础教育经费管理办法》《北京经济技术开发区公办中小学、幼儿园聘任制教师管理暂行办法》等多项管理办法。

（李哲晖 刘欣）

学前教育

概况

2021 年，经开区辖属学前教育单位 18 所。其中，教育部门办幼儿园 5 所、民办幼儿园 13 所。全年招生 2154 人，毕业生 1614 人，在校生 6561 人。经开区有学前教育教职工 1182 人，包括具有高级职称人员 14 人、中级职称人员 59 人。

（李哲晖 刘欣）

中芯幼儿园举办亚洲主题亲子日活动

中芯幼儿园举办亚洲主题亲子日活动 赵卓 摄

5 月 29 日，北京中芯幼儿园举办以“快乐六一，畅游亚洲”为主题的亚洲主题亲子日活动。该活动以中国、印度、泰国、韩国、菲律宾、土耳其 6 个亚洲国家为代表，在园内设置主题区、美食区、表演区和游戏区，以沉浸体验方式认识亚洲的人文与建筑、文化与艺术、自然与环境。主题区以手工、音乐、舞蹈等形式展示亚洲国家的人文特色；美食区提供不同国家的特色美食，让大家感受各地的饮食文化；表演区提供特色服饰、舞蹈表演秀等活动；游戏区让幼儿体验不同国家的儿童传统游戏。378 个家庭、67 名教职工参与活动。

（庞露露）

四海幼儿园开园

8 月 28 日，北京经济技术开发区四海幼儿园获办学许可证并开园。该幼儿园位于经开区四海路 20 号院，为普惠性民办幼儿园，规划班级数量为 21 个，在园幼儿699人，教职工105人。

（周杨 刘欣）

·幼儿园（选介）·

北京市大兴区亦庄第四幼儿园

亦庄四幼开展迎新年卡通嘉年华活动　　单位提供

2021年，北京市大兴区亦庄第四幼儿园（简称亦庄四幼）为一级一类日托制公办幼儿园，占地面积为3162平方米，建筑面积为2157平方米，固定资产为498万元。全年教育经费投入1500万元，均为国家拨款。幼儿园拥有保健室、会议室、资料室等专用办公用房3个，专业教室1个，普通教室8个。教室内配有多媒体、电脑和钢琴等教学设施。教职工有51人，包括专任教师19人（具有本科以上学历人员17人、中级以上职称人员3人）、保健员3人（均为专科以上学历，具有中级以上职称人员1人）、保育员8人。幼儿园开设教学班8个，其中小班3个、中班3个、大班2个。幼儿入园90人、离园114人、在园252人。年内，亦庄四幼以完成北京市幼儿园质量督导评估为目标，提升园所保育教育工作质量。幼儿园组织开展冬奥宣传片《一起向未来》录制活动、冰雪嘉年华冬季趣味运动会、“博悦杯”区域游戏展示交流活动、迎新年卡通嘉年华活动；开展专家入园引领教研、助理培养计划、师带徒活动、集体研课磨课、游戏材料评比等教师队伍培养活动；举行首届“亦教之星”表彰仪式；接待内蒙古自治区锡林郭勒盟苏尼特右旗选派的4名学前教师来园跟岗学习30天。幼儿园1名教师被评为中国关心下一代工作委员会健体中心少儿武博赛——北京赛区优秀指导教师，1名教师获2020—2021学年度北京市基础教育科学研究优秀论文二等奖；在北京市教育学会幼儿园发展与促进专业委员会2021年教育故事征文活动中，1名教师获二等奖、3名教师获三等奖；食堂工作人员参加北京市“童康杯”幼儿膳食大赛并获北京市团体赛二等奖。全年幼儿新冠疫苗接种率为94%。

亦庄四幼成立于2012年8月，位于经开区鹿海园四里10号楼。幼儿园以“为孩子的成长提供环境 为孩子的发展提供支持”为办园理念，以“创建环境和谐、快乐发展、保教质量一流的园所”为目标，以“E＋课程”为教学体系。在“博悦”文化的引领下，让管理更开放、教育更专业、师幼更幸福。

（高阳 陈莉）

北京市大兴区亦庄第四幼儿园

园长 谭亚静

北京市大兴区亦庄第五幼儿园

2021年，北京市大兴区亦庄第五幼儿园（简称亦庄五幼）为一级一类日托制公办幼儿园，占地面积为9067.69平方米，建筑面积为7229.61平方米，固定资产为

709万元。全年教育经费投入2188万元，均为国家拨款。幼儿园拥有美工坊、绘本馆、舞蹈教室、多功能厅等专用教室5个，普通教室24个。教室内配有液晶电视、钢琴、空气净化器等教学设施。教职工有94人，包括教师50人（均为专科以上学历，具有中级以上职称人员14人）、保健员6人（均为专科以上学历）。幼儿园开设教学班18个，其中小班7个、中班7个、大班4个。幼儿入园201人、离园114人、在园579人。年内，亦庄五幼开展反恐防暴知识培训、防震疏散演习、进社区早教等活动；通过多种形式的业务培训，提高教师专业水平，组织教师开展园内讲故事评比，邀请专家开展主题活动讲座、主题环境观摩指导、活动区设置与玩具材料投放指导、半日活动观摩等培训活动。全年幼儿新冠疫苗接种率为92%。

亦庄五幼成立于2013年4月，位于经开区四合路10号院。幼儿园以“做本真教育，为幼儿幸福人生奠基”为办园宗旨，以“尚美涵养天性，心爱滋润成长”为办园理念，以“培养健康活泼、阳光自信、快乐自主的幸福儿童”为育人目标，以“肩并肩前行，心连心成长”为园训，初步形成和谐、敬业、进取、创新的良好园风，致力于打造一所幼儿幸福、教师乐业、家长满意、社会信赖的高品质幼儿园。

（闫炎）

北京市大兴区亦庄第五幼儿园

园长　李艳玲

北京市大兴区亦庄镇第二中心幼儿园

2021年，北京市大兴区亦庄镇第二中心幼儿园（简称亦庄二幼）为一级一类全日制公办幼儿园，占地面积为7899平方米，建筑面积为5739.2平方米，固定资产为1391.2万元。全年教育经费投入2129万元，均为国家拨款。幼儿园拥有多功能厅、报告厅、小会议室各1个，专用教室2个，普通教室20个。教室内配有多媒体设备、LED显示屏、钢琴等教学设施。教职工有68人，包括教师40人（均为专科以上学历，具有中级以上职称人员3人）、保健员4人（均为本科学历，具有中级以上职称人员1人）。幼儿园开设教学班11个，其中小班5个、中班4个、大班2个。幼儿入园147人、离园46人、在园400人。年内，亦庄二幼开设思维游戏、玩具图书馆等特色课程；开展庆祝建党100周年系列活动、教研活动等。全年幼儿新冠疫苗接种率为91.6%。

亦庄二幼成立于2010年9月1日，位于大兴区亦庄镇博兴八路东侧。幼儿园坚持“服务亦庄，和谐发展，创优质学前教育”的办园宗旨，立足于“让每个生命绽放光彩”的办园理念，以培养健康、快乐、自信的幼儿为目标，促进幼儿身心健康和谐发展，致力于打造一所快乐自主、开放创新的幼儿园。

（李蔚）

北京市大兴区亦庄镇第二中心幼儿园

园长　李艳秋

北京市大兴区亦庄镇中心幼儿园

2021年，北京市大兴区亦庄镇中心幼儿园（简称亦庄中心幼儿园）为一级一类日托制公办幼儿园，占地面积为7600平方米，建筑面积为6590平方米，固定资产为273万元。全年教育经费投入2374万元，均为国家拨款。幼儿园拥有舞蹈、美术和多媒体等专用教室4个，普通教室

15 个。教室内配有钢琴、电脑和一体机等教学设施。教职工有 76 人，包括教师 54 人（具有专科以上学历人员 54 人、中级以上职称人员 8 人）、保健员 4 人（具有专科以上学历人员 2 人）。幼儿园开设教学班 15 个，其中小班 6 个、中班 5 个、大班 4 个。幼儿入园 174 人、离园 60 人、在园 466 人。年内，亦庄中心幼儿园在教学中探索园本课程“生命教育”，将建党主题、冬奥会等社会时事与品格课程融合，以着力发展体育游戏为抓手，全面培养爱党爱国好儿童；结合建党百年，组织观看“我们共产党人”主题展览，开展党史教育、2021 年建党百年“永远跟党走”歌曲主题传唱文艺快闪活动；借助专家引领，将培训、教研、考核、检查有效结合，提高教师专业能力。全年幼儿新冠疫苗接种率为 95.4%。

亦庄中心幼儿园成立于 2005 年 8 月，位于经开区广德中巷 3 号，是经开区首个公立幼儿园。幼儿园始终坚持以“尊重、和谐、包容、求真、敬业”为原则，立足于“为师幼个体化生命成长搭建适宜平台”的办园宗旨，推行“探索生命教育，关注幼儿终生发展”的教育。

（褚茹萍）

北京市大兴区亦庄镇中心幼儿园

园长 李媛媛

北京市大兴区瀛海镇第二中心幼儿园

2021 年，北京市大兴区瀛海镇第二中心幼儿园（简称瀛海二幼）为一级二类日托制公办幼儿园，占地面积为 7910.4 平方米，建筑面积为 6700.67 平方米。幼儿园拥有图书城堡、早教和美工坊等专用教室 3 个，普通教室 21 个。教室内配有触控一体机等教学设施。教职工有 69 人（临时工 50 人），包括教师 33 人（均为专科以上学历，具有中级以上职称人员 2 人）、保健员 14 人（具有专科以上学历人员 6 人）。幼儿园开设教学班 14 个，其中小班 6 个、中班 5 个、大班 3 个。幼儿入园 175 人、离园 77 人、在园 417 人。年内，瀛海二幼以“体育游戏”为研究对象，开展教研活动 8 次，举行室内外体育游戏活动评比，建立瀛海二幼体育游戏集 50 余篇；开展教师培训活动 10 次；开展各类安全检查 16 次、消防演习活动 5 次、消防车进校园活动 1 次、地震演习 2 次、反恐演练 1 次、法制宣传培训 1 次；在“红润童心”幼儿爱国主义教育活动中获优秀组织奖和优秀节目奖；发表新冠肺炎疫情防控相关宣传新闻 33 篇，被评为新冠疫苗接种示范单位。全年幼儿新冠疫苗接种率为 95.4%。

瀛海二幼成立于 2015 年 8 月，位于大兴区瀛海镇四合路四号院 1、2 号楼。幼儿园坚持“幼儿安心、家长放心、教师衷心”的办园宗旨，立足于“同心、同乐、同行”的办园理念，以“树立先进的教育思想，打造精良的教师队伍，创造鲜明的教育特色，促进园所健康发展”为目标，致力于打造一所幼儿喜欢、家长认可的幼儿园。

（郑佳）

北京市大兴区瀛海镇第二中心幼儿园

园长 刘斌

北京市大兴区大地双语幼儿园

2021 年，北京市大兴区大地双语幼儿园（简称大地双语幼儿园）为日托制普惠型民办幼儿园，占地面积为 2257 平方米，建筑面积为 2513 平方米，固定资产为 67

万元。全年教育经费投入 50 万元。幼儿园拥有形体教室 1 个，游戏室 1 个，教师专用备课室 1 个，普通教室 10 个。教室内配有一体机、电脑和玩具等教学设施。教职工有 48 人，包括教师 20 人（均为大专以上学历）、保育员 10 人（均为高中学历）。幼儿园开设教学班 10 个，其中小班 4 个、中班 4 个、大班 2 个。幼儿入园 115 人、离园 86 人、在园 298 人。年内，大地双语幼儿园举办“大地师幼筑梦冰雪 · 快乐运动相约冬奥”主题运动会、以“童心向党，礼赞百年”为主题的建党 100 周年系列庆祝活动。全年幼儿新冠疫苗接种率为 94%。

大地双语幼儿园成立于 2002 年 9 月 1 日，位于经开区天华园二里二区。幼儿园坚持“以开放视野培养身体、智能、人格全面和谐发展的完整儿童”的办园宗旨；立足于“教育活动游戏化，环境布置教育化，活动形式多样化，保教结合，因材施教，适度超前，全面发展”的办学理念；致力于打造一所小朋友喜爱、和谐健康、教师快乐发展的幼儿园。

大地双语幼儿园举办冬奥主题运动会　　单位提供

（李萍）

北京市大兴区大地双语幼儿园

园长　刘桂玲

北京市大兴区春蕾幼儿园

2021 年，北京市大兴区春蕾幼儿园（简称春蕾幼儿园）为一级二类日托制普惠性民办幼儿园，占地面积为 3000 平方米，建筑面积为 2600 平方米，固定资产为 78.12 万元。全年教育经费投入 75.38 万元，其中国家拨款 12.59 万元、自筹经费 62.79 万元。幼儿园拥有绘本馆、多功能厅、体能馆和会议室等专用教室 5 个，普通教室 9 个。教室内配有一体机、音响和电脑等教学设施。教职工有 60 人，包括教师 18 人（具有本科学历人员 6 人、大专学历人员 12 人，二级教师 6 人、三级教师 7 人）、保健员 4 人（均为本科学历人员，一级教师 1 人、二级教师 3 人）。幼儿园开设教学班 9 个，其中小班 4 个、中班 3 个、大班 2 个。幼儿入园 139 人、离园 22 人、在园 295 人。年内，春蕾幼儿园落实国家“双减”政策，以“重服务、注发展、提质量、促内涵”为办园思路，将“以人为本 以心为本”“和合共生 和而不同 润物无声 润泽生命”作为文化引领，建设以“和润文化”为核心的园所文化。幼儿园开展“红心向党 礼赞百年”系列活动、“全民共创 书香校园”职工阅读活动、“以爱育爱 以德养德”系列师德师风建设活动；与 4 所幼儿园开展教师现场观摩学习活动。幼儿园“生活化课程建设研究课题”开题，是建园以来首次开展的课题研究。1 名教师被评为国家一级教师，3 名教师被评为国家二级教师。全年幼儿新冠疫苗接种率为 90.9%。

春蕾幼儿园成立于 2013 年 5 月，位于经开区新康家园小区。幼儿园秉承“用心呵护、用爱浸润、用情滋养”的办园理念，以“家文化”为切入点，以“引领人、凝聚人、发展人”为育人理念，形成“以仁爱之心，铸育人之魂”的“德爱勤精新”五字精神引领，营造“人和园美、人园和谐”园所氛围，培养符合未来社会发展的接班人。

（杨帆）

北京市大兴区春蕾幼儿园

园长 霍艳方

北京市大兴区中芯南海子幼儿园

中芯南海子幼儿园开展“冬奥伴我行”趣味运动会 单位提供

2021 年，北京市大兴区中芯南海子幼儿园（简称中芯南海子幼儿园）为日托制普惠性民办幼儿园，占地面积为 6000.2 平方米，建筑面积为 5589.68 平方米，固定资产为 116 万元。全年教育经费投入 1701 万元。幼儿园拥有英语、美术和音乐等专用教室 6 个，普通教室 18 个。教室内配有交互式电子白板、电子钢琴和电脑等教学设施。教职工有 76 人，包括教师 44 人（均为专科以上学历，具有初级职称人员 26 人、中级职称人员 1 人）；保育员 18 人（具有专科以上学历人员 17 人）。幼儿园开设教学班 18 个，均为蒙氏混龄班。幼儿入园 189 人、离园 156 人、在园 536 人。年内，中芯南海子幼儿园开展“与鸟同行”动物保护主题教学活动、“建党百年，情暖重阳”活动以及“冬奥伴我行”趣味运动会、“以‘苗’护苗”主题防疫科普小课堂等。全年幼儿新冠疫苗接种率为 83.43%。

中芯南海子幼儿园成立于 2016 年 9 月，位于经开区南海家园五里。幼儿园以“品格第一，勇敢自信，健康活泼，快乐成长”为办学理念，注重园所文化建设，以研促教，通过骨干教师榜样引领、“一对一帮扶”带领年轻教师深入教学研究，挖掘园本课程内涵，探究互动式蒙氏主题教学形式和内容，提升幼儿园教育水平。幼儿园结合蒙氏混龄教育特点，提高幼儿照顾自己、服务环境、帮助他人的能力，树立幼儿美好品格；创新学习内容和形式，引导幼儿发现问题、分析问题、解决问题，培养幼儿自主学习和逻辑思维能力。

（王燕 黄雯婷）

北京市大兴区中芯南海子幼儿园

园长 王春利

北京中芯幼儿园

中芯幼儿园举办母亲节系列活动 赵卓 摄

2021 年，北京中芯幼儿园（简称中芯幼儿园）为全日制民办非企业幼儿园，占地面积为 5770 平方米，建筑面积为 4479 平方米，固定资产为 218.09 万元。

全年教育经费投入4321.04万元，均为自筹。幼儿园拥有美术、英语等专用教室4个，普通教室17个。教室内配有交互式电子白板、电脑和电钢琴等教学设施。教职工有86人，包括专任教师43人、外教11人（均为专科及以上学历，具有高级职称人员1人、中级职称人员8人、初级职称人员35人）、保育员18人（具有专科及以上学历人员15人）。幼儿园开设17个教学班，其中蒙氏混龄班13个、国际班（EK）4个。幼儿入园190人、离园164人、在园485人。年内，中芯幼儿园举办以“看五月的天，听妈妈的话”为主题的母亲节系列活动、以“快乐六一，畅游亚洲”为主题的亚洲主题亲子日活动、以“一餐一食皆乐趣”为主题的食育工坊活动等。全年幼儿新冠疫苗接种率为56.5%。

中芯幼儿园成立于2005年8月15日，位于经开区泰河园四里三区，由中芯国际集成电路制造（北京）有限公司投资兴办。幼儿园以“品格第一、勇敢自信、健康活泼、快乐成长”为办学理念及目标，坚持“和谐团结、有序稳定、人文治理、特色发展”的管理思想，严格依法依规办园，设理事会、监事会，如期开会履责；设家委会，正当行使对幼儿园办学行为的监督权。幼儿园教育教学采用蒙特梭利教学体系融合品格主题教育，开展互动式英文活动和多感官特色体验类活动，整体课程设计注重幼儿良好品质和习惯养成，致力于培养幼儿全面发展，提升素质，同时关注幼儿个性化成长。

（庞露露）

北京中芯幼儿园

园长 白桦

北京市大兴区美格双语幼儿园

2021年，北京市大兴区美格双语幼儿园（简称美格幼儿园）为日托制民办幼儿园，占地面积为1980平方米，建筑面积为1340平方米，固定资产为300.7万元。全年教育经费投入582.7万元，均为自筹。幼儿园拥有普通教室5个。教室内配有学习一体机、玩教具等教学设施。教职工有32人，包括教师12人（具有专科以上学历人员11人、中级以上职称人员2人）、保健员1人（均为专科以上学历）。幼儿园开设教学班4个，其中小班2个、中班1个、大班1个。幼儿入园25人、离园35人、在园105人。年内，美格幼儿园开展防震演练、疯狂万圣节庆祝活动、“故事润童心，妙语展风采”主题教师讲故事大赛。全年幼儿新冠疫苗接种率为74%。

美格幼儿园成立于2002年8月，位于经开区天华园三里1栋，是经开区第一所民办幼儿园。幼儿园倡导将中西方教育理论融入幼儿园教育实践，追求“开放式、发展式”教育模式，强调“玩中学、学中玩”教育理念，以“打造儿童乐园，让孩子们在乐园里快乐地成长”为目标，在课程设置上，推出中、英文课程各占50%的双语教育，致力于打造一所幼儿喜欢、家长认可的幼儿园。

（叶立华）

北京市大兴区美格双语幼儿园

园长 陈虹

北京市大兴区二十一世纪实验幼儿园

2021年，北京市大兴区二十一世纪实验幼儿园（简称二十一世纪幼儿园）为日托制民办幼儿园，占地面积为 2.42 万平方米，建筑面积为 1.57 万平方米，固定资产为 792 万元。全年教育经费投入 100 万元，均为自筹。幼儿园拥有风雨操场 1 个、艺术宫 1 个、琴房 8 个、圆弧教室 9 个、普通教室 44 个、托育教室 2 个。教室内配有电子琴、录音机和电脑等教学设施。教职工有 174 人，包括教师 72 人（具有专科以上学历人员 49 人、中级以上职称人员 8 人）、保健员 9 人（均为专科以上学历）。幼儿园开设教学班 41 个，其中小班 10 个、中班 11 个、大班 9 个、国际班 5 个、混合班 6 个。幼儿入园 282 人、离园 282 人、在园 930 人。年内，二十一世纪幼儿园开展“世纪”创意日活动、建党 100 周年活动、全园骨干教师教学观摩活动，举行交通安全副校长聘任仪式等。全年幼儿新冠疫苗接种率为 75%。

二十一世纪幼儿园成立于 2003 年 9 月，位于经开区天宝中街 5 号，是北京市最早的民办寄宿制幼儿园，也是最早以双语教育和多元文化为基本特色的幼儿园。2007 年改为日托制民办幼儿园。幼儿园以“蹲下来讲话，抱起来交流，牵着手教育”为教学理念。

（王琳）

北京市大兴区二十一世纪实验幼儿园

园长　崔立新

北京市大兴区爱乐恩幼儿园

2021 年，北京市大兴区爱乐恩幼儿园（简称爱乐恩幼儿园）是中国教育电视台教育产业旗下集团化办园中的一所日托制民办幼儿园，占地面积为 6000 平方米，建筑面积为 5000 平方米，固定资产为 2355 万元。全年教育经费投入 1076 万元，均为自筹。幼儿园拥有图书馆、音体室、多功能厅等专用教室或区域 5 个，普通教室 11 个。教室内配有多媒体教学设施，以及新风系统、空气净化器等健康保障设施。教职工有 55 人，包括教师 24 人（均为专科以上学历）、保育员 11 人、保健员 2 人（均为专科以上学历）。幼儿园开设教学班 11 个，其中小班 5 个、中班 3 个、大班 3 个。幼儿入园 57 人、离园 80 人、在园 197 人。年内，爱乐恩幼儿园 IB-PYP 课程通过国际文凭组织官方顾问审核；举办世界读书日活动、绘本人物装扮秀直播活动、农耕文化体验活动、庆祝建党 100 周年师生红歌会直播活动等。全年幼儿新冠疫苗接种率为 85%。

爱乐恩幼儿园成立于 2016 年 7 月，位于经开区文化园东路 6 号高校创意总部 C 区 3 层，坚持“为孩子的幸福生活奠基”的办园宗旨，立足于“教育创造幸福的未来”的办园理念，以“友爱、快乐、好奇、担当”为使命宣言，致力于打造一所温馨自然，有温度、有品质的幼儿园。幼儿园课程的核心框架内容是国际文凭组织（IBO）授权的 PYP 幼小教学项目。

（武欣）

北京市大兴区爱乐恩幼儿园

园长　王立新

基础教育

概况

2021 年，经开区辖属基础教育单位 10 所。其中，小学 3 所（教育部门办校 3

所），完全中学1所（教育部门办校1所），九年一贯制学校2所（教育部门办校1所、民办校1所），十二年一贯制学校4所（教育部门办校3所、民办校1所）。全年招生4621人（小学2910人、初中1216人、普通高中495人）；毕业生1904人（小学1019人、初中683人、普通高中202人）；在校生16687人（小学12160人、初中3189人、普通高中1338人）。经开区有小学、中学教职工2035人，包括具有正高级职称人员12人、副高级职称人员171人、中级职称人员291人，北京市特级教师11人、北京市骨干教师5人、北京市学科教学带头人2人。

（李哲晖　刘欣）

亦庄实验中学在USAP竞赛中获佳绩

2月28日，北京亦庄实验中学在2021年度美国学术五项全能（USAP）中国站竞赛中获佳绩。其中，初二年级学生郝西格获数学全国银奖（荣誉组）、区域文学优胜奖、区域科学优胜奖、区域社科优胜奖、区域艺术优胜奖、区域个人总分奖，初一年级学生周禾祎获区域文学优胜奖、区域艺术优胜奖、区域社科优胜奖，初一年级学生高玺皓获杰出校园大使奖，初二年级学生沈佳慧获区域文学优胜奖；6名教师常皓月、潘亚梅、王力杨、王艺、李莹、王雪获优秀教练奖；学校队伍获区域团队总分奖和卓越成就奖。大赛吸引来自全国各地100余所国际学校和重点小学及初中的200支参赛队伍1600余名选手参赛。

（赵亚）

北京市建华实验亦庄学校（南校区）启用

北京市建华实验亦庄学校（南校区）　刘娜 摄

3月，北京市建华实验亦庄学校（南校区）投入使用。南校区位于经开区路东区E13地块，占地面积约为6.6万平方米，总建筑面积约为9.35万平方米，规划办学规模为63个教学班，其中小学24个班、初中21个班、高中18个班，可为周边小区提供2520个学位。

（李哲晖　刘欣）

人大附中经开学校探索“融合共育”

3月，人大附中北京经济技术开发区学校探索“融合共育”的特色教学道路，针对有特殊情况（如注意力不集中、情绪失控、行为失控等）的小学生，探究适合其学习发展的新方法。人大附中经开学校成立联合专家组，由学校领导、德育主任、心理教师以及骨干班主任和专业机构教师组成专业化支持平台，从评估督导、训练、活动指导、学业建议等方面为学生提供专业支持和科学建议。该专家组通过个别辅导、团队辅导、亲子沟通、同伴交往辅导、融合教育主题活动等辅导干预形式，帮助学生成长；面向学生家长开展“注意力及多动学生的评估”“学生家长亲子如何沟通培训”等专题讲座。全年对 57 名小学生开展团体辅导 194 次、个体辅导 351 次。

（张凤梅 侯萱）

人大附中经开学校开设“无限体育”课程

人大附中经开学校开设“无限体育”课程　陈维 摄

3 月，人大附中北京经济技术开发区学校为初中部学生开设不限于校内、不限时间段的“无限体育”课程。该课程与小学部的“零点体育”课程相衔接，包括校内课程与校外课程。其中，校内课程利用课后服务时段开设，分为必修课程与选修课程，必修课程包括体能训练、健身操，选修课程包括排球、篮球、跳绳等；校外课程以“亲子 5 千米长跑”为主题，学生和家长可通过移动健身客户端记录每周的长跑距离，以完成 5 千米距离要求。初中部 1600 余名学生参加。

（张燕妮 侯萱）

亦庄实验小学启动项目化学习（PBL）

4 月 1 日，北京亦庄实验小学与北京师范大学项目学习课题组合作启动项目化学习（PBL），6 个年级分别开展适合各年龄段学生的 PBL 活动。PBL 是一种动态学习方式，学生通过参与科学实践探究真实性问题，并从中学习知识和技能。学校于 2021—2022 学年秋季学期设计并实施项目 12 个，各年级开展相应的 PBL 活动，包括一年级 · 入学百天学习任务展、二年级 · 课间游戏的诞生、三年级 · 民族万花筒、四年级 · 神话主题阅读与桌游、五年级 · 民间故事汇、六年级 · 我是低碳 PD 等。学校通过 PBL 平台记录学生的参与过程，实现对学生作业的高质量反馈和高效率回收，解决“双减”中的作业设计难题。全年举办 14 次 PBL 活动，累计 420 人次参与。

（蒲乐洋 王会娜）

人大附中经开学校与企业共建培养基地

人大附中经开学校学生走进中航智参观学习　陈维 摄

4 月 16 日，人大附中北京经济技术开发区学校与北京金风科创风电设备有限公司共建“金风一人开”电子信息创新人才培养基地。该基地由金风科创支持，联合北京师范大学、北京大学等高校资源，共同选拔、培养一批电子信息领域基础实、素质高、能力强的创新型人才，主要建设贯通制电子信息课程和配套定制化教学资源、实践基地和电子信息线上课程共享平台。基地已有小学、初中两个电子信息学生梯队，共计 41 人。全年完成创客实验室设备升级、30 节基础操作类微课录制、5 门科技创新类课程开发，开办首期电子信息基础班、首期成员培养班，辅导学生完成创意作品 10 件、申请实用新型专利 4 件等，初步形成企业、高校与学校共建学生培养基地的模式和流程。5 月 13 日，人大附中经开学校与北京中航智科技有限公司共建“人开一中航智”航空创新人才培养实践基地。该基地由中航智和亦城基金会共同支持，由人大附中经开学校联合北京航空航天大学和北京航空学会在贯通式航空课程、创新人才培养平台、航空创新人才培养实践基地3个方面合作共建，旨在共同选拔、培养一批航空专业领域基础实、素质高、能力强的创新型人才，培养学生科技创新意识、创新能力。基地开设模拟飞行、四轴无人机、固定翼模型3门基础课程，已有小学、初中两个航空极客学生梯队，共计39人。年内，人大附中经开学校与中航智参展2021世界机器人大会并举行路演活动；中航智在人大附中经开学校小学楼大厅搭建航空科普展台，向学校捐赠100本航空科普类图书；人大附中经开学校开展第一阶段学习成果汇报表演；人大附中经开学校高一、高二全体师生开展主题为“揭秘大国重器，担当祖国栋梁”的实践活动，走进中航智参观学习。

（王佳婧 侯萱）

人大附中经开学校启动中芬国际高中课程

7月8日，市教委发布《北京市教育委员会关于同意人大附中北京经济技术开发区学校与芬兰图尔库国际学校合作举办中芬国际高中课程项目的批复》（京教函〔2021〕343号），批准人大附中经开学校与芬兰图尔库国际学校合作举办中芬国际高中课程项目。该项目旨在通过中外课程的学习和交流实践，以科学的教育教学管理方法，为中国学生进入世界一流大学深造打下基础，培养国际型、高素质的复合型人才。芬兰图尔库国际学校将为人大附中经开学校提供教学理念、教学方法、课程设置、教师培训、学生互访、学生寒暑期插班学习等方面的支持，为人大附中经开学校探索“教育+”的育人模式搭建参考和学习借鉴平台。9月1日，中芬国际高中课程项目启动，招收学生5人，配备外籍教师2名。

（程菁菁 侯萱）

人大附中经开学校中高考再创佳绩

7月，人大附中北京经济技术开发区学校2021年中高考再创佳绩。2021届高考，参考学生48人，高考一本率为63.6%、本科率为100%，学生在北京市的排名与中考时的排名相比大幅提升，平均每人上升6754.5名。2021届中考，经开区首次作为考区组考，与海淀区统一阅卷，人大附中经开学校参考学生325名，前17名学生进入海淀区前1800名。其中，最高分为639分，为海淀区第153名；620分以上23人，均在海淀前2500名以内；600分以上77人，均在海淀区前5900名以内。

（侯萱 李雪）

人大附中亦庄新城学校启用

9月1日，人大附中亦庄新城学校完成小学部项目建设并投入使用，开设36个小学教学班级，秋季学期招生587人，有在校生1479人。人大附中亦庄新城学校位于经开区河西区X95、X96地块，占地面积约为12.46万平方米，总建筑面积约为14.97万平方米，规划办学规模为96个教学班，其中小学48个班、初中24个班、高中24个班，学生总数约为3960人。

（李哲晖 刘欣 侯萱）

北京市第二中学经开区学校启用

9 月 1 日，北京市第二中学经开区学校完成小学教学楼、中学教学楼、报告厅、图书馆、学生宿舍等主要建筑项目建设并投入使用，秋季学期小学一、二年级 500 余人入学。北京市第二中学经开区学校位于经开区河西区 X39 地块，占地面积约为 8.27 万平方米，总建筑面积约为 12.09 万平方米，规划办学规模为 81 个教学班，其中小学 42 个班、初中 24 个班、高中 15 个班，学生总数约为 3315 人。

（李哲晖　刘欣）

卢雪艺术馆在亦庄实验中学落成开馆

卢雪艺术馆落成开馆　　万佳　摄

9 月 2 日，北京亦庄实验中学、中华慈善总会文化艺术公益项目和中国剪纸艺术家卢雪联合建立的卢雪艺术馆在亦庄实验中学落成开馆。该艺术馆旨在以艺术文化为载体、传承非遗中国文化艺术为使命，为学生开启艺术剪纸的多元视角，发散学生创造性艺术思维。艺术馆精选卢雪不同时期、不同主题的 10 余件代表作品进行展示。

（赵亚）

市领导调研人大附中经开学校

9 月 10 日，中共中央政治局委员、市委书记蔡奇一行到人大附中北京经济技术开发区学校调研。蔡奇察看人大附中经开学校的特色课程授课和“双减”政策落实情况，对学校提供的特色课后服务给予肯定，指出“双减”政策落地和巩固的关键在学校，学校要抓好教育教学；经开区要发挥科技资源优势，为学生实践提供场景，提升学生的科学素养和综合素质。市委副书记、市长，市委常委、秘书长，市委常委、教工委书记，副市长等领导一同调研；经开区工委书记王少峰等领导参加调研。

（侯萱　李雪）

人大附中亦庄新城学校“双导师”机制

人大附中亦庄新城学校导师管理现场　　刘硕磊　摄

9 月，人大附中亦庄新城学校创新“双导师”班级治理机制。该机制为每个班级配备班级导师和中队辅导员 2 名教师，作为成长导师陪伴学生学习和生活，参与班级各项工作的管理，形成责任共担、协商共赢、文化共建、和谐共生的班级文化，建立“全员育人、全程育人”的场域和更优质、融合的师生关系。学校为 36 个班级配备导师 72 名。

（纪成涛）

人大附中经开学校总结“双减”六步法

9 月，人大附中北京经济技术开发区学校提出“育人先育心，育才先育德”的理念，围绕“强大内心”的核心，总结“双减”六步法。第一步为课堂增效提质，增加获得；第二步为作业精心设计，增加兴趣；第三步为个性答疑辅导，增加信心；第四步为多彩课后服务，增加素养；第五步为温暖延伸服务，增进师生关系；第六步为家校协同共育，增加家长信任。538 名教师参与“双减”六步法的实践研究。

人大附中经开学校开设课后服务课程　　陈维 摄

（侯萱 李雪）

人大附中经开学校实施作业实践探索

“作业诊室”环节师生共同探讨作业问题　　杨剑 摄

9 月，人大附中北京经济技术开发区学校对高中部语文、数学、外语、政治、生物等学科实施“三室一厅”作业实践探索，以学生为中心，通过教师的设计和引导，促进学生主动探索和梳理写作业的方法，减轻学生作业负担。“三室”包括“作业超市”，由学科教师编辑适应学生不同需求的分层作业本；“作业诊室”，师生面对面研讨作业中的问题；“作业储藏室”，由学生对作业进行梳理、增减和重构。“一厅”为“作业议事厅”，师生通过分享和交流活动共享关于作业的收获与疑惑。“三室一厅”作业实践探索形成“作业设计—作业布置—作业批改—作业整理—作业研讨—作业设计”的完整闭环，构建新的作业流程和范式，高中部 688 名师生参与。

（杨剑 侯萱）

人大附中经开学校与 2 所学校签署协议

10 月 11 日，人大附中北京经济技术开发区学校与内蒙古自治区赤峰市巴林右旗大板三中签署 2021 年结对帮扶框架协议，双方就教师支教、帮扶送教、教师研修、交流访学、云端研训、向留守儿童捐赠物资等帮扶合作事项达成协议。11 月 20 日，人大附中经开学校与内蒙古自治区锡林郭勒盟苏尼特右旗蒙古族中学签署结对帮扶框架协议，双方就教师支教、教师研修、交流访学、云端研训、爱心捐助等帮扶合作事项达成协议。

（侯萱 王佳鹏）

人大附中亦庄新城学校实施微格教研

10 月 13 日，人大附中亦庄新城学校编制的《引力课堂微格教研实施指南》印发，列出目标确立、内容选择、媒体使用、习惯培养、教学导入、导学方案、独立学习、同伴请教、协作学习、相互倾听、分享表达、达标迁移、测后导学、游戏活动、课堂机智、教学语言、评价激励、作业设计、音量控制、板书呈现、微课开发 21 个微格聚焦的维度和内容，学校备课组、学科教研组围绕具体微格开展备课教研实践。11月8日，人大附中亦庄新城学校开展“引力课堂微格教研实践反馈”专题研讨会议，推选5名备课组长分享微格教研实践收获与感悟。12月，人大附中亦庄新城学校全体教师每人展示一节引力课堂教学公开课，并于每节课后围绕21个微格开展议课教研活动。学校88名教师参加教研。

（张倩倩）

人大附中经开学校开设信息学集训营

人大附中经开学校开设信息学集训营　　王佳婧 摄

11月9日，人大附中北京经济技术开发区学校开设面向初、高中部全体学生的科技创新人才培养基地信息学集训营。该集训营每周日开展1次，每次3小时，共20次课程，内容涵盖C++基本语法、数据结构、数组、栈、队列等常见算法，旨在选拔和培养一批数学基础知识扎实，具备计算机科学学习潜质的学生，开展系统化的信息学竞赛课程学习。通过线上测试，43名学生被选为该集训营一期学员。

（王佳婧　侯萱）

亦庄一小首个学生自主社团成立

11月11日，北京市大兴区亦庄镇第一中心小学首个学生自主社团——逐梦杂志社成立。该杂志社由学生自主分工、定职、合作、征集稿件、排版，教师杜立芳、刘民、宋姝颖、侯维影对学生供稿进行指导，设有2名社长、3名记者、4名美术编辑、5名文字编辑、5名人事成员，定期组织例会、讨论写作和排版工作。刊物内容分为立志篇和传统文化篇，包括小说连载、新闻、书法作品、诗歌等类型。全校200余名师生参与活动。

（李楠）

人大附中经开学校成为思政课示范基地

11月15日，市教委、北京市教育科学研究院基础教育教学研究中心发布首批北京市中小学思想政治理论课示范基地评选结果，人大附中北京经济技术开发区学校被评为首批北京市中小学思想政治理论课示范基地。人大附中经开学校党委组织6个党支部、团委、学生发展中心和其他职能部门，举办“两会”进课堂、模拟政协提案、时政述评、时政演讲、时政沙龙等课程和活动，协同构建“一体化领导、专业化运行、协同化育人”大思政育人格局，实现思政工作有合力、思政育人有效力、思政课堂有引力、思政课程有魔力、思政教研有学习力，发挥思想政治理论课立德树人的关键作用。其中，“两会”进课堂活动被《人民日报海外版》报道。

（杨剑　侯萱）

亦庄实验小学花滑社团获多项荣誉

年内，北京亦庄实验小学花滑社团（花样滑冰队、速滑队、冰球队和滑雪队）获多项荣誉。7月，花样滑冰队获2021中国花样滑冰俱乐部联赛（第一站）精英队列滑少年组第四名。8 月，花样滑冰队获 2021 中国花样滑冰俱乐部联赛（第三站）精英队列滑少年组亚军，19 名队员被评为国家二级运动员；在 2021—2022 赛季全国花样滑冰少年赛锦标赛暨 U 系列少年赛中获花样队列滑甲组第二名，全部参赛队员被评为国家二级运动员。12 月，在北京市第六届中小学生冬季运动会中，花样滑冰队获队列滑小学组季军；滑雪队获越野滑雪（传统技术）小学男子组冠军、亚军以及小学女子组季军、第五名；冰球队获冰球传球射门小学组季军、冰球 3V3 小学甲组第六名、冰球 3V3 小学乙组第七名。

（王会娜　郭少华）

亦庄实验小学设立金风奖学金

年内，北京亦庄实验小学与北京金风科创风电设备有限公司合作设立金风奖学金。该奖学金面向全校学生，设有个人奖项和团队奖项，评选则需满足参与学校的“家庭实验室”项目、有自己的校内导师和研究课题、连续参加学校科技艺术节活动并有作品展示、在市区级科技艺术类竞赛中获奖等条件，奖金为个人 100 元、团队 300 元，每年 12 月评选一次。全年 5 名学生获个人奖学金，1 个团队获团队奖学金。

（王会娜　来晓梅）

·中小学·

人大附中北京经济技术开发区学校

2021 年，人大附中北京经济技术开发区学校（简称人大附中经开学校）分本部和北校区两址办学，总占地面积为 11.74 万平方米，建筑面积为 11.79 万平方米，体育场（馆）面积为 2.47 万平方米，风雨操场建筑面积为 1.31 万平方米。图书馆（室）藏书 10.07 万册。固定资产总值为 1.37 亿元。全年教育经费投入 2.93 亿元。学校信息化经费投入 163.21 万元，拥有计算机 1650 台、网络多媒体教室 235 个，校园网出口总带宽 1Gbps，数字资源量 450GB，信息技术课程 1 课时 / 周。学校拥有教室 255 个，其中普通教室 162 个、走班教室 1 个、专用教室 55 个、实验室 37 个。教职工有 670 人，包括具有高级职称人员 115 人、中级职称人员 161 人，专任教师 538 人（正高级教师 8 人、特级教师 20 人、北京市学科教学带头人 1 人、北京市骨干教师 3 人、经开区学科教学带头人 37 人、经开区骨干教师 65 人），具有本科及以上学历人员 609 人。学校开设教学班 162 个（小学班 94 个、初中班 46 个、高中班 21 个、国际高中班 1 个）。毕业生 775 人（小学 371 人、初中 356 人、高中 48 人）；招生 1453 人（小学 673 人、初中 572 人、高中 203 人、国际高中 5 人）；在校生 5994 人（小学 3735 人、初中 1652 人、高中 602 人、国际高中 5 人），包括寄宿生 270 人、外省市借读生 1528 人、随班就读学生 4 人。高中录取分数线为 557 分，本科上线率为 100%。学校有社团 101 个。年内，人大附中经开学校探索“融合共育”的特色教学道路，总结“双减”六步法，推出“加减乘除幂”育人运算、“加强版”答疑辅导课程，实施“三室一厅”作业实践探索；开展党史学习教育、“我为师生办实事”工作，为师生办实事 1163 件，创办党刊《力行》、校刊《力量》；

完成2021年中考、2022年高考和初中学考英语第一次听说机考、高考美术类专业统一考试的考点任务；参加2021世界机器人大会、北京市第六届中小学生冬季运动会开幕式，承办多项市区级体育赛事；开展迎冬奥系列活动、献礼建党百年系列活动。学校与内蒙古自治区2所学校签署结对帮扶框架协议；与芬兰图尔库国际学校合作举办中芬国际高中课程项目并招生开课。学校获2018—2020年度首都精神文明标兵单位、2021年北京市学生金帆书画院、首批北京市中小学思想政治理论课示范基地等国家级荣誉5项、市区级荣誉48项，被《中国教育报》《北京晚报》和北京电视台、教育头条等媒体报道64条次；学生参加各级各类比赛获国家级荣誉494项、市区级荣誉1412项；教师获国家级荣誉29项、市区级荣誉352项。

人大附中经开学校始建于1998年，名为北京市惠东育仁中学；2001年更名为北京经济技术开发区实验学校，由亦庄控股联合北京市第二中学、史家小学共同举办，是集小学、初中、高中于一体的全日制寄宿、走读民办学校，其教育教学隶属东城区教委管辖；2011年9月1日，转制为公办学校并更名为北京市第二中学亦庄学校；2017年7月12日，北京市大兴区亦庄中学并入北京市第二中学亦庄学校，成为该校北校区；2017年10月30日，大兴区政府、经开区管委会与中国人民大学附属中学联合学校总校和中国人民大学附属中学签署联合办学项目——人大附中北京经济技术开发区学校；2019年1月15日，学校更名为人大附中北京经济技术开发区学校。学校以“做有使命感的中国人”为校训，以“办温暖的、负责任的、舒展生命的幸福教育”为办学理念，以“养大格局，修大智慧，成大担当，有大作为”为校风，以“以德树人，以文化人，以美怡人，以爱育人”为教风，以“开启智慧，开发潜能，开拓创新，开放融通”为学风，以办“高质量、有特色、国际化、现代化的国内领先学校”为定位，以“三强两优一领先”（“三强”即教师队伍强、课程建设强、课堂教学强，“两优”即十二年一贯制优势和经开区地域优势，“一领先”即科技领先）为战略目标，依托中国人民大学附属中学联合学校总校资源，借鉴融合先进国际教学理念和课程，建设魔力课程，构建引力课堂，塑造魅力教师，践行“具身五育”，培养具有家国情怀、国际视野、科学素养和人文精神的高品质人才，以创新与新时代同频共振，面向未来，办更有力量的教育。

人大附中经开学校开展课堂教学展示活动　陈维 摄

（侯萱　李雪）

人大附中北京经济技术开发区学校

校长　王教凯

北京亦庄实验中学

亦庄实验中学举办第五届技术节活动　　万佳 摄

2021 年，北京亦庄实验中学（简称亦庄实验中学）的占地面积为 9.86 万平方米，建筑面积为 11.78 万平方米，体育场（馆）面积为 2.52 万平方米。图书馆（室）藏书 4 万余册。固定资产总值为 7818.05 万元。全年教育经费投入 12338.58 万元。学校信息化经费投入 350.49 万元，拥有计算机 701 台、网络多媒体教室 215 个，校园网出口总带宽 2000Mbps，信息技术课程 2 课时 / 周。学校拥有普通教室 130 个、专用教室 50 个、实验室 47 个。教职工有 284 人，包括具有高级职称人员 31 人、中级职称人员 32 人，专任教师 204 人（特级教师 1 人、北京市骨干教师 2 人、北京市学科教学带头人 1 人），具有本科及以上学历人员 255 人。学校开设教学班 66 个，其中初中 40 个、高中 26 个。毕业 392 人，其中初中 271 人、高中 121 人；招生 710 人，其中初中 473 人、高中 237 人；在校生 1701 人，其中初中 1140 人、高中 561 人，包括寄宿生 659 人。高中录取分数线为 602 分，应届高考本科上线率为 100%。学校有社团 78 个。年内，亦庄实验中学改进教育教学方式，各项工作取得新的进展。在学校发展方面，完善基于标准化的管理体系，在各年级、各部门推进目标管理法（OKR）；召开第一届教职工代表大会第二次会议，通过《北京亦庄实验中学章程》等 13 项制度文件。在教育教学方面，开展 2021 教育年会和寒暑假封闭教研活动，各学科教师聚焦于“从教走向学”，探索项目化学习、学科大概念落实、大单元教学等学习方式，同时进行相关主题分享，制订课程方案。在组织活动方面，开展首届“南非文化日”活动、第一届北京亦庄实验中学田径运动会、“迎冬奥——冰雪嘉年华”活动、庆祝中国共产党成立 100 周年音乐会以及“科技改变世界，劳动创造未来——创新开启新生活”第五届技术节等活动。在学科竞赛方面，全年共有 70 余名同学在国家、市、区级竞赛中获各种奖励。其中，在第三十五届中国化学奥林匹克竞赛（初赛）中，2 名学生获北京市一等奖，其中学生王啸骞以北京市第九名的成绩进入北京代表队；在 2021 世界机器人大赛锦标赛（北京）—青少年机器人设计大赛 FTF 青少年无人机赛项中，4 名学生获奖，其中学生李懿煊、隋意分别获全国季军（一等奖）；在 2021 年国际基因工程机器大赛（IGEM）中，学校参赛队伍获高中组金奖。在学校荣誉方面，学校被评为 2018—2020 年度首都文明单位、北京市足球运动特色校、北京市冰雪运动特色校（一类校）、奥林匹克教育示范校。在升学考试方面，学校 2021

届共有 120 名学生参加高考，均分接近 600 分，位列北京市第 31。

亦庄实验中学由北京市十一学校与大兴区政府及经开区三方合作共同创办，经市教委批准为综合教育改革实验校，于 2016 年 9 月 1 日开学，位于经开区四合路 12 号，可容纳 3000 余名学生。学校以“引导学生立志成为某一领域的领军人物或杰出人才，致力于创办受人尊敬的伟大学校”为办学理念；秉承北京市十一学校的教育理念和课程体系，实行选课走班、“一制三化”（“一制”即导师制，“三化”即小班化、个别化、国际化）的育人模式。

（赵亚）

北京亦庄实验中学

校长　徐友礼

北京亦庄实验小学

2021 年，北京亦庄实验小学（简称亦庄实验小学）的占地面积为 3.73 万平方米，建筑面积为 2.58 万平方米，体育场（馆）面积为 1.27 万平方米。图书馆（室）藏书 72430 册。固定资产总值为 4285 万元。全年教育经费投入 14277 万元。学校信息化经费投入 76 万元，拥有计算机 816 台、网络多媒体教室 76 个，校园网出口总带宽 1000Mbps，数字资源量 1200GB，信息技术课程 1 课时 / 周。学校拥有普通教室 76 个、专用教室 13 个。教职工有 228 人，包括具有本科以上学历人员 220 人，具有高级职称人员 20 人、中级职称人员 40 人，专任教师 196 人（特级教师 8 人）。学校开设教学班 76 个。毕业生 237 人、招生 281 人、在校生 2398 人。年内，亦庄实验小学深入学习贯彻习近平总书记关于教育的重要论述，把握社会主义办学方向，深入落实立德树人根本任务，加强师德师风建设，构建符合学生发展需求的现代学校制度及德智体美劳全面发展的育人体系；以党的建设为统领，为进一步深化党建工作与学校教育教学工作的紧密结合，开展系列党员活动；依托北京市十一学校组织结构模型，构建学校管理标准化体系，设置“一会两室七中心”，以满足实现研发和支持两大功能。学校培养教师师德师能，宣传师德标兵、教学骨干、优秀教师等先进典型，依托名师工作室、学科组打造“助力成长”提升工程，开展“一师一优课”“教学设计大赛”“启航杯”等系列活动以及“名师工作室”引领工程、名师教育思想研讨会、名师周等活动；建立教师发展档案袋系统、学生成长评价系统、课堂资源服务系统，定制开发“亦小”App；对学校课程进行整体、创新的思考与逻辑构建，创建“亦课程”体系；启动项目化学习（PBL）；召开第一次少先队代表大会暨少工委成立大会。学校被评为北京市第二批奥林匹克教育示范学校、2021 年北京市冰雪运动特色学校一类校。

亦庄实验小学于 2012 年开始筹建，2013 年 9 月 1 日开班办学，是市政府 2012 年 35 件实事工程中教育均衡工程之重点项目，位于经开区四合路 1 号。学校建立之初由北京市十一学校全面接管，是北京市十一学校直属分校。学校课程设计对接北京市十一学校的课程改革理念，在全国首倡跨学科课程融合的理念，全面推行教育实验改革，全面重构与变革学校管理和课程。学校以“引导学生立志成为某一领域的领军人物或杰出人才，致力于创办受人尊敬的伟大学校”为办学理念。

（王婷婷 王会娜）

北京亦庄实验小学

校长 史丽英

北京市大兴区亦庄镇第一中心小学

2021 年，北京市大兴区亦庄镇第一中心小学（简称亦庄一小）的占地面积为 2.21 万平方米，建筑面积为 154 万平方米，运动场地面积为 4940 平方米。图书馆（室）藏书 34323 册。固定资产总值为 5592 万元。全年教育经费投入 4571 万元，均为国家拨款。学校信息化经费投入 50 万元，拥有计算机 201 台、多媒体教室座位 1470 个，信息化设备资产 514 万元，校园网出口总带宽 1024Mbps，数字资源量 320GB，信息技术课程 1 课时 / 周。学校拥有普通教室 35 个、专用教室 23 个。教职工有 94 人，包括具有高级职称人员 12 人、中级职称人员 40 人，专任教师 94 人（北京市特级教师 1 人、学科带头人 1 人、学科骨干教师 13 人、骨干班主任 1 人），均具有本科及以上学历。学校开设教学班 35 个。毕业生 137 人、招生 278 人、在校生 1116 人。学校有社团 60 余个。年内，亦庄一小通过文化建设、课程建设、双向聘任、绩效分配、引进人才等方式焕活学校，举办首届“‘音’你绽放”音乐会、首届“攀登美丽——青年教师成长沙龙”活动、首届校园优质课评选活动等，承办经开区小学数学赋能 · 提质教师培训会和 2021 年北京经济技术开发区冬奥冰雪文化节暨北京经济技术开发区进四区冰雪普及体验活动启动仪式；参加 2021 年北京经开区世界读书日暨百年百人百企 · 百篇系列诵读活动启动仪式、中央电视台劳动节晚会、首届“大都东南”科技艺术节开幕式；成立首个学生自主社团——逐梦杂志社；参加援蒙项目；与北京联合大学机器人学院签约合作，助推科技教育发展。学校被评为全国奥林匹克教育示范学校、2021 全国青少年航天科普优秀活动基地校、联合国可持续发展教育与学习科学教育中心（中国）实验学校、首批北京市中小学思政课示范基地、经开区小学数学教研基地；教师获全国、市、区级奖项 80 人次，其中蒯美仙承担的区级一般课题成果《在小学开展培养学生社会责任感的实践探究》论文获北京市 2020—2021 学年度基础教育科学研究优秀论文三等奖；学生获全国、市、区级奖项 243 人次。

亦庄一小始建于 1997 年 9 月，是经开区最早的一所公办小学。学校遵循“以爱育爱，以行导行，给每个孩子无限可能”的理念，秉承着“孩子成长的事就是最大的事”的教育哲学，践行“把孩子捧在手心，把老师放在心上”的教育信仰，以聚焦“发展”为根本，以可持续发展理论为导向，以创造适合学生发展的教育为目标，培养具有学习力、表现力和创造力的“阳光少年”，致力于给每一个孩子“无限可能的未来”，力争将学校办成一所“学生喜欢、教师幸福、受人尊敬”的卓越学校。

（魏爱民）

北京市大兴区亦庄镇第一中心小学

校长 徐辉

北京市大兴区亦庄镇第二中心小学

2021 年，北京市大兴区亦庄镇第二中心小学（简称亦庄二小）的占地面积为

1.63 万平方米，建筑面积为 8760 平方米，运动场地面积为 5450 平方米。图书馆（室）藏书 13273 册。固定资产总值近 2642 万元。全年教育经费投入 4699 万元，均为国家拨款。学校信息化经费投入 12 万元，拥有计算机 152 台、多媒体教室座位 1280 个，信息化设备资产近 110 万元，网络信息点数 212 个，校园网出口总带宽 1000Mbps，数字资源量 5500GB，信息技术课程 1 课时 / 周。学校拥有普通教室 24 个、专用教室 8 个、实验室 2 个。教职工有 76 人，包括具有高级职称人员 7 人、中级职称人员 31 人，专任教师 70 人（具有本科及以上学历人员 60 人，高级教学能手 10 人、区级骨干教师 8 人）。学校开设教学班 24 个。毕业生 93 人、招生 118 人、在校生 828 人。学校有社团 65 个。年内，亦庄二小实行周调研课与推门课制度，开展小课题“人人做”的研究模式，成立班主任研究工作室，开展课后一小时课程社团活动等。学校的花样跳绳队在 2021 年北京市中小学生民族传统体育节花样跳绳比赛小学组集体花样跳绳规定赛中获特等奖；健美操队在 2021 年北京市中小学生操舞锦标赛中获全民健身操一级器械小学组 B 组第一名。

亦庄二小成立于 1998 年 6 月 20 日，位于经开区博兴八路东侧。学校用义务教育学校管理达标工作标准规范办学行为，优化育人环境，提升办学水平。学校将教学工作的重点聚焦课堂教育教学，通过对课堂教学的常规检查与指导促进教师提高常态课的有效性。学校遵循“为人生梦想而奔”的办学宗旨，立足于“多彩教育”的办学理念，以“做最好的自己”为目标，致力于打造一所人民满意的学校。

（李占旭）

北京市大兴区亦庄镇第二中心小学

校长 沈玉新

人大附中亦庄新城学校

人大附中亦庄新城学校开展欢乐跃动季系列活动 刘硕磊 摄

2021 年，人大附中亦庄新城学校的占地面积为 12.46 万平方米，建筑面积为 14.97 万平方米，体育场（馆）面积为 2.92 万平方米。图书馆（室）藏书 4.71 万册。固定资产总值为 455 万元。全年教育经费投入 3450 万元。学校信息化经费投入 83 万元，拥有计算机 440 台、网络多媒体教室 55 个，信息化设备资产 29.85 万元，校园网出口总带宽 2048Mbps，“信息技术”课程 1 课时 / 周。学校拥有普通教室 96 个、专用教室 81 个、实验室 23 个。教职工有 105 人，包括具有高级职称人员 3 人，专任教师 92 人（特级教师 3 人），具有本科及以上学历人员 104 人。学校开设教学班 36 个，均为小学班。招生 587 人、在校生 1479 人，包括外省市借读生 789 人。学校有社团 22 个。年内，人大附中亦庄新城学校举行落成仪式；通过岗前系列培训和“五维”行动（专业读写行动、课程设计行动、思享论辩行动、观课议课行动、内省教研行动）助力新教师成长；落实“双减”工作，小学部探索建立“双导师”班级治理机制，推出47门特色课程，研制实施《引力课堂微格教研实施指南》《居家课程指南》，开设32场“家长课堂”，开展首届小学作业设计大赛、首届“知真杯”引力课堂教学展示活动、首届小牛顿奖颁奖仪式暨项目化学习成果展示以及特色学生活动等。学生在各级各类比赛中获市、区级荣誉505项，教师获市、区级荣誉16项。

人大附中亦庄新城学校于2020年6月19日成立，同年9月在人大附中北京经济技术开发区学校北校区借址办学。学校由经开区管委会与中国人民大学附属中学联合学校总校、中国人民大学附属中学合作办学。学校以“做一个有使命感的人”为校训，以追求“温暖的、负责任的、舒展生命的幸福教育”为办学理念，以“相信未来，心动成真，仁毅至善，和合共美”为办学方针，依托中国人民大学附属中学联合学校总校资源，致力于做有力量的教育，培养魅力教师，重构魔力课程，深化引力课堂，培育“身心有力，德才兼备”的学生。

（侯萱）

人大附中亦庄新城学校

校长　王教凯

北京市中芯学校

2021年，北京市中芯学校（简称中芯学校）分经开区凉水河二街9号（小学、初中部）和大兴区旧宫镇庑殿路13号（高中部）两址办学，总占地面积为4.13万平方米，建筑面积为3.17万平方米，体育场（馆）面积为1.3万平方米。图书馆（室）藏书7.83万册。固定资产总值为3045万元。全年教育经费投入11854.75万元。学校信息化经费投入94.24万元，拥有计算机340台、多媒体教室座位200个，校园网出口总带宽555Mbps，数字资源量12000GB，信息技术课程1课时/周。学校拥有普通教室91个、专用教室27个、实验室10个。教职工有266人，包括具有高级职称人员16人、中级职称人员22人，专任教师185人（特级教师3人），具有本科及以上学历人员250人。学校开设教学班68个，其中小学49个、初中14个、高中5个。毕业生263人，其中小学178人、初中58人、高中27人；招生348人，其中小学206人、初中98人、高中44人；在校生1590人，其中小学1208人、初中247人、高中135人。年内，中芯学校举办“最美中芯校园”手机摄影大赛、庆祝建党百年师生合唱活动、2022新年“慈善之夜”音乐会等活动；举办“感恩绽放·爱传四方”2021年大型慈善义演活动，募集善款超过8万元；邀请首都医科大学附属北京同仁医院经济技术开发区院区急诊科医生司晔巍为全体教职工进行紧急救护培训，并在学校内安装3台自动体外除颤仪（AED）。在2021年北京市中小学生羽毛球比赛中，学校羽毛球代表队获团体组比赛冠军，学生吕兰依、武正月获女子双人组比赛亚军，孙健源、何谦获男子双人组比赛季军。

中芯学校始建于2005年9月，在“品格第一，追求卓越，胸怀世界，快乐成长”办学理念的引领下，坚持以学生发展为本位，全面实行个性化、小班化培养模式，以全人教育的目标，发展中西合璧的特色课程，致力于培养学生自主探索和终生学习的能力，尊重学生的个性发展，鼓励学生拥有世界性的眼光和批判性思维，培养自由行走在未来世界的领袖型人才。建校以来，学校坚持“爱心与责任”的教育操守，与家庭共同关注和陪伴孩子成长，是家校共育的典范。

（陈珺）

北京市中芯学校

校长 郭悦沙

职业教育

概况

2021年，经开区有职业教育单位2所。其中，市属公办高等职业院校1所，普通中等专业学校1所。全年招生2534人，毕业生2910人，在校生7322人。经开区有职业教育教职工984人，其中具有正高级职称人员37人、副高级职称人员148人、中级职称人员278人，北京市骨干教师69人。

（王琴 周欢）

电科职院与5家企业达成合作

电科职院与久其软件签署战略合作协议　展文杰 摄

3月16日，北京电子科技职业学院与北京鑫开元医药科技有限公司（简称鑫开元医药）签署科技成果转化协议。根据协议，电科职院将大分子药物研发技术、特医食品研制开发技术等3个项目的技术转让给鑫开元医药，同时鑫开元医药向学校支付相应技术转让费用。4月28日，电科职院与北京久其软件股份有限公司签署战略合作协议。根据协议，双方将整合优质资源，以专业群为基础成立数智财经产业学院，在人才培养、科技创新、师资队伍等方面展开合作，培养大数据专业人才和数字化财会人才。5月21日，电科职院与北京金风科创风电设备有限公司签署战略合作协议。根据协议，双方本着“优势互补，资源共享，互惠双赢，共同发展”原则，共建一流专业、开发社会培训项目、开展合作课题研究、开展智慧校园示范项目建设等。11月26日，电科职院与北京百度智行科技有限公司签署战略合作协议。根据协议，双方共建全国首所智能网联汽车产业学院，在人才培养、科学研究、技术创新等方面开展合作。12月16日，电科职院与北京燕东微电子股份有限公司签署战略合作协议，并举行企业现代学徒中心揭牌仪式。根据协议，双方将以集成电路测试和设备维护创新人才培养为突破口，共同打造企业现代学徒中心，创新集成电路和智能制造技术技能人才培养模式，提高服务社会能力，构建集成电路和智能制造技术技能人才培养生态圈。协议有效期均为3年。

（王琴）

电科职院 ARCFOX 学院启用

5月13日，北京电子科技职业学院举行北汽新能源（北京）培训中心揭牌暨 ARCFOX 学院启用仪式。北汽新能源（北京）培训中心的落地，源于北京新能源汽车股份有限公司（简称北汽新能源）

与电科职院于2019年达成的战略合作，旨在推动培训中心服务企业内部培训、社会培训、研发科研共建、高端智能汽车产业链技术技能赋能、售后服务体系实训、师资培训、联合技能技术创新工作室、技术创新与人才培养模式教研与课程资源开发、高端职业本科专业群建设等。在此合作基础上，北汽新能源将旗下高端智能品牌ARCFOX作为第一期培训项目导入校企合作体系，在电科职院汽车工程学院内建设ARCFOX学院，作为ARCFOX服务培训基地以及区域新能源人才培养基地使用。硬件设施上，ARCFOX学院设置800平方米专属实训车间和培训教室，并配备20余套定制教具；软件设施上，双方将共享优秀教师和研发资源，共同探索人才培育新机制、新模式。

北汽新能源（北京）培训中心揭牌　　刘薇 摄

（王琴）

电科职院2门课程入选教育部示范项目

5月28日，《教育部关于公布课程思政示范项目名单的通知》（教高函〔2021〕7号）发布，北京电子科技职业学院汽车工程学院李双石团队的课程食品微生物检测技术、生物工程学院吕江毅团队的课程动力电池及其管理系统被认定为课程思政示范课程，2门课程团队同时被认定为课程思政教学名师和团队。其中，食品微生物检测技术课程将一系列关于新型冠状病毒的视频与授课内容有机结合，通过灾难中的生命教育，让学生领悟人与自然的和谐共生关系，关注生物安全和食品卫生的重要性，认识微生物检测工作的意义，激发课程学习兴趣；动力电池及其管理系统课程从动力电池技术支持专员岗位工作流程出发，通过任务驱动教学法将工作流程转化为教学流程，在教学流程中由企业大师和学校教师共同完成课前、课中、课后的授课，构建“双师同堂、三阶递进”教学模式，并借助自主开发的大数据行为分析软件对学生的课堂学习行为进行数据采集和智能分析，让教学互动更加显性化。

（王琴）

电科职院成立2个学院

6月1日，北京电子科技职业学院举行马克思主义学院揭牌仪式暨成立大会。马克思主义学院在电科职院原思想政治理论教研部基础上成立，为正处级直属教学单位。11月18日，电科职院举行航空工程学院成立大会。航空工程学院属于二级学院序列，行政级别为正处级，将继续服务首都航空航天产业，面向首都国际机场、大兴国际机场和“南箭北星”航天产业布局，培养从事航空维修、航天技术和航空服务等领域的高素质技术技能人才。该学院设有航空维修系、电气技术系、实训中心3个教学部门，开设飞机机电设备维修、飞机电子设备维修、电气自动化技术、无人机应用技术4个专业，有教职工37人、在校生801人。

（王琴）

电科职院企业新型学徒制培训机构获批

6 月 24 日，经市人力社保局批准，北京电子科技职业学院获民用航空器机械维护员（中级工、高级工）培训资质，可以面向企业开展相关培训工作。民用航空器机械维护员属于北京市企业新型学徒制急需紧缺工种，电科职院是经开区唯一的企业新型学徒制培训机构。企业新型学徒制是政府引导下将企业培训与学校教育相结合的新型教育模式，按照“校企双制、工学一体”方式共同培养新入职人员及转岗职工。6—12 月，电科职院航空工程学院与北京飞机维修工程有限公司共同对该公司新入职员工开展学徒培训，内容主要包括专业知识、操作技能、安全生产规范和职业素养等，共计培训企业员工 40 人。

（王琴）

首届现代学徒制人才培养项目总结会

7 月 14 日，首届现代学徒制创新型人才培养项目总结会暨第二届项目启动会在北京亦庄生物医药园举行。该项目由北京亦庄国际生物医药投资管理有限公司运营的北京亦庄生物医药园与北京电子科技职业学院于 2020 年 11 月 12 日启动，结合学生教学培养要求与企业技能型人才需求，首次尝试现代学徒制培养试点，从电科职院选拔第一批 34 名学生进入经开区 10 家生物医药企业，开展为期 8 个月的学徒制学习。最终，31 名学生经过企业考核和自我选择被企业留用。总结会上，4 名优秀指导教师和 4 名优秀学生获表彰，第二届项目启动。电科职院的百余名师生与经开区各生物医药企业代表数十人参会。

（吕菲）

电科职院加入世界职业院校联盟

7 月 16 日，北京电子科技职业学院加入世界职业院校联盟（WFCP），成为其会员单位。WFCP 由来自全球 50 个国家和地区的高等职业院校、应用技术大学、职教机构会员、行业企业相关专家和教授等自发联合建立，旨在促进各国间职业教育经验交流，分享和推广职业技术教育最佳实践案例，促进全球职业技术教育发展。该联盟每 2 年召开一次世界大会，展示不同国家职业技术教育领域的最新成果和发展趋势，为世界职业技术教育搭建信息共享、经验交流和专业研讨高层平台。电科职院将利用国际化平台，与世界职教组织、机构与院校的互学互鉴，学习世界职教领域最新成果，开展多渠道沟通合作，与世界同行分享职业教育中国方案，培养具有全球竞争力的国际化人才，不断提高学校的国际化办学水平和国际影响力。

（王琴）

电科职院团队被评为职业教育创新团队

8 月 9 日，《教育部关于公布第二批国家级职业教育教师教学创新团队立项建设单位和培育建设单位名单的通知》（教师函［2021］7 号）发布，北京电子科技职业学院药品生物技术专业教师团队被认定为第二批国家级职业教育教师教学创新团队立项建设单位（生物化工领域）。12 月 16 日，《教育部办公厅关于公布第二批国家级职业教育教师教学创新团队课题研究项目的通知》（教师厅函［2021］29 号）发布，电科职院的“新时代职业院校生物化工专业领域团队教师教育教学改革创新与实践”课题获第二批国家级职业教育教师教学创新团队课题研究项目专业领域课题立项。

（王琴）

电科职院获民航局培训机构资质

9月6日，民航局飞行标准司公布《按CCAR-66R3实施执照培训机构清单》，北京电子科技职业学院培训中心（航空维修培训中心）获民航局批准的按《民用航空器维修人员执照管理规则》（CCAR-66R3）实施涡轮飞机（TA）类维修执照培训的资质，成为同时具备产教融合培训方式和一般培训方式的CCAR-147培训机构。航空维修类专业学生可在校内学习期间参加CCAR-66R3维修人员执照培训，取得相应模块合格证书后，可在获毕业证书的同时申请航空器维修人员执照。

（王琴）

杂技学校与中杂公司出品的杂技剧首演

杂技剧《一念花开》首演　　单位提供

9月10日，北京市杂技学校（北京市国际艺术学校）与中国杂技团有限公司联合出品的杂技剧《一念花开》在学校马戏厅进行首场演出。《一念花开》是一台具有中国风范、“科”“技”特色、时代风范、国际水准的大型青少年知识与杂技艺术完美结合的主题剧目。剧目以新视角、新主题、新立意为基础，立足时代气象与中国传统文化特征，人文气质与科学精神，融汇古今与兼收并蓄，知识趣味与新难奇美，以杂技本体为基础结合数学、物理、力学、几何、语文、音乐、舞蹈等元素进行立体构思，立足人与科学、人与历史、人与文明、人与理想的精神联系与创造诉求。130余人观看演出。

（张玉阳）

电科职院4项国家标准获批

10月11日，根据市场监管总局和国家标准化管理委员会发布的2021年第12号中国国家标准公告，北京电子科技职业学院生物工程学院与中国标准化研究院、北京林业大学、中国计量大学等单位联合制定的《桑叶提取物中1-脱氧野尻霉素的检测　高效液相色谱法》（GB/T 40642—2021）、《山楂叶提取物中金丝桃苷的检测　高效液相色谱法》（GB/T 40643—2021）、《马铃薯茎叶及其加工制品中茄尼醇的含量测定　高效液相色谱-质谱法》（GB/T 40744—2021）和《甘蔗皮渣中对香豆酸检测方法　高效液相色谱法》（GB/40833—2021）4项标准公布，于2022年5月1日起实施。

（王琴）

电科职院海外技术技能培训基地成立

11月29日，北京电子科技职业学院与突尼斯自由大学签订合作协议，就机电一体化、食品技术、计算机应用技术、市场营销4个专业开展合作办学，协议有效期为3年。12月3日，电科职院海外技术技能培训基地暨北京电子科技职业学院突尼斯分校成立。截至 2021 年年底，4 个专业招收语言类留学生 101 人。

（王琴）

电科职院与光明网签署战略协议

12 月 8 日，北京电子科技职业学院与光明网传媒有限公司签署战略合作协议，并为光明网数字媒体创新实践教育基地揭牌。根据协议，双方将发挥各自优势，形成“人才共育、技术共享、文化互补、管理互通”长效机制，以短视频制作和直播运营服务为突破口，共同打造数字内容专业化教育与运营平台，创新人才培养模式，促进成果转移转化，树立新媒体时代校企深度合作北京典范。实践教育基地将依托光明网的专业实力和平台资源，以北京正在打造国家级数字内容文化产业集群为契机，探索数字媒体人才培养新路径，全面开创校媒联动、合作双赢的高质量发展新局面。协议有效期为 3 年。

（王琴）

电科职院入选第三批特色高水平建设项目

12 月 30 日，市教委、市人力社保局印发《关于公布第三批北京市职业院校特色高水平骨干专业（群）和实训基地建设名单的通知》（京教函〔2021〕774 号），北京电子科技职业学院数字化国际商贸服务专业群被评为第三批北京市职业院校特色高水平骨干专业（群）、北京飞机维修工程师学院被评为第三批北京市职业院校特色高水平实训基地（工程师学院、技术技能大师工作室）。截至 2021 年年底，电科职院获批 2 个国家“双高”项目专业群、5 个北京市特色高水平专业群和 6 个北京市特色高水平实训基地，实现所有二级学院均有北京市级以上专业群。

（王琴）

电科职院教师获多项大奖

年内，北京电子科技职业学院教师在各类比赛中获多项大奖。其中，教师倪志勇在第十一届北京高校思想政治理论课教学基本功大赛中获一等奖；姜斌单元授课“果蔬辐照保鲜”获北京高校第十二届青年教师教学基本功比赛工科类 B 组一等奖，同时获最佳教案奖、最佳现场展示奖、最受学生欢迎奖和最佳教学反思奖；4 个教师团队在教育部 2021 年全国职业院校技能大赛教学能力比赛获一等奖 2 个、二等奖 1 个、三等奖 1 个，获奖率达 100%。

（王琴）

· 职业学校 ·

北京电子科技职业学院

2021 年，北京电子科技职业学院（简称电科职院）的占地面积为 45.67 万平方米，产权校舍建筑面积为 33.7 万平方米，图书馆建筑面积为 2.28 万平方米，藏书 121.14 万册、电子图书 120 万册、音视频 9900 小时。固定资产总值为 23.4 亿元，其中教学、科研仪器设备资产值 7.9 亿元。全年教育经费投入 6.37 亿元，其中国家拨款 5.59 亿元、自筹经费 7774.17 万元。学校拥有计算机 10504 台，网络信息点数 25560 个，上网课程 300 门，电子邮件系统用户 873 个，管理信息系统数据总量 310GB。学校由市政府举办、市教委主管，为理工类院校，设有 3 个校区，设置 8 个直属院（系），开设 50 个专业。教职工有 856 人。专任教师 517 人，包括教授及教授级高级工程师32人、副教授及高级工程师166人，具有博士学位人员85人、硕士学位人员360人，“双师型”教师371人。聘请校外教师14人。毕业生2766人，其中高职生2057人、中职生388人、成人教育专科生321人。毕业生一次就业率为97.07%，一次签约率为91.55%。招生2420人，其中高职生2092人、中职生328人。在校生6618人，其中高职生5326人、中职生1292人。学校高考北京地区提档线不限选考专业组274分。年内，电科职院启用ARCFOX学院，成立北京电子科技职业学院突尼斯分校以及马克思主义学院、航空工程学院；合作建设的北汽新能源（北京）培训中心、光明网数字媒体创新实践教育基地、企业现代学徒中心揭牌。学校获民用航空器机械维护员（中级工、高级工）培训资质、民航局CCAR-66R3维修人员执照试点培训资质；复杂和异形件智能制造研发中试基地获百思特认证有限公司颁发GB/T 19001—2016/ISO 9001:2015质量管理体系证书，有效期为3年；食品微生物检测技术、动力电池及其管理系统2门课程入选教育部课程思政示范项目；“坚持产城教融合发展，打造高等职业教育人才培养新模式”项目被评为第一批北京高校党建和思想政治工作特色项目；“Smart Cleaning Processor厨宝清洁料理机”项目获2021首届德国柏林国际数字化人才创新技能大赛中国赛区选拔赛一等奖，2名指导教师获最佳伯乐奖；在北京市高职质量年报工作会上，《北京电子科技职业学院高等职业教育质量年度报告（2020）》《北京市珐琅厂有限责任公司参与高等职业教育人才培养质量年度报告（2020年）》分别获高职组（学校）优秀质量报告奖和高职组（企业）优秀质量报告奖。

电科职院位于经开区凉水河一街9号，前身为创建于1958年的北京邮电工业学校，2004年与北京轻工职业技术学院合并成立北京电子科技职业学院。2007年，北京二轻工业学校、北京市机械工业学校（北京市机械工业管理局职工大学）、北京市仪器仪表工业学校、北京市汽车工业学校（北京汽车工业总公司职工大学）并入电科职院。电科职院是国家首批独立设置的高职学院、全国百所示范性高职院校、全国职业教育先进单位、国家高等职业教育综合改革试验区建设单位、全国首批百所现代学徒制试点院校。学校坚持以服务为宗旨、以就业为导向，围绕职业教育的发展与改革，确立“立足经开区，面向首都经济，服务京津冀，走出环渤海，培养适应现代制造业和现代服务业需要的高技术技能人才”的办学定位。学校校训是“求实、创新、厚德、重艺”。学校以科学谋划“十四五”发展规划为契机，制定“三步走”发展战略，推进现代职业教育改革，建成首善标准、中国特色、世界一流的高等职业学院。

（王琴）

北京电子科技职业学院

党委书记 张启鸿（1月任）

楚国清（2020年12月29日免）

院长 姚光业

北京市杂技学校(北京市国际艺术学校)

2021年，北京市杂技学校（北京市国际艺术学校）（简称杂技学校）的占地面积为5.14万平方米，建筑面积为4.96

万平方米。图书馆（室）藏书5万册。固定资产总值为18297.43万元。全年教育经费投入5969.92万元，其中国家拨款5703.73万元、自筹经费266.19万元。学校信息化经费投入93.6万元，拥有计算机121台、多媒体教室座位648个，信息化设备资产160万元，网络信息点数220个，校园网出口总带宽400Mbps。学校拥有专业、文化课教室68个。教职工有128人，包括具有高级职称人员19人、中级职称人员36人，专任教师104人，北京市职业院校青年骨干教师5人，专任教师具有本科及以上学历人员97人。招生114人；毕业生144人，其中杂技与魔术专业20人、美术绘画专业30人、戏剧表演专业15人、舞蹈表演专业50人、运动训练（武术）专业29人；在校生704人，同时近年来有来自亚洲、欧美30余个国家留学生在校学习。学校有社团5个。年内，杂技学校开展中心组学习12次；开展党支部标准化规范化建设突出问题整治活动，查找问题5条，制定整改措施9条并推动落实。学校推进北京市职业教育教学改革项目课题"'团校一体'办学模式下杂技专业教学方式方法改革的研究与实践"；设计并推出以杂技艺术为基底的《闪闪的红星》《卢沟英雄》《阳光少年》《芳华》4个红色主题节目，与中国杂技团有限公司联合出品杂技剧《一念花开》；承办"博大杯"2021年经开区武术交流展示活动；组织学生参加经开区第一届中小学生运动会。舞蹈表演专业学生在第十七届北京舞蹈大赛中获专业少年组优秀奖；运动训练（武术）专业学生在全国、市武术馆（校）比赛中成绩优异，多名学生被评为国家一级运动员，并在2021年北京市中小学生集体项目竞艺大赛《练兵》获市级一等奖，集体基本功、集体器械项目获集体项目二等奖；在2021年全国中小学生武术比赛暨世界中学生武术比赛选拔赛中，获高中组团体总分第一名、获初中组团体总分第二名，学生在长拳、器械、传统拳术和传统器械等项目中，共获单项冠军12个、亚军12个、季军18个。

杂技学校于1998年经市教委批准成立，1999年增挂北京市国际艺术学校校牌，位于经开区建安街9号，是北京市最早具有国际交流职能的艺术类国办中等专业学校和北京市重要的艺术人才培养基地，被评为北京市重点中等职业学校，北京市职业教育先进单位、全国教育科研先进单位及杂技紧缺人才培训基地、北京市非物质文化遗产传承教学基地、北京市"三八"红旗集体，同时也是中国艺术职业教育学会常务理事单位，被人力资源和社会保障部、教育部授予全国教育系统先进集体称号。学校的办学目标为培养中专学历人才，促进杂技艺术事业发展；为高等艺术院校输送高质量的生源，为专业艺术院团、企事业单位输送实用的专业人才。学校具有面向全国和国际招生的资格，并可按政策为外地非农户口学生办理北京市临时城市集体户口，学生毕业时可做为北京生源参加高考。学校开设有杂技与魔术表演、美术绘画、戏剧表演、舞蹈表演、运动训练（武术）五大专业。杂技与魔术表演专业作为学校龙头骨干专业，被评为北京市中等职业学校示范专业。自建校以来，学校杂技与魔术表演专业学生在国际、国内杂技赛事中独立获金奖17项，与中杂公司合作获金奖 12 项。

（张玉阳）

北京市杂技学校（北京市国际艺术学校）

党委书记 吕立民（6 月任）

齐 红（6 月免）

卫生健康

概况

2021 年，经开区承接核心区“60 平方公里”范围内的卫生领域相关职权，履行卫生行政部门的各项职责，社会事业局承接经开区卫生领域监管相关工作。加快基础设施建设，建立健全医疗卫生服务体系，推进北京急救中心经开区直属分中心、经开区荣华社区卫生服务中心、经开区疾病预防控制中心建设；做好疫情防控工作，完善疫情处置预案，组建专业队伍，开展流调排查处置，确保疫情防控无疏漏；探索多种合作共建模式，深化合作共建，落实委托服务，提升服务能力。同时，根据市卫生健康委要求，落实医政医管、科教药械、妇幼老龄等各项工作，聚焦民生，提升医疗服务水平。

（樊新蕊）

“60 平方公里”范围内卫生健康职权承接

1 月 1 日，社会事业局承接“60 平方公里”范围内的卫生健康职权，在卫生健康领域 48 项新赋权事项实现全面履职，承接市卫生健康委各项系统 30 余个，涉及各类端口 76 项、各类公共服务事项 390 余项、各类医疗机构 105 家、卫生健康监督对象 679 家、托育服务机构 142 家。全年从市卫生健康委办公室 OA 系统累计收文 2198 件、市中医管理局 OA 系统累计收文 70 件。

（樊新蕊）

新冠疫苗接种

1 月 11 日，经开区管委会印发《北京经济技术开发区重点人群新型冠状病毒疫苗接种实施方案》，明确工作目标、工作进度、工作要求及各成员单位的工作职责，并组建新冠疫苗接种异常反应医疗救治工作组和新冠疫苗接种工作专班，统筹协调新冠疫苗接种工作。1 月 6 日，启用 3 家新冠疫苗接种门诊，启动 9 类重点人群、大规模人群新冠病毒疫苗接种工作；7 月 24 日，启动 12~17 岁人群接种第一剂、第二剂工作；10 月 20 日，启动 18 岁及以上人群加强免疫接种工作；11 月 1 日，启动 3~11 岁儿童第一剂、第二剂接种工作，并逐步提升接种能力，全力保障全区人群新冠病毒疫苗接种工作。截至 2021 年年底，全区全人群累计接种 1028095 剂次，60 岁及以上老年人累计接种 42088 剂次，3~11 岁儿童累计接种 32131 剂次，区内新冠疫苗接种覆盖率超过 97%。

（刘伯玚）

医护工作者慰问活动

2 月 7 日，社会事业局开展春节慰问活动，向区内 10 家医疗机构春节期间坚守岗位的医务工作者发放慰问品，慰问医务工作者 2636 名。5 月 12 日，社会事业局开展国际护士节慰问活动，向区内 11 家医疗机构所有护士发放慰问品，慰问护士 1520 名。8 月 19 日，社会事业局开展中国医师节慰问活动，向在 2020 年和 2021 年为经开区疫情防控做出重大贡献的 13 家医疗机构的所有医师发放慰问品 1700 余份。

（李丰　樊新蕊）

日本驻华公使到资生堂丽源参观交流

3 月 1 日，日本国驻华大使馆公使、日本驻中国大使馆经济部部长七泽淳，经济部参事官佐藤伸树、福永茂和等一行到资生堂丽源化妆品有限公司参观交流。七泽淳听取资生堂丽源的历史、科技创新和进入中国 40 年的发展和取得的成绩。工场长增田优介绍资生堂丽源工场化妆品生产工艺和流程，并分享了从抗疫、防疫到复工复产、保证安全生产的经验和防控措施，以及公司参与资生堂集团爱心接力项目、为武汉一线抗疫医护人员无偿捐赠护手霜等物资的义举。

（邢迪　刘潇）

汽车产业园被评为首批疫苗接种示范单位

3 月 15 日，经开区举办首批新冠疫苗接种示范单位授牌活动，为疫苗接种率超过 80% 的 7 家园区和 15 家楼宇企业授牌，北京亦庄盛元投资开发集团有限公司投资开发的高端汽车及新能源汽车关键零部件产业园以近 81% 的接种率被评为经开区首批疫苗接种示范单位。

（王苗苗）

示范性老年友好型社区建设

4—6 月，社会事业局完成示范性老年友好型社区创建和申报工作。赢海庄园社区被评为全国示范性老年友好型社区，天华园二里社区被评为北京市示范性老年友好型社区。社会事业局通过探索示范性友好型社区的典型经验，发挥模范带头和引路作用，改善老年人居住生活环境，提高为老综合服务水平，推进老年友好社会建设。

（崔旭）

亦庄医院首个家医工作室落成

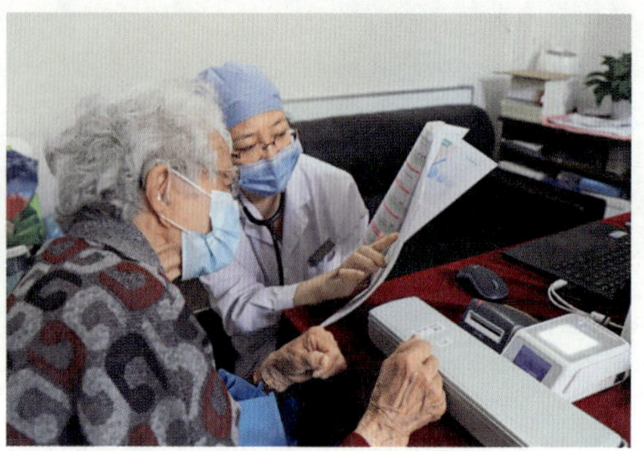

李红瑜家医工作室医生为社区居民看诊现场　　单位提供

5 月 31 日，北京市大兴区亦庄镇社区卫生服务中心（北京市大兴区亦庄医院）家庭医生团队首个家医工作室李红瑜家医工作室在星岛社区居委会落成，并实现网络联通，居民可在家门口完成就医全流程。该工作室由辖区家庭医生及护士组成，可为社区居民开展基本医疗、家庭医生签约、健康教育、健康档案管理、慢病管理及老年体检报告解读等服务，开诊期间共有患者预约 12 人次。

（何霞）

《出生医学证明》线上申领

6 月 1 日，经开区 2 家助产机构首都医科大学附属北京同仁医院经济技术开发区院区、北京爱育华妇儿医院启动《出生医学证明》线上申领工作。截至 2021 年年底，线上签发《出生医学证明》1069 张，占全年签发总数的 40.20%。

（崔旭）

托幼机构在园体检

6 月 11—29 日，社会事业局对 18 家托幼机构 6489 名在园儿童进行免费健康体检，及时了解、掌握3~6岁儿童的生长发育及健康状况，排查潜在健康隐患，为家庭及托幼机构的育儿工作提供科学依据，进一步预防和减少疾病发生。

（崔旭）

亦庄医院视频号“亦语健康”开通

7月6日，北京市大兴区亦庄镇社区卫生服务中心（北京市大兴区亦庄医院）的视频号“亦语健康”开通，通过短视频与大家“共话健康”，视频内容包含医院工作动态、健康科普资讯、医患故事、科学就医引导以及医务人员工作中的心路历程等。同时，通过“抖音”App、“快手”App、“小红书”App等渠道同步为居民进行线上健康教育。全年发布短视频21期，浏览量超过2.9万人次。

（何霞）

卫生系列高级职称评审

7月，社会事业局在市卫生健康委的指导下，对接北京市卫生健康人才交流服务中心，开通经开区高级职称评审管理系统。7月21日，社会事业局利用该系统开展2021年度卫生系列高级职称评审工作，共审核北京爱育华妇儿医院、北京陆道培医院等医疗机构12名人员的申报资料。11月2日，3名申报人员获高级专业技术职务任职资格。

（刘溪　陈琪）

麻醉药品和第一类精神药品管理专项检查

8月12日，社会事业局印发《关于印发麻醉药品和第一类精神药品管理专项检查方案的通知》。9月7—17日，社会事业局组织市区两级专家，对区内持有印鉴卡的5家医疗机构开展全覆盖专项检查，进一步规范医疗机构麻醉药品和第一类精神药品管理工作。各医疗机构已根据发现的问题落实整改，完善麻醉药品及第一类精神药品的管理。

（丛笑）

继续医学教育相关工作审验

9月底，社会事业局搭建经开区继续医学教育管理系统，开展对区内医疗卫生机构1195位继续医学教育学员的学分审验、7家医疗卫生机构的区级继续医学教育项目和自管项目的核查审验工作，并协助北京市继续医学教育委员会办公室开展对北京陆道培医院和北京爱育华妇儿医院2家医院继续医学教育学员的学分抽查工作。结果显示，区内继续医学教育学员参加率为97.69%，达标率为96.36%；7家医疗卫生机构的区级继续医学教育项目和自管项目共举办161场次483学时，共7192人次参加，2家医院继续医学教育学员的学分均符合审验要求。

（赵鑫）

适龄妇女免费两癌筛查

9月，社会事业局开展适龄妇女宫颈癌、乳腺癌两癌筛查和长效体检工作。通过微信公众号向辖区内妇女宣传早期筛查的意义，联合筛查医院召开筛查工作启动会，明确筛查时间安排及工作分工。全年完成宫颈癌筛查227人、乳腺癌筛查231人。

（崔旭）

第一届用人单位职业卫生培训

9月，社会事业局举办经开区第一届用人单位职业卫生培训。培训采用线上、线下相结合的方式，邀请中国疾病预防控制中心等单位的专家授课，授课内容为培训职业健康保护行动等，首次培训不少于16学时，继续教育不少于8学时。首批参加线上培训的主要负责人、职业卫生管理人员400人次，劳动者2000人次。全年举办2期培训。

（徐丞）

首届放射工作人员复训班

9月，社会事业局牵头举办经开区首届医疗机构放射工作人员复训班（线下）、首届非医疗机构放射工作人员培训班（线上）。培训邀请北京市化工职业病防治研究院的专业人士，采用经验交流、案例分析、现场互动等形式，就放射诊疗管理和工作人员健康监护、放射诊断实践中的放射防护、医用辐射防护体系建立简介等内容进行培训。培训累计有16学时，线下培训医疗机构22人次、线上培训非医疗机构52人次，培训考试通过率达100%。

（徐丞）

国家康复医院召开智慧养老研讨会

10月22日，由国家康复辅具研究中心附属康复医院承办的国家养老服务质量提升和应急救援体系建设研讨会在河北省秦皇岛市召开。研讨会围绕“完善养老应急救援体系，提升养老智慧化水平，筑牢养老安全屏障”主题，聚焦新时代养老服务政策、突发事件应对、智慧康养、老龄康复医学等领域进行多角度、多层次的研讨交流。150人参加研讨会。

（薛杉）

北京扶正肿瘤医院落户经开区

10月，北京扶正肿瘤医院投入试运营。该医院通过市卫生健康委三级医院验收并取得医疗经营许可证，占地面积约为2.67万平方米，拥有5万平方米的医疗和临床科研用房，内部配置128排螺旋CT、3.0T磁共振、全数字血管造影机、图像引导放疗设备、全自动生化等医疗设备，设置肿瘤外科、肿瘤内科及各亚专业科室等20余个临床及医技科室，床位500张，形成集肿瘤诊疗、药物临床试验、生物样品检测、药品研发于一体的临床研究型三级肿瘤专科医院。

（崔沥心）

新冠肺炎疫情防控专题培训

11月12日，社会事业局邀请北京市疾病预防控制中心传染病地方病控制所副主任医师吴双胜、中国检验检疫科学研究院研究员曹晓梅、中国检科院卫检所副研究员张丽萍3名专家分别就《北京市风险人员分类判定标准细则》《北京市新冠肺炎疫情流行期间疫情防控高风险工作人员管理指引（第一版）》《生物安全防护要点》对经开区新冠肺炎疫情防控工业指挥部“一办十五组”以及各行业主管部门、各街道、亦庄控股相关负责人45人进行新冠肺炎疫情防控专题培训。

（樊新蕊）

孕产妇危重症和围产儿死亡评审

11月，社会事业局根据《北京市卫生和计划生育委员会关于开展北京市孕产妇危重症报告和评审工作的通知》的工作要求，组织开展2021年度经开区孕产妇危重症评审和围产儿死亡评审，加强经开区危重孕产妇管理，提高医务人员对孕产妇危重症早期识别、干预和救治的能力，改善产科服务质量，降低围产儿死亡率。孕产妇危重症评审结果显示，全年报告4例孕产妇危重症，均抢救成功；围产儿死亡评审结果显示，4 例为不可避免死亡（Ⅲ类）、3 例为创造条件可避免死亡（Ⅱ类）。根据评审相关结果，社会事业局完成 2021 年度孕产妇危重症评审工作总结和 2021 年度围产儿死亡评审总结。

（崔旭）

卫生专业技术资格考试考务工作

11 月，社会事业局设立卫生专业技术资格考试经开区考点。12 月，完成考试考务通知、考生预报名、现场确认、资格审核等考务工作，现场接收材料 850 人次，初筛接收考生材料 517 份（即 517 人）、资格审核确定符合条件并上报考生 497 人。

（赵鑫）

北京同仁医院主体疏解至亦庄院区

11 月，首都医科大学附属北京同仁医院主体疏解至首都医科大学附属北京同仁医院经济技术开发区院区。北京同仁医院崇文门院区行政职能科室主体和超过一半的门诊医疗服务疏解搬迁到北京同仁医院亦庄院区，迁移执业医师 505 人、注册护士 691 人，疏解床位 800 张、职工 1300 余人。疏解后，北京同仁医院亦庄院区作为医院主体，以研究型病房为抓手向研究型、创新型医院转型，主要承担国家眼科、耳鼻喉科医学中心和临床医学研究中心功能以及北京市东南部和亦庄地区区域医疗中心，辐射服务京津冀地区，将建设成为医教研防全面发展的医学中心、区域医疗中心、疑难杂症会诊中心、医药健康科技研发及成果转化中心，同时依托医疗联合体、专科联盟，提升周边基层医疗服务能力。

（陆长峰）

“十四五”卫生健康发展规划印发

12 月 1 日，经开区管委会印发《北京经济技术开发区“十四五”时期卫生健康事业发展规划》（京技管〔2021〕155 号）。规划是经开区在核心区“60 平方公里”范围内承接卫生领域相关职权后的第一个五年卫生健康事业发展规划，以全方位、全周期保障生命健康、提高生命质量为出发点，以保健康、转模式、强基层、补短板为着力点，提出构建 医疗服务体系、公共卫生体系、卫生应急救援体系 3 个体系，打造智慧健康管理交互平台、“产学研医”一体化发展平台 2 个平台，实施人才兴医战略。

（崔沥心）

北京同仁医院亦庄院区启用急诊监护室

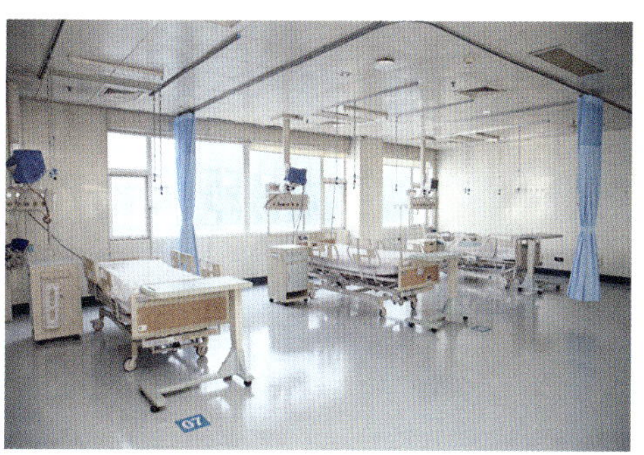

北京同仁医院亦庄院区启用急诊重症监护室　　单位提供

12 月 21 日，首都医科大学附属北京同仁医院经济技术开发区院区启用急诊重症监护室（EICU），建设急诊科“院前急救—急诊抢救—急诊监护—急诊病房”一体化急救体系。EICU 位于北京同仁医院亦庄院区一期三层，开放床位 9 张，有医护人员 15 人，侧重于急诊危重患者 24 小时无间隙持续救治，主要收治各种急危重症患者，如急性呼吸衰竭、休克、重症心血管疾病、脑卒中、心肺脑复苏、中毒等疾病患者。

（陆长峰）

医学会和院感质控中心成立

12 月 22 日，北京经济技术开发区医学会（简称医学会）成立大会暨院感质控中心挂牌仪式举行。大会选出医学会首届会长、第一届理事会和监事会，并召开医学会第一届监事会、理事会，该医学会位于中航国际北京工业园，采取理事会管理、监事会监督的模式开展医学会日常工作。会上还举行了经开区医院感染管理质量控制和改进中心挂牌仪式，指定首都医科大学附属北京同仁医院经济技术开发区院区承担该中心的主任委员单位工作，邀请国家级、市级及辖区内二级以上医疗机构 20 余名专家担任专家委员会成员；该中心将建立和完善适合实际的医院感染管理质量控制长效机制，持续改进与提升各级各类医疗机构的医院感染管理质量。

（刘溪）

亦庄医院 B 级急救工作站通过市级验收

亦庄医院 B 级急救工作站市级验收现场　单位提供

12 月 23 日，北京市大兴区亦庄镇社区卫生服务中心（北京市大兴区亦庄医院）B级急救工作站建设完成并通过市级验收。亦庄医院 B 级急救工作站位于亦庄医院门诊楼东侧，占地面积为 128 平方米，建筑面积为 92 平方米，承担亦庄及周边地区患者院前急救、危重患者转运救治、新冠肺炎疫情防控以及政府保障等任务。

（何霞）

公共卫生管理员培训

12 月 23 日，社会事业局举办公共卫生管理员培训会。会议邀请北京市疾病预防控制中心、首都医科大学等单位的 4 名专家分别讲授《新型冠状病毒疫情防控知识与技能》《新划入基本公共卫生服务工作规范》《工业企业新冠疫情防控关键环节》《工作场所职业卫生管理知识》，宣传贯彻《公共卫生管理员工作职责》，累计 219 家企业 333 人参会。

（徐丞）

参加“职业健康达人”评选

12 月 24 日，市卫生健康委、市总工会公布北京市第一届争做“职业健康达人”活动获奖个人和优秀组织单位名单。经开区来自北京奔驰汽车有限公司、京东方光电科技有限公司、中芯北方集成电路制造（北京）有限公司、中芯国际集成电路制造（北京）有限公司、华润协鑫（北京）热电有限公司 5 家企业的 6 人获北京市第一届“职业健康达人”称号；社会事业局、中芯北方、中芯北京 3 家单位获北京市第一届“职业健康达人”活动优秀组织单位奖。

（徐丞）

社区疫情突发事件应急处置

年内，工委组织人事部结合实际制定《社区防控突发事件应急处置预案》；组织区、街、社区三级开展巡查检查 252 次，应急演练 75 次，培训指导 27 次，落实社区防控“人防”和“技防”措施。

（刘跃）

规范核酸检测管理

年内，工委组织人事部规范经开区核酸检测管理相关工作。其中，完善《开发区全员核酸检测应急预案》，同时组织街道制订全员核酸检测实施方案，摸清人口底数及分布情况，组织开展多项专项检测任务；规划设立固定采样场所78处，确定社区核酸检测固定点位和“点长”联系人，组织开展应急演练，确保在某一区域出现局部新冠肺炎疫情时能够快速、有序、安全完成全员核酸检测工作；制订《关于开展重点人群核酸检测的工作方案》，组织相关重点人群核酸检测。

（刘跃）

集中隔离观察点管理

年内，工委组织人事部完成2轮次共计23家酒店的整体评估，5家酒店符合隔离点标准并同意作为集中隔离点；严格落实卫生健康、疾控部门集中隔离观察点设置及管理标准，在使用博大永康商务酒店的同时，完成对亚朵酒店移动硅谷店、锦江富园大酒店的征用。

（刘跃）

无偿献血活动

年内，社会事业局联合工委党群服务中心、亦企服务港、街道办事处开展以“献血，让世界继续跳动”为主题的第18个世界献血者日宣传活动，通过发放无偿献血科普材料、邀请专家讲解献血知识、开展有奖问答等方式宣传无偿献血；组织北京陆道培医院、北京北汽李尔汽车系统有限公司、北方华创科技集团股份有限公司、北京京东世纪贸易有限公司、消防救援支队及经开区工委、管委会各机构等10余家企事业单位以及机关职工干部2000余人参与无偿献血活动，其中985人完成献血，累计献血24.62万毫升。全年共计4170人参加无偿献血活动，累计献血142.23万毫升。

（陈超）

新冠肺炎疫情防控物资储备

商务金融局工作人员现场抽检防疫物资　　李彤 摄

年内，商务金融局作为经开区新冠肺炎疫情防控工作指挥部商品供应组牵头部门不断调整工作职能，优化保障方案，为“战时”情况下防疫物资储备调用打下基础。保障防疫物资共计641.16万件，其中为经开区单位配送保障一次性防护口罩588.07万只、保障其他各类应急防疫物资53.09万件。

（王红军）

爱国卫生运动

年内，经开区落实《北京经济技术开发区深入开展新时代爱国卫生运动三年行动方案》，印发《关于做好2021年爱国卫生主题宣传日工作的通知》《关于开展第33个爱国卫生月活动的通知》《关于开展“控烟集中专项执法月”活动的通知》《关于开展 2021 年全市春季统一灭鼠活动的通知》《关于开展 2021 年夏季统一灭蚊蝇活动的通知》《关于开展 2021 年冬季病媒生物控制活动的通知》，开展周末大扫除、控烟、病媒生物防治等爱国卫生专项行动，同时加大爱国卫生宣传教育力度，在全区形成人人参与爱国卫生运动的良好局面。截至 2021 年年底，经开区爱国卫生组织累计建立 1324 个，其中社区及党建工作站 26 个、机关企事业单位 186 个、非公有制经济组织 1112 个。

（陈琪）

3 家托育机构被评为市级示范单位

年内，社会事业局统筹区内托育机构备案工作，共有 4 家机构通过市级审核完成备案，其中北京朗实国际教育咨询有限公司、北京爱育苑托育服务有限公司、北京智美优儿教育科技有限公司 3 家托育机构通过逐级推进、层层审核，被评选为北京市托育服务示范单位（2021—2023 年）。

（崔旭）

计划生育特殊家庭扶助

年内，社会事业局为博兴、荣华街道涉及的 12 名计划生育特扶对象发放扶助金共计 9.9 万元，落实计划生育特殊家庭“三个全覆盖”等相关帮扶政策，做到扶助对象资格确认程序规范有序、人员底数清晰、各项管理制度和措施落实到位，扶助金均全额发放到位。

（崔旭）

放射卫生专项监督检查

年内，社会事业局对首都医科大学附属北京同仁医院经济技术开发区院区、北京振国中西医结合肿瘤医院 2 家医疗机构开展放射卫生专项监督检查；依据《职业卫生用人单位检查表》管理措施等 21 大项 120 余小项指标，对北京通用电气华伦医疗设备有限公司等 9 家工业企业开展非医疗机构放射单位专项监督检查。社会事业局对存在的问题提出整改意见，加强督导教育及监督检查。

（徐丞）

病原微生物实验室监督检查

年内，社会事业局新备案病原微生物实验室 46 家。根据市卫生健康委对病原微生物实验室生物安全工作的相关要求，统筹日常监管与专项检查工作，邀请市区两级专家对区内已备案的病原微生物实验室开展生物安全专项监督检查共 226 次，实现生物安全监督检查全覆盖。

（袁溢）

大型活动医疗保障

年内，社会事业局为第二十四届京台科技论坛、2021 世界 5G 大会、2021 世界机器人大会、北京市劳模和先进工作者表彰大会、经开区危险化学品综合演练等 10 余次活动和新冠肺炎疫情突发事件保障任务提供高效医疗保障。同时，对北京市普通高中学业水平合格性考试、北京市初中学业水平考试、司法考试、专利师考试等考试提供新冠肺炎疫情防控相关工作指导。全年各类活动平稳开展，未发生因保障不利和因疫情而造成的不良影响。

（徐丞）

禁烟控烟专项检查

年内，社会事业局联合综合执法局、荣华街道办事处、博兴街道办事处开展禁烟控烟宣传活动，并对管辖范围内的单位开展禁烟控烟专项检查，累计检查 1630 次、762 户次，对检查中发现问题的 21 家单位进行宣传教育，责令其限期完成整改。

（徐丞）

医疗资源挖掘

年内，社会事业局采用“社会事业局主导、监管 + 亦庄人才集团辅助 + 中国检验检疫科学研究院技术支持 + 通州区卫生健康委专业指导”的模式，开展经开区公共卫生、疾病预防控制、妇幼计生等工作。与首都医科大学附属北京同仁医院经济技术开发区院区共建经开区区域医疗中心，承担相应的公共卫生服务职能和突发事件紧急医疗救援等任务，发挥发热门诊作用，服务区域医疗救治工作；与北京中医药大学东方医院（简称东方医院）达成共建共管合作项目协议，建设智慧中医院区及中医区域医疗体系核心，发挥中医药在疾病预防中的主导作用，使东方医院为属地提供中医药医疗服务；与国家康复辅具研究中心附属康复医院在医养结合、残疾人康养服务、老年人应急救援、公共卫生、社区卫生服务站等方面加强合作，实现优势资源共建共享。

（樊新蕊）

北京同仁医院亦庄院区全科医疗科启用

年内，首都医科大学附属北京同仁医院经济技术开发区院区全科医疗科启用。全科医疗科成立于 2019 年 12 月，因新冠肺炎疫情防控需要作为北京同仁医院亦庄院区隔离留观病房使用，随着疫情防控常态化及感染楼的启用，全科医疗科恢复原定用途并投入运行。全科医疗科位于二楼内科诊区，开放床位 21 张，有医护人员 22 人，秉承全科医学理念及“生物—心理—社会”医学模式，主要诊治糖尿病、高血压、脑血管病及其后遗症，头昏、头痛、眩晕、冠心病、肺部感染、慢性阻塞性肺病、支气管哮喘、消化功能不良等疾病患者。

（陆长峰）

·卫生健康单位（选介）·

首都医科大学附属北京同仁医院经济技术开发区院区

2021 年，首都医科大学附属北京同仁医院经济技术开发区院区（简称北京同仁医院亦庄院区）的总资产为 48903.30 万元，业务收入为 110738.40 万元，固定资产为 21111.80 万元。员工有 2319 人，包括具有正高级职称人员 151 人、副高级职称人员 255 人、中级职称人员 1069 人、初级职称人员 785 人，具有本科及以上学历人员占 77.08%、大专学历人员占 17.22%。医院全年接待门急诊 1059574 人次，比 2020 年增长 82.75%，其中门诊 834184 人次、急诊 225390 人次，急诊抢救 10197 人次，抢救成功 9927 人次；入院 36663 人次；出院 36317 人次，比 2020 年增长 64.56%，床位周转 59.16 次；病床使用率为 93.52%；手术 21268 人次，比 2020 年增长 61.76%；平均住院日 5.75 天，比 2020 年减少 0.52 天；外派新冠疫苗接种队伍 138 人次，接种新冠疫苗 23 万剂次。年内，首都医科大学附属北京同仁医院主体迁移至北京同仁医院亦庄院区。北京同仁医院亦庄院区完善医疗流程，优化住院服务中心工作流程，设置一站式服务平台，建立放射科介入组、医学视光科、小儿眼底科，增设皮科病房、国际医疗部病房；启用全科医疗科和急诊重症监护室（EICU）。医院启动异地就医门诊实时结算，同时支持持社保卡结算和持医保电子凭证结算，办理异地就医实时结算的门诊患者达3161人次；办理异地就医直接结算的住院患者累计达25799人次，占全部医保患者的40%。医院打造“智慧医疗”，在门诊楼中设置58台可实现底方打印、电子病历补打、化验报告打印、病理报告打印以及常规挂号、缴费功能的门诊服务一体机；优化自助服务功能，实现超声心动等检查的门诊医生站系统预约及患者自助改约；拓展“北京同仁医院”App功能，实现患者线上、线下就诊流程互动，患者在App上可以查阅电子病历、处方信息、检查和检验结果，复诊患者可在App上享受互联网诊疗服务。

北京同仁医院亦庄院区于2004年5月18日开诊运行，位于经开区西环南路2号，是以眼科学、耳鼻咽喉科学为国家重点学科的大型综合三甲医院。医院设有5层门诊楼和15层病房楼，建筑面积为22.4万平方米，共1400张床位。医院“同仁”字号和图徽是国家知识产权局认定的国内医疗服务业首家驰名商标。

（陆长峰）

首都医科大学附属北京同仁医院

经济技术开发区院区 院长 张罗

国家康复辅具研究中心附属康复医院

2021年，国家康复辅具研究中心附属康复医院（简称国家康复医院）有员工247人，包括具有正高级职称人员10人、副高级职称人员14人、中级职称人员57人、初级职称人员141人，具有本科及以上学历人员占79%。医院在老年痴呆和预防跌倒方向的2个科技部重点研发计划课题取得进展；民政部养老服务司2021年度“养老机构突发公共事件应急预案研究”等多项课题结题。

国家康复医院成立于2011年12月19日，位于经开区荣华中路1号，隶属于民政部国家康复辅具研究中心，是一所以“大专科、强综合”三级康复医院为建设目标的公立医院。医院是北京市医疗保险定点医疗机构，业务用房10万余平方米。医院设有综合内科、矫形外科、神经康复科等20余个临床科室，配备有3.0T磁共振、128层CT机、高端彩色多普勒超声诊断仪、康复机器人等检查检验设备100余台（套）。医院承担国家科技支撑计划项目、国家重点研发计划项目（课题）、国家自然科学基金项目、首发基金课题等10余项。医院与英国、德国、美国等国家建立交流与合作，开展人才培养、科研合作、技术援助等。

（薛杉）

国家康复辅具研究中心附属康复医院

院长 吕泽平

北京振国中西医结合肿瘤医院

2021年，北京振国中西医结合肿瘤医院（简称北京振国医院）的资产总额为2046万元，流动资产为1447万元，营业收入为6571万元，其中中成药收入为2428万元、中药饮片收入为84万元。医院占地面积为4万平方米，建筑总面积为10230平方米，固定资产为558万元、净资产为2046万元，包括医疗设备43

台，价值 1845 万元。员工有 151 人，包括执业医师 36 人（具有正、副主任医师 6 人，中级职称人员 25 人，初级职称人员 5 人），护士 65 人，药技人员 10 人。医院接诊医保患者 2434 人次，门诊 1695 人次，住院结账 739 人次（北京医保 174 人、异地医保 565 人）；费用结算总金额约 4816 万元，其中门诊约 115 万元、住院约 4701 万元。住院结账总人次比 2020 年增长 46.92%，北京医保患者住院结账人次增长 5.45%，异地直报住院结账人次增长 67.16%，北京医保门诊就诊人次增长 3.56%；结算总金额比 2020 年增长 55.17%；病床周转次数 7.8 次，病床使用率为 84.11%；平均住院日 26 天，住院天数 28.98 天。全年门诊处方 12134 张，中药饮片处方 2946 张，抗生素处方、麻醉药品处方、精神药品处方共计 6466 张。年内，北京振国医院对外支援经开区新冠疫苗接种、流调、隔离人员保障、接种流感疫苗、核酸检测等防疫工作；对内完成医疗护理、行政后勤各项工作。医院采取因需设岗、按岗设人、合并科室、联合办公的模式，实行一人多岗、内外兼顾、调整工休等形式。

北京振国医院前身为北京振国肿瘤康复医院，成立于 2008 年 4 月 20 日，位于经开区西环南路 6 号，注册资本为 100 万元。2009 年，医院成为北京市基本医疗保险定点医疗机构；2011 年，更名为北京振国中西医结合肿瘤医院。医院是一所集医疗、教学、科研、康复、预防于一体的大型二级肿瘤专科医院，设有内科、外科、儿科、耳鼻咽喉科、肿瘤科、康复医学科、医学检验科、医学影像科等诊疗科室。

（阿支子罗）

北京振国中西医结合肿瘤医院

院长 孟凡辉

北京复兴博爱眼科中心

2021 年，北京复兴博爱眼科中心（简称博爱眼科中心）有员工 45 人、医生 22 人。截至 2021 年年底，博爱眼科中心累计为 50 余万名患者提供全方位的眼科诊疗服务。

博爱眼科中心始建于 1996 年，是经原国家卫生部批准的中外合作眼科专科医疗机构，于 2018 年由西城区迁至经开区朝林广场 A 座。博爱眼科中心以“博大精深、爱心永存”为文化宗旨，以患者满意为服务目标，是北京市基本医疗保险定点医院、全国眼视光联盟理事单位，主要开展的诊疗项目包括青少年近视防控、成人飞秒激光近视手术、高度近视 ICL 晶体植入手术、白内障手术、三焦点人工晶体植入术 / 实现白内障手术从单纯的复明走向视觉质量的高清、青光眼综合治疗、干眼症、眼底病、角膜病、斜弱视治疗等。

（谢华）

北京复兴博爱眼科中心

院长 沈文财

北京市大兴区亦庄镇社区卫生服务中心（北京市大兴区亦庄医院）

2021 年，北京市大兴区亦庄镇社区卫生服务中心（北京市大兴区亦庄医院）（简称亦庄医院）的总资产为 1.51 亿元，业务收入为 1.52 亿元；建筑总面积为 1.13 万平方米，固定资产为 7481.67 万元；拥有 CT 机、DR 数字影像、飞利浦彩超等医疗设备 100 台，总价值 345.80 万元。员工有 332 人，包括专业技术人员 297 人，其中具有正高级职称人员 4 人、副高级职称人员 19 人、中级职称人员 112 人、初级职称人员 162 人，具有研究生学历人员 10 人、本科学历人员 229 人、大专学历人员 76 人。医院全年接待门急诊 39.13 万人次，比 2020 年增长 14.9%，其中门诊 39.10 万人次、急诊 342 人次，急诊抢救 15 人次（抢救成功率为 100%）；出院 439 人次，比 2020 年增长 35.9%；病床使用率为 49.63%；手术 80 人次，比 2020 年增长 16%。年内，亦庄医院代表基层医疗机构编写《大兴区社区卫生服务中心应对突发本土新型冠状病毒肺炎疫情处置指引》；B 级急救工作站建设完成并通过市级验收；首个家医工作室李红瑜家医工作室在星岛社区居委会落成；贵园社区卫生服务站改造完成；启动 2021 年度职工轮训工作，首批 13 名职工接受为期一年的轮训；开通线上医院视频号“亦语健康”；上线 OA 系统并试运行。医院党支部被评为 2018—2020 年度首都文明单位。

亦庄医院建于 1958 年，前身为亦庄乡卫生院，2000 年 8 月迁至亦庄镇广德北巷 6 号。2004 年 4 月，经大兴区机构编制委员会办公室批准，更名为北京市大兴区亦庄医院，并挂牌北京市大兴区亦庄镇社区卫生服务中心。2009 年 10 月，亦庄医院与原鹿圈卫生院实行卫生资源整合。整合后，亦庄医院分为南、北两院；11 月 25 日，亦庄医院南院搬入亦庄镇泰河园小区新址。2015 年 6 月 1 日，亦庄医院和鹿圈社区卫生服务中心一体化管理。亦庄医院是北京市大兴区卫生健康委下属的非营利一级综合性、基本医疗保险定点医疗机构。医院设有内科、外科、妇科、中医科、口腔科、儿科、眼科、五官科、急诊医学科、体检科、超声科、放射科、检验科、心电图室、药剂科 15 个临床医技科室；保健科、卫生监督站 2 个公共卫生科室；下设贵园社区卫生服务站、三羊社区卫生服务站、天宝园五里一区社区卫生服务站、林肯公园社区卫生服务站 4 个社区卫生服务站；另有 2 个病区 35 张床位。医院主要承担亦庄地区居民基本医疗、公共卫生、社区卫生及院前急救等服务。医院与首都医科大学附属北京同仁医院经济技术开发区院区、北京市大兴区人民医院、北京市大兴区中西医结合医院建立双向转诊绿色通道，免费为急、危、重症患者及早、妥善地安排转诊；与北京大学人民医院建立医疗服务共同体合作，与北京同仁医院亦庄院区为医联体，与北京市大兴区中西医结合医院为康复医联体。医院聘请首都医科大学附属北京同仁医院、首都医科大学宣武医院、中国中医科学院广安门医院、北京航天总医院等医院的内科、中医科、放射科专家到院出诊、会诊。

（何霞）

北京市大兴区亦庄镇社区卫生服务中心
（北京市大兴区亦庄医院）院长　高静民

文化

概况

2021 年，经开区坚持“政府引导、国企平台、社会参与”，构建点线面协同发展的文化事业新格局，印发《北京经济技术开发区“十四五”时期文化发展规划》，塑造“大都东南”科技艺术节和“永远跟党走”文化艺术节两大自有活动品牌，加快建设“书香亦城”品牌体系，打造“亦庄学院”“科技馆之城”等超级文化知识产权集群，开展线下文化演出活动，多方位引入高雅文化资源。

（成浩　刘晓英）

首届线上亦城春晚

2月11日，经开区首届线上亦城春晚举办。春晚由工委宣传文化部指导，尚亦城（北京）科技文化集团有限公司主办，以“新荣耀新动力　共画亦城同心圆”为主题，采用线上录制的形式，包含相声、歌舞、器乐演奏、独唱、戏剧等12个节目，展现经开区科技、人文、城市风貌及百姓生活等元素。春晚累计浏览量超过30万人次。

（石雨　成浩　刘艳立秋）

北京·亦庄“科技馆之城”首次发布

“创场景城市　享科技未来”发布会现场　单位提供

4月12日，经开区召开“创场景城市　享科技未来”发布会。会上宣布经开区将打造一座全域开放、自建共创、高端定位的“科技馆之城”，按照“品味创新文化、感知智造中国、传承红色基因、体验未来科技、畅享生态休闲”定位，亦庄新城首批共有50家企业、区内博物馆和文旅资源纳入“科技馆之城”建设体系，包括四大主导产业头部企业、外资500强企业、科技创新型企业、企业专业展馆和亦庄新城文旅资源5个方面。按照企业展馆（厅）资源、街镇馆藏资源、区域特色博物馆资源和周边文化旅游资源的特点，推出“尖端创新在亦城”“科技研学在亦城”“无人科技在亦城”“学史力行在亦城”“乐活悦享在亦城”5条主题线路。按照企业意愿，以月度主题日、科普研学、专题活动、预约参观为主要方式，实现最大限度向社会各群体开放。截至2021年年底，共有70家企业科技馆纳入“科技馆之城”建设工作体系，总接待量突破8万人。

（石雨　刘晓英　周未）

亦庄文化主办“南海子·天鹅”摄影展

4月30日，北京亦庄文化集团有限公司主办的“南海子·天鹅”艺术摄影展在南海子公园开幕。摄影展为期1个月，设有摄影艺术展、名家名作、环保及摄影知识讲座、打卡互动四大主题文化活动，依托南海子公园的生态环境，结合艺术科普、生态环保、亲子学习、休闲娱乐等资源，丰富经开区群众精神文化生活。活动展出60余名摄影艺术家和爱好者的400余幅天鹅主题摄影作品，累计10万余人参观。

（姚诚）

生物多样性调查

5月22日，工委宣传文化部在南海子公园启动“走和谐共生之路，创绿色幸福之城”主题活动暨北京经开区生物多样性调查行动。经开区联合北京生物多样性保护研究中心启动亦庄新城全域范围内的生物多样性本底调查工作，利用实地调查、走访、专家咨询及资料检索相结合的调查方法，面向绿地公园、工厂、社区以及水系等重点区域，针对鸟类、兽类、植物等9个门类展开具体调研。截至2021年年底，共监测到野生鸟类129种，分布于17目40科80属，主要分为常驻鸟和夏候鸟，包括国家一级保护动物2种、国家二级保护动物18种，世界自然保护联盟（IUCN）评级为近危1种、易危1种；发现名木1棵（白皮松）、古树8棵（7棵国槐、1棵枣树），分布于旧宫镇北京恒信天泰置业有限公司、亦庄国际企业文化园、小羊坊中路、旺星湖公园等地。

工委宣传文化部开展生物多样性调查　　吴江　摄

（石雨　成浩　刘艳立秋）

首届“大都东南”科技艺术节

5月28日，经开区首届“大都东南”科技艺术节开幕。该艺术节由工委宣传文化部指导，尚亦城（北京）科技文化集团有限公司主办，艜堂文化投资管理（北京）有限公司承办，围绕庆祝中国共产党成立100周年主线，以“赤子之心、创新之魂”为主题，历时3个月。开幕活动中，艺术家用雕塑艺术、光影艺术，与唱诗、武术、舞蹈、古琴乐器等多种文艺形式，歌颂党的光辉历程和新时代伟大成就，魔术表演艺术家李宁以魔幻的演出方式与现场嘉宾一同点亮“大都东南·赤子心”；此外，以开幕式为起点，开展“赤子心”科技艺术展览、亦庄学院、“和乐”南海子生态剧场等五大系列活动，推出100余场融合科技革新与艺术创新的文化活动，共有超过1000家企业参与，日均参展人数超过2000人，传播覆盖超过千万人，超过30个相关行业领域平台进行报道。

经开区首届“大都东南”科技艺术节活动现场　单位提供

（石雨　刘艳立秋　周未）

第十三届文化艺术节

6月，“永远跟党走”北京经济技术开发区第十三届文化艺术节开幕。该艺术节由工委宣传文化部主办，总工会、荣华街道办事处、博兴街道办事处协办，以“学史爱党强使命，勇当先锋开新局”为主题。开幕式活动中，北京交响乐团带来首场木管五重奏室内音乐会，并发布全年活动“菜单”；以开幕式为起点，组织开展“进”艺术殿堂、“赏”精品佳作、“听”经典红歌、“颂”美好生活、“游”科技馆之城、“学”经开区区史、“唱”时代之歌、“走”长征之路、“建”云上平台、“播”

高清好剧等各类群众性文化活动近130场，线上、线下累计参与人数近115万人，进一步引进优质文艺演出、开展文化艺术普及、推出原创精品力作、加大宣传推广力度，打造“群众演、群众看、群众享、群众唱”的文化生活新局面。

第十三届文化艺术节开幕 单位提供

（石雨 唐嘉 刘艳立秋）

“十四五”文化发展规划印发

12月4日，经开区管委会印发《北京经济技术开发区“十四五”时期文化发展规划》（京技管〔2021〕163号）。该规划由工委宣传文化部编制，表明经开区作为北京建设国际科技创新中心主平台“三城一区”中的“一区”，将构建系统完整、互为支撑的文化发展生态，打造社会主义先进文化示范区、全国创新文化先导区、全国科文融合产业样板区、国际一流公共文化服务活力区、对外文化交流前沿区5个特色区。

（石雨 成浩 唐嘉）

实体书店和公共阅读空间扶持政策发布

12月9日，工委宣传文化部发布《北京经济技术开发区促进实体书店发展的暂行管理办法》和《北京经济技术开发区推进公共阅读空间发展的暂行管理办法》，于12月2日开始实施。管理办法通过政策引导，鼓励专业特色书店、带动作用明显的品牌连锁书店落户经开区，推动各类阅读机构创新发展多元经营模式，打造综合性文化体验消费中心和特色阅读空间，进一步完善区域公共文化服务体系，健全15分钟阅读圈。

（王磊 王瑶）

区史馆接待近万人次参观学习

年内，区史馆接待来自学校、企业、党政机关等近百家单位近1万人次参观学习，成为经开区党史学习教育的“网红打卡地”。区史馆于2020年8月开馆，包括室外空间、区史馆、国家级经开区创新发展特展、乡情书斋、廉政警示教育基地5个部分，向参观群众展示经开区由诞生到成为产业新城的历史变迁。

（周未）

“书香亦城”全民阅读品牌活动

年内，工委宣传文化部推进“书香亦城”政策体系、空间体系和活动体系建设，围绕“颂读百年路，展阅新征程”主题，经开区组织开展“百年百人百企百篇”系列诵读活动，重点打造“周末读书会”“企业领读人”“校园读书月”“亲子阅读季”“书香亦城”系列评选等阅读品牌，开展“线上+线下”全民阅读活动200余场，实现“月月有主题，周周都精彩”的文化生活新格局，共筑“书香亦城”。

（王磊 张帧晖 周未）

“亦庄学院”讲座

年内，经开区“亦庄学院”讲座开讲。活动由工委宣传文化部指导，尚亦城（北京）科技文化集团有限公司主办，北京实力电传文化发展股份有限公司承办，邀请魏少军、鲁白、白蕊等主讲嘉宾，打造传播创新知识、分享前沿智慧的科技讲座，内容涉及黑洞、“中国芯”、RNA 剪接与人类健康、5G、“双碳”等。截至 2021 年年底，活动举办三期 9 场，经开区内园区企业代表、学校师生代表、“两街八镇”代表等 1500 余人参与。

（石雨 刘艳立秋 周未）

文化团队和文体活动基地奖励工作

年内，工委宣传文化部根据《2021 年宣传思想文化工作要点》《北京经济技术开发区群众性文化团队、文化（体育）活动基地奖励办法》，联合工委组织人事部（“两新”工委）、机关党委、总工会、财政审计局、各街道共同组织开展 2021 年度群众性文化团队、文化（体育）活动基地奖励工作。奖励群众性文化团队 13 支、文体活动基地 26 个。截至 2021 年年底，累计奖励群众性文化团队 263 支、文体活动基地 156 个。

（石雨 成浩 唐嘉）

文娱领域综合治理

年内，工委宣传文化部推进文娱领域综合治理，制订经开区《推进文娱领域综合治理工作方案》，成立工作专班，形成重点任务清单和督办责任台账，全方位、全流程、全环节开展文娱领域综合治理工作；建立经开区文化空间管理风险台账，对实体书店、印刷单位、影剧院等 8 类文化综合经营场所开展定期或不定期检查。

（张君 石雨）

文旅行业开展专项检查

年内，工委宣传文化部面向文旅行业开展专项检查。全年检查 1065 家次，覆盖在营文化旅游经营单位，重点检查新冠肺炎疫情防控、有限空间作业、汛期防汛工作、电动车安全管理、天然气设备设施管理、季节性防火等，专家深入现场，指导企业进行隐患整改，提高各企业安全生产意识。同时，结合日常培训为文旅企业讲解法律法规和技术标准规定，包括消防、用电、燃气、设备设施、新冠肺炎疫情防控、基础资料管理等内容，提高文旅企业从业人员的安全意识与技能水平。

（石雨 成浩）

“监管 + 服务”文旅行业管理新模式

年内，工委宣传文化部全面构建“监管 + 服务”文旅行业管理新模式。其中，聘请专业第三方机构定期为区内文旅经营单位开展“安全体检”服务，召开文旅行业工作培训会，形成“主管领导干部带头学、执法监管人员重点学、机构负责人员同步学”的良好态势；联合安全检查部门和行政执法部门，开展全覆盖督导检查工作，建立动态化监督管理台账，制定全流程行业管理制度；通过试行企业“红黑榜”，搭建行业信用管理体系，提高行业整体服务质量；重视“12345”市民服务热线办理工作，做好政策咨询解答服务，结合日常巡查检查任务，推进“接诉即办”向“未诉先办”转变，化“被动响应”为“主动出击”，构建规范性强、诚信度好、满意度高的文旅行业市场。

（石雨 成浩 刘晓英）

文物赋权试点工作

年内，工委宣传文化部落实《北京经济技术开发区承接市级文物赋权两年试点工作方案（2020—2021 年）》《亦庄新城考古调查勘探工作实施方案》。自承接赋权以来，受理土地一级开发项目 14 个，勘探面积共 24.6 万平方米，其中勘探完成未发现古代遗存的 6 个、发掘完成的 8 个，项目平均办理时长压缩 20 个工作日以上，大幅减少项目落地时间，促进土地资源要素高效配置。

（石雨 成浩 刘晓英）

体育

概况

2021 年，经开区开展冰雪文化节、冬奥冰雪进四区活动，参与人数约 15 万人次；开展拔河、健步行、乒乓球比赛等 20 余项活动。推进体育场主场地免费使用，对体育场实行分区域管理，完善“15 分钟”体育健身服务圈建设，体育场每日免费开放 8 小时以上，为群众晨、晚练提供场所，每天近千人次参与各类群众锻炼活动，全年共接待健身群众 32 万人次，其中公益健身人员为 25 万人次，比 2020 年增加 20 万人次；专项球类场地免费对外开放 1300 小时，惠及区内 6 万余人；完成 3 处多功能体育运动场地体育设施建设，完成 11 处约 100 项全民健身路径更新工程。

（高岗 张茹）

经开区冬奥冰雪文化节

1—2 月，2021 年经开区冬奥冰雪文化节举行，通过冰雪运动体验、冬奥知识普及等方式，为大众提供全方位的冬奥文化体验空间。活动主要场地包括“大都东南冰雪汇”雪乐园与经开区冬奥展厅。其中，“大都东南冰雪汇”雪乐园由北京亦庄国际企业文化园东园体育场改造而成，于元旦期间启动试运营，建有初级滑雪道，设有多种冰雪游戏，并于冬奥冰雪文化节期间向经开区 8 所中小学和 18 所幼儿园送出 4 万余张亲子套票，经开区的中小学生还可凭学籍卡在线预约免费滑雪体验课。经开区冬奥展厅于 1 月 12 日起面向市民免费开放，设有历史沿革、冬奥会部分文物展示、2022 北京冬奥会主要场馆建设展览、冬残奥会展览、冬季运动器材展示 5 个板块，陈列历届冬奥会会徽、火炬和奖牌以及 2022 北京冬奥会比赛项目竞赛器材等，并展出一组主题为“筑梦冰雪，亦起冬奥”的书画作品。

（张茹）

经开区全民体质监测活动

1—9 月，2021 年经开区全民体质监测活动在经开区体育中心举行。活动由社会事业局、总工会、商务金融局等主办，现场设置智能体测区，居民可通过专业的体质检测，了解自身肺活量、力量、平衡性、反应等身体素质指标，并领取体测报告，还有专业教练在现场给出饮食和运动建议。200 余名市民参加体质监测。

（张茹）

“社区健康公益行”系列活动

3 月 24 日—4 月 23 日，公共资源管理服务中心开展“社区健康公益行”系列活动。活动包括公益智能体测、健康指导、上门义诊、健康知识讲座，共开展 4 场，惠及区内 312 人。

（高岗）

“博大杯”职工第十届拔河比赛

3月27日，北京市第十届拔河比赛亦庄分站赛暨经开区“博大杯”职工第十届拔河比赛在金风大学体育馆举行。比赛由市体育局、市总工会主办，北京市社会体育管理中心、总工会、社会事业局承办，设置男子组600公斤级、女子组560公斤级、混合组600公斤级3项比赛，共有26家企业44支代表队的572名运动员参赛。最终诺兰特移动通信配件（北京）有限公司代表队获男子组冠军，SMC（中国）有限公司北京技术研发中心代表队获女子组冠军和混合组冠军。

（张茹）

经开区冬奥冰雪文化进四区活动

5月13日，经开区冬奥冰雪文化进四区冰雪普及体验活动在北京市大兴区亦庄镇第一中心小学启动。活动由经开区管委会、北京市文化投资发展集团有限责任公司联合主办，社会事业局、工委宣传文化部、总工会等单位承办，为期3天，通过走进校区、厂区、园区、社区，在亦庄一小、南海子公园、大雄郁金香舍社区等地举办活动，普及冬奥会知识、提供体验冰雪项目的机会，扩大冰雪项目覆盖人群，并邀请专业教练进行指导培训服务，提高群众冰雪项目的技能。

（张茹）

经开区职工健步走活动

5月14日，“南海子杯”2021年经开区职工健步走活动在南海子公园举行，本次活动同时也作为全国新区经开区高新区第二届职工健康运动会“亿万职工跟党走”线上运动达标赛的启动仪式。活动全程6千米，吸引经开区40余家单位的500余名职工参与，同时还邀请北京市劳动模范参与。

（张茹）

第十五届“和谐杯”乒乓球比赛

5月29日，经开区第十八届全民健身体育节系列活动——经开区第十五届“和谐杯”乒乓球比赛在金风科技智慧大厦篮球馆举行。比赛由社会事业局、总工会主办，分企业组、社区组2个组别，采用个人赛形式进行，比赛分为2个阶段进行，第一阶段为小组循环赛，每组3~4人，取前两名，第二阶段为单淘附加赛。来自辖区企业、机关、街道的75支代表队400余名运动员参赛。最终森杨晟贸仓储（北京）有限公司全亮、南水北调中线信息科技有限公司张思凝、金风科技股份有限公司王存华、南水北调中线信息科技有限公司刘彤4人分别获企业组男子甲组、男子乙组、女子甲组、女子乙组的冠军，天华园一里社区一队余辉、卡尔百丽社区李威达、上海沙龙社区李树艳、林肯公园一队赵敏4人分别获社区组男子甲组、男子乙组、女子甲组、女子乙组的冠军。

（张茹）

第五届“BDA杯”慢投垒球邀请赛

6月12—14日，2021年经开区第五届“BDA杯”慢投垒球春季邀请赛在经开区体育中心举行。比赛由社会事业局、总工会、公共资源管理服务中心主办，分快乐组和竞赛组2个组别，采用8队以下单循环，8队以上分组单循环加同名比赛。近300人参赛。最终天津泰立五金贸易有限公司、一冠（北京）体育文化发展有限公司、鼎桥通信技术有限公司球队获竞赛组第一、二、三名，北京中科联城软件股份有限公司、富士康精密组件（北京）有限公司、北京陌陌科技有限公司球队获快乐组第一、二、三名。12 月 25 日，经开区第五届“BAD 杯”慢投垒球秋季邀请赛举行，来自劲飞、猎户、挚文、一冠棒垒球队的近百名运动员参赛。最终猎户棒垒球队获冠军，劲飞棒垒球队获亚军，挚文棒垒球队获季军。

（张茹）

首届经开区机关足球邀请赛

7 月 5—16 日，首届经开区机关足球邀请赛在经开区体育中心举行。比赛由经开区机关足球队主办，采用小组单循环和交叉赛制。“两街八镇”12 支机关足球代表队的 300 余名球员展开 36 场对决。最终马驹桥镇机关代表队获冠军。

（张茹）

“博大杯”职工五人制足球联赛

7 月 21 日，“博大杯”2021 年经开区职工五人制足球联赛在经开区体育中心举行。比赛由总工会、社会事业局主办，吸引 29 支代表队 400 余名企业职工参赛，历时近 3 周，共举办 59 场比赛。最终中芯国际集成电路（北京）有限公司代表队获冠军。

（张茹）

体育场主场地使用费取消

8 月，公共资源管理服务中心取消对经开区范围内企业在经开区体育场主场地（即十一人制足球场场地）及其看台范围开展赛事、团建活动的使用费。

（高岗）

健身操舞大赛和健身气功项目交流展示赛

9 月 25 日，2021 年经开区健身项目交流展示大赛暨健身操舞大赛、全国百城健身气功交流展示暨 2021 年经开区健身气功项目交流展示大赛在北京电子科技职业技术学院体育馆举行。健身操舞大赛设健身秧歌、广播体操、工间操、广场舞、健身操舞、传统腰鼓等比赛项目，吸引 32 支代表队参赛。最终经开区红星舞蹈团、博客雅苑中青舞蹈队、林肯健身操舞蹈队、天华二里蝉之翼舞蹈队获一等奖。健身气功项目交流展示大赛设健身气功、太极柔力球、太极拳、太极剑、太极扇等比赛项目，吸引 20 支代表队参赛。最终博大公园上海沙龙太极健身气功站队、经开区博大公园站点柔力球队、体育中心气功代表队获一等奖。

（张茹）

“博大杯”职工羽毛球比赛

9 月 28 日，“博大杯”2021 年经开区职工羽毛球比赛在金风体育文化体育馆举行。比赛由总工会、社会事业局主办，以“建功‘十四五’ 奋进新征程”为主题，赛事为混合团体赛，设置女双、男双和混双 3 个单项，三场两胜制，共有 51 支参赛队近 500 人参赛。最终北京金风科创风电设备有限公司代表队获冠军。

（张茹）

“亦路花开”主题休闲健身区投入使用

9 月，经开区体育中心“亦路花开”主题休闲健身区投入使用。健身区位于经开区体育场运动功能区外的西南侧空地，绿化用地面积约为 6500 平方米，建有钢琴、木屋、观赏风车甬路等景观，种植矮秆波斯菊、硫华菊、百日草混色等 10 余种花卉，成为经开区的“网红”打卡地。

经开区体育中心“亦路花开”主题休闲健身区　　高岗 摄

（高岗）

经开区第一届中小学生运动会

10 月 9—10 日，经开区第一届中小学生运动会在经开区体育中心举行。比赛由社会事业局主办，以“智动青春　筑梦经开”为主题，是经开区独立行使核心区“60 平方公里”范围内教育职权后的首届中小学生运动会。比赛按小、初、高分学段设置 9 个组别，其中小学组按年级设置 6 个组别，初中组设置甲、乙 2 个组别，高中组根据学生总数设置 1 个组别。比赛设置 100 米、200 米、跳高等传统竞赛项目和一分钟单摇跳绳、沙包投掷、迎面接力等趣味项目共计 20 余个项目 91 项比赛，每个项目取前三，各组别分别取每个项目前 8 名进入决赛。比赛由 40 余名教师任裁判领队，北京亦庄实验小学、北京市中芯学校、北京市杂技学校（北京市国际艺术学校）等 10 所学校和 1 所中外合作办学机构派出代表队共 2000 余名学生参赛，各代表队 273 人次获区级一、二、三等奖。

（卢霄煜）

全民健身骑行活动

10 月 10 日，2021 年经开区全民健身骑行活动在金风科技二期园区足球场举行。活动由社会事业局、总工会主办。骑行路线全程约 20 千米，设有冰雪项目、冬奥知识宣传展区、旱地冰壶运动体验区、“衡动力量，童趣融融”儿童平衡车体验区，让参加者在享受骑行的同时，学习冬奥知识、体验冬奥运动项目，感受冰雪文化的独特魅力。来自辖区企事业单位近 200 名骑行爱好者参与活动。

（张茹）

国家体育锻炼标准测试赛

10 月 15 日，2021 经开区国家体育锻炼标准测试赛在经开区体育中心举办。测试赛由社会事业局、商务金融局、总工会等主办，设置体育锻炼标准测验中的十字象限跳、立定跳远、1 分钟跳绳、坐位体前屈、200 米绕杆跑 5 个运动项目，共有 300 余人参赛。

（张茹）

平板支撑挑战大赛

10 月 15 日，“北京纪录”经开区第四届平板支撑挑战大赛在经开区体育中心举行。比赛由社会事业局、总工会、商务金融局等主办，经开区近 300 名市民参与挑战，最终郭敬宇获冠军，以 16 分 37 秒刷新“北京纪录”。

（张茹）

“博大杯”职工篮球联赛

10 月 15 日，“博大杯”2021 年经

开区职工篮球联赛在北京电子科技职业学院篮球馆开幕。比赛由总工会、社会事业局主办，分为四大赛区，受疫情影响，赛期长达 3 个月，来自亦庄新城的 53 支代表队展开 109 场对决。最终北京亦庄城市服务集团有限公司服务队和北京奔驰汽车有限公司队分获甲组和乙组的冠军（决赛于 2022 年 1 月 10 日举行）。

（张茹）

体育产业优质资源推介会

10 月 15 日，“纾困解难，促消费”经开区体育行业推介会在经开区体育中心举行。推介会由社会事业局、总工会、商务金融局、公共资源管理服务中心、全民健身体育协会主办，为经开区体育企业提供展示和交流机会，宣传企业形象。推介会上，20 余家企业现场推介 22 个项目，涵盖体育企业、体育赛事运营机构、体育场馆、健身服务机构、体育培训服务机构、“互联网 +”体育项目以及其他优秀体育产业项目。

（张茹）

社会体育指导员培训班

10 月 21 日，2021 年经开区社会体育指导员二、三级培训班在经开区体育中心举行。培训由社会事业局、公共资源管理服务中心主办，培训内容分别是健身气功、广场舞、柔力球等健身技能，来自荣华街道、博兴街道的 160 余名二、三级社会体育指导员参加培训。

（张茹）

通明湖信息城“1024 程序员节”接力赛

10 月 22 日，2021 通明湖信息城“1024 程序员节”接力赛在通明湖公园举行。活动由工业和信息化部网络安全产业发展中心、通明湖信创园联合统信软件技术有限公司等企业共同举办，以“通明湖程序员，领跑数字社会新未来”为主题，设有热身健康操互动、“撑霸通明湖”平板支撑挑战赛、通明湖信息城“1024 程序员节”接力赛等赛项。来自 30 余家头部 IT 企业的 500 余名程序员参赛。

2021 通明湖信息城“1024 程序员节”接力赛　　企业提供

（李玉竹）

职工武术运动协会成立

11 月 4 日，经开区职工武术运动协会在北京市杂技学校（北京市国际艺术学校）召开成立大会并举办第一届理事会议。大会选举产生第一届协会组织机构，杂技学校运动训练（武术）专业主任陈欢任协会秘书长、副会长，协会秘书处设在运动训练（武术）专业。协会成立有利于整合全区武术资源，倡导和普及群众性武术运动的开展，提高学校在武术项目上的影响力，扩大学校的知名度。截至 2021 年年底，协会共举办 2 场活动。

（张玉阳）

“十四五”体育发展规划印发

12 月 1 日，经开区管委会印发《北京经济技术开发区“十四五”时期体育发展规划》（京技管〔2021〕154 号）。规划明确，在“十四五”时期，经开区将全力推动区内体育工作高标准、高质量、高速度、高效率发展，以全面推动全民健身发展深入、有效提升体育产业发展能级、积极争取竞技体育发展突破、全面推动城市居民健康水平进步、有力提升体育事业治理能力为主要任务，坚持以人为本、坚持改革创新、坚持问题导向、坚持产城共融，力争到2025年，打造为全民健身发展典范区，体教融合、体医融合发展先行区。

（陈知晖）

首家市级职工体育示范单位落地经开区

12 月 5 日，北京金风科创风电设备有限公司被市总工会评为 2021 年北京市职工体育示范单位，成为经开区首家市级职工体育示范单位。金风科创成为经开区职工文体基地，所属园区均配置职工健康文体活动区域，其配套设施面积超过 1 万平方米，承办经开区“和谐杯”乒乓球赛、“南海子杯”职工健步走、“博大杯”羽毛球赛、全民健身日等职工体育系列品牌活动。

（潘晓强 高宁）

市民快乐冰雪季活动

12 月 17 日，经开区市民快乐冰雪季活动启动。活动由总工会、社会事业局主办，设有冬奥主题展、冰雪知识问答等项目，工作人员通过宣讲、有奖问答等形式，普及冬奥会知识，讲解冰雪项目的特点、动作要领、比赛规则等，并进行现场示范指导。全区 500 余名企事业职工参与活动。

（张茹）

“博大杯”武术交流展示活动

12 月 17—18 日，“博大杯”2021 年经开区武术交流展示活动在中国杂技团有限公司举行。活动由总工会、社会事业局主办，经开区职工武术运动协会、中杂公司、北京市杂技学校（北京市国际艺术学校）共同承办，是经开区职工武术运动协会成立后举办的首次大型活动。活动中，经开区内各领域代表队带来集体大武术、梅花桩拳、集体太极拳、武术串烧、衡顶技等拳术套路及器械套路展示项目。来自经开区 20 个武术拳种的近 500 名代表参与活动。

“博大杯”2021 年经开区武术交流展示活动举行　　单位提供

（张茹 张玉阳）

“博大杯”职工毽球邀请赛

12 月 18 日，“博大杯”2021 年经开区职工第六届毽球邀请赛在北京金风大学体育馆举办。比赛由总工会、社会事业局主办，设置男子组、混合组、趣味项目 3 个组别，来自北京市内企事业单位、毽球协会、街道的 150 名毽球爱好者参赛。最终通州区职工体育协会代表队获男子组第一名，通州区职工体育协会代表队 2 队获混合组第一名，国药北京 101 代表队获趣味项目第一名。

（张茹）

“零点体育”活动场地保障

年内，公共资源管理服务中心每学期为人大附中北京经济技术开发区学校提供

“零点体育”课程场地，课程时间为每周二至周五早上7：45—9：00，共有3000余名学生参与该课程，每批次有1500名学生上课。“零点体育”课程体系由专业教练团队与人大附中经开学校共同制定，提出“体教融合”教育方案，进一步提高学生综合体能。

（高岗）

劳动就业

概况

2021年，经开区探索“公益性就业服务＋人力资源经理协会”的就业服务体系，免费为企业和求职劳动者提供就业信息发布渠道；开展线上、线下招聘会及毕业生专场招聘会等招聘活动。建立劳动关系矛盾预防和应急处置机制，完善三区（经开区、通州区、大兴区）劳动争议协同处理机制，根治拖欠农民工工资小组成员单位联动机制；做好劳动用工风险隐患排查，全年累计预警企业56家，均已妥善处理；加强对受疫情影响企业劳动用工的指导，指导区内7家企业依法进行经济性裁员，共涉及414人。仲裁院全年受理案件4065件，结案4020件，分别比2020年增长10.8%和20.2%，结案率为98.89%、调解率为64.85%、终结率为77.59%，分别比2020年增长1.62%、1.38%、1.77%。全年30天结案率达99%，现场送达率达99%，送达准确率达100%，基本实现“零超审限”目标。经开区经济调解委员会被市人力社保局评为北京金牌劳动人事争议调解组织。

（李怀亭　王进　王宁）

“双星”品牌评比活动

1月9日，仲裁院首次推出“双星”品牌暨“仲裁之星”和“服务之星”评比活动。仲裁院从思想政治、业务能力、综合素质等多方面素养入手，对窗口和一线工作人员进行考察挑选，最终以民主测评、集体研究、会议决议的方式形成人选名单，4人被评为“仲裁之星”、4人被评为“服务之星”。

（李怀亭　王进）

仲裁院院处长接待日活动

3月10日，仲裁院启动院处长接待日活动。活动由院长、处长到服务大厅坐班，现场接待企业办事人和群众，面对面为办事群众答疑解惑，聚焦企业职工利益和家庭生活冷暖等问题，合理平衡劳资双方利益需求，处理劳动争议。首次接待企业6家，协调处理争议事件4件。全年共举办接待日活动6次，接待企业32家，协调处理争议事件6件。

（李怀亭　王进）

基层调解组织揭牌

5月27—28日，仲裁院在工委党群服务中心举行基层劳动争议调解组织揭牌仪式暨调解员业务培训活动，为东尚E园等10家规范化建设的基层劳动争议调解组织授牌，并对200名基层劳动争议调解员开展专业培训，通过现场考试，115人获调解员证。来自区内95家企业参与活动。

（李怀亭　王进）

征地拆迁农村劳动力就业补贴

6 月，社会事业局修订征地拆迁农村劳动力岗位补贴政策，出台《北京经济技术开发区招用征地拆迁农村劳动力就业补贴办法》（京技管［2021］72 号）。办法将政策补贴范围扩展至亦庄新城“225 平方公里”，并提高政策补贴标准，致力于推动征地拆迁农村劳动力在经开区本地化就业。

经开区招用征地拆迁农村劳动力就业补贴标准一览表

招用人员类型	补贴标准（元 / 人）
女满 40 周岁、男满 50 周岁及以上	7000
女满 35 周岁、不满 40 周岁，或男满 40 周岁、不满 50 周岁	5000
女 35 周岁以下、男 40 周岁以下	2000

（梅晓丹）

竞业限制专场大讲堂开课

7 月 5 日，仲裁院联合亦企服务港经海港、永康港和北京亦庄生物医药园，首次举办竞业限制专场大讲堂活动。活动针对区内科技创新和高精尖产业密集，企业需完善商业秘密保护、高端人才管理制度的现状，仲裁员解读竞业限制相关的法律法规，并设置现场答疑环节，解答企业提出的具体问题。58 家企业的 68 名人力资源负责人参与活动。

（李怀亭　王进）

首个平台经济调解委员会成立

7 月 29 日，北京京讯递科技有限公司亦庄分公司劳动争议调解委员会揭牌，是经开区首家新业态、新就业群体暨平台经济调解委员会。平台经济调解委员会由仲裁院联合工委组织人事部设立，由何予希担任调解员，主要负责企业劳动争议预防和调解，为快递员、互联网员工、网约车司机等劳动者提供维权渠道。截至 2021 年年底，该委员会处理平台经济类案件 102 件，支持劳动者维权金额 73 万元。

（李怀亭　王进）

和谐劳动关系评选

7—10 月，社会事业局开展和谐劳动关系先进单位（园区）及个人评选活动，评选出先进企业 15 家、先进个人 19 名。

2021 年经开区和谐劳动关系先进单位（园区）一览表

序号	先进企业名称
1	北京嘉捷企业汇物业服务有限公司
2	北京佳宸弘生物技术有限公司
3	北京昭衍新药研究中心股份有限公司
4	北京星网宇达科技股份有限公司
5	中国安全防伪证件研制中心
6	北京星级荣耀科技有限责任公司
7	北京欣奕华科技有限公司
8	华歌尔（中国）时装有限公司
9	北京海思特医学检验实验室有限公司
10	中冶赛迪电气技术有限公司
11	北京华联印刷有限公司
12	北京宇航推进科技有限公司
13	招商局公路网络科技控股股份有限公司京津塘高速分公司
14	星河动力北京（空间）科技有限公司
15	广东大地影院建设有限公司北京技术分公司

2021 年经开区和谐劳动关系先进个人一览表

序号	先进个人	所属企业
1	吴慧娟	北京联合康力医疗防护用品有限公司
2	关　蕾	北京佳宸弘生物技术有限公司

续表

序号	先进个人	所属企业
3	阿支子罗	北京振国中西医结合肿瘤医院
4	李　叶	北京昭衍新药研究中心股份有限公司
5	李志宏	北京星网宇达科技股份有限公司
6	许琴善	北京欣奕华科技有限公司
7	司　阳	华歌尔（中国）时装有限公司
8	何　淼	华歌尔（中国）时装有限公司
9	高　晶	北京海思特医学检验实验室有限公司
10	勾立争	中冶赛迪电气技术有限公司
11	田　琳	北京嘉捷美锦科技发展有限公司
12	胡生宝	北京华联印刷有限公司
13	郭利明	北京宇航推进科技有限公司
14	申帅帅	北京宇航推进科技有限公司
15	张晓雪	北京宇航推进科技有限公司
16	孙　毅	招商局公路网络科技控股股份有限公司京津塘高速分公司
17	孙鹏军	星河动力北京（空间）科技有限公司
18	赵　冬	广东大地影院建设有限公司北京技术分公司
19	刘　荣	南海智辰投资顾问（北京）有限公司

（王宁）

校企合作人才联合培养基地建设

9月，经开区新一批校企合作人才联合培养基地企业名单发布。经开区26家企业入选，涉及航空航天、生物医药、智能制造、新能源等领域，均与国内“双一流”大学、拥有国家重点实验室或省部共建国家重点实验室的大学、科研院所和省部级以上重点高职院校及社会事业局审核认可的国外院校开展产学研项目合作。截至2021年年底，经开区有校企合作人才联合培养基地企业50家。

经开区校企合作人才联合培养基地企业一览表

序号	单位名称	认定年度
1	北京赛升药业股份有限公司	2016
2	中奥汇成科技股份有限公司	2016
3	中航金网（北京）电子商务有限公司	2016
4	北京神州细胞生物技术集团股份公司	2016
5	北京奔驰汽车有限公司	2016
6	SMC（中国）有限公司	2016
7	北京久其政务软件股份有限公司	2016
8	北京凯因科技股份有限公司	2016
9	北京华进创威电子有限公司	2017
10	中芯国际集成电路制造（北京）有限公司	2017
11	中体彩科技发展有限公司	2017
12	蓝星（北京）化工机械有限公司	2017
13	北京四达时代软件技术股份有限公司	2017
14	北京博奥医学检验所有限公司	2017
15	北京博大光通物联科技股份有限公司	2017
16	北京中电科电子装备有限公司	2017
17	北京智飞绿竹生物制药有限公司	2017
18	北京泰德制药股份有限公司	2017
19	中关村美中生物技术产业集群创新联盟	2017
20	北京星网卫通科技开发有限公司	2017
21	北京诺康达医药科技股份有限公司	2017
22	德诺杰亿（北京）生物科技有限公司	2017
23	锋创科技发展（北京）有限公司	2017
24	北京亦庄国际生物医药投资管理有限公司	2017
25	北京北工大科技园有限公司	2021
26	北京浦丹光电股份有限公司	2021
27	北京市科通电子继电器总厂有限公司	2021
28	北京华卓精科科技股份有限公司	2021
29	北京世纪金光半导体有限公司	2021

续表

序号	单位名称	认定年度
30	北京中车赛德铁道电气科技有限公司	2021
31	北京北方华创真空技术有限公司	2021
32	北京集创北方科技股份有限公司	2021
33	北京枭龙科技有限公司	2021
34	北京燕东微电子科技有限公司	2021
35	北方导航控制技术股份有限公司	2021
36	北京星途探索科技有限公司	2021
37	北京星际荣耀科技有限责任公司	2021
38	森特士兴集团股份有限公司	2021
39	北京国家新能源汽车技术创新中心有限公司	2021
40	北京汉氏联合生物技术股份有限公司	2021
41	北京旌准医疗科技有限公司	2021
42	北京纳百生物科技有限公司	2021
43	北京科仪邦恩医疗器械科技有限公司	2021
44	北京昭衍新药研究中心股份有限公司	2021
45	安诺优达基因科技（北京）有限公司	2021
46	北京义翘神州科技股份有限公司	2021
47	中孵高科产业孵化（北京）有限公司	2021
48	北京益普希环境咨询顾问有限公司	2021
49	华测检测认证集团北京有限公司	2021
50	中德诺浩（北京）教育科技股份有限公司	2021

（梅晓丹）

“三区”仲裁员业务培训

10月27—29日，仲裁院首次组织通州区、大兴区、经开区三区仲裁机构仲裁员开展业务培训。培训会通过线上培训的方式开展，通报三区协同化解工作情况，研究通过《关于完善三区协同机制统一立案标准的实施意见》，确立新的协同处理机制领导小组名单。仲裁院同时邀请劳动关系领域法学专家和法院法官线上授课，结合案件实例，开展线上交流、讨论，提升三区仲裁员妥善化解劳动争议风险的能力。三区共50名仲裁员参加培训。

（李怀亭　王进）

根治欠薪冬季专项行动

11月，社会事业局强化对根治欠薪冬季专项行动的组织领导和工作统筹，按照市级工作专班成员，组建经开区根治欠薪冬季专项行动联动处置工作专班，形成欠薪突发事件应急处置机制，妥善处理、及时上报本地区发生的群体性事件。全年共召开根治欠薪协调会4次，以推进案件及时解决。通过在“开发区社会事业局”微信公众号上推送系列文章、对前来咨询人员提供讲解、服务大厅设置易拉宝等方式宣传《保障农民工工资支付条例》，增强农民工依法理性维权意识。

（王宁）

首家街道劳动人事争议调解中心成立

12月15日，经开区首家街道劳动人事争议调解中心在荣华街道成立。该中心由张传敏、吕嘉、秦伟、张廷、谢召河5人组成，主要负责辖区内“九小”门店从业人员劳动争议预防和调解，为“九小”门店及商务楼宇小微企业（涉及行业多、人员构成复杂）劳动者提供新的维权渠道，化解争议纠纷，进一步完善多元纠纷调解服务体系建设。

（李怀亭　王进）

生物医药健康领域博士后工委会成立

12月28日，在北京市博士后工作助力北京高质量发展推进会上，北京继续教育协会生物医药健康领域博士后工作委员会成立。该委员会基于经开区的生物技术和大健康产业实力，以北京继续教育协会为依托，旨在搭建生物医药健康领域高层次人才培养、交流平台。

（梅晓丹）

职业技能提升试点区建设

年内，社会事业局开展职业技能等级认定、共享优质培训资源、技能人才联合培养等经开区职业技能提升试点区建设工作。其中，发布经开区项目制自主培训项目清单，涉及23家企业的42个培训项目，形成区内特色培训项目的示范效应；新增7家优质培训资源共享基地，满足中小企业所需的优质技能培训资源；组织4家企业完成职业技能等级认定备案并开展相关工作，经开区累计有30家企业可开展职业技能等级认定工作，企业自主认定评价体系初步建立；3家企业通过定制培养等技能人才联合培养方式培养人才80人，扩展经开区人才联合培养基地育才范围；给予职工赛前培训补贴以及国家级一类竞赛入选北京市代表团选手奖励，涉及北京华联印刷有限公司1人，拨付补贴1.05万元；与总工会联合举办第四届经开区职工职业技能竞赛工业机器人操作调整工种竞赛。

（梅晓丹）

各类招聘活动开展

年内，社会事业局通过“亦就业”小程序开展各类招聘活动50次，参与企业1316家次，提供岗位23800个，达成初步就业意向人数242人。其中，线上招聘活动46场，参与企业1181家次，提供岗位21079个，达成初步就业意向人数87人；线下招聘活动4场，参与企业135家次，提供岗位2721个，达成初步就业意向人数155人。

（王宁）

260家企业参与毕业生招聘会

年内，社会事业局组织260家企业参与毕业生专场招聘会、国家级高校毕业生网络招聘会及高校毕业生招聘会等，共招聘3795人，收取简历536份。

（王宁）

校园招聘

年内，社会事业局启动经开区2021校园招聘工作。社会事业局策划山东线、东北线、天津线3条线路，涉及哈尔滨工业大学、山东大学、南开大学等8所高校。经开区222家企业参加校园招聘工作，招聘41278人，收取简历1416份，达成初步就业意向863人。

（王宁）

“院港”合作模式开展

年内，仲裁院与各亦企服务港携手开展“院港”合作模式，邀请区内政协委员、企业家代表、人力资源经理和职工群众代表走进仲裁院，了解办案流程，旁听现场庭审，开展座谈交流，听取意见建议，接受社会监督。截至2021年年底，合作完成仲裁大讲堂进企业园区10场、流动公开庭10场，累计服务企业417家。

（李怀亭　王进）

速裁庭成立

年内，仲裁院成立速裁庭，畅通农民工讨薪绿色通道，对农民工案件应立尽立、速裁速决。速裁庭全年共处理农民工案件718件，通过现场快速调解和速裁速决，结案率达 100%，维权金额为 1090 万元。速裁庭促成多起案件实现公司当场支付劳动者工资，劳动争议从立案到解决平均用时 15 日，最快 2 小时结案。

（李怀亭　王进）

3 个案例入选劳动人事争议典型案例

年内，仲裁院编制的“主播等新型用工关系确认劳动关系应审慎”和“劳动者重大过失造成用人单位损失应赔偿”案例入选 2021 年北京市劳动人事争议仲裁十大典型案例；“劳动者拒绝违法超时加班安排，用人单位能否解除劳动合同”案例入选人力资源社会保障部、最高人民法院发布的第二批劳动人事争议典型案例。

（李怀亭　王进）

疑难案件处理 200 件

年内，仲裁院坚持“预防为主、调解优先”的原则，由专人组成合议庭承办集体案件、重点案件、疑难案件，采取集体讨论裁决结果的形式，实行快审、快裁、快结，共处理疑难案件 200 件。

（李怀亭　王进）

“未诉先办”处理 170 件

年内，仲裁院落实“未诉先办”要求，紧盯区内各项民生实事和群众关切的问题，自觉做到“群众有所呼、仲裁有所应”，接收“12345”市民服务热线派单 170 件，实现第一时间接诉、第一时间处理、第一时间回复，响应率、满意率、解决率“三个百分率”连续 11 个月排名第一。

（李怀亭　王进）

区级职业能力提升补贴

年内，社会事业局落实区级职业能力提升补贴工作，审核完成职业能力提升补贴资金 955.15 万元，惠及 5304 人次，实际拨付资金 704.15 万元，惠及 3736 人次。

（梅晓丹）

跨区域立案服务开展

年内，仲裁院不断深化三区协同处理工作机制，建立跨区域立案服务，在案件受理、证据收取、案件移送、涉外案件等方面，实现裁审尺度统一、标准统一、同案同裁。当事人可在经开区、通州区、大兴区就近选择仲裁立案申请，实现“家门口立案”，全年移交案件 3 件。

（李怀亭　王进）

合规性监督检查

年内，社会事业局依法对用人单位遵守劳动法律、法规和规章情况进行合规性审查。受理集体合同备案记录累计 408 条，完成 177 家劳务派遣单位年检工作；利用北京市劳动用工风险监控平台，提前介入核实调查风险企业 42 家。

（王宁）

青年仲裁员志愿联系企业活动

年内，仲裁院组织“法治人社 志愿青春”青年仲裁员志愿联系企业活动。仲裁院选拔 8 名优秀专职仲裁员作为志愿者，分别与荣华港、亦庄港、经海港、通明湖港、永康港、博兴港等建立包片服务，畅通信息共享渠道。以频繁出现争议、纠纷较为集中的大、中、小企业作为志愿者联系对象，搭建线上平台，开展精准服务；结合 30 家重点服务对象企业，与负责人建立微信交流群，通过微信和电话，了解企业需求。仲裁院联合各亦企服务港每年至少开展1场大讲堂、1场流动公开庭，送法进园、进企业，提供劳动法律系列普法书籍，组织普法宣讲或座谈交流，仲裁员进港提供咨询答疑，引导企业规范管理、依法用工，消除风险隐患，做到“小矛盾不出厂、大矛盾不出区”。

（李怀亭　王进）

博士后科研工作站建设

年内，社会事业局推进博士后科研工作站管理工作。经开区新增设企业园区类博士后科研工作站分站12家，新招收进站博士后24人，拨付经开区博士后工作专项经费资助共计750万元。截至2021年年底，经开区共有企业园区类博士后科研工作站分站67家、博士后科研工作站5家，累计招收培养博士后研究人员136人。

2021年经开区新增企业园区类博士后科研工作站分站一览表

序号	分站名称
1	北京智拓视界科技有限责任公司
序号	分站名称
2	北京星河动力装备科技有限公司
3	北京凌空天行科技有限责任公司
4	赛诺威盛科技（北京）股份有限公司
5	北京擎科生物科技有限公司
6	微岩医学科技（北京）有限公司
7	北京科途医学科技有限公司
8	国典（北京）医药科技有限公司
9	博尔诚（北京）科技有限公司
10	北京赛赋医药研究院有限公司
11	北京呈诺医学科技有限公司
12	北京亦庄国际人才发展集团有限公司

（梅晓丹）

劳动力职业技能提升行动专项资金审核

年内，社会事业局完成劳动力职业技能提升行动专项资金审核拨付合计4565.09万元，涉及培训人数36199人。其中，拨付岗位适应性培训补贴49.2万元，涉及培训人数984人；一次性培训补贴1923.8万元，涉及培训人数19238人；企业新型学徒培训22.8万元，涉及在培学徒56人；以工代训补贴347.09万元，涉及培训人数3615人；以训兴业补贴2222.20万元，涉及培训人数12306人。

（梅晓丹）

劳动力就业补贴

年内，社会事业局审核完成44家企业招用征地拆迁农村劳动力岗位补贴资金544.35万元，惠及1153人次，实际拨付201.95万元，惠及486人次；落实8个镇、48辆劳动力就业班车补贴资金841.20万元；落实劳务派遣单位招用大兴区劳动力补贴资金407.69万元，惠及5家单位13989人次。

（梅晓丹）

社会保险和医疗保障

概况

2021年，经开区承接亦庄新城“225平方公里”的社保、医保经办和管理服务，实施社保、人事、医保、财务业务档案智能系统管理。经开区有参保单位4.2万家、参保人员72万人；全年精准核定社保、医保基金收支，规模达216亿元；管理区内定点医药机构15家，其中定点医疗机构8

家、定点零售药店 7 家，均实现医保电子凭证“脱卡结算”和跨省异地就医实时结算；人事档案委托存档单位 2529 家，单位和个人委托存档近 3 万份，管理集体户口 2348 人；为在经开区工作参保的 2138 名外籍人员开展多层次医疗保障服务，实现外籍人员服务 100% 全覆盖。调整职工养老保险待遇 17810 人，人均调增 209.59 元 / 月；全年核准退休职工待遇 1497 人，人均养老金 5230.10 元；工伤认定 856 件，完成建筑业工伤保险参保 52 项、新开工项目参保 64 项，参保率均为 100%；受理劳动能力鉴定申请 576 人，开展日常鉴定和专场鉴定 45 场、上门鉴定 2 场。

2021 年经开区社会保险基金收支情况一览表

险种	基金收入（万元）	同比增幅（%）	基金支出（万元）	同比增幅（%）	结余金额（万元）	同比增幅（%）
养老保险	1152198.72	115.32	89080.50	24.38	1063118.22	129.37
失业保险	46266.30	166.44	26236.53	−16.33	20029.77	−243.15
工伤保险	23341.21	173.81	7925.64	57.55	15415.57	341.19
生育保险 医疗保险	615343.62	45.81	197887.57	26.64	417456.05	55.94
合计	1837149.85	86.89	321130.24	21.31	1516019.61	109.73

（李家妍　陈学海　许大川）

定点医疗机构“一刻钟”就医服务圈形成

1 月，北京陆道培医院成为 2021 年北京首批新增基本医疗保险协议管理定点医疗机构之一。至此，经开区定点医疗机构形成以 2 家三级甲等公立医院为顶层、5 家专科定点医院为枢纽、3 家社区卫生服务站为基底的定点医疗资源服务圈。其中，除 2 家三级甲等公立医院外，8 家定点医疗机构系经开区医保部门管理，区内所有定点医疗机构均无须选择医保定点，患者可直接看病、享受医保结算。

（王勇）

社会保险案件受理模式创新

1 月起，社会保险保障中心创新工作理念，探索新形势下的工作方式，将律师服务引入社保经办，让律师走进窗口“坐诊”，全年为参保人员提供法律咨询服务、为参保企业和职工提供专业且权威的法律服务近 500（家）人次，处理社会保险疑难案件涉及向法院提起强制执行的案件 20 余件，出具法律意见函 40 余份。“‘技术专业’与‘行业专业’有效结合，创新社会保险案件受理模式”案例被评为 2021 年度中国社保之最优秀案例和 2021 年北京市政务服务十佳案例，作为社保经办管理服务地方创新报告中最具突破力的社保公共服务新模式在全国推广。

（李琳）

定点医疗机构异地就医实时结算

3 月 25 日，北京陆道培医院在社会保险保障中心的指导下完成系统验收，成为经开区首家实现异地就医门（急）诊实时结算的定点医疗机构。参保人在办理跨省异地就医门诊直接结算备案并审核通过后，可前往已开通跨省异地就医直接结算功能的医保定点医院就医，可凭医保电子凭证或持实体卡直接结算医疗费用，无须再回参保地手工报销。截至 2021 年年底，经开区所有定点医疗机构均实现异地就医实时结算，企业参保人跨省异地就医备案 2.1 万人，服务异地就医 1.1 万人次，涉及医疗费用超过 1.3 亿元。

（王勇）

社会事业局服务 e 站信创园站挂牌

5 月 21 日，社会事业局首个园区类服务站点社会事业局服务 e 站信创园站在国家信息技术应用创新产业园挂牌。该站点办公面积为 15 平方米，设置养老保险、工伤劳鉴、人才就业 3 个服务窗口，可实现企业线上业务随时办、线下业务就近办，满足辖区企业、群众“就近办”“多点半”需求，就近为企业办理招聘需求登记、职业能力提升补贴资金申领、企业年金备案、补缴养老保险等业务。截至 2021 年年底，接待现场和电话咨询 2318 件次，受理 988 件，其中工伤劳鉴咨询 305 件次，受理业务 171 件；退休预审咨询 917 件，受理业务 240 件；人才就业工作咨询 1096 件，受理 577 件。

（陈学海）

退休人员养老金调整

年内，经开区完成退休人员养老金正常调整工作。调整职工养老保险 17810 人，人均增加 209.59 元 / 月；全年核准退休职工待遇 1497 人，人均养老金 5230.10 元。

（陈学海）

“局处长走流程”活动

5—10 月，社会保险保障中心开展“局处长走流程”活动。中心领导干部以企业、群众视角体验不见面服务事项网上受理、综合窗口服务、企业存档落户、退休人员延期备案等业务办理流程，旨在梳理已有流程，着重查找经办服务的难点、堵点，以“走”促“优”，让办事人员节省时间，打通优化营商环境“最后一公里”。全年共开展“局处长走流程”活动 6 次。

（李家妍）

劳动能力鉴定受理申请 576 人

年内，社会事业局受理劳动能力鉴定申请 576 人，其中工伤鉴定申请 552 人、因病鉴定申请 24 人。开展日常鉴定和专场鉴定 45 场、上门鉴定 2 场。工伤鉴定中 1~4 级 2 人、5~6 级 4 人、7~10 级 445 人，职业病 1 人，护理依赖 2 人，致残率为 84.1%。因病鉴定申请 24 人，均完全丧失劳动能力。按劳动能力鉴定类型划分为工伤评残 536 人、配置辅助器具确认 5 人、延长停工留薪期确认 11 人。因病鉴定指导性指标执行情况为指导性指标人数 50 人，已鉴定 24 人、指标结余 26 人。

（许大川）

医疗保障标准化服务体系建设

10 月，社会保险保障中心落实北京市贯彻执行国家医疗保障信息业务编码标准工作。“贯标”工作历时近 2 个月，社会保险保障中心完成数千万条国家医保业务编码标准的逐一比对，旨在推动医保业务编码全国互认、信息互联互通、数据共建共享，提升医疗保险“跨省通办”政务服务能力。截至 2021 年年底，经开区所有定点医药机构均启用新的统一医保业务编码进行结算。

（王勇）

社保记录线下查询首次实现全市通办

10 月，社会保险保障中心升级社会保

险权益记录查询服务，全面拓展查询打印渠道，社保记录线下查询打印首次实现跨区通查和银行网点查询打印。

（李琳）

工伤认定受理申请856件

年内，社会事业局受理工伤认定申请856件，包括个人申请工伤认定28件。全年前台接待咨询量为3878人次，接待电话咨询量为4024人次。经开区已完成建筑业工伤保险参保52项、新开工项目参保64项，参保率均为100%；因工伤认定引发的行政复议1件，行政诉讼3件，全部胜诉。新增工伤康复2人。

（许大川）

医保电子凭证“脱卡结算”

年内，经开区所有定点医疗机构均实现医保电子凭证“脱卡结算”。医保电子凭证是一种电子介质，通过手机客户端展示二维码，可用于挂号、就诊、结算，一人一码、安全便捷、全国通用。激活电子凭证的参保人员在区内医保定点医院就诊购药时，打开手机出示电子凭证就可实时报销，无须再携带实体卡。截至2021年年底，累计1.5万人次使用医保电子凭证在经开区就医。经开区参保人医保电子凭证激活率、就医使用率均在全市排名第一。

（王勇）

定点医药机构管理

年内，社会保险保障中心完成对辖区15家定点医药机构的协议续签及诚信积分考核，并对辖区内定点医药机构进行医保基金监管。除仁和药房第三十五分店因无法继续承担基本医疗保险服务申请终止协议外，其他8家定点医疗机构和6家定点零售药店均完成协议续签。

（王勇）

公益教育老年大学新增3门课程

年内，公益教育老年大学新增中医保健、诗词楹联、《古文观止》选读精讲3门课程，与原有课程共同组成传统文化课程矩阵；在初级班基础上为部分课程增设高级班以满足不同学员学习需求；采取线下授课和线上直播相结合的教学方式，部分线上课程同步录像，制作成视频，便于学员反复学习。全年共开设18门课，共计432课时；大学录取学员1688人，比2020年增加1.5倍；累计服务老年学员2万余人次，满足区内老年人老有所学、老有所乐的精神需求。

（陈欣茹）

上海沙龙亦城家园中心打造第三空间

年内，社会保险保障中心借助上海沙龙亦城家园中心服务平台打造第三空间（创新社区、商业、公共服务融合服务模式），涉及党建引领类、文体艺术类、科技服务类、康养类、分享类五大主题，包括咖啡品享、花艺教学、中华优秀非遗技艺体验京绣技法、金石篆刻、风筝手作等场地活动服务。全年举办线上、线下公益教育活动千余场，服务群众4万人次。

（陈欣茹）

部门联动推出便企便民新举措

年内，社会保险保障中心联合税务局、行政审批局共同推行企业服务新举措，为新开办企业提供开办、参保及纳税的一站式告知服务；在企业开办大礼包中增加参保、缴费须知，方便企业第一时间了解社保参保及纳税的相关政策及办事流程；帮助新开立企业及时办理参保手续，按时缴纳社保费用；将医保报销服务“套餐包”前置至区内各政务服务大厅、社会保险保障专厅、亦企服务港、各定点医院及合作银行，方便居民、职工提前了解医疗费用报销事宜。

（李琳　王勇）

经办服务提质增效

年内，社会保险保障中心业务经办累计减免材料 271 项、优化办事环节 163 个，130 项业务中的 110 项实现网上办理；实施社会保险、医疗保险全险种一门办理、分区受理和综窗服务，为企业群众减少业务办理时间近 50%；累计为企业群众 2 万余人次提供超过 500 小时的“不打烊”经办延时服务；将社保语音智能客服及人工咨询服务相结合，实现社保政策及事项办理“有问必答”“有求必应”；为区内企业上市、融资、评奖、人才落户、子女上学、疫苗接种以及协助外省核查社保相关信息累计 35.65 万条，服务 18.73 万人次；党史学习教育与为群众办实事、解难题相结合，对区内企业群众需求及时响应、快速落实 528 件，提升群众的获得感、幸福感、安全感。

（李琳　王勇）

北京市惠民惠企政策落实

年内，社会保险保障中心落实北京市降低企业社会保险缴费比例、延长疫情期间的失业补助金领取时间、加大企业失业保险费返还力度等举措，帮助企业解决实际困难。1—12 月，北京市城镇职工基本医疗保险单位缴费比例由 10.8% 降至 9.8%；5—12 月，失业保险单位缴费比例由 0.8% 调整为 0.5%，对区内不裁员、少裁员的用人单位给予 2020 年度失业保险费返还；延长失业补助金受理期限，符合条件的失业人员可按月领取最长 6 个月的失业补助金；各项社保政策打好减负“组合拳”，全年发放惠企惠民资金 40.12 亿元。

（李琳）

社区治理

概况

2021 年，经开区以增强群众获得感为宗旨，以加强社区建设为抓手，严格落实工作职责，推进民政各项工作有序开展。建成 1 个社区协商议事厅和 5 个楼门院治理示范点，提升经开区基层议事协商及群众自治能力；开展第三届“社区邻里节”活动、2020 年度和谐社区建设考评工作。完善“一刻钟便民服务圈”公共服务和配套设施，丰富“亦城家园中心”服务业态。做好行业管理，加强养老机构的统筹协调和管理指导。推进“60 平方公里”边界测绘工作，为经开区承权工作提供重要参考依据。做好民生兜底赋权承接工作。

（李下蹊）

和谐社区评选

年初，社会事业局完成 2020 年度和谐社区建设考评工作，将荣华街道金地格林小镇、天华园二里、卡尔百丽和博兴街道赢海庄园、中芯花园和亦城茗苑 6 个社区评为经开区 2020 年度优秀社区，并形成《北京经济技术开发区 2020 年度和谐社区建设考评工作报告》。

（李下蹊）

规范社区养老服务管理

3月，社会事业局完成亦城茗苑、卡尔百丽、天华园二里和天华园一里4个社区养老服务驿站责任片区划分工作，服务小区11个，完成122个基本养老服务对象的认领，建立驿站服务基本养老服务清单、准基本养老服务清单和市场服务清单3个清单，规范驿站管理服务。支持驿站开展特色为老服务，组织2630人次参加京剧和合唱等特色课程、2177人次参加健康理疗、658人次参加便民理发修脚等。

（李下蹊）

“60平方公里”边界测绘

4月1日，社会事业局在市民政局指导下，牵头组建由经开区、大兴区、通州区16个成员单位组成的工作专班，启动“60平方公里”边界测绘工作。工作专班委托北京市测绘设计研究院，比照行政区划勘界标准开展测绘，通过查找历史资料、实地走界，历时半年，经过多次调整和修正，初步形成测绘示意图。

（李下蹊）

养老服务部门联席会议制度建立

8月25日，社会事业局牵头建立由经发局、科技创新局、社会保险保障中心等14个部门和单位组成的养老服务部门联席会议制度，加强协调力度，完善经开区养老服务体系，合力推动养老服务发展的年度重点工作，从区级层面加强对养老工作的统筹协调。

（李下蹊）

第三届“社区邻里节”

10月16—24日，经开区举办第三届“社区邻里节”。活动以“同心向党，和睦邻里；喜迎冬奥，和谐社区”为主题，通过线上、线下相结合的方式，在荣华街道、博兴街道辖区内17个社区、4个楼宇党建工作站、永康公寓社区服务站连续开展46场活动，内容涉及跳蚤市场、健步行、垃圾分类、手绘节、乒乓球联赛以及特色民俗体验等。

（李下蹊）

“十四五”社会治理和民政事业规划印发

12月24日，经开区管委会印发《北京经济技术开发区“十四五”时期社会治理和民政事业规划》（京技管［2021］178号）。规划包括发展现状、总体要求、主要任务、重点工程、保障措施5个部分，梳理“十三五”时期经开区社会治理和民政事业现状，明确“十四五”时期社会治理和民政事业发展的方向和任务，坚持以人民为中心的发展理念，体现经开区科技发展特色，构建共建共治共享的社会治理共同体，全面推进经开区民政事业高质量发展。

（李下蹊）

城乡社区治理先进推选表彰

年内，社会事业局组织开展经开区“北京市城乡社区治理先进集体和先进个人”推评工作。其中，荣华街道林肯公园社区居民委员会被评为北京市先进居委会，行政审批局被评为北京市城乡社区共建先进集体，荣华街道天华园三里社区刘春艳、博兴街道亦城茗苑社区贾红霞被评为北京市优秀城乡社区工作者，荣华街道朱丽华、博兴街道高晨被评为北京市城乡社区共建先进个人。

（李下蹊）

亦城家园中心业态优化

年内，社会事业局开展亦城家园中心业态优化工作。亦城茗苑站点新增社区食堂、老年食堂业态，养老、惠民服务体系不断完善；国融国际站点增设火车票销售点，是经开区内唯一的火车票线下销售点。截至2021年年底，经开区有亦城茗苑、上海沙龙、国融国际3个亦城家园中心站点。

（李下蹊）

社区协商议事厅和楼门院治理示范点建设

年内，社会事业局依照市区两级基层议事协商工作安排，在荣华街道大雄郁金香舍社区建成市级协商议事厅1个；在荣华街道金地格林小镇和林肯公园社区，博兴街道亦城茗苑、瀛海庄园和亦城景园社区共建成5个楼门院治理示范点。

（李下蹊）

垃圾分类工作

年内，社会事业局针对垃圾分类开展社区多轮入户回访工作。发动工作人员1978人，入户回访21177户，共计入户42560户次，针对不主动分类重点户走访582户次，入户回访率达100%；全面动员社区工作者、党员、网格员、街巷长、楼门长、居民志愿者等累计8010人次参与桶前值守，为文明劝导和日常巡视提供力量。

（李下蹊）

民生兜底赋权承接

年内，社会事业局推进民生兜底赋权承接工作。自主出资推进民政系统改造与数据切割工作，实现社会救助资金、老年人三项补贴（老年护理津贴、失业老人护理补贴和老年人服务补贴）资金、残疾人两项补贴（困难残疾人生活补贴和重度残疾人护理补贴）资金等兜底保障性资金2022年起自行发放；经过多次与市民政局和各区单位沟通协调，解决经开区范围内流浪乞讨人员的收治和救助工作；在清明节等关键时间节点做好殡葬宣传和服务保障工作，根据北京市统一部署，联合相关部门做好殡葬专项整治工作。

（李下蹊）

社区建设

年内，荣华街道办事处为林肯公园、永康公寓社区服务站租赁办公及服务用房，加强服务保障；建立社区议事协商制度，召开10次社区治理议事协商会，联合各级各部门共同解决社区治理中的重大问题；在北京市率先试行物业服务考核，落实新物业管理条例，实施《完善小区物业管理服务考核办法》，提升物业服务水平；为各社区及党建工作站开通经开区政务专网，在天华园三里、大雄郁金香舍、卡尔百丽社区增配政务服务便民自助终端，实现居民社保、公积金等高频事项“自助办”“就近办”；依托城市管理综合性信息服务平台，升级拓展91台人脸识别门禁系统，实现设备信息对接市公安系统及健康宝系统；辖区累计5.6万人注册使用“荣华通”App，在App中开通“快递小哥入口”专项模块，鼓励从业人员参与辖区网格治理。位于经开区大雄郁金香舍社区北广场的荣华街道24小时城市书房投入运营，建筑面积为120平方米，藏书7400册；发挥街道社会组织基地作用，立足居民需求，扶持7

家社区社会组织，协助其开展各类活动约48场。

（孙浩）

群众团体

概况

2021年，经开区切实发挥群团组织广泛联系群众的桥梁和纽带作用，以劳模精神、劳动精神、工匠精神激励职工，以新发展理念引导职工，精准帮扶困难职工，丰富职工文化生活。经开区成立妇女工作委员会和文学艺术界联合会，填补区域职权管理的空白；团工委职能由工委组织人事部划转至总工会。评选爱职工的好经理67人、爱企业的好职工728人，创建北京市模范职工之家2个、模范职工小家3个，北京市示范职工之家6个，市级公共区域职工之家3个；职工暖心驿站217个，户外劳动者暖心驿站6个。截至2021年年底，经开区累计建有隶属单独工会组织1313个，覆盖职工25.72万人；管理各类团组织250个，有团员5560人；管理志愿服务团体78个，累计开展志愿服务项目125个，有在册志愿者1569人。

（潘晓强　高宁）

总工会第三届委员会第十八次全体会议

1月8日，总工会第三届委员会第十八次全体会议召开。大会宣读《关于提名安春玲同志为北京经济技术开发区总工会主席人选的决定》；审议通过《关于安春玲同志增补为北京经济技术开发区总工会第三届委员会委员和张凤民同志不再担任北京经济技术开发区总工会第三届委员会委员、主席职务的决定》。会议经无记名投票选举安春玲为总工会第三届委员会主席，潘晓强、田培利、徐娜3人为副主席。会议听取北京经济技术开发区第四次代表大会筹备工作方案并审议通过关于召开总工会第四次代表大会的决议。

（潘晓强　高宁）

新春慰问活动

1月21日，总工会组织开展系列新春慰问活动。经开区工委、管委会领导分别带队，走访慰问区内143名困难职工，发放慰问金、救助金和物资；走访北京奔驰汽车有限公司、北京神州细胞生物技术集团股份公司、首都医科大学附属北京同仁医院经济技术开发区院区等22家企业和医院，慰问一线职工和抗疫医护工作者，发放慰问物资2500套。

（潘晓强　高宁）

3支青年突击队获市青年突击队称号

1月，北京团市委公布《关于认定在新型冠状病毒肺炎疫情防控和复工复产工作中“北京市青年突击队”的决定》，共有166支青年突击队获北京市青年突击队称号。其中，经开区北汽延锋海纳川瀛海工厂防疫保供青年突击队、北京京东世纪贸易有限公司亦庄智配中心青年突击队及擎科生物青年突击队3支青年突击队获该称号。

（田培利　徐宁）

女企业家俱乐部成立

3月10日，由总工会、企业协会共同组织的经开区女企业家俱乐部揭牌成立。

俱乐部作为女企业家之家，将坚持党的领导，服务经开区经济社会改革发展大局；发挥女企业家特色和优势，在加强政府与企业联系上下功夫，在建言献策上求实效，围绕经开区高质量发展凝心聚力；突出自身特色，将俱乐部作为政府落实联系企业的载体，也作为总工会和企业协会联系企业女职工的枢纽，在服务好亦庄新城建设上发挥应有的作用。俱乐部将按照“不建机构建机制”的原则，依托总工会、企业协会搭建活动平台，每季度至少举办一次主题活动。

（潘晓强　高宁）

新青年学堂开讲

3月26日，青年联合会与团工委联合举办“青春向党　奋斗强国”新青年榜样宣讲暨新青年学堂活动。截至6月，新青年学堂围绕四大主导产业，邀请相关领域专家和青年联合会委员，分别以“从沙子到芯片的奇妙之旅”“风口上的新能源汽车”“不忘初心跟党走，阔步迈进国产显示芯片新时代”“生命的密码”为题，开展5场不同主题的高水平课程。

（田培利　徐宁）

区情区史公益讲解志愿服务队成立

3月31日，经开区青少年区情区史志愿讲解服务项目在区史馆启动，成立第一支专业志愿服务队。该服务队由区内青少年组成，开展宣传展示国家级经济技术开发区和经开区的发展历程、阶段特点、重要事件、发展范式与经验路径，讲好北京亦庄故事，传递“红楼精神”。截至2021年年底，共有84名志愿者参与活动，开展志愿服务624小时，为125人提供服务。

（田培利　徐宁）

学雷锋志愿服务月活动

团工委、青年联合会为患病青少年群体捐赠图书和玩具　单位提供

3月，团工委组织开展“爱满亦城”学雷锋志愿服务月主题系列活动，包括“爱满亦城·青爱童行公益活动”“爱满亦城·公益区情区史讲解”“爱满亦城·青力助农志愿服务行动”“爱满亦城·青年志愿者绿色行动”等。

（田培利　徐宁）

区级新时代文明实践志愿服务清单发布

3月，经开区发布区级新时代文明实践志愿服务清单。该清单包括宣讲类、经验交流类、文体活动类、教育科普类及生活服务类五大类40个服务项目，除了义诊、心理咨询、物资捐赠等常见服务项目外，还有新城规划、科技创新政策宣讲、“金点子”项目管理以及文艺节目进园区、进企业等特色服务项目。

（田培利　徐宁）

中华全国总工会副主席调研工会工作

4月12日，中华全国总工会副主席蔡振华一行到京东物流B2B仓储运营中心车间调研职工工作、学习和生活情况，并为企业送去20万元慰问金。蔡振华要求工会组织必须肩负起引导职工群众坚定不移听党话、矢志不渝跟党走的政治责任，树立群众利益无小事理念，完善职工权益保障机制，解决好广大职工群众最直接最关心的问题，当好职工群众信赖的娘家人、贴心人。市总工会领导和经开区有关领导参加调研。

（潘晓强　高宁）

共青团尚亦城集团第一次团员大会

4月17日，共青团尚亦城（北京）科技文化集团有限公司第一次团员大会在融媒体中心召开。大会先后审议通过团员大会筹备工作报告、选举办法等，并以无记名投票、差额选举的方式，选出共青团尚亦城集团第一届团总支委员5人。

（周末）

职工主题阅读活动

4月23日，总工会启动2021年职工主题阅读活动。该活动以“阅读经典好书　争当时代工匠”为主题，重点开展党史主题阅读、职工“云诵读”、党史知识竞赛、“最美书评”等活动，通过学党史、悟思想，为推动经开区高质量发展凝聚智慧和力量。

（潘晓强　高宁）

首届京津冀开发区“联盟杯”乒乓球赛

4月24日，经开区总工会、京津冀开发区创新发展联盟、经开区企业协会共同组织的首届京津冀开发区创新发展联盟“联盟杯”乒乓球邀请赛在经开区中航技北京工业园开赛。大赛历时2天，设置男子团体、女子团体、男子单打、女子单打4个项目，来自京津冀三地的27支队伍近200名选手参赛，最终经开区代表队获男子团体和女子团体总冠军。

（潘晓强　高宁）

模范先进人物荣誉盛典

经开区模范先进人物荣誉盛典举行　　吴江 摄

4月28日，经开区模范先进人物荣誉盛典在亦城财富中心举行。盛典由总工会主办，以“最美　亦度”为主题，表彰2020年度、2021年度先进劳动者和单位，其中2020年度全国劳动模范3人、北京市劳动模范35人、北京市先进工作者5人、北京市模范集体6个，2021年度全国五一劳动奖章获得者3人、全国工人先锋号集体1个、首都劳动奖章获得者5人、首都劳动奖状单位1个、北京市工人先锋号集体2个。盛典以“劳动是美丽的”为核心理念，分最美·速度、最美·高度、最美·深度、最美·厚度4个章节，通过讲述、朗诵、短视频等形式，从无私的奉献、执着的热爱、非凡的成就等多个方面展现先进劳动者们的风采。经开区工委、管委会相关领导和企业职工300余人参加盛典。

（潘晓强　高宁）

“为你歌唱”每周一歌活动

5月6日，总工会、工委宣传文化部联合市文联、北京音乐家协会在“亦庄e友”微信公众号推出《新时代组歌》大型声乐套曲“为你歌唱”每周一歌活动，全面反映党的十九大以来具有新时代特征的重大历史事件和鲜明现实题材的原创歌曲。全年推出原创歌曲20首。

（潘晓强　高宁）

岗位技能竞赛

职工参加岗位技能竞赛　单位提供

5月25日，总工会开展“建功‘十四五’奋进新征程”系列岗位技能竞赛首场叉车技能比赛，30名选手按照规定时间，展示插、提、倒、落货叉联合协调作业技艺。全年举办岗位技能竞赛活动100场，参与职工1.25万余人。

（潘晓强　高宁）

经开区企业协会换届

5月28日，经开区企业协会召开第六届会员代表大会。会议听取第五届理事会工作报告，审议通过《北京经济技术开发区企业协会章程（草案）》《北京经济技术开发区企业协会换届选举办法》，选举产生以武钢为会长的第六届领导班子。作为与行政机关脱钩后的新一届企业协会，以“为企业服务、为企业家服务、为高精尖产业发展服务、为亦庄新城建设服务”为核心宗旨，按照“党建引领、需求导向、市场运作、各方支持、树立标杆”的功能定位，建设成为企业与政府、企业与企业、企业与市场之间的沟通交流平台，为亦庄新城经济社会高质量发展贡献力量。

（田超）

工会主席接待日

6月5日，总工会在锋创科技园举办首场工会主席接待日活动。总工会主席在园区餐厅了解职工诉求、介绍工会服务项目、为员工答疑解惑；北京银行工作人员现场为新入会职工办理工会会员·互助服务卡开卡业务。总工会通过主席接待日、职工沟通会等活动，为职工办实事、解难事，推动中小企业建立健全工会组织。截至2021年年底，共举办工会主席接待日活动7场。

（潘晓强　高宁）

职工摄影比赛

6月21日，经开区园区及楼宇工会联合会庆祝建党100周年职工摄影比赛举办。比赛由总工会主办，亦城科技中心工会联合会和中航国际北京工业园工会联合会联合承办，最终通过线上投票方式，评选出最佳人气作品3幅；同时专家评审组评选出不忘初心组优秀作品10幅、经开区发展变化组优秀作品20幅。比赛吸引300余名职工报名参赛，浏览量超过5万人次。

（潘晓强　高宁）

职工夜校开课

6 月 23 日，总工会 2021 年度职工夜校开课，首次同区内职业院校合作推出职业技能提升培训，并开通网上预报名工作。职业技能提升培训为保证培训效果并综合报名情况计划开设 2 门课程，共有 66 人参加培训。预报名科目包括经济师（初、中级）、金融理财师和商务英语等 12 个职业技能培训科目，报名人数达 465 人。

（潘晓强 高宁）

劳模工匠宣讲活动

6 月 24 日，总工会“永远跟党走，亦城铸匠心”劳模工匠宣讲活动启动。SMC 投资管理有限公司、中冶赛迪电气技术有限公司、北京京仪自动化装备技术股份有限公司等企业的 6 名先进劳动者和 1 个劳模集体组成劳模工匠特色宣讲团，走进企业、工地，讲述自身为经济社会发展做贡献的事迹和品格，900 余名职工聆听宣讲。全年举办劳模工匠宣讲活动 5 场。

（潘晓强 高宁）

职工书画摄影展

6 月 29 日，总工会主办的“团结心向党 奋进新征程”“博大杯”2021 年北京经济技术开发区庆祝建党 100 周年职工书画摄影展在经开区朝林广场举办。摄影展围绕“谱新城、绘新城、颂新城”主题，展出作品 221 幅，从不同的侧面、不同角度集中展现企业、社区、社会发生的巨大变迁和取得的丰硕成果，其中书法作品 67 幅、绘画作品 68 幅、摄影作品 86 幅。

（潘晓强 高宁）

城市志愿服务

6 月，团工委、志愿服务联合会开展经开区建党 100 周年城市志愿服务。在博大公园城市志愿服务站、荣京东街城市志愿服务站、荣昌东街城市志愿服务站、同济南路城市志愿服务站 4 个重要点位和中芯花园城市志愿服务站、卡尔百丽城市志愿服务站 2 个重点社区开展志愿服务。经开区 635 名志愿者轮流走上服务岗位，参与宣传宣讲、城市运行、文明交通、共建平安等志愿服务。截至 7 月 5 日，志愿者开展志愿服务 1300 余小时，为 5000 余人提供服务。

（田培利 徐宁）

社区团组织换届完成

截至 7 月 6 日，经开区 17 个社区完成团组织换届工作，并将不规范建制彻底清零。本次集中换届后，新当选的团组织书记全部由两委委员担任，平均年龄为 31.7 岁，均为大专及以上学历。社区团组织班子整体呈现出“结构优、年轻化、学历高”的良好趋势。

（田培利 徐宁）

全国职工职业技能大赛北京选拔赛

7 月 21 日，第七届全国职工职业技能大赛北京选拔赛在经开区北京市自动化工程学校举行。比赛包括钳工、焊工、数控机床装调维修工、工业机器人操作调整工、网络与信息安全管理员、砌筑工 6 个赛项，来自首钢集团有限公司、中国航天科技集团有限公司等企业的 41 名选手代表北京市代表队参赛。最终 SMC（中国）有限公司职工张子康代表北京市代表队获工业机器人操作调整工工种总决赛第二名。

（潘晓强 高宁）

“两红两优”评选表彰

7 月，团工委开展 2020 年度“两红两优”评选表彰工作。经动员推荐、逐级遴选、征求意见、酝酿研究，评选出优秀共青团员50名、优秀共青团干部25名、五四红旗团（总）支部20个、五四红旗团委15个。

（田培利 徐宁）

工会组织建设

8月6日，总工会召开“部站合一”机构调整及人事安排会议，深化工会改革，创建新型工会服务体系，实施“部站合一”，撤销4个产业工作部，加强5个工会服务站力量。工会服务站以区块划分为基础，是总工会直接领导下的二级管理机构，逐步实现对“225平方公里”内的企业事业单位及职工的组织覆盖、工作覆盖、服务覆盖。调整后，总工会下设中航技工业园工会服务站、青年公寓工会服务站、永康公寓工会服务站、生物医药园工会服务站、汇龙森科技园工会服务站5个工会服务站。

经开区工会服务站一览表

名称	地址	服务范围
中航技工业园工会服务站	经开区宏达北路16号中航技工业园二号楼3层北侧	亦庄港10.2平方千米和旧宫港33.3平方千米区域
青年公寓工会服务站	经开区凉水河一街20号青年公寓院内	博兴港17.6平方千米、瀛海港18平方千米、凤河港14.1平方千米、迴城港30平方千米区域
永康公寓工会服务站	经开区康定街18号永康公寓院内	永康港5.8平方千米和马驹桥港40.6平方千米区域
生物医药园工会服务站	经开区科创六街88号生物医药园院内	经海港7.8平方千米和荣华港5.5平方千米区域
汇龙森科技园工会服务站	经开区科创十四街汇龙森三园2号楼（负一层）	通明湖港9.8平方千米和台湖港32.3平方千米区域

（潘晓强 高宁）

工业机器人集训基地落地

8月12日，总工会教育培训基地被选为第七届全国职工职业技能大赛工业机器人赛项北京赛区集训基地。集训场地分为实训室、理论培训室，传授机械识图、电气识图，以及ABB工业机器人、广数机器人搬运等专业知识和操作技能，为职业技能培训提供高新工艺设备、优秀师资人才、先进培训方式等资源。

（潘晓强 高宁）

新就业形态劳动者专项互助保险活动

8月15日，总工会开展八大群体新就业形态劳动者专项互助保险活动。活动重点给物流快递员、网约送餐员、家政服务员、商场信息员、护工护理员、房产中介员、货运驾驶员、保安员八大群体新就业形态劳动者，送上意外伤害、子女意外、重大疾病、因病身故、家财损失（水灾、水渍）5项保险。

（潘晓强 高宁）

远程教育开设

8月23日，总工会整合社会资源，引进南开大学、北京理工大学、中国石油大学等20余所高校，开设远程教育，为企业职工提供标准化在线网络大专、本科、研究生学历教育服务，所学专业有计算机应用技术、电子商务、物流管理、机械电子工程等。同时，总工会与合作高校分别为职工提供助学金，每人 2000 元，帮助职工降低学习成本。全年助推企业职工 451 人，其中专科 150 人、本科 221 人、研究生 80 人。该项目自 2014 年启动，截至 2021 年年底，累计助推职工 1528 人，其中专科 797 人、本科 651 人、研究生 80 人。

（潘晓强　高宁）

新业态群体园区沟通会

9 月 8 日，青年公寓工会服务站开展新业态群体园区沟通会，总工会主席现场解答职工各类咨询。活动发放宣传手册 100 余份，赠送“暖心包”40 余个，防护口罩、爱心手套、消毒酒精、保暖围巾等防疫和温暖礼包 60 余套，办理工会会员·互助服务卡 18 张，青年公寓工会服务站成为新业态群体提供劳动保障权益、法律咨询、政策解读、普惠服务等多项服务的“暖心之家”。全年总工会召开专项新业态群体沟通会 8 场，发展会员 6968 名，扩大新业态、新就业群体工会组织覆盖。

（潘晓强　高宁）

妇工委成立

9 月 17 日，北京经济技术开发区妇女工作委员会（简称妇工委）成立大会在工委党群服务中心举行。妇工委的成立填补区域妇女职权专门管理机构的空白，完善妇女工作体制机制，有效推进妇女工作开展和职权行使，设主任 1 名、专职副主任 1 名、兼职副主任 6 名、委员 7 名。

（潘晓强　高宁）

总工会获多项表彰

9 月，总工会在北京市第十三届职工文化艺术节庆祝中国共产党成立 100 周年主题征文比赛中获优秀组织奖。11 月 18 日，经开区总工会劳动争议调解委员会被市人力社保局、市总工会、北京企业联合会等单位评为第一批北京金牌劳动人事争议调解组织；总工会在 2020—2021 年度全国“安康杯”职工安全应急技能知识竞赛活动中被评为优秀组织单位。12 月，总工会在北京市第十三届职工文化艺术节首都职工摄影作品展活动中获优秀组织奖、在首届国家级新区经开区高新区职工通用数字技能培训大赛中获团体一等奖；青年公寓工会服务站和汇龙森科技园工会服务站被市总工会评为 2021 年全国最美工会户外劳动者服务站点。

（潘晓强　高宁）

安全生产知识竞赛

10 月 11 日，2021 年安全生产知识竞赛举办。活动由总工会、城市运行局、社会事业局共同开展，以线下比赛结合线上直播的方式进行，历时 2 个月，以《中华人民共和国安全生产法》《中华人民共和国工会法》《中华人民共和国职业病防治法》等法律法规设置知识竞赛题目，吸引经开区生产经营单位 3.80 万余名职工参与，最终北方导航控制技术股份有限公司获冠军。

（潘晓强　高宁　张润婕）

北京民营企业百强上榜企业座谈会

10 月 14 日，工委组织人事部召开经开区 2021 北京民营企业百强上榜企业座谈会。京东集团、和利时集团等 10 家企业介绍企业发展情况，研讨交流产业发展规划，对亦庄新城优化服务等方面提出意见建议。王少峰对入围 2021 北京民营企业百强 1+4 榜单的 23 家企业表示祝贺，鼓励企业发挥示范引领作用，落实纾困惠企政策，打造一流营商环境，坚定不移支持企业发展，激发市场主体活力。

（田超）

2个项目获首都志愿服务项目大赛奖项

10月20日，首都志愿服务项目大赛组委会发布2021年首都志愿服务项目大赛获奖项目公示，经开区2个项目获奖。其中，经开区志愿者协会的“迎接建党百年·传承红楼精神”公益讲解志愿服务项目获银奖，博大建设青年志愿服务队的关爱农民工职业健康志愿服务项目获铜奖。

（田培利 徐宁）

尚亦城集团工会第一届会员代表大会

11月22日，尚亦城（北京）科技文化集团有限公司工会第一届第一次会员代表大会在乡情书斋举行。大会差额选举产生尚亦城集团第一届工会委员会委员5人、等额选举产生经费审查委员会委员3人。第一届工会委员会第一次全体会议和第一届工会经费审查委员会第一次全体会议同日召开，选举工会主席、工会副主席、经审委员会主任各1人。

（周未）

京东建立集体协商机制

11月26日，京东集团首次召开集体协商会议，形成《京东集团集体合同（草案）》，并于2021年12月召开首次职工代表大会审议通过，标志着京东建立集体协商机制。配送快递员与公司签订集体合同。配送快递员作为新就业形态的典型群体，通过集体协商建立起权益保护的常态化机制，企业在劳动报酬、劳动安全、保险福利、技能培训、就业保障等方面给予承诺。

（潘晓强 高宁）

青少年迷你冬奥会绘画作品征集活动

11月29日，经开区“相约北京·我为冬奥加油”——2021青少年迷你冬奥会绘画作品征集活动在北京市第二中学经开区学校图书馆举行。活动由关工委主办，团工委、社会事业局承办，组织学生以绘画的形式描绘出心中的2022北京冬奥会，吸引6~18岁中小学生提交作品903幅，经过10名评委教师和负责人讨论、投票表决后，评选出包括优秀绘画奖、最佳创意奖在内的获奖作品200余幅。

（田培利 徐宁）

文联成立

文联第一次会员代表大会召开　　单位提供

12月4日，北京经济技术开发区文学艺术界联合会（简称文联）第一次会员代表大会在工委党群服务中心召开，标志着文联成立。大会听取《北京经开区文联第一次会员代表大会筹备情况工作报告》，审议通过《北京经开区文联章程（草案）》《北京经开区文联第一届理事会理事选举办法（草案）》，选举产生经开区文联第一届理事会。文联于2020年11月启动筹备，其间开展4次摸底梳理，成立作家、书法家、音乐家、文创家和美术家协会5个文艺家协会，吸收个人会员代表 254 人、团体会员 37 个。

（李英 张红 刘竞方）

十九届六中全会精神宣讲

12 月 8 日、12 月 10 日，总工会主席分别到北京海思特医学检验实验室有限公司、北京扶正肿瘤医院开展十九届六中全会精神宣讲。从“五个深刻认识”入手对党的十九届六中全会精神开展深入解析，并与企业代表面对面互动交流，增强职工对十九届六中全会精神的理解和认识，50 余名企业职工聆听宣讲。

（潘晓强 高宁）

2022 北京冬奥会和冬残奥会志愿服务

12 月 24 日，总工会召开经开区 2022 年北京冬奥会和冬残奥会城市志愿工作部署会，发布《北京经济技术开发区 2022 年冬奥会和冬残奥会城市志愿者工作方案》，在辖区内设立 5 个城市志愿服务站，计划 2022 年 1 月 8 日起，开展城市志愿服务，提供人员引导、信息咨询、语言、文明宣传、环境保障、助残养老、远程保障等服务。

（潘晓强 高宁）

团组织发展

截至 2021 年年底，经开区团工委管理各类团组织 250 个。其中，机关团组织 28 个、学校团组织 49 个、国有企业团组织 63 个、街道（社区）团组织 22 个、社会组织 1 个、非公企业 87 个。按建制分，有团委 33 个、团工委 2 个、团总支 21 个、团支部 194 个。现有团员 5560 人，团干部 406 个。

（潘晓强 高宁）

志愿服务团体发展

截至 2021 年年底，经开区志愿服务联合会管理志愿服务团体 78 个，在册志愿服务团体 78 个，累计开展志愿服务项目 125 个、小微志愿服务项目 47 个，累计参与各项志愿服务项目的志愿者 1.5 万人次，在册志愿者 1569 人。

（潘晓强 高宁）

法律维权服务

年内，总工会受理调解申请 339 人，挽回职工经济损失 341.11 万元；受理职工法律援助申请 201 人，挽回职工经济损失 283.46 万元。全年咨询 1860 人次，接待满意率为 100%。

（潘晓强 高宁）

职工创新工作室评选

年内，总工会根据《北京经济技术开发区职工创新工作室管理办法》，开展 2021 年创新工作室评选、2020 年创新工作室复审工作，完成 29 家工作室的评审工作及 10 家工作室的复审工作。全年评选出区级职工创新工作室 10 家。截至 2021 年年底，经开区累计创建区级职工创新工作室 90 家，为企业创造效益约 245 亿元。

（潘晓强 高宁）

88 家单位工会经费审计

年内，总工会召开三届二十一、二十二次经审会议，听取审议总工会 2020 年经费收支决算、2021 年经费收支预算及 2021 年度年预算调整情况报告。总工会经济审查委员会采用会计事务所远程网络化审计和实地审计相结合的方式，审查 73 家单独基层工会 2020 年度预算执行和财务收支情况，并按照市总工会经济审查委员会关于加强专项资金审计监督的要求，对非隶属工会、工会联合会等涉及上级工会拨付专项资金的15家工会开展专项审计。

（潘晓强 高宁）

职工素质教育

年内，总工会全方位实施职工教育培训。其中，开设心理关爱微课堂15期，累计培训职工近57000人次；工会干部线上课堂培训2723人次；学历助推招生816人，其中专科543人、本科202人、研究生71人；职业发展助推计划，13人取得职业技能证书；创新训练营活动举办2期，受惠职工60人。

（潘晓强 高宁）

职工普惠服务

年内，总工会采集会员实名制信息2000余人，办理工会会员·互助服务卡1142张；开展“在京过大年，一起向未来”职工专享活动，发放普惠物资10000份；组织“夏日清凉”活动，慰问企业50家，惠及职工11995人，发放清凉包等防暑降温物资2143份；为1500名新就业形态劳动者进行免费体检。

（潘晓强 高宁）

工会宣传工作

年内，总工会在新华社、《北京日报》、人民网、北京电视台等中央、市级15家媒体发布群团工作经验、先进人物等信息1601篇；在“学习强国”App、央视频等中央媒体刊发工会信息29篇，在市级媒体刊发信息609篇、区级媒体刊发信息281篇，在各类媒体发布专版36个；组织线上活动20场；在总工会网站、“亦庄e友”微信公众号发布工会资讯682条，浏览量累计38万人次，访问人数19万人次；推进“两端迭代”网站升级、公众号升级，扩大工会影响力。

（潘晓强 高宁）

工会组织发展

年内，总工会新增单独工会组织98家（百人以上16家、百人以下79家、联合工会3家），比2020年增长16.7%，覆盖职工47307人。截至2021年年底，经开区累计建立隶属单独工会组织1313个，覆盖职工257215人。

（潘晓强 高宁）

残疾人事业

概况

2021年，经开区重点抓好残疾人就业保障金审核工作，完成残疾人就业保障金审核和岗位补贴、社保补贴审批工作；统筹推进完成无障碍环境整治整改任务，完成全部元素销账工作；开展经开区全国助残日系列慰问活动；成立职工武术运动协会。

（李下蹊）

全国助残日系列慰问活动

5月，社会事业局组织开展经开区全国助残日残疾人慰问活动。其中，组织残疾人参观经开区高新龙头企业，让残疾人品味企业创新文化、体验未来科技；开展送健康讲座进企业、进社区活动；对荣华街道和博兴街道的126名户籍残疾人开展全面慰问，发放助残日慰问品。

（李下蹊）

无障碍环境建设

年内，社会事业局全面推进经开区无障碍环境建设，完成无障碍环境建设管理系统建账点位 1344 个，上账点位 620 个，已全部完成上账点位的评估验收和销账工作；完成精品示范街区、一刻钟便民服务圈、居住小区公共活动空间等重点项目整改工作。同时，开展无障碍推动日及宣传推广月活动，利用各类媒体普及宣传新颁布的《北京市无障碍建设条例》。

（李下蹊）

残疾人就业审核

年内，社会事业局完成残疾人就业保障金审核和岗位补贴、社保补贴审批工作。残疾人就业保障金审核服务范围面向亦庄新城“225 平方公里”，审核 1261 家企业 4126 名残疾人就业申请，比 2020 年增长 7.41%，预计将为企业发放岗位补贴、社保补贴 1529 万元，比 2020 年增长 4.26%。同时，社会事业局按照优化营商环境要求，优化办事流程、精简办事材料，发布网上申报简明教程；建立双岗复核、每日复盘、每周归档等制度，实现审核工作规范化、标准化办理。

（李下蹊）

宗教事务

概况

2021 年，经开区落实民族宗教职权清单工作职责，负责辖区内 61 项民族宗教政务服务事项管理工作。通过完善政务服务系统、业务办理进驻政务服务大厅等方式，夯实工作基础；完善民族宗教三级工作制度；针对宗教活动场所开展监督管理工作，确保场所安全规范、宗教活动正规有序。

（李下蹊）

宗教场所恢复开放检查评估

3 月 25 日，按照全市宗教活动场所有序恢复开放和解除“双暂停”工作部署，工委组织人事部、社会事业局牵头，联合综合执法局、荣华街道办事处组成评估小组，对位于景园北街的天主教北京教区亦庄弥撒点进行开放可行性评估。评估小组依照市宗教场所疫情防控指南，逐项对照开展检查，对预约登记制度、人员座位间隔、场所消毒、电气安全等重点环节进行检查。经评估，该宗教场所符合开放条件。

（焦晓云）

职权清单工作职责落实

年内，社会事业局对辖区内 61 项民族宗教政务服务事项开展管理工作。其中，完善政务服务系统，开通办理民族宗教领域相关事项；落实业务办理进驻政务服务大厅，完善各平台基础数据；完善区、街、社区民族宗教三级工作制度，落实属地管理责任。

（李下蹊）

宗教活动场所管理与服务

年内，社会事业局对区内 2 个固定宗教活动场所开展新冠肺炎疫情防控、消防安全、汛期安全和反恐防暴等监督检查工作，并为其解决实际困难；协助基督教聚会点在租房合同到期前找到新址，及时依法为其办理变更登记；通过协调物业单位和电力公司，协助天主教弥撒点商电改民电，降低日常运营成本；组织信教群众就近接种新冠疫苗等。

（李下蹊）

居民服务与管理

荣华街道

概况

2021 年 1 月 1 日起，北京市大兴区荣华街道办事处（简称荣华街道办事处）由经开区托管，下辖 8 个社区居委会、1 个社区服务站、4 个党建工作站（商务楼宇工作站）。辖区内总规划户数为 32446 户，常住人口约 7 万人（社区户数为 14914 户约 4 万人，商务楼宇户数为 17532 户约 3 万人）；共有 20 个住宅小区、13 处商务楼宇、9 所学校和幼儿园、5 家医院、20 个非生产研发型企业园区（属街道安全生产监管范围）。全年共处理“接诉即办”案件 3200 件，响应率为 100%、解决率为 93.3%、满意率为 94%，8 次进入市级月度考核前十名。

荣华街道办事处于 2014 年 11 月 15 日经市政府批准挂牌成立，位于经开区地盛北街 1 号，管辖面积约为 21 平方千米，东至京沪高速路，西至凉水河、西环路、天宝北街、科慧大道、北环西路、天华西路、文化园西路，北至五环路，南至凉水河。街道下辖小区天华园一里、天华园二里、天华园三里、金地格林小镇、卡尔百丽、上海沙龙、大雄郁金香舍、林肯公园 8 个社区居委会。

（孙浩）

机构改革

年内，荣华街道办事处完成机构改革任务，街道由原有的“四室三中心”（“四室”即综合办公室、党群工作办公室、平安建设城市管理办公室、社区建设民生保障办公室，“三中心”即市民活动中心、便民服务中心、市民诉求处置中心）改为“六办三中心”（“六办”即综合办公室、党群工作办公室、平安建设办公室、城市管理办公室、社区建设办公室、民生保障办公室，“三中心”即便民服务中心、市民诉求处置中心、市民活动中心），明确班子成员分工，按照人岗相适原则进行人员配置，完成职务任命、编制、人员备案等相关工作。

（孙浩）

环境建设

年内，荣华街道办事处加强河湖环境治理，组织“清河行动”“清四乱”等涉河环境整治工作，累计派出巡查员 3600 余人次；劝离垂钓人员、整治网鱼电鱼等违规行为、阻止抢栽抢种等各种不文明行为 600 余起；在“备案、建群、盯守”3 个方面精准发力违法建设高发小区，新增违法建设实现“零增长”；辖区生态环境治理取得成效，总悬浮颗粒物（TSP）、细颗粒物（$PM_{2.5}$）排名退出全市后 30 名；规范装修垃圾清运流程，新建大件建筑垃圾投放站 16 处；高标准推进垃圾分类示范创建，一品亦庄、林肯公园 c 区、大雄郁金香舍、上海沙龙、卡尔生活馆、新康家园 6 个小区被评为北京市生活垃圾分类示范小区；开展春雷行动，对辖区地铁站、两区交汇处、校园周边等重点部位开展综合整治，累计出动 350 车次 700 人次，驱离黑车、黑摩的、无照商贩 270 起，有效维护辖区环境秩序。

（孙浩）

平安建设

年内，荣华街道办事处严格落实定岗值守、路面巡查、24 小时重点管控等措施，完成“两会”、建党 100 周年、2021 世界机器人大会等重要会议、活动期间安保任务；持续做好医院、学校、地铁站周边秩序保障工作，维护社会面高度安全稳定；开展国家安全、禁毒、反诈骗等主题宣传活动 50 余场，化解处置群众信访件、矛盾纠纷 87 件次；完成 500 家小微场所安全生产标准化建设；督促完成辖区小区 402 部电梯加装电动自行车阻车器；继续落实消防年检制，完成 10 个住宅小区消防安全检测工作；完善 32 个微型消防站管理运营，开展应急救援处置 11 起，自行处置突发火情 4 起；实施一品亦庄小区消防设施维修改造，并通过消防部门复查合格，按时销账。

（孙浩）

民生建设

年内，荣华街道办事处结合新冠肺炎疫情态势，推进萌娃驿站、“一社一品”“社区清洁管家”“阳光心情”心理咨询等特色服务项目 27 个，开展线上、线下各类活动 655 场次，累计服务群众 1.2 万余人次；通过文化共建等渠道，架起企业服务桥梁，加大街企共建力度，促进企业员工融入社区生活；结合辖区 3 个养老驿站，引入第三方提供理发、日间照料、助餐等服务，惠及周围老年人 33220 人次；政务大厅购置自助终端设备，实现代办代查，方便老年人办理各项事务。

（孙浩）

基层党建

年内，荣华街道办事处将开展党史学习教育作为全年街道工作的重点，制订党史学习教育实施方案。全年深入开展理论中心组学习、专题研讨，班子成员在街道、包联社区讲专题党课，联系岗位深化党性教育；各基层党组织通过党建引领学、线上互动学等方式，开展党史学习教育系列宣教活动；设立街道、社区两级党史阅读角 15 个，在街道微信公众号上设置《流金岁月党史日课》党史学习教育专栏，发布信息 340 余条；组织开展“流动党校进社区”活动 7 场，受益党员 270 余人；举办党史学习教育知识竞赛、“永远跟党走”经典歌曲合唱竞演音乐会等主题活动，图文直播观看人数近 60 万人次。全年党史学习、“我为群众办实事”等工作被北京电视台、《北京日报》等市级媒体多次宣传报道；完成梅园水管更新、卡尔百丽社区养老驿站迁址升级等两批区、街两级“我为群众办实事”清单及重点民生项目 30 个；实施“红色记忆”等 26 个城乡基层党组织服务群众项目；优化居民满意度调查工作，拓宽发布渠道、实施动态管理、分类排名，提高为民服务工作精准性，助推“接诉即办”向“未诉先办”转变；做好新业态新群体服务保障，打造“暖心驿站”15 处，开展夏日送清凉、评选“最美快递员”等活动。

（孙浩）

北京市大兴区荣华街道办事处

工委书记　韩燕苹（8月任）

刘文虎（2020年11月免）

主任　路　畅（8月任）

韩燕苹（8月免）

博兴街道

概况

2021年，北京市大兴区博兴街道办事处（简称博兴街道办事处）新增管辖面积1平方千米，管辖范围东至经海路，西至经海四路，北至科创三街，南至科创四街；下辖13个党支部、8个居委会、9个社区服务站、3个党建工作站。辖区内有户籍人口4467人、常住人口2.48万人；共有13个住宅小区、3个商务楼宇、6所学校和幼儿园。全年未发生安全生产责任事故；“未诉先办”案件共处理百余件，“接诉即办”案件共处理1627件，响应率为100%、解决率为91%、满意率为87%，连续7个月全市排名第一。博兴街道办事处被评为第十五届北京市思想政治工作优秀单位。

博兴街道办事处于2014年11月15日经市政府批准挂牌成立，位于经开区博兴八路22号，管辖面积约为25平方千米，分为河西区和路东区2个片区，其中路东区为代管区域。河西区东、南至新凤河，西至三海子东路、凉水河一街、博兴十路、博兴八路，北至三海子东路；路东区东至经海九路、凉水河，南至凉水河，西至京津塘高速公路，北至科创四街、经海路、科创街、科创十街、经海七路、经海八路。街道下辖中芯花园、亦城茗苑、博客雅苑、赢海庄园、观海苑、科创家园、通泰文园、亦城景园、汀塘家园9个社区。

（刘心）

环境建设

年内，博兴街道办事处对消防救援支队北侧和亦城茗苑南侧空地抢栽抢种情况进行整治，清理面积为3000平方米。加强河湖环境治理，对辖区范围内新凤河、通惠排干渠河段巡查408次，其中登录“北京河长”App巡河228次，出动人员1887人，劝离各类不文明行为1300次，清理河道垃圾8次。严格辖区扬尘管控，巡查发现扬尘问题95处，向相关执法部门发送7张协查单；开展爱国卫生大扫除活动170次，参与人数3600人，清理垃圾40余吨；开展宣传动员、入户回访、周末守桶等活动，调整奖励措施，确保垃圾分类参与率、源头分类平均值、设施达标率稳定在高位，辖区内亦城景园、中芯花园、经开·壹中心、亦城茗苑、悦廷茗苑、亦城文园、观海苑7个小区获北京市生活垃圾分类示范小区称号。

（刘心）

平安建设

年内，博兴街道办事处开展群租房、隔断房清理整治工作，共清理群租房、隔断房4处，清理违规住人25人。解除社区矫正人员2人，村居律师为居民提供法律咨询756人次，参与调节纠纷25次，代写法律文书52份，培训调解人员80人次，为居民提供法律意见15条。接收信访件 30 余件，按期受理率、按期办结率均达 100%。开展餐饮企业油烟道、消防通道、电动自行车、危险化学品、特种作业、可燃物清理等专项检查 20 余次，出动检查人员 9134 人次，检查单位 4567 家次、楼宇 1532 栋次、地下空间 573 处次，发现并整改隐患 1510 项。

（刘心）

民生建设

年内，博兴街道办事处深化政府购买社会组织服务，实施服务项目 29 个，开展线上、线下活动 832 场，服务 44669 人次。建设文明实践站所，创新“3+1+N”（“3”即 3 个重要节日节点举办特色文化活动，“1”即年终举办一台高水平文艺汇演，“N”即全年贯穿多场系列文化活动）群众性文化活动内容，组建以居民为主体的群众身边文化队伍和志愿服务队伍 40 支，开展活动 80 场次，吸引居民 5000 余人次参与活动。开通政务专网，增配自助终端一体机，建立五级好差评联网评价体系，政务服务群众满意度达 100%。全年办理各类政务服务事项 870 件，受理周末预约 6 件，接待各项咨询电话 5053 人次。完成适龄儿童入学资料初审 800 余件，受理电话咨询及家长现场咨询 1000 余人次。为 80 岁以上老年人开展上门慰问、理发等服务 46 场，服务老年人 1410 人次；为 60 岁以上老年人开展老年餐桌、修脚、理发服务，服务老年人 181792 人次；启动亦城茗苑社区养老驿站服务项目建设，为辖区老年人提供助餐、健康讲座、慢病防治等服务活动 50 场。持续开展家长学校，完成线上直播课 16 场、服务 1847 人；组织动手实践课 24 场、服务 960 人；组织户外活动 2 场、服务 30 个家庭 60 人；开展德育讲堂 8 场、服务 482 人，服务满意度达 100%。

（刘心）

基层党建

年内，博兴街道办事处揭牌成立博兴街道党群服务中心，开展各类活动 247 场次，服务居民 4200 余人次。推动党史学习教育走深走实，开展理论学习中心组（扩大）学习 45 次、博兴讲堂 9 期、党史专题学习 27 次；举办党员培训班 3 期、各类党史学习主题活动 203 场、百姓宣讲活动 8 场；分 2 批办理“我为群众办实事”38 项；成立河西区和路东区 2 个党建工作站（联合）党支部，实现街道楼宇党史学习教育全覆盖。建立“暖心驿站”13 个，为就业群体做好服务保障。落实意识形态工作责任制，召开意识形态研讨会 4 次，修订《街道工委意识形态工作责任制实施细则》，全年辖区意识形态平稳可控。落实监督责任，开展各领域专项监督检查 503 次；开展廉政警示教育 9 次。

（刘心）

北京市大兴区博兴街道办事处

工委书记 吴伯军（1 月任）

孔祥森（1 月免）

法治

综述

2021 年，经开区以中国共产党成立 100 周年安保维稳工作为主线，以防范化解影响地区安全稳定的各类重大风险为着力点，围绕政治安全、经济安全、社会安全、公共安全工作任务，全力保障首都和经开区工作大局，维护地区安全稳定，增强辖区企业和群众安全感。

确保各项重大活动期间的安全稳定。经开区统筹推进“两会”、2021 世界机器人大会、2021 世界 5G 大会等安保维稳工作，启动经开区重大活动安保维稳工作机制。

确保经济安全有序。经开区将“服务经济发展、保障经济安全”作为一项重要任务来抓，重点关注涉众型金融犯罪、扰乱市场经营秩序、干扰企业正常经营等领域。同时，主动与区内重点企业对接，了解企业生产经营困难，及时解决企业“急难愁盼”的问题。

开展疫情常态化防控。经开区坚持“外防输入、内防反弹”工作要求，常态化开展社区企业防控、涉疫人员流调、涉疫案件打击、医疗场所秩序维护等工作，确保“零失误、零感染”。

确保公共与社会安全。经开区开展社会治安立体化防控，深化“天网”与“地网”相融合，整合交通、治安、武警等力量，紧盯侵财类案件、街头违法犯罪和主要秩序类问题，守住不发生重大安全责任事故的底线。

推进法治建设工作。经开区落实市级立法计划，配合市人大开展立项论证，推进《北京经济技术开发区条例》修订；承接司法行政职能。

提升信访事项办理效能。经开区以“我为群众办实事”活动为契机，结合“大督查大接访大调研”活动要求，提高信访事项的办理效能，重点加强对市场监管、环境保护、劳动保障、文教卫生等突出信访矛盾的转办。

创新“平安开发区”体制机制建设。经开区持续完善“平安开发区”体制机制建设，健全街道政法委员统筹协调工作机制，推动平安建设工作对接“吹哨报道”“接诉即办”机制与网格化服务管理体系有机融合。

（康蕊）

平安建设

概况

2021年，经开区以中国共产党成立100周年安保维稳工作为主线，以防范化解影响地区安全稳定的各类重大风险为着力点，围绕政治安全、经济安全、社会安全、公共安全工作任务，履行工作职责，全力保障首都和经开区工作大局，维护地区安全稳定，辖区企业和群众安全感再创历史新高。

（李婕）

“平安开发区”体制机制建设

年内，平安办持续完善“平安开发区”体制机制建设，健全街道政法委员统筹协调工作机制，推动平安建设工作对接“吹哨报道”“接诉即办”机制与网格化服务管理体系有机融合，不断改进优化完善“平安开发区”建设监督考核体系，科学制定具体计分办法。同时，加强“平安开发区”智能信息化建设，推进“雪亮工程”建设，新增视频监控设备1385个，推进经开区智慧平安小区建设，实现33个居民小区全覆盖的工作目标。

（李婕）

公共与社会安全保障

年内，平安办依托“平安开发区”建设工作机制，开展社会治安立体化防控，深化“天网”与“地网”相融合，整合交通、治安、武警等多种力量，紧盯侵财类案件、街头违法犯罪和主要秩序类问题，实现经海路、同济南路两个重点地区投诉量下降73%，刑事案件发案数、治安类警情分别下降48.2%和32.8%；在重点时段、重点部位部署巡警、特警、武警，持枪、携犬开展武装巡逻，仅用2小时分别破获抢劫强奸案件、街头恶性猥亵案件各1起，案件反应速度提升130%；强化“易制毒”“易制爆”领域的监管，重点加强对243家危险化学品企业及关键岗位人员的日常管理，提升“易制毒”化学品企业资质审批、办证等方面服务效能；强化对寄递物流、“低慢小”航空器的日常监管，在重点敏感时期落实“四停一封”“两个一律”“三个100%”措施，守住不发生重大安全责任事故的底线。

（李婕）

返京人员闭环转运

年内，平安办坚持“外防输入、内防反弹”工作要求，继续牵头社会稳定组工作，常态化开展社区企业防控、涉疫人员流调、涉疫案件打击、医疗场所秩序维护等工作。同时，按照首都严格进京联防联控机制办公室工作要求，启动经开区“原北京西站工作转运工作机制”，承担境外和国内中高风险地区返京人员闭环转运工作任务，主动与机场、火车站、进京公安检查站对接，共计接转境外第三地入境隔离满14天不满21天返京人员74人，流转满21天不满28天返京人员信息28条，排查上海浦东、广东东莞、安徽六安等中高风险地区返京人员18批，紧急转运隔离92人。

（李婕）

重大活动安全保障

年内，平安办统筹推进“两会”、2021世界机器人大会、2021世界5G大会等重大活动的安保维稳工作，启动经开区重大活动安保维稳工作机制，搭建“一办五组”安保组织架构和“一总一分”战时指挥体系，细化方案、预案 5 份，健全任务台账 3 项，提前开展矛盾纠纷排查与化解、重点地区整合整治、社会面治安防控等工作，实现建党 100 周年庆祝活动当天经开区治安、刑事类警情“零接报”的工作目标。

（李婕）

维护经济安全

年内，平安办将“服务经济发展、保障经济安全”作为重要任务，重点关注涉众型金融犯罪、扰乱市场经营秩序、干扰企业正常经营等领域。特别是对涉众型金融案件重拳出击、专案打击，对群众举报线索应受尽受，政法机关与金融机构、行业监管部门初步形成线索移送、案件会商、协同作战机制，全年受理经济安全案件 40 余起，立案 20 余起，刑拘 50 余人。此外，针对新型电信网络诈骗案件高发的情况，依托大兴区暨经济技术开发区金融风险和电信网络违法犯罪预防打击中心，建立打击研判、接警止付、预警劝阻、宣传整治 4 个专班，破获电信诈骗案件 50 余起，抓获犯罪嫌疑人 300 余人，劝阻 3 万余人次，为群众挽回经济损失 2.5 亿元，冻结止付资金 1.5 亿元。

（李婕）

协助企业解决难题

年内，平安办结合党史学习教育和“我为群众办实事”专项工作，主动与区内重点企业对接，了解企业生产经营困难，及时解决企业“急难愁盼”的问题，并根据企业诉求，协调最高人民法院、北京市人民检察院、北京市高级人民法院等单位，到京东集团、小米汽车有限公司、京东方科技集团股份有限公司等重点企业调研，提供专业化的法律服务；在建党 100 周年庆祝活动期间，及时协调市公安局解决康宁显示科技（中国）有限公司等 16 家重点企业停工停产问题，为企业挽回直接经济损失近 6 亿元；服务外籍高端人才，不断优化经开区外国人出入境服务厅办证流程，推广“外国通”App，全年办理外国人居留许可 200 余件、永久居留 30 余件，企业满意度和获得感提升。

（李婕）

综合执法

概况

2021 年，经开区贯彻落实“为民务实清廉”工作作风，以“打基础、树形象、争一流”为标准，带领全体干部职工，抢抓机遇，乘势而为，紧抓深化改革机遇优势，争做综合执法改革“先行官”，完成市区两级部署的各项任务目标，为经开区高质量发展做好执法保障。全年受理举报 4280 件，出动执法车辆 1.8 万余车次、执法人员 1.1 万余人次，检查各类单位 1.8 万余家次，立案 1627 起，罚没款 866.94 万元。

（曹莹）

交通执法服务窗口开展业务

1 月，综合执法局在政务服务中心设置的交通执法服务窗口开展业务。在交通停车处罚事项中，缩短处罚时限，由原来的“跑三次”缩减为“只跑一次”。8月，北京电视台《北京您早》节目对行政执法窗口的创新工作做法进行专题报道。

（霍红艳）

重大活动保障

6月，综合执法局为保障建党100周年庆祝活动平稳召开，全员停休轮值，落实到岗值守制度，确保遇到紧急情况能及时到现场进行处置，做好疫情防控、燃气安全检查和突发讨薪事件等主要工作。6月以来检查企业793家，督促整改问题77项。

（曹莹）

执法协同体系建立

年内，综合执法局以落实市委、市政府向街道下放职权为契机，坚持系统思维，一体谋划“60平方公里”范围街道赋权和“165平方公里”范围行权，一同考虑街道下沉人员和综合执法局自身机构人员调整，构建全新的区、街两级，三区协同的亦庄新城综合执法体系。8月，在“60平方公里”范围内，综合执法局向荣华街道、博兴街道、经海街道下放433项职权（以城管为主），每个街道下沉8名执法人员，各街道以自身名义开展执法工作，业务上受综合执法局指导，下沉人员由街道负责管理，于8月17日与博兴街道、荣华街道完成职权下沉交接工作。11月，在“165平方公里”范围内，按照《关于同意综合执法局调整职责和机构设置的批复》（京开组〔2021〕51号），将原荣华街道执法队、博兴街道执法队变更为综合执法六队、综合执法七队，充实人员力量，分别承担亦庄新城大兴、通州区域市场监管及其他赋权执法事项，业务上与大兴、通州区各镇建立执法协同机制，实行“条、块”联动，初步实现“225平方公里”范围综合执法的“全区域”覆盖。

（黄海）

法制建设

年内，综合执法局对标28个执法领域，6836项行政处罚和行政强制职权，承权领域由11个扩展至28个，行政处罚领域从9个扩展到15个，基本实现“全领域”执法职能的履职行权。全年承接审批、行业部门违法线索移送1121起，全部进行调查核对。立案1627起，其中一般程序案件1036起、简易程序案件591起；结案1590起，其中一般程序案件999起、简易程序案件591起；罚没款总金额为866.94万元，其中一般程序案件罚没款金额为846.46万元、简易程序案件罚没款金额为20.48万元；使用行政处罚职权184项。案件集中在14个执法领域，其中卫生健康、文化、农业农村、体育、司法领域为新增执法领域。

（张真芳　黄建琨　曹莹）

智慧执法建设

年内，综合执法局在经开区综合执法大数据平台建设方面，结合企业违法性质、数量、主观态度和违法后果试点分类分级。截至2021年年底，利用平台开展检查2377次，汇总各类执法信息5794条，开展企业自查2341次，发送通知287条，收集企业信息50909家，接收审批部门信息20489条。综合执法局在红绿灯信用分级制度设计方面，将区内50816家企业纳入试点分级，其中重点关注企业（红灯）63 家、一般企业（黄灯）1049 家、其余为优质企业（绿灯）。

（黄海）

普法宣传

综合执法局开展燃气宣传活动　王宏伟　摄

年内，综合执法局建立重点工作信息报送制度，按照“五必宣”（党建工作必宣、改革成效必宣、重点工作成果必宣、承担重大项目必宣、易发舆情必宣）原则，通过电视台专访、线上知识普及、热点商区和社区开展主题活动等方式，宣传“疫情防控政策及执法工作”“食品安全”“静态停车新政”等政策、措施，全年开展各类普法活动 20 余次，在各类媒体平台宣传报道 47 次，其中市级媒体平台报道宣传 13 次。

（曹莹　霍红艳　李硕豫）

拆违控违助力“创无”

年内，综合执法局为确保经开区新生违法建设零增长、历史遗留违法建设逐步消减，创建北京市首批无违法建设区，牵头成立拆违控违专班，并作为办公室统筹推进控违拆违工作。在政策层面，出台《北京经济技术开发区控违拆违工作方案》，明确各部门职责、工作分工和常态化联动机制；全年组织召开调度会 24 次，到大兴区、通州区调研 4 次；采用建账督办、挂图作战、精准拆除的办法，全年核验图斑 1200 次，拆除“60 平方公里”范围内违法建设 283 处，建筑面积为 5.66 万平方米，超额完成市级下达的 1 万平方米拆违腾地任务。

（黄海　曹莹）

疫情防控统筹攻坚

年内，综合执法局在推进疫情防控常态化工作的基础上，靠前执法、持续发力，开展多轮次、拉网式执法检查，压实“四方责任”，筑牢疫情防控屏障。全年出动执法人员 13675 人次、执法车辆 6665 车次，检查企业 37918 家，报送疫情防控日报 365 期次，编制疫情防控数据统计分析报告 1 期，对发现问题企业公示 390 家次，并全部责令整改完毕；配合行业部门劝导企业职工疫苗接种，经督促新增疫苗接种 33134 人，涉及企业 1416 家；开展疫苗接种点周边环境秩序保障 219 天，完成疫苗护送任务 326 次，其中零点后护送 35 次。

（曹莹）

农业农村领域执法

年内，综合执法局依托经开区综合执法大数据平台，在大兴区原有执法对象台账上，现场走访、梳理经开区农业农村领域执法对象 27 家，制作高发频发职权检查单 10 个，实现“无纸化”执法检查。综合执法局联合行业主管部门及其他领域执法队开展各类专项执法行动。其中，渔政领域执法检查出动执法车辆 65 车次、执法人员 132 人次，陆上巡查里程 478 千米，联合水务执法检查 11 次，清理无主地笼 3 只；种植领域执法检查出动执法车辆 24 车次、执法人员 48 人次；兽医兽药领域执法检查出动执法车辆 83 车次、执法人员 169 人次。

（姜楠）

环境秩序专项整治

年内，综合执法局为推进“疏解整治促提升”专项行动与“每月一题”占道经营政治工作，结合城管领域执法工作与疫情防控常态化工作形势，牵头推进占道经营集中攻坚整治“春雷”及“秋风”行动。全年出动执法人员 3218 人次、执法车辆 340 车次，查扣非机动车辆 154 辆，暂扣液化气罐 35 个，没收经营工具 16 套，立案 186 起，罚款 8800 元，劝离无照商贩 2867 起。

（曹莹）

劳动监察领域执法

年内，综合执法局开展劳动监察领域案件调查的相关执法工作，以及医疗保障基金监督检查、女职工产假等专项执法工作，做好春节、“两会”等重要时间维稳工作，健全与平安办等相关部门的突发事件联合处置机制。全年处理各类突发事件 40 余起，处理农民工讨薪上千万元，因超时加班、收取劳动者财务、拒不履行劳动保障行政部门的行政处理决定等案由处罚 40 家企业（罚款 25.87 万元），保障区内企业职工合法权益。

（杨竹青）

应急管理领域执法

年内，综合执法局强化应急管理领域市区联动和管执衔接，开展危险化学品、有限空间等专项执法。全年对 661 家次生产经营单位开展安全生产执法检查，出动执法人员 1322 人次，责令限期整改 407 家次；立案处罚 75 起，罚款 178.25 万元。

（缪红）

生态环境领域执法

年内，综合执法局围绕重点区域、重点行业、重点时期实施重点措施，聚焦区域环境质量提升，打好“大气、水、土壤”三大污染防治攻坚行动，开展各项生态环境执法工作。综合执法局通过强化政策推送、开展固定源执法检查、加大重型柴油车等移动源执法检查力度，执法检查工业企业 847 家次，出动执法人员 1694 人次；处罚环境违法行为 39 起，罚款 63.9 万元。

（缪红）

卫生健康领域执法

年内，综合执法局对卫生健康领域未取得卫生许可证擅自从事理发的公共场所经营活动，用人单位未建立、健全劳动者职业健康监护制度，未按规定对顾客用品用具进行清洗、消毒、保洁等违法行为开展各类执法检查，罚款 82.10 万元。

（杨竹青）

市场监管领域执法

年内，综合执法局聚焦民生领域，针对群众反映强烈、监管风险突出的问题，落实食品安全“四个最严”（最严谨的标准、最严格的监管、最严厉的处罚、最严肃的问责）。全年立案查处食品类违法问题 141 起，行刑衔接移送公安机关 1 件；开展马驹桥地区无证照清理整顿合力攻坚行动，取缔无照商户 53 家，立案查处 23 家；加强“涉奥”企业特种设备监管，强化电商平台公平竞争监管，促进企业健康发展，立案 631 起，罚款 394.47 万元。

（闫大伟　郝成龙　段振平）

住建领域执法

年内，综合执法局以加强职权履行率、强化监管水平为目标，结合执法实际，建设领域全清单执法工作，加强住建领域安全和质量管理执法工作，为适时推动由“条状”执法向“块状”执法模式转变奠定基础。在物业监管方面，针对电动自行车火灾事故频发情况组织党员到住宅小区开展电动自行车消防安全隐患宣传活动，指导小区内居民规范电动自行车的停放和充电管理，增强社区居民火灾防控意识，预防火灾事故的发生。全年完成全清单执法 12 次，立案52起，罚款81.36万元，新增案由15个。

（胡士祥 周宇）

教育领域执法

年内，综合执法局严厉查处校外培训机构的违法行为，坚持“线上线下一体治理”。全年对区内 12 家线下培训机构、3 家线上培训机构，进行价格、广告、宣传、合同等方面专项执法检查，立案 2 起，罚款 2.32 万元。

（闫大伟）

交通领域执法

年内，综合执法局开展交通运输领域执法工作，网约车经营活动、汽修类企业烤喷漆设备等违法行为案件查处立案工作取得新突破。全年交通领域立案 213 起，罚款 10.55 万元，超额完成市交通委考核指标。

（霍红艳）

新增执法领域执法

年内，综合执法局对卫生健康、文化、体育、司法等新增执法领域联合行业部门开展执法检查，并在行政处罚方面取得突破。其中，在体育领域，对相关单位未设置覆盖全域应急广播的违法行为立案 1 起，罚款 5000 元；在文化领域，对企业接受非出版单位委托印刷出版物的行为立案 1 起，处罚相关单位 1 万元；在水务领域，立案 5 起，罚款 1 万元；在人防领域，立案 1 起，罚款 5 万元；在司法领域，立案 1 起，并给予警告处罚。

（曹莹）

燃气专项执法

年内，综合执法局开展燃气专项执法工作，加大燃气违法行为查处力度，加强协调联动，督促落实安全供气和用气主体责任，防范燃气安全事故发生，保障人民群众生命财产安全。全年检查商户 368 家，消除各类隐患 130 处；推进非居民液化石油气动态“清零”行动，鼓励引导进行天然气改造；承接区级职权，对 3 家全区燃气供应企业进行检查，通过指导企业建立巡检台账开展自查，进一步夯实企业主体责任。

（吴凡 王兰兰）

司法行政

概况

2021 年，经开区落实国家、北京市关于推进法治政府建设相关要求，开展依法行政专项考评，推进《北京经济技术开发区条例》修订，审查行政规范性文件草案和重要合同协议，强化行政执法监督，处理行政复议和行政诉讼案件，承办公益诉讼案件，深入推进依法行政；落实《关于由北京经济技术开发区管理委员会行使部分行政权力和办理部分公共服务事项的决定》要求，承接部分区级司法行政职能，管理律师及律师事务所，管理司法鉴定机构及司法鉴定人，完成国家统一法律职业资格考试经开区考点保障工作。

（张哲明）

《北京经济技术开发区条例》修订

1月16日，平安办召开《北京经济技术开发区条例》修订立项论证会，邀请中国政法大学校长、党委副书记马怀德，北京政府法制研究会会长周继东等来自中国政法大学、中国社科院法学所、北京市有关部门的专家学者，研究讨论新形势下的修例总目标、总方向。4月25日，《北京经济技术开发区条例》（修订）项目列入市政府2021年立法工作计划，平安办将按市级立法计划组织开展立项论证。4月29日，平安办将《北京经济技术开发区关于修订〈北京经济技术开发区条例〉的立项申请报告》报送市司法局审查。年内，平安办配合市人大开展基础调研，收集基础资料，总结优秀经验，汇编国家及各省市开发区法规及文件，于6月底形成《北京经济技术开发区专门性法规目录》《国家及各省开发区法规文件汇编》。

（张哲明）

普法宣传

6月29日，由平安办推荐，综合执法局被中共北京市委全面依法治市委员会守法普法协调小组授予北京市法治宣传教育先进集体称号。7月22日，平安办按照中共北京市委全面依法治市委员会守法普法协调小组要求，开展2021年北京市法治动漫微视频作品征集工作，上报总工会和消防救援支队两条法治动漫微视频。11月29日—12月5日，平安办开展第八个国家宪法宣传日暨第四个宪法宣传周活动，宣传宪法以及与人民群众切身利益相关的法律法规，设立宣传会场20余处，覆盖全部社区、工作站、服务站以及多个企业，发放宣传手册约30000册、各类宣传品约12800个、法律书籍约1600册。12月3日，平安办会同法庭开展法律服务座谈会，内容包括开展法律门诊活动，为企业答疑解惑，帮助企业防范化解法律风险。

（付李然）

国家统一法律职业资格考试考点保障

10月8日，平安办根据全市统一部署，落实经开区范围内国家统一法律职业资格考试考点保障工作任务，组织召开部署会，明确各部门工作职责，共14个相关部门参会。10月12日，平安办制发《2021年国家统一法律职业资格考试（司法考试）北京考区经开区考点组织实施工作方案》，成立经开区考试工作分指挥部，确定3名防疫副总监考、3名干部作为考点联络人。客观题部分考试于10月16—17日进行，经开区范围内有考点3个，均位于北京电子科技职业学院内，有考场46个、机位1659个。平安办以及疫情防控（社会事业局）、电力维护（城市运行局）、网络运行（行政审批局）、秩序维护（大兴区公安分局及博兴路派出所）、周边执法（博兴街道办事处）等责任部门派人进驻临时指挥部，协助市司法局做好疫情防控，避免因施工挖断电线、网线，确保考点周围无大型施工、文体活动及其他噪声污染，并维护交通秩序。主观题部分考试于 12 月 19 日进行，经开区范围内有考点 1 个，位于科创十三街达内教育大厦，有考场 20 个、机位 1034 个。平安办组织保障工作按照客观题考试标准执行，当日各项情况平稳。

（张哲明）

司法鉴定行业管理

年内，平安办落实北京市司法鉴定行业突出问题专项治理工作任务，组织司法鉴定机构负责人谈心谈话，掌握基本情况；启用北京市司法鉴定管理系统，每月、每季度报送司法鉴定四类内业务统计报表，包括法医、物证、声像资料和环境损害四类；畅通经开区范围内司法鉴定机构的投诉处理渠道，全年受理或接市司法局转办投诉案件 6 件；启动司法鉴定机构与鉴定人全面评查工作，经开区“60 平方公里”范围内有司法鉴定机构 4 所，分别是北京龙晟交通事故司法鉴定所、北京市核子基因科技有限公司司法鉴定中心、北京博奥医学检验所有限公司司法鉴定所、地球搜索（北京）数据服务有限公司司法鉴定中心，有司法鉴定人 43 人，4 个鉴定机构均完成学习动员、查缺补漏阶段任务，签署承诺书、成立自查小组。

（张哲明）

受理信访事项 4231 件

年内，平安办受理信访事项 4231 件，比 2020 年增长 137.96%。其中，网信 3689 件、电话 316 件、纸信 14 件、来访 97 批次 949 人、电子邮件 2 件、驻区纪检组 4 件、中央巡视组 2 件、重复信访化解积案专项 107 件。诉求主要分为市场监管领域 2870 件，涉及消费纠纷、培训机构退费等；文教卫生领域 323 件，涉及入学相关问题；住房保障与房地产领域 451 件，涉及新小区销售、房产证登记及房屋质量问题；劳动和社会保障领域 210 件，涉及欠薪及社保等问题；城市建设领域 166 件，涉及小区管理、违建等问题；其他市政管理、政法、咨询建议等类 104 件。此外，继续加强信访基础工作规范，按照市级任务部署，自查各类全国初次信访事项网上办理工作规范情况。包括全面贯彻落实市信访安全保障工作要求，加大重大活动、节日期间信访工作力度；专项督办工作按时、按要求办结并整改完成中央生态环境保护督察组转交经开区的 127 件信访件，按要求办理并上报中央巡视组移交信电 17 件；集中治理重复信访、化解信访积案专项工作，按要求办结市信访办交办的 107 件重复信访件；强化压力传导、落实信访责任，监管部门“一肩挑两头”首接责任机制、“审管执”不同环节间部门协同机制和不同行业领域间部门协同机制运行。

（唐丽珺）

律师行业管理

年内，平安办畅通经开区范围内律师及律师事务所的投诉处理渠道，全年受理经市司法局转办投诉案件 1 件；按全市统一部署，开展律师事务所设立和管理环节突出问题清理规范工作。截至 2021 年年底，经开区“60 平方公里”范围内有律师事务所 23 个，执业律师 97 人。

（张哲明）

法治政府建设

年内，平安办加强法治政府建设统筹，

制定《北京经济技术开发区 2021 年度推进法治政府建设工作要点》，编制本年度依法行政专项考评指标；贯彻主任办公会会前学法制度，学习习近平法治思想的核心要义，结合新颁布的《防范和处置非法集资条例》《北京市燃气管理条例》等法规落实学法机制；根据全市统一部署开展法治政府建设情况自查，形成《北京经济技术开发区管委会关于法治政府建设情况自查报告》；组织开展 1 期政府信息公开专题依法行政培训。

（张哲明）

文件审核备案及重大合同协议审核

年内，平安办审核各部门起草的各类重要文件 35 件，其中《北京经济技术开发区多功能综合杆及配套设施管理办法(试行）》《关于贯彻新发展理念加快亦庄新城高质量发展的若干措施（3.0 版）》等 6 项作为行政规范性文件印发实施并备案；审核各部门送审重大合同协议 175 件，修改完善入区协议范本；结合《中华人民共和国外商投资法》《中华人民共和国人口与计划生育法》以及新修订的《中华人民共和国行政处罚法》实施要求，清理经开区管委会制发的 30 余件行政规范性文件。

（张哲明）

行政复议或诉讼案件应对

年内，平安办依法应对行政复议或诉讼案件，统筹督促主责部门完成行政复议、行政诉讼案件的应对工作。全年 412 起行政复议案件全部由市政府审结，其中维持经开区管委会行政行为 182 起、驳回申请人的复议申请 65 起、由申请人自愿撤回申请 100 起、行政行为被撤销或责令履职 26 起、被确认违法 39 起。全年 66 起行政诉讼案件中，一审程序案件 55 起，其中 37 起由人民法院审结（裁定驳回起诉 4 起、判决驳回诉讼请求 14 起、裁定准许原告撤回起诉 13 起、撤销行政行为或责令履职 6 起）、未审结 18 起；二审程序案件 11 起，其中 8 起由人民法院审结（裁定驳回上诉 4 起、裁定准许上诉人撤回上诉 4 起）、未审结 3 起。平安办落实行政机关负责人出庭应诉制度，经开区管委会负责人出庭一次；配合大兴区人民检察院，督促落实公益的诉讼办理与答复相关工作；配合做好市司法局市场监管领域行政复议案件调研、经开区行政复议体制改革调研相关工作。

（宁知盈）

行政执法监督

年内，平安办落实国务院《关于全面推行行政执法公示制度全过程记录制度重大执法决定法制审核制度的指导意见》及北京市相关实施方案，不断完善维护经开区门户网站“行政执法公示”专栏，按时公示上年度行政执法统计年报、本年度行政执法检查计划、行政执法结果；接待市司法局综合执法情况调研 1 次；协助市司法局处理执法监督申请 1 次；按全市部署，制订经开区综合行政执法制式服装和标志采购工作分工方案，统筹经开区综合执法制式服装采购相关工作；按市司法局要求做好执法主体清理、执法证件信息更新工作，完成执法人员基础信息录入 360 人次。全年经开区管委会在北京市行政执法信息服务平台提交或推送行政处罚 1015 件次、执法检查 6617 件次。

（宁知盈）

公安

天华路派出所

概况

2021 年，北京市公安局大兴分局天华路派出所（简称天华路派出所）有民警 67 人，其中所领导 6 人、警长 4 人、内勤民警 11 人、社区民警 29 人、治安民警 14 人、巡逻民警 3 人，辅警 197 人。辖区有企事业单位 2000 余家，从业人员 13.42 万人。其中，独立厂房企业 197 家，涉外企业 77 家；工业园区 34 个（中小企业 667 家），写字楼 38 栋（企业 1157 家）；在建工地 11 个。辖区有大中型商（市）场 7 家、医疗机构 20 家、教育机构 19 家。

天华路派出所于 2000 年 12 月挂牌，位于经开区天华西路甲 1 号，建筑面积为 2297 平方米。管辖范围从东部至京沪高速护网以西区域，分别与北京市公安局大兴分局亦庄派出所（简称亦庄派出所）、博兴路派出所接界；南部以凉水河中心线为界以北区域，分别与北京市公安局通州分局马驹桥派出所和博兴路派出所接界；西部大部分以凉水河中心为界、部分以西环北路中心线为界以东区域，与亦庄派出所接界；北部至五环外侧护网以南区域，分别与亦庄派出所、北京市公安局朝阳分局小武基派出所接界。管辖面积为 20 平方千米，辖区实有人口 19.8 万人。辖区有居民小区 34 个。建有一品亦庄、新康家园、博客雅居、林肯公园、力宝广场 5 个警务站。派出所主要负责辖区内 110 接处警、社会面治安巡逻、治安管理、社区安全防范、企事业单位管理、执法办案、打击违法犯罪、政治安全稳定、消防监督管理、人口管理、犬类管理、烟花爆竹管理等任务。

（冯晓波）

治安管理

年内，天华路派出所接报 110 警情 14708 起，比 2020 年增加 3134 起，增长 27.08%；破获刑事案件 217 起，比 2020 年增加 66 起，增长 43.7%；刑事拘留 153 人；行政拘留 262 人，抓获在逃人员 11 人，摸排清理存在涉众型投资隐患的高危企业 21 家。天华路派出所对辖区可能存在的消防隐患等问题开展滚动式摸排，出动警力 2316 人次，检查单位 1210 家，发现隐患并整改 164 起，下发行政处罚决定书 34 份（个人 27 起、单位 7 家），总计罚款 3.64 万元（单位 3.50 万元、个人 1350 元）。天华路派出所对违法出租房、旅店、违规养犬、未按时备案的“易制爆”单位进行处罚，对于拒不整改的，会同街道相关部门开展综合治理，并逐一建立台账，定期监督防止反弹。全年清理违规出租房 70 间，罚款 2.09 万元；处罚旅店 12 家，罚款 2.45 万元；违规养犬处罚 25 人，警告 12 人，罚款 8150 元，收缴无主流浪犬 125 只。天华路派出所结合“三清三个一批”、“三重大排查”和“两打击一整治”百日攻坚等专项行动统一部署，围绕人、地、物、事、组织五大要素开展基础工作摸排和清查。其间，协调荣华街道办事处、居委会、物业公司等单位对辖区小区开展 19 次集中清查行动，出动警力 3100 人次，走访 5200 户，登记出租房 6200 户，处罚各类违法房屋 70 间，罚款 2.09 万元，新登记的房屋全部建立电子台账，保障人、房信息统一，出租房屋治安责任书签订数大幅提升。天华路派出所结合反恐防恐、消防、内部单位安保等工作，确定重点检查和管理的单位 261 家。天华路派出所为遏制网络诈骗案件高发的态势，开展防范宣传工作。其中，向荣华街道办事处争取资金 70 万元，制作《心防》手册 3 万册，购置印有宣传内容的手包、手提袋、手机架、玻璃杯、鼠标垫、文字宣传资料以及反诈宣传展板、横幅等；同时协调街道综治部门、网格员以及警务室流管员组成 200 人的反诈宣传队伍，抽调 24 人组成专职反诈宣讲团，深入社区、企事业单位、商场、公园、地铁等人员密集场所开展反诈宣传，组织 200 人以上的培训宣传 30 余场次，在人员密集场所开展宣传培训 40 余场次，培训单位员工和社区群众近 2 万人次，发放各类宣传材料 20 余万份、宣传纪念品 15 万份，悬挂横幅 100 余条，摆放展板 30 余块。辖区实有人口“全民反诈”App 注册率达 90% 以上。全年阻止 35 起疑似电信诈骗案件，避免单位、群众经济损失近 600 万元。

（冯晓波）

维护社会稳定

年内，天华路派出所围绕社区安全防范，严格社会面巡逻防控、地上地下安保一体化、7×24 小时社区警务等立体防控工作机制，动态掌控社会面治安形势，举办 110 主题宣传、禁放烟花爆竹主题宣传、消防安全防范宣传、行业场所管理宣传、危化品管理宣传、反诈宣传等活动 140 余次，受宣传人员累计 4.2 万余人次；悬挂横幅 700 余条，张贴警情通报 2300 余张，入户走访 3500 家；抽调警力参加隔离点、中小幼校园高峰、地上地下一体化、核酸检测点等勤务累计 8600 余人次。

（冯晓波）

人口与出入境管理

年内，天华路派出所办理居住证 26637 个、登记卡 1599 个；户籍人口为 20896 人，办理居民身份证 7521 个，其中本地身份证 4701 个、异地身份证 2820 个；境外人员登记 717 人，其中外国人 403 人、中国香港居民 40 人、中国台湾居民 271 人、中国澳门居民 3 人。

（冯晓波）

重大活动安保

年内，天华路派出所完成“两节”、“两会”、建党 100 周年庆祝活动、冬奥测试赛、党的十九届六中全会等重大节日和活动安保、常态化疫情防控及不同节点安全保卫任务。在“两会”安保期间，为进一步夯实社区基础工作，依托“三清三个一批”“三重大排查”专项清查整治工作，会同荣华街道办事处，组织辖区物业保安、居委会工作人员、社区志愿者，对辖区重点地区持续开展集中清查整治工作，及时排查管控各类重点人员，净化辖区治安环境；为确保全国政协代表驻地和路线勤务安全，在反复实地踏勘的基础上，制订安保工作方案，明确任务分工、警力部署、应急处突预案，同时细化路线警卫勤务。在建党

100 周年庆祝活动期间，为营造安全稳定的社会环境，会同居委会、物业公司对辖区开展夜间集中清查。出动社区民警、辅警流管员、居委会、物业等力量 200 余人，分组分区进行入户走访，入户 734 户（出租房 437 户、自住房 272 户、借住 1 户、公司 24 家），登记本市人口 157 人、流动人口 632 人、外国人 35 人，核查 869 人，下载注册“全民反诈”App135 人；检查外围底商 55 家，发现安全隐患 23 处，均当场整改；查处严重消防隐患 1 家，设备责令立即停止使用并下发整改通知书。

（冯晓波）

北京市公安局大兴分局天华路派出所

所长 张健

博兴路派出所

概况

2021 年，北京市公安局大兴分局博兴路派出所（简称博兴路派出所）有民警 38 人，其中所领导 5 人、社区民警 8 人、内勤及治安民警 25 人，辅警 137 人。辖区有独立企业 113 家、涉外企业 60 家、企业园区 38 个，园区及写字楼有大小企业 2300 余家，从业人员 9.68 万余人。辖区内开工在建工地 41 个，商业店铺 300 余家，教育机构 7 家。2 人立个人三等功，12 人获个人嘉奖，9 人获优秀公务员称号。

博兴路派出所于 2010 年 5 月挂牌，位于经开区博兴七路 6 号，建筑面积为 4200 平方米，管辖面积为 38.3 平方千米，管辖范围分为河西区和路东区。其中，河西区北起三海子东路、南至新大件路，西起博兴七路、东至凉水河，面积为 26.8 平方千米；路东区北起科创四路、南至科创十七路，西临京沪高速、东至经海路，面积为 11.5 平方千米。辖区实有人口 9 万余人。辖区有居民小区 17 个，分 4 个管理片区。派出所主要负责辖区内社区防范、人口管理、社会面巡逻、治安管理、打击违法犯罪等工作。

（张义）

治安管理

年内，博兴路派出所接报 110 警情 12897 起，比 2020 年增长 36%；立刑事案件 912 起，比 2020 年增长 45%；破案 184 起，比 2020 年增长 183%；刑事拘留 126 人，比 2020 年增长 70%；受理治安（行政）案件 2472 起，比 2020 年增长 51%；治安拘留 137 人，比 2020 年增长 57%。博兴路派出所开展“扫黑除恶”“平安行动”“缉枪治爆”“冰锋 · 2022 平安冬奥”社会面专项攻坚行动等专项行动 10 余个，及时消除社会影响，净化社会治安环境；集中整治无照游商、黑车揽客、流浪乞讨、散发小广告等治安秩序问题 64 次，核录人员 31000 余人次、车辆 12477 辆；加强电信诈骗案件防范宣传，辖区“全民反诈”App 下载注册量达 25 万人次，电信诈骗案件发案率有效下降。

（张义）

维护社会稳定

年内，博兴路派出所推进智慧社区建设，加快整合社会面视频监控资源 900 余个，实现重点部位场所多角度、多机型立体监控体系全覆盖；以辖区人口密集部位和案件多发地段为重点，投入警力 6500

余人次，模块化设置巡逻区域，点面结合打造巡逻防控新格局；以民警、派出所巡防力量为主体，辖区企业社区保卫力量为辅，构建全天24小时巡逻布局，专群结合构建大巡防格局；以平安社区建设为目标，严格7×24小时社区警务等立体防控工作机制，全年开展各种社区宣传、消防安全防范等宣传活动127个，悬挂横幅2180余条，张贴警情通报3300余张，发放各类宣传材料57500余份；组织开展危险化学品、消防、行业场所、出租房屋等检查13177次，全年投入警力10500余人次，责令整改问题隐患4964起，约谈企业负责人300余人次，行政处罚27家。

（张义）

人口与出入境管理

年内，博兴路派出所办理居住证20494个、登记卡1851个；常住人口登记3273人；办理户籍业务1205项，办理居民身份证4414个；境外人员登记243人次。

（张义）

重大活动安保

年内，博兴路派出所完成建党100周年庆祝活动、春节、“两会”、党的十九届六中全会以及工作领导人辖区访问等安保工作，参与地上地下一体化、校园高峰、警卫任务等执勤任务，出动警力725人次；做好疫情防控、走访摸排、核查处置等工作，检查辖区企业单位2865家，筑牢疫情防控社区防线。

（张义）

北京市公安局大兴分局博兴路派出所

所长 杜凯

检察

概况

2021年，北京市大兴区人民检察院经济技术开发区检察处（简称检察处）有工作人员4人，其中主任检察官1人、检察官助理3人。检察处围绕全面提高法治化水平、检察公信力和经开区重点工作，履行检察职能，涉及部分刑事案件批捕、审查起诉、检察宣传、联络经开区内各机关和企业、抗疫服务等工作，通过政法队伍教育整顿，用法治思维和法治方式服务企业发展，为区域经济和社会健康发展发挥作用。全年受理案件13件15人，审结11件13人；开展法治宣传10次，其中进企业讲授法治课4次、进社区法治宣传4次、进学校讲授法治课2次。

（何天越）

队伍教育整顿座谈会

4月8日，大兴区检察院队伍教育整顿征求意见建议座谈会召开。会上，大兴区检察院党组成员、政治部主任介绍开展队伍教育整顿工作的目的、意义及相关要求，并通报教育整顿工作开展情况。各与会代表结合自身工作经历、行业特点和实际感受，以及具体案事例，从做实队伍教育整顿、完善检企共建、开展党建共建、强化基层法治宣传、提供法律咨询、优化营商环境、保障经济发展等方面提出意见建议。张继红对大兴区检察院深入经开区了解情况、听取建议表示感谢，对大兴区检察院重视经开区企业、研究企业呼声的做法表示肯定，指出检察队伍教育整顿情况通报清楚明确、方案完备细致、态度认真诚恳。同时，建议检察机关结合经开区人口结构和产业结构特点，立足经开区企业类型、涉企犯罪特点，特别是着眼于经开区企业土地利用现状，加强调查研究，提出专业性意见建议，有针对性地做实做深普法宣传，助力经开区企业提升法律意识。

（朱立超　何天越）

与京东共商企业法治建设

5月12日，大兴区检察院到京东集团总部召开“服务保障首都经济发展　为企业发展保驾护航”主题座谈交流会。会前，大兴区检察院通过向京东员工发放200份征求意见建议表，了解群众对检察工作和检察队伍建设的意见建议。会上，大兴区检察院党组成员、政治部主任通报本院开展队伍教育整顿工作情况，党组成员、副检察长介绍最高人民检察院关于保护民营企业的相关要求和本院贯彻落实情况；京东副总裁介绍集团发展情况，并围绕检察机关如何服务保障互联网企业发展，从进一步加强检企沟通交流、提示经营风险，加强涉互联网法律问题研究、推动疑难和典型案件办理，加强企业职务犯罪预防宣传教育、强化以案释法等方面提出意见建议。平安办主任、商务金融局副局长、市政法队伍教育整顿第四指导组部分成员及京东相关领导参会。

（何天越）

助力企业廉政建设

8月11日，为践行“我为群众办实事”活动要求，检察处到中建二局第一建筑工程有限公司开展座谈并讲授法治课。双方就如何有效开展企业纪检监督工作、案件查办、移送程序等重点难点问题进行交流，并对下一步如何开展检企共建活动进行探讨。检察官助理为30余名新员工讲授廉洁警示教育课，重点讲解职务犯罪的常见罪名，结合典型案例，从工程建设中的刑事风险、招投标过程中的刑事风险以及其他刑事风险3个方面以案说法，助力企业廉政建设。

（余婕　何天越）

国家宪法日主题宣传教育活动

12月4日，检察处携手荣华街道、博兴街道办事处开展系列国家宪法日主题宣传教育活动。检察官到林肯公园社区、郁金香社区、亦城茗苑社区，向160余名社区居民讲授“弘扬宪法精神　落实宪法规定”主题法治课，结合“四大检察”（刑事、民事、行政和公益诉讼）典型案例介绍检察机关基本职能，阐释检察机关如何践行宪法规定，维护公民合法权益。通过播放宪法宣传片、发放宣传材料、法律答疑等方式向居民介绍宪法知识，发放宣传材料百余份。

（余婕　何天越）

审判

概况

2021年，北京市大兴区人民法院经济技术开发区人民法庭（简称法庭）有法官8人、法官助理5人、聘用制审判辅助人员8人、派驻法警3人。法庭通过政府购买社会化服务的形式聘用司法辅助人员或引进司法诉讼志愿者，在全市法院中率先探索构建“一审一书一助一辅”审判团队模式，聘有志愿者 9 人、司法辅助人员 7 人。法庭主审辖区内民事案件和部分商事案件、劳动争议案件，包括辖区内房屋买卖纠纷和建设工程纠纷案件等。年内，法庭新收建设工程、房屋买卖租赁、交通肇事、婚姻家庭、民间借贷等民事案件及劳动争议案件 3882 件，审结案件 3538 件，结收率达 91.1%。此外，法庭通过线上宣讲会、线下座谈会、法庭开放日等形式进行普法宣传，推动诉源治理工作。

（张冬京）

群体性纠纷化解会议

3 月 31 日，法庭与平安办、营商合作局、天华路派出所工作人员等就辖区某品牌加盟商因退费而产生的纠纷进行交流讨论，化解潜在群体性事件风险。本次研讨的事件涉及经开区某火锅连锁品牌，其在全国范围内招募加盟商，授权加盟商付费使用公司商标，但受疫情影响，该公司经营困难，难以继续履行合同，从而引发 800 余件加盟商退费纠纷案件。部分加盟商在向商家要求解除合同、退费赔偿无果后，采取过激和极端行为进行维权。就此，经开区管委会咨询事件处理的法律意见。经过讨论分析，对纠纷处理形成一定的预案。平安办主任指出，法庭的解答为该类纠纷的处置指明方向，平安办将向加盟商释明纠纷的管辖法院，并劝导其用合法合规的手段正确维权，避免矛盾升级。

（殷怡航）

普法讲座

10 月 9 日，法庭庭长受邀为中国通用咨询投资有限公司员工开展《中华人民共和国民法典》相关知识普法讲座，同时对“三个规定”（《领导干部干预司法活动、插手具体案件处理的记录、通报和责任追究规定》《司法机关内部人员过问案件的记录和责任追究规定》《关于进一步规范司法人员与当事人、律师、特殊关系人、中介组织接触交往行为的若干规定》）相关内容进行宣传。该公司 140 余名员工参加讲座。

（张冬京）

劳动用工法律规范专题培训

11 月 9 日，法庭副庭长通过腾讯会议的方式为北京生物制品研究所有限责任公司开展“京法巡回讲堂”之劳动用工法律规范专题培训。法官梳理劳动争议案件审判过程中暴露出来的企业在用工管理中存在的几类常见问题，解读相应问题涉及的法律法规及具体规定，并结合典型案例讲解其中的重点问题，对企业未尽到规范管理责任时可能面临的风险予以警示，并为企业预防和解决类似问题提供对策。该公司 80 余名员工参与培训。

（刘畅）

宪法日普法进园区活动

12 月 3 日，法庭与平安办、社会事业局到嘉捷科技园区开展宪法日普法进园区活动。此次活动以“京法巡回讲堂”为依托，由平安办副主任主持，与会各方观看宪法宣传片；法庭庭长结合法院审理的典型案件，开展《中华人民共和国民法典》重要知识点普法讲座，并对法院“三个规定”的相关内容进行说明和讲解；由法庭副庭长根据审理劳动争议案件的相关实务经验，通过现场问答的方式分析和解答企业关注的用工纠纷方面问题；大家就实现诉源治理和进一步优化辖区营商环境问题，交流意见建议。园区内约20家的企业代表参会。

（张冬京）

信访接待“三步走”工作机制

年内，法庭以“专人专组负责、庭审式接待、专业法官会议讨论”的规范化流程，探索信访接待“三步走”工作机制，推动涉诉信访依法处理，维护法律权威和司法公信，保障人民群众合法权益。一是先锋引领，专人专组负责，压实信访接待主体责任。其中，从党员队伍中挑选骨干能手，组成党员接待小组，提高对信访接待的政治重视；从员额法官中挑选精兵强将，组成法官评查小组，提高涉诉信访处置的专业性；设立专案小组，专人专组负责接待。二是流程优化，庭审式接待，规范信访处置形式与内容。其中，从信访接待的地点、工作人员着装、接待信息记录留存等方面细化接待的形式要素，保证信访接待的规范有序；为及时化解信访矛盾，解决人民群众急愁盼难的问题，对涉诉信访案件实行分类处理。三是业务保证，专业法官会议讨论，提升信访接待效率与质量。其中，严格时限管理，要求涉诉信访案件限期上会讨论研究，限期约访化解纠纷；坚持程序正义，推动涉诉信访依法处理。

（高萌）

适用夜间法庭

年内，法庭坚持司法服务方式多元化、便民措施简单化，灵活运用多种方法处理当事人纠纷，将为人民服务落到实处。5月21日，法庭多名法官采用夜间法庭的模式为当事人排忧解难。夜间法庭的适用，提高审判效率，推动结案工作，便利当事人参与诉讼。法庭将进一步发挥夜间法庭的灵活性，满足职住分离人群参与诉讼活动特定的时间需求，并进一步优化工作模式，探索便利当事人的新方法，推动形成长效机制。

（殷怡航）

裁审衔接工作会

年内，法庭多次与仲裁院开展裁审衔接工作会，就如何通过裁审有效衔接助力提升劳动争议纠纷源头治理工作开展交流。双方重点围绕加强诉源治理工作，就案件信息共享、统一裁判尺度、提高仲裁案件质量、加强人员交流和培训、进一步提高裁诉衔接水平等问题，进行交流和探讨。双方将共同推动辖区企业规范合法用工，为经开区经济发展营造良好营商环境。

（张冬京）

统计资料

北京经济技术开发区年鉴 2022

BEIJING ECONOMIC-TECHNOLOGICAL DEVELOPMENT AREA YEARBOOK 2022

综合

经开区主要经济综合指标一览表

项目	单位	2021 年	2020 年	增减（%）
地区生产总值	亿元	2 666.0	2 040.3	30.7
常住人口	万人	16.6	16.5	0.6
一般公共预算收入	亿元	333.2	321.9	3.5
一般公共预算支出	亿元			
税收收入	亿元			
营业收入	亿元	19 844.2	15 878.9	25.0
利润总额	亿元	1 691.2	715.7	136.3
工业总产值	亿元	5 712.1	4 467.9	27.8
社会消费品零售额	亿元	431.4	408.3	5.7
进出口总值	亿美元	315.4	199.5	58.0
# 出口	亿美元	127.7	58.5	118.4
实际利用外资	亿美元	3.6	3.1	17.7
从业人员年末人数	万人	44.2	38.5	14.9

注：1. 一般公共预算收支、税收收入数据来源于财政审计局，进出口总额来源于北京海关，实际利用外资来源于商务金融局；
2. 地区生产总值 2020 年数据有调整；
3. 自 2020 年开始，一般公共预算收入数据调整为地方级口径，下表同；
4. 2021 年，投资性公司投资不再纳入实际利用外资数据，并同时调整 2020 年数据；
5. “空格”表示该项指标数据不详或没有数据；
6. “#”表示总计中的其中项；有“#”号的分组指标表示总计的部分项目，无“#”号的分组指标则表示其中项之和等于总计。

经开区一般公共预算收入情况一览表

单位：万元

项目	2021 年	2020 年	增减（%）
一般公共预算收入	3 332 113	3 218 930	3.5
税收收入	3 131 561	2 913 295	7.5
# 增值税	1 014 017	1 283 129	−21.0
# 企业所得税	1 075 070	845 784	27.1
# 个人所得税	318 618	214 378	48.6
# 城市维护建设税	218 288	220 388	−1.0
非税收入	200 552	305 635	−34.4

注：1. 非税收入为税务部门征收的非税收入与财政部门征收的非税收入合计，2020 年数据有所调整；
2. 资料来源：财政审计局；
3. “#”表示总计中的其中项；有“#”号的分组指标表示总计的部分项目，无“#”号的分组指标则表示其中项之和等于总计。

经开区地区生产总值一览表		
单位：亿元		
项目	2021年	增速（%）
地区生产总值	2 666.0	28.8
工业	1 818.1	40.5
建筑业	67.4	20.3
批发和零售业	265.0	9.5
交通运输、仓储和邮政业	45.7	13.4
住宿和餐饮业	16.6	10.7
信息传输、软件和信息技术服务业	150.6	9.6
金融业	63.7	12.0
房地产业	53.0	-14.0
租赁和商务服务业	66.9	11.2
科学研究和技术服务业	73.9	11.3
水利、环境和公共设施管理业	3.3	4.3
居民服务、修理和其他服务业	3.9	23.8
教育	9.2	3.9
卫生和社会工作	5.1	16.4
文化、体育和娱乐业	2.4	7.0
公共管理、社会保障和社会组织	21.3	3.0

注：1. 本表地区生产总值按当年价格计算，增速按可比价格计算；
2. 本表为初步核算结果。

能源消费

经开区规模以上工业企业综合能源消费量（当量值）一览表			
单位：万吨标准煤			
项目	2021年	2020年	增减（%）
合计	88.47	84.20	5.1
采矿业	1.05	2.59	-59.4
开采专业及辅助性活动	1.05	2.59	-59.4
制造业	77.08	71.29	8.1
农副食品加工业	0.03	0.03	-5.0
食品制造业	2.25	2.18	3.2
酒、饮料和精制茶制造业	0.71	0.61	16.1
纺织业	…	…	-33.8
纺织服装、服饰业	0.01	0.01	28.6
造纸和纸制品业	0.99	0.86	15.0
印刷和记录媒介复制业	1.83	1.67	9.2

续表

项目	2021年	2020年	增减（%）
文教、工美、体育和娱乐用品制造业	0.06	0.05	17.6
化学原料和化学制品制造业	4.58	3.74	22.4
医药制造业	11.44	9.79	16.8
化学纤维制造业	1.36	1.03	32.6
橡胶和塑料制品业	0.23	0.20	16.5
非金属矿物制品业	0.08	0.06	35.3
金属制品业	0.17	0.18	−10.4
通用设备制造业	1.99	1.84	8.1
专用设备制造业	1.52	1.29	17.7
汽车制造业	14.74	16.16	−8.8
铁路、船舶、航空航天和其他运输设备制造业	0.08	0.07	21.5
电气机械和器材制造业	0.99	0.85	16.8
计算机、通信和其他电子设备制造业	33.43	30.18	10.8
仪器仪表制造业	0.45	0.33	37.9
其他制造业	0.15	0.16	−4.1
金属制品、机械和设备修理业	…	…	−4.5
电力、热力、燃气及水生产和供应业	10.34	10.32	0.2
电力、热力生产和供应业	9.57	9.58	−0.1
燃气生产和供应业	0.04	0.01	203.5
水的生产和供应业	0.73	0.73	0.2

注：“…”表示该数据不足该表最小计量单位数。

经开区规模以上二、三产业能源消费量（当量值）一览表

单位：万吨标准煤

项目	2021年	2020年	增减（%）
合计	137.18	132.43	3.6
第二产业	98.91	94.36	4.8
采矿业	1.05	2.59	−59.4
制造业	77.08	71.29	8.1
电力、热力、燃气及水生产和供应业	10.34	10.32	0.2
建筑业	10.44	10.16	2.8
第三产业	38.27	38.07	0.5
批发和零售业	2.29	2.55	−10.4
交通运输、仓储和邮政业	2.03	1.99	2.3
住宿和餐饮业	1.36	3.41	−60.0
信息传输、软件和信息技术服务业	22.46	20.87	7.6
金融业	0.03	0.08	−63.8

续表

项目	2021年	2020年	增减（%）
房地产业	4.01	3.73	7.5
租赁和商务服务业	0.42	0.42	−0.1
科学研究和技术服务业	4.10	3.59	14.1
水利、环境和公共设施管理业	0.36	0.32	12.9
居民服务、修理和其他服务业	0.10	0.10	3.7
教育	0.58	0.51	14.7
卫生和社会工作	0.43	0.42	1.7
文化、体育和娱乐业	0.08	0.06	31.3
公共管理、社会保障和社会组织		…	

注：1.“…”表示该数据不足该表最小计量单位数；
2.“空格”表示该项指标数据不详或没有数据。

经开区规模以上二、三产业水消费量一览表

单位：万立方米

项目	2021年	2020年	增减（%）
合计	5 103.2	5 003.2	2.0
第二产业	3 974.5	3 827.1	3.8
采矿业	4.5	7.5	−39.6
制造业	3 565.4	3 452.0	3.3
电力、热力、燃气及水生产和供应业	140.2	134.6	4.2
建筑业	264.3	233.0	13.4
第三产业	1 128.7	1 176.1	−4.0
批发和零售业	106.7	115.9	−7.9
交通运输、仓储和邮政业	25.5	22.9	11.5
住宿和餐饮业	82.0	257.6	−68.1
信息传输、软件和信息技术服务业	275.9	230.7	19.6
金融业	1.7	0.6	178.6
房地产业	241.8	222.8	8.6
租赁和商务服务业	15.8	15.8	−0.2
科学研究和技术服务业	231.1	172.5	33.9
水利、环境和公共设施管理业	49.2	41.5	18.5
居民服务、修理和其他服务业	7.5	9.2	−18.1
教育	51.6	46.7	10.4
卫生和社会工作	18.8	16.4	14.6
文化、体育和娱乐业	21.1	23.5	−10.4
公共管理、社会保障和社会组织		…	

注：1.“…”表示该数据不足该表最小计量单位数；
2.“空格”表示该项指标数据不详或没有数据。

全社会固定资产投资

经开区全社会固定资产投资一览表

单位：亿元

项目	2021年比2020年增长（%）
全社会固定资产投资	17.1
# 建安投资	-2.5
按产业分	
第二产业	77.1
# 工业	77.1
第三产业	-40
# 房地产开发	-45.6
按登记类型分	
# 国有	-4.7
集体	
股份制	233.7
港澳台商	-46.4
外商	-2.4
私营个体	-48.3
其他	

注：1. 国有包括登记注册类型为国有、国有联营及国有独资公司的单位；
2. 集体包括登记注册类型为集体和集体联营的单位；
3. “空格”表示该项指标数据不详或没有数据；
4. “#”表示总计中的其中项；有“#”号的分组指标表示总计的部分项目，无“#”号的分组指标则表示其中项之和等于总计。

经开区全社会固定资产投资及新增固定资产一览表

（按行业分）

单位：万元

行业	投资额2021年比2020年增长（%）	新增固定资产2021年比2020年增长（%）
合计	17.1	-57.6
农、林、牧、渔业		
采矿业		
制造业	79.5	-44.1
电力、燃气及水的供应业	-40.6	
建筑业		
批发与零售业	-0.3	
交通运输、仓储和邮政业	-64.3	
住宿和餐饮业		
信息传输、软件和信息技术服务业	578.4	616.2

续表

行业	投资额 2021 年比 2020 年增长（%）	新增固定资产 2021 年比 2020 年增长（%）
金融业		
房地产业	-45.7	-60.7
租赁和商务服务业	-18.1	
科学研究和技术服务业	93.1	11.9
水利、环境和公共设施管理业	-74.6	-83.2
居民服务、修理和其他服务业		
教育	647.4	
卫生和社会工作	-68.0	
文化、体育和娱乐业	-61.2	
公共管理、社会保障和社会组织		

注："空格"表示该项指标数据不详或没有数据。

经开区房地产开发情况一览表

项目	2021 年比 2020 年增长（%）
房地产开发项目个数	-9.7
房地产开发投资额	-45.6
按用途分	
#住宅	-47.9
写字楼（办公楼）	-41.5
商业营业用房	-37.5
其他	-39.7
按投资构成分	
建筑安装工程	-17.2
设备工器具购置	-65.4
其他费用	-53.3
#土地购置费	-56.8
商品房销售额	34.9
#住宅	34.2

注："#"表示总计中的其中项；有"#"号的分组指标表示总计的部分项目，无"#"号的分组指标则表示其中项之和等于总计。

经开区房地产开发面积一览表

单位：万平方米

项目	2021 年	2020 年	增减（%）
房屋施工面积	311.3	413.7	-24.8

续表

项目	2021年	2020年	增减（%）
#本年新开工面积	25.7	63.0	−59.2
#住宅	127.6	160.5	−20.5
办公楼（写字楼）	94.8	134.2	−29.3
商业营业用房	6.0	14.2	−57.9
其他	82.8	104.9	−21.0
房屋竣工面积	72.9	93.1	−21.7
#住宅	41.6	45.2	−7.9
办公楼（写字楼）		23.7	
商业营业用房	0.3		
其他	31.0	24.2	28.0
商品房销售面积	60.7	56.5	7.4
#住宅	50.2	51.9	−3.2
办公楼（写字楼）	4.0	2.9	39.0
商业营业用房	0.3	0.5	−43.1
其他	6.2	1.3	391.3
商品房待售面积	49.7	48.6	2.3
#住宅	13.3	24.6	−45.8
#1~3年（含1年）	41.6	36.6	13.7
#3年以上（含3年）	8.1	8.9	−9.6

注：1.“空格”表示该项指标数据不详或没有数据；

2.“#”表示总计中的其中项；有“#”号的分组指标表示总计的部分项目，无“#”号的分组指标则表示其中项之和等于总计。

第二产业

经开区规模以上工业企业主要指标一览表

项目	单位	2021年	2020年	增减（%）
单位数	个	359	351	2.3
资产总计	万元	82 745 692	69 644 752	18.8
负债合计	万元	41 743 148	40 326 361	3.5
固定资产原价	万元	22 674 964	20 811 556	9.0
规模以上工业总产值	万元	57 121 172	44 679 282	27.8
营业收入	万元	59 537 725	48 008 684	24.0
利润总额	万元	14 009 855	5 539 206	152.9

经开区规模以上电子信息产业主要经济指标一览表

项目	单位	2021 年	2020 年
企业单位个数	个	72	59
#亏损企业	个	19	10
工业总产值	万元	10 876 643	8 488 475
平均用工人数	人	33 331	30 247
资产负债			
资产总计	万元	34 339 804	29 558 707
流动资产合计	万元	23 104 561	21 627 154
#存货	万元	2 485 715	1 664 365
#产成品	万元	1 046 304	663 446
#应收账款	万元	2 642 908	2 093 835
负债合计	万元	19 682 437	18 236 224
损益			
营业收入	万元	13 569 396	10 792 356
#主营业务收入	万元	13 446 238	10 698 987
营业成本	万元	11 059 403	9 503 338
税金及附加	万元	42 390	54 454
销售费用	万元	233 977	166 245
管理费用	万元	470 765	282 415
财务费用	万元	−34 083	62 914
研发费用	万元	665 894	337 546
利润总额	万元	1 389 179	631 769
应交增值税	万元	102 481	166 167

注：“#”表示总计中的其中项；有“#”号的分组指标表示总计的部分项目，无“#”号的分组指标则表示其中项之和等于总计。

经开区规模以上装备制造产业主要经济指标一览表

项目	单位	2021 年	2020 年
企业单位个数	个	147	157
#亏损企业	个	34	41
工业总产值	万元	6 020 599	6 104 575
平均用工人数	人	36 276	35 598
资产负债			
资产总计	万元	11 230 053	9 826 710
流动资产合计	万元	8 893 806	7 743 772

续表

项目	单位	2021 年	2020 年
# 存货	万元	1 707 543	1 332 644
# 产成品	万元	550 901	435 392
# 应收账款	万元	2 618 828	2 412 799
负债合计	万元	6 222 781	5 375 142
损益			
营业收入	万元	7 951 300	7 324 176
# 主营业务收入	万元	7 740 379	7 046 355
营业成本	万元	5 944 063	5 641 441
税金及附加	万元	39 669	37 524
销售费用	万元	378 773	345 666
管理费用	万元	478 187	432 111
财务费用	万元	10 331	18 585
研发费用	万元	320 012	266 022
利润总额	万元	831 379	649 010
应交增值税	万元	156 942	162 988

注：“#”表示总计中的其中项；有“#”号的分组指标表示总计的部分项目，无“#”号的分组指标则表示其中项之和等于总计。

经开区规模以上生物与医药产业主要经济指标一览表

项目	单位	2021 年	2020 年
企业单位个数	个	37	36
# 亏损企业	个	14	9
工业总产值	万元	16 434 167	5 305 269
平均用工人数	人	24 037	23 561
资产负债			
资产总计	万元	15 422 350	7 493 069
流动资产合计	万元	11 745 043	4 736 961
# 存货	万元	1 943 817	1 556 125
# 产成品	万元	832 164	825 110
# 应收账款	万元	1 359 504	1 126 055
负债合计	万元	4 182 159	3 321 574
损益			
营业收入	万元	14 588 736	5 280 564
# 主营业务收入	万元	14 435 055	5 151 984
营业成本	万元	3 801 190	2 644 156
税金及附加	万元	68 478	34 361

续表

项目	单位	2021 年	2020 年
销售费用	万元	1 517 984	1 377 342
管理费用	万元	354 587	305 459
财务费用	万元	−197	94 245
研发费用	万元	456 878	192 134
利润总额	万元	8 084 160	506 976
应交增值税	万元	451 391	184 561

注："#"表示总计中的其中项；有"#"号的分组指标表示总计的部分项目，无"#"号的分组指标则表示其中项之和等于总计。

经开区规模以上汽车与交通设备产业主要经济指标一览表

项目	单位	2021 年	2020 年
企业单位个数	个	31	26
# 亏损企业	个	2	2
工业总产值	万元	20 279 770	21 602 363
平均用工人数	人	24 111	24 862
资产负债			
资产总计	万元	16 211 566	17 788 832
流动资产合计	万元	10 292 985	11 965 234
# 存货	万元	2 467 785	2 077 236
# 产成品	万元	1 100 905	573 775
# 应收账款	万元	1 293 330	3 102 252
负债合计	万元	9 358 784	11 154 496
损益			
营业收入	万元	19 186 194	20 560 659
# 主营业务收入	万元	18 799 739	20 297 339
营业成本	万元	13 653 370	14 677 701
税金及附加	万元	824 483	940 115
销售费用	万元	1 101 064	1 202 279
管理费用	万元	302 004	365 249
财务费用	万元	−94 972	49 333
研发费用	万元	272 278	243 639
利润总额	万元	3 125 246	3 086 177
应交增值税	万元	602 907	785 363

注："#"表示总计中的其中项；有"#"号的分组指标表示总计的部分项目，无"#"号的分组指标则表示其中项之和等于总计。

经开区规模以上都市工业主要经济指标一览表

项目	单位	2021年	2020年
企业单位个数	个	45	45
# 亏损企业	个	10	10
工业总产值	万元	2 241 914	1 957 642
平均用工人数	人	12 227	12 419
资产负债			
资产总计	万元	3 187 525	3 023 538
流动资产合计	万元	2 255 675	2 120 373
# 存货	万元	254 577	232 660
# 产成品	万元	105 295	106 244
# 应收账款	万元	363 542	238 544
负债合计	万元	1 569 576	1 479 223
损益			
营业收入	万元	2 988 263	2 727 536
# 主营业务收入	万元	2 866 775	2 606 094
营业成本	万元	1 845 369	1 564 245
税金及附加	万元	21 909	21 526
销售费用	万元	573 409	574 654
管理费用	万元	194 106	162 299
财务费用	万元	−10 709	−7 138
研发费用	万元	25 085	28 224
利润总额	万元	428 735	413 762
应交增值税	万元	131 506	130 050

注："#"表示总计中的其中项；有"#"号的分组指标表示总计的部分项目，无"#"号的分组指标则表示其中项之和等于总计。

经开区规模以上现代制造业主要经济指标一览表

项目	单位	2021年	2020年
企业单位个数	个	223	211
# 亏损企业	个	56	50
工业总产值	万元	50 046 139	38 514 605
平均用工人数	人	94 033	92 835
资产负债			
资产总计	万元	68 147 385	57 995 705
流动资产合计	万元	47 422 245	41 353 981
# 存货	万元	6 660 971	5 311 196
# 产成品	万元	2 652 138	1 935 893

续表

项目	单位	2021年	2020年
# 应收账款	万元	6 290 583	7 540 201
负债合计	万元	34 973 848	34 641 769
损益			
营业收入	万元	50 191 141	40 356 826
# 主营业务收入	万元	49 362 255	39 629 503
营业成本	万元	30 623 924	29 717 789
税金及附加	万元	948 695	1 044 300
销售费用	万元	2 994 178	2 889 329
管理费用	万元	1 319 393	1 158 472
财务费用	万元	−126 287	216 608
研发费用	万元	1 478 446	923 023
利润总额	万元	12 859 605	4 494 715
应交增值税	万元	1 255 585	1 228 963

注："#"表示总计中的其中项；有"#"号的分组指标表示总计的部分项目，无"#"号的分组指标则表示其中项之和等于总计。

经开区规模以上高技术制造业主要经济指标一览表

项目	单位	2021年	2020年
企业单位个数	个	180	163
# 亏损企业	个	50	40
工业总产值	万元	29 314 730	15 530 793
平均用工人数	人	71 205	66 891
资产负债			
资产总计	万元	53 517 972	40 080 135
流动资产合计	万元	37 765 213	28 717 844
# 存货	万元	5 334 529	3 941 347
# 产成品	万元	1 975 706	1 581 311
# 应收账款	万元	4 450 735	3 781 625
负债合计	万元	25 859 729	23 259 522
损益			
营业收入	万元	30 152 424	17 977 983
# 主营业务收入	万元	29 772 205	17 657 140
营业成本	万元	16 298 086	13 575 726
税金及附加	万元	122 703	99 922
销售费用	万元	1 856 603	1 629 827
管理费用	万元	1 014 117	753 560
财务费用	万元	−25 776	164 451

续表

项目	单位	2021年	2020年
研发费用	万元	1 274 177	655 744
利润总额	万元	9 586 956	1 246 791
应交增值税	万元	585 977	384 391

注："#"表示总计中的其中项；有"#"号的分组指标表示总计的部分项目，无"#"号的分组指标则表示其中项之和等于总计。

经开区建筑业企业基本情况一览表

项目	单位	2021年	2020年
企业单位数	个	71	70
从业人员期末人数	人	19 164	16 075
建筑业总产值	万元	5 742 679	5 256 934
#建筑工程产值	万元	5 191 533	4 824 272
#安装工程产值	万元	482 040	370 890
#本市完成产值	万元	1 029 033	653 324
营业收入	万元	8 397 274	7 189 036
利润总额	万元	152 843	207 079
房屋建筑面积			
施工面积	万平方米	3 944.9	4 198.0
竣工面积	万平方米	759.7	388.9
竣工产值	万元	2 455 142	1 585 348
签订合同额	万元	28 528 673	24 599 868

注：1. 建筑施工企业房屋建筑面积包括在本市和外省完成的施工、竣工面积；
2. "#"表示总计中的其中项；有"#"号的分组指标表示总计的部分项目，无"#"号的分组指标则表示其中项之和等于总计。

批发和零售业

经开区限额以上批发和零售业商品购进、销售、库存总值一览表

单位：万元

项目	2021年	2020年	增减（%）
商品购进额	114 783 708	86 930 419	32
进口	396 618	533 762	-26
商品销售额	115 876 144	94 461 980	23
批发额	96 349 917	78 329 948	23
#出口	1 425 062	1 288 970	11

续表

项目	2021年	2020年	增减（%）
零售额	19 526 227	16 132 032	21
期末商品库存额	8 345 800	7 688 516	9

注："#"表示总计中的其中项；有"#"号的分组指标表示总计的部分项目，无"#"号的分组指标则表示其中项之和等于总计。

第三产业

2021年规模以上第三产业法人单位主要经济指标一览表
（按行业、按等级注册类型分）

项目	单位个数（个）	从业人员平均人数（万人）	资产总计（亿元）	收入合计（亿元）	税金合计（亿元）	利润总额（亿元）
合计	882	19.1	11 708.1	13 072.8	145.3	275.0
按行业分						
批发和零售业	287	3.4	4 743.5	10 905.9	43.6	36.9
交通运输、仓储和邮政业	27	1.1	155.5	296.2	18.0	60.3
住宿和餐饮业	41	1.0	24.2	26.3	0.6	0.6
信息传输、软件和信息技术服务业	131	4.8	2 280.0	820.4	32.9	105.1
金融业	26	0.1	1 010.6	30.2	2.8	8.6
房地产业	69	0.5	1 830.1	344.0	24.2	9.8
租赁和商务服务业	78	3.5	297.0	89.6	3.5	−4.0
科学研究和技术服务业	162	3.2	1 205.9	483.2	17.5	59.9
水利、环境和公共设施管理业	8	0.2	73.7	11.1	0.3	−1.2
居民服务、修理和其他服务业	11	0.5	11.8	7.2	0.3	−0.5
教育	18	0.4	17.3	20.2	0.2	−1.5
卫生和社会工作	11	0.3	18.9	17.4	0.8	1.4
文化、体育和娱乐业	13	0.2	39.5	21.2	0.5	−0.5
公共管理、社会保障和社会组织						
按登记注册类型分						
内资	767	13.0	6 953.1	2 609.9	87.7	157.0
国有	11	0.3	47.7	19.5	0.2	0.1
集体	2	***	***	***	***	***
股份合作						
联营						
有限责任公司	408	8.1	4 883.7	1 864.1	70.1	121.3
股份有限公司	26	0.8	1 333.3	381.2	8.6	20.0
私营	313	3.7	684.1	340.5	8.8	15.8

续表

项目	单位个数（个）	从业人员平均人数（万人）	资产总计（亿元）	收入合计（亿元）	税金合计（亿元）	利润总额（亿元）
其他	7	***	***	***	***	***
港、澳、台商投资	38	3.4	3 290.6	7 108.7	14.6	19.8
外商投资	77	2.7	1 464.3	3 354.2	42.9	98.2

注：1. 本表中应缴税金合计包括应缴增值税、所得税费用、营业税金及附加等；
2. 由于第四次全国经济普查制度与年定报制度的差异，2018 年金融业数据汇总范围参考非经普年份金融业统计调查范围，数据来自 2019 年报同期数，下表同；
3. "***" 表示为使个体数据得以保密，该数据不予公布；
4. "空格" 表示该项指标数据不详或没有数据；
5. "#" 表示总计中的其中项；有 "#" 号的分组指标表示总计的部分项目，无 "#" 号的分组指标则表示其中项之和等于总计。

2021 年经开区规模以上文化产业法人单位基本情况一览表

行业	单位个数（个）	从业人员平均人数（人）	收入合计（万元）	利润总额（万元）
合计	74	8 289	5 426 644	273 256
新闻信息服务	6	1 294	127 426	−11 263
内容创作生产	12	1 885	184 093	89 364
创意设计服务	25	993	196 232	−416
文化传播渠道	4	***	***	***
文化投资运营				
文化辅助生产和中介服务	21	3 524	509 532	48 136
文化装备生产	1	***	***	***
文化消费终端生产	5	190	2 721 872	24 383

注：1. "***" 表示为使个体数据得以保密，该数据不予公布；
2. "空格" 表示该项指标数据不详或没有数据。

劳动工资

2021 年经开区非私营法人单位从业人员和劳动工资一览表

项目	年末人数（人）	工资总额（万元）	平均工资（元）
合计	310 022	6 218 691	203 356
农、林、牧、渔业	1 321	16 790	123 857
采矿业	2 089	26 411	126 612
制造业	126 995	2 617 522	205 828

续表

项目	年末人数（人）	工资总额（万元）	平均工资（元）
电力、热力、燃气及水生产和供应业	1 455	20 811	144 913
建筑业	16 114	221 041	136 387
批发和零售业	30 818	760 125	255 557
交通运输、仓储和邮政业	10 936	179 216	176 576
住宿和餐饮业	4 649	22 069	45 459
信息传输、软件和信息技术服务业	38 821	1 122 531	299 652
金融业	764	19 515	267 033
房地产业	4 450	76 746	169 219
租赁和商务服务业	22 980	213 378	93 326
科学研究和技术服务业	29 573	588 465	208 597
水利、环境和公共设施管理业	1 613	20 031	122 187
居民服务、修理和其他服务业	772	8 972	111 180
教育	5 879	137 465	231 387
卫生和社会工作	5 332	63 158	120 137
文化、体育和娱乐业	1 978	33 015	174 761
公共管理、社会保障和社会组织	3 482	71 431	206 141

专利情况

经开区专利情况一览表

单位：件

项目	2021年	2020年	增减（%）
PCT国际专利申请量	864	449	92.4
专利授权量	9 815	7 210	36.1
按种类分			
发明	2 543	1 628	56.2
实用新型	5 600	4 527	23.7
外观设计	1 672	1 055	58.5
按对象分			
工矿企业	9 254	6 892	34.3
大专院校	219	82	167.1
科研单位	123	115	7.0
机关团体	7	4	75.0
个人	212	117	81.2
有效发明专利	11 480	9 231	24.4
按对象分			

续表

项目	2021 年	2020 年	增减（%）
工矿企业	11 029	8 884	24.1
大专院校	11	9	22.2
科研单位	331	243	36.2
机关团体	25	25	0.0
个人	84	70	20.0

注：数据来源于科技创新局。

高新技术企业

经开区高新技术企业情况一览表

项目	单位	2021 年	2020 年	增减（%）
企业个数	个	1 152	1 219	−5.5
总收入	亿元	9 034.2	7 559.8	19.5
#技术收入	亿元	615.9	501.7	22.8
产品销售收入	亿元	4 691.5	3 837.0	22.3
工业总产值	亿元	4 767.1	3 731.8	27.7
利润总额	亿元	1 401.6	525.7	166.6
实缴税费总额	亿元	556.1	477.8	16.4

注："#"表示总计中的其中项；有"#"号的分组指标表示总计的部分项目，无"#"号的分组指标则表示其中项之和等于总计。

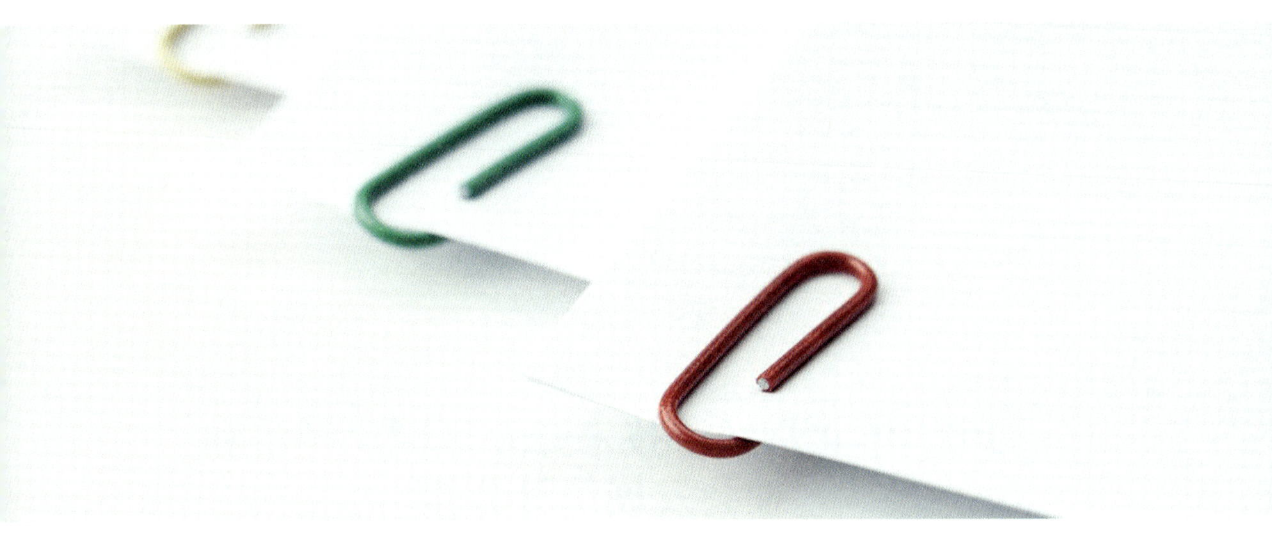

附录

北京经济技术开发区年鉴 2022

BEIJING ECONOMIC-TECHNOLOGICAL DEVELOPMENT AREA YEARBOOK 2022

2021 年北京经济技术开发区国民经济和社会发展统计公报

2021 年，经开区坚持以习近平新时代中国特色社会主义思想为指导，在市委、市政府和经开区工委、管委会的坚强领导下，以高质量发展为主题，以供给侧结构性改革为主线，以首都发展为统领，以建设“三城一区”主平台为抓手，积极应对疫情考验，完成全年各项任务。

一、综合经济

经济总量：初步核算，全年实现地区生产总值 2666 亿元，按可比价格计算，比 2020 年增长 28.8%。其中，第二产业增加值 1884 亿元，比 2020 年增长 39.7%；第三产业增加值 782 亿元，比 2020 年增长 8.3%。第二产业和第三产业构成为 70.7:29.3。

2021 年地区生产总值一览表

指标	绝对数（亿元）	增速（%）	比重（%）
地区生产总值	2666.0	28.8	100.0
按产业分：			
第二产业	1884.0	39.7	70.7
第三产业	782.0	8.3	29.3
按行业分：			
工业	1818.1	40.5	68.2
建筑业	67.4	20.3	2.5
批发和零售业	265.0	9.5	9.9
交通运输、仓储和邮政业	45.7	13.4	1.7
住宿和餐饮业	16.6	10.7	0.6
信息传输、软件和信息技术服务业	150.6	9.6	5.7
金融业	63.7	12.0	2.4
房地产业	53.0	−14.0	2.0
租赁与商务服务业	66.9	11.2	2.5
科学研究和技术服务业	73.9	11.3	2.8
水利、环境和公共设施管理业	3.3	4.3	0.1

续表

指标	绝对数（亿元）	增速（%）	比重（%）
居民服务、修理和其他服务业	3.9	23.8	0.1
教育	9.2	3.9	0.3
卫生和社会工作	5.1	16.4	0.2
文化、体育和娱乐业	2.4	7.0	0.1
公共管理、社会保障和社会组织	21.3	3.0	0.8

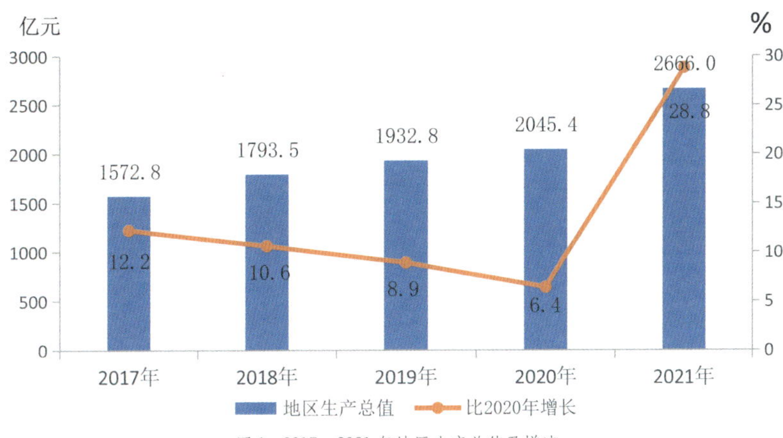

图1 2017—2021年地区生产总值及增速

财政：全年完成地方级收入362.7亿元，比2020年增长5.2%。

固定资产投资：全年固定资产投资比2020年增长17.1%。分产业看，第二产业投资比2020年增长77.1%，其中工业投资比2020年增长77.1%；第三产业投资比2020年下降40%。

市场消费：全年实现社会消费品零售额431.4亿元，比2020年增长5.7%。限额以上批发和零售业中，计算机、软件及辅助设备零售额比2020年增长17.2%；医疗用品及器材零售额比2020年增长11.7%。

2021年社会消费品零售额一览表

指标	绝对数（亿元）	比2020年增长（%）
总计	431.4	5.7
按限额标准分：		
限额以上	318.4	7.5
限额以下	113.0	0.9
按行业分：		
批发业	20.0	12.4
零售业	388.2	4.4
住宿	2.6	43.1
餐饮业	20.7	21.6

图 2 2017—2021 年社会消费品零售额及增速

对外经济：全年实现进出口总额 315.4 亿美元，比 2020 年增长 55.5%。其中，出口额为 127.7 亿美元，比 2020 年增长 1.2 倍；进口额为 187.6 亿美元，比 2020 年增长 30.1%。

图 3 2017—2021 年进口额和出口额

全年新增外资企业 86 家，比 2020 年增长 56.4%。实际利用外资 8.2 亿美元，比 2020 年增长 25.2%。其中，制造业实际利用外资 5.8 亿美元，金融业实际利用外资 0.4 亿美元。

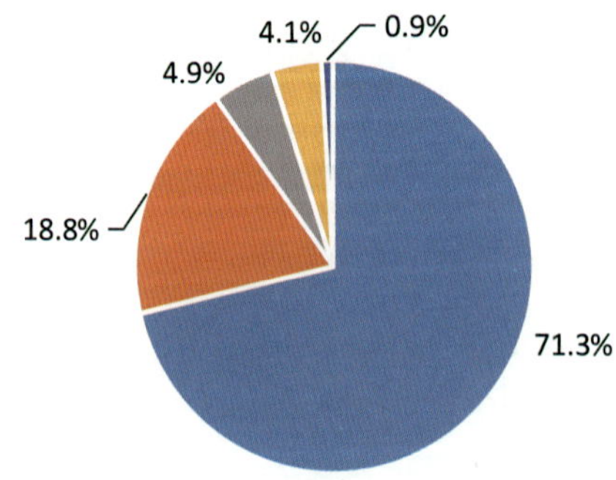

■ 制造业 ■ 科学研究和技术服务业 ■ 金融业 ■ 租赁和商务服务业 ■ 信息传输、软件和信息技术服务业

图 4 2021 年主要行业实际利用外资占比情况

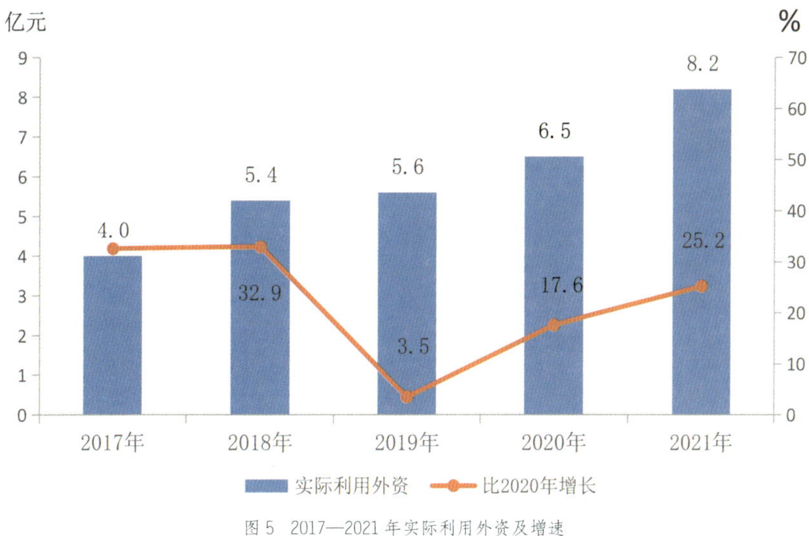

图5 2017—2021年实际利用外资及增速

二、主要行业

工业：全年实现规模以上工业总产值5597.9亿元，比2020年增长26.7%。其中，现代制造业和高技术制造业产值分别比2020年增长29%和87.6%；内资企业产值比2020年增长1.1倍，外商及港澳台商企业产值基本与2020年持平。

规模以上工业企业实现销售产值5302.5亿元，比2020年增长20.8%。其中，内销产值4387.8亿元，比2020年增长12.4%；出口交货值914.7亿元，比2020年增长88.1%。

全年规模以上工业企业利润为1430.8亿元，比2020年增长157.1%。全年规模以上工业企业每百元营业收入中的成本为61.9元，比2020年减少10.6元。营业收入利润率为24.9%，比2020年提高13.2个百分点。

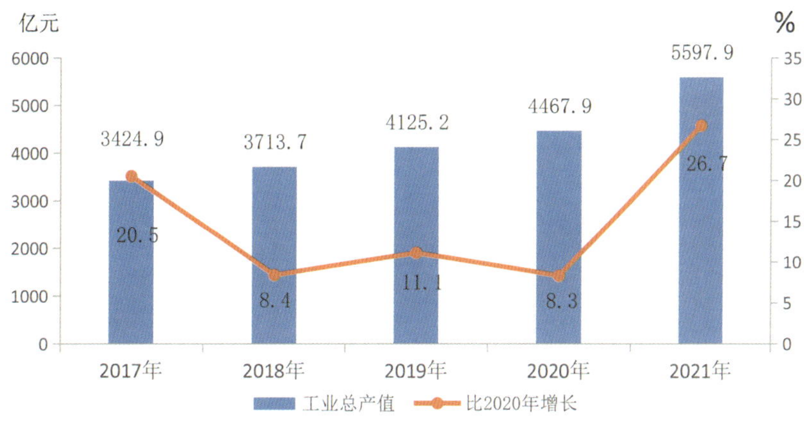

图6 2017—2021年规模以上工业总产值及增速

2021 年四大主导产业工业总产值及利润总额一览表				
指标	工业总产值		利润总额	
	绝对数（亿元）	比 2020 年增长（%）	绝对数（亿元）	比 2020 年增长（%）
四大主导产业	5272.1	27.9	1373.5	180.3
汽车及交通设备产业	1971.1	−7.5	315.3	3.2
电子信息产业	1051.8	24.9	148.2	126.4
装备制造产业	599.3	−2.5	70.1	2.6
生物工程和医药产业	1649.9	209.6	840.0	1560.6

建筑业：全年具有资质等级的总承包和专业承包建筑业企业完成建筑业总产值 574.3 亿元，比 2020 年增长 9.2%。其中，在北京市完成 102.9 亿元，比 2020 年增长 57.5%；在外省完成 471.4 亿元，比 2020 年增长 2.4%。全年新签合同额 1393.2 亿元，比 2020 年增长 15.6%。

批发和零售业：全年批发和零售业实现销售额 11186.1 亿元，比 2020 年增长 23.1%。其中，批发业实现 10428.9 亿元，比 2020 年增长 24.2%；零售业实现 757.3 亿元，比 2020 年增长 9.7%。

信息传输、软件和信息技术服务业：全年规模以上信息传输、软件和信息技术服务业单位实现收入 727 亿元，比 2020 年增长 18.7%；实现利润总额 94.5 亿元，比 2020 年增长 2 倍。

房地产开发：全年房地产开发投资比 2020 年下降 45.6%。其中，住宅投资比 2020 年下降 47.9%，办公楼投资比 2020 年下降 41.5%，商业营业用房比 2020 年下降 37.5%。

2021 年房地产开发和销售主要指标一览表		
指标	绝对数（万平方米）	比 2020 年增长（%）
房屋施工面积	311.3	−24.8
新开工	25.7	−59.2
住宅	127.6	−20.5
房屋竣工面积	72.9	−21.7
住宅	41.6	−7.9
商品房屋销售面积	60.7	6.3
住宅	50.2	−4.3
商品房屋待售面积	49.7	0.4
住宅	13.3	−47.7

全年保障性住房施工面积为 14.3 万平方米，竣工面积为 14.3 万平方米。全年完成交付共有产权房 994 户。

三、科技和高新技术企业

科技：全年获专利授权 9815 件，比 2020 年增长 36.1%，其中发明专利 2543 件，比 2020 年增长 56.2%。申请 PCT 专利 864 件，比 2020 年增长 92.4%。截至 2021 年年底，企业拥有有效发明专利 11480 件。

高新技术企业：全年中关村国家自主创新示范区亦庄园高新技术企业实现总收入 9114.5 亿元，比 2020 年增长 26%。其中，技术收入 506.8 亿元，比 2020 年增长 32.3%。

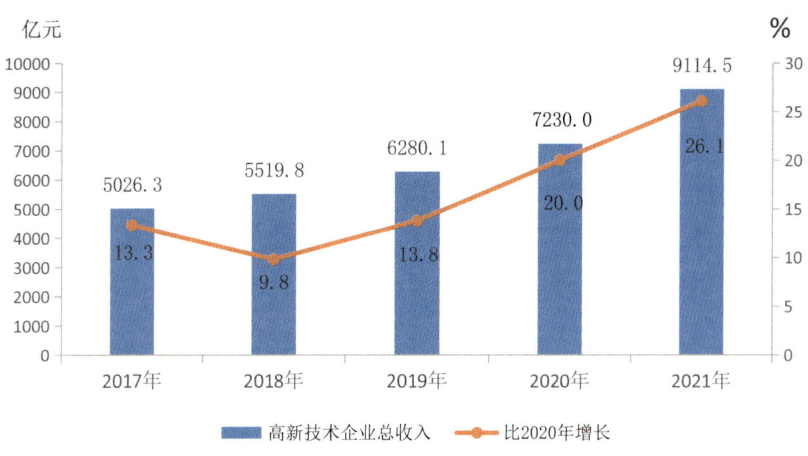

图 7 2017—2021 年高新技术企业总收入及增速

四、就业和社会保障

就业：打造“互联网 + 就业”体系，全年组织线下招聘会 4 场，135 家企业参会，提供招聘岗位 2721 个；举办各类线上招聘活动 40 场，1116 家次参会企业，提供招聘岗位 19040 个。帮助有就业愿望的周边地区劳动力到经开区就业，新增 3170 名大兴、通州两区劳动力和 387 名平谷区劳动力在经开区实现就业。

社会保障：截至 2021 年年底，参加城镇职工基本养老、基本医疗（生育保险）、失业和工伤保险人数分别为 66.87 万人、71.90 万人、58.97 万人、60.88 万人，分别比 2020 年年底增加 17.27 万人、27.10 万人、16.67 万人、20.18 万人。全年养老、医疗、失业、工伤、生育五项保险基金收缴 183.72 亿元，比 2020 年增加 85.42 亿元。

五、城市建设和安全生产

道路交通：开工建设辛四路等项目，建成凉水河一街等一批道路，经海九路、西环路、博兴八路等项目加快推进。“60 平方公里”范围内 400 千米道路、305 个路口实现智能网联道路基础设施全覆盖。完成 3 条公交线路优化工作，推进新开通 3 条以上公交线路。改造步道 3408.63 平方米、人行道 1000 平方米、人行步道 174 平方米，天桥 6 座 104 平方米等无障碍环境专项行动工作任务。

公共事业：全年全社会用电量 78.2 亿千瓦·时，比 2020 年增长 8.1%。其中，生产用电 75.1 亿千瓦·时，比 2020 年增长 8.1%；居民生活用电 3.1 亿千瓦·时，比 2020 年增长 6.4%。截至 2021 年年底，全区共有用热户数 308 家，管线长度 364.5 千米，与 2020 年基本持平；采暖面积 1473.4 万平方米，比 2020 年增长 1.8%。

安全生产：全年发生 2 起安全事故，死亡 2 人。

六、城市环境和绿色生产生活

大气环境：细颗粒物（$PM_{2.5}$）年均浓度值为 35 微克 / 立方米，比 2020 年下降 5.4%，完成市政府下达的年度环境质量改善目标任务；臭氧（O_3）浓度值为 149 微克 / 立方米，比 2020 年下降 11.3%；$PM_{2.5}$ 和臭氧同步达到国家二级标准限值，并创有检测记录以来历史最优。可吸入颗粒物（PM_{10}）年均浓度值为 59 微克 / 立方米，比 2020 年下降 7.8%；二氧化氮（NO_2）年均浓度值为 33 微克 / 立方米，与 2020 年持平。

能源消耗：全年能源消费总量 273.97 万吨标准煤，比 2020 年增长 7.84%；全年万元地区生产总值能耗 0.1028 吨标准煤，按不变价格计算，比 2020 年下降 16.26%。

绿色生产：区内企业在节能降碳、环保治理、无废城市、绿色建筑相关领域，实施项目 196 个。2 家企业通过绿色供应链评选，8 家企业通过绿色工厂评选。一般工业固体废物产生量 20.15 万吨，综合利用率达 96.39%，与 2020 年持平；危险废物产生量 4.49 万吨。统筹推进生态文明建设，深入打好污染防治攻坚战，持续深入一微克行动，完成区内 200 余家涉气企业排查、110 余家次涉水企业检查、300 余家次流域检查、950 家次产废单位检查、50 余家次核技术利用单位检查、89 家单位突发环境事件应急预案备案，督促区内 45 家重点碳排放单位按时履约，17 家一般碳排放单位完成碳排放报告；重点排污单位公开手工监测数据和自动监测数据完成率为 100%、公开率为 100%。

绿色生活：组织 870 户完成“非居民排放”登记；推选形成 10 个示范小区，在全区 32 个小区中占比 31.3%，创建比例远高于全市平均水平的 8%；建筑垃圾及装修垃圾清运工作实现“零”的突破，督促 32 个小区制订装修垃圾治理方案，其中 28 个小区完成装修垃圾消纳备案。

七、教育、文化、卫生和体育

教育：人大附中亦庄新城学校、北京市第二中学经开区学校 9 月如期开学，实现新增基础教育学位 3600 个、普惠性幼儿园学位 630 个。截至 2021 年年底，全区拥有基础教育学校 10 所，其中十二年建制学校 4 所、九年一贯制学校 2 所（公办 1 所、民办 1 所）、完全中学 1 所、小学 3 所；中外合作办学机构 1 所。全区有市属高职学校 1 所，市管中等职业学校 1 所。

全年全区普通高中招生 496 人，在校生 1650 人，毕业生 442 人；普通初中招生

1245 人，在校生 3251 人，毕业生 856 人；普通小学招生 3012 人，在校生 12831 人，毕业生 965 人；幼儿园入园幼儿 2163 人，在园幼儿 7324 人。初中毕业率为 100%，高中毕业率为 98.8%。

文化：坚持文化兴城，举办“大都东南”科技文化艺术节、“亦庄学院”科技沙龙等文化活动，推出一批特色实体书店、公共阅读空间，定期举办创新发布，开展精神文明创建活动，丰富群众文化生活。成立区文联，创建全市首个工业科技旅游示范区，推出首批 50 家“北京 · 亦庄科技馆”和 5 条工业科技旅游精品线路，公共文化服务水平持续提升。截至 2021 年年底，全区共有公共图书馆 2 个，总藏书量约为 125 万册；文化活动中心 3 个、社区文化室 21 个。全区 3 家影院，放映电影 43233 场，观众 67.7 万人次，票房收入 3401.7 万元。

卫生：截至 2021 年年底，全区拥有卫生机构 110 个，比 2020 年年底增加 10 个。其中，医院 9 个，社区卫生站 4 个，医学检验实验室 22 个，门诊部 30 个，诊所 26 个，医务室 19 个。卫生机构实有床位数 1810 张，比 2020 年年底增加 481 张。卫生技术人员 4951 人。

体育：开展迎冬奥冰雪文化节系列活动，参与人数约为 15 万人。完善“一刻钟”体育健身服务圈建设，完成 3 处多功能体育运动场地体育设施建设、11 处约 100 件全民健身路径更新工程。截至 2021 年年底，全区拥有 40 片各类专项活动场地、48 处全民健身路径、41 千米全民健身步道。全年举办各类全民健身活动 150 余场次，参与群众达 27 余万人次。

注释：

1.2021 年数据均为初步统计数。

2. 财政、对外经济、科技、就业、社会保障、城市建设、安全生产、城市环境、绿色生产生活、教育、文化、卫生、体育等数据来源于相关职能部门。

3. 三次产业划分依据统计局 2018 年修订的《三次产业划分规定》（国统字［2012］108 号），行业划分执行《国民经济行业分类》（GB/T 4754—2017）。

4. 市统计局根据全国第七次人口普查结果，对往年人口数据进行了修订。

5. 规模以上工业企业是指年主营收入 2000 万元及以上的全部法人工业企业；限额以上批发和零售业单位是指年主营业务收入 2000 万元及以上的批发业、年主营业务收入 500 万元及以上的零售业单位（包括法人单位、产业活动单位和个体经营户）。

6. 部分数据合计数或相对数由于计量单位取舍不同而产生计算误差，均未做机械调整。

（经发局）

2021 年北京经济技术开发区环境状况公报

2021 年，经开区以习近平新时代中国特色社会主义思想为指导，深入学习贯彻中共十九大和十九届六中全会精神，认真落实党中央的决策部署，统筹推进生态文明建设，深入打好污染防治攻坚战，践行绿色发展理念，以改善环境质量为核心，以增强群众获得感为出发点，以解决突出环境问题为导向，深入开展大气、水、土壤污染防治，全力保障环境安全，实现生态环境质量持续改善。经过全区共同努力，在维持主要污染物排放量稳中有降的同时，深挖减排潜力，进一步减少污染物的排放。与 2020 年相比，环境空气主要污染物年均浓度值均有所下降，其中细颗粒物（$PM_{2.5}$）年均浓度值为 35 微克 / 立方米，首次达到《环境空气质量标准》（GB 3095—2012）二级标准。大气环境质量持续改善，水环境质量、土壤环境质量和辐射环境质量平稳较好，声环境质量保持正常，环境安全得到有效保障。

一、环境质量

（一）大气环境

1. 空气质量状况

2021 年，经开区细颗粒物月均浓度值范围为 17~82 微克 / 立方米，年均浓度值为 35 微克 / 立方米，首次达到二级标准。可吸入颗粒物（PM_{10}）月均浓度值范围为 40~210 微克 / 立方米，年均浓度值为 59 微克 / 立方米，达到二级标准。二氧化氮（NO_2）月均浓度值范围为 12~50 微克 / 立方米，年均浓度值为 33 微克 / 立方米，达到二级标准。二氧化硫（SO_2）月均浓度值范围为 2~5 微克 / 立方米，年均浓度值为 3 微克 / 立方米，达到二级标准。一氧化碳（CO）月均浓度值范围为 0.4~0.9 毫克 / 立方米，年均浓度值为 1.2 毫克 / 立方米，达到二级标准。臭氧（O_3）月均浓度值范围为 41~153 微克 / 立方米，年均浓度值为 149 微克 / 立方米，达到二级标准。

2021 年，经开区环境空气主要污染物（除臭氧外）最低月均浓度值出现在夏季，最高月均浓度值出现在春季和冬季，主要受不利气象条件和冬季采暖的影响。臭氧最低月均浓度值出现在冬季，最高月均浓度值出现在夏季，主要受日照、温度和天气影响。年内，空气主要污染物月均浓度变化趋势如图 1 所示。

单位：微克 / 立方米；　一氧化碳单位：毫克 / 立方米

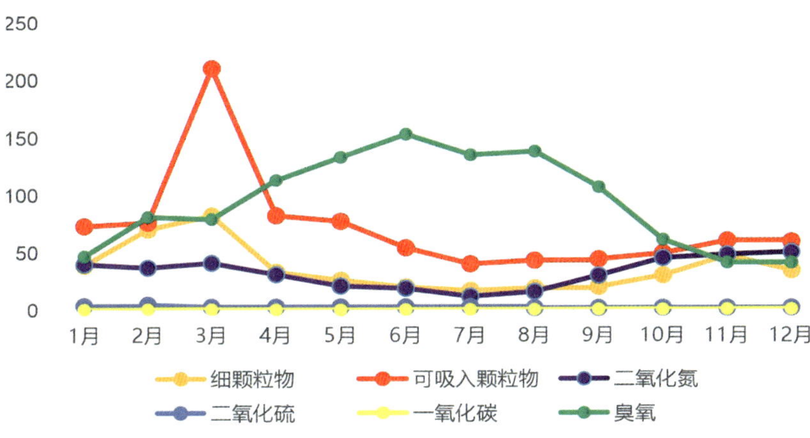

图 1　空气主要污染物月均浓度变化趋势

2. 空气质量指数

2021 年，经开区空气质量有效监测天数为 365 天，有效数据率为 100%。空气质量等级在二级以上的天数为 264 天，约占全年的 72.3%。空气质量等级为五级、六级的空气重污染天数为 10 天，约占全年的 2.7%。年内，空气质量等级构成情况如图 2 所示。

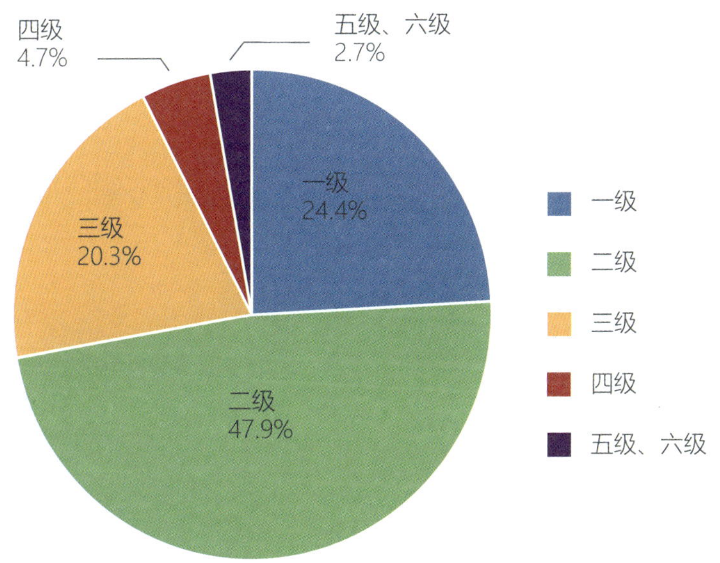

图 2　空气质量等级构成情况

2021 年，经开区环境空气主要污染物以臭氧为主，共 126 天，约占总有效监测天数的 34.5%；其次为细颗粒物，共 57 天，约占总有效监测天数的 15.6%；再次分别为可吸入颗粒物和二氧化氮，天数分别有 50 天和 45 天，分别占总有效监测天数的 13.7% 和 12.3%。年内，空气首要污染物构成情况如图 3 所示（部分日期有 2 个首要污染物）。

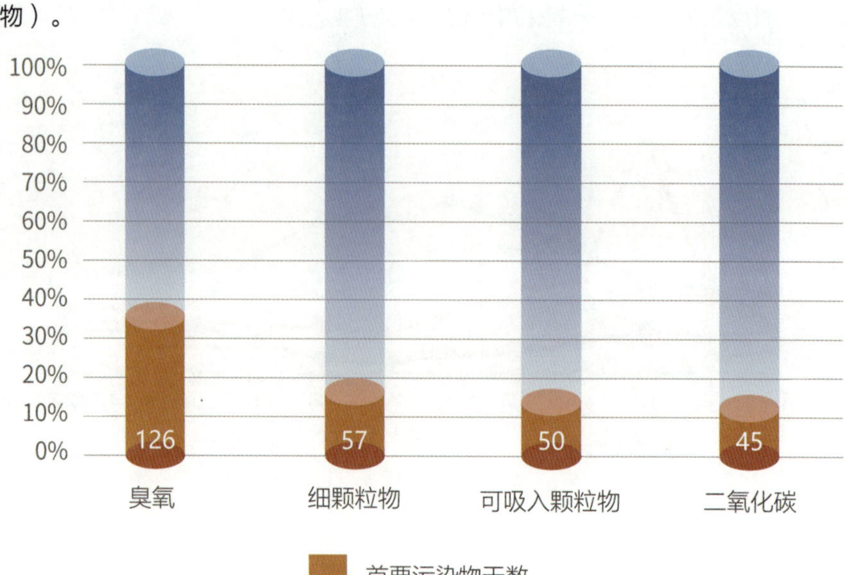

图 3　空气首要污染物构成情况

（二）地表水环境

1. 地表水总体水质状况

2021 年，经开区共设置 4 个地表水监测断面，新凤河断面和大羊坊沟断面水质类别为Ⅳ类，凉水河（旧宫桥）断面和凉水河（马驹桥）断面水质类别为Ⅲ类。

2. 河流水质

2021 年，经开区河流水体全部达到水环境功能规划要求（Ⅴ类）。新凤河和大羊坊沟水质达到Ⅳ类水质类别，凉水河水质达到Ⅲ类水质类别。

（三）土壤环境

2021 年，经开区内土壤质量等级均为Ⅰ级，土壤环境质量普遍良好。

（四）地下水环境

2021 年，经开区分别在路东区、文化园、河西区和软件园设置 4 个监测井位，全年进行 4 次监测，共计 37 个监测指标。路东区、河西区、文化园和软件园地下水质量类别均为Ⅳ类，经开区地下水质量总体为Ⅳ类。地下水水质总硬度指标数值整体较高，与水质本底值较高有关。

（五）声环境

2021 年，经开区共设置 25 个昼间环境噪声监测点，其中 5 个监测点位于 1 类声功能区、9 个监测点位于 3 类声功能区、11 个监测点位于 4a 类声功能区。经开区昼间 1 类区、

3 类区和 4a 类区声环境质量均部分达标。

（六）辐射环境

2021 年，经开区 γ 辐射剂量率月均值和年均值均在环境本底范围内，属于环境正常水平，未发现异常；环境中也未检出人工总 α、总 β、铯等放射性核素与空气中的放射性碘。

（七）生态环境

2021 年，经开区植被覆盖度较高，生物多样性较丰富，适合人类生活，生态环境质量稳定提高。

二、措施与行动

（一）污染治理与减排

1. 污染防治攻坚战成效显著

经开区始终把生态文明建设作为重点工作，加强统筹，推动各项工作落实。工委书记、生态文明委主任主持召开工委生态文明委全体会议，审议年度工作要点，明确年度生态环境保护工作各项任务和指标，为打好污染防治攻坚战，推进生态文明建设夯实基础。经开区管委会主任、生态文明委副主任，经开区管委会副主任、生态文明办主任多次召开专题会，调度生态环境保护工作，督促各部门落实各项工作措施，持续深化“一微克”行动，紧抓重点，注重实效，推动经开区环境质量持续改善。

经开区环境质量持续向好。空气环境质量首次全面达标。细颗粒物累计浓度为 35 微克 / 立方米，比 2020 年下降 5.4%，创有监测记录以来历史最优，首次达到二级标准。其他 3 项主要污染物中，可吸入颗粒物累计浓度为 59 微克 / 立方米、二氧化氮累计浓度为 33 微克 / 立方米、二氧化硫累计浓度为 3 微克 / 立方米；地下水环境和地表水环境均保持稳定，全区范围内无黑臭水体；土壤环境质量总体良好，土壤安全利用率为 100%。

一是蓝天保卫战成效显著。年内，经开区持续深化“一微克”行动，科学治理移动源，落实“环保检测，公安处罚”模式，对重点企业持续开展入户执法检查，检查重型柴油车 26739 辆，处罚 559 辆；推进新能源车辆替代，区内企业使用的 247 辆柴油车更换为新能源车；深化非道路移动机械管理，完成 1379 台机械编码登记，累计检查机械 1085 台次，处罚超标机械 40 台。

精细治理扬尘源，年内，经开区督促施工工地做好门前“三包”，落实“六个百分之百”等要求，安装建设工地视频监控摄像头 358 个；创新引入“环保管家”服务，开展工地道路积尘监测。街道开展网格巡查，落实“三查十无”等要求，总悬浮微粒（TSP）排名退出全市后30之列。

精准治理固定源，完成5家单位挥发性有机物（VOCs）“一厂一策”深度治理；配合市级部门对胶黏剂等含挥发性有机物产品抽检3批次，涉及12类产品；16个在施项目建筑涂料和黏结剂抽样检测合格率为100%；出台夜间加油双倍积分等措施，加油站实施错峰装卸油；组织230家企业开展挥发性有机物排查；完成2021年度重污染应急减排清单修订。

强化科技支撑，开展污染物源解析，说清污染物排放情况；依托细颗粒物小微站，构建立体监测网络，形成“发现—处理—反馈”的闭环管理体系，实现精准治污。

二是碧水保卫战紧抓不懈。污水处理率和再生水回用率均达100%，城镇污水厂污泥全部无害化处置，高品质再生水使用量1341万吨，同比完成105.97%；落实河长制工作要求，巡河任务完成率、问题整改率均达100%。

三是净土保卫战分类施策。加强重点企业风险管控，7家土壤重点监管单位落实主体责任，完成土壤自行监测和隐患排查工作；强化建设用地管理，经开区范围内无规划变更“两公一住”情形；完成区内14家企业核查，未发现污染地块和疑似污染地块；对20个点位进行土壤环境监测，结果全部达标。

四是强化噪声污染防治。环评项目批复中明确噪声标准要求；完成25个噪声监测点位监测，全面掌握区域噪声水平；落实“接诉即办”要求，针对信访举报的噪声问题及时处理。

五是坚持严格执法的高压态势。生态环境领域累计检查各类企业4443家次，处罚39家，罚款63.7万元；检查施工工地1840家次，对施工单位未采取有效防尘降尘措施处罚11起，罚款20万元。

2. 国土空间开发格局持续优化

一是持续推进绿化建设。完成65.29万平方米补植工作，启动河西区6处绿地改造提升工作；完成嘉会湖湿地公园方案征集，深化南海子公园及周边地区城市设计。

二是发挥“无废城市”示范效应。高质量完成《北京经济技术开发区“无废城市”建设试点总结报告》，启动“无废城市”蓝图大纲编制；完善一般工业固体废物平台，新增注册用户106家；持续营造“无废氛围”，引导居民参与“无废城市”建设，一批案例入选国家优秀试点案例，为全国无废城市建设输出亦庄经验。

3. 绿色低碳循环发展水平持续提高

一是推动产业优化升级。在重大产业项目引入及城市更新项目准入时，实施差异化措施，从招商环节严格控制污染排放，对不符合条件的企业，坚决不予引入；提高绿色生产水平，修订绿色发展资金政策，增加碳中和认证项目等 6 个支持方向；2 家企业通过绿色供应链评选，8 家企业通过绿色工厂评选。截至 2021 年年底，经开区获评绿色工厂和绿色供应链企业共计 35 家，全市领先。

二是推进低碳发展。完成《北京经济技术开发区碳达峰碳中和行动方案》和碳排放清单编制；区内 46 家碳排放重点单位全部履约；施耐德等 5 个项目完成碳中和认证；推动绿电进京，9—12 月达成交易电量 3420 万千瓦 · 时，占全市总成交量的 35.5%。

4. 促进资源节约循环高效利用

一是强化节能降耗。申报成为国家首批屋顶分布式光伏开发试点，完成光伏项目备案 32 个，报装容量 23066 千瓦 · 时。京东方等重点单位实施节能改造，节能 3300 吨标准煤，减少碳排放 8000 吨以上。

二是建设节水型城市。加强对节水工作的统筹，完成 600 家用水户指标分解，4 家单位完成节水型单位创建，配合完成 11 万块居民智能水表更换工作，核心区万元地区生产总值水耗 4 立方米左右。

5. 生态环境持续安全稳定

做好医疗废物管理，构建突发疫情期间，小微医疗机构医疗废物垃圾储运体系；强化环境风险单位监管，做好重点时期应急保障工作，全年未发生较大及以上环境事故。

6. 强化生态文明建设督察

狠抓第二轮中央生态环境保护督察整改。成立由工委书记、管委会主任担任组长的整改落实工作领导小组，全面推进整改工作落实。经开区 15 条整改任务中应于 2021 年完成的 14 项整改任务已全部完成，剩余 1 项整改任务按计划推进中，督察期间转办信访件全部办结完毕。

7. 推动绿色理念融入生活

一是推进绿色生活创建。全面推行节约型机关，深入开展绿色学校创建，鼓励减量包装或包装循环利用；加强宣传，推广简约适度、绿色低碳、文明健康的生活理念和生活方式。

二是推动生活垃圾分类。开展精准入户指导，发动党员等力量 1618 人，入户回访 21177 户；组织在职党员等 1724 人次开展桶前值守；开展城管执法进社区，每 2 个月对 2 个街道的 32 个小区完成一轮全覆盖。

三是强化宣传引导，创造良好舆论范围。持续推进生态环境保护宣传引导，融媒各平台发布生态文明建设相关稿件 243 篇、阅读量达 125 万余人次；围绕“双碳”工作等工作内容，策划 10 余个专题报道，提高群众的社会参与感，让大家共享绿色发展成果。

（二）环境监测与调查

1. 推进空气监测网络建设，为空气质量持续改善提供支撑

推进空气监测网络建设，搭建细颗粒物趋势网格监测平台，在区内布设 100 个细颗粒物趋势监测设备，其中有 15 个含挥发性有机物的多参数监测设备。分析经开区细颗粒物浓度分布状况，为环保精细化管理保障空气质量持续改善提供支撑。

2. 有序开展区域环境质量监测，为环境管理提供科学依据

有序开展 2021 年环境质量监测工作。完成区内 4 个河流断面点位监测、4 个地下水监测井位各 4 次监测工作，20 个点位土壤监测，25 个点位区域环境噪声监测，为管理部门及时掌握全区环境质量状况提供科学的数据支持。

3. 加强污染源监督性监测，推进监督性监测与自行监测信息公开

加强开展污染源监督性监测工作，完成水环境重点排污单位 43 家、大气环境重点排污单位 30 家、土壤（危废）重点监管单位 28 家、其他重点排污单位 4 家监测；中央环保督查问题整改印刷企业达标监测 18 家次。

推进监督性监测与自行监测信息公开，公开重点排污单位监督性监测 61 家次共 1600 个数据。督促各重点排污单位提高重点企业自行监测完成率和公布率。重点排污单位公开手工监测数据和自动监测数据完成率为 100%、公开率为 100%。

4. 加强能力建设，进一步提升监测水平

一是对各类环境监测机构开展监督检查，强化事中事后监管，进一步提升监测数据质量。二是及时更新项目监测方法，不断提升监测能力。三是认真开展实验室内部质量体系管理，确保实验室管理体系良好运行。四是强化职工学习培训，采取自主或集中收听收看视频会议、座谈技术交流、集中授课等多种方式进行业务技能培训，提升干部职工业务水平。

（三）机制创新与示范

1. 绿色发展资金支持政策

为践行绿色发展理念，推进生态文明建设，推动污染源减排和节能减碳，建设“无废城市”，发展绿色建筑，进一步推进经开区绿色低碳循环发展，建设宜居宜业绿色新城，结合年度重点工作，城市运行局联合经发局和开发建设局对政策进行修订，于 9 月发布《北

京经济技术开发区 2021 年度绿色发展资金支持政策》（京技管［2021］115 号），涉及环境保护、节能减碳、绿色建筑、无废城市四大类共 22 个支持方向，促进传统产业向绿色产业转型升级。全年通过政务服务中心平台共申报绿色发展资金项目 197 个（涉及 18 个支持方向）。

2. 细颗粒物源解析工作

城市运行局委托专业技术单位开展经开区细颗粒物源解析工作。细颗粒物源解析是研究城市空气质量变化成因和开展污染物排放控制管理的基础工作，也是制定环境空气质量达标规划和重污染天气应急预案的重要基础和依据。这项工作不仅能说清大气污染物本地来源贡献及外地传输占比情况，而且能详细阐述本地各类来源贡献率尤其是重污染天气下大气污染来源，为了解大气污染来源提供技术支撑。经开区将根据细颗粒物源解析结果有针对性制定详细的空气污染防治计划和控制措施，做到精准施策，改善经开区环境空气质量。

3.VOC 走航监测

城市运行局委托专业技术单位开展经开区 VOC 走航监测，根据环境管理需要结合热点网格报警和环境空气污染情况开展 VOC 走航监测，共走航监测 20 次。根据走航监测结果（高值区）走访和调查相关企业，责令废气排放企业改正违法行为、督促企业升级改造废气治理设施、加快更换活性炭频次、加强环境管理工作。做到真实减排，为改善区内环境空气质量发挥作用。

4. 园区零碳电源综合利用技术

金风科技智慧园区占地面积约 9.07 万平方米，建筑面积为 13.9 万平方米，常驻员工有 4000 余人，每年用电量约 1500 万千瓦 · 时。围绕零碳理念，园区构建一套集风、光、燃、储、充于一体的智能微网，利用空地安装 2 台风力发电机组，利用园区屋顶、车棚等闲置空间，建设 1.4 兆瓦的光伏发电系统，园区可再生能源总发电容量达 6.2 兆瓦。同时，还部署 730 千瓦微燃机和 2.9 兆瓦 · 时的储能，通过自主研发的 α 能源聚合平台，实现负荷侧多种能源设备联合优化调度运行。

园区可再生能源发电量为 750 万千瓦 · 时，园区可再生能源使用占比约 50%。园区零碳电源综合利用技术实现园区绿色电力稳定运行控制与保护，提升园区绿电消纳比例 15%~30%，用能成本节约 20%。

5. 首创服务工业固废全生命周期数字管理新模式

经开区作为北京实体经济主阵地、国家“无废城市”试点区域，充分利用信息化手段，针对此前缺乏对一般工业固体废物产生种类、重量、运输去向、综合利用途径等信息的精确掌握，工业固体废物的再生交易信息不对称等问题，首创服务工业固体废物全生命周期的数字管理新模式，即以动态更新一般工业固体废物名录、建设固体废物信息管理平台为抓手，构建“一规完善分类、一网数据尽统、一单全程跟踪、一键资源匹配、一表分级评价”的全生命周期数字化管理模式，从而详细、准确、及时地统计一般工业固体废物的产生情况；同时创新数字经济发展环境，搭建交易平台，进而促进有价值的一般工业固体废物在区内循环利用。带动全产业链条降低资源消耗、实现固体废物减量和高质量发展，让绿色成为经开区发展的底色。

全区一般工业固体废物信息管理平台累计注册 424 家工业企业、109 家工业固体废物回收利用企业，应用电子联单企业 102 家，物资回收或资源综合利用企业 109 家，注册企业实时或周期性填报其工业固体废物产生、转移、出售、处置及自利用等数据，形成涵盖不同行业、不同规模、不同产废强度企业的固体废物数据源信息库。通过实施联单式管理，共发起电子联单 8270 单，关闭电子联单 5473 单，转移固体废物约 15 万吨，最大限度把控一般工业固体废物流向，实现固体废物“精细化”管理与“生命周期”跟踪管理。

（四）疫情防控监管与帮扶

新冠肺炎疫情防控期间监管和服务。强化医疗废物处置监管，以医院、观察点、核酸检测单位为重点，指导企业做好源头管控，前端严格消毒，末端无害化处置，协调清运单位，保障经开区内涉疫医疗废物和垃圾做到日产日清。开展新冠肺炎防疫废水专项监测，对经开区内 6 家医院废水、1 家新冠疫苗生产企业的废水和 4 家污水处理厂出水，每周监测一次粪大肠杆菌和余氯，督促其做好消杀工作，稳定达标排放，确保环境安全。帮扶企业复工复产，主动靠前服务，确保企业复工复产平稳顺利。

（城市运行局）

2021年经开区工委领导一览表			
姓名	单位名称	职务	备注
王少峰	中共北京市委经济技术开发区工委	书记	
梁　胜	中共北京市委经济技术开发区工委	副书记	
张继红	中共北京市委经济技术开发区工委	副书记	
		一级巡视员	2月任
孔　磊	中共北京市委经济技术开发区工委	委员	
吕新利	中共北京市委经济技术开发区工委	委员	
		市纪委、市监委一级巡视员	8月任
	市纪委市监委派驻开发区管委会纪检监察组	组长	
沈永刚	中共北京市委经济技术开发区工委	委员	
于　淼	中共北京市委经济技术开发区工委	委员	
	中共北京市委经济技术开发区工委组织人事部	部长	
袁立洪	中共北京市委经济技术开发区工委	委员	10月免
		一级巡视员	2月任
赵雅娟	中共北京市委经济技术开发区工委	委员	2月免
		一级巡视员	2月任
	中共北京市委经济技术开发区工委宣传文化部	部长	
陈小男	中共北京市委经济技术开发区工委	委员	2月免
		一级巡视员	2月任
沈金坤	北京经济技术开发区工委	一级巡视员	

（工委组织人事部提供）

2021年经开区管委会领导一览表			
姓名	单位名称	职务	备注
梁　胜	北京经济技术开发区管委会	主任	
孔　磊	北京经济技术开发区管委会	副主任	
沈永刚	北京经济技术开发区管委会	副主任	
刘　力	北京经济技术开发区管委会	副主任	6月任
郑海涛	北京经济技术开发区管委会	副主任	12月任
宋亚君	北京经济技术开发区管委会	副主任	10月任
袁立洪	北京经济技术开发区管委会	副主任	10月免
		一级巡视员	2月任
赵雅娟	北京经济技术开发区管委会	一级巡视员	2月任
陈小男	北京经济技术开发区管委会	副主任	2月免
		一级巡视员	2月任
张　广	北京经济技术开发区管委会	副主任（挂职）	5月结束挂职
沈金坤	北京经济技术开发区管委会	一级巡视员	

（工委组织人事部提供）

2021 年驻经开区职能局负责人一览表

姓名	单位名称	职务	备注
姜学东	国家税务总局北京经济技术开发区税务局	局长	1 月任
王献民		局长	1 月免
唐庆军	北京市药品监督管理局第三分局	局长	
孟伯宇	中华人民共和国亦庄海关	关长	5 月任
青海涛		关长	4 月逝世
肖京涛	北京经济技术开发区经济社会调查队	队长	12 月任
张　驰	北京市公安局公安交通管理局开发区交通大队	大队长	
		支队长	
陈一娜	北京市大兴区人民检察院经济技术开发区检察处	主任、检察官	
李宝才	北京市大兴区人民法院经济技术开发区人民法庭	庭长	

2021 年德勤—亦庄高科技、高成长 20 强企业一览表

序号	企业名称
1	北京博奥晶典生物技术有限公司
2	北京博清科技有限公司
3	北京东方逸腾数码医疗设备技术有限公司
4	北京国科天迅科技有限公司
5	北京宏诚创新科技有限公司
6	北京捷杰西石油设备有限公司
7	北京金豪制药股份有限公司
8	北京金诺美生物技术有限公司
9	北京壳木软件有限责任公司
10	北京擎科生物科技有限公司
11	北京融为科技有限公司
12	北京升鑫网络科技有限公司
13	北京腾赋网络科技有限公司
14	北京义翘神州科技股份有限公司
15	北京永新医疗设备有限公司
16	德诺杰亿（北京）生物科技有限公司
17	求臻医学科技（北京）有限公司
18	赛诺威盛科技（北京）股份有限公司
19	长城超云（北京）科技有限公司
20	中星联华科技（北京）有限公司

（科技创新局提供）

2021 年德勤—亦庄高科技、高成长明日之星企业一览表	
序号	企业名称
1	北京博昊云天科技有限公司
2	北京立康生命科技有限公司
3	北京浦丹光电股份有限公司
4	北京天空卫士网络安全技术有限公司
5	北京先通国际医药科技股份有限公司
6	北京云驰未来科技有限公司
7	北京长木谷医疗科技有限公司
8	北京长远佳信息科技有限公司
9	北京指真生物科技有限公司
10	统信软件技术有限公司
11	微岩医学科技（北京）有限公司
12	新能动力（北京）电气科技有限公司
13	新石器慧通（北京）科技有限公司
14	永泰生物制药有限公司

（科技创新局提供）

2021 年市级认定企业研发机构一览表			
序号	认定部门	企业名称	研发机构名称
1	市科委	北京黎明文仪家具有限公司	北京市级企业科技研究开发机构
2	市科委	北京百普赛斯生物科技股份有限公司	北京市级企业科技研究开发机构
3	市科委	北京纳百生物科技有限公司	北京市级企业科技研究开发机构
4	市科委	德诺杰亿（北京）生物科技有限公司	北京市级企业科技研究开发机构
5	市科委	北京索德电气工业有限公司	北京市级企业科技研究开发机构
6	市科委	北京智同精密传动科技有限责任公司	北京市级企业科技研究开发机构
7	市科委	北京软体机器人科技有限公司	北京市级企业科技研究开发机构
8	市科委	北京奥特恒业电气设备有限公司	北京市级企业科技研究开发机构
9	市科委	北京美联泰科生物技术有限公司	北京市级企业科技研究开发机构
10	市科委	德迈特医学技术（北京）有限公司	北京市级企业科技研究开发机构
11	市科委	北京星际荣耀科技有限责任公司	北京市级企业科技研究开发机构
12	市科委	北京宇航推进科技有限公司	北京市级企业科技研究开发机构
13	市科委	罗特尼克能源科技（北京）有限公司	北京市级企业科技研究开发机构

续表

序号	认定部门	企业名称	研发机构名称
14	市科委	北京北方永达智能电气有限公司	北京市级企业科技研究开发机构
15	市科委	北京国科天迅科技有限公司	北京市级企业科技研究开发机构
16	市科委	北京华大信安科技有限公司	北京市级企业科技研究开发机构
17	市科委	北京市科通电子继电器总厂有限公司	北京市级企业科技研究开发机构
18	市科委	清能德创电气技术（北京）有限公司	北京市级企业科技研究开发机构
19	市科委	中星联华科技（北京）有限公司	北京市级企业科技研究开发机构
20	市科委	二零二零（北京）医疗科技有限公司	北京市级企业科技研究开发机构
21	市科委	北京安智因生物技术有限公司	北京市级企业科技研究开发机构
22	市科委	中路交建（北京）工程材料技术有限公司	北京市级企业科技研究开发机构
23	市科委	北京中检葆泰生物技术有限公司	北京市级企业科技研究开发机构
24	市科委	统信软件技术有限公司	北京市级企业科技研究开发机构
25	市科委	北京友通上昊科技有限公司	北京市级企业科技研究开发机构
26	市科委	北京升鑫网络科技有限公司	北京市级企业科技研究开发机构
27	市科委	曜立科技（北京）有限公司	北京市级企业科技研究开发机构
28	市科委	北京中科生仪科技有限公司	北京市级企业科技研究开发机构
29	市科委	云控智行科技有限公司	北京市级企业科技研究开发机构
30	市科委	北京千禧维讯科技有限公司	北京市级企业科技研究开发机构
31	市科委	华清科盛（北京）信息技术有限公司	北京市级企业科技研究开发机构
32	市科委	北京凌空天行科技有限责任公司	北京市级企业科技研究开发机构
33	市科委	北京安百胜生物科技有限公司	北京市级企业科技研究开发机构
34	市科委	博诺康源（北京）药业科技有限公司	北京市级企业科技研究开发机构
35	市科委	未来（北京）黑科技有限公司	北京市级企业科技研究开发机构
36	市科委	北京昭衍生物技术有限公司	北京市级企业科技研究开发机构
37	市科委	北京海美源医药科技有限公司	北京市级企业科技研究开发机构
38	市科委	北京赛赋医药研究院有限公司	北京市级企业科技研究开发机构
39	市科委	亦康（北京）医药科技有限公司	北京市级企业科技研究开发机构
40	市科委	北京达因高科儿童药物研究院有限公司	北京市级企业科技研究开发机构
41	市科委	北京科途医学科技有限公司	北京市级企业科技研究开发机构
42	市科委	北京华氏开元医药科技有限公司	北京市级企业科技研究开发机构

续表

序号	认定部门	企业名称	研发机构名称
43	市科委	北京鸿测科技发展有限公司	北京市级企业科技研究开发机构
44	市科委	中家院（北京）检测认证有限公司	北京市级企业科技研究开发机构
45	市科委	北京爱思益普生物科技股份有限公司	北京市级企业科技研究开发机构
46	市科委	北京星途探索科技有限公司	北京市级企业科技研究开发机构
47	市科委	北京金豪制药股份有限公司技术开发分公司	北京市级企业科技研究开发机构
48	市科委	森特士兴集团股份有限公司科技中心	北京市级企业科技研究开发机构
49	市科委	北京群菱能源科技有限公司科技中心	北京市级企业科技研究开发机构
50	市科委	北京美斯顿科技开发有限公司通州分公司	北京市级企业科技研究开发机构
51	市科委	华测检测认证集团北京有限公司技术中心	北京市级企业科技研究开发机构
52	市科委	北京比亚迪模具有限公司技术开发中心	北京市级企业科技研究开发机构
53	市科委	北京汉氏联合生物技术股份有限公司	北京市级企业科技研究开发机构
54	市科委	北京呈诺医学科技有限公司	北京市级企业科技研究开发机构
55	市科委	国典（北京）医药科技有限公司	北京市级企业科技研究开发机构
56	市科委	微岩医学科技（北京）有限公司	北京市级企业科技研究开发机构
57	市科委	北京达熙生物科技有限公司	北京市级企业科技研究开发机构
58	市科委	北京益普希环境咨询顾问有限公司	北京市级企业科技研究开发机构
59	市科委	北京中金瑞丰环保科技有限公司	北京市级企业科技研究开发机构
60	市科委	北京星河动力装备科技有限公司	北京市级企业科技研究开发机构
61	市科委	北京华安天诚科技有限公司	北京市级企业科技研究开发机构
62	市科委	北京中科宇航技术有限公司	北京市级企业科技研究开发机构
63	市科委	北京和合医学诊断技术股份有限公司	北京市级企业科技研究开发机构
64	市科委	北京求臻医学检验实验室有限公司	北京市级企业科技研究开发机构
65	市科委	北京天工异彩影视科技有限公司	北京市级企业科技研究开发机构
66	市经济和信息化局	北京华联印刷有限公司	北京市企业技术中心
67	市经济和信息化局	北京斯利安药业有限公司	北京市企业技术中心

续表

序号	认定部门	企业名称	研发机构名称
68	市经济和信息化局	北京百普赛斯生物科技股份有限公司	北京市企业技术中心
69	市经济和信息化局	北京华海基业机械设备有限公司	北京市企业技术中心
70	市经济和信息化局	北京京仪自动化装备技术股份有限公司	北京市企业技术中心
71	市经济和信息化局	北京迪玛克医药科技有限公司	北京市企业技术中心
72	市经济和信息化局	北京博科测试系统股份有限公司	北京市企业技术中心
73	市经济和信息化局	葛洲坝能源重工有限公司	北京市企业技术中心
74	市经济和信息化局	北京新光凯乐汽车冷成型件股份有限公司	北京市企业技术中心
75	市经济和信息化局	北京中车赛德铁道电气科技有限公司	北京市企业技术中心
76	市经济和信息化局	北京合康新能变频技术有限公司	北京市企业技术中心
77	市经济和信息化局	中冶赛迪电气技术有限公司	北京市企业技术中心
78	市经济和信息化局	长城超云（北京）科技有限公司	北京市企业技术中心
79	市经济和信息化局	北京德为智慧科技有限公司	北京市企业技术中心
80	市经济和信息化局	中交四公局第三工程有限公司	北京市企业技术中心
81	市经济和信息化局	中交路桥华北工程有限公司	北京市企业技术中心
82	市经济和信息化局	中交四公局第二工程有限公司	北京市企业技术中心
83	市经济和信息化局	中建二局安装工程有限公司	北京市企业技术中心
84	市经济和信息化局	统信软件技术有限公司	北京市企业技术中心
85	市经济和信息化局	北京京东乾石科技有限公司	北京市企业技术中心
86	市经济和信息化局	北京沃东天骏信息技术有限公司	北京市企业技术中心
87	市经济和信息化局	北京中体骏彩信息技术有限公司	北京市企业技术中心
88	市经济和信息化局	北京泰豪智能工程有限公司	北京市企业技术中心
89	市经济和信息化局	中企动力科技股份有限公司	北京市企业技术中心

（科技创新局提供）

2021年北京市知识产权试点示范单位一览表	
试点单位	
序号	单位名称
1	北京索德电气工业有限公司
2	中航技进出口有限责任公司

续表

序号	单位名称
3	北京中航智科技有限公司
4	北京华腾橡塑乳胶制品有限公司
5	北京亮亮视野科技有限公司
6	北京沄汇智能科技有限公司
7	小米数字科技有限公司
8	北京金风慧能技术有限公司
9	北京百通科信机械设备有限公司
10	北京康派特医疗器械有限公司
11	北方广微科技有限公司
12	北京京东拓先科技有限公司
13	北京长木谷医疗科技有限公司
14	北京中科生仪科技有公司
15	北京章光101科技股份有限公司
16	北京康乐卫士生物技术股份有限公司
17	北京中科宇航技术有限公司
18	北京凌空天行科技有限责任公司
19	北京恒源新动力科技有限公司
20	北京九辰智能医疗设备有限公司
21	北京智拓视界科技有限责任公司
22	北京国卫生物科技有限公司
23	北京求臻医疗器械有限公司
24	诺赛联合（北京）生物医学科技有限公司
25	北京鸿智电通科技有限公司
26	北京国安广传网络科技有限公司
27	曜立科技（北京）有限公司
28	博诺康源（北京）药业科技有限公司
29	生一科技（北京）有限公司
30	北京爱普益医学检验中心有限公司
31	弗瑞尔（北京）科技有限公司
32	北京科途医学科技有限公司
33	北京天空卫士网络安全技术有限公司
示范单位	
序号	单位名称
1	北京京东方茶谷电子有限公司
2	京东数科海益信息科技有限公司
3	北京沃东天骏信息技术有限公司
4	奇点新源国际技术开发（北京）有限公司
5	北京博清科技有限公司
6	北京凌天智能装备集团股份有限公司

续表

序号	单位名称
7	北京世纪金光半导体有限公司
8	华泰永创（北京）科技股份有限公司
9	北京德为智慧科技有限公司
10	赛诺威盛科技（北京）有限公司
11	北京创盈光电医疗科技有限公司
12	迅玲腾风汽车动力科技（北京）有限公司
13	北京天广实生物技术股份有限公司
14	北京智飞绿竹生物制药有限公司
15	北京华海基业机械设备有限公司
16	北京百普赛斯生物科技有限公司
17	统信软件技术有限公司
18	求臻医学科技（北京）有限公司
19	北京擎科生物科技有限公司
20	北京京诚科林环保科技有限公司
21	北京经纬纺机新技术有限公司
22	北京博鲁斯潘精密机床有限公司
23	北京星际荣耀科技有限责任公司

（科技创新局提供）

2021年企业创新簇一览表

序号	企业名称	级别
1	北京汉氏联合生物技术股份有限公司	市级
2	北京枭龙科技有限公司	市级
3	北京擎科生物科技有限公司	市级
4	北京智飞绿竹生物制药有限公司	市级
5	中冶赛迪电气技术有限公司	市级
6	北京科仪邦恩医疗器械科技有限公司	市级
7	北京东方百泰生物科技股份有限公司	市级
8	北京百普赛斯生物科技股份有限公司	市级
9	蓝箭航天空间科技股份有限公司	市级

（科技创新局提供）

2021年胡润全球独角兽企业一览表

序号	企业名称	所属产业
1	京东科技控股股份有限公司	数字科技
2	北京比特大陆科技有限公司	区块链

续表

序号	企业名称	所属产业
3	北京屹唐半导体科技股份有限公司	半导体
4	北京京东工业品贸易有限公司	电子商务
5	北京奕斯伟科技集团有限公司	工业互联网
6	蓝箭航天空间科技股份有限公司	航空航天
7	北京博奥晶典生物技术有限公司	生物科技

（科技创新局提供）

2021 年经开区新增上市企业一览表		
序号	企业名称	上市日期
1	华安鑫创控股（北京）股份有限公司	1 月 6 日
2	中国黄金集团黄金珠宝股份有限公司	2 月 5 日
3	北京凯因科技股份有限公司	2 月 8 日
4	北京昭衍新药研究中心股份有限公司	2 月 26 日
5	京东物流股份有限公司	5 月 28 日
6	百得利控股有限公司	7 月 15 日
7	倍杰特集团股份有限公司	8 月 4 日
8	北京义翘神州科技股份有限公司	8 月 16 日
9	北京先瑞达医疗科技有限公司	8 月 24 日
10	北京百普赛斯生物科技股份有限公司	10 月 18 日
11	北京同益中新材料科技股份有限公司	10 月 19 日

（经发局提供）

2021 年经开区竣工房建工程项目一览表			
序号	竣工验收日期	工程名称	建设单位
1	1 月 8 日	动力电池装配联合厂房等 5 项（动力电池工厂建设项目）	北京奔驰汽车有限公司
2	1 月 19 日	康盛产业园升级改造项目（A1#楼等 6 项）	北京金地科创置业有限公司
3	1 月 26 日	生产厂房等 5 项（华卓精科半导体装备关键零部件研发制造项目）	北京华卓精科科技股份有限公司
4	1 月 26 日	新技术研发楼等 3 项（纺织生产控制系统产业化项目）	北京经纬纺机新技术有限公司
5	1 月 26 日	经纬股份研发楼（新能源汽车电池电机电控产品产业化项目）	经纬纺织机械股份有限公司
6	2 月 9 日	北京同仁医院经济技术开发区院区扩建工程（污水处理站）	首都医科大学附属北京同仁医院
7	2 月 20 日	中试厂房等 2 项（流体控制设备生产项目）（3#研发楼）	瑞森控制设备（中国）有限公司

续表

序号	竣工验收日期	工程名称	建设单位
8	2月20日	中试厂房等2项（流体控制设备生产项目）（中试厂房）	瑞森控制设备（中国）有限公司
9	4月9日	发动机联合厂房等9项（发动机二厂区建设项目）	北京奔驰汽车有限公司
10	5月12日	京东集团总部二期2号楼项目C座等7项	北京联茂方泰房地产开发有限公司
11	5月12日	京东集团总部二期2号楼项目（9号出入口等4项）	北京联茂方泰房地产开发有限公司
12	5月13日	10#住宅楼等8项（10#住宅楼、11#住宅楼、12#住宅楼、2#配套楼、东区地下车库）	北京创远亦程置业有限公司
13	5月13日	10#住宅楼等8项（13#住宅楼、14#住宅楼、15#住宅楼）	北京创远亦程置业有限公司
14	5月13日	1#办公楼、1#幼儿园	北京创远亦程置业有限公司
15	5月13日	1#住宅楼等11项	北京创远亦程置业有限公司
16	5月21日	8英寸MEMS国际代工线建设项目（8英寸生产厂房等12项）	赛莱克斯北京微系统有限公司
17	6月7日	3号物流库装修改造、MRA（奔驰后驱车型）厂区外覆盖件中心及危废品库扩建项目（外覆盖件中心等3项）	北京奔驰汽车有限公司
18	6月22日	北京信驰置业中国汽车信息发展中心（综合楼）（中国汽车信息发展中心项目）	北京信驰置业有限公司
19	7月1日	智能控制设备生产基地项目（生产厂房等3项）	萨姆森智能控制系统(北京）有限公司
20	7月1日	厂房贴建项目（生产厂房）	萨姆森控制设备（中国）有限公司
21	7月1日	东方雨虹新材料装备研发总部基地项目［A楼（装备厂房）等10项］	东方雨虹民用建材有限责任公司
22	7月15日	神州细胞生物药品生产基地项目（1a综合车间等5项）	神州细胞工程有限公司
23	7月27日	1号国际品牌组装车间等6项［天语3G手机总装厂（一期）项目］	科泰乐讯（北京）通信设备有限公司
24	8月17日	屋顶加建办公用房（经开汽车广场配套会所项目扩建项目）	北京佳捷帝源企业管理咨询有限公司
25	8月23日	厂房扩建工程项目（厂区研发楼）	康明斯发动机（北京）有限公司
26	8月24日	河西区X90R1、X90S1地块共有产权住房项目（1#住宅楼等13项及停车楼）	北京博大新元房地产开发有限公司
27	8月27日	2#住宅楼等11项	北京博睿宏业房地产开发有限公司
28	8月30日	E13地块十二年一贯制学校新建工程五标段(6#宿舍楼、8#门卫室1、9#门卫室2、分界室、地下室12-34/AC-AJ轴、围墙1)	北京经济技术开发区基建办公室
29	8月30日	E13地块十二年一贯制学校新建工程四标段（1#高中楼、地下室1-35/A-D轴）	北京经济技术开发区基建办公室

续表

序号	竣工验收日期	工程名称	建设单位
30	8月30日	E13地块十二年一贯制学校新建工程三标段（2#初中楼、4#小学楼、地下室1-35/D-P轴	北京经济技术开发区基建办公室
31	8月30日	E13地块十二年一贯制学校新建工程二标段（3#初中楼、5#小学楼、地下室1-35/P-AC轴、锅炉房出口）	北京经济技术开发区基建办公室
32	8月30日	E13地块十二年一贯制学校新建工程一标段（7#宿舍楼、地下室12-34/AJ-AN轴）	北京经济技术开发区基建办公室
33	9月3日	晶片加工车间等2项	中科晶电信息材料（北京）有限公司
34	9月3日	同济中路5号新建中控室、消防水池、消防水泵房项目	北京星网工业园有限公司
35	9月9日	A栋软件研发生产楼等9项（久其软件研发项目）	北京久其政务软件股份有限公司
36	9月13日	A座研发生产楼等5项（凯工集团研发生产基地项目）	北京凯工科技集团有限公司
37	9月27日	经开区南部新区特勤消防站（特勤消防站等3项）	北京经济技术开发区基建办公室
38	9月28日	创新科技中心验证能力提升项目（验证中心2#楼）	北京新能源汽车股份有限公司
39	9月28日	实验检测楼（增建实验检测楼项目）	北京金风科创风电设备有限公司
40	9月30日	展示中心工程项目（展示中心等1项）	北京经济技术开发区土地储备与建设服务中心
41	10月9日	1#生产楼等2项（方仕服装生产研发运营基地项目）（方仕工贸）	北京方仕工贸有限公司
42	10月25日	新建生产测试间项目（新建生产测试间9等4项）	瓦里安医疗设备（中国）有限公司
43	11月4日	河西区X89R1地块R2二类居住用地项目（1#住宅楼等11项）	北京金隅兴大房地产开发有限公司
44	11月15日	科研办公楼、B座生产厂房、控制机房等4项（医药园项目）装修改造工程	北京海吉星医疗科技有限公司
45	11月25日	研发中心等4项（北京市赫凯科技发展中心电子仪表生产基地项目）	北京市赫凯科技发展中心
46	12月3日	2#办公楼等4项	北京创远亦程置业有限公司
47	12月14日	钣金生产加工基地项目（二号厂房等2项）	北京皓海嘉业机械科技有限公司
48	12月16日	人大附中北京经济技术开发区实验学校建设工程项目（X1#艺术楼等25项）	北京经济技术开发区基建办公室
49	12月17日	中国（北京）国际视听产业园内外装修项目及新建地下车库项目	北京亦庄投资控股有限公司
50	12月24日	河西区X39地块十二年一贯制学校新建工程项目（小学部等19项）	北京经济技术开发区基建办公室

续表

序号	竣工验收日期	工程名称	建设单位
51	12月28日	北京亦庄细胞治疗研发中试基地（1#综合服务中心等20项）（一标段）	北京亦庄盛元投资开发有限公司
52	12月28日	北京亦庄细胞治疗研发中试基地（1#综合服务中心等20项）（二标段）	北京亦庄盛元投资开发有限公司

（开发建设局提供）

2021年经开区竣工市政工程项目一览表

序号	竣工验收日期	工程名称	建设单位
1	1月4日	万源街（荣华中路—东环北路）道路改造工程	北京经济技术开发区基建办公室
2	1月4日	中和街（荣华中路—东环北路）道路改造工程	北京经济技术开发区基建办公室
3	1月4日	东工业区热力管道及东环路改造工程	北京经济技术开发区基建办公室
4	1月4日	荣京西街（西环中路—荣华中路）道路改造工程第二标段	北京经济技术开发区基建办公室
5	1月4日	太和东桥改造工程二标段	北京经济技术开发区基建办公室
6	1月4日	太和东桥改造工程三标段	北京经济技术开发区基建办公室
7	1月4日	太和东桥改造工程四标段	北京经济技术开发区基建办公室
8	1月4日	北环路（西环北路—东环北路）道路改造工程二标段	北京经济技术开发区基建办公室
9	1月4日	北环路（西环北路—东环北路）道路改造工程三标段	北京经济技术开发区基建办公室
10	1月4日	康定街、荣昌东街东延、大羊坊桥及京沪高速拓宽改造工程一标段	北京经济技术开发区基建办公室
11	1月12日	三海子东路（融兴南二街—融兴街）电力管线工程项目变更	北京亦庄投资控股有限公司
12	1月12日	三海子东路（融兴南二街—融兴街）电力管线工程	北京亦庄投资控股有限公司
13	1月15日	经海一路（科创十七街—科创六街）道路改造工程一标段（K0＋000~K0＋820）及上海沙龙天宝商业中心天然气工程	北京经济技术开发区基建办公室
14	5月11日	新凤河路110千伏输变电配套电力沟道工程	北京经济技术开发区基建办公室
15	8月24日	X90小区道路工程——道路及配套	北京博大新元房地产开发有限公司
16	9月9日	信创园起步区连廊（信创园起步区连廊）	北京通明湖信息城发展有限公司

续表

序号	竣工验收日期	工程名称	建设单位
17	12 月 27 日	瑞合西一路（融兴北三街—融兴北四街）、瑞合西二路（融兴北三街—融兴北四街）、瑞合东一路（融兴北三街—融兴北四街）新建道路工程	北京亦庄投资控股有限公司
18	12 月 27 日	亦驰街（三海子东路—瑞合路）新建道路工程	北京经济技术投资开发总公司
19	12 月 27 日	路南区瑞合东三路(融兴街—融兴北一街）新建道路工程	北京亦庄投资控股有限公司

（开发建设局提供）

2021 年经开区竣工装修工程项目一览表

序号	竣工验收日期	工程名称	建设单位
1	1 月 4 日	科谷一街 10 号院 2 楼 3~4 层内装修工程	北京国望光学科技有限公司
2	1 月 7 日	荣华中路 22 号院 3 号楼 19 层 1901/1904 房间室内装修工程	中国成套设备进出口集团有限公司
3	1 月 11 日	平安银行北京通明湖信息城支行装修工程	平安银行股份有限公司北京分行
4	1 月 15 日	亦城科创家园公寓装修改造	北京博大新元房地产开发有限公司
5	1 月 20 日	荣华南路 16 号 1 幢宁波银行装修改造工程	宁波银行股份有限公司北京分行
6	1 月 21 日	华宇亦庄办公室装修项目	北京华宇软件股份有限公司
7	1 月 22 日	欧文托普改造项目	北京星网工业园有限公司
8	1 月 28 日	国家水生动物疫病监测参考物质中心	北京市水产技术推广站
9	1 月 28 日	北京三维生物工程有限公司厂房装修	北京三维生物工程有限公司
10	2 月 2 日	荣华中路 22 号院 2 号楼 1 层 102、2 层 202、1~2 层 103 室内装饰装修工程	北京满德海餐饮有限公司
11	2 月 3 日	北工大软件园 35-1 楼装修改造工程	北京经开工大投资管理有限公司
12	2 月 5 日	荣华南路 1 号院 7 号楼 101、102、103、-103、203 房间装饰装修工程	长溢（北京）置业有限公司
13	2 月 9 日	亦城科技中心 4 号楼 6 层装修、装饰工程	北京亦庄安捷物联科技有限公司
14	2 月 26 日	北京生物 2 号楼改造项目	北京生物制品研究所有限责任公司
15	3 月 3 日	经海产业园 8#楼一、二层办公室装饰装修	北京华氏开元医药科技有限公司
16	3 月 9 日	XXX 与 XXXXX 电子元器件公共服务能力条件建设项目	中国电子技术标准化研究院
17	3 月 19 日	艾尼克斯北京新厂房装修改造项目	艾尼克斯电子（北京）有限公司

续表

序号	竣工验收日期	工程名称	建设单位
18	3 月 26 日	中国工商银行股份有限公司开发区支行业务用房装修改造项目	中国工商银行股份有限公司北京经济技术开发区支行
19	4 月 1 日	东方晶源微电子科技（北京）有限公司 4 层办公室装修改造工程	东方晶源微电子科技（北京）有限公司
20	4 月 1 日	亦城科技中心 D 座 15 层办公场所装修工程	北京亦庄投资有限公司
21	4 月 6 日	火灾报警设备生产项目装修工程	阿波罗（北京）消防产品有限公司
22	4 月 14 日	君安国际 4# 楼底商 102 精装修工程	北京博泽慧雅医疗美容门诊部有限公司
23	4 月 16 日	科创十街 18 号院 3 号楼装修工程	北京奕斯伟计算技术有限公司
24	4 月 19 日	东方通信创园区 G4-2 16、17、18 层装修工程	北京东方通软件有限公司
25	4 月 25 日	经海二路 25 号 1 幢一层局部内装修工程	北京天星博迈迪医疗器械有限公司
26	4 月 29 日	北京亦庄国际人才发展集团有限公司办公室室内装饰工程	北京亦庄国际人才发展集团有限公司
27	5 月 6 日	抗体药物研发中试及生产项目	北京昭衍生物技术有限公司
28	5 月 7 日	锋创科技园智慧化员工餐厅装修改造工程	锋创科技发展（北京）有限公司
29	5 月 10 日	G4-1# 酒店等 6 项（移动硅谷创新中心项目）北京亦庄东区智选假日酒店装修工程	北京益尚酒店管理有限公司
30	5 月 24 日	中国工商银行股份有限公司开发区荣华中路支行装修改造项目	中国工商银行股份有限公司北京经济技术开发区支行
31	5 月 25 日	经海三路 139 号院 1 号楼四层 401 室装修工程	莱茵检测认证服务（中国）有限公司
32	5 月 25 日	北京和利时测试环境建设项目	北京和利时系统工程有限公司
33	5 月 28 日	京城机电总部办公楼装修改造项目（科研办公楼）	北京京城机电控股有限责任公司
34	6 月 3 日	高端集成电路装备研发及产业化项目——零部件研发及装配净化车间改造工程	北京北方华创微电子装备有限公司
35	6 月 3 日	西京印刷有限公司一期主厂房装修改造工程	北京市西京印刷有限公司
36	6 月 4 日	新药研发服务平台第二次扩建项目	康龙化成（北京）新药技术股份有限公司
37	6 月 4 日	北京景盛智联工业物联网研发平台装修工程	北京景盛智联科技有限公司
38	6 月 7 日	北京银行北京经济技术开发区信创园支行装修工程	北京银行股份有限公司经济技术开发区支行
39	6 月 9 日	德贤路 59 号院 7 幢负 1 层 1-B1-010~B1-014 1 号楼 B1 座 1 层 1-B1-001 装饰装修工程	华北盒马网络科技有限公司
40	6 月 10 日	留学生公寓 B 座改造工程	北京电子科技职业学院
41	6 月 11 日	科谷一街 8 号院（信创园 B 区）4 号楼室内装修工程	阿斯利康医药科技（北京）有限公司

续表

序号	竣工验收日期	工程名称	建设单位
42	6月11日	国盛高新科技工业园5#楼（国创中心实验室）装修工程	北京博大国盛投资有限公司
43	6月17日	科谷一街10号院2号楼9层装修工程	北京踏歌智行科技有限公司
44	6月18日	自体血液回收罐及干细胞冷冻袋生产项目装修工程	北京京精医疗设备有限公司
45	6月23日	科创十三街18号院9号楼1~7层室内局部装修工程	中建二局安装工程有限公司
46	6月29日	荣京东街8号7幢等2幢8幢7层	北京泰德制药股份有限公司
47	7月2日	荣华中路10号1幢9层局部内装修工程	北京亦庄置业有限公司楼宇物业管理分公司
48	7月2日	荣华中路10号1幢10层局部内装修工程	北京亦庄置业有限公司楼宇物业管理分公司
49	7月5日	金融板块2020年北京总部办公室室内装修项目	重庆众尖信息技术咨询有限公司
50	7月15日	亦庄海关食堂改造施工	中共北京经济技术开发区工作委员会党政办公室
51	7月16日	天骥智谷27号楼装修工程	北京久事神康医疗科技有限公司
52	7月16日	国盛高新科技工业园1#研发实验楼（国创中心研发实验室）装修工程	北京博大国盛投资有限公司
53	7月19日	力宝广场F4-08健身房装修改造工程	北京中体力宝体育管理有限公司
54	7月19日	珐博进（中国）医药技术开发有限公司A2楼办公室改造项目	珐博进（中国）医药技术开发有限公司
55	7月19日	中国工商银行股份有限公司开发区信创园支行装修改造项目	中国工商银行股份有限公司北京经济技术开发区支行
56	7月28日	通州区马驹桥镇工业开发区内景盛南二街19号1幢、2幢、4幢局部装修工程	北京华航北方机动车检测技术有限公司
57	7月29日	达梦数据库国家信息技术应用创新基地北京通明湖信息城展示中心项目	北京达梦数据库技术有限公司
58	7月30日	科谷一街10号院2号楼5层内装修工程	北京壳木软件有限责任公司
59	7月30日	路德通电子设备（北京）有限公司电子模切件项目	路德通电子设备（北京）有限公司
60	8月3日	科谷一街10号院2号楼6层内装修工程	平安国际智慧城市科技股份有限公司
61	8月3日	一期综合厂房等2项（新型抗癌药物生产基地项目备案的通知）	北京澳源德江生物技术有限公司
62	8月3日	科创7街19号1幢B座1层、2层内装修工程	北京澳源德江生物技术有限公司
63	8月5日	亦城时代广场T6三层装修改造项目	北京亦庄盛元投资开发有限公司
64	8月9日	北京大宝工厂车间布局改造	北京大宝化妆品有限公司

续表

序号	竣工验收日期	工程名称	建设单位
65	8月10日	朝林国际酒店项目［A座室外观光电梯和候梯厅（地上一层至六层）等4项］	北京朝林置业有限公司
66	8月11日	A18地块商务综合体项目一期工程地下一层大厨房改造施工	北京亦庄盛元投资开发有限公司
67	8月12日	荣华南路15号中航技广场C栋3层301、12层1203装修工程	莱茵检测认证服务（中国）有限公司
68	8月13日	颇尔（中国）有限公司北京办公楼室内装饰装修工程	颇尔（中国）有限公司
69	8月16日	中芯北方BO2剩余楼层（1MF、4F、5F、6F）装修项目	中芯北方集成电路制造（北京）有限公司
70	8月17日	北京公司7号楼分包装生产线项目（1、2号疫苗楼配套改造项目）	北京生物制品研究所有限责任公司
71	8月18日	北京安百胜生物科技有限公司创新疫苗研发中心净化工程	北京安百胜生物科技有限公司
72	8月18日	北京对啊网教育科技有限公司亦城时代广场办公装修工程	北京对啊网教育科技有限公司
73	8月25日	川谷汇37号楼室内装修工程	北京宁浠舒乐商贸有限责任公司
74	8月25日	通州区经海五路1号院12号楼厂房装修工程	远东正大检验技术（北京）有限公司
75	8月26日	通州区景盛南四街15号4幢南区室内装修工程	北京信邦同安新能源科技股份有限公司
76	8月30日	拜耳北京工厂LandB三层包装扩产改造项目	拜耳医药保健有限公司
77	8月30日	中国银行股份有限公司北京经海路支行装修工程	中国银行股份有限公司北京经济技术开发区支行
78	8月31日	北京和华瑞博医疗科技有限公司办公室装修工程	北京和华瑞博医疗科技有限公司
79	8月31日	北京先瑞达医疗科技有限公司医疗综合车间改造项目	北京先瑞达医疗科技有限公司
80	8月31日	地盛东路1号院6号楼四层局部、五层内装修工程	予果智造科技（北京）有限公司
81	8月31日	凉水河二街2号二层局部内装修工程	施耐德电气（中国）有限公司
82	9月3日	科创六街88号院8号楼4单元501室装修工程	北京浩鼎瑞生物科技有限公司
83	9月6日	健康医疗管理服务项目办公室室内装修工程	北京亦庄人才服务有限公司
84	9月7日	北京市地方税务局开发区分局办公楼维修改造工程	国家税务总局北京经济技术开发区税务局
85	9月10日	康定街11号31栋2层3层装修项目	北京明道电气有限公司
86	9月14日	三楼面包线装修工程	北京廿一客食品有限公司
87	9月14日	河西区X90R2、X90A1R2二类居住用地、A33基础教育用地项目（亦庄X90项目）9#、10#楼室内及公共区域精装修工程	北京金隅兴大房地产开发有限公司

续表

序号	竣工验收日期	工程名称	建设单位
88	9月22日	北京先为达生物科技有限公司研发实验室项目	北京先为达生物科技有限公司
89	9月28日	中体产业南部办公区装修工程	中体奥林匹克花园管理集团有限公司
90	9月29日	经纬股份研发楼（新能源汽车电池电机电控产品产业化项目）——精装修工程	经纬纺织机械股份有限公司
91	10月8日	荣华南路1号院1号楼105、106、108号内装修工程	广发银行股份有限公司北京分行
92	10月18日	艾尼克斯北京新厂房东区装修改造项目	艾尼克斯电子（北京）有限公司
93	10月19日	永康俱乐部装修改造工程项目	北京亦庄置业有限公司楼宇物业管理分公司
94	10月20日	阿尔特研发制造及总部基地项目2#楼、3#楼装修改造项目	阿尔特汽车技术股份有限公司
95	10月20日	航为高科厂房装修改造项目	北京航为高科连接技术有限公司
96	10月25日	凉水河一街7号院三区6号楼、三区7号楼装饰装修工程	思路迪（北京）医药科技有限公司
97	10月29日	阿尔特大楼精装修项目（阿尔特研发制造及总部基地项目）	阿尔特汽车技术股份有限公司
98	10月29日	维纳尔（北京）电气系统有限公司室内装饰装修工程	维纳尔（北京）电气系统有限公司
99	11月5日	宏达北路16号1号楼一层局部内装工程	大连银行股份有限公司北京分行
100	11月8日	行有恒研发与总部楼基地装修项目	北京行有恒医药有限公司
101	11月12日	科谷一街8号院1号楼20、21层装修工程	神州国信（北京）信息科技有限公司
102	11月12日	科谷一街8号院1号楼22、23、24层装修工程	神州信创（北京）集团有限公司
103	11月12日	荣华中路19号院1号楼B座第21层（自然楼层为第18层）2101A、2101B号单元装修工程	北京越兴恒盛健康科技产业有限公司
104	11月15日	亦庄山姆会员商店升级改造工程	沃尔玛（北京）商业零售有限公司
105	11月16日	北京神州慧安科技有限公司信创园办公室室内装修项目	北京神州慧安科技有限公司
106	11月16日	天语3G手机总装厂（一期）项目1号集体宿舍楼精装修工程	科泰乐讯（北京）通信设备有限公司
107	11月17日	水木济衡—联东U谷洁净厂房改造项目	北京水木济衡生物技术有限公司
108	11月18日	荣华中路22号院3号楼6层601、602、603、604号内装修工程	上海京东到家元信信息技术有限公司
109	11月22日	北京深瑞达医疗科技有限公司洁净厂房装修项目	北京深瑞达医疗科技有限公司

续表

序号	竣工验收日期	工程名称	建设单位
110	11 月 29 日	科创十街 18 号院 8 号楼 1~5 层室内局部装修工程	北京悦商数科技术集团有限公司
111	12 月 3 日	景盛南四街 15 号 14 幢 3 层装修工程	北京中控精创生物技术有限公司
112	12 月 6 日	河西区 X90R2、X90A1 地块 R2 二类居住用地、A33 基础教育用地项目幼儿园装修工程	北京金隅兴大房地产开发有限公司
113	12 月 13 日	荣华中路 22 号亦城财富中心 A 座 17 层装饰装修工程	北京亦庄城市更新有限公司
114	12 月 14 日	越海 2# 仓库—3# 仓库外立面装修工程	北京越海全球物流有限公司
115	12 月 20 日	科创九街 19 号院 B、E 楼装饰装修工程	东方雨虹民用建材有限责任公司
116	12 月 27 日	北京拔萃双语学校经济开发区台湖镇水南村幼儿园装修改造工程	北京拔萃双语学校
117	12 月 30 日	融兴北一街 19 号院 3 号楼 1~3 层局部内装修工程	北京中寰工程项目管理有限公司
118	12 月 31 日	荣华中路 19 号院 2 号楼 1 层局部装修工程	北京朝林松源酒店管理有限公司
119	12 月 31 日	高端集成电路装备研发及产业化项目——厂房 H 区装修工程	北京北方华创微电子装备有限公司
120	12 月 31 日	荣华中路 19 号院 1 号楼 B 座第 22 层（自然楼层为第 19 层）2206、2207、2208、2209 号单元装修工程	北京中元华澳贸易有限公司
121	12 月 31 日	上海沙龙亦城家园中心建设与运营服务——区级养老服务指导中心建设与运营服务项目	北京经济技术开发区社会保险保障中心

（开发建设局提供）

2021 年经开区新开工建设项目一览表

序号	发证日期	工程名称	建设单位
1	1 月 8 日	中芯京城集成电路生产线项目（FAB3 P1 生产厂房等 32 项）	中芯京城集成电路制造（北京）有限公司
2	1 月 13 日	亦创高科创新科技园 4 号楼客户服务中心室内装修工程	亦创高科（北京）科技有限公司
3	1 月 13 日	中国银行股份有限公司北京经海路支行装修工程	中国银行股份有限公司北京经济技术开发区支行
4	1 月 14 日	经开区凉水河二街 2 号二层局部内装修工程	施耐德电气（中国）有限公司
5	1 月 15 日	西京印刷有限公司一期主厂房装修改造工程	北京市西京印刷有限公司
6	1 月 15 日	大兴区德贤路 239 号院 1 号、2 号、3 号、4 号、5 号楼地下一层内装修工程	北京润兴伟业房地产开发有限责任公司
7	1 月 15 日	科创七街 11 号院 1 号楼 1 层西侧室内装修工程	北京悦康创展科技有限公司

续表

序号	发证日期	工程名称	建设单位
8	1月18日	旧宫东西大街（凉水河—三台山路）改扩建工程项目	北京市大兴区旧宫镇人民政府
9	1月19日	经开区核心区33号地块社区卫生服务中心工程（社区卫生服务中心等3项）	北京经济技术开发区土地储备与建设服务中心
10	1月20日	亦城财富B座14层装修改造工程	北京曲一线图书策划有限公司
11	1月20日	北京邮件综合处理中心分拣机配备工程土建改造项目	中国邮政集团有限公司北京市分公司
12	1月20日	兴渠路1号院2#楼，3号院3#、4#楼室内装修工程	北京安臻企业管理有限公司
13	1月20日	兴渠路1号院3#、4#、5#楼室内装修工程	北京安臻企业管理有限公司
14	1月20日	中国石化催化剂有限公司工程技术研究院工程研究实验中心建设项目	中国石化催化剂有限公司
15	1月22日	亦创高科1A12层劲捷生物科技有限公司装饰工程	北京劲捷生物科技有限公司
16	1月28日	展示中心工程项目（展示中心等2项）	北京经济技术开发区土地储备与建设服务中心
17	1月28日	北京对啊网教育科技有限公司亦城时代广场办公装修工程	北京对啊网教育科技有限公司
18	1月29日	科创七街11号院1号楼2层东侧职工宿舍装修项目	北京悦康创展科技有限公司
19	1月29日	大兴区德贤东路8号院9号-1至1层101内装修工程	北京澳组健身服务有限公司
20	2月3日	北方集成电路技术创新中心项目（生产调度研发大楼等21项）	北京屹唐科技有限公司
21	2月3日	科创六街2号院10号楼3、4、5层室内装修工程	亦创高科（北京）科技有限公司
22	2月4日	瑞森1幢厂房局部装修工程	瑞森控制设备（中国）有限公司
23	2月7日	经开区路南区融兴街（道路桩号0+000-0+470段）新建道路工程	北京亦庄投资控股有限公司
24	2月7日	展示中心工程项目（展示中心等2项）	北京经济技术开发区土地储备与建设服务中心
25	2月8日	中国工商银行股份有限公司开发区信创园支行装修改造项目	中国工商银行股份有限公司北京自贸试验区支行
26	2月8日	中国工商银行股份有限公司开发区支行业务用房装修改造项目	中国工商银行股份有限公司北京自贸试验区支行
27	2月9日	2020年大兴区瀛海镇老旧小区综合整治项目兴海园小区	北京市大兴区瀛海镇人民政府
28	2月9日	Demo3区净化车间整体改造工程	北京北方华创微电子装备有限公司
29	2月9日	经开区荣华南路1号院1号楼105、106、108号内装修工程	广发银行股份有限公司北京分行
30	2月9日	北京市医疗器械检验所综合性医疗器械检验基地二期工程项目（综合实验楼）	北京市医疗器械检验所

续表

序号	发证日期	工程名称	建设单位
31	2月9日	科泰乐讯高科技产业基地项目三期（1号研发测试楼等4项）	科泰乐讯（北京）通信设备有限公司
32	2月10日	中国工商银行股份有限公司开发区荣华中路支行装修改造项目	中国工商银行股份有限公司北京自贸试验区支行
33	2月19日	生产及研发中试项目A座生产研发中试楼装修工程	北京建荣创业投资管理有限公司
34	2月19日	生产及研发中试项目B座生产研发中试楼装修工程	北京建荣创业投资管理有限公司
35	2月19日	亦创高科创新科技园8号楼12层装修工程	亦创高科（北京）科技有限公司
36	3月1日	北京中天银和投资有限公司食堂装修工程	北京中天银和投资有限公司
37	3月1日	北京先瑞达医疗科技有限公司医疗综合车间改造项目	北京先瑞达医疗科技有限公司
38	3月1日	智能制造机器人工业自动化生产及研发基地项目（1#厂房等5项）	北京嘉通信瑞科技有限公司
39	3月1日	经纬股份研发楼（新能源汽车电池电机电控产品产业化项目）——精装修工程	经纬纺织机械股份有限公司
40	3月3日	经开区科谷一街10号院1号楼4层内装修工程	北京奔图信息技术有限公司
41	3月4日	国网北京亦庄供电公司云和110千伏输变电工程	国网北京市电力公司
42	3月4日	北京神州慧安科技有限公司信创园办公室室内装修项目	北京神州慧安科技有限公司
43	3月4日	国网北京亦庄供电公司同宁110千伏输变电工程	国网北京市电力公司
44	3月4日	科创七街11号院2号楼室内装修工程	北京悦康创展科技有限公司
45	3月4日	经开区天华北街11号院2号楼1~2层102商铺内装修工程	北京学而思培优培训学校有限公司
46	3月8日	A1型标准厂房等4项项目能源中心外立面调整工程	北京经开投资开发股份有限公司
47	3月8日	北京先通国际医药科技股份有限公司药物研发实验室项目	北京先通国际医药科技股份有限公司
48	3月8日	阿尔特研发制造及总部基地项目2#楼、3#楼装修改造项目	阿尔特汽车技术股份有限公司
49	3月8日	大兴区德贤路59号院1号楼1~2层局部内装修工程	北京奈尔宝技术有限公司
50	3月8日	锋创科技发展（北京）有限公司	锋创科技发展（北京）有限公司
51	3月8日	经开区科创十三街18号院9号楼1~7层室内局部装修工程	中建二局安装工程有限公司
52	3月9日	中芯北方BO2剩余楼层（1MF、4F、5F、6F）装修项目	中芯北方集成电路制造(北京)有限公司
53	3月10日	水木济衡—联东U谷洁净厂房改造项目	北京水木济衡生物技术有限公司

续表

序号	发证日期	工程名称	建设单位
54	3月12日	经开区河西区X46R1、X46R2地块R2二类居住用地、A334托幼用地项目（1#住宅楼~7#住宅楼、11#住宅楼~13#住宅楼、S1#配套楼、S2#配套楼、地下车库A段）	北京中海亦庄智慧置业有限公司
55	3月15日	经开区河西区X46R1、X46R2地块R2二类居住用地、A334托幼用地项目（8#住宅楼~10#住宅楼、14#住宅楼~21#住宅楼、烟囱、S3#配套楼、幼儿园、地下车库B段）	北京中海亦庄智慧置业有限公司
56	3月15日	予果智造体外诊断试剂扩展生产扩建项目	予果智造科技（北京）有限公司
57	3月16日	经开区西环路（荣京西街—东环南路）道路改造工程三标段	北京经济技术开发区土地储备与建设服务中心
58	3月16日	智能网联汽车制造业创新中心能力建设项目［试验中心（二）］	国汽（北京）智能网联汽车研究院有限公司
59	3月16日	经开区西环路（荣京西街—东环南路）道路改造工程四标段	北京经济技术开发区土地储备与建设服务中心
60	3月16日	北京公司108号楼建设项目（108号疫苗生产厂房）	北京生物制品研究所有限责任公司
61	3月16日	经开区西环路（荣京西街—东环南路）道路改造工程二标段	北京经济技术开发区土地储备与建设服务中心
62	3月16日	经开区西环路（荣京西街—东环南路）道路改造工程一标段	北京经济技术开发区土地储备与建设服务中心
63	3月16日	重组人乳头瘤病毒疫苗生产项目	北京康乐卫士生物技术股份有限公司
64	3月22日	体外诊断试剂及诊断仪器研发生产项目	美高怡生生物技术（北京）有限公司
65	3月22日	经开区荣华南路15号院1号楼1层局部、2层局部内装修工程	北京百纳观澜餐饮有限公司
66	3月24日	经开区南海子郊野公园B片区B-04、B-06、B-11地块F3其他类多功能用地项目（B06-1#办公楼等13项）	北京国苑体育文化投资有限责任公司
67	3月24日	北京网络游戏新技术应用中心公共服务平台装修项目	尚亦城（北京）科技文化集团有限公司
68	3月25日	路东区E9地块新建开闭站工程	北京经济技术开发区土地储备与建设服务中心
69	3月26日	北京先为达生物科技有限公司研发实验室项目	北京先为达生物科技有限公司
70	3月26日	新型生物药研发及产业化基地项目（1#质检大楼等11项）	北京永泰生物制品有限公司
71	3月26日	经开区南海子郊野公园B片区B-04、B-06、B-11地块F3其他类多功能用地项目（B11-1#综合楼）	北京国苑体育文化投资有限责任公司
72	3月30日	河西区X96地块新建开闭站工程	北京经济技术开发区土地储备与建设服务中心

续表

序号	发证日期	工程名称	建设单位
73	3月31日	投影光刻机曝光光学系统研发及批量生产基地项目（1# 生产厂房等11项）	北京国望光学科技有限公司
74	3月31日	经开区荣华南路15号中航技广场C栋3层301、12层1203装修工程	莱茵检测认证服务（中国）有限公司
75	4月1日	北京清木建筑设计工程有限公司装修工程	北京清木建筑设计工程有限公司
76	4月3日	通州区景盛南四街15号3幢南区室内装修工程	北京信邦同安新能源科技股份有限公司
77	4月3日	路德通电子设备（北京）有限公司电子模切件项目	路德通电子设备（北京）有限公司
78	4月7日	中体产业南部办公区装修工程	中体奥林匹克花园管理集团有限公司
79	4月12日	太平顺兴路（富民路—生态公园西路）等二条路道路（道路、雨水、污水、给水、再生水、燃气管线）工程	北京住总置地有限公司
80	4月12日	中国建设银行股份有限公司北京市分行	中国建设银行股份有限公司北京市分行
81	4月13日	大兴区旧宫镇吉畅路2号室内装修工程	北京中福骏逸酒店管理有限公司
82	4月15日	艾尼克斯北京新厂房东区装修改造项目	艾尼克斯电子（北京）有限公司
83	4月15日	经开区河西区X90R2、X90A1R2二类居住用地、A33基础教育用地项目（亦庄X90项目）9#、10# 楼室内及公共区域精装修工程	北京金隅兴大房地产开发有限公司
84	4月19日	经开区经海四路22号院四区3号楼2层201装修工程	北京华测医学检验所有限公司
85	4月19日	经开区融兴北一街19号院3号楼1~3层局部内装修工程	北京中寰工程项目管理有限公司
86	4月21日	天语3G手机总装厂（一期）项目1号集体宿舍楼精装修工程	科泰乐讯（北京）通信设备有限公司
87	4月22日	扶贫消费基地装饰装修工程	北京金色凯盛投资管理有限公司
88	4月23日	通州区嘉创二路4号地定向安置房项目（1# 住宅楼等8项）	北京嘉创鸿业房地产开发有限公司
89	4月23日	通州区嘉创二路4号地定向安置房项目（9# 住宅楼等6项、幼儿园教学楼等2项）	北京嘉创鸿业房地产开发有限公司
90	4月25日	大兴区德贤路59号院7幢负一层1-B1-003、B1-005、B1-006号房屋内装修工程	好超值（天津）信息技术有限公司
91	4月25日	通州区达昌路（太平西一路—太平路）等四条路道路（道路、雨水、污水、给水、再生水）工程	北京住总置地有限公司
92	4月25日	通州区太平龙腾路（亦庄北小营中路—太平裕丰路）道路（道路、雨水、污水、给水、再生水）工程	北京住总置地有限公司
93	4月25日	通州区亦庄北小营中路（惠民路—太平顺兴路）等二条路道路（道路、雨水、污水、给水、再生水）工程	北京住总置地有限公司

续表

序号	发证日期	工程名称	建设单位
94	4月27日	维纳尔（北京）电气系统有限公司室内装饰装修工程	维纳尔（北京）电气系统有限公司
95	4月29日	北京奔驰汽车有限公司 MFA（奔驰前驱车型）厂区危险品区项目［危险品区（467）］	北京奔驰汽车有限公司
96	4月29日	北京爱仁眼科门诊部装修改造工程项目	北京爱仁眼科门诊部有限公司
97	4月30日	A18 地块商务综合体项目一期工程地下一层大厨房改造施工	北京亦庄盛元投资开发有限公司
98	4月30日	中航国际广场4号楼室内精装修工程	中投天邦国际贸易有限公司
99	5月7日	经开区荣华中路19号院1号楼B座第22层（自然楼层为第19层）2206、2207、2208、2209号单元装修工程	北京中元华澳贸易有限公司
100	5月10日	优衣库北京大兴爱琴海购物公园店装修工程	迅销（中国）商贸有限公司
101	5月12日	MFA（奔驰前驱车型）厂区危废库和电池观察区项目［危废库（468）等3项］	北京奔驰汽车有限公司
102	5月13日	中芯国际集成电路制造（北京）有限公司甲1幢一层局部二～五层整层室内装修工程	北京恩泽园企业管理有限公司
103	5月14日	北京和华瑞博医疗科技有限公司办公室装修工程	北京和华瑞博医疗科技有限公司
104	5月17日	经开区科谷一街10号院2号楼6层内装修工程	平安国际智慧城市科技股份有限公司
105	5月21日	西京印刷有限公司一期主厂房装修改造工程	北京市西京印刷有限公司
106	5月21日	电商成品库房增设电梯工程［天语 3G 手机总装厂（一期）项目］	科泰乐讯（北京）通信设备有限公司
107	5月28日	经开区河西区东合盛街（三海子东路—博兴八路）道路工程	北京亦庄投资控股有限公司
108	5月28日	亦城时代广场 T6 三层装修改造项目	北京亦庄盛元投资开发有限公司
109	5月28日	天空之境产业广场项目（1# 生产中试及研发用房等4项）	北京星网工业园有限公司
110	5月28日	经开区（大兴）旧宫镇旧宫西路3号3幢1F局部内装修、4F局部内装修工程	北京大鸭梨旧宫餐饮有限公司
111	5月28日	高端集成电路装备研发及产业化项目——厂房H区装修工程	北京北方华创微电子装备有限公司
112	5月28日	健康智谷产业公园项目（1# 生产中试及研发用房等4项）	北京星网工业园有限公司
113	5月31日	德贤路59号院7幢负1层1-B1-010~B1-0141号楼B1座1层1-B1-001装饰装修工程	华北盒马网络科技有限公司
114	5月31日	经开区荣华中路19号院2号楼1层局部装修工程	北京朝林松源酒店管理有限公司
115	6月1日	经开区定海园三里9号楼三层302室内装修工程	北京远达文化传媒有限责任公司

续表

序号	发证日期	工程名称	建设单位
116	6月2日	经开区科创十街18号院8号楼1~5层室内局部装修工程	北京悦商数科技术集团有限公司
117	6月2日	北京物美综合超市有限公司旧宫分店装修工程	北京物美综合超市有限公司
118	6月4日	经开区核心区高品质再生水管网工程项目东环西四路再生水工程、经开区核心区高品质再生水管网工程项目荣昌北小街再生水工程、经开区核心区高品质再生水管网工程项目地泽南街再生水工程	北京亦庄水务有限公司
119	6月4日	经开区凉水河一街7号院三区6号楼、三区7号楼装饰装修工程	思路迪（北京）医药科技有限公司
120	6月4日	经开区康定街11号31栋2层3层装修项目	北京明道电气有限公司
121	6月4日	北京深瑞达医疗科技有限公司洁净厂房装修项目	北京深瑞达医疗科技有限公司
122	6月9日	电动车辆国家工程实验室动力电池工程技术中心项目	北京通敏未来动力科技有限公司
123	6月9日	实验楼、宿舍及食堂楼外墙粉刷项目	北京中都星徽物流有限公司
124	6月9日	胖哥俩肉蟹煲（北京住总万科店）室内装饰装修工程	北京乐涛餐饮管理有限公司
125	6月9日	经开区健康医疗管理服务项目办公室室内装修工程	北京亦庄人才服务有限公司
126	6月10日	北京奕斯伟研发与测试中心洁净装修项目	北京奕斯伟计算技术有限公司
127	6月11日	北京赛斯特2号楼装饰装修工程	北京赛斯特服装有限公司
128	6月11日	经开区河西区X90R2、X90A1地块R2二类居住用地、A33基础教育用地项目幼儿园装修工程	北京金隅兴大房地产开发有限公司
129	6月16日	北京和华瑞博医疗科技有限公司办公室装修工程	北京和华瑞博医疗科技有限公司
130	6月16日	北京邮件综合处理中心四期工程［机房楼（四期）］等2项	中国邮政集团有限公司北京市分公司
131	6月16日	经开区永昌北路2号1号楼1~3层局部装修工程	迅玲腾风汽车动力科技(北京)有限公司
132	6月21日	华夏良子北京亦庄店室内装修工程	北京林苑健康管理中心
133	6月22日	城市副中心供水管网完善一期——马驹桥物流仓储区、马驹桥镇中心、马驹桥金桥基地供水管线工程	北京市自来水集团有限责任公司
134	6月22日	三楼面包线装修工程	北京廿一客食品有限公司
135	6月23日	科创东二街5号36幢装饰装修项目	北京中鸿瑞景商贸有限公司
136	6月23日	经开区荣华南路1号院1号楼1层107装修项目	北京栖真铭轩文化传播有限公司
137	6月24日	中国建筑（亦庄新城）总部办公楼局部装饰装修工程	中建城市建设发展有限公司

续表

序号	发证日期	工程名称	建设单位
138	6 月 28 日	经开区荣华中路 22 号院 1 号楼 19 层 1901、1902、1903、1904 装饰装修工程	中建新科装饰工程有限公司
139	6 月 28 日	大兴区旧宫镇南郊农场棚户区改造项目 DX05-0200-0037 地块 R2 二类居住用地项目（1# 住宅楼等 15 项）	北京合亦盛景置业有限公司
140	6 月 28 日	大兴区旧宫镇南郊农场棚户区改造项目 DX05-0200-6002 地块 R2 二类居住用地项目（18# 住宅楼等 10 项）	北京合亦盛景置业有限公司
141	6 月 28 日	大兴区旧宫镇南郊农场棚户区改造项目 DX05-0200-0038 地块 R2 二类居住用地项目（10# 住宅楼等 13 项）	北京合亦盛景置业有限公司
142	6 月 30 日	经开区同济北路 1 号院 8 号楼 1 层局部内装修工程	松下电气机器（北京）有限公司
143	6 月 30 日	亦庄山姆会员商店升级改造工程	沃尔玛（北京）商业零售有限公司
144	7 月 2 日	大兴区德贤路 59 号院 1 号楼 3 层 F3001、F3002、F3003A、F3046、F3047、F3048 号房屋内装修工程	北京万国天骐体育股份有限公司旧宫分公司
145	7 月 5 日	华卓精科半导体装备关键零部件研发制造二期项目（1# 生产厂房等 5 项）	北京华卓精科科技股份有限公司
146	7 月 5 日	经开区荣华中路 19 号院 1 号楼 B 座第 21 层（自然楼层为第 18 层）2101A、2101B 号单元装修工程	北京越兴恒盛健康科技产业有限公司
147	7 月 5 日	越海 2# 仓库 /3# 仓库外立面装修工程	北京越海全球物流有限公司
148	7 月 5 日	上海沙龙亦城家园中心建设与运营服务——区级养老服务指导中心建设与运营服务项目	北京经济技术开发区社会保险保障中心
149	7 月 5 日	发动机二厂区垃圾站建设项目	北京奔驰汽车有限公司
150	7 月 7 日	经开区荣华中路 8 号院 1 号楼 4 层局部内装修工程	北京鼎寰力宝餐饮管理有限公司
151	7 月 7 日	生产调度及研发楼 PMD 3A 等 10 项[集成电路标准厂房（一期）项目]	北京集电控股有限公司
152	7 月 7 日	经开区同济中路 5 号新建中控室、消防水池、消防水泵房项目	北京星网工业园有限公司
153	7 月 9 日	经开区博兴八路（泰河路—兴海路）燃气管道工程	北京华油联合燃气开发有限公司
154	7 月 12 日	经开区（通州）景盛南四街 15 号 7 幢 108 局部 1~2 层、5 幢 101 局部 1~2 层装修工程	北京亦桐环保科技有限公司
155	7 月 12 日	经开区科创三街 24 号 3 号厂房 1 层室内局部装修及 8 幢地下 1 层、1~5 层室内局部装修工程	北京瑞朗泰科医疗器械有限公司
156	7 月 12 日	经开区南部新区 X18-1F1 地块 1# 研发中心 1 层装修改造工程	北京诚和敬健康科技有限公司

续表

序号	发证日期	工程名称	建设单位
157	7月13日	大兴区三海子郊野公园居住用地土地储备项目道路新建工程——横二路、横四路及桥梁工程	北京南海子投资管理有限公司
158	7月13日	大兴区三海子郊野公园居住用地纵十二路（K0+842.17—K1+234.47）道路及市政管线工程	北京南海子投资管理有限公司
159	7月14日	西区8号楼分装生产线项目	北京生物制品研究所有限责任公司
160	7月14日	北京公司东区8号楼三层装修改造项目	北京生物制品研究所有限责任公司
161	7月14日	经开区荣华中路19号院1号楼A座1001、1002室装修工程	中建三局集团有限公司
162	7月16日	经开区科谷一街10号院5号楼101、102室及2~8层室内装修项目	北京影数科技有限公司
163	7月16日	经开区信创园一期项目（G6F-1-1# 办公楼等15项）	北京通明湖信息城发展有限公司
164	7月16日	经开区荣华中路8号院1号楼2层11B（局部）内装修	北京原野部落体育文化发展有限公司
165	7月16日	珐博进（中国）医药技术开发有限公司北京工厂A2楼部分区域改建工程	珐博进（中国）医药技术开发有限公司
166	7月19日	海斯坦普N20工厂办公楼装修工程	海斯坦普汽车组件（北京）有限公司
167	7月20日	经开区荣华中路22号院3号楼6层601、602、603、604号内装修工程	上海京东到家元信信息技术有限公司
168	7月20日	华夏银行北京亦庄支行新址装修改造工程	华夏银行股份有限公司北京城市副中心分行
169	7月23日	经开区科创六街2号院7号楼1~12层室内装修工程	亦创高科（北京）科技有限公司
170	7月23日	大兴区德贤路59号院7幢负一层1-B1-B1055号房屋内装修工程	朗玩（中国）文化娱乐有限公司
171	7月27日	经开区文化园东路6号二层局部内装修工程	云海肴（北京）餐饮管理有限公司
172	7月27日	6号动物房二层装修改造项目	国药中生生物技术研究院有限公司
173	7月27日	亦庄科创三街3号6幢一层、二层、三层、五层内部装修工程	北京西京盛氏服装有限公司
174	7月28日	北京亦昭生物医药中试研发生产基地项目（BP09单抗生产楼等5项）	北京昭衍生物技术有限公司
175	7月28日	经开区东环中路1号1号楼二层局部热敏车间搬迁改造装修工程	中体彩印务技术有限公司
176	7月28日	大兴区旧宫镇南郊农场棚户区改造项目DX05-0200-6002地块R2二类居住用地项目（20# 住宅楼等4项）	北京合亦盛景置业有限公司

续表

序号	发证日期	工程名称	建设单位
177	7月28日	通州区马驹桥中路1号（金马商场二层、三层）装修工程	北京进博酒店管理有限公司
178	7月29日	经开区荣华中路7号院4号楼地下一层局部内装修工程	北京沐澜健身休闲有限公司
179	7月29日	X因子激活剂原液实验室装修项目	舒泰神（北京）生物制药股份有限公司
180	8月2日	经开区（通州）景盛南四街15号14幢3层装修工程	北京中控精创生物技术有限公司
181	8月4日	京城机电总部办公楼装修改造项目（科研办公楼）	北京京城机电控股有限责任公司
182	8月4日	国药中生生物技术研究院生物安全三级实验室建设项目	国药中生生物技术研究院有限公司
183	8月6日	经开区荣华南路13号院10号楼4层401、402、403、404、405装修工程	江苏京赛酒业发展有限公司北京分公司
184	8月6日	大兴区红星人民法庭审判业务楼项目（1#审判业务楼等2项）	北京市大兴区人民法院
185	8月11日	经开区科谷一街8号院5号楼6层局部内装修工程	京微齐力（北京）科技有限公司
186	8月11日	屹唐半导体集成电路装备研发制造服务中心项目（主厂房等10项）	北京屹唐半导体科技股份有限公司
187	8月11日	华润赛科药业制剂厂库房及质检楼建设项目（3号质检楼等9项）	华润赛科药业有限责任公司
188	8月13日	液化空气（北京）工业气体有限公司大宗气站三期项目（主厂房等8项）	液化空气（北京）工业气体有限公司
189	8月13日	经开区宏达南路12号院6号楼1层局部内装修工程	颇尔（中国）有限公司
190	8月18日	经开区荣华南路1号院2号楼24层2401、2402、2403、2404内装修工程	生仝智能科技（北京）有限公司
191	8月18日	1号楼厂房四层P区装修工程	北京北方华创微电子装备有限公司
192	8月18日	大兴区旧宫地区七号路（德贤路东辅路—吉庆庄六号路）道路及市政管线工程（一标段）	北京亦展置业有限公司
193	8月18日	大兴区旧宫地区七号路（德贤路东辅路—吉庆庄六号路）道路及市政管线工程（二标段）	北京亦展置业有限公司
194	8月18日	兴海二街天然气工程（兴海二街天然气工程）	北京市燃气集团有限责任公司
195	8月18日	经开区宏达北路16号1号楼一层局部内装工程	大连银行股份有限公司北京分行
196	8月18日	经开区博兴八路(凉水河路—新凤河路）道路改造工程一标段	北京经济技术开发区土地储备与建设服务中心
197	8月18日	经开区博兴八路(凉水河路—新凤河路）道路改造工程二标段	北京经济技术开发区土地储备与建设服务中心

续表

序号	发证日期	工程名称	建设单位
198	8月18日	集成电路示范线配套气站项目（一期）（动力站等13项）	北京集电控股有限公司
199	8月26日	北京市高级别自动驾驶示范区创新运营中心项目（综合楼等2项、新增A座门厅等2项及内装修）	北京亦庄智能城市协同创新研究院有限公司
200	8月26日	联东U谷·高端生物技术创新产业园项目（1#厂房等5项）	北京中嘉天成科技有限公司
201	8月26日	东方晶源微电子科技（北京）有限公司4层办公室装修改造工程	东方晶源微电子科技（北京）有限公司
202	8月27日	北京义翘神州科技股份有限公司生物试剂和检测实验室项目	北京义翘神州科技股份有限公司
203	8月27日	北京达因高科儿童药物研究院外立面改造工程	北京达因高科儿童药物研究院有限公司
204	8月30日	北京亦庄京广协同创新产业园项目（1#生产车间等14项）	北京亦庄京广科技创新有限公司
205	8月30日	经开区经海四路22号院三区4号楼10、11、12层装修工程	重庆海尔家电销售有限公司北京分公司
206	8月30日	施耐德中压二次输配电产品全球生产研发中心项目（二期库房等6项）	北京亦庄投资控股有限公司
207	9月1日	大兴区旧宫镇YZ00-0801-0015地块R2二类居住用地（配建“公共租赁住房”）项目［15-1#（住宅楼）等8项］	北京和信仁泰置业有限公司
208	9月1日	北京亦昭生物医药中试研发生产基地项目（BP09单抗生产楼等5项）	北京昭衍生物技术有限公司
209	9月1日	集成电路装备研发及测试项目（研发综合楼）	北京京运通科技股份有限公司
210	9月1日	河西区X89R2地块R2二类居住用地项目（4#住宅楼等5项）	北京昊远置业有限公司
211	9月2日	经开区建安街2号1幢一层1号2号车间局部内装修工程	北京金佰利个人卫生用品有限公司
212	9月3日	北富新建医疗耗材无尘室工程	富智康精密组件（北京）有限公司
213	9月3日	经开区文化园东路6号3号楼1层107装修	北京优思未来教育科技有限公司
214	9月5日	经开区永昌南路8号院4号楼1~3层内装修工程	奥腾思格玛（中国）集团有限公司
215	9月6日	智飞绿竹生物新型病毒疫苗和工程疫苗产业化基地项目［1号生产车间（包括连廊）等12项］	北京智飞绿竹生物制药有限公司
216	9月6日	张一元环科中路2号院28号楼装修改造项目	北京华兴金谷科技有限公司
217	9月6日	大兴区旧宫镇YZ00-0801-0016地块R2二类居住用地（配建“公共租赁住房”）项目［16-1#（住宅楼）等8项］	北京和信仁泰置业有限公司

续表

序号	发证日期	工程名称	建设单位
218	9月6日	经开区荣华中路22号亦城财富中心A座17层装饰装修工程	北京亦庄城市更新有限公司
219	9月8日	中国电子技术标准化研究院亦庄院区B座西立面等幕墙玻璃改造工程	中国电子技术标准化研究院
220	9月8日	经开区荣华中路19号院1号楼B座第27层（自然楼层为第23层）2701、2702、2703、2705号单元内装修工程	瓦里安医疗器械贸易（北京）有限公司
221	9月9日	京东集团总部3号楼项目（社会停车场等2项）	北京智方润科科技发展有限公司
222	9月9日	京东集团总部3号楼项目（3号楼C座综合办公楼等5项）	北京智方润科科技发展有限公司
223	9月9日	京东集团总部3号楼项目A座及京东中央研究院项目等6项	北京智方润科科技发展有限公司
224	9月9日	阿尔特大楼精装修项目（阿尔特研发制造及总部基地项目）	阿尔特汽车技术股份有限公司
225	9月9日	瑞森控制设备（中国）有限公司3#研发楼六层局部装修工程	瑞森控制设备（中国）有限公司
226	9月9日	北京创新中心信创园项目装修工程	京东方智慧物联科技有限公司
227	9月10日	大兴区瀛海镇国瑞瑞福园商业第7号住宅底商装修工程	北京喜菜商贸有限公司
228	9月10日	经开区荣华南路2号院T3号楼20层(电梯楼层23层）局部内装修工程	强联智创（北京）科技有限公司
229	9月10日	大兴区开羊路18号院1号楼1层局部内装修工程	北京波特新星传媒科技有限公司
230	9月15日	经开区河西区X90R2、X90A1地块R2二类居住用地、A33基础教育用地项目幼儿园装修工程	北京金隅兴大房地产开发有限公司
231	9月15日	经开区宏达南路12号B&C厂房二层局部装修工程	颇尔（中国）有限公司
232	9月16日	56C1地块信驰大厦南座酒店装修工程	北京鹤佳酒店管理有限公司
233	9月18日	北京鼎持创研生物技术有限公司室内装修工程	北京鼎持创研生物技术有限公司
234	9月22日	经开区科创六街88号院8号楼1单元501室内装修工程	北京中铠天成生物科技有限公司
235	9月24日	亦庄东工业园区A11-2地块亦庄生命健康产业区生物医药标准厂房开发建设项目（标准化生产车间等5项）	北京亦城坤元投资管理有限公司
236	9月26日	经开区科创十三街31号院二区15号楼1层101内部装修工程	北京视源创新科技有限公司
237	9月29日	北京马驹桥大宗气站项目（综合动力站等7项）	联华林德工业气体（北京）有限公司
238	9月29日	经开区地盛东路1号院6号楼3层303室装修工程	北京予果医学检验实验室有限公司
239	9月29日	经开区宏达北路26号局部内装修工程	北京燕宝汽车服务有限公司

续表

序号	发证日期	工程名称	建设单位
240	9 月 30 日	北京物美综合超市有限公司旧宫分店装修工程	北京物美综合超市有限公司
241	9 月 30 日	智能物联产品及 Paas 平台应用示范项目	正元联合包装技术（北京）有限公司
242	9 月 30 日	经开区河西区合海街(四海路—四合路)新建道路工程	北京亦庄投资控股有限公司
243	9 月 30 日	国网北京市电力公司路东 220 千伏输变电工程（变电站土建）	国网北京市电力公司
244	9 月 30 日	中建电子信息技术有限公司亦庄项目装修工程	中建电子信息技术有限公司
245	9 月 30 日	中国农业银行北京永太支行装修工程	中国农业银行股份有限公司北京经济技术开发区分行
246	10 月 14 日	经开区科谷一街 10 号院信创园 A 区 2 号楼 10 层装修工程	北京中孚永绥信息技术有限公司
247	10 月 15 日	经开区经海九路(潞西路—科创十一街)给水工程	北京经济技术开发区土地储备与建设服务中心
248	10 月 15 日	北京亦庄新城辛四路(同义路—四凤路)新建道路工程五标段	北京经济技术开发区土地储备与建设服务中心
249	10 月 15 日	经开区经海九路(潞西路—科创十一街)新建通信管道工程	北京经济技术开发区土地储备与建设服务中心
250	10 月 15 日	北京亦庄新城辛四路(同义路—四凤路)新建道路工程四标段	北京经济技术开发区土地储备与建设服务中心
251	10 月 15 日	北京亦庄新城辛四路(同义路—四凤路)新建道路工程一标段	北京经济技术开发区土地储备与建设服务中心
252	10 月 15 日	北京亦庄新城辛四路(同义路—四凤路)新建道路工程三标段	北京经济技术开发区土地储备与建设服务中心
253	10 月 15 日	北京亦庄新城辛四路(同义路—四凤路)新建道路工程七标段	北京经济技术开发区土地储备与建设服务中心
254	10 月 15 日	北京亦庄新城辛四路(同义路—四凤路)新建道路工程二标段	北京经济技术开发区土地储备与建设服务中心
255	10 月 15 日	北京亦庄新城辛四路(同义路—四凤路)新建道路工程六标段	北京经济技术开发区土地储备与建设服务中心
256	10 月 18 日	神州细胞生产车间净化工程项目	神州细胞工程有限公司
257	10 月 21 日	新型肿瘤产品——免疫细胞制品产业化装修项目	北京永泰生物制品有限公司
258	10 月 21 日	快行线华润库房改造装修工程	北京快行线冷链物流有限公司
259	10 月 22 日	旺兴湖国际文化中心 B 座一层 F105、F106 装修工程	北京复盛祥电子商务有限公司
260	10 月 22 日	经开区荣华中路 19 号院 1 号楼 A 座第 22 层（自然楼层为第 19 层）2201、2202、2203、2205、2206、2207、2208、2209 号单元装修工程	北京四维图新科技有限公司

续表

序号	发证日期	工程名称	建设单位
261	10月22日	北京普祥中医肿瘤医院装修改造工程	北京普祥中医肿瘤医院有限公司
262	10月22日	通州区两站一街E5、E6地块东城区旧城保护定向安置房项目［13#住宅楼、14#住宅楼、16#住宅楼、PT-7（配套用房）、K3车库一标段］	北京正阳恒瑞置业公司
263	10月22日	通州区两站一街E5、E6地块东城区旧城保护定向安置房项目（15#住宅楼、17#住宅楼、18#住宅楼、2#密闭清洁站、残疾人康复中心、K3车库二标段）	北京正阳恒瑞置业公司
264	10月25日	荣华中路11号1幢地下一层B01室内部装修工程	北京富园健身管理有限公司
265	10月25日	通州区两站一街E5、E6地块东城区旧城保护定向安置房项目（养老院，3#幼儿园）	北京正阳恒瑞置业公司
266	10月25日	瑞森3#研发楼1层、2层局部装修工程	瑞森控制设备（中国）有限公司
267	10月26日	同仁医院配套项目（67F1地块）（1号酒店/商业等4项）	北京亦庄盛元投资开发集团有限公司
268	10月28日	经开区信创园一期项目（G7F-1-会展中心等10项）	北京通明湖信息城发展有限公司
269	10月28日	经开区(大兴)旧宫镇吉畅路2号2幢-1层、1层局部、2层局部装饰装修项目	北京兰足苑健康管理有限公司
270	10月29日	A栋软件研发生产楼等8项（久其软件研发项目）	北京久其政务软件股份有限公司
271	11月2日	经开区科谷一街8号院8号楼12层国科京芯（北京）微电子有限公司装修工程	国科京芯（北京）微电子有限公司
272	11月2日	经开区荣华南路1号院1号楼13层1301，14层1401、1402、1403、1404房间装修工程	朗致集团双人药业有限公司
273	11月2日	北京银行光机电支行装修工程	北京银行股份有限公司经济技术开发区支行
274	11月3日	亦城国际中心A座1501-3A室内装饰施工工程	荷塘未来健康科技发展(北京)有限公司
275	11月3日	京东2021-通州口岸大健康项目冷库&温湿度改造工程	北京京讯递科技有限公司
276	11月8日	经开区东环中路1号1号楼1~2层局部彩票生产线升级改造装修工程	中体彩印务技术有限公司
277	11月9日	北京生物203号研发大楼建设项目(203号研发大楼)	北京生物制品研究所有限责任公司
278	11月10日	人大附中经开区学校提升改造工程（二期）	北京经济技术开发区土地储备与建设服务中心
279	11月11日	博大兴工业园内5栋装饰装修改造工程	未来（北京）黑科技有限公司

续表

序号	发证日期	工程名称	建设单位
280	11月12日	经开区经海四路22号院四区3号楼16层装修工程	北京亦和城智能科技有限公司
281	11月12日	北京智慧融媒创新中心项目（综合楼等3项）	尚亦城（北京）科技文化集团有限公司
282	11月15日	朝林广场B座25层2501、2502单元装修工程	航天泰心科技有限公司
283	11月17日	经开区信创园一期项目（G6F-5-1#楼等13项）	北京通明湖信息城发展有限公司
284	11月18日	中石化（北京）化工研究院有限公司通州科学试验基地VD21项目配套乙烯技术实验楼装修改造施工工程	中石化（北京）化工研究院有限公司
285	11月18日	经开区信创园一期项目（G7F-2-1#办公楼等9项及G7F-3-1#办公楼等10项）	北京通明湖信息城发展有限公司
286	11月22日	中国（北京）国际视听产业园内外装修项目及新建地下车库项目	北京亦庄投资控股有限公司
287	11月23日	经开区路南区融兴街（三海子东路—亦柏路）电力管线工程	北京亦庄投资控股有限公司
288	11月25日	大兴区亦城时代广场T8-16办公楼装修改造工程	北京航启国际文化科技有限公司
289	11月25日	经开区经海四路22号院三区3号楼B1层105，1层105，2层203、205 内装修工程	北京悦东瑚餐饮管理有限公司
290	12月1日	经开区科创九街19号院B、E楼装饰装修工程	东方雨虹民用建材有限责任公司
291	12月1日	北京银行光机电园区支行次渠北里145号楼一层、二层局部室内精装修工程	北京银行股份有限公司光机电园区支行
292	12月2日	经开区科创东二街5号33幢一层、二层、三层、四层、五层装修工程	北京光谷创新置业有限公司
293	12月3日	北京亦庄国际人才集团有限公司员工食堂及H2号楼四层、七层精装修工程	北京亦庄国际人才发展集团有限公司
294	12月6日	经开区科谷一街8号院1号楼6层长城超云（北京）科技有限公司装修工程	长城超云（北京）科技有限公司
295	12月7日	经开区荣兴北一街11号院5号楼装饰装修工程	北京胜能能源科技有限公司
296	12月7日	经开区路南区融兴街（道路桩号0+470-1+245段）新建道路工程	北京亦庄投资控股有限公司
297	12月8日	大兴区忠凉路1号院4号楼11层1101~1106号内装修工程	北京虎彩文化传播有限公司
298	12月8日	北京市高级别自动驾驶示范区创新运营中心项目（综合楼等2项、新增A座门厅等2项及内装修）	北京亦庄智能城市协同创新研究院有限公司
299	12月8日	通州区东石东一路4号院4号楼1层104、105、106、107局部（农业银行北京次渠支行）内部装修工程	中国农业银行股份有限公司北京城市副中心分行

续表

序号	发证日期	工程名称	建设单位
300	12月9日	经纬股份研发楼（新能源汽车电池电机电控产品产业化项目）——地下一层精装修工程	经纬纺织机械股份有限公司
301	12月9日	科创七街11号院3号楼2层装修工程	悦康药业集团股份有限公司
302	12月9日	北京智慧电竞赛事中心项目（综合楼）	尚亦城（北京）科技文化集团有限公司
303	12月10日	经开区康定街11号院28号楼1~3层装修工程	赛诺威盛科技（北京）股份有限公司
304	12月10日	科谷一街8号院3号楼一层102–1装修改造工程	交通银行股份有限公司北京市分行
305	12月13日	经开区荣华南路1号院2号楼25层2501、2502、2503、2504装修工程	方同舟控股有限公司
306	12月13日	经开区科谷一街10号院5号楼101、102室及2~8层室内装修项目	北京影数科技有限公司
307	12月15日	经开区信创园一期项目（G4F–4 1#楼等18项）	北京通明湖信息城发展有限公司
308	12月16日	经开区荣华南路2号院4号楼20~22层装饰装修工程	北京盛迪医药有限公司
309	12月16日	经开区科创六街2号院10号楼1、2层装修工程	赛赋（北京）检测技术服务有限公司
310	12月21日	国盛高新科技工业园9#楼（国创中心实验室）装修工程	北京博大国盛投资有限公司
311	12月21日	中国农业银行北京经海路支行装修工程	中国农业银行股份有限公司北京经济技术开发区分行
312	12月22日	国网北京市电力公司柴务220千伏输变电工程（变电站土建）	国网北京市电力公司
313	12月22日	半导体装备产业化基地扩产项目（四期）一标段	北京北方华创微电子装备有限公司
314	12月23日	三期2#、3#疫苗生产车间净化装修	北京智飞绿竹生物制药有限公司
315	12月23日	神州细胞生产车间地下一层净化工程	神州细胞工程有限公司
316	12月23日	河西区X39地块十二年一贯制学校新建工程项目（小学部等17项）	北京经济技术开发区基建办公室
317	12月23日	集成电路标准厂房（二期）项目（废水处理站等19项）	北京集电控股有限公司
318	12月27日	瑞森3#研发楼1层、2层局部装修工程	瑞森控制设备（中国）有限公司
319	12月29日	经开区荣华中路19号院1号楼B座第28层（自然楼层为第24层）2801、2802、2803号单元装修工程	清陶（北京）能源科技有限公司
320	12月29日	润生二期城市更新产业升级项目（1#生产研发楼等3项）	北京润生食品有限公司
321	12月30日	经开区同济北路9号装饰装修工程	心诺普医疗技术（北京）有限公司

续表

序号	发证日期	工程名称	建设单位
322	12 月 30 日	九州恒盛绿色电能设备研发及产业化基地项目（研发试验楼等 4 项）	北京九州恒盛电力科技有限公司
323	12 月 31 日	北京智慧电竞赛事中心项目单宿楼改造工程	尚亦城（北京）科技文化集团有限公司

（行政审批局提供）

2021 年经开区行政规范性文件目录

序号	文件名称	文号	印发日期	备案日期
1	北京经济技术开发区促进职业能力提升补贴管理办法	京技管〔2020〕106 号	2020-12-28	2021-1-26
2	北京经济技术开发区非法集资举报奖励工作实施细则（试行）	京技管〔2020〕107 号	2020-12-28	2021-4-6
3	北京经济技术开发区校企合作管理办法（试行）	京技管〔2020〕110 号	2020-12-30	2021-4-6
4	北京经济技术开发区多功能综合杆及配套设施管理办法（试行）	京技管〔2021〕35 号	2021-4-1	2021-4-30
5	关于贯彻新发展理念加快亦庄新城高质量发展的若干措施（3.0 版）	京技管〔2021〕42 号	2021-4-22	2021-5-21
6	北京经济技术开发区招用征地拆迁农村劳动力就业补贴办法	京技管〔2021〕72 号	2021-6-25	2021-7-22
7	北京经济技术开发区支持星箭网络产业发展的实施办法（试行）	京技管〔2021〕186 号	2021-12-30	2022-1-25

（平安办提供）

索引

索引说明

本索引分主题词索引和企业名称索引两部分。

主题词索引以本年鉴正文中出现的专业名词、名词词组为主；企业名称索引只包含参编企业在本年鉴正文中出现的企业名称。

本索引按汉语拼音音序排列，汉字打头的标目按首字的音序音调依次排列，首字相同时，则以第二字排序，依此类推；以英文字母打头的主题词，列于其前；以阿拉伯数字打头的主题词，排在最前面。

索引词条后的阿拉伯数字表示内容所在的页码，数字后的英文字母（a、b）表示正文中的栏别（左、右）。

同一主题的内容在文中多处出现的，在索引中按页码顺序依次列出。

本刊的“区情概况”“特载”“专文”“大事记”“统计资料”“附录”类目内容不在索引范围内。

主题词索引

0~9

A

B

G

H

J

K

N

P

Q

T

W

X

Y

Z

企业名称索引

A

B

J

K

L

N

O

Q

S

T

北京经济技术开发区年鉴编辑部

电　　话　（010）67887287　67887137
电子邮箱　bdaqzb@163.com
网　　址　www.bda.gov.cn
通信地址　北京经济技术开发区荣华中路 15 号
邮　　编　100176

http://bdaqzb.bda.gov.cn/
（网址）